L'ÉPOPÉE SIBÉRIENNE

La Russie à la conquête de
la Sibérie et du Grand Nord

极北之地

西伯利亚史诗

[瑞士]
埃里克·厄斯利 著

夏昱华 许桦钰 译

译林出版社

图书在版编目（CIP）数据

极北之地：西伯利亚史诗 ／（瑞士）埃里克·厄斯利（Eric Hoesli）著；夏昱华，许桦钰译．—南京：译林出版社，2023.5（2024.6重印）
ISBN 978-7-5447-9595-1

Ⅰ.①极… Ⅱ.①埃… ②夏… ③许… Ⅲ.①西伯利亚－历史 Ⅳ.①K512.3

中国国家版本馆 CIP 数据核字（2023）第 038353 号

L'ÉPOPÉE SIBÉRIENNE by Eric Hoesli
Copyright © by Eric Hoesli,2019
This edition arranged with Paulsen LLC, Moscow, 2019
through Rightol Media（本书中文简体版权经由锐拓传媒取得，Email: copyright@rightol.com）
Simplified Chinese edition copyright © by Yilin Press, Ltd, 2023
All rights reserved.

著作权合同登记号　图字：10-2019-704 号

极北之地：西伯利亚史诗 ［瑞士］埃里克·厄斯利 ／ 著　夏昱华　许桦钰 ／ 译

责任编辑　王 蕾 荆文翰
装帧设计　韦 枫
校　 对　孙玉兰
责任印制　董 虎

原文出版　Éditions des Syrtes & Paulsen, 2018
出版发行　译林出版社
地　　址　南京市湖南路 1 号 A 楼
邮　　箱　yilin@yilin.com
网　　址　www.yilin.com
市场热线　025-86633278
排　　版　南京展望文化发展有限公司
印　　刷　南京爱德印刷有限公司
开　　本　652 毫米 ×960 毫米 1/16
印　　张　57.75
插　　页　20
版　　次　2023 年 5 月第 1 版
印　　次　2024 年 6 月第 3 次印刷
书　　号　ISBN 978-7-5447-9595-1
定　　价　198.00 元

谨以此书纪念我的挚友艾米·戈尔达克-阿廷格（1919—2017），
她在那里经历了地狱，却如天使般归来。

献给阿尔蒂尔、埃米尔和其他所有人，致以我全部的爱。

目　录

序　涌向东部！

我万万不想诋毁我童年时的爱好。水牛比尔[*]万岁，坐牛[†]万岁！向酒馆致敬，向赏金猎人致敬。也让我们继续保持对幸运的路克和卓力·詹泼[‡]的喜爱。换言之，西部片，我爱你们。

我不贬低这种对西部（Ouest）的热情，但我们对东部（Est）未免也太过轻视？

我说的不是"东方"（Orient）——它向来善于散发自己的魅力。

我想说的是那片起始于中欧，一直延伸至太平洋的广袤土地。

是啊，为何依然、始终是西部？

为何从不，或者说，甚少是东部？

这是四个方位之间耐人寻味的不公。

这是我们的好奇心难以理解的窟窿。

更何况，相信我，对西伯利亚的探索会比驿站之间的骑行浪漫千倍。

---

[*] Buffalo Bill，美国西部开拓时期的人物。——编注
[†] Sitting Bull，美国印第安人拉科塔族领袖。——编注
[‡]《幸运的路克》（Lucky Luke）是比利时漫画家莫里斯首创的漫画，取材于美国西部牛仔的传奇。卓力·詹泼（Jolly Jumper）是主角路克的爱马。——编注

戴上你的俄式毛帽，合上你的大衣，别忘记带上烈酒，然后跳上一架雪橇，大胆地去吧！马匹在欢快的铃声中奔向远方。远处，一把巴拉莱卡琴希望有一日能与你再次相见：又有谁能说得准呢。你这就开始了冒险，记得告诉我你的最新消息！

欢迎加入这场始于16世纪中叶、不以黄金为诱饵的热潮。在这里，人们追逐的宝物是毛皮。由商人资助的陷阱猎人为了更好地狩猎而进行探索。一旦他们清空了紫貂和其他长有类似柔顺毛发的野兽生存的领地，他们就会继续前进。

你可以着迷地跟随各种伟人的足迹，比如阿尼凯·费奥多罗维奇·斯特罗加诺夫，他是那个时代的无冕之王。他统治了数百万公顷的土地，也举兵征服了鞑靼人。你可以成为哥萨克，抛弃信仰和法律，只管前进，一路前进，在零下30度、零下40度的环境里前进。你可以登上一艘"科赫"，这是一种平底的圆船：你或许能驾驶着它开辟出东北航道，也就是经俄罗斯上方抵达中国的海路。容我向你介绍谢苗·杰日尼奥夫，他或许是第一个冒险至太平洋，并遭到当地楚科奇人攻击的人。当然，我们少不了维图斯·白令和他令人难以置信的冒险故事，但也请认识一下陪伴着他的传奇学者——格奥尔格·威廉·斯特勒。接下来该轮到叶夫根尼·瓦西里耶维奇·博格丹诺维奇了：承认吧，你同我一样，并不知道这位前消防员就是西伯利亚铁路之父！时过境迁。沙皇专制变成了红色政权。俄国变成了苏联。这座人间天堂要兼并这片冰天雪地。一个庞大的行政机构被建立起来。一位巨人将要领导它数十年：他就是奥托·施密特——一个与众不同的"君主"，但也是一个能在政治的冰山丛中灵巧航行的天才。他的副手之一是伊万·帕帕宁，他是一个科学站的站长，而他的科学站则是一块浮动的、不久就会融化的海冰。

我向你重申一遍，请相信一个肥皂剧的狂热爱好者，一个对电视剧上瘾的人。这本书会让你沉浸在冒险之中。

除此之外，它还会为你带来一些关于昨天和今天之俄罗斯世界的有益知识。或许你会因此下定决心对俄罗斯，对那片广袤而迷人的土地产生兴趣。

谢谢你，埃里克！

埃里克·奥瑟纳

（法兰西学院院士）

第一部分

迎着初升的太阳

第一章
斯特罗加诺夫家族，世界尽头的商人

　　史诗在这里掀开了第一页。时至今日，呈现在游客眼前的盛景依然摄人心魄。在维切格达河的右岸，距离河流大约数十米的地方，圣母领报教堂与它金色的穹顶主宰着这片风景。在无边的天宇下，开有射孔的白墙屹立于大地之上，散发着宏伟与威严的气息，任何天然或人造的高耸之物都无法令它失色些许。每逢日出或日落时分，这座教堂便会沐浴在河面灼烁的阳光之中，染上一层时而玫红、时而杏黄的色彩。它的主穹顶象征着救世主，另有四个穹顶与它相仿，但尺寸更小，它们指向宇宙的四角，象征着天启四骑士。

　　这座圣母领报教堂建设于16世纪60年代，自落成之后，它便成了俄国大地上少有的石制建筑之一。在这片木制建筑的世界中，它象征着教会的力量，也展现出其建造者的实力。它体量巨大，造型优美，祈祷室上方建有略微借鉴了同时代佛罗伦萨技艺的拱券。从这些方面来看，这座教堂完全可以与位于克林姆林宫心脏地带的同名大教堂比肩——伊凡雷帝在同一时期主持了它的翻新工程。不过，莫斯科的那座圣母领报大教堂是沙皇的私人祈祷室，而在距首都130千米、维切格达河畔的这座教堂，则属于商人世家斯特罗加诺夫家族。它代表了这个商业王朝的迅猛崛起，也象征着这个家族对于全能上帝的认知。

如今，索里维切戈茨斯克小村依旧环绕在教堂周围，却不过是昔日繁华的苍白倒影。在16世纪中期，它曾生机勃勃，是这一地区重要的贸易中心。在之后的数十年里，这处偏远的陡岸上又建起了其他12座教堂与隐修院。18世纪末期，当地的一位教士以他位于河对岸的房屋为起点，画下了索里维切戈茨斯克的天际线。这幅图画线条精巧而准确[1]，在俄国北部这片森林密布的土地上，地平线上矗立着钟楼、穹顶以及东正教的十字架，它们覆盖了河岸以及四周的土地。这是唯一一幅展现了当地风景的画作。在那之后，其中的10座教堂与所有隐修院，都在毁灭性的狂热中被夷为平地。

但是，在16世纪之初，索里维切戈茨斯克是罗斯世界的未来中心之一。这座小镇位于该时期俄国的东北部边境，是孕育了斯特罗加诺夫家族的摇篮。这一世代务农的家族，受到命运的感召，在自己国家的历史中扮演了决定性的角色。他们的权势和财富会在相当长的一段时间内都无人匹敌。在整个俄罗斯帝国境内，也会有为数众多的宫殿与街道以他们的名字命名。他们将这座位于维切格达河畔的小镇称作"家族的巢穴"。也正是在这里，诞生了征服西伯利亚的计划。

索里维切戈茨斯克与帝国的大城市相距甚远，它就仿佛伊凡雷帝治下俄国边境上的一座前哨。沿河往东走，就尽是荒蛮且罕为人知的地界了。在稍微上游一点的地方，坐落着一座隐修院，按照当时的惯例，它也是避难所和要塞。更远处，可供航行的河段还有1000多公里长，河流的源头位于乌拉尔山脉脚下，它被俄国人称作"石头"或者"石带"。这条在地理上将欧洲与亚洲分割开来的山脉并不算很高，却形成了一条天然的界线。向北而行，在伯朝拉河沿岸的冻土边缘，还有几处由俄国猎人建立的过冬营地。除此之外，这片区域就再无俄国人居住的痕迹了。这片由森林和沼泽覆盖的广袤地域是齐良人（今称"科米人"）、沃吉亚克人（今称"乌德穆尔特人"）与沃古尔人（今称

"曼西人")的土地。他们是主要以狩猎为生的游牧民族。这些土著时常来到索里维切戈茨斯克，交换或售卖狩猎所得。大体上说，上游的广阔领土皆是未知之地。

往西北方向，沿河而下，维切格达河在下游并入北德维纳河。北德维纳河又在奔流500公里后汇入白海与北冰洋。这里是波默尔地区（意为"滨海"），是波默尔人（即德维纳河与白海流域罗斯人）的国度。他们在四五个世纪前来到此地，以冰钓、勘探、狩猎与木业为生，河的沿岸布满了定居者的村落。波默尔人曾是诺夫哥罗德的领民或是在那里定居的人，当诺夫哥罗德还是一个辐射北欧的共和国时，他们就以其先锋精神、胆魄与独立意志著称。最后，向南，溯德维纳河而上，我们来到了大乌斯秋格，它是俄国北部的另一个商业中心，由此前往沃洛格达、莫斯科，则须经水路再转陆路，辗转跋涉数周才能抵达。斯特罗加诺夫家族的小镇地处已知世界的最东端，位于由首都去往白海海岸与德维纳河河口道路的三分之二处，这一河口是当时俄国仅有的出海口。

我们对斯特罗加诺夫家族的起源知之甚少，史学界对此也存在争论。在很长一段时间里，帝国时期的编年史作者都传述着一个关于其鞑靼血统的传说：为了归顺沙皇，斯特罗加诺夫（Stroganov）家族的祖先放弃了曾让自己遭受严厉制裁的伊斯兰教信仰（俄语中"strogui"意为"严厉"）。后来，人们又说斯特罗加诺夫家族的先人是一批为逃避15世纪席卷俄国的血腥冲突而来的开拓者。的确，从11世纪起，现今俄罗斯欧洲部分东北角的疆域就由来自诺夫哥罗德的定居者们所控制，这里土地广袤，森林河流密布。诺夫哥罗德是商业重镇，也是汉萨同盟（即波罗的海地区联盟）的成员城市之一。诺夫哥罗德被它的竞争者莫斯科征服后，一场残酷的屠杀在此上演。为了躲避灾难，那里的一些居民不惜逃向了最偏远的商栈。斯特罗加诺夫家族是否也在其中？最新的研究只能确定：斯特罗加诺夫家族出身于乡土，他们在终于登上历史舞台之前，已经在河畔定居了几代之久。

　　故事开始于俄历7023年，即公元1517年。在索里维切戈茨斯克，十八岁的阿尼凯·费奥多罗维奇·斯特罗加诺夫决心投入一桩在当地还不为人知的事业——利用其地产附近的一小片咸水制盐。通过把抽出的水置于管网中小心加热，阿尼凯成功提纯出了足以贩卖的盐。这是一种稀缺资源，当时的俄国几乎无法生产，只能花大价钱从欧洲进口。而为了贮藏食物，它又是首要的必需品，尤其在一个冬季漫长的国度，任何长期的短缺都具有严重的社会风险，因为那是饥荒的前兆。地方当局自然注意到了此等罕见创举，他们将此记录在案，并向莫斯科作了汇报。沙皇欣然接受了年轻的斯特罗加诺夫的请求，颁布敕令将特许经营权授予了他。

　　阿尼凯·费奥多罗维奇·斯特罗加诺夫是一个奇特的人物。没有任何知名画作描绘过他的相貌。在那些与他同时代之人为他绘制的肖像中，他是一个执拗、勤恳、节俭近乎吝啬的实业家，并像他的父亲与祖父那样，总是穿着一身卡夫坦*。在鞑靼-蒙古人的统治下，俄国错过了"文艺复兴"，以至于那时还没有大学校（grande école）或大学，然而在这个已知世界边缘的小村落里，阿尼凯却是一个文化与书籍的忠实爱好者。他收购手抄本，并在一年一度的集市上早早地买下由河畔商人带来的第一批印刷本。他买下的大部分都是宗教书籍，因为阿尼凯首先是个忠实的信徒。他的一生满是对教会的巨额捐赠，而他的梦想，是完成自己的宿命，做一个隐姓埋名的普通僧侣。这个梦想最终也得以实现。他的每一项重大成就，无论是在商业上、政治上，还是在司法上，大抵都意味着一座隐修院或教堂被兴建在斯特罗加诺夫家族致力开拓的广袤土地上。圣母领报教堂只是其中的一个例子："这

---

　　* 一种源于两河流域的长袍大衣。——译注

座圣殿由费奥多尔之子伊奥尼凯［阿尼凯］·斯特罗加诺夫，携子雅科夫、格里戈里、谢苗及孙马克西姆、尼基塔、安德烈、彼得所建，"教堂的墙壁上这样写着，"谨以此纪念他们，也谨以此作为他们今日和永恒的供奉。"

阿尼凯的另一个特点，也是他成功的关键之一，就是家族在事业中发挥的决定性作用。阿尼凯在他的两段婚姻里，共有13个孩子，但其中仅有3个儿子活了下来。斯特罗加诺夫家族内部实行的是父权制。史书里甚至有记载说，有一次，为了惩罚一个不顺从的女儿，父亲在暴怒之下将她从台阶上扔进了河里。但在生意场上，他们则表现得像一个无比团结的团队。直到阿尼凯去世之前，作为族长，他一直坚信其所谓"兄弟联盟"的重要作用——它需要为商号提供活力。儿子和孙子们仍会分得巨额的财产，但将通过风险共担、特权继承和共同倡议的制度，使共同的家业得以延续。一系列的往来书信、合同与相互担保，将所有子嗣维系在同一个商业命运共同体中。自他们的少年时期起，雅科夫、格里戈里、谢苗就在父亲的带领下，直接参与了经营活动的管理。他们在不满二十岁时，就轮番被任命为整个业务部门的主管。关系较远的家族成员里，也有一些家境稍逊的堂兄弟加入了商行，其中一些人还占据了机要岗位。"'斯特罗加诺夫与儿子们'公司"发展飞速。在索里维切戈茨斯克，不再只有阿尼凯及其子嗣想要从本地的盐水湖中获取利益。一些其他的地方氏族也加入了投机的行列。很快，就有超过90个同类组织出现在村庄周围。[2]但其中有30多个都为斯特罗加诺夫家族所有，到了16世纪下半叶，这一数目则变为总量的一半以上。斯特罗加诺夫家族努力与国外建立联系。与国外在知识上的交流，让他们的产盐技术日益精进，生产力也得以提升。凭借自己的锻造工坊，他们还成了制盐业生产工具的供应商，到了最后，他们甚至成了债权人，向自己那些经常负债累累的竞争对手放债。然而除了十足的干劲，阿尼凯和他的儿子们还使用了一些不那么为人称道的手段："他们通过囤积居奇、质押与放高利贷，夺取了村里的盐场、商铺，以及仓库、锻造工坊与住宅。"[3]史书里这样记载道。他们利用竞争者对他们的依赖，将他们逐步兼并，只放过了与他们关系密切、依靠这门生意获取收入的隐修院。久而久之，盐业市场只剩他们一家独大。通过遍布这一地区的制盐作坊，他们每年可以提纯高达500吨的盐，几乎占全国生产总量的三分之二。[4]这反映了俄国工业化的最初形式，也是斯特罗加诺夫家族的主要收入来源。在他们的档案里，我们发现了大量文件、沙皇的特许状、合同、契约、自愿或不那么自愿的质押转让协议，这些都证明了这个家族商业实力的稳步增长。

在制盐业不断发展的同时，他们的经营也迅速扩展到了其他商业部门。阿尼凯开始对制铁业产生了兴趣。长方形的大槽在盐的结晶过程中是不可或缺的，管道也是如此。因此，铁的价格便高得惊人：1562年，阿尼凯收购了一个竞争对手名下的制盐工场，而工场中铁制设备的价格是它们所在的场地与库房价格的六倍多。[5]当附近发现了铁矿，斯特罗加诺夫家族便设法获得了开采铁矿的特许权；随后他们开始发展锻造工坊，并从事农业，不过由于气候条件和北方漫长且严酷的冬季，农业的发展一直非常有限。当地对于粮食的需求促使斯特罗加诺夫家族在河流沿岸开展了规模庞大的贸易。他们进口小麦，并在理所当然地出口盐之外，还出口亚麻。圣母领报教堂脚下建有一座浮桥，斯特罗加诺夫家族购买并装备好的船队就在这里装卸。河船的吨位最初被限制在160吨，但很快就增加到了1000吨。[6]商船在水路网中穿行，从而与首都所在的伏尔加河流域或奥卡河流域进行贸易。连接两个流域的搬运点，往往是最主要的交通中心，斯特罗加诺夫家族经营的商栈在这些地方应运而生。不论是在下游的霍尔姆戈里，还是在大乌斯秋格、沃洛格达，当然也在莫斯科，在梁赞、特维尔或是下诺夫哥罗德，所有重要的集市地点，都有分号建立。在几十年内，斯特罗加诺夫家族便占领了俄国的各大城市。伟大的历史学家列夫·古列夫指出，在经历了几个世纪的停滞之后，对于这些新时代的俄国人来说，世界仿佛突然之间"显得太狭小了"。"他们赋予自己新的使命，希望自己青史留名。"斯特罗加诺夫家族想认识一切、了解一切，他们还想见识一切，而商业正是他们的载具。在南方，他们在伏尔加河沿岸收购小麦。在北方，他们用波默尔渔民传统的"科赫"小船*装备起自己的第一批近海船队，并远征斯堪的纳维亚与科拉半岛——他们最北端的贸易点就坐落在那里。最近的考古研究表明，由他们资助的渔猎远征队已经到达了北冰洋上的大岛新地岛的西岸。[7]阿尼凯的儿子们雇用了来自布鲁塞尔的航海家、探险家奥利维尔·布鲁奈尔，他们中的一人还陪同他去了安特卫普和阿姆斯特丹。和奥利维尔一起，他们制订了许多庞大计划：解开北冰洋的秘密，沿着俄国的极地海岸开辟未知的道路，航行至当时被称为"契丹"的中国——为什么不呢？他们的业务涉及方方面面：销售铁器、生产钻探仪器和工具、管理斯特罗加诺夫家族参加的各种贸易集市——所有这些都在他们的业务范围之内。可以说，他们插手了当时在俄国进行的所有贸易。

斯特罗加诺夫家族里都是些严谨且极有条理的管理者。各项业务的盘存表都得到了仔细的更新。在当时以伊凡雷帝政权为代表的专制统治下，他们小心保存了有关他们业务的所有文字记录。后来，这些文件大多发现于圣母领报教堂中迷宫般的地窖和地下通道，这里俨然成了斯特罗加诺夫家族的档案馆。在发掘过程中，人们还发现了斯特罗加诺夫家族用于私自监禁囚徒的地牢。

为了保障家族集团的管理，斯特罗加诺夫家族请来了许多专家，雇用了抄写员或者说是"从事书面工作的文员"。[8]这些人发挥了基础

---

* Kotch，一种俄罗斯北方传统的小型帆船，常被用于北冰洋上的近海航行。——译注

性的作用。整个15世纪，斯特罗加诺夫家族的各种合作伙伴、客户、分号在俄国迅速发展。所有的合同和商业契约都被尽可能多地复写，以便商号向他们提供信息。从事这份工作的每一个人都有自己的职称、职责，还有自己的签名，这些签名即使在几个世纪之后也依旧能被辨认出来。另外，在家族住所内部，还建有一个"行政"伊斯巴*，里面的法学家、律师、会计师、商业顾问负责在长达数周或数月的时间里陪同运输的货物，直到它们被送达目的地。作为这个文艺复兴时期"综合性企业"的高层，文员们受到了特别的照顾和呵护。他们之中，有临时培训的农奴，也有从更大城市的商栈里招募来的学者。他们中最优秀的人能享有高薪或实物上的特权："我们发给他每年30卢布的工资，"法学家沃罗宁为斯特罗加诺夫家族效力，他的一份雇用契约中就这样记载道，"我们还答应给他一件礼服，供他在礼拜日穿；一件呢子大衣，像他从莫斯科的兄弟们那儿收到的一样，供他在平日里穿，这样他就不用再穿像英式棕色粗呢裤那样的料子了。"9在各条河流、各个集市间跑动的主要办事人员，都被特别允许同时操办自己的生意。为了增加干部的人选，斯特罗加诺夫兄弟可以毫不犹豫地亲自赶赴雅罗斯拉夫或莫斯科的市场，去赎买在战争中被瑞典、波兰和立陶宛带到俄国的囚犯。这些"德意志"囚犯其实多来自瑞典或波罗的海地区。斯特罗加诺夫兄弟从狱卒手中买下他们，再将他们改造成农奴。他们原先可能是技师、译员，甚至是医生，却被迫来到北方的商业帝国发挥他们的才能。

在圣母领报教堂附近，随着家族商业的扩张，一个名副其实的小城镇发展了起来，而斯特罗加诺夫家族的小天地很快在规模上超过了城镇其他所有地方。为了保护家族的领导班子，并将各个家族的成员

---

* Isba，一种传统的俄式木制小屋。——译注

聚集在一起，他们打算建造一座坚固的宫殿。1565年，阿尼凯开始建造一座有三幢塔楼的要塞，它就背依教堂的白墙而建。大教堂厚厚的砖墙里，藏有从祈祷室通往居室或者壕沟的秘密通道与楼梯。仓库、工坊、磨坊和锻造厂都坐落在大教堂的围墙内。用人的住所（根据相关学者的推测，其数量有将近600间[10]）则分布在镇子及其周边地区。而在这个让人联想起中世纪庄园的家族寓所内，最贴身的仆人们却有他们自己的容身之地——木板屋，但有时也不过是些搭建在前院或后院的简易棚子。通过楼梯和走廊，他们可以到达宅邸的中心，族长通常在那里召集全族成员。橡木制的大餐桌是餐厅布置的中心，餐具则是锡、银或玻璃制的。建筑内房间的墙壁上，装饰着棕熊或北极熊的皮。几个黑白色调的房间里，还挂有大约20幅奢华的圣像，它们都是从当时的名师大家手中购买的。书籍对于阿尼凯和他的儿子们而言弥足珍贵，它们被集中保存在几个房间里，这便是俄国藏书最为丰富的图书馆之一。阿尼凯和儿子们在那里收藏了至少2500部书籍。读书是他们最喜爱的消遣活动之一。并且，为了满足这一兴趣，在商人们频繁且漫长的旅途中，总有一个由20到25本书组成的小型旅行图书馆陪伴着他们。

大教堂前广场上的市场容纳了许多小商贩的摊位，其中还有用酒水占据了教堂地窖部分空间的酒馆。"这酒的高贵精神在教堂里升华。"史书里记载道。这样做并非毫无问题，因为一些性急的顾客已经养成了直接在地窖里喝干自己酒壶的习惯，而且"他们觥筹交错的声音在早弥撒和晚祷期间干扰了唱诗班，造成了极大的混乱"。每年的7月和11月，广场及周边商栈还会举行两场大型集市，人们会在此时交易来自极北地区或乌拉尔地区的毛皮。7月份的集市因与它同时举行的"新娘集市"而闻名，这是一套快速的结婚机制，编年史作者索斯金欣然记述道："农民的女儿与年轻的姑娘从河上乘舟而来，与父母和熟人一起靠岸，紧挨着自家的小船和他们要出售的货物扎营。希望一睹她们容颜的小伙子们便会走上前来打量她们。如果她们条件合适，或是讨人喜欢，那么他们就会征求女孩的同意，并询问嫁妆的数额。如果女孩太害羞，不想自己回答，父母或熟人就会帮她们回答。协议达成之后，他们就会在教堂里结婚。相反，如果女孩没有被相中，或者自己拒绝了求婚，她们就会带着事先准备好的嫁妆打道回府。"[11]

阿尼凯成功地让自己的爱好也变成了自己孩子的爱好。教堂的中殿侧边配有实用的小礼拜堂，因为它们的面积较小，在寒冷的季节举行宗教仪式时，供起暖来就更加方便；为了整体的装饰，他们毫不犹豫地请来了当时最优秀的人才。壁画专家与圣像画家们从莫斯科、普斯科夫或国家艺术与宗教中心来到索里维切戈茨斯克。有了斯特罗加诺夫家族的订单，这个小小的贸易城镇很快就坐拥了一个新的圣像画家与镀金师流派，名声传遍全国。描绘"末日审判"情景的圣像、来自斯摩棱斯克的圣母像，还有表现"三位一体"的绘画——其猩红色的斑点尤其惹人注目——这些画作或是自外地进口，或是于本地画室绘制，它们为小礼拜堂的墙壁增添了许多活力。阿尼凯同他的两个孙子——尼基塔和马克西姆——一起亲自跟进工程进度。[12]他们也为自己的套房配备了藏画室，方便他们收藏和展出自己最珍爱的作品。而他们对教堂的施工也毫不吝啬——他们拨出了大量的资金，以供在圣像壁*中央打造出几扇富丽堂皇的"皇门"。宏大的壁画沿墙而上，直至穹顶，为信徒们昭示着彼生的美好。

宗教绘画不是斯特罗加诺夫家族的唯一爱好——他们对歌唱艺术同样兴趣浓厚。一位伊凡雷帝时代的著名歌手斯捷潘·格拉迪奇经常受邀来访索里维切戈茨斯克。[13]他是合唱艺术的专家，他对"奥索尔斯基-拉斯佩夫"的编曲至今仍留存在俄罗斯庞大的圣乐曲库中。

---

* 东方基督教教堂中用于分隔圣殿与正殿的墙壁，因墙上所绘的圣像得名。又被称作"圣幛"。——译注

家族的女人们也发挥了她们的才智：在自己的寓所之中，她们开发出一种用金丝和银丝纺织的方法，这随后也成了一项家族传统工艺。同时，一门买卖河中自产珍珠的生意也逐渐发展起来。最后，斯特罗加诺夫家族所致力的艺术类型还有另外一项，那便是在彩色木头上进行的雕刻，其灵感依旧来源于宗教信仰。

在那些最精美的圣像当中，有几幅都描绘的是东正教会早先的领袖圣阿列克谢都主教。这种向一位封圣的高级神职人员献上的殷勤，时任都主教马卡里大抵不会不知道，他是教会的首脑，因而也是当时俄国社会的核心人物。这幅献给他前辈的主圣像定制自大师萨文。它不仅是东正教宗教艺术的杰作，也表明了斯特罗加诺夫家族对俄国教会统一政策的支持，而这正是马卡里都主教施政纲领的核心。[14]在其单纯宗教性的职务之外，马卡里的重要性也许还体现在他对沙皇伊凡雷帝施加的影响之上。都主教是沙皇的精神导师、告解神父以及享有特权的谈话者，他也许是唯一受到君主敬畏和尊重的人。在他1564年去世之前，他一直是伊凡雷帝宏大构想的灵感来源。统一神圣罗斯的土地，在君士坦丁堡陷落一个世纪之后肩负起建立第三罗马的使命，从伏尔加河流域和克里米亚地区鞑靼诸国的监护与威胁中摆脱——根据都主教的说法，这些都是上帝托付给"恐怖者"沙皇伊凡四世的使命。

马卡里都主教首先是斯特罗加诺夫家族等信教人士的精神领袖，其次还是其关系网在莫斯科重要的中继之一。斯特罗加诺夫家族为讨得他的欢心花费了很多心思。继圣母领报教堂之后，他们在索里维切戈茨斯克又兴建了其他几座教堂和两座隐修院，其中包括一座圣母进堂隐修院——这一命名来源于一个在11月纪念圣母玛利亚的盛大民间节日，它象征着冬天的开始。在第二任妻子离世后，阿尼凯剃发改名为"约沙法"。正是在这间隐修院里，他深居简出地度过了人生的最后时光。每当他们的土地扩大，每当沙皇赐予他们新领地的特许经营权或所有权，斯特罗加诺夫家族就开始在那里建造新的隐修院，并将它们置于莫斯科都主教的直接领导之下。由于斯特罗加诺夫家族的存在，东正教会也随着商业的扩张，将自己的帝国向东方延伸。

继自己的父亲之后，斯特罗加诺夫的儿子们在某种程度上成为教会的亲切盟友与代理人。但在此之外，他们也成了伊凡雷帝本人的亲切盟友与代理人。

第二章
伊凡雷帝与寡头斯特罗加诺夫家族

16世纪中叶以前，俄国就已经是欧洲最大的国家了。但它既不是最和平的那一个，也不是最稳定的那一个。

让我们看一看地图。在西面和西北面，俄国与大海相隔绝。瑞典人控制了涅瓦河河口和一个半世纪以后将成为圣彼得堡核心的小要塞。他们还占据了波罗的海相当大一部分的海岸，包括立窝尼亚（现拉脱维亚）、纳尔瓦*港和里加†港。其余的沿海地区则由立陶宛或波兰占有。此外，波兰还阻断了通往德意志诸国的陆路通道。这些国家都是俄国的对手。

对于俄国来说，没有直接的出海口是一个巨大的劣势。中世纪的贸易强权汉萨同盟的崩溃，导致整个波罗的海地区贸易的急剧增长。其成员城市（包括诺夫哥罗德）的规章制度、特殊权利和特惠待遇都已不复存在，英国、法国、斯堪的纳维亚和德意志的航海家们得以在这个"北方的地中海"中自由纵横。但是，原汉萨城市的商业利益被政治和军事力量不断增强的沿海国家所取代。丹麦王国在厄勒海峡设立了一个收益颇丰的收费关口，这是进入波罗的海的必经通道。至

---

* 现属爱沙尼亚。——译注
† 现拉脱维亚首都，位于波罗的海沿岸，道加瓦河河口。——译注

于波兰、立陶宛以及瑞典，它们更是联合起来，禁止俄国在波罗的海沿岸设立任何据点，乃至禁止俄国与主导世界贸易并在其港口停泊的船队进行任何直接接触。俄国人被这样孤立在自己的广阔领土上，他们别无他法，只能将自己的邻国作为贸易的中介。他们没有港口，自然也没有船队，所以无法自行前往诸如布鲁日、安特卫普、阿姆斯特丹、伦敦、布雷斯特*或迪耶普†等重要商业中心。在进口时，他们无须缴纳关税；在出口时，他们则必须服从瑞典人、立陶宛人或波兰人及其代理人等中间方的要求。再加上俄国用于保障货币交易的贵金属依赖从外国进口，尤其是黄金和白银，形势就显得更加严峻了。俄国还是一个武器进口大国，邻国对此类商品从其港口过境自然会感到不快。因此，俄国商人们感到无比沮丧，他们发现自己与一个繁荣与充满希望的世界隔绝开来。而俄国最大的商人正是沙皇本人。事实上，在俄国的国家概念里，沙皇是国家的所有者，他全权拥有自己土地上所生产的一切物品。在所有的贸易中，他都乐于并倾向于充当和平协商未能奏效时的"最后手段"。

在南面和东南面，形势也并未有所好转。鞑靼人的金帐汗国是成吉思汗的远房继承者，他们在几个世纪里都是罗斯诸国的宗主，此时也在俄国的家门口安营扎寨。伏尔加河上的鞑靼王国由两个汗国组成，其各自首都分别位于伏尔加河中游的喀山和三角洲附近的阿斯特拉罕。在黑海沿岸，克里米亚汗国关闭了过去位于君士坦丁堡的南方通道。更糟糕的是，本身就是鞑靼人出身并向克里米亚汗国效忠的游牧民族诺盖人控制了俄国南部广阔的大草原，在那里，他们有时作为贸易伙伴活动，有时则作为强盗或敌人的雇佣兵活动，这取决于媾和与密谋的结果如何。来自鞑靼人的压力造成了一种持久的不安全状态。俄国南部和中部的城市不断受到突袭、袭击、绑架或是让一切

---

* 法国西北部港口城市。——译注
† 法国北部港口城市。——译注

化为灰烬的火灾的威胁。然而鞑靼的军事存在所造成的半包围还产生了更加广泛的后果——它阻碍了伏尔加河上的自由行动，而伏尔加河是一条干线航道，是俄国在某种程度上的支柱。这影响了俄国与东方、波斯和中亚绿洲的贸易发展。鞑靼人自然将"与布哈拉通商的中间人"这一肥差留给了自己，而布哈拉的沙漠商队将中国的丝绸、茶叶、香料、织物以及各种宝石带到了里海沿岸。最后，鞑靼人还封锁了所有通往乌拉尔山脉和未知土地的通道。这是一个难解的谜团：当欧洲人进入美洲近一个世纪，并且越来越精确地描绘出其轮廓时，人们却对东端与俄国相邻的地界几乎一无所知。因此，在1507年德意志地理学家瓦尔德泽米勒印制的第一张世界地图上，两个美洲仿佛凭空出现。正是这幅引人入胜的壁挂式地图第一次使用了"美洲"这一称谓。但在它东方的亚洲，又称"斯基提亚"，我们只能看到广阔的、布满了假想的山与装饰图案的处女地。在哥伦布首次登陆仅十五年之后，人们对于新大陆的了解已经超过了对于旧欧洲延伸部分的了解。

最早在书面文献中提到外乌拉尔地区的是一位波兰学者，他是克拉科夫大学的校长。1517年，他发表了一篇专论，转述了成功抵达波兰的俄国旅行者的见闻："在比莫斯科更遥远的地方，"他写道，"往东北方向去，那是有原始部落生活的名为'斯基提亚'的地界 [……]。这里的人们既不耕作，也不播种；既没有面包，也没有白银。而且，由于森林覆盖了这些土地，生活在此的居民变得十分野蛮，仿佛野兽一般 [……]。"文中写道，有一条大河（鄂毕河）从南方流向冰封的大海。当时的人们认为这条河是一个大湖（契丹湖）的出口，可以通往中国。在俄国最靠近边境的地区——斯特罗加诺夫家族就居住在这里——外乌拉尔地区被称为"尤格拉"（Iougra），而其核心部分就在山口的另一侧，那里被称为"西比尔"（Sibir）或"西伯尔"（Siber）。

这个名称最早出现在16世纪60年代的西方地图上，它们的作者往往来自英国的伦敦或尼德兰的安特卫普和阿姆斯特丹，他们都热衷于向旅行者收集信息。这里就是日后的西伯利亚（Sibérie）。但此时的西伯利亚是一把锁，它的钥匙还在鞑靼人的手中。

沙皇不仅在所有边境上都受到欺侮，他还面临着一个更加隐蔽的危险——他脆弱的政权与自己敏感的心理。伊凡三岁时就失去了父亲，他的整个童年都充斥着争权夺势的阴谋与诡计，这在其性格中留下了深刻的烙印。在他母亲叶连娜大公夫人周围，有一群维护摄政、执掌大权的"波雅尔"。波雅尔是一种世袭贵族，人数稀少，最多有五十余人。每当权力空虚或软弱时——比如伊凡还只是个小男孩的16世纪30年代——权力斗争就会不断威胁寡居的大公夫人和其继承人的生命。每个人都相互猜忌。伊凡还只有四岁时，恐怖就降临在皇宫里。他的一个叔父因被指控谋反，被监禁在克里姆林宫的一座塔楼里。让皇室见血的人，等待他的就只有厄运，因此，这个可怜人被遗弃在地牢中活活饿死。而他不会是唯一一个。不久之后，小伊凡和他的哑巴弟弟尤里所熟悉的其他身影也会堕入地牢，再以同样的方式从人世消失。后来，在与一个仇敌出人意料的通信中，伊凡会不断提及自己在恐惧中度过的童年："当我们的母亲，虔诚的叶连娜从人间前往天国时，我和我现已去世的弟弟尤里依旧是无依无靠的孤儿。那时我才八岁。[……]还有哪一位忠于我父亲的波雅尔没有被暗杀？至于我和我的弟弟尤里，还有哪一种苦难我们没有遭受过？我们没有任何自由，一切都不依照我们的意愿进行，一切都与我们幼小的年纪不相符合。[……]我无法衡量我幼年时究竟承受了多少苦难。"[15]

当他终于在十七岁登上大公之位时，这位年轻的君主选择首先展示自己的威力，这一想法来自他的精神导师马卡里都主教。他声称自己是拜占庭帝国的继承者，并加冕为沙皇（即俄语的"恺撒"），从而构造了一种新的正统性。加冕仪式无比宏大，其盛况配得上一位手持基督教帝国权杖的绝对君主，而这个帝国已在君士坦丁堡沦陷之时覆灭。自此，新沙皇将一个由改革和恐怖统治组成的奇怪政体强加给了自己的臣民。他把俄国看作一个巨大的教区，或一座隐修院，而他就是隐修院的院长。"我们的帝国不是靠暴力得来的，"他声称，"反对这样的权威，即是在反对上帝的权威。"[16]随着时间的推移，特别是在马卡里都主教去世之后，沙皇绝不让步的态度演变成了蛮横的暴力。严酷是他的原则。一位政治理论家如此为他的政体辩护："对于沙皇来说，一个没有恐惧的王国，就像一匹没有嚼子的马。"残忍是他的方法。专制统治笼罩了莫斯科及各省，好几个波雅尔大户人家的代表，包括一些沙皇最忠实的伙伴，都突然被逮捕，并受到刽子手马利乌塔·斯库拉托夫的酷刑折磨。伊凡成了"恐怖者"，也就是令人害怕的人，这与他执政的方针相吻合。关于他的传说层出不穷：据说在他出生的夜晚，即1530年8月的一个晚上，风变得非常狂暴，甚至摇响了克里姆林宫的巨钟，这是不祥的预兆。[17]伊凡沉溺在神秘主义中，认为自己是上帝的工具，也是其臣民所有罪孽的承担者，他既想要趁自己尚在尘世时惩戒他们，也极度恐惧最后审判的到来。他既会连续几天祈祷，也会下令暗杀继承了马卡里之位，却与沙皇做对，还试图禁止他走进教堂的腓力都主教。他亲自领导了对西部边境城市诺夫哥罗德和普斯科夫的讨伐，并任由它们被屠城和洗劫。他曾到访全国最大的隐修院之一，院长手持面包与盐*在门前迎接他，他却将院长的头颅砍下，随后，他被自己的渎圣行为吓坏了，把受害者的头颅抱在自己怀里，一路踏血走至隐修院小礼拜堂的中心。在一次发狂时，他甚至杀死了自己的爱子。

在国家的经济建设中，沙皇的政策反映出两面性。一方面，伊凡是一位改革家，也是一位现代化的推动者。而在另一方面，他则是

---

* 用面包与盐欢迎客人是俄罗斯的传统习俗。——译注

一个残酷而不可预知的统治者。在他的臣民中，甚至有人相信，在克里姆林宫中有两个不同的人以沙皇的名义秘密进行统治。伊凡四世将公国改组为一个更加中央集权的国家，他根据任务类型的不同，让工作围绕各"办公室"（俄语为"prikazy"）展开，为行政管理奠定了基础。波雅尔和教士们被任命为各个办公室的负责人，这便是一个国家的基本框架。但同时，他偏执的思考方式也导致了一些非理性的举措。1564年，库尔布斯基亲王率军同立陶宛、波兰作战，他是一位热衷于辩证法和希腊文化的博学家，但这位国家的伟人却在随后叛变，成了沙皇的敌人。伊凡目睹了这一切，几个月后，他便决定通过分割土地来重组俄国。沙皇想要的，是一个由最富庶的城市与领地所组成的帝国，并且，在克里姆林宫外的寓所中，他可以一个人直接管理这个帝国。符合以上条件的一整套产业便是"奥普里希尼纳"（oprichnina），这是一块"基于上帝的旨意"而设立的沙皇特辖区。国土剩下的部分，即"泽姆奇纳"（zemchtchina），则交由普通行政部门管理。这是个奇特的计划，并且很快就演变成一场噩梦：为了管理奥普里希尼纳，沙皇召集了他的追随者。几个大家族纷纷加入，每个人都试图参与其中，以避免自己受到倾轧。斯特罗加诺夫家族也受到诏书邀请。伊凡像上帝一样选择自己的子民。在他们之中，有一个德意志人海因里希·冯·施塔登，他被自己在威斯特法伦某镇做镇长的父亲派去里加，并在接受了最初的考验之后，因为伊凡在众精英面前的一句话，而得以最终入选："奥普里希尼纳的宫廷里还只有四个德意志人。"冯·施塔登如此记录道。[18]

被怀疑不忠的家族，其中包括一些国内最有权势的家族，其财产都遭到没收，并被划拨给奥普里希尼纳的沙皇特辖区。重组的部分内容是物理层面的：在臣服的城市中，一些街道——包括其建筑物和居民在内——以及一些城郊小镇被因此划入了奥普里希尼纳领地。而在莫斯科城内，对克里姆林宫怀有戒心的伊凡下令在涅格林纳亚河河畔修建了一座全新的奥普里希尼纳宫："在位于山岗的一片四方形土地上，大公*下令摧毁了许多王公、波雅尔和商人的宅邸。这片土地的四周建有围墙，围墙靠近地面的6尺是用凿石砌成的，上面的12尺则是用烧制的砖砌成的，它的每一条边都有780尺长。"冯·施塔登描述道。[19]若要进入围墙内部，可以借道三扇装饰着雕花彩绘狮子的门——狮子的每只眼睛都是一面小镜子。其中的南门靠近伊凡的套间，它非常狭窄，每次仅能供一人骑马通过。伊凡将他的宫廷移到了此处，并亲自进行了规划："[一座宏伟建筑的] 居室和门厅的前方建有一栋小屋。大公早晨和中午通常都在那里用餐。这是他的前哨站。"[20]

为了维护奥普里希尼纳的治安，沙皇招募了几百名忠于他的精锐士兵，即"奥普里希尼基"（opritchniki）。但这批被选中的门徒很快就蜕变成一支由嗜血的战士组成的军队。他们本应是一支近卫军，结果却成了一支最终人数多达6000的民兵队伍。他们的骑兵身穿黑衣，佩戴狗头标志，在俄国全境偷盗、抢劫、强奸、杀人，却完全不受惩罚。"一个奥普里希尼基可以指控泽姆奇纳 [普通社会] 的任意成员欠他钱。即便此奥普里希尼基并不认识，甚至一生之中从未见过其债务人，后者也必须立即偿还债务，否则他每天都要在市场的广场上接受鞭刑，直到他付清这笔钱为止。"[21]作为奥普里希尼基的冯·施塔登自己记录道。[22]这名年轻的德意志人不断目睹强取豪夺的行为在身边上演，他讲述了来自北方的商人如何在路上恳求他以低价或赊账买下他们运送的毛皮捆，以免它们遭到其他奥普里希尼基的没收。他看到村庄及其教堂被烧毁，妇女遭人剥光衣服，被迫裸体在田里追赶鸡群，隐修院被破坏，僧侣被折磨，普斯科夫的居民被淹死。他在为神圣罗马帝国皇帝鲁道夫·冯·哈布斯堡所作的回忆录中写道：在那座

---

* 即伊凡雷帝。——译注

城市，"当天被杀的神父和在俗信徒多达数千人，之前在俄国从未发生过类似的事"。

年轻的沙皇对上天赋予他的使命深信不疑，他想要将俄国从桎梏它的枷锁中解放出来。他将持续不断地尝试打破压制着俄国的两条阵线。在西北面，他对联合起来对抗他的波罗的海各国发起了一场旷日持久的战争。这场以立窝尼亚命名的战争持续了二十五年之久。这自然不是俄国人第一次试图驱逐他们西边的邻居。亚历山大·涅夫斯基大公在几世纪之前就曾与条顿骑士团的骑士兵戎相见。这同样不会是他们的最后一次尝试：要等到一百五十年之后，即彼得大帝和他的大北方战争之后，俄国才终于打开其"西部窗口"，获得波罗的海的出海口。这场战争虽然打打停停，但它挖空了整个国家：凯旋与败北不断交替上演。当俄军围攻普斯科夫时，它也在波洛茨克遭到袭击。为了与瑞典在纳尔瓦的要塞抗衡，俄国几乎不得不建立一座新的城市——伊万哥罗德。俄方阵营因一些昔日猛将转投立陶宛国王麾下而遭到削弱。沙皇近乎偏执的疑心则更使情况雪上加霜：他草木皆兵，即使是他最忠实的追随者也会被他投入酷刑室或亲手残杀。伊凡召集了多达30万人，也耗尽了国库。这是一场无谓的战争。战争初期，俄军夺取了纳尔瓦及其在波罗的海的港口，而这只不过是一场短暂的胜利。到了1581年，瑞典人卷土重来，伊凡别无选择，只能在最不利的形势下展开谈判。

但在开辟波罗的海战区之前，伊凡雷帝就已经对鞑靼人展开了进攻。他采用了马卡里都主教所鼓励的十字军东征的形式。他高举基督教世界的军旗，反抗伊斯兰世界的绿旗，将军队投入对喀山汗国首都的讨伐当中，那里尖细的宣礼塔比城墙还高耸。在这条战线上，他最初的几次进攻同样是注定失败的。在当时那样一个宗教氛围浓厚的社会里，每一个征兆、每一次胜负都被看成神意的表达。每当新的不幸降临，萦绕在人们心头的疑惑就是最可怕的敌人：上帝如何能将自己的子民置于异教徒之手而不顾？伊凡在坚固的喀山城前动员、再动员并集结部队。1552年，罗斯诸王公长久以来的宗主鞑靼人的首都，最终沦陷了。俄军乘胜追击，四年后，阿斯特拉罕汗国也宣告沦陷。鞑靼人被征服了。作为对上帝的感谢，沙皇下令在克里姆林宫的脚下修建了圣瓦西里主教座堂。其五彩的葱形圆顶至今仍是红场上的主角。

自此以后，俄国人就掌控了伏尔加河从源头到其位于里海的河口的全部流域。这使得俄国历史的范围与视角都发生了改变。这一区域被称为"Volga Matouchka"，也就是"伏尔加母亲"。它面积巨大的流域是水上的高速公路，其众多支流能够让人轻松穿梭在顿河流域与黑海之间，在第聂伯河流域与乌克兰之间，在沃尔霍夫河流域与波罗的海之间，在北德维纳河流域、白海与北冰洋之间，以及在乌拉尔山脉与其所代表的无限可能之间。

斯特罗加诺夫家族在偏安北方边境的索里维切戈茨斯克小镇里小心翼翼，以免在这位难以预测的沙皇面前失宠。得益于自己令人眼花缭乱的财富，他们现在堪称一个几乎独立的封建小国的君主。他们的领地囊括了数百万公顷的森林、草地和沼泽。他们乐得与宫廷及其纷杂的谋杀阴谋保持距离。而他们的平民出身也让他们减少了招致于自己不利的怀疑的可能。但他们是极其谨慎的人：即使远离克里姆林宫，他们也不会错过任何讨好君主的机会。每当君主有难，他们必会驰援。对于因为连年不断的军事行动而金钱散尽的伊凡，他们有时慷慨解囊，有时甚至会派出他们自己招募、训练、装备和支付费用的部队。1572年，在沙皇的号召下，千余名步兵和持载步兵就以这种方式被派去保卫受到诺盖骑兵威胁的草原前线。

在情况危急，或俄国及其沙皇的命运到了生死攸关的时刻，斯特罗加诺夫家族的献金无疑是雪中送炭。但在和平时期，他们则成了宫廷的银行家与征税官。得益于他们的商业和宗教关系网，他们发挥的作用不断增强。他们从臣民，变成了皇权的代理人。伊凡委托他们在地界里征税。其运行机制很简单：斯特罗加诺夫家族的商人们先向莫斯科国库预付承诺的数额，随后再向自己的北方同乡讨回这笔钱。他们同样是宫廷的指定供应商。伊凡在越来越多的时候都会依靠他们，以获得他所垂涎的皮草或珍贵的大衣。1574年，斯特罗加诺夫家族的两名子弟在莫斯科逗留期间，沙皇在宫廷上召见了他们，向他们开具了一张颇具当时风俗特色的愿望清单："几张珍稀貂皮、1500幅金丝缝制的布（3000卢布）、五磅上好鹅绒（200卢布）。"[23]

沙皇除了会用现金支付货款，也会用特权抵现。早年间，特权都是以免收（尤其是河运中的）通行费和过境税的形式实现的。这在竞争中构成了一项巨大的优势：当他们的竞争者需要停靠沿途的每一处水坝和检查站，经历严苛的清查，以及随后的计算与争执时，斯特罗加诺夫家族的货船早已穿过了层层站点，为其所有者省下了时间与金钱。[24]公权赋予的特权换取私人提供的特殊服务，大商人与克里姆林宫之间存在共谋与分工关系——斯特罗加诺夫家族就是16世纪的寡头。

当鞑靼的可汗们覆灭的消息传来时，斯特罗加诺夫家族很快就意识到，命运女神对他们笑得更加灿烂了。伏尔加河流域诸汗国的陷落，为他们的雄心壮志提供了无与伦比的前景。在此之前，俄国始终在西面、东面及南面受到敌对势力的钳制，导致斯特罗加诺夫家族只能向北自由扩张，而在此方向上，沿着各条大河及其支流，已经布满了俄国的商栈。现在，东方的道路和领土正在打开。其中最首要的，要数伏尔加河最大支流之一、从乌拉尔山脉流下来的卡马河。而斯特罗加诺夫家族作为波默尔开拓者当之无愧的后裔，尤其具备迎接这一挑战的能力。

在索里维切戈茨斯克，人们早就知晓卡马河的沿岸蕴藏着大量的盐矿。一百年以前，当地的其他商人卡林尼科夫家族也确认了盐矿的存在。[25]但当时，生活在卡马河沿岸的百姓仍处于鞑靼的控制之下。而如今，一个不容错过的机会降临了。于是，在1558年，阿尼凯·斯特罗加诺夫的儿子格里戈里向伊凡雷帝呈上了一份请愿书。"在比切尔登、卡马河沿岸更远，一直到丘索瓦亚河的地方，即乌拉尔山脉的这一侧，"请愿书中写道，"有一些空置、荒蛮的土地，那里既没有人居住，也不属于任何人，对任何人都没有用处。"格里戈里毕恭毕敬地请求伊凡雷帝允许他"在此处取卤水、提盐、雇工和砍伐森林"，作为交换，他承诺"修建住宅，自费建造一座小城，并用大炮装备它，以保卫我们的边境，抵御诺盖人和其他游牧部落"。[26]在当时的俄语里，提出请求或请愿，叫作"额头叩［地］"。这个说法颇具画面感。即使在今天，历史学家对于1558年斯特罗加诺夫家族向沙皇提出请求的大胆或无礼程度仍存在不同看法。早先的研究[27]认为这是当时封臣和宗主之间普遍存在的信任的标志，更近一些的研究[28]则仍然惊异于索里维切戈茨斯克人的放肆。但无论如何，胆大有了回报。俄历7066年（1558年）4月4日，虔诚的沙皇、全罗斯大公伊凡·瓦西里耶维奇将"卡马河沿岸98俄里［约94公里］的空地"授予阿尼凯·斯特罗加诺夫的儿子格里戈里。"沙皇下令允许格里戈里选择一个坚固、占据地利之处建立据点，并于此建造要塞，自行任命大炮手、炮兵和火枪手，以抵御西伯利亚人、诺盖人和其他游牧部落。"[29]沙皇是慷慨的，但他没有盲目信任他人。特许权最初的有效期仅为二十年，且仅适用于盐的开采。一旦新地区的勘探者发现了"银、铜或锡"的矿石，格里戈里必须立即"以书面形式告知沙皇的官员，并在得到指示之前，不得擅自做任何事情"。[30]斯特罗加诺夫家族获得的特权列表上还有一条，即定居者被免除了为莫斯科的官员、监察员或使者免费提供接待与食宿的义务。单凭这一点，我们就可以窥探出此类到访可能造成的诸多不便。

这几百万公顷土地再一次扩大了斯特罗加诺夫家族的领地。但它将不同于相对安宁的维切格达河畔。在这里，他们面临了直到现在都不曾经历过的威胁。尽管莫斯科颁布了各种政令、契约或担保书，但伊凡只能实现十分粗略的控制。他在已经成为俄国地区行政中心的小城切尔登任命了一名督军。督军通常是出身于波雅尔家族的军官或知名人士，他们因自己的军功被派往征服区。但很快，他们又被赋予了民事、司法和财政权力。例如，税务的征收就由他们负责。但在这个新的疆域，他们掌握的手段是有限的。伊凡雷帝在遥远的地方同瑞典人和波兰人作战，他没有足够的兵力来支援当地守卫部队。比如，1552年，当土著起义，俄国小镇索利卡姆斯克向伊凡雷帝求援时，伊凡派出的增援仅是一幅圣尼古拉的圣像，他建议他们带着圣像在防御工事上巡行，从而鼓舞军队，赶走异教徒。

斯特罗加诺夫家族只能靠自己。在家庭会议上，他们安排了新的分工。出于谨慎，阿尼凯决定将家族的核心业务都留在索里维切戈茨斯克。炼铁厂的生产和钻探仪器的制造都仍在这里进行。谢苗负责看守这一部分业务，而阿尼凯和其另外两个儿子马克西姆、尼基塔及其各自子嗣，都将开赴新的疆域。在沙皇下诏几个月后，他们建造了自己的第一座"城池"——它不过是削尖再拼接在一起的树干组成的高栏，充其量只是一座木制要塞。在要塞的四角，建有高十米左右、装备有轻炮的塔楼。在获得土地的同时，新的特许经营者们还从沙皇那里获得了生产制造火药所必需的硝石的许可。但是此特别授权是有限的：硝石的产量不得超过20普特（poud），即320公斤。莫斯科对其军火库过于充实的臣民充满了戒心。在要塞的城墙内，建有商业开发必需的生活区、仓库和车间。事情进展得十分迅速。斯特罗加诺夫家族顺着卡马河而上，开设了一家又一家盐场。由于技术的改进，其日产量比索里维切戈茨斯克还高出了两三倍。而盐在莫斯科的市场售价是当地价格的十二倍。盈利是毋庸置疑的。劳动力稀缺，斯特罗加诺夫家族在各个商栈招聘。伊凡雷帝在奥普里希尼纳营造的恐怖氛围，驱使成千上万的俄国人在通往处女地的道路上开展了一场场绝望逃亡，以期能躲过散播死亡的黑色骑兵，而斯特罗加诺夫家族则利用了这一局势。支配着国家的专权统治不仅使参与权力斗争的小集团感到恐怖。无论店主、神职人员，还是小市民，都任凭统治者心腹的情绪波动而被随意摆布，许多人宁愿远离城市，到新征服的东部去寻求财富，因为奥普里希尼基们的触手还没有伸到那里。这些移民沿河而上，到达斯特罗加诺夫家族的村庄和简陋的木堡。逃亡的农奴也来到新领地寻求庇护。虽然法律禁止为他们提供住所或工作，但大商人们却选择视而不见，至少是暂时视而不见，因为他们几乎没有别的人选。很快，第二座"城池"就诞生了。这些筑有防御工事的矿场构成了将俄国与乌拉尔山脉及其人民分割开的最后一道警戒线。

与斯特罗加诺夫家族的介绍以及沙皇的敕令相左的是，这一片刚刚竖起崭新木墙的土地并非无主。这里的土著——佩雷姆人、沃古尔人、彼尔姆人和齐良人——分散居住在乌拉尔山麓，他们在此之前一直是西伯利亚汗国*的臣民，后者与喀山汗国、阿斯特拉罕汗国一起，组成了强大的金帐汗国。西伯利亚汗国的西部边界突然受到斯特罗加诺夫家族产业扩张的侵扰。其领土主要位于乌拉尔山脉的东坡，占据了鄂毕河及其主要支流额尔齐斯河的中游地区。从西伯利亚南部的巨大草原流下的鄂毕河上游，使得这片土地的居民可以和骁勇的骑兵——游牧的诺盖人——相互沟通。额尔齐斯河的上游是与吉尔吉斯人及中亚联系的脐带，是旧金帐汗国的历史摇篮，布哈拉的商队至此仍在与其旧部开展利润丰厚的贸易。西伯利亚汗国的首都是一个有几千人口的城市，它建在额尔齐斯河右岸一个几十米高的悬崖上，离额尔齐斯河与鄂毕河的交汇处不远。这座城市叫作"喀什里克"。欧洲人第一次发现它是在一幅1562年的地图上——它的绘制参考了一位来

---

* 又称失必儿汗国。——译注

自沙皇宫廷的英国使者的说明。地图中对于喀什里克的提及是一个确凿的迹象，它表明无论莫斯科、伦敦还是低地国家，都对西伯利亚汗国的首都产生了突然的兴趣。因为大家都明白，鞑靼人的汗国是通往亚洲与中国道路上的锁，并且这把锁颇有崩坏的可能。

事实上，喀山的沦陷打破了力量的平衡。坐镇喀什里克的可汗雅迪格尔失去的不仅仅是一个盟友。在某种程度上，喀山汗国是他在封建势力之多米诺骨牌中的保护者。没有了它，他突然发现自己异常孱弱。一些藩属部落已经在向新的强者，即俄国沙皇寻求保护。而最重要的是，在该政权内部，贵为成吉思汗直系后裔的一支敌对氏族开始挑战其合法性和权威，并要求获得应得的地位。这一批夺权者由库楚汗领导，他得到了中亚各方面包括军事上的支持。为了保住自己的汗位，雅迪格尔并没有犹豫太久。正当斯特罗加诺夫家族准备在他的家门前安装高篱和盐水管道时，雅迪格尔也试图向伊凡雷帝宣誓效忠。使者们被急遣至克里姆林宫，以传达其首领主动归顺的意愿。他们在行李中携带了表明他们臣属地位的物质象征——每年以实物形式上缴的杂税，即"牙萨克"。长久以来，一直是鞑靼人向自己的臣民征收牙萨克，现在他们主动提出将其中的部分进贡给沙皇。牙萨克是用毛皮支付的，汗国的使者向伊凡提出的数额是每个"纳税人"上缴一张貂皮和松鼠皮。也就是说，在只计算传统家庭的主体或首领的方针下，可汗需上缴30700份贡品。作为交换，根据封建契约，雅迪格尔可以向沙皇请求保护，尤其是在他与对手库楚汗发生武装冲突时。

当然，双方在进贡的具体方式，尤其是在牙萨克的数额上进行了一些小的讨论，因为使者的第一次报价——仅仅700张毛皮——远不及沙皇的预期。但伊凡雷帝还是接受了这个提议。这不是他优先考虑的事项，他也不打算为此挥霍自己微薄的资源：在立陶宛人和波兰人那边，他远有更多值得操心的事，不过在他已经很长的领土清单上再多加一个头衔，这总不是件坏事。他是莫斯科、诺夫哥罗德的大公，是全罗斯的沙皇，但从此以后，获准谒见他的外国访客还应遵循外交礼节称他为"乌多尔、孔丁和整个西伯利亚"的君主。[31]他的书信也是如此落款的。虽然他还没有进行牢靠的军事部署，但克里姆林宫的主人至少可以声称这片西伯利亚的土地已归顺于他。

然而现实情况却大不相同。把寻求保护者作为最后手段的鞑靼首领雅迪格尔十分突然地结束了自己的尝试。一场政变推翻了他的政权，库楚汗在喀什里克夺取了汗位。新首领忠于祖先成吉思汗的传统，不打算如此温顺地屈服在一个俄国统治者、一个基督教徒的枷锁之下。相反，他打算恢复鞑靼人的权力，并驱逐在他宣称拥有的土地上安家的俄国定居者。作为一名狂热的穆斯林，他还决心把当时正处于全面扩张期的伊斯兰教用于一份统一蓝图，他试图将信仰强加给乌拉尔山脉和鄂毕河的各部落，使他的王国更加同质化。事实证明，这项任务十分复杂。被他当作冲击部队的吉尔吉斯骑兵，需要花费很大的工夫去对付散落在广袤疆土上的西伯利亚各民族。泛灵论的传统在森林与河流的部落中根深蒂固，他们轮番拒绝承认这个新来者，有些部落甚至拿起了武器。为了制服他们，库楚汗被迫集中力量，缓和对俄国人的敌意。他是人臣还是国君？他是否依旧是沙皇的附庸，还是业已反叛？库楚汗在给伊凡雷帝写去的信中，谨慎地保持了必要的模糊：他自称是"自由人与沙皇——库楚汗"，并愿意像对待"兄长"一样去对待"白沙皇伊凡"。这一立场十分微妙，它既承认等级的存在，又提出了平等的原则。他向莫斯科的沙皇伸出和平之手，为了维持稳定，他也承诺继续缴纳贡赋，但他同样没有忘记发出威胁："如果今天你想要和平，"他继续写道，"那我们就保持和平。如果你想要开战，那我们就开战。"[32]

库楚汗想要争取时间。他需要时间去稳固自己的统治，也希望看到俄国国力的削弱。因为在远离乌拉尔山脉的战场上，战况对沙皇而言并不乐观。据说沙皇在波罗的海屡战屡败，其部队已经消耗殆尽。而在南方的前线上，诺盖与鞑靼的战士——伊凡危险地忽视了他们——正越来越具威胁。他们已经推进到俄国的平原上，却几乎没有遇见像样的抵抗。有人甚至说沙皇已是一头困兽。传言说他正试图放弃克里姆林宫而逃跑。

1571年5月，克里米亚汗国大汗德夫莱特·格莱的鞑靼军队与草原上的诺盖人结盟，发动了一次猛攻，一举突破了俄国面对他们的薄弱防线。对于兵力正陷于波罗的海战事中的伊凡来说，这是彻头彻尾的奇袭与灾难。沙皇的军事长官——督军们——只能勉强召集起几千名仓促装备的士兵。诺盖骑兵绕过了兵力薄弱的俄军部队。几天之内，鞑靼人的骇人大军以及德夫莱特·格莱大汗本人就已开至莫斯科城前。城市最外侧的郊区遭到洗劫与焚烧，而溃败的俄国士兵却被紧闭的城门挡住了去路。但就在大汗尚未来得及发起第一次进攻时，一阵暴风骤起，将火势带到了城池中心。几十分钟内，俄国首都就完全被大火吞噬。莫斯科无数的钟楼都敲响了警报，但没有任何人或物能够拯救这座由木头建成的庞大城市。在陆续被点燃的街区发出的烟雾和噼啪声中，钟楼终于安静了下来，因为火吞噬并熔化了它们。爆炸声的出现，表明克里姆林宫周围塔楼地下的火药库发生了爆炸。伊凡刚刚在克里姆林宫要塞外修建的宫殿也被摧毁。北面城墙的内部，聚集了想要逃离火场的人流，当时的场景让人目不忍睹。在为数不多的外国见证者中，有一位英国商人吉尔斯·弗莱彻，他记述道："大火以如此迅猛的方式蔓延，在不到四个小时的时间里，它就吞噬了几乎30英里范围内的整座城市。没人能够想象出一幅比这更加悲惨的画面：巨大而猛烈的火焰用其光芒照亮了整座城市，居民在自己的房子里或街道上燃烧，最惨的是，人群向着离敌人最远的城门逃去，他们在那里聚集，试图以强大的推力冲出城门，然而他们一人叠一人地堆积在城门和周围的小巷里，所以最下面一层人的身上很快就压了三层逃难的人。据悉，火灾与因恐慌所致的踩踏造成的死亡人数在80万以上。"[33] 一些人试图躲进仅有的几座石制建筑，却都死在了倒塌的墙壁之下。城市中只余下灰烬和家用炉灶那可悲的烟囱——它们是俄式木屋建造的中心。克里姆林宫虽然受到特殊的保护，但也被卷入灾难之中，并受损严重。德意志人冯·施塔登也被这仿佛但丁笔下的奇观吓坏了："这是一场巨大的灾难，因为没有人能够不被殃及。幸存者中，连三百个能拿起武器的人都没有。[……] 灾后，城墙内连一只猫狗都没有剩下 [……] 总而言之，没有一个活人能够想象当时莫斯科的惨状。"[34] 沙皇及时逃出城外，这才躲过一劫。不到六个小时，莫斯科就被毁灭了。

鞑靼士兵目睹了垂涎已久的俄国首都被烧毁，有些人试图从大火中夺回一些战利品，却因此丢了性命，被大火活活烧死。德夫莱特·格莱大汗别无选择，只能立即退回草原，任其对手自生自灭。

伊凡的俄国陷入了一段黑暗时期。那时是1571年，而早在1568年和1569年，俄国就经历了严重的粮食歉收。[35] 1570年起，全国范围内出现了大规模的饥荒。同年，奥普里希尼基的黑骑兵对有通敌之嫌的诺夫哥罗德市施以惩戒——他们不仅将城市洗劫一空，还屠杀其居民。昔日商业之都的难民漂泊在逃亡的路上。恐怖无处不在。一场刚刚暴发的瘟疫则更如雪上加霜，并导致了一项新治安措施的出台："无论是豪宅还是宫殿，"冯·施塔登记录道，"只要是瘟疫出现过的地方，都会立即用钉子封住，如果有人死在里面，尸体也只能在屋中装殓。多的是饿死在自家房子或院子里的人。"[36] 在经历了如此一系列动乱之后，人们难免会认为是遭到了神的惩罚。

斯特罗加诺夫家族在他们所耕耘的帝国边疆地带，通过从分号和首都寄来的信件焦急地关注着事情的发展。当然，国家的崩溃也影响到了他们自己的生意：贸易萎靡不振，原本满负荷运转的盐场有一半瘫痪，沙皇为了满足战争的高昂需求也增加了税收，在帝国的心脏地带发生了可怕的大火之后，斯特罗加诺夫家族决定向伊凡雷帝证明自己的忠诚。为了让俄国能够抵御鞑靼人新的攻势，他们将一千余名全副武装的战士派往莫斯科。鞑靼人对首都的新一轮进攻确实会到来，但俄国人最终在1572年成功击退了他们。

这一切都意味着巨额的开销，危机甚至让斯特罗加诺夫家族近乎破产。尽管家族协议十分牢靠，但族长阿尼凯的去世还是留下了一些纠纷，不得不请伊凡亲自仲裁解决。

边疆地区终于苏醒了！有关俄国所受灾难的传闻很快就传到了土著村落，并越过了乌拉尔山脉。由于身负重税，又受到自身难保的斯特罗加诺夫家族的勒索，乌拉尔山麓的许多部落都奋起反抗。"7080年［公元1572年］7月15日，切列米斯人*在神的指引下来到了卡马河，"史书上记载道，"他们煽动了大量的奥斯加克人、巴什基尔人和彼因茨人加入他们。在［斯特罗加诺夫家族建造并拥有的］坎科尔和凯尔克干要塞附近，他们杀死了87名俄国商人。"[37]在更远一些的西伯利亚首都喀什里克，库楚汗也认为自己的时机到了：他派去向伊凡雷帝支付约定的牙萨克的使者，在火灾发生后不久就到了莫斯科。使者在返回西伯利亚之后向库楚汗描绘的景象估计在后者身上起到了启示性的作用。总之，库楚汗的态度骤然改变。这是他最后一次向莫斯科的白沙皇进贡牙萨克。俄国人已经筋疲力尽，他们的防卫措施仅维持最精简的水平，鞑靼人复仇和重新征服的钟声已经敲响。1573年7月，在土著起义的狂潮中，库楚汗派堂兄马麦特库尔率领几百名战士前往斯特罗加诺夫家族的土地。斯特罗加诺夫家族盘踞在据点的城墙后，只能无奈地看着周围的村庄和矿场被摧毁。他们的农奴和雇员陷入恐慌之中，他们能逃命则逃命，根本没有武装力量来抵御鞑靼人

---

* 一支生活在伏尔加河及卡马河流域的民族，今称"马里人"。——译注

的突袭，斯特罗加诺夫家族只能顾及要塞的防守。在鞑靼骑兵离开之后，他们才开始在支持或参与掠夺和叛乱的土著中展开报复行动。在这次血腥事件中，沙皇给他们提出了不同寻常的建议："要非常小心，"他在给斯特罗加诺夫家族的信中写道，"如果在切列米斯人和奥斯加克人中，有几个好人能够说服他们的同胞离开叛乱分子，成为忠于我们的臣民，那么就放过他们，不要杀他们，我们会给予他们优待。"[38]怜悯可不是伊凡雷帝的主要特征，他的谨慎难免出人意料。不过，这表明莫斯科的态度正在发生变化：伊凡开始向其东部边境的广大领土投来严肃的关注。

斯特罗加诺夫家族的子弟们又恢复了生产和营业，他们知道，不作为会让他们受到惩罚。马克西姆·斯特罗加诺夫的土地最直接地暴露在了动乱面前，因此遭受的蹂躏也最严重，他受到的影响尤其大。"我们没法再在那里耕地或放牲口，农民也不再敢冒险进林砍柴了，因为他们要冒着被杀或被俘的危险。偷马或偷牛的现象层出不穷。"[39]人们因为害怕远离村庄，几乎停止了一切作业。而随着适宜季节的到来，鞑靼人的突袭很可能会成倍增加，并且更加激烈。

1574年春天，当冰雪融化使道路无法通行，河流仍被冰封时，沙皇召见了格里戈里·斯特罗加诺夫和他的兄弟雅科夫："我的诏书一送达你们手中，你们就立即乘马车来见我，你们的通行证也附在这份诏书中。"[40]莫斯科和它的克里姆林宫仍然带着大火后的伤痕，伊凡雷帝邀请他们再往北走几十公里，到他深居的亚历山德罗夫斯卡亚斯洛博达家宅中去。在那里，他们多次受到伊凡亲自接待，这绝非惯例。据悉，他们交谈了很久，沙皇向两兄弟询问了详细情况，以及他们对最新形势的看法。他们聊了很多关于西伯利亚的话题，这是一个新气象，也许正是在此时，他们定下了征服乌拉尔山脉背后未知天地的战略。斯特罗加诺夫兄弟表达了他们对近况的不满和对未来的担忧，但是，他们凭借对于这一地区的深入了解，准确地向沙皇重点介绍了库楚汗王国内部的各派势力、盟约和敌对关系，并向他诉说了过去几个月的惨痛历史：土地被劫掠，一位沙皇的私人大使被库楚汗的手下暗杀，还有国库中失去那么多的贡赋。伊凡视那些土地为俄国领土，但他没有足够的手段去保卫那里的臣民，更无法戡平叛乱以及"叛贼"库楚汗。因此，为什么不让他忠实的代表、光荣的代理人以及有幸对他有恩的债权人和供应商，斯特罗加诺夫家族自己去完成必要的历史任务呢？两个月后，当他们离开时，斯特罗加诺夫兄弟的口袋里装着伊凡雷帝一份不太寻常的新敕令。他们得到了自己所申请的东西：他们在卡马河和丘索瓦亚河上的产权和特许经营权获得了确认。大部分临时权益都变更成了永久性的完全产权。他们将有权建设村庄并修筑防御工事，从而保卫他们的矿场。渔猎税得到免除。而最重要的一点，也是斯特罗加诺夫家族诉求中的重头，即他们获权招募私人民兵，并武装他们，让他们去保卫其财产和乌拉尔山脉边境上的所有俄国土地。事实上，斯特罗加诺夫家族几乎是在将边境地区私有化，并承诺接管其防务。

但更非比寻常的是，伊凡雷帝甚至给予了两兄弟他们并未主动申求的特权。其中影响最为深远的要数将乌拉尔山脊另一侧、流经其亚洲一面的托博尔河流域的巨大领土赐予他们使用二十年之久。因此，1574 年 5 月 30 日的敕令是一个转折点，因为上述地区是属于库楚汗的汗国领地。伊凡对这个反叛的封臣不为莫斯科征收牙萨克的行为感到厌烦，因此他声称对其领地具有所有权，并将它租借给自己的寡头。后者获准"在那里修筑要塞，招兵买马，圈地立墙，打铁耕田，并自由处置劳动产品"。[41] 为了给足面子，沙皇甚至提到了曼加泽亚的土地权益，曼加泽亚是极北苔原上狩猎开拓者的前哨站。这些新赐给斯特罗加诺夫家族的土地，使其地产面积增加到了 1150 万公顷。这一面积比今天的葡萄牙或保加利亚都要大，这也或许让斯特罗加诺夫家族成了当时世界上最富有的地主之一。斯特罗加诺夫家族并没有要求这么多。[*]他们仅仅希望获得武装自己的权利，从而保卫他们的领地。但他们却得到了翻越乌拉尔山脉的全权许可。他们来到这里，手握着近西伯利亚地区的命运。

---

* 俄罗斯历史学家对斯特罗加诺夫家族要求的确切内容和沙皇给予的租借范围的讨论仍在进行。这反映了长期以来对于征服西伯利亚的相关历史举措之主使者身份的争议。斯特罗加诺夫家族究竟是扩张的幕后推手，还是被国家（沙皇）所逼迫的？根据时代和意识形态的不同，历史学家们会更倾向于两种说法中的一种。在苏联时期，人们自然更倾向于强调国家而非当时大资本家的作用。最新的研究——特别是鲁斯兰·斯克里尼科夫的研究——表明我们很难忽视斯特罗加诺夫家族在16世纪末俄国向西伯利亚开拓的历史中扮演的角色及发挥的作用。（无特别标示的脚注均为原作者所加。）

第三章
皮草热

"石带"背后近乎未知的大陆对斯特罗加诺夫家族及其君主有着不可抗拒的吸引力，但这并非出于领土上的野心或单纯的扩张欲望。在当时人们的脑海中，西伯利亚这片土地不可避免地与俄国人口中那"柔软而珍贵的旧衣"——皮草——联系在了一起。

族长阿尼凯·斯特罗加诺夫在索里维切戈茨斯克的领地中，很快意识到作为其财富基础的造盐业并不会与其他商业形式相冲突。而这些交易中收益最高的无疑是毛皮贸易。在本埠乃至北方的所有村子里，打猎和陷阱捕猎都属于主要生产行业。人们捕猎野兔、狐狸和熊，针叶林里的小型啮齿类动物——貂、松鼠和貂——则是最受欢迎的猎物。尤其是貂，它那浓密柔软的被毛及其丝滑的特性将所有优点集于一身。

乌拉尔地区的土著陷阱猎人会定期来到河边，用他们的猎物换取刀具、工具、器皿以及布匹。有些人甚至会参加在圣母领报教堂前举办的当地集市。他们是阿尼凯的供应商，他们中有些人来自乌拉尔山脉的另一边，从鄂毕河带来他们价值不菲的毛皮。有些人甚至来自更远的地方，从北冰洋的河口与苔原边缘之间的中间地带南下而来。他们的雪橇还驮来了其他奇珍异宝，比如蓝狐或白狐皮、海豹皮、海象皮还有猛犸象牙。索里维切戈茨斯克的编年史作者阿列克谢·索斯金是18世纪最早研究斯特罗加诺夫家族档案的人之一，他列举了阿尼凯及镇上的商人所交易的商品："柔软而珍贵的旧衣（批发或零售），河狸、狐狸、貂、海獭等动物的毛皮，还有西伯利亚或齐良松鼠、熊皮、貂熊皮、猛犸象骨等其他东方特产。"[42]

很快，阿尼凯就不再满足于仅从土著或本地陷阱猎人处收购猎物。索斯金说："每年都会有人带着柔软而珍贵的旧衣和其他来自异乡的货物来到［阿尼凯·斯特罗加诺夫家］。而且并非所有人都是俄国人，甚至也不是任何我们已知、和我们比邻而居的民族。他们之间在语言、信仰、衣着打扮、姓名等方面都有很大的差异。这一切都使阿尼凯的心中燃起熊熊欲望，他想要亲自探索这个出产了如此多珍宝的异国他乡。"[43]这位斯特罗加诺夫家族的族长将盐场的部分利润投入穿越山口的狩猎探险中。乌拉尔山脉的山脊线向来不是很高，即使是标志了欧亚边界的三四个节点也只有800米左右的高度。然而，因为开拓者是沿着水路前进的，为了穿越"石带"，他们不得不在越来越陡峭和湍急的河流上拖着船走，然后在森林或苔原中开辟一条路，将船和设备背在人身上前进。土著将流向欧洲平原的河流称为"白河"，将汇入巨大的鄂毕河及其众多支流的河流称为"黑河"。[44]这些黑河将是通往西伯利亚的道路。

斯特罗加诺夫家族的人马先沿维切格达河，再沿其支流维米河和图拉河而上，在第一次装卸之后，他们就进入了伯朝拉河。在这里，他们需要再一次装卸，从而越过山脊线，来到乌拉尔山脉的另一侧。另外一条路线不那么陡峭，但更偏北边，自然条件也更加恶劣。一些别的猎人则选择沿海航行：由于风暴、风向和仅留下寥寥几个月活水期的冰冻，这条路的风险更大。更往南一些的地方，有较为好走的路，但它处于鞑靼人和土著部落的控制之下。旅途相当漫长。人们通常需要两到四个月的时间才能到达猎物最多的地区，其中最主要的要数曼加泽亚。回程也需要耗费同样甚至更多的时间，当然这一切都取决于河流是否通航——10月到4月是冰封期，盛夏时节则水位过低。人马、武器、装备、船只、译员：远征的成本非常高昂，阿尼凯·斯特罗加诺夫无疑是第一个以这种规模投资如此一项冒险事业的商人。他还在其他方面进行了创新。他手下的狩猎团活跃于乌拉尔山脉，又时常南下鄂毕河，并不在意自己的手段是否干净。他们在打猎之余，也不介意仗着武器精良，去抢夺路上遇到的土著猎人的战利品。通常，这些活动在西伯利亚的"丛林行者"*同时还从事抢劫和诱拐。而阿尼凯·斯特罗加诺夫决心开创一门既有利可图，又日久天长的生意，因此他试图与土著建立新型的关系。他想让他们由自己的竞争对手和敌人变为供应商。他的使者在远征的行李中，带着各种可能会让这群新客户感兴趣的物品，其中还包括从外国商人手上购得的物件——他们近来也出现在了俄国的集市上。在交易中，斯特罗加诺夫家族手下的人员被指示要注重交易的互利性，而不是武力或敲诈。这个机制是基于一个基本的观察结果：在日常生活中，土著很少使用俄国人所觊觎的小型哺乳动物的毛皮。狗皮和狼皮是他们更常使用的制衣和筑房材料。熊在几乎所有西伯利亚文化中，都被认为与人类平等，或者是人类的祖先，只有在非常特殊的条件下，才能按照严格的仪式猎杀它们。对于生活在苔原的游牧民族来说，驯鹿能满足他们的所有需求。衣、食、住、行、缝，驯鹿既是一种生活方式，也是一个非凡的伙伴。因此，为什么要浪费时间在冰天雪地里追赶貂呢？在他们眼里，俄国人如此热衷的毛皮事实上价值很低。"这些俄国人究竟是什么人？他们为了八只貂，竟然愿意用一把刀来交换，"一个半世纪以后，西伯利亚的游牧民族仍会为俄国一位伟大探险家的慷慨感到惊异，"为了十八只貂，他们甚至愿意留下一把真正的铁斧！"[45]西伯

---

* Coureur des bois，原指在北美大陆与印第安人交易的皮草贩子。——译注

利亚人之所以猎杀这些小型哺乳动物，是因为他们的鞑靼领主所征收的牙萨克也需要以同样"柔软而珍贵"的形式进贡。

斯特罗加诺夫家族的方法是卓有成效的。"他们表现得非常友好，"编年史作者索斯金在提到探险队成员时这样描述，"所以带回的不是平庸、廉价的产品，而是大量上等的皮草，这让受到鼓舞的阿尼凯继续做了好些年。"[46]这位商人激动百分，索斯金暗示我们：阿尼凯可能是出于感激，或是为了彰显自己的成就，才决定建造了"石教堂"。斯特罗加诺夫家族巧用贸易条款，很快就在行业内壮大了起来。他们的分号很快具备了出售各类毛皮的能力。与其前辈相比，阿尼凯没有向沙皇和当局隐瞒这一新行当的可观收益及巨大潜力。我们从索斯金的编年史中得知，阿尼凯本可以独享这"不断的财源"，但他却没有！索里维切戈茨斯克的族长急忙亲自将一批最精美的货品送至克里姆林宫，"他优先考虑的是祖国的利益"，索斯金写道。而这——就像我们所看到的那样——也在伊凡的胸中激起了几番投桃报李的冲动。

虽然以这样的方式收购毛皮是斯特罗加诺夫家族的创举，但人们在几个世纪前就因为同样的原因对西伯利亚产生了兴趣。早在十二个世纪之前，哥特历史学家约丹就提到外乌拉尔地区"闪着黑亮光泽"的貂皮。[47]西伯利亚大陆的另一端，中国人也垂涎于这种豪贵专属的商品。早在莫斯科之前，诺夫哥罗德就因为毛皮贸易繁荣了起来。作为汉萨同盟的成员城市以及罗斯在中世纪时最强大的城邦，诺夫哥罗德是世界毛皮市场的中心。人们从欧洲各地来到这里，寻找光泽最闪亮的貂皮，并用来自德意志、法国、荷兰和英国的产品进行交换。这种强大的收入来源促使诺夫哥罗德早在9世纪就开始探索极北地区，以寻找被称为"软黄金"的貂皮。诺夫哥罗德的航海家们在狭长的新地岛以北的喀拉海留下了他们经过的痕迹，而现存提到这些远古探险的文献中最早的可以追溯到1032年。人们发现，早在1139年，诺夫哥罗德的水手和他们的首领安德里就溯鄂毕河而上，在河岸上建立了小型的过冬营地，并带回了数量可观的毛皮。[48] 从11世纪到15世纪，诺夫哥罗德将人称"尤格拉之地"的外乌拉尔地区作为其保留的狩猎场，甚至在12世纪的几份文件中都声称对它拥有所有权。[49] 罗斯从中世纪晚期开始，由诺夫哥罗德、莫斯科先后对外扩张，事实上，它们都只是在沿着寻找毛皮的路线进行。而当莫斯科大公伊凡三世——也就是伊凡雷帝的祖父——觉得自己有足够的实力去挑战诺夫哥罗德在罗斯世界的至高地位时，莫斯科正是通过切断诺夫哥罗德这一汉萨同盟重镇与其狩猎场、北方商栈、西伯利亚过冬营地的联系，才给了它致命一击。莫斯科人伊凡三世想打破这个与他敌对的共和国在贸易上的垄断，但他选择首先剥夺它开垦的土地。对河流的接管，尤其是对船只进入河流必经的装卸点的接管，对大乌斯秋格的遏制，以及索里维切戈茨斯克的建立，这些挖墙脚的行为最终都起到了削弱诺夫哥罗德、加速其垮台的作用。毛皮是商业势力的驱动力，也是那个时代各个国家的驱动力。毛皮是罗斯最重要的出口产品，因此也是主要收入来源之一。于是莫斯科的大公们一旦即位，就向着乌拉尔山脉的方向发动军事袭击。莫斯科的督军们沿着诺夫哥罗德远征的路线通过乌拉尔山口。在1465年、1483年和1499年，他们都曾短暂进入外乌拉尔地区，迫使当地百姓臣服于莫斯科。但这些行动与其说是占领，不如说是突袭。假以时日，俄国才能在"石带"以东扎下根来。

　　毛皮几乎是俄国这段历史的全部。它的重要性在于它几乎在各个方面都决定了俄国对北方和西伯利亚征服的节奏和进程，甚至还决定了正在形成中的俄国国家的性质。正是猎物，尤其是那毛皮如丝绸般光滑的紫貂的出没，决定了扩张的路线。由于俄国人捕猎的动物先是生活在北方的，后是生活在东方的，所以俄国是先向北扩张，后再向东扩张。贸易路线只是跟随捕猎者前进的道路，沿着江河与溪水设立。俄国从此时起向太平洋的大进军，既不是扩张欲望或国家力量的表达，也不是君主个人意志的体现。毛皮是它的目的，也是它的手段，因为远征所需的大部分资金都来源于毛皮的收益。俄国向东方推进，其主要猎物灭绝的速度就是其前进的速度：一旦捕捉猎物变得困难，或者土著也难以交上牙萨克，这些"丛林行者"的先锋队就会启程探索未知的土地，沿着每条大河、每条支流而上，在西伯利亚各大流域之间寻找通行和装卸的地方。俄国人称他们为"promichlenniki"，这个词可被翻译为"开发勘探者"或"自主企业家"。毛皮是这些无名探险家所有勇气与牺牲的原因。国家也只是跟在他们后面而已。但是，国家会变得愈发关切：在土著的土地上，殖民的政策一开始只是为了获得尽可能多的毛皮。毛皮是国内市场上最珍贵的商品，国家预算有很大一部分要仰仗它。两个世纪以来，靠出售紫貂、长着长长绒尾巴的银狐、貂、四肢有黑斑的白鼬、黑松鼠、海獭等动物的柔软毛皮所得的收入，每年都会占到国家收入的10％至25％，甚至30％。[50]1586年，也就是沙皇给予斯特罗加诺夫家族令人瞠目的特权仅仅十二年之后，克里姆林宫的档案就显示这一年国库收到了20万张貂皮、1万张黑狐皮、50万张松鼠皮，此外还有大量的海狸皮和白鼬皮。[51]毛皮在俄国的出口贸易中占比遥遥领先其他商品，因此也是黄金、白银或军火等这些俄国必须花大价钱进口的必需品的主要支付方式。"柔软而珍贵的毛皮"就像20世纪的能源资源一样，成为俄国不可替代的外汇来源。因此，它很快就占据了国家的注意力，并最终影响了国家的性质和组织形式。把控这门有利可图的生意很快就成为国家的重点工作之一。

16至17世纪的俄国经济主要还是以物易物。俄国还不具备足够数量的金银去向货币制度过渡，而且，由于俄国缺乏像西班牙那样从美洲新殖民地的矿藏中获取贵金属的能力，它维持着一种时常需要用毛皮充当货币的金融体系。毛皮是一种实用、轻便、体积小、不易损耗、保值甚至会升值的物品。俄国人既没有荷兰盾，也没有法国埃居，因此他们将毛皮当作货款付给外国商人，而在国内市场，将毛皮作为货币交易的情况也经常出现在各大城市的集市上。宫廷同样会选择用毛皮去支付某些重大开支。例如，宫廷对教会的补贴往往是以毛皮的形式发放的，而如何将它们兑换成消费品和服务则是东正教会的长老们需要考虑的问题。[52]沙皇也会将它们作为礼物送给前来访问的外国政要或他想要缔结盟约的君主。它们是奢华的礼物，它们在国境之外只会更加值钱。在莫斯科价值1万卢布的东西，在欧洲很可能就价值十倍以上。1595年，沙皇应神圣罗马帝国君主鲁道夫二世皇帝的援助请求，让人将4万张紫貂皮、2万张貂皮、33.8万张松鼠皮、3000张海狸皮、1000张狼皮和120张黑狐皮送至布拉格，以支持他对抗奥斯曼异教徒。捐赠品需要布拉格城堡里的20个房间才能盛得下，宫廷侍者甚至因为空间不足，被迫将几十万张松鼠皮放在马车里。交付货物的总价值为当时的40万卢布，这一数额是俄国国内预算的八倍！俄国对于同奥斯曼人作战的大力支持让鲁道夫皇帝大吃一惊，他立即写信向西班牙国王、教宗还有他的各位亲属汇报了这次慷慨的壮举。

所以，寻找毛皮就相当于寻找黄金。捕猎者是在用生命和微薄的资金做赌注。平均来说，他们需要在针叶林里或苔原边缘的过冬营地待上二至四年，甚至长达七年的时间，才能收获财富，带着一两匹载满珍贵战利品的马儿归来。而对于成功做到的人来说，利润是板上钉钉的——斯特罗加诺夫家族自然已经明白了这个道理。1623年的一笔交易为这些珍稀毛皮的购买力提供了佐证：在那年，一位探险者以110卢布的价格卖掉了2张黑狐皮。用这笔钱，他可以买下55亩土地，并在土地上盖一间漂亮的小屋，买5匹马、20头牛、20只羊和几十只家禽，即使这样，他还能剩下一半的钱可供自由支配。[53]

隐藏在乌拉尔山脉屏障后的巨大财富很快就显露出了它的吸引力。就像三个世纪后的美国经历了黄金热一样，毛皮热也在俄国兴起。传言说，一个年景好的狩猎季足以养活一个人很多很多年。一开始，只有北方的村民踏上了冒险之旅。一到冬天，他们就会离开伊斯巴小木屋，踏上通往东方的道路。人口的流动自然受限于俄国欧洲部分当时所实行的农奴制度。逃亡的农奴遭到追捕，一经抓获就面临严惩，因此几乎没有成功抵达目的地的可能。但很快，随着渴望逃离伊凡恐怖统治的逃亡者和移居者的加入，这场运动的规模不断扩大。连年不断的战争所导致的重税压得农民喘不过气，因此他们也宁愿离开自己的土地。各类冒险者的规模先是成百，后是上千，他们统统翻过了乌拉尔山脉，希望能够抵达"黄金国"。

但这一热潮为何会突然兴起？我们该如何解释这突发的吸引以及该运动在16世纪中叶的加速？其中的原因必须在西欧寻找。在西欧，美洲乃至通往印度贸易路线的发现（由于航海技术的革新，这些航线从此变得可靠且得以常设），开创了一个经济大发展与大扩张的时代。从安第斯山脉开采的金银涌入了市场，导致商品价格飙升，并极大地促进了贸易。此后，精英们便开始迷恋来自东方的奢华精美产品。"现代"从此拉开了序幕。时尚意味着精致，新近富裕起来的资产阶级希望用迄今只属于贵族的器物和饰品来装点自己。皮草就是其中之一。在中世纪，作为王室特权的象征，统治者或高级官员的衣领和袖口常常是用白鼬皮制成的；而现在，不缺钱的上层阶级也想用它来标榜自己的财富。对皮草的需求呈现出爆炸性的增长。莱比锡集市位于从俄国出发途经波兰的贸易路线"高街"上，它从此成为欧洲最大的皮草市场，取代了诺夫哥罗德不甘放弃的地位。毛皮的订单如此之多，价格如此之高，利润如此之丰，让英国和荷兰的商人以及北海的航海家很快就产生了绕过德意志、犹太或波兰中间商，径自前往俄国的念头。在俄国本土，皮草市场已经枯竭，毛皮一经剥下，就以反常的价格被出口至国外。16世纪70年代，在莫斯科已经找不到优质的紫貂皮了。这股热潮很快也蔓延到了边境地区的捕猎者身上。

在丛林行者们来到俄国边境的村落，踏上通向外乌拉尔地区的漫长道路之前，他们会先自行组织起来。他们多是积攒了微薄的资金，决意远征的冒险者。他们会组成若干个"瓦塔基"（vataguis），即协力共度狩猎季的猎人团队。瓦塔基通常由8到10人组成。如果领头的是一位富商，人数则可多达50左右。只要到了西伯利亚，单打独斗就变得毫无可能。路途的艰难，抱有敌意的土著猎人或战士的出没，尤其是分担负荷和日常任务的需要，都迫使人们在旅途和工作中结伴而行。此外，他们还必须带上打算与西伯利亚各部落交换的商品：衣服、食品饮料、家用工具、金属工具、狩猎设备、亚麻布、肥皂、各种尺寸的斧头、蜂蜜和蜡是最常用于交换的物品，此外，丛林行者们有时还会将更为昂贵的进口物品加入交易，如丝绸、铜、香料、糖或纸。瓦塔基通常还会根据各成员对远征在资本或实物上的贡献多寡，划分出每个人的参股份额（oujini），等到狩猎季结束时，这些股份就决定了成员间的利润分配。[54]

冬末是最适合捕捉紫貂的时节，因为此时的积雪还能显示出动物的踪迹，但雪层已经不深，小型哺乳动物无法躲在厚厚的雪堆下。此时也更容易分辨出奔跑在白雪覆盖的灌木丛和树木之间的深色动物；最重要的一点，冬末是貂的毛皮最浓密、最柔软的时候，这些优点决定了猎物的价值。而在夏季，寄生虫的叮咬使得动物总要把身体在树干上摩擦，这导致了毛皮质量的下降。也要等到冬季，春季出生的紫貂幼崽才能长出细而长的毛发，否则买家也难以满意。在出生后的第一个夏季或秋季就被捕获的紫貂，被称为"niedossoboli"，其字面意思是"未完成的紫貂"，它的大部分潜在价值都被剥夺了。[55]

猎人们到达狩猎区域后，会迅速建造起一栋坚固的木屋，用来栖身和当作仓库，直至下一个冬季。然后猎团会分成几个小队，分别负责周围的一片区域，以覆盖尽可能广的范围。最终决定狩猎的地点后，猎人们会另外建造数栋小木屋，这样他们在布置诱饵的时候才有地方睡觉。

　　下一步要做的是设置陷阱。猎人们需要尽可能在不刺破动物毛皮的情况下捕获它们。一些土著猎人以能用刺穿紫貂的眼睛或吻部的方式杀死它们而著称。查理五世的使者，奥地利人西格蒙德·冯·赫伯施泰因曾满怀惊叹地描述这一绝活。这是外国人在俄国最早的见闻之一。赫伯施泰因在呈交给其君主的报告中（1549年出版），提及了极北地区弓箭手的惊人天赋，也顺便揭露了这些游牧民族所持有的自由主义性观念："他们是当今最娴熟的弓箭手。假如他们遇见毛皮珍贵的猎物，希望保证它们的毛皮完整无缺、不带瑕疵，他们就会用箭射穿它们的吻部。当他们去打猎时，他们会将自己的妻子留在商人或其他任何他们所接待的路人身边，如果他们回来以后，发现妻子在客人的陪伴下比平常更加快乐幸福，他们就会犒劳自己的宾客，并给他们一份礼物。否则，他们就会可耻地将客人赶出家门。"[56]

　　不过总的来说，打猎并不是件愉快的事情。陷阱猎人的手法十分朴素，他们只是在地上挖坑，再在坑的四周围上一圈削尖的木桩。要想进入布置了诱饵的坑，紫貂必须钻过一条狭窄的通道，踏上一块活动的木板，木板会立刻翻转，使动物掉进坑中。按照规定，每个猎人必须每天制作20个左右这样的陷阱。重复作业十几次之后，猎人们会重新安排分工：一些人负责继续准备新的诱饵，另外的人则负责对布置好的陷阱进行全面的检查。如果捕获量不足，猎人们会试图找到猎物的巢穴，然后用装有铃铛的网罩住洞口，一旦紫貂从巢穴中出来，铃铛就会发出响声。之后就是在洞口漫长的等待，猎人们可能要等待数日，才能等到猎物出窝。如果紫貂躲藏在树上，猎人就必须把树砍倒，还要注意让树冠倒在事先设置的网中。

猎物一旦被捕获，就会被杀死剥皮，剥下的皮还要烤干。这些毛皮在被探险队领队清点之后，会以40张为一组存放，40是珍贵毛皮的计量单位。随后，在几个月以后，猎团会沿着河流继续向前，或是来到最近的俄国要塞重新装备食物和补给品，可能也会出售一些狩猎所得。经过两三年的奋斗，一个猎人可以牵着拉了几百张毛皮的马回到俄国的欧洲部分，而像斯特罗加诺夫家族一般的富商，则可以从自己出资进行的远征中收获几千张毛皮。

对于生意规模较大的商人来说，从最初投资到毛皮销售的整个周期需要持续几年之久。大部分的交易，尤其是出口贸易，都在七八月的大集市上进行。在集市结束之后，已经成为皮草综合企业家的大商人就会开始着手装备他们的远征队：他们会装备20辆，30辆，甚至50辆马车，以及在乌拉尔山脉冻结的山岭和小道上使用的雪橇。对他们来说，最重要的是要在河流解冻时到达鄂毕河流域，在这一壮观景象出现之时，冰层会在巨大的爆裂声中崩裂。队伍前进的速度缓慢，人们必须沿着河道向北走，有时甚至要等到夏天才能进入鄂毕河的支流，从而向东前进。如果运气好的话，队伍在第二个冬天开始的时候就能到达曼加泽亚，在这种情况下，队伍在向督军和其他陷阱猎人咨询了动物的状况之后，可以继续乘雪橇抵达令人魂牵梦绕的狩猎区。他们会在当地待上一到三个狩猎季，之后再踏上返回俄国的道路，这一回，他们需要逆着鄂毕河的水流而上，或者他们也可以选择冒险走海路，虽然这条路线花费的时间较少，但海难也并不罕见。末了，在旅途的最后，在旅行和猎捕紫貂或银狐的第四或第五个夏天结束时，他们还需要耐心等待一年，才能赶上出售皮草的最有利时机——阿尔汉格尔斯克大集。在总共五到六年的时间里，原始资本会被占用，投资回报也不见影。最后，只有那些最富有的人，比如"Gosti"，也就是宫廷官方供应商，才有能力每年投入一笔在当时看来十分高昂的数额，用来组织远征狩猎。[57]最贫穷的冒险者则会尝试应征进入大型远征队伍，在西伯利亚忙活两三个狩猎季、积累少许资本之后，再加入独立捕猎者的行列。

随着丛林行者的推进，他们逐渐深入了西伯利亚地区，并在身后的道路上留下了一座座"ostrog"，也就是木制要塞。这些要塞被建设在各处战略要地，如主要河流及支流的交汇处或装卸点的两端。通过装卸点，人们能够以摆渡或人力背船的方式，将货物从一个流域转运到另一个流域。西伯利亚是一片平坦之地。地势十分缓和。西西伯利亚地区额尔齐斯河沿岸的鄂木斯克距离入海口有1500公里的直线距离，然而它只比海平面高87米，而鄂毕河沿岸的新西伯利亚只有100米的海拔高度，海洋却在它2900公里之外。水流平缓的江河从来都是交通动脉。这是一条历史经验——谁掌握了河流，就掌握了俄国。而谁掌握了装卸点，就掌握了河流。[58]

一座接一座的要塞出现在陷阱猎人前进的道路上，它们仿佛被事先设计过了一样：将两端削尖的原木排成一排，然后打入地底深处，一道长方形的木墙就很快建成了。墙的标准长度为64米。城墙每隔一段固定的距离会设有铳眼，让战士可以用火枪保卫要塞。在要塞的四个角以及正门的凸起处，10到15米高的塔楼组成了防御系统的最后一环。为数不多的轻炮一般都吊在那里。城墙上建有警戒用的护墙，主要的道路上也设置了树干做成的路障，从而阻挡潜在的攻击。[59]这些迅速建起的要塞首先要充当土著进攻时猎人们的避难所，之后它们还会成为当地的行政中心。工程进展得十分迅速，基本工序往往在几周之内就能完成，但工程的质量总是令人担心，建成之后也需要不断修复。在最重要的几座要塞外，还会修建第二道城墙，城墙外还会再挖上一至两道壕沟。在木制要塞的内部，仓库、军火库、部队和公务人员的住所也都被迅速建成。[60]建造木制要塞是开拓者、陷阱猎人和探险家的工作。但一旦新要塞建成的消息传至中央政府，它就会立刻派遣代表、指挥驻军的督军、一个为国家服务的哥萨克小队、一小群文官及仆从[61]前来接手要塞，顺便也捎来弹药和粮食。这是因为俄国在西伯利亚推进所面临的主要问题——正如后来的经验所残酷证明的那样——是蔬菜，尤其是谷物的匮乏。当地的气候使耕种变得十分困难甚至无法进行，在征服西伯利亚的前几十年里，没有农业定居者的结果显现了出来。他们越往太平洋的方向前进，离故土就越远，遇到的困难也就越大。但就当下而言，陷阱猎人口中所谓"软黄金"的诱惑，足以让人克服种种困难。在通常情况下，如果一座木制要塞被建成，一段时间以后，一座设有防御工事的隐修院也会被建在要塞的城墙外面，从而给城建添上最后一笔。俄国就是这样向太平洋进军的：部队的先头，是猎人和商人在寻找"柔软而珍贵的旧衣"。在他们身后，国家踏着他们的脚印，每一步都将疆域推到更遥远的地方。

　　建造木制要塞只是征服过程中的第一步。木制城墙竖起来以后，就可以开始征收牙萨克了。这个机制已经为当地人所知晓，因为在俄国人到来之前，他们就向自己的鞑靼领主缴纳过这种贡赋。对俄国人来说，沿用牙萨克的好处十分显著：他们将这种收缴财物的手段化为己有，就不必修改当地现行的封建制度，他们甚至可以放宽规定提交的数额，以达到在初期巩固其权力的目的。因此，乌拉尔地区的一些土著民族在俄国扩张的过程中扮演了重要的角色：他们奋起反抗库楚汗的统治，因为在俄国人的统治下，他们的赋税比原来少了三分之二。[62]虽然这一减免仅是暂时的，但它使俄国政权在乌拉尔山脉的另一边变得容易接纳了许多。朝贡的内容是未经加工的上等毛皮。貂皮很快成为牙萨克在整个帝国的标准和计量方式。其他动物的毛皮则依照貂皮的价值（税额标准）再进行衡量。税务官只接受质量非常好的毛皮，有洞、开裂、受损的毛皮都不予接纳，因为它们在市场上卖不出去。毛皮的爪、尾巴以及腹部需要特别注意，因为这些部位最容易出现损坏。[63]太过幼小的动物往往毛发稀疏、不够丝滑，所以总是被断然拒绝。通常情况下，牙萨克会在秋季开始征收，这是一年一度的狩猎期结束的时节。根据地区的不同，贡品或以个人名义上缴，或以集体名义上缴。在第一种情况下，每一个达到狩猎年龄的男人都要缴纳牙萨克。所有居住在要塞附近的适龄男子都需要携带规定数量的貂皮前来报到。当地的"纳税人"，或称附庸，都会受到合乎礼仪的接待；每当这个场合，他们都会有吃有喝。根据缴纳牙萨克的封建仪式的规定，沙皇的代表必须亲自到场，贡品要经过妥善检查和清点，才能存放在专门的仓库中。然而，这一精确到人的程序意味着必须对土著人口进行普查，但这是几乎不可能做到的。因此，各地督军往往只会跟各个部落协商出一个统一进贡的总数。税务官被派往针叶林征收毛皮，这一工作要持续数周。

当然，召集当地人到要塞缴纳贡赋的办法，只有在土著的村落距离要塞不远时才方便执行。在更遥远的地方，在一望无际的森林或苔原上，西伯利亚的游牧民族大可以一走了之，视贡赋为无物。为了应对这种情况，俄国人使用了一套不同的办法。最有效的无疑是劫持人质，人质成了牙萨克的动产质押物。在征服阶段，督军的兵马通常会让生活在木制要塞控制范围内的土著部落宣誓效忠。成为沙皇臣民的他们承诺支付牙萨克，但往往还需要交出两到三个德高望重的人物——例如萨满、王子或长老——作为人质，他们会被关押在最近的要塞中。这些"税务人质"需要被善待，否则牙萨克就得不到兑现。在每年交税的时候，人质的亲属可以亲自来到要塞确认其健康状况。[64]有时，如果部落离得太远，俄国人会将人质护送到游牧村落的附近，再建造一座凿有洞眼的原木要塞。村民们可以透过洞眼探望被抵押的人质，也可以选择代替他在下一段税务期中被关押。[65]

比起棍棒，一些督军更喜欢使用萝卜。他们希望用礼物将游牧民族吸引来要塞。前来交付牙萨克的访客可以领走谷物、铁制刀斧、廉价的首饰项链、铜锡制品、衣服等物品。这既是在表明他们的诚意与善意，也是在鼓励游牧民族将当季收获到的多余毛皮卖给俄国当局或商人。

原则上，每年牙萨克的数额由地方当局规定，并向中央管理部门报告。不同时代，不同地区，标准也有很大不同。但最常见的平均数额是每人每年5到7张貂皮。这一规定只适用于能够打猎的男人。有时候，已婚男人（他们按理会有更多的时间打猎）的定额要比单身男人高。17世纪中叶，在西西伯利亚地区，每个男人需要上缴的牙萨克数额大概是3张貂皮。然而，历史文献中也记载了一些巨额赋税的例子，比如每人每年18至22张貂皮。[66]

貂皮已经是俄国人在西伯利亚活动的主要原因。它很快成为这些新领土上衡量一切事物的标准。新制定的殖民政策是为了最大限度地收集毛皮。贡赋征收的成功对于宫廷的财政收入和海外收购的资金来源具有决定性的作用，因此任何事物与人都不能阻挠或妨碍这一工作。俄国人对貂皮的执念解释了很多问题，比如他们向西伯利亚的进军为何一直是相对和平的。对美洲大陆的征服与土著为敌，并往往伴随着土著的灭绝，俄国的扩张却没有对人口造成类似的摧残。当代研究通常认为，17世纪伊始时，西伯利亚土著的数量接近30万。[67] 1900年，沙皇治下西伯利亚的人口达到了80万，然而在同一时间跨度中，北美印第安人的数量则从300万剧减至30万。[68]

这不是在说哥萨克有人道主义精神。事实上，是中央政府密切监视着他们，以免他们杀鸡取卵，杀了会下金蛋的母鸡，也就是王国税务机关的新臣民们。在两个世纪的毛皮生意中，中央政府制定了数目惊人的法规、通告和特别法令，以保护土著的生产力，从而保护牙萨克的收缴量。这些文件被精心撰写，又在木制要塞中被抄送给每一个相关人员。它们是"Sibirski Prikaz"的手笔。"Sibirski Prikaz"即

"西伯利亚管理局",是莫斯科行政当局的一个部门,专门负责乌拉尔山脉另一侧新诞生的殖民地。[69]西伯利亚管理局设在克里姆林宫的中心地带的一排木制建筑中,坐落在俯瞰莫斯科河的广场上[70],如今,广场已经变成了直升机场。西伯利亚管理局最初是外交部("Possolski Prikaz",即"大使办事处")的下属部门,这个安排很能说明问题,但现在,管理局已经成了一个颇具权势的组织。它是一切正在西伯利亚进行、谋划之事的主使。是它在以沙皇的名义立法,是它在任命督军,是它在征收牙萨克。也正是它在集结珍贵的毛皮,再将它们转卖,主要是卖至国外。在帝国行政机构中,它可以与其他重要部门,如财政部、国防部(军队管理局)或内政部(罪犯管理局)相比肩。直到叶卡捷琳娜大帝统治时期,这个国中之国才终于被解散,此前,西伯利亚管理局就是俄国当局在西伯利亚的官办企业。

该如何去保护作为宝贵纳税人的土著部落呢?西伯利亚管理局恪守几个原则。首先,坐拥一座崭新要塞的督军必须严格遵守指令,好生招待所在地区的传统首领,"为他们倒酒,向他们赠送各种小玩意,以说服他们成为俄国的臣民,进贡牙萨克"。[71]可想而知,这种堂而皇之的表态并不总能奏效:许多粗鲁的丛林行者以开拓者的身份来到西伯利亚,对他们来说,依仗武力优势去窃取、抢夺土著部落的战利品就可以省下打猎的工夫,他们很难抵挡这样的诱惑。督军们也是如此,他们被派遣到遥远的驻军地多年,往往会向自己的行李箱中塞上几件华丽的黑色或棕色大衣,为自己的俸禄添一点补贴。然而,来自莫斯科的指令却层出不穷:督军和所有政府雇员被绝对禁止从事毛皮交易,之后又被禁止以"礼物"的名义收受毛皮。此外,中央政府还采取了各种措施,以杜绝牙萨克征收过程中的滥权行为。例如,禁止每年要求进贡一次以上。如果部落因特殊原因无力缴纳贡赋,则应放弃征收。如果情况需要,甚至可以免除欠额,而不是将"本地人"置于重赋之下,迫使他们逃往别处。为了应对各方向克里姆林宫报告的各种过激行为，中央政府又深化了对土著的保护：地方当局在处理涉及土著的案件时，必须确保判决或裁决与习惯法相符合。[72]更为强硬的措施是：虽然督军依旧拥有对俄国人的最高司法权，但中央政府却将他们对土著判决死刑的权力收归己有。陷阱猎人对这种法外开恩的行为很快感到不平。他们写信给克里姆林宫的官员："没有君主的圣旨，我们如何能抵御强盗？"[73]

不要抱任何幻想，因为受到保护的不是土著，而是牙萨克。因为一系列的诏书和指令都是为了确保牙萨克能够切实充入国库。例如，在牙萨克交付之前，丛林行者被禁止向土著猎人收购毛皮。这一禁令的目的就是将最好的毛皮都留给国库。再有，为了确保没有任何东西逃过税务官的眼睛，貂皮被禁止在要塞和俄国市场以外的地方出售、购买或交换。

执着的牙萨克竞赛，有时会引向出人意料的结果。比如，西伯利亚管理局在其克里姆林宫的驻地，对与土著的贸易制定了严格的禁售条例。酒、烟草以及任何易燃物品都被禁止向土著出售，但刀、斧或火器等能够提高狩猎技术的物品也遭到禁止。赌博也被取缔。再次说明，这并不是出于公共道德的考虑，也不是为了防止暴乱，而是担心伏特加和烟草可能引发的斗殴，以及斗殴的主角若是持有武器可能造成的危险后果。第一要务，就是要避免劳动力受伤或死亡！在跨民族婚姻这一棘手的问题上，行政部门的两难处境则更为突出：在沿河的木制要塞中，尤其是在针叶林中心的丛林行者营地中，俄国妇女的缺位常常迫使开拓者抢夺土著妇女。跨民族婚姻与其说是例外，不如说是常态：这是大规模民族融合的开端，将对土著民族的同化起到决定性作用，也为俄国向西伯利亚的扩张减轻了阻力。但在日常生活中，跨民族婚姻导致了无数的冲突。有关绑架、强奸或强迫婚姻的诉状不断涌到督军面前，甚至远传至莫斯科。这是哥萨克群体的一个潜在不稳定因素，他们不断要求为他们送去一些妇女，因为"我们没有妻子，基本无法生活"。[74]对土著部落来说，道理也是如此。这也是东正教会愤怒的原因——他们的传教士是最早一批来到乌拉尔山脉和西伯利亚定居的人。俄国猎人和哥萨克荒淫的风气阻碍了他们大规模推行的皈依政策："他们［丛林行者］以淫乱为目的而拉拢异族人［土著］的妻子，"东正教牧首菲拉列特抱怨说，"他们与鞑靼人、奥斯加克人和沃古尔人的异教妇女混在一起，沉迷于令人作呕的事情，一些人与鞑靼妇女像夫妻一样生活在一起，并有了孩子。"[75]为了传播基督教，神父和僧侣们往往是最先掌握当地习语的人，也是最先保护他们的新信徒不受迫害的人。他们谴责这种随处可见的放荡行为，并试图先给俄国人与土著妇女施洗，然后再让他们结婚，从而使他们的结合正式化。

起初，沙皇是认可并赞同这种洗礼和结婚的政策的。毕竟，看到新的臣民接受自己的宗教，是符合俄国利益的。确实，那个时代的人们既没有公民身份的概念，也没有国籍的概念。直到彼得大帝统治的18世纪初，在这片广袤的土地上，仍然没有能够界定俄国在哪里结束、外国从哪里起始的国境。凡是忠于沙皇、选择东正教信仰的人，都是俄国人，或者说成了俄国人。在实际操作中，对东正教的信仰是否坚定，首先是以性习俗和对斋戒的态度来衡量的。籍贯和民族算不了什么。凡是遵守四旬期规则和婚姻关系的人，都可以被看作基督徒，即东正教教徒。而凡是基督徒，基本都可以被看作俄国人。阿门。

完美极了。但莫斯科却认为，这并不符合国家的利益。因为国家的利益首先是牙萨克，而牙萨克不能向俄国的臣民征收。为了在善良的风俗、教会的慈悲和"柔软而珍贵的旧衣"之间取得平衡，国家充分发挥了想象力：它先是强烈阻止集体洗礼，然后又禁止一切强迫洗礼，规定洗礼须经国家批准授权。最后，它采取了一个精妙的计谋：

它开始鼓励土著接受洗礼，但仅限于妇女，反正她们无论如何都不是牙萨克的征收对象。

尽管西伯利亚管理局采取了种种预防措施，并一再重复其警告和禁令，但俄国人和西伯利亚人共处得并不和谐高效，这与领导着管理局的波雅尔们在克里姆林宫中所设想的相去甚远。督军赴任的地方距离莫斯科有数周或数月的路程，实际上几乎拥有当地一切权力。管理局明白甚至确信，滥用权力的现象是不可避免的，因此限制了督军的任期。原则上，督军只能领导要塞和周边地区两到三年。显然，莫斯科希望通过这种方式来防止地方势力肆意发展。督军赴任之前，会先被召至克里姆林宫，以现金和食物的形式提前领取自己的俸禄。他的行李和随身携带的财物都受到法令限制，出发时需要严格清点，沿途出现的可疑超额物品，都会在检查站被没收。回程时也需要遵循同样的程序，督军及其全家都要接受彻底的搜查，任何违反规定或超出限定数额的行为都会受到严厉的惩罚。检查人员收到的指示是切勿遗漏任何东西："须搜查马车、行李箱、小盒子、袋子、手提箱、大衣、床、枕头、酒瓶、一切辎重、烤过的面包，须要求出示为相关官员准备的文件，大胆无虞地搜查任何男人和女人，以确保任何人的胸前、裤子或缝制的衣服里都没有夹带任何皮草［……］一经发现私藏，则须立刻没收，并充归国库。"[76]

然而，这都是白费工夫，西伯利亚管理局的档案中记录了无数诉状或检查报告，它们就像一本无穷无尽的编年史，记载了各种社会事件，大多都体现了官员的独权专制。要塞与世隔绝，这里的居民喜欢用自己的方式解决问题，即使是最正直的督军也可能被迅速卷入这荒蛮生活的残酷现实中。少女瓦尔瓦拉在捕鱼时遭一名丛林行者强奸。少女因此怀孕，生下了一个孩子，但是孩子理论上的父亲，即强奸犯，却拒绝抚养他。瓦尔瓦拉落入十分悲惨的境地，她的母亲向督军沃尔契科夫提交诉状。但是，在督军作出支持少女的裁决，判处被告人鞭刑、罚款和支付"赡养费"后，被判刑的男子向他在莫斯科的保护者提出抗议，并在该地发动了叛乱。在经历了四年的暴力、检举和反检举之后，这位督军因滥用公共财产的罪名被判决在克里姆林宫广场处以死刑。但考虑到他在西伯利亚的苦劳，他最终获得了减刑，被当众处以鞭刑，额头和两颊也被烙上"V"字，意为"小偷"（voleur），随后他又被流放到南方。[77]

然而，在遥远的边境地区，更多的不正当行为是地方官员自己犯下的，这样的情况在与土著的贸易中尤其常见。在某一处，督军绑架了部落传统首领的儿子，不拿到高额赎金就不将他送回；在另一处，他的某位同僚又监禁了一个部落的所有儿童，要求土著用一张貂皮换一个孩子；在其他地方，当局代表将土著折磨致死，只为索要"礼物"。无辜的土著被鞭打、施以肉刑、禁止进食或吊死，更不用说他们还经常被敲诈或抢走毛皮。有时，他们的诉状会传达中央政府。但这一过程十分漫长，也需要督军雇用的译员经手，这意味着信件往来自然受到督军把控。因此，在中央档案馆中发现的诉状数量很可能只体现了开拓者所犯罪行的冰山一角。

土著分散居住在沿河的小聚落里，很难组织集体抵抗。但叛乱依旧爆发了。一些部落拒绝缴纳牙萨克。受命收取贡赋的税务官伊万·罗斯塔夫卡在其报告中讲述了自己如何受到苔原地带游牧民的袭击。他们杀死了他的两个手下，然后他进行了艰难的抵抗："我们从小屋中用火枪向这些萨摩耶白痴射击"，土著随后沿河而下，杀死了他们遇见的俄国猎人，并将他们的小屋夷为平地，"被扔在冰面上的妇女和孩子都遭冻死"。[78]俄国人的要塞受到攻击，有时还遭焚毁。赶到针叶林中的猎人也遭杀死。在鄂毕河上，一个奥斯加克部族宁肯集体跳河自杀，也不愿意臣服。[79]有时候，一些部落一旦抓住机会，就会带着武器和行李逃离牙萨克和俄国的控制。但总的来说，俄国的第一批征服者在西伯利亚遭遇的抵抗十分微弱，与欧洲诸强在美洲或非洲进行的殖民行动相比更是如此。根据最近的研究，在俄国占领西伯利亚的第一个世纪里，土著受害者的死亡人数约为6000。[80]

当然，沙皇对牙萨克的收入并不满意。丛林行者——无论是最贫寒的陷阱猎人，还是像斯特罗加诺夫家族这样的富商——都是帝国税务当局的目标。在西欧，统治者逐渐放弃了对贸易和商业领域的把控，并专心于统治与治理，但这样的现象并没有在俄国发生。俄国的封建传统使得沙皇将全部领土都视作他的个人财产。因此，被征服的土地，当然还有从这些土地上得到的毛皮，都是他财产的组成部分。美国历史学家雷蒙德·费舍尔指出："沙皇是主人，而他的臣民都是他的仆人。"[81]正如他所洞察到的那样，征服西伯利亚这片并没有海洋相隔的土地，所引发的效果与西班牙、葡萄牙、英国、荷兰或法国对海外领土的殖民截然相反。确实，在西方，君主们只能依靠商队来剥削征服的领地，否则没有一个国家能有如此大的体量来应对这样的任务。商人阶级从中发现了自己的作用，并很快提高了在国家机构中的影响力。相反，在俄国，与西伯利亚地理上的相连导致没有任何影响权力平衡的动荡发生：帝国在扩张，沙皇的财富也随之扩张。雷蒙德·费舍尔提出："如果俄国人不得不像英国人、荷兰人或法国人那样，为了到达他们的殖民地而横渡大洋，沙皇或许也会将这些危机和风险留给自己臣民的私人企业。"*然而在俄国人看来，商人只是国家允许存在并尽可能控制的辅佐者。在欧洲兴起的君主为了普遍利益而允许和鼓励其臣民进行自由贸易的观念，对沙皇来说尚是完全陌生的。这种深刻的分歧，会给彼此对于国家概念及其在商业世界中作用的理解留下持久的印记。

---

* 两个世纪后，俄罗斯帝国征服阿拉斯加之后的做法也印证了这一假设。当时俄国没有选择直接管理其新殖民地，而是将其委托给了俄美私营公司，又称俄罗斯美洲公司。Raymond F. Fisher, *The Voyage of Semen Dezhnev in 1648. Bering's Precursor with Selected Documents*, London, The Hakluyt Society, 1981, p. 145.

从狩猎所得中抽取十分之一的税金是对丛林行者和商人施压的主要工具。猎人在抵达要塞时，须出示自己的战利品。监察官会在此时按照"优中选最好，差中选次好"的原则，从每十张毛皮中抽走一张。起初是督军和他手下的民兵在负责这项任务，但就和牙萨克相关的工作一样，滥用职权的状况在这里十分常见，因此西伯利亚管理局决定成立一个特设的国内海关部门，负责监督毛皮市场和收取十分之一税。一个权力强大的毛皮官僚机构诞生了。这个新行政机构（被称为"貂皮行政机构"）会逐渐膨胀，将分支机构播散至各地：每一座城镇，每一座木制要塞，再到乌拉尔地区的西伯利亚边境，最后是每一条公路，由此带来的检查可以持续几个小时甚至几天。

为了杜绝走私行为，国家希望在丛林行者打猎甫一归来，尚未进行买卖或交换时就立即征税。为了确保这一点，中央政府禁止猎人在缴纳十分之一税之前出售任何毛皮，并再次将所有交易限制在行政当局驻扎的要塞或有官员在场的地方进行。每次检查时，必须出示列出持有者所携带每张毛皮的护照，并接受再三清查。任何携带毛皮抵达海关检查站的人，如果不能证明已经缴纳十分之一税，就会被立即扣押，或被没收货物。另外，由于单一的十分之一税并不能满足国家的胃口，更多的税种被加在了那些在大陆未知的深处碰运气的勇敢者头上。他们在返乡路上每经停一座城市，都要经受一场税务官的折磨。"如果商人从河上来，就必须支付靠岸费，每有一位船员都要再加收一笔特别税。如果他在冬天出行，就必须为队伍中的马匹纳税。商人抵达后，必须立即前往海关，出示护照和证明已缴纳十分之一税的文件。请专人核对清单和称量毛皮的费用也要记在他的头上。随后，他需要将他的货物转移至'戈斯丁尼德沃尔'（gostinny dvor），即一种市、仓两用的带顶棚市场。他必须在那里租一个仓库，并支付一笔费用，才能获得经营的权利。在逗留期间，他必须缴纳一揽子税费及居住税，离开城市时也必须缴纳离境税，以及一笔将证件和护照归还给他的酬劳。"[82]

税务官的想象力十分丰富：仅就关税而言，就有25个不同的税种，这无疑是对猎人和商人的当头一棒。[83]但他们的生意却依旧兴隆！也许丛林行者和其他勇敢的毛皮经销商找到了其他手段，能够尽可能地简化行政程序。国家为了自己的利益，试图通过一套监管和税务的组合拳来驯服繁荣的毛皮市场，但这成了滋生腐败的温床。在东西伯利亚地区，当局发现一名总督寄送了537组貂皮，以40张为一组，这些貂皮是征收牙萨克的税务官给他的贿赂。[84]因此，自俄国当局在西伯利亚经营的第一天起，祸患就伴随着它，随后的几个世纪里，它们依旧会相依而行。陀思妥耶夫斯基在后来写道："西伯利亚或许很冷，但对于政府的仆人来说，这里却是一个温暖而舒适的地方。"[85]

至于西伯利亚管理局，它依然维持着自己的纯功利政策，也就是年复一年地将通过牙萨克和十分之一税收集来的毛皮堆进仓库里。对16、17世纪税收的推算表明，根据年份的不同，国家手中的毛皮价值有65％至80％来自土著上缴的牙萨克，15％至30％来源于十分之一税，剩下的5％是沙皇收到的馈赠，或由国家直接向猎人购买而来。但貂皮这座神奇的"金矿"也不是无底洞，"皮草动物公园"也有自己的极限。每年有500到1500个新的丛林行者越过乌拉尔山脉，摇身一变加入捕猎者的行列。在大的狩猎地区，真正的大屠杀在上演：在七年的时间里，曼加泽亚海关共记录了477679只紫貂被捕获。[86]随着时间的推移，土著发现规定的配额变得越来越难完成。在西西伯利亚地区，配额从17世纪初期的每人10至12张貂皮在五十年后下降到每人3张。[87]丛林行者则着力于改进自己的狩猎技术，例如使用经过特别训练的狗和越来越精确的武器。但他们也注意到猎物正在消失。几年前，当狩猎团归来时，每个成员能带回120至260只紫貂，几年后，他们却抱怨整个猎团一共才捕获了15至20只紫貂。[88]历史学家的研究表明，某一地区在一个世纪里主要猎杀物种的灭绝率约为75%。[89]作为主要猎杀对象的紫貂越来越稀少，其连锁反应是，对其他物种捕杀的压力变得越来越大，这又进一步加速了灭绝的进程。为了保证财政收入，国家的反应是提高赋税，加强管制。难以交上牙萨克的土著死咬着他们被指定猎取的物种，直到它们消失。最后的结果是，丛林行者不得不向更前方勘探，在东边，有其他的狩猎场在等着他们。远行，永远向着更远的地方前行。

早在16世纪，紫貂在俄国的欧洲部分就已基本灭绝[90]，这也引发了向西伯利亚进军的大潮。这就是征服的动力。恰恰是紫貂的灭绝，决定了俄国人向太平洋前进的节奏。这个节奏非常之快。因为沙皇不是唯一一个对"柔软而珍贵的旧衣"情有独钟的人。在边境之外，其他势力也为"软黄金"的"黄金国"所吸引。很快，他们就会敲响帝国的大门。

第四章
通向欧洲的窗口在北方打开

当皮草热笼罩了俄国、来自北方的大商人开始向西伯利亚渗透的时候，西欧还没有从哥伦布、麦哲伦、达·伽马和其他一些探险家的伟大发现中缓过劲来，这些发现瞬间拓宽了已知宇宙的边界。英国没有加入西班牙、葡萄牙组成的先锋部队，于是只能坐视这两个来自南方的对手在经济上取得的迅猛发展。武装商船运来了大量黄金，而大西洋沿岸各港口的英国大商人却只能打碎了牙齿往肚里咽。南大西洋、几内亚湾、印度洋乃至太平洋的航线，都被西班牙和葡萄牙的商行占领，教宗的支持更使他们如虎添翼。英国人也想在新世界分一杯羹，他们开始建立三角贸易，尤其是奴隶贸易，然而他们意识到，他们在南半球的扩张是潜在冲突的根源，而潜在的冲突尤其可能发生在英国与强大的西班牙之间。

但往北走呢？北边一切皆有可能。北方的大门是敞开的，北方是唾手可得的。1525年，一位叫德米特里·盖拉西莫夫的俄国使者被派至西班牙国王的死敌，新任教宗克莱孟七世身边。他试图让教宗相信，只要借道俄国，沿着它北边的海岸前进，就可以到达中国。[91]这个想法在当时十分流行。一年后，罗伯特·索恩成为主张开辟与西班牙探险方向相反道路的第一人，这条道路需要穿过极北地区的冰冷海水。罗伯特·索恩是布里斯托一位富商的儿子，他的父亲将他派去塞维利亚，希望能从安达卢西亚的经济腾飞中获得些好处。他在给统治者的信中写道：只有通过这条独一无二且无人涉足的路线，英国才能与西班牙令人眼红的成功相抗衡。他写信向英国驻西班牙大使说道："一些人向东方出发，另一些人则向西方航行，只剩下北方还有待探索，在我看来，这是您的任务和职责，因为陛下的情况是最接近且最适宜的。"[92] 当然，中国——也就是当时人们所说的"契丹"——始终是他们的最终目的地。自马可·波罗在三个世纪前东游以来，中国的财富——黄金、香料、布料、茶叶和瓷器——一直让西方人垂涎。有人认为，中国是欧洲进口商的"黄金国"，也是商业繁荣的无限源泉。例如，亚美尼亚人海顿-格留奈乌斯就在书中写道："契丹王国是世界上最伟大的王国。那里生活着很多民族，蕴藏着无限的财富与珍宝。那里的百姓比任何其他地方的百姓都要更有智慧，更有工巧，他们在艺术与科学上的造诣无人能及。"[93] 就像许多其他提到马可·波罗对中国描述的古籍一样，这部作品在1532年得到再版。而要抵达这个神奇的世界，索恩指出，必须开辟一条从北边绕过美洲或亚洲的新通道。为了证明自己观点的合理性，这个英国人甚至自费出版了一幅世界地图，只为说明转变思路的好处。

这个想法并不是全新的。在哥伦布第一次航行仅五年之后，另一个意大利人，威尼斯人乔瓦尼·卡博托——他在英国活动后又被叫作"约翰·卡博特"——就曾试图找到一条穿过北美洲到达太平洋的路线，却无功而返。*因此，罗伯特·索恩的想法实际上是为了吸引乔瓦

---

* 乔瓦尼·卡博托在英国经商时是一名威尼斯公民。但他的出身存在争议：一些历史学家认为他可能出生在热那亚，或者是那不勒斯附近的加埃塔。在1497年的一次航行中，他沿着美洲海岸在拉布拉多、纽芬兰和缅因附近航行，以为自己是在亚洲。他返回后，报告说以上水域有庞大鱼群出没。这一消息促使人们开始远航至北美捕鱼。第二年（1498年），他再次启程，出动了五艘船，最终无一返回。

尼·卡博托的儿子塞巴斯蒂安*，他也是一位伟大的航海家，在青年时期就先后效力英国国王与西班牙国王，领导了多次远航，希望能够实现先父未竟的事业。当初乔瓦尼·卡博托是为了实现自己探索北方的宏伟计划，才离开了西班牙人，去英国经商的吗？但无论如何，查理五世这位西班牙与低地国家的国王对他的背叛提出了最强烈的抗议，并要求英国国王将他驱逐出境。[94]1553年，塞巴斯蒂安终于凑齐了条件，可以为家族抵达中国的梦想再拼一回。老船员塞巴斯蒂安在掌舵这项新事业的时候，已经七十六岁了，但这一次，他要往东北走，要从亚洲大陆的上方走。这个项目的风险极大：除了维京人和波默尔人的几艘船（然而欧洲人并不知道这一点），没有人会经常光临地球北极的海域。成就了各种地理发现与伟大横渡的新航海技术确实可以为他们所用，但在北方，在吞没世界长达数月的极夜里，危险会出现在其他方面：移动的冰层会将舰船困在大海中央；船员难以忍受恶劣的气候条件；一旦遇险，沿途的海岸上也没有可供避难的地点。当然，这个清单还应该列出所有远距离航行的共同危险，坏血病就是为首的那一个。

对此，资助塞巴斯蒂安冒险事业的240名伦敦人几乎一无所知。他们中有很多是被到达中国的前景所吸引的商人，还有一些是王国的高级官员。但正如在俄国同时开始的东进运动一样，国家并非这一行为的主使者。成倍增加的收益才是真正的诱因，"葡萄牙人和西班牙人每年从印度带回大量财富的传闻"[95]以及那个时代的好奇心，都促使商人们勇敢冒险。股东大会选举塞巴斯蒂安为远航的"总督"，并选派休·威洛比爵士为船长，理查德·钱塞勒为总舵手，率领船队前往中国。投资者一共武装了三艘舰艇，分别是"幸运爱德华号""好

---

* 塞巴斯蒂安·卡博特，又名塞巴斯蒂安诺·卡博托（1477—1557）。他曾领导多次远航。在一次寻找通道的航行中，他穿越了一个海峡，发现了一片广阔的水域。他认为那里就是太平洋。但事实上，他所在的地方可能只是哈德逊湾。

望号"和"坚信号",18名伦敦商人和他们的货物也被安置在这三艘船上。理查德·钱塞勒还带着国王爱德华六世授予的王室特许证,以及一封由君主亲笔签名的信,信中写道:"致世界上所有的国王、王公、统治者、法官和总督,以及普天之下一切拥有相同尊贵地位的人。"[96]信中邀请一切有权之人协助英国海员,并为他们的通行提供方便。这封信向其未知的读者鼓吹了英国商人肩负的任务以及跨国贸易的种种好处,也揭示了当时人们的意识形态。信中写道,自由贸易无疑是神意的体现,因为"天地之神即便为人类提供了如此好的条件,也不允许一个地区同时拥有一切资源,因此所有人都会彼此需要,友谊就得以在人与人之间建立"。[97]吹捧贸易及其好处,却保持国家层面上的谦卑:这与沙皇在同一时期所捍卫的观念大相径庭。

1553年5月10日,三艘悬挂着不列颠国王陛下旗帜的舰船驶离伦敦附近的拉特克利夫港,启程向北航行。钱塞勒登上了"幸运爱德华号",威洛比在"好望号"上落下脚,而科尼利厄斯·德福尔思则被授予了"坚信号"的指挥权。当探险队到达挪威时,两个月已经过去了。7月31日,探险队经过了罗弗敦群岛的外海。那一刻之后,他们就驶入了未知的世界。

三位船长所能查阅的地图都起不到什么作用。世界上第一幅印刷版世界地图,是德意志人瓦尔德泽米勒1507年在孚日地区绘制的,它只给出了斯堪的纳维亚半岛的大致位置,连轮廓都辨认不清。[98]更早的时候(1482年),另一名德意志人尼古拉斯·日耳曼努斯·多尼斯绘制了一个东西走向的斯堪的纳维亚半岛,其北部与一个超出地图边框的神秘地块相连。[99]在当时地理学家的想象中,北极或者是一座大岛,或者与大陆相连,这份地图正是这种信念的特有体现。瑞典天主教神父乌劳斯·马格努斯,又名乌拉夫·斯托尔,于1539年出版的《海图》无疑是最精细也最符合现实的[100],它出版的时间也与英国船队出发的时间更为接近。斯堪的纳维亚半岛呈现出南北走向，轮廓也非常清晰，一直延伸到北角以北的斯基提亚洋（即今天的巴伦支海），那里还画着头戴小尖帽的小妖精，他们向异族来客张弓射箭，与紫貂生活在一起。《海图》的装饰五彩缤纷，它汇集了各种人种志资料，是作者细致研究的产物。但如果英国航海家们看到了这张地图，却不会感到丝毫安心。因为在他们准备通过的路线上，画的是海洋的裂缝，海洋在漩涡的虹吸中下沉；一股强大的水流将挪威北部的船只卷入深渊；各种各样的海怪，一种比一种骇人，它们在等待着冒失闯入的人；一条红色的海蛇用它的身体缠住一艘加利恩帆船；长着胡须的怪鱼大得惊人；巨大的海马口冒青烟，尖牙仿佛锋利的剃刀：水手们需要从这些两栖生物的口中依次逃脱。最后，据说在到达北极点以后，一座"磁山"会对船只的钉子和铁制船柱产生强大的吸引力，这块超级磁铁必定会将船只牢牢吸住，还会影响罗盘的运转。[101]

莫非是海怪在作乱？仅仅8月初，"好望号"和"坚信号"就失去了"幸运爱德华号"的踪迹，而且再也没有见过它。剩下的两艘船几乎是并排航行的，它们绕过挪威，进入今天的巴伦支海向东航行，探险者们希望在那里找到通往中国的道路。他们很快就看到了新地岛的西岸，这是巴伦支海中一座长长的逗号形岛屿。但是，"坚信号"正在进水，北方的秋天已经追上了这群胆大的人，他们宁愿返回萨米，在那里靠岸过冬。9月18日，66名队员上岸扎营。"我们进入了一个宽约两英里的小海湾，"威洛比在日志中记述道，"那里有许多海豹和其他大鱼，我们在陆地上看到了熊、大鹿、狐狸。有一些野兽我们并不认识，但都很美丽。我们在那里停留了一个星期，季节大幅提前了，天气十分糟糕，冰冻、大雪、风暴……我们仿佛已置身深冬，觉得还是在此地过冬为好。我们派了三个人向西南偏南方向走了三天，想要找到人的踪迹，但是没有遇见任何人。之后又有三人向西走了四天，另三人向东南走了三天，但他们都无功而返，没有见到任何人或者任何类似住宅的东西。"[102]四个月后，即1554年1月，威洛比和他的大部分部下仍然活着，这有在他们船上发现的遗嘱为证。[103]但他们都没有活过跨越1553年至1554年的冬天。"他们因缺乏开凿掩体和安装火炉的经验而死于寒冷。"后来，这位英勇船长的一位继任者这样指出。[104]根据20世纪末的研究，寒冷和饥饿并不是他们死亡的全部原因：威洛比探险队三分之二的队员及其领队本人都在临时住所中因一氧化碳中毒而死。

在"幸运爱德华号"上，总舵手理查德·钱塞勒的运气则更好一些。他在失去了探险队旗舰和第二艘舰的踪迹之后，选择在挪威靠岸，希望能重新遇见他们，再后来，他与自己的船员达成协议，决定继续航行，以完成探险队的既定目标。一个世纪后，一位法国旅行家向他的同胞们这样描述道："他作为榜样，给予了同伴很大勇气，他们都以放弃为祖国利益冒险而苟且偷生为耻，决心同他一起慷慨赴死。"[105]当"幸运爱德华号"驶入一个不知名的港口时，夏日和它无尽的白昼仍然统治着大地。在那里，它的瞭望员发现了一艘小小的渔船。船上的渔民被英国舰船的巨大阵势吓坏了，跪倒在船长的脚边。"这时我们才得知，这个国家叫作'俄罗斯'或'莫斯科'，"我们在钱塞勒的报告书中读到，"它的君主伊凡·瓦西里耶维奇［伊凡雷帝］统治了这里的每一寸土地。"[106]

英国人身处的地方是北德维纳河口，靠近诺夫哥罗德的开拓者在1000年前后建立的圣尼古拉隐修院。而对他们的热情款待也标志着欧洲历史掀开了新的一页。波默尔渔民很快便派使者到莫斯科去通报这些外国人的到来。使者先沿德维纳河，再沿其支流一直走到沃洛格达，再从这里走陆路到达首都。几星期以后，他们收到了答复：沙皇欢迎航海家的到来，并邀请理查德·钱塞勒到莫斯科的宫殿去。

英国人受到了隆重的接待。但他们必须在克里姆林宫的大门前耐住性子，他们须等待十二天，才能配得上庄严的接待。但当钱塞勒和手下们步入君主所在的房间时，他们依旧被面前的威严景象惊呆了。"[沙皇]高高在上，坐在一张非常庄严的宝座上，他头戴头饰和金冠，身穿由珠宝商纺制的长袍，手持的权杖上装饰着最美丽的宝石；他崇高的地位自然赋予了他众人的尊重和不凡的外表，但除此之外，他的衣着也有一种与其卓越成就相匹配的威严。他的首席秘书站在他的一侧，另一侧是号令肃静的大指挥官，两人都身着金衣；然后是150名朝臣组成的议会，他们都是同样的打扮，穿着隆重的服装。[……]在这样一场尊贵的集会上，皇帝与现场的巨大威严本可能把我们的人吓坏，让他们失去冷静，"史书中写道，"但钱塞勒丝毫没有失去自己的骄傲，他以英国的方式向皇帝问候和致意，并向他呈上了一封吾王爱德华六世的信。"[107]

这群英国人想要前往中国，现在却来到了俄国，来到了伊凡雷帝的脚下。然而，即使被自己的冒险引向了一片意想不到的天地，钱塞勒和随行的商人仍想让他们迫不得已的绕远发挥它最大的效益。那么，在莫斯科买些什么，才可以让他们在返回伦敦之后获得丰厚的利润呢？木头、焦油、亚麻布和油——这都是蓬勃发展的英国海军所急需的东西。还有蜡——英国宫廷和民间富豪大量使用它们，用来封存信件和合同，这是王国不得不进口的稀有产品。当然，还有皮草！这种轻质、珍贵、不易腐烂、易兑现的物件，是来自西班牙和葡萄牙的南欧竞争对手很难向欧洲市场提供的。

然而，英国人并没有忘记他们最初的目的地，他们不停询问北方是否有通往中国的海路，如果没有，是否有陆上贸易路线，可以让他们通过辽阔的俄国和亚洲，到达中国，从而绕过竞争。商人们每次一入宫，就向他们的新伙伴们询问东去的路线。他们试图说服俄国人助他们一臂之力，如果有必要的话，他们还可以联合起来，去继续这项宏大的事业。

伊凡饶有兴致地听他们说话。那时候，人们对东北方向可能存在的通道一无所知。渔民和商人们的遭遇，让人觉得那里只有无法穿越的冰面，一些人再也没能从那里回来。人们同样不知道六十年前发现的新世界究竟是一个新大陆，抑或只是亚洲的延伸。伊凡也能看到德意志商人复制并带给他的第一批地图。他也许领会到了自己的英国客人向他透露的地理谜团中所蕴含的意义，但他尤其明白与东方贸易的增加将给他带来可观的商业利益，何况他还是其中必不可少的中间商。同时，旅行者的兴奋也暴露了他们对探索的热忱和对利益的痴迷，这也让伊凡多了一分顾虑。这些新来的人不应该在俄国的土地上过多侵占俄国的贸易与利益。几十年间，这种不信任感有增无减。

然而，对于沙皇而言，1553 年秋天，英国、欧洲与俄国之间新商路的开通，首先是一个天赐良机。钱塞勒和他的同伴们像是来到了一个命运交错的历史节点。伊凡正在与鞑靼的大汗们交战，他好不容易拿下了喀山，正准备征服阿斯特拉罕，接管伏尔加河。因此，他可以寄希望于让商队顺伏尔加河而下，通过里海，沿着自蒙古人入侵后中断的丝绸之路古道，前往中亚和中国的绿洲。他仍在与瑞典人和波兰人交战。他们阻挡了俄国进入波罗的海的通道，从而阻断了它与西班牙、葡萄牙、威尼斯、热那亚、低地国家、法国和英国等欧洲强权的直接贸易。几十年来，伊凡和他的前任们一直在努力突破他国对俄国在波罗的海上的封锁。俄国一直试图夺取纳尔瓦、雷夫（塔林）或里加的港口，赢得直接开展贸易的权利。它想要一个通往欧洲的窗口。现在英国人在北方意外登陆，为它提供了一个替代选项。虽然这不是它所希望的窗户，却是一扇开在俄国屋顶上的楣窗，伊凡很快就领会到了它的重大意义。

为了确保有人会使用这条新开辟的商路，沙皇愿意给出真金白银。他给予了克里姆林宫的客人在俄国领土上自由贸易的权利，并免除英国商人进口、出口、购买、销售过程中的一切关税和税费。从沙皇和中央行政机构的一贯做法来看，这些特权十分超出规格，这证明了伊凡对这些潜在的新盟友在战略上的重视。

沙皇这么做是有原因的。如果说商人会首先追求自己的利润，并会抓住机会，取得对阵今天及未来对手的决定性优势，沙皇则会在政治上采取同样的策略。如今，他获得了直通英国的途径，很快——他对此毫不怀疑——他还能获得直通欧洲其他地区的途径，这样他就可以获得他最缺乏的东西：铸造钱币的银和铜，特别是武器、弹药、新的生产技术和军事、科学和医疗专家，他在对鞑靼人、瑞典人和波兰人的战役中急需这些东西。钱塞勒开辟的道路至少能够让沙皇充实自己的军火库，至多则可以让他与英国统治者结成同盟，一同对付他永恒的敌人。

虽然这群合伙人之间的目标截然不同，但是他们的生意已经谈妥。钱塞勒带着沙皇的信和赋予商人的特权回到了英国。他的船上装满了俄国最有价值的商品，其中包括俄国北部的批发商委托给他的貂皮、狐狸皮和松鼠皮。在"幸运爱德华号"的货仓里，藏着未来时装潮流的配方：那些毛皮领子和帽子，我们至今仍可以在当时弗拉芒和英国绘画大师的画作上找到它们；那些手笼也受到新兴资产阶级妇女的追捧；即便是那些毛皮毯，也因为17世纪的严寒气候——也就是所谓的"小冰期"——而大受欢迎。毛皮贸易利润丰厚，这让英国水手把走私毛皮当作一门生意，这让他们的雇主非常不满。[108]

理查德·钱塞勒和他的"幸运爱德华号"回到了伦敦码头，这是一则胜利的消息，使人们暂时忘记了另外两艘船——它们已离开了一年以上，却音讯全无。英国开辟了一条前景广阔的新海上航线。这标志着英国在与西班牙及其笃信天主教的君主之竞赛中赢下了一分[*]，再

---

* 在低地国家发生的冲突也激化了英国与西班牙的竞争：在英国的支持下，改革后的低地诸省奋起反抗西班牙的统治。这场冲突引发了几年后英国与西班牙在海上的对峙，也导致了西班牙无敌舰队在英国登陆的失败。

加上有着众多姻亲和家族头衔的西班牙国王刚刚为自己的船只在波罗的海的交通取得了非常有利的条件，这种优势就显得更加珍贵了。入股了冒险项目的商人们掏空了"幸运爱德华号"的船舱，在等待中国的同时，他们也梦想通过与俄国的贸易积累财富。在伦敦，船主和商人立即组织了起来，以充分利用即将开始的冒险，使自己的收益持续下去。

这项事业远没有那么简单。试想一下：要进入最新开辟的市场，必须要冒着被丹麦护卫舰挡道的风险绕过斯堪的纳维亚半岛，因为丹麦王国失去了迄今为止由英国人进行的波罗的海运输所带来的宝贵关税和中间商利润。[109] 然后，须面对北方的浮冰和严寒的考验；正如威洛比的不幸经历所证明的那样，在北冰洋水域航行，不小心把握航行时间是极其危险的：只有从6月底开始，航线上才没有冰层，而回程必须在8月进行，可路程就需要几周的时间。这就意味着每年只能进行一次往返，且一次冒险要同时装备几艘大船，投资回报的周期很长，整个过程中既要承担非常大的风险，又要具备非常坚实的信贷能力。但英国人凭借他们的商业天赋可以解决一切问题。早在1555年2月，包括2名妇女在内的201名人士就成立了"英国冒险商人公司"，其目标是"发现未知的国家、领土、岛屿、自治领和领地，这些地方在进行上述冒险或航海活动之前须未曾被到访过"。该公司后来改名为"莫斯科公司"，又名"俄罗斯公司"。这个新实体受益于一份王室契约，契约授予它与1553年以前英国商人未曾光顾过的世界任何地区进行贸易的权利，并尤其授予它"与俄国和北方、西北或东北的任何其他领土进行贸易的垄断权"。可以说，这是一个经营北方的垄断公司。该公司的运行机制很巧妙：为了换取这项特权，公司的成员承担了远航的所有风险，而远航的成本和利润则按照初始投资的比例进行分配。英国王室在海上保护他们，维护他们的权利，避免他们受到任何其他英国竞争者的侵害。风险就这样得到了分担。经过多年的发展，这种模式最终在日后为东印度公司及其同行所沿用。[110]俄罗斯公司一直存活到了1904年。

1555年5月，仍由钱塞勒指挥的"幸运爱德华号"，以及"菲利普和玛丽号"再度扬帆，启程前往俄国北方。除了买卖货物，他们还肩负了许多其他任务：巩固旧的待遇，争取新的特权，与沙皇建立密切的关系，找到在第一次探险中失踪的威洛比的船只和船员。勇敢的理查德·钱塞勒将执行这种种任务。1555年10月，他再度获得沙皇的接见，并得到了免除俄国境内一切税费的保证、商人在司法上的特权、在莫斯科设立一个总部的许可，并与伊凡雷帝建立了默契。当探险队首领尚在宫廷短住时，英国舰船就满载而去，返回了出发的港口，它们在沿途找到了像两艘幽灵船一样停泊在海岸边的"坚信号"和"好望号"，并在船上发现了船员的遗体。这两艘船都在1557年被遣送回国，但厄运似乎缠上了它们。"好望号"在海上莫名消失，而"坚信号"则在挪威海岸失事。而此前几个月，"幸运爱德华号"在苏格兰搁浅，钱塞勒也在此次事故中丧生。[111]

俄罗斯公司的开端颇具戏剧性，并且代价高昂——它才刚刚开始经营，就在探险中损失惨重，急需进行资本重组，但这并没有影响投资者的热情。这个长线项目刚刚在俄国与英国之间展开。项目的参与者共有三方：在俄国方面，沙皇伊凡对国内的交易实现了完全的控制；在英国方面，则有俄罗斯公司的领导者们，包括年事已高的探险家塞巴斯蒂安·卡博特；另外，就是在经历了一系列离奇事件后，终于在1558年登基的伊丽莎白一世。对俄罗斯公司而言，两个主权国家间的外交关系以及两位君主间的个人关系会直接影响他们的成功。伊凡雷帝与"童贞女王"*之间将近三十年的"战争"，就是这种微妙三角关系的体现，俄罗斯公司的信件有时也会起到火上浇油的作用。商人

---

* 即伊丽莎白一世。她终身没有婚配，故得此称号。——译注

们总是在讨要新的特权，又要求已有的特权得到重新确认。他们企图排除、阻止不断涌现的竞争，并要消灭一切打着俄罗斯公司的名义来浑水摸鱼的英国对手。为了获得伊凡的恩宠，他们逼迫伊丽莎白一世做出一切可能的优惠和让步。女王自然想要支持商业和贸易，并乐意在英国领土上实行任何互惠政策，但她知道这种让步是没有效果的，因为俄国人没有商业船队，因此注定需要依靠英国或欧洲的运输船。而且，她并不想加入一个会让她与瑞典、丹麦或波兰的统治者——同时也是她的亲戚——发生冲突的军事联盟。然而，这却正是伊凡所希望的，他正在几条战线上同时作战，而几个波雅尔却倒向敌人，这让他倍感无力。伊凡雷帝为自己脆弱的政权而烦恼，也为帝国被围困、孤立于基督教世界其他国家的境遇而焦虑。鞑靼-蒙古对罗斯的占领造成了可怕的割裂，并留下了明显的痕迹。[112]沙皇被孤立的风险所困扰，希望让自己的帝国变得现代化。为此，他把俄罗斯公司当作自己的救命稻草，希望能借此机会摆脱困境。通过私人信件与特派大使，各种请求、让步和误会在三方之间奇怪地穿梭。英国人谈的是生意，伊凡讲的则是政治。沙皇先后索要武器、专家，还要求与英国建立独家军事同盟。俄罗斯公司急于讨好自己如此特殊的合作伙伴。伊丽莎白被催得够呛，她试图给公司和伊凡都降降温。专家？没有问题。由军官、水手、工程师和医生组成的特遣队正逐渐在莫斯科和北冰洋沿岸站稳脚跟。武器？或许吧，但不会在官方层面上。我们只能从书信中推断出，英国船只的货舱里装的不仅是酒、布匹和香料。当瑞典人看到他们的俄国对手突然装备得如此精良时，伊丽莎白大可以宣称自己是无辜的。正式结盟？伊丽莎白没有这样的胆量。因此，她提议建立一种防御性联盟，只有在一方受到"违背正义"的攻击，且侵犯者在接受传唤后既无法证明其行动的合法性，也拒绝恢复正常关系时，另一方才会介入。

伊凡拆开英国的来信时，并没有上当，反被气得满脸通红。这算哪门子结盟？这样的话，伊丽莎白只需一点借口就可以不履行盟约。他明明给予了这么多的特权，并为俄罗斯公司的商队开辟了通往东方的丝绸之路，怎么还有人胆敢拒绝他的提议？更为露骨的是，沙皇对伊丽莎白的行为感到愤怒：女王怎么能让战略要务服从于低级的商业考量？1570年10月24日，他给伊丽莎白写信说："我以为您统治了您的国家，但我现在明白，实际上不是您在统治，也不是哪个男人在统治，而是朝臣和商人，他们不追求陛下的兴旺或荣光，只追求自己的商业利益。"[113] 令商人们倍感挫败的是，伊凡中止了俄罗斯公司的权利，并要求证明对他的真正依附。如果俄国出现问题，英国需要为伊凡提供政治庇护。还有，为什么不让沙皇与伊丽莎白的近亲之间来一场王室婚姻呢？这将使君主之间的同盟关系板上钉钉！

"尴尬"已经不足以形容伊丽莎白女王的心情。她对沙皇的第一个（十分不寻常的）要求可能只是感到有些惊讶，她通过沙皇派来的私人大使谨慎地做了回应。她向伊凡和他的家人提供在英国的庇护，以防沙皇"由于不幸、命运、秘谋或外部的敌意"[114]被赶出自己的国家。至于婚事，她则展开了商议，搪塞了几年，还用一份感人至深的忏文表明了自己的诚意（"全能的上帝手握着所有国王的心，他没有赐予我等这样的心性，也未曾引发这种感情，而这种感情本可以让我等找到自己的出路"[115]），当沙皇提出她的亲戚黑斯廷斯女勋爵的名字时，她仍然设法拖延。她借口沙皇的结婚人选因天花发作而毁容，并尽可能推迟俄国大使对她的审查。大使在从各个角度审视了黑斯廷斯女勋爵之后，只抛下一句神秘的评价"够了！"，便返回去做汇报[116]，留下了英国人顾自困惑担忧。最后，还是伊凡雷帝之死结束了这场外交、商业和感情上的纷争。毫无疑问，这个消息一定让伊丽莎白长舒了一口气。

英国人在新航路开辟后不久，就不再是它的唯一使用者了。理查德·钱塞勒刚刚结束他的第一次航行，布鲁日、根特、安特卫普、迪耶普和阿姆斯特丹的商栈中就传出有一条直达俄国的新航线被开辟的消息。荷兰人的反应尤其快。在此之前，他们的武装商船就和其他人的一样，经常越过丹麦和波罗的海，去波罗的海的港口收购俄国的货物。伊凡雷帝的军队征服了爱沙尼亚的纳尔瓦港，提供了与俄国供应商直接接触的机会，这又为荷兰人的长途跋涉增加了一个理由。然而，沙皇极力夺来的波罗的海港口并没有在俄国人手上停留多久，1581年底，瑞典人又打了回来。谨慎的荷兰人预料到了这个阻碍他们与俄国人直接接触的新障碍，他们派出了最优秀的水手绕过斯堪的纳维亚半岛，然后进入德维纳河口，停泊在距河口上游约70公里处的第一座俄国小城霍尔姆戈里的浮桥上。1578年，两艘相互竞争的荷兰舰船——一艘由安特卫普人希勒斯·范埃切伦伯格租用，另一艘则由入籍荷兰的法裔胡格诺派信徒巴尔塔扎尔·德·穆什龙租用——相继停靠在了德维纳河的浮桥旁。[117]

很快，荷兰就在与英国的贸易竞赛中取得了优势。荷兰人的秘密不仅在于他们完美掌握了最新的航海技术，更是因为他们的国土面积较小。当英国试图扮演一个新兴大国的角色，只为自己的商业利益服务时，阿姆斯特丹做出的反应是，将自己定位为一个具有国际使命的市场。他们出售一切，商品来自各地，在荷兰的商栈里可以买卖一切商品，荷兰商栈就是世界第一。英国人只向俄国出口他们的传统商品：羊毛、织物、食品、矿产和武器，荷兰人则随时准备满足任何需求。他们的商人出售香料和各种异域商品，例如中国的丝绸、中东的陶器、美洲的咖啡豆和新奇产品，特别是来自新大陆的白银。丰富的商品固然使他们接触到了更广泛的客户群体，但最重要的是，它提供了一个决定性的优势：因为没有足够的货币，俄国的经济主要是以物易物。在这种情况下，商品越丰富，交易就越有可能达成。当英国人只供应自家生产的羊毛或火枪时，荷兰人则像开了一家百货公司！为了弥补自己在政治上的弱势，荷兰人还推出了大胆的信贷政策，他们提供的利率非常低，以至于活跃在对外贸易中的俄国商人，如斯特罗加诺夫家族，都会广泛利用，甚至往往依赖于他们的信贷工具。俄国皇室本身就是阿姆斯特丹各公司的大债务人。为了使这一套优势更加完整，荷兰人利用了他们刚刚获得的独立地位和新政权标榜的宗教宽容政策：许多因本国的宗教动乱而受到迫害的法国胡格诺派商人和水手都在尼德兰联省找到了容身之所，现在他们便打着新祖国的旗帜从事利润丰厚的贸易。

荷兰人很快便获得了成功。几年后，尽管英国人有着前文所述的关税和税费特权，但荷兰与俄国的贸易量还是赶上并超过了英国。在17世纪上半叶俄国的对外贸易中，有四分之三都是由荷兰人完成的[118]，而极北地区的港口是此时俄国对外的唯一直接出口。1583年，伊凡在失去波罗的海临时港口纳尔瓦的一年以后，决定在北方进行大规模投资，以巩固收益丰厚的对外开放政策。在大天使圣米迦勒隐修院的遗址上，伊凡建立了阿尔汉格尔斯克新城，这是全俄国最欧式的城市。

沙皇一如既往地把对外贸易当作他的私人领域。一系列的产品，如钾碱、船体必需的柏油、制作绳索的麻……总之，凡是能被外国军队或船队使用的东西，都被"禁止"出口，这意味着这些物品只能在官方组织的拍卖中购买。谷物交易也受到限制，只有当饥荒使欧洲粮价上涨时，谷物才被允许出口。然而，毛皮和皮料，包括柔韧性极强的俄国著名皮料"尤夫特"（yuftes）——它们可以用来制作紧贴小腿的高筒靴——却不受任何出口限制。行政部门为了确保能对跨国贸易进行监督，只允许商人在7、8月份阿尔汉格尔斯克的夏季集市上进行交易。8月20日至30日，集市全面展开，整个俄国北部都汇聚到了阿尔汉格尔斯克。5月底前后，几十艘商船就会从荷兰和弗里西亚群岛出发，前往这座俄国北部都市。一上船，弗拉芒和荷兰富商的代表们就会与他们的英国同行及竞争者们争夺最好的买卖，很快，德意志人和法国人也加入了竞争。秋天，俄国商人们，当然也包括斯特罗加诺夫家族，就会将收购来的货物溯流而上运至沃洛格达和雅罗斯拉夫的装卸点，最后再送达他们位于伏尔加河沿岸或莫斯科的目的地。

在这座位于德维纳河东岸、向世界开放的新港口，伊凡的继任者们逐渐建立起一座大型商业中心——"戈斯丁尼德沃尔"，它至今仍立于阿尔汉格尔斯克市的中心。这一建筑由三个内院组成，其主面是一堵中世纪风格的厚墙，它沿河而立，宽400余米。这座极北雄伟市场的四角建有塔楼，大门则开向浮桥和城市的主要街道。院子内部，一层都被仓库占据，而二层则是带有优雅拱廊的长廊。俄国和欧洲的大商人会在这里举办沙龙，在装饰着挂毯或毛皮的墙壁之间接待他们的客人。无论是当时占到俄国出口半壁江山的毛皮，还是进口的金属、火药、纸张、织物或其他异域商品，它们的买卖都在这里进行商议。三个内院中，第一个内院仅允许俄国商人使用，第三个内院则供"德意志人"，即以荷兰人为主的外国人使用，而中间的院子则更像是某种要塞，它由行政部门占据。外国人逐渐扎根在这座气势逼人的建筑周围。即使交易被官方限制在集市时间内进行，一些进取心较强的生意人还是愿意多留一段时间，抓住一些被安排在集市时间前后的生意。夏天过去之后，为了避免可能发生的火灾，人们会将存货埋藏到地下直至第二年。一些荷兰和英国家庭定居在了"涅梅茨卡亚斯洛博达"新区，这是所谓的"德意志区"*，其街道设计皆为欧洲风格。这一安排完全是出于宗教方面的考虑：沙皇担心欧洲人热衷于传播他们的

---

* 在俄语中，形容词"德意志的"的原文为"niemietskiĭ"。该词是以另一个形容词"niemoi"（意为"不会说话的"）为词根变化而来的，这让人联想到早期俄国人与外国人之间的沟通障碍。推而广之，外国人往往被称为"德意志人"，因为最常到访俄国的外国人都是广义上的"讲德语的人"（包括讲荷兰语的人）。与此同时，莫斯科市郊也出现了自己的"涅梅茨卡亚斯洛博达"，所有无论暂住还是定居在莫斯科的外国人都居住在这里。

信仰，从而引起东正教会或当地人的过激反应，所以他规定外国人只能定居在这片区域，那里的贵族豪宅建筑至今仍提醒着人们：16世纪末至17世纪，曾有一群欧洲人定居在这里。*人们建起了磨坊、锯木厂和制革厂，一座带有尖顶钟楼的加尔文宗教堂又为市中心这片异国风情区添上了点睛一笔。阿尔汉格尔斯克的居民将河上的新浮桥命名为"布尔根"（即荷兰语中的"桥"）[119]，这体现了荷兰人在这座城市的影响力。

商业在这里蓬勃发展，到17世纪下半叶，仅阿尔汉格尔斯克"戈斯丁尼德沃尔"商业中心内的贸易收入就占到了俄国政府预算的三分之二。而荷兰人仍然在贸易中独占鳌头，一个表现就是，从1650年前后起，俄国有90％的货物都是通过阿姆斯特丹运往欧洲各地的。[120]荷兰语被普遍应用在对外交往中，以至于17世纪中叶，当俄国向路易十四的宫廷派驻大使时，法国人发现使团团长和翻译都不会说法语。因此，人们只能先将俄语翻译成荷兰语，再从荷兰语翻译成法语。[121]

那么法国人又做了些什么？他们对北欧正在形成的热潮反应迟钝，要等上更久才会想要从俄国分一杯羹。法兰西王国的人口虽然多过英国，更多过荷兰，但它与沙皇的帝国只维持着微不足道的贸易，一般来说，法国商人仅仅是将他们为北方和东方市场准备的货物卖给荷兰商人，再由荷兰商人把它们加入自己的商品清单。这些货物包括红葡萄酒、白葡萄酒、各种"风雅物件"[122]、大量穿戴用的配饰或室内装饰品，以及最重要的盐——这种珍贵的产品在俄国市场上仍然罕见。但法国人为什么不自己直接销售自产的商品呢？在丹麦国王的宫

---

　　* 欧洲人的定居点为阿尔汉格尔斯克带来了全市的第一座电影院——百代（Pathé）电影院。随着1919年支援白军的欧洲军队登陆，以及随后红军的胜利，他们最后的代表也撤出了这个街区与这个城市。Iouri Barachkov, *Vy skazali Arkhangelsk?*, Arkhangelsk, 2011, p. 140 et suiv.

廷里，法国大使夏尔·德·丹泽看到他的同胞们错过了在俄国抢购的机会，难消疑惑和愤怒，在他看来，这与几十年来在美洲开拓的意义不相上下。他先后写外交信件给摄政太后（凯瑟琳·德·美第奇）、国王查理九世、枢机黎塞留，对法国不可理喻的惰性表示痛惜。他指出，法国港口里的商人不仅没有像英国人和后来的荷兰人那样，找到几种共同分担风险的经济方法，还不断互相设置障碍。他请求国王为他们着想，让他们重新恢复秩序。1571年，他在给凯瑟琳·德·美第奇的信中写道："愿陛下以义务约束您的商人臣民。诺曼人对于不列颠人和他们的邻居在那里买卖的货物感到十分羡慕。并不是每个人都愿意吃巴黎或其他地中海城市的亏。当有人向他们介绍德意志人、英国人、荷兰人和其他国家为了贸易的安全和便利而使用的明智手段时，他们会大加赞扬，并承认这些手段是非常有益且必要的。但是，假如想让他们也采取同样的手段，陛下，必须得依靠您的命令和权威。"[123]大使的来信证明了他的清醒和固执，他坚持认为，法国现在急需向沙皇派出使节，去争取与竞争对手相同的特权。此外，他自己也不等太后回复，就从与他保持特殊关系的丹麦国王处获得了免除法国船只使用北方航线的一切通行费的特权。即使是英国的探险者们也没有获得过类似的权利——他们被迫成群结队地出海，以避开将他们捉去缴费的丹麦军舰。但一切都没有改变。只有经常光顾波罗的海的迪耶普商人，在看到纳尔瓦港落入俄国人手中之后，偶尔会考虑效仿英国人或荷兰人的做法，问一下价。丹泽在他哥本哈根的任上感到十分烦躁，他在1581年，也就是为此第一次向太后致信的十年后解释说，如果要向沙皇请求支持和索要特权，"法国商人只需比他们的邻居少赚点利润，但是法国商人是如此的狭隘和相互嫉妒，以至于他们不愿意共同承担任何事情"。[124]一年后，他再次致信国王："我曾经告知陛下，法国商人可以自由、安全地在北方开展贸易，不论是在丹麦国王的国家，还是在莫斯科人的国度［……］只有您一个人，陛下！能在那里自由开展贸易的只有您一个人！"[125]

终于，在1586年6月26日，来自迪耶普的船长让·索瓦奇带着第一批来自法国的货物停靠在了阿尔汉格尔斯克城前。他受到了该城长官的热情接待……和强行敬酒。"当他知道我们是法国人时，"让·索瓦奇在给国王的回忆录中记录道，"他非常高兴，对翻译说十分欢迎我们的到来，并拿起一个大银杯，倒满了酒，喝干了。然后再倒了一杯，又喝干了。又倒了第三杯，还是干了。喝完三大杯以后，我们以为已经够了；但最糟糕的是下一杯，因为这次是一杯烈酒，这酒如此之烈，喝完以后胃和喉咙都像是着了火。这一杯过后，还不算完，他刚说了几句，就要为国王的健康干杯，你必须再喝一杯，因为你不敢拒绝。这个国家的习俗就是要喝够。"[126]

在威洛比的船登陆三十三年后，法国人终于也来到了俄国。然而丹泽大使还是不能松一口气，因为法国水手在前往俄国的途中，居然试图用假护照来逃避丹麦的检查！又得靠大使来收拾烂摊子……

然而，法国人永远无法与他们的商业对手相提并论。1615年，沙皇致信路易十三，提议建立友好关系，但十四年间都没有得到答复。直到英国人登陆的一百多年后，荷兰人登陆的七十多年后，1669年，柯尔贝尔才试图着手解决问题，他将大量的国家资金注入一个本该与外国同行匹敌的北方公司。法国航海业迅速扩张，商船队的规模在二十年内翻了一番，同期海军的军事力量也增加到先前的十倍。柯尔贝尔需要从高大树木上砍下的桅杆，需要焦油、亚麻布帆、绳索，这些物资在阿尔汉格尔斯克的市场上都很充沛。他想从背后给荷兰以重击，法国正准备向其发动战争。*尽管做出了种种努力，投入了大量资源，路易十四的这位大臣构想的北方公司还是仅勉强生存了十五年左右。1683年，柯尔贝尔去世，两年后，国王撤销了《南特敕令》，将

---

* 这场战争最终发生在1672年到1678年。

法国精英阶层斩尽杀绝，毁掉了他逝去仆人的全部心血。胡格诺派信徒集体逃往荷兰，他们将尽心为荷兰效力。有些人甚至逃往了欢迎他们的俄国，以表达对太阳王的愤怒。

　　然而，俄国的商业吸引力，以及欧洲列强能够从中获得的利润前景，并不能平息地理探索的热潮，也不能平息开辟一条经北方通往中国和印度的航线的竞赛。水手们面对浮冰，意识到在那里冒险是不可能的，但他们的见闻不足以让地理学家、地图绘制者和科学家们放弃，那个世纪的伟大发现让他们自信、乐观到了异想天开的地步。总有些特别大胆的企业家，会冒险资助人们前往"遍地流淌黄金"之地探险。至于冰的障碍？人们认为，从北面绕过浮冰，就一定可以绕到隐藏在地球顶部更温暖的通航海域，甚至可能绕到一个新的大陆。在1596年出版的墨卡托地图上[127]，北极由四个围绕着一片开阔海域的大岛组成。人们观察到，湖泊是先从岸边开始结冰的。人们认为海洋也是如此。就连米哈伊尔·罗蒙诺索夫——他出生在阿尔汉格尔斯克附近的北方大地，具有对一切感到好奇的伟大启蒙精神，是俄国现代科学的先驱，拥有魔鬼般的洞察力——也为这个理论辩护。有些地理学家还认为，这些冰封的海面只是注入的河流带来冰块的产物。他们认为，海水不会结冰。

　　能为英国和荷兰水手们带来信心的，只有他们的信念，他们梦想成为最先开辟传说中的东北航线的人，并不断着手尝试。早在1556年，几乎是刚在理查德·钱塞勒凯旋之后，可敬的塞巴斯蒂安·卡博特（当时已年过八旬）就发起了一支由钱塞勒的船员史蒂芬·博罗夫率领的探险队，打算强行开辟一条通往东方的通道。他指挥护卫舰"瑟谢思里夫特号"来到了伯朝拉河河口，遇到了几艘"拉达"，也就是波默尔人的渔船。再往前走，其他俄国渔民告诉他，地平线上的陆地叫"新泽姆利亚"，字面意思是"新陆地"。"这个俄国人随后向我们解释说，在这个'新泽姆利亚'上有一座山，据他说是世界上最高的。"博罗夫说，"我还没有看到那座山。他还告诉了我们如何找到通往鄂毕河的道路。他的名字叫洛恰克。"船长以英国人的严谨态度总结道。他成了第一个到达喀拉海冰封入口的外国人，随后便返回了。

在他之后，其他英国探险队也坚持不懈地踏上旅程。雄伟的鄂毕河在喀拉海以东的某处注入北冰洋，人们尤其想要到达那里。自从西格蒙德·冯·赫伯施泰因在1549年讲述了他的见闻，神秘和魔力就一直围绕着这条河：据说它的源头在亚洲中心的一个湖泊中，而通过湖泊内部可以进入中国。但是，一个名为"佐洛泰亚·巴巴"（意为"金姑娘"）的神明守护着鄂毕河沿岸，她的形象是一个怀着孩子的妇女，而她腹中的孩子又怀着另一个孩子。赫伯施泰因甚至把她画在航海家随身携带的地图上。无论从陆路还是海路，鄂毕河都应该是一把钥匙，可以让人进入魂牵梦绕的中国。1578年，来自莫斯科的英国商业代理人切里在给伦敦雇主的观测报告中指出："经过鄂毕河之后，就是一片温暖的海域。"[128]1580年，俄罗斯公司因此派出船长阿瑟·佩特和查尔斯·杰克曼。他们肩负了抵达"强大的中国王公的国家与领地，以及'坎巴拉'［意为'可汗之城'，即元大都，今日的北京］和'克文塞'（Kvinseï）"[129]的使命。这次尝试得到了来自欧洲的热切关注，地图学家热拉尔·德·克雷默尔——他的拉丁语名字"杰拉杜斯·墨卡托"更为人所知*——在杜伊斯堡的办公室中，看到水手们如此"轻易"地半途而废，感到非常愤怒。他认为，中国就在不远之处了！他在1580年写给远航的组织者，英国船主哈克鲁伊的信中说："先生，我感到十分恼火，尽管花了很多时间，但我还是无法给出足够的指示：我希望阿瑟·佩特在出发前，能够被清楚告知以下几

---

* 他是著名的"墨卡托投影法"的发明者，这是1570年至1590年间发展起来的一种用圆柱形星球投影绘制地球平面图的方法，至今仍在普遍使用。

点。去往契丹的路程无疑是非常轻松和短暂的。我曾多次惊异于远航的开端如此顺利，船队却在完成一半以上的路程之后，中断了行程，向西折返。因为过了新泽姆利亚，就有一个大海湾，多条大河在这里注入大海，我相信，大型舰船可以在这些大河上通航，直至大陆的中心地带，这样他们就可以方便地买卖各种货物，并将它们从契丹运回英国。"[130]佩特和杰克曼在到达新地岛后，尽管尽了最大的努力，也再也无法航行到比尤戈尔斯基海峡更远的地方，尤戈尔斯基海峡是喀拉海的咽喉，仍处于完全冰封的状态。"无法通行"，佩特给出了这样的评价。至于墨卡托在办公室里给出的"友好"建议，就让它见鬼去吧。

在这一阶段，又是荷兰人取得了胜利。来自诺曼底的胡格诺派移民巴尔塔扎尔·德·穆什龙（他的哥哥居然叫梅尔基奥尔！*）已经成了俄国的常客。近十年来，他在俄国本土积累了关于神秘海路的见闻和资料。1593年，他将自己的报告书和建议寄给荷兰政府，几个月后，便有四艘船驶离了阿姆斯特丹、泽兰和恩克赫伊曾港。这是荷兰人三次大规模远航中的第一次。威廉·巴伦支担任了本次远航的指挥官。

1594年的探索遵循了当时的法则。四艘船中的两艘在大西洋中向正北方向航行，希望能经北极点绕过冰层。巴伦支则以同样的逻辑，试图首次通过新地岛的北端——尚没有外国人到达过这里。探险队带回了大量的信息，发现了"新的"岛屿（他们立即用荷兰语为它们命名）以及几百只海象组成的群落（"强大的海怪，比公牛还要大得多"[131]）——它们给水手们留下了深刻的印象。他们还发现海岸上俄国人建了很远的东正教十字架、坟墓和渔棚。其中一处地点，现名为

---

* "巴尔塔扎尔"和"梅尔基奥尔"都是传说中东方三博士的名字。据《圣经·马太福音》记载，耶稣出生时，三位博士在东方看见伯利恒方向的天空上有一颗大星，便跟着它来到了耶稣的出生地，向耶稣献上了礼物。——译注

"斯特罗加诺夫湾",也许是这个商业家族的狩猎基地之一。然而巴伦支未能穿越北冰洋,他想不惜一切代价在原地过冬,以在第二年继续旅程,但船队不顾巴伦支多次抗议,还是决定返航,并为全体船员起草了一份声明:"我们,以下签字人,在上帝和世界面前声明,我们已经为达成穿越北方海域到中国和日本的指令竭尽了所能。"[132]第二年的第二次尝试没有取得任何进展。冰层完全阻断了通往喀拉海的两条可能通道。

巴伦支没有放弃。他是个固执的人,一心想要回去冒险。他想拿到阿姆斯特丹城许诺的2.5万荷兰盾,凡是成功打通东北航线到达中国的人都可以获得这笔奖励。商人们同意组建起由两艘船组成的第三支探险队,但或许是担心巴伦支过于冒险的性格,他只被允许担任探险队的总舵手。

1596年5月10日,探险队从荷兰出发。而这两艘船再也没有回来。7月17日,新地岛出现在了巴伦支所乘船只的前方。8月19日,荷兰人经过了该岛最北端的海岬,他们将它命名为"渴望角",而它沿用至今的俄语名字是"兹拉尼亚角"。21日,他们在一个名为"冰港"的小海湾中避险。26日,舰船被冰死死夹住,冰层可怕的压力压垮了船体。"船被拱起来了,周围的一切都在吱吱呀呀地响,仿佛要突然碎裂成几百块。"随行的赫里特·德费尔在日记中记录道,"目中所睹、耳中所闻都非常可怕,我们的头发都竖了起来。"[133]然而,最可怕的还在后面。欧洲人对极北地区的气候尚不了解,船员们现在不得不在这个高纬度地区过冬,但他们没有必需的衣物和配件。水手们用甲板和船体的木板,围着火炉,造了一个单间小屋。但即使是在小屋里,寒冷也丝毫不留情面。12月6日:"天气很恶劣,风几乎让人无法忍受。我们相互怜悯地看着彼此,生怕冰冻再严重一些就会船毁人亡。无论我们把火扇得多旺,都无法让自己觉得暖和一些。连雪利酒都完全冻成了冰块。"[134]1月27日:"室内冷得可怕。我们紧紧地围着火，甚至都要把脚尖伸进去了。但与此同时，我们的后背却盖满了冰霜。"更糟的是，坏血病正在船员中蔓延。6月14日，水手们熬过了致命的冬天，已经近乎残废、筋疲力尽，他们走出小屋，试图乘小艇逃离此地，但巴伦支和许多其他人已是重病在身。6月16日，船在回程中再次穿越渴望角。巴伦支让人把他抬起来，说道："我想再看一眼这个海岬。"6月20日，这位指挥官说道："我觉得我活不长了。赫里特，让我喝一杯。"赫里特·德费尔见证了随后的一幕："他闭上眼睛，永远地离开了。"[135]其余船员则在途中遇见了俄国渔民，并在他们的帮助下，于1597年9月2日回到了俄国的海岸。自此，这片北方的大海就被以"总舵手"巴伦支的名字命名。

在磨难之余，巴伦支的手下从收留了他们的俄国渔民那里得知，他们每年都要穿过海峡进入喀拉海，再往前走，会有几条大河：其中不仅有他们魂牵梦绕的鄂毕河，还有叶尼塞河，以及另一条被荷兰人记为"莫尔科塞"的河流。曼加泽亚，富饶的曼加泽亚！渔民们说，这片土地是毛皮猎人的天堂。这个消息足以让荷兰人恢复所有希望和热情。

随着16世纪接近尾声，开辟东北航线的希望也在逐渐消失。俄罗斯公司在1607年和1608年又资助著名航海家亨利·哈德逊进行了两次远航，但之后便不再尝试。荷兰人范科克霍温（1609年）、扬·迈（1610年）和科尼利厄斯·博斯曼（1625年）的尝试都没有取得突破。尽管在更东边海域作业的俄国水手向他们提供的线索和见闻越来越准确，但冰层还是封住了欧洲诸国的开拓者通往东方的道路。在俄国国内，居住在莫斯科与阿尔汉格尔斯克特设区域里的外国人已经逐渐形成规模，他们认为航行失败的原因是毋庸置疑的。荷兰地理学家伊萨克·马萨在1608年写道："我十分清楚，也可以证明，北方的海路是封闭的，所有想要打开它的人都注定要遭遇不幸。"[136]伊萨克·马萨常驻莫斯科，会说俄语，或许是他对俄国的敏锐观察让他成了俄国事务的首位外国专家。此外，他只是来自荷兰的一系列杰出人才中的第一位，之后，还有未来的阿姆斯特丹市长、两国合作的推动者尼古拉斯·维森，以及后来成为沙皇政府核心人物之一的安德里斯·维尼乌斯*。这些移民在自己新的祖国反而融入得更好，他们建议国家把精力集中在俄国本土和毛皮的收购上。人们确实听说，在鄂毕河上和曼加泽亚，土著猎杀了大量毛发出众的紫貂和黑白狐狸。

欧洲各大贸易强国自然有放弃东北航线的其他理由。荷兰实力雄厚，日渐繁荣，它刚在好望角站稳脚跟，就派舰队向荷属印度群岛（现在的印度尼西亚）驶去，葡萄牙人根本无力抵挡。同样，英国人也活跃在非洲沿海和北美，因此，他们现在致力寻找的是西北航线，虽然其目的地还是中国，却是在加拿大以北航行。亨利·哈德逊在俄国失败之后，将致力于这项事业，直至自己去世。

但是，如果说通往中国的神秘道路被暂时放弃，那么蕴藏着难以企及之财富的曼加泽亚、鄂毕河和神秘的西伯利亚，它们的吸引力却未曾减少半点。人们对毛皮的兴趣只增不减。迫不及待的商人们渴望能够直接从欧洲航海家和他们的俄国线人所透露的皮草产地获得充足的货源。由于没有商用船队可用，俄国人完全依赖于那些在大城市的市场上供应自己最优质产品的西方伙伴。而当俄国的商人家族试图直接在荷兰市场上销售货物，借道高街的陆路进行必要的毛皮运输时，商业行会则会禁止他们通行。但1567年，当两名俄国贸易代表乘俄罗斯公司的船来到英国，谒见伊丽莎白女王时，他们免除全部关税的申请居然遭到了拒绝，尽管根据对等原则，要求获得沙皇给予英国人的

---

* 安德里斯·维尼乌斯（1641—1716），出身于移民商人之家，后来成为沙皇行政当局的主要人物之一，负责掌管邮政局、卫生局，甚至西伯利亚管理局。作为沙皇彼得大帝早年的翻译和亲密伙伴，他是决定了荷兰在俄国影响力的关键人物之一。年轻的沙皇想从荷兰汲取灵感，他长期居住在荷兰，在荷兰招募专家，以阿姆斯特丹为蓝本建造新首都圣彼得堡，甚至用荷兰的颜色（倒置）来制作俄国的白蓝红新旗。

同等特权似乎是理所当然的。[137]俄国由于没有自己的船只，在与外国对手的竞争中显得束手无策。

欧洲人仗着自己的海上优势，试图进一步扩大他们的利益。1583年秋，伊丽莎白一世的使者杰罗姆·鲍维斯爵士受到了伊凡雷帝的接见。鲍维斯爵士对荷兰人的成功感到不快，他为自己的同胞讨要进入俄国北方港口的垄断权利。这个人物以性格暴躁著称，他为英国人索要在更东边开展贸易的权利，具体的区域不仅包括有陷阱猎人驻扎的梅津河与伯朝拉河河口，还包括鄂毕河沿岸，以备英国水手成功抵达那里。不仅如此，他还认为自己这样是在向俄国卖人情。此时伊凡只剩下几个月的生命，但这位客人无礼的态度反而让他警觉了起来，也在西伯利亚管理局中敲响了醒钟。"伯朝拉河，更别说鄂毕河，"沙皇回答来使说，"都与英国人在我们的王国里常去的地方距离甚远。"史书记录下了沙皇令人无法生气的直率性格："在这些地区生活着紫貂和大隼，它们都是非常珍贵的商品。如果它们都被带去了英国，那我们的国家还能剩下什么？"[138]

鲍维斯大使的提议被完全否决了。在去世之前，伊凡雷帝最后处理的几件事项之一，就是将这个信息表达得更为明确。他正式禁止外国人在白海和阿尔汉格尔斯克以东的伯朝拉河沿岸及其他河流上登陆。斯特罗加诺夫家族也在重病的君主身侧参与了此事。[139]据悉，在此期间，一些英国航海家，也许还有一些荷兰航海家，仗着自己在海上可以逍遥法外，无视俄国当局提出的所有要求，与俄国水手联手在沿海地区秘密活动。英国人安东尼·马什听信了俄国水手的保证，认为"到达鄂毕河河口并不十分困难"，于是他租了"两艘俄国造的海钓船，每艘可载10人"。[140]这次探险取得了成功，他们带着满满几箱毛皮回来了。但在回来的路上，他们一行人遭逮捕并被投入监狱，他们的战利品也被行政当局没收。而这大概不是唯一一次尝试，其他大胆的人或许溯鄂毕河而上，来到了更远的乌拉尔山脉另一侧。英国人杰罗姆·戈尔西在莫斯科跟一位被俄国人俘虏的鞑靼王子交谈之后，向自己在伦敦的雇主汇报了以下内容：鞑靼王子告诉他，曾有"一群英国人或与之类似的人"在鄂毕河下游搁浅，鞑靼人趁此机会夺取了他们的"大炮、火药和其他财产"。[141]

　　不管有没有沙皇的同意，欧洲人都在向东推进。这种压力越来越明显，一些外国战略家意识到伊凡雷帝政权的脆弱性，甚至考虑从海上入侵俄国北部，夺取其财富，乃至攻陷莫斯科。德意志人海因里希·冯·施塔登曾是沙皇的奥普里希尼基之一，因此对俄国政权非常了解，他回国后与普法尔茨伯爵密谋，向神圣罗马帝国皇帝鲁道夫提出了征服俄国北部的计划。他写道："必须从北方派出一支舰队，因为俄国人从不出海，没有舰船。"[142]丹麦、汉萨同盟的城市和西班牙肯定会提供几百艘战舰。"在荷兰、泽兰、汉堡和安特卫普都可以找到水手和舵手。"[143]几千名武装人员就可以控制港口，"荷兰人和安特卫普人曾给这里的教堂与隐修院运来了几百口钟"[144]，接着是控制各大河流和沿岸的城市。冯·施塔登细致地描述了他所设想的行动步骤。然后，一旦伊凡被俘，就把他和他的儿子们以及他们的财宝带到神圣罗马帝国的边境，找一个高地，让君主和他的儿子们能够看到莱茵河或易北河。征服者们也要把所有俄军俘虏带到此处，并在处死他们之后，以51人为一组，将他们的脚踝绑到树干上，再扔进河里，这样大公就会"意识到自己大势已去，认识到他的祈祷和宗教［东正教］仪式的罪恶"。[145]

　　这项在很长时间里都是秘密的计划并没有什么后续。但其他占领北方的想法依然不断涌现，尤其是在伊凡去世，以及鲍里斯·戈东诺夫摄政之后，俄国政权进入了一个充满不确定、阴谋和外国（尤其是波兰）势力干涉的时期。许多外国雇佣兵趁着俄国历史上所谓的"混乱时期"涌入俄国国内。而他们中最大胆的人还在谋策新的计划。1613年夏*，伊丽莎白的继任者，英国国王詹姆斯一世受到了马尔热雷上尉的建议——这位来自勃艮第的军官多年来一直参与席卷俄国的内战。他建议进攻"阿尔汉格尔斯克的土地，此地对推进我们的生意十分适宜实用［……］更何况一旦占领了阿尔汉格尔斯克港，陛下就可以将对手隔绝于一切贸易和可能的武器增援"。[146]马尔热雷坚信俄国人"一旦机会来临就会揭竿而起"，认为他们"一心希望能有一个来自外国的君主，在其统治下，他们可以享受到一个更美好世界的希望"。如果这位被法国军官描述为"反基督之恐惧、土耳其人之恐吓与鞑靼人之惊骇"的英国国王陛下愿意进行这样一次有利可图的冒险，那么他相信："陛下，［陛下的］臣民，以及在俄国进行贸易的商人和公司，都会满腔热情地参与进来，这样他们就可以取得在贸易中的专属利益。"[147]

詹姆斯一世却宁愿避免这样的大工程。马尔热雷与他秘密照会时，俄国刚刚从充斥着动荡、专制、战争和屠杀的可怕岁月中走出来，人们选出了一个新的沙皇和一个新的王朝，那便是罗曼诺夫王朝。想要重新掌控这个摇摇欲坠的帝国，花费几年的时间是必须的。而在1620年，沙皇得出了和他的前任们一样的结论。必须阻止欧洲人从海上推进的可能。1620年，他颁布了严禁任何人通过北方海路的命令，违反者将被处以死刑。这条路线被一直关闭到了19世纪。在西伯利亚的史书中，鄂毕河的河口从来都是被描述为"自古以来就被冰封的河口，从来没有被太阳融化过，是一条人类无法穿越且一无所知的通道"。[148]我们不知道这种夸张是史家想象的产物，还是一种劝离异乡人的附加手段。沙皇在沿海一线设立岗哨，迫使商人选择乌拉尔山脉的道路。这是因为在这期间，陆地上的"锁"已经被打破。西伯利亚已是开放的土地。

---

* 俄罗斯历史学家认为，这份最近受到研究的历史文献写于1613年5月至10月期间。

第五章
越过乌拉尔山脉！

　　斯特罗加诺夫家族是俄国市场上的先驱，是各条大河上的先驱，是在极北地区建立商栈的先驱，因此当外国人从北冰洋而来时，家族也积极地与他们展开了贸易。德维纳河河口与阿尔汉格尔斯克距离家族的"首都"索里维切戈茨斯克并不遥远，在平静的河道中航行几天就能从一地到达另外一地。大商人们也像往常一样迅速抓住了与这些遥远国家贸易的获利机会。他们第一次与英国人签订合同是在什么时候？我们不知道确切的情况，但早在1552年，甚至在俄罗斯公司成立之前，沙皇的档案中就已经提到了沙皇向自己的官方供应商斯特罗加诺夫家族下达的"英国和非英国商品"订单。据俄罗斯历史学家考证，阿尼凯很可能将使者和零售商一直排到了俄国海岸的最西部，即今日的摩尔曼斯克附近。按照斯特罗加诺夫家族的习惯，他们很早就在那里建造了几个棚子和一座教堂，作为俄国人的前哨站，以供那些还不敢深入北部海域的欧洲水手使用。很明显，"皇家股东"对他们的服务和商品感到满意，因为在随后的几年里，他又续签了订单，而斯特罗加诺夫家族则通过先后在霍尔姆戈里和阿尔汉格尔斯克建立的商店，扩大了他们的销售网络。沙皇伊凡是如此满意，他甚至在1570年颁布法令，正式任命阿尼凯和他的儿子们代表国家监督"德意志英国人"（原文如此）和其他外国人的商业活动。沙皇特别指示，这些新来的人应坚持批发贸易，放弃零售，并且不能购买麻料制作船绳，买卖铁矿也被禁止。[149]

作为供应商和强大的中间商，斯特罗加诺夫家族依据沙皇的诏令，成了真正的国家代理人。他们还获得了一个新角色，那便是任何大规模贸易的强制合伙人，他们很快就开始利用这一角色给他们带来的方便。他们邀请英国人在索里维切戈茨斯克的家族土地上自行开采铁矿，几年内，斯特罗加诺夫家族就通过对进口技术的应用改进了采矿和冶炼技术。而他们的雄心壮志并不止于此。这仅仅是一种巧合，还是他们的新角色所带来的效果？在沙皇颁布诏书，将他们任命为对外贸易全权监察官的同年，斯特罗加诺夫家族从雅罗斯拉夫赎回了一名叫作奥利维耶·布鲁奈尔的弗拉芒囚犯，他已经在沙皇的监狱里受了好几年的苦。这个选择十分明智，因为布鲁奈尔先生是一个怪才：他大约在1540年出生于布鲁塞尔或鲁汶，年纪轻轻就被席卷了弗拉芒和布拉班特商界以及地图绘制者工坊的激烈辩论吸引，而辩论的主题正是北方航线和神秘通道。年轻的布鲁奈尔是否在鲁汶遇到了大名鼎鼎的墨卡托？后者当时还没有因被指控为异端而从天主教大学出走。难道布鲁奈尔只是因为想要冒险，才登上了一艘来自安特卫普的船？唯一可以确定的是，弗拉芒人布鲁奈尔所登上的船，属于第一批试图通过北方贸易航线前往俄国的荷兰船只。他的任务是去那里开展"贸易"和学习俄语。然而，当他到达港口时，却发现迎接自己的是一群手持武器的卫兵。原来是一些急于维护自己垄断地位的英国商人告发了他们。他们的船遭到检查，布鲁奈尔也被判处"间谍"罪，而这也是英国人告假状的结果。这场阴谋至少有一个好处，那就是布鲁奈尔得以比他的同胞们更早地居住在了俄国：在荷兰航海家还尚未踏上俄国土地的时候，布鲁奈尔就已被独自监禁在这里达数年之久，毫无疑问，他已经熟练掌握了俄语，包括贫民窟俄语。在斯特罗加诺夫家族让他重见天日之后，他想找英国人及俄罗斯公司算账的迫切心情正符合自己新东家的需要。

他就是斯特罗加诺夫家族的布拉班特经纪人*，为了东家的利益，他可以沿伏尔加河而下，来到喀山与阿斯特拉罕，建立与中亚和中国的商业联系网络，或是在北冰洋里航行，当然还有在斯特罗加诺夫家族的商栈里与自己的同胞谈生意。他认识所有人，从布鲁塞尔的小商贩到阿尔汉格尔斯克的毛皮商，从安特卫普的船主到乌拉尔山脉的土著猎人，他也让斯特罗加诺夫家族名声大噪，以至于一个世纪以后，荷兰著名编年史作者伊萨克·马萨和尼古拉斯·维森依然会讴歌这个商人世家。[150]

我们缺少必要的信息，因此无法了解布鲁奈尔这位神奇流亡者确切的航行历程。我们只能从他与一位曾短暂收留过他的波罗的海商人的书信来往中得知，布鲁奈尔为了东家的利益曾多次踏上旅程。一些历史学家认为[151]，当斯特罗加诺夫家族的探险队翻越了乌拉尔山脉积雪覆盖的山口，到达鄂毕河河畔时，他就在队伍之中。更有可能的是，他为了与萨摩耶人建立贸易，从海上抵达了鄂毕河河口，见到了居住在苔原地带的他们。波默尔渔民，这些斯特罗加诺夫家族的老熟人，用他们的小船帮助布鲁奈尔通过了拒绝过所有欧洲探险家的关卡，他先后穿过了新地岛的海峡与喀拉海的冰层。他溯鄂毕河而上——这条大河让欧洲地理学家与富豪船主魂牵梦绕，他们坚信它就是通往大陆中心与中国的大门。1576年，布鲁奈尔重回弗拉芒。他的身边还有两个斯特罗加诺夫家族的成员：一个是阿尼凯的儿子，另一个或许是阿尼凯的侄子。三人先后前往多德勒支、巴黎和安特卫普。他们作为公司的代表前来建立一些联系，寻找几个财务合伙人，并在弗拉芒各市的仲裁员面前维护自己的权利。俄国商人仍然试图在

---

　　* 前文提到布鲁奈尔是弗拉芒人，但因为弗拉芒与布拉班特的范围存在重叠，所以此处说布鲁奈尔是布拉班特人。——译注

弗拉芒或荷兰的集市上设立自己的代表处。这些富丽堂皇的城市、高大的石制建筑、拱形的外墙、五彩缤纷的彩色玻璃窗，对于习惯了本国木制城市的两位斯特罗加诺夫家族子弟来说，一定是难以接受的冲击。对于布鲁奈尔来说也是如此，他正在重拾自己的母语，但由于天主教徒和新教徒之间的冲突，以及北方诸省（未来的尼德兰）与南方诸省（未来的比利时）之间日益紧张的关系，他的祖国正在变得动荡。1576年秋，布鲁奈尔和同伴们来到了安特卫普。同年11月，西班牙国王的士兵为了军饷而发动兵变，而弗拉芒正处于他们的管辖之下。西班牙破产了，银行停止了付款。安特卫普这座斯海尔德河上的重要港口被洗劫一空，5000到18000名居民成了持续几天的大屠杀的牺牲品，整个市中心都遭大火烧毁。[152]城中那些同情加尔文派或路德派的大商人，都想要像穆什龙兄弟等大船主一样逃去附近的荷兰。尽管如此，布鲁奈尔还是设法说服了一些投资者——比如霍夫曼和德沃尔——让他们信任自己，去俄国和中国冒险。1577年，布鲁奈尔这位来自布拉班特的冒险家再次出发前往他的第二故乡俄国，与他同行的还有德沃尔。斯特罗加诺夫家族在中间扮演了怎样的角色？他们是否有计划任何共同投资？是否有敲定任何合作项目？我们对此一无所知。四年后，布鲁奈尔又回到了尼德兰。他说，他正在为斯特罗加诺夫家族还在船坞里建造的两艘船寻找船员。[153]这一次，在俄国人的帮助下，他还需要来自安特卫普、阿姆斯特丹和恩克赫伊曾的水手，才能尝试抵达鄂毕河，并溯流而上，直至中国，将许诺给开拓者们的大笔黄金带回来。是水手不愿意冒险进入冰面，还是没有理想的投资者愿意投资这次探险？总之，布鲁奈尔正在筹备的，不是一次"简单的"北上探险，而是一个更大计划的冰山一角。虽然布鲁奈尔在安特卫普遇到的所有地理学家，包括刚刚出版了史上第一本地图集的学者奥特柳斯，都笃定鄂毕河是一条理想而简单的路线，鼓励他继续走水路，但布鲁奈尔知道，这条河，就像它在乌拉尔山脉另一侧流过的宽阔领土一样，绝不是好客的。苔原地带的土著占据了这片土地的最北端，此外，南方的所有草原都还在鞑靼人，即斯特罗加诺夫家族的老熟人库楚汗的控制之下。如果要前往西伯利亚，就必须消灭鞑靼人的汗国以及他们的首领。这是斯特罗加诺夫家族16世纪80年代的宏伟计划，而布鲁奈尔受命组建从尼德兰各港口出发的海上探险队只是其中的一个组成部分。斯特罗加诺夫家族或许希望他们能在从鄂毕河河口溯流而上以后，与家族同时筹备的陆上探险队会师。这至少是当代俄罗斯历史学家的主流观点。[154]但当布鲁奈尔终于扬帆起航的时候，1584年都已经开始了，他与荷兰船主的多次纠纷也似乎表明，斯特罗加诺夫家族已经不再参与这一项目了。[155]那么，布鲁奈尔是否在做自己的买卖？他的船上装了价值8000金制荷兰盾的货物，这笔钱可能来自穆什龙家族和一个安特卫普商人的投资。布鲁奈尔最后一次来到了喀拉海沿岸，并试图与遇见的萨摩耶人做生意。但在换船转运货物的时候，布鲁奈尔所乘的小艇被卷入了漩涡，掀翻在浮冰之中。没有任何幸存者，或许也没有任何目击者。尼德兰历史学家玛丽克·施派斯指出：即便有土著目睹了此事，"他们也只是任他淹死，然后拿走了他船上的镜子、项链和所有其他东西"。[156]在很长一段时间里，再也没有人试图从鄂毕河下游溯流而上。至于斯特罗加诺夫家族，他们已经不再寄希望于通过水路到达西伯利亚。他们与布鲁奈尔一起精心策划良久的水上行动之所以最终没有成行，是因为他们选择了另一条打开亚洲大门的路线。计划已定，他们要翻越乌拉尔山脉。

如果说来自布拉班特的布鲁奈尔是斯特罗加诺夫家族在北冰洋冰冷海水里的手下，那么负责为他们打破陆上封锁的则是一个哥萨克，他名叫叶尔马克·齐莫菲叶维奇，是齐莫西之子。他在四十多岁的时候才带着手下一起为斯特罗加诺夫家族服务，也就是说，他的年龄和布鲁奈尔相仿。但如果说布鲁奈尔在北欧的商船和商栈里如鱼得水，那么叶尔马克就是一个经验丰富的战士。当时，为了保护自己的洗礼之名不被那些总在侵扰灵魂的恶灵所伤害，功成名就的哥萨克宁愿使用绰号，也不愿意使用自己的真实身份。对于当时的人来说，叶尔马克的名字是"托克马克"，这是一个俗语词，意思是"锤子"或"杵子"。这个绰号或许是在说他赤手作战武艺高强[157]，也无疑证明了他在哥萨克战士队伍中多年来的高超成就。

史料的缺乏让我们难以确认他的出身。他彪炳的成就，以及他民族英雄的身份，都使得近几个世纪以来，俄国各地涌现了许多自称他子嗣的人。显然，叶尔马克出身于一个朴素的家庭，它没有在封建社会的档案里留下多少痕迹。资料的缺乏让我们难以确认他的出身。俄罗斯历史学家通常认为，他或者来自博罗克地区，或者来自离斯特罗加诺夫家族诞生的村子不远的托季马地区，此外，还可能是逃亡到丘索瓦亚河岸边的定居者，斯特罗加诺夫家族在那里新建了许多设有防御工事的定居点。因此，这大概又是一个来自北方的人，尽管现存的材料并无法证明以上的猜测。我们对他的外貌也不甚了解。"相貌堂堂，肩膀宽阔，留着黑胡子"[158]，他昔日的战友在他死后四十年对他的描述就是有关他长相的唯一线索。这位哥萨克名人此后的众多画像都只是基于这些只言片语完成的。

我们能够知道的是，叶尔马克已经成了俄罗斯南部大草原的常客，这片土地与阿斯特拉罕和克里米亚的鞑靼汗国共同组成了广阔的边境之地。哥萨克的聚落，即"哥萨克村"，散布在相当于现今俄罗斯与乌克兰领土的南部地区，哥萨克与鞑靼人长期共存和交往，吸取了很多他们的传统与技术。哥萨克时而对鞑靼人的村庄发起突袭，时而与他们进行贸易和交换，这取决于时局、敌友关系、战争与血缘的法则，哥萨克非常清楚作为自己历史对手的鞑靼人所拥有的强项和弱点。哥萨克的聚落里通常是逃亡的农奴和农民、闲散的士兵，也有普通家庭的子弟——他们的父亲为了避免因继承权分配导致的家族分崩离析，将他们送到了草原上。哥萨克村与其他俄罗斯、鞑靼或乌克兰村庄的不同之处就在于那里的自由氛围。虽然他们在形势所迫，或者沙皇能支付他们足够报酬的时候，也会向沙皇伸出援手，但是当时的哥萨克还不是哥萨克师团组建以后的俄国冲击部队。他们不可被征服，他们热烈依恋着自己的自由意志，他们的尊严、自由和自豪感都寄托在出征前选举"阿达曼"的权利上。而叶尔马克就是一位阿达曼。

在草原上，他们会骑着马突然降临在某个村子，或者某处鞑靼人的据点，只为解放几名战俘或奴隶。这门生意在黑海地区十分兴盛，他们也心甘情愿沉溺其中。但他们最常做的还是在水上埋伏。他们部署在大河沿岸或者河心洲上，这里是最繁忙的商业动脉。比起在沙皇的保护下率车队从中亚带回大批珍稀货物，他们更经常化身强盗。他们驾着小船藏身在岸边的灌木丛中，然后突然涌现，三下两下就登上了在伏尔加河里逆流而上的重型驳船。1573年，俄罗斯公司一艘运送丝绸的英国商船在阿斯特拉罕附近遭到来自伏尔加河的哥萨克海盗袭击。战斗非常激烈，哥萨克有14人死亡，30人受伤，但他们最终还是抢走了船只与货品，以至于英国代表向伊凡雷帝痛诉了此事。[159] 几年后，波斯使团乘坐的一艘大船遭到哥萨克袭击，因为哥萨克将他们当成了过路的商人。[160] 沙皇气上加气，下令对海盗展开无情的追杀。"我命令将这些盗贼处以绞刑，将伏尔加哥萨克的阿达曼处以死刑，将我的责罚落在这批伏尔加哥萨克和他们的阿达曼，'剃掉小胡子的米提雅'和伊万·科尔佐身上，我命令将他们处以死刑。"[161]

让我们顺便指出，沙皇在诏书中对伊万·科尔佐的赐罪引发了意想不到的结果。为了逃避克里姆林宫降下的惩罚，这位阿达曼只得尽可能远离沙皇的怒火，他选择加入叶尔马克率领的远征军，成了队伍里的得力干将。但在此时，沙皇在盛怒中写下的诏书表明了那一时期哥萨克的本质：他们是大道上的悍匪、法外之徒，还远不是俄国王公的忠仆。哥萨克这种恶魔般的名声，在接下来的一个世纪里，会由于另一个哥萨克，叛乱者斯捷潘·拉辛的出现而进一步加深，这将在很长一段时间内对征服者叶尔马克的形象产生负面影响。因此，在一个半世纪以后，当俄国需要修订国家的官方历史，铭刻其辉煌时刻的时候，年轻的帝国科学院仍然不愿把征服西伯利亚的荣耀归于一个"强盗"。*相反，在十月革命以后，这位"人民英雄"则迎来了死后的荣耀时刻，他与科尔特斯等西班牙征服者一样骁勇威武，却不是贵族出身。[162]在苏联史观下，"人民的儿子"叶尔马克成为一场自发的人民运动、"自由殖民"与"和平移民"的象征。[163]

16世纪70年代末，哥萨克叶尔马克的人生轨迹首次与尼基塔·斯特罗加诺夫和马克西姆·斯特罗加诺夫两堂兄弟相交了。70年代对于这个北方商人世家来说是残酷的十年。斯特罗加诺夫家族在乌拉尔山脉下的新领地上定居了下来，却不断遭受库楚汗手下的鞑靼人来自山脉另一侧的入侵。据点、矿田和盐场经常被围攻，有时还会被抢劫。居住在木城外的农民遭到屠杀，为了生存，他们宁愿选择逃亡。土著承受的暴行越来越多，斯特罗加诺夫家族软弱的姿态也促使他们进行抵抗并发动叛乱。在"家族帝国"的中心索里维切戈茨斯克，意外事件层出不穷。即使老阿尼凯的大本营距离冲突频发的新领地十分遥远，叛乱也即将在这里发生。在一次针对家族的暴动中，阿尼凯的儿子谢苗遭民众杀害。有权有势的寡头感受到脚下的大地正在颤动。

---

* 在1748年6月3日至6日举行的科学院讨论会上，部分成员认为须将叶尔马克的功绩作淡化处理。这种对叶尔马克的年表进行"淡化"或"修正"的想法，遭到罗蒙诺索夫和特列季阿科夫斯基两位科学院院士的反对，他们认为这样做会引发"政治风险"，并且是在侮辱俄国读者，相比之下，他们宁愿不提叶尔马克的名字。参见 Vvedenski, *Dom Stroganovykh v XVI–XVII vekakh*, Moscou, 1962。

1574年，沙皇赐予了家族非比寻常的特权，他们获准扩张到山脊的另一侧，扩张到流向亚洲的黑色河流沿岸，那里是属于库楚汗的土地。此前不久的1572年，他们从这位疑心甚重的统治者手上获得了极为罕见的许可，组建了一支能够让他们自卫的武装民兵。

但由于缺少人力物力，斯特罗加诺夫家族的当务之急还是保卫土地和盐场。这些年来，随着财力的逐步恢复，他们制订了一个比单纯保卫自己的财产更有野心的计划，那就是越过"石带"，进入这个未知的世界，在必要时直面这片土地上的敌人，并充分享受在山的另一端等待着他们的奖励——这次他们非常清楚奖励的内容——毛皮，他们已经控制了它一直到欧洲市场的销售网络。

那么，他们是如何产生了自己正身处于关键历史节点的直觉的？尽管他们刚刚经历了艰难的岁月，有时还面临着破产的风险，但斯特罗加诺夫家族的产业却具有独一无二的地位。在俄国各大城市的市场上，他们占据了战略盐贸易的主导地位。由于家族与皇室的特殊关系，他们的公司已经成为国家的代理人、与欧洲贸易的主要代表和监督者。家族占据了一个独立国家一般大的领土，它的地产甚至包括几个"私人"城市与要塞。他们的丛林行者已经越过了乌拉尔山口，与当地的土著开展了贸易，这让毛皮生意成为公司名下利润最高的业务。事实上，"'斯特罗加诺夫与儿子们'公司"不仅是俄国最富有的公司之一，也是西伯利亚的第一家公司。荷兰史学家伊萨克·马萨和尼古拉斯·维森在他们的记述中不断提及斯特罗加诺夫家族"非凡的财富"。[164]这群16世纪企业家的过人天赋，以及地缘政治局势的机缘巧合，将家族带到了欧洲和亚洲的十字路口。历史很少会给人这样的机遇。斯特罗加诺夫家族不会错过。

1579年4月7日，斯特罗加诺夫家族的两位堂兄弟向南方哥萨克的阿达曼派去一名信使，他们的名声已经传到了远方斯特罗加诺夫家族的领地。在他们最东边的据点里，马克西姆和尼基塔只剩下不及

400名手下可以保卫他们的财产。一旦敌人再次发起突袭，或再有当地人发动叛乱，兄弟俩就只能任人宰割。他们需要增援。他们给哥萨克首领带去的信是一封邀请他们来做"一项正直事务"的招募书。根据俄国著名历史学家卡拉姆津后来的转述，他们恳求各位阿达曼不要"做强盗，而要做白沙皇的战士，并与俄国和解[165][……]我们有要塞和土地，但是民兵很少，"斯特罗加诺夫兄弟写道，"请与我们一同守卫大彼尔姆和基督教世界的东部边境吧。"[166]

哥萨克又具体做了怎样的反应？在这一问题上，史料并没有给出明确的答案。较早的推论认为哥萨克部队立即同意了这一请求[167]，他们中的一些人甚至在同年秋天就抵达了卡马河的支流丘索瓦亚河的沿岸。根据这些作者的说法，叶尔马克就是这群佣兵的头领。最近的研究则对这一说法，尤其是对叶尔马克的反应表达了怀疑。可能有一小批人，尤其是因在水上劫掠而被治罪的人，响应了斯特罗加诺夫兄弟的招募。但此时，伊凡雷帝的俄国正与对手瑞典、波兰打得不可开交，这两个国家正在完成他们在波罗的海地区对俄国军队的封锁，而克里米亚的鞑靼可汗也试图在南方草原利用这一局势。很多哥萨克在俄国军队中服役——每当军饷可观，或者战争会关系到俄罗斯民族最高利益的时候，他们就会这么做。总之，在1581年，根据当代历史学家鲁斯兰·斯克林尼科夫的研究，阿达曼叶尔马克就参加了西部城市莫吉廖夫的守卫工作，而他的同僚伊万·科尔佐则对草原上的诺盖骑兵发起了攻势。[168]

然而，不管斯特罗加诺夫家族获得了怎样的佣兵增援，可以肯定的是，他们的兵员依然十分短缺。1581年，当俄国在西部面临军事灾难的同时，乌拉尔山脉附近边疆的局势也在恶化。移居到这里的俄国人也感受到了战争的影响：劳动力短缺，严重的经济危机使移居者陷入贫困，斯特罗加诺夫家族名下只有一半矿场还在经营。每个人都能感觉到俄国的脆弱和变天的可能。在这一年的头几个月，曼西人的叛乱已经使斯特罗加诺夫家族受到削弱。随后，在夏天，一个来自乌拉尔山脉的军阀，穆尔扎*贝格贝利·阿赫塔科夫，率领着680名沃古尔和奥斯加克骑兵突然出现在了家族的领地上。所有据点都遭到包围，然而能躲在里面的人仍然是幸运的，因为周围所有的俄国人和土著的村庄都被洗劫一空，放火烧毁，幸存者也被掳走，沦为战俘。[169]秋天，整个地区仍处于瘫痪状态，斯特罗加诺夫家族近乎恐慌，他们紧急向沙皇请求防御手段，虽然他们也知道沙皇已处于崩溃的边缘。阿尼凯·斯特罗加诺夫最小的儿子谢苗亲自赶赴莫斯科为家族请愿，把仅有二十四岁和十九岁的侄子马克西姆和尼基塔留在了险境之中。斯特罗加诺夫家族请求沙皇再赐予他们"雇用哥萨克抵御叛乱分子"的权利，但沙皇迟迟没有回应。回信在几个月后终于到来，却只是一封克里姆林宫的文士署名的信件，他们的失望之情无以复加。沙皇不希望主战场上的部队分散精力，也担心在东部边境又挑起新的冲突。所以他即使允许斯特罗加诺夫家族招兵买马，也只能允许他们在本地区招募"猎人与武装人员"。换句话说，他们必须在一个危机四伏的地区，靠自己的力量解决问题。他们派往乌拉尔地区的斥候又报告了一些令人担忧的消息：受到俄国人战败传言的诱导，库楚汗正准备发动一场大规模的攻势，目的是击退俄国移居者，恢复他对乌拉尔山脉两侧土著的统治。

因此，斯特罗加诺夫家族决定无视君主的明确指示。他们连忙派出新的信使，向哥萨克求援。求援信里具体写了什么？我们至今尚不清楚。但是受到惊吓的斯特罗加诺夫家族可能被迫在一定程度上提高了报酬金额，以说服草原上的强盗，"自由的哥萨克"，前来驰援。在年景好的时候，斯特罗加诺夫家族的财富可以让他们雇用和装备一支至少有1000名战士的军队，他们在其他场合已经证明了这一点。但这

---

* 即鞑靼汗国的王子。——译注

一年，他们处在破产的边缘，因此必须找到其他适当方式来吸引哥萨克。可以对东方王子库楚汗位于西伯利亚中心的王国进行讨伐，以及获得无数如丝绸般柔顺的毛皮，这些大概是他们所能提供的最有力论据。他们或许还为那些因为在伏尔加河上犯下错误而面临死刑的哥萨克提供了一个将功补过的机会，那就是让他们通过拯救俄国边疆领土来获得当局的原谅。

斯特罗加诺夫家族的信使可能接触到了伏尔加地区主要的阿达曼。他们生活在伏尔加河与注入里海的亚伊克河（即今天的乌拉尔河）之间。在这期间，西线的战事确实一直在急速发展：伊凡雷帝被迫耻辱地与波兰签订了非常不利的停战条约。之前参战的哥萨克随即回到草原上的家中，暂时没有确定工作。在再次投入新战役之前，"瓦塔基"，即哥萨克连队，总是按照传统举行一系列活动：他们会召开"会议"，集结所有战士，并通过直接选举来选择他们的阿达曼。阿达曼会被赋予非同一般的权力：他可以与自己挑选的主要副手一起决定战役的进行、行动的过程，甚至对顽抗者有生杀大权。远征过程中的伤亡往往很大，战役结束后，往往只有不到一半的战斗人员能够回到伏尔加河畔的哥萨克村。如果阿达曼表现出懦弱、不忠，或者因为自己错误的指挥导致战败，也有可能遭到处决。因此，正是在这种类型的集会上，哥萨克讨论了斯特罗加诺夫家族的提案。叶尔马克是会议上最愿意参加这次战斗的人。史书中，他说服他人的能力被当作了其领袖特征之一。[170] 另一些阿达曼，尤其是被悬赏的那些，则反对接受邀请。"我们真的能相信这些斯特罗加诺夫商人吗？路途遥远，我们要往伏尔加河上游走几百公里，经过卡马河，才能到达丘索瓦亚河。而这一切又有什么好处呢？他们许诺的战利品，还得到一个地平线之外的未知国度才能抢回来。谁能从这样的磨难中幸存下来？"

然而，经过投票，当选阿达曼的人是叶尔马克·齐莫菲叶维奇。他将一些同僚*任命为自己的副手，其中就有被沙皇点名追缉的伊万·科尔佐，能被沙皇赦免的希望，也许在他身上起到了一些效果。研究表明，约有540至600名哥萨克战士跟随他们的新领袖赶往了斯特罗加诺夫家族的领地。根据传统，哥萨克被分成若干个"索尼亚"（sotnias），意为"数百人"，每个"索尼亚"都有自己的旗帜，由一位"索尼克"（sotnik）指挥。每名战士都配有马刀、两支火枪，以及必要的铅弹和火药。再加上一件厚紧身衣、一件上衣、两条宽大的裤子和传统毛帽，这就是他们全部的装备了，为了减轻小船的负重，他们只带了必需品。最后，他们还在船底放了几小桶用来磨成粉吃的麦粒；他们还带了他们最爱的饮料格瓦斯（kvas）和专门为远征而制作的硬饼干。[171] 严禁饮用烈酒的"干燥法"在战事开始后就会立刻执行。违背此法令的人会被处以鞭刑，情形严重的甚至可以被处以死刑。

*

伏尔加哥萨克既是优秀的木匠，又是优秀的战士。他们制作的小船，根据样式不同，被称为"斯特鲁加"或"拉达"，它们的体积不大，吃水又浅。它们简单的设计意味着，如果形势所迫——比如在需要长距离搬运，或者要先在草原上长距离骑行才能下水的时候——可以用最简单的工具、最少的材料就将它们制作出来。船宽2到3米，长10到12米，没有甲板，干舷为70厘米，船体可略微松动，但必须易于操纵。为此，哥萨克往往在小船两端各安装一个可拆卸的方向舵，以便在与目标接舷时可以迅速调整方向。叶尔马克和他的人马

---

* 这些人包括马特维·麦克切里亚克、雅科夫·米哈伊洛夫、博格丹·布里亚兹加、切尔卡斯·亚历山德罗夫，以及正在被追捕的"罪犯"——伊万·科尔佐、尼基塔·潘和萨瓦·博尔迪里亚。谢苗·雷梅佐夫在几十年后根据叶尔马克从远征中幸存的战友所述记录下了这些名字。这段史料被转述于 Terence Armstrong, *Yermak's Campaign in Siberia*, London, Routledge, 1975, pp. 87—278。

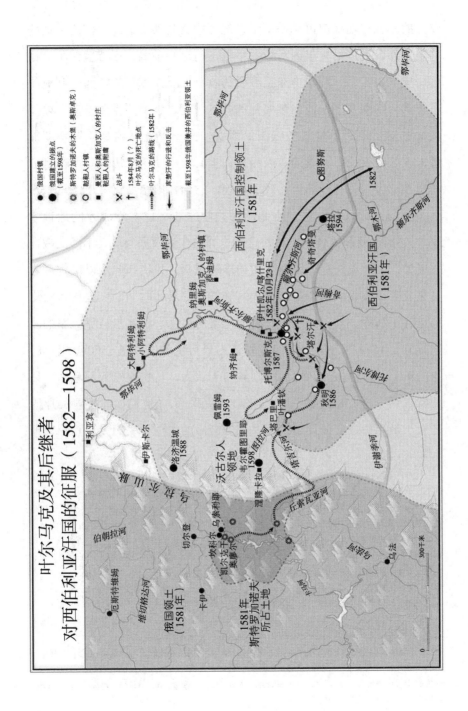

叶尔马克及其后继者
对西伯利亚汗国的征服（1582—1598）

在6月前后到达丘索瓦亚河上斯特罗加诺夫家族的定居点。他们此后取得的成就与功绩都可见诸下个世纪写成的几部史书。它们所根据的则是事件发生之后几年内写成的手稿，而这些手稿之后就散佚了。在这些史书中，有一些是由东正教会的牧首们委托编写的，西伯利亚的东正教会刚刚诞生，他们想要强调叶尔马克之壮举的重要意义，以及被征服的土地属于基督教俄国的事实。另一部史书则是在斯特罗加诺夫家族的委托下写成的，因为他们担心自己在这段历史里所起到的作用被抹去。还有一部作品成书稍晚，它由托博尔斯克一位波雅尔的儿子所写，此人是一位了不起的历史学家和一位自学成才的地理学家。*然而，就和福音书一样，这些史书是作者根据当事人事后的叙述写成的，因此无法保证是对史实的准确重构。我们因此难以确定叶尔马克及其战友来到斯特罗加诺夫家族领地的具体时间。一些作者对史料进行了演绎，并利用了那一时期纪年的混乱，将叶尔马克行军的时间推到了1578年。另一些作者则认为最可能的时间是1580年或1581年的9月1日。更近的研究者†则倾向于认为，马克西姆和尼基塔·斯特罗加诺夫在1582年夏天才迎来哥萨克援兵。‡他们如此推测的原因之一，是维持这支佣兵小队需要花费高昂的费用。我们无法相信，斯

---

* 1907年至1910年间，俄罗斯帝国考古委员会发现并出版了四部史书。其中最古老的作品或许可以追溯到16世纪与17世纪之交，但令人啼笑皆非的是，它的题目却叫作"新编年史"。另一本《伊西波夫纪事》收集了所有远征幸存者的证词，这些资料由托博尔斯克牧首特意收集，以便还原史实和起草"辛诺迪克"（sinodik），也就是远征殉教者名录。然后是《斯特罗加诺夫纪事》，这本书披露了家族档案库中的一些第一手资料。最后是成书稍晚一些的《雷梅佐夫纪事》，这部作品由那个时代的风云人物谢苗·雷梅佐夫在1700年前后写成，他不仅是新生的俄属西伯利亚领域的历史专家，他所作的地图册也被欧洲各著名绘图师广泛参考。

† 例如斯克林尼科夫、库兹涅佐娃和加夫林。相较之下，安德烈耶夫采取了更为谨慎的态度。阿列克谢·拜特奇科夫则倾向于认为哥萨克部队是分批到达的：叶尔马克早在1578年或1581年就率领第一支部队来到斯特罗加诺夫家族身边，直到对库楚汗作战时，科尔佐才与他们会合。参见 Alexeï Bytchkov, *Iskonno Rousskaïa Zemlia Sibir*, Moscou, Olimp AST, 2006。

‡ 于20世纪在圣彼得堡斯特罗加诺夫宫墙内发现的一把剑能够佐证这一观点，剑上刻有以下铭文："我，雅科夫·斯特罗加诺夫的儿子马克西姆，于1582年夏天在卡马河畔的凯尔克干镇将此物赠予阿达曼叶尔马克。" A. A. Vvedenski, *Dom Stroganovykh v XVI–XVII vekakh*, Moscou, 1962, p. 97.

特罗加诺夫兄弟可以在毫发无损的情况下，让这支队伍住上几个月甚至几年——他们可都是一群骁勇的亡命之徒、一群急于拿到约定奖赏的征服者。即使这群粗鲁的佣兵只在两兄弟的地界上停留了很短的时间，史书里还是留下了他们之间经济纠纷的记录。斯特罗加诺夫家族以他们的经济头脑著称：当哥萨克向兄弟俩讨要承诺为远征提供的军粮时，马克西姆却说粮草要以分期的方式提供给他们，这点燃了科尔佐的怒火，他威胁说要当场杀死马克西姆。史书上记载道："马克西姆立刻打开了仓库大门，任由哥萨克按需求将他们的小船填满。"[172]

他们在1582年夏天所制订的计划，无疑是要征服一块大陆。丘索瓦亚河上的浮桥、河畔被木墙围起的仓库与木制营房，就是已知世界的前哨站。斯特罗加诺夫家族的这片领地就在世界的边缘，至少是他们自己世界的边缘。叶尔马克战斗的这片筑有防御工事的村落已为大众所熟悉，人们同样知道若要去往东方，可以沿丘索瓦亚河及其支流往上游走，再穿过乌拉尔山脉通向鄂毕河与额尔齐斯河流域的通道。早在几十年前，成团行动的丛林行者走的就是这条路线。乌拉尔山脉上，大小河流沿岸的灌木丛里，还隐藏着人工开辟的小径，但对于斯特罗加诺夫家族的侦察兵与首席供应商——丛林行者——来说，这也完全不是新闻。因此，严格来说，叶尔马克的征服并不像人们所说的那样，是对西伯利亚的"发现"。历史学家韦尔霍图罗夫审慎地指出，如果要谈"发现"，就必须提到更早以前成吉思汗的将士们对俄国与欧洲的"发现"。他略带讽刺地指出，在欧洲可以宣称自己发现了亚洲之前，亚洲就早已发现了欧洲。[173]然而，即便有毛皮猎人涉足过乌拉尔山脉另一侧的这个国度（或者说是"这片天地"，因为它是如此辽阔），它仍然是不折不扣的神秘之地。人们只能靠想象来推测它的轮廓，就连它的名字也十分模糊：俄国人会在多数情况下将"石带"另一侧的广阔土地分成两大区域：北边，从鄂毕河下游直到入海口，包括苔原泥沼的这片土地，被称为"尤格拉"*；南边，在额尔齐斯河与鄂毕河的上游（即它们相交之前的河段）以及两条河之间的草原上，坐落着"西比尔"，这与鞑靼人库楚汗统治的同名王国多少有些混淆。但"西比尔"这个名字也被用来指代更大的区域，它很快就成了整个西伯利亚地区的代名词。丛林行者把已知世界之外的地方都叫作"西比尔"，而不管它是否处在乌拉尔山脉的对侧。俄国人还习惯将鞑靼王国的首都也这样称呼[174]，虽然奥斯加克人和沃古尔人都称其为"伊斯克尔"，鞑靼人则称其为"喀什里克"——它位于俯瞰额尔齐斯河的悬崖上，在额尔齐斯河与托博尔河交界处的上游。总之，西比尔既是一片未知之地，又是敌人领土的核心。

叶尔马克率领着540名哥萨克战士，以及300名来自斯特罗加诺夫家族领地的武装人员[175]，开启了一个重要进程：辽阔的西伯利亚将被置于俄国的统治之下，俄国也凭此步入当代强国之列。就像率领西班牙征服者攻打墨西哥的科尔特斯一样，叶尔马克不曾意识到自己的远征会带来怎样深远的影响。至于他的雇主，他们虽然看到了其中巨大的经济潜力，却也无法想象他们的征程将引发的历史性转变。叶尔马克最关心的是战利品。库楚汗已经十几年没有向沙皇缴纳过牙萨克了，他的国库一定十分充裕。堆积如山的毛皮、埋在可汗地窖里的金袋……叶尔马克需要用这些东西来兑现自己给手下的承诺。他同样需要用这些东西来让他的雇主满意。他们签订的合同在这方面规定得非常明确："如果主能保佑我们带着战利品顺利归来，我们将会返还你们的投入，并给予你们酬谢，"叶尔马克和他的几位副手都在这份文件上按了手印，"但如果我们战死，希望你们能有爱心为我们举办一场仪式，让我们安息。但我们着实希望能平安归来，回到我们的父亲与

---

　　* 源于汉特语和曼西语的名字"尤格拉"在当代西伯利亚的使用越来越频繁，并逐渐取代了"汉特-曼西自治区"这一正式名称。尤格拉地区属于秋明州，却是俄罗斯联邦的一个独立主体。它由于能源资源丰富，是俄罗斯最富裕的地区之一。

母亲身边。"[176]

在接下来的几个世纪里，叶尔马克的行动被赋予了其他目的。按照当时的意识形态和政治需要，哥萨克被说成一群千方百计寻求逃脱沙皇追捕的强盗。于是叶尔马克和他的人马逃到了世界的尽头，躲藏在斯特罗加诺夫家族的领地。斯特罗加诺夫家族被自己土地上出现的这些危险的强盗和流浪汉吓坏了，但他们奇迹般地将他们打发去了更远的地方。[177]事实上，这就是让他们去送死。这是18至19世纪历史学家的基本看法。对他们来说，伏尔加哥萨克最主要的形象就是危险的亡命之徒，他们在四处游荡，寻找劫掠的地方。其他后来的说法则把哥萨克征服者看作俄国与沙皇荣光的英雄主义工具，又或是一些为国家利益服务的小人物。斯特罗加诺夫家族也受到了同样的待遇，他们有时被看作沙皇清醒而谨慎的辅助者，因为沙皇当时无力亲自主持征服计划[178]，有时则被看作因哥萨克乞丐进村而瑟瑟发抖的地方地主[179]，或者是不择手段剥削土著财富的贪婪商人。然而，有一点是可以肯定的：俄国在准备大规模扩张其领土时，最初的动力并不是来自沙皇或国家，而是来自商人维护自己利益的主动性，以及一支佣兵部队的胆识、努力和牺牲。

不管斯特罗加诺夫家族有着怎样的深层考虑（人们自然有理由认为他们还有很多动机，并且这些动机之间相互矛盾），他们最大的希望还是要恢复平静、秩序和安全。土著的起义，以及奥斯加克、沃古尔和鞑靼战士的突袭，都显示出他们的脆弱性。就在这1582年的夏天，他们的领地连续第三年遭到一小股军队的袭击，这次是鞑靼人，领头的正是库楚汗的亲儿子阿列伊。不知是不是叶尔马克的哥萨克佣兵到来的缘故，总之，斯特罗加诺夫兄弟看到进攻者很快就放弃了对矿场的围攻，转而开往沙皇的领地，尤其是更北边一点的小城切尔登，于是都松了一口气。商人们知道自己不能过于依赖沙皇。伊凡无法保护他们，但更糟糕的是，他对讨伐西伯利亚的态度不仅暧昧，而且消极。伊凡先是推动斯特罗加诺夫家族在库楚汗的领地上定居，让他们为自己的帝国扩大疆域，却在于波罗的海遭遇惨痛失败后，不愿意再承担战争的风险。这样的君主，传递给斯特罗加诺夫家族的信息是十分明确的：一旦有事发生，沙皇就会甩手不干，责任也是他们自己的。而在伊凡雷帝的统治下，每个人都明白鲁莽的代价可能是什么。

叶尔马克正在筹备的行动有着一个明确的战略。首先，哥萨克决定在这个夏天的末尾就发动远征。这个时间对穿越乌拉尔山脉来说已经有些迟了，因为那里的初雪在每年9月就会飘下。也许这是受到斯特罗加诺夫家族财力限制的无奈之举，他们可能供不起这支小部队一年以上的时间。但是在这个时候出发也有其好处：收割已经完成，储备的粮草足够让哥萨克将小船装得满满的。夏末也是河流水位最高的时候。这个优势是决定性的：人们可以在丘索瓦亚河的支流中尽可能逆流而上，也不需要用人背着船走。最后，叶尔马克似乎还希望打敌人一个措手不及：库楚汗的儿子正率领将士攻打俄国的边境，他万万没有想到会有敌人在此时来进攻他的王国。但这正是叶尔马克所希望的：他们准备迅速向东移动，直捣鞑靼人首都的大门，敌人的精锐都去了西边，因此城中守备空虚。这个计划十分精明，但它有一个巨大的缺陷：它假设俄国的村庄与城市能够成功抵御鞑靼人的进攻，而没有考虑阿列伊假如攻下城池俄国百姓的命运。叶尔马克打算如何向受害者乃至沙皇解释，他放弃了自己的同胞，只为发起或许有利可图但风险极大的突袭？

这种风险是马克西姆和尼基塔·斯特罗加诺夫堂兄弟俩自觉自愿承担的吗？9月1日，哥萨克的小船一一驶离斯特罗加诺夫家族的浮桥，开始在丘索瓦亚河里逆水航行。根据史书记载，这些船上共载有840人。每个人都携带了三磅火药、三磅铅弹、三磅黑麦粉、两磅燕麦糊和燕麦粉、一磅硬饼干和一扇类似咸猪肉的东西。[180]这些细节出自斯特罗加诺夫家族的账簿，他们亲自将配给每个远征者的物资数量登记在册，希望远征军若是成功干了票大的，就可以偿还他们的投入。雇佣军远征一旦取胜，获得的收益就绝不会少。他们每个人一共配有2.5公斤的弹药和80公斤的口粮。此外，他们还携带了850公斤油脂、210根火腿和8面哥萨克"索尼亚"的旗帜。至于武器，除了每个人配备的火枪之外，斯特罗加诺夫家族还特意铸造了小炮，这样哥萨克人就拥有了鞑靼人不曾见识过的火力，但又不至于在搬运过程中负荷过重。火枪也以七支为一组串联在一起，一旦部署到战场，就可以断续连发射击，仿佛一台微型的"斯大林管风琴"*。

叶尔马克仔细选择了行军的道路。要从俄国欧洲部分前往广袤的针叶林地带，共有三条路线可选。三条都是毛皮之路，通往猎物丰富的北方地区，平日里由猎人与商人的车队使用。不过，乌拉尔山脉中部的路线更容易通行，因为那里的山口只有海拔三五百米高。山脉在这个纬度上，看起来更像是连绵不断的山丘，而不是真正的山脉。向西部汇入卡马河与伏尔加河的河流与东部的鄂毕河流域只隔着并不遥远的三五十公里。但这条经由土著村落的道路，几个世纪以来一直被鞑靼人控制，并对俄国人关闭。这是通往库楚汗王国的核心地区最近的道路，也是鞑靼骑兵队到达俄国的属地最常使用的路线，而叶尔马克也选择了它。他计划在丘索瓦亚河中逆流而上，一直驶入在这个季节尚能通航的小河——谢列布良卡河。哥萨克习惯在河中水位过低的时候，用斧头开一条路，把小船从岸上拖走。叶尔马克希望他们可以这样抵达小河的上游，以缩短穿越海拔300米左右的乌拉尔山脊所需的装卸与搬运时间。由于哥萨克人没有携带马匹，他们必须自己把食物、武器和小船背到巴兰楚克河上。需要转运的距离长达30公里，人

---

　　* 即喀秋莎火箭炮，"斯大林的管风琴"是第二次世界大战时期德国士兵给它起的别称。——译注

们可以先将小船清空，再利用那里的沼泽地面将船拖着前进。[181]最重的一些小船会被放弃，哥萨克人一抵达流量较小的巴兰楚克河岸边就会另造新船。从那里开始，远征军可以依次经过巴兰楚克河、塔吉尔河、图拉河和托博尔河，最后达到额尔齐斯河。这段行程长达1600公里，其中有300公里是逆流而上。这相当于从巴黎到华沙的距离。但不同的是，他们既是在充满敌意的土地上行进，也不知道真正的目的地在哪里，他们顺着河流前进，不知在哪一处转角就会遭遇不测。几年前，彼尔姆大学的学生们尝试用仿制16世纪哥萨克的小船重走了同样的路线。他们用了四个月才走完了全程。但是叶尔马克知道自己没有同样的条件：一旦河流冰封，他们就无法前进，就会任敌人的骑兵摆布，他们的远征也就到此为止了。

在夏末的阳光中，一支名副其实的哥萨克小船舰队扬帆起航了。根据历史学家的考证，近300只哥萨克小船才运走了重达500吨的远征物资。史书中记载，斯特罗加诺夫家族在这次冒险中投入了2万金卢布。这在他们可以调动的资金中占了相当大一部分，甚至多于沙皇在这个困难时刻能够动用的资金。这笔巨大的支出表明了斯特罗加诺夫家族的代表对于这次远征的重视，他们对这次行动最大的希望就是终结鞑靼人不断的袭击。直到出征前最后一刻，有关马克西姆·斯特罗加诺夫是否加入行军队伍的议题还在被激烈讨论。马克西姆当时年仅二十五岁，他是作为负责人，被特别优待的见证者，还是斯特罗加诺夫家族的利益象征参加的远征？史书中并没有交代。[182]但哥萨克方面的投入之多也揭示了叶尔马克拿他自己及手下的命运所做的豪赌，因为即使船上有再多的兵力与物资，也无法让这支河上的"无敌舰队"撑过春天。叶尔马克只有秋冬两季的时间可以用来穿越乌拉尔山脉、抵达敌人的领土。暂停行军和建立过冬营地的方案被排除了。一旦哥萨克部队到达西伯利亚，要想撤退就太迟了，小队若想活命就只能依靠战斗中缴获的物资。按西伯利亚历史的泰斗格哈德·弗里德里希·米勒的说法，就是"不征服，即死亡"。[183]在这种情形下，维持部下的信念和积极性就成了阿达曼叶尔马克的首要事项之一，而这项任务并不轻松。这时候，敢于顽抗命令的人就要倒大霉了！有几个哥萨克——可能是因为他们拒绝继续进军——在远征中被处以"顿河法"："[哥萨克的] 上衣被塞满了沙子，他被绑了起来，装进袋子里扔进了河中，"史书中补充写道，"二十多人就这样被淹死了。"[184]

对西伯利亚的征服是水上的征服。俄国的影响力会通过河流逐渐渗透到这个比整个欧洲或美国（包括阿拉斯加）还要大的大陆块。叶尔马克也正是在河上开始了他的征战。水是哥萨克最喜欢的元素，它为叶尔马克提供了最好的战术配置，他的部下是在伏尔加河或亚伊克河上登船作战的强盗，皆已身经百战。他的对手库楚汗的军队则基本由骑兵和步兵组成，他们擅长使用自己的马刀"亚特坎"，并不断寻求近身作战的机会。叶尔马克则相反，他会避免一切正面对峙，直至决定性的最后一击。他并不充裕的兵力也不允许他有任何浪费。史书中的记载也确实表明，叶尔马克在每一次小规模接触、每一次埋伏中，都优先考虑减少己方伤亡，保存实力，从不将所有兵力都投入战斗。只要他能和敌人保持距离，避免在阵地上遭到大规模攻击，他所掌握的火器就能让他具备决定性的优势。从草原地区和中亚骑马而来的鞑靼人都是蹩脚的淡水水手，于是哥萨克就在他们难以到达的岛屿或河岸边扎营。所谓突袭，一般都意味着要在路过的村庄烧杀抢掠，但哥萨克却没这么做，他们更愿意尽快开到下游更开阔的水域，然后直捣鞑靼可汗的主力。库楚汗自然没过多久就收到了进犯的消息，他得知曼西战士俘虏了一只外出侦察的哥萨克小船，感到十分震惊。这些俄国人在乌拉尔山脉中做什么？这时候，在他们的后方，大汗的儿子阿列伊正率军摧毁他们的城市，劫掠他们的财富。邻近的俄国城市切尔登的督军为什么不召回他们的战士？他最初得知这一消息时，以为这是某种诡计，或是调虎离山之计，目的是让阿列伊和他的战士们撤退。但是他们此时已经深入了俄国的卡马河边区，无法联系上。随后，库楚汗又认为这是一次针对自己的沿河属地的报复性袭击，于是他希望袭击者的胃口一旦被战利品填满，就会返回自己的据点。最后，随着希望一点点落空，库楚汗变得越来越担心，他派他的堂兄马麦特库尔前去阻挡叶尔马克。哥萨克在他们行经的第一条大河图拉河上，就被迫进行了第一次战斗。自此以后，岸边就不断有成群的骑兵跟踪船只，每当船队进入他们的射程范围之内，他们就不时将箭射向船只。有两次，鞑靼人将树障甚至铁链横在河道上阻止他们通过。但俄国人每次都能成功突围。*无奈之下，马麦特库尔决定在下游很远的地方，在托博尔河与额尔齐斯河交汇处附近发起一场阵地战，鞑靼人在此地筑有防御工事，这里独特的地形也方便他们阻挡哥萨克的前进以及使用两岸的兵力。这样做的风险很大，因为首都喀什里克就在不远处了。一旦鞑靼人战败，通往库楚汗王城的道路将几乎畅通无阻。在这场战斗中，叶尔马克第一次用上了他们所携带的火枪。"骑马的异教徒发起了猛烈而稳固的攻势，他们用锋利的标枪和尖锐的箭击伤了很多哥萨克，"史书中写道，"但俄军开始用火枪、小炮、手铳、西班牙步枪和钩铳射击，杀死了无数的异教徒。"[185] 熟悉接舷作战的哥萨克在较大的船上排成两排，然后向对手靠近，将他们纳入自己的射程。这一步的技术要领是将船快速转动到用侧面面对敌人的状态。第一排哥萨克先开火射击，然后立马蹲下重新装填，此时第二排再继续射击。密集且几乎持续不断的火力让鞑靼士兵倍感震惊。鞑靼人对火器并不陌生，他们的战士早就在对俄国的战争中就领教过火器的威力，库楚汗甚至还购置

---

* 米勒在1750年援引传说，据称叶尔马克使出一招妙计，他让搭载假人的小船在河中漂流，再让人在岸上发起出其不意的攻击。Terence Armstrong, *Yermak's Campaign in Siberia*, London, Routledge, 1975, p. 132.

了几门大炮放在自己的城墙上。但库楚汗手下战斗力最强的战士，此时却正在俄国边境上肆虐；叶尔马克手下经验丰富的哥萨克战士所面对的对手，则是在火枪齐射的惊天巨响声中，第一次接受了炮火的洗礼。斯特罗加诺夫家族主持编纂的史书记录下了鞑靼士兵的震惊以及随后的惊慌失措："俄国的战士强就强在，他们一旦拉弓，就火光四起，巨大的烟雾就像天上的响雷一样喧嚣地腾起。根本没法用甲胄来保护自己：我们的盾牌、胸甲、链甲都不起作用，成了碎片。"[186]鞑靼战士的队伍被打散了，紧接着就出现了踩踏事故。当烟尘散去，叶尔马克便知道，他与王都以及在王都等待着他的库楚汗之间已经不存在任何障碍。下一战将在喀什里克打响，这绝对是决定性的一战。

然而，在哥萨克逐渐深入库楚汗领地的同时，由库楚汗发动、由他儿子率领的突袭仍在乌拉尔山脉另一侧的俄国持续，并且破坏力越来越大。鞑靼人及其当地盟友准备发动新的掠夺远征的传闻已经让斯特罗加诺夫家族惊恐了好几个月，而阿列伊王子率领的小股军队无疑是他们不得不面对的最强大军队之一。1582年9月1日，就在叶尔马克的船队在丘索瓦亚河上出发的当天，700名鞑靼战士出现在了大彼尔姆的首府切尔登。他们在尝试进攻之前，首先要把周围所有村庄蹂躏一番，并号召当地土著加入他们，反抗俄国人的统治。切尔登成功抵御了袭击者，但产盐胜地索利卡姆斯克镇却遭占领、掠夺，然后被烧毁。镇上的居民遭到了屠杀，这样的残忍行径至今仍被当地百姓铭记。*随后鞑靼人便继续他们的破坏行动，围攻了斯特罗加诺夫家族的几个据点。

作为沙皇在大彼尔姆的最高代表及军事长官贝利佩利辛督军怒不可遏。在俄罗斯同胞面临被鞑靼人突袭歼灭的危急时刻，斯特罗加诺

---

* 在长达几个世纪的时间里，直至苏联时期，索利卡姆斯克的居民仍以举行宗教游行的方式纪念大屠杀日。参见 Vvedenski, *op. cit.*, p. 100。

夫家族怎么能够放走唯一能够抵御攻击者的兵力——叶尔马克的战士们？这是叛国！他们为了自己的利益，在实质上对该地区的城市见死不救。此外，贝利佩利辛督军还要和叶尔马克的同伴算一笔旧账：事实上，几年以前，当哥萨克劫匪袭击了由河道前往莫斯科的鞑靼和诺盖的王公大使的时候，就是贝利佩利辛在负责伏尔加河上的安保。这些流氓将他嘲弄了一番，然后放走了他。然而这些法外之徒如今受斯特罗加诺夫家族雇用，一些人成了叶尔马克的副手，这让他愤怒至极。不久之后，沙皇就在督军的禀报下得知了这种背信弃义的行为。而伊凡雷帝的回应也毫不留情。他用黑蜡封起并加盖沙皇纹章的信件在几周之后送到了斯特罗加诺夫家族手中："瓦西里·贝利佩利辛写信告诉我，1582 年 9 月 1 日，你们从你们的据点派出了伏尔加哥萨克和他们的阿达曼——叶尔马克及其伙伴，来到佩雷姆和西伯利亚的土地上，对奥斯加克人、沃古尔人和鞑靼人发起了战争；然而在同一天，佩雷姆的王子带着他集结的西伯利亚和沃古尔军队对我彼尔姆的土地发动了战争，攻击了切尔登城及要塞，杀死了我们的人，给我们的人民造成了严重的损失。这些都是你们的背叛造成的。你们引起了沃古尔人、奥斯加克人和佩雷姆人的敌意，使他们远离了我的恩泽，你们向他们挑衅，向他们宣战。这样做，是在西伯利亚的苏丹［可汗］与我之间挑拨离间，你们征召了伏尔加哥萨克的阿达曼，等于是在没有经过我允许的情况下，雇用了一群强盗在我们的要塞中服役。在此之前，这些阿达曼和哥萨克使我们与诺盖部落发生冲突，他们谋杀诺盖使者，抢劫并杀害波斯代表，掠夺并伤害我们的人民。他们本可以通过保卫我彼尔姆的土地来赎罪，但他们和你们一起延续了自己的行径，像在伏尔加河上一样进行掠夺。在沃古尔人向切尔登进军的同一天，叶尔马克和他的人马离开了你们的要塞同鞑靼人开战，而没有向彼尔姆提供任何援助。［……］如果你们拒不派出伏尔加哥萨克，即齐莫西之子阿达曼叶尔马克及其伙伴，如果你们拒不愿让他们在要塞中保卫彼尔姆的土地，如果由于你们的背叛，西伯利亚苏丹的军队对我彼尔姆的土地造成了任何破坏，那么你们将完全失去我的宠信，我将下令绞死那些为你们服务并背叛了我国的阿达曼和哥萨克。速速派那些哥萨克去救援彼尔姆！"羊皮纸的背面则以16世纪的典型做法写着："7091年［1582年］11月第16日于莫斯科，沙皇暨全罗斯大公。书记员安德烈·什切卡洛夫。"[187]

　　这份威胁性质的文件在俄国历史上被称为"失宠诏书"。史书中评论说，斯特罗加诺夫堂兄弟在收到信时被吓坏了。这封信的署名是伊凡雷帝，又岂能置之不顾？即使沙皇将他威胁的内容仅限制在"失去所有宠信"的范围之内，每个人也都明白这将意味着什么：斯特罗加诺夫公司将毁灭、垮台、走向终结，它所有的杰出代表或许也会迎来同样的结局。他们接到召回叶尔马克的命令。但他们如何能做到呢？叶尔马克已经离开了三个多月。并且将他召回是毫无意义的：斯特罗加诺夫家族的据点最终抵挡住了阿列伊王子的兵马，而鞑靼人也早已拔营返回自己的土地。虽然无可奈何，但他们若是不做点什么，就会招致沙皇最可怕的怒火。一些历史学家仔细研究了相关的事件顺序与信件内容，他们得出的结论是，沙皇伊凡也明白自己交代的这个任务是不可能完成的，但他已经因为战败于波兰而实力大减。如果他又将在东部边境经历失败，他需要通过这封诏书把责任推给别人。斯特罗加诺夫家族度过了无限焦虑的几日。在收到沙皇从西方寄来的信件之后，他们焦急等待着叶尔马克从东方传来的消息，它决定了这个商业家族的命运。

　　在此期间，哥萨克那边又发生了什么？记录了西伯利亚征服史的各部史书就如同福音书一般，有时会在日期或具体事件的前后顺序上有所分歧。但是历史的真相应该与接下来的叙述出入不大。[188]随着10月最后几天的到来，叶尔马克的人马每天早上都能看到河岸边正在结冰。冬天就要来了。而随着冰霜渐起，人们会在这个未知国度的中心陷入无法动弹的陷阱。叶尔马克知道，一旦河流被封冻，形势将发生逆转。鞑靼骑兵就可以在冰面上驰骋，这让哥萨克几乎没有逃脱的机会。或许是在10月23日，又或许是此前一天，或此后一天，哥萨克突然从托博尔河来到了额尔齐斯河上，此时河面宽一公里多。远处，在北岸的土崖上，他们看见可汗的军队聚集在岸上。步兵占据了岸边，而骑兵已经在山脊上列好了队，哥萨克在小船上将这一切看得清清楚楚。在马麦特库尔于上游战败之后，库楚汗又重新集结了附近所有可用兵力。这其中当然有鞑靼人，但也包括了他们的附庸奥斯加克人与沃古尔人，他们所有的有生力量都被动员来了。这一番摄人心魄的场面，不免让河中心漂流的数百名哥萨克心生迟疑。他们现场召开会议，依旧决定向敌军发起进攻，拿下其首都伊斯克尔（或称"喀什里克"）。事实上，就像叶尔马卡在会上所说的那样，远征军并没有任何其他选项。

库楚汗这边则从第一次战斗中吸取了一些教训。他的都城伊斯克尔并不是一个易于防守的地方。这座城市坐落在一座垂直于额尔齐斯河的红褐色山崖上，因此对河水呈俯瞰之姿。城区被两条小沟围起，整个建筑群由一条土堤保护，虽然土堤的某些段落已经全部坍塌。城市本身则由一座清真寺、可汗和家人的宅邸，以及他的宫殿组成，这些建筑围绕着一座大广场而建，仓库和土木结构的房屋则占据了河边这处天然阔台的其余部分。*

---

　　* 1711年，《雷梅佐夫纪事》的作者、历史学家雷梅佐夫参观了鞑靼旧都的遗址。这座城市已经消失，但一些防御工事以及几座中心建筑的遗迹仍然保存了下来。二十年后，当米勒再去参观时（Gerhard F. Müller, *Istoria Sibiri*, réédition Moscou-Leningrad, 1937, p. 12)，上述遗迹已经不复存在。19世纪中叶，当俄国历史学家涅波尔辛从托博尔斯克与鄂木斯克之间的驿站南下来此处朝圣时，他还能看出城墙和沟渠的遗迹。笔者在2008年走访时发现，现在只能乘全地形车，才能前往距离托博尔斯克几十公里的库楚汗据点遗址。额尔齐斯河旁，约15米高的悬崖上，是一片辽阔的草原。岸边的悬崖不断被河水侵蚀，消失的都城唯一留下的痕迹，是一些或许标记着城墙位置的小土堆。经过1915年和1988年对遗址的两次发掘，人们绘制了城市的还原图：（转下页）

为了击败叶尔马克，库楚汗及其堂兄马麦特库尔*将战场选择在了下游几公里外、靠近现在托博尔斯克城的一处小岬角。在岸边的山崖脚下，马麦特库尔用土块、树干和灌木丛筑起了一道屏障，这足以抵抗哥萨克的火力。他将弓箭手和步兵都部署在那里。再往山岭上去，在一个俄军的小炮触及不到的距离和角度上，库楚汗率领的骑兵正等待着冲锋到河岸上进行近身战的命令。

刚开始的时候，一切都在按库楚汗的计划发展。10月26日黎明时分（历史终将记住这个日子），哥萨克部队在晨光中登陆了。"那一日，为了纪念主的兄弟——使徒圣雅各，他们乘着木筏出发，嘴里齐声重复着同样的话：主与我们同在！异教徒，要知道主与我们同在，悔改吧！而其他人则补充说：'主啊，帮帮我们，帮帮你的奴仆吧！'"[189]只需用大炮、火枪和钩铳齐射几次，就足以让库楚汗的人马退却到前沿带后方用树枝和泥土堆成的工事里。登陆的哥萨克脚踏在水中，身后有战友在船上的火力掩护，但他们不知该怎么处理这块将他们与敌人的掩体隔开的草滩。他们还在犹豫不决，一些人已经向前冲锋，另一些人则留在船上，他们有限的炮火没有给敌人的掩体造成任何伤害，这时候，一阵箭雨落在了叶尔马克的人马身上，史书中写道，他们"非死即伤"。哥萨克一直在犹豫不决，一些人开始后撤。当库楚汗还在山岭上目睹这一切的时候，马麦特库尔就认为机会来了。掩体上打开了三个冲锋口，鞑靼人及其盟友发起了进攻。而面对这种人海战术，哥萨克的火力无疑是所向披靡的。和上一场战斗一

（接上页）它的规模较小，远非幻想中神话般的东方城市，它沿河的一边建有防御工事，长约500米；另一边是一条长630米的深沟；第三条边则由一堵土墙和几条沟渠保护着。考古学家共发现了四个建筑地层，这意味着在14世纪以后的多个时期，都有人类居住在此地。参见 D. Verkhotourov, *Pokorenie Sibiri*, Moscou, Mify i realnost, 2005, p. 116.

　＊一些资料显示，马麦特库尔并不是库楚汗的堂兄，而是他的亲兄弟。他在几个月后遭到俘虏，被送往沙皇的宫廷。按照俄国对被统治民族的一贯做法，他在宫廷上被授予爵位，成了俄国军队的一名军官。似乎正是马麦特库尔在莫斯科与一位英国商人会面时，提起了一艘外国船只在鄂毕河上的神秘航行，从而引发了英国人的普遍好奇。

样，库楚汗手下经验丰富的战士们尚未从突袭中归来，他们的缺席导致了惨痛的后果。第一批冲锋的战士被铅弹击中倒下了。他们身后的人立刻恐慌起来。根据史书的记载，奥斯加克人和沃古尔人先后放弃了战场。在接下来的近身作战中，马麦特库尔不幸负伤，他在同伴的帮助下才得以撤退到河的对岸。所有人都惊慌失措，鞑靼人也放弃了战斗，库楚汗甚至连插手的机会都没有。史书中的记载悲怆婉转："噢，穆尔扎啊！噢，王子啊！我们快逃吧！我们目睹了王国的陷落。我们的将士精疲力竭，我们勇敢的战士皆被屠杀。不幸降临在我的身上，我该做些什么？我该逃向何方？羞耻掩盖了我的脸庞！"[190]库楚汗只来得及带上几件最珍贵的物件，就走上了去草原的道路。几个小时之后，叶尔马克的伙伴们就进入了被抛弃的首都。"勇敢的叶尔马克的同伴们感谢主赐予了他们对异教徒的胜利，他们缴获了大量的金银、金器、宝石，以及价值无可估量的紫貂皮、貂皮和狐狸皮，并一同分享了大量的财富。"[191]在随后的几天里，库楚汗的几个附庸——奥斯加克和沃古尔的土著首领——便来向他们的新宗主宣誓效忠，并且，19世纪的历史学家涅波尔辛还委婉地写道，鞑靼妇女没有等到最后"才发挥她们的作用，她们为我们的英雄提供了很多好处"。[192]可汗的财宝落入了俄国之手，他的王国西比尔也是。

并不是占领了一座俯瞰额尔齐斯河的城池，俄国就征服了西伯利亚。这是一个漫长的过程，其中的许多情节还有待进一步发现，俄罗斯国内外的当代历史学家也正确地看待了叶尔马克及其队伍攻占伊斯克尔（或喀什里克）的意义。然而，如果说这个过程中存在一个历史转折点的话，那就是这个时刻。1895年，西伯利亚著名画家瓦西里·苏里科夫（他本人也是哥萨克出身）描绘了代表着欧洲俄国的探险者佣兵与亚洲鞑靼人及土著之间的对抗瞬间。这幅尺寸惊人的画作（285厘米×599厘米）目前在俄罗斯圣彼得堡博物馆中展出。在一片黄色与赭色的秋光中，我们可以欣赏到叶尔马克指挥登陆和冲锋的场景。叶尔马克被他的副手和先锋队簇拥着。哥萨克衣着不一，反映了他们的出身各异，他们或来自伏尔加河，或来自乌克兰，或来自两者之间的顿河，有些人还穿着他们在对土耳其人或波兰人作战时缴获来的衣物，更让他们显得滑稽。在他们对面，可汗的队伍也深刻体现出了库楚汗盟友的多样性特征。有剃光头发的鞑靼人、戴着蒙古头盔的吉尔吉斯人、来自中亚的战士、长发且脸上文有花纹的西伯利亚针叶林地带的奥斯加克人、戴着驯鹿皮帽的北方沃古尔人。这是火器与弓箭之间的战争。这是哥萨克的基督旗帜与鞑靼人的穆斯林传统、西伯利亚人民的泛灵论传统之间的战争，正如画家在给自己兄弟的信中所说："这是两种元素的交汇。"[193] 为了绘制这幅杰作，苏里科夫特地前往顿河和乌拉尔山脉的哥萨克村，带回了给哥萨克人画的写生，并以这些肖像为基础绘制了叶尔马克的人马。苏里科夫在历史准确性方面出现了寥寥几处失误，其中一处是他弄错了叶尔马克的旗帜，而误用了伊凡雷帝攻陷喀山时，以及德米特里·顿斯科伊在1380年首次率俄国军队击败鞑靼君主时所使用的旗帜。[194] 在19世纪的艺术家笔下，哥萨克征服的怒火中还夹杂着对前几个世纪生活在鞑靼枷锁下的复仇欲望。

叶尔马克迎来了他的荣耀时刻。西伯利亚的众多传说与诗歌将他的故事传唱至今。[195] 然而，这个荣耀时刻却十分短暂。在攻占汗国首都之后，俄国征服者度过了异常艰辛的几个月。在刚开始的平静时期，大多数土著王公都前来宣誓效忠，他们跪在哥萨克围成的圆圈中央，象征性地亲吻一把沾血的剑。[196] 但不久之后，小规模冲突便不断发生。库楚汗逃到了草原上，他需要应对针对他的种种阴谋，以及手下士兵的不断潜逃。但只要哥萨克走出城墙，鞑靼战士就占据了主动。他们与其冒着大规模伤亡的风险向城池发起进攻，不如在城墙之外引诱哥萨克巡逻队，因为鞑靼骑兵可以轻松战胜他们。俄国人被困在了自己的征服行动中。他们无法再返回乌拉尔山脉另一侧，将战利品与胜利的消息带回给斯特罗加诺夫家族。山口被雪封住了，河道被冰封住了，陆路被埋伏的鞑靼人封住了。他们每一次想要出城时都会左右为难：是应该前往他们刚刚征服的村庄征收牙萨克，还是暂且保存实力，虽然这样会显露出自己的羸弱？叶尔马克让队伍只在关键战役——尤其是对阵终于从俄国掠夺归来的阿列伊王子时——才走出城门。哥萨克几乎每次都能取得胜利。但每一次战斗、每一次小型冲突、每一次落入鞑靼人为他们在广阔土地上布置的埋伏时，哥萨克的力量都遭到削弱，以至于整个远征军都变得脆弱无比。而且，即便库楚汗没有率军围城，冬季的到来也起到了相同的作用。哥萨克正在他们的营地里经历饥荒，而正如所有失落在东方广袤土地上的俄国堡垒和木制要塞一样，坏血病也开始在这里蔓延。根据一些历史学家的计算，在冬天快结束的时候，也就是在1583年的头几个月，叶尔马克的有生力量只剩下了出发时的三分之二。

在这种情况下，他们是否应该抽调一些兵力去向斯特罗加诺夫家族或者沙皇报信？还是应该将所有兵力都疏散回俄国？哥萨克作为这一地区的新主人，在短短数月的占领中，已经积攒了大量的战利品，其中大部分都来源于他们从自己的土著新臣民手上收取的牙萨克。据史书记载，10月30日，也就是战役结束的四天后，第一位奥斯加克王公就带着他应该上贡的物品来到了城中。整个冬天，叶尔马克收获了几千张貂皮和海狸皮。[197]这足以让在场的所有哥萨克，连同他们的后代一起，都过上富足的生活。1583年初，他们就这个问题做了激烈的讨论，最终叶尔马克决定为沙皇守卫这座城池，并派遣使团请求支援。

这是一个极其冒险的做法，他们很清楚最坏的结果是什么。因为使团并不是去寻找他们的赞助者和出资方——斯特罗加诺夫家族，而是直接去往克里姆林宫伊凡雷帝的宫廷。然而，即使哥萨克无从得知斯特罗加诺夫家族在他们离开期间收到了要将他们处以死刑的"失宠诏书"，他们也清楚自己的一些伙伴正因为强盗罪行而被沙皇通缉。但是叶尔马克的使者更希望直接向国家表示忠诚，而不是向其私人代理商表示忠诚，于是他们没有向等待分红的商人卑躬屈膝，而选择去向至高无上的君主卑躬屈膝，并将征服的战利品亲手呈交给他。也许他们认为这种大胆的举动能够赢得沙皇的原谅和认可，为了让赌注显得更具诚意，叶尔马克甚至将他的副手伊万·科尔佐任命为使团团长，然而科尔佐正是一行人中最受威胁的那一个，他的脑袋还在被沙皇悬赏。对于留下驻守的人来说，他们面对的风险同样不小：在科尔佐带着部分战士离开之后，哥萨克守备队就只剩下不到400人，冬季的资源短缺又让他们更加无力。

伊万·科尔佐在25名哥萨克战士的陪同下出发了，他们在土著侦察兵的指引下穿过了乌拉尔山麓。据史书记载，他们带了"满满一船毛皮"，史书还顺带提到，他们出发的时间可能是1583年春天河流凌之后。叶尔马克的使者给克里姆林宫带去了令人难以置信的财宝——2400张貂皮、2000张海狸皮以及800张黑狐皮。这是库楚汗还自认臣子时答应向沙皇纳贡数量的五倍。[198] 作为附赠品，在使团给沙皇带去的信中，叶尔马克还宣布了一个好消息：在使团出发前不久，鞑靼人成功抓获了库楚汗的堂兄马麦特库尔，叶尔马克答应在下一批船队中将他带去，送到沙皇面前。按照帝国的规则，臣服的民族可以保留他们的统治精英，他们会被纳入新生的俄国贵族阶层。库楚汗和成吉思汗俄罗斯化的后裔将被赐姓"库楚莫夫"，这一姓氏至今仍有后人。*

使团毫不拖沓地穿过了斯特罗加诺夫家族的土地。而他们到来的消息在人马通过之前就已经传来，我们可以想象在伊凡雷帝的怒火中煎熬已久的商人们此时所能感到的解脱。而在1583年的夏天或初秋

---

* 有两位库楚莫夫姐妹如今生活在日内瓦，她们一位是著名记者，另一位则是演员。

（史书中并没有记载确切日期），伊万·科尔佐和同伴们在沙皇脚下向他献上了他们的礼物——西伯利亚的领土，并乞求他的宽恕。伊凡已非常虚弱，他面色苍白，身体瘦弱，双腿已经无法支撑自己的身体。他只剩下几个月可活，并已经很久没有听见过好消息了。在连续败给波兰人和克里米亚的鞑靼可汗之后，上一次对阵瑞典人的失利又为他的统治末期蒙上了一层阴影。不到1000名冒险者在东部征服的土地，甚至比他在西部损失了几十万士兵所征服的还要多，他自然感到十分欣喜。他立即下诏赦免了"前伏尔加盗贼团"，并给予了他们丰厚的回报，作为赏赐，他将自己的貂皮长衣和一件铸有皇室之鹰的链甲赠给了叶尔马克，以示感谢。沙皇还有一个高兴的理由。他正在等待另一个使团的来访，这个使团来自国外，由英国人鲍维斯率领。他虽是来请愿的，语气却相当严厉，他要求他的商人同胞获准通过海路与鄂毕河去西伯利亚购置毛皮。科尔佐带来的新消息，让伊凡得以断然拒绝英国人。叶尔马克手下的哥萨克刚刚开辟了一条通往西伯利亚中心地带的陆路通道，沙皇还垄断了它。至于英国人和其他欧洲人，就随他们去吧。西伯利亚的海上大门在他们面前残酷地关闭了。

然而，伊凡雷帝统治期最后几个月的政治环境，对留守在西伯利亚的阿达曼叶尔马克及其几百名战友却不甚有利。莫斯科的波雅尔们对最近征服的前哨站不感兴趣，他们正忙着为继承权进行阴谋活动。在1584年3月18日去世之前，伊凡派出了300名援兵。这支队伍全部由正规军的士兵组成，但当他们与被围困得精疲力竭的哥萨克会师时，哥萨克发现这些新来的援军居然没有携带一丁点儿粮草。充满希望的援助顿时化作了无限绝望的饥饿。到了1583年至1584年的冬天，也就是叶尔马克和部下在乌拉尔山脉以东度过的第二个冬天，鞑靼人甚至已无须再冒险作战。哥萨克因疾病和饥荒大批死亡，他们不得不放弃已经无力防御的喀什里克/伊斯克尔，而纷纷死在了修建在河边的设防营地里。到了1584年夏天，只剩下150人还在绝望等待着来自俄国的物资与增援。8

月初，叶尔马克也终于在一次遇伏时死在了河水之中。传说中，他持剑站在陡岸上抵御敌人，直至将最后一位同伴掩护上船，自己却因为先皇伊凡雷帝赠送的护甲而沉入水中溺死了。对于这趟西伯利亚冒险之旅所剩不多的幸存者来说，这无疑是致命的一击。疲惫不堪的幸存者们不愿再等待莫斯科承诺的救援，也不愿在这片充满敌意的天地里再度过一个冬天。他们在唯一幸存的首领，阿达曼梅赫彻拉克的带领下，从相反的方向穿越了"石带"，回到了自己的故土俄罗斯。

俄国人只是短暂地放弃了西伯利亚。只过了几个月，督军曼苏洛夫就率领着一支装备得当的军队卷土重来。自此，俄国人再也没有离开过这里。几年后，经过多次小规模冲突，从未放弃重夺王位的库楚汗在与俄军的交锋中败下阵来，被自己的前盟友诺盖人杀死。位于托博尔河与额尔齐斯河交汇处的俄罗斯城市托博尔斯克取代了附近的鞑靼都城，成为这片新的疆土的行政、军事和宗教中心。

至于叶尔马克最后的战友们，他们没有留在西伯利亚，而是留在了历史与传说之中。作为他们不可思议传奇故事的尾声，1621年，新上任的托博尔斯克总主教西普里安决定拟定一份哥萨克远征军的殉教者名单。他希望用封圣的方式将新领土稳固在俄国的统治下，让土著皈依，从而将教会与征服行动绑定在一起。西普里安总主教史无前例地将所有远征的幸存者召来了他的隐修院。在事情过去四十年之后，当年参加冒险的老兵来到总教区的院子里，说出了"有哪些人前往了西伯利亚，他们在何处与异教徒作战，在场的阿达曼与哥萨克分别叫什么名字"。[199]教会的书记员逐一询问来宾，试图从他们的回答中提炼出一个连贯的年表，但这并非简单的工作。在那个时期，哥萨克不以年计算时间，往往连自己的年龄都不知道。他们只会记住一些大事件，用来当作自己人生的节点。一部充满了矛盾和含糊的编年史艰难成形了，直到今日，它仍然在向我们诉说着俄罗斯西伯利亚的起源。

第六章
直到"广阔大洋"

打破库楚汗桎梏的俄国人不仅吞并了一个新的王国，还打开了一扇大门——它通向一片广阔到连他们的想象力都难以企及的浩瀚领土。如果说俄国在伊凡雷帝的时代已经是欧洲最大的国家之一，那么它在整个北亚的扩张还将使它成为一个亚洲及世界强国。自叶尔马克及其麾下哥萨克开始的东进运动将不断推进，直至当时人称"广阔大洋"的太平洋沿岸。

哥萨克同样控制了河流，若非如此，他们就无法在新领土上前进些许。他们延续了自己在欧洲俄国的做法，乘着小船去探索灌溉了这片辽阔疆域的数千条大小河流。这个方法是经过考验的：他们沿最大的河流顺流而下，然后再沿选定方向的支流逆流而上，这是为了找出西伯利亚各河流流域之间最便捷的搬运线路。线路两端的装卸点立即有防御性哨所建起，从而确保对这些转运站的战略控制。这是因为突袭时期已经结束了，诺夫哥罗德和莫斯科不再需要让猎人或强盗队伍冒险侵入乌拉尔山脉以外地区又立即撤回。现在正在展开的事业是一场大规模的殖民，它遵循一个系统的计划，由俄国中央推行、指导和控制。16世纪下半叶是俄国城镇化的爆炸发展期。据历史学家估计，今天俄罗斯40％的城镇都是在这个时期建立的。[200]因此，他们的殖民手段得到了充分的锻炼，当局几乎在全西伯利亚都遵循着相同的指导原则。首先，必须尽快建造防御性的木制要塞。通常一到两个星期就足够砍伐原木，建成第一批工事和木塔了。这种高速度依然是由毛皮热造成的：在没有据点的情况下，任何在周边地区征收牙萨克的企图都是空中楼阁，开拓者会在同土著打交道时处于危险境地。施工因此非常仓促，往往草草了事，在开始征收牙萨克之后，人们还在不断开挖城壕、加高墙体，以补全和修整防御设施。因此，正如掩埋在档案馆中的诸多谏言所证明的那样，西伯利亚的城镇常年处于工地状态。在这里安身的不仅有丛林行者、冒险家、哥萨克和正规部队的步枪手，第一批城镇建成之后，流浪者、逃亡的农奴、被控犯罪的人和被流放者等群体也陆续越过了乌拉尔山脉这一象征性边界。直到20世纪，西伯利亚依然是被放逐者和受迫害团体的应许之地。从17世纪中叶开始，这里迎来了一批从东正教分裂出来的老信徒，他们试图逃离"世界"，在最偏远的地方寻找庇护，同时等待末日审判的来临。国家本身也没过多久就将这片新领地作为内部流放和强制移居的目的地：在17世纪上半叶登记的7万名迁入西伯利亚的定居者中，有7400人是被驱逐来此地的。[201]

农民也第一次出现在了定居者的队伍中。他们中的一些人在国家免除三年徭役的鼓励下来到这里，另一些则是贫苦的自由农民，他们带着改善生活的希望自愿移居这里。这两种人加起来占到了新定居者数量的一半。国家鼓励农民迁入，与其说是为了确保俄国对这一巨大地区的控制（这一目标在20世纪初才显现），不如说是为了解决随着向东前进而愈发严重的粮食问题。与欧洲人定居的北美不同，西伯利亚既没有无数的草原野牛群，也没有玉米这样的高产原生谷物。这里有丰富的猎物与鱼类资源，但由于气候原因，大麦种植十分困难，小麦更是无法种植。定居者们严重缺乏蔬菜、水果和维生素。只有当短暂而炎热的夏天来临时，当地的条件才适合种菜，但每到这个时节，从林行者们都会趁着河流没有结冰在森林里穿梭。如果不建立农民队伍，就不可能实现永久占领，行政当局很快就意识到这一点。由于新来的农民往往放弃了针叶林地区以毛皮贸易为主要目的的城镇，而选择更加肥沃的南方平原，农民的垦殖也迫使国家支持向南的扩张，也就是向鞑靼人和哈萨克人的草原以及向阿尔泰平原的扩张。

对于新迁入的农民，行政当局会给他们发放土地、种子、几头牲畜和简单的设备。土地的受益人有义务耕种部分土地，并将收成上交给国家。至于剩下的部分，则希望定居者在生产中尽可能多地开垦。从形式上看，这种制度直接受俄国欧洲部分实行的农奴制的启发，但在西伯利亚，由于没有贵族和地主，国家和教会就是农民的唯一主人，这给他们提供了这个国度里其他地方所没有的自由度。事实上，这是一种在西伯利亚形成并持续发展几个世纪的农业个体户体制。它与毛皮和探险开拓者的精神相结合，逐渐赋予了西伯利亚人民一种独立自主的精神和敢作敢为的性格，这不由让人联想到美国西部开拓者的特质。

征服与殖民的宏大运动仿佛波浪一般，跟随着大江大河的流向：它先是向北，直到河流在北冰洋的入海口，然后再向南，一直到它们往往非常遥远的源头，最后再陆续探索所有的一级支流和二级支流。当一个流域以这种方式得到探明，当木制要塞在那里建立起来，当地人被迫缴纳牙萨克时，"波浪"又会再度东流，直至下一个流域，再在那里重复这样的过程。征服与殖民运动以乌拉尔山脉上叶尔马克及其人马所使用的搬运线路为起点，以这种方式先后吞并了鄂毕河-额尔齐斯河流域、叶尼塞河流域与勒拿河流域——这三条大河都位列世界十大河流之一。

1586年，人们在叶尔马克当年选择的进军路线上建立了第一座城市——秋明。然后是1588年的托博尔斯克，它是西伯利亚的第一座俄国首府，位于库楚汗都城遗址附近。1593年，别廖佐沃建立于鄂毕河

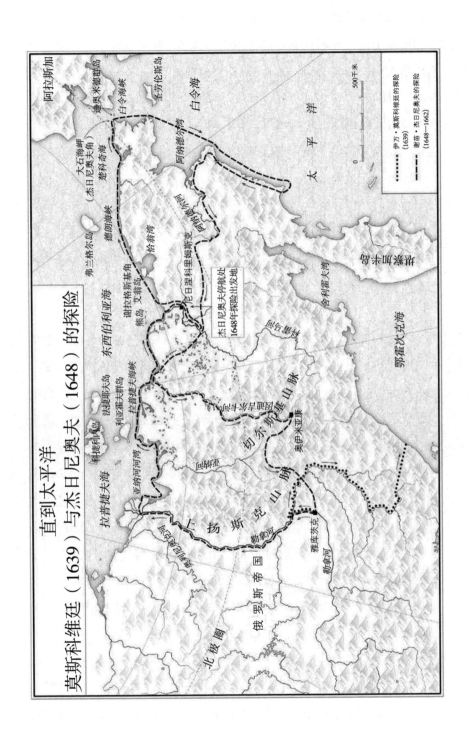

直到太平洋

莫斯科维廷（1639）与杰日尼奥夫（1648）的探险

下游，第二条横跨乌拉尔山脉道路的出口处。1594年，苏尔古特建立于鄂毕河上游。在遥远北方的苔原上，传说中的极地城市、让全欧洲毛皮猎人魂牵梦绕的曼加泽亚在1601年终于迎来了自己的第一座木制要塞。1604年，托木斯克在连接鄂毕河与叶尼塞河流域搬运线路的起点上建成。1619年，叶尼塞斯克成了西伯利亚探险的新起点。在南边，克拉斯诺亚尔斯克和布拉茨克分别于1628年和1631年在叶尼塞河的一条较大支流上建成。此前一年，叶尼塞河与勒拿河流域的第二个主要沟通点就在伊林斯克落成。而早在1632年，俄国人就在东西伯利亚的中心地带雅库茨克修建了一座要塞。后来，探险队从这里出发，在1648年到达了布里亚特部落口中的"圣海"——非凡的贝加尔湖。离湖不远处，是未来对华贸易的圣地——建成于1652年的伊尔库茨克。

西伯利亚各大市镇在城门上骄傲地展示自己建成的时间。仅凭上文所列的一连串年份，就足以反映丛林行者推进的惊人速度。每一座新城诞生的背后，都隐藏着数月数年的乘船考察、令人元气大伤的冬歇期、数千公里的逆流航行、探路和在针叶林中的四处捕猎。俄国开拓者像这样向东推进，并不是出于对地理探索的兴趣。他们探索新的河流和新的土地总是出于同一个动机，那就是寻找毛皮，尤其是貂皮。沙皇若是想要扩大自己的国家和权威，首要的目的还是保证"柔软旧衣"的收入，那么最简单高效的做法就是征收牙萨克。因此，俄国人向太平洋地区推进的速度是由狩猎的效率决定的。陷阱猎人急于发财，所以不会等到猎物都被捕尽才继续前进。他们的态度取决于对利弊的权衡。只要走水路可以到达猎物生活的区域，并且猎物的数量也还充足，丛林行者就不会选择离开。然而一旦猎物紧缺，捕获成本变得过高，竞争变得过于激烈，他们就会考虑冒险去往更远的地方，在未知的土地上再度开始数月乃至数年的捕猎。

俄国征服者遇见的西伯利亚土著多为分散居住的游猎者。他们兵力分散，加上俄国人具有火器的军事优势，让他们难以进行抵抗。尽管如此，俄国人在推进过程中也并非没有遇到困难。库楚汗在丢失城池之后还打了十五年左右的游击，此后，鞑靼人数次叛乱，其中最值得一提的是1608年，他们在科达公主率领下起义，公主也从此得名"鞑靼人的圣女贞德"。[202]更东边，俄国人在叶尼塞河中游与通古斯人打得不可开交，他们不断发动小规模冲突和起义，抵抗了俄国人七十年之久。在极北地区，勒拿河的雅库特人、居住在大陆东北端的楚科奇人和堪察加半岛的科里亚克人也将是难缠的对手。最后，蒙古人的近亲布里亚特人会在很长一段时间内延缓俄国人向贝加尔湖的进军，以至于第一批俄国开拓者要在抵达太平洋之后十年才能抵达贝加尔湖。

1639年8月，这场"貂皮追逐战"似乎走到了终点。哥萨克伊万·莫斯科维廷从雅库茨克出发，从勒拿河上穿过山脉，经过几个月的疲惫行军抵达了当时俄国人口中的"广阔大洋"——太平洋。在路上，莫斯科维廷的队伍在当地向导鄂温克人口中得知了"拉马海"和那里蕴藏的宝藏，尤其是银矿。海，对于这些来自白海波默尔海岸的哥萨克而言还是财富的源泉。他们现在脚边的海域拥有世界上最丰富的鱼类资源。哥萨克人将把他们引向大洋的河流命名为"鄂霍特河"，"鄂霍特"在俄语中意为"狩猎"或"渴望"。而这也正是他们的动机。几年后，他们面前的这片大海被命名为"鄂霍次克海"。一百二十五年之前，西班牙人第一次从东面凝视了太平洋；现在，莫斯科维廷和他的队伍成了第一批在其西岸定居的欧洲人。当北美洲的殖民者还不曾越过阿巴拉契亚山时，俄国人已经来到了太平洋的岸边。他们在不到六十年的时间里，走过了六千多公里的路程。他们每十年向东跃进一千公里，这是一千公里的追寻，一千公里的捕猎，一千公里的渴望，一千公里的"鄂霍特"。

然而，貂皮热却没有消退半点。只要有传言或者土著人的见闻提到"远在地平线之外的神奇国度",就有冒险者愿意冒着生命危险去寻找它。那么,在17世纪40年代,有多少人居住在距离首都有一年以上的路程的前哨站呢?答案是大约数百人。根据旅行者的叙述以及负责整个新领土的西伯利亚管理局的档案,以已然成为最偏远行政中心的雅库茨克为例,在筑有防御工事的木制要塞附近,有大约两百个营房在勒拿河岸上绵延了一公里。这里居住着善用陷阱捕猎的丛林行者、莫斯科和阿尔汉格尔斯克大商号的毛皮商人和代理人、负责收缴和储存前者所欠毛皮的会计和海关人员,还有几名隶属于正规军的步枪手,负责警务和要塞的防务。最后是哥萨克,他们有时靠当地督军委派的任务生活,有时靠自己打猎生活。他们若有机会,就会争取参加当局组织的探险活动,探索周围数千公里的针叶林、苔原、湖泊、森林和沼泽。这些冒险者经常是波默尔人,或来自阿尔汉格尔斯克、白海或斯特罗加诺夫家族根据地的北方人,那里的传统农奴比俄国欧洲部分的其他地区要少。他们都是受过海河航行、狩猎和战斗技术训练的硬汉,因为在家乡的小村镇里没有土地或者看不到前途,才踏上了去往西伯利亚的道路。

哥萨克谢苗·杰日尼奥夫就是其中的一员。他在1638年来到了雅库茨克。苏联历史学家为了还原他的人生轨迹,花费多年时间在档案馆里进行了系统的研究,他们找到了一份杰日尼奥夫画押的合同,证明他在那一年出现在这座勒拿河的首府,当时他只是一个想要发财的穷苦文盲。这是当时西伯利亚哥萨克的典型轨迹。和叶尔马克一样,我们对他的年龄和外貌一无所知:被叫去记录他口述见闻的教士们从来没有想过要描述一下这个无愧于历史上最伟大的"发现者"之一的人。我们知道他来自波默尔地区,北极史巨擘米哈伊尔·贝洛夫坚定地认为他来自皮涅加附近、距阿尔汉格尔斯克不远的一个村子。[203]出于某个不为人知的原因,他同许多人一样,走上了迎着太阳、去往东方的道路。托博尔斯克总督因兵员需要,在1630年招募了500名新兵，他或许就是其中的一员。因此，他先在西伯利亚首府停留了一段时间，然后被派往向东1500公里处的叶尼塞斯克，又从这里被派往2000公里外的雅库茨克。他为管理该地区的督军戈洛温效劳。他承担了一些任务，作为自己猎貂工作的补充——他显然是一名出色的猎人，因为他是同时期的哥萨克里唯一一个在雅库茨克的税务处申报收获了一百张貂皮的人。在雅库茨克的五年里，杰日尼奥夫一直在最动荡的地区执行武装任务。这一次，他的任务是向以反叛闻名并攻击了当地要塞的雅库特人收取牙萨克——"我从萨赫伊酋长、他的孩子和亲戚那里拿来了140只貂。"[204]杰日尼奥夫在归来之后的报告书中这样汇报道，但他没有交代自己是如何奇迹般地办到了这件事的。下一次，他又受命对两个土著部族之间的纠纷进行仲裁，他们都声称对51头母牛具有所有权——"解决这个问题，将他们公正和平地分开。"[205]这是他接到的命令。每一次，谢苗·杰日尼奥夫都不会辜负上级的期望，他自己的威信也日益增长。

在俄国最遥远的边疆——雅库茨克的哥萨克营房中，不断涌动着这个或那个探险队声称是从距离要塞数周路程的雅库特部落收集来的见闻。据说，在更东边的地方，他们的邻居尤卡吉尔人生活在一片十分富饶的土地上。一个往此方向探索的探险队队长在报告中信誓旦旦地写道："那里生活着靠步行或靠骑驯鹿行动的民族。那里有大量的紫貂以及其他野兽，而且，君主大人，尤卡吉尔人还拥有白银！"[206]相关的迹象不断浮现：另一名哥萨克叶利谢伊·布扎试图探索面对北冰洋的东北海岸，他从北冰洋进入勒拿河逆流而上，带着一船数量惊人的毛皮停靠在雅库茨克的浮桥旁：1800张貂皮（还没算上留给税务局的部分）、280张貂背皮、4件貂皮大衣，还有9件狐皮貂皮卡夫坦！他带来了3名尤卡吉尔人质，他们的描述也与传闻相吻合。据他们说，"有一条大河向着太阳升起的方向流入大洋，它的河口离海很近，那里盛产毛皮动物，河道旁拔地而起的山岩里蕴藏有白银"。[207]

他们并不是无缘无故地提到这最后一点的：哥萨克想说服现在的上层委托他们进行新的探险，他们知道，在莫斯科，对银矿的勘探就和寻找"柔软而珍贵的旧衣"一样，已经成为重中之重。伊凡的继任者们确实正努力让俄国尽快摆脱对外国矿石的依赖，否则俄国的经济发展会受到严重阻碍。因此，哥萨克人在报告书中特意提到未知土地上藏有银矿，希望能够引诱当地政府发起新的冒险。他们还强调说，以上还不是全部的好处：这些土地上生活着"无穷无尽、多如毫毛的百姓"。[208]这意味着大批大批的牙萨克。

谢苗·杰日尼奥夫就是把宝押在探险行动上的人中的一个。1641年，他被临时派往路途最为艰险的前哨站之一——奥伊米亚康。这是一个人迹罕至的地方，位于亚纳河流域的群山环抱之中，冬季气温有时会降到零下六十摄氏度以下。因为这次调动，木制要塞的档案库里留下了哥萨克杰日尼奥夫与雅库特人阿巴卡亚德·希奇尤的结婚记录。在离开雅库茨克之前，杰日尼奥夫出于谨慎，让妻子以"阿巴坎"的名字接受了东正教的洗礼，这在某种意义上相当于入籍俄国，他还将一头母牛和它的牛犊托付给一位近亲，作为在他外出期间赡养妻子的费用。[209]这是一个正确的决定：杰日尼奥夫以为只会离开一年，但他没想到自己一去就是二十年，更没想到自己会完成俄国历史上最伟大的壮举之一。

在为数不多的竞争探险队领队职位的哥萨克候选人中，米哈伊尔·斯塔杜欣的名字赫然在列。他同样是来自皮涅加的波默尔人，可以说是杰日尼奥夫的"老乡"。但两人在其他方面没有任何共同点。斯塔杜欣是富家子弟，他的叔父是宫廷里最富有的商人之一，与沙皇关系密切。他在哥萨克中的地位显然比杰日尼奥夫更高。如果我们取信行政司法档案中的记录，斯塔杜欣是一个傲慢、野心勃勃、投机取巧又锱铢必较的商人，他受到了雅库茨克督军的特别优待。但即使是急于揭露富裕阶层局限性的苏联历史学家，也承认他在几次艰难探险中表现出的领导者和组织者的伟大品质。这样的履历和人脉无疑让他成为所有大型事业的最佳人选。杰日尼奥夫多次在行动中担任他的下属，对他十分了解，他似乎对斯塔杜欣作为对手的优秀之处并无异议。两个人的境遇虽然如此不同，却又不由分说地联系在了一起，命运终究会让二人注意到这一点。

所以，是米哈伊尔·斯塔杜欣担任了探险队领队，负责开辟通往东方大河的道路，这条大河就是科雷马河。杰日尼奥夫也是探险队的主要成员之一。他们选择了最短的路线，即先把船搬运到因迪吉尔卡河，再沿河下到海中，然后再沿海岸线航行至科雷马河河口，路程总长2500公里，必须先穿过苔原，还要在海岸附近的冰块之间小心穿行。1643年夏天，当哥萨克终于抵达科雷马河河口时，这条大河给他们留下了十分难忘的印象，让斯塔杜欣也似乎惊呆了："科雷马河和勒拿河一样大，"他在回到雅库茨克督军府时说，"它和勒拿河一样，向东、向北流入大海。土著人住在河边，他们或者步行，或者骑驯鹿移动，他们人口众多，说一门他们独有的语言。"[210]按照习惯，俄国人首先修建了过冬营地，随后才在河口上游筑起木制要塞。

科雷马河确实没有让他们失望。这条世界尽头的河流和它的流域仿佛蕴藏了他们可以想象的所有财富。这里有让斯塔杜欣、杰日尼奥夫和同伴们垂涎的东西：科雷马河的紫貂皮很快就获得了最上品的赞誉，因此也卖得最贵。这里还有很多狐狸、貂、松鼠和北极熊。此外，科雷马河流域还有铁矿、银矿、金矿甚至铀矿，这些矿藏在很久以后才能得到发现和开采。古拉格集中营里最恐怖的几所就设置在这片"白色地狱"之中。

那么更远之处呢？在沿着海岸的更远之处，内地群山的背后，又隐藏着什么呢？是别的宝藏，还是别的或许更加富饶的土地？这样的问题自然总是在重复。斯塔杜欣和杰日尼奥夫始终想要走得更远，因为这一回，科雷马河地区的居民不仅说起了貂和银矿，还提到了"象牙"和所谓的"鱼牙"，也就是海象的獠牙：只要他们能够抵达那条传说中的大河，就能看到海岸上数量惊人的海象，而那条大河距离他们居住的地方还十分遥远。

这条大河，被尤卡吉尔人唤作"波格沙"，它今天在地图上的名字是楚科奇语的"阿纳德尔河"。科雷马河的居民说，若要抵达那里，必须穿过挡在腹地前面的"石带"。经过几个月的路程，翻过数条山脊，越过数条山谷，才能抵达它最近的支流。根据他们的描述，这段旅程会很漫长，甚至非常危险：生活在高原上的楚科奇游牧民族不会容忍任何入侵，他们都是令人生畏的战士。斯塔杜欣和杰日尼奥夫都为他们所描述的财富所吸引，而且他们二人似乎都对所谓"石带"有所了解。在前往科雷马河的漫长旅途中，他们一直在绕开一片高原，将它甩在东边。而在之前从雅库茨克或奥伊米亚康出发的探险中，他们也听当地向导说过山外有一条大河。但根据他们的描述，这条大河注入的是日出之地的大洋，而不是像勒拿河一样，流入北方的"冻海"。这个大洋也许就是太平洋，就是他们的前辈，哥萨克莫斯科维廷在几年前抵达并建立鄂霍次克要塞的那个"广阔大洋"。如果这确实是同一条大河隐藏在同一条"石带"背后，那就意味着这些哥萨克身处一个地峡或半岛上，并且两侧的海岸还被两个不同的大洋拍打着。我们从二人口述给雅库茨克教士的报告中，可以看出他们始终为眼前的地理谜团所困的痕迹。这一回，推动他们的依旧不是对科学或历史发现的渴望，而是纯粹务实的考量。如果两位哥萨克探险家真的在一个半岛或地峡上，他们怎样才能最安全地抵达东岸，也就是蕴藏了应许之海象牙宝藏的那片海岸呢？最合理的路线似乎是穿越山脉：他们可以在到达最初的山脉前先走一部分已知的道路，再在楚科奇人生活的未知土地上冒险前进。这是斯塔杜欣最看好的路线，他动用自己的职权，把这一条路线留给了自己。他立即返回雅库茨克开始筹备。留给杰日尼奥夫的备选路线就没那么吸引人了：他需要在海上冒险，沿着海岸向东航行。这是一条未被探明的线路，因为即便是在尤卡吉尔渔民的记忆中，也没有人曾经在浮冰间冒险航行这么远。此外，杰日尼奥夫还立即想到了另一个风险：如果他现在正身处一个地峡之上，他就绝无可能到达日出之地的另一片大洋。他所处的环境将他牵扯进一场豪赌：若想要从海上抵达目的地，他脚下的土地就必须是一个半岛，而且还不能是任意一个半岛，而必须是欧亚大陆的尽头。光是这个假设就让人头晕目眩。换句话说，就是在世界的尽头。而在这个信仰深重的时代，世界的尽头就约等于世界的终点。

　　谢苗·杰日尼奥夫对等待着他的未知世界知道些什么？苏联历史学家米哈伊尔·别洛夫对此做了大量的研究，他试图还原出在这位迷失于科雷马河岗哨的哥萨克眼中，已知或能够想象的地理环境是怎样的。1640年前后，人们已经探明并在地图上绘制的北冰洋轮廓就截至欧洲航海家梦寐以求的鄂毕河河口。而它位于杰日尼奥夫所在的小要塞西边很远的地方，二者中间隔着不下三个大型海域（喀拉海、拉普捷夫海、东西伯利亚海）。在16世纪和17世纪之交，弗拉芒、英格兰和斯堪的纳维亚知名地理学家出版的地图上，对欧亚大陆北岸的刻画也都只源于他们的假设。然而人们却一致认为，在已知世界的北方，还隐藏着一块巨大的未知土地，其面积堪比一块大陆。奥特柳斯（1572年）假设北冰洋在亚洲的海岸线在某处突然向着极点上移，然后方便地消失在了他所绘制的地图边框之外。根据他的说法，这个星球的顶端是一块巨大的土地，他称之为"塞普唐特里奥"（Septentrio）。[211]墨卡托（1595年）则想象在星球的顶端有一块未知的大陆隐藏在终年不化的冰海中，它由四个围绕着极点的大岛组成。[212]1598年，赫里特·德费尔从巴伦支的悲壮探险中幸存归来，他也在地图上绘制了一块悬浮在亚洲以北的未知大陆。[213]尼古拉斯·菲斯海尔（1651年）则打赌说，通过新地岛可以前往这个神秘的北方大陆——这座岛屿挡在喀拉海面前，而其名字的含义正是"新陆地"。[214]

杰日尼奥夫自然对这些在安特卫普、杜伊斯堡或阿姆斯特丹的工坊里编绘的地图一无所知，尽管其中的大部分都随着荷兰商人的脚步流传到了阿尔汉格尔斯克。但俄国和苏联历史学家的假设是，这些地图很可能正是根据波默尔水手的叙述绘制的，他们是唯一能在这些艰险水域遇见的航海家，很可能正是他们将自己的见闻转述给了他们的欧洲同行。有些人只是在地图上画出了北冰洋冰封海岸上的另一些人告诉他们的内容。既然没有欧洲人曾经穿越喀拉海，那么他们地图上的信息和假设都是从何而来的？米哈伊尔·别洛夫和北极史列宁格勒学派的历史学家们不禁这样发问。而这些波默尔人的见闻，对于一名来自该地区的冒险家和航海家（比如杰日尼奥夫）来说完全有可能是耳熟能详的。

事实上，来自波默尔地区的征服者们确实经常会念起这片或许萦绕在世界北方的神秘"新陆地"。米哈伊尔·斯塔杜欣本人也曾在叙述土著从别处听来的见闻时提到过那里：他们中的一些人提到了一块并非岛屿的广阔土地，它正对着传说中的河流波格沙-阿纳德尔河。斯塔杜欣推测这就是上述的未知大陆，而且这片广袤"新陆地"的轮廓很可能在绕过了整个亚洲大陆之后再度南下，他写道："[听闻了楚科奇人见闻的]哥萨克和丛林行者们估计，延伸在波默尔地区、鄂毕河、叶尼塞河、勒拿河三河河口外海的，应该是同一块岩石[陆地]，他们把它称作'新陆地'。"[215]这样的假设只会让杰日尼奥夫承受的风险变得更加现实、更加严重：如果"新陆地"，也就是"北方大陆"真的存在于他要到达的河流前，我们只能希望它不要与亚洲大陆在某处相接，挡住了他的去路。

尽管存在着种种地理上的不确定性，还是有商人愿意尝试冒险，为冒险事业投资。他们中的第一位叫作费多特·阿列克谢耶夫。他在席卷雅库茨克和科雷马河上要塞的激烈商业竞争中褪了一层皮，于是决定押下风险最高的一注，以求东山再起。他与行政当局缔结了一种公私合营的合作关系，从而与其共担风险，共享收益。谢苗·杰日尼奥夫是沙皇的代表，也是探险队的队长，而费多特·阿列克谢耶夫则是探险队的主要赞助者，是队长之后的第二号人物。1647年，探险队初次尝试出发，但他们很快就被冰冻堵住了前进的路线。而第二年春天，当阿列克谢耶夫准备再度出发时，"一次前途无量的探险正在筹备"的传闻提醒了他们的竞争者。这些竞争者也非无名之辈。这一回，是莫斯科的两大豪门乌索夫和古谢尔尼科夫家族的代理人强行要求入股。还有最后一件事让局面变得更加复杂：一位刚登陆的冒险家，哥萨克格拉西姆·安库季诺夫，通过阴谋、恶意抬价和告假状等方式不断挑战杰日尼奥夫对探险队的领导权。为了结束争执，大家决定允许有着混混名声的安库季诺夫开展冒险，但不允许他加入杰日尼奥夫率领的探险队。他和部下驾驶一艘哥萨克科赫帆船，被要求与探险队保持礼貌的距离。1648年6月20日，探险队终于起航。队伍里一共有90人（包括安库季诺夫率领的小队），其中只有一个女人，她是商人阿列克谢耶夫的雅库特小妾。探险队的人员构成很能说明它的目的：除了18个与谢苗·杰日尼奥夫有直接关系的伙伴之外，其余的人都是丛林行者、独立陷阱猎人、商人和他们的雇员，他们希望自己买到的是一张驶向"黄金国"的船票。[216]每个小队都带着他们的旅行必需品和打算与未知土地的居民交换的物品。仅费多特·阿列克谢耶夫的小队（约30人），税务稽查就清点出以下物资："面粉11吨半、锡33公斤、铜釜66口、蓝宝珠10颗、玻璃珠5颗、羊毛布71米、铃铛50个、渔网770米、捕貂网25张、斧头60把、渔线33公斤、粗布71米。"[217]为男人们提供工具和猎网，为楚科奇女士们提供玻璃饰品和织物：这就是欧洲探险家们长期以来主打的商品组合。

人员和装备搭载在七艘"科赫"上。这种小型渔船是俄国极北地区航海家的主要优势之一。它们由白海的波默尔人设计,是经过几个世纪的演变,并根据冰上航行的经验不断改进的产物。它们体积精巧,长约20米,宽6至7米,吃水仅有不到2米,可以非常精确地操纵,这在冰穴,也就是浮冰中间的活水区域,以及冰层之间的断层中都是必不可少的。它们的船体非常弯曲,几乎呈一个半圆,荷兰人尼古拉斯·维森称它们为"圆船",这样的形状是为了尽可能地减小浮冰的压力[218]:当浮冰合拢时,科赫就不会像坚果壳一样被挤碎,而是会被滑动的浮冰抬起来。在船底的第一层包板外面,往往还有起到加固作用的第二层包板,船底是平的,这样在浅滩上也可以航行。再加上一面方形的帆,小船就完工了。它的整体构造体现出波默尔人的古老经验:一切都是为了抵御浮冰,必要时还要能够跟随浮冰漂流而不至于受到太大的伤害,然而科赫却非常不适应远海的风暴。

杰日尼奥夫赶在6月底前从科雷马河启程,想留出尽可能多的时间,他对旅程的时间长短、距离远近以及难度大小都一无所知。6月底,河流开始淌凌,哥萨克水手们不得不按照前方水面解冻的节奏前进。他们可能需要几天甚至几周的时间才能开辟一条通道。杰日尼奥夫使用的航行技术是利用通常在海岸与紧靠着浅水区的大型冰层之间形成的活水区域。这门技术被称为"上岸",它可以抵御来自外海的海浪,但也要求舵手严格按照海岸的轮廓航行,而绝不能冒险穿过海湾或宽阔的河口。这大大减慢了前进的速度,并且将船只置于北风的摆布之中,因为北风随时可以把浮冰推向海岸,倾轧到科赫身上。

于是,七艘小船慢慢向东前进。再往前,就只有土著人的皮划艇会在岸边的暗色岩石与他们避之不及的大群蓝色冰块之间穿行。而其他航海家,无论是俄国人还是外国人,在两个半世纪内都未能再重现这次航行。此后进行的研究表明,谢苗·杰日尼奥夫无疑受益于特殊的气候环境:那一年,在非常强的风力作用下,浮冰似乎在更北的地方积聚。沿着海岸线的冰层则更为脆弱易碎，多为小块。探险队在一片潮湿与大雾中前进，尽力不让陆地离开他们的视野。

这段奇妙的旅程没有留下任何笔记或详细记录。既没有欧洲舰船上的航海日志，也没有地形图和信息更新。欧洲历史上最伟大的发现之一几乎是匿名完成的：它的主使者是一群不识字的哥萨克。唯一能让我们了解其冒险过程和其中一些情节的线索，是十二年后杰日尼奥夫返回雅库茨克时口述的报告，以及同行幸存者的描述——但这些都极其简洁。

他们觉得值得汇报的第一条消息来自9月初，也就是他们离开的两个半月之后。探险队发现"有一块突出到海里很远处的岩石岬角"。杰日尼奥夫称其为"大石海岬"。在海上两个半月的时间里，七艘科赫船行驶了共2350公里，即每日30公里。这是非常少的，说明途中等待的时间很长：在天气和风向好的情况下，一艘科赫一天至多能走200公里。但好在"冰海水手"们至今没发现出发前提到的"新陆地"的踪影。杰日尼奥夫大概会为此感到庆幸。他的目标仍是跑赢即将到来的冬天，尽快进入危险较小的水域，探险也将在那里告一段落。他只是指出，在"大石海岬"附近的海上，可以看到一些岛屿，这些岛屿可能是"新陆地"出现的预兆[219]："在这些岛屿上生活着楚科奇人。他们牙齿尖利，嘴唇上有鱼骨和鱼牙穿刺的洞。海岬在正北和'午夜'[东北]方位之间。"[220]

"大石海岬"正是欧亚大陆的末端，他们看到的岛屿可能就是位于白令海峡的迪奥米德群岛。至于当地土著的装饰品，则可能是用海象牙雕成的、插在下唇上的唇饰。谢苗·杰日尼奥夫似乎从未意识到自己距美洲只有几十公里。他在不知不觉的情况下，找到了解开令所有欧洲知识精英着迷的地理谜团的钥匙：不，美洲和亚洲并没有连在一起。谦虚的哥萨克冒险者们刚刚证明了这一点。但杰日尼奥夫是否至少知道，自己是第一个到达已知世界尽头、亚洲末端的欧洲人，因而也是经北冰洋进入太平洋的第一人？杰日尼奥夫注意到，当他绕过岬角时，他的方向突然改变了。科赫船队原本严格沿着海岸向正东方向航行，现在前进的方向却变成了西南偏南，按照这位哥萨克船长的表述就是"夏季之下"。[221] 作为一名经验丰富的水手，杰日尼奥夫还注意到洋流也发生了巨大的变化：没有从北吹来的顺风，科赫船队已经无法前进："海域又大，近岸水流又强，没有好的风帆、船绳和锚，我们已经无法继续前进。"[222] 因为他们面对的是从太平洋流入北冰洋的表层洋流。最后，杰日尼奥夫还注意到海岸上有几个楚科奇营地，他们的住所是以鲸鱼骸骨为天然梁网搭建的。* 所有这些线索都让他相信，这是一个十分特殊的地方。后来，他在向沙皇阿列克谢·米哈伊洛维奇（阿列克谢一世）递交请愿书时，将这里描述为"将'冻海'与向南延伸的'东海'分隔开来的海岬"。[223]

之所以杰日尼奥夫对旅程的前半程没有做过多描述，可能是因为北冰洋表现得十分温和。然而"大石岬角"一过，麻烦就开始了。9月意味着风暴季节的开始，科赫船队在今天的白令海峡遭遇了第一场海上风暴。安库季诺夫的小船失事了，杰日尼奥夫被迫把"强盗们"接上了自己的科赫。9月20日，也许是为了获得饮用水，船队在海岸上停泊，却遭到楚科奇人的攻击。商人阿列克谢耶夫也在战斗过程中负伤。然而这一切与科赫船队穿过海峡的第二个大海岬，也就是今天的楚科茨基角时遭遇的第二次风暴相比，都根本算不上什么。越过海岬，随着很多小海湾的出现，海岸逐渐变得好客了起来，它此前因为地平线上的山脉而清晰可见，现在却从探险队员的视野中消失了。他们来到了远海之上。被狂风撕裂的大洋让科赫船队颠簸不已，杰日尼奥夫回忆道："大海把费多特［阿列克谢耶夫］从我身边卷走了。"他用这一句话概括了这一场灾难，而探险队的赞助者、杰日尼奥夫的副

---

* 据贝洛夫推测，杰日尼奥夫看到的这些"鲸骸塔"，是当地土著在这个大雾频繁的地区所必需的路标。

手、商人阿列克谢耶夫并不是唯一一个被卷走的人。迄今为止都跟随着他的另外五艘科赫也再不会出现了。而他自己那一艘的状态也绝不乐观，它最终于10月1日搁浅在了阿纳德尔湾沿岸的某个地方。出发时的80人中，只剩下了与谢苗·杰日尼奥夫关系最为密切的24名旅伴。

其他人都怎么样了？大部分的船可能都沉没了。还有至少一至两艘船，是在更南边堪察加半岛的方向上遇难的。还有一个不可思议的巧合，是杰日尼奥夫自己在几年后一次与堪察加的科里亚克游牧民的冲突中发现的。他在俘虏当中，发现了自己的伙伴阿列克谢耶夫的雅库特小妾，而她当时在风暴中失踪了。她讲述说，在他们的船失事后，船上的人试图在一个临时营地求生，而坏血病带走了她的伴侣和"混混"安库季诺夫，幸存下来的人受到土著攻击，试图抛下她从海上逃走。此后，就有传言说他们中的一些人可能逃到了堪察加或阿拉斯加。

没有船，就没有退路，杰日尼奥夫和部下们只剩下最基本的装备，自己也因为冒险变得虚弱，但他们仍坚信能到达梦中的河流，那条海象牙成堆的"紫貂河"。他们经过了十周的长途跋涉。我们已经对杰日尼奥夫简洁、摒弃夸张的叙述风格有所了解，他将这段旅程描述如下："我们一起在山里行走，不知道路在哪里，我们饿着肚子，光着脚，走到了阿纳德尔河边一个离海不远的地方。"[224]

大团圆结局？完全不是。杰日尼奥夫的下一句话出卖了这群幸存者极度失望的心情。"我们找不到鱼，这里也没有森林，每个人都快要饿死了，我们这群可怜人只好分开求生。"各自逃散，自求多福。没有森林，就意味着没有貂和猎物，也没有战利品和食物。在数月的长途跋涉和艰难险阻之后，这样的结果无疑是一场噩梦。然而噩梦还没有结束。为了寻找游牧民或是一个更适合生存的环境，杰日尼奥夫派出小队的一半人马沿河探索。他们中的三人在二十天后精疲力竭地回来了。他们说，他们一个人也没找到，这是个无人居住的地方。他们的同伴倒在了离此仅有三公里的地方，一步都无法再多走，被掩埋在白雪之下。杰日尼奥夫派人"带着剩下的所有毯子和褥草"前去救援，但当他们到达露宿地时，这些不幸的人已经没了踪迹，可能在此期间已被楚科奇猎人杀害。这群北冰洋的开拓者、最早一批绕过亚洲海岸的人，在冬天来临之前只剩下了15人。

然而，这些西伯利亚哥萨克不会轻易倒下。当1649年春天到来的时候，他们正在阿纳德尔河的上游。他们沿河而上，直至找到森林。他们为自己建造了一个过冬的住所和一艘临时的小船，以便继续探索。更让人叫绝的是，他们还与一个土著部落对峙，将他们的首领扣为人质，然后向他们索要牙萨克，当然，作为交换，沙皇会向他们提供保护。但他们仍然难免失望："阿纳德尔河里有很多金鱼，"杰日尼奥夫在逗留期间写道，"但河边还是没有森林，很少有貂出没，海岸上的树丛也不茂密，尽是些岩石和苔原。"[225]杰日尼奥夫的队伍可以适应任何情况，但没有貂就没有希望。

一个重磅惊喜在一年之后等待着探险队的幸存者们。史书上写道，春季的一天，杰日尼奥夫和他的部下们听到了犬吠和叫喊声。一群俄国人不知从哪里冒出来了！而他们的首领正是谢苗·杰日尼奥夫的老对手——米哈伊尔·斯塔杜欣本人。在数次走山路和海路的尝试流产之后，这位杰日尼奥夫的昔日老板也成功地穿越了整个半岛，来到了流向太平洋的"神奇"河流。他沿着自己的路线，乘着滑雪板和雪橇，经过几个月的时间，穿越了被风雪侵蚀的山脉，并在这个像欧洲一样广阔的荒芜世界里，遇到了杰日尼奥夫的队伍。煽情戏码似乎并不在预定计划之内，因为两队人马立刻产生了对立。战利品本来就少，如果还要相互争夺，这群陷阱猎人和哥萨克谁也不会乐意。斯塔杜欣确信这一地区不值得久留，他将继续向南长征，向堪察加前进。

至于谢苗·杰日尼奥夫，他已经准备好在楚科奇人的土地上再待十多年。他不想空手而归，既然这里没有貂，他就把一切都押在了土著人传言中的海象牙上，正是这些传言，让他自己、斯塔杜欣和他们几十个失踪的同伴来到了离家乡近万公里的地方。他坚持不懈，与科雷马河和雅库茨克建立了联系，获得了增援，成功让新的楚科奇和科里亚克部落归顺。他们也不乏遇见挫折：1655年，一场暴风雨在海上吞噬了14名陷阱猎人，同年，上涨的水位冲走了俄国人储存食物和毛皮的6座木屋和20座仓库。但他们的运气也在这期间发生了变化。1652年春天，在对阿纳德尔河河口的一次探索行动中，杰日尼奥夫和他的部下发现了一个避风的海湾，这里是海象的繁殖地。沙滩和周围的岩石上布满了这些"野生海象和它们的牙齿"。[226] 他们喊响捕猎的号子，"所有的海象都离开了陆地，很多都跑进了海里"[227]，杰日尼奥夫似乎十分懊恼，但猎人们仍然带回了重达2吨的"鱼牙"，也就是海象牙。

当谢苗·杰日尼奥夫终于启程返回科雷马河和雅库茨克时，他选择了走山路。虽然后人数次尝试从正反两个方向重走这段旅程，但始终没有人能够复制他在1648年完成的壮举。而且，没有一艘科赫能够承受他带回来的成堆财宝。光是他一个人分到的海象牙就重达2.5吨以上。这是一笔巨额财富，雅库茨克商栈甚至没有足够的现金用于支付货款。官员们把这些珍贵的货物运送到莫斯科的西伯利亚管理局，并要求谢苗·杰日尼奥夫到首都的柜台报到。两年后的1664年9月，谢苗·杰日尼奥夫抵达了莫斯科，他向沙皇阿列克谢·米哈伊洛维奇递交了一份"关于报偿［1643年至1661年期间］所尽服务的请愿书"。这份文件复述了探险期间从太平洋发往雅库茨克的大部分报告，是杰日尼奥夫向西伯利亚管理局的文士们口述的记录。杰日尼奥夫讲述了自己的各种历险经历，以及将他引到沙皇国最遥远征土的不凡旅程。沙皇下令付给他应得的报酬，其中有三分之一以银卢布支付的，三分之二则以布匹、贵重织物和毛皮抵算。即使是西伯利亚事务中央管理局也无法用现金支付这笔款项。现金缺口很大。杰日尼奥夫将这笔钱主要用于偿还自己留下的诸多债务。之后他再度赴西伯利亚执行任务，却在1673年返回莫斯科的途中去世。

他的死不为人知，他去世时的年龄也没有被记录。他的故事被掩埋在雅库茨克和莫斯科的档案馆里，而行政机构本身却已经搬到了新首都圣彼得堡。哥萨克谢苗·杰日尼奥夫在未来几十年内都会是一个无名之辈。这个从波默尔小村来的人证明了亚洲与美洲之间存在一个通道，开辟了北冰洋北方航线里最困难的一段。但他自己似乎对此毫不在意：在他以"君主卑奴"的身份提交的最终报告中，他着力强调了心目中自己的主要功绩：他发现在距离宫廷很远的地方，有几片盛产海象牙的海岸。他发现了这里，并建议国家继续他的工作。而剩下的内容，包括那场冒险，以及种种危险和取得的成就，都只是达成目的的手段。地理学与其谜团都是富人的事业，它们将在下一个世纪令欧洲人牵肠挂肚。杰日尼奥夫要等到他的发现被认可之后，才会得到自己真正应得的回报。1898年，沙皇尼古拉二世庄严地将"大石海岬"命名为"杰日尼奥夫角"。*

＊在此期间，詹姆斯·库克将它命名为"东角"。

第二部分

直到另一个美洲

愿我走到海的尽头。

——W. G. 泽巴尔德

第七章
第一次勘察加探索

1717年5月，沙皇彼得大帝在欧洲周游时，不请自来地来到了奥尔良公爵摄政的法国。尽管彼得大帝三令五申，在巴黎逗留期间要最大限度地低调和朴素，法国宫廷还是决心隆重接待他，想借此让人忘记二十年前对这位年轻君主的冒犯。先前，彼得一世到尼德兰学习古典学，并以假身份在船厂进行一些实践学习，其间，他曾希望在途经附近时与路易十四进行短暂的会面。然而，太阳王却不顾外交官员和部分顾问的极力反对，严词拒绝了这一提议，他认为这位年轻的沙皇太过新潮，太过粗野，简而言之就是缺乏威严。

自那以后，情形发生了变化。如今在欧洲，再也没有人能够忽视路易十四继任者的这位座上宾。1709年，在波尔塔瓦战役中，沙皇彼得打败了瑞典，剥夺了瑞典的大国地位。俄国重新收复了波罗的海附近的土地，得以重新进入向往已久的波罗的海，并将他的帝国扩展到波斯和高加索的边界。更让当时的人们震惊的是，彼得大帝在涅瓦沼泽地上平地拔起了一座都城。他逼迫宫廷和各大家族都对他俯首帖耳，召集了当时最有才华和抱负的建筑师和工匠，来到这个巨大的工地。在法国的时候，沙皇还打算去仔细看看凡尔赛宫和它的花园。有人告诉他，这是最大最好的宫殿园林，他打算把这里作为自己在彼得霍夫建造宫殿的灵感来源。他还在考虑与法国联手建立一个新的联盟，共同对抗俄国永恒的敌手瑞典和波兰。为了实现这个目的，他还在考虑年仅八岁的法国新王路易十五与自己的女继承人伊丽莎白之间有没有联姻的可能，她将在二十五年后成为俄国最强大的沙皇之一。当见到这位年幼的国王时，沙皇的喜爱之情溢于言表：他抛弃了所有礼仪规矩，抱起路易，把他举得与自己同高，热吻着他的脸颊，大笑着，并对这件事在朝臣中引起的非议付之一笑。

沙皇身为改革派，他的这次旅行还有其他目的。和他的每一次海外行程一样，这次的日程安排里也排满了与欧洲所有伟大的思想家和发明家的会面。科学和探索是他从小的爱好。这次在法国也一样，他希望能够收获一些新的思想和技术。因此，他饶有兴致地到访了法兰西科学院。在那里，他直接受到了许多启发，并在回到圣彼得堡后施展了出来。据当时的一位编年史作者说："在科学院举行的招待会相当庄重。人们向他展示了不少新的机器，沙皇对看到的一切都很感兴趣。他还到巴黎天文台参观了很多次，或者反过来邀请科学家们到莱斯迪吉埃尔公馆会面，特别是地理学家，他向他们提供了一些他们需要的信息，以纠正他们在绘制他那庞大的、至今仍鲜为人知的帝国地图时所犯的错误。"[1] 在会谈中，沙皇一再被问及当时的一大谜团：亚洲与美洲是否相连？通过北方海路能否到达中国？皇帝陛下是否能开尊口就这样的问题发表一下看法？

彼得被这些执着的发问打动了。甚至在离开圣彼得堡之前，他就曾收到费奥多尔·萨尔蒂科夫的请愿书。此人刚从托博尔斯克回来，是那里的督军。他向沙皇提交的是一个从北冰洋海岸到阿穆尔河*附近中国边境的海上勘探计划。萨尔蒂科夫写道："如果能在那里找到一条通向中国和日本沿海的开放通道，陛下的帝国将从中受益匪浅。英

---

*即黑龙江。下文俄方视角的叙事中称"阿穆尔河"。——编注

国、荷兰和其他王国派往东印度群岛的船队必须两次穿越赤道。由于这些地区非常炎热，很多人都死在了途中，而且如果路途遥远，食物往往也会出现短缺。如果能在北方发现一条新航路，他们都会想要借道。"[2] 随后，在他去欧洲的途中，德意志哲学家、数学家戈特弗里德·威廉·莱布尼茨也问了他同样的问题，他是沙皇的学术通讯员中最受尊敬、资历最深的一位之一。在不伦瑞克，这位科学家在自己临去世前陪伴沙皇度过了几天，在此期间，他再次敦促沙皇去解开这个巨大的地理谜团。莱布尼茨被这场一个半世纪以来都困扰着欧洲科学和政治精英的辩论吸引了。在欧洲人发现美洲之后，威尼斯人贾科莫·加斯塔尔迪在1562年成为"亚洲和美洲不相连"假说的第一批拥护者人之一。[3] 继他之后，又有一些人——如英国的汉弗莱·吉尔伯特——认为美洲没有"契丹和鞑靼的野生动物和游牧民族"是两块大陆之间存在地理差异的有力证明。因此，莱布尼茨在与沙皇彼得的交谈中所说的"阿尼安海峡"是否存在便是谜团的核心。它的宽度也有助于人们探求美洲的边界，核实地球的体积。他说，沙皇是注定要完成这个使命的。莱布尼茨在沙皇去世之后写道："他对与航海相关的所有的事都感兴趣，这是他最主要的爱好。希望以他为桥梁，我们能知晓亚洲是否与美洲接壤。"[4] 而在巴黎，沙皇也听到了同样的呼声。法兰西科学院甚至向俄国君主请求正式授权，委派法国考察团去确认"亚洲与美洲之间的距离"。

沙皇搪塞了过去。他暗示，与其委派法国考察团，俄国更应该自己完成这项工作。他才不会上当。此时，法国在北美殖民地的存在感很强，它与俄国的其他对手一样，也在谋求染指太平洋和极北地区的未知领土。在哈德逊湾被迅速扩张的英国夺走后，法国努力追赶，企图建立新的航线和与之配套的商栈。如果亚洲和美洲是相连的，那么谁的动作最快，谁就能把自己的疆域扩张得最远。届时，雄踞亚洲的俄罗斯，与在现今的加拿大领土上发展势力的法国和英国将会直接对峡。而如果这两块大陆被海洋隔开，法国则可以轻易声称拥有海峡以东的所有领土。不仅仅是法国。毫无疑问，当时控制着加利福尼亚南部的西班牙人，还有同样将舰船驶至太平洋的英国人，都和法国人一样渴望揭开东北航道的存在之谜。科学和地缘政治在这里是互为表里的。

几十年来，沙皇本人也一直热衷于这个问题。早在1697年的阿姆斯特丹，他第一次造访欧洲期间，该问题就已经是他与荷兰人尼古拉斯·维森讨论的话题之一，维森是他最尊敬的交谈与通信对象之一。维森认为两洲之间存在陆地交界处，彼得则认为两个大洲之间有一道海峡。[5]但是他被对方如此渊博的知识弄得眼花缭乱：这位外国朋友怎么会如此消息灵通？沙皇的信件以及他从欧洲带回的许多地图证明，从那以后，他对此事的好奇心就从未削减。彼得尤其会通过他的尼德兰情报员和联络人随时获取任何有关欧亚大陆边界以及尚未探索的美洲西海岸轮廓的新假想。由于与瑞典战事棘手，他一直以来都无法全身心地投入这项探索两块大陆之间潜在通道的帝国大计。但如果想要让沙皇确信通道的存在，在欧洲收集到的信息已经非常清楚了。毕竟，如果俄国不希望其东部边境出现竞争对手来挑战它对太平洋西伯利亚海岸的控制，那么时间已经所剩不多了。

沙皇作为这块大陆上最强大的主宰之一，他对大陆真正的轮廓有多少了解？他对西伯利亚哥萨克的发现成果又有多少了解？自谢苗·杰日尼奥夫绕过亚洲最东端的海岬之后，六十八年已经过去了，但这位冒险家所做的报告从来没有到达国家的最高层，而是沉睡在西伯利亚管理局和雅库茨克督军的档案中。沙皇从欧洲回来时，收到了一张新的西伯利亚地图，这张图是由一个名叫冯·斯塔伦贝格的瑞典囚犯绘制的，他是被流放到西伯利亚的。亚洲的尽头出现在了地图上，形状像一个斗篷，"大石海岬"，这与谢苗·杰日尼奥夫的描述非常接近。为了验证这一点，这个瑞典人借鉴了1713年出版的西伯利亚制图先驱谢苗·雷梅佐夫的地图集,他也是讲述叶尔马克事迹的编年史作者。这位西伯利亚地理和历史学家可能受到了传到他耳中的哥萨克伟绩的启发。甚至他或许能够阅读到其中某份或某几份见闻?事实上,雷梅佐夫的地图并不符合欧洲制图学的标准,这些地图的南北方向与惯例相反,而且它们也没有使用墨卡托设计的巧妙投影来反映空间和距离。然而,它们确实包含了大量的新信息,冯·斯塔伦贝格转述了这些信息,从而填补了我们对那个时代知识水平的了解。在这张地图上,"大石海岬"被清晰地呈现了出来,我们可以看到阿拉斯加也以"最近发现的土地"[6]的名义出现在了地图上。另一幅更为精确且年代相同的俄国地图绘制出了迪奥米德群岛的两座岛屿:"在这个岛上生活着一群人,他们的语言被楚科奇人称为'Akhiukhaliat'[即'无法理解'],据悉,他们以鲸鱼和海象为食,岛上没有树木,因此他们用鲸脂做饭。乘坐'Baidarka'[当地的船,一种皮艇],从海岬到这里的路程是两天。"[7]

俄国人绘制的地图无疑是最准确的。但沙皇又能赋予它们多少可信度呢?在过去的四十年里,欧洲制图学界的所有权威都更倾向对"亚洲和美洲之间存在一道海峡"的观点持怀疑态度。荷兰人尼古拉斯·维森凭借着在莫斯科和阿尔汉格尔斯克的观察机会,也转述了有关哥萨克人成功远征北海的传闻,但即便如此,他在自己1687年出版的地图上也没有反映出任何关于亚洲边界的假设:"尽头未知的冰冷海角"[8],他严谨的图注如此写道。沙皇掌握了大量记录和地图,却仍然无法得出任何肯定判断,他很快就安排了重重的研究和探索计划,只为获得一个明确的答案。

1716年,沙皇从遥远的西伯利亚省收到了一个令他高兴的消息:一艘远洋舰船终于建造完毕并在太平洋沿岸下水了,今后可以直接穿过鄂霍次克海到达堪察加,而不必再沿着海岸线进行无尽的航行。这一方案在实验中获得了成功。[9]一听到这个消息,彼得就明白,俄国海军探索的时机已经到来。雅库茨克督军奉命在堪察加半岛和楚科奇半岛展开大规模的勘探活动，并在太平洋沿岸建造船只，从而到达已知陆地之外可能的"岛屿或大陆"[10]，为此，他召集了200人。但是碍于预算太少，负责在远洋上冒险的船长不得不自己出资造船。最终，由于缺乏财力和大量必要的考证，该计划失败了。1718年，德意志博物学家丹尼尔·梅塞施密特以500卢布的微薄报酬受雇于人，横穿西伯利亚，以收集尽可能多的科学资料。他在那里停留了八年，完成了几十卷百科全书。在梅塞施密特离开一年后，两位测绘员费奥多尔·卢津和伊万·叶夫雷诺夫接到了测绘日本北部海岸与岛屿的任务。之后，他们带回了对千岛群岛的首份精确描述。

但是，这一切的规模都太小了。主要原因是俄国与瑞典的关系持续紧张，而瑞典吸引了俄国全部的海军力量。1721年签署的《尼斯塔德条约》结束了冲突，并将波罗的海和芬兰的领土划分给两个大国，巩固了俄国在波罗的海的势力，彼得大帝决定推动俄国进行一项历史性的事业，使他能够彻底结束那场关于亚洲和美洲之间是否存在海峡的争论，这也关乎其帝国版图的边界。除了太平洋地区敌对势力不断竞争、威胁越来越强之外，沙皇还要努力维护俄国在堪察加半岛的势力，这个半岛对俄国来说是至关重要的战略地区，它的面积比加利福尼亚还要大。贯穿整个西伯利亚的陆路十分难走，因此堪察加极度缺乏物资；海上航线则有可能大大地缩短行程，从而增援着手在那里定居的开拓者们，最终领土的延伸将为丛林行者们开辟新的空间。由于猎人的工作难度日益增大，国家对毛皮的征收量有所下降，但与瑞典的长期作战使得政府财政急需补充。这将是针对堪察加半岛的第一次探索，也是迄今为止由俄国领导的所有探索活动中规模最大的一次。

此时的彼得更加着急了，因为他觉得自己时日不多了，他迫切地想看到自己最后几个伟大蓝图的完成：成立俄国科学院，以及对美洲的第二次"发现"——这一次是要从西边登陆。这位伟大的沙皇在六十二岁的时候深受背痛和尿路感染的折磨，人们几乎看不到他走出涅瓦河畔的宫殿。1724 年 12 月，日益病弱的他决定加快这些计划的准备工作。他把海军学院院长费奥多尔·阿普拉辛召唤到床边，责令他尽快组织考察。后来，列席了这次会面的皇帝办公室长官描绘了当时的情景："我亲眼看到陛下在勾勒如此重要事业的指令时是多么急切，虽然他那时就已预见自己即将死去，但是当他交代完时，他显得平静和满足。在向被他叫到身边的海军上将说完［他的计划］之后，他又对他说了以下的话：'我的健康状况不佳，这使我不得不待在家里。我现在又在想一个我长期思考的问题［……］那条穿过北极通往中国和印度的道路。在我最后一次旅行中，我听到学者们向我保证说这是可行的［……］在探索这条通道的问题上，我们何尝不能比经常在美洲海岸探险的荷兰人和英国人有更多的机会？'" [11]

在帝国档案馆里发现的一份文件记录了沙皇病弱时着力下达的命令。在这些"沙皇彼得·阿列克谢耶维奇就第一次探索堪察加半岛的军官选择问题给海军部的指示"中，有几处批注是彼得大帝亲手写的：1. 选出曾经去往西伯利亚并归来的测绘员［负责确定地理坐标和计算距离的地形学家］；2. 选出一个中尉或少尉陪同他们一起前往西伯利亚和堪察加；3. 选出一个［海军学校的］学生或学徒，他需要能够在那里建造一艘带有甲板的舰船，类似这边大船旁边的那种，再派四个带着工具的木匠、一个海军下士和八个水手和他一起；4. 为这次探索从这里运去两倍的船帆、滑轮、绳索等等，以及四门小炮和弹药，和一到两名帆篷工［修理船帆的工匠］；5. 如果在俄罗斯海军中找不到这样的航海者，就立即写信到荷兰，找两个熟悉日本北部海域的人。[12]

海军部任命维图斯·白令船长为探险队总指挥官，他是一名四十三岁的丹麦人，二十年前，他在阿姆斯特丹为东印度公司工作时受到招募，后来就加入了俄国舰队。白令之所以获得了这份荣耀和职责，或许因为他是荷兰派的成员，这个小团体以克鲁斯海军准将为首。克鲁斯在俄国海军中位高权重，而白令则是他最亲密的朋友之一。不过，他与这名荷兰人的亲近以及他在职业生涯中多次表现出的与他的同伴关系，也从另一方面使他在崇尚俄国爱国主义的权力圈中遭到怀疑。白令是日德兰港一个资产阶级家庭的儿子，他逐渐在海军中崭露头角，先后在亚速海、黑海以及波罗的海效力，与瑞典人作战。他如今定居在圣彼得堡，经常出入于当地的上流社会。他在首都的中心有一座豪宅，在维堡，他还有另一处寓所。当他被任命带领探险队时，他正在那里享受着近乎提前退休的生活。维图斯·白令有着新教徒的谨慎和假意谦虚。年龄的增长以及过山车似的职业生涯使他天生的谨慎渐渐让位于一种令人不安的焦虑。白令将在长期的焦虑中度过隐居生活的最后几个月。那么，作为一个伟大的航海者、一个"发现者"会是怎样一副长相呢？在很长一段时间里，人们都认为他有着一张温和的圆脸，这也是其形象的主要特征，不过，这样平淡无奇的外表似乎与冒险家或征服者的形象相去甚远。直到最近的考古发掘以及俄罗斯研究人员对他遗体的考察，才使人们得以还原他的面孔：宽阔的前额，突出的颧骨，明显的轮廓，这与他所谓的画像完全不一致，那幅画像更可能是他一个同名的堂兄。一个可靠、勤奋、严谨的人，非常尊重权威，但不太喜欢冒险，与他同时代的人大多数都是这么形容他的。他在海军中的下属之一库兹玛·索科洛夫提到："白令是一个消息灵通、知识渊博、虔诚、富有爱心和诚实的人。但他也过于谨慎，优柔寡断；他深受下属爱戴，却缺乏对他们的约束力，他太容易被他们的意见和要求影响，而无法维持严格的纪律。"索科洛夫还补充说："从那时起我们就可以看出，他尤其没有资格领导这样一项伟大的事业，特别是在这样一个黑暗的时代，在东西伯利亚这样一片野蛮的土地上。"

这种反差鲜明的性格，在船长白令漫长而不可思议的冒险过程中得到了证实。维图斯·白令服役于俄国舰队的三十八年中，有十六年被用于西伯利亚和太平洋地区的探险。而此时，当他被委以重任时，白令首先展示了他作为组织者的才能。1725年1月6日，彼得大帝亲自向他下达了委任状。状书文风扼要，语气近乎粗暴，这些都是出自一个重病的人之手，他即将接受一次肾脏手术，这是他康复的最后机会："1. 在堪察加半岛或其他地方，建造一到两艘配有甲板的船只。2. 搭乘这些船，沿着向北方延伸的陆地航行，这也有可能是美洲的一部分（毕竟没有人知道它的尽头在哪里）。3. 找出这片土地与美洲的连接处，继续前进，直到到达一个属于某个欧洲国家的地方。如果您遇到了欧洲的船只，就跟它确认一下最近的海岸名称，记下来，亲自到岸上去，获取第一手资料，并在地图上定位，最终重返俄国。"[14]探索美洲，然后再回到这里！没有人，甚至是白令，都无法想象任务的艰巨和距离的遥远。堪察加半岛距离圣彼得堡1.1万公里，要在那里建港口和船只，以供此次使用！而从那里出发，有一片大约4000公里的未知水域，把他们与今天阿拉斯加的西南海岸隔开。这相当于哥伦布到达美洲距离的两倍。然后，他必须设法回到圣彼得堡的皇宫。回来！这是沙皇的命令。

在接见的过程中，君主似乎也给了他一张地图。这张地图是流亡西伯利亚的瑞典人冯·斯塔伦贝格所作的复制品，还是雷梅佐夫所绘地图的最新版本？而无论如何，它都指出了亚洲和美洲之间存在着一条海峡。[15]但就像之前一样，无论是白令还是彼得大帝，都完全无法判断这些手稿卷轴上所述的信息是否可靠。白令在加速准备远征时对这项使命的认识水平如何，历史学家们也早就讨论过。现在几乎可以确定，他完全不知道哥萨克谢苗·杰日尼奥夫在七十多年前的壮举。在白令及其下属的信件与航海日志里，没有任何迹象显示有人向他们报告过这件事情。"我们不知道目前欧洲人沿着亚洲海岸向北，到达了哪个纬度［……］。"白令的一个助手在日记中这样写道。维图斯·白令充其量只是听到了一些传言和猜测，但作为一个可靠且真诚的探索者，他即将用行动证明谢苗·杰日尼奥夫那已被尘封的发现。

海军部挑选了两个人协助维图斯·白令。第一位，马丁·斯庞贝里[16]，二十七岁，是他的同乡。另一位是阿列克谢·奇里科夫，他是一名前途远大的俄国人，也更加年轻，因为他在探险开始时只有二十二岁。然而，这两位副官与白令截然不同。马丁·斯庞贝里性格专制，他待人的态度强硬到了残酷的地步，但他是一个非常优秀的水手，精力旺盛，有着非同一般的实干精神。同行的人说他"好动""浮躁""贪婪吝啬""没文化"。[17]斯庞贝里时常带着一条极具攻击性的猎犬，他专横的名声伴随他走遍西伯利亚。他的俄语水平非常有限，这也为他开展工作带来了困难。阿列克谢·奇里科夫出身于低级军官家庭，是沙皇新近设立的数学及航海学校的第一批学生，会说多国语言，以其超群的数学能力和无限的好奇心见长。在十九岁的时候，他就已经是自己学校的老师了。即使他缺乏实践经验，他也很快得到了队员们以及探险队指挥官的青睐。

这样的任命象征着也说明了改革派沙皇所倡导的政策：凡是涉及科学、经济、技术的问题，既要聘请和任用最优秀的外国专家，又要十分注意照拂本民族下一代接班人，进行优先培养。白令，一个经验丰富的丹麦人，就可以依靠斯庞贝里这个极其忠诚的帮手。奇里科夫则是"明日之星"，一个肩负起天降大任的后继者。改革派君主希望在外国人和俄国人之间设置一种谨慎的平衡，这是一种微妙的政策。我们很容易想象：外国的科学家代表了当时的尖端科学，但他们却对任用他们的国家几乎一无所知。俄国人则必须在精英群体和本国科研机构中占有一席之地，同时还要克服外国科学家的陈见，这些陈见有时也来自宫廷，因此冲突是难以避免的。在彼得大帝死后很长的一段时间里，这些冲突一直在影响帝国的科学和政治。

其余的招募工作也在大张旗鼓地进行着。在1月的第一周里，圣彼得堡附近港口的军舰上就有23人被调走，其中有下士，也有木匠和水手。他们人数比沙皇所希望的还要多一点。不过很快就有人手不足的情况出现，但人员会在向西伯利亚进发的途中补全，直至超过400人。由于不知道他们会离开多久，海军部会提前向他们支付一年的工资。事实上，那些幸存的人在五年多后才得以重返首都。

1725年1月24日星期日上午11点，一支由25辆负重雪橇组成的车队离开了涅瓦河畔的海军部。阿列克谢·奇里科夫指挥着这第一支分队，带走了探险队的主要装备，这些必需品是为了在国家的另一端建造一艘能够穿越北太平洋远洋的大船：6根锚（每根重150公斤）、8枚小炸弹、30枚炮弹、步枪、马刀、手枪、六分仪、一些用于探查低潮高地的铅丝、船帆、绳索、铃铛和"舰队条例"。[18]他们向东前进，向着沃洛格达和斯特罗加诺夫家族势力下的索里维切戈茨斯克前进，然后是索里卡姆斯克和托博尔斯克。托博尔斯克是广袤的西伯利亚的行政首都。出发几天后，正当雪橇在雪道上飞驰时，有信使追上了他们：沙皇死了！1月28日，彼得大帝，这位建造了圣彼得堡并将俄国开放给欧洲的巨人，因术后并发症和坏疽去世。但他的梦想还在继续：沙皇死后仅两天，他的遗孀——她现已成为叶卡捷琳娜一世——就批准了沙皇去世前所写的指示，并于2月5日郑重地传达给了维图斯·白令。同时，她还下达了一道诏书[19]，责成西伯利亚总督和帝国当局所有代表都伸出援手，响应探险队队长的要求。白令对自己今后的使命更加笃定了，于是立即离开了首都，加入探险队中。

而俄国疆域广阔，圣彼得堡鞭长莫及，现实与陛下以及海军部的愿望大相径庭。在穿越广袤的西伯利亚的过程中，很快白令就意识到，女皇的谕令只能在一定程度上防止地方政府的消极怠工或者不配合。毕竟谁来买单呢？你向我索要人才、劳动力以及牲畜等资源，我又从哪里去拿呢？无一例外，沿途各省的负责人都不大乐意向白令提供帮助，更何况他所提出的需求量往往是如此巨大。比如在托博尔斯克，他要求当地提供60名好木匠、7名铁匠、2名箍桶匠、1名车工和1名砌炉工，以及32吨粮食，以养活探险队两年。

探险进展缓慢。随着往东的推进，物资和装备越来越匮乏，因此征员和购置物品耽误了不少时间，而且探险队伍的前行还受制于季节的变化。到了河边，为了继续赶路，还得新造几十艘帆船和木筏，每次大约要造30条左右。4月底前后，隆隆声响会向人们宣告河流的解冻，有时探险队不得不等待这一刻的到来。探险队先沿着鄂毕河航行，再到额尔齐斯河，最后是叶尼塞河。他们在中西伯利亚的伊里姆斯克度过了冬天，然后顺着勒拿河走了几个星期，在1726年6月7日至16日左右，也就是离开圣彼得堡十八个月后，到达了东西伯利亚的首府雅库茨克。这里与其说是一座城市，不如说是一座木头要塞，周围是几百个沿河一字排开的俄式木屋。奇里科夫很少好奇心上头，而这次他不由得统计了一下，计算出这里有300户俄国人。而他估计，在该地区扎营的雅库特游牧民族人数接近3万人。[20]

此时距离太平洋沿岸还有1200多公里。现在是夏天，白令计划在冬天阻止他们之前走完这段路程，到达鄂霍次克海。他知道，考验才刚刚开始。因为目前没有路可以越过雅布洛诺夫山脉的山脊。他必须要开辟专门的道路以供通行，利用每条河流及其支流的优势缩短行程，尽量在水上前进。他们计划依次经过勒拿河、阿尔丹河、马亚河和伊乌多马河，然后再向太平洋流域溯流而下。不过，仅仅是建造每次渡河所需的船只，就需要在雅库茨克征召140人，征用300匹拉车的马。由于没有人响应白令的号召，督军开始强行征集。

而这样做起来很麻烦。为了探明道路并为大部队抵达做准备，白令带领速度最快的小分队，用时四十二天终于来到了鄂霍次克。此时严寒已经追上了队伍，造成他们在50厘米深的雪地里陷入了绝境。疲惫不堪的马儿在途中死去，租用或是征用来的660匹马，最终只有一半活着到达了鄂霍次克。他们必须自己拉雪橇，有时还要沿途抛弃一些货物，才能有生存的机会。而在他们后方，斯庞贝里的分队则面临着更为可怕的障碍。队伍必须沿因冰冻而无法通行的河流，拖着锚、大炮、炮弹、绳索以及所有的导航和建筑工具前进。冰雪和疲惫减缓了前进的脚步。先是病员被遗弃，然后则是死者，尸体堆积如山，接连不绝。在那些被强行征召来的人中，逃兵成倍增加。雅库特人受尽了折磨，也害怕他们的马匹（那往往是他们唯一的财富）因此死去，于是开始反抗。食物很快就要耗尽了。在没有任何补给的情况下，这些人先是吃光了狗，然后是拉雪橇的皮带、皮箱甚至他们自己的靴子。接到侦察员的通报，白令决定派出十几辆装满食物和保暖衣物的雪橇前去补给。他还必须设法找回探险队的大部分装备，这些装备被遗弃，散落在沿途数百公里的路上。但他的部下们不想再次回到那个冰冷的地狱："队长派我们赤手空拳地徒步去那里，还没有工资，我们肯定会死的，"其中一个人抱怨道，"这诚然是他的权力。可我们是要去寻找财宝的，如果就这样死去而不能抵达终点，我们就无法碰到它们了。"[21]

当一切可以追回的物品终于被运到鄂霍次克时，已经是1727年5月。最后这一个阶段花费了探险队近一年的时间，并造成了众多人员伤亡，包括一些测绘员、医生以及当地向导，他们都是队伍中最珍贵的人才。不过在鄂霍次克海畔，白令已充分利用了时间。他初到那里的时候，河口只有几间茅屋。在几个月内，探险队队员就建好了营房，还为队长白令建造了一个私人俄式木屋，当然还有"巴尼亚"，那是一种每个俄国人都想要拥有的浴室。最后，在春季几个月的时间里，木匠们成功地建造出了一艘能够出海抵达堪察加的舰船。这艘可乘坐48人的船，于6月8日下水、挂桅、装缆。为了祈求命运垂爱于他们，水手们给它起了个名字叫"幸运号"。

然而，白令不打算乘这艘船前往北方的海洋。随着探险队的东进，他们辛苦携带的物资也日益成为成功的关键。在经受了穿越大陆的可怕困难和巨大损失之后，探险队队长越来越不愿意冒险。他和探险队的所有成员都明白，目前已经到了本次探险的最后阶段，他们必须从堪察加的东海岸，即最远的居住点出发，越过这些水域，进入那片尚不为人知的土地。但他不愿冒险搭乘"幸运号"绕过半岛，在他看来，"幸运号"是相当脆弱的。至今为止，没有一个航海家曾在航海图上绘制出半岛的轮廓，谁知道半岛最边缘的海角隐藏着什么危险？浩瀚的太平洋自船的右舷延展开去，那里又隐藏着怎样的危险呢？

因此，探险队通过陆路，穿过了堪察加的山脉，然后再一次转运，再一次征用雪橇，再一次建造驳船，再一次溯流而上，再一次在雪地里、冰面上装卸货物，才最终到达这个地方，它被选作探索北方海洋和重新发现美洲的母港。这是再一次的磨难，和人们在上个冬天所经历的非常相似。而探险队整个冬天的努力都是为了到达下堪察加，一个俄国的小要塞。这个巴掌大小的聚落有17处猎人住所，它距登船点要走930公里的路程。事实证明，径直穿过堪察加雪山口是个错误的决定，它更是造成了物资储备的损失：两根锚、缆绳、一箱设备和八袋面粉在意外发生后最终落入了河底。这个决定同样给土著带来了严重的后果。600名堪察加土著以及500条雪橇犬和牛被迫去保障85架雪橇的行进，其中有30架雪橇载的都是维图斯·白令自己的装备。[22]在没有足够牲口的情况下，每队又增加了四至五个人作为支援。探险队到达勘察加地区时，当地人正为完成上缴毛皮的份额而忙于打猎。白令建议他们破例放弃狩猎对探险施以援手，当地官员顽固地拒绝了他。探险队队长最终只好等到狩猎季节结束后才开始征用勘察加人、拉车的牲口以及雪橇。不过，这相当于两重劳役，人和狗最终都筋疲力尽。就像一年前的雅库特人一样，勘察加人也亲眼看到数百只牲畜死去，而这些牲畜是他们谋生的主要帮手。饥荒和叛乱因此不断发生，这也导致了三年后俄国西伯利亚史上最大的一场土著暴动。[23]

在世界的尽头，堪察加河河口上游的这个小小前哨站里，白令饥肠辘辘的木匠们再次拿起斧头和锯子，建造一艘新的远洋船，这也是这场不可思议的冒险中最后一次造船，这艘船必须把三年半前在圣彼得堡招募的船员载往那个神秘的地方。人们已经习惯了这样的事务：从出发到现在，他们已经建造和组装了近百艘驳船和筏子，以及十多艘内河船和远洋船。1728年6月9日晚，"圣加百列号"下水，7月9日，完成了索具和装载作业。这是一艘18米长的双桅船，按照当时的军舰风格建造，但体量有所缩小。除了他的两名船副斯庞贝里和奇里科夫外，维图斯·白令还带了41名船员登船，包括一名医生、一名裁缝、五名木匠、一名鞍匠、两名哥萨克、九名士兵、两名铁匠、一名鼓手和两名科里亚克翻译[24]，但其中只有八名水手，数量明显不足，白令或许是担心途中被人扣押或遭遇不友善的迎接。所有的人都被预付了六个月的工资。船上还装载了18吨生活物资，包括饼干、面粉、鱼油、20桶饮用水和柴火。[25]如果形势所迫，这足以撑过一个冬天。

"沿着向北延伸的土地航行。"这是已故的彼得大帝留下的指示。然而，沿途收集的证据表明，如果所谓的"大陆"与美洲连为一体，那么它应该位于东部或者东北部。两位船副也支持这一说法。奇里科夫想起有个叫塔塔林诺夫的人曾说过，高纬度地区的"本地人"报告说，"大陆"正对着那个传闻中的海角，这个海角标志着亚洲的尽头。而这片大陆被森林覆盖，与亚洲的海岸截然不同。如果要相信这个判断，那么我们必须向东北方向航行。但白令是帝国政府造就的，他不是那种随意更改命令的人。在他从沙皇那里得到的地图上，美洲的假想位置在与堪察加相同的纬度上，两者之间只隔着一条狭窄的海峡。而在雷米佐夫以及波波夫-利沃夫的俄国地图上，正北方出现了第二个神秘的半岛，我们无法判断它是否与亚洲或者美洲相连。这看起来像极了彼得在遗嘱中提到的"尽头未知的向北延伸的土地"。

　　这些线索连同作为白令首要行为准则的谨慎态度足以决定即将展开的勘探路线。[26]当"圣加百列号"驶入北纬56°的远海，也就是堪察加河河口的纬度时，所有的船帆都张开了，它开始向北航行。而为了进一步降低风险，白令下令不要让海岸线离开视野范围。前两个星期，航行进展得十分顺利。风向有利，能见度良好，全新的舰船操作起来非常灵敏。他们沿着堪察加海岸平稳航行，船员们看到了鲸鱼、海狮、海豹、海象、鼠海豚和海豚。他们有时还可以在甲板上看到海岸上已经荒废的楚科奇营地。8月8日傍晚，他们停靠在一个小海湾休息，看到一群土著人正在靠近："我们发现一艘小船从岸边向我们划来，船上有八个人，"奇里科夫在航海日志中写道，"他们问我们从哪里来，来做什么。他们说他们是楚科奇人。我们邀请他们上船，他们就派一个人划着海豹皮做成的囊袋来和我们交谈。他告诉我们，楚科奇人住在沿岸附近，而且人数众多。[……]他后来告诉我们，在我们前面不远处的东面有一个岛屿，天气晴朗的时候便可以从大陆上看到。"通过与楚科奇来使磕磕绊绊的交流，白令从来人的解释中了解到："从这里开始，我们的土地将向左转，并延伸到很远的地方，那里仍然居住着楚科奇人。"[27]向左，也就是向西。探索无疑是在挑战亚洲的边界，但我们确定自己的理解是正确的吗？奇里科夫指出："我们的翻译用科里亚克语与他交谈，但我们发现，他们的共同词汇很少，因此无法询问细节。"[28]

　　8月10日，楚科奇人曾经介绍过的那座岛屿出现在了他们眼前。按照航海家的传统，他们将它命名为"圣劳伦斯岛"，以纪念当天的圣徒。此时，"圣加百列号"进入了如今以船长的名字命名的海峡，但船上的人并不知情。这几天一直是大雾和恶劣天气：根据8月12日航海日志的记载："强风，天很阴[……]。"当时船离美洲海岸只有几十公里，在晴朗的日子里，此处可以同时看到海湾的两岸。但是，在他们通过的那天，即使航行在最狭窄之处，白令和他的部下们也无法透过大雾看到距离他们只有20公里左右的亚洲海岸。瞭望台一片寂静。经过三年半多的旅行，他们最终越过了自己设定的目的地而丝毫不知。维图斯·白令错过了他与历史的第一次交会。

8月13日，在于堪察加半岛扬帆起航一个月之后，"圣加百列号"接近了"大石海岬"——亚洲的最东端，在船员们所掌握的地图上，它的位置相当模糊。白令很担心，他的船已经来到了北纬65°的海域，却没有看到传说中的"大陆地"或"北方陆地"。如果楚科奇路人的描述准确，海岸线是向西延伸的，那就意味着两块大陆确实是泾渭分明、隔海相望的，他们在北面寻找陆地的做法便是徒劳的。傍晚时分，他把斯庞贝里和奇里科夫叫到自己的船舱，向他们大声宣读了沙皇的指示。他请两位船副就接下来应该怎么做提出自己的意见，并写成文字。在这个方面，事情已经很清楚了：白令急着要在冬天来临之前掉头返回母港。但两位船副却不同意。斯庞贝里附在航海日志里的备忘录表现出了他的谨慎态度。他与白令观点不同，认为"圣加百列号"还没有走到足够北的地方，因此无法确定那里是否存在着土地。最理想的情况是，必须一直航行，直到遇到类似浮冰的东西。不过，最好的折中办法是继续航行到8月16日，如果仍然没有发现陆地，再决定是否应返回勘察加母港。奇里科夫则大胆得多，他认为亚洲和美洲分离的论断不够严谨，而这种严谨性是必须的。他写道："由于我们不知道已知国家的欧洲人沿着亚洲的海岸航行到什么纬度，"显然，他并不知道杰日尼奥夫的壮举，"我们只有航行到［科利马河］河口，才能确定亚洲和美洲是否分离。"有道理。而且，奇里科夫向白令提议，"遵照贤明的先皇陛下给阁下的命令"，继续他的探索，尽可能忠实地沿着海岸线走，无论如何要走到8月25日，以便验证"它没有进一步向北转"。如果有必要，还应该在附近找一个地方过冬，比如

"在楚科奇海岬的对面，有消息说那里的土地覆盖着森林"。[29]

"圣加百列号"此时驶入了北冰洋。现在是否应该向西走，沿着海岸线来证明北面亚欧通道的存在？或者往东走，试试能否看得到美洲？抑或继续向北寻找那片出现在先皇所托地图上的"大陆地"？或者南下躲避一下过早到来的寒冬？三人之间的分歧是彻底的。而后，人们对其差异的原因进行了广泛的解读和评论。丹麦人彼得·劳里森是白令的传记作者，选择了支持他的同胞，他认为白令著名的谨慎态度是阻止他更进一步前进的首要因素。探险队队长最担心"逆风的出现可能会使队员们无法在夏季结束前返回堪察加，只能任由那些不曾臣服、人面兽心的民族摆布，并且怀疑他们是否有能力在这样的气候环境里度过一个冬天"。[30]苏联北极史专家米哈伊尔·贝洛夫则主张一个截然不同的观点，他认为船长的保守态度可能隐藏着不可告人的动机：白令宁可不在美洲登陆，哪怕他似乎已经十分接近那块大陆了，因为一旦登陆，俄国就会对这片土地提出领土诉求，而白令便有与荷兰这样一个西方强国断绝关系的风险，但他又与之有着密切联系。[31]

重新解读沙皇的指示可以让我们得到更简单，或许也更合理的解释。事实上，在彼得大帝的遗嘱中，什么是优先要完成的呢？证明俄国和美洲之间存在着一道海峡，还是确定后者的地理位置？沙皇希望两者兼得，他甚至希望自己的使者能把俄国的旗帜插得越远越好，从而在地球上的这片地区对敌对的欧洲势力加以限制。但就在他看到亚洲海岸突然弯腰向西跑的时候，"圣加百列号"的船长已经无法同时实现这些愿望了。他必须做出选择。

于是白令做出了选择。舵手奉命向北继续航行，但只再多走两天的时间。如果在这段时间内"大陆地"没有出现就调头回去。显然，不是每一个人都对这个决定感到高兴。皮奥特·恰普林是这次冒险中参与最多的青年俄国军官之一，他把船上所有对这一命令持反对意见的军官都记录了下来，并在日记中提到，"返回堪察加半岛"的决定并没有经过任何协商。[32] 历史学家库什纳列夫指出，如果白令听从了奇里科夫的建议，"西北美在1728年就能被发现"。[33]

几个小时后，他们的船通过了北纬66°。8月14日，它绕过了一个海角，这是亚洲最东端的海角，航海家们按照规定进行了记述和绘图。阴雨绵绵，水手们在船上观鲸。这片海域有很多鲸鱼，海面呈现出白色。定期探测表明，这里的水并不深，最多50米。8月15日，海岸在船的左侧消失了，"圣加百列号"现在已经行驶到了远海。白令认为，这证明他的船已经穿过了海峡，并认为他的任务已经完成了。又过了几个小时，为了以防万一，船在北纬67°游弋，转了很久的圈子，最后一次尝试发现新的陆地。但是，他们已经走得太远了，将神秘的美洲留在了身后。耶稣会神父让-巴蒂斯特·杜·哈尔德是这项伟大事迹的第一个西方记录者，他写道，在1728年8月16日，"特别是因为他已经看不见向北延伸的陆地了"[34]，白令命令舵手掉头。

"圣加百列号"用了一个多月的时间穿越北极圈，但返回起点只用了两周的时间。温和的季节和有利的风向使白令的担忧消散了。船长急着要回到他的堪察加港，于是选择了最近的路线。它匆忙的心态甚至比来时更甚，这出卖了他内心的焦灼。否则，他为什么要选择和来程一样的航线，紧贴着亚洲海岸返航呢？这种选择让他再次失去了发现的机会。"太可惜了，"俄国启蒙运动的先驱米哈伊尔·罗蒙诺索夫为此写道，"遗憾的是，在返程时他选择了同样的航线，而没有再往东走一点，否则他无疑将能抵达美洲的西北海岸。"[35]但他唯一的安慰就是按照圣历命名的迪奥米德群岛。9月2日，"圣加百列号"驶入堪察加河河口。

这次航行一无所获吗？不完全是。他们的第一次探索进行了非常精确的沿海考察。尽管探险队在地形测绘工作中做了很多妥协，但有关堪察加和楚科奇的新地图仍然质量惊人，受到了以詹姆斯·库克为首的后继探险者们的赞扬。五十年之后，英国人第三次也是最后一次在这片海域巡航，他们在被这位丹麦人留下的卓越地图资料深深震撼之余，也用他的名字"白令"命名了这条他经历了重重险阻却在几乎不知情的情况下途经的海峡。

白令直到1730年3月1日才回到圣彼得堡。睽违五年多，经历了那么多危险，他期待受到隆重的礼遇。他也坚信，自己对科学和历史做出了决定性的贡献。他远渡重洋北上，没有遇到地峡。在堪察加海岸，他们发现了来自亚洲海岸未知地区的浮木[36]，这证实了那附近存在着尚不为人所知的陆地。他的长途跋涉、这些线索以及那些从楚科奇人口中得知的讯息，都为亚洲和美洲之间存在着一条通道提供了充分的证据。他的使命完成了。

但是，他的雪橇最后抵达的首都已经不是彼得大帝时期那座渴求知识的首都了。它甚至也不是他的遗孀叶卡捷琳娜一世的了，她曾给队长写过一封遗嘱信。叶卡捷琳娜一世已经不在了，她的继承人彼得二世也刚刚去世。彼得二世在位三年后被天花夺去了生命，年仅十五岁。当白令进入海军部大厅时，新任女皇安娜·伊凡诺芙娜才登基三天。这不仅仅是权力的交接，更是政权更迭的预兆。女君主不会说一句俄语，她正努力把自己的手下安排在关键的位置上，而他们往往是德意志人。这一切都意味着高级官员们都有其他事情要关心，而不是去了解五年之前发起的考察的结果，毕竟皇位已经易主三次了。

对白令来说，还有更糟糕的事情。一朝天子一朝臣。他们陛下的喜好和脾性已经改变了。比如，彼得大帝的海上雄心壮志，在他那个弱小的孙子身上已经不合时宜了，而根据今天的说法，海军部则是"改组"的牺牲品。对于连年提供给探险队的大量资金支持，会计师们要求提供证明文件和收益数额。白令还被批评近年来中期报告写得不够多。科学院是在探险队出发几个月后才成立的，实际上对探险计划的拟订和开展没有做出任何贡献，反倒对其取得的成果极其吹毛求疵。至于这次行动的发起者和推动者元老院和海军部，他们也表示自己很失望。当时的一份报告说：鉴于俄国在这一地区的"实际利益"，"这次考察没有做出很大的贡献"，当然，元老院的成员们希望地图上的一些"白点"总算能够消失了。

白令向海军部提交了报告。他汇报了这令人难以置信的经历和他横跨了160个经度的旅程。他的远航在科学和人类面前证明，亚洲大陆远比想象的要大得多，比之前已知的范围还要向东延伸30度。他指出那里有一条海峡，也就是说北极地区与太平洋之间存在着一条通道。他展开了他的地图：有人说他没有坚持到取得切实的证据，有人甚至说："他关于大洲交会点的报告既不可信也不可靠。"[37]白令本来希望被任命为预备上将。但他被授予了"船长指挥官"的军衔。他的挫败感不难想象。由于当局迟迟不肯公布探索成果，走漏的风声引起了当时社会舆论的注意。丹麦的《新日报》在同年宣布："白令已经证明，东北航道确实存在，因此，假如没有受到极地冰层的阻碍，人们可以通过这条航线驶往堪察加、日本、中国以及东印度群岛。"[38]而且，描绘了白令探险成果的地图也被从圣彼得堡秘密寄出，不久就在法国出版，甚至欧洲的外交使节团也在喋喋不休地讲述着这次伟大的探索。

但维图斯·白令还没有做出自己的反驳。他被海军部和元老院的怀疑所中伤，几周之后，他带着一个新的计划回来了。这是一次新的探索，而且比之前的一次更有野心。他提出要探索整个西伯利亚，查明西伯利亚的开发潜力，并明确证实通道的存在，这次他要勘察俄国北部直至他自己曾到达地点的所有海岸。当然，他也要去美洲。他确信，"新世界"距离堪察加只有150到200海里。东北方向。他大声疾呼，他已经做好带回证据的准备，只要陛下愿意让他执行这个新的任务。

安娜女皇同意给他这第二次机会。不过，这次新尝试不会只有俄国海军和帝国政府这两个"教母"。这一次，必须要有科学的参与，帝国科学院将会作为这项计划的"教父"。

在政府开始运作这个计划的同时，在堪察加，一个名叫伊万·格沃兹德夫的测绘员发起了一次较小规模的探索。他沿着白令的路线向北前进，在海峡的维度上转而东行。1732 年 8 月 21 日，他面向阿拉斯加海岸，在一个小海湾中停泊。这位地图绘制师花了几天时间沿着海岸航行，同时进行了测绘。正如土著人的传言所说，这里的岸边布满了森林。这就是"大陆地"了。伊万·格沃兹德夫是第一个从西岸登陆美洲的西方人。

历史是薄情寡义的，格沃兹德夫便是众多默默无闻的过客之一。在圣彼得堡，没人知道有一位测绘员已然实现了白令的梦想。但这也不会造成太大的影响：此时正在政府的屋檐下策划的是一个完全不同规模的计划，这是一个科学史上从未有过的项目。

第八章
北方大探索（第二次勘察加探索）

现在，俄国对西伯利亚展开了真正的征服。在大商人和丛林行者早年的创举之后，在彼得大帝的地理测绘和探索之后，激动人心的同化阶段终于开始了。*俄国将这片邻近的广袤土地据为己有，并准备对它进行"清点"。

刚刚登基的安娜·伊凡诺芙娜是俄国历史上第二位女皇，时年三十七岁的她即将成为这场新跃进的策动者。安娜早早成了库尔兰公爵的遗孀（她的丈夫在蜜月期间死于中风），她的确是一个罗曼诺夫，但她却与之前历任沙皇的出身不同。她在德意志文化中长大，对自己将要领导的帝国只有浅显的了解。安娜担心自己地位的合法性会受到远房堂妹伊丽莎白的挑战。伊丽莎白贵为彼得大帝之女，只比她小几岁。为了巩固自己的权力，安娜使用了那些制造恐怖的老办法。拘留、驱逐和酷刑再次降临在女皇陛下的臣民身上。俄国贵族中几个较大的家族为她提供了支持，而她最重要的依靠则是一群德意志人，他们是她在军队、政府和宫廷中的亲信。会说的俄语并不比女皇多的恩斯特·约翰·比伦（他的名字俄语化之后是"比隆"）是她忠实的

---

* 法语中的"征服"（conquête）一词在俄语中有不同的翻译方法。"pokorenie"这个词更多意味着"服从"或"征服"，而"osvoenie"这个词则强调的是"占有"或"同化"。

情人，他能左右女皇所有重要的决定。

在力证其皇位合法性的整个过程中，安娜都急于站在彼得大帝开辟的阵线上。如果她无法成为他亲生的继承人，那么至少要摆出他精神继承人的姿态！虽然权力的中枢仍在莫斯科和圣彼得堡之间摇摆，但她将首都的地位赐予了这座属于彼得的城市。舰队和已故沙皇的海上野心正在经历真正的复兴。即使新任沙皇没有彼得那样难以满足的好奇心，她也必须恢复和鼓励考察项目。最后，她选择和彼得大帝一样，依靠引进外国资源和人才来保证俄罗斯帝国的主导地位。

为此，她可以依靠帝国科学院，它也是由不知疲倦的彼得大帝一手铸造的。据说，大帝在1725年1月去世的当天还打算参加科学院的成立大会。和白令的第一次探索一样，科学院也是伟大的沙皇彼得留下的孤儿，这个孤儿被叶卡捷琳娜一世忠实地收养并养育，以纪念她的亡夫。彼得大帝想把它变成一所超级大学，能够把艺术、科学和技术传播到帝国的最深处。他希望得到当时最优秀的人才，并向他们许诺欧洲其他地方闻所未闻的特权和自由，他为这个机构预留了首都里最好的地段之一，最后还在它的两侧建立了全新的学院，以培养下一代的俄国人。

所有，或者几乎所有，都按照彼得的旨意来实现了。当安娜接过国家的最高领导权时，她有着大批的贤才志士，他们都供职于皇宫对面涅瓦河畔的科学院。有二十多位学术教授在那里并驱争先。他们中的大多数人都很年轻：其中某些年仅二十二岁的教职人员，却是他们这个领域里面头脑最好的人。而且他们都是外国人。沙皇的"猎头"们都去往最著名的科学人才库选拔新秀，尤其是在图宾根、巴塞尔和哈勒。年轻的科学家离开了他们的公国或国家，因为它们都太小或太平庸，无法实现他们的抱负。巴塞尔数学家欧拉和他的两位同胞丹尼尔与尼古拉·伯努利、沙夫豪森植物学家约翰·阿曼、法国天文学家约瑟夫-尼古拉·德利尔和路易·德利尔·德·拉克洛耶尔、德意志物理学家格奥尔格·克拉夫特、历史学家格哈德·弗里德里希·米勒、医生和植物学家约翰·格奥尔格·格梅林、意大利人马尔蒂尼……近代科学中的定理、猜想或定律中有很多都是以这些名字命名的。即使金钱也起了些作用，但最吸引他们的还是远大的前景、与极负盛名且受人敬仰的同事共事的机会以及这个兴起于启蒙时期的年轻国家的计划，这些都足以说服他们放弃一切前往圣彼得堡。对于俄国而言，这也无异于一场豪赌：哪个国家能把自己的未来和大部分预算托付给一个年轻的外国科学家团队？他们的到来带来的并不只是好消息，因为这些年轻的天才们总是很傲慢，又不守规矩。他们那些在圣彼得堡上层社会生活的同胞们有时也难以理解他们的古怪行径，他们狂妄自大，自负得不可救药。科学院里只讲德语和拉丁语，有时也讲法语*，这在这个年轻的俄国都市里也是一桩颇为令人恼火的事。[39]大约需要等上十五年，第一批俄国学者才能被培养出来，他们多半来自农民或官宦家庭，在与这些外国精英的交流中逐渐成熟。其中有百科全书式的人物米哈伊尔·罗蒙诺索夫，也有地理学家斯捷潘·克拉琴尼科夫。"嫁接"取得了成功。

为了制订新的探索计划，维图斯·白令向当时宫廷里相当有影响力的顾问之一伊万·基里洛夫寻求依靠，他是元老院院长，也是先皇彼得的近亲。作为众多对第一次考察持怀疑态度的人之一，基里洛夫认为那次考察不够有野心，于是他加入了这个新项目。他希望俄国好好利用这次登陆，进而在美洲立足，并把那些还没有归顺西班牙王室的印第安人变成沙皇的臣民。两人又说服科学院院士米勒向他们提供

---

* 外国学者刚来的时候通常对俄语一窍不通，他们后来所能使用的也只是不完整的俄语，他们有时会用一种奇怪的混合语写作：这是一种德俄法混合语，它给档案工作者带来了很大的麻烦。参见 Leonard Stejneger, *Georg Wilhelm Steller*, Harvard University Press, Cambridge (États-Unis, Massachusetts), 1936, p. 73。

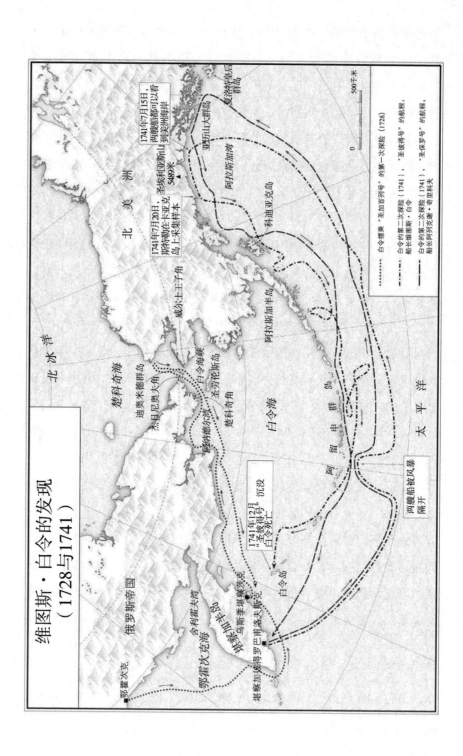

维图斯·白令的发现
（1728与1741）

北冰洋

北　美　洲

太　平　洋

俄罗斯帝国

楚科奇海

白令海峡

白令海

阿留申群岛

鄂霍次克

舍利霍夫湾

鄂霍次克海

堪察加半岛

乌斯季卡缅乔斯克

堪察加彼得罗巴甫洛夫斯克

迪奥米德群岛

杰日尼奥夫角

圣劳伦斯岛

阿瓦德尔河湾

楚科奇角

威尔士王子角

复活特里尼蒂群岛

亚历山大群岛

阿拉斯加湾

科迪亚克岛

阿拉斯加半岛

白令岛

1741年7月15日，
两艘船都可以看
到美洲海岸

1741年7月20日，
斯特勒在卡亚克
岛上采集样本

圣埃利亚斯山
5489米

1741年12月
"圣彼得号"沉没，
白令死亡

两艘船被风暴
隔开

白令搭乘"圣加百列号"的第一次探险（1728）

白令的第二次探险（1741），"圣彼得号"的航程，
船长维图斯·白令

白令的第二次探险（1741），"圣保罗号"的航程，
船长阿列克谢·奇里科夫

0 ‾‾‾‾‾‾‾‾‾ 500千米

帮助，将他们的项目翻译成德语：这是为了顺应安娜及其情人比隆的语言习惯。[40]想要扳回一局的个人征服欲（白令）、政治野心（基里洛夫）、对知识和学术荣誉的渴求（米勒）——这种奇怪的组合揭示了将对项目的性质和进程产生决定性影响的因素。

帝国的众多机构都接到了为白令的计划"添砖加瓦"的号召，这座"大厦"一旦建成，便能让女皇在整个欧洲大放异彩。这位两年前就向主管部门提交草案的丹麦人终于看到了自己的计划书被盖上沙皇的印章，而此时他几乎已经快认不出它了。元老院、海军部、科学院，还有征求过意见的各部厅，都在目标详单上加上了自己的意愿。仿佛雪崩一般，期待、愿望、梦想和幻想一齐席卷了他。白令本希望抵达美洲，并通过绘制从科雷马河到堪察加半岛的俄国海岸图确定通道的存在。而现在，人们还要求他勘察整个北冰洋沿岸（至少有1.3万公里），绘制所有亚洲北部以及与美洲毗连地区的地图，一直到加利福尼亚。同时，还要探索千岛群岛和尚塔尔群岛，然后推进到日本，与其建立贸易联系。最后，作为锦上添花的一笔，还需研究一下西伯利亚的动植物及历史，以及居住在那里的各个民族的语言和习俗。简而言之，就是要对已知世界的三分之一部分开展一个大清查。如果没有疑问就请在计划书底部签名确认吧！

白令签了字。他虽已五十多岁，但还是想在回维堡的庄园隐居之前向世人证明自己问心无愧。当然，没有人比他更清楚这个任务有多么出格。但摆在他面前的机会是史上独一无二的。俄国正在组织有史以来最大规模的科学-地理考察。一个国家为他提供了一支舰队、一所学院和一笔天文数字的预算，而他是幕后的策划者。这个任务计划用六年完成，可实际上却需要花费十多年的时间，好在大部分的目标最终都能实现。

这次探险由几个部分组成。海军部将专门负责从鄂毕河、叶尼塞河和勒拿河河口出发，沿北极海岸进行侦察，他们计划在整个航行过程中开设航海学校，建立造船厂、铸造厂和军械库。科学院则负责涵盖西伯利亚、堪察加半岛的所有地理学、地质学、植物学、动物学、人类学、语言学、民族学、天文学、考古学和历史学研究，如果可行的话，还将涉足美洲。而最后，白令，必须去完成最主要的任务：通过搭乘建造出来的新船离开堪察加半岛，驶向美洲海岸，然后沿着海岸航行，描绘出最后的轮廓，将这块大陆置于安娜一世陛下的羽翼之下。这样的任务分配仿佛是一场权力中心的角逐与博弈。一过乌拉尔山脉，白令，这个为俄罗斯服务的丹麦人，便是最高指挥官，也是整个探索事业的负责人。不过，凡是涉及科研的事情，都要征求学者的意见，凡是重大决策都要征求官员的意见，请地方政府参与。最后，他被要求在行动上始终与副手阿列克谢·奇里科夫的意见保持高度一致。这名俄国青年只是第一次探索时一个不起眼的同伴，他也飞速升职，在白令的身后时刻警惕着。另一名副官马丁·斯庞贝里也在船上，他专门负责日本方面的事务。第一次探索时的争吵显然在圣彼得堡留下了痕迹。

1732年4月17日，女皇赐予了这项宏大事业一张"任意填写的支票"。她下达给白令的指示与彼得大帝手写的那些遗嘱基本不同，主要涉及了十六个点，海军部、科学院和元老院也对此进行了详尽的说明。[41]这项工作是非同寻常的，正如任务指令一上来就说的那样，"这次探险是最遥远、最困难的，以前从来没有人去往这些未知的地方"，命令书里这样写道。[42]同时，它也是最昂贵的，根据历史学家的统计，这次探索将吞噬掉俄国财政预算的六分之一。为了面对这样的挑战，政府计划采取非常措施：除了把建造的数百艘驳船和筏子[43]用纤绳拉到几条大河上以外，海军部预计还需要安排五至七艘远洋船来完成考察的各个环节。为了开展这次探险的准备工作，他们在几乎无人居住的偏远地区建立了造船厂。鄂霍次克和堪察加是驶往太平洋的航程中的两个关键节点，白令对它们已十分熟悉，政府决定弥补在第一次考察期间发现的不足，将强制移居者迁往那里："在分配到雅库茨克的1500人中，有300人被安排加入鄂霍次克和堪察加的要塞，除非有人替代他们，否则不得更改。农民则被调去开垦土地。通古斯人和雅库特人［当地的土著］被派去饲养牲畜。此外，作为惩罚，被流放的囚犯也被遣送到那里，甚至国库的债务人［被税务机关找麻烦的人］也是。这些人将逐渐增加［鄂霍次克］港和堪察加的人口基数。"[44]在极北地区，探索数千公里的冰雪和未知的海岸线将是一场可怕的考验。官方的指令已下达给所有负责征收牙萨克的官员，向他们预告了为这次探险特别装备的独桅帆船接下来要在此经停。牙萨克的征收者们与活动在北极地区的游牧民以及丛林行者保持着联系。而在向导和地形学家的陪同下，这些征收者须"在河口准备烽火"。海军部解释说，这些"灯塔"是为了帮助探险者，"在有浮冰流动和独桅帆船靠近的几个月里，'灯塔'都应该亮着"。

　　1733年初，一切都已准备就绪。斯庞贝里最先离开了首都，前去监造船只。3月初，白令和奇里科夫也带着第一批队伍跟上了他。当时的场面十分壮观：滑车上载着上百车货物，用以运送研究预计所需的各种设备。除了锚、铁链、绳索、柏油和船帆，他们这一次还带上了全部的科学仪器，包括星盘、试管和望远镜，有的望远镜甚至有五米多长；事实证明，大多数设备都太脆弱了，它们无法在车辙遍布的俄国车道上幸存。每位院士最多可携带十车个人物品。学者们带着数百册书籍，其中有最新的植物学著作、拉丁文经典，又或是笛福的《鲁滨孙漂流记》。他们还携带了成堆的纸——这是在西伯利亚无法得到的宝贝——以便能够撰写研究报告，一桶桶的颜料则是为了让画手和绘图师们能够描绘无疑正在世界的尽头等着他们的神秘植物、动物和服饰。院士们同样没有忘记他们的私人酒藏：朗姆酒、来自法国和莱茵兰的上品酒，还有干邑酒和利口酒都被小心翼翼地装在货厢里；一些人认为必不可少的瓷质餐具也被带上了。而上述种种物品里，还没有算上这支开拓者大军在气候极其恶劣的地区生存数年所必需的装备。

这莫不是一支军队？这就是这支从圣彼得堡开赴乌拉尔山脉方向的队伍给人的印象。此次探险一共雇用了5000人，其中包括600名女皇陛下的军官、水手和士兵。[46]但实际上各种职业的人——从海军木匠到贴身男仆，从铁匠到风景画家，从马贩子到书记员——都出现在了队伍之中。白令将这次考察所肩负的庞大任务分配给七个"分队"，每个分队负责一个地理区域：一分队负责勘察从阿尔汉格尔斯克到鄂毕河的北冰洋海岸，二分队负责鄂毕河到叶尼塞河的海岸，三分队需要尝试探索叶尼塞河以东的泰梅尔半岛，四分队则从勒拿河河口出发，直至与三分队会合。五分队需要兜过大陆的尽头，从勒拿河走到堪察加半岛，六分队则专门负责美洲，七分队负责日本及其附近的群岛。[47]指挥官白令还需要在全俄国建立一个目前尚不存在的邮驿服务：这次行动意义重大，代价高昂，圣彼得堡需要时刻了解最新动态。毫无疑问，所有历史学家都一致认为：这是有史以来最庞大的科考活动。当代德国历史学家汉诺·贝克是研究旅行和地理发现的专家，他指出："没有其他人曾面临过类似的后勤问题。即使是后来的极地旅行，所遇到的困难也没有达到这样的规模。"[48]在皇宫里，即将启程的院士们受到了安娜女皇的隆重接待。接见期间，每一位学者都有幸亲吻了她的手[49]，她向他们表达了最真切的祝愿，希望他们能够成功；在接下来的日子里，又轮到皇室的其他成员向勇敢的先驱者们致敬。这些科学家远离那个时代的舒适环境，将生命中很大一部分时间用于突破未知的领域和学科。风险巨大，没有人知道外出活动的科学院会遭遇什么。

作为科考团的负责人，三位外国人分别以自己的方式体现了科学院最好与最坏的一面。格哈德·弗里德里希·米勒，二十九岁，德意志人，出身于当时由萨克森大学、莱比锡大学、哈雷大学、维滕贝格大学和耶拿大学组成的惊人学术联合体。他负责人文科学领域的研究：历史学、地理学、语言学和民族志学，这最后一门科学是他在实际考察中才构建出来的。根据同时代的人对他的评价，他坚韧、能吃苦，并且"是个美男子"[50]，虽然他没有留下任何肖像能让我们确认这一点。米勒还表现出了惊人的学识和工作能力，他不断将需要大量知识储备的事实进行对比、联系或比较，并且对最细微的细节也有可靠的记忆力，随着考察的推进，他在历史和他研究的各门语言上都有出色表现。这次探险旅行让他得以走遍西伯利亚，他甚至跋涉了大约4万公里，只为带回一件西伯利亚的不朽艺术品。尽管他的异国血统让他经历了几次沉浮，但米勒终将成为收养了自己的俄罗斯帝国最忠实的仆人之一，并将进入俄罗斯历史学的奠基人之列。

他的同胞，二十三岁的约翰·乔治·格梅林之于自然科学，就像米勒之于人文科学。他毕业于图宾根大学，它就仿佛一所18世纪的哈佛大学。他在十三岁进入这所著名学府，十六岁通过第一篇生理学博士论文的答辩，十八岁成为医学博士，二十二岁成为圣彼得堡科学院的院士。他对化学、物理、植物学、动物学、地质学和医学了如指掌。他在回国后写下的巨著《西伯利亚植物志》至今仍是植物学的经典之作。伟大的瑞典生物学家林奈在谈及他时评价道："格梅林一人在西伯利亚发现的植物比其他所有的研究者加起来还要多。"[51]

最后一位是路易·德利尔·德·拉克洛耶尔，他是三兄弟中年纪最大的一位，也是学识最少的一位。他的姓氏"德利尔"在天文学领域很有名气，这是因为他的弟弟约瑟夫-尼古拉·德利尔曾在此领域取得过重大发现。得益于弟弟的名声，以及他在君主的近臣中所拥有的人脉网络，路易·德利尔成功地跻身这个学术小分队。然而，别人热切的推荐并不能让他成为一个好的研究者。他的同事们对他的评价不高，并且怀疑他的能力："他有世界上最善良的心肠，有为科学做出伟大、重要贡献的强烈愿望，"格梅林以一种假惺惺的口吻指出，"我希望他能够取得足以让他在科学界获得声誉的成功，但我对此十分怀疑。［……］"他的口吻近乎怜悯，因为作为天文学家的路易·德利尔一事无成。他的测量设备在旅途中坏了，他自己又没有能力去修理，最后只能让他的助手们——一群年轻有为的俄国青年科学家——去完成大部分还能进行的实验。在日常生活中，路易·德利尔是一个和蔼可亲的人，但他总是非常在意自己的外表、地位和生活方式，这让他很快就遭到一些旅伴的讽刺，有时甚至是鄙视。他在海上病倒了，但每次上甲板时都不忘抹粉戴假发，并且还一句俄语都不会说，我们可以想象太平洋上的水手对此会说些什么。作为科考团团长，白令对他也没有什么好看法。但帝国的指示是明确的，白令不会为了世界上的任何事情去背离这些指示：美洲探险计划的专家名单上有这位法国人的名字，因此他将是三位院士中唯一一个前去美洲的人。

院士们的辎重队伍在外省同样声势浩大。每到一处，学者们都要求在城市里得到最好的住宿条件，白令很难满足他们的要求。西伯利亚不是圣彼得堡，女皇的手笔也不足以让微薄的物资迅速增长。在西伯利亚的各个木质要塞里，督军和总督们或是焦虑或是愤怒地看到，他们的大部分精力和预算都随着探险队的经过而化为乌有。他们被要求付出的巨大努力，实际上已经榨干了俄国在大河网络上建立的第一批定居点。就像第一次探险时一样，白令不得不经常在俄国人的小型定居点住上几个月，以等待冰层破裂打开河道，食物和装备收集完毕，或者招募来足够的人员以完成既定任务。在此期间，学者们会认真收集一切见闻，并亲自详细勘察地形，从而探索这一地区。没有什么能阻挡这些渴求发现的年轻科学家。一切都能激发他们的兴趣，一切都能调动他们的积极性。当米勒听说中华帝国边境外的土丘下埋藏有奇怪的墓葬时，他毫不犹豫地隐姓埋名潜入中国，打算一探究竟。他时而在阿尔泰地区的高原上，时而在贝加尔地区的洞穴里，又时而在北极地区，他将为之后几个世纪的考古学和古生物学研究奠定基础。因此，他们的推进速度很慢。直到1736年，也就是离开首都的三年多后，白令和院士们才在勒拿河畔的雅库茨克设立了总部。这是俄国最艰苦的地方之一，因为这里的气温常常在零下四十摄氏度之下，而且极夜会长达数月。他们之所以选择了这座东西伯利亚的首府，是为了让探险队能够向四处展开。向北，是勒拿河河口和北冰洋沿岸，这是拉普捷夫中尉和拉森纽斯中尉率领的第四和第五分队的探索任务。向东，是鄂霍次克和更远处的堪察加，那是负责前往日本和美洲的第六分队（白令/奇里科夫）和第七分队（斯庞贝里）的任务。雅库茨克依旧只有几百间木屋、一座要塞和几座教堂，学者们想要开展工作并不容易。黑暗很快就降临了："9月28日前后，天在九点多才微亮，"格梅林记录道，"只要下雪，我们就不能没有灯火，下午两点半左右，如果天色纯净，就又能看到星星。大多数居民刚吃过晚饭就又回到床上，如果天气阴沉，他们可能就一睡不醒。睡得过多在这里是很危险的，所以我们决议只将夜里的一部分时间用来休息，另一部分则用于研究。"[52]云母做成的窗户透光很差，房间里不断有顽固的烟尘，散落在动物画家约翰·本克汉和博物学家约翰·吕森尼乌斯的手稿与精彩版画上。两位艺术家都被迫修改了"色彩构成原则，以应对无法避免的黑暗"。[53]一些探险队员只能栖身于没有炉子的木屋，并且只能用透明的冰块放在窗洞上代替玻璃。

还有比寒冷更糟糕的事情。探险刚进入第四个冬天的时候，格梅林的家中发生了火灾。对于这些整天点着蜡烛，炉子也烧得发白的木头房子来说，这是十分常见的事。"那是11月8日，我正在米勒先生家中，我们听到有人在喊着火了，不久就有人告诉我说，我的房子烧着了，"格梅林在他的《旅行》中写道，"我们赶紧跑回去，但是已经无济于事了，房子里一片火光，根本无法靠近。我看到这一幕，就像被雷击中了一样，我失去了我的观察报告、我的植物、我的画，还有一切能够弥补这些损失的工具，以及我的藏书、我的仪器；我的银币和衣服只剩下随身的那些。我们无法扑灭大火，整个屋子从房顶到地基都被烧毁了。我们直到第三天才得以进行发掘，我们发现我的银币以及米勒先生交给我保管的那些有一半以上都熔成了锭子。"[54]格梅林以科学家的方式进行了客观的叙述，但他的同事们却记下了他万念俱灰的样子。他的藏书，尤其是法国植物学家皮顿·德·图内福尔所著的《植物元素》一书遭到了损毁，这令他悲痛欲绝。*一起被损毁的，还有他四年殚精竭虑的研究、从未停歇的发现以及对已知动植物世界的扩展，四年的光阴就这样消失在了灰烬之中。

这场意外仿佛是探险队一直以来厄运的又一次印证。因为，在这个1736年的年底，其他向北冰洋进发的分队也给白令带来了令人绝望的消息。第一分队从阿尔汉格尔斯克出发，他们带着迄今为止最轻松的任务，但他们几经尝试，却甚至无法绕过亚马尔半岛到达鄂毕河河口。每一次，厚到无法通过的冰层都迫使水手们回头。他们所走的线路是少数因为几世纪前航海家们的努力而得以探明的线路，现在看来，他们最初的失败，也解释了探险队其他成员在更加艰险的条件与纬度上的失败。当时没有人能意识到这一点：那个时代是所谓的"小冰期"，这对首次在北冰洋海域航行的人而言尤其可怕。

然而，白令的几位副官却不惜辛苦，也不惜手下人马，甚至不吝惜自己的健康。在极其恶劣的条件下，二分队的负责人德米特里·奥夫茨涅从鄂毕河出发，试图走海路到达叶尼塞河。奥夫茨涅是奇里科夫的同学，二人都在彼得大帝建立的海军学校里读二年级。这位年轻的军官连续在1734年、1735年和1736年的夏天发起尝试，然而每次8

---

* 但幸运的是，在雅库茨克以北，北极圈上一个用于流放罪犯的偏僻村庄里，存在着另一本《植物元素》。意大利人桑蒂伯爵是宫廷的常客，却因为参与王位争夺的阴谋而遭到流放。他把自己珍贵的藏书借给了格梅林，直到帝国政府为格梅林弄来了一本新的。参见 Stejneger, *op. cit.*, p. 113。

月伊始，他的船都会被冰山的冰壁挡住去路。直到1737年，他不得不在路途上过冬后，才终于抵达了自己的目的地。但德米特里·奥夫茨涅在抵达后的一个月，就被沙皇的警察逮捕，并遭受了酷刑。某个冬天，他在一个偏远的地区痛打了一个教士，因为后者对一个流放王公的女儿动手动脚。教士想要报仇，他举报称这名航海家与遭到流放的大户人家交往密切，他们相互勾结，密谋颠覆女皇。奥夫茨涅是第一个完成自己任务的分队负责人。但宫廷却想知道他效忠于谁：在到达叶尼塞斯克要塞后不久，他就被扔进地牢，几经毒打，接着被施以吊刑——这种刑罚是要将受刑人从空地的高处推下，而他手腕上拴着的一根长度正好的绳子应在他即将触地时将他及时吊起。奥夫茨涅坚决否认一切罪行与不法行为，他经受住了考验，最终只遭降职，并在白令与其副官奇里科夫的要求下，被派去与正在筹备美洲之行的探险队队员们会合。

　　白令从雅库茨克派去的两名军官则有着更为悲惨的命运，他们奉命探索北冰洋沿岸最神秘的地区。瓦西里·普龙奇谢夫由勒拿河驶入大海，他率领"雅库茨克号"向西航行，希望能够绕过泰梅尔半岛。在东边，白令将众人认为最为冒险的任务托付给了瑞典人彼得·拉森纽斯：他需要绕过亚洲的尽头，进入太平洋。白令最终没有选择拉普捷夫堂兄弟中的一人，而是选择了这名年轻的瑞典人，当瑞典人离开雅库茨克时，满脑子都还是科学院的教授们对这次探险前景的黑暗预测。尤其是德·拉克洛耶尔——他向他不停地起誓，说他被安排的任务是绝不可能完成的，没有人能够通过冰层。拉森纽斯谨慎地希望能率"伊尔库茨克号"用两年的时间完成旅行，他从启程时就开始定量配给船上的食物。三个月后，他成了船上第一个死于坏血病的船员。在他之后，则是大批的病亡者：他的39名手下紧接着他死去。当白令派出救援时，"伊尔库茨克号"上只剩下了8名幸存者。

　　至于与其同事拉森纽斯同一天出发的普龙奇谢夫，尽管有着种种不利，他还是按计划向西航行。海面浮冰密布，"雅库茨克号"试图沿着浮冰穿过未结冰的黑水裂缝，船体每时每刻都有可能被周围几米高的冰团困住、压垮。在这里，探险依旧是一种折磨。普龙奇谢夫获得了破例许可，将他年轻的妻子塔季扬娜带上了船，但她不久后就被迫肩负起护士的重任。她的丈夫几乎无法直立，他的关节让他痛不欲生，大多数船员也有同样的症状。但普龙奇谢夫不想放弃，他北上到了北纬77°29′，这是水手所曾达到的最高纬度。他距离标志着亚洲最北端的海岬已经不远了，他多么想到达那里，但在大雾和浮冰之间，他也不得不回头。他没有走远。1736年8月29日，在返回上个冬天使用过的据点途中，瓦西里·普龙奇谢夫死在了奥列尼奥克河河畔。9月6日，他在这片荒无人烟的苔原边缘以军人之礼下葬。五天之后，他的妻子塔季扬娜也被埋葬在了他身边。这对北冰洋传奇夫妇的坟墓，要到1875年才会重新被人发现。大约有30名船员再也没能回到雅库茨克。最终，是分队的第二指挥官谢苗·切柳斯金在第二年才得以将为数不多的幸存者带回了白令的总部。[55]坏血病，这个水手以及所有极北地区开拓者的"老熟人"，不请自来地出现在探险队里。这种由缺乏维生素C引起的疾病会在暴露于严寒中的生物体内隐蔽地发展：它最初的表现是疲劳、水肿，然后是牙龈出血。患者口腔松弛，牙齿松动，同时多处出血。在这一阶段，其他病症会伴随坏血病出现，而坏血病又会加剧它们的影响。它首先会让患者渐渐失去活力，然后再导致其死亡。人们观察到某些食物、水果或蔬菜可以抑制这种灾祸的发生，但由于缺乏准确的知识与贮存的手段，水手们仍然任其摆布。比起寒冷，或许坏血病才是探险队最主要的敌人，它会一直保持这一地位直至探险终结。

在探险队接连遭受打击的阴霾中，也有一丝微弱的光亮：由于同事们都断然声称绝无可能通过海路绕过亚洲，格哈德·弗里德里希·米勒被吊足了胃口，他一头扎进雅库茨克督军府的档案库里，寻找或许存在的近海水手见闻。1736年夏天，他看到了近一个世纪以前由谢苗·杰日尼奥夫口述的报告。如果这些手稿是真实的，那么它就是一则双重证据：它既证明了亚洲与美洲之间通道的存在，也证明了绕行东北亚是确实可能的！米勒立即明白了这一发现的重大意义，表示自己对此"深受感动"[56]，并急忙通知了指挥官。白令的反应我们不得而知，但他大概不甚热情。诚然，从杰日尼奥夫传承而来的报告证实了他的看法，这能够让他在海军部的反对者就此闭嘴。但探险队被明确禁止公开这种类型的发现，因为其战略意义是不可估量的。事实证明他是正确的，但欧洲将会继续无视这一发现。而且，他自以为是第一个穿越亚洲与美洲之间海峡的人，突然之间，他连这最后的荣耀头衔都遭到了剥夺，如此说来，档案库里的这一发现当真能让他感到安慰吗？

因此，呈现在指挥官面前的，是一片黑暗的画面。1737年春，探险队伍离开圣彼得堡已有四年，他们却依然停滞在雅库茨克。预算已大大超支，他们花了30多万卢布，计划的主要目标却一个也没有实现。他们没有探明任何地方，无论是美洲、日本，还是两大洲之间的海峡、俄国最北端的海岬。而特别挑选出的探险者中，已有三分之一白白丢失了性命。在探险队内部，怀疑的情绪也逐渐站稳了脚跟，人们想要返回俄罗斯，纪律开始松弛，小规模倒卖伏特加、烟草和毛皮的行为正在蔓延。各地督军与地方官员对他们的阻挠日渐频繁。在圣彼得堡，对所遇到的困难只有一知半解的海军部与元老院正在失去耐心，探险正日渐向着财务灾难的性质发展，他们正在为此寻找责任人。元老院作为女皇的代理内阁，已经向海军部建议放弃项目，将探险队召回。[57]

中央掌握的信息既不全面也不完整，信件需要几个月的时间才能抵达首都，中央行政部门的每个人都小心地与探险队保持着距离。在探险可能失利，甚至失利几成定局的现在，每个人都在尽力避免被问责。一切都给宫廷已习以为常的阴谋活动提供了便利。海军部、元老院、科学院甚至皇帝办公室里，都堆满了从各个中转城市，特别是从雅库茨克以及探险队太平洋上的母港鄂霍次克寄来的检举信。历史学家在那一时期的档案库中找到了成堆的此类文件。这种做法在帝国行政机构中一直十分常见，由于路途遥远，交通耗资巨大，而且偏远的哨所里也缺乏真正的反对势力，检举信在这个18世纪的中叶变得非常流行。通过诽谤或请愿，任何人都可以向中央行政部门，尤其是向西伯利亚管理局告发他们所目睹的违法乱纪行为。白令也未能从中幸免，关于他的控告信如雪花一般落在圣彼得堡。某个名叫瓦西里·卡赞采夫的上尉因"不当言论"被发配到西伯利亚，作为对他的惩罚，他又被派遣至探险队中。他用针对白令的指控信轰炸了元老院。在五十封陈情书中，他明确表示，项目执行得非常差，这是持续性的浪费，让国家付出了高昂的代价："如果这种领导层失去理智、管理不善、浪费频发的情况再持续几年，"他像极了在对自己的国家一表忠心，"国家的损失将是巨大的。"[58] 在他之后，探险队的另一名军官米哈伊尔·普劳廷中尉又向海军部提交了两封检举信。信里杂乱无章地写道，白令将变质的面粉分发给仆人，将最好的留给自己；白令收受了别人赠给他的貂皮；白令埋头制酒；最重要的是，白令只在意自己的利益以及陪伴着他的妻儿的舒适。总之，普劳廷揭露道，一切都表明指挥官并不急于离开雅库茨克，去完成下达给他的命令。白令的下属指控他用探险的资金修造了一艘驳船和一辆马车，用于他夏日和冬季的休闲活动："他让人造了一架大雪橇，上面可以坐进三十个人、四名号手，还能再摆上一张铺满糖果的桌子，他喜欢带着妻子、孩子和当地人一起乘它去兜风。"[59] 白令则回答说这都是无足挂齿的小事，他发誓自己宁愿去未知的海域里进行三次探险，也不愿在雅库茨克这样死气沉沉的地方再多待一年。然而，这一事件突然变得更加棘手，因为普劳廷还提到了该地区的一项顽疾：毛皮和烟草的非法贩卖，而探险队的"第一夫人"安娜·白令更是积极参与了这项事业。指控者建议道，只要在她离开雅库茨克时搜查她的装备，就能发现罪行的证据。

鄂霍次克港本该为探险队在本地的停留做好准备，并建造将白令及其副官们送往美洲和日本的船只，但该城的行政长官，因为参与阴谋而被流放世界尽头的斯科尔尼亚科夫·皮萨廖夫却大发雷霆，暴跳如雷：五年内，他亲笔签署的针对白令和斯庞贝里的检举报告就不下25份！滥用职权、尸位素餐、非法贩卖毛皮和烟草（斯庞贝里尤甚）、有计划地帮助土著人反抗俄国政府的政策……外国船长白令难辞其咎，这些如潮水般汹涌的控诉也反映了探险队的日常生活。因此，这位鄂霍次克港的负责人被白令对一个年轻水手和他的情妇表现出的宽容（甚至是支持！）态度激怒了。这对情人谎称二人已经结婚，在木屋里过着夫妻般的生活。二人遭判刑。"玛丽［情妇］与其说是被处以了鞭刑，不如说是遭到了无情鞭打，"报告中记录道，"然后，我们将她软禁在自己的住所，但她甚至没有在那里过上一晚，当我们回来惩罚她时，她尖叫着逃走，在白令的寓所里寻求庇护。"[60]无法容忍！行政长官抗议道："在此地，我们已经无法惩罚任何人，白令一直在包庇和保护有罪的人。"[61]

圣彼得堡在接到这些控诉后该如何处理？中央政府的处境十分尴尬。它一会儿要求提供书面证据，一会儿又要求提起控告的人前来圣彼得堡配合调查，有时它甚至会委托奇里科夫调查自己直接的上级。即使这一番折腾最终没有找到决定性的证据，这样乌烟瘴气的氛围还是证实了人们对于探险发起人那易于理解的怀疑：探险队管理不善，迟迟不能完成任务，并且花费过高；除了白令，还有谁更应该对所有这些不满负责？因此，在这种情况下，政府就做了所有政府在类似情况下都会做的事。它将检举人遣返了回去，一个送去隐修院修道，另一个送去探险队做水手。然后，既然需要有所行动，也是为了做出样子，政府决定对探险队的领队加以惩戒，威胁要将他贬职，甚至要送他上军事法庭，他的妻儿被要求离开，他也终于被剥夺了探险队所有成员都能享受的双倍工资。

白令为这样的不理解感到恶心。他心生退意，甚至请求去俄国欧洲部分投靠亲友。该如何去形容他肩上的重担？该如何让海军部心急的官员去理解他的手下在最极端条件下所面临的考验？是否应该去讲述那数日、数周的焦躁不安——被困浮冰中的船员们，用镐头在厚达两米的冰层上一锥一锥地凿开一条通道，只为能将船拖着再往前走上一点，就像普龙奇谢夫在死前所做的那样？是否应该去讲述那些在无尽长夜里与暴风雪席卷的海岸上挨过的寒冬数月？是否应该去揭露中转城市的官员与他们无穷无尽的纠纷，去详述他们的百般刁难？报告书和检举信，他也可以写出不少。鄂霍次克的行政长官是在指控他吗？但不正是他应该负责整治场地，接待队伍，在海中建堤并开始建造必要的舰船吗？而他做了什么？"当我们抵达现场时，"白令描述道，"这里荒芜依旧，空无一物。没有人修建过任何东西。我们没有地方可住。这里没有树木或植被，甚至附近也没有。有的只是碎石。水手们为军官建造了营房，也为自己建造了木屋或木棚。他们运来黏土，烧出砖头；他们到六七公里外砍来了取暖必需的柴火。他们去距离营地两三公里外的河里打来了淡水。他们还烘干了饼干。[……]他们为铁匠烧炭，在这之后，他们又被专门派往堪察加，去为远洋船准备场地。"[62]

一切都被遥远的路途拖慢了。检举信和报告书抵达首都、其内容得到核查、处置结果送回雅库茨克，这些都要花上几个月的时间。或许这样也好。当海军部还在收集陈情书，看着探险队的厄运接踵而至时，白令已经做出了反应，尽力与命运抗争。

他和他的副手们从雅库茨克搬到了太平洋沿岸的鄂霍次克。但在离开之前，他重新启动了最初计划在北冰洋沿岸开展的所有行动。不断的失败，命运的打击，甚至第一波探险者所蒙受的惨痛牺牲，都没有影响他的信念。他往拉森纽斯、普龙奇谢夫和两人手下大部分船员丢失性命的地方派去了新的副官，他们都是初次探险中的幸存者，也都是下级军官出身：原"雅库茨克号"舵手谢苗·切柳斯金以及德米特里·拉普捷夫、哈里顿·拉普捷夫堂兄弟接过了他们的火炬。他们坚持不懈，再度朝这些方向进发，尽管至今为止他们已经遭遇了太多致命陷阱。德米特里从勒拿河河口出发，向东往亚洲的尽头前进。哈里顿和切柳斯金则向西前进，试图到达叶尼塞河河口。他们从之前的悲剧中吸取了一些教训，防治坏血病已经成了他们的重中之重。切柳斯金还向当地土著学习，装备了雪橇犬和滑雪板，多亏了它们，他能够在苔原的雪地上连续前进几个月。目前还没有人能够猜到，但这些水手的名字将随着他们在世界地图上的位置而流传千古。切柳斯金确实是到达他所谓"东北海岬"，也就是欧亚大陆最北端的第一人。至于拉普捷夫兄弟俩，即使他们最终只能弃船，靠乘雪橇进入苔原而抵达目的地，他们也可以欣慰地看到，他们承受着巨大的痛苦而绘制出地图的那片海域，现在也有了拉普捷夫海的名字。

至于堪察加，这个跃进美洲前的最后一站，白令同样没有忘记。他派出一支特遣队作为前锋，去为半岛上的新母港奠基。在此地，十年前第一次探险中所遭受的苦难和犯下的错误都不会白费。他决定一开始就在鄂霍次克建造两艘可以绕行勘察加的远洋船，从而避免让探险队走陆路穿越半岛——上次的经历仍是指挥官心中的创伤。然后，为了缩短航行的距离，一个新的地点又被选作探险队在堪察加半岛的锚地：阿瓦恰湾是一个绝佳的天然港口，它的直径达二十公里，水深恒定在二十二米，非常适合白令的快帆船。[63]海湾位于半岛的东南沿海，它的入口狭窄，便于捍卫，不易受到大洋流和海啸的影响。白令下令在此地建造了一些营房、仓库、一座海堤以及一座供奉使徒彼得和保罗的教堂，未来堪察加省*的首府彼得罗巴甫洛夫斯克就得名于此。为了对这遥远的地区进行系统的探索，白令恳请科学院支队委派几位代表与他同行。显然，前往恶名已扎根在众人记忆里的俄罗斯远东，再去同勘察加人和科里亚克人近距离接触，这样的计划勾不起人们的丝毫热情。穆勒每天工作长达十八个小时，一心扑在手稿上，他已经被自己的任务压得喘不过气来。格梅林作为植物学家，更愿意往西伯利亚南部更加温和的地方去，但他也要渐渐踏上返程。这些探索者们在远离欧洲同行的地方工作已经有四五年。再者说，穿越鄂霍次克海的旅程也让他提不起兴趣。因此，最终踏上旅途的，是被女皇钦点赴美、无法推脱的德·拉克洛耶尔以及两位青年才俊——俄国人斯捷潘·克拉琴尼科夫和一名新人，德意志人格奥尔格·威廉·斯特勒。克拉琴尼科夫率先登船，他未来会证明自己是一位杰出的科学家，他的著作至今仍是堪察加探索的经典之作。他对渡海航行的记述完美表现了旅途的危机四伏："我们于1737年10月4日乘'幸运女神号,'†邮轮（paquebot）‡离开了鄂霍次克，"他在著作《勘察加历史》中记录道，"船在晚上进了太多水，舱底的水都没过了膝盖。船载重过多，水位甚至超过了舷窗。我们为了自救，只能减轻重量。我们将甲板上所有的东西都扔进了海里，但这还不够，我们又扔了大约400普特［约6.5吨］的货物［……］每个人轮流在冰雪中用泵抽水，就这样撑到了10月14日。我们到达了河口，但水流太急，我们无法前进。大多数人主张要将船搁浅。当晚，我们拆除了桅杆和大量木板，剩下的部分都被浪卷走了。我们随即明白了我们之前所经历的危险，因为船体的所有木板都已发黑腐烂。"[64]

---

* 它今天仍是堪察加州的首府，也是俄罗斯战略部队太平洋舰队与潜艇的母港。

† 该船是十年前白令第一次探险时建造的，此后经过修补。

‡ "Paquebot"这个词是18世纪对英语单词"packet boat"（邮轮）的法语翻译，用于指代远洋舰船。

维图斯·白令出海与自己的船员们会合,再次启程前往美洲。期间,他给自己在圣彼得堡的委托人们去了一封长信。这段文字是他为部下和自己做出的动情辩护。他在信中讲述了障碍,讲述了挫折,讲述了已经取得的超人成就,讲述了数百艘船艇的建成,讲述了这支强大的探索者军团对整个亚洲北部的横越。这样的证词出自一个显然为非难所伤的人,出自一名疲惫的指挥官——他失去了所有幻想,或许也习惯了对任务之艰巨一无所知的上级——但同样出自一个决心将最后的力气都投入使命中去的人。这封寄往圣彼得堡的特别邮件有着以下结尾:"我向诸位报告了我为这项事业的进展所做的努力,我已向诸位表明,在更短时间内实现这次探险的主要目标是不可能的。我麾下的军官皆可证明。致以我的敬意。维图斯·白令。"[65]

第九章
美洲十小时

　　1741年刚一开始，白令就知道：出发的时刻终于到了。在刚刚建成的小港彼得罗巴甫洛夫斯克，准备工作正在有条不紊地进行。在鄂霍次克建造的两艘舰船经受住了第一次跨海航行的考验，抵达了堪察加半岛，正停泊在黑色火山环绕、形状非常规整的美丽天然海湾中。就如同教堂与新城一样，这两艘船也以探险的两位主保使徒命名：它们分别是白令亲自指挥的"圣彼得号"，还有在相同航线上由奇里科夫指挥的"圣保罗号"。这两艘船是一对双胞胎，构造完全相同：它们长27米，宽7米，吃水3米，是活跃于波罗的海的双桅横帆船的复制品。指挥官在自己的木屋中思考着人员的配置。天文学家德·拉克洛耶尔是让他操心的人之一。这名法国人受到了高度保护，因此不能将他丢在岸上，但白令依旧多次注意到这位"可敬的院士"身上存在着明显的不足。这种不足若是仅在天文学方面就好了！但指挥官为了完成探险工作中至关重要甚至生死攸关的部分，首先需要的是一个地理学家。海军部在最近的来信中，坚持要求对可能存在的银矿、金矿甚至铁矿进行勘探，这些都是俄国极其匮乏的资源。当然，对于新大陆的详细描述也不能落下，因为还没有人勘测过那里。然而就这个角度而言，德·拉克洛耶尔能给探险队带来的与其说是贡献，倒不如说是麻烦。他坚信自己留在法国的弟弟与堂兄德利尔纸上谈兵的假说，决心通过发现达·伽马之地——也就是所谓的伽马兰——来获得荣耀，他的兄弟们认为它位于茫茫太平洋上，在堪察加半岛的东南方。对于这位装腔作势的学者来说，美洲是第二位的，而这并不符合白令的想法：他专注于自己的首要目标，而且他知道在探索的关键时刻，任何学术领域的纰漏或失格，最终都会归咎到他的身上。

另外，这位丹麦船长开始感受到多年的磨难和焦躁在他身上的影响。他的同伴们突然发现他神色黯淡且低落，面色发黄，两颊下垂。穿越西伯利亚时与圣彼得堡据理力争、与地方当局切磋磨合时的灼灼目光已从他双眼中消失，他的头发突然白了，他也开始抱怨起腿疼。[66]是疲惫吗？还是新疾病的兆头？又或许是白令在经历了重重挫折之后，突然得了轻度抑郁症？他已经快六十岁了，他的家人在千里之外，他肩上的担子也日渐沉重。也正是因为如此，他希望可以有一个能起到私人医生作用的科学家陪伴在他身边。对此，他心中有一个人选。

一年前，当他的总部还在鄂霍次克的时候，有人向他介绍了科学院分队的一名新人，他是一个三十岁的德意志年轻人，是作为学术增援被派遣来的。格奥尔格·威廉·斯特勒是被圣彼得堡新兴科学院的冒险活动及其科学征程的远大前景所吸引来的青年才俊之一。他对科学有无限热情，能为科学做一切事情；他所做的第一件事，就是用"斯特勒"（Steller）这个姓氏代替了他的本名"施托勒"（Stöller），因为后者对说俄语的人而言太难发音。我们很难想象有两个比白令和斯特勒差别更大的人能够相遇，而他们是在太平洋的岸边第一次互致问候的。指挥官当时五十九岁，他平静，淡然，冷漠；身经百战，却被身上的重担压得喘不过气来；他仔细权衡每一项决定；他如此焦虑与担心，以至于仿佛失去了一切幻想。而他所面对的，是一个二十九岁的探索狂人，他好动，热烈，急躁，热情，并决心冲破阻挡他感受新世界的任何障碍。二人马上就意识到他们性格的剧烈反差，这样的反差在以后的冒险中也始终存在。"我和船长没有任何共同之处，"斯特勒后来评价他的上级说，"除了挤在同一条船上航行之外，没有任何东西把我们联结在一起。"[67]我们了解白令的担忧以及他那标志性的谨慎，所以能够想象他自然有各种理由拒绝接收这位来到他身边的好奇探险家。但事实却恰恰相反。两人之间对上了信号。即使白令想必（他的天性就是如此）一上来就试图冷却斯特勒的雄心，并只暂时同意他旅行至勘察加，且前提是（这是理所当然的）他能获得圣彼得堡的必要许可，但白令仍然注意到了这个年轻人的种种优点："我在这一天，在这个地方，接待了圣彼得堡派来的自然史助手斯特勒。"白令在他的鄂霍次克日志中写道。斯特勒对他在寻找和鉴定金属和矿物方面的技巧和能力做了书面汇报，这使得指挥官决定在旅行中带上他与探险队的军官们一起；更何况，斯特勒还指出，他在旅行中不仅能够寻找和识别矿藏，还能够进行包括博物学、民族史、土壤构成等多方面的观察与研究。[68]

当然，几个月后，当白令在航海日志上将美洲历险参与者的姓名一一列出时，他心中所想的人就是斯特勒。白令的旗舰"圣彼得号"的船员名单上，斯特勒的名字赫然在列，他甚至还被船长擅自安置到了自己的舱室中。他在最后阶段加入探险的官方头衔和理由是"矿物学家"。但白令显然也把这位年轻的旅伴当作地理学家和私人医生来依赖。在这片全是俄国水手和军官的天地里，他或许还被白令当作了自己的同伙或知己。他的日耳曼血统以及他的新教信仰，都可能是他获得指挥官垂青的原因。*而德·拉克洛耶尔则不出所料地被派到了奇

---

* 有历史学家暗示说，为自己的前景和健康状况担忧的白令，会希望船上有一个和自己拥有同样信仰的人，以备某种情况的发生……参见 Corey Ford, *Where the Sea breaks its Back. The Epic Story of Early Naturalist Georg Steller and the Russian Exploration of Alaska*, Boston, Little, Brown & Company, 1966, p. 46。

里科夫的"圣保罗号"上。

这是历史上的神奇时刻之一：所谓的命运只取决于一个细节，取决于一个当时看来甚是微小的选择，但它将决定探险队的遭遇，并在自然科学史上留下印记。因为白令出人意料招入麾下的人是一个天才——用这个词来形容他毫不为过。

1709年3月10日星期日，斯特勒出生在德意志中部地区弗兰肯的小镇温茨海姆*。这个男孩是所谓"星期天的孩子"[†]，即一个具有特殊能力或天赋、有好运伴身的新生儿。分娩过程十分困难，人们甚至一度认为小男孩已经死去，但他随后的哭声立刻印证了他幸运儿的声誉。他的父亲是附近教堂的"唱诗班领唱者"，是这个小小的"帝国自由城市"里一座教堂的领导人。这个家族和当地几乎所有人家一样，都是坚定的新教徒：温茨海姆是自发接纳新教的城镇之一，即使经历了数十年的宗教对抗，它也没有背离这份信仰。斯特勒的童年是在家宅和教堂里度过的。教堂镶嵌在围绕着市场广场和沿街小屋的小巷里。管风琴声在黑色壁板间发出浑厚的回响，他很早就在这里开始了自己的创作，他的一首婚礼圣歌在他年仅十七岁时就得到了教会的出版许可。[69]他的哥哥被安排学习医学，为他设置好的道路则是神学，然而年轻的斯特勒却决定齐头并进地学习所有学科。信仰、对上帝存在的论证、伦理、生命的本质……种种这些都会引发他对自然本身、人体及其器官的疑问。作为时代的完美门徒，斯特勒在采集植物、解剖、收集等方面付出的努力同他在祈祷和唱圣歌等方面付出的一样多。"他是一个不知厌烦的提问者。"[70]他的同乡们说他总是不知满足。不久，他就踏上了去往萨克森诸学院的道路，当时世界上最优秀的人才都在那里争鸣与授业。先是维滕贝格、路德学院，再是莱比

---

* 即今天的巴特温茨海姆。

[†]"星期天的孩子"（Sonntagskind）是这个德文词字面上的意思，也可以将它理解为"幸运儿"。

锡这片科学与教学交相辉映的园地，最后是哈雷这座他选择寄居的城市。按照那个时代知识发展的逻辑，他先后成为神学家、植物学家和动物学家，他也是教育家弗朗克在哈雷创办的大型收容所和孤儿院的教师，这里好比一所面向穷人的革命性大学，当然，人们也几乎可以说他是一名医生。他正是以这样的身份在二十五岁的年纪踏上了去俄国碰运气的道路。当地大学不愿收他做教授，当局对他的热情和能力也只做了平淡的赞赏，于是他便以志愿医生的身份离开，服役于但泽附近战场的俄国军队，并决意继续前往科学和启蒙精神的殿堂圣彼得堡。

　　当斯特勒终于成功横渡了波涛汹涌的波罗的海，身无分文地到达俄国首都时，他随即证实了自己"星期日的孩子"的声誉。没有人脉，也没有人将他正式介绍给城中的学者圈子，他就在一个叫"药剂室园地"的植物园里靠采集草药消磨时光。这几十亩灌木和药草生长的地方也是东正教会领袖泰奥凡·普罗科波维奇牧首最爱的散步地点，这位五十三岁的教士为变革中的教会担任了十五年的领袖，这份劳累的工作让他过早地衰老了。在日常的散步中，泰奥凡很快注意到了这位德意志年轻学者，后者的学识立刻给他留下了深刻的印象。两人用拉丁语交流了几个小时。命运又助了他一臂之力，斯特勒遇上的是一位非凡的人物——这自是因为后者的头衔和职务，但更是因为其广博的知识和思辨能力。这是因为泰奥凡是一名启蒙式的教士。他的履历显示他年轻时曾在维也纳、帕维亚、费拉拉、佛罗伦萨、比萨和罗马长住，他在那里参加了为斯拉夫裔神父专门开设的天主教课程。他在"永恒之城"罗马停留了三年，学习了修辞学、神学、哲学、物理学、算术，并以"优秀"的成绩取得了几何学的文凭。[71]此后，这位信奉普救说的僧侣回到了基辅，沙皇彼得前来拜见，让他担任教会的伟大改革者。

　　而牧首也的确鞠躬尽瘁。他在三十九岁时被任命为教会领袖，致力于使教会现代化，使它融入世俗社会，让它接受批评，并对教规进行改革。如果泰奥凡能仅由着自己的性子行事，他还能走得更远。在其内心深处，这位接受了天主教教育的东正教牧首是一名坚定的新教徒。他曾在书信中写道，"其灵魂中最美好的力量"让他"憎恨主教冠、长袍、权杖、祭台上的灯烛、香炉和所有这些娱乐器具"。[72]他的手段是祈祷，他的志趣是科学和艺术，他的动机是改革和建立一个强大的现代国家，而他的沙皇也志在于此。他和斯特勒漫步在植物园里，少不了可以讨论的话题。多年来因肾结石而承受着巨大痛苦的泰奥凡也很感激这个年轻的德意志人对他的治疗，将他收留在牧首府的宅邸中，并且和后来的白令一样，让他做了自己的私人医生。有了这个位于圣彼得堡中心地带的天赐居所，斯特勒拥有了全城最好的图书馆之一，以及全城库存最丰富的酒窖之一。因为泰奥凡牧首的众多优点之一是，他还是一位啤酒和麦芽的优秀鉴赏家。不过，对于斯特勒来说，泰奥凡的首要身份是最佳的交谈对象和忠实的朋友。虽然随着彼得大帝的去世，这位东正教牧首失去了继续推动改革所需的支持，但他仍然是这座城市里最有影响力的人物之一。几个月前，他在阿尔汉格尔斯克地区的一户波默尔农家发现了一个比斯特勒小两岁且天赋过人的年轻人。他名叫米哈伊尔·罗蒙诺索夫。牧首先将他送入新成立的学院，后又送他去德意志的马尔堡大学，莱布尼茨的大弟子就在那里任教。而当泰奥凡得知三年多前从圣彼得堡出发的北方大探险队正在寻找一名科学助手以支援完全不堪重负的科学家格梅林和米勒时，他再次利用自己的影响力，将斯特勒安排进了队伍。对于这名来自外国的新教徒而言，东正教领袖的推荐是他最好的敲门砖。他缺少的只是一场科学院的录取考试，主考官是植物学界的另一位明日泰斗，瑞士人约翰·阿曼，此人当时仅二十八岁，却已是这门学科的掌门人。最后，斯特勒庄严宣誓，自己会对在为俄国效力过程中发现的一切保守秘密。二十六岁的斯特勒被任命为探险队的科学助手。在与探险队会合之前，他还有几个月的准备时间。作为永别的礼物，泰奥凡赠给他一首用拉丁文写成的怪诗，这首诗既是大限将至的牧首为自己写的讣告，也是他对这个年轻人的善意警告，因为他耿直又暴躁的性格极易为他招惹太多敌意。"Omnis Stellerum condemnat turba moratum"[73]——"你经常是正确的，我年轻的朋友，但人们会欣赏那些有时会犯错的人"，这位东正教牧首似乎在用一个父亲的口吻说着自己的遗言。对于一个像斯特勒那样天性热情的人来说，这是一个宝贵却也不切实际的警告：他是一个追求科学真理的疯子，对一切都急不可耐，对不公尤其过敏。与泰奥凡的诗作遥相呼应的是，在二人分别的四十年后，已经去世的他们才再度相会：莱比锡的一家印刷厂在不知道二人关系的情况下，接连出版了泰奥凡·普罗科波维奇的《神学思考》和格奥尔格·威廉·斯特勒的《观察报告》。[74]

在行前准备时，斯特勒遇到了自己的同胞丹尼尔·戈特利布·梅塞施密特，他曾被彼得大帝亲自派往西伯利亚，在那里居住了八年之后刚刚返回首都。这位学者带回了大量的文献、样本和图绘。但梅塞施密特被这些年的舟车劳顿和颠沛流离所击垮，他尖酸、忧郁，在黑暗和令人厌恶的污秽环境中过着与世隔绝的生活，陪伴着他的是他的妻子布丽吉特。梅塞施密特比斯特勒大二十岁，但布丽吉特只比他大了一岁。三个月里，二人一起查阅长者的作品，一起讨论作品中的假设与结论。然后梅塞施密特死了。之后发生了什么？年轻的植物学家来死者的陋室里寻觅的频率反而越来越高。德国著名当代作家温弗里德·G. 泽巴尔德用几句令人过目难忘的诗句还原了这一场景，他专门为斯特勒饱受煎熬的内心作了一首颂歌：

> 他正在研究他留下的文字。
> 他整个夏天
> 都伏在这堆凌乱的纸上，

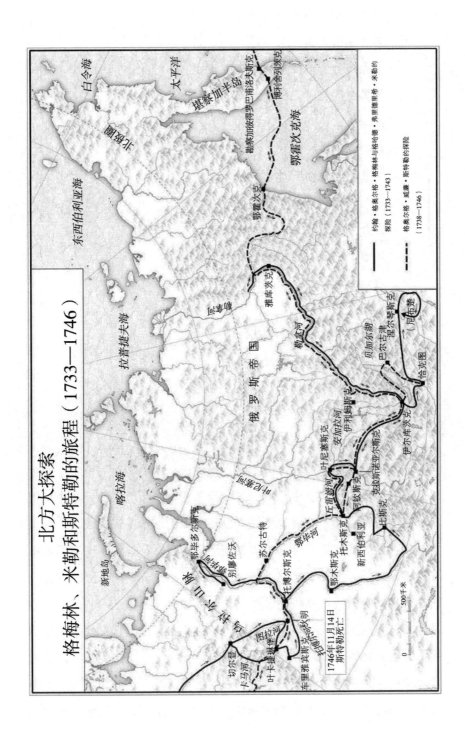

北方大探索

格梅林、米勒和斯特勒的旅程（1733—1746）

对博物学家不满的妻子

带着她的鱼尾

坐在他的身后，用她分叉的鳍

抚摸他同心脏一样跳动着

的龟头。

斯特勒觉得科学

在收缩，现在不过是

一个轻微疼痛的点。

另外对他而言，泡沫的气泡都是

比喻。来吧，他在绝望中

对她低声耳语，

跟我走吧

到西伯利亚，作为我的

妻子，而他已经听到了

回答；你去哪里，

我就同你一起。[75]

　　布丽吉特会同他一起，但不会走得太远。西伯利亚的情形，她可以从第一任丈夫的状态中窥见一斑。当斯特勒梦想着在针叶林中觅得不知名的树种时，她在渴望圣彼得堡舞会上的音乐，渴望赌坊，渴望她被剥夺已久的欢笑。当这对夫妇到达莫斯科时，他们发现这座城市已经半是废墟：可怖的火灾再一次摧毁了这座大都市的好几个街区。这是烧焦的味道吗？那些在已然碳化的废墟中孤零零立着的是黑色的骸骨和废弃的烟囱吗？布丽吉特决定转身离去，抛下这位献身命运的新郎。她让他答应照顾好自己以及她与第一任丈夫所生的幼女，然后就离他而去。泽巴尔德采撷的情色香氛已经消散，这对恋人再也不会相见，布丽吉特成了斯特勒灵魂中一个"疼痛的点"，他继续向亚洲前进，踏上了追赶白令的道路。

　　和西伯利亚史诗中的许多伟大人物一样，斯特勒也没有任何画像流传至今。人们只在探险队的大量档案中发现了一张既无署名，也无日期的素描，它也许表现了这位年轻学者的外貌特征。他的脸型修长，线条硬朗，中分的卷曲长发垂至颈部，他的大眼睛和宽鼻梁则让他显得稚气未脱。不过，凭借他的上级格梅林的描述，我们对这个年轻人的形象有了更加可靠的认识，格梅林在去往堪察加的途中，在叶尼塞斯克遇见了他："他对自己的衣着并不在意。虽然去西伯利亚必须带上所有家当，但他已经把自己的物品减到最少。他的啤酒杯也被他用于盛蜂蜜酒和波本酒。他从不找人要酒喝。他只有一个用来吃饭的盘子，每顿饭都只用这一个。他甚至不需要厨师。他自己会做饭，依然只用特别少的器皿，他把汤、蔬菜和肉都一起扔进一个他用来烹饪的罐子里。饭厅里的喧嚣声丝毫不会打扰他工作。他既不需要假发，也不需要扑粉，随便什么鞋子或靴子他都能穿。尽管如此，这种悲哀的生活方式对他丝毫没有影响，他依然保持着良好的心情，而且局势越是混乱，他就越是高兴……然而，我们却注意到，他的生活方式虽然表面上看来混乱无序，却并不妨碍他总能做出必要的安排，也不妨碍他事事精确，孜孜不倦地从事他的事业，因此，我们对他没有丝毫的担心。如果他看到了在科学上取得进展的希望，他大可以一整天不吃不喝。"[76]

　　说出这番话的格梅林也是德意志人，他的家乡距离斯特勒的家乡仅有一百多公里远，他们的年龄也完全相同，但他和他的这位新下属之间没有任何共同之处。格梅林对自己的地位十分清楚，他重视形式和外表，热爱美好的生活、美酒与佳肴。他没有放弃自己在圣彼得堡的舒适生活，而是选择将它带上路途。他的随从里有厨师、仆役、脚夫和秘书。斯特勒则带着一名向导、一名画家还有他的学术成果一起旅行。当格梅林见到他时，他的肩上还扛着一只狍和三只鸬鹚。两人并非总是相处得十分融洽。但他们心中对探索有着同样的渴求。

相比有车队或雪橇队结伴而行的杰出同事们，斯特勒没有辎重，所以前进的速度很快。他做一切事情的速度都很快，他是个急性子，他在科学院西伯利亚分队的一位远房后辈评价他是"划过俄国科学界天空的一颗彗星"。[77]他在横穿西伯利亚过程中的工作速度至今让人汗颜。1739年夏天，他在贝加尔湖附近的山里住了几个星期。当他从那里返回时，他给自己在圣彼得堡的通讯员发去了以下文件：1.《伊尔库特植物志》，这本80页的目录用画集的形式呈现了1100种植物；2. 一份《种子目录》；3. 一份《鸟类志》，记录了他观察的六十种不同鸟类；4.《贝加尔湖淡水鱼志》；5.《百种昆虫、蛇类、蜥蜴志》，他建议不要在这本书上过多纠结，因为这些物种都已经为人所知；6. 描述伊尔库茨克和贝加尔湖周围矿藏的《矿物志》；7. 伊尔库茨克和贝加尔地区的地形图；8. 沿当地河流从叶尼塞斯克到巴尔古津的路线；9.《俄国人的医学和经验知识》；10.《通古斯人和布里亚特人［当地土著］历史补编》；11.《通古斯语和布里亚特语词汇表》；12. 一部《俄语-拉丁语-希腊语博物学词典》的开篇[78]，"我让助手在无事可做时做了这个"——斯特勒在信的末尾这样写道。

他的研究方法同样值得一提。他的实验记录显示，为了得出结论，他会毫不犹豫地以身试险。比如，他曾在岩石之间发现了一种他从未见过的草本植物，他将其与家乡的一种植物类比，称之为"麦草"，他发现可以从中提取出一种让人联想到白蜡树汁的深褐色汁液。它的特性是什么？萃取物是否具有毒性？为了弄个明白，他萃取了五十克汁液，溶解在茶水中一饮而尽，还顺便提到，这汁液"味道像蜂蜜"，和外表相反的是，它"一点也不像白蜡树汁"。[79]我们通过他的日志了解到，还有一次，他吸食了一种当时还不为科学界所知的海洋哺乳动物的乳汁，从而描述其特性。[80]他的记述中不乏此类情节：

有一次，在堪察加，他发现距离海岸27公里处有一座岛屿。他的时间很紧迫，大海已经被冰封，他不顾同伴的警告，带着雪橇和狗冲了过去。走到一半时，冰层在载具的重量下崩塌，斯特勒眼睁睁地看着雪橇和狗消失在水底。他只得步行返回岸边，穿着湿透了的鞋，从一块浮冰跳到另一块浮冰上。[81] 没有什么能够阻止他的步伐：因为严重缺乏纸张，所以无法吸干他采集到的数量超出预期的植物标本？他为了将纸买来，前往了几百公里外的……中国。别人告诉他那里的市场上有各种品质的纸张出售。当时是冬季，地面已经被冻住，但他还在采集植物，他将地面挖开，从而获得土里的种子。也没有什么能够抑制他作为一个科学家的好奇心：当他听说路途遥远、运输困难导致的小麦匮乏无疑是阻碍更密集殖民的主要因素之一时，他顺理成章地提出了疑问。难道我们不能抛弃小麦吗？最好的验证方法自然是亲身尝试。斯特勒在半岛上跋涉了270公里，其间他放弃了所有小麦制品，只吃当地的农产品。当他到达目的地时，他仍然"活着，但是瘦了一点"。[82] 他显得近乎惊讶，因为事实证明人没有小麦也能活，所以为什么不决定抛弃它，改吃别的食物呢？

斯特勒在各个中途站写出了他的研究报告。他使用的语言是这次不可思议的探险中特有的语言，它由德语和拉丁语混合而成，还掺杂着俄语和当地语言中的表达方法。他的文风是男人的文风：简洁、直接，充满了幽默和细腻的讽刺。例如，当他描述当地人如何治疗"西伯利亚热"——一种在当时仍显神秘但非常常见的疾病时，他写道："他们把病人带到'巴尼亚'[蒸汽浴室]里，病人要在那里大量发汗，然后他们用盐渍黄瓜大力擦拭他的身体，再让他上床睡觉。当然，他或许不久就会康复。"[83] 但这种幽默也时常会变成挖苦人的讽刺，这也暴露出他专横的性格。毫无疑问，这简直"好极了"，多么惹人厌的性格啊！好父亲泰奥凡关于他不幸遭遇的预言将一语成谶。

1741年5月24日，阿瓦恰湾终于没有了冰层，维图斯·白令在

"圣彼得号"上升起了旗帜，奇里科夫则登上了停泊在旁边的"圣保罗号"。所有可用的物资都被装上了这两艘船。他们收到的指示是进行两年的探险，但由于物资不足，他们首先决定缩短旅行时长，打算最迟在9月底就返回锚地。"圣保罗号"共有船员78人，其中包括指挥官、他的直接下属斯文·瓦克塞尔（这又是一个瑞典人）以及下士赫特罗夫，这两名冒险的参与者与斯特勒结伴而行，成了他在冒险途中的死对头。德·拉克洛耶尔按计划和其他74名水手和士兵一起登上了"圣保罗号"，加入了奇里科夫的队伍。如果仔细查阅船员名单，我们还会注意到探险家奥夫茨涅的名字——这位建立了丰功伟绩却遭贬职的军官如今在指挥官的麾下出海航行；还有那个在鄂霍次克中途站因重婚被判鞭刑的情夫，他也出现在了奇里科夫的水手队伍中。

白令想尽快扬起风帆，尤其是一些令人担忧的传闻已经从圣彼得堡传到了他耳中。元老院院长基里洛夫是他仰仗的靠山，同时也是他与沙皇的中间人，但他现在遇到了麻烦。有人因探险的花费过于高昂而责难他，更加令人感到被动的是，自从米勒报告了他在雅库茨克档案中的发现，一些朝臣就在思考是否值得投入这么多资源去实现一个杰日尼奥夫在一个世纪前已经基本实现的目标。[84]上帝保佑，千万别突然出现一个皇家信使命令结束行动！这无疑会让一切前功尽弃！因此，最好尽快启航。

5月29日，指挥官下令鸣炮，通知圣彼得-保罗木质小教堂的神父按计划举行代祷仪式，为船队祈求神佑。然而这没有让他们获得风的庇护。当两艘双桅帆船刚驶离码头几寻远，刚刚打开所有风帆的时候，微风突然停了下来。这在航海传统中不是一个吉兆，但白令拒绝等待。连续三天，他都派小艇将锚抛到尽可能远的前方，再由水手用臂力将船向前拖进。最后，他们终于抵达了阿瓦恰湾的出入口，6月4日上午九点，风扬起了船帆，船从而得以绕过标志着港口出入口的

"三兄弟岩"，为这次可悲的"抢跑"画上了句号。

　　此前，为了让两艘船的船长在横渡过程中能够交流，一套复杂的通信密码——包括旗帜、信号灯和需要仔细计数的炮声——得到了建立。而仅仅到了第二日，令所有人感到意外的是，奇里科夫就鸣炮表示，从他的角度来看，所选择的路线并不符合既定的计划，"圣彼得号"在操纵时行驶的方向过于偏南。两艘船究竟驶向了哪里？这个问题比我们现在所能想象的更加严肃。就在起锚的前两天，探险队的所有军官和科学家被召集到一起举行了最后一场会议，在会上，他们对这个问题进行了长时间的辩论。路易·德利尔·德·拉克洛耶尔挥舞着其弟约瑟夫-尼古拉·德利尔的地图，用手指出神秘的"达·伽马之地"和"耶稣会之地"所在的坐标——当时法国的地理学家对它们的存在坚信不疑。他要求将这张地图作为研究展开的框架。营房中紧张的气氛依稀可辨，因为这份绘制于1731年的地图——就像它的标题所说——应该被用于"在南方海域的北部寻找陆地和大海"，它主要反映的是欧洲地理学家在沙龙中提出的种种理论。即便维图斯·白令担任了会议的主持者，他本人基于种种线索和见闻的假设却没有在图中得到任何体现。在曾被杰日尼奥夫称为"大石海岬"的大海角对面，既没有任何"大陆地"及其林木茂盛的海岸的痕迹，也没有白令在圣彼得堡宣称存在的海峡的轮廓，最后，最重要的是，这幅地图上也没有丝毫关于美洲存在的提示，然而在此期间，俄国人格沃兹德夫已经在那里登陆。然而，在太平洋深远处，日本的东北方，却出现了"若昂·达·伽马所见之地"和"耶稣会之地"[85]的模糊轮廓。奇里科夫再次重申他的信念，即美洲在东北方不远处，他们既不能像第一次探险那样向北走得太多，也不能为了寻找那遥远的西班牙属地加利福尼亚或墨西哥向东走得太多，而是应该向东北走，"在北纬50°到65°之间寻找美洲的岛屿，那里的气候适合居住，理应有人存在"。[86]斯特勒则以他一贯的魄力，像奇里科夫一样主张在楚科奇半岛的对面寻找美洲，但他的口吻却不如前者圆滑。"我可以用至少20个确凿的理由证明最近的陆地在哪里，以及走哪一条路可以到达那里。"[87]他大声说道。白令当然同意他的观点。他之前的经历也让他认为这则假说是最可靠的。但当他小心翼翼地提出"或许可以先驶往美洲，在秋季的返程中再寻找达·伽马之地"时，天文学家德·拉克洛耶尔则用法语平静地打断道："这并不符合指示，指挥官。"[88]

话这就被说死了。白令最担心的就是再次遭到首都当局的训诫，他可能不会再有下次机会了，他的职业生涯乃至探险活动可能会就此终结。因此他不情不愿地屈从于法国学者的要求。两艘帆船向东南方向驶去，白令让自己在几天之内南下到北纬46°。但当他们抵达了约瑟夫-尼古拉·德利尔的地图上标注的地点时，海平面上甚至没有出现一块礁石。德·拉克洛耶尔在甲板上徒劳地扫视着广阔的海洋。抛入海中的测深器完全触不到底。斯特勒对那些地理学家愤怒至极，他们只是稳坐在自己位于欧洲的办公室里，"开动想象，肆意投机，把事情都交给别人去做，从来不会自己处理"，他在日记中写道。他以他习惯性的讽刺口吻推测，他们的船或许有着革命性的能力：他指出，它们应该"在被寻找的陆地上航行，如果这些陆地当真有丝毫存在的迹象的话"。[89]但占据了主导地位的情绪仍然是愤怒："我不能保持冷静，因为一想到当时的我们是丑恶骗局的受害者时，我就会血脉偾张。"[90]探险队刚刚浪费了八天的时间，这对他们而言将会是致命的。

6月12日，两艘船的船员听到了一阵交错的号声，这是两船船长间的一次秘密会议。他们决定按照行前会议的精神改变航向，往东北方向，也就是他们所假设的美洲的位置航行。然而，几个小时后，又爆发了一起事件，它暴露出了斯特勒难缠的性格。他不间断地在上层甲板上进行观察，发现了几个浮游生物群、一些海鸥和燕鸥，于是，他用他那断然的语气推断道：陆地就在东南方向不远处。我们如今知道，事实远非如此，如果向着这个方向航行，两艘船会无止境地深入太平洋，因为距那里最近的陆地应该是新西兰。白令和他的军官们还是决定按原计划航行，这起事件对探险的进程没有造成任何直接的影响，若不是它暴露出了斯特勒与水手们之间的对立情绪，那么它应该很快就会被人忘记。这种对立情绪主要是由这位年轻科学家的性格和行为引起的，这一天过后不久，它就演变成了坦率的敌意。确实，德意志人会经常说些戏谑、讽刺的话，但是他讨厌别人以同样的方式对待他。如今我们或许会说他不知疲倦、过度亢奋，然而他确实无法忍受任何反驳，无法接受任何表达服从的行为。他有很多优点，但谦逊却不是其中的一个，不久之后，他就成功激怒了船上的每一名水手。他强烈要求改变航向，确信"只要［在这个方向上］航行一天，就足以达成伟业"[91]，但赫特罗夫下士告诉他："俄国海军不会跟着浮游生物航行。"[92]斯特勒怒不可遏，他径直跑到指挥官的舱室，但指挥官已经厌倦了这名科学助手的喧闹，他只是眉毛一挑，就将身体转回向木质舱壁。斯特勒始终坚信自己是正确的，始终坚信自己错过了一个近在咫尺的大发现，于是他在日记中痛苦地写道："在最需要理性的时候，在我们就将到达我们寻找的对象的时候，海军军官开始了他们的古怪行为。他们开始嘲笑或无视任何不是水手的人所持有的任何意见，仿佛通过学习航海规则，他们已经掌握了所有其他科学与逻辑。"[93]

从那一刻起，这位科学家的所有推论和建议对船员们而言都不再具有丝毫意义。"您不是水手。"对于这个不断插手舰艇指挥，并大谈附近有陆地存在之假说的生瓜蛋子，人们总是这样回答道。可想水手们在私下用俄国海军黑话谈论他时就不会这样有礼貌了。斯特勒是船上所有人不断嘲笑的对象，他们认为他是个自命不凡的知识分子，不仅不懂海，还是个外国人。他被人叫作"小指挥官"，这个外号让他难以忍受，这或许反映了他对自己矮小身材的自卑情结。他每天只能在几十米宽的甲板上活动，还不断遭人取笑，船上的生活就变得愈发难挨了。他与白令共用的舱房以及指挥官对他的保护，就成了他仅有的慰藉，更别说凭他的性格，他绝不可能改变自己的态度，也不可能停止自己"无所不知先生"式的干涉。

两艘船失去彼此的踪影已有几个星期。浓雾和不断的暴风迫使白令和奇里科夫彼此保持一定的距离，白令的船不得不将帆收起来，以防它被撕裂，奇里科夫则在浓雾中继续前进。有时两艘船的航行轨迹却十分接近，6月20日，它们之间的距离就只有不到10海里。当然，他们已经预见了这种情况，两艘船的指挥官都在按照既定的航线航行，他们打算在大洋彼岸的某处汇合。但两艘船的船员们并不知道，他们再也没能迎来重逢的那天。在白令与奇里科夫之间，一场从西北海岸再度登陆美洲的赛跑在二人不知情的情况下展开了。

斯特勒又一次站了出来。令他的对头们感到不悦的是，这位恼人的科学家确实经常十分敏锐。7月10日，两艘船仍在远海上航行，并已经一个半月没有见到过陆地的影子，他重申了自己的观点，认为海岸就在不远之处。这一次，他将浮游生物与草丛乃至海豹、海獭的存在联系到了一起，这些动物"只能以甲壳类和贝类为食，因此不能远离海岸"。他建议将"圣彼得号"的航向稍加调整，而下士则回答道："是吗，不如您也给我们画一张德利尔先生那样的图。"[94] 白令也让他不要多管闲事。"指挥官似乎认为，既然我不精通航海方面的知识，采纳我的建议就是可笑、尴尬的，并且还会有损他的尊严。甚至当我和他的意见相同时，同样的情况也会出现：他会毫无理由地站到其他军官那边。"[95] 斯特勒尖酸地写道。接下来几天发生的事会为他正名。7月15日，船员们的紧张情绪又更上了一层楼：饮用水储备已经消耗了一半，谁也不能保证储藏在船舱底部储备粮下方的水桶没有漏水。对于船上的人而言，除非他们知道该往哪里去，否则这是一个异常令人不安的信号：返回母港前的一分一秒都不能再浪费。那是一个灰蒙蒙的日子，水面上的湿雾渐渐散去，小雨浸透了值班水手的衣服。斯特勒和往常一样在甲板上，他面前的云墙突然打开了一个缺口。"陆地！"他突然大喊道，俨然一个瞭望水手。陆地，陆地！正前方一个圆锥形的白色山峰在天空中突然出现，若隐若现仅仅几秒。斯特勒难以置信地望着它，雾幕随即再度闭合。当水手和军官们被叫喊声吸引跑到甲板上时，他们只能空望向斯特勒伸直手臂指着的海平面上某个高点。海市蜃楼，充其量只是一片云，军官们嗤之以鼻，部下们则认为那是世界的另一端。"因为我是宣布发现它的第一个人，"斯特勒返回船舱后写道，"也是因为，说实在的，那一刻过于短暂，我来不及把它画下来，于是我的发现又被当成了我的古怪行径之一。"[96]

第二天早上，"圣彼得号"航行至北纬58°14′时，大雾突然消散。一片壮丽的景色展开在甲板手的面前：一座雄伟的山峰上覆盖着白雪，它的脚下是向两侧延伸到地平线远处的山脉。美洲，可算是到了！面前这座被水手们按照习俗与日期命名为"圣埃利亚斯"的最高峰高达5488米，并且非常靠近海岸*，于是便更显巍峨。"圣彼得号"之前在夜色与浓雾中航行，前进到距离海岸约20公里的地方才发现了它，这批海洋中的开拓者们无疑感受到了山峰那令人晕眩的气势。"我不记得曾在西伯利亚或堪察加半岛见过这么高的山。"[97]斯特勒指出。船上顿时充满了欢乐的气氛。有人哭泣，有人拥抱，每个人都在为未来做打算。军官们欣喜若狂，他们之前接到的命令是，假若没有发现陆地，就必须在7月20日返航。而现在，他们已经可以跻身探险家、征服者以及伟大发现之缔造者的行列！

对白令而言，这是百感交集的一刻。这个伟大成就作为期盼已久的奖赏到来之时，指挥官再有不到一个月就将迎来自己的六十岁生日。这是十五余年来超人努力的成果，这是北方大探索的高潮，这是他在彼得大帝临终前许下的承诺终于兑现的时刻！丹麦人登上甲板

---

*圣埃利亚斯山是北美第二高峰，它位于今天的加拿大与阿拉斯加的交界处。

时，接受了部下的热烈欢呼，他们知道，他们船长的名字已经在此刻成为历史的一部分。白令走到舷栏前，注视着呈现在他眼前的大陆。然后他只是耸耸肩，就返回了自己的舱室，同时召来了他的助手斯特勒。水手们惊呆了，只有借助这位科学家的亲眼见闻，我们才能解读这个探索史上最为意外的反应。斯特勒讲述道："军官们或许会把这种态度当成一个乖戾、苦闷之人的表现。但这位优秀的船长指挥官比他的下属要有远见得多。他在船舱里解释道，我们现在以为自己已经找到了一切；很多人只带了些没用的玩意，没有人知道我们在哪里，我们离母港有多远，我们还要遭遇什么；天知道我们是否会遇见阻碍我们返航的逆风。我们对这个地方一无所知，我们甚至没有过冬的设备。"[98]"发现者白令"不仅是一位经验丰富的船长，他终究还是那个"焦虑的白令"。甲板上，船员们忘记了他们忧郁的船长，纷纷猜测着奖赏的金额，一些人对他们的境遇发表了令人动容的演讲，人们围绕着是否登陆爆发了几次小规模争论，而助手斯特勒则陷入了迷茫：他们已经抵达了大探险的主要目的地，达到了冒险的高潮，然而冒险的参与者们却只在意一些鸡毛蒜皮的小事！"我们绝无任何共同之处，除了我们被困在同一艘船上。"[99]斯特勒如此记录道，姑且为这历史性的一日做了一个临时性的总结。

　　然而是谁第一个"重新发现"了美洲？因为当斯特勒在探险队的旗舰上与同伴们争论不休之际，奇里科夫的"圣保罗号"也在继续他们的探索。当这位俄国船长在北太平洋上失去了上级舰船的踪影时，他或许并没有太过生气。奇里科夫留下的书信表明了他对终于能够一展身手的渴望之情。他对白令的拖延感到了显而易见的沮丧，想必指挥官本人也很清楚这一点，而且正如女皇那含糊不清的指令所告诉他的那样，他也小心翼翼地避免与自己的副官发生正面冲突。因此，对于德·拉克洛耶尔关于"达·伽马之地"存在的地理理论，奇里科夫从不掩饰自己的深刻怀疑。当大雾和几次风暴将他从白令的监管下解放出来后，他就向东北偏东方向航行，他相信能在那里找到最近的美洲海岸。在他的船上，德利尔·德·拉克洛耶尔院士已经不怎么被人提起了。他曾如此忠实地为传说中的"达·伽马之地"辩护，这番无果的寻找或许在一定程度上挫伤了他的积极性。远洋上的生活对法国天文学家而言是一种煎熬。菜单上的腌制驯鹿肉和咸鱼肉在不停被强浪摇晃的船上难以被消化。从堪察加启程后，他在甲板上露面的次数越来越少，当同伴们看到他从船舱深处走出时，他那苍白的面色和可悲的神情无疑能说明很多问题。哪怕是他喷洒了香水的手帕，也掩盖不了舱底熏染了一切的腥臭味。与时刻在"圣彼得号"上保持警惕的年轻同事斯特勒不同，德利尔·德·拉克洛耶尔已不再尝试做任何一种实验。反正他的仪器已经坏了，他也不知道如何去修理。

尽管太平洋上笼罩着浓雾——通常航行于北海或大西洋海域的俄国水手并不习惯这种现象——但"圣保罗号"的航线还是非常规律的，并且由于选择了正确的航向，奇里科夫相较白令几乎有一天的领先量。斯特勒向着他疑神疑鬼的同伴们大喊"陆地！"是在7月15日白天。同样是在7月15日，但却是在黎明时分，"圣保罗号"上的船员就看到一座山脉突然出现在前方。和斯特勒一样，他们之前也注意到了鸟类和海洋哺乳动物的存在，他们也注意到水的颜色和外观发生了明显变化。"凌晨两点，"奇里科夫在航海日志中写道，"我们看到前方有高山。天还没亮，我们继续向正前方前进。三点钟的时候，我们已经可以更清楚地辨认出陆地。"[100]美洲终于到了。"我们意识到这里一定是美洲的一部分，因为根据纽伦堡地理学家约翰·巴蒂斯特·霍曼发表的地图，美洲的已知地区离这里并不遥远。"[101]船长补充道。奇里科夫在北纬55°21′上[*]，他就航行在圣埃利亚斯山以南300

---

[*] 他们所处的位置是现在阿拉斯加东南部亚历山大群岛的贝克岛。

公里左右的地方，几小时之后，船员们就会看见山峰。

海岸呈峭壁状，并不适合抛锚。但船长和军官们急于放下他们的小艇，好将它派去执行取水任务。他们和"圣彼得号"上的同事们一样都大量消耗了从堪察加半岛带来的储备，剩下的桶里都是久置变质而难以入喉的水。"圣保罗号"在美洲西海岸缓慢地北上，希望找到一个能够靠岸的小港。岸边覆盖着松树、云杉和冷杉，沿着海岸线，水手们可以欣赏到海狮、海豹和海獭的身影，在这个尚未有大型船只侵扰过的环境中，动物并不惧怕他们的双桅帆船。还需再航行两日，甲板上的人才能在海岸线的凸起上看到一个缺口，这条狭窄的通道似乎通向一个隐蔽的小海湾。奇里科夫让人把主划艇运来，并将指挥权交给了下士德门捷夫。这个人物我们并不陌生：他就是那个狂热的情夫——他因通奸被判处鞭刑，但受在鄂霍次克准备探险的白令搭救而免于酷刑。德门捷夫与十名武装人员结伴而行，考虑到他们可能会与这片未知大陆上的土著人遭遇（探险队还没有发现他们存在的丝毫踪迹），奇里科夫还委托他去打听这里和这里的居民分别叫什么名字，居民有多少，以及他们的统治者是谁。取水任务要以和平友好的方式执行。"如果您见到当地居民，就送他们一些小礼物。"奇里科夫对他的下士说道，并交给他一口铜锅、一口铁锅、两百条项链、一些针和几块中国布料，"我自己再给您十个卢布，您要把它们送给您认为合适的人，用来表达善意。"[102]最后，这支小分队还装备了一门小炮，这是为了在抵达、发现淡水源的时候向船上发出信号。快速侦察也是德门捷夫的任务之一，他需要留心可能存在的宝石储备或者"有希望在其中找到丰富矿藏的土地"。[103]他受命一靠岸就点燃大火，从而表明自己的位置，并在二十四小时内带着水和任何可能的情报返回。

从"圣保罗号"的甲板上，水手们望着自己的同伴向狭窄通道的入口处靠近——它的位置很容易被确定，因为水波的泡沫都在那里散开——再绕过挡在入口旁的峭壁，之后就消失在地平线的后面。几个小时过去了。没有火光。没有炮声。船上出现了担心的情绪。当二十四小时的时限结束之后，划艇上的人依然没有给出任何生命迹象。又一天过去了。然后是两天、三天。在奇里科夫的命令下，哨兵日夜扫视海岸，希望能看到哪怕一丝光亮或一缕烟雾。然而什么都没有。经过五天的焦急等待，"圣保罗号"被迫在渐渐变得猛烈的风浪中起航。第二天，海面恢复了平静，它便立即返回。"我们在这时看到了岸上的火，"奇里科夫记述道，"这一定是我们派去的人所生的火，因为我们沿海岸航行到现在也没有看到过任何其他火光、船只或小艇，也没有居民存在的迹象。"[104] 那时天气晴朗，非常适合划船渡水。他们每隔一段时间就鸣炮，总共鸣了七响，试图将划艇上的人召回到"圣保罗号"上。然而始终无人回应。奇里科夫与下属军官开了一个短会，决定再派出一艘小艇。船长认为，先前出发的划艇可能已经损坏，因此无法返回船边。于是，他派出船上的木匠、铁匠以及两名自愿陪同他们的水手。他下达的命令与之前相同：一下船就点火，然后尽快返回。小艇再次绕到了狭窄通道的入口处，与此同时，正在掌舵的奇里科夫则试图将大船靠近海岸，从而方便船员们返回船上。然而同样的剧情再度上演。没有火。没有炮响。漫长的沉默只能被拍在船舷上的浪花打破。木匠没有了，铁匠没有了。划艇也没有了，这意味着他们再也无法获得饮用水。在距离美洲咫尺之遥的地方，奇里科夫的十五名船员刚刚神秘地消失了，他被迫搜索这片他追寻已久的大陆海岸，同时还要为失去部下而担心，为再也无法重回母港而焦虑。

该如何是好？"圣保罗号"现在离海岸很近，借助海浪的泡沫，水手们可以用肉眼看到小海湾入口处的礁石，大炮每隔一小时就会发射一次，主桅杆顶端还挂起了信号灯，这样失踪者在夜间也能返回。然而什么也没有发生。直到7月25日下午，远处突然出现两艘小艇。希望一时重生，但很快，"圣保罗号"的水手们就注意到，出现在地平线上的桨手们是在侧身划水。当他们靠近时，人们看出其中一名桨手穿着红色的衣服，他们冲着船的方向重复喊道："阿盖（Agai）！阿盖！"[105]人们与美洲人第一次见面，气氛十分特别。奇里科夫试图靠近他们，他要求船员们在甲板上排好队，挥舞白手帕以示善意。然而事与愿违。两艘小艇返回了岸边，俄国人面面相觑。很明显，现在所有的希望都已落空。他们再也见不到他们的同伴了，他们再也不会踏上美洲的土地了。他们甚至必须立即赶回堪察加半岛，与渴死的命运展开一场赛跑。

"我们又等了十八个小时，"奇里科夫在航海日志上写道，"然后我们就再度启航了。"[106]7月27日，"圣保罗号"扬起风帆，将吞噬了四分之一船员的狭窄通道甩在了身后。再也没有人见到过德门捷夫下士或者他的任何同伴。他们遭遇了什么？时至今日，这段故事仍是太平洋征服史上的一个未解之谜。有传说认为巴拉诺夫岛上还长期生存着一个失落的俄国人定居点。[107]有几部著作的作者——尤其是几位美国作者[108]——认为奇里科夫派出的两艘小艇或许是遭遇了小湾入口处尤为可怕的涌潮。划艇和小艇先后被卷入漩涡之中，然后被通道中的急浪掀翻，船上的人也溺死在了虹吸之中。四十七年后，很可能是在同一个地方，由拉彼鲁兹派出的两艘独木舟也在他们的探险中经历了类似的不幸。大多数俄罗斯历史学家则认为，第一批登陆的先驱者是被特林吉特印第安人杀害的。[*]

"圣保罗号"缺乏淡水和粮食储备，在这样的条件下横渡北太平洋返回母港无异于一场劫难。船几乎一直在逆风状态下航行。随着时间的推移，水手们接连患上坏血病，活着的人也疲惫不堪。几名军官

---

* 一些学者认为，从未见过白人的印第安人并没有攻击他们的理由。他们愿意划着独木舟现身也证明了他们的清白。另一些学者则有着相反的推论：后来对殖民者势力表现出激烈抵抗意识的特林吉特人，很可能对西班牙人在更南边的加利福尼亚海岸的暴行有所了解，他们不愿更加靠近"圣保罗号"的行为也表明了他们的担忧以及难逃干系。参见 V. A. Divine (éd.), *Rousskaïa Tikhookeanskaïa Epopeïa*, Khabarovsk, Kn. Izd., 1979, p. 164。

和水手，包括船长的副官，都倒在了海员的这个天敌面前。人们将船帆上留存的雨水储存下来，风暴接连不断，当帆船沿着阿留申群岛行驶时，大雾又使得航行变得极端危险。奇里科夫指出，有好几次，船面前的大雾中就突然浮现出一座岛屿，然而没有任何线索能让他们提前预知它的存在，船没有失事真的只是奇迹罢了。"我们不得不紧急抛锚，当时礁石离我们只有大约四百米，"船长记述道，"感谢上帝，风几乎立刻就停息了，但是我们费了很大劲才摆脱困境，而且我们还失去了我们的锚。"[109]这段路程历时两个半月以上。奇里科夫在给同事德米特里·拉普捷夫的信中总结道："在海上的整个过程中，我们几乎都处于致命的危险之中。恐惧一直盘踞在我们的心中：我们航行在未知的海域，不知道海岸在哪里，大雾似乎永远不会散去，我们也未曾在其他海域上遇见过这样的骇人天气。由于缺水，我们不得不将向船上服役人员配给麦粉的频率减少到每周一次，其他日子里就只吃冷食。饮水被控制在最低限度，只能在口渴时喝上一点，甚至水也已经变质，散发出一股恶臭。面对这样的窘境，我和其他军官每天只能吃一顿熟食，喝两三杯茶。路途的艰辛、食物和饮品的缺乏以及持续的潮湿让可怕的坏血病在我们中间肆虐，很多人无法从中恢复，这使得剩下的人不得不赶紧开船。自9月20日［离开阿拉斯加近两个月后，离开堪察加四个月后］以来，我已经无法自己站立，也无法到达甲板。和抵达海岸时一样，我在海上依旧处在死亡的边缘，一切生存的希望都已离我而去。和往常一样，我已经准备好为所有对主犯下的过错和罪孽而死。"[110]

9月27日，船上只剩下六小桶腐水，船帆和绳索也即将腐烂，铺位上的军官们或是已经死去，或是因为病痛而面目狰狞，只有几个憔悴的水手还在努力引导船的航向，就在此时，三座火山的出现带来了阿瓦怡湾和母港已在不远处的信号。"圣保罗号"于1741年10月9日进入了港湾。第二天，虽然船已经抛锚，人们也做好了将病人转移上岸的准备，但路易·德利尔·德·拉克洛耶尔终究还是死了，他到最后也未曾忘记给自己戴上假发。*奇里科夫本人也在鬼门关上徘徊了数周，之后再也无法完全恢复健康。"圣保罗号"从美洲回来了，但它三分之一的初始船员永远地缺席了。

但搭乘有维图斯·白令和格奥尔格·威廉·斯特勒的旗舰呢？在它的孪生舰船因为失去了补充饮用水的所有手段而启程返回之际，"圣彼得号"也开始沿美洲海岸向西北航行，以寻找适宜的港口和可以装满船舱里木桶的水源地。到了7月18日，水手们发现了一个有利的地点，他们在远处分辨出一个向内凹的轮廓，那很可能是一个岛屿，而且他们采集来的海水样品中盐浓度也在下降，这让他们猜测附近存在一条规模可观的河流。这座岛屿现在的名字是"卡亚克岛"，它具有让值班船长喜出望外的一切条件。它的沿海处是一片沙滩，往后不远处的海岸线上有一片美丽的深绿色高大树木组成的树林。7月20日，白令下令抛锚并准备取水用的划艇，这项任务被交给了赫特罗夫下士。斯特勒和他的科学助手托马斯·莱佩克欣没有耽搁，匆匆收拾好仪器设备，开始了他们的第一次实地考察。当时的气氛激动且兴奋，这将是欧洲人在美洲西北面迈出的最初的步伐，这里的一切都在等待被发现。也许，斯特勒心想，如果有土著人存在的话，他甚至有机会遇见他们之中的几位。但当他带着装备爬上甲板时，年轻的学者一定颇受打击。指挥官丝毫没有让学者上岸的打算。他最大的希望就是装满饮用水，确保顺利返航，他同样担心性格中缺乏克制的斯特勒太过远离他派去取水的部下，从而浪费时间或是招致一些不好的意外。白令又一次焦虑缠身，他再也控制不住自己的情绪，试图拖住这位科学家：他开始讲述种种"恐怖的谋杀故事"[111]——这是斯特勒的原话——从而反映这片宁静海滩上可能隐藏的威胁。德意志人简直不

---

*这位不幸的天文学家会被埋葬在彼得罗巴甫洛夫斯克港口上方的一处小山地上。

敢相信自己的耳朵。什么？他先后横跨了整个俄罗斯、西伯利亚以及完全不为人所知的太平洋，难道只是为了从船舷上看一眼美洲，然后就要打道回府？斯特勒保存的航海日志中对于这起事件的记载让我们得以揣测他的极度愤怒。他先是讽刺地问道，探险的目的是否仅限于将"美洲的水带回亚洲"[112]，然后，面对无动于衷的指挥官，他转而开始了威胁：白令在回到圣彼得堡后一定会听到他的消息，他这样保证道。他将向海军部、科学院乃至陛下本人控诉，控诉这种对探险队造成侵害的怠工行为。他叫嚷道，考察团的秩序被蓄意破坏，俄国的利益被践踏，难道白令不明白这关系到探险队和他自己的声誉吗？他没有记载丹麦船长对于这些话的反应，但他应该确实让船长失去了镇定，他始终在努力避免自己再次蒙受耻辱。斯特勒在甲板上肆意放纵，在全体船员面前手舞足蹈，变得愈发咄咄逼人，他本人在笔记本中将自己的行为优雅地总结为"终于放下了一切尊重"并提出了"一个非常特殊的请愿"。白令在他的压力下屈服并选择了另一种策略：他让这位科学家及其助手登上了堆满空桶的划艇，同时，为了表现自己的权威，他命令船上的号手吹响最庄严的号声，这种仪式是专门为特殊场合和特殊人物准备的。在卡亚克湾，面对着这条荒蛮而未知的海岸线，斯特勒在动人的号声和水手们的嘲笑声中走下了舷梯。在划艇的船头还没有陷入粗沙和卵石中时，科学家就跳入水中，奔向了美洲。他是第一个踏上阿拉斯加土地的欧洲人，他一览无余地望着这个未知的世界。他的文字描述中散发的情感，那最初几分钟创世般的芬芳，都被诗人泽巴尔德华丽地表现和演绎了出来：

> 现在的水是深深的蓝色，
> 一直延伸到海边
> 的森林
> 也是如此。丝毫不被打扰的

动物们走近斯特勒，黑的红的

狐狸、喜鹊、松鸦和乌鸦

也陪他同行，

和他一起穿越海滩。在树与树之间的

透明黑暗中，他仿佛

漂浮

在一尺厚的苔藓垫子上。[113]

接下来的几个小时，是一场将被铭刻在科学史上的马拉松比赛。斯特勒意识到探险队指挥官的匆忙以及不可断绝的焦虑——他随时可能呼唤他们上船返航——于是他在助手的帮助下，沿着海滩和周围的灌木丛实实在在地跑了起来，以便清点出他和他的同事们至今都未曾见过的每一个物种。每一分钟都很重要，每一分钟都能带来一个新的发现。他真的是在与时间赛跑，只为能给他目中所见的新世界清点出一份清单。植物、鱼类、哺乳动物、鸟类，一切事物都能引发他的好奇，一切事物都需要得到紧急观察，一切事物都是他演绎的对象。在鹅卵石上，他注意到许多海獭的粪便，他在自己的回忆录中指出，这是一个迹象，它表明可能存在的土著人并不会猎杀这些毛茸茸的动物，否则它们就不会如此大规模地出现在开阔地带。至于可能存在的土著人，斯特勒的运气很好：在距离登陆点一公里的地方——据他的同伴们所说，他是小跑着趟过了这段距离——他发现了一个尚有余温的炉灶，它的使用者匆匆丢下了它，或许是被驶来的舰船所惊扰。这是人类存在的第一个迹象。"在一棵树下，我发现了一个挖成食槽的老树干，没有锅和器皿的野蛮人曾于几个小时前在里面用烧热的石头将肉烧熟。"[114]这位年轻的探险家还在一旁发现了被掏空的贻贝和扇贝，一些草被铺在地上或者粘在贝壳上，几块被笨拙地撕掉了肉的骨头，而在离炉灶不远的地方，还有一个奇怪的空心木质物品。这些线索已经足够让调查员斯特勒为我们带来他的第一个假设：食槽的制作工艺表明，它的制作者使用的工具是由切割过的石头或骨头制成的。现场发现的石块表明，火是通过摩擦点燃的。而食槽的用法则是在里面注入清水，通过放入之前在火中加热过的石块将水煮沸。肉是煮熟的，不是烤熟的。大的扇贝被用作盘子，上面会铺上草，它温和的味道会在浇水之后减淡。"证明完毕"。但这不是全部的内容。他在现场观察到的技术与堪察加地区堪察加人使用的技术非常相似，通过将它们进行比较，这位学者感到美洲的居民很可能是亚洲极东地区民族的"亲戚"，而且这种亲缘关系相当密切，因为他注意到，即便中西伯利亚地区民族和堪察加地区民族之间也没有如此相似的情况。那么，如果第一批美洲住民来自亚洲呢？

这位才智非凡的院士在到达美洲之后，仅仅用了几分钟，就以一个敏感的民族学家的思维，为美洲人类迁徙和移居理论埋下了第一块基石。而且，所有这些假设，都将在以后的几个世纪里得到证实。最近的研究表明，格奥尔格·斯特勒在1741年确认的土著人是乌卡拉克米姆伊特部落的因纽特人，而他们确实来自亚洲。[115]

然而斯特勒又站起身来，开始攀登一座海拔约300米的小山丘，他打算从那里观察周围的环境，尤其是与这座岛屿有海峡相隔的大陆。他在他的助手兼保镖哥萨克莱佩克欣的陪同下，穿过高高的草丛和灌木丛向上攀爬，一路上还不忘采集植物。一种形似未能成熟的覆盆子的浆果让德意志人十分惊叹。他在笔记中潦草地记到："鉴于这些果实的非凡尺寸和精致口感，应该将它们连同土块一起用栽培箱运到圣彼得堡，尝试在那里培育它们。"[116]这种浆果现在被称为"鲑莓"，这个名字来源于它类似鲑鱼肉的颜色。他们将它切片，将它小心地连根拔起，放入植物标本集的书页之间以及特地带来的小盒子里。一旦某只鸟儿激起了斯特勒的好奇心，他就会要求下属在必要时爬上树去将其捕捉。在此期间，他会精细入微地观察土壤以及覆盖在上面的苔藓。

当他拨开一丛灌木的时候，他突然摔落在一块掩盖了一处地道入口的石头上。几根木柱构成了一个地窖的框架，斯特勒让他的哥萨克助手在入口处望风，自己则小心翼翼地钻了进去。这是一个储藏食品的地方，他立即以一个精确的清单向我们汇报了藏品的内容：树皮制的器皿里装满了熏鲑鱼，斯特勒特地补充道，它们"制作精良，非常干净"[117]，于是他自然而然地尝了尝，觉得"味道比［他］在勘察加见到的那些都要好"；大量用于蒸馏的草本植物；另一些植物已经被仔细去皮，以将其纤维制成渔网；被漆成黑色的箭，它们被削得很快，他因此推测，这些箭"可能需要使用铁器和刀才能切削得出来"。[118]他们为白令收集了一些样本，之后便立即重新开始了勘探。在山顶上，两人发现区区几公里外的森林中冒出了浓烟，但那里是在大陆上。

带着自己的装备以及规模惊人的发现成果，两人急忙跑回了海滩，在那里他们遇见了完成补水任务的小分队。在划艇离开去进行最后一次摆渡任务的时候，斯特勒托人向白令带话，请求他再给自己一艘小艇、一队人手和几个小时。居民已经目所能及，这样好的会面机会又怎能浪费？

斯特勒几乎没有怀疑指挥官会给出怎样的答案。从他踏上卡亚克岛之后到现在，已经过去了六个小时。在划艇载着一桶桶淡水划向"圣彼得号"的同时，他将研究成果摊在沙滩上，开始在笔记本里仔细为它们编号、制作索引。他自己也承认——斯特勒很少会这样承认——白令确实已经"心力交瘁"。但他又立马补充道："我没有时间对他说教，夜幕即将降临，我便又派我的哥萨克助手去射下几只我先前注意到的鸟类。至于我，我又向西偷跑了一段距离，直到日落时分才带着一些新的资料和样品从那边返回。"[119]

在他最后一次偷跑归来时，迎接他的是一道要求他立即返回"圣彼得号"的正式命令。指挥官唯一的让步是让人把一个装着半公斤烟草、一个中国烟斗和一块绸缎的铁盒子放到土著人储存食品的地方，用来补偿他们擅自拿走的东西。然后，斯特勒就被坚定地抬上驶离美洲的划艇。这位学者咬牙切齿，但当他登上"圣彼得号"时，他受到了热烈的欢迎。白令为他送上了补充体力的热巧克力。人们为第一次登陆而庆祝，而这也将是唯一的一次。"我们在美洲待了十小时，却为此准备了十年。"[120]斯特勒在他的航海日志上写道。其中的六个小时他都在疯狂采集。他专门为卡亚克岛上的研究所写的著作《六小时内观察到的植物之目录》[121]包含了144种精心呈现和描绘的植物样本。除此之外，还有他采集到的昆虫、鱼类、鸟类和哺乳动物。160件科学战利品，平均每两分半钟就有一个发现。真不知道是否有一项关于发现的世界纪录。

在他非同寻常的收藏品中，斯特勒对他的哥萨克助手捕捉到的一只色彩鲜艳的鸟儿尤为满意。他看着这只松鸦，尽管他已疲惫不堪，但他还是用几声赞叹表达了自己的喜悦之情，这让他的同伴们惊讶不已。对他而言，这只将被命名为"斯特勒松鸦"的鸟儿是考察队确实位于美洲的证明。这个年轻人再次证明了自己记忆力超群，他刚刚注意到这只鸟儿与他早年在德意志研究过的一块彩色插图之间的相似之处："我用手护着这只鸟，想起了我在一本法英双语的书中看过的一幅图以及对卡罗莱纳地区植物和鸟类的描述。这只鸟让我相信，我们确实是在美洲。"[122]

"斯特勒床杜父鱼"、"斯特勒石鳖"、"斯特勒小绒鸭"、"斯特勒冠蓝鸦"、"斯特勒藓石南"、"斯特勒婆婆纳"、"斯特勒蒿"、"斯特勒六线鱼"（这是鳟鱼的一种）、"斯特勒松鸦"、"斯特勒鹰"、"斯特勒白鸦"……以他的名字命名的动植物数量繁多，它们见证了他在阿拉斯加土地上度过的几个小时，这几个小时却让博物学经历了几次大的飞跃。科学界向这位无畏而杰出的年轻科学家致以无比的敬意。在这些此前都不为人知的物种中，白海鸦"因为只在临海的悬崖上筑巢，所以无法取得"。[123] 这种鸟类之后就再也没有被人目睹过。另一个引人注目的发现是海鹰，它的头和尾巴都是白色的，这是一个极其罕见的物种，却因成了美利坚合众国三种标志性的鹰之一而变得出名。"斯特勒鹰"在俯瞰大海的高岩上筑巢，其直径可达一米半。在斯特勒之后，只有两位鸟类学家认出并观察到它们，而且只在阿拉斯加。在此期间，这一物种也可能已经灭绝。在等待划艇送他回"圣彼得号"的期间，斯特勒用他在海滩上匆匆写下的笔记，活生生地写出了阿拉斯加的第一本博物学著作。美洲已经被他甩在身后，但他的探索仍然没有结束。最惊人的发现仍在大洋上的更远处等待着他。

第十章
荒岛十个月

收获大量动植物样本后的第二天，平时总是将自己关在舱室里的白令成了最早登上甲板的人之一。他一反常态地没有征求任何人的意见，就下令准备立即出发。指挥官的副官之一瓦克塞尔观察到，在前一天的上岸过程中，只有35个淡水桶被装满，另外20个桶还是空的。然而没有办法，探险队队长急着要返回母港。斯特勒不明白怎能就这样退却，不再对沿海地区做更加深入的探索，不再与当地居民见面，也不再为俄国在新大陆的登陆留下象征性的标记。面对他的抗议，白令回答说他认为就探索而言，收获的成果已经足够多了，他主要担心的是，随着秋天的到来，风暴和风型的突然改变会阻碍船只的返航。这一天，刮起的风正吹向他们需要的方向，白令可不想错过这个机会。面对船长表现出的决心，斯特勒没有做出更放肆的举动，而是将讽刺的话写在了自己的日记里。他记道，这次仓促启航的唯一动因，"是一种惰性的执拗，是对一小群手无寸铁，甚至更加惊恐的野蛮人的冰冷胆怯，是一种懦弱的忧郁，一种对'家'的思念"。[124]

白令之所以突然显得焦虑得难以忍受，部分原因是他的健康状况发生了恶化。过去几年里泰山压顶式的操劳，已经让探险队队长疲惫不堪，他似乎患上了一种抑郁症，他悲观地看待一切，感觉受到了威胁，并试图自我隔绝。他不仅在心理上受到影响，他的肝脏也在捉弄他，他失去了食欲，这让他极易患上坏血病。然而，他对返航途中天气的担心也不无道理：作为一名经验丰富的航海家，白令担心会在气温下降后遭遇大雾，这对于大约30米长的双桅横帆船而言无疑是致命的危险：它变向缓慢，又航行在未知的海域。事实很快证明了丹麦船长的判断是正确的，从第二天开始，空中就降下浓厚且持续的大雾，使西进变得非常危险。"圣彼得号"试图在海滨航行，希望能在第一时间重返远海，但要注意避开前方的任何小岛或暗礁，于是它沿着阿拉斯加的海岸线慢慢地寻找着自己的航道。一场连绵不绝的雨又在大雾中降下，日复一日地伴随着船只。船上的水手要以十分累人的频率承担一个又一个值班任务和夜间作业，这让他们无法保证自己的睡眠和卫生。恶臭弥漫在整个船上。风暴越来越频繁，越来越猛烈，掌舵的舵手被命令转向西南方向，以期避开任何不可预见的陷阱。这一切都延缓了前进的速度，从卡亚克岛出发之后，船已在海上航行了十七天，虽然只行驶了几百公里，但淡水储备已经只剩下了26桶，这个储量完全不足以覆盖抵达阿瓦恰湾之前的1500公里路程，在远洋上长期冒险无异于自杀。

8月10日，当"圣彼得号"距离最近的海岸大概有300多公里的时候，船员们的注意力突然被一种奇怪的动物吸引，它在船边毫无畏惧地游动。斯特勒观察了它两个小时，并做了详细描述："它有一米半长，它的头和竖起的尖耳朵与狗相似。它的双唇两侧挂有胡须，这让它看起来像个中国人。眼睛大，身体长而圆厚，越靠近尾部体积越小。它的皮肤上似乎覆盖着浓厚的毛发，背上是灰色的，肚子上则是红里泛白；但在水里时，它则显得像牛一样红。它的尾部由两片鳍组成，其中上片鳍和鲨鱼的差不多，比下片鳍要大一倍。"[125]这只动物在水手们的注视下不停地玩耍。它潜入船底，像鳐鱼一样游走，在另一边又再度出现，如此反复三十多次。有时，人们能够看到它一次性直立了好几分钟，将身体的三分之一以上部分都伸出水面。有时，它距离船体如此之近，人们"可以用杆子打到它"，斯特勒记录道。这是什么神奇的生物？时至今日，仍然无人能够得出定论。

因为它的外形，斯特勒给它起了一个"海猴"的名字。除了一个水手和他的家人于1969年在阿拉斯加外海报告了一个与斯特勒的描述非常相近的生物，再也没有人看到过它的哪怕一个样本。一些历史学家和动物学家推测，斯特勒可能把这种动物与软毛海豹弄混了，它们的嬉戏行为与"海猴"逗船员开心的举动颇为相似。一些神秘动物学家还猜测那是一只患有先天性畸形的软毛海豹。但也有一种假说认为那是一种就此灭绝的哺乳动物，探险队成了它在历史上为数不多的目击者之一。这样的说法也不无道理。作为一名严谨的科学家，斯特勒将它观察了很久，尽管当时天色已晚，但它近在咫尺，这位敏锐程度和记忆力都异于常人的博物学家对这个动物的详细描述也是最好的佐证。

"圣彼得号"上，坏血病悄然降临。截至8月10日，助理外科医生填写的航海日志上已经记录了21名患者。其中有几个人已经无法离开自己的床铺，其他的人每动一下都会疼痛难忍，因此只能吃碾碎的饼干。患者牙龈肿痛，牙齿松动，他们开始对噪声过分敏感，在吊床上逐渐被麻木感和抑郁情绪侵袭。白令自己的手脚已经不能动弹，脸色也变得蜡黄。每天都会有新的水手患病，这让未患病的水手们工作更加疲惫。形势变得危急，接过指挥权的斯文·瓦克塞尔决定向西北方向航行，尝试登陆并补充淡水，也让已经疲惫不堪的船员们喘一口气。8月30日，帆船在13个小岛组成的岛链前抛锚，这些荒岛上岩石密布，人们目之所及没有一棵树木。第一个上岸的病人也是第一个罹患坏血病的患者：同伴们刚把他吊上甲板，他呼吸的第一口新鲜空气就带走了他的性命，这个名叫舒马金的水手死在了将他支撑着的同伴们的怀里。他葬身的这座小岛现在正是以他的名字命名的。

几十个病号在沙滩上躺成一排，为此地的风景增添了极其阴森的一笔，还能动弹的人则开始寻找淡水。格奥尔格·斯特勒也和他们一起。这一回，年轻科学家和旅伴之间的不和又一次对探险活动造成了严重的后果。执行取水任务的队员已经非常虚弱，他们在途中发现的第一条淡水溪流旁停了下来，立刻开始装桶。当第一个木桶即将装满并封存时，斯特勒对水的质量提出了质疑。他记载道："通过沏茶和用肥皂进行的测试，我发现这里的水含钙量很高；另外，我注意到水位随着海平面的升降而升降，这说明水中可能混有海水。虽然我提请大家注意，使用这种水会促进坏血病的发生，而且它的高含钙量会使机体脱水，丧失力量，但没有人愿意听我说话。"[126]斯特勒将他提取的水样交给瓦克塞尔，并向他说明掺了海水的碱水一旦被储存起来，其盐度只会增加，而且会变得无法饮用。然而船长助理对这名德意志年轻人的善意无动于衷。"即使我向他们推荐了一个比他们心爱的咸水池更近的水源，也没有一个人愿意听我的。"[127]

这种对斯特勒的固执无视，最终将会对三分之一的船员造成致命的伤害，而瓦克塞尔本人也不得不承认自己的错误。但水手们对这位海上知识分子的蔑视达到了一定的程度，他们甚至拒绝帮助这位植物学家采摘灌木丛中大量生长的蓝莓和越橘，以及一种类似水草的草药，尽管斯特勒对这些草药抗坏血病的功效赞不绝口。水手们？摘草？想都别想！德意志人从未被彻底打败过，他在他忠实的哥萨克助手的帮助下自己开始了工作。当水手们将木桶滚向划艇的时候，另外两人则在他们的嘲笑声中忙着采摘植物。他们在几天后就得以复仇，当船员们在坏血病的诅咒中纷纷倒下时，格奥尔格·斯特勒和他的助手几乎是仅有的还能保持直立的人。但这复仇来得极为苦涩："后来，当船上只剩下四个人可以活动时，他们才有时间后悔。即使是他们之中最愚钝、最忘恩负义的人也不得不注意到，我能够让因坏血病而四肢完全失去使用功能的指挥官在不到八天的时间里回到甲板上，并且感觉和航行之初一样清爽，这一切都要归功于这些新鲜的草药。"[128]

"圣彼得号"继续前行，它努力利用每一次难得的有利风向，试图在不靠近众多小岛的情况下沿着海岸前进，期间也在海湾中靠岸休息，当无法继续航行时甚至会连续停泊数日。9月初，当帆船被迫从远海上返回先前停泊的锚地时，甲板上的人听到了一声响亮的叫声，他们最初以为那是海狮的叫声。但他们几乎立刻就看到了两艘独木舟形状的小艇，那是土著人的"拜达卡"，斯特勒立马将其与格陵兰岛来访者描述的因纽特人的皮艇进行了对照。这是居住在这个群岛以及阿拉斯加海岸的阿留申人与白人之间的第一次亲密接触。科学家斯特勒以他那为我们熟知的仔细态度，详细地描写了当时的场景。甲板上，全体船员集合在一起，看着两位访客从岩岸边划船而来。当他们划到还有500米距离的时候，"两个人在小船上同时开始用清晰的声音给我们做长篇演讲，而我们的翻译连一个字也听不懂，"斯特勒记述道。"我们认为这些话是欢迎我们的祈祷词，要么就是仪式或礼仪用语，因为这样的习惯在堪察加和千岛群岛也很常见，"他又补充道。[129]他总是在寻找对照，从而完善他的科学假设。由于帆船上没有任何人懂得这套把戏的意思，水手们挥手示意两个划船的人放心靠近。作为回答，划船者指着自己的嘴巴和海水，然后指向岸边，邀请探险者来和他们一起吃喝。这个过程只持续了短短的十五分钟，但斯特勒在笔记本上写下了每一个细节："他们在更加靠近之前，其中一人就从胸前掏出一种铁色或铅色的泥土，并用它在脸颊上画出梨形，然后用一种草堵住鼻孔 [……]。他们身材中等，结实健壮，非常匀称，手脚肌肉发达。他们的头发又黑又顺，直直地披在头的四周。他们的脸是棕色的，稍微有点扁平和凹陷。他们的鼻子也是扁平的，但既不大又不短。他们的眼睛是炭黑色的，嘴唇突出，呈果肉状。此外，他们的脖子很短，肩膀很宽，身体圆润，但我们不能说他们的肚子很大 [……]。他们和俄国农民一样，在腰间用一个制作粗糙的匣子装着一把长铁刀。我从一段距离之外仔细观察这把刀的性质，其中一个美洲人将刀从刀鞘里拔了出来，将一个皮囊切成两半。它明显是铁制的，而且和任何欧洲产品都不类似。"[130]

他没有提到白令，他可能又在他的船舱里，但瓦克塞尔安排了一艘划艇下水，斯特勒、翻译和少数水手纷纷在上面就位。他们划到了岸上，发现一群土著，他们"男男女女打扮得如此相似，难以分辨"，他们用充满"惊讶和友善"[131]的呼喊声欢迎他们。由于担心划艇触礁断裂，使靠岸变得危险，瓦克塞尔将船停在离岸边约50米的地方，并命令翻译和两名水手脱掉衣服，游向这"第一批"美洲人。

接下来在阿拉斯加海滩上发生的一幕是值得进入民族学教科书的，它与若干年后著名的库克船长在夏威夷群岛停泊时丧生的一幕非常相似。三人上岸后就被土著围住，他们大喊大叫，手舞足蹈，但丝毫没有敌意。几个阿留申人跳入水中，抓住划艇的绳子，将船拉向岸边。其中一个人划着他的拜达卡，靠上了划艇的一侧。令斯特勒沮丧的是，有人递给土著一杯伏特加，"他学着我们的样子将酒一饮而尽，但马上就吐了出来，仿佛觉得自己被骗了"。然后，瓦克塞尔拿出了一个点燃的烟斗，但它显然让这个可怜的勇敢者反胃得咳嗽了起来。"最聪明的欧洲人如果被邀请去品尝毒蝇菌或烂鱼汤，也会做出完全相同的反应，但勘察加人却把它们当作美味佳肴。"[132]斯特勒记录道。他为同伴们的不敏感感到遗憾。土著将鲸脂送给自己的客人们，并对他们的翻译显露出兴趣，翻译是一个堪察加人，与他们的特征接近，于是土著将他牢牢地扣在滩上。为了解救他，瓦克塞尔命令水手向空中发射了两发火枪。由此产生的雷鸣声吓坏了阿留申人，下船的三人得以赶紧下水回到小艇上。而阿拉斯加人和欧洲人之间的第一次文化接触，终于在不再好客的喊叫、手势和飞石中结束。

随后便开始了两个月地狱般的日子。指挥官在刚抵达美洲时只是想到秋季的暴风雨就心情忧郁，这会儿它突袭帆船的力度和频率连他都不曾想象。坏血病几乎没有放过除斯特勒和其助手之外的任何一人，正如这个德意志人所说，"水手们的精神就像他们牙龈里的牙齿一样摇摇欲坠"[133]，被坏血病削弱的船员们已经无法操控"圣彼得号"驶向精准的航向。白令在各种意义上都缺位了。某日在船舱里，斯特勒发现船长的眼神是那么凝重和憔悴，让他一度以为船长已经死了。在海流和将船体与桅杆吹得咔咔作响的暴风的作用下，船只在海面上迷失了方向，它有时向南前进，有时向他们来的东边，有时在几天内就浪费了之前辛苦航行过的数百里的航程。以下内容摘自斯特勒的日记："9月27日。我们遭遇了一场猛烈的风暴。海浪如此剧烈地打向我们，仿佛炮弹一样，我们在等待着致命一击。[……]9月28日。暴风雨以更大的力度向我们袭来。[……]9月30日。情况变得更加糟糕了，我们原本还以为已经再糟糕不过了。我们做好了船随时会遇难的准备。我们既不能站着，也不能坐着或躺着。没人可以再坚守自己的岗位了。我们被置于上帝的力量之下。我们有一半的人都病倒在货仓深处。其他人只是靠着力量和本能来抵抗，但是，在波涛汹涌的大海中，他们也已经失去了所有的理智。我们经常祈祷。"[134]

虽然斯特勒认为自己死期将至，但他并没有丧失他的责任感和观察的兴趣。"在这几天里，我注意到了两个现象，这是我以前从未观察到的。"他在描述这几个星期无比惨烈的境况之余写道。那是所谓的"圣艾尔摩之火"，它会先在桅杆顶端闪烁，然后以闪电的形态消失。船日复一日地继续着航行，它正在北太平洋上游弋，等待着奇迹的发生。10月18日，残障病员名单上共有32个名字。几乎每天，水手们都会把其中一人的尸体托付给大海，他们都是被坏血病及其引发的出血夺走生命的。"10月31日，"斯特勒再次记道，"我们的病人死了太多，导致我们无法再去改变船的操控和航向。"[135]

11月4日，"圣彼得号"已不过是一艘漂流船。最后一桶残存的咸水已经被污染，没有人再有力气去收集雨水。船帆被撕裂，绳索被扯断，主桅杆被风折断，主炮在一次特别剧烈的横摇中撞碎船体落水，破口处被人用几块钉好的木板随便地补上。最后还能站立的人都聚集在甲板上，他们希望能够看到一块陆地。八点过后不久，他们突然看到地平线上有山丘的轮廓。"我无法描述这种景象带来的喜悦，"斯特勒写道，"半死不活的人们纷纷爬到甲板上，只为亲眼看到这块陆地，他们无一不感谢上帝的仁慈。"[136]

陆地？是的，然而是哪一块？没有人知道这艘船的确切位置，有人猜测它距离勘察加半岛不远，也有人认为他们在日本或美洲的范围内。船上的军官们手持地图，他们试图相信那儿就是堪察加半岛，通向阿瓦恰湾的狭窄入口就在不远之处。然而，那三座标志性的火山锥——它们仿佛回家路上的三座信标——却依然毫无踪影。中午时分，终于有一束阳光从云层的豁口中射出，他们得以在十多天的漂流之后计算出了自己的位置，"圣彼得号"上的军官们又得让部下失望了。根据斯特勒的说法，这艘"与其说是一艘船，不如说是一具残骸"的帆船在目的地以北至少250公里，而且它所处的经度还不得而知。远处的这块陆地有可能是堪察加半岛？斯特勒对此表示怀疑，但他又一次招来了下士咆哮般的回答："您不是水手，先生。"为了决定下一步该怎么做，白令召集所有军官到他的舱室召开特别会议。一些与会者已经有好几个星期没有见到这位指挥官了，他们一看到他就吓坏了："他的圆脸已经陷了下去，发黄的皮肤上沿着脸颊挂着松软的褶皱。他的牙齿都掉光了，双唇在肿胀的牙龈上几乎无法合拢，他的嘴里无异于一片黑色的废墟。他因为病痛无法剃须，所以皮肤上长满了白胡须。他的眼皮下沉，他努力地望着周围一圈沉默的参会者。"[137]

白令痛苦而费力地坐好。他用自己剩下的所有信念说道，他的经验令他认为应该继续向港口前进。此刻停下就是冒着永远无法再度起航的风险。如果视野中的海岸不是堪察加半岛，那它可能就是探险队的坟墓，他们无法在这没有树木且暴露在恶劣天气条件中的土地上过冬。但他已经不再具有探险队队长那种无可争议的权威。军官们确信他们已经接近了堪察加半岛，他们想要登陆。他们认为，一旦上岸，他们就可以在恢复一些体力之后，设法派几名信使徒步返回彼得罗巴甫洛夫斯克。就连瑞典籍副官瓦克塞尔也恳求抛锚。在场的斯特勒同意自己船长的观点。"但由于从一开始就没人问我的意见，所以我就什么话也没说。毕竟我不是一名水手。"[138]白令被打败了，"圣彼得号"将在这个未知的地方靠岸。此时还没有人能够猜到它再也无法离开这里了。

做出决定之后，船上出现了一种耐人寻味的解脱与顺从的气氛。当因潮湿而腐烂的索具在前几个小时内被再度撕裂，能够活动的水手数量也已经不足以驾驶这艘船时，"圣彼得号"只能漂浮着，任由风将它推向这个大家都认为是堪察加半岛的未知之地。那时有49人患病或无法行动，12人已经去世，还有20人将紧接着死去。随着时间的流逝，斯特勒几乎是甲板上参与靠岸工作的唯一一人，他左奔右跑，甚至想要唤醒白令，让他来调动船上最后的力量。指挥官匍匐在他的铺位上，军官们因坏血病而筋疲力尽，已经上床睡觉，当日落时分，这艘帆船千钧一发地接近一个礁石滩时，没有一个负责人在场，水手们将锚抛下，停止了船的进行。他们在正前方看到了一片大沙滩，天亮后他们有望在此轻松登陆，但前提是他们必须设法穿过将他们与海岸隔开的危险礁石屏障。但由于潮水和海浪冲击礁石的力量，半个小时之后，系泊绳就断了。锚丢了，为了不让船也丢了，人们立即将第二只锚抛进海里。几分钟后，新绳便再次断裂。船上一片恐慌。"虽然当下的危险是致命的，"斯特勒记录道，"但他们说出的话和做出的反应不免让人想笑。"一名水手问水是不是很咸，"仿佛在更淡的水里死去，他的感觉也会更淡，"这位科学家讽刺地写道。[139]平时勇猛又大嗓门的水手们躲在船舱里，"脸色苍白得仿佛死尸"。另外，因为按照迷信的说法，甲板上的尸体会招来厄运，所以最后两个死于坏血病的患者立即被扔进了波涛中。在绝望情绪的驱使下，尚能站立的水手们甚至准备抛出他们的第三个也是最后一个锚，他们直到最后关头才被一个保持冷静的同伴阻止。他做得对，因为命运似乎突然对"圣彼得号"产生了怜悯。就在船被卷向一堆意味着礁石存在的泡沫之际，一股猛烈的浪突然将它托起，带着它越过了礁石的屏障，让它进入了面前开阔海湾的平静水域。这是奇迹？至少很接近了，尤其是人们在几十年后还发现，白令和他的部下们在不知不觉中穿越的，是这个避难岛东部沿岸唯一一个可以通航的通道。

这是一个岛？事实与水手们的愿望以及军官们斩钉截铁的论断相反，这里确实不是堪察加半岛。这座岛屿如今被称为"白令岛"，是科曼多尔群岛*中最大的岛屿，在"圣彼得号"于此地结束疯狂之旅之前，没有任何人知道有这样一个岛屿存在。已经有所预料的斯特勒不久就证实了自己的假设：1741年11月7日上午，"一个惬意的白天"——他补充说明道——他第一次踏上了白令岛的沙滩。[140]宽阔的沙丘上覆盖着倾倒在北太平洋海风中的褐色细草，他刚在这里登陆，蓝狐就因为对新访客的好奇而纷纷跑了出来。斯特勒一边用脚和棍棒保护自己微薄的所有物，一边从这种奇怪的行为中推断出这些动物之所以如此肆无忌惮，很可能是因为它们从未见过人类。这块土地或者人烟稀少，或者根本没有人烟，因此它绝不是堪察加半岛。这位科学家惊讶地观察到"这种动物的无耻、狡猾和调皮程度远超普通狐狸"。[141]

少数还能活动的船员小心地使用着自己的力气，缓慢地、一天接一天地将船上的病人转移到岸上。人们在沙地上用沙滩上收集来的浮木搭建起几个遮蔽所，将碎帆的残骸盖在上面，病人就被安置在这

---

*"科曼多尔群岛"名字中的"科曼多尔"（Commandeur）意为"指挥官"，这个命名也是在纪念白令。——译注

里。11月的第一周即将结束，每个人都明白，在这片荒凉裸露的土地上，他们将迎来一个可怕的冬天。他们必须要在能力和精力允许的范围内尽可能地抓紧时间：停泊中的"圣彼得号"，连同所有那些被遗弃在舱底的人，可能会在第一场风暴中就被卷走。他们还必须趁着没有下雪的时候收集木头、囤积草药，尽量拯救更多的不幸的人，让他们免受将他们缓缓置于死地的坏血病之苦。"圣彼得号"的航海日志见证了当时的氛围：11月8日，尼尔斯·扬森去世；10日，小号手米哈伊尔·托罗普佐夫也随他而去；14日，四个人刚被转移下船，就在临时搭建的遮蔽所中咽气；接着，萨文·斯捷潘诺夫于16日去世；被白令救下的北极探险家尼基塔·奥夫茨涅于19日也迎来了同样的命运；马克·安提平于20日去世，安德里安·埃塞尔伯格于21日去世，谢苗·阿尔特梅夫于22日去世。"岸上四处都是凄惨可怕的景象。死去的人尚未被安葬，就受到狐狸的残害，它们会毫不犹豫地攻击在沙滩上没有保护的病人，并像狗一样嗅着他们。有一些病人因为寒冷带来的痛苦而哭泣，另一些病人则因为饥饿或口渴而哭泣——他们中大多数人的口腔都受到坏血病的严重影响，在进食时都不得不承受巨大的痛苦，他们肿胀的牙龈就像覆盖在牙齿上的黑褐色海绵。"[142]

11月10日，轮到指挥官该从船舱中被转移到专门为他整理的坑穴里了。探险队队长和其他人一样，也背负了一身病痛的痕迹。他的脸色发黄，皮肤上有蓝色的斑点，关节痛得可怕，他被小心地抬上担架，人们让他慢慢地靠近甲板和新鲜的空气，因为第一口新鲜空气对病人而言往往是致命的。十天后，最后一批躺在吊床上的人被转移到了陆地上。按理说，"圣彼得号"必须被拖到海滩上接受修理，才能在之后靠它逃生，但除了斯特勒和他的哥萨克助手以外，只剩下四个人还能保持站立。但在11月底，自然的力量终于解决了这个问题：一场稍强的暴风雨把船从抛锚点扯走，将它碾碎在了海滩附近的礁石上。

在临时营地里，狐狸已经成了威胁程度可与坏血病匹敌的祸患。"有一天晚上，当一个水手跪着爬去室外小便时，一只狐狸用獠牙狠狠咬住了他露出的部位，尽管那人大声哭喊，它也不肯松口，"斯特勒记录道，"再没有人敢不拿棍子就去解手，因为狐狸会向排泄物蜂拥袭来，然后像猪一样，将秽物立即吞食。"[143] 随着时间的推移，即便这名德意志年轻人一直以来都是一位对动物十分细致、尊重的博物学家，他也失去了冷静和达观。面对这些神出鬼没的掠食者，暴戾的怒火左右了他。上岛后的第三天，他一人就在三小时内打死了70只狐狸。"无论是白天还是黑夜，它们都不给我们任何喘息的机会，我们非常愤怒，只要碰到机会，就毫不留情地用最残忍的方式将它们杀死，无论老幼。[……]每天早上，我们将活捉到的'小偷'提溜着尾巴带到行刑地点，要么砍头，要么打断腿。有几只狐狸被我们挖掉了眼睛，我们还两只一组地将它们倒吊起来，让它们互相吞食。一些狐狸被折磨致死。最有趣的做法是把它们的尾巴绑在一起，这样它们就会用尽力气拉扯，直到自己的尾巴被扯断。它们在跑出去几步之后，会转过身来寻找自己丢失的尾巴，然后它会这样绕着圈转上大约20次。"[144]

维图斯·白令痛不欲生。他腿部的肿胀已经蔓延到了腹部，毫不夸张地说，他已经被虱子吞没了，除了坏血病带来的巨大痛苦之外，瘘管也让他痛苦不堪。斯特勒在他身边，尽管他百般照料，却也无能为力。这位丹麦船长、历史上最大规模科学探索活动的指挥官躺在地上，沙子正源源不断地流过他的双腿和肚子，将他过早地埋葬。当斯特勒做出样子，要帮船长扫除他身上覆盖的天然盖被的时候，船长抗议道："别管我了，"他对自己的科学助理低语道，"我的身体被埋得越深，我感觉到的热量就越多。我身体上只有露在外面的部分才会感觉到冷。"1741年12月8日，在天亮前两小时，这位"以最冷静和最严肃的态度等待死亡的探险队队长"[145]咽下了最后一口气。还活着的人把他从坑穴中挖出来，将他绑在他那"圣彼得号"的一条浮木上，并按照路德派的仪式，将他埋葬在这座从此就以他的名字命名的岛屿上。在哥伦布之后，库克之前，白令也进入了伟大发现者的行列。诗人泽巴尔德重现了当时的场景：

> "现在，就让他，"
> 他说，"静静地陷入
> 沙子里。"［……］
> 斯特勒抬起眼睛，看到
> 海洋灰绿色的反光，
> 北冰洋的天空
> 布满了云。这是一个标志，
> 他们离陆地还有很远的距离。[146]

当白令在大陆的尽头死去的时候，在圣彼得堡，在这同样的12月初的几天，探险队在宫廷里最主要的支持者和捍卫者们遭新任女皇伊丽莎白一世（彼得大帝的女儿）剥夺了职位与职务。伊丽莎白决心与她认为权力过大的"德意志帮"做斗争，她对这个许多要职都掌握在外国人手里的庞大事业持负面看法。由白令构思和领导的北方大探索只剩下最后几个月的时间，而这位固执己见却对自己的命运如此焦虑的丹麦人还是在它终结之前迎来了自己生命的终结。斯特勒当然不知道一万公里之外发生了什么，他在寥寥数行的墓志铭中回顾了这段历史的开端："白令承认，这项事业比他想象的要庞大得多，也漫长得多。在他这个年纪，他倒是希望能从整件事中抽身，将它托付给一个出身于俄罗斯民族的有志青年。"[147]

指挥官去世了，他不会是最后一个因为坏血病，外加寒冷、物资匮乏和体力不支而倒下的人。在1742年初随白令而去的洛古诺夫少尉是这一阶段探险的最后一个遇难者。登船的78名船员只剩下46名幸存者。在团队内部，与世隔绝的环境和存活的必要性导致了一系列社会与等级关系的重新调整，这引起了斯特勒的好奇心。海军军衔和帝国封号已经不那么重要，财富则完全失去了重要性。技术水平、解决问题的能力、组织能力、人格品质成为新等级划定的基础。军官们已经不再下达命令，他们不再用爱称来称呼水手，而是用更尊重的形式，即他们的名字加上父名的形式来称呼他们，在俄语中，用父名称呼他人是尊重的表现。斯特勒以业余人类学家的身份狡黠地指出："人们很快就认识到，'彼得·马克西莫维奇'会比'彼得鲁什卡'更乐意献上他的效劳。"*在这个新的社会体制下，斯特勒令人赞叹的知识储备和推理能力十分宝贵，这掩盖了他性格上的缺点。他的对头赫特罗夫下士则经历了一段艰难的时光。他十分虚弱，暂时无法活动，完全不能自理，他为自己滥用职权的行为付出了代价，他被拒绝进入在沙地上挖出的临时遮蔽所，不得不向探险队的外国成员寻求庇护。

　　形势实在不容乐观。随着冬季的到来，风暴成倍增加，并将"圣彼得号"的残骸推向离海岸更远的地方。这艘曾经被人引以为傲的旗舰现在只是一具被埋在三米沙土下的残破遗体，人们已经无法想象它能够重新漂浮起来，甚至只是短暂地漂浮起来。由于岛上没有任何树木，船的骨架仍是能利用的唯一资源，他们希望在夏季回归的时候，能够拼凑出一艘可以在大洋上航行的小船，从而从这个不知名小岛上逃脱必死的命运。坏血病让问题变得更加复杂，因为它害死了船上的所有木匠。如果要自救，幸存下来的水手和士兵就必须重新创造一些造船的准则。

———————————

　　*"彼得鲁什卡"（Petroucha）是"彼得"（Piotr）的爱称之一。根据情景的不同，使用这样的称呼方式体现了一种家长式的关系或一种居高临下的态度。使用名字（"彼得"）和父名（"马克西莫维奇"，即"马克西姆的儿子"）称呼一个人则反映了一种平等的关系或特别的尊敬。

沙滩被厚厚的积雪覆盖。从现在起，人们再也无法简单地找到搁浅的浮木，然而它们却是"圣彼得号"船员仅有的燃料。因为不能动用几步之遥的帆船遗骸，他们每天都要沿着海岸线走上三四公里，然后是十公里、十五公里，最后是二十公里才能获得木材。这样漫长的跋涉已经证实，"圣彼得号"船员避难的场所确实是一个岛屿，它此前不曾出现在任何一张海事地图上。12月26日，当一组侦察员从该岛另一侧执行侦察任务返回时，得出了这个明确的结论。那是圣诞节的后一天，阿拉斯加的发现者们将沉船遗骸中的湿面粉残渣制成饼干，聊胜于无地庆祝节日。这样的消息无疑对士气造成了沉重打击。直到次年7月或8月，他们才知道自己被困的地方位于远海，他们迷失在了北太平洋上。

斯特勒又是如何面对这场考验的？他自然还是醉心科学。在深及小腿的积雪中，他勘察着这片至今未被玷污的天地；在沙地上挖出的潮湿坑穴里以及闪烁的烛光中，他撰写着日后会成为他代表作的《论海洋动物》，当它在成书的十余年后于哈雷出版时，它的德文副标题是《对若干海洋动物的详细描述》。[148] 已故维图斯·白令的前科学助理当时不知道自己是否有丝毫生还的机会，也不知道是否能将研究成果传递给他的资助者，但他还是用两百页紧凑的哥特体文字进行了博物学界最引人入胜的动物学观察。这些配有插图和速写图的篇章是在史诗般的环境下完成的，它证明了斯特勒对知识的热情和永不满足的渴求。每一种动物，都在其于岛上栖息地栖息期间受到了斯特勒详尽而严格的观察，他会对它们进行解剖、比较、描述，并测量到哪怕是最微小的器官，在此期间，斯特勒从未纠缠过他自己的痛苦。"我不会用这种不确定的经历来换取最大的资本。"[149] 他在后来写给其同事及上司约翰·格梅林的信中写道。格奥尔格·斯特勒是当时第一个观察和描述无法飞行的眼镜鸬鹚*和斯特勒鹰†的科学家，他通过攀爬岩壁，侵入了它们的巢穴："它们的巢穴有30厘米高，我于6月初在那里发现了两个蛋。雏鹰完全是白色的，没有一处斑点。但当我在岛上对巢穴进行观察的时候，雄鹰雌鹰对我进行了猛烈的攻击，我费尽所有力气才用棍子保护了自己。虽然我没有对雏鹰造成任何伤害，但成鸟却弃巢而去，在另一面我根本无法爬上去的岩壁上筑了一个新巢。"[150]

这段独特的经历，也让斯特勒成为第一个与周围的海洋哺乳动物生活在一起的人。他花了几个星期甚至几个月的时间来研究软毛海豹（他将其命名为"海熊"）和海狮，岛上的数处海滩都有它们的繁殖地点。他阐述说，海狮可重达一吨，其体型是软毛海豹的两倍，特别难以接近。一看到入侵者，雄性海狮及其"后宫"就会立即下海，撤离海滩。如果有人试图堵住其中一只的去路，阻止它逃跑，那么它就会做出非常可怕的反应："它会转身冲向入侵者，左右摇动脑袋以示愤怒，它会咆哮，尖叫，直到把大胆的人赶走、吓退。我自己就经历过一次，那是我第一次尝试，也是最后一次尝试。"[151]斯特勒既耐心又执着，他最终还是找到了让这些巨兽习惯他出现在身旁的方法："虽然这些动物非常害怕人类，但我注意到，如果我们频繁而和平地出现在它们身旁，就可以将它们哄得习惯于我们的存在，这个方法在幼兽尚不会游泳的时期尤为有效。"斯特勒最终得以在兽群中度过几日的时间。他记录道："我在兽群之中度过了六天的时间，但我栖身在一个小小的窝棚之中，在那里仔细地观察它们。它们围着我躺成一圈，望着火堆，甚至对我的动作已经没有了反应，即使我抓住了一只幼兽，出于描述它的需要，将它活活杀死在它们眼前，它们也无动于衷。[……]它们像牛一样哞哞地叫，幼兽像羊一样咩咩地叫，我长久地迷失在它们之中，仿佛羊群中的牧羊人。"[152]

---

* 又称白令鸬。——译注
† 又称虎头海雕。——译注

斯特勒最大的好奇对象之一是一种比较朴实的动物，他在堪察加半岛沿岸就遇见并认识了它们，那就是海獭。俄国开拓者和丛林行者们早早理解了它们的价值。它的毛皮多为黑色，非常浓密，能在毛与毛之间拦截空气，形成缓冲，让海獭不做任何动作就能漂浮在水上。平均每平方厘米40万根毛发！*它的毛皮是动物王国中密度最大的毛皮之一，因此它也是一种无比丝滑的精致饰品。斯特勒指出："这种动物是如此美丽，它的毛皮又是如此卓越，这让海獭成为了整个海洋世界中可能是独一无二的造物。我们甚至可以说，它以其令人羡慕的美貌和柔嫩的毛皮，超越了世界上所有海洋动物。"[153]它们之于海洋世界就如同紫貂之于针叶林，而它们现已遭到无节制的猎杀，因此，它们就像这位德意志动物学家所指出的那样，"通过大规模躲藏在无人居住的岛屿上来寻求安全和安宁"。[154]

但这种庇护只是暂时的，在一个半世纪的时间里，俄国的毛皮猎人，以及他们之后更大规模的美洲同行，都对海獭进行了屠杀，这让它们在整个北太平洋地区几乎灭绝。美国在收购阿拉斯加之后，将针对海獭的捕猎以及作为主要收入来源也更为危险的海豹猎杀活动都纳入了特许经营的范围，这一举措让美国在每个季度都能获得比整个阿拉斯加地区治理费用更高昂的收入。[155]

这种动物从鼻子到尾巴末端的长度刚刚超过一米，它不具有攻击性，而且是群居动物。这样一来，捕猎海獭就更是一件简单的事了。当渔船驶近的时候，海獭妈妈们仍然会仰面躺在水上，并以和人类相同的方式抱着自己的幼崽。只消找准位置，用短棍一击，就足以将它们杀死。这门杀戮艺术的要领在于行动迅速，这样才能防止雌海獭和其幼崽一起沉入水中。美丽又优雅、群居而脆弱的海獭成功触动了斯特勒的内心，尽管他有一层坚硬的外壳，尽管他会在一切场合都给自

---

* 作为比较，人类的全部头发平均只有10万根。

己规定严格的科学距离，然而，通过他的一些观察记录，我们会感受到这个德意志年轻人对于这个物种的柔情，而类似的柔情他却很少对与他一同受难的同伴表现出来。于是，我们读到他在海岸上突袭了两只海獭妈妈，并带走了它们的幼崽："母兽们开始像衰弱的人一样呻吟。它们远远地跟在我身后，用儿啼一般的声音呼唤着它们的幼崽。由于幼崽听到它们的声音也开始呻吟，我只好躲在雪地里将它们控制了几个小时。八天之后，我又回到了相同的地方，发现其中一只母兽倒在那里。我杀了她，她甚至没有试图逃跑。八天之内，她就变得又瘦又饿，皮肤都贴到了骨头上。"[156]

而他的所有发现中最为重要的一个，也是他在这数月鲁滨孙式生活中主要的观察对象，是一种奇异的动物，它的存在在"圣彼得号"失事之前都不为人所知。命运将它与人类的第一次相遇——至少是它与现代人类的第一次相遇——安排在了格奥尔格·威廉·斯特勒与它相逢的那一刻。这发生在船员们第一次上岸后的最初几个小时里。潮水涨了起来，海水覆盖了礁石，这时，这位博物学家发现，在海岸不远处有一群游来游去的奇异动物，它们黑乎乎的背部浮在水面之上，"就像翻过来的船身"，在日光下闪闪发光。这些令人诧异的幽灵缓缓前进，漂浮在两片水域之间，以稳定的节奏游动了好几分钟，然后吐出一口气，发出了类似马喷鼻息的声音。这是一个未知的鲸鱼品种？或是一只巨型海豹？斯特勒向他那些不幸的同伴们询问道，他们刚和他一起上岸，在沙滩上躺着，疲惫不堪。他们都没有见过或者听说过这种生物。

那是否会是一条人鱼？这位年轻的学者问自己。不是上古神话中有女人面容和迷人音色的那种，而是一个完全未知的样本，与海牛类似，属于海牛目？在当时，这种非常罕见的哺乳动物只在热带海域被观察到，它们通常的体型比这群在岸边游荡的海中巨兽要小得多，而后者真的就成群结队地出现在白令探险队幸存者的眼前。斯特勒没过多久就意识到，这些奇怪的动物正趁着潮水在啃食覆盖在海湾深处的藻类。鉴于此，他将它们命名为"海中牛"（大海牛，又称斯特勒海牛），这些水生的邻居会在未来漫长的几个月里，每天都在"圣彼得号"水手们临时搭建的蔽所前涉水，帮他们排遣时间，并拯救他们的生命。

成年大海牛从鼻部到双鳍末端的长度接近 8 米。它的重量在 3 到 5 吨之间。斯特勒在日志中总结道："这种动物直到肚脐的部分都像是某种海豹，而从肚脐到尾巴的部分就像是鱼，而其身体比例则是青蛙的比例。"[157] 它的身型也很不寻常：它颈围 2 米，肩宽 3.5 米，"腰围"近6.5 米，腰以下的部分就突然缩小到只剩下鳍。它灰黑色的皮肤厚而粗糙，"就像树皮、石头的外皮或驴皮一样"[158]，尤其是头部附近的区域，这位博物学家描述道。它的眼睛和羊的眼睛一样大，但必须掀开几层皮才能看到。最后，大海牛还有两只长约 70 厘米的前肢，这构成了其具有关节的足部，"这种足部与马的足部有一定的相似性，但我们没有观察到趾或趾甲"，这样的足部让它能够游泳以及搅动身下的海水，从而拔下作为它基本食物的植物。

斯特勒是第一个描述这种动物的博物学家，也将是唯一一个见过其活体的博物学家。他写道："在这场不幸冒险的十个月里，我每天都有机会从我的窝棚门口观察这些生物的行为和习惯。它们喜欢海岸线上水位较浅、沙子较多的地方，但大部分时间里，它们都在溪流的入海口附近，这里的淡水吸引它们成群结队地聚集。[……] 它们咀嚼食物的方式与其他所有动物不同，它们不是在用它们没有的牙齿，而是在用两块白色的骨头，或者说是两块完美契合的坚硬牙团，浮游生物能在它们之间被碾碎，就像在两块磨石之间一样。它们似乎是单配偶制，四季都能生下幼崽，但更多是在秋季。因为我看到它们大多在春季交配，所以我推断胎儿在子宫内停留的时间在一年以上。[……] 这些大胃口的动物不断进食，它们会贪得无厌地将头长时间地浸在水中，丝毫不顾自己的生命安全。它们在进食期间，每隔四五分钟才会把鼻孔抬到水面上，排出空气和一点水，发出像马打响鼻一样的声音。它们在啃食藻类的时候，会一步一步地移动，半游半走，就像牧场上的牲畜和绵羊一样。"[159]

无论大海牛看起来多么强壮与庞大，它们都是温顺且完全没有攻击性的。这些巨大的哺乳动物从未遇见过人类，不知道这是唯一会捕食它们的生物。水手们能驾着小船沿它们长长的黑色躯体行驶，海鸥会在那里啄食嵌在它们皮肤上的寄生虫和甲壳类动物。人们能抚摸它们，不需多久，他们就能轻松地将其中一只从兽群中分开、捉走。通常情况下，小船会靠近到即将与它撞上的距离，然后船头的人会用鱼叉尽可能深地插进它粗糙的皮肤，他的同伴们则会尽全力划船，从而避免在受伤动物甩动尾巴或突然惊动时遭波及而翻船。考验在此时才刚刚开始："一旦被鱼叉叉中的动物开始挣扎，兽群中离它最近的成员就会向它游来，试图对它施救。它们有的会尽力用背部将船顶翻，有的会趴在绳索上试图将它压断。它们还会用尾巴够到插在受伤动物身上的鱼叉，尽力将它扯出来，有时它们真的能做到这一点。"[160]这场搏斗之后，水手们试图把挂在缆绳上的野兽与兽群隔离开来，再用尽一切方法将它拖到沙滩上去，人们"用刀子或其他尖锐物品将它刺穿、割开，并凶狠地抓住它底部的前肢，甚至经常撕下它大片的皮肤，而它则用尽力气拍打着尾巴抵抗。我们可以听到动物在呼气和呻吟，同时它受伤的背部喷射出一股血泉"。[161]即使受害的大海牛被人为搁浅在沙滩上，有时也会有意外情况出现："当一只雌兽被鱼叉叉住拖上岸的时候，它的雄兽用尽一切办法进行反抗却无济于事，雄兽因此受到了我们无数次的击打，它却不顾一切地冲上岸。雄兽冲向雌兽的身旁，仿佛一支射出的箭，而雌兽已经死了。当我们次日早上回来给猎物剥皮的时候，我们发现雄兽还在雌兽身旁。当我第三天回来在它的腹腔中做自己的研究时，我发现它依然在那里。"[162]

最初的几日，捕杀大海牛显得尤为困难，被坏血病折磨得精疲力竭的人们缺乏力气，让最初被鱼叉叉中的猎物成功逃进了远海。但自从他们第一次成功之后，白令的同伴们就欣喜地发现，这些"肉山"是上天赐予他们的礼物，它的营养价值是他们的救命稻草，而它的滋味也是他们非常难得的乐趣之一。虽然斯特勒是苦行者，但他还是给了大家一个提示："这种动物的整个身体都被一掌厚的脂肪包裹着。它上面布满了腺体，外表是白色的流质，但它在阳光下暴晒后就会变得像春天的黄油一样黄。它的气味和滋味都非常宜人，是其他海生动物脂肪所不能比拟的。即使在最炎热的日子，它的脂肪也能得到完好贮存，其品质不会变差，也不会散发异味。它煮熟之后柔软可口，能胜过任何黄油。其味道类似杏仁油。[……]它的肉则比陆生动物更红一些。诚然，它所需的烹调时间更久，但之后就很难分辨出它与最上等牛肉的区别了。"[163] 他在笔记中记道，一头大海牛足够养活33人一个月。

当然，斯特勒的观察并没有停留在美食层面上。这位白令的科学助理怀着与对待其他研究对象相同的热情继续着他的使命，他从不怀疑自己调查的合理性，也不怀疑他的研究成果能够被呈交给科学院，他相信有一天，即使自己也在这座岛上丧命，最终也会有人为他的发现成果作证。他连续几小时地端详、观察，并记录下一切他认为与大海牛生活习性相关的有用信息。他甚至说服了同伴们帮他抓到一只样本，并将它拖到海滩上进行了露天解剖。他再次仔细记录了每一个动作，并用船上的工具妥善测量、称重了每一个器官。在他的著作《论海洋动物》中，有60页写满密集单词的手稿都是专门在讲大海牛。我们因此了解到，它的舌头长30厘米，鼻孔直径为10.7厘米，心脏长56厘米，阴茎长及脐部，且"外观丑陋"，而这只海中巨兽的胃袋尺寸甚至达到了1.8米×1.5米！至于隐藏在雌兽前肢下方的黑色乳头[7厘米长]，"只要将它们用力挤压，就能获得丰富的乳汁，其甜度和脂肪含量都超过了陆生哺乳动物的乳汁，但它们在其他方面并无区别"。[164] 是否还需要进一步的证据，来证明斯特勒将观察的兴趣推向了极致？

斯特勒独自站在沙滩上，他爬上了"他的"那头大海牛的尸体进行检查和解剖。蓝狐们在一旁不断纠缠，撕咬他的小腿，海鸥们伺机而动，稍不注意就扑进野兽敞开的腹腔，下雨了，刮风了，天冷了，纸张飞走了。他在这里提前向后人道歉："如果说我在检查这只动物的时候，事情没有完全如我所愿般进行，那是因为捕捉到它的时候天气恶劣。寒风冷雨不断，但研究工作只能在露天条件下进行。海水上涨也是麻烦之一，海鸟'小偷'也是，它们会在我的眼皮子底下啄食遗体，还会抢走我手中的东西。它们趁我调查这只动物的时候叼走了我的纸张、书本和墨水。当我在做笔记时，它们又会扑向这只动物。因此，我恳请读者不要被这种残缺不全的描述所冒犯，也不要怀疑我作为一个研究者的毅力或热情，而是要考虑我所处的环境。"[165]

博物学界宽恕了格奥尔格·威廉·斯特勒。多亏了他，科学界才能对我们星球上生存的最后一批大海牛有了唯一一份观察报告。人类的扩张对陆地和海洋产生了截然不同的后果：自16世纪初以来，已有500多个陆地物种消失，而当代学者在同一时间段只记录了15个海洋物种的灭绝。[166] 其中正有斯特勒的大海牛。如果没有这名德意志年轻人在荒岛上的强烈好奇心，我们今天可能仅仅拥有几具神秘的骨架，对于水生动物来说，它们的体型大得惊人，足以让我们在猜想中迷失自己。这样的骨架共有20具，大部分是以数只单体的骨骼拼凑出来的，它们是全世界多座博物馆的骄傲。*对这些安静巨兽的研究，

---

　*这些博物馆是赫尔辛基（一只单体的完整骨架！）、尼科尔斯科耶（白令岛）、莫斯科、圣彼得堡、哈巴罗夫斯克（原属中国，传统名称伯力。——编注）、基辅、哈尔科夫、利沃夫、维也纳、德累斯顿、不伦瑞克、斯德哥尔摩、哥德堡、隆德、巴黎、里昂、伦敦、剑桥、爱丁堡和华盛顿的自然历史博物馆。还有三副大海牛骨架在负责将它们运回圣彼得堡科学院的"莫斯科河号"蒸汽船在1882年6月沉没之后仍躺在红海海底。参见 Hans Rothauscher, *Die Stellersche Seekuh*, Norderstedt, Books on Demand GmbH, 2008, p. 22.

是在斯特勒和冒险的其他幸存者宣布它们存在之后才开始的。但仅存的素描、图画和对动物生活场景的描述等能够再现这些奇异生物的内容，都只来源于白令探险队这位博物学家的著作。一页又一页，他努力向我们展现这些海滩上的温和邻居在各个季节的各种习性："春天的时候，它们会像人类一样交配。它们偏好安静的夜晚，喜欢平静的海面。但在结合之前，它们会互相拥抱。雌兽轻轻地来回游动，雄兽则始终跟在它身后。小雌兽绕着大圈从其追求者身旁逃脱，直到后者再也等不及，它就既疲惫又不情愿地仰面向上。这时候，小雄兽就会窜到它的身上，与它进行交配，此时两只动物会用前肢搂在一起。"[167]

救了白令岛上落难者们的同样是大海牛。当1742年夏季到来的时候，人们小心翼翼地将这些重磅哺乳动物的肉按照腌制牛肉罐头的方式压缩到五个桶里。他们指望靠这些珍贵的食物来面对最终的考验，即穿越最后几百公里的海洋返回堪察加半岛，根据他们的计算，这就是他们与勘察加半岛之间相隔的距离。自4月以来，尽管探险队的木匠都遇难了，水手们还是轮流在一个临时码头上，用"圣彼得号"的残骸重建了一艘比较简陋的船。它长14米，其中龙骨长度为12米，宽3米，深1.5米。它的甲板十分简陋，他们只能使用从沉船上拆下的已经一半腐烂的木板。7月底，海面没有上冻、天气也较温和的数周终于来临，船体也在此时完成了最后的工序。之后再加上一艘系在船尾的小型划艇，这艘船的装备就能变得更加完备。

这艘维图斯·白令旗舰的继任者仍然使用了"圣彼得号"的名字。探险队的小炮、还没用过的炮弹、肉桶、淡水桶以及用最后残余的面粉做的饼干都被放到了船上。此外，每人都根据自己的等级享有各自的有效载荷配额。斯特勒的配额是160公斤，这是白令的副官瓦克塞尔的一半——他现在成了队伍的指挥。每名水手都积攒了上百张海獭皮，他们希望若是能够活命，就将它卖出高价。只有斯特勒更喜欢他独一无二的样本、阿拉斯加的植物、鸟类剥制标本、植物标本集、航海日志和博物学手稿。最后，还有他收藏品中的点睛之笔——一只大海牛幼体的完整标本，它被埋在一个用兽皮缝成的大袋子里，里面塞满了干草。当配额标准公布的时候，这位博物学家震惊不已。他暴跳如雷，苦苦哀求，徒劳地请求同伴们帮他拿一些他绝无仅有的科学战利品。他不得不将所有其他物品都留在海滩上，只带上他的文件、一袋阿拉斯加的植物种子和一块大海牛的颚骨*，这在往后数年间都将是证明这一物种存在的唯一证据。

1742年8月13日，在白令岛上求生十个月之后，最后一批探险队成员在海滩上举行了一场祭礼，他们在指挥官的坟墓上安放了一个木质十字架，恳求上帝的怜悯，发誓如果上帝能让他们生还，他们将在目的地表达感恩。然后，他们"心中波澜起伏"地走向船，"它将把我们带回祖国，或者带到我们不知位于何方的命运之地"[168]，斯特勒如此说明道。船在次日早上六点起锚。由于一直会有三分之一的船员在值班，所以船上每三个人才有两个铺位。在一捆捆毛皮、一桶桶淡水与食品以及炮弹和船桨之间，脆弱的"圣彼得号"更像是"美杜莎号"的木筏†，而不像它引以为豪的前辈。这群阿拉斯加的开拓者们一个挤一个地靠在船舷上，看到蓝狐在他们离开后立刻开始蹂躏他们的营地遗址、他们丢弃的物资，以及被斯特勒精心保存的大海牛标本。

恐惧仍然笼罩在船上。当岛屿消失在木船的视野中时，密封不严的木板之间就开始漏水。船上的两台水泵根本不够用，当小船航行到远海上时，人们很快便不得不重拾理性：船的载重量太大，有沉没的

---

* 这块鄂骨作为斯特勒冒险的最后一件珍贵纪念，至今仍在圣彼得堡自然历史博物馆中展出。

† "美杜莎号"是法国海军的一艘巡防舰，1816年7月5日，它在毛里塔尼亚附近的海域失事沉没，当时至少有147人生还，生还者乘一只自制木筏在水上漂流，当他们于十三天后获救时，幸存者只剩下了15人。法国浪漫主义画家泰奥多尔·杰利柯根据此事件创作了名画《美杜莎之筏》，是法国浪漫主义的代表作。——译注

危险。慌乱中，人们眼红地望向船尾只能容纳八名乘客的小艇。他们随即接到命令，将一切多余的物品都扔进海里：火炮、炮弹以及几百张价值无法估量的毛皮都被扔进海中，沉入太平洋底。几十张海獭皮被撕碎或剪成条状，用来封住船体的裂缝。此外，所有人都被征去用船上的一切容器舀水。抽水、舀水、划桨、祈祷，"圣彼得号"的船员们就像这样航行了近两个星期。8月17日，地平线上出现了一个有积雪覆盖的山体——堪察加半岛和它的火山！但直到8月27日，也就是他们离开的十五个月后，幸存者们才在一片平静的海面上划了二十四个小时之后，进入了堪察加半岛的彼得罗巴甫洛夫斯克港。海堤上，村民们惊讶地望着幸存者们走下了船。就连奇里科夫——他已经身患重病——也在率领"圣保罗号"再次出海搜寻之后，放弃了对他们的搜救行动。当白令的船员终于踏上陆地时，他们才知道自己的所有财产（别人认为他们永远不会再回来了）已经被拍卖，被在这个小定居点中瓜分殆尽了。他们最后的财物——几张藏在他们破烂衣衫下的海獭皮——都会被再次变卖，这是为了履行他们在海滩上许下的诺言：港口上方的小礼拜堂里，圣画像都将镀上银衣，这是这批幸存者在变卖自己最后财物之后的供奉。这是白令及其部下关于美洲的壮志雄心的仅存成果。"就这样，"斯特勒总结道，"我告别了军官和同伴们，开始徒步前往博利舍列茨克。"这是他去往遥远的俄罗斯的漫长旅程上的第一站。

经历了这么多年的煎熬和磨难，人们以为斯特勒会急于重见文明以及首都的灯火。完全不是。他身无分文，他的薪水已经不再出现在批准发放的拨款清单上，因为人们认为他已经在海上遇难。而他需要等上几个月的时间，才能等到前往圣彼得堡的信差记录下他在行政层面上的突然"复活"。在此期间，斯特勒作为一名教师安定了下来，并继续在堪察加半岛进行研究。之所以他不谋求尽快返回科学院，也是因为他在归来后了解到新女皇伊丽莎白一世即位之初的政局突变。

安娜的德意志情人和外国朝臣们已经飞扬跋扈了十年，作为她的继承者，伊丽莎白想要将权力还给俄罗斯人。在其父彼得大帝于十五年前建立的科学院内部，一系列不信任外国人并限制他们影响力的新指令正在造成相当大的破坏。这所著名机构只剩下了少数几名外国教授，但已经崭露头角的新一代俄罗斯人，包括在北方大探索中崛起的俄国俊才还没有走上第一线。米哈伊尔·罗蒙诺索夫是俄国青年学者中最有前途的人，也是将因其博学多才与兴趣广泛而获得"俄罗斯的达芬奇"称号的人，他就是这股"科学爱国主义"浪潮的受益者之一，1742年，他在科学院迈出了自己的第一步。在新女皇加冕的一个月后，科学院的常任秘书，呼风唤雨的舒马赫便遭拘捕数月：和所有帝国行政部门一样，只要本国国民能够胜任某个职位，原先的外国领导者，特别是德意志领导者，就会被立刻替换。这种阴云密布的气氛破坏了科学院的工作氛围，而这样的声音也传到了斯特勒的耳朵里，作为一名萨克森公民，他有理由对事态的发展感到担忧。另外，尽管这在我们看来无比令人诧异，但斯特勒却因为自己没能完成使命、没有从美洲之行中获得自己本被交代获取的信息而惧怕不已。他仍在寻找能给那个时代的科学带来决定性贡献的机会，而且，比起欧洲的各大沙龙，他觉得自己更有希望在堪察加半岛——这个基本还未被探索过的地方——找到令自己在同行中扬名立万的机会。

他从自己居住的博利舍列茨克站向圣彼得堡寄去大约十五个装满样本、动物标本、植物标本集、报告书和绘图板的箱子。随件寄出的手稿索引列出了十三部重要作品，其中包括他的《论海洋动物》《白令岛描述》《堪察加描述》和《美洲之旅》。这批具有不可估量的科学价值的邮件花了近三年时间才抵达圣彼得堡。而斯特勒在他活着的时候从未看到他的任何著作出版。

几个月来，他又开始探索面积是英国两倍多的堪察加半岛。他在大部分时间里都是徒步旅行，他沿着土著居民的小径行走，饱受路面上几厘米深的狭窄裂痕之苦，根本"不可能不伤及脚踝地行走一公里以上"[169]。他混迹在伊捷尔缅人、勘察加人、北科里亚克人等土著民族中，参加他们的季节性仪式和婚礼，并一如既往地试验一切可以在自己身上试验的东西。他会因此出现在某位萨满的家中——他喜欢在后者通灵的时候跟着他——又或者出现在勘察加人的节日筵席上，面前还摆着妇女们将多种植物、浆果与鱼或海豹的油脂混合后，用脏手将整团东西长时间揉搓制成的"塞拉加"。斯特勒非常难得地承认道："光是这个场面就足以让任何人感到恶心。尽管我不挑剔，但我只能做到强迫自己吞下一丁点这种肥皂般口感的混合物，即使如此，这也满足了我不可抑制的好奇心。"[170]

对于这位接受过虔敬派教育的新教徒而言，土著人的存在引发了他的双重意识。他希望看到这些无知者尽快受洗从而获得救赎与文明，并遗憾于教会在此方面提供的帮助之微薄。因此，在某个村子里，他接受成为一名年轻勘察加人的教父，这名年轻人因此有了一个俄罗斯化的名字——阿列克谢·斯特勒。同时，他对土著人在俄国殖民者和管理者手中遭受的剥削和不公正待遇感到反感。他写道："上帝赋予了这些民族非凡的才智和惊人的记忆力。在西伯利亚乃至整个俄国，没有一个部落能有望比这些人更快地成为优秀的基督徒与俄国一等一的优秀臣民。若是他们认为有来自他人的东西更好、更合理，他们都会感激地接受。他们在一番仔细研究之后，甚至会嘲笑自己的迷信，这是我在其他西伯利亚部落从未见过的。然而，他们却受到吸血者［地区首府雅库茨克的野蛮人］残酷无情的对待，这违反了法律，也违反了上帝和陛下的旨意。"[171]

斯特勒结束了他在半岛上最偏僻地界的一年游历，他刚刚返回博利舍列茨克镇，就与该地的海军指挥官发生了激烈的冲突，他指责后者虐待当地土著，违反了帝国法律。德意志人话不多说，抄起笔来，就向指挥官的顶头上司，圣彼得堡的元老院正式提起控告，俨然一名早期人权斗士。指挥官立即反击，他正式控诉斯特勒滥用权力，"未经命令就释放犯人"并由此煽动反对当地政府的阴谋。

这本应只是一件轶事，不想它却让死亡更早地降临在了这位博物学家的头上。在此期间，女皇伊丽莎白正式叫停了北方大探索。在得知白令死讯的两周后，1743 年 9 月 27 日，女皇签署了结束这场有史以来最大规模地理科学探索事业的政令。它持续了十几年，消耗了巨额财富，却让俄国描绘出自己的北部轮廓并到达了美洲。最重要的是，它使我们积累了关于西伯利亚的大量宝贵知识，以至于今天的俄罗斯还在从中受益。正是在这些水手和科学家的推动下，俄罗斯帝国自此将势力扩展到了太平洋沿岸，甚至是对岸的北美。

1774 年 1 月，格奥尔格·威廉·斯特勒个人被一封特快信召回。他接到的命令是立即返回俄国欧洲部分。于是他再次横渡鄂霍次克海，回到雅库茨克，然后又回到伊尔库茨克，他在那里受到了总督的接见。当他在赶路的时候，堪察加指挥官的诉状赶上了他，随着诉状寄来的还有一份逮捕令。考虑到案件的荒谬性，伊尔库茨克总督在简单审理之后，就撤销了他的所有罪名。但是逮捕令原件却仍在发往圣彼得堡的路上，而总督正忙于年末和圣诞节的庆祝活动，迟迟没有跟进免除这位旅行者罪责的判决。从西伯利亚绵延几千公里至首都的"道路"上，上演了一出在多位信使与斯特勒之间展开的悲喜剧性质的追逐戏。在他穿越了乌拉尔山脉，重新回到欧洲，并拜访了斯特罗加诺夫家族一些已经成为著名企业家的子弟之后，斯特勒被警方信使召回至西伯利亚重新接受审判。官吏给了他二十四小时的时间准备掉头。博物学家用这些时间整理了自己的藏品，把它们托付给了季米多夫家族，并连夜写下他最后的旅行印象以及对科学院收件者的最终指示，这一切都写在一份像是遗嘱的《备忘》中。然后，他在严冬中穿过天寒地冻的广袤土地，却在一千公里外的一处驿站被奉命从圣彼得堡赶来将他释放的另一名骑兵追上。西伯利亚冻原上的折返旅行让他筋疲力尽，并最终将他打倒。他在大肆庆祝自己最终无罪释放后病倒了，但他不想为此停下。当他的雪橇离开了西伯利亚行政首府托博尔斯克时，他的情况已经非常糟糕。他的车夫在驿站换马时，甚至已经无法将他拉到客栈的取暖处。当格奥尔格·威廉·斯特勒到达秋明时，他已经奄奄一息。城里的两位德意志医生被叫了去，但仍然无济于事。1746年11月12日[*]，他在一位路过的路德派牧师怀里咽了气。那时他三十七岁，刚刚写出一部那个时代最美妙的科学史诗，但他没有为此收获任何荣耀和勋章。是他的同事，历史学家格哈德·弗里德里希·米勒，和他的地理学家后辈斯捷潘·克拉切尼科夫，发掘了他不可思议的发现成果，并逐渐将它们带入国际科学界的视野。温兹海姆人格奥尔格·威廉·斯特勒的坟墓位于西西伯利亚的图拉河河畔，远离东正教墓园。它不久就被洪水冲垮了。

1746年12月8日，科学院正在圣彼得堡召开紧急会议，一名传信员闯入会议室，将一封信交给了院长。信中写道："助理斯特勒，于今年11月12日，在从伊尔库茨克省返回的途中于秋明市去世。"人们先是惊讶，再是动容。然后他们就去忙别的事了，甚至忘了通知格奥尔格·威廉·斯特勒在德意志的家人。这位年轻的科学天才已经逝去，他甚至没有一段墓志铭。

---

[*] 一说11月14日。

第十一章
"已知世界"边界的谜团与秘密

在圣彼得堡,人们在大探索结束后的政治环境中,对外国人,尤其是过去数年间一直执掌宫廷的德意志人进行了报复。这种带有排外和猜疑色彩的气氛,正如俄国历史上另一些篇章一样,也影响到了长年致力于探索广袤西伯利亚的学者们。约翰·格梅林——他是科学院院士,也是斯特勒的上级,尽管他和斯特勒一样不过三十多岁——会受到那个时代之逆流的严重冲击。

格梅林因其作为植物学家和化学家的非凡才能被任命为探险队的学术领军人之一。但随着他和自己的同胞,探险队的另一位学术负责人格哈德·弗里德里希·米勒的交往,他很快就将自己的好奇心和研究领域扩大到了历史学、语言学、考古学和民族学等领域。他跟随第一批雪橇踏上了旅程,沿着西伯利亚的小道,开向最偏远的地区。我们还记得雅库茨克那一场烧毁他一年研究成果的大火。此后,这位科学家跑到中国的边疆,开启了第一批"库尔干"——伟大游牧文明的千年古墓——还发现了阿尔泰洞穴的古生物岩画和叶尼塞民族非凡的石柱图腾。1739年,经过六年的艰苦跋涉,格梅林返回彼得堡的请求依然遭到了拒绝。他被坚决要求继续前进,甚至在必要的情况下,他还要做好前往堪察加半岛的准备。更令他感到失望的是,他刚刚在中途站邂逅的同伴格哈德·米勒就得到了返回欧洲的许可。"想到我刚刚经历的种种情况，我无法表达出这个消息对我的心灵有多大的影响。"[172] 他在他那厚重却不带任何个人色彩的日记中难得承认道。他坦言自己因此失去了睡意，或许他也因此失去了对圣彼得堡探险发起人的信心与信任。他在西伯利亚又待了三年，才终于获得了重返西方的许可，可想而知，此时的格梅林已被这段经历弄得筋疲力尽，他梦想着最终能够重新回到德意志。1743年伊始，这位科学家在重返首都几个月后就正式向科学院提出休假申请，但这一举动证实了他急于离开俄国的想法，立刻引起了人们对他的怀疑。约翰·格梅林和其他所有探险队成员一样签署了一份要求对所有的发现和观察成果完全保密的合同。然而，这名德意志人经过十年的研究，带回了数千株干制植物和发黑的书页，但他还未曾上交或发表过自己的研究成果。谁知道他是否会将这些宝物拿到西方出售？

一场争夺与阴谋的麻烦游戏就此开启。作为科学院的杰出人物，伊万（约翰）·舒马赫重新恢复了体面，他现在学会了看上面的风头办事。他先是减少了格梅林的薪水[173]——这激起了他那些院士同事们的抗议——又禁止了这位植物学家走出国门。经过漫长的谈判，1747年5月，格梅林才通过一份新的合同获得了一年的假期，但他需要用另外四年的时间来完成西伯利亚的工作。为了杜绝背叛的一切可能，科学院秘书强迫格梅林最有威望的两位同事——德意志人米勒和俄罗斯人罗蒙诺索夫（这两人也是他的心头恨）——以书面形式保证格梅林会遵守合同，并在批准的假期结束后返回俄国。

约翰·格梅林逃回了德意志老家，被任命为当时最负盛名的大学之一图宾根大学的医学教授，从此再也没有回来。格梅林的同僚们曾为他对俄国的忠诚担保，这次叛逃自然给他们带来了灾难性的后果。尤其是格哈德·弗里德里希·米勒——他是他所有西伯利亚岁月的知情人，而且与格梅林不同，他将自己的一生都献给了他寄居的国家，而他在余下的职业生涯中，都将背负着这次"叛逃西方"的污点。直到他在近四十年后去世之前，这个宁可将自己的姓氏俄罗斯化的德意志人，仍会经常遭人指责对事物的看法失之偏颇，太过德意志中心主义，甚至反俄主义——年轻的罗蒙诺索夫就经常与老资历米勒发生矛盾，前者对科学院内部的风俗习惯和等级制度不屑一顾，从未停止过对米勒的冒犯。因此，当米勒向科学院提交了一个关于俄罗斯民族起源的理论，将俄罗斯最初居民的来源归于斯堪的纳维亚人时，罗蒙诺索夫和他的两个年轻同胞便联合起来，埋葬了这个"应受俄罗斯人民谴责"的理论。"在这样的问题上，"他接着说道，"俄罗斯人的意见必须优先于外国成员的意见，既然彼得大帝的意志是少数服从多数，那么这种论调就必须被禁止。"[174]

格梅林的出走引起的情绪在科学界乃至国外也同样强烈，几位杰出的同事都在试图和格梅林讲道理，或者扮演调解人的角色。巴塞尔数学家欧拉就是其中之一。不过，格梅林的回答让人见识到了他的坚定决心："我非常清楚我的错误。但该如何去应对对祖国的爱，该如何去抑制对母亲和姐妹们的爱呢？在我的心里，对祖国的爱已经变得无边无际。一年来，我虽然希望它能消退，但随着我每一次的尝试，它反而愈发强烈。最后，当我得知这里的植物学教授病得很厉害，并目睹他在随后去世时，我便明白，这一切为我开创了一个有利的位置。"[175]

格梅林对前雇主做出的唯一让步是，他在1750年向科学院交付了其杰作《西伯利亚植物志》的第一卷，这是对欧亚大陆植物群的第一次普查和分类。但一年后，约翰·格梅林在哥廷根出版了他的《西伯利亚游记》，第一次向西方读者与国家揭示了白令探险队在西伯利亚进行研究的规模，从而激起了俄国当局加倍的愤怒。这片大陆的无限潜力被展现在众人眼前。圣彼得堡掀起了一场旨在打击这种"可耻背叛"的风暴。科学院被敦促去详细研究这一不合时宜的出版物所造成的损失程度，并评估其内容的科学价值。不难想象，作为格梅林的同胞之一，米勒的处境十分尴尬，有人找他做这个棘手的任务，但他直接拒绝了。"至于西伯利亚方面的问题，"他回答说，"我会将我研究的内容存入科学院的档案。"[176] 经过对格梅林《西伯利亚游记》一书的审查，其中的许多段落都被判定为在恶意或直白地侮辱俄罗斯人民，这位科学家总是觉得他们懒惰、粗鲁并且沉迷酒精。其主要内容中关于这次伟大探索活动的记述，以及对其惊人成果的细致描述，都不足以弥补宫廷所感受到的冒犯。至今，格梅林的《西伯利亚游记》还没有被翻译成俄语。而这位来自图宾根的教授与俄国之间的口舌之争，只有在他四十六岁突然去世后才能得到缓解。格梅林的遗孀用死者的所有文件、版画、草图以及他那无与伦比的植物标本集向宫廷换来了一大笔钱。

若不是显露出帝国当局对于外国竞争势力攫取俄国苦苦探寻的地理谜团的长期恐惧，约翰·格梅林的出逃就只是一件逸事而已。在整个探索活动开展期间，保密措施都在不断加强。所有的文件，乃至探险队成员的所有邮件，都要被集中在托博尔斯克中途站，然后每周一次转发到圣彼得堡，由元老院行政部门进行审查。任何以拉丁文或其他语言书写的文件都要先翻译成俄文再接受检查。而私人信件也会被仔细阅读：探险的任何发现，哪怕是某一项成功也不能被提及。审查制度会特别注意对白令以及其他航海家在北太平洋的发现绝对保密。任何情报或消息的走漏都可能会使俄国在这一地区的地缘政治竞争对手受益，为首的便是英国。

科学院无法摆脱这种对保密的执着，"格梅林事件"自然会使这种心理更加严重。早在1746年，元老院就要求科学院交出其掌握的所有有关远东考察的文件，1747年3月，作为预防措施，一项皇家政令又被另外下达：禁止发表任何有关太平洋地区的发现成果。核实清查正在进行，在其中一次清查中，人们发现科学院的秘书舒马赫甚至将斯特勒的阿拉斯加游记借走在家阅读。一天晚上，院士米勒因此被命令去向同事们要回所有还在流转的文件。"奉女皇陛下之内阁在科学院会议上的命令，"这个立刻被传到全体科学院成员耳中的消息说道，"女皇陛下命令，明天上午将所有与堪察加考察有关的地图、草图或副本，以及一切现存的手写或印刷品，比如最近提交给科学院的斯特勒助理撰写的报告，不得有任何遗漏地交至女皇陛下之内阁。"该命令须在上午九点前执行。务必服从。

为了以防万一，许多文件被迅速埋进政府机构的地下室和海军部的档案馆，它们将被遗忘在那里很久，有时甚至是几个世纪。然而无论如何，流言都流传到了圣彼得堡西方各国的大使馆里，其中一些流言还登上了欧洲的报纸，一些消息存在删节和谬误，还有一些纯粹就是虚构的故事。一家德意志报纸报道说，"圣彼得号"沉船后，格奥尔格·斯特勒一手重建了这艘船，拯救了自己的同伴。而或许更加严重的是，以历史为维度来看，北方探险队队员的功绩或是鲜有人承认，或是迟迟才被人承认。维图斯·白令是这一严重不公现象的受害者之一。他早早逝去，因此无法为自己辩护，他又是作为一个外国人出现在帝国历史上的关键时刻的，再加上他的发现对于俄国具有极大的战略重要性，这些因素都使他的功绩不可避免地遭到掩盖甚至否定。人们对丹麦人及其手下船员取得的成就知之甚少，甚至出现了以下案例：虽然法国人约瑟夫-尼古拉·德利尔提出的理论迫使白令徒劳地寻找，导致他们在太平洋上灾难般地浪费了时间，但他却在巴黎的法兰西科学院声称自己是整个探险的发起者。当这种偷梁换柱的行为传到俄国首都时，格哈德·米勒对这种无耻行径愤怒不已，他在柏林用法文出版了一本还原事实的小册子，它的题目为《来自俄国舰队一位军官的信》。[177]这篇文章虽然是匿名的，但它的风格却与格哈德·米勒本人的风格一致。无法忍受这一切的米勒将德利尔放回了他应在的位置，也将白令放到了理应属于他的位置上，那便是领袖的位置。

个人冲突、阴谋诡计和席卷整个欧洲的谣言组成了一种恶劣的氛围，它主要来源于圣彼得堡宫廷对关于这次大探险及其结果的一切信息实行的强制保密政策。因为整个欧洲科学界，毫无疑问还有所有竞争势力的战略家，都急切地想要更加了解这片仍然笼罩在神秘中的天地。既然俄国已经探索了十年，各国科学院、大使馆以及司令部中的每个人都坚信俄国人一定发现了什么，解开了当时的一些谜团：他们终于证明了美洲与亚洲是不相连的吗？他们发现了去往中国的新航道吗？会是哪一条线路？他们在美洲立足了吗？他们有没有像西班牙人那样大肆掠夺新殖民地的宝藏？还有，他们对西伯利亚各民族以及美洲野蛮人的起源又有什么了解呢？

学者和探险家在结束探险返回圣彼得堡后，都陷入了如铅一般的沉默中，这只会引起外国外交官的好奇心。他们认为，如果保密做得如此之好，那一定是因为俄国人有很多需要隐瞒的东西！格梅林本人在逃回德意志后，似乎也心甘情愿地加入了这场游戏，他强调他光是讲述自己横跨大陆的历程就已经冒了极大的风险。"如果这些旅行开展的方式有被如实揭示，"他向自己的一位通信对象吐露道，当然，收信方也迫不及待地将这条信息散布了出去，"它会在这个时代成为令所有人无比震惊的主题：这完全取决于来自伊丽莎白女皇的高层意志，正是在她的统治下，这项伟大的工程得以完成。"格梅林用同样的神秘语气继续写道："我只了解其中最细微的一部分，如果我未经最高许可，就把我了解的关于海上航行的情况发表出来哪怕一点，都将是一种罪责深重的轻率之举。"[178]

海上的旅程确实是最吊人胃口的。科学家的热情、商人的兴趣和军人的野心汇聚在一起，让地理学成为那个时代的王牌学科。地理大发现让世界突然扩大了。它的轮廓和边界尚不完全为人所知，但凭借着探险者们一个比一个更具异域情调、更加异想天开的叙述，人们已经着手在填补地图上的空白了。杂志上的见闻和发现成果比比皆是，全世界都在全力学习，无论在什么地方，甚至在最世俗的沙龙里，人们谈论地理学的次数也不会比谈论文学或经济学（这是一个十分时髦的学科）少多少。关于地理学的讨论是一种"潮流"，它也出现在于同一时期兴起的俱乐部和公共图书馆里，读者就一些未知的陆地存在与否、一些未能企及的纬度或经度进行讨论的现象十分常见。18世纪中叶，北方海域尤其是人们好奇的重点。事实上，人们对世界最北端20个纬度里隐藏的东西几乎仍然一无所知。人们关于北冰洋——它当时被称为"寒洋"——及其1400万平方公里的海域只有无尽的猜测。荷兰人和英国人在探险中屡屡失败，这更为此地增添了神秘感。而英国凭借其新型海军力量，在太平洋地区取得了初步的突破，但它仍然决心从地球的"上部"取道，率先开辟出一条通往远东的航线。它与俄国的竞争已经在所难免，这进一步激起了知识分子们的兴趣。

在那个时代里应运而生的伯尔尼人塞缪尔·恩格尔也是一个地理学的狂热爱好者。他的名声并没有流传到后世，他只是这个后来成为瑞士联邦首都的城市里一个落魄贵族人家的平凡子弟。但塞缪尔·恩格尔却是那些令历史向前迈出伟大一步的无数无名斗士之一，对我们而言，他们的遭际是那个时代及时代精神的体现。1702年，他出生在伯尔尼一条中世纪小巷中的狭小住宅里。他因体质虚弱，所以成了一个德语中所谓的"Sorgenkind"，也就是"令人担心的孩子"，这让他无法与小伙伴们一同玩耍。他的家庭浸淫在新教文化中，崇尚严格的教养，于是便鼓励他阅读，塞缪尔读了又读，读了他见到的一切书籍，直到有一天，他理所当然地成为这座城市的图书馆馆员。他在图书馆的一排排书架间静心思考。重农主义者的经济理论就是他思考的内容之一。极北地区的地理谜团则是另外一个内容。这个伯尔尼人是个具有启蒙精神的人，启蒙思想在此时已经开始出现在整个欧洲。这位图书馆馆员的好奇心和对知识的渴求是没有界限的，而且他还可以利用职务之便订购任何关于遥远国度的出版物：游记、发现成果、对异国风俗的描述、或严谨或牵强的假设。伯尔尼的图书馆获得了在此方面一切可能的资料。但在将书籍和报纸提供给读者之前，塞缪尔就先行汲取了其中的知识，贪婪地阅读来自欧洲各地出版商的新书。他的传记作者指出，他被一种名副其实的"阅读狂热"[179]所吞噬，这从他的幼年时期就开始了。这种知识的积累让他产生了意想不到的兴趣：塞缪尔·恩格尔三十三岁时，虽然他去过最遥远的地方只是邻国德意志和低地国家，但他在当时颇具盛名的《瑞士信使》杂志上发表了一篇讨论美洲与亚洲不相连接的文章。他带着信念甚至是刻毒的态度，抨击了一位教授的论断，后者声称可以证明有某种陆桥将两块大陆连在一起：这位学者认为，一定是通过这条陆地，动物和人类才能从亚洲来到美洲，并逐渐在美洲定居。从某种意义上说，他们就像希伯来人穿越红海一样穿越了太平洋。

伯尔尼的图书管理员不同意这种观点。那是1735年，北方大探险队已经离开了圣彼得堡，但这次论战表明，白令在七年前第一次航行时提出的观察结果在欧洲既不被看重，也不被承认。然而在伯尔尼，塞缪尔·恩格尔正在他的书架间热身。他尝试在自己的办公桌后面证明出两块大陆被一条海峡分隔开，其宽度可能小到足以让最早的人类通过，而且，作为一个忙碌而近乎狂热的计算者，他甚至对有关的距离进行了粗略的估计。虽然这只是一篇小文章，并且是在《瑞士信使》上发表的，但这名伯尔尼年轻人的传记作者在20世纪指出，它将催生出"一部巨作"，这本书的写作将占据塞缪尔·恩格尔"随后三十年的生命"。[180]

辩论的热潮已经在《瑞士信使》的读者中掀起，在教授与他的这名伯尔尼对手见面之后,这场已然变得友好的论战仍在继续。塞缪尔·恩格尔以极大的热情参与了这场游戏。这位伯尔尼乡绅有着奇怪的际遇。塞缪尔·恩格尔被任命为埃沙朗地区的"辖区长",也就是"殖民"长官,埃沙朗位于当时伯尔尼属地的沃州。但他仍然坚持自己的研究。白天,他在首府的郊区种植来自新世界的被称为"土豆"的块茎,希望这些农艺试验能为解决最穷苦农民的饥饿问题发挥重要作用。晚上,他在辖区长宅邸的烛光下,查阅和整理所有关于北冰洋地理的新资料及进展。当然,他也是热切期待着米勒、格梅林和斯特勒著作的读者之一,他还是在学者们于1743年返回圣彼得堡后深深怀疑第一批释出信息真实性的人之一。他认为,这其中有太多的暧昧模糊,太多的不确定或矛盾,不可能是诚实的叙述。1746年,一本题为《圣彼得堡学院地图集》的书籍出版,总结了这次大考察的一些发现。伯尔尼人对这部作品很不满意,关于对北冰洋某段海岸的勘探,俄国水手们始终支支吾吾,就此,他写道:"如果不是有来自国家的原因要将其隐瞒,那么为什么不公之于众呢?"他推测道:"可能他们如果这样做,就会受到很大的惩罚。"[181]这种怀疑主义的态度很快就变成一种多年来有增无减的质疑。1755年,《新日耳曼图书馆》杂志刊登了一份针对考察结果中公布的俄国地图的评论。文章的署名是一串神秘的首字母缩写"M.S.E.B.d'A.",我们后来才明白,它指的是"阿尔贝格辖区长塞缪尔·恩格尔先生"。[182]在其作者看来,俄国显然有所隐瞒。在西欧,不是只有恩格尔一人有这样的想法,但他是第一个敢于说出来的人。从西伯利亚归来的德意志科学家们解释说,北极地区的恶劣气候,使得俄国探险家尽管数次冒死熬过冬天,但由于浮冰的存在,他们始终未能绕过某个海岬,恩格尔对此十分震惊:"那么是否可以相信,这条海岸永远无法从海上进行勘探?我无法说服自己,因此非常怀疑这个海岬已经被翻越过了。[……]很明显,俄国军官想要隐瞒一切不能公开的事情,他不得不这样做,因为在莫斯科,那些泄露国家机密的人都会受到严厉的惩罚，而这些发现成果的机密性正是排在第一位的。"[183]当审查制度开始运作时，任何信息都不再可靠，一切想象都变得有鼻子有眼：这是信息控制的常见恶果，也是俄国在历史上曾多次付出的代价。而米勒这样勇敢的科学院院士们为这项不平凡的事业奉献了十年的生命，却不断遭遇同僚的质疑。确实，塞缪尔·恩格尔常常就是这些最无礼的人之一：他最大的移动距离就是图书馆里书架与书架之间的距离，但因为他在数月甚至数年间匍匐在从四处收集的地图草图上，手持量规以测量确认经纬度，他也获得了例如质疑格哈德·米勒提出的新投射图的灵感：俄国比人们之前想象的更宽广，它一直向西延伸到205°，而不是人们目前推测的185°。"希望有人能给我解释一下差异如此之大的原因，如果这样的差距能被说明清楚，我就没有别的问题了！"恩格尔在大篇幅地展示了米勒的文本中存在的矛盾之处后，愤愤不平地写道。对他而言，真相是一目了然的：俄国人为地拉长了自己的领土，为的是劝阻自己的战略对手不要冒险进入这片区域，这是一个故意犯下的错误，"在我看来，这就和其他一切一样，都是俄国政策的结果"。[184]科学后来表明，俄罗斯的最东端位于191°经线（即西经169°）上，这介于米勒和恩格尔两种对立的估算结果之间。

但和这个"世纪争端"的大多数参与者一样，塞缪尔·恩格尔关心的重点仍是东北通道这一永恒的问题。伯尔尼人确信，如果俄国水手、格哈德·米勒甚至"异见分子"格梅林（简单来说就是"所有在圣彼得堡宫廷领取薪水的人"[185]）都发誓说这条路线无法通航，那就是俄国人在撒谎。他自然而然地怀疑他们是在有意夸大北极航行的困难，以劝阻任何竞争者——尤其是英国人——不要再冒险进入极北地区的冰冷海域。事实上，圣彼得堡传来的消息让英国人警觉了起来，他们担心自己会像两个世纪前被西班牙人超越一样，再一次被俄国人超越，于是他们再度开始尝试从北方到达东方，并要控制这条航线。

1737 年、1741 年和 1746 年，由英国海军部和哈德逊湾公司的一些大商人包租的三支海上探险队分别启程，寻找能够绕过现今加拿大领土的西北通道。未果。就像俄国部分的北冰洋一样，冰层挡住了他们的去路。英国议会承诺，如果有人的发现成果能够帮助英国实现这个已经成为官方战略目标的计划，就能得到 20 英镑的奖励。

这项发现奖金也让困在自己辖区和工作台前的塞缪尔·恩格尔欢欣鼓舞。他摆弄量规，反复计算，确认了北冰洋航线完全可以航行，亚洲和美洲之间的海峡很容易穿越，因此，只要采取必要的预防措施，这条路线就会向任何愿意前去冒险的人开放。更了不起的是，他甚至确定了理想的路线，还估算了旅程的时间：他认为理想的起点应是北角，他建议船队在出发前就在这里过冬，这样夏季一开始就可以启航。在这之后，他让船队在斯匹次卑尔根岛和新地岛之间径直北上，然后一到达 80°纬线，就向正东方向朝着标志着亚洲尽头的海岬（现在的杰日尼奥夫角）前进。这则推理以观察和假设为基础。观察是：高纬度地区的距离会更短，这是利用了地球的曲率。假设是：应该在远离亚洲海岸的极北水域航行，这一假设的理由非常充分，伯尔尼人认为，冰产生于从河流流入海洋的淡水，只要远离河流，海水就一定没有上冻。如果将这些假设都纳入考虑，并且在 6 月初出发，恩格尔就信心十足："总之，无论如何计算，我们都可以得出结论：到了 8 月甚至 7 月，我们就应该可以进入阿尼安海峡（现在的白令海峡），如果我们不想冒险在美洲西海岸过冬，或许还可以在同年返回欧洲。"[186]

提出这个大胆理论的人一生都生活在离洛桑约 20 公里的沃州内地，德意志知识分子和地理学家们都对他的理论兴趣不大。但在法国，它却逐渐获得了名气，甚至后来塞缪尔·恩格尔应狄德罗和达朗贝尔的邀请，为《百科全书》撰写了《北亚》和《北方通道》两个条目。[187]但他还是在英国得到了最多的关注。塞缪尔·恩格尔写了一篇论文阐述了自己的结论，并把它寄给了当时英国科学学会中最有名望的伦敦皇家学会。该计划被呈至东印度公司和海军部进行研究，安森勋爵和哈利法克斯勋爵都被说服了。他们给恩格尔辖区长去了一封信，告诉他英国打算装备两艘船，将它们派往北极，从而检验他的假设。当然，整个计划必须严格保密。否则其他人可能会受到诱惑，赶在英国之前行动。

居然还有其他人？在俄国之外还有其他人？之所以有这样的疑问，是因为在恩格尔提出其理论的几乎同时，在圣彼得堡也发展出了一套与其理论非常近似的理论，科学史上颇为奇妙地经常出现这样耐人寻味的对称现象。而且提出近似理论的不是别人！其作者正是科学院新一代成员中的天才，最早在这里成就事业的俄国人之一米哈伊尔·罗蒙诺索夫。这位涉猎广泛、多才多艺的人物本就出身于一个扎根在俄国极北地区的波默尔小农家庭，他对东北通道的地理谜题也产生了热情。作为俄国第一所大学的创始人，无数物理学发现的创造者，历史、文学、语言学、数学和化学的爱好者，诗人和哲学家，俄国启蒙思想之父米哈伊尔·罗蒙诺索夫也将他的目光聚焦在了极地。这位院士当时年近五十，他刚在1758年被任命为帝国科学院地理系的负责人。他在这个岗位上指导了制图学研究，发表了第一张北冰洋地图。但他在这个领域的研究还受到了其他多种技能的滋养：几年后，罗蒙诺索夫详细阐述并发表了《关于北方海域冰山起源的推理》，提出了关于冰山形成的第一个假说；他研究了北极光，从浮冰的运动状态推断出欧亚大陆附近可能存在陆地[*]，又从格陵兰岛搁浅物质的沉积状况推断出强大跨北极洋流的存在[†]；他甚至预料到北冰洋海面下存在

---

[*] 新西伯利亚群岛、法兰士约瑟夫地群岛或弗兰格尔岛等群岛要到19世纪末20世纪初才能被证明存在。

[†] 正是基于同样的推理，挪威人弗里乔夫·南森在19世纪90年代乘"弗兰姆号"在洋流的推测位置上仍由浮冰裹挟着漂流，从而进行了他著名的北冰洋横渡，证实了一个半世纪前由罗蒙诺索夫建立的理论。

一条山脉，人们在1948年终于将它发现之后，以他的名字将它命名为"罗蒙诺索夫海岭"。

米哈伊尔·罗蒙诺索夫在圣彼得堡，萌生了与塞缪尔·恩格尔在埃沙朗官邸中萌生的同样的直觉。海洋中的水，因为其含盐量大、深度深，不会像淡水那样结冰。或者说，它至少不会冻结到同样的程度。所以，正是因为靠近河口，俄国北部的北冰洋沿岸才会有厚厚的海冰。远离这里进入远海之后，海水应该是没有上冻的，因此至少可以在夏季于这片海域里航行。罗蒙诺索夫和恩格尔的假设是错误的，但这一假设使两人得出了相同的结论：往东北方向航行是可能的，必须加以尝试。

米哈伊尔·罗蒙诺索夫有机会与米勒、格梅林以及其他探险归来的队员直接交谈，并在科学院内部研究他们的工作成果，他自然不像他的那位伯尔尼同僚一样对探险队的著作带有成见性的怀疑。他认真对待了负责探索海岸的俄国船长们得出的无比悲观的结论，也知道他们曾承受了怎样的牺牲。但是，他却与恩格尔在一点上完全一致，虽然他可能都不知道恩格尔的存在：他要不顾以往所有经验摆明的事实，相信东北航道的可行性。他们的共同信念不仅建立在科学事实之上，也同样——甚至更多地——建立在一种信仰行为之上。"这些未能成功的努力，"罗蒙诺索夫指出，"是基于对任务和使命的不理解，无论是本国人，还是英格兰人或荷兰人都是如此。"筹备工作"不够严谨和有序"，这位学者还补充说，探险队并没有被设计为"拥有大量人手的军团，但在缺乏人手的情况下，这样的壮举是难以达成的"。[188]

二人异口同声：必须再一次尝试冒险。他们各自都为此发表了一份辩文。米哈伊尔·罗蒙诺索夫的《北方海域各次旅行简述》于1764年3月在圣彼得堡出版。塞缪尔·恩格尔则发表了《回忆录与对亚洲和美洲北方地带的地理和批判性观察》，几个月后，大约是1765年秋季，他又在洛桑发表了一篇《论从北方通往印度的道路》。这两篇文章中没有任何迹象表明两位作者相识，甚至没有任何迹象表明他们曾读过对方之前的著作或文章。对于俄国人和伯尔尼人而言，他们的著作是各自几年来工作和研究的结晶，虽然他们的研究路径截然不同，但他们的结论却相似得令人不安。埃沙朗的辖区长是否受到了俄国伟大科学家的启发？但假若如此，这些想法又是如何从俄罗斯帝都传到了沃州的辖区，最重要的是，他为什么没有利用这样一位既难得又令人意外的盟友来为自己背书？又或者说，这种观点的同一性只是当时知识分子雄心壮志的一种非常自发的表达？和恩格尔一样，俄国科学家也建议在斯堪的纳维亚半岛北部地区过冬后于晚春出海。和罗蒙诺索夫一样，恩格尔也建议派出三艘舰船。而他们列出的需要遵守的规则清单也以同样的细则收尾：把船员的生死交给船长掌控；确保船上有充足的伏特加或烧酒，从而防止坏血病；不要忘了武装自己，以抵御可能的土著攻击者；携带几只猎鸟，以指示最近土地的方向。[189]身为科学院院士，罗蒙诺索夫仅就洋流、潮汐以及水的成分补充了一些个人的推论，这些都是需要关注的要点。作为一名对冒险的风险十分清楚的实用主义者，他也预见了最坏的情况，并恳求人们在这种情形下也不要忘了科学："如果有某艘船遭遇了厄运，并且失事在所难免，就让人将航海日志密封在桶里，扔进水里，或许有朝一日会有人找到它。"他甚至更有预见性地补充道："最好事先就把桶准备好，给它装上铁箍，提前用柏油好好封上。"[190]

在他的《简述》中，罗蒙诺索夫表现出了名副其实的申辩才能，他知道如何利用地缘政治环境，牵动爱国主义的神经。"北洋，"他给女皇写道，"是一片广阔的领域，在陛下的领导下，俄国的荣耀定能在此加深。它的作用也是无与伦比的，因为东北航道的发现会将我们带往印度和美洲。"[191]这篇文章的结尾将会名垂青史，被镌刻在俄罗斯极地史诗的基座上，并为从叶卡捷琳娜二世到今天的历代政权所采纳:"这样一来，道路和希望就会对外国人关闭，俄罗斯的力量将通过西伯利亚和北洋发展起来，并将延伸到亚洲和美洲的欧洲主要属地。"[192]这一阵风吹得不无效果：罗蒙诺索夫的文章发表后仅几周，俄国海军就以最秘密的方式组织了两支海上探险队，以验证这位院士的地理学假设。人们担心一旦走漏风声，会引起外国竞争者的警觉，因此在官方文件中，这项海上壮举被伪装成一次"委托任务"。[193]由瓦西里·奇恰戈夫率领的探险队必须完全按照建议的路线，向北施往斯匹次卑尔根岛。另一支由彼得·克雷尼辛率领的探险队则需要在太平洋上等着他。九年后，则轮到英国皇家海军去重复这场由辖区长暨图书馆馆员恩格尔的猜测所引发的实验。约翰·菲普斯船长率两艘探索船向正北航行。

奇恰戈夫和菲普斯都无法打开通道。海冰是一道屏障，俄国和英国的舰船不得不在北纬80°处折返，而这正是罗蒙诺索夫和恩格尔声称未冻结水域入口所在的纬度。事实与理论相抵触，浮冰与两股竞争势力的雄心相抵触。北冰洋依旧未被征服，因此太平洋地区便成了俄英两国之间的新战场。

第三部分

太平洋的诱惑

第十二章
一个俄国的美洲

在俄国远东边境的堪察加半岛和鄂霍次克海的港口，遭遇海难后的白令探险队的幸存海员们归来了，他们不可能不引起人们的注意。如果说作为自然科学爱好者的斯特勒带回了笔记、草图和样本，那么他不幸的同伴们则带回了毛皮——他们想方设法保存了这些毛皮，直到这段不幸旅程结束。而在刚刚恢复一些之后，他们便渴望带领新的商人探险队前往这座几乎成为他们坟墓的岛屿。他们称之为"黄金国"。随着西伯利亚的野生动物逐渐耗尽，狩猎变得更加困难，价格也随之上涨。"四十张"一组地收获上等毛皮：这样的前景让人心驰神往。他们形容道，那里蓝狐的数量多到必须用棍子吓唬驱赶，还有软毛海豹，以及不可思议的大海牛，它们在海边任人抚摸，如此这般让当地的哥萨克和丛林行者瞠目结舌。白令的副官奇里科夫正在艰难地恢复，他亲自给圣彼得堡海军部写信请求，如果还没有计划进行如他所参加的这次探险一样规模的新考察，那么至少应该请西伯利亚管理局——负责西伯利亚事务的中央行政部门——从当地雇员和堪察加人中招募猎人，派往堪察加附近的岛屿，在那里"组织捕捉普通海獭"。

对于命运突然给予他们的馈赠，一些生活在堪察加半岛的冒险家理解得并不慢。早在1743年8月，也就是幸存者归来后的下一个季节，埃梅利安·巴索夫中士就装备了一艘简陋的小船，很快便抵达了成为白令安息之地的那座小岛。彼得罗巴甫洛夫斯克港没有一个名副其实的造船厂，由于资源有限，只能靠船上的物件来解决：一艘稍大的小船——它是用绳子、皮带或鲸骨将木板简单地拼接在一起而制成的；一根桅杆；一张为了节省帆布而张起的窄帆；十几个人，包括两名来带路的原白令水手。他们从那里启程去了北太平洋。他们在荒岛上度过了冬季，一年之后，他们回来了，并从船上卸下了1200张海獭毛皮和4000张蓝狐皮。在停泊他们破船的浮码头上，一张皮子的价值是三四十卢布，但在中国的边境，价格却几乎是这里的三倍，由此可以估算这批货物的价值在8万卢布以上。要知道一个猎人一年的收入在100卢布左右，因此，当看到这奇迹般的狩猎归来时，看客们的反应和心情可想而知。很快，人们一拥而上，要在美洲方向上的东北近海寻找这些宝岛。这是一股热潮？这确实是一场名副其实的利益角逐，它的规模超过了一个半世纪后发生于阿拉斯加克朗代克地区的淘金热。按照市场价格，悬挂在船横梁上的海洋动物的毛皮，简直就是黄金！这场喧闹唤醒了所有能凑齐物件去航行的人。人们不挑不拣，"于是航海家的所有技艺都被一律归结为看懂罗盘，即掌握航向，根据航向从一岸到另一岸，并且基于习惯，能够识别出许多地点的样貌"，俄国海军的两名军官后来惊恐地描述了这支由修修补补的小艇组成的舰队，没有丝毫海洋经验和航海技术，这些小艇就这么出海了。就连运载斯特勒、斯庞贝里及他们的同伴从白令岛逃离的救援船"圣彼得号"，也被很快修补好，并恢复了使用，试图驶回来时的方向！事实上，这些临时水手大多是习惯于西伯利亚针叶林的丛林行者，他们是狩猎者，总是在寻找猎物更加丰富的地方，他们已经到达了世界的尽头。商人们有时雇用俄罗斯人，有时则匆匆招募一些西伯利亚土著。那么，谁又能真正区分出谁是谁呢？许多俄罗斯人本身就是土著母亲的孩子，他们在哪个社群里都一样自在。而受洗后的勘察加人本身就有一个俄罗斯名字，所以在官方的登记册³或担任船员职务时就无法认出他们。新一轮的毛皮热潮招来了一群混血冒险者，他们是当时西伯利亚的"特色"，从文化和生物学上讲，他们既是土著，又是俄罗斯人。

当然，这些求财者首先觊觎的对象是海獭。就像紫貂是征服西伯利亚大陆的动力一样，海獭也将成为人们先后征服北太平洋、科曼多尔群岛中的第二个岛屿"铜岛"（梅德内岛）、阿留申群岛、白令海峡的普里比洛夫群岛、阿拉斯加海岸和北美的动力。但是这一次，商人也加入了进来。来自伊尔库茨克的尼基福尔·特拉佩兹尼科夫是第一批参与者中最大胆的人之一。他聘请了从科曼多尔群岛征战归来的巴索夫中士，在第一个季度结束时，他收获颇丰：7110张海獭、狐狸和软毛海豹的皮；这是一笔巨大的财富，甚至可以让这次"劫掠"行动的参与者，如果愿意的话，直接过上退休生活。但是，狂热已经席卷了整个小圈子，有很多人在没有一点装备的情况下，只是出于纯粹的梦想或幻想而投身其中，他们即便负债累累，也不愿错过海的另一边他们所期待的财富。历史学家贝尔赫是研究这个时期的专家，他指出："一次愉快的旅行有时就可以让每个猎人得到相当于两三千卢布的工资。但如果冒险没有成功，这些参与者就会永久地欠下东家的债款。"⁴他们有时会身无分文地归来，当海况不好时，他们便要常年背负着债务，被坏血病摧残，但还要勉强着站起来再度出海。而有些人永远无法再度归来。丛林行者将自己的命运在此孤注一掷。

这不再像前几十年在西伯利亚针叶林里那样，仅仅组织一群捕猎者，给他们提供食物，并将他们迁居到偏远和未知的地区就可以了；还必须要面对可怕的海洋，坏血病也仍然存在，有时还要在有土著人居住的群岛上艰难地过冬，这些土著比之前所遇到的人数更多，也更有组织性。风险是巨大的。很快，商人们就决定通过分散经营来降低风险：他们创建了多家公司，来共同投资：这种模式迅速发展：在白令去世五年后，已经有十五家公司在堪察加半岛开展业务；而二十年后，在整个北太平洋地区，已有四十四家公司在运作。他们的操作比较简单：往往要离开母港一个或几个季度，商人们将船舶以及在此期间所使用的武器和装备作为本金，并为此设立股份。船员都是男性，他们的工资是预先支付，或是以实物的形式支付的，此外，他们还被承诺能够得到战利品的分成。某些航行或过冬所需的技术行业（木匠、铁匠等）被视为次要投资者，他们所占的股份不得超过10％。返航时，毛皮会按照投资的比例进行分配。

国家也无法对探险的成功无动于衷。首先，在与中国日益增加的贸易中，毛皮其实是俄国唯一可以交易的产品。为了换取俄国上层社会所喜爱的丝绸、棉花、瓷器、香料乃至茶叶，就像以前"柔软的旧衣"曾在欧洲盛行一样，俄国人除了能拿出风靡中国的毛皮之外别无他物。国家也非常需要以此来充实国库。毛皮收入年年占财政部收入的三分之一，我们可以理解当局的想法，他们也努力想要充分利用这个来自海洋的新财源。对所有海上的猎人，伊丽莎白女皇都要征收一种以实物支付的特殊税金，那就是抽走他们手上最好的毛皮，这也是唯一的缴税手段。中间交易以及对中国的出口也要适当地纳税。为了完善这一制度，宫廷鼓励俄国航海家对他们所发现的有益于帝国的土地和岛屿宣誓主权，并让当地居民接受传统的牙萨克制度。小心谨慎总不会是多余的，政府后来强迫每艘离开港口的船都带上一个哥萨克，他成为税务稽查员，负责征收牙萨克，然后在渡海时进行监督。

围捕是如此残酷和激烈，猎物很快就被捕杀殆尽了。船一年比一年重，船只的数目也越来越多。目前登陆的船员里有几十名猎人，他们有条不紊地在岛岸上进行射猎，而他们位于附近海域的同事们则从船上击晕毫无攻击性的海獭，它们甚至没有试图逃离这些未知的掠食者。这一时期的记载证明了屠杀的规模极大，例如一个叫安德烈·托尔斯泰克的丛林行者宣称自己曾在阿留申群岛的一个岛屿上捕获了5360只海獭。1756年，也就是斯特勒在那里观察到数千只海獭的十四年后，还是这位托尔斯泰克：当他停泊在白令岛时，再也没有发现任何海獭。他得亏能够捕食海牛，这让他的探险队能像之前白令的探险队一样在岛上撑过一个冬天。十二年后，也就是1768年，最后一头海牛也在这片海岸上遭到捕杀，标志着这个人类仅得以观察到不及三十年的物种[5]骤然灭绝。

为了获得猎物，西伯利亚的猎人航海家们越来越远地出海航行。俄国人在太平洋前进的速度和方向，就是海獭退却的速度和方向。我们可以看到它们沿着千岛群岛南下，到达日本北部海岸，然后向着白令海峡北上，到达北极的冰面，但最多的仍然是向着东北方向的阿留申群岛和与阿拉斯加毗邻的群岛前进，奇里科夫和白令之前带回的海图上首次记录了这些岛屿。俄国人现在用借来的法语"旅行"一词来形容这些远航，每一次远航仍旧是一场关乎生死的豪赌。港口登记册的统计表明，有四分之一到三分之一的船只在海上消失，它们是北太平洋频繁而猛烈的风暴的受难者，而这些往日航行于河流的"水手"，掌握的技术和自身的能力也往往不足，这使他们陷入极大的危险中。

猎杀海洋动物本身已与针叶林地区古老的追猎和围猎传统无关。而俄国人很快也意识到，在这项新"游戏"中，阿留申土著或者阿拉斯加爱斯基摩人仍是无可匹敌的高手。阿留申人从小就被训练在远海上划船，寻找猎物，将皮艇编队，巧妙地包围猎物，然后以令人惊叹的精湛技艺追猎这些动物，用鱼叉捕杀它们而不损坏它们的毛皮，阿留申人让自己成为海洋狩猎发展中不可或缺的一员。俄国人在西伯利亚习得的狩猎经验已经过时，现在角色变了：与其像之前所熟悉的那样去打猎，与其自己不辞劳苦地白忙一场并往往还会失去捕猎的诱饵，不如雇用当地的猎人——他们的效率高多了，这样也更能发挥他们的才能。这是一场有实无名的小小变革：俄国人从"西伯利亚猎人"的角色中走出，成了美洲的老板和雇主。与西伯利亚空间广袤、俄国人只遇到过零星人口的情况相反，阿留申群岛上遍布着沿海村庄，并且在一开始通常很欢迎这些新来的客人。顺便值得一提的是，俄国人似乎不是第一批登陆这里的外国人：在阿图岛上，居民们告诉前来侦察的俄国船长，在他之前，那些"乘坐单桅小船而来的旅行者穿着用丝绸或棉布织成的彩色长衣，头剃了一半，他们将头发编成发绺，或将辫子放下垂到颈部"[6]，他们也在这里落了锚。在欧洲人之前，更有可能是中国人或日本人早已"发现"了美洲。

但是，如何说服当地人合作，并且一定要是在俄国人所理解的意义上？宫廷制定的那些涉及与土著人打交道的规矩一如既往的严格：严禁对帝国认为是新臣民和未来纳税人的人使用武力或暴力。但山高皇帝远，圣彼得堡的代表寥寥无几，而且他们还驻扎在伊尔库茨克、雅库茨克甚至是鄂霍次克，离狩猎场有几百甚至上千公里。在这一点上，情况也发生了变化：木质要塞和围绕着它的小社区已经不复存在，否则每个人最终都会知晓关于捕猎竞争者的一切不法行为，现在在面积大到可怕的广阔外海，男人们将一切都赌在毛皮上，一出海就是好几年，既看不见港口也看不见女人，他们下定决心返回时要满载着海獭或海狮的珍贵毛皮，即使这意味着，他们在土著不愿意合作或者有竞争对手同他们竞争时，就要稍微使用强硬手段从而达到目的。

1763年，一件时常都会发生的事情，给哥萨克水手和土著之间的关系蒙上了前所未有的阴影。商人库尔科夫的"圣撒迦利亚和伊丽莎白号"，与其同僚特拉佩兹尼科夫的"圣尼古拉号"、"圣三一号"在乌纳拉斯卡岛和乌姆纳克岛附近的岛屿停泊。俄国人像往常一样首先索要人质以确保准备上岸的船员（共计175人）的安全。像往常一样，阿留申人自觉地遵从了，这在他们看来已经是一种程式，他们以酋长的儿子作为人质。同时，为了防止他们的狩猎财产进一步流失，他们向来人出示了一位俄国船长在前一次航行中收走牙萨克的收据作为上缴凭证。事态很快激化了。俄国水手暴力对待了在场的土著人，甚至有人遭到杀害。

"圣三一号"的船上守则与帝国的禁令一样是毫不含糊的："不得对土著人施以任何暴行、压迫或者伤害［……］禁止以偷盗、抢劫的方式抢夺粮食或储藏。不得引发争吵或打架，也不得挑拨当地人民斗殴，违者处以最严厉的罚款和体罚。"[7]然而俄国教士伊奥安·维尼亚米诺夫在几年以后对事实的描述则像是对其同胞的控诉：比谋杀和虐待他们的妻儿更加出格的，是他们对岛屿首领某个孩子的公开处刑——他被人当众鞭打，这才引发了反抗："他们让酋长的儿子遭受了这种体罚，而以前只有奴隶和无耻之人会受到这种惩罚，这是闻所未闻的侮辱，是比死还令人难受的侮辱。"伊奥安神父概括道。[8]阿留申人等俄罗斯人在狩猎地散开后，就同时在群岛上起义，屠杀了这些来访者。他们从长长的独木舟和拜达卡上放火烧了两艘船，并迫使少数幸存者在陆上的营地避难，而这些幸存者之后也因饥饿和坏血病倒下。第三艘船上的一些俄国人正想逃跑，但他们的船也被点燃，当火势烧到弹药库时，便引发了爆炸。在这175名哥萨克和水手中，只有11个人（包括6名应征的勘察加人）最终得以回到群岛上的俄国前哨站，在此之前，他们不得不在简易的拜达卡上漂泊着过冬。

当起义的消息及后果传到西伯利亚时，人们一片哗然。俄国人对抵抗很不习惯。即使在土著因征服者的暴行像蝇虫一样成批死去时——例如白令的探险队强行穿越堪察加期间的堪察加人和伊捷尔缅人——他们也没有尝试过这样的反抗。在西伯利亚的行政首府伊尔库茨克，悲剧的反响因其产生的经济后果显得更加激烈：两艘失事船只的船主、毛皮贸易大亨，亦可能是活跃在太平洋地区最有实力的商人尼基福尔·特拉佩兹尼科夫破产了。结果，他的几个债务人也连带着破产了，这位显赫人物在伊尔库茨克的街道上悲惨地结束了自己的人生——这里曾是他辉煌的舞台。除去其象征意义，这段插曲最重要的意义在于它标志着西伯利亚皮草商的突然觉悟。先是抵达太平洋，再是漂洋过海，俄国的征服改变了性质。只有扩张的动力一如既往：无论是今天还是过去，对毛皮的疯狂追求都引得征服者不断东进。但除此以外的一切都变了。

海洋先是阻挡了俄国的野心：只用了六十年，捕猎者就翻越了乌拉尔山脊，来到了堪察加的海岸。但后来，从哥萨克杰日尼奥夫到白令和奇里科夫的壮举，横跨北太平洋并开始探索这片新世界却用了一百年。想要学会面对海洋，时间、人才和诸多牺牲是必不可少的。乌纳拉斯卡起义则生动地证明了，光掌握航海技术或具有武器装备的优势是不够的。俄国人要想继续向海洋以外的地方推进，就不得不进行完全不同范畴的改造。

三艘船的毁灭和著名的特拉佩兹尼科夫的破产表明，现有的公司仍然太容易受到命运、沉船、叛乱或无功而返的狩猎季的打击，而这些情况随时都有可能发生。为了加固自己的船只，商人们别无选择，只能投入资本，而且一投就是好几年，直到船只在上帝的保佑下成功归来，再等到毛皮在经过加工和制作后被运往各大集市，尤其是其中最大的一场集市——它会在边境小城恰克图举行，所有与中国的贸易都在这里开展——只有这样，他们才能重新投资于新的海猎运动。必须要不断地发起新的探险，进行长期投资，从而降低这项活动的内在风险。但是，当时还没有海上保险，也没有足够的信贷机制来支持刚刚起步的西伯利亚工商业。

更为难办的是，俄国船长们发现，他们的第一批竞争对手出现了。关于毛皮"黄金国"的传闻终于跨越了大陆，让人们胃口大开。可能是得益于他们在圣彼得堡的间谍或外交官，英国人获得了罗蒙诺索夫院士向北冰洋和北太平洋派去了一支秘密探险队的风声。伦敦方面觉得这些信息实在诱人，于是派了一名特派员前往俄国首都，以便了解更多关于俄国在太平洋航线方面的消息。而这位特派员对阿拉斯加刨根问底，最终引起了人们的注意，他的情况被上报给了女皇。[9]英国人并不满足于情报任务，他们最优秀的船长也在努力尽快扩大他们的探索范围和这个头号强国在世界上还未被充分探索的地区的影响力。而且他们并不孤单：西班牙人担心他们在新西班牙和加利福尼亚沿岸仍然脆弱的定居点会受到威胁，于是也被调动了起来。在当时这场横跨太平洋的地理发现和领土诉求的大博弈中，谁最了解对手的意图，谁就能拔得头筹。正是在此背景下，1776年，圣彼得堡的宫廷得知西班牙船长胡安·佩雷斯航行到了北纬55°[*]，他的另两位同僚——指挥官埃塞塔和拉博德加·夸德拉——随后仔细绘制了海岸线以及与这部分海岸接壤的森林群岛。由于担心来自英国和俄国的竞争者会夺取他们在新加利福尼亚的领地，马德里方面在1776年秋天决定在其属地的北方建立一个前哨站和一个名为"圣弗朗西斯科"的传教会。

1779年3月，堪察加半岛彼得罗巴甫洛夫斯克的居民惊讶地看到一艘英国大型帆船首次驶入了他们的海湾。8月，英国皇家海军的两艘远程舰艇"发现号"和"决心号"也停靠在了维图斯·白令四十年前建设的小港口里。这批特殊的到访者正是伟大的詹姆斯·库克的同伴，库克的第三次航行就是专门为了探索北太平洋而进行的。英国水手们带着查尔斯·克勒克船长的遗体上岸，他刚刚在接近堪察加半岛的途中死于肺结核。[†]俄国人最先得知了库克的死讯，他的传奇名声已经传到了世界的这一端：几个月前的情人节，他在与夏威夷群岛岛民的冲突中丧生。一名信使立即起航，去通知圣彼得堡和伦敦：虽然离开英国已三年有余，但接替库克领导"发现号"的军官们还是决意继续探索。接待了英国人的俄国人震惊且满腹狐疑，面对他们，英国人

---

[*] 位置相当于如今阿拉斯加的东南端。

[†] 为了纪念他，人们在彼得罗巴甫洛夫斯克港建了一座方尖碑。

宣称他们要去往正北，只为验证亚洲与美洲之间是否存在海峡。他们还想调查一下取道北方的可能性。不过，詹姆斯·库克的最后一支探险队最终也被冰层阻挡，被迫半途折返。

俄国人料到了这一点：这些船只只是前兆信号，它们表明了接下来将会有更频繁、更关乎利益的造访。确实，在随后的几年里，库克的几位副手在英国飘扬的旗帜下再次到访。1786年，法国人拉彼鲁斯也来到了这个地区巡航。俄国人越来越频繁地注意到，一些来自英国的勇敢捕鲸者追随前人的脚步，绕道合恩角或好望角，通过猎杀海獭或海豹寻找属于自己的财富。库克的手下也从中分了一杯羹。在返程途中于广州停留时，他们惊奇地发现，俄国人现场售卖给中国人的每张海獭皮的价格都相当于他们两年的工资。[10]他们的船长甚至不得不镇压水手们的哗变——他们要求上船并折返，而不是返回普利茅斯或斯特罗姆内斯。从此，毛皮热便传播到了英国的港口。

与土著相处困难，财政拮据，在狩猎区也出现了竞争对手，种种这些都让西伯利亚商人相信，他们这套体系的繁荣如今已经达到了极限。时代在变化，不可能再像第一次进军针叶林时那样，依靠几个由个人投资赞助的探险。必须要有大格局，组建强大的公司，能够同时为多项探险提供资金，并且在整个太平洋地区建立永久性的港口，与中国、日本以及热衷于殖民扩张的西班牙或英国进行贸易。

此外，还必须获得当局的支持。如果说两个世纪以来，俄国的扩张主要是开拓者、捕猎者、丛林行者和私人投资者为他们的生意提供资金支持的行动，那么自从他们抵达太平洋之后，情况就不一样了。根据传统，向来是丛林行者先行开路，哥萨克紧随其后，然后是教士，最后是帝国税务监察官和沙皇陛下的军事代表——督军。征服是私人性质的，国家是跟在后面，来分一杯羹的。但是，当俄国商人拥抱太平洋，将自己暴露在远海的风险中时，他们就需要保护，从而应对外来的对手和不服驱使的土著了——帝国现在必须承担起自己在征服中所应承担的那份责任。国外有许多类似的事例，在北美活动的哈德逊湾公司和在南半球活动的东印度公司都可以证明这一点。

一个名叫格里戈里·伊万诺维奇·舍利霍夫的小毛皮商人是最先意识到这一点的人之一。像许多开拓者一样，他离开了他位于俄国中部的故乡小城，来西伯利亚碰运气。他是一个小商贩的儿子，他没费多少工夫就在当地的公司里混出了名堂：他先后在雅库茨克和鄂霍次克港谋到了一些差事，成为当时一家数一数二的毛皮贸易公司的代表。他看起来与那些活跃在俄国边境最前沿的淘金者们没有任何区别。然而，十五年后，这个人物将颠覆这一地区的历史，并为俄罗斯帝国打开通往美洲的大门。

那么这个格里戈里·舍利霍夫是谁？与他同一时代的人留下的信息表明，他是一个性格刚强、自信、具有惊人工作能力的人，他一直奔波在东西伯利亚的艰难路途上。他有时十分好斗，会毫不犹豫地用拳头解决他遇到的纠纷。近代俄国历史学家在研究他与账目相关的遗物时，发现了不少大大小小的骗局，还发现了某种"难以操作的双重记账技巧，可以让他为了一些合伙人而欺骗另一些"，俄罗斯美洲史研究专家尼古拉·博尔霍维蒂诺夫写道。他还补充说："他对经济形势和市场了如指掌，永远在寻找新领土上可能存在的天然资源，并有着谋求当局保护的天赋。"[11]他研究的材料证明，舍利霍夫还知道如何驾驭错综复杂的行政当局，并在必要时向那些负责人"表达感谢"，这是因为，为了实现他的目标，向他们"表达感谢"是必须的。

显然，舍利霍夫的伎俩没有逃过他同乡们的眼睛：他们认为他既不信任竞争对手，也不信任合作伙伴，是一个不择手段、冷酷无情的企业主，另外，他有时对于他所接触或雇用的美洲土著人也很残忍。我们发现，舍利霍夫是一个有远见的人，但他同样是一名野心家。与他生活在同一座城市的瑞典人埃里克·拉克斯曼院士是一位杰出的知识分子，他对舍利霍夫的描述并非十分客气："东北大洋上几乎所有的商业事务，都可与抢劫相提并论，它们都被掌控在舍利霍夫的手中，他是伊尔库茨克的流氓头子和最令人厌恶的暴徒。这位老板展露了美洲史上与西班牙人相仿的残忍，尤其是他还能在可怜的阿留申人身上测试他的剑、手枪和步枪。"[12]

格里戈里不会孤身一人进入史册。二十八岁时，他娶了一名十三岁的少女，她是一名堪察加水手的女儿。娜塔莉亚·阿列克谢耶夫娜，也就是新晋的舍利霍夫夫人 *是一位不平凡的女性，她远不是一个传统、隐忍的伴侣。她还是个冒险家的胚子，天不怕地不怕，极其有效地补足了使这个明日家族企业成功所必需的人才阵容。在城里以及她日后将与格里戈里一起管理的公司中，人们都称她为"玛图什卡"，意为"小妈妈"，这个恭敬而亲切的绰号通常是用于称呼皇后或者教士的妻子的。她性格开朗，善于交际，能用自己的魅力和微笑来弥补丈夫的苛刻和蛮横，她知道如何在远方省份的沙龙中使用恰当的语言，如何说服谈判对象。但她的人生却饱经磨难：她的往来书信中保存下来的部分再现了她与病痛、命运的打击、天花、斑疹伤寒以及那个时代其他灾厄的持续斗争。她生了 10 个孩子，却只有 5 个活下来了。在丈夫长期离家的时候，都是她在管账、看家、盯着供应商和债务人。即便是季米多夫家族这样的金融巨头，在写给她丈夫的信里也未曾漏掉过她的名字。

夫妻二人在东西伯利亚的行政中心和总督驻地伊尔库茨克定居。自从新女皇叶卡捷琳娜二世废止了对华贸易的国家垄断，这座地处俄国在欧洲、中国和太平洋地区的贸易路线交汇点的城市一直在蓬勃发展。女皇（在密谋杀死了自己年轻的丈夫彼得三世后）刚刚登基，她决心通过鼓励自由主义（她读过亚当·斯密的著作）和使用现代税

---

* 在俄文中，姓氏需要进行性数配合。格里戈里·舍利霍夫是娜塔莉亚·舍利霍娃的丈夫，二人被合称为舍利霍夫夫妇。

收来实现国家经济政策的现代化。为此，她还废除了远东地区狩猎战利品的十分之一税，并准备废除向西伯利亚土著人民征收的传统牙萨克。这些措施立刻使得中国边境的毛皮贸易取得了爆炸式发展，在短短几年内就创造了巨额的财富。年轻的格里戈里·舍利霍夫决心利用这一点，因为他对自己的小企业乃至整个俄国有着无限的商业和战略野心。当时有很多公司为了减小风险，每次只会出资一次探险活动，期待获得长线收益，而舍利霍夫却坚信需要大规模长期投资。那时他的同行们正奔命于动辄就要耗时数年的海上作业，他则主张建立常设机构，雇用土著劳动力，使全年作业成为可能。那时的俄国人想到的还是捍卫他们自己的专属狩猎区，但他更愿意去设想一个覆盖整个太平洋的庞大贸易。整体而言，他梦想着建立一个以欧洲模式为基础的伟大公司，在这个公司的框架下，俄罗斯帝国将成为他在这一地区的特权工具。"当英国在北美拥有了上述殖民地，并于八十多年前在那里开展了非同小可的商业贸易时，法国便开始效仿它……法国凭借其历任国王赐予的独家特权发展了自己的贸易，特权之多使如今注视着它的英国仍不能从羡慕之情中摆脱。而俄国成立这样的公司也是非常合适且有益的。鄂霍次克港虽然遥远，但其选址却使俄国人比欧洲人更具优势，因为港口位于面向美洲的海岸上，美洲位于亚洲的东面，加利福尼亚就在那里；同时它也面对着日本、中国、菲律宾群岛甚至大莫卧儿，欧洲人也只能通过好望角或麦哲伦海峡到达那里。"这段文字摘自一份题为《俄国商业简史》的宣言，它在1779年被上呈给君主。它虽然是由一位高级官员署名的，但一些俄罗斯历史学家[13]在其中看到了格里戈里·舍利霍夫思想的早期痕迹，而当时他太过寂寂无名、鲜为人知，因此不配给这些想法公开署名。几年以后，他会以类似的说辞亲自来到圣彼得堡为自己的事业辩护。他的计划不仅是为了游说丛林行者：舍利霍夫向国家提出的方案是成为北太平洋的主要贸易大国，与全世界开展一切贸易，"除了英国人之外，还要充当中国人和日本人的商业中介，从而获得俄国所需要的第一手货物[……]"。

史料没有说明叶卡捷琳娜是否注意到了这份产生于她那遥远东方领土的请愿书。在她征服黑海的奥斯曼海岸，让俄国在克里米亚站稳脚跟，还在波兰交战之际，失落在远方的冒险者人数本就微不足道，而商人更是只占其中3%，他们的事宜可能并不在她的帝国议程上。

但舍利霍夫是固执的。1781年，他凭借雄厚的资本，成功建立了"东北公司"。在这个兼并和整合日益频繁的行业里，它立即成为三大巨头之一。几年内，它便掌控了服务于该行业的36艘海船中的14艘。[14]但与其竞争对手的传统模式相反，他的公司是建立在长期作业的基础上的，因为他的股东承诺将持续投资至少十年。为了筹集资金，舍利霍夫求助于本地区的另一位商人伊万·戈里科夫，并与他建立了合作关系，此人在毛皮贸易方面也非常活跃。两人在前往圣彼得堡之后，还获得了西伯利亚乃至俄国最富有的家族之一，新兴的工业家族季米多夫家族的支持。格里戈里·舍利霍夫只提供了新公司22%的资金，这个公司将开发"所有将被发现并置于俄国主权下的岛屿和未知领土"[15]，毫无疑问，他已经付出了巨大的债务代价，但他承诺以他亲自指挥第一次探险活动作为成为正式合伙人的交换条件。

1783年8月16日，"戈里科夫–舍利霍夫公司"专门为这次任务建造的三艘武装商船启程前往鄂霍次克。舍利霍夫毫不谦虚地将旗舰命名为"三圣号"，暗指1月30日的主保圣人：伊万（舍利霍夫父亲的名字）、瓦西里（他哥哥的名字）和格里戈里。船上有192名乘客，其中包括第一批定居者，这是一个大创举。娜塔莉亚·舍利霍娃也在其中，她已经怀孕了（她将在旅途中分娩），她的怀里还抱着自己的另一个孩子。但这趟旅程注定是无比难熬的：舰船将首先到达白令岛，人们必须在沙地上挖出的掩体里过冬，等待合适的季节再次来到后继续前进。他们的目的地是哪儿？是阿拉斯加南部海岸附近的科迪亚克岛。而且这一次，他们不单单是为了猎杀海洋野生动物！格里戈里·舍利霍夫决心在那里建立第一个俄国海外殖民地。它一开始只是一个不大的商栈，但在他的心目中，这里未来注定要成为太平洋俄罗斯的新都。在他的笔记和私人日记中，他已经把它命名为"斯拉沃西"（字面意思即"俄国的荣耀"），他把它想象为一个新帝国的中心，这个帝国从加利福尼亚辐射到印度尼西亚，夏威夷群岛（为了纪念詹姆斯·库克的资助者和主要支持者三明治伯爵，人们也称其为"三明治群岛"）、日本、堪察加和阿拉斯加自然也被囊括其中。至于中国，它仍然是西伯利亚毛皮的主要市场，舍利霍夫希望依靠舰队的发展，能够从沿海的港口与它直接进行贸易，与英国人正面竞争，从而避免成本消耗、官僚主义作祟以及恰克图陆路边境的不断封锁。这样一来，俄国将占据面积最大的大洋的北半部，这名伊尔库茨克商人希望届时能划出一道真正的海疆，"在北面和东北面各划一条线，他们［外国船只］不得进入"。为此，舍利霍夫专门花工夫给他的船员们配备了印有帝国徽章的铁标桩，让他们钉在所有未被占领的土地上，"使其他国家的臣民不能侵占我们祖国的财产"。[16] 舍利霍夫翻阅海军档案，寻找关于在这片海域航行的最细微的记录，然后审慎地选择了这里作为理想的落脚位置。科迪亚克岛是少数被森林覆盖的岛屿之一，在那里你可以找到建造村庄所需的木材，这些木材还可以用来修造日后征服所需的船只。岛上猎物资源丰富，周围几个海湾和小港都是下锚的理想地点。在这里或许还可以种植一些基本的蔬菜和谷物。尽管这座岛有这些公认的优势，但它还是很少被人光顾。那里的人口是阿拉斯加以南所有群岛中最多的，但那里的居民是科尼亚格人，即因纽特人的一个亲缘氏族，而不是温顺的阿留申人。俄国人上一次登陆的尝试还要追溯到上一个季节，并且那次尝试还以一场激烈的战斗告终。有40名科尼亚格人受伤，但他们却迫使捕猎者返回大船上避难，其中有20人后来因得不到补给而死于坏血病。

舍利霍夫这群人很清楚其中的危险，但为了实施他们的计划，他们确实需要土著。美洲的土著注定要成为端坐在1.5万公里以外王座上的叶卡捷琳娜大帝的新臣民，根据预想方案的不同，舍利霍夫会把他们看作战俘，或者为公司的繁荣积极献身工作的勤劳员工。但土著会怎样"迎接"他们呢？

显然，在武装商船上，并不是每个人都和舍利霍夫一样乐观。水手们担心事情出现差错，也担心出了事自己要担当罪责。事实上，最近为了打击从遥远的太平洋狩猎场里上报来的恶习，女皇对一些被认定为特别严重的罪行恢复了死刑。对土著人民无理由地使用暴力也被列在了清单上。海军部甚至不厌其烦地向土著社群宣传，告知他们有哪些权利。[17]为了实现船主的狂妄野心而被当众处刑——这样的未来并不能让探险的参与者心生欢喜。三艘船中有一艘船的船长甚至会在风暴中因精神失常而离开船队。历史学家怀疑，这位船长甚至不想率先登陆。他花了……足足三年的时间才重返远航队伍。*

刚开始的时候确实诸事不易。格里戈里·舍利霍夫似乎在扮演俄国的哥伦布，一登陆科迪亚克，他就开始夸夸其谈，这给他的手下留下了复杂的感受："一到科迪亚克，舍利霍夫就把自己说成一个重要的人物，声称他不仅对岛民拥有权力，而且对我们这些忠君爱国的臣民也有权力，他有权惩罚或绞死我们。出于恐惧，我们只能认他为全权代表，而且我们考虑到，他肯定不会透露他在高层那里得到的重大机密和权限，我们最好在一切事情上服从于他。"[18]

科尼亚格人没过多久就成了人们谈论的话题。第一艘船登陆后仅

---

　　*……还会被脾气暴躁的格里戈里·舍利霍夫当场开除。

六天，冲突便发生了。侦察兵报告说，在离营地几十公里的地方，有几千名战士聚集在一起，舍利霍夫决定立即进攻。五门大炮对准了科尼亚格人的岩石掩体，俄国人用火枪射击，成功地让对方落荒而逃。舍利霍夫无疑担心因此引起一系列麻烦，他在报告中写道，他被迫迎击四千名袭击者，俘虏了一千多人，并详细说明了有五名俄国人受伤，而土著的死亡人数则不详。然而，队伍的随行医生则讲述了一场名副其实的大屠杀，这场屠杀造成了多达五百名科尼亚格人死亡，其中有许多人宁愿自己在海上淹死。[19]

权威一经确立，舍利霍夫就改变了策略，一是为了让俄国在这里站稳脚跟，二是为了突破万难让岛民合作。不能像西伯利亚商人们的探险队通常所做的那样，向土著毫无节制地施压，以便带走尽可能多的毛皮，即使这意味着被狩猎的物种从这里灭绝，或是导致饥荒以及美洲人民的反抗。舍利霍夫的公司力求长久发展，决心长期扎根，若要实现这个目标，与岛民的合作是必不可少的。被伊尔库茨克的新贵们视为"最大的骗子"的舍利霍夫同样是一名精明的政治家。他被当时最进步的思想所感染，他坚信，仅仅依靠在新属地中仍是极少数的俄国人，只要借助文明的示范并辅以游说，就能建立起他梦想中的北太平洋毛皮贸易帝国。在科迪亚克，他全心全力地建造了第一个殖民商栈，对他而言，这只是扩张的开始，之后还会有许多它的复制品被建起。舍利霍夫一个生意伙伴的女儿当时常与他接触，在她的描述中，他俨然一个狂热者的形象。她写道："他狂热的灵魂并不贪图财富，而是贪图荣耀。对他来说，没有任何事物可以阻止他，他用他那不屈不挠的钢铁意志征服了一切，他的亲信们称他为'燃烧的火焰'，这不无道理。"[20]

舍利霍夫与随行的150个俄国人一起，在三圣湾建起了一座村庄、一座小要塞和一座港口。他尝试培育了第一批农作物，然而他的信念违背了常识。合适的季节太短，湿度太大，种植的小麦有一些无法长成，有一些则烂在了地里。不过，定居者们还是设法收获了一些土豆、葡萄和萝卜，他们还进口了几头牛、狗、山羊、绵羊、一匹母马和它的小马驹，以及少量几头猪，但这些并没有引发科尼亚格人的兴趣，因为他们的食物和饮品都来自大海，也是由大海决定的。现在明令禁止虐待土著人民。相反，公司一直优待酋长，通过馈赠和授予特权来将其拉拢到有利于自己事业的阵营。为了打击暴力和性病，舍利霍夫鼓励定居者与土著妇女通婚。为此，他从西伯利亚运来给"新郎和新娘"的结婚礼物，"在婚礼上送给每对新人"。[21]皈依和教化是俄国施加影响的两个主要手段。他向教会请求教士支援*，好让他们为土著施洗礼，让他们的灵魂得到照看，同时舍利霍夫还想让土著遵守某种意义上的道德秩序，不过，在这个粗鲁且大多是文盲的冒险家环境中，这是一个不小的任务。

他保留了扣押人质的传统，这对征服者而言十分重要。但它已经有了新的形式：科尼亚格人和阿留申人的子女被安置进了阿拉斯加的第一所学校，他们在那里接受教育，公司员工的后代也在这所学校上学。学校由公司资助，他们在那里学会了读、写、算，掌握了关于航海技术的基本知识。最优秀的学生甚至会被送到鄂霍次克或伊尔库茨克完成他们的学业，他们会在那里学习俄国文学、艺术和音乐。"我已经急遣了25名渴望知识的年轻人，他们更想和俄国人而非自己野蛮的父母生活在一起。"舍利霍夫给他在西伯利亚的笔友们写道。在伊尔库茨克的科尼亚格青年偶尔会用传统歌舞音乐会来给省城的夜晚增光添彩，当格里戈里的妻子娜塔莉亚回到城里时，她会密切关注自己的"养子们"在西伯利亚第一批高中里的进步，并写信给丈夫汇报他们的成长。[22]

在科迪亚克的生活依然艰难。但这块小小的殖民地——它也是第

---

*加甫里尔都主教会为他从俄国北部拉多加湖畔的瓦拉姆大隐修院派来八名精心挑选的教士。

一个紧邻美洲海岸的殖民地——正在慢慢成长。舍利霍夫在如今的科迪亚克港开辟了一个新的锚地，船只得以更方便地停靠。虽然三圣湾定居点的规模不大，但它仍给探险家贡萨洛·洛佩斯·德·哈罗留下了深刻印象，他在第一批俄国人抵达四年后登陆了那里。接待他的屋主是舍利霍夫的副官，这间屋子在他看来"摆设十分齐全，墙面上贴着中国生产的纸张，有一面大镜子，陈列着许多圣像，还有几张富丽堂皇的床"。有些俄国妇女穿着"工艺精巧的中国衣服"，她们用来盛茶叶的瓷器也来自同一产地。他看到了几处菜园，并描绘了港口的小教堂，据他所说，"里面每天都做礼拜"。[23]

当然，格里戈里·舍利霍夫并不打算就此满足。科迪亚克对他而言是什么？他心中有他的庞大计划，他要征服这整个世界。他想象着俄国的船只畅行于美洲、中国、日本、朝鲜、印度尼西亚，用他们珍贵的毛皮换取亚洲人趋之若鹜的商品，他认为俄国将主导这个和平新世界的贸易，成为亚洲第一强国。首先，他认为俄国人应该赶紧把自己的优势推进到美洲的海岸线上，尽可能地在此取得立足之地：在给东西伯利亚总督伊万·雅各比的报告中，舍利霍夫写道："首先，我努力沿着美洲海岸向南到加利福尼亚，为俄国人的定居点选取一个安全的位置，并在这一地区安置我国的主权标志，以杜绝其他国家的任何企图，确立我国的首要地位。"[24]这是因为从现在开始，来自国外的竞争就不再是遮遮掩掩的了。库克的最后一次航行唤醒了英国人，也唤醒了北美已经取得独立的定居者们。他们的船只经常与俄国的渔猎者在同一海域航行。在从科迪亚克回来的路上，舍利霍夫在堪察加半岛的彼得罗巴甫洛夫斯克发现了一艘哈德逊湾公司的帆船，在与船长讨论之后，他很快便确信与这家公司开展贸易会好处多多。

但要做到这一点，他们必须将水平提高到另一个层次。让人倍感意外的是，外国舰船通过麦哲伦海峡或好望角到达太平洋的时间却比俄国商队穿越整个西伯利亚花费的时间还要短。航行技术有了很大的改善，西伯利亚的线路十分危险，常常无法通行，货物也必须用绳索穿起来固定，而船运所能乘载的货物体积比陆运要大得多。一支拥有帝国政府特别通行证*的快速车队从首都到达科迪亚克需要九个多月的时间。受到季节因素的制约，一次航行往返还需要两年以上的时间，如果运送的是商品，则要另外算上在堪察加、鄂霍次克、雅库茨克等港口以及各大河流上转运的时间。格里戈里·舍利霍夫轻易就领悟了这一点：俄国横跨欧、亚、美三大洲，它若是利用这个地理位置建立新的属地无疑是十分有利的。但若是使用西伯利亚商人传统的陆路，它的贸易将不具备竞争力。他们必须建立一支舰队，而且必须像欧洲的竞争者一样，有能力使用大西洋或印度洋的海上航线，因为使用北方通道在目前是行不通的。他们需要强有力的新投资，但即使是伊尔库茨克最富有的企业家也力不能及。简而言之，国家的参与已经势在必行，甚至刻不容缓。这个地区即将成为世界的一部分，帝国如果想要维持自己在这里的地位，就不能再满足于在一侧旁观商人们的努力，在远方鼓励他们的创造与牺牲。它必须行动，而且要快。

格里戈里·舍利霍夫又一次成为第一个适应新形势的人。当他的同僚和对手还想着尽快掠夺狩猎资源，并期望获得来自帝国的哪怕是最普通的关注时，这位科迪亚克殖民地的主宰在1787年至1788年的冬天前往了圣彼得堡，与他的合伙人戈里科夫会合。舍利霍夫怀揣着一个雄心勃勃的计划，这个计划延续并落实了他近十年来的设想。他打算和他的同伴们一起，将君主本人也争取到他的事业。

年初是在西伯利亚旅行的好时节。道路结冰，河水上冻，雪橇飞驰，2月时，格里戈里·舍利霍夫的雪橇已经驶入了首都白色的街道。等待他的是一个坏消息：他的搭档戈里科夫突然去世，刚刚被下葬。但除此之外，他们的宏图大计似乎正走在一条充满希望的道路上。戈

---

* 在每个驿站交接时，他们都拥有优先使用马匹的高级特权。

里科夫、格里戈里的妻子娜塔莉亚和伊尔库茨克总督三人的大力游说已经初见成效：舍利霍夫的计划将被呈交给叶卡捷琳娜二世，得到她的亲自审议，而他们此前一直尽力讨好的两个机构——最高法院委员会和商业委员会——也都事先给出了正面答复。伊尔库茨克总督伊万·雅各比也不例外，他交给远道而来的旅行者一封口吻积极的信，让他呈交给女皇。

他的计划是什么？是在俄国建立一个强大的国有公司，让其负责太平洋地区的殖民。当然，舍利霍夫的灵感来自哈德逊湾公司和东印度公司的案例，它们是英国在北美和亚洲的武备力量。他建议让新公司垄断整个地区的贸易，负责维护商栈、村庄及其行政机构、学校、港口设施以及将要修建的防御工事。国家需要为该项目注资20万卢布，而项目将由西伯利亚总督直接监管。殖民地需要武装力量和教士的支援，但他们的薪水将由公司承担。当然，公司所征服的土地也会被立即置于帝国的旗帜和主权之下。

两位合伙人得到许诺可以获得女皇的召见，他们一边等待，一边继续游说工作。朝臣中地位数一数二的沃龙佐夫亲王也加入了他们的事业，他敦促自己的私人驿站满足商人们的需求。但女皇的接见迟迟没来。等到叶卡捷琳娜大帝终于在4月宣布她的决定时，他们的惊讶和失望溢于言表。请愿者和他们在宫廷中的拥护者被女皇粗暴地回绝了。谁也没有料到他们会被如此直截了当的拒绝。垄断绝无可能，甚至特权也别想。俄国在黑海对奥斯曼帝国的战争才刚刚开始，急需用钱，因此她并不打算在太平洋上进行这笔投资。"20万卢布？还没有利息，"女皇本人在作出答复时也显示出了惊讶，"国库里什么都没有了。这种借贷就仿佛有人提案，承诺三十年后能教会大象说话一样！而当被问及为什么是三十年时，他竟回答说：'三十年后大象可能死了，我可能也死了，借给我钱的人可能也死了。'"[25]讽刺就是女

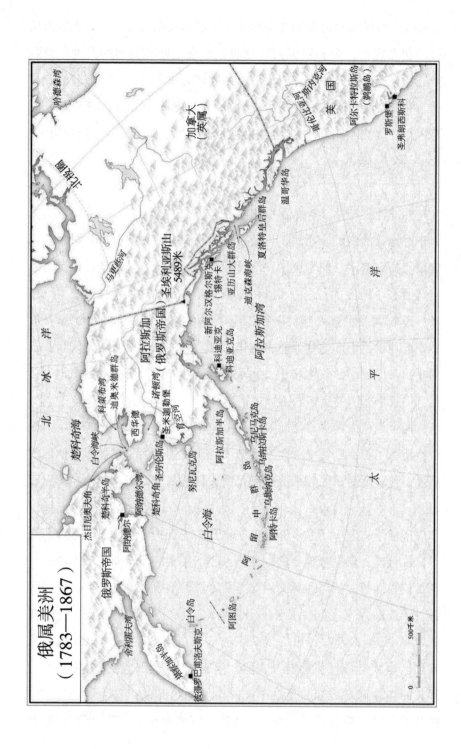

俄属美洲
（1783—1867）

北　冰　洋

哈德森湾

北极圈

北极圈

马更些河

加拿大
（英属）

弗雷泽河

哥伦比亚河

美国

阿尔卡特拉斯岛（费鹏岛）

罗斯堡

圣弗朗西斯科

温哥华岛

夏洛特皇后群岛

亚历山大群岛

迪克森海峡

新阿尔汉格尔斯克岛（锡特卡）

圣埃利亚斯山
5489米

阿拉斯加
（俄罗斯帝国）

阿拉斯加湾

科迪亚克岛

科迪亚克湾

阿拉斯加半岛

楚科奇海

白令海峡

科策布湾

迪奥米德群岛

西华德

诺顿湾

圣米迦勒堡

育空河

努尼瓦克岛

乌尼马克岛

阿

留

申

群

岛

乌纳拉斯卡岛

乌姆纳克岛

阿特卡岛

白令海

杰日尼奥夫角

楚科奇半岛

阿纳德尔湾

阿纳德尔

俄罗斯帝国

舍利霍夫湾

堪察加半岛

彼得罗巴甫洛夫斯克

白令岛

阿图岛

太　平　洋

0　　　　　500千米

皇的回答。叶卡捷琳娜二世给商人们的唯一安慰是给予了他们感谢，她鼓励他们继续下去，并为他们代表祖国所做的努力向他们授予了勋章。

这段插曲为了解当时俄国宫廷的普遍心态提供了有益的借鉴，因为女皇仔细研究了提案，并不厌其烦地在一份详尽的答复中分三点亲自解释了她的想法，还在文件上亲笔批注了十三条说明。对于这种干脆的拒绝，第一种解释是意识形态层面上的：支持现代化的叶卡捷琳娜二世沉迷于阅读那个时代关于启蒙思想的作品。我们知道她与伏尔泰、狄德罗有书信往来，她与达朗贝尔也有过交流。但这位君主同时也是亚当·斯密及其自由主义理论的支持者。她不赞同任何垄断的想法。这种倾向甚至在她阅读过这些思想著作之前就出现了，作为今日的俄国女皇、昔日的德意志公主，她所颁布的第一条政令，就是在1762年禁止在她所统治的土地上进行任何形式的经济垄断：她自己也注意到，之前历任沙皇都将特权赋予了同波斯进行贸易的商人，而这种做法并没有带来预期的利润。[26]戈里科夫和舍利霍夫确实试图引用欧洲的例子来说服女皇，但叶卡捷琳娜大帝是一个有原则的女人，她是比她在英国皇室里的亲戚更彻底的自由主义者。"他们所请求的是名副其实的垄断，"她在请愿书的空白处愤怒地批道，"这违背了我的原则。"她也对自己的法院支持该申请的举动表示了异议："他们会在太平洋实施垄断。他们一旦被给予了机会就会这样做。"她还写道："戈里科夫先生和舍利霍夫先生无疑都是正派的人，但要知道，如果将贸易专有权赐予他们，就必须忘记世界上还有其他好人。"[27]

意识形态的正确性不是叶卡捷琳娜断然拒绝这一请求的唯一原因。她所在的世界是一个由欧洲统治的世界，她主要的利害都在欧洲。这个时代的世界就是被众多属地包围的欧洲，这也是她所参考的框架。她在俄国南部边境领导了一场针对奥斯曼人的重大战争，她将从奥斯曼人手中夺来乌克兰、克里米亚和摩尔多瓦。所以，此时是否当真有必要冒着和英国与西班牙等其他世界大国闹翻的风险答应这个请求？而这一切都是为了在野蛮人居住的美洲群岛上的几处商栈？"在太平洋上［拥有］大片空间无法带来稳定的收益，"她依照自己的逻辑批注道，"贸易是一回事，征服又是另一回事……"领导南方军事行动并要求更多资金支持的波将金亲王极力劝阻她在世界的另一端开展这场经济和政治冒险。波将金是她的将军，但同样是她的宠臣，更或许是她帝王一生中最爱的情人，她更乐于听取他的意见，而非沃龙佐夫及其小集团的意见。

总之，这些西伯利亚的商人们没有获得她的信任。他们是机会主义者，是骗子，他们从他们的海上渔场突然前来，然后就买通了朝臣，来乞求一项特权，这无疑是因为他们嗅到了丰厚的利润！叶卡捷琳娜对这些新出现的力量充满担忧，他们受到金钱的驱使，也不太在意贵族的那套价值观：人们刚刚见识过这一类人在新英格兰殖民地的所作所为，也见识了他们对英国王室忠诚几何。谁知道被太平洋海域吸引的西伯利亚人，是否有一天也会重演同样的戏码。而女皇的不信任感在几周之后就被加深了，因为她收到了比林斯上尉的报告，上尉是一支新的秘密探险队的队长，并且是由她亲自任命的。探险队在途经科迪亚克时，那里的医生和教士详细告诉了他舍利霍夫刚登岛时的所作所为。与这些证词相呼应的是，国务秘书赫拉波维茨基在其私人日记中记录道："我读了比林斯的报告以及他对舍利霍夫在美洲岛屿上野蛮行径的描述；令人惊奇的是，宫廷中的所有人都对舍利霍夫提出的垄断申请表示了支持。他把他们都收买了，但如果他继续以这种方式探索，他们就要将他绑来廷上。"[28]

女皇本人挥来的这记响亮耳光会让大多数推销商就此作罢。但格里戈里·舍利霍夫不在此列。这只精明的狐狸有些失望，但他绝非绝望，他返回了伊尔库茨克去和他的妻子会合。他知道该如何反败为胜。在镇子上，一系列谣言迅速传开了：宫廷里的大人们似乎也会谈论这位商人，他好像有很多位高权重的朋友，而且据说他的计划还被女皇亲自审阅了！舍利霍夫夫妇似乎是为了证明他们即将飞黄腾达，还在伊尔库茨克的中心地段建造了一座宏伟的木宅。帮助他们推进请愿事宜的总督早已被解职，但娜塔莉亚·舍利霍娃已经成为时常被其继任者邀请进入沙龙的少数宾客之一。而一本复述并引用了格里戈里·舍利霍夫计划书主要内容的书籍也突然出现在了伊尔库茨克的出版社里。当局怒斥行政机密遭到了侵犯，娜塔莉亚·舍利霍娃却发誓说这是她丈夫的机密想法遭到了剽窃，证据就是这本书的字里行间还夹带了他们二人之间的绵绵情话。顺便说一句，这部作品是如此畅销，它甚至需要加印。至于垄断，不要紧！舍利霍夫相信，他的努力将获得成功，这只是时间问题。在此期间，他和他的合伙人在忙着增开公司，从而做出点朝阳行业的样子，也让入局者显得更加健康多元。

　　格里戈里·舍利霍夫始终没有放弃他的中心思想。他同他的君主一样固执。然而他的宏图大志却将由他人完成。这是因为这位商人在1795年突然离世。他死得如此突然，甚至他的敌人们（他作为商界名流之一，在商人阶层中拥有许多敌人）都怀疑是他的妻子给他下了毒：在他们看来，他的妻子有点太过进取、太过自由。然而，正是娜塔莉亚将继续为格里戈里的遗愿而奔走。她对于闲言碎语的回应是一座纪念碑：1800年，她让人在丈夫的墓上建起了一座墓碑。这座由白色大理石砌成的方尖碑高达三米多，俯临整片墓地，气势恢宏，就连伊尔库茨克总主教本人都在犹豫是否要批准它被安置在兹纳缅斯基隐修院前面。* 即便金字塔和方尖碑已经风行于圣彼得堡，伊尔库茨克也还从未有过类似的东西。更重要的是，娜塔莉亚在方尖碑的几个侧面装饰了一些铭文，这些铭文谨慎地总结了她丈夫的生平，同时却大胆

---

*时至今日，人们仍然可以在那里看到它。

地讴歌了他的信仰。下面这段文字既是为了记述历史，也是为了向叶卡捷琳娜致意："这里安眠着舍利霍夫，他等待着基督的降临［……］。立于全罗斯的女皇和统治者、伟大而光荣的君主、在西方和南方击败了敌人、扩张了其王国的叶卡捷琳娜二世治下。他不仅在东方发现、征服、统领了众多岛屿，还将大陆及美洲本身归入了陛下的权力之下。"石碑的一面上如此写道。而石碑的另一面，则是给伊尔库茨克那群爱嚼舌根的人写的："这块墓碑由一个悲痛欲绝的未亡人为她受人尊敬、乐善好施的丈夫而建，她的热泪在叹息中升向天主。造价共计11760卢布。"²⁹

在石碑的第三个侧面，娜塔莉亚为"俄国的哥伦布"刻上了一首墓志铭诗，说他"漂洋过海，开辟了未知的土地［……］"。这首诗并不重要，但署名者的名字在当时却如雷贯耳。这首诗是加甫里尔·杰尔查文的作品，他是圣彼得堡最有权势的朝臣之一。这位寡妇以此向她的对手们表明，舍利霍夫家还有人。他们没有认输。而且他们还有盟友。

第十三章
尼古拉·列扎诺夫的加利福尼亚罗曼史

在伊尔库茨克，权贵商人的死亡引发了怨恨与复仇怒火的集中爆发。这位企业家一路走来所播撒的全部失落、仇恨和不公统统苏醒了过来，都集中到了他遗孀的身上。与合伙人在资本分配上发生纠纷、她作为继承人的地位受到质疑、诉讼人前来索要欠款……这简直是猎狗在分食猎物。格里戈里·舍利霍夫在1795年7月去世时只有四十八岁。娜塔莉亚只有三十三岁。她怀孕了。在她的前九个孩子之中，现在只有五个活了下来，其中唯一的男孩只有四岁。

为了保护自己、公司和格里戈里的遗产，娜塔莉亚要依靠两个人。第一个是公司的执行董事亚历山大·巴拉诺夫，他来自北方的卡尔戈波雷，同样是移民来西伯利亚寻找财富的波默尔人之一。格里戈里·舍利霍夫在五年前就将他聘来协助自己。这是一个明智的选择，巴拉诺夫将接过公司的经营大权，出色地领导公司二十八年，并延续让其商业导师魂牵梦绕的美洲扩张计划。

第二个人则被召唤来担任战略职务。他叫尼古拉·列扎诺夫，半年前刚刚娶了舍利霍夫家的一个女儿，年仅十五岁的安娜。他本人三十一岁，只比自己的岳母小两岁。他岳父的死让他成为巨额财富的继承人。戈里科夫-舍利霍夫公司的营业额当时估计约为300万卢布，而国家预算也只有约4000万卢布。[30]然而这笔巨大的财富大部分是纸面上的，以股份为基础，如果公司创始人的能量突然枯竭，又没有新的动力顶上空缺，其价值随时可能崩溃。

没有任何迹象表明尼古拉·列扎诺夫能够胜任这一角色。与他的岳父岳母、其他姻亲以及成为他的竞争对手的大多数伊尔库茨克商人不同，他并不是开拓者或者那些在西伯利亚或堪察加半岛的处女地上开辟自己命运的硬汉。他对针叶林里猎人的生活一无所知，也不知道如伊尔库茨克这样的首府城市里会有怎样的纷乱。列扎诺夫没有贵族血统，却是一个出色的朝臣。他出生于圣彼得堡的一个高级文官家庭，凭借其家庭关系，他得以在最著名的几所学院接受军事训练，并在帝都的精锐营队中短暂服役。不过，从那以后，他的职业生涯就转向了内侍这一方向，他得以进入女皇的直属随从。他先是担任了加甫里尔·杰尔查文的私人秘书，舍利霍夫墓碑上雕刻的悼念诗句正是出自此人之手。杰尔查文既是宫廷诗人，又是商业委员会的主席，更是负责请愿事务的秘书，因此，将每天提交给他的无数请求信、申请书和请愿书转达给女皇陛下与否，都由他来定夺。通过将年轻的列扎诺夫招为自己的私人助理，杰尔查文将他带到了"圣殿"，即叶卡捷琳娜居住的圣彼得堡冬宫。尼古拉在这里获得了一个不大的办公室，离帝国跳动的心脏只有数米远。

根据皇室礼仪，叶卡捷琳娜每日清晨六点起床，起床之后便处理政务到十一点，她在涅瓦河畔冬宫的套间里挨个接见大臣与顾问，夏季的时候，就改到"沙皇村"里她树荫下清凉的华丽宅邸里接见。正是在这样劳累的晨间，杰尔查文需要在八点前后就向陛下呈上她臣民的请愿书。列扎诺夫则作为办公室主任来准备相关文件。

很快，这位年轻的文员引起了另一名权贵的注意，他就是柏拉图·朱保夫伯爵，虽然他只有二十七岁，但自从五年前女皇选择他作为自己最新和最后的宠臣以来，他就一直掌握着女皇的心。柏拉图·朱保夫——鉴于他与叶卡捷琳娜的关系，他的名字一定广受嘲笑——是一个既自负又腐败的人。他收集头衔和官职[31]，也收集极尽穷奢的礼物、钻石和成千上万的农奴——这些都是他的爱人陛下赏赐给他的。这名叶卡捷琳娜的情夫在冬宫的同一层楼拥有一间套房，女君主每次都在所谓的"宠臣时间"来访，也就是叶卡捷琳娜固定在正午用过简单工作餐之后的午睡时间。

尼古拉·列扎诺夫从杰尔查文门下转投朱保夫门下，在某种意义上，这也是从候见厅跨越到了寝房。他凭着自己的主子，来到了权力的中心。这就是格里戈里·舍利霍夫对这个优秀的年轻人感兴趣的原因。

舍利霍夫夫妇在叶卡捷琳娜大帝身上第一次希望落空之后并没有放弃他们垄断美洲的计划。他们深信，西伯利亚和俄属太平洋的命运和未来今后都将在圣彼得堡被决定。对他们的伟业至关重要的大型商船和军舰将从首都或其港口，即城市几公里外深水区里有要塞保卫的喀琅施塔特岛启航；因此，无疑该在这里对商业活动和运输进行协调。也正是在圣彼得堡，他们才能为这一非比寻常的业务寻找到所需的资金。这里还是国家的心脏，而国家正是他们计划中扩张行动的必然伙伴。最后，如果要排挤公司的竞争对手甚至合作伙伴，还有什么办法比搬到圣彼得堡来更好的呢？他们都局限在伊尔库茨克的小天地里，没有关系网络，无法接触到俄国的巨大财富。永别了，外省！也就是说，舍利霍夫家族将尽快在都城定居。他们为女儿安娜找到了一处美丽的房产，公司也很快在距离元老院广场不远的莫伊卡河河岸72号安顿下来。

伴随着舍利霍夫家族的战略行动，游说工作也在紧锣密鼓地进行。多亏了他们一向势在必得的强大债权方德米多夫家族，西伯利亚商人赢得了最强大的朝臣集团杰尔查文和朱保夫集团的青睐。他们就这样认识了尼古拉·列扎诺夫，后者先是很快被计划中的艰巨冒险所吸引，然后又被他们的女儿安娜所吸引——他是在第一次到舍利霍夫家登门拜访时邂逅她的。

自叶卡捷琳娜否决格里戈里·舍利霍夫的请求之后，八年已经过去了。如今在行政机关中心工作的尼古拉·列扎诺夫乐观地认为，朝臣集团应该有能力说服女皇推翻这一决定。一些坚实的新论据也纷纷涌现。首先，正如舍利霍夫所预言的那样，来自国外的竞争势力在日益变得强大。在压力之下，西伯利亚商人本身也不得不通过合并来为远航提供资金，这在某种意义上加速了垄断局面的形成。最重要的是，外国势力的存在正成为俄国在太平洋地区利益的顽固威胁。西班牙装备了新的海上探险队，他们的船长已经北上至美洲海岸沿岸的群岛。直到1790年屈辱性的《努特卡条约》，马德里才被迫提前放弃了对哥伦比亚河以北地区*的一切征服行动。英国占据了领先地位，作为詹姆斯·库克直接继承者的温哥华船长等人在这片大洋上来回穿梭，他们能轻松与来自俄属堪察加或科迪亚克的寥寥几艘双桅横帆商船竞争。随着海上力量的增强，英国人和他们独立的美利坚兄弟也将目光投向了西伯利亚海岸及其盛产鲸鱼和海豹的海域。姑且不论盎格鲁-撒克逊人的行为是否正当，俄国人显然会对他们对西伯利亚日益增长的兴趣感到担忧。1787年，库克的一名副官甚至不顾帝国当局的明令禁止，冒险远赴伊尔库茨克。这名自称是"美国贵族"的约翰·莱迪亚德在那里见到了格里戈里·舍利霍夫，舍利霍夫担心他有所企图，于是立刻定性他为间谍。冒险者遂遭驱逐。[32]

尽管叶卡捷琳娜有着强烈的自由主义倾向，但她对朝臣们的申辩并非无动于衷。1796年9月，她对其公开追求者朱保夫提请她考虑的新太平洋公司契约草案给予了认可，这即是一个迹象。这份尼古拉·列扎诺夫和娜塔莉亚·舍利霍娃双双签字的草案采纳了已故的格

---

*它是今天美国华盛顿州与俄勒冈州的边界线。

里戈里提出的基本原则。但它的野心要大得多：草案规定成立一个新的公司，即"俄美公司"（俄文缩写为RAK），它将本部门所有西伯利亚商人的利益集合在一起，国家和宫廷中的私人股东也参与其中。俄美公司将垄断所有太平洋贸易，并负责将远至加利福尼亚的整个美洲海岸置于俄国主权之下。多亏了哈德逊湾公司——列扎诺夫向宫廷解释道——英国的伊丽莎白才能征服后来的加拿大。愿叶卡捷琳娜在俄美公司的帮助下，拿下太平洋！

几周后，不幸的是，事情似乎再一次陷入困境。叶卡捷琳娜大帝突发中风，倒在了自己的坐便椅上。朱保夫从床上跳了起来，但也无力回天，他顷刻之间便失宠、众叛亲离、脱离了权力中心。娜塔莉亚·舍利霍娃和她女婿的所有耐心努力——或许还有慷慨馈赠——都成了徒劳。女皇的儿子保罗在1796年以保罗一世的名号加冕为沙皇。新任君主很难相处，他沉迷于军令、阅兵、荣誉，性格略显偏执。他非常憎恨自己已故的母亲，这导致他从未停止摧毁她所建立的一起，推翻她耐心构建的联盟，一旦有机会就破坏她留下的遗产。他改变了自己的住所，撤销了与叶卡捷琳娜本人关系密切的精锐营，强令全军采用更符合他口味的普鲁士式新制服。他甚至在皇宫的角落里放置了一个举报专用的信箱，里面的信件由他亲自取出。[33]

加甫里尔·杰尔查文是叶卡捷琳娜的朝臣中少数还能讨得皇位继承人欢心的人。他强调了已故女皇对一切商业垄断的反感，于是在短短几个月内就成功说服沙皇授权成立新公司。1799年7月8日，保罗一世签署了成立俄美公司的政令，向当天正在庆祝三十五岁生日的尼古拉·列扎诺夫送上了一份美洲的期许作为礼物。同年12月27日，确认特权的皇家契约获得批准，为年轻而强大的俄国公司那勃勃的野心开启了崭新的19世纪。俄美公司被授予在二十年内垄断北纬55°以北的美洲群岛和海岸的全部商业活动特权。沙皇在圣彼得堡的书桌前划定了这个界限，他在不知不觉中确定了阿拉斯加与其未来邻国加拿大的边界，当时那里还是英国王室的殖民地。公司的资方涵盖了舍利霍夫家族先前的大部分竞争对手。他们还主动向君主献上了二十股，每股价值500卢布。但列扎诺夫和他的岳父母家仍然占据大头：舍利霍夫家族拥有价值935700卢布的股份，就任公司驻首都高级代表的尼古拉·列扎诺夫才是公司的真正主人。

　　随着列扎诺夫的出现，俄国的征服在性质和风格上发生了变化。商业势力从西伯利亚悄然转移到了圣彼得堡，离开了商人、丛林行者、陷阱猎人和探险家的身边——两百余年间，正是这些群体身先士卒地将俄国的边界不断推向东方。伊尔库茨克的商人们从此便更像是单纯的代理人，而不是这场商业扩张行动中的战略家了。他们不再指挥，而只是跟随一场在首都里被决定、被组织的运动。继老一批开拓者的代表人物格里戈里·舍利霍夫之后，亚历山大·巴拉诺夫将成为这些西伯利亚非凡企业家的最后一个化身，这位由舍利霍夫家族招募来的俄美公司执行董事启程前往了科迪亚克，在那里指挥贸易活动。巴拉诺夫同自己的前任暨榜样一样，也被将"美洲俄罗斯"作为俄罗斯商业帝国在太平洋地区之桥头堡的愿景所吸引，认为公司正肩负了这样的使命。同舍利霍夫一样，他从来不缺少新的扩张计划。在科迪亚克，他将目光投向了沿海岸线向南有树木生长且渔业资源丰富的众多群岛。这是一场与时间的赛跑，西班牙人正在沿加利福尼亚北上，而哈德逊公司的陷阱猎人则在大陆上前进。为了取得优势，巴拉诺夫将新总部建在俄属美洲最南端的一个岛屿上，这里距沙皇保罗划定的边界不远。这座新要塞被命名为"新阿尔汉格尔斯克"*，它建在印第安人的土地上——强大的特林吉特部落是北美最富有的部落之一，他们的财富来源于他们在其控制的海岸与苏人等部落居住的内陆大草原之

---

　　* 即今天阿拉斯加州的锡特卡。

间建立的贸易。此时，俄国人已经习惯了与阿留申人或科尼亚格人这样的岛民共处，但他们必须学习新的文化，以防范其他危险。特林吉特人其实分布在整个沿海地区，由数个氏族组成，他们拥有经验丰富的军事组织。即将接过美洲俄罗斯领导权的巴拉诺夫，将有多次机会体验这种残酷的经历。

俄国在美洲的殖民地是什么样的？在新阿尔汉格尔斯克和科迪亚克，人们分别建造了两处主要定居点，也就是由木墙保护的要塞，它们与前几个世纪俄国人在西伯利亚各地扩张时建造的要塞十分类似。但此地的人口颇不均衡。这里的"纯正俄国人"（他们大多是西伯利亚或波默尔血统）比例甚小，甚至在美洲俄罗斯的整段历史上，他们的人数都不会超过千人。所以，在这个俄国还保持着农奴制，农民也大多依附于主人田产的时代，上哪儿去找定居者？缺乏来自"本土"的定居者是俄国殖民计划的特点和最严重的障碍之一。因此，美洲商栈的居住者主要是在跨种族婚姻中诞生的克里奥尔人，以及阿留申或科尼亚格的猎人和渔民——他们先是与俄国人合作，然后被他们带来了此地——而特林吉特印第安人则在商栈附近保持着他们传统的生活方式。这种民族和社会的混杂是俄国定居点的生存条件，他们只能依靠土著劳力开展为公司带来财富的狩猎和捕鱼活动。俄国人之中，则有五分之四以上[34]都在公司的商业管理部门、教堂或学校里工作。还有几名步枪手来自海军部派遣、公司供养的小股部队。俄属美洲与先前西伯利亚史诗中征服的土地没有任何相似之处。阿拉斯加是俄国人所生活的第一个，也是唯一一个土著人口占多数且有组织的真正殖民地。他们还不断受到前来挑战的外国竞争势力的威胁。这是一个全新的命题，在征服欧亚大陆广阔天地的过程中，俄国人没有做过任何相关准备。特林吉特印第安人的反抗，夹杂着美国私掠船的入侵，人数甚少的定居者长期生活在危险动荡的感觉中。这种持续的弱势，也是俄国在几十年后决定出售阿拉斯加的原因之一。敌人无处不在，内外兼有。在这些世界尽头的社群里，人们的生活方式既借鉴了阿留申人、科尼亚格人甚至特林吉特人的传统，也借鉴了西伯利亚人的传统，他们的语言和他们的肤色一样混杂。巴拉诺夫也和自己的同胞们一样，与一位特林吉特妇女一起生活，她在俯瞰着新阿尔汉格尔斯克港的岬角上一栋新建的大木屋里抚养着他们的孩子。

如果说不知疲倦地将公司最新获得的美洲财产固定在帝国版图内的亚历山大·巴拉诺夫代表了一代正在走向衰落的开拓者，那么尼古拉·列扎诺夫则是崛起阶级的化身。这名前宫廷侍从官与妻子安娜·舍利霍娃住在他们圣彼得堡的豪华公寓里，致力于俄美公司的崛起，他既是公司的总设计师，又通过遗产继承成为公司的最大股东之一。列扎诺夫出现在都城的各个沙龙上——他已然成为社交界的红人——向各个名门贵族宣传自己的公司。保罗一世虽在任上将垄断权授予公司，但他统治的时间十分短暂：沙皇在1801年被一群恐惧于君主日益反复无常和纠缠不休的行为的朝臣暗杀，他的儿子亚历山大一世取而代之。新任皇帝立刻就证明了自己配得上继承其先父制定的美洲政策。征服行动的"文明"计划符合他从小接受的自由主义戒律——他的祖母叶卡捷琳娜大帝为了达成这样的效果，特地挑选了启蒙思想的瑞士或法国信徒作为他的家庭教师，她为这个招人喜爱的孙子登上皇位做了细致的准备。作为俄国影响力的工具，俄美公司的战略更多是商业层面，而非政治或军事层面的，这也满足了预算的限制。若要以俄国的名义占领土地，并抵制敌对势力的野心，这是一种较不惹人注目的方式，也是一种——人们当时如此认为——成本较低的方式。也就是说，一种在某种意义上更加高效、更具性价比的殖民主义。相较于获取领土，获取毛皮仍是公司及其保护国的目标。因为预期的收入正是来源于毛皮。

自公司于1799年成立起，沙皇保罗和大公康斯坦丁就是它的股东。后来亚历山大又收购了大量股份，紧接着皇后和沙皇的胞弟尼古

拉也纷纷效仿。在皇家释放了信号以后，贵族和新兴大资产阶级的大
笔财富也随之涌来。买家们在圣彼得堡运河边的美丽贵族宅邸中互相
争抢。这里是公司的神经中枢。三年时间里，股东人数从17人增加到
400多人，股价从1000多卢布攀升到3727卢布。[35]

这些十分特殊的投资者也影响了国家对公司的态度。政府先是
向公司发放了25万卢布的贷款，第二年又发放了10万卢布，几年之
后再次发放了第三笔20万卢布的贷款。"俄美"备受看重，但不知不
觉间，政府的影响力却在这个曾经属于格里戈里·舍利霍夫及其合
伙人的毛皮贸易公司内部迅速增长。不久，俄美公司及其在美洲的
属地就变得好似两个半世纪前斯特罗加诺夫家族的贸易帝国：它是
一个半私营公司，由企业家经营，但拥有特殊的权力，它与国家的利
益紧密相连，会为它承担一些特殊的使命。国家被垄断能带来的超额
利润所吸引，它想要不投入很多就能获得分红，并且控制了公司的商
业活动。这种现象在俄国历史上既不是第一次出现，也不是最后一次
出现。[36]

1802年10月，当尼古拉·列扎诺夫沉浸在公司所获得的成功中
时，他突然遭遇了一场个人悲剧。他的妻子安娜，也就是舍利霍夫
夫妇的女儿，在生下第二个孩子小奥尔加后因难产而死。这是一记重
击，这位似乎无人能挡的天才朝臣陷入了消沉——也就是当时人们
所说的"抑郁"。他对什么都不感兴趣，置他对公司的义务于不顾。
他在给朋友的信中写道："随着安娜的去世，我已经失去了人生的幸
福，虽然两个孩子也能让我感到开心，但他们的存在只会揭开我的伤
口。"[37]焦虑先是在他的亲友中蔓延，然后是在宫里。列扎诺夫毕竟代
表着一笔宝贵的经济和政治投资，当权者不会对他的际遇无动于衷。
因此，在妻子去世半年后，列扎诺夫被邀请到沙皇在沙皇村的夏宫私
下觐见。他们谈到了一次远游。一次出使。"陛下先是对我家中的丧
事表达同情，建议我散散心，"列扎诺夫在一封私人信件中写道，"然

后便向我提出旅行的建议，并巧妙地引导我同意，直到最后陛下才宣布他的意图是委托我出使日本。"[38]散心？在海外游历至少三年，还要抛下两个孩子，其中还包括褓褓中孱弱的奥尔加？列扎诺夫先是承认自己对这样的提议感到震惊。但他还是很快应承了下来。

日本和中国一样，是19世纪初国际贸易中的明珠。格里戈里·舍利霍夫在梦想建立一个太平洋上的俄罗斯贸易帝国时，就已经盘算到了这些。对他而言，阿拉斯加只是他拼图中的一块，而中国和日本则是最关键的部件。继承了其宏大设想的俄美公司就自顾自地重拾了这个野心，1800年沙皇保罗甚至确认与幕府帝国建立关系是公司的专属权限。换句话说，亚历山大一世对列扎诺夫的邀请并不是一句空话。列扎诺夫可以开始准备行李了，在觐见的两个月后，他就被正式任命为俄国在"日本国大君"身旁的全权代表。

这个计划实际上可以追溯到几年之前。安娜去世前几个月，列扎诺夫本人在公司管理层对此问题进行讨论时就已经知情。驻幕府的使团只是俄国正在秘密筹备的一个大型项目的目标之一：俄国海军舰队需要完成它的首次环球航行。沙皇彼得大帝在1722年，以及女皇安娜在十年以后，都曾抱有过这样幻想似的野心。曾是白令及其探险队在女皇身旁主要支持者之一的海军上将戈洛温也认为，选择走"大洋上方"的海路，即通过著名的北方通道，无疑比走西伯利亚的陆路更加有利，他估计这样从圣彼得堡航行至日出之岛*"或许只需要十一个月的时间，而每年从荷兰出发的船只都要航行十八个月之久，返程也需要十六个月"。[39]

此后，另一位俄国水手亚当·约翰·冯·克鲁森施滕船长——俄国人称他为伊万·费奥多罗维奇·克鲁森施滕，他是沙皇陛下的舰

---

* 即日本。——译注

队中众多贵族身份成疑的波罗的海德意志人之一——又重拾了这一想法。三十二岁的克鲁森施滕也是一个纯粹的时代之子：他刚刚在对阵土耳其的战争中经历了炮火的洗礼，就被派入英国海军，在那里精进自己对大型帆船的认识，这些大型帆船在当时构成了英国的力量与骄傲。叶卡捷琳娜大帝自登基以来，就连年不断地向英国海军派遣年轻水兵队伍，从而掌握最先进的海军技术发展现状，正是这些技术让英国得以控制了海洋。克鲁森施滕正是那些被看重的年轻人之一，他从1793年到1799年在英国皇家海军的大型帆船上服役，参加了对革命法国的战争。之后，他先后请求前往加勒比海和远东，以更好地了解令他着迷的东印度公司的运作方式，这段履历也完善了他的教育经历。"在1793年至1799年战争中服役期间，"他在其著作《环球旅行》的序言中写道，"我的注意力被英国与东印度群岛及中国的大宗贸易之规模所吸引。在我看来，俄国也有加入同中国和印度之海上贸易的合理可能性。"[40]在广州的中途停靠给这名年轻的水手留下了尤为特别的印象："在我停留期间，一艘由英国人指挥的百吨小船从美洲西北海岸抵达广州。它运载的货物全部是毛皮，卖了6万银元。[……]那么在我看来，对俄国人来说，如果将我们的货物从阿留申群岛或［美洲］海岸直接运往广州，则无疑更加有利可图。"[41]

克鲁森施滕于1799年回到俄国之后，给商业部写了一份陈情书，建议在勘察加建立一支可与俄国在波罗的海、黑海的舰队相匹敌的真正舰队。这位当时还不到三十岁的年轻军官认为，凭借这支舰队，俄国才能充分取利于国家间的贸易。"各种自然产品如此丰富，"他继续论证道，"所有从事这种大宗贸易的人，都取得了高额的财富［……］。而这样一来，我们每年就不必再为这些来自东印度群岛或中国的产品向英国、瑞典或丹麦支付一大笔钱了。"[42]

为此，克鲁森施滕提议开展首次环球远航。在他看来，这次远航首先要抵达俄属美洲，向那里提供补给，再装载上珍贵的毛皮货物，将它们运至广州港，希望那里能对俄国开放贸易，然后再返回圣彼得堡，将最抢手的亚洲商品进口进来。这项计划的商业性、科学性与其政治性并存。其目的就在于在对手占领太平洋之前，让俄国在太平洋上先占有一席之地。詹姆斯·库克的长途航行是一个榜样，但它同样唤起了人们对于竞争威胁的担忧。在年轻的沙皇亚历山大听来，以上种种论据，都无异是对俄美公司持续不断的敦促。

因此，1802年夏天，他把第一次环球远航的重任交给了伊万·克鲁森施滕船长，他的第一项任务就是购得两艘能够在任何纬度上乘风破浪的现代帆船。克鲁森施滕和他的副官——比他小三岁，但与他就读了同一所英国索具学校的尤里·利辛斯基——将在伦敦的码头找到他们的船只：他们在那里购买和修理了两艘在对法国人的战斗中受损的舰船。这两艘帆船被重新命名为"涅瓦号"和"希望号"，它们将使俄国在继葡萄牙、西班牙、英国、荷兰、法国，或许还有中国之后，加入完成过环球航行的小小俱乐部。一直操心着国家收入的亚历山大一世将整个行动委托给了俄美公司，后者随即表现出极大的兴趣。在公司内部，人们对事件的发展确实非常担心。公众和投资者们并不知道，公司正经历着一场重大危机：1797年至1802年期间，公司有三艘船在殖民地和祖国之间失事，连船带货葬身在了北太平洋海底。已经有好几年都没有一艘悬挂俄罗斯帝国旗帜的船只到访过俄属美洲了。现在控制海岸的是波士顿的小船主和渔民。为了抵偿风险，他们设计了一套公司极度缺乏的海上保险制度。他们的捕鲸船在阿拉斯加的俄国海域内捕鱼，然而无人能奈何他们，他们甚至冒险航行至中国，用他们的货物在那里换取茶叶——他们的同胞正日渐爱上喝茶。

亚历山大·巴拉诺夫在他的木质要塞里气得发狂：他的新阿尔汉格尔斯克港和科迪亚克港每年都会迎来十几艘美国船，这比二十年来抵达港口的俄国船还多！波士顿人可以随意蔑视俄国当局，同时却也不拒绝它的好处：他们累积渔获，却不付出任何代价，而俄美公司只能用土著的皮划艇船队与他们抗衡。更糟糕的是，波士顿的商人们正忙着与特林吉特人直接交易。这是多好的买卖呀！海獭毛皮是特林吉特人的招牌商品，作为交换，印第安人获得了他们要求的武器和火药。在新阿尔汉格尔斯克，人们甚至传言说波士顿人向特林吉特战士提供了小型炸弹，俄国人怀疑他们在暗中希望印第安人将定居者们赶走，从而将此地解放。亚历山大·巴拉诺夫除了通过外国船只得到的间接信息之外，没有任何来自俄国的消息，他很是惊慌。局势不妙——他通过观察周边印第安人的行动得出了这一结论。俄国定居者及其阿留申人雇工周遭的气氛也没有更加乐观。由于缺乏从俄国运来的货物，他们正面临着饥荒的威胁。

在圣彼得堡，公司管理层也明白，殖民地的未来已经危在旦夕。如果之前还有人有所怀疑，那么最初几年的开发经验无疑表明，他们对这块远方殖民地的管理模式是不可行的。横跨整个西伯利亚将首都与阿拉斯加商栈连接在一起的交通线路过于漫长。货物需要经过在雪橇上或泥泞草原小道上数星期的运输，再在各条河流的驳船间多次转运；它们随后需要翻越鄂霍次克道路上的艰险山口，之后，为了将它们运往堪察加和阿拉斯加，还经常需要从头建造船只，在渡海过程中，还有多达半数装配不当的双桅横帆船会永远失去踪影。衣物、工具、武器和基本的生活用品都只能陆陆续续地运达，运输成本则更是高得惊人。食物在到达目的地之前就已经变质，甚至连科迪亚克的狗也不愿碰从公司的破船上卸下的咸肉。无止境的转运杜绝了质量特别大的货物被补给的可能，人们不得不将船锚打碎成小块，从而让它们通过雅库茨克至鄂霍次克的艰难路程，随后再在鄂霍次克将其重新铸成一块。在殖民地里，人们过着没有面包的日子，坏血病在肆虐，这样的日子不能再持续下去了。

因此，让大型帆船从圣彼得堡出发直接去往殖民地，从而为横跨西伯利亚的昂贵方案提供一个救命的备选——这样的想法自然得到了公司的全力支持。公司管理层于1802年7月正式向宫廷表明了这一点，当时克鲁森施滕刚购买了两艘远航船。这条海上通道或许会成为帝国的新航线。俄美公司甚至做好了为探险活动提供大部分资金的准备，但前提是公司对其有实际的指挥权。这其实就是亚历山大邀请尼古拉·列扎诺夫到夏宫的原因。还有什么人能比俄美公司在首都的高级代表和宫廷侍从更能胜任大使及探险队队长、更能展现俄罗斯帝国的最佳形象？就这么定了，事情已经了结，根据1803年7月10日商业大臣颁布的敕令，尼古拉·列扎诺夫除了被任命为驻日全权大使外，还被任命为"航行期间以及在美洲的全权指挥人员"，为了把事情说得更加清楚，敕令还特别规定："这两艘船［'涅瓦号'和'希望号'］及船上的军官和用人都是为公司服务的，因此他们也交由您指挥。"[43]

事情都说清楚了？其实也不尽然。克鲁森施滕船长负责了从计划探险到购买帆船、招募船员的全部准备工作，他坚信自己必然是这次探险的总指挥和最高领导人。在伊万·克鲁森施滕看来，无论这次探险活动是否由公司出资，他都即将成为俄国的库克，而船上随行的尼古拉·列扎诺夫不过是掏钱的人而已。这不只是一个简单的误解。海军部的传统规则确实规定，船长是船上唯一的指挥者，是对船只和船员行为的唯一责任人，克鲁森施滕没有理由认为这次会有什么不同。或者说沙皇为了避免与已经着手执行任务的船长发生冲突，希望不要大肆强调他赋予列扎诺夫的权力？克鲁森施滕后来耐人寻味地说道，别人确实给了他指令，但他并没有看。[44]

1803年7月26日，"午夜过后八小时"，当两艘帆船从喀琅施塔特要塞启航时，误会已然在所难免，没有人料想到在探险队的两位负责人之间，出现了从隐秘到激烈的冲突。"涅瓦号"上的军官赫尔曼·冯·洛文施滕中尉后来写道："我们离开俄国时，坚信R［列扎诺夫］只是船上的一名乘客。"[45]一名在水手眼里是累赘的乘客。他们很是恼火，因为列扎诺夫带了很多乱七八糟的东西，他认为这些东西都必须带上船，以备在路途中作为礼品赠予他人。清单如下："帝国瓷器制造厂出品的花瓶4对；帝国玻璃厂出品的玻璃镜71面；同厂出品的玻璃桌垫15块；帝国挂毯厂出品的亚历山大一世肖像挂毯1块；同厂出品的地毯和挂毯3块；黑狐毛皮、貂皮各1张；丝绸300米；天鹅绒350米；英国毛毡11匹；西班牙毛毡若干；来自冬宫的象型机械铜钟1台；象牙盒5个；象牙杯100盏；手枪、火枪若干；剑和马刀各1柄；可折叠钢桌1张；烛台4个；配有金质支架的玻璃工艺品8件；玻璃罐12个；用于灯塔、配有倍镜的灯2盏；金质加冕勋章25枚；银质勋章200枚；蓝色勋章绶带39米；圣弗拉基米尔勋章绶带142米；钢质纽扣2套。"[46]

一次在伦敦停靠时，尼古拉·列扎诺夫给他的杂货堆里又添了一样新玩意儿，他买下了一台能让尸体动起来的电动机器，打算将它送给日本天皇。别人在一名死刑犯的尸体上为他做了演示，他对电击引起的手脚和眼睛（！）的动弹印象非常深刻。

即便如此，旅途在开始时却非常平静。船上的成员构成即使与首都最好的沙龙相比也不会逊色。除了克鲁森施滕和列扎诺夫之外，军官的名单上还有一些未来在俄国海军史上赫赫有名的人物，比如别林斯高晋，还有同样在英国海军接受过训练的奥托和莫里茨·冯·科策布兄弟——他们在未来都会成为著名的探险家。在他们身旁，有来自哥廷根的天文学家和物理学家约翰·卡斯帕尔·霍纳、来自科学院的博物学家费奥多尔·布林金、来自莱比锡的医生提利休斯、地图绘制者赫尔曼·卡尔·冯·弗里德里奇等著名科学家。这个环游世界的探险项目对科学家们有着极大的吸引力，甚至有一位在圣彼得堡落选的医生格奥尔格·朗斯多夫男爵自费前往了哥本哈根，他在那里最终被录取了，但条件是放弃任何报酬和特殊待遇。探险队的领导层里有很多德意志人，或者说，军官们大多是波罗的海德意志人，而且都是路德派信徒。可以想象，就像一个半世纪前白令率领的探险队一样，军官团队的人员构成同样影响了船上的和睦。在船长餐桌上用餐的22个人中，只有9个是俄国人，其中大部分是尼古拉·列扎诺夫的随从成员。

帆船向赤道和合恩角进发，他们打算翻越合恩角后在太平洋北上。南大西洋上的夜晚都被漫谈会与室内乐音乐会填满。隆贝格中尉是第一小提琴手，列扎诺夫是第二小提琴手，提利休斯是低音提琴手，朗斯多夫是维奥尔琴手，弗里德里奇和霍纳是长笛手：我们掌握了娱乐活动的所有细节和日程安排，因为这些先生们非常明智地保存了他们的航海日志，并在日后毫不吝啬地公开了大量片段。我们因此得以知晓费奥多尔·托尔斯泰中尉所做的恶作剧。他是赫赫有名的近卫军团普列奥布拉任斯基团里的军官，以爱挑衅对手进行决斗而闻名（他一生中在决斗中杀了11个人），他的特点是经常与探险队的宗教权威，高级教士吉迪恩一起喝得大醉酩酊。一天晚上，托尔斯泰中尉在畅饮过后于甲板上醒来，发现教士正在身边打着呼噜，于是他跑到船长舱里偷来了用于封信的蜡，把神父大人的胡子粘在了甲板上，还不忘在蜡上加盖了皇家印章。教士醒来之后，由于不敢将皇家标志破坏，水手们只好把吉迪恩的胡子剪断，在接下来的航程中，这撮胡子将一直粘在甲板上。至于托尔斯泰，他在列扎诺夫多次威胁将他惩处和降级后被赶下了船，并由陆路遣返回圣彼得堡。*

---

* 费奥多尔·伊万诺维奇·托尔斯泰回到首都后，会以"美洲人托尔斯泰"的绰号为人所知，他对自己功勋的大肆宣传以及他在社交活动中的怪癖行径尤其引人注目。他过着优渥的生活，与一名吉卜赛舞女的婚姻也让人议论纷纷。后来，他因在对抗拿破仑大军入侵俄国的战斗中表现英勇而闻名。在探险的所有参与者中，他无疑是当时最有名气的那一个。他是普希金的名著《叶甫盖尼·奥涅金》中一个主要角色扎列茨基的灵感来源，他的侄子，作家列夫·托尔斯泰，将把这位伯父作为原型，把他的特点、性格、名字和父名都赋予其作品《战争与和平》中的一个杰出人物多洛霍夫。参见Owen Matthews, *Glorious Misadventures. Nikolaï Rezanov and the Dream of Russian America*, Londres, Bloomsbury, 2013, p. 313。

是一次在停靠站的选择上产生的普通分歧，最终点燃了克鲁森施滕和列扎诺夫之间的火药桶。船长打算停靠在特内里费岛，而俄美公司的全权代表则力推马德拉岛。历史没有记录下双方的动机，但这起突然爆发的争端将持续环球航行的半程。当列扎诺夫从自己的舱室回来，在船尾甲板上公开宣读沙皇给他的任命书时，哗变简直一触即发。克鲁森施滕觉得自己受到了欺骗，他确信列扎诺夫想要侵占这次他同时作为作者、编剧和导演的航行的荣耀。军官和水手们立即站在了自己的指挥官一边，共同反对一个傲慢自负，还不懂海上的法则与习俗的人。列扎诺夫捶胸顿足，大发雷霆，大声喊道他们是在背叛，是在反抗沙皇的权威。但一切都无济于事，充满敌意的沉默是船员们唯一的反应，他们只接受克鲁森施滕的命令。从此，二人之间的误会只会随着"涅瓦号"和"希望号"不断越过新的纬线而愈加恶化。在巴西停靠时，探险队的两名领队写下了一系列诉书，他们在其中互相指责对方罪大恶极，并将它们寄往圣彼得堡。克鲁森施滕趁列扎诺夫在岸上逗留的机会，要求木匠将所有军官和要员居住的大船舱隔断，以便把列扎诺夫和船上的博物学家收集的许多蝴蝶、蜥蜴、螃蟹、蛇和蟾蜍的标本关在一起。在绕过合恩角的时候，洛文施滕中尉在日记中写道："合恩角的寒冷不会比我们反对R的寒冷更冷。"他还简略地说道："我知道这样说是不负责任，但我非常希望合恩角会有一场风暴。"[47]在马克萨斯群岛，他们靠岸补充淡水，但探险队成员的注意力却被岛民的到来所分散，这些岛民划船靠近"希望号"，并爬上船舷，以推销新鲜物产和服务。来访者中不乏大量女性，她们似乎还有别的"果实"想要推销。克鲁森施滕记录道，她们的姿势"淫荡而色情"[48]，但他保证，没有一个俄国人向诱惑屈服。同样的现象会在他们到达每个新群岛时如约而至。例如，"涅瓦号"船长利辛斯基就在抵达瓦虎岛时记录道："就在天黑之前，出现了一群大约100名年轻女性向我们的船游来，她们向我们靠近，明显是要与我们交欢，并毫不怀疑我们会接受她们。虽然十分遗憾，但我觉得自己不得不给她们的喜悦浇上一盆冷水［……］这群宁芙在遭受了对她们魅力的侮辱之后，不得不转身离去，这可能是过去所有欧洲船只到来时都不曾出现的情况。"[49]

但这段香艳的插曲并没有结束克鲁森施滕和列扎诺夫之间的纠纷，它反而演变成了公开的危机。列扎诺夫对船长拒绝与马克萨斯群岛的住民开展以物易物贸易的行为感到愤怒，他面对集合在一起的所有军官，宣读了由沙皇亲笔签名的文本，它规定了他才是这次探险的最高长官。"出去，带着您的命令出去，我们除了克鲁森施滕，没有其他长官。"军官们对他喊道。在场的一位中尉甚至建议"把这畜生拴在自己的窝棚里"。列扎诺夫大为震惊。"我甚至都难以回到我的舱室。"他在回到堪察加后解释道。"我因此生病了，但船上的医生一次也没来看过我。他们仍在辱骂我，为了躲开更多侮辱，我不得不在穿越赤道时于舱室里闭门不出，而无法在甲板上透一口气。"[50]

在前往奥怀希群岛（今夏威夷）的途中，列扎诺夫短暂地再度现身，但他与军官团之间的交流也基本只限于对骂。在欣赏了当地人饰满全身的美丽文身，训斥了立刻开展实践，将自己的背部、躯干和手臂献给文身工匠的托尔斯泰中尉，然后按礼节向卡特努阿国王致以敬意后，尼古拉·列扎诺夫突然感到自己的神经已濒于崩溃。当他们再度起锚，并进行了最后一次争吵之后，"希望号"的水手们看到他返回了自己的"舱室"，脸色灰暗，面部塌陷。他再也没有出来，一直沉浸在抑郁之中，直至船只在两个月后到达堪察加半岛的彼得罗巴甫洛夫斯克港。

这是因为在夏威夷的时候，这位俄美公司的领导人刚得知了一个非常不好的消息。他们停泊的地方是北太平洋中心的战略要地，从波士顿来的捕鲸者和毛皮商人在前往中国的途中都会在这里停靠，给水桶装满淡水，并对渡海过程中损坏的部位进行修复。一个路过的英国人刚刚报告了一起悲剧，它发生在新阿尔汉格尔斯克，也就是俄美公司的美洲总部。亚历山大·巴拉诺夫的噩梦终于成真，特林吉特人揭竿而起了。他们有了从新英格兰商人那里买来的武器和火药，也厌倦了看到自己的海獭猎场被欧洲人掠夺，于是他们冲进了新阿尔汉格尔斯克的俄国要塞和商栈。据说，守卫那里的29名俄国人和55名阿留申人的头颅被摆在面向大洋的木桩上以示警告。亚历山大·巴拉诺夫应该是安全的，但他大概和殖民地的幸存者们一起撤到了科迪亚克。

列扎诺夫的原定计划是在堪察加卸下运往俄属美洲的货物后前往日本。但这个噩耗改变了一切。列扎诺夫在把自己关在船舱里之前，命令利辛斯基船长和他的"涅瓦号"立即启程前往阿拉斯加，对巴拉诺夫伸出援手，而他本人则将和克鲁森施滕一起，乘"希望号"继续执行沙皇交给他出使日本幕府将军的任务。这一次，克鲁森施滕也同意了。两艘船分道扬镳，沙皇的全权代表在自己的舱室中闭门不出，向着彼得罗巴甫洛夫斯克前进，"涅瓦号"则向东航行，前去营救自己的同胞。

那是1804年的夏天，利辛斯基的舰船在俄国定居者的"欢呼声"中驶入科迪亚克港——这里是舍利霍夫的第一个商栈，他们正在此地避难。"涅瓦号"是第一艘从俄国欧洲部分驶达俄属美洲的帆船。亚历山大·巴拉诺夫尤其松了一口气。在印第安人将他打败的两年后，在美洲的俄国人已经开始感到气馁。有了舰船的大炮、随行的步枪手和几百名武装定居者，他就有希望重新在新阿尔汉格尔斯克站稳脚跟，将特林吉特人从那里驱离。大帆船的到来就像命运的征兆。事实上，在新阿尔汉格尔斯克要塞废墟对面的锡特卡湾，越洋帆船的出现，伴随着透过舱门发射的炮弹，给印第安战士留下了深刻的印象。战斗持续了几天，之后，特林吉特人撤退到森林中，将伤员和新生儿留在了他们设防的营地里。进入防地后，俄国人发现了两门大炮和几百颗弹丸，它们或许是特林吉特人在先前战胜俄国定居者时夺来的，也有可能是从过往商人手中买来的。但火药库却是空的，这或许是迫使特林吉特人撤退的原因。

亚历山大·巴拉诺夫在战斗中受了伤，但大家都明白，真正的胜利者是利辛斯基船长和"涅瓦号"的船员们，没有他们，商栈肯定就丢了。这起事件象征着俄属美洲进入了一个新的时代和新的体制。巴拉诺夫将重建新阿尔汉格尔斯克，让它从原先的商栈变成俄属阿拉斯加的首府，它成了一个殖民地，与其他欧洲强国在北美建立的那些非常相似。这也是一次权力的交接，交接的一方是西伯利亚的开拓者，西伯利亚人，最初的开拓者，丛林行者，另一方是权力的新任代表——俄国贵族精英阶级出身的帝国海军军官们。"涅瓦号"只是一长串帆船中的第一艘，从此它们将连接波罗的海畔的圣彼得堡和新阿尔汉格尔斯克的海湾。1803年至1849年期间，34艘俄国三桅帆船在"涅瓦号"和"希望号"之后进行了环球航行。在1867年之前，还将有四十艘帆船加入这个行列[51]，仅俄国一国的舰船完成的环球航行就在数量上超过了英法竞争者的总和。这是一条通往阿拉斯加的新航线，比无止境地穿越西伯利亚要快捷、方便得多，不久之后，俄属美洲殖民地的精神风貌就颇为矛盾地显得比西伯利亚各地的要塞或鄂霍次克海的渔场更接近圣彼得堡和欧洲世界了。这种现象对当地人口的影响很快便会显露出来。在远洋上经历了千锤百炼、训练有素的海员以及在上层社会受到过良好教育、掌握多门语言的军官取代了早期的陷阱猎人、渔民和企业家。对后一类人而言，阿拉斯加只不过是亚洲在大洋上的延伸：当他们看到自己的美洲突然"开化"了，或者说突然欧洲化了，他们就渐渐想要回到西伯利亚，回归他们所珍视的生活。短短几年内，他们就将被新一代的定居者取代，其中包括许多那时仍是俄罗斯帝国公民的芬兰人，以及波罗的海德意志人，他们将占到殖民地人口的三分之一。他们与当地土著的关系也发生了变化：新主宰们不再那么具有暴力和虐待倾向，他们更希望向"野蛮人"传递文明的信息。随着社会差距的拉大，混血、同居和语言混杂的现象也不会再出现。每个人都各居其位，这与西班牙或英国殖民地的规则一致。在巴拉诺夫——他是自己这一类人的最后一位代表——终于在1818年被召回后*，就只剩下海军出身的军官在管理阿拉斯加了。它与西伯利亚其他地区没有相同之处：这里没有督军或哥萨克在维持秩序。阿拉斯加是俄罗斯帝国的一块飞地，是它唯一一块殖民地。这只会让俄属美洲在1867年被出售给美国时，去殖民化开展得更为顺利。

在此期间，尼古拉·列扎诺夫的情况如何？这位沙皇与俄美公司的特使直到得知堪察加的火山已在地平线上浮现，才走出自己的舱室。在彼得罗巴甫洛夫斯克的停靠让他们总算得以向商栈供应从夏威夷运来的衣服、工具、金属、盐和新鲜物产，而这也是与克鲁森施滕算账的机会，他必须对列扎诺夫对他发起的滥用权力、背叛和绑架的指控作出回应。这起案件最终以双方相互妥协的方式了结，唯有这样，他们才能继续赴日旅行。克鲁森施滕和手下军官因此在彼得罗巴甫洛夫斯克的浮桥上一字排开，被迫一个接一个地向列扎诺夫公开道歉，而后者则同意只要在海上，他就把对船员和船只的一切权力下放给船长，并给沙皇发去电报，宣布探险队的两个领导人已经和解。他们并没有完全和解：现场的目击者说，克鲁森施滕在道歉时眼中含泪，威胁说要辞职。[52]军官们也不遑多让：他们中的大多数人会在自己出版于欧洲各大首都的回忆录中对"乘客R"大加攻讦。至于列扎诺夫本人，这种屈辱稍后还会在日本——这位宫廷侍从认为应是自己光荣时刻开始的地方——如约降临在他身上。我们可以想象，"希望

---

　　* 亚历山大·巴拉诺夫在为公司服务了二十九年后终于退休，他在新阿尔汉格尔斯克建了一座宅邸，计划在那里度过晚年。然而，在他前往圣彼得堡与在那里求学的混血儿子会合之际，他在爪哇停靠期间病倒，并在航行中因发烧而死（1819年）。他的遗体被扔进了巽他海峡。

号"的船员们对此应该不会感到十分难过。

的确，自1804年9月底舰船抵达长崎港起，事情的发展就与列扎诺夫和他在圣彼得堡的朝臣朋友们想象的大相径庭。在冬宫里，人们对日本这个神秘国度梦寐已久，经过一年多的辛苦航行，列扎诺夫终于要品尝它的果实了。他已经让人在甲板上为幕府将军准备了无数奢华馈赠，期待着能早日见到将军。长崎在当时是这个与世隔绝的国家唯一的门户，只有荷兰人——又是他们——成功在此建立了一座贸易桥头堡。在这个作为日本门户的港湾深处，幕府将军下令建造了一座小型的扇形人工岛，荷兰人就被限制在此地活动。出岛就像是长崎商港上长出的一个突起，它承载了几十栋混合了日本传统建筑风格和荷兰风格样式的住宅、棚屋、货物仓库和一座规模不大的新教教堂。小岛可以通过一座设有岗哨的小型人行天桥进入，日本商人会借道天桥与他们的欧洲贸易伙伴谈判协商。*日本的对外贸易只能在出岛办理，这是幕府将军的命令，这种情况将持续两个多世纪。因此，自1609年以来，取代了葡萄牙人地位的荷兰人一直是通往繁荣日本之大门的主人。当俄国人靠近时，巴达维亚人†实际上享有一种与欧洲贸易的垄断地位，并不乏对此善加利用。

列扎诺夫打算攻破围绕着日本的无形之壁，但他还没来得及穿上自己最好的大使礼服，麻烦就开始了。首先，渔船上的人们远不像他们在旅途中每次靠岸时遇到的人那样欢迎他们，而是通过一些明确的举动让他们明白，他们是不受欢迎的。而当局代表到达之后，他们被命令在距离海岸4海里的地方抛锚，这里刮着大风，船上的乘客可以在漫长的等待中充分享受船体横摇的乐趣。

等待将持续六个月之久。六个月的时间里，列扎诺夫和同伴们日复一日地争取着靠近港口的权利，然后是停靠的权利，最后是上岸和

---

* 与出岛相邻的另一个面积稍大的封闭区域则专门用于与中国的贸易。
† 荷兰人的别称。——译注

在此居住的权利。对方向来只会做点点滴滴的让步，"我们了解到的关于日本人的一切，都是通过望远镜看到的"。[53]洛文施滕以讽刺的口吻记录道。日本人总是同一个说法：禁止外国人进入，但荷兰人除外。荷兰人的当地代表亨德里克·杜夫经常在其中扮演中间人的角色。这是因为没有一名日本使者会说俄语、法语或英语。双方代表团只能依靠朗斯多夫医生略懂的低地德语方言以及另一方的荷兰语进行交流。所谓谈判不过是聋子之间的漫长对话。俄国人问道：你们庄严的君主将军叫什么名字？日本人说这是秘密。*他住在何处，我们能否去拜访他？日本人说绝无可能，并且还向列扎诺夫指出他在递交的国书中使用的日语十分简略和粗鄙。†我们还需要多久才能等到他的许可？然而唯一的回答是"能开恩让你们靠岸就已是你们的运气"。

他们在说这些话的时候都带着日本式的微笑。尼古拉·列扎诺夫最初的态度十分认真。为了扫除交流障碍，他自学了日语，并开始编写一本字典，它最终收录了数千个词语。但随着时间的推移，他的耐心被逐渐消磨，误会和侮辱的情形也渐而增多。列扎诺夫因此深信，他唯有表现出无愧于沙皇威严力量的十足决心，才能对他的对话者产生影响。他对日本要员给出的每一个新借口都大发雷霆、大声抗议，然而他们向他指出，这种行为是与日本的礼节相悖的。他同样拒绝鞠躬，也拒绝跪坐，当他看到荷兰贸易代表在他身前折起双腿，将双手放在膝盖上，他鄙夷地评论道："日本人绝不敢像这样羞辱我们。"

几个月过去了，列扎诺夫的怒气有增无减。"希望号"上的军官们一丝不苟地记下了他的盛怒之举和失检行为，并统统写在了他们的私人日记中。这位宫廷侍从被人看到穿着内衣在甲板上小便。"列扎

---

* 当时在位的将军是德川家齐。

† 为了撰写这份国书，俄国人委托了在俄国海岸遇险、侨居在伊尔库茨克的日本渔民，俄国人为了表达善意也带上了他们。然而这些日本渔民所使用的语法应该与将军的语法有很大不同。在相当长的一段时间里，日本似乎都不愿给予他们回国的权利，这甚至导致了其中一个可怜的人切腹自尽。

诺夫把自己的身体暴露在日本人的眼前。"洛文施滕写道。当俄国人终于获许上岸到一组与城市小心隔开的竹屋里居住时，探险队的医生格奥尔格·朗斯多夫注意到，当地居民会透过缝隙观察他们——"就像我们在欧洲观察野生动物一样"——并对外国使团团长"身穿长袍、头戴睡帽、不着长裤"[54]四处走动的行为感到十分有趣。一日，长崎当局向俄国大使派去了几名医生，以示对其健康状况的担忧。来访的医生指出："他有多疑和缺乏幽默感的症状。"[55]洛文施滕的评论一针见血："面对注重礼节的日本人，列扎诺夫败坏了诸多好感。他们鄙视我们，鄙视我们这些不一样的欧洲人，他们的做法不无道理。"[56]

1805年3月23日，将军的答案终于到来，然而这却是一盆冷水。将军通过使者传达道：日本"没有多大的欲望，因此能给外国产品提供的机会很少。其微薄的需求已被荷兰人和中国人充分满足，而且朝廷也不希望看到奢侈品进口"。他令列扎诺夫传达对沙皇的慷慨馈赠的感谢，但也要求他将礼物带回去："日本还没有富裕到能够还以同等的回报或是用漆器装满你们的大船。"[57]在将军的使者面前，窘迫的列扎诺夫像他一直所希望的那样把腿放在一边坐着。接见持续了半个小时，之后日本外交官站起了身，并认真地指出他这个"少见的姿势应该难以保持太久"。尼古拉·列扎诺夫既沮丧又屈辱，他不得不再度返回海上。他离开时，日本人让他把一包种子带给皇后，这样她就能在消遣时欣赏花园里的日本花卉。这次出使是一次彻头彻尾的失败。

他的自尊心在彼得罗巴甫洛夫斯克受到了最后一击。沙皇亚历山大写给列扎诺夫的一封信刚刚抵达了这里。沙皇提前祝贺自己的全权代表成功出使幕府，并为这一崭新贸易关系的丰硕前景感到高兴。沙皇还表示，他注意到了他与克鲁森施滕的和解，并宣布自己准备将圣安娜勋章授予后者。这枚勋章恰恰是列扎诺夫自己所能希冀的最高荣誉。但沙皇对他却没有一句感激的话，也没有一点慷慨的表示！这位宫廷侍从不可能知道，另一封情意满满、许诺颇丰的信，正连同一件沙皇的私人礼物一起，被皇家信使装在挎包里穿越西伯利亚。他觉得很难过。他的处境也十分尴尬。在这种情况下，如何才能体面地回到圣彼得堡？该如何向沙皇解释他刚刚在日本遭受的巨大失败，既然他自己都认为这无异于一记打在俄国脸上的耳光？然后还要出席克鲁森施滕的授勋仪式作为奖励？！这位宫廷侍从觉得，他必须取得一项新的功绩，才能有资格出现在亚历山大足下。新的功绩须在美洲建立。"我要在美洲待上一个世纪，"他给沙皇写道，"在美洲，任何头衔和勋章都是不必要的。"[58]他的语气愤怒而无礼。这封信将与沙皇寄给他的私人信件擦肩而过。在这样的交流之后，他确实不宜太快地重新出现在君主面前。列扎诺夫再也不会见到他了。他也不会再从他那里得到任何消息。

他与克鲁森施滕草草道别。这位远航船长将与在广州等着他的利辛斯基和"涅瓦号"会合，然后他会率领"希望号"完成他的环球航行，当他最终抵达圣彼得堡时，他将受到英雄般的欢迎。

在此期间，列扎诺夫则登上了第一艘停靠此地的船，辗转科迪亚克，抵达了巴拉诺夫从特林吉特人手中夺回后正在重建的新阿尔汉格尔斯克。他发现那里的殖民地一片萧条。200个俄国人和300个科尼亚格人正在一个较易防守的地方建起一座新的要塞。*列扎诺夫用他的破船运来了一些炸弹，打算将它们用于城墙和周围的高地。此外，他还计划建造数座防波堤，从而方便让俄国本土的越洋帆船在这里停泊。在"巴拉诺夫公司"度过的几个月里，这位宫廷侍从与俄美公司的要员似乎表现出了运动过度和精力过剩的特点。列扎诺夫写了一份又一份的报告，对他认为对土著太过迁就、宽容的少数官员及教会多番控诉与指责，我们看到他在自己亲身经历的启发下提出了各种建议：对于东正教教士，他建议他们效仿巴拉圭的耶稣会士；对于圣彼

---

* 如今这里是美国城市锡特卡。

得堡的殖民管理部门，他建议他们复制英国人在植物学湾的经验——它位于库克不久之前探索的澳大利亚——将囚犯和流放犯作为定居者发配到这些遥远的土地上。他认为，阿拉斯加非常适合这样的实验，而且俄国的殖民地正因农奴无权移民而严重缺乏劳动力。

但最严峻、最棘手的问题还是长期笼罩在殖民地的饥荒与营养不良。新阿尔汉格尔斯克的居民长期缺乏谷物、蔬菜和水果。列扎诺夫到任之后，为了让居民点延续下去，不得不以公司的名义买下了一艘从罗得岛驶来的双桅横帆船"朱诺号"及船上的所有物资：面粉、糖、朗姆酒、饼干、大米和烟草。但几个月后，也就是1806年的春天，库存就已经消耗殆尽，下一艘商船要等到夏天才会到来，饥荒已经在所难免。8个俄国人刚刚死于坏血病，还有60个俄国人躺在作为诊所的昏暗木棚里动弹不得，室内充满了他们散发的恶气。多亏了仍然停泊在岸边的"朱诺号"，列扎诺夫可以计划将俄国人的冒险继续向南推进，前往加利福尼亚，在他之前，他的岳父格里戈里·舍利霍夫曾发誓要去到那里，亚历山大·巴拉诺夫也梦想着在那里建立一处新商栈，或者好歹与西班牙人建立起新的贸易关系——他们是占有这些肥沃土地的远邻。在欧洲，拿破仑已经攻向了西班牙。谁知道马德里远在加利福尼亚的殖民地是什么状态呢？

1806年2月25日，尼古拉·列扎诺夫带着18名最健康的人和15名病得最重的人——他希望仍有机会能拯救他们——离开新阿尔汉格尔斯克的小湾向南航行。俄国在西伯利亚与美洲的史诗就此翻开了它最为波澜壮阔的篇章之一。

3月，船行驶到了如今是俄勒冈州与华盛顿州分界线的哥伦比亚河河口。这一地点被巴拉诺夫定为俄国新殖民点的备选地点。但海上的情况十分糟糕，自从他们经过圣海伦火山后，雨就一直紧跟着他们，病人的状况也每况愈下。哥伦比亚河河口处堆积的沙洲阻止了俄国人所有越过它的尝试。远处，在比海岸更远一些的地方，他们看到天空中升起了烟雾。他们试图做出回应，但似乎没有人注意到他们。一个不可思议的巧合是，俄国定居者的先遣队居然距离刘易斯和克拉克的探险队只有8公里远，他们是杰斐逊总统派来的美国探险家，他们从路易斯安那出发，北上穿过密苏里盆地，希望能探索到一条最好能够通航的贸易路线，从而开往太平洋和……亚洲。经过两年的穿越美洲之旅，美国侦察兵翻越了落基山脉，却以毫厘之差错过了与沙皇陛下的开拓者的历史性会面。两个帝国擦肩而过。

3月28日，当太阳升起的时候，"朱诺号"正对着圣弗朗西斯科湾的入口，如今这里已有金门大桥横跨上方。这座海岬是最靠北的西班牙驻军所在的地方，他们的驻地位于俯瞰海湾的普雷西迪奥要塞。[*]其下方是一个方济各会的传教区，他们的传教士已经在这里经营了近三十年，这里的名字就来源于此。从舰船的甲板上，俄国人看到了海岬上活动的人影。西班牙人没有预料到这次来访，他们试图用喇叭和显眼的动作向舰船表示进入海湾是被禁止的。马德里的指示非常明确：严禁与外国人做任何接触。俄国人完全明白他们的意思，但他们必须不惜一切代价靠岸补给，船员们已经筋疲力尽，连列扎诺夫也患上了坏血病。为了不让西班牙人用大炮瞄准他们，他们声嘶力竭地用西班牙语喊道："是，先生！是，先生！"同时，他们一边做出准备搁浅抛锚的样子，一边由掌舵者将船笔直地开进海湾。几分钟后，当西班牙人打响第一炮时，生米已经煮成了熟饭，"朱诺号"已经滑行到了由海湾庇护着的水域，将风帆收了起来。

一小队骑兵在岸边等着俄国人。几名军官身穿黑红制服、脚踏装有巨大马刺的软靴、头戴宽边帽，陪同着他们的还有一名方济各会教士。他们对面的划艇上，列扎诺夫穿上了自己最漂亮的宫廷制服，衣

---

* 在那之后，普雷西迪奥要塞经历了多次改造，只有很小的部分留存了下来，但今天仍能看到的一些墙体还是它原来的样子。而覆盖海岬的树林则是后来才有的。列扎诺夫到访此地时，海岬的这一部分只生长着灌木丛。

服上饰有象征其职务的钥匙、圣安娜勋章和符腾堡王冠勋章。他戴着一顶华丽的双角帽，带着朗斯道夫医生一起。两支队伍尽显庄重地相互问候。由于缺乏共同语言，何塞·安东尼奥·乌里亚神父和朗斯多夫医生担任翻译，用拉丁语互相交流。"我们居住在北方名为俄罗斯的地方。"朗斯多夫说道。[59]西班牙人表示认可，他们接到了某位率领两艘帆船完成环球航行的列扎诺夫或会来访的通知。是您吗？其中一位军官问道。列扎诺夫十分惊讶，他既受宠若惊又倍感不安，立刻开始说明贸然来访的原因：他需要小麦、水果和新鲜物产，他准备用好价钱买下它们，或者用装在船舱里的毛皮抵偿。军人们表示歉意：要塞的指挥官何塞·达里奥·阿圭略先生正在蒙特雷拜访加利福尼亚总督，会有几日不在。在等待他归来和作出指示的同时，俄国人被邀请到指挥官的妻子玛利亚夫人家吃饭，并被要求放弃与当地居民开展任何贸易。

当天晚上，尼古拉·列扎诺夫仍穿着他最漂亮的宫廷制服，和朗斯多夫医生一起来到了要塞里的宅邸。阿圭略夫妇共13个子女中，有11个到场迎接。其中的长子正是在来访者登陆时接待他们的军官。但尼古拉·列扎诺夫的目光立即落在了大女儿玛利亚·德·拉·康塞普西翁小姐的身上——她的魅力令旅客们赞叹不已。康塞普西翁今年十五岁，她的哥哥骄傲地介绍她是"两个加利福尼亚的美人"*。朗斯多夫医生对这次会面也留有深刻记忆："康塞普西翁小姐异常出众，充满活力，开朗活泼，她耀眼的眼睛闪耀着光芒，激发着爱意，她有一口精致的牙齿，她的五官和身型富于表现力，惹人喜爱，她美艳绝伦，还拥有其他千种魅力，包括她质朴自然、毫不造作的性格。"[60]我们没有很多康塞普西翁·阿圭略的可信肖像。其中的一幅是一张19世纪中叶略显模糊的合影。但她晚年的一名女伴对这位迟暮妇人

---

* 即现在的美国加利福尼亚州和如今是墨西哥领土的下加利福尼亚半岛。

的描述，却给我们留下了"圣弗朗西斯科的公主"最好的见证之一："康夏*的五官和脸蛋都很美。她的身高略低于平均，身材娇小。她的脸蛋很小，比起圆形更像是椭圆形的，即使她已经年过六十，也没有丝毫皱纹。她的脸颊确实有些松弛了，当时我认识她的时候，她的肤色是很浅的橄榄色。眼睛是她最大的特点之一！她一双不算小的眼睛多年来却不见光芒有一丝消退。深蓝色的深潭是对它们更精准的形容。它们仿佛天空，只要凝视着它们，就能自然而然地感受到海洋的蓝色。"[61]

好一位女性！好一副面庞！好一场邂逅！马克萨斯群岛的宁芙和列扎诺夫在新阿尔汉格尔斯的特林吉特女仆，都在这位流落于西班牙最偏远要塞中的新鲜美人面前黯然失色。出于某种令人难以理解的原因自称为"列扎诺夫伯爵"的尼古拉·列扎诺夫拜倒在了康塞普西翁小姐的石榴裙下。所有人都在等待着要塞指挥官归来，他已经得到了俄国人临时来访的通知，打算同上加利福尼亚总督何塞·华金·德·阿里拉加先生一起接待他们。在此期间，旅行者们却受到了西班牙人的"宠爱"——这个说法出自朗斯多夫之口——他们好客的程度远远超出了规定所允许的范围。牛奶、水果、白面包、羊肉、蔬菜应有尽有，陪伴这一切的还有阿圭略家的小姐们以及她们母亲的笑容，这简直是天堂！另外，三天过后，有五名俄国水兵因企图开小差被捕，他们被立即交由军事法庭审判。他们受到了怎样的处罚？人们将他们关到了海湾外侧的一座荒芜小岛——阿尔卡特拉斯岛（意为"鹈鹕岛"）上，这里就是未来的恶魔岛。至于列扎诺夫"伯爵"，他则每天大部分时间都和康塞普西翁小姐一起漫步在要塞周围，她很快就成了他口中的"康奇塔"†。尽管西班牙人仍会在距二人不远的阵地上警戒着任何形式的间谍活动，但这位美丽的加利福尼亚小姐已经足

---

* 康塞普西翁的昵称。——译注
† 康塞普西翁的昵称。——译注

够开心——她从未想过竟会是列扎诺夫来充当自己的伴护。列扎诺夫试图将自己完美的法语稍作变化，改造成一种可以被这位年轻姑娘理解的西班牙语。显然，他没有费太大的工夫就成功让自己的话被听懂了。"我每天都向这位西班牙美人献殷勤，"列扎诺夫给自己在圣彼得堡的靠山，商业大臣鲁米扬耶夫写信道，"她年仅十五岁，但我在她身上发现了一种她的其他家人都没有的进取精神和无边傲气，这使得这片土地对她而言毫无吸引力。"[62] "是的，是的，美丽的土地，温暖的气候，大量的麦子和牲畜，但除此以外什么都没有。"年轻小姐对宫廷侍从不停重复道。列扎诺夫听出了她话里暗藏的邀约："我向她描述了俄国的严寒，也说了那里的富饶，她已经准备好了去那里生活，最后，我不动声色地吊起了她的胃口，让她急于从我这里听到一些更郑重的话，此时我才向她求爱，她也答应了我的请求。"

这样的话，这种叙述事情的方式，会来自一个热恋中的男子吗？尼古拉·列扎诺夫莫不只是一个玩弄感情的骗子，在不惜一切代价争取西班牙人的青睐？又或是这位四十二岁的朝臣，在丧偶已四年多后，在美丽的康奇塔身上找到了新的能量源泉，找到了对未来的信心，找到了重生的希望，就像是流亡历史学家谢苗诺夫所说的那样，"在橘树下突然发现了爱情的真谛"？[63] 这出在加利福尼亚一见钟情的戏码究竟几分是真，几分是假？这是历史学家和俄美关系专家长久以来争论不休的话题。英俊的俄国人头发灰白但卷曲浓密，他穿着军礼服，戴着圣安娜勋章的绶带；康奇塔洋溢着无尽的青春魅力，她立刻意识到这个男人或许是她走进大千世界的唯一机会。在他们二人之间展开的田园诗也是一起地缘政治事件。

如果西班牙王国和俄罗斯帝国在19世纪初同意了他们的这桩婚事，将会有怎样的事情发生？我们不要忘记，尼古拉·列扎诺夫始终在寻求一个能让自己在君主面前完成自我救赎的重大成就，他立即就明白了这样的情形或许能带来的好处。"康塞普西翁小姐明亮的眼睛在他心中留下了深刻的印象,他明白,若是与圣弗朗西斯科指挥官的女儿结为夫妻,他将朝着他心目中的目标迈出一大步。"[64]朗斯多夫在自己的回忆录中写道。而列扎诺夫本人在给商业大臣鲁米扬耶夫的信中,也提到了他在这次恋情中的一些其他用心。"我的罗曼史并不因火热的激情而起,"他向自己在远方的靠山解释道,"我已经不再是那个年纪了。其他一些完全不同的动机也混杂其中,或许这中间还有一些过去曾是我人生幸福源泉的感情的影响。"[65]

除了他对康塞普西翁小姐坚决但向来不失尊重的追求(不同的证言向我们证实了这一点),沙皇和俄美公司的特使对这个小小西班牙社区里的其他成员同样没有怠慢。他送给康奇塔和她的母亲布鲁塞尔的花边、波罗的海的琥珀、乌拉尔山脉的绿松石和半宝石,也送给女仆们棉衫。他把自己的空闲时刻用在方济各会神父们的身上,与他们探讨世界的状态,向他们讲述最新的发现。这一切莫非只是在哄骗这些加利福尼亚的邻居们,好绕过他们的封口令和贸易禁令,从而最终填满"朱诺号"的船舱,重新回到饥寒交迫的新阿尔汉格尔斯克殖民地?

毫无疑问,列扎诺夫的设想要更大、更广阔、更宏大。他设想俄国人在西班牙人的助力下,可以在加利福尼亚、夏威夷、广州、堪察加半岛和俄属美洲之间主导一系列繁荣的大宗贸易。他甚至白纸黑字地写下来:"堪察加和鄂霍次克将能得到小麦和其他食品的供应,雅库特人将不用再劳苦地运输谷物"[66],这片象征着未来的太平洋可以让西伯利亚和俄属美洲不依赖俄国欧洲本土而发展起来。我们不确定这样的前景是否真的会让沙皇或圣彼得堡当局感到高兴,但这又是另一个故事了。

最后当驻军指挥官,也就是康奇塔的父亲,和阿里拉加总督一起回到要塞时,列扎诺夫已经让所有人都站到了他那边。"我非常诚恳地告诉二位，"列扎诺夫随即对两人说道，"我们需要小麦。我们在广州可以买到，但加利福尼亚比较近，而且人们还在为如何处理小麦盈余而犯难。因此，我来到贵地，相信我们可以一同达成一笔临时交易，然后再让我们各自的宫廷相信这笔买卖是正当合理的。"[67]方济各会的教士们也说了不少好话，上加利福尼亚总督在起初的几日反复援引对忠诚于西班牙王室的神圣原则，最后也同意容忍一次几乎能算是人道主义援助的破例。"朱诺号"装载了达到其承载极限的粮食，两百吨珍贵的粮食被储存在皮袋里，还有新阿尔汉格尔斯克殖民地急需的动物脂肪、黄油、盐、菜豆、豌豆、牛肉和蔬菜。[68]

但列扎诺夫的求婚呢？不知所措的阿圭略夫妇将这个问题抛给了传教区的神父们，而后者甚至没有给出回答。在一场漫长的告解仪式中，他们首先试图让康奇塔回归天主教的理性。她怎么会爱上一个正教徒呢？这团火焰莫不是转瞬即逝的？但康奇塔始终坚持着。方济各会的教士最终决定将两位爱人的结合提交给教宗授权。列扎诺夫要亲自向教宗征求许可，他还答应自己未来的岳父母，一旦自己回到圣彼得堡，就请求沙皇立即任命他为驻马德里宫廷大使。既然如此，传教士们总结道，两人可被视为已经订婚，但在教宗批准之前，这件事还须保密。尼古拉发誓，他将在两年之内回来参加婚礼。

要塞里举办了最后一场舞会，尼古拉和康奇塔最后一次共舞。西班牙殖民地的所有上流人士，以及俄国军官和朗斯多夫医生都在流泪。在海湾中的一座小岛上散步时，指挥官的女儿用一枚装有自己乌丝的圆形挂坠，交换了这位年过四旬的男子头上的一缕头发。20世纪60年代风靡西海岸的作家赫克托·切维尼曾描述过二人告别的场景："'康奇塔，你确定要等我吗？''我确定。''如果我没有在两年内回来，你就当是解除了你的承诺。''我等你。我会永远等你。'她抱住了他。'再见了，我的爱人，adios。'（她微微一笑）'可怜的人，关于西班牙语，我还有很多要教你的。我们不说adios，我们说hasta luego*.'"†

事实上，只有朗斯多夫医生记录了这次告别，他还是一如既往地简明扼要："总督把阿圭略一家以及朋友和熟人们都召集在要塞前，他们挥舞着帽子和手帕向我们告别。"[69]

然后"朱诺号"升起风帆，驶离海湾，并鸣了六声炮，西班牙人用九声炮响作为最后的敬礼回应。当船抵达新阿尔汉格尔斯克时，发现港口已经死气沉沉，接近废弃。最后只有一艘皮划艇前来接应他们。"划船的人又饿又瘦，看起来就像活的骷髅。"[70]列扎诺夫记录道。包括巴拉诺夫在内的居民们绝望地躺在小屋里，动弹不得，他们正等待着特林吉特人即将到来的攻击。"朱诺号"的到来将使这块殖民地起死回生，直到1867年俄国将俄属美洲转卖给美国之前，这里一直是它的首府。

尼古拉·列扎诺夫是否有像自己对康奇塔所说的那样立刻前往罗马和马德里申请结婚许可？总而言之，他倒是没有耽搁片刻就返回了俄国本土。"朱诺号"回到新阿尔汉格尔斯克是在1806年6月，7月它就开向鄂霍次克，将列扎诺夫送到了西伯利亚的海岸上。他在8月末抵达了这座俄国港口。随后，列扎诺夫骑着马，径直穿过各个中途站，走山路去往雅库茨克，当初白令手下的多少人马都葬身于这条路上。西伯利亚的秋天少不了冰雪，他必须要蹚过开始被冰堵塞的河流。他在笔记中写道："我痛苦地用尽了力气，我病倒了。"[71]他从马

---

* 列扎诺夫将法语词"adieux"（再见）冠以西班牙语词尾，变成了"adios"，自以为这就是西班牙语中"再见"的说法。——译注

† 列扎诺夫和康奇塔的爱情故事是几部小说的主题，其中的第一部是格特鲁德·阿瑟顿为纪念列扎诺夫来访一百周年而发表于1906年的作品（Gertrude Atherton, *Rezanov*, New York, 1906），最有名的则是切维尼的小说。在俄罗斯，这组加利福尼亚"田园诗"是1978年苏联摇滚歌剧《朱诺和阿沃斯》（由著名的马克·扎哈罗夫在1981年执导）和安德烈·沃兹涅森斯基在1973年所作史诗的主题。奇怪的是，原版故事的风格虽与好莱坞如此贴合，但后者从未以此为题材拍摄过大片。Hector Chevigny, *Lost Empire. Te Life and the Adventures of Nicolai Petrovitch Rezanov*［1945］, Portland (États-Unis, Oregon), 1965, p. 293.

背上摔下来，同伴将他背到了雅库特人的帐篷里，他在那里昏迷了二十四小时。10月底，他抵达了雅库茨克，"那里的医生对我进行了十天的治疗，我在这十天里与死亡做了斗争"。[72]等到积雪够厚的时候，他还是立刻上路了。"我将不作停歇地前行。"[73]他在更往后的内容中写道。他的下一站是伊尔库茨克，西伯利亚的首府，他的妻子安娜·舍利霍娃的出生地，一个充满回忆的地方，许多朋友都在这里等着为他庆祝。"终于到伊尔库茨克了！"他在1807年1月底寄给其妻弟的信中写道，"我一看到这座城市就泪流满面。即使今天，当我握着笔时，我也无法控制自己的泪水。今天是我［与妻子安娜·舍利霍娃］的结婚纪念日，我看着旧日幸福的画面，看着这一切，我痛哭了起来。"这封信随后的部分变得更像是一封隐晦的遗书："我会先你一步与她重逢，"他提到了自己过世的妻子，并继续写道，"我感觉自己在日渐虚弱。我不知道还能不能来到你们面前［……］我不想在路上死去，也许我应该在这里，在这个靠近兹纳缅斯基隐修院和她已故父亲［格里戈里·舍利霍夫］的地方停下脚步。"

他在伊尔库茨克待了三个月，其间他不停地赴约，就像他自己所说的那样，"每天都在聚会、午餐、舞会和晚宴上度过"。这是他最后的一段时光。当他再次走上通往欧洲及最初目的地圣彼得堡的"道路"时，他的健康状况仍然很不稳定，亲友们都劝他不要这么快离开这座西伯利亚港口。1807年3月1日，当他的雪橇到达克拉斯诺亚尔斯克商栈时，尼古拉·列扎诺夫已经昏迷不醒，担任他护卫的哥萨克急忙把他送到一个商人的家中。几个小时后，他死在了那里，终年四十三岁。*

这位宫廷侍从和冒险家是否忠于他的那位加利福尼亚未婚妻？长期以来，俄罗斯和美国的历史学家和作家基于对档案中发现的各种文

---

* 克拉斯诺亚尔斯克基督复活教堂前曾竖有一座纪念碑。但纪念碑和教堂在20世纪30年代都遭摧毁。

献的不同解释，一直对这个问题争论不休。第一个答案或许藏在列扎诺夫写给自己妻弟的最后一封信里，这封信是从伊尔库茨克寄来的，他或许因为体力不支而将信的内容口述给了一名秘书："我的朋友，请不要因为我在加利福尼亚的故事，得出我是个负心汉的结论。我的爱人躺在你们身边涅夫斯基［公墓］里的一块大理石下，而［你们现在看到的］只是我一腔热情的结果以及我为祖国作出的又一次牺牲。"但尼古拉又对这最初的几句话做了一些补充，提到了他来自美洲的未婚妻："康登西亚［原文如此］很可爱，她像个天使，非常美丽，心地善良，她爱我；我爱她，我为我的心中没有她的位置而哭泣。我作为罪人恳求你，我的朋友，我以我的灵魂忏悔，但你作为我的牧人，要为我保守这个秘密。"[74]

最后，近来根据俄罗斯文献进行的新研究更加清楚地揭示了尼古拉·列扎诺夫的意图。通过搜索各种史料，俄罗斯研究人员[75]发现了列扎诺夫从加利福尼亚返回时寄给圣彼得堡的几个不同版本的信件。他在这份任务报告中详细介绍了他与康奇塔及其家人的关系，这份手写的报告共有120页，但这并不妨碍列扎诺夫至少重写了它两次。经过仔细比较，不同版本之间存在着许多不同之处，这清楚地表明了作者的担忧。日本事件后，这位探险队队长已经开始担心自己的声誉，他害怕自己的恋情被当局视为纯粹追求个人利益的行为，或者更糟的是，被视为叛国行为。事实上，谁又能知道当他的报告抵达彼得堡时，俄国与西班牙王国的关系会是怎样的状况？因此，在更多的时候，列扎诺夫会明智而谨慎地将自己的感性行为掩盖在更容易辩解的地缘政治原因之下。

那么康奇塔呢？未婚夫的死讯过了几年才传到圣弗朗西斯科指挥官家这位千金的耳中。在这里，传言也久久不能消散。据说，康奇塔不肯相信她的爱人会背叛自己，于是徒劳地等待着他的归来。另一种更接近事实的说法是，在尼古拉死后三年，一个路过要塞的英国人带来了这个消息。康塞普西翁·阿圭略拒绝了所有向她求婚的人（家人们的证词证实了这一点），并最终戴上了修女的头纱。康奇塔以"玛丽亚·多明加修女"的名号，成了第一位在加利福尼亚成为修女的多明我会士。根据第三个版本，"玛利亚·多明加修女"是在修道院里才得知她未婚夫去世的消息的：一名意外来访的外国旅行者不知道他口中爱情故事的女主角就坐在自己的桌旁。这个故事与事实不符，但因为它讲述的方式过于悲情，因此也值得被我们在此引述："英国旅行者不知道康塞普西翁的身份，他［在道出她爱人的死讯后］询问探险家列扎诺夫那位心爱的未婚妻是否还在人世。餐桌上一片死寂。然后就听到一个柔和的声音从一位修女的白纱后传来，说道：对不起，先生，她也死了。"[76] 更有可能的是，根据最新发现的文献，康奇塔是从她父亲或哥哥的口中得知了这个摧毁她所有希望的消息的。人们确实发现了一封亚历山大·巴拉诺夫写给要塞指挥官的信。俄美公司的掌门人从新阿尔汉格尔斯克发出了对未婚妻家人的慰问，并保证列扎诺夫在回国的途中曾两次托他向自己的未婚妻保证其坚守诺言的决心，"并在1808年内经过贵国的加的斯港尽快回到你们身边"。[77] 玛丽亚·多明加修女，本名康塞普西翁·德·阿圭略，宫廷侍从尼古拉·彼得罗维奇·列扎诺夫的未婚妻，于1857年12月23日在贝尼西亚（加利福尼亚）的修道院中去世，她直到近年都一直长眠在那里。*

尼古拉·列扎诺夫的死并没有为俄国人在美洲的冒险画上句号。几年后，不屈不挠的亚历山大·巴拉诺夫会进行最后一次试验：在圣弗朗西斯科以北约150公里处建立一处俄国前哨站——罗斯堡。这座商栈建立于1812年，与拿破仑发动对俄战争、攻占斯摩棱斯克是同一天，它正如列扎诺夫希望的那样，是为了满足俄国在阿拉斯加殖民地的粮食和新鲜农产的需要而建立的。六年后，巴拉诺夫着手让夏威夷

---

* 修道院本身于1966年迁至他处，但圣多明我墓地被保留了下来。

群岛并入沙皇帝国，以确保俄国对北太平洋贸易的控制。然而这两次尝试都没有成功。要塞由于无法自给自足，最后被卖给加利福尼亚的一个瑞士移民，也就是布莱斯·桑德拉尔小说中的主人公，著名的约翰·萨特。至于夏威夷国王的请求，则被沙皇纯粹、简单地拒绝了，在他看来，这种吞并的机会只会在俄国与其他欧洲列强之间引发严重的麻烦。

俄罗斯帝国必须衡量自己的实力，确定优先的事项。在圣彼得堡，人们日渐怀疑美洲是否是优先事项之一。

第十四章
入侵黑龙江的木筏舰队

1848年3月12日至13日夜里，一支快速雪橇队开入了伊尔库茨克。这座邻近贝加尔湖的城市孕育了谱写美洲史诗的各大商业家族，它如今正处于鼎盛时期。伊尔库茨克位于贸易路线的十字路口，其东北方与太平洋、堪察加和俄属美洲相连，东南方与中国相连，西方与俄国欧洲部分相连，地理位置优越，因此发展迅猛，西伯利亚东部金银矿藏的发现更是进一步加快了它的发展速度。商会的权贵家族纷纷建起了名副其实的小型宫殿，教堂和隐修院成倍增加，街道上到处都是供淘金者一掷千金、一试手气的酒馆和赌坊。"西伯利亚的巴黎"，途经的外国旅客纷纷这样评价伊尔库茨克——在推车或雪橇上艰苦行进了数周之后，他们欣喜地发现了这座城市的舒适之处。

当晚到来的人也刚刚穿越了无尽雪原，人们正热切等待着他。尼古拉·尼古拉耶维奇·穆拉维约夫是沙皇尼古拉一世刚任命的东西伯利亚总督，这是一个令所有人都感到意外的任命。在圣彼得堡，"'某些大人物'甚至将这个任命看作一起真正的丑闻"。[78]编年史作者伊万·巴尔苏科夫用一个法语词表达道。穆拉维约夫伯爵出身于最著名也最不安分的贵族世家之一，他三十八岁的年纪对于这个帝国中最负盛名、最有分量的职位而言，的确显得非常年轻。总督不仅是沙皇手下的高级官员或地区代表，他也是一种直接向君主负责的"副王"，在俄国政治制度中享有罕见的自主权。另外，这个头衔通常是预留给波兰、高加索或西伯利亚等问题边境地区的最高官员的。诚然，尼古拉·尼古拉耶维奇是经历过炮火考验的，他在保加利亚对阵土耳其人的战争中表现出色，后来又在高加索地区与反叛的伊玛目沙米勒作战，立下了赫赫战功。他甚至带回了一把金质马刀——沙皇命人在刀把上刻上了"出于其勇气"的字样，作为授予他的特别荣誉。但他还是太年轻了！像穆拉维约夫这样的"小孩"——这个字眼据说出自他的同僚戈尔恰科夫亲王——竟然也能担任这样的职务，这对于当时在宫廷中占强势地位的保守阵营而言，已经是一种对传统的侮辱。此外，上述的尼古拉·尼古拉耶维奇还以其自由派的观点和直言不讳的做派著称。他之前在担任图拉省省督的时候，曾向政府提交一份详尽的研究报告，证明为了让俄国农民摆脱长期的苦难和饥饿，有必要进行土地改革。他是国内第一个公开主张废除农奴制的省督：在俄国长久以来最保守的沙皇尼古拉一世的统治下，这是一个罕见且冒险的言论，通常只有反对者才敢这么说。这种话从穆拉维约夫这种级别的人口中说出，不知是勇气还是莽撞。他的姓氏本身就带着火药的气味：在1825年12月一群年轻的自由派军官——他们自此被称为"十二月党人"——对尼古拉一世发动的政变中，有八名叛乱者就来自他的家族。一些毒舌的人声称，年轻的尼古拉在谋反发生时只有十六岁，因而仅仅是因为太小才没有参与其中。把年轻的十二月党人或送上绞刑架或判处终身监禁的沙皇记性很好，因此人们认为，这个姓"穆拉维约夫"的人不会是他优先考虑提拔的对象。因此，让这样一个人物来领导俄国最大、或许也是最暴露在外的省份——这样的决定在圣彼得堡产生了爆炸性的效果，可以理解，伊尔库茨克地方政府也在好奇、焦急地等待着它的新主人。

新任总督在省城的第一个夜晚十分短暂，第二天上午十点，他就在官邸*中窗户正对着安加拉河的正厅召开了全体下属会议。离预定的时间还有一会儿，房间里就已经坐满了人。军人只有寥寥几人，他们都背对着窗户，高官们也穿着制服，按照他们在文官阶层中的等级由高到低排成一排。商人、议员和手工业者则统统被打发去了隔壁的餐厅。来访者之中已经有一个令人瞠目结舌的传闻在流传。在赴任路上的前一个站点，新任总督在阅读完一份关于金矿权利分配舞弊的调查报告后，主动拒绝了在该地区最大的黄金交易商之一的马沙罗夫家中作停留。新任总督大概是要为官员们树立榜样，而马沙罗夫家族——人们小声说道——已经被这个毛头小子的大胆和自负惊得透不过气了。这意味着什么？接下来的场景是弗塞沃洛德·伊万诺维奇·瓦金向我们讲述的，当时他只是一个秘书，是陪同上级来给总督接风的："一分钟后，门的两边打开了，出现了一个个子不高的人，他的脸庞还很年轻，但有些红肿，他长着一头卷曲的红发。他穿着一件普通的军装。他举着自己在阿克胡尔戈围城战†中受伤的左臂（这是在故作优雅，因为之后穆拉维约夫用起两只手来没有任何分别）。然后，介绍仪式就开始了。[……]穆拉维约夫从所有人面前走过，他没有向人鞠躬或与人握手，也没有和任何人交谈。他在略过所有军人之后，接受了地区代表的荣誉报告，然后一言不发地继续走向文官队列。他走近我之前的上司蒂乌门佐夫，后者站得笔直，同样一身红衣，仿佛一只螃蟹。但穆拉维约夫还是一言不发地过去了，尽管他是最重要的人物之一。他避开了所有文职高官，走进了相邻的房间，去接受市民代表们献上的面包与盐。房间里开始出现响动。他再次出现，鞠了一躬后便离开了。招待会持续时间不超过二十分钟。"[79]众人目瞪口呆。这

---

* 这座建筑现在是伊尔库茨克大学图书馆，它仍然是这座城市的景点之一。它还被儒勒·凡尔纳当作了《沙皇的信使》最后一幕的场景。

† 发生在西高加索地区的阿克胡尔戈围城战，是俄军与伊玛目沙米勒的战士们之间进行过时间最长、伤亡最大的战斗之一。但这场战役发生在1839年，比穆拉维约夫到达伊尔库茨克早了近十年。

是他们闻所未闻的，就连小秘书瓦金也感到困窘："穆拉维约夫看起来更像一名少尉，而不是总督。"他记录道。而这种疯狂的场面在晚上还在持续，当晚有一场为东西伯利亚新任长官举办的欢迎宴会。宴会厅为重要程度不同的客人设置了不同的桌子，比如"盐桌""银桌"等。在当晚最重要的"金桌"上，坐着一名矿务局的高级官员——一个叫曼加泽耶夫的人，众人皆知，他是最贪腐的官员之一，是为当地大商人的利益服务的傀儡。这一回是曼加泽耶夫自己在讲述："我站着，身旁是萨文斯基。他在宴会上的席位比我的低，只能在'盐桌'领衔。他被人介绍给穆拉维约夫。总督对他说道：'我听别人说了您不少好话……'如此这般，如此这般……他不停地夸奖着……然后他突然问道：'那么曼加泽耶夫是哪一位？'好吧，我心想，如果萨文斯基都能被这样夸奖，那么他非得把我揽到怀里拥抱不可。好嘛，完全不是！他对我说：'我希望您没有打算继续在我的政府里任职。'"[80]

这位官员总结道："这就是他对我的所有夸奖！"事实上，在总督上任后的几天之内，立即有一众官员被赶出了衙门。其中包括伊尔库茨克省督、财政局长、帝国邮局局长，以及总督的几乎所有副官和干事。[81]他们有的被直接开除，有的则被发配到残疾军人的车队里当助手，少数活跃在面包和粮食市场的投机者在被抓到之后甚至被当众鞭打。圣彼得堡中央政府的办公室里收到了潮水般的投诉：这小子是谁？他以为自己能改变游戏规则？穆拉维约夫得到了必要的支持，但他依旧被敦促要更加谨慎地行事。"尽可能更谨慎、沉着、安静地行动，避免引起指责和抱怨。"[82]内政大臣佩罗夫斯基在给他的信中写道。然而这也无济于事。新任总督结下了死敌，他们绝不会放下武器，并会在西伯利亚本土或在返回都城之后用尽一切手段破坏他的计划。

穆拉维约夫用年轻军官替换了遭解雇的官员，他们刚从圣彼得堡的军校毕业，喜欢在这处依然荒凉的边疆冒险。他身边还有一些刚刚从高中或第一批帝国高等学院毕业的学生。他们之中，伯恩哈德·瓦西里耶维奇·斯特鲁夫回忆了驱使他们前往伊尔库茨克的热情:"我于1847年从帝国高中*毕业，N. N. 穆拉维约夫正是在那时被任命为总督的。当时我二十岁，我决心建设东西伯利亚被视为一件很了不起的事。高中校长把我当作某种榜样向更年轻的学生们展示。我们当时有三人，都是受过最好的教育、来自最好学校的年轻人，我们怀着青年人的仰慕之情，跟随穆拉维约夫来到西伯利亚，去与那里最恶劣的顽疾和流弊作斗争。"[83]

西伯利亚的新主宰认识自己的大多数门徒，他或者曾与他们一起共事，或者有像他一样醉心于自由主义思想的朋友向他推荐了他们。在这支具有创新精神的队伍中，有许多名字将通过探索、征服或写作在俄国和西伯利亚的历史上留下印记。新的省级行政官员刚一抵达，就被任命到行政部门里的各个最高职位上。他们非但能力出众，还以自己的文化素养和优良举止见长:"这些绅士们是如此的令人愉快和和蔼可亲，我可以想象他们在任何一座都城，而不是在这片穷乡僻壤。"[84]地理学家、海军准将里姆斯基-科萨科夫在他的回忆录中如此道。这股青年风暴很快便席卷了伊尔库茨克，穆拉维约夫给予了他们完全的、几乎是盲目的信任，但作为交换，他要求他们近乎全身心地投入，不断地牺牲自我。有的人被派往最偏远的岗位，有的人则在安加拉河畔总督府的走廊里夜以继日地工作:年轻的改革者们已经在俄国这片偏远的土地上掌握了权力。

尼古拉·穆拉维约夫接到了沙皇的御命，让他在这个西至叶尼塞河、东至堪察加半岛的巨大省份里拨乱反正。帝国正经历着财政困难，在黑海上，它与奥斯曼人之间的局势正变得愈发紧张，更何况后者还受到了英法两国的支持，中央政府再也不能容忍西伯利亚的辽阔土地给皇室造成的支出竟超过了它能带来的收入。再也没有补贴

---

* 这所高中位于圣彼得堡附近的沙皇村，沙皇村是沙皇夏季的居住地，该高中也是全国最有名的学校之一。

了，再也不能玩忽职守和铺张浪费了。穆拉维约夫的前任已因腐败而遭撤职贬官，但拨乱反正需要的不仅是行政上的肃清：它还意味着要振兴贸易与金矿开采，削减开支，使新生的工业现代化，还要发展与中国的陆路贸易——它正令人担忧地日益恶化。为了做到这些，沙皇尼古拉终于答应了其弟康斯坦丁大公所领导的自由派游说团，答应了对穆拉维约夫废除农奴制的建议赞许有加的内务大臣佩罗夫斯基，以及，最重要的是，答应了叶连娜·巴甫洛夫娜女大公——她是沙皇最有权势的婶婶之一。穆拉维约夫年轻时曾在她的寓所里当过侍从，她对这个人物还留有感情。女大公旧名为夏洛特·冯·符腾堡，她在巴黎知识分子的环境中长大，是遭其皇侄唾弃的自由主义思想的最后堡垒。她请求在西伯利亚实行新的经济政策，而非更换领导。为此，尼古拉·穆拉维约夫应该能派上用场。

沙皇还要求他这位在西伯利亚的新代表对中国在边疆的发展保持警惕。近两个世纪以来，边境一直十分平静，尼古拉一世也不打算打破这份平静。但"天朝"正摇摇欲坠，英国人一心想要在此开展鸦片贸易，他们打垮了中国人，羞辱了皇帝，强行打开了商埠。俄国在东方或太平洋地区的利益不应因此受到特别影响。除此之外，沙皇同他的大臣们一样，并没有把心思放在亚洲和西伯利亚上。让他极度担心的是发生在欧洲的几起事件——1848年爆发的多起革命，几个欧洲国家的反专制尝试。所以，让亚洲或太平洋见鬼去吧！我们不要去找时下其他列强的麻烦，也不要和他们纠缠不清。不需要多余的热情！最好——沙皇在与他的这位新任全权代表会面时说道——您就不要浪费时间在这种广阔而荒蛮的地方旅行了。"我觉得您应该到不了堪察加半岛，"沙皇悄悄对他说道，"旅途艰难，您会浪费太多时间。"作为新上任的高官，穆拉维约夫本应顺从，但他既不缺少性格也不缺少野心，他简洁而又坚决的回答让君主大吃一惊："陛下，我会尽力到达那里的。"[85]而他也遵守了自己的诺言。

尼古拉·穆拉维约夫把他年轻的新婚妻子卡特琳娜拖入了这场正在展开的冒险，卡特琳娜旧姓里什蒙，原籍法国。二人在科隆附近的温泉浴场短住期间结识，在远赴西伯利亚前几个月才结婚。这名年轻的法国女郎在接受东正教洗礼后更名为"叶卡捷琳娜·尼古拉耶夫娜"，她与自己的丈夫持有许多相同的自由主义观点。她对因为政治原因而被流放的人特别感兴趣，这样的人在她刚刚落脚的地区有很多。他们之中有一些人是1825年12月反沙皇阴谋的参与者，这批"十二月党人"在监狱中服完第一部分刑期后，被永远放逐到西伯利亚的深远处。其他人则是近年来涌现的反对者：波兰人、1830年起义的抵抗战士，或者是沙皇的法庭判处流放西伯利亚的持不同政见的知识分子团体成员。出身于俄国贵族中声名显赫家族的十二月党人与随他们一起加入国内流放队伍的家人一起，组成了一种平行的上流社会，地方上的权贵家族、商人或高官的家族都生怕与他们扯上干系。十二月党人一直被警察监视着，他们有自己单独的门户。随着时间的推移，他们参与了一切他们被允许从事的脑力劳动。有些人得以行医和教书，有些人则致力于地理、农学或自然科学。而一些人家的宅邸——像是伏尔康斯基家或特鲁贝茨科伊家——诚然不像伊尔库茨克的大商人们那样极尽奢华，但在西伯利亚的首府，这些宅邸却是最有魅力的，也是最吸引人的。穆拉维约夫的妻子对这些遭社会遗弃的人非常好奇，他们也是为数不多能与她说法语的人。很快，就有传言说总督夫人拜访了流放政治犯的家属，她可以用自己的母语与他们进行对话。据说叶卡捷琳娜·尼古拉耶夫娜还与一些被流放的十二月党人进行了辩论，还收集了他们中最顽固的一员，三年前死于狱中的卢宁的著作。*总督大人还是那副做派，他非但没有驳斥什么，反而身先

---

* 米哈伊尔·谢尔盖耶维奇·卢宁重新整理了自己的旧作《西伯利亚书信集》和《对波兰事件的关注》，因此被视为惯犯，在1841年遭到逮捕，被投入了条件最为恶劣的阿卡图伊监狱，并在1845年死于那里。

士卒地公然邀请十二月党人在自己的官邸中用餐。他甚至将其中一些人雇佣到自己的政府班子里，这是为这类国家罪犯制定的特殊监狱规则所严格禁止的。他给予他们协助，为他们的子女解决教育问题，甚至当他从一处流放地前往另一处流放地时，还会亲自帮助运送他们的邮件。这近乎一桩丑闻，当然了，总督的敌人们很快便向圣彼得堡报告了他奇怪的态度和恶劣的社会关系。沙皇对那些曾想推翻他的人向来不算宽大，但他维持了自己对穆拉维约夫的信赖。当总督被中央政府召来对这些指控做出解释时，他为自己辩解说："没有理由让［流放犯］永远脱离社会，他们凭借自己的教育水平、道德品质和当前的政治信念有权充分参与社会。"[86]这位19世纪最保守的沙皇合上了文件，亲手写了一句简短而耐人寻味的批注："谢谢。穆拉维约夫已经理解了我。"*

他那叛逆和有时略带挑衅的态度让这位年轻的总督在都城里招致了强烈的反感，甚至在沙皇的近臣中也是如此。他的反对者中最坚决的当属波罗的海德意志贵族出身的外交大臣、伯爵和掌玺官卡尔·冯·涅谢尔罗迭，他对穆拉维约夫怀有一种由衷而深刻的憎恨，这种憎恨不仅是私人层面上的，也是政治层面上的。六十八岁的涅谢尔罗迭是俄国外交界的一名老将，他已经领导俄国外交工作三十二年了。他是保守派的领袖，是欧洲传统君主联盟的坚定信奉者，他不打算让自己被人踩在脚下，也不打算在亚洲强行推行外交、政治或军事上的干涉主义政策。若是他想要教训一下这个毛头小子，他大可以仰仗自己财政部的同僚：财政大臣认为这个偏远而无用的省份已经造成了过多的开支。

尼古拉·穆拉维约夫在他面积可匹敌一个帝国的新辖区里，不

---

* 根据穆拉维约夫的另一个伙伴M. V. 韦纽科夫的说法，沙皇当时当着大臣本肯多夫的面解释了自己的反应："终于有人理解我了。谁曾明白，我不是要对这些人进行任何个人报复，而是为国家做了必须要做的事，我把他们从这里赶走了，就不用再在那里夺走他们的性命了。"

遗余力地尝试振兴当地的经济。他首先考虑的是重新掌控与中国的茶叶贸易。一个半世纪以来，中俄两国一直约定将贸易限制在一处口岸——贝加尔湖东南侧横跨中俄边境的恰克图城。这座城市由分界线两侧分设的两个城区组成。每天清晨，两边的城门都会打开，商人们先要穿过一个无人区，再与他们来自中国或俄国的商业伙伴完成交易。除这里之外，这两个大国漫长边境线上的任何其他地方都严禁通商。而且即便是在恰克图，中国人也对可能发生的入侵抱有戒心，因此，他们特意选择了一个不太利于商业城市发展的地点。给城市供给水源的河流水量稀少，没到夏季就会干涸。而且女性被禁止进入这座城市的中国一侧，这是为了遏制商业人口永久定居的欲望。在很长一段时间里，由于它享有的非凡特权，恰克图成了众人眼中最富饶的城市之一。不仅在俄国，在世界范围内也是如此。在城市的"戈斯丁尼德沃尔"，也就是商品交易市场里，每天有财富在流转，茶砖在市场的内院里堆成了一座小山。一队队的中国雇工正忙着从刚刚穿越蒙古沙漠的骆驼背上卸下一包包丝绸或瓷器。俄国人在这里修建了教堂，商人在这里修建了宫殿、学校、一座博物馆和一座印刷厂，恰克图最早的行会商人都是当时最富有的俄国人。

但轻松富足的日子似乎已经结束了。关税带来的巨额税收也随之不复存在。中国在18世纪自然仍是世界主要商业强国之一，但英国决心使用武力打开这个庞大市场，并将鸦片强加于它，因为英国已经从鸦片中获得了如此巨大的利润，中国正在英国势力的打击下摇摇欲坠。在此之后，中国朝廷对外国势力渗透的态度就变得十分负面，他们将与海外商人的贸易限制在广州港，广州之于中国南方，就像恰克图之于其北方边境：它们是中央帝国仅存的开放门户。但北京最终在武力面前屈服，英国人进攻了几个港口，他们的军舰驶入了中国的大江大河，1842年，英国人甚至攻克了昔日的帝都南京[87]，紫禁城被迫签下的耻辱性条约使中国的贸易堡垒向英国人打开了大缺口。英国人强行打开了几个港口，建立了具有治外法权以及各种其他特权的租界，中国政府不得不眼睁睁地看着英国商人组织的鸦片贸易在国内蔓延，将社会腐蚀。中国的失败不仅是军事或商业上的失败，更是政治上的失败，它摧毁了统治中国两个世纪的清王朝的威信，勾起了其他欧洲殖民列强的胃口，他们从此也开始准备抢夺属于自己的那份战利品。到了19世纪中叶，中国已经成为欧洲列强准备宰杀的一头重伤的猛兽。

这个庞大亚洲邻国的极度脆弱状态也给俄国造成了严重后果。首当其冲的便是在恰克图开展的传统贸易，它所受的冲击可谓巨大。英国强行打开了中国的对外贸易，同时又令港口向西方利益集团开放，这相较于横贯蒙古和西伯利亚全境的陆上商路具有难以抗拒的优势。那么，既然同样的货物可以毫无阻碍地以更好的价格装上直接驶往欧洲的船只，为什么还要辛辛苦苦地组织骆驼队穿越沙漠，面对中俄两国无数官僚的障碍呢？恰克图的贸易崩溃便是俄国政府抛给新任总督的问题之一。正如来自都城的指令再三提醒他的那样，穆拉维约夫还应负责将当时财政部最关切的事务落实好，那便是不惜一切代价禁止恰克图的俄国商人进行现金交易。与中国的贸易只能采取以物易物的形式！这一特别的规定反映了几个问题：贸易差额往往对俄国人不利，他们出售的商品（毛皮始终位居第一）已经不足以抵消从中国人手中购买的茶叶、织物、香料或珍贵工艺品。另外，尽管沙皇正式禁止，恰克图的俄国商人还是在使用白银结算，这让财政部极为担忧。如果再容忍这种做法，圣彼得堡认为，几百年来一直处于赤字状态的俄国国内货币将会被中国吸走。更何况按照俄国政府的说法，以物易物也是迫使中国人购买俄国商品，从而支持国内生产的好办法。

我们常用"自由主义者"来形容尼古拉·穆拉维约夫，但他的自由主义主要是政治和道德上的，而不是以当时的新经济学说为基础的，这位总督用了很多年才使自己相信，他反对贸易货币化和推行易货贸易的努力只是自己追求的地区贸易繁荣和发展的障碍。对于这位进步的、具有改革思想的年轻总督来说，垄断和严格的国家管控仍然是其政策的天然工具。穆拉维约夫在金矿勘探和开采方面的行动证实了这些倾向：在他的内心深处——正如他与首都行政当局的通信所显示的那样——年轻的总督认为俄国所有的自然资源都是国家的财产，而君主则是国家的化身，他不断因为西伯利亚商人所占据的地位感到恼火，他认为，这不利于国家的行动和利益。[88]

然而，中国的逐渐崩溃以及英国对其的破坏，对俄国的影响远远超过了恰克图跨境贸易的衰落及其造成的财政后果。中国正处于近乎内战的叛乱之中，清王朝的统治地位严重动摇，法国人和美国人正忙着从这个已经虚弱不堪的国家再撕下几块碎肉来：事实上，整个远东的政治格局正在被重塑，其受益者是正在崛起的超级大国——维多利亚女王的大不列颠。

这一切都没有逃过国际政治爱好者、新闻的热心读者以及野心勃勃的坚定爱国者尼古拉·穆拉维约夫的眼睛。年轻的东西伯利亚总督甚至在赴任伊尔库茨克之前，就在从首都各部收集他任职所需的一切信息时，从中国的骚乱中清楚地看出了未来几年俄国的利害关键。他在离开前夕与沙皇的最后一次会晤中[89]，主要与沙皇谈了中国的边境领土问题。君主只是避重就轻地回应，但奈何总督一次又一次地提起这个话题。他认为目前正在发生的一系列事件对他的国家而言，既是一个巨大的威胁，也是一个历史性的机遇。威胁是：英国在将其舰队开入中国的大江大河之后，试图在更北一些的地方复制这种经验，他们想要取道黑龙江，也就是俄国人所说的阿穆尔河：这将是俄国向太平洋扩张的终结，甚至可能是它对西伯利亚控制的终结，因为阿穆尔河可以让人深入西伯利亚内部。机会是：中国的软弱让俄国有机会取得有吉利亚克土著*居住的广袤土地，清政府对这些土地享有主权，但因为没有任何一方在此建立明确的管辖，这里更像是一块无主之地。

这一时期的俄罗斯帝国占据了整个亚洲北部和北太平洋。它的旗帜飘扬在堪察加半岛以及阿拉斯加，俄美公司的商栈遍布从鄂霍次克海到阿杨的海岸。但再往南，黑龙江的广阔流域完全超出了俄国的势力范围。在17世纪丛林行者和哥萨克人大举东进的过程中，几支从雅库茨克和勒拿河出发的俄国探险队开辟了一条南下黑龙江的路线。其中一支探险队的领队伊罗费·哈巴罗夫甚至在1651年到1653年之间沿着雄伟的黑龙江走了几千公里。然而当第一批俄国探险队于17世纪中叶抵达黑龙江时，他们恰好碰上了满洲人†的崛起——他们正生活在黑龙江附近。满洲人的贵族和战士们在1644年攻占了北京，随后又征服了中国的其他地区，建立了新的王朝——清朝，并将其传统的辫子强加给了整个帝国的显贵和文人。当中国的新主人刚刚让南方各省臣服，便得知在北方，在离他们的故土不远的地方，出现了留着大胡子的新征服者，他们正迫使土著人向他们缴纳牙萨克，于是满洲人和他们的蒙古盟友便开回了北方。当时的俄国完全没有抵抗这种兵力的条件，1689年，沙皇的代表几乎是被围困在了贝加尔湖以东的涅尔琴斯克‡城堡里，他被迫签署了将黑龙江拱手让给中国的条约。新的边境将沿阿尔贡河和乌第河建立起来，作为建立正常贸易的交换条件，俄国人不得不放弃他们的要塞阿尔巴津§，之后，满洲人将这里夷为了平地。《尼布楚条约》是中国与欧洲列强签订的第一个协定，条约签订时，俄国全权代表戈里津亲王在这个亚洲大陆的深处，

---

* 今称"尼夫赫人"。——译注

† 清代满族自称。按《辞海》，1653年，皇太极废除女真旧号，定族名为"满洲"，辛亥革命后通称为"满族"。——编注

‡ 原属中国，传统名称"尼布楚"。——译注

§ 原属中国，传统名称"雅克萨"。——译注

惊讶地看到中国代表团在两名法国和葡萄牙耶稣会士的帮助下，先是用拉丁文撰写了条约的原文，然后再翻译成了满文、蒙古文、汉文和俄文。

当尼古拉·穆拉维约夫就任时，距离俄国签署约束自己向东南方和黑龙江扩张的条约已经过去了一个半世纪，中国已不再是当初那副征服者的面孔。它并没有殖民通过《尼布楚条约》获得的领土，只有几千名中国农民在河的南岸定居。[90] 对面，在河的左岸，中国人只是偶尔才会来和吉利亚克猎户打交道或者向他们征税。至于别的，如果说大河流经的数千公里的中国领土都人烟稀少，那么这既不是出于偶然，也不是什么疏忽。清王朝对其汉人臣民的警惕，就与它对自己遥远的邻国俄国一样多，汉人在帝国中具有压倒性的人口优势，清王朝小心地避免汉人在黑龙江流域大规模定居，因为他们不消多久就会将这个清王朝的老家及堡垒淹没在汉人的浪潮之下。在紫禁城中，广袤的黑龙江流域被视为一个缓冲区域 * 而非帝国的普通一省。这种有选择的马虎态度让英国旅行家约翰·科克伦十分惊讶——他在1820年徒步穿越了这一地区。[91]

穆拉维约夫相信，这种状态不会再持续下去了。即使中国希望，它也无力再保卫自己于1689年在涅尔琴斯克征服的边界。英国人和法国人在沿海的港口怡然自得，现在他们毫不客气地要求进入中国全部领土。朝廷甚至无力遏制不断扩大的鸦片市场，这让英国人赚得盆满钵满。欧美传教士遍布中国内地，甚至进入了满洲。人民起义席卷了半个帝国，他们反对外国的干涉，也反对被控投敌的清王朝。在这样的背景下，东西伯利亚的新总督发出警告，英国人要不了多久就会进

---

* 1720年，清朝皇帝康熙在给沙皇彼得大帝的信中写道："俄国是一个寒冷而遥远的国家。如果我派出军队，我们一定会被冻死。即便我们夺取了土地，又有什么好处呢？而我天气炎热，如果皇帝决定出兵攻打我，他们也可能会白白死去，因为他们不习惯炎热。即使他们夺取了土地，又有什么意义呢？其收益很有限，因为我们两个国家都有很多土地。"引自 S. M. Soloviev, *Sotchinenia*, Moscou, 1990, p. 339。

入黑龙江流域并将这里占据。黑龙江有几条较大的支流,英国炮艇也可以选择直接从太平洋溯流而上。在西伯利亚的所有大河中,黑龙江是唯一一条可以从海上进入的河流。鄂毕河、叶尼塞河和勒拿河的大门都受到北冰洋海冰的保护,几乎任何舰船都无法进入。但世界十大长河之一的黑龙江,是一条直通西伯利亚中心的长达4000多公里的水道。它的流域面积近200万平方公里*,最远可达贝加尔湖地区。如果有敌对势力在此冒险,俄国就会在帝国的重心地带受到挑战。形势一目了然,1848年9月14日,穆拉维约夫总督在伊尔库茨克上任仅三个月后,就对内政大臣在信中说道:"谁掌握了阿穆尔河左岸及其河口,谁就拥有了西伯利亚。"[92]

时不我待。海豹、海獭和鲸鱼捕猎业的发展吸引了越来越多的英美切割船和捕鲸船来到北太平洋。土著的证词证明了他们在萨哈林岛[†]和鄂霍次克海的存在,这是世界上渔业资源最丰富的海域之一。"我刚刚得知,大量来自不同国家的船只正在鄂霍次克海捕鲸,并在萨哈林岛附近游弋,"穆拉维耶夫在向中央政府提交的最初几份报告中不安地写道,"他们可以轻而易举地占领无人居住的北部地区,他们甚至不需要自己政府的指示就可以这样做。"[93]"敌人就在不远处,"他对自己的一名年轻副手坦言道,"现在不是该打瞌睡的时候。"[94]在伊尔库茨克的官邸里,新任总督惊异于在他的辖区里停留的盎格鲁-撒克逊旅行者的数量,也惊异于他们对俄国在太平洋地区的属地所产生的浓厚兴趣以及他们前来这些领地的方式。"某个名叫居伊尔的人自称科学家,他在这里逗留了三个月,"他在给圣彼得堡的信中写道,"这段时间足够我去确认,他和我一样热衷科学。他只是想看看堪察加半岛。[······]然后出现了第二个名叫奥斯汀的英国人,他想经阿

---

* 是罗讷河的20倍,多瑙河的2.5倍。
† 原属中国,传统名称"库页岛"。——译注

穆尔河及其河口到达东洋［太平洋］。"⁹⁵第三名旅行者最终遭逮捕，并被要求从俄国的欧洲边境出境。圣彼得堡的大臣们还需要更多的警报吗？"不到一年，甚至可能在几个月内，"评论作家、反对派亚历山大·巴拉索格洛在他的杂志中写道，"圣彼得堡会醒来，在《公报》上读到英国人或法国人已经在中国人的好心许可下占有了阿穆尔河河口。他们已经得到了在涅尔琴斯克下游的河道里随意航行的许可……这是不可避免的……如果俄国不愿留意自己的宝藏，别人就会留意它们。宝地自然不缺来客！"⁹⁶

英国人在太平洋侧翼的压力不仅威胁到了黑龙江。经验表明，俄国人在太平洋沿岸的属地——堪察加半岛和阿拉斯加殖民地——都是非常难以维持补给和防御的。运送物资、武器和必需品的后勤线总是需要花费数月时间走陆路横穿整个西伯利亚。这样做的成本十分高昂。只有几艘比英国舰艇小得多的战舰能在殖民地急需保卫的情况下驶入太平洋，而且这些战舰还必须绕地球一周，因为它们只能从波罗的海的港口出发。穆拉维约夫提出，这一切都是因为没有一条连接西伯利亚与大洋的航道。征服黑龙江就可以解决所有这些问题，并保证俄国在太平洋的存在。"阿穆尔河之于俄国东部地区，就好比波罗的海之于西部地区：两者都是不可或缺的。"前任总督已经这样写道。穆拉维约夫又在此基础上迈出了新的一步：从现在开始，俄国必须立即采取行动。他认为现在对他的国家而言是一个历史性的机遇。这对他自己而言也是一项战略性任务。现在黑龙江就是他的事业。

但圣彼得堡的朝臣们却不这么看。作为政府里的元老，外交大臣不想讨论任何在中国边境上的军事行动，更不想和穆拉维约夫这个在他看来无异于一名冒险者的人一起讨论。卡尔·冯·涅谢尔罗迭是一个老派人，对他而言，只有欧洲和在此进行的大国博弈才是当务之急。俄国在这些如此遥远，却离中国如此邻近的土地上有什么好做的？他得到了军事大臣车尔尼雪夫的支持，黑海和巴尔干地区日益紧张的局势正让他忧心忡忡，对他而言，现在远不是与英国人发生口角的好时机。他们在财政部的同僚也害怕看到恰克图的贸易因为与中国的不和而遭受打击，从而影响对国库至关重要的关税收入。在涅瓦河畔的办公室里，这些身穿华服的绅士们——当时一位与穆拉维约夫的阵营走得很近的回忆录作者形容他们是"一群德意志外交官组成的小圈子，他们脑中的各种偏见所导致的悲剧后果让俄国流下了多少泪水"[97]——组成了统一战线，他们共同反对伊尔库茨克总督向沙皇提出的在别人下手之前占领该地的建议。在穆拉维约夫看来，中国可能做出的反应，以及中俄边界条约的存在，统统不构成障碍，他希望使中国皇帝相信，让俄国人进入黑龙江比让英国人再度入侵和占领更为可取。两种对世界和俄国未来的看法背道而驰。尼古拉·穆拉维约夫与在他之前的西伯利亚商人以及俄属美洲的征服者一样，将俄国想象成一个太平洋和亚洲的未来强国，它将能够在这个新的战略空间里与英国人的野心抗衡。但对于保守派而言，西伯利亚只是一块腹地，如果将它的大门向太平洋深处的势力敞开，那就大事不妙了。涅谢尔罗迭将西伯利亚看作一张"装有我国流放犯的深深罗网，它的底部无论如何都不能被捅破"。[98]其他一些人，比如政论作者库兹涅佐夫，则是将西伯利亚的针叶林比作一条将不良势力阻挡在俄国欧洲部分之外的"森林带"。[99]西西伯利亚的总督，因而也是穆拉维约夫的邻居的戈尔恰科夫亲王是保守派的主要成员之一，他的政策是"不让西伯利亚的居民与外国人有任何直接的接触，这样的接触可能是致命的"。[100]在这个反君主制的动荡和资产阶级革命在欧洲此起彼伏的时期，聚集在涅谢尔罗迭身旁的保守派很是紧张。他们对美洲前英国殖民地的例子感到尤其震惊，他们担心，这些从宗主国独立的案例以及其中蕴涵的共和思想会在西伯利亚被效仿。顺着他们的目光看去，是穆拉维约夫和他手下那帮年轻的自由主义者正在伊尔库茨克施政。为了以防万一，也为了避免穆拉维耶夫总督的任何即兴发难，涅谢尔罗迭在

1848年底，也就是"伊尔库茨克的捣乱分子"上任仅几个月后，就组织了一个"阿穆尔河委员会"，它负责确定俄国在这个问题上的政策和行为规则。他本人自然担任了委员会的主席，他的朋友们又占到了成员的多数，穆拉维约夫也要定期向委员会汇报。它的政策可以被概括为一句格言："闷声做事，小心谨慎。"[101]

涅谢尔罗迭的最佳论据从地理学角度而言是一个谬误。自从各大探险队的帆船抵达了太平洋的这片区域后，船长们又陆续开始寻找黑龙江的入海口。他们从未成功抵达过那里。他们中的第一位——让-弗朗索瓦·德·拉彼鲁兹试图找到河口并从萨哈林岛的西侧通过，但他在1787年失败了。英国人威廉·布劳顿在1796年，以及俄国人克鲁森施滕之后在他的环球航行中也做了同样的尝试，但他们都没有取得更大的进展。每一次，水手们都发现萨哈林岛和大陆之间的海峡被巨大的沙洲阻塞了，像他们这么大的帆船根本无法通行。据他们推断，巨大的黑龙江并没有真正的河口湾，它一汇入大海就消失在了沙子里。根据他们的说法，由此形成的沙洲是一条被浅水淹没的陆地，它像一座天然的桥梁一样连接着萨哈林岛和亚洲大陆。萨哈林不是岛，黑龙江也没有河口：这两个地理前提使得涅谢尔罗迭能够让沙皇放心：如果军舰不可能从海上驶入河道，那么陛下还有什么好担心的？为了确保万无一失，1846年，尼古拉一世命令加甫里洛夫船长率从阿拉斯加返回的"康斯坦丁号"护卫舰开辟出一条通过河口湾的航线。"康斯坦丁号"出发得太晚了，它几乎没有时间在这片危险的海域逗留，船长很快就证实了前辈们的结论：船只无法从海上进入黑龙江。* 涅谢尔罗迭松了一口气，他在东方的冒险就此结束了。沙皇尼古拉在加甫里洛夫的考察报告上亲笔批注道："非常痛心。阿穆尔河是一条无用的河流。给前往阿穆尔河的探险队成员们授勋。"[102]

---

* 即使在今天，黑龙江仍然是通航难度最高的大河之一。沙洲阻碍了它的航道和河口，迫使船只不断改变航向。这也是这条巨大的河运干线来往船只极少的原因之一。

这件事似乎已经就此了结。若不是尼古拉·穆拉维约夫在圣彼得堡准备赴任期间在共同朋友的介绍下结识了一名年轻的海军军官，它或许就再难有转机了。海军上校根纳季·涅韦尔斯科伊比穆拉维约夫小四岁。他们同属于被拿破仑的胜利打下烙印的那一代人，他们在欧洲的战场上受到了同样的自由主义和宪政精神的影响，他们来自同样的改革主义环境：根纳季·涅韦尔斯科伊为康斯坦丁大公效力了十一年，后者是沙皇的弟弟、俄美公司的半官方监护人，也是改革者的代表人物。他们还对探索活动和远东怀有同样的热情：从在海军学院就读的学生时代开始，根纳季·涅韦尔斯科伊就因痴迷于黑龙江入海口这个地理之谜而闻名。"他在档案馆里搜索，在地图和算稿上日渐消瘦，"他的女儿在一部为纪念他而写的传记中讲述道，"他将他大脑的所有神经、他灵魂的所有潜能都集中在了这个问题上，而他如此理性、如此广博的才智却让他无法承认他一直以来不断得到的答案。"[103]这名海军军官学院的学员无法相信，地球上最大河流之一的黑龙江竟然没能开辟出一条穿沙入海的河床。他迫不及待地想要证明自己是正确的。

1848年冬，两人在穆拉维约夫圣彼得堡的家中见面。历史上不时会有火花迸发的时刻，而这一刻就是其中之一。侨居法国的涅韦尔斯科伊女儿颇具文采、但或许历史严谨性稍逊地向我们描述了当时的情景："根纳季·伊万诺维奇［涅韦尔斯科伊］曾听说过穆拉维约夫将军。据说他非常聪明，非常有活力，从内到外都是个俄国人，而且和［涅韦尔斯科伊］上校一样，厌恶外国势力和官僚主义。［……］几个小时的交谈，让这两个伟大的灵魂彼此发现。这两个人从此便互相理解，互相爱护，并手拉着手为他们心爱祖国的荣光而奋斗。涅韦尔斯科伊上校那热情洋溢的口才，那令人钦佩的计算，那些对自己预测结果的明确和精准证明，那渊博的知识，那谦虚的态度，那热烈的爱国主义精神，那阳刚的干劲——种种这些征服了穆拉维约夫将军。这是他自己反复思考的结果；面前的军官身材瘦小，他目光炯炯、姿态威严地站立着，这些话语都是在他的启发下说出的；紧张的干咳不时打断他的论述，这个梦想从此在他看来便具备了实现的可能。"[104]

但如何去实现呢？当穆拉维约夫最后一次向沙皇提出入侵黑龙江周边地区的建议时，君主再明确不过地说道："既然我们已经切实证明了只有独木舟和划艇才能冒险进入河口，那么我们还要这条河做什么？"[105]如果现在再不顾一切地尝试冒险，就不仅是在玩弄英国势力或美国商人的利益，也不仅是在戏耍中国，而是公然违背了以涅谢尔罗迭及其支持者为首的"阿穆尔河委员会"的指示，是在藐视尼古拉一世的最高意志。任何靠山都是不够用的，任何彪炳的履历都不足以支撑这样的大胆之举。

于是两人想出了一个计策。可以申请指挥军舰的涅韦尔斯科伊将要申请指挥一艘商船"贝加尔号"，这艘船将要向彼得罗巴甫洛夫斯克港运送一批货物，这批货物都是穆拉维约夫如今管辖的地区所急需的。"贝加尔号"将在该季尽早驶离圣彼得堡，以最快的速度穿越大西洋、印度洋和太平洋驶向目的地。在那里，新任总督已经下达命令，将船上的货物立即快速卸下。接下来，"贝加尔号"将在几周的富余时间里，在船长根纳季·涅韦尔斯科伊的带领下，直奔所谓的黑龙江入海口，探索其海岸并为之绘制地图。这任务的第二部分被谨慎而模糊的措辞小心掩盖了起来，甚至与大公关系密切的海军大臣在把命令书提交给沙皇签字之前也被蒙在了鼓里。涅韦尔斯科伊在计划书中写道："彻底勘探鄂霍次克海东南海岸线和阿穆尔河河口及河口湾。"而这一段话被海军参谋长门奇科夫亲王划去，改成了："在其他航海家已经确定的地点之间探索鄂霍次克海的东南海岸线。"

这个伎俩对涅韦尔斯科伊而言不甚恰当，而且非常冒险。门奇科夫曾向他承诺，他将从沙皇那里获得此番冒险所必需的正式授权。1848年8月21日，"贝加尔号"驶离了喀琅施塔特港。但1849年5月，当船在堪察加半岛抛锚时，它依旧没有获得任何形式的许可。如果不顾一切地继续下去，就要冒着与中国发生严重事件的风险，尤其还要让自己背上欺君之罪。涅韦尔斯科伊召集来手下军官，在他们面前郑重宣布，他会为自己所要达成的事业承担一切后果。5月30日，"贝加尔号"起锚；6月7日，船只到达了前几次考察所描述的位置，涅韦尔斯科伊发现前方确实有巨大沙洲阻碍了他们任何前进的尝试。指挥官让人把划艇放入水中，"每前进一点点就把水砣扔进水里测深"。海流汹涌而方向不一，大雾让前进变得更加困难，人们听到海浪拍在萨哈林沿岸礁石上的声音。划艇在前开道，商船缓缓跟上。船上的军官们反复摸索，但仍不断搁浅，每次搁浅都要把船从沙中拖出。他们沿着海岸线步行前进，在沙洲上设置标志，有时还会被冲上滩涂的海浪卷走。然而，随着他们不断前进，涅韦尔斯科伊所持的地图被证明是不准确的，甚至是错误的。但"贝加尔号"接连取得了两项发现，这两项发现将改变俄国在这一地区的历史进程。第一项是：萨哈林与大陆之间存在一条通道。萨哈林确实是个岛，以前的航海家都错了。这条通道就是涅韦尔斯科伊命名为"鞑靼海峡"的海峡，"尽管，"他的女儿谦虚地指出，"他也可以用自己的名字给它命名。"[106] 俄国得到了一个从鄂霍次克海直接进入日本海的入口。第二项发现降临在1849年7月22日：在海峡内部，涅韦尔斯科伊发现"在沙洲和岩礁之间有一条宽阔且有活水流动的通道"。[107] "贝加尔号"可以毫无阻碍地进入其中，这即是黑龙江的入海口。再经过几周的航行，他们便完成了证明：大河是可通航的，即使是最大的船只，只要得到了小心引导，就可以从太平洋航行到中西伯利亚。最著名的地理学家们被一名三十六岁的固执船长驳倒了。

　　与此同时，此次秘密实验的同谋尼古拉·穆拉维约夫也按捺不住，来到鄂霍次克海沿岸的阿杨港，见证了这次冒险的结果。他的妻子卡特琳娜想陪他完成这段漫长而艰难的旅程，但她也知道，丈夫的命运就要在此地被决定。在阿杨，过往的水手中流传着最疯狂的传言，人们说"贝加尔号"已经在太平洋上沉没了，所以1849年9月3日，当商船的船帆出现在海平面上时，穆拉维约夫立即跳上了一艘小船，前去面见涅维尔斯科伊——自后者从圣彼得堡离开后，两人就再也没有见过面。穆拉维约夫一来到声音能被船上的人听到的距离，就在小艇上喊道："涅维尔斯科伊！您从哪里来？"这个问题暴露了他焦躁不安的心情。船长登上了艉楼，大声回道："乌拉！阁下！古老的错误被消除了！萨哈林是一座岛，阿穆尔河的河口也被发现了！"[108]划艇上一片欢腾，"乌拉，乌拉，乌拉"的呼喊声响彻了整个海湾。

刚刚重逢的穆拉维约夫和涅韦尔斯科伊欢欣雀跃，他们沉浸在无尽的想象之中。他们认为，不久之后，俄国就会殖民这些海岸，占领黑龙江流域，让这里繁荣起来，成为连接俄国欧洲部分与太平洋属地的枢纽。在这里，俄国甚至能建造出它自己的加利福尼亚！这无疑是对不列颠强权的嘲弄！至于中国人，涅韦尔斯科伊在河口探索的几个星期里丝毫没有发现他们的踪迹，他们也应该会无可奈何地听之任之。或许荣耀一刻正在远方等待着二人，他们穿过整个西伯利亚，千里迢迢地回到了首都。

几个月后，当他们到达圣彼得堡时，却被泼了一头冷水。涅谢尔罗迭暴跳如雷，保守派人士怒斥他们欺君、违背皇室命令。他们指责涅韦尔斯科伊和穆拉维约夫不计后果地损害了与中国的关系。对于两人的一系列设想，他们更是指责"贝加尔号"的船长是在凭空捏造。早先的见闻表示，中国人用几座要塞和一支大军稳固了黑龙江江岸的防守。涅韦尔斯科伊怎敢说他只在不属于任何主权国家的潟湖、滩涂和沼泽岸边发现了几个吉利亚克村落？为规划和实施俄国在这一地区的行动而成立的"阿穆尔河委员会"召开了特别会议，指责涅韦尔斯科伊是个骗子，并要求立即给予他屈辱性的贬职。

随后，在俄国行政当局和政府内部上演了一场激烈的对垒。穆拉维约夫和他的盟友自然是船长的坚决拥护者，他们将船长当作英雄，请求沙皇亲自仲裁。最艰苦的战斗是在圣彼得堡进行的，这样的状况在西伯利亚征服史中反复上演，此后几十年里也将持续如此。"圣彼得堡和这个小世界里的所有高官都痛恨他，"无政府主义者巴枯宁在给流亡欧洲的亚历山大·赫尔岑的信中如此评价穆拉维约夫，"第三厅*也把他列为最高警戒对象。"[109]这个人物的性格基本无助于挽救这样糟糕的名声，根据他亲友的描述，这些年来，他越来越易怒，越来越怯懦、专制、任性、尖刻，甚至处于神经衰弱的边缘，以至于每次有人提到涅谢尔罗迭的名字，他都无法控制自己。穆拉维约夫希望能获得解放，获得充分的地方权力，他向亲友们表达了对16、17世纪幸福时光的怀念，那时哥萨克可以占领西伯利亚的广袤土地却"不受元老院和各部的阻碍"。[110]然而没有人愿意冒这样巨大的风险。在总督一份为帝国利益而申请高度自治的报告书上，沙皇甚至用愤怒的笔迹写下了"一派胡言！"[111]的字样。而在一次与总督的谈话中，沙皇撂下了这样一句尖刻的评论："过不了多久，这阿穆尔河非让你发疯不可。"[112]

这场反对圣彼得堡当局的战争是穆拉维约夫一切战斗的源头，直到他任期结束，他都不得不将自己的时间在逐渐依附于俄国的新土地和首都的沙龙之间分配，他必须在沙龙中开展坚决的斗争，才能使自己的行动得到认可和支持。他夏天在黑龙江或远东，冬天在圣彼得堡，冬夏之间则是在无尽的雪橇旅行中跋涉数千公里，这对于捍卫他的事业必不可少，但他也因此损耗了自己的部分健康。据他的副手韦纽科夫说，截至他辞职时，他已骑马或乘坐简陋车组在西伯利亚的道路上奔波了不下12万公里。[113]

---

* 帝国当局的政治警察。

穆拉维约夫和他的盟友们看到一个新世界在东方出现，但老涅谢尔罗迭和内阁的大部分人都只把目光投向他们所属的西方。在这些对抗激烈的派别之间，沙皇试图缓和气氛，寻找妥协。1850年春，涅韦尔斯科伊得以保持了他的军衔，但他被立即派回了黑龙江入海口，探索与江北岸土著进行贸易的可能。如果存在机会，就将俄美公司派去，这是一种优雅的方式，这样既能在争议地区立足，又避免了俄罗斯帝国过于直接地介入。外交官涅谢尔罗迭再次强调，万万不能侵犯中国在该地区的任何权利，一定要"闷声做事，小心谨慎"。

这是对脾气火爆的涅韦尔斯科伊船长不够了解。六个月后的1850年秋天，他宣布他已经在黑龙江入海口的岸边插上了俄国国旗。他解释说，没有时间等待了，因为吉利亚克土著已经向他证实，"大型外国船只现在每年春天都会停泊在鞑靼湾的海岸附近，从船上下来的白人——英国人和美国人"船长补充说道，"从野蛮人那里强暴地夺走了所有的鱼和毛皮储备。"[114]至于中国人，他们不会成为阻碍俄国保卫这一地区免受外界野心影响的因素。他在亲自走访吉利亚克土著社区时，仅仅见到了一个满洲人代表，他还将这个人戏弄了一番。他是如何做到的？他在日记中写道："一个满洲人老头坐在树干上。吉利亚克人称他为'djanguine'，也就是'富老头'。他很不客气地问我，我有什么权利来到这里。我一样高傲不屑地反问了他同样的问题。对此，他极其无礼地回答说，只有满洲人才有权来这些地方。我通过翻译对他说他在撒谎。这时'富老头'气势汹汹地指着人群，勒令我离开。对于这些无礼的话，我冷静地从口袋里抽出一把左轮手枪，指着那个'富老头'说道，假如有人敢动，我就杀了他 [……]。他后退了几步，吉利亚克人则四下散开，似乎对他的落败感到好笑。"[115]

涅韦尔斯科伊船长曾在圣彼得堡接受质询时坚定地表示："阿穆尔河必然属于帝国，俄国国旗必须在它的岸边飘扬。"这便是他在返回此地之后完成的事业。"1850年8月1日那天，我的部下用步枪和隼炮在一群从附近村落赶来的土著面前射击，而我则在那里插上了俄国国旗，然后，我在国旗旁留下了一个军事哨所，我把它叫作尼古拉耶夫斯克*。"[116]

卡尔·冯·涅谢尔罗迭或许无法读到船长日记中的这些段落，但我们可以想象当远东的信使给他带来消息时他有多么愤怒。这是叛国，是对中国的侮辱，是对沙皇命令的违背，每一项罪名都是累犯，每一项罪名都有难以否认的预谋。外交大臣想要的不只是这个叛逆官员的脑袋，他想要羞辱他。当"阿穆尔河委员会"召开会议评判此案时，穆拉维约夫试图为自己的荫庇对象开脱，他宣称涅韦尔斯科伊从来没有在未经他许可的情况下行动。他辩解说，此案的关键不是一个人的不服从，而是他的爱国主义精神，以及与其相关的俄属西伯利亚的命运。委员会愤怒得说不出话来，他们有着不同的看法。他们要求沙皇将涅韦尔斯科伊贬为水手。尼古拉耶夫斯克哨所将被"铲除"，俄美公司将不再寻求在鞑靼湾沿岸和萨哈林岛开展贸易。

穆拉维约夫似乎彻底地输了。然而，当总督大人在会议结束后走出冬宫，忧心忡忡地从其标志性台阶上走下的时候，他突然听到有人追了上来，并把手搭在他的肩膀上。是亚历山大大公，他是尼古拉一世的儿子，也是未来的沙皇亚历山大二世。他微笑着站在他的身边。"沙皇的命令。从今以后，有关阿穆尔河的案件只有我在场时才能审议，"他对他说，"我们将一起工作，共同努力。"[117]尼古拉一世刚刚选择了自己所支持的阵营。穆拉维约夫后来向他的密友们透露，就在那一刻，总督大人便确定斗争的结果已经尘埃落定，黑龙江的问题得到了解决。确实有新的会议被提上了日程。皇储接替涅谢尔罗迭成为"阿穆尔河委员会"的负责人。他的叔父，穆拉维约夫一直以来的靠山康斯坦丁大公，则接过了海军的指挥权。涅韦尔斯科伊非但没有被

---

*原属中国，传统名称"庙街"。——编注

贬职，还被授予了圣弗拉基米尔勋章，只是由于他在黑龙江上过于明显的抗命行为，他没能获得海军准将的头衔。沙皇在政令的空白处，留下了一句此后几个世纪里都会被俄国民族主义者反复引用的话："俄国的旗帜无论在哪里升起了，就决不能让它再降下。"[118] 穆拉维约夫赢得了他挑起的决战。俄罗斯雄鹰将头扭转了过来，把目光投向了东方。

然而一切都还有待完成。在黑龙江下游建立的几个哨所因资源不足而崩塌。那里的守军因饥饿或斑疹伤寒而大批死亡。涅韦尔斯科伊上校（这是他的新军衔）用行动证明了自己的爱国主义精神，和他年轻的妻子在黑龙江的河口湾旁定居下来，他自己也遭受了这种开拓者生活的煎熬：他和吉利亚克人一起住在冰冷的小屋里，他的第一个孩子死于饥饿，而他那疲惫、憔悴又郁郁寡欢的妻子若不是有俄国护卫舰偶然从北方到来也已丧命。中国皇帝刚刚驾崩，他把皇位留给了一个非常年轻的继任者*，后者的软弱进一步刺激了西方扩张主义者的胃口。列强的商业和军事压力在太平洋地区不断加强，现在每年在俄国沿岸的白令海或鄂霍次克海非法活动的外国船只已有不下五百艘。美国国会拨出了大笔资金，用于勘探北太平洋、千岛群岛、萨哈林岛和黑龙江河口。1853 年，佩里准将率领着美国舰队的一支分队，在半个世纪前尼古拉·列扎诺夫失败的地方取得了成功：他以军事威胁的方式迫使日本对美国贸易开放了港口。更令俄国担心的是，它自己与法国、英国和奥斯曼帝国的关系正在急速恶化。1853 年，穆拉维约夫利用几个月的假期在欧洲各地旅行，并在妻子的祖国休养生息，他看出战争即将来临的迹象，于是返回了俄国。战争在黑海爆发，在他经过圣彼得堡的几天之前，伊斯坦布尔苏丹向俄国宣战。

穆拉维约夫立刻看出他可以利用这场冲突为自己的事业谋得好

---

* 1850 年道光帝驾崩，咸丰帝以二十岁的年纪登基。——译注

处。英法两国在克里米亚战争中站在了奥斯曼人的一边，这使他前些年不断发出的警告突然成为现实：在太平洋地区，俄国人在阿拉斯加和堪察加半岛的属地，从此都任凭联军舰队摆布，其力量比俄国人建造的寥寥几艘护卫舰强得不是一点半点。"我到过俄国和欧洲的许多港口，"他在给圣彼得堡的一封警报信中写道，"但还未曾见过像阿瓦恰湾［堪察加半岛的彼得罗巴甫洛夫斯克湾］这样的港湾。英国只需故意挑起一场持续两周的冲突，占据它之后再进行议和就可以了。但诸位可以肯定，他们绝不会把阿瓦恰湾归还我们。"[119] 威胁不再存在于假设之中，如果不立即增援，太平洋地区的领土会在几个月内丢失殆尽。而在这么短的时间内，怎样才能将援军从地球的一边转移到另一边呢？

穆拉维约夫的答案只有一个词：黑龙江。总督趁他从法国返回国内经过首都的机会，向沙皇提出了一个他刚刚酝酿出的大胆计划。在西伯利亚集结现有的部队，并立即通过流向太平洋的河道将他们运往沿海的大小要塞，特别是堪察加半岛上的彼得罗巴甫洛夫斯克，这是所有要塞中最具战略意义和最令人垂涎的一座。士兵们还将封锁河道入口，防止任何联军舰队沿河开入西伯利亚的心脏地带，对俄国开辟另一条战线。为此，穆拉维约夫提议建立一支河上舰队，它应由所有能在几周内调集或建造的汽船、驳船和渔船组成，他提议亲自率领舰队沿数千公里长的河道溯流而下，来到中国人的眼皮底下，还没有任何一艘俄国船只曾完成这样一段航程。没有人知道哪里存在航道，也没有人知道哪里会有陷阱。这个想法并不是全新的，穆拉维约夫早在两年前就已经向沙皇提出了这个建议，但换来的只有沙皇愤怒的耸肩和皱眉。这是个异想天开的计划，但现在战争已经开始了，即便是涅谢尔罗迭也只能同意它：否则彼得罗巴甫洛夫斯克就会沦陷，因为太平洋上的英法舰队正在集结。在聚集起来的威武帆船和穆拉维约夫打算集结的破帆旧板之间，一场与时间赛跑的竞赛正在进行。1854年1月14日，尼古拉一世批准并委托穆拉维约夫与中国谈判新的边界，而中国的反应也是可想而知的。沙皇仍然对穆拉维约夫会如何阐释自己给予他的全权委托有明显的担心："但是不要有火药味……"他在正式政令上草草批注道。

　　整整四个月后，尼古拉·穆拉维约夫登上了他的旗舰"阿尔贡号"，它与西伯利亚舰队的其他船只一起停泊在当时俄国境内黑龙江的唯一一条支流石勒喀河上。他在离开首都之后，就来到伊尔库茨克，下令建造一支船队，召集了可用的武装力量，说服了自己在当地的对头——伊尔库茨克的大商人们，为这次最后一搏提供了资金，并将自己和士兵、木匠、铁匠一起运到了贝加尔湖另一边的涅尔琴斯克。在那里，人们在石勒喀河畔的草地上摆了一张桌子作为祭坛。上面象征性地摆着一幅圣像，这幅圣像是从近两个世纪前遗弃给中国人的村庄里带回的，一首田园赞美颂让整支远征军匍匐着聚集在圣像前。穆拉维约夫穿过人群，被副官们簇拥着登上了舷梯，他凝视着小河港呈现给人的场面。在他的眼前，各式各样的船只挤满了河面：除了他自己所乘的汽船外，还有5艘小船、4艘帆船、18艘小艇、13艘驳船、8艘趸船和25艘木筏停泊在石勒喀河岸边。"阿穆尔河舰队"运载了400吨物资、4门大炮、754名西伯利亚步兵、6名军官、120名哥萨克，以及6名工匠和14名乐手。[120]穆拉维约夫站在艉楼上，向同伴们喊了几句话："孩子们！我们启程的时候到了。让我们向主祈祷，让他降福于我们的旅程。"[121]在岸上，教士们吟唱着伴随降福仪式的歌曲，待到他们唱完最后一个音符，穆拉维约夫便命人将旗帜升上旗舰。一名远征的参与者在回忆录中写道："赶来的民众将帽子抛向空中，高声呼喊，留下了高兴的泪水。疯狂的欢呼声甚至淹没了隆隆的炮声。所有人都明白这个历史性时刻的关键性，以及现在在阿穆尔河上开通航道对西伯利亚的极端重要性。"[122]

　　在唯一一艘蒸汽船"阿尔贡号"的带领下，舰队在河上出发了。尽管水流很猛，但还是有数不清的沙洲拖慢了行进的速度，较大船只的舵手需要进行复杂的操作，才能避免经常搁浅。不知道从哪里来的传言，说中国人用几公里长的铁链封锁了河道。事实上，并没有人花时间或心思提醒清政府有支舰队正没打招呼地经过他们的领土。出发四天后，"阿尔贡号"驶离石勒喀河，进入了黑龙江的干流，这标志着他们抵达了正式的国界。那是下午两点半，从天亮开始，雨就一直在下。远征军乐团的小号手庄严地吹奏着俄国官方国歌《天佑沙皇》。小船和木筏上的人纷纷起立，在胸口划着十字。擅于表现自己的穆拉维约夫从河里舀了一杯水，当着整支远征军的面将它挥舞了一番，然后在周围淡水水手的"乌拉"声中，将其一饮而尽。若想说明俄国决心把这条流向东方的巨大水路据为己有，还有什么比这更好的表达方式？

中国人没有布下任何封锁河流的铁链。他们对正在进行的冒险一无所知。在航行了三周之后，俄国舰队才在河的右岸发现了第一批中国村落。当他们接近"黑龙之江"上的中国重镇——港口城市瑷珲时，穆拉维约夫向当地总督派去了一名信使。圣彼得堡禁止对中国采取任何形式的暴力，因此信中也都是些安抚之辞。不用担心，我们只是路过，这样我们才能从我们目前共同的敌人——法国人和英国人——的手中保护我们在太平洋的属地。当地的总督完全没有料到这封来信，特别是他没有得到北京方面的任何信息或指示，他最初坚决拒绝让俄国远征军过境。然而，第二天早晨，当他看到天边的河面上出现了一支浩浩荡荡的舰队——穆拉维约夫命令它们排成一列——船上还满载着全副武装的士兵，他觉得还是敷衍拖延为妙。中国港口只驻扎了三十五艘没有武装的平底帆船，没有人曾见过像河上的"阿尔贡号"蒸汽船那样不使用风帆的舰船，它喷出的蒸汽让岸上的中国居民惶惶不安。一个俄国代表团被邀请到河边的帐篷里，为了营造假象，中国人在他们身后布置了一千人，他们拿着匆匆涂成黑色从而显得像是长矛的木棍，而他们的主要武器是肩上挂着的弓。英国地理学家和制图师欧内斯特·拉文斯坦在当时出版了一本专门讨论黑龙江问题的著作，他指出："显然，偏安于此的中国人在过去的两个世纪里没有取得任何进展。"[123] 想了又想，中国总督认为，最好的办法还是让这支麻烦的舰队尽快消失，而且消失得越远越好。因此，他仅仅是禁止了俄国人的任何登陆行为，于是舰队再次起航，他们再也不担心会遭遇任何武装抵抗。

此后的路程，对于远征军而言几乎是一马平川。记录中只提到了一场风暴，它几乎要吞没所有的木筏和驳船，远征军被迫抛锚两天，好把粮食晒干。除此之外，什么都没有发生。可能存在的满洲人也在得到俄国人到来的消息后逃离了河岸，其他土著则好奇地注视着这支奇怪的水上队伍从河上经过。"阿尔贡号"的船长没有河道图来指引方向，他只能用亚洲地图来定位，因此谁也不清楚在到达涅韦尔斯科伊设立的两个俄军哨所，即河口的尼古拉耶夫斯克和上游几百公里处的马林斯克之前，还有多远的路要走。6月10日，穆拉维耶夫认为自己即将抵达了，他显然急着往堪察加半岛调派部分援军，于是当他看到一艘俄国小帆船溯流而上来接应他时，他连站在船头的军官都没顾得上打招呼，就大声喊道："离马林斯克哨所还有多远？""500俄里！"* 对方在远处答道。他并没有失望多久，因为军官还带来了一个好消息：涅韦尔斯科伊告诉他忠实的战友，下游的一切都已经准备就绪。俄美公司和俄国舰队在周边地区的四艘商船和军舰已经集结完毕，一旦部队、武器和物资登舰完成，就可以立即出海。

6月14日，也就是远征军出发的整整一个月后，穆拉维耶夫终于与根纳季·涅维尔斯科伊会合。两人紧紧相拥。"陛下吩咐我告诉您，他对您非常满意，他以整个俄国的名义向您表示祝贺和感谢。"穆拉

---

* 约为550公里。

维约夫对他的同伴说道，当局的忘恩负义，在这些偏远土地的艰辛探索让他吃了太多的苦。船长暨未来的海军上将涅韦斯科伊的女儿薇拉后来在回忆录中补充道："两颗明亮的泪珠从这位谦逊英雄的黑眼睛里滚出，从他颤抖的嘴唇上缓缓划落。"[124] 俄国刚刚轻而易举地让远东地区归附了西伯利亚，正在拥抱的两个人是这次历史性豪赌的主使者。

刚刚沿黑龙江完成航行的数百名步兵和炮兵立即被派去增援堪察加半岛上的彼得罗巴甫洛夫斯克。他们必须迅速行动起来。在捕猎鲸鱼和海豹的猎手中间流传着这样的传言：有人在秘鲁沿海看到大型军舰正在北上，英法舰队将在加利福尼亚附近集结，然后再驶向俄国太平洋沿岸。当穆拉维约夫的人马来到阿瓦恰湾占领阵地，挖凿几条防御战壕，并在白令出发前做祷告的教堂周围的木屋村落外围修建工事时，8月已经开始了。但在他们抵达后仅一周，即1854年8月15日，一支威风凛凛的英法分舰队就出现在海平面上，并很快开入了不受海洋侵扰的巨大圆形海湾。3艘护卫舰、1艘轻型护卫舰、1艘双桅横帆船和1艘蒸汽船被全部涂装成黑色，一共载着2000人和190门炮。在他们对面，俄国方面虽然刚有援兵赶到，却依旧只有800人（船员、村里的居民和土著都包括在内）以及61门炮，其中有27门炮还在停于锚地的两艘船上，藏在海堤的后方。

这是一场欧洲列强之间的奇特对决，他们的水兵在世界的尽头打着他们自己的克里米亚战争，战斗将持续十天，并将造成500多名士兵阵亡。英法两国联军呈弧形排列，他们首先对彼得罗巴甫洛夫斯克的要塞和聚居点进行了连续的炮击。但联军之间的配合很快就崩坏了：分舰队指挥官，英国海军上将普莱斯在战役的第二天，因一时心力交瘁，在舱室内突然结束了自己的生命。军事行动中断了，人们必须为死者在岸上找一个保密的地方安葬，这突如其来的事件让准将官们倍感窘迫。联军的指挥权交到了海军上将费夫里耶·德潘特手上，根据英国编年史作者拉文斯坦的记载，他是"一名十分年迈的残疾军官"。[125]英国人请求登陆作战，德潘特犹豫不决，最终由数百名联军步兵发动的两次陆上攻势都在彼得罗巴甫洛夫斯克的防线前溃败了下来。分舰队只埋葬了阵亡者，然后便放弃了自己的猎物。当胜利的消息传到圣彼得堡的时候，参谋部总算舒了一口气。虽然俄国在克里米亚的著名要塞塞瓦斯托波尔的围城战刚刚打响*，但太平洋战线似乎还能坚持。尼古拉·穆拉维约夫倡导的大胆战略刚刚证明了其价值。当黑海战争的喧闹占据了欧洲所有人的心思时，俄国却偷偷在亚洲取得了一大片领土。

当1855年的春天来临时，同样的事情似乎又再度上演。一支新的舰队自黑龙江顺流而下，穆拉维约夫仍是它的指挥官。当时的场面比前一年更加壮观，125艘船组成的队伍占据了大河的河道，浩浩荡荡长达两公里多。在当时的图画上我们可以看到，长达50多米的木筏上，搭满了仓促搭建的帐篷和小木屋，周围还有马、牛、鸡、鹅。这是因为，这一次除了为保卫太平洋带来的部队之外，总督还从西伯利亚带来了第一批农民队伍，在下游的河畔地区殖民：他们共有51户，484人。他们会为俄国远东地区的最初五个村落奠定基础。

如果说俄国人加强了自己的队伍，从欧洲归来的英法舰队也同样得到了可靠的增援。17艘战舰（其中只有一艘是法国的），装备了480门火炮，火力是上一次的两倍多。他们的对面，沙皇的海军只能排出7艘微不足道的舰艇，共携带90门火炮。而这一次，联军的目标是找到并歼灭太平洋上所有的俄国海军力量，以便让西方人在该地区自由地行动。

然而在布鲁斯海军上将的分舰队穿过彼得罗巴甫洛夫斯克湾入口

---

* 塞瓦斯托波尔在1855年9月11日被攻陷，这标志着俄国的战败，也宣告了克里米亚战争的结束。

的狭窄海峡后，他们没有发现任何生命迹象。连一艘小艇都没有。穆拉维约夫又一次走在了前面。总督在联军于去年夏天惨败之后，觉察到他们又将卷土重来，于是在没有足够条件与联军对抗的情况下，将这座堪察加港口里的部队和辎重疏散到了靠近西伯利亚的海岸。他驻扎在远离战区的伊尔库茨克，在对敌人的真实意图一无所知的情况下就下达了撤离的命令，而且他还没有得到沙皇或俄国政府在这方面的任何指示。这一举措违背了俄国等级制度的一切现行运作规则。对于这位不畏强权的总督而言，这无异于又一次孤注一掷。

当布鲁斯海军上将透过望远镜观察被放弃的彼得罗巴甫洛夫斯克时，他只注意到一面美国国旗悬挂在一家商店的上方，仿佛是对这批英国游客的嘲弄。防守要塞的炮台位置被英军夷为平地，官方建筑也被烧毁，"不过这没有获得海军上将的批准"，[126]编年史作者拉文斯坦不忘补充说明道。联军舰队随即再次启航，前去追击俄国人。

但他们究竟去了哪里？穆拉维约夫想出的计策是利用在黑龙江入海口发现的秘密航道，将整支舰队隐藏在稍微上游一些的地方。他希望能像这样瞒过世界第一的舰队，他们的军官还不知晓涅韦尔斯科伊的新发现。当英国派出的快速护卫舰在满帆状态下接近鞑靼湾的沙洲时，还能在春雾中看到几艘载满货物的船只躲藏在锚地。海军上将不知道这些是最后一批从彼得罗巴甫洛夫斯克撤离的平民，于是担心己方处于劣势，所以宁愿在外海拖延时间，等到援军到来。当大雾散去的时候，"鸟儿已经飞走了，"[127]拉文斯坦记录道。"对于一个非军事人员而言，哪怕允许自己对海军行动发表一点评论似乎都是冒昧的，"这位制图师冷静地以英国人的视角记录道，"但是我们不能不想到，即便认为攻击阿穆尔河下游的俄军阵地并非明智之举，一支由17艘舰艇组成的舰队也应该足以封锁阿穆尔河的南北入口。"[128]海军上将则倾向于在整个鄂霍次克海分散搜索，他在那里只摧毁了俄美公司的几个商栈，俘虏了那里的几个芬兰人。"14个俘虏，这就是太平洋海战的巨大胜利！"[129]拉文斯坦这样为他那些生活在欧洲大都市的读者们总结道。

穆拉维约夫拯救了舰队和定居者。或许他甚至让俄国得以在远东地区维持了自己的地位。因为在接下来的一年里，当英法两国的风帆重新出现在太平洋上的时候，克里米亚战争已经结束了，联军将挥师向南，开往中国，在无情的殖民战争中让它屈服。然后英国人会远离太平洋数年，忙着在印度处理印度兵叛乱。与此同时，在圣彼得堡，西伯利亚总督大获成功的诡计被当作英雄主义行为来赞颂，在国家必须消化克里米亚的败果之际，它尤其令人欣慰。"我们在阿穆尔河的事务一定要能补偿俄国面对西方时所遭受的一切。"[130]穆拉维约夫在一次旅行中给他的副手科萨科夫写道。他的传记作者巴尔苏科夫指出，穆拉维约夫独自决定太平洋战争的走向，他甚至不屑于向首都汇报，这表现出难以言喻的胆量，但他之前多有仰仗自己与沙皇尼古拉一世的信任关系。随着后者在战争结束前几周去世，很多事情都会发生变化。

在十二月党人的起义中登上皇位的尼古拉一世是一个保守的专制者。接替他的亚历山大二世领导的是一个遭到羞辱，又因为战争而部分受损的俄国，他因此是一名推崇改革的统治者，是所有沙皇中最自由的那位。按理说尼古拉·穆拉维约夫的一切特征都应让他更靠近这位决心让他的国家更加现代化的年轻皇帝，然而穆拉维约夫一直没有与他建立起像与他那位遭欧洲所有进步势力反对的前任那般坦率、默契的关系。新沙皇不是不同情这位试图扩张帝国的麻烦总督，但他很难忍受他的异想天开的性格以及他总是与大多数大臣存在冲突的事实。总之，沙皇在与他的叔父、自由派的靠山康斯坦丁大公的往来书信中指出："他〔穆拉维约夫〕始终在争取权力，从而独立于中央领导层，这一点我无论如何也不能接受。"[131]

总督本人也变了。他不再是刚来伊尔库茨克时的那个穿着军装、举止拘束的红发小军官，而是好似一名副王，他身边有一群忠心耿耿的副官，而且他越来越频繁地尝试按照自己的意愿来解释帝国政府制定的规则。投诉书从伊尔库茨克源源不断地流向首都。其中有多少是有依据的？穆拉维约夫总是苦恼地抱怨，说自己根本一无所知。一个有钱的淘金者因为散布总督手下贪污的传言，被总督的一名副手纠缠，无凭无据地被关进了监狱。有些丑闻甚至流传到了沙龙的社交圈里：穆拉维约夫的某个亲友参加了一场决斗，但它的公正性却受到了质疑。人们指责总督表现得像是西伯利亚的沙皇，并且会公然庇护属于他小集团的纨绔子弟。在伦敦或日内瓦避难的反对派流亡者开办的杂志中，有一些充满敌意的文章，它们由流放在西伯利亚的政治反对派署名——他们与自己之前那位宽厚的对话者渐行渐远了——这些文章或者指责穆拉维约夫滥用权力，或者指责他从进步主义者那里"窃取"了入侵黑龙江的"伟大计划"，这给他的名誉蒙上了一层阴影。对他的责难在中央日积月累，其中固然有许多不实和夸张的地方，但毫无疑问，穆拉维约夫的性格在改变。他的身体很虚弱，他年轻时在高加索感染的热病发作得越来越频繁，这让他日渐衰弱。此外，他也饱受胃痛的折磨，他试图在卡尔斯巴德和他妻子的娘家所在的波城接受一些治疗。总督越来越暴躁，越来越不耐烦，越来越敏感。他对下属的自主行为越来越不能容忍，试图将他们限制在执行他命令的范围内。他赶走了自己最亲密的同伴们，换上了更温顺的新面孔。涅韦尔斯科伊也被打入冷宫，他必须艰难挣扎才能继续他的事业。"他的时代已经过去了，"谈及这位过去的同志和同谋者，穆拉维约夫写道，"他不再是为阿穆尔河而生的人。"[132]当穆拉维约夫路过都城，得知刚刚因为终结了无休止的高加索战争而被沙皇授予全权的沙皇好友巴米亚京斯基亲王又获得了比他更高的军衔时，他精神崩溃了。当沙皇决定修订授予阿穆尔河征服者的勋章获得者名单时，他再次坦言自己受到了深深的伤害，他越来越频繁地表露出辞职的愿望。

总督是个性急的人。他因自己或许无法完成他为自己设定的历史任务而沮丧，因此他迫不及待地想把它尽可能地推进。1856年，他组织了黑龙江上的第三次顺流航行，但他本人由于健康原因未能参加。这一次，河上的船队里共有697艘船，其中包括两艘在西伯利亚的车间里组装的装有革命性桨轮的蒸汽船。军人们退场了，定居者登台了：总督打算通过迁入乐于冒险的农民来占领这一片区域。他们在最初几年只有几百人，1859年到1882年有1.4万人，到1907年有24.3万人[133]，他们移居到东方的新领土上，希望将欧洲俄国农村的苦难丢在身后。穆拉维约夫还试图让那些被流放的人和被判处在西伯利亚的可怕矿井中服苦役的人能够通过为国效力来重建自己的生活。他敦促监狱管理部门对志愿劳动者减刑。"感谢主，孩子们，"他对一群已经成为定居者的原服刑者喊道，"你们现在自由了。耕耘土地，使这里成为俄国的一个地区……"

与欧洲列强的冲突一结束，他又把与中国的关系和边境问题当作了绝对的工作重点。至少在这一点上，他可以将亚历山大二世和结束涅谢尔罗选领导的新任外交大臣亚历山大·戈尔恰科夫视为坚定不移的盟友。克里米亚战争的失败，伴随着尼古拉一世的去世，标志着时代的突变。俄国不仅要解决一系列被已故沙皇长期压制的社会、经济和政治问题——其中农奴制问题是最紧迫的问题之一——而且还备受其原先的盟友，也就是欧洲列强的敌视。四十年前，沙皇亚历山大在香榭丽舍大街上率军游行，被英国、普鲁士和奥地利誉为从拿破仑手中拯救了欧洲大陆的欧洲解放者。而他的侄子——背负"亚历山大"这个光荣名字的第二个人——为了挽回颜面，则被迫与英国及法国可耻地议和。新沙皇和他的外交大臣几乎很自然地在远东看到了挽回在西方失去的影响力的机会。他们想得甚至更远：或许未来的关键就在太平洋和亚洲。"我预计未来的命运将在那里被决定。"[134]亚历山大二世用法语对他的朋友巴米亚京斯基亲王写道。欧洲人激起的失望情绪促使俄国将目光转向亚洲。方向的改变。眼光的改变。当然还有人事和政策的改变。"我们对这条河〔阿穆尔河〕的河口具有历史性权利，在其河道上的自由航行权对我们而言极其重要，这一点是不容讨论的。"1857年初，外交大臣戈尔恰科夫在给俄国驻华盛顿大使爱德华·德·斯多克尔的指令中写道。这与涅谢尔罗迭高傲的矜持态度截然相反。

突然之间，尼古拉·穆拉维约夫始终固执地为之辩护的观点得到了官方战略的支持。西伯利亚总督在圣彼得堡的沙龙里变得颇受欢迎，那里的人们称赞他颇具远见的爱国主义行为；他在知识分子的圈子里同样备受青睐，人们将改革派征服的东方新领土视为他们所梦想的新俄国的一片实验田。在首都，"阿穆尔齐"，也就是俄国在远东实行自愿和强硬的殖民政策的支持者占据了上风。他们有自己的俱乐部，在宫廷中有自己的游说团，有自己的晚会和专门为自己的事业开办的报纸。"所有人都在谈论阿穆尔河的史诗故事，"时人记录道，"穆拉维约夫已经成了某种传奇。"[135]纨绔子弟，甚至被流放的政治反对派，都对远东痴迷不已。有些人竟然收拾行李，打算亲自参与这场由历史提出的挑战。其中有彼得·克鲁泡特金亲王[*]，他是帝国名门之后，是蒲鲁东的狂热读者，也是明日的自由意志共产主义和无政府主义的理论家。1857年，这个年轻人离开了军校，然而令他的家人失望的是，他决定前往黑龙江："关于这条'东方密西西比河'的一切、它所穿越的山脉、其支流乌苏里江流域的亚热带植物，我都在书上读过了，我的思绪被带到了更遥远的地方。此外，我还想到，西伯利亚是一片巨大的田地，它可供已经开展或将要开展的伟大改革使用。我将在那里找到一个符合我兴趣的行动领域。"[136]

穆拉维约夫风头正劲。他也知道如何利用这些有利的风向，给俄

---

* 克鲁泡特金的父亲是斯摩棱斯克的世袭亲王。克鲁泡特金本人则在十二岁时主动放弃了亲王的头衔。——译注

国带来它所需要的象征。君士坦丁堡之梦在克里米亚战争中消散了？然而帝国对东方的野心并没有消散。1859年，帝国将太平洋沿岸一个特别适合停泊的海湾命名为符拉迪沃斯托克*，意为"主宰东方"，这是在影射在克里米亚战争中破灭的君士坦丁堡之梦。为了使这一点显得更加明确，与该地相邻的海峡被命名为"东博斯普鲁斯海峡"，向它敞开的河口狭湾则被命名为"金角湾"†。

长期以来，偏安西伯利亚的总督只能将密封好的外交信件转交给北京，而没有权利查阅它们，但是现在，他成了一把手，拥有了与天朝谈判永久边界的全权。他将充分利用这一点。1858年初，他认为巩固成果的时机已经到来。中国在欧洲舰队和军队的压力下处处碰壁，无力开辟对俄第二战线。相反，它迫切需要让自己的北方邻国成为其盟友。于是，总督派使者到北京向中国人提议，等冰雪融化后，在黑龙江右岸的瑷珲城见面。在议程上，穆拉维约夫计划讨论如何共同遏制英国在该地区的渗透，他还希望双方就边界的划分达成协议。

1858年5月9日，中俄会议以一起小风波开场。在俄国岸边建立驻地的穆拉维约夫在两艘炮艇的护送下，乘舰艇渡过了当时宽达一公里多的河流支流。穿着大阅兵服的他站在甲板上，看到中国的城市正在一点点靠近，军舰已经在那里抛下了锚。当俄方代表团进入港口时，中国人用单薄而老旧的鸣炮声向他们致意。俄国炮艇则立即以强大的轰鸣炮响作为回应。中国官员感到害怕并抗议，穆拉维约夫只好先命令他的炮手们在磋商期间停止任何武力展示。

他一上岸，就被人领着穿过城市的街道，代表团要穿过街上好奇的人群才能走到要塞前，昂邦‡，也就是地方长官，以及北京的特别

---

* 原属中国，传统名称"海参崴"。——译注
† 伊斯坦布尔的一个天然峡湾也以"金角湾"为名。——译注
‡ "昂邦"是满语的说法，汉语一般称为"驻扎大臣"，是清代驻扎于藩部地区军政长官的头衔。——译注

代表奕山将军就在那里等候。第一天大家都只是围坐在桌旁谈话。历史上第二次"中俄峰会"的菜单里有什么？担任穆拉维约夫副官的俄国军事工程师德米特里·罗曼诺夫讲述了这次历史性谈判的每一个细节。茶水、糕点，以及一些开胃小吃，接着是煮羊肉、烤乳猪，两道菜都切成了精细的小块，罗曼诺夫记录道，"要用中国人的方式，用两根棍子把食物送进嘴里"，这似乎非常困难，最后还有一道"用蓖麻油做的汤"[137]，在此之外，他们还开怀畅饮了大量米酒。人们谈天说地，说笑打趣，互相交换最新的消息，但"对我们的事务只字不提"——罗曼诺夫在自己的日记中坦言道。晚上七点，穆拉维约夫和他的随从酒足饭饱地返回了河的左岸。

直到第二天，他们才开始谈正事。总督回到右岸，花费足足五个小时展示了一张反映俄国领土诉求的边境地图。穆拉维约夫的主张是以下几点：将黑龙江左岸从源头到入海的土地都划归俄国；确认中国对黑龙江右岸直至与乌苏里江交汇处的主权，两国边界沿这条支流向南延长至朝鲜。因此，俄国不仅要求分享黑龙江，还要求获得夹在黑龙江与朝鲜半岛中间所谓"滨海省"的土地。这个谈判点是俄国主张的核心。此外，俄方还建议只允许中俄两国的船只在河上航行，给两国定居者一年时间迁移到属于各自国家的河岸，鼓励相互贸易。中国人震惊了：这与一百六十九年前他们让俄国人签订的《尼布楚条约》大相径庭。此举将使中国失去对河北岸的所有控制，更糟糕的是，它还将失去朝鲜以北的所有出海口。但当奕山刚要反驳的时候，穆拉维约夫就向他坦言自己感到非常疲惫，并提出将剩下的内容推迟到第二天再谈，这一回将由他们在黑龙江的左岸宴请中方。显然，总督不想给对方针对这些过分要求作出自发反应的机会。因此，这一天就以俄方举办的宴会结束，与会者畅饮香槟，席间还有小号合奏助兴，这让奕山欢喜不已，以至于"乐师们不得不多次重复演奏几首俄国民间舞曲"。[138]次日，当清廷的谈判代表登门时，穆拉维约夫推托身体不适没有露面。事实上，他的副官承认，总督就躲在与会议室相邻的小房间里。两名俄方代表奉命大声说出自己的想法和观点，以便他们的上级听见谈话内容并作思考，后者再派人向他们传信从而做出反应。

根据俄方参会者的描述，两个帝国在数千公里的边境上划分亚洲的谈判就在这种条件下展开了。中国人确实试图提出一些反对论据。例如，他们认为，虽然他们完全理解俄国人经水路打击共同敌人的正当目的，但他们不知道，如果与此同时，中国人北上西伯利亚打击"蛮族"叛军，俄国会作何反应。但谁也没有上当，双方的力量过于悬殊。最后清廷方面得到的唯一让步，就是对滨海省及其边界问题不作定论。"我们在这片海岸上有数座哨所，"他们指出，"而且这一地区离龙兴之地太近了，割让这里一定会被北京视为大逆不道之举。"[139]

协议于1858年5月16日达成并签署。这一次没有拉丁文和代笔的耶稣会士，条约的两个版本分别以俄文和满文写成。"[俄方]按照接到的命令，没有鸣炮庆祝。"史书中写道。但当穆拉维约夫回到现在正式属于俄国的河岸上时，对他的部下们喊道："同伴们！我祝贺你们！我们的努力没有白费，阿穆尔河属于俄国了！圣教会将为我们祈祷！俄国会感谢你们！皇帝亚历山大万岁！乌拉！"[140] 为了庆祝俄国和西伯利亚的这个历史性的日子，也为了感谢天意，尼古拉·穆拉维约夫在此刻正式宣告成立了一座俄国新城——布拉戈维申斯克*，即"报喜城"，它将会成为俄国远东地区的重镇之一。

待消息传开后，没有人会误解：这不仅是一条河流或一片巨大领土的事情，而是意味着俄国加入了太平洋强国的行列。俄国刚刚获得了崭新的前景，一个有着无限希望的新世界出现在它的面前。在当时最有影响力的杂志上，工程师和政论作者德米特里·罗曼诺夫——他

---

* 原属中国，传统名称"海兰泡"。——译注

也是那些兴奋的"阿穆尔齐"先驱者之一——在一系列铿锵有力的文章中，将穆拉维约夫的成就与沙皇彼得大帝相提并论。如果说大帝通过武力进入了波罗的海和黑海，从而使欧洲对俄国开放的话，那么穆拉维约夫则是刚刚以非常类似的行动打开了西伯利亚与外界沟通的通道，打通了前往太平洋的道路，从而使西伯利亚得到了解放。[141] "我们不能掩盖这样一个事实：在过去的三十年间，太平洋的重要性在每一个十年过后都只增不减，"伊尔库茨克的一份报纸在1858年写道，"对全人类具有重要历史意义的议题在这里被决定的时候就要到了。这个时代最强大的力量，具有全球影响力的大国，都已经登上这个崭新的历史舞台，每一方都在努力谋求自己在这里的位置。"[142]

当穆拉维约夫归来时，伊尔库茨克城在为他修建的凯旋门下迎接了它的英雄。全城彩旗招展，一整夜都灯火通明，中央广场上，人们用灯笼摆出了"阿穆尔河是我们的！"字样。在美国，人们对这一消息表示欢迎，这是对英国野心的打击，也是将太平洋发展为新贸易区的保障。"我们也应该庆祝这一事件，"《费城每日晚报》指出，"下半个世纪的历史一定会证明这一点。[……]西伯利亚毕竟是我们唯一开化的邻居。"[143] 而佩里·M. 柯林斯，这位很快就因自己在这一地区的野心于国内声名鹊起的美国大商人，在评价《瑷珲条约》在政治和贸易层面上导致的新地缘关系时，有过这样一个精辟的言论："从现在开始，美国不再是在俄国或欧洲的西边，而是经过阿穆尔河和加利福尼亚在它们的东边。"[144]

沙皇最著名的反对者之一亚历山大·赫尔岑在被迫流亡西欧时，也在自己的杂志《警钟》上发表了一篇题为"美洲与西伯利亚"的响亮社论用以庆祝这一时刻。他为这个通往光明新世界的突破口而欣喜，这是与对岸民主共和的美国遥相呼应的地方，他看到了两个新兴大国之间新关系的丰富可能："俄国和美国之间有一片巨大的咸海，却没有整个世界的陈旧偏见、刻板观念、招致妒心的长子继承制，也没有停滞的文明。[……]显然，现在轮到俄国和美国了。"[145]他补充说道。圣彼得堡自然将条约的签订视为对于近几年所受挫折的第一笔重要补偿。由于"以其明智行动使这一地区实现国民振兴"，"给西伯利亚提供了一条沿阿穆尔河的新贸易路线"，尼古拉·穆拉维约夫被册封为"阿穆尔伯爵"，他的名字也被谕旨改为"尼古拉·穆拉维约夫-阿穆尔斯基"，从此以后，这个名字将成为俄国对桀骜不驯的西伯利亚总督征服领土的永恒纪念。

帝俄在黑龙江沿岸和远东太平洋海岸最终落下脚来还要等到《瑷珲条约》签订的两年之后。中方在穆拉维约夫-阿穆尔斯基的逼迫下，犹犹豫豫、不情不愿地签下了条约，该条约剥夺了它在一个半世纪前好不容易赢来的权益。中国更担心的是，如果它第一次同意了割让这样辽阔的领土，就会看到俄国继续往自己的国土上扩张。下一次可能就是黑龙江和朝鲜之间的沿海地区——其地位还没有在中俄条约中被确定。中国人（合理地）担心，这样的模糊地位只是非常暂时的。中央帝国是如此羸弱，以至于比这更糟糕的事也有可能会发生：比如说失去满洲，或者俄国人对朝鲜边境产生兴趣。当时的确有几位俄国的专栏作者为穆拉维约夫-阿穆尔斯基的胜利所裹挟，纷纷促请沙皇将其胜利成果扩大至中国的长城，或扩大至作为京津门户的黄海。[146]总督自己也在书信中想象有一天能将势力范围扩张至满洲和蒙古，他给自己的同谋者科萨科夫写道："这两个地方应该从中国分离出来，成为两个受俄国庇护的公国。"[147]曾经有几个月，清廷希望通过与欧洲列强的军事对抗奇迹般地回光返照，于是做出了不履行条约的样子。但新的耻辱性战败瓦解了他们最后的抵抗。1860年10月，英法联军开入北京，对帝国陈列各式财宝、修建众多奇观的奢华夏宫*进行了为期三天的蹂躏、劫掠和焚烧。中国的首都遭占领，一名二十八岁的俄国年

---

　　*即圆明园。——译注

轻外交官尼古拉·伊格那提耶夫将利用这样的局势，扮演中间人的角色，为紫禁城的朝廷出面谈判，让外国占领者撤离。这次调停的代价很高昂：中国要盖章确认《瑷珲条约》，并割让乌苏里江以东至海洋的领土作为附赠，这块领土的归属之前没有确定。1860年11月14日，中国签订了《北京条约》，这份条约确认并补充了《瑷珲条约》，并将新的领土割让给俄罗斯帝国，使其成为后者的远东滨海省，符拉迪沃斯托克为该省省会。

穆拉维约夫-阿穆尔斯基正处于荣耀的顶峰。在西伯利亚的十三年操劳已经让这位总督筋疲力尽，他希望能从自己的成就中得到一些好处，并梦想获得更高的殊荣。在西伯利亚、堪察加和现在已经征服了的远东地区之间奔波了数万公里之后，他也渴望休息和轻松的生活。他的野心是把自己负责的广大区域划分为两个总督辖区，由他两个最亲密的合作伙伴科萨科夫和卡扎克维奇分别管理。他在私下恳求获得西伯利亚"副王"的新角色。这样，他就能对他的"王国"维持起码的控制。当他在1861年1月初离开伊尔库茨克到圣彼得堡的宫廷上为自己的请求辩护时，所有人都明白，总督再也不会回来了。城里的知识分子看到这位被他们视为地方专制者的人物离开，自然不会有任何不快。但民众却为这位他们看作西伯利亚英雄的人物预留了一个引人注目的告别仪式：在城门口的耶稣升天隐修院前，总督被市政官员用肩扛着在一群农民的头上手把手地传递。当车队终于启程前往俄国欧洲部分时，"所有人都脱帽致意。有人跟在马车后面奔跑，有人望着隐修院在胸口画十字，有人则望着远去的车队为他们祈福。"[148] 然而，这最后一趟旅程的结局却不如穆拉维约夫-阿穆尔斯基所愿。他被传唤到西伯利亚委员会为自己的行政改革建议辩护，但委员会里并不只有他的朋友，德高望重的老人们也不打算对他做任何让步。他们都反对对西伯利亚进行新的行政划分，也反对设置新的等级头衔，甚至反对对这位总是惹是生非的征服者过于忠诚的人成为他的继任者。穆拉维约夫-阿穆尔斯基认为这是对其尊严的践踏，他感到愤慨和厌恶，立即提出了辞职。沙皇接受了他的辞呈，亚历山大二世写道："我出于慈悲做出退让。"[149]落款的时间是1861年2月19日。沙皇在文中感谢了他的忠臣尼古拉·穆拉维约夫-阿穆尔斯基，给予了他帝国议会委员的荣誉职务，并允许他离开俄国去法国。仿佛是命运的讽刺一般，亚历山大二世在同一天草签了自己在位期间最重要的法案，即农奴制废除法案，而这个辞职的人从其职业生涯开始就一直在倡导废除农奴制度。穆拉维约夫-阿穆尔斯基伯爵自此就在其巴黎的沙龙里接见入侵黑龙江的老兵，共同缅怀他们过去的彪炳功绩。他在1881年11月死于坏疽，被葬在蒙马特公墓的里什蒙家族墓穴。*

---

　　* 远居他乡的总督去世后，俄国发动了全国范围的公众募捐，用于资助建造这位"阿穆尔河英雄"的纪念碑。1891年，穆拉维约夫-阿穆尔斯基的铜像被竖立在了河岸上。1925年，它被布尔什维克推倒送去了铸造厂，1992年，它又在哈巴罗夫斯克的原址上被重建。穆拉维约夫-阿穆尔斯基的骨灰则在1992年12月被从巴黎移葬至符拉迪沃斯托克。

第十五章
美洲的诱惑与西伯利亚的自治：
当西伯利亚挣脱束缚

　　符拉迪沃斯托克，这座刚在太平洋海岸上诞生的俄国新灯塔，与其说是现实，不如说是壮志。根据这座城市的名字，它是以"统治东方"为目的而建立的，但它最初能够提供给游客的景致只有几座木质浮桥、一座俄国教堂、一座中国寺庙和几间在一条泥泞干道上一字排开的简陋小屋，这条路从港口一直延伸到俯瞰着它的山丘上。路上的行人有中国人，有朝鲜人，也有俄国人，但在其他方面，这里的远东和在大洋彼岸与它对称的国度像得出奇。一小撮俄国军官、一群休假的水手、几个冒险者，还有数间经常以斗殴为夜场画上句号的酒馆。根据编年史作者的记载，当时士兵之间正流行一种在歌舞厅的昏暗后厅里开展的游戏：其中一人要大喊"老虎！"，其他人则要在黑暗中根据喊叫声传来的方向伏击他。[150] 就像在加利福尼亚一样，商业在这里蓬勃发展。随着时间的推移，越来越多的外国公司选择将"俄国的直布罗陀"作为他们在远东的首选停泊点，他们的商栈在码头一带如雨后春笋般出现。美国人、德意志人、斯堪的纳维亚人、英国人、中国人、日本人和朝鲜人都开设了自己的商铺和代理处。在来到这里定居的家族中，有一个瑞士商人家族伯连纳在未来成为这个城市里最有权势的家族之一，家族的一个孙子尤尔后来还在好莱坞大放异彩。如今似乎没有什么能阻止远东地区的"爆炸式"发展了。

符拉迪沃斯托克和加利福尼亚作为在太平洋两岸遥遥相望的新拓居地，它们之间的亲缘关系既是显而易见的，也是顺其自然的。二十年来，符拉迪沃斯托克的主要街道被命名为"美洲路"*。载着穆拉维约夫-阿穆尔斯基总督前来开城的那艘护卫舰被命名为"亚美利加"自然也不是一个巧合。

美洲令所有人魂牵梦绕，另外，还有人把总督称为"美国人穆拉维约夫"。在他任期的最后几年里，俄国在太平洋沿岸的新省份是政治和思想领域的兴奋点，它抓住了整个国家所有自由主义者的心。总督在俄国为大洋彼岸的美洲打开了一扇宽阔的窗户，自由主义和革命精神的新鲜空气可以通过这扇窗户畅通无阻地涌进。"如果自由的西风不被允许通过沙皇的［欧洲］海关，"穆拉维约夫经常往来的圈子里的一名年轻军官指出，"那么来自东方的气息将带来西伯利亚所需要的一切。而它所经由的渠道将是阿穆尔河和与美洲的贸易。"[151] 美洲模式令当时的好奇者和进步人士着迷。在法国的帮助下，新生的美国战胜了它的宗主国英国，自此以后，它的发展就无比繁荣。美国的船舶航行在所有海域，他们在中国乃至日本的贸易可与所有老牌欧洲强国相匹敌，因为他们成功地用海军强行打开了日本的门户。美国是民主、联邦主义、宪政和法治等新价值的庇护所。美国也是开拓者疯狂的梦想，其最新的体现是涌向加利福尼亚和西海岸的淘金热。对于俄国的革命家和改革家而言，美国对西部的征服与俄国对远东的征服在历史和地理上是如此惊人地相似。两国以同样的步子越过了广袤的处女地，来到了太平洋的岸边，在途中，他们驱除了"野蛮人"的"蒙昧"和无知，使欧洲的"文明"取得了胜利。既然如此，它们不应有着同样的命运吗？

---

* 今天被称为"斯韦特兰斯卡亚"，俗称"斯韦特兰卡"。

东西伯利亚和阿穆尔河是新的边疆，俄国的反对派迫切需要这块梦与乌托邦的天地。在远方的这里，旧秩序、农奴制、高压统治和陈规陋习都已被冲破。在远方的这里，似乎一切皆有可能。太平洋将这里与俄国欧洲部分象征的旧世界割裂开来，而美国则代表了继承大英殖民帝国极其傲慢态度的新一代国家。在大洋彼岸，俄国的改革支持者们感受到了海那边的召唤，那是美国价值观的召唤，他们认为这是先驱者在号召他们效仿这种价值观，它在某种意义上也构成了新人类的轮廓。[152] 亚历山大·赫尔岑在日内瓦将西伯利亚比作一个"特殊的美洲"，并在与意大利革命家朱塞佩·马志尼的通信中，把从乌拉尔地区移居来的定居者比作来到威斯康星处女地定居的农民。"西伯利亚的体验似乎直接出自菲尼莫尔·库珀[*]的小说。"[153] 他评价说，并称此次征服是"西伯利亚的奇迹"。与他同时代的无政府主义克鲁泡特金亲王则喜欢把阿穆尔河称为"西伯利亚的密西西比河"，穆拉维约夫甚至喜欢把尼古拉夫斯克或符拉迪沃斯托克的新锚地比作俄罗斯的圣弗朗西斯科。

安乐和自由的气氛与这个地区深深地联系在一起，以至于近三十年后，穿越该地的俄国旅行者中最著名的一位——作家安东·契诃夫——的见闻也颇为生动地反映了这一点。"阿穆尔河是一个非常有趣的地区，"他在大河上旅行时，在给妹妹玛丽亚的信中写道，"这里特别得不行。这让我想到了那些对美国生活的记述。[……]居民不守斋戒；即使在圣周也吃肉；年轻姑娘抽香烟，老妇人抽烟斗；这就是习俗。看到农妇叼着烟感觉很奇怪。多么自由主义呀！啊，多么自由主义！[……]在这里，人们不怕高声说话。谁能逮捕你？还能把你流放到哪里？人们可以随心所欲地'摆出自由主义者的做派'。人是独立的，他们有自己的逻辑。人们不知道举报为何物。"[154] 第二天，

---

[*] 菲尼莫尔·库珀是19世纪美国浪漫主义作家，他的作品多以美洲开拓为主题。——译注

契诃夫在写给戏剧评论家及他的编辑阿列克谢·苏沃林的信中继续了他的热情描述:"我爱上了阿穆尔河,我愿意在那里住上一两年。美丽、宽阔、自由、温和。瑞士和法国也没有过这样的自由。在阿穆尔河,最差的流放者也比在俄国最好的将军呼吸得自由。"[155] 至于生活在远东的西伯利亚人:"如果我们认真听了这些人说话,就会对自己说:'主啊!他们的生活与俄国的生活差距是那么大!'当我在阿穆尔河上航行时,我感觉像是在巴塔哥尼亚*或得克萨斯的某个地方,而不是在俄国。我觉得他们的生活方式与我们差距甚大,他们无法理解普希金和果戈理,他们会对我们的历史感到厌烦,我们这些刚从俄国来的人对他们而言才是外国人。[……]如果您想看到一个阿穆尔河地区的居民烦得要死或者哈欠连天,就和他谈谈政治、俄国政府和俄国艺术。他们的道德准则与我们的毫无关系。"[156]

这股对知识分子、沙皇政权的批判者和反对者而言如此珍贵的自由气息,是从大洋彼岸吹来的。在他们眼里,美国与其说是一个外国势力,不如说是一个可以效仿的榜样,是一个解决方案的化身,是他们与沙皇政权常常看不见尽头的漫长斗争的出路。用英国历史学家马克·巴辛的话说,"美国[在他们心目中]并不是一个国家,而是这个国家解放自己、走向独立的过程"。[157] 这股吸引力是如此之大,以至于它引发了一些疯狂的幻想。效仿的想法在穆拉维约夫的大本营伊尔库茨克,乃至他最直接的周遭才最为强烈。自从总督夫妇频繁同被流放者往来,甚至将他们中的一些人任命为当地报纸杂志的负责人后,这种自由的派头和精神已经蔓延到总督手下的一些军官和副手身上。"阿穆尔河是逃避沙皇统治之束缚的一种手段。"[158] 他们中的一人写信对其留在圣彼得堡的一位朋友这样说道。总之,俄国的西伯利亚和远东地区,将是一个摆脱了帝国重负的真正的俄罗斯。人们也在考

---

　　*阿根廷的一个地区。——译注

虑能否从美洲找来愿意移居到远东新土地上的定居者，比如最近移民来的捷克人，以便将斯拉夫人的天性、对西伯利亚的征服与关于美洲的理想结合起来。但他们最大胆的计划是建立一个西伯利亚合众国。从此放手，让欧洲的俄国自生自灭，相信太平洋流域的未来，走从前的英国美洲殖民地的道路！这个问题在革命界，尤其是被软禁在东西伯利亚的政治流放犯中引起了激烈的讨论。米哈伊尔·巴枯宁甚至对这个新西伯利亚与独立美国合并持赞成态度。他在与赫尔岑的往来书信中指出，多亏了阿穆尔河打开了通往大洋的通道，"与美国的联合突然从以往的空谈变成了现实"。彼得·克鲁泡特金亲王在回忆录中提到穆拉维约夫和无政府主义者巴枯宁在伊尔库茨克的总督办公室里举行的讨论，他的一些亲友也在现场。据说，他们讨论了"建立西伯利亚合众国，并与北美同行结成联邦同盟"的方案。[159] 但无论是巴枯宁自己的著作，还是穆拉维约夫-阿穆尔斯基追随者的回忆录，都没有包含任何可以佐证这种设想存在的内容，况且它也与总督的爱国热情不相符。或许这个传言是由于总督顽固地争取更多的自主权而引发的。它也可能来源于穆拉维约夫的保守派政敌，巴枯宁在穆拉维约夫辞职前两个月给他的朋友赫尔岑的信中解释说："在圣彼得堡，人们非常担心穆拉维约夫会宣布西伯利亚独立。"而巴枯宁接着说道："另外，这种在今天虽不可能，但在不久的将来或许是必要的独立，会是一件坏事吗？"[160]

美国的吸引力不仅是哲学或政治上的。符拉迪沃斯托克和尼古拉耶夫斯克两个港口作为海河运输的中转站，所承接的跨太平洋贸易也在快速增长。俄国地理学会的《信使报》中写道："商店里摆满了最好的日本或中国家具，来自马尼拉或哈瓦那的昂贵雪茄，还有甜点、水果、牡蛎、螃蟹、菠萝、葡萄、朗姆酒……"所有这些都是由美国的帆船或蒸汽船运来的，它们得益于穆拉维约夫为促进城市发展而颁布的免税政策。当初人们那么担心美国人和英国人闯入阿穆尔河河口将它夺取，现在他们却已经可以在这里自由经商了。德意志人也来了，并且是大批前来。1857年，以开发阿穆尔河上的内河交通为目标的俄美合资公司阿穆尔河公司在圣彼得堡成立。它的股票在不到一天的时间里就已经开售，公司立即向美国的船厂订购了17艘能与在密西西比河上穿梭的船只相媲美的蒸汽船。在更北边的地方，来自新英格兰或加利福尼亚的渔船队在白令海上成倍增多，来这里捕猎鲸鱼。盎格鲁-撒克逊渔民在楚科奇地区人数众多，以至于土著逐渐用英语取代了俄语的使用，这让沙皇的官员感到担心。美国的威胁正在变得日渐紧迫。

有一个人将会成为西伯利亚和美国新拓居地之间初生牧歌的完美代表，他就是佩里·麦克多诺·柯林斯，一个纽约开拓者家庭出身的律师。他在1849年被加利福尼亚淘金热冲昏了头脑，在一个距圣弗朗西斯科两百公里的地方定居了下来。柯林斯成了加利福尼亚的律师，并开始进行一些商业活动，在此期间他结识了俄美公司的代表们。在克里米亚战争期间，他利用自己的关系，成为阿拉斯加俄国殖民地的官方供应商，这些殖民地被战争和太平洋上的联军舰队切断了与本土的联系。柯林斯出口肉类、手工制品和威士忌，作为交换，他获得了木材、鱼、煤，以及一种很快会在加利福尼亚市场上取得丰厚收益的产品——从阿拉斯加的湖泊和河流中切割出来的冰块，他把冰块供应给在圣弗朗西斯科兴起的酒吧和沙龙，以满足淘金者的需求。但这位律师并没有丢失他的冒险欲，他仍然梦想去探索，梦想着黄金国，梦想着财富。当佩里·麦克多诺·柯林斯与从太平洋捕鱼归来的捕鲸者进行交易时，他发现自己开始幻想对方向他描述的那些神奇地界。他们告诉他，在那边，在大洋的另一边，隐藏着尚未开发的富饶土地，一条巨大的河流从那里流过，俄国人才刚刚在那里登陆。这是一片可以大展身手的新天地，柯林斯感觉自己像一个征服计划的实施者、一个现代的哥伦布，他一头扎进旅行者们描述自己在阿穆尔河上旅程的记述中，也扎进了从希罗多德的著作到马可·波罗游记或成吉思汗传记的各大经典之作。"企业家们难道不会蜂拥到这个亚洲贸易的新总部吗？"他在当地的旅行者俱乐部向听众们呼喊道，"他们将会用我们的船只铺满整个北太平洋，并在南印度及其岛屿沿岸开展竞争。那么，让我们把握住这项贸易，不要重蹈威尼斯的覆辙，因为威尼斯对马可·波罗的记述反应迟缓，漠不关心。"[161]柯林斯在阅读了几份流传到他手上的旅行记录之后（它们大多出自英国人之手），便确信西伯利亚和俄国远东是美国未来的一部分。愿美国跨过大洋，这样通往他心目中国际贸易的应许之地，即西伯利亚的道路就将在美国面前展开。"当1855年俄国人夺取阿穆尔河的消息传到我们这里时，"他后来在自己的第一部著作中写道，"我的脑海中已经确定了这样的想法：阿穆尔河是命运的通道，美国的商业企业将通过它渗透到北亚的晦暗深处，并为大宗贸易和文明开辟一个新的世界。"[162]

他的首要目的是核实阿穆尔河全线的可通航性，在这一点上，旅行者的见闻之间存在分歧。他指出："一旦在这一点上得出确定的结论，那么剩下的一切都是水到渠成。"[163]为了确保成功，他前往了华盛顿，受到了总统和国务卿的接见，他想亲自向他们介绍自己的计划与结论。爱德华·德·斯多克尔男爵也在那里接待了他，这是一个奥地利移民的儿子，他现在是沙皇派往新生强国美国的大使。来访者的政治-贸易理论基于以下几条信念：第一，中国的发展和欧化是世界繁荣的关键；第二，一旦欧洲人在中国扎根后，就必须推动他们为中国的现代化提供资金；第三，千万不能放过随后必将出现的区域和国际贸易的爆炸性增长，美国人和俄国人只要提前做好准备，就能在这个阶段占据地利。柯林斯本人的演讲原文并没有流传下来，但它想必是很有说服力的，因为1856年3月24日，这位加利福尼亚的律师和企业家被任命为"美国阿穆尔河贸易代表"，这个头衔并没有什么分量，但按照在华盛顿接见他的人的说法，这个头衔应该能够让他在俄国叩开一些必要的大门。

确实，柯林斯已经打定主意要亲眼去发现他在书中所读到的东西。在接到总统委任状的两个月后，他就已经抵达了圣彼得堡，他在那里出入沙龙，进一步完善自己的假设。8月，他踏入了一位关键人物的宅邸，这个人物或许是唯一一位能够决定其事业成败的人，他便是尼古拉·穆拉维约夫，当时的他还没有被冠以阿穆尔伯爵的头衔，但在其破烂舰队两次浩浩荡荡地顺流而下之后，他亲自来到了都城，为自己的事业辩护。

这二人简直是一见钟情。为什么不呢？爱惹事的总督面对的是一位爱冒险的名流。两个人都被围绕着同一片区域的无尽野心所驱使。前者是征服了这片新领域的军政人员，后者是试图开发这些新空间的倡导者。他们的相遇是两个完美体现了各自国家正在崛起的一代人的相遇，而他们的年龄只相差四岁。对东部的征服遇上了对西部的征服。西伯利亚和美国因相互共情而团结在了一起。他们彼此都像是在照着一面满怀激情的镜子。我们可以想象他们铺开地图，计算距离，在圣彼得堡的办公室里构想远在千里之外的计划，却没有半点泄气。穆拉维约夫还没有对黑龙江及其流域拥有任何主权，但柯林斯设想的由俄美公司承担定期商业航运的想法完全符合他的设想。事情已经谈妥。当时都城才是夏末，道路的状况太差，不能冒险启程，但当佩里·麦克多诺·柯林斯和其同伴佩顿身穿羊皮大衣，爬上有暖和的毛皮覆盖、即将载着他们进入冰天雪地的雪橇时，他们已经赢得了东西伯利亚总督和沙皇本人的全力支持，穆拉维约夫已经帮助他们向后者求了情。

每到一处，旅客们都会受到热情款待。穆拉维约夫赶在他们前面回到了伊尔库茨克，他在那里为他们举行了一次豪华的招待会，若干年前，年轻的总督正是在同样的地方在一群惊讶的名流面前走马上任的。穆拉维约夫举杯敬俄国和美国，"敬这个历史性时刻，敬［把两国联合在一起的］高明、敏锐又颇具远见的政策"。柯林斯必须即兴发挥，他用英语回答说自己首先对"有这么多无与伦比的财富长期沉睡［在西伯利亚］，却不为广泛的世界所知"感到惊讶，并预言"俄国从阿尔泰［原文如此］的高山上走下，来到东方大洋的海岸上，美国从和内华达山脉的高地上走下，来到大洋的对岸，两国将越过这片强大的海洋与对方握手，从而确立它们之间的贸易关系。"[164]

根据一向细心的柯林斯的记录，1857年6月4日星期四，上午十点，这位追寻者终于看到阿穆尔河在自己的脚边流淌。凝视着自己朝思暮想的地方，爱冒险的律师再次用夸张的语气说道："我不会成为第一个发现这条河流的人，也不会像德·索托在密西西比河岸上那样，成为第一个凝视这条河流的白人，但我会成为现世第一个看到这条河流的美国佬，我必须承认，我为美国人民感到些许骄傲，因为两年以来，我凭着坚韧不拔的毅力支撑着自己始终往前走，一刻也不曾回头，也因为我一直满怀着信心、希望和信仰——这是因为我努力过了——期盼着我站在阿穆尔河源头的那一天。"[165]

在穆拉维约夫-阿穆尔斯基手下代表的帮助下，柯林斯在大河上来回穿梭，致力于实现自己将商业航线开辟至西伯利亚中心的想法，但他仍然在伺机操办其他项目。没有什么能够阻止他，没有什么能够吓住他，除非有一个比他更为大胆的竞争对手出现。柯林斯在与总督府为开发新设立的远东省而招募的高级干部之一，总工程师德米特里·罗曼诺夫会面后，首先对他设想的一个计划产生了兴趣：在这片尚属处女地的土地上修建一条铁路，将太平洋与黑龙江下游直接连接起来，从而避开河口及附近的沙洲陷阱。照例，这位美国人立刻看到了更大的可能：如果把黑龙江和贝加尔河也连接起来呢？柯林斯给他的伙伴穆拉维约夫写道："这条线路必须修至伊尔库茨克，这样西伯利亚的所有大宗贸易和企业都将以此为中心向外扩散，使伊尔库茨克成为一个大都市——它也有这个资格——并成为东西伯利亚乃至北亚的中心和首都。"[166]尽管总督动员自己在圣彼得堡的关系积极促成这个项目，但它始终未得实施。该项目在提交给西伯利亚委员会后遭到了坚决的反对。1857年4月22日，一场秘密会议就此问题召开，会议记录上写道，这样的大工程可能会激怒中国邻居。最重要的是，它将"使东西伯利亚不再像迄今为止那样依赖于本土，而是依赖于外国人，特别是北美人"。[167]这是一个再明确不过的"不"。作出这一决定的原因必须严格保密，穆拉维约夫须"以最礼貌恭谦的语言［向柯林斯］解释，内阁认为他的计划尚不成熟"。[168]过于仓促、过于昂贵、过于冒险——罗曼诺夫和柯林斯的计划成为西伯利亚铁路之伟业的前身，然而两人当时还无法想象这一点。

罢了罢了，但工程师德米特里·罗曼诺夫还为前来拜访的柯林斯保留了其他疯狂的点子。这些点子中的一个将发展成一段令人难以置信的冒险。洲际电报连线！一条能让西伯利亚与美国沟通的电报线。罗曼诺夫已经在首都的几家刊物上宣扬了这一想法。欧美国家的电报电缆网正在蓬勃发展。塞缪尔·摩尔斯的专利问世才不过二十年左右，但它已经给贸易造成了革命性的影响，也即将为军事战术——尤其是在即将爆发的南北战争期间——带来翻天覆地的变化。在俄国，欧洲大陆的电报线才刚刚越过乌拉尔山脉这个象征性的边界。西伯利亚乃至其首府仍然只能靠信使骑马建立沟通。在新殖民的阿穆尔河地区，罗曼诺夫工程师已经架起了首条电报线，从而让第一批新生城镇得以相互沟通。但他的"俄美国际电报"项目却提供了新的思路。因为德米特里·罗曼诺夫提出的建议是，为了使这个网络更加完善，要将俄国与西伯利亚相连通，同时还要连通西伯利亚与美国。这无疑是在痴人说梦！因为现有的技术无法做到跨越太平洋这样广阔的水域。若要抵达对岸，必须从加利福尼亚北上，经不列颠哥伦比亚到达阿拉斯加，穿越白令海峡，再沿着西伯利亚基本未经探索的蜿蜒海岸南下至阿穆尔河河口。而这正是柯林斯会感兴趣的项目。

来自加利福尼亚的律师正是这种新技术的狂热爱好者。"我们岂不是可以宣称我们发现了往圣先贤们热切追求之物，并相信电是精神的散发物或万物灵魂的本质？"[169] 他在他的潜在赞助人面前卖力招呼。他知道，在美国，两大巨头西联公司与美洲电报公司正分庭抗礼。西联公司控制了美国西部的整个电报网络，而其竞争对手则主宰了东海岸，它正试图铺设跨越大西洋的海底电缆，抵达19世纪中叶的世界中心——大都市伦敦，却始终无功而返。两家美国通讯业领军企业之间的竞争是柯林斯眼中世界观的一个缩影：新英格兰还在紧紧抓住旧欧洲，而美国西部却看到了与西伯利亚、中国和整个亚洲发展新联系的前途。这位新加利福尼亚人对哪一家巨头更为青睐自然无须多说。既然各种因素都不支持长距离跨越洋底的一切尝试，那我们不妨利用这一点：就让我们将纽约和伦敦连接起来，但我们要走的路线是加利福尼亚、白令海峡、西伯利亚，然后再是俄国的欧洲部分！永不满足的柯林斯甚至梦想着把这个网络从美国拉到拉丁美洲。这样一来，整个世界都将通过一个集贸易、技术和地缘政治为一体的网络相互联通，而这个网络的中心恰恰位于美国，这符合佩里·麦克多诺·柯林斯始终看重的愿景。

尽管这项事业十分超出常规，但柯林斯在与西联公司接触之后，还是成功勾起了后者的兴趣。柯林斯作为项目的发起人得到了电码发明者塞缪尔·摩尔斯本人的意见，后者对项目持鼓励态度，他认为从极地地区经过不会对传输造成影响，据他所说，寒冷是更好的导体。为了说服西联公司，柯林斯提出了一个惊世骇俗的商业计划：投资一千万美元，经营一年即可收回成本。每封电报收费二十五美元，每天至少会有一千封电报通过线路发出。如果项目进展顺利，这就是一座金矿。这个美国人无疑是一名了不起的诉讼律师，他同样获得了英国当局的垂青，得到了从他们的新殖民地不列颠哥伦比亚经过的权利。他保证自己的俄国朋友将在这个巨大的建筑工地上尽自己的一份力量，他们将自费修建5600公里的路段，从而将西伯利亚和阿穆尔河地区连接到俄国欧洲部分现有的线路上。在美国正深陷于内战的时候，他依旧设法赢得了国会的支持，为自己的线路争取到了通行权，并在跨越白令海峡时获得了美国海军的帮助。在内战正酣时，林肯总统向他保证会给予他全力支持，并发出了这样的电文："这项旨在建立横跨亚洲大陆及其属地的电报线路，从而将我们和整个欧洲用新的通讯方式联系起来的伟大事业，会为美国和俄国皇帝之间完美无瑕的和睦关系带来一个新的支撑点。"[170]

1863年5月，柯林斯在俄国当局程门立雪，说服了康斯坦丁大公和外交大臣戈尔恰科夫，甚至得到了与沙皇面谈的机会，最后获得了为期三十三年的特许权，这让他得以修建并经营一条从阿穆尔河畔尼古拉耶夫斯克经白令海峡到俄属阿拉斯加南部边境的电报线路。俄国人还承诺，他们将负责把尼古拉耶夫斯克与现有线路连接起来。为了赢得俄国方面的支持，柯林斯充分利用了当时圣彼得堡和华盛顿之间十分友好的气氛。俄国是南北战争期间唯一一个为联邦一方出力的大国，它甚至还向林肯的北方军派遣了一些海上增援。至于美国人，他们则在克里米亚战争期间，在英国和法国威胁到俄国的太平洋属地时，证明了自己是忠诚的盟友。两国政府没有忘记这一切，这两个大国之间的友好关系是如此坦诚与发自肺腑，以至于美国国务卿威廉·西华德给他在圣彼得堡的使馆作出了如下指示："关于俄国，事情十分简单。我们在任何情况下都是它的朋友，而且它要优先于任何其他欧洲大国，因为它对我们只有善意，并会让我们以自己的最佳理解来处理我们的事务。"[171]

1865年3月，俄国人、柯林斯和西联公司在圣彼得堡签订了最终合同。西联公司旗下的俄美电报公司由此诞生，柯林斯获得了公司

10％的股份外加10万美元现金。俄国人比预想的更难说服，他们并不乐于看到西联公司将世界通信把持在自己手中。为了打点好关系，俄国驻华盛顿大使斯多克尔男爵获得了新公司的100股，他在圣彼得堡的美国同僚还奉命将另外1000股分发给那些对项目至关重要的俄国大人物。

最难的部分还在后面：人们要每隔50米就竖一个高7米，直径15到20厘米的木杆。这还是在全世界最偏远、最不为人知的地区，要跨越每年冰封数月的海峡、未经勘探的山脉和数千公里的沼泽苔原，全程超过8000公里。为了完成这项艰巨的任务，西联公司征集了众多志愿者对太平洋的东西海岸进行勘察。所有骨干都来自军队的电报员队伍，他们在对北军的胜利发挥了决定性作用之后突遭遣散。几支探险队分别被派往不列颠哥伦比亚、阿拉斯加的育空河沿岸、鄂霍次克海沿岸和正对着白令海峡的楚科奇半岛。八艘船舶（其中有两艘是俄国租来的）承担了侦察海岸、为各探险队提供补给以及铺设海底电缆的任务。为了将大电报网从一个大陆拉到另一个大陆，一支真正的军队正在展开行动。美国刚刚从四年内战的浩劫中走出来，圣弗朗西斯科的码头上挤满了寻求冒险的年轻人，他们没能在淘金的热潮中发家致富，现在他们又将目光转向了难以涉足的北方土地。正如年轻的乔治·亚当斯和许多其他军队电报员出身的人所证明的那样，他们能拿到的薪水十分微薄，而且招募的方式也十分严苛："为了把我打发走，他们把我派到了肯尼科特少校那里。他明确地告诉我说，他的十二人小队已经满员了，他不会再雇用任何人。为了打消我的念头，他对我说，他的部下必须能够无怨无悔地忍受任何痛苦和折磨，他还讲了一个他听说的故事：有一个人为了表现自己的意志力，不惜用雪茄烫伤自己的手臂。我当时正抽着一根烟，等他讲完之后，我就卷起衬衫的袖子，把燃烧的烟头贴到了皮肤上，肉被烫得吱吱作响，我倒吸了一口气。'我的上帝啊，孩子！'少校从椅子上跳起来，把香烟从我的手臂上拉开，'你可能会烧坏动脉的。'但他被我疯狂的即兴行为打动了。'很好，亚当斯，'他说，'像你这样的疯子，才是能够在我正筹备的旅行中脱离险境的人。如果有空位出现，你就能得到它。'"[172]空位确实出现了。亚当斯顶替了一个之前被选中的队员。

新入队的亚当斯是俄美电报公司准备派往北太平洋周围的其余几十名冒险者的一个写照。这份名单上还有英国艺术家弗雷德里克·温珀，他是一位经验丰富的旅行家，也是马特洪峰命途多舛的征服者爱德华·温珀的兄弟；以及查尔斯·斯卡蒙船长，他是一名老兵，他因在克里米亚战争中营救了一艘俄方失事舰艇而受到俄国人的青睐；还有谢尔盖·阿巴扎，他是一名出身高贵的俄国年轻人，在美国接受了教育，他决心为他的祖国在远东的发展贡献自己的力量。还有一个男人，他在西伯利亚史诗中的分量甚至要大于企业家柯林斯，我们可以从现在开始就将他的名字记住。他叫乔治·凯南，那时刚满二十岁，他来自俄亥俄州的一个极度虔诚新教家庭。他的父亲是一名科学爱好者和天生的修补匠，从他那里，乔治继承来了对电报机的兴趣。据说，小凯南六岁时就发出了他的第一份电报。南北战争爆发后，他不得不和许多人一样放弃了学业，然后加入了联邦军的电报部队。但他接到的任务都十分枯燥繁琐，当他得知一个国际电报项目的合同刚刚被签订时，他赶紧前去应征。一份简洁的答复理所当然地通过电报发给了他："你能在两个星期内做好前往阿拉斯加的准备吗？"电报中问道。凯南立刻敲击键盘："我可以在两个小时内做好准备。"[173]

西联公司及其合伙人佩里·麦克多诺·柯林斯没有时间可以浪费。合同签订后仅三个月，即1865年6月，探险队的前两艘汽船"金门号"和"怀特号"驶离圣弗朗西斯科湾，分别前往白令海峡和堪察加半岛。剩下的船只也会紧跟他们，在加拿大和西伯利亚沿海一带布下探险者小队。9月，人们在不列颠哥伦比亚的新威斯敏斯特*竖下了这条线路的第一根杆子。从这里到俄国人承诺的汇合点——阿穆尔河畔尼古拉耶夫斯克——还要铺设8000多公里的电缆。而在没有经过勘察也没有可靠地图的情况下，人们打算尽可能沿着几条大河前进，其中包括贯穿俄国阿拉斯加中部、难以驾驭的育空河，以及神秘的阿纳德尔河——两百年前哥萨克杰日尼奥夫和其探险队的幸存者就曾溯它而上。

招募人员并没有说谎：这个吸引了西联公司领导人的诱人商业计划，很快便演变成一场不可思议的艰难历险。冬天来临，条件随即变得极为艰苦：一旦在急流中完成了风险极大的顺流航行，或是将辎重搬运到下游后，探险队就必须适应冰雪的世界。无论是在加拿大的极北地区还是在西伯利亚，一边立杆子一边在冰雪中前进的各支队伍纷纷看到温度计上的气温骤降到了摄氏零下40至50度。人们必须学会穿着同样几张毛皮生活、工作和睡觉。他们必须适应非常快速地吃饭喝水，以免食物被冻上，或是让碗粘在嘴唇或手指上。水烧开之后若是放在离炉子30厘米的地方，只要四分钟就会上冻。探险队的日常伙食是干肉饼，这是一种将干肉、脂肪和浆果研碎之后混合在一起的食物，是从印第安人的饮食中借鉴来的高热量菜品，探索西伯利亚的先驱们也很爱吃。

勘察工作持续了几个月。人们试图前往由捕猎者或军事小队建立的要塞，但往往在数周的艰苦跋涉之后，才发现这些避难所已经荒废了。电报员们在圣詹姆斯要塞、康诺利要塞和斯泰格要塞附近深入森林，遇到了印第安人，他们向印第安人购买了必需物资，还租来了"toboggan"——这种两米长的雪橇要由四条狗拉着前进，移动起来速度特别快。1866年4月初，由富兰克林·波普率领的小队发现了舒阿

---

* 在今天的大温哥华地区。

哥塔酋长的部落，酋长向来访的客人表示了欢迎，并坦言自己很高兴终于见到了这些他经常听说的白人。

与此同时，在更北的地方，西联公司武装队伍的部分人马正急于为他们的船舶确定铺设海底电报电缆的理想路线。为了建立史上第一条地跨两个大陆的常设联络线，水中节段的长度必须被控制在最短，但最重要的是要在线路的入水和出水处找到最佳锚点，这样水平面倾斜度既不会太陡峭，也不会太不稳固。经过数周的研究和勘测，人们最终确定了一条分成两段的路线：第一段长达285公里，是要以克拉伦斯港（阿拉斯加）为起点穿越白令海峡，在亚洲大陆凸起处上岸之后，电缆要再次入水，开启335公里的第二段线路，这一段需要向南跨越阿纳德尔湾。对负责此次任务的队伍而言，最困难的不是预想中的技术难关。危险来自别处。危险来自海上：他们在停靠的第一个港口得到警告，南军的“雪兰多号”战舰还在战争状态中，它刚刚击沉了自己击沉的第二十九艘北方捕鲸船；危险也来自寒冷：1866年9月，在阿纳德尔湾作业的“金门号”一夜之间遭到冰封。“韦德号”为了将它从困境中解脱出来，最后也被困在了沿岸形成的浮冰上。两艘船的船员只来得及转移货物、食物、电缆和各类杂物，“金门号”的船体就被涌来的浮冰挤裂。船员们只能在这里过冬。匆匆搬下船的木杆被用来搭建一个避难所，以应对这个为期十个月的冬天，在此期间，本按一艘船的量来计划的食物储备将不得不严格配给。军需官制定了每天的菜单明细表。“很快，”一名落难的船员回忆说，“一周里的每天便不再以星期几来称呼，而是用当天的特供食品来称呼。于是我们就有了豆子日、白面包日和糖日等等。”[174]雪上加霜的是，被浮冰困住的电报员们还被一群楚科奇人包围了，这些楚科奇人疑神疑鬼，有时还具有攻击性，表现得十分不依不饶。该如何向这些极地猎手解释，我们来到他们暴风雪呼啸、寸草不生的贫瘠土地上，只为了每隔50米种下一棵修剪过的树干，再用线把它们连起来？“毕竟，”

西联公司的落难者被这样质问道，"如果你们真的来得问心无愧，那为什么没把你们的妻子和孩子也一起带来？"[175]

对于大部分大电报线的建设者而言，苔原地带的这些年都充斥着接连不断的考验。夏天要在铺天盖地的蚊群中度过，按照一名探险队成员的说法，它密得"像是空气中的一缕烟"。夜晚要警戒在营地周围徘徊的狼群。与熊也会不期而遇。数周的饥饿和困乏，等待着每个人的力竭命运。对酒醉时而近乎绝望的渴望使得阿拉斯加分队的某些成员不惜抢夺队伍里史密森尼学会*的动物学家浸泡有动物样本的酒精罐。"诱惑太强烈了，他们开始狂饮瓶中的液体。他们在确实感到解渴之后，又觉得腹中空空，心想浪费了罐里剩下的东西实在可惜，就开始大口吞食本是为了非常不同的目的而捕捉的蜥蜴、蛇和其他鱼类。"[176]有些人甚至在绝望中崩溃。西伯利亚分队中一个经验丰富的侦察员，因为除了土著向导和他们的狗之外没有任何其他同伴而郁郁寡欢，在针叶林里突然结束了自己的生命。在育空河地区也是如此，有一天早上，一个分队的队长被人发现死在离营地不远的地方，他生前服用了番木鳖碱，并准确地冲着北方躺下，就像他身边放在沙地上的罗盘一样。

尽管条件如此艰险，工程进展的速度依然像发起人和投资者所期望的那样迅速。1865年10月，北上不列颠哥伦比亚的队伍的电报机突然哔哔哔地收到了第一封电报。电报中证实南方的李将军在几个月前放下了武器，席卷美国四年的可怕内战终于结束了。一个月后，不列颠哥伦比亚分队宣布，他们已经完成了前500公里的段程，修建了避难所十五处、桥梁若干和公路一条，并将9246根木杆打进了地里。1866年8月，白令海峡亚洲一侧的第一根杆子被立了起来。线路的建设者和土著应邀聚集在一起，向从此飘扬在亚洲的公司旗帜庄严敬

---

* 史密森尼学会于1846年成立于美国首都华盛顿，是美国一系列博物馆和研究机构的集合组织，地位大致相当于其他国家的国家博物馆系统。——译注

礼。电报线已经在不列颠哥伦比亚的育空河地区和沿海地区架设了几百公里。对西联公司和柯林斯来说，一切似乎都在按计划进行。然而最严峻的考验还在后面。

1867年6月，年轻的亚当斯（就是用香烟烫伤自己才得到工作的那一位，他之后加入了负责育空河地区的探险分队）或许是最早听到消息的人之一。是他偶遇的圣迈克尔要塞商店老板告诉了他这个消息：工程被放弃了，大电报线的开拓者们都要被召回，西联公司放弃了它的艰巨工程。据说，放弃的原因是它的竞争者成功地在大西洋底铺设了海底电缆。起初亚当斯的同伴们都很不相信，经过这么大的努力，育空河地区的建设者们很难相信西联公司会如此轻易地放弃。几周以后，公司正式发信确认了这一消息，并派出一艘护卫舰敦促队员们尽快收拾行李。7月底，负责阿拉斯加海岸的队伍也得到了消息。他们同样难以相信发生在自己身上的事情："这对我们而言是个奇怪的消息，"一名电报员在探险队的杂志《爱斯基摩人》上评论道，"因为我们都在期待着洲际电报的胜利建成。这番半途而废原因成谜。"[177]

幻灭感在西伯利亚来得更加强烈，乔治·凯南自两年前就在那里效力。消息也是出于海事的偶然才流传到了那里。一艘美国捕鲸船的船长随着夏季浮冰的融化而到来此地，当他听到凯南介绍自己是电报线探险队的成员时，他表现得非常惊讶。电报线？难道您不知道这件事已经有结论了吗？船长从船上取来一份《圣弗朗西斯科报》，上面报道了西联公司冒险的结局。凯南刚刚完成一场横跨东西伯利亚的大胆雪橇之旅，他同样是第一批探索和勘测鄂霍次克海数千公里海岸线的人之一，他对此感到十分恶心。他写道："被迫放弃自己奉献了三年生命的目标十分困难；为了实现这个目标，我们经历了寒冷、离群索居和饥饿等一切可能的严酷考验。"对这位年轻的志愿者而言，失望的心情尤其沉重，因为就在几个月之前，他还对技术和商业层面上即将取得的成功十分确信，并对雇主的保证抱有信心，他甚至根据由雪橇传递至伊尔库茨克的命令，用自己微薄的积蓄购买了俄美电报公司的股票。

然而完成大电报线的一切准备工作都已做好：除了已经在工作的75名美国侨民和150名土著外，还有600名侨民正在赶来加入他们的路上。他们已经削好了1.5万根电线杆，动员了数百只雪橇犬、驯鹿和雅库特马，"但我们别无选择，只能立即准备离开"。[178]

他们必须赶紧将设备、剩余食物和物资转卖给俄国人和当地土著。"我们让镐头和长柄铁锹充斥了市场，"凯南回忆道，"我们向土著保证，这些工具对埋葬他们的死者很有用处。我们还甩卖了很多冻黄瓜和其他一些能抗击坏血病的物品，并向人们保证这些东西可以让他们活得更久。我们向所有愿意购买我们的咸猪肉和苹果干的人赠送肥皂和蜡烛，还教土著人制作清凉的果汁和糕点，这样我们就可以把剩余的柠檬汁和发酵粉卖给他们。我们用尽全力去给这个原本就幸福满足的社区制造人为的需求，并向他们推销一些对这些可怜的土著而言并不比皮划艇或捕鼠器对撒哈拉地区的图阿雷格人更加有用的商品。总而言之，我们慷慨地散布了文明世界的恩惠。"[179]西联公司本计划从这次旧货抛售中收获1.5万到2万美元。它最终总共收获了150美元。

到目前为止，300万美元已被投入了这个非比寻常的项目。但已经取得的成功都还无法利用，在北美架设的线路都还很分散，阿拉斯加和不列颠哥伦比亚之间还有900多公里的空缺。所以西联公司里究竟发生了什么？其实，在大约一年以前，也就是1866年8月7日，铺设跨大西洋电缆的技术难关就已经被克服，纽芬兰和爱尔兰之间的第一次通信实验已经成功。这一巨大成就，正是探险队成员们被告知的项目中止和他们遭召回的原因。既然现在东线已经开通，为什么还要浪费几百万美元去建设西线呢？但事实上，西联公司在1866年6月就已与其竞争对手美洲电报公司合并，这比跨大西洋缆线建成还早了两个月。从此，西联公司便可以使用这条与欧洲联系的新通信线路，虽然继续从太平洋绕行的工程仍然有其在技术和财务上的合理性，但管理层更愿意节省完成线路所需的数百万美元，并取利于跨大西洋通信线路的垄断地位。

在放弃这个惊天动地的项目之前，西联公司管理层关切而谨慎地向其子公司的某些股东提议，要将他们的股份置换成母公司的股份。那时还没有人会怀疑跨太平洋工程会被放弃。大部分董事会成员、项目的个人大股东都丝毫没有顾忌地占了这个便宜。而当1867年3月子公司突然宣布破产时，受害的则是小股东和被蒙在鼓里的俄国股东。当时还在西伯利亚的窝棚里工作，对美国发生了什么一无所知的乔治·凯南就是受害者之一。至于俄国当局，他们则大吃一惊，甚至不敢相信这个消息。他们用电报作出了反应："极度惊讶。让我们听一听解释。尽管如此，我们应继续相信合同会得到诚实遵守。" [180]

西联公司的选择严格遵循了追求快速获得利润的方针，将探险队成员在西伯利亚苔原和阿拉斯加的牺牲视作了粪土，但它同样具有地缘政治方面的后果，正如时任国务卿西华德立即指出的那样："我承认我对太平洋电报线洲际项目的中止深感失望。我不会撤回我以前对这项事业重要性评估中的哪怕一个逗号。我不相信美俄两国为了项目实现而相互给予的信任是没有回报的。" [181] 西联公司放弃了原定与俄国远东和西伯利亚联系的枢纽，优先选择了通往旧欧洲的传统路线，而不是新兴的亚洲，这也许在不知不觉中改变了太平洋地区的新生平衡，也遏制了与平衡一同出现的希望。

1867年10月初，西联公司的船舶最后一次离开鄂霍次克港，几乎所有效力于废弃工程西伯利亚段的员工都被带上了船。乔治·凯南和他的三个同伴还留在岸上。他的积蓄只剩下了一千美元的工资，但他已经在考虑换一个职业了。他正准备从东向西穿越俄国，同时在沿途收集素材，以便向他的同胞讲述他所见证的西伯利亚非凡变化。乔治·凯南已经会说俄语了。他与当地的同事建立了稳固而持久的友谊。这个集报告者、作家和为变迁中的俄国作传的编年史作者为一身的新角色非常适合他。有关他的故事还没有结束。

一切都在变化之中。整个俄国是如此，而西伯利亚更是如此，当时西伯利亚正经历着一个令人着迷的时期。沙皇亚历山大二世采取的一系列改革措施——首先便是终于废除了农奴制——使国家发生了翻天覆地的变化，这使得保守派人士忧心忡忡，也激起了越来越多的抗议者，以至于有些人觉得政权很快就会被彻底改造，哪怕是现行的君主专制政体垮台也并非没有可能。在西伯利亚，由于这里没有大地主和封建贵族，宣布废除农奴制的祖制并没有在当下产生效果。农奴制及其带来的诸多经济与社会后果，对年轻的西伯利亚诸省而言，是一种陌生的事实，奴役制度的心理影响也从未在这里深入人心。尽管如此，这场震撼帝国心脏的大改革在西伯利亚也被视为大动乱的信号和象征。穆拉维约夫的征服使得这块巨大的领土已经具备了一切可能。政治上的开放刚刚与地理上的扩张相互应和，令彼此的效果都得以倍增。对精英群体和西伯利亚的知识界而言，再没有什么东西是似乎无法接近的了，再没有什么可能是被排除在外的了，他们也是从这时起开始直接受益于经济的发展以及与中国和太平洋的关系所带来的初步影响。各个城市都充满了积极性，伊尔库茨克、恰克图、涅尔琴斯克、托木斯克和托博尔斯克的大商人纷纷告别了开拓者时代，建立了真正的商人王朝，并在国际贸易、矿产开采和勘探业以及正在衰落的毛皮行业中占到了主导地位。当地的主要集市都分布在"特拉科特"，也就是将中国边境的恰克图与俄国欧洲部分的大都市连接在一起的公路沿线，大商人的强大行会在这里为了捍卫他们的影响力和利益而运作。第一批公共图书馆、第一批博物馆、科学或艺术收藏馆应运而生。人们在那里交流、辩论、参加讲座——这些讲座很受有交际需求的商人欢迎——就仿佛在俱乐部里一样。在当局能够容忍的情况下，人们还可以在这里见到政治流亡者中的一些大人物。当克鲁泡特金经过此地时，他就惊讶地注意到，每天都有超过120人来到伊尔库茨克公共图书馆满足他们对知识的渴望。[182]学校和高中正在成倍增加，其中也包括女校，这与国内其他地区的情况相比简直有天差地别。由商人资助的收容所和慈善机构也纷纷出现。也正是在这时，西伯利亚诞生了自己的第一批印刷厂和随之而来的第一批报纸。这对该地区的社会和知识精英而言是一场革命，在此之前，他们接触不到任何关于西伯利亚的公开消息。只有昙花一现的《西伯利亚邮报》（1818年至1824年）曾以几页纸的篇幅介绍帝国东部各省及其问题，而且它还是在圣彼得堡发行的。现在，在托木斯克、鄂木斯克、赤塔、恰克图，当然还有穆拉维约夫的伊尔库茨克，西伯利亚人都有了能够发出自己声音的园地。人们在这里热衷于地方历史——这方面的研究尚处于初始阶段——热衷于针对土著人口的民族学研究，热衷于科学考察队在阿尔泰、蒙古或针叶林地带等未知空间的发现。地方政治事件专栏也在市民和商人面对公共部门腐败时给予了他们很多一吐为快的机会。"本报编辑部有权指出，本报的专栏始终向一切希望通过自己的文章使信息必要的透明化和公开化的人士开放。在伊尔库茨克，我们不会惧怕这种透明，而是会尽力鼓励这种透明。"[183]这是人们在东西伯利亚省会的公报上读到的一篇序言。留给言论自由的空间既不是何处都有，也不是何时都有，而在穆拉维约夫-阿穆尔斯基总督卸任之后，这样的空间会迅速减少，但它依旧显示出这里的社会和政治氛围比俄国中部，甚至比首都都更加自由。除了当地的出版物外，人们还会抢购反对派的杂志，特别是亚历山大·赫尔岑和尼古拉·奥加廖夫的喉舌——在日内瓦和伦敦出版的《警钟》。该杂志遭到禁止，发行量非常有限*，但西伯利亚人还是设法通过从中国边境或太平洋沿岸港口走

---

* 在它最为成功的19世纪60年代初，发行量为2500多份。

私了许多份。一些大商人甚至在恰克图的中国一侧订阅了这本杂志。在帝国的这处边疆上,《警钟》的影响力相当大,因为它是唯一一块可以完全自由讨论西伯利亚问题的园地。正如我们所看到的一般,赫尔岑非常密切地关注着西伯利亚的政治发展,他将西伯利亚视为"一个新的国家""某种美洲——因为它没有贵族血统""一个哥萨克强盗的女儿,她已经忘记了自己的家庭出身""一个重生的国家,其居民已经对自己的过去闭上了眼睛"。[184]他还会匿名或实名刊登数名流亡在这个偏远省份的通讯员所撰写的文章。

地方报刊的出现及其对其最周围的环境的关注,包括对地理、民族、历史、政治和社会环境的关注,与从此是在西伯利亚出生、也牢牢扎根于此的俄国人的崛起相伴而生,而新兴的商人和知识分子就是他们的代言人。他们就是俄国土著,又称"Sibiriaki",也就是西伯利亚土生俄国人,他们正在以越来越明显的方式宣称自己的特殊性。他们是俄国人,却是西伯利亚的俄国人;他们是西伯利亚人,但却是俄国的西伯利亚人。他们对身份认同的追求正在蓬勃发展,这种追求在他们对自己所置身的独特自然环境的归属感——这种自然环境已然成为"他们的"自然环境——和在与他们一同生活的亚洲土著民族的接近中得到了充分的滋养。此外,最重要的是,这种追求还在他们对"俄罗斯母亲"——他们不久便开始用"本土"一词来称呼她——以及对其地方大员越来越不加掩饰的不满中得到滋养。

因此,对地区行政当局、对其滥用职权和腐败现象的批评并非出于偶然,它成为新闻界和西伯利亚新兴知识界的主要关切之一。这是成熟公民冲那些想着捞一笔就走的掌权者发起的反抗。和此前几百年的征服时期一样,在19世纪上半叶,权力都只由那些被派到西伯利亚执政几年却无意在此永久定居的总督或高官行使。一个最突出的例子就是穆拉维约夫的一位前任伊万·佩斯捷利,他宁愿在圣彼得堡的家中度过他在西伯利亚十四年任期中的十年(1806年至1819年),而让一名自命不凡、贪污腐败又有专制倾向的邮驿雇工作为他的密使在当地施政。*佩斯捷利及其亲信在他们漫长的统治期间积累着滥用职权、随意逮捕和滥施酷刑等暴行，这些都将被深深刻在西伯利亚人的记忆里。"人们究竟犯下了怎样可怕的罪行，才被判处了这样的酷刑？"作家伊万·卡拉什尼科夫问道——他本人就是西伯利亚人，也是这第一波身份认同浪潮的典型代表，"你没有好好耕种——鞭刑；你的房子或院子不干净——鞭刑；你的衬衫或外衣上有一个洞——鞭刑；什么都要鞭刑！"[185]

官员们往往违心而来，在将百姓鱼肉一番之后，再因为一桩丑闻或一次升迁被召回俄国其他地方：概括地说，这就是帝国秩序的代表在西伯利亚的通常历程。其他类型的派遣人员——如义务兵、军人甚至技术人员和专家——和他们也没有太大的区别。中央政府会向所有新来这里的人发放福利和奖金，但长期定居在此的人群却没得到一丁点好处。这样一来，商人们觉得自己是外部势力剥削的受害者，这就丝毫不令人感到意外了；一些本土知识分子相比那些贪婪又经常自命不凡的临时官员，更同情那些知道自己永远无法离开就致力于让西伯利亚变得繁荣富饶的流放犯和政治流亡者，这就同样丝毫不令人感到意外了。

这些令人不齿的官员的态度，反映了圣彼得堡对这个遥远省份的轻视。在穆拉维约夫到任之前，西伯利亚被看作一片巨大的荒地，最顽固的罪犯和俄语中所谓的"清白犯"都可以在这里得到方便的处置。除去一些难以开采的矿藏，这里是一片没有实际利益的空间。1819年，时任西伯利亚总督宣布："我大胆申明，西伯利亚就只是西伯利亚而已。也就是一个对流放而言无比合适的地方，对某些商业部门

---

* 在整个西伯利亚，佩斯捷利这个名字会在很长一段时间内成为压迫、专横和殖民主义傲慢姿态的代名词，他的儿子是十二月党人起义的领袖之一，最后被送上了断头台，而当时的一句谚语似乎就出自佩斯捷利之口："西伯利亚？那里生活很冷清，但服务很热情。"

而言相当便利的地方，从矿物学的角度而言便利且富饶的地方；但它不是一个适合居住的地方，也不是一个能够形成上层社会、建立产业以及以粮食作物为基础的固定贸易、工业或国内贸易的地方。"[186]这段话出自某位米哈伊尔·斯佩兰斯基之口，他被任命为专制者佩斯捷利的继任者，从而纠正前任的不义之举，在穆拉维约夫之前，他被视为西伯利亚总督中最进步、最正直、最有远见的一位。然而，在大多数情况下，巨大的西伯利亚根本就被遗忘了。第一个到访这里的帝国政要是亚历山大皇储，也就是未来的改革者沙皇亚历山大二世，他在1837年对西西伯利亚的一些城市进行了短暂的访问。而圣彼得堡和莫斯科的杂志每提到帝国的这部分领土时，通常都只是在抱怨它给国家造成的财政支出，并讽刺地质疑这里的前景。当时在权力中心周围的圈子里，最普遍的论调是认为西伯利亚既没有活力，也没有用处，是一个会拖累俄国的脚镣。比如，我们可以读到广受欢迎的社论作者尼古拉·格列瓦诺夫在1841年至1842年所写的："她以俄罗斯的乳汁为食，却从来没有成长，也没有从中获得过养分，却因此使自己的母亲失去了力量。"[187]这位闻名于首都的专栏作家还补充说道："无论是资金、智力还是主动性，将它们投入在西伯利亚这个堪比丹属冰岛的荒芜之地都是毫无用处的。"* 当时的一些文件显示出的态度则更为坚决，一些高官甚至在报告中为如下观点辩护：帮助西伯利亚发展不仅是无用的，甚至是有害的，因为这样做最终会使西伯利亚成为一个永远需要依靠本土救济的"乞丐之国"。

对这个庞大亚洲省份的高傲冷漠和日益增长的怀疑态度，即使在穆拉维约夫吞并远东，为俄国打开通往太平洋的大门之后也没有停止。在他辞职后仅三周，即1861年春，俄罗斯帝国地理学会（IRGO）就专门召开了一次政治经济委员会的特别会议，讨论的内容是这个对

---

　　* 当时冰岛的主权属于丹麦。

帝国而言显然十分棘手的问题的方方面面。该如何处理西伯利亚？俄国似乎对此相当为难。扛起了担子的地理学会汇集了当时最敏锐的智囊，人们明白，他们得出的结论举足轻重，因为地理学会相当于一种权力的学术前台，其影响力也相当大。它在十五年前由几个军人和科学家以英国同名机构为样板而创立，创立之后立即得到了自由派的靠山康斯坦丁大公的认可。尼古拉·穆拉维约夫是它的创始成员之一，这并非偶然。早在1850年，机构的西伯利亚分部就在伊尔库茨克诞生了，总督将大部分大型探险任务都委托给了它，探险队的足迹将在数十年内遍布东西伯利亚、天山、阿尔泰山、蒙古和远东的山脉。地理学会收集并分析数据，设立博物馆，传播知识并向最高层建言献策。它最终被安置进了伊尔库茨克的一座气派建筑，坐落于市内最好的地段，这也是当地知识分子、政治流亡者和游客最爱光顾的地方。短短几个月时间，其队伍已经从一小撮狂热的创始成员发展到了百余名坚定的活跃分子，其中还包括一些本地富豪。

当学会要在总部举行辩论，准备当众勾勒出西伯利亚的有利未来时，大伙儿都来到了现场。争论自然是不可避免的。而伊戈尔·梅延多夫院士和卡尔·贝尔院士之间的争论则尤其耐人寻味、引人深思。和大多数在两天内发言的人一样，二人都认为西伯利亚再过不久就将从俄国分离出去。美国赢得独立已经是近一个世纪以前的事情了，但最近拉美各共和国同西班牙的斗争还是令大家心有余悸，就连澳大利亚也刚刚获得了自治权。自此之后，在座的不少有识之士便不再怀疑，历史必会带领农业导向或自然资源导向的殖民地脱离宗主国。那么，如果说西伯利亚不是一个以矿产为主要开发对象的农业型属地，那么它又是什么呢？"殖民地"——这个词被不经意地说了出来，它将深深刻在现场某几位听众的脑海里，并在随后帮他们赢得辩论。西伯利亚是一块"殖民地"！就像国际上的例子所显示的那样，无法排除它在明天就从俄国脱离的可能性。

这种说法似乎很耸人听闻。然而它几乎没有在受到传唤的专家中引起争议。地理学会的学究们认为让西伯利亚从俄国脱离是一种必然，或者至少是最有可能的选择之一。有些人认为，如果必定要失去西伯利亚，那么在西伯利亚投资，或者进一步增加在那里的人口，就没有什么意义。另一些人则反过来认为，如果俄国能为西伯利亚领土安排一次和平的独立，这对于俄国也将是有利的。"一个长大成人的孩子离开父母是再正常不过的了。而我们是否就该因此将年幼的孩子置之不顾？"[188]

真是奇怪的争论。康斯坦丁大公对辩论中使用的措辞感到气愤，要立即结束辩论。至少他是这么认为的。断不能考虑将西伯利亚分割出去，更不可能讨论其历史必然性或具体操作方式。"殖民地"一词在众人的脑海中是与美国、加利福尼亚、淘金热和独立联系在一起的，它被当作一种极度荒谬的说法而不再允许被使用。西伯利亚和远东都是俄国的，而且将一直如此。人们甚至偶尔需要纠正一些帝国的官方地图，把西伯利亚的地理名称改成更加规范的"俄国亚洲部分"。

大量创新和颠覆性思想在地理学会的四壁内激情碰撞，这不仅打击了对自己和俄国的未来都忧心忡忡的保守派，也给一些年轻观众留下了深刻印象，他们特别容易接受这场出人意料的交锋中涌现的论点。在圣彼得堡的这几个属于西伯利亚的日子里，确实有一些来自远方省份的大学生出现在听众之中，他们在那里听到的演讲也始终在他们的耳畔回响。这些关于殖民地、宗主国、剥削、独立的词语，在不久之前还是他们无法想象的，但现在就在他们身上产生了回响，并唤醒了一些已经根深蒂固的信念和直觉。"我还记得当我们第一次得知这个类比时，我们有多么惊讶：我们是一个殖民地，而且近乎是下一个美洲！"[189]他们中的一人若干年后在回忆录里这样写道。

当时从鄂木斯克、托博尔斯克、托木斯克、伊尔库茨克、克拉斯诺亚尔斯克这些西伯利亚市镇来到首都大学讲堂的人还不多见。这最多几十人，就是俄国亚洲部分的第一批知识先锋。席卷了这个国家的热潮在这群大学生身上体现得尤为明显。沙皇迟来的改革掀起了一场大规模的社会和政治争论。农奴制在不到一个月之前刚被废除。这是一个大讨论的时代，一个知识分子的春天，而19世纪中叶这动荡的一代人被俄国人称为"60年代人"也绝非偶然——这突出了他们与一个世纪之后掀起反抗浪潮的西欧青年之间的默契关系。圣彼得堡的60年代人无比渴望变革。他们争相购买那些承载着新思想的杂志，他们纷纷跑去参加几位被视为英雄的老师的课程，他们贪婪地阅读报纸，"就像在运动过后喝一杯咖啡"，他们在兴奋的夜晚讨论哲学。而西伯利亚人对动荡的渴望也不亚于他们在传统大都市里的同志们。和所有的60年代人一样，他们汲取的是伟大的理论、禁忌的文学、崭新的社会理想和政治建构。他们是社会主义者呢？这群了不起的大学生坚信自己是进步的使者，是一个充满机遇和乐观态度时代的积极参与者，他们中谁又不是社会主义者？他们是社会主义者，没错，但他们是西伯利亚的社会主义者，他们与他们在莫斯科、敖德萨或华沙的同志十分不同。这些来自外省的大学生既不是贵族或中上层阶级人家的孩子，也不是被民族叛乱鼓动起来的波兰人，更不是出身于长期受到歧视的犹太社区。他们一般都出身平凡，是教士、公务员、商人或哥萨克的孩子，有些人甚至是旧礼仪派农民或土著社群出身的孩子。

西伯利亚的60年代人正站在历史的十字路口上。当他们的同志被众多革命运动吸引时，帝国末期的外省人却把自己的反抗重点放在其他地方。他们谴责本地区的长期落后，谴责本地区被当作社会感化的垃圾桶，谴责对本地区资源的殖民剥削——他们已经开始看出这种剥削的轮廓。这群客居首都的大学生逐渐意识到了自己与他人的不同，在他们身上，一种西伯利亚人的身份认同正在诞生。最后，这种混合了开拓精神、自由意志、进取心、对大自然和海洋空间的开放性，但同时也掺杂了暴力、苦役和压迫的形象，也使他们区别于其他俄国人。

为了互相帮助，在圣彼得堡的西伯利亚土生俄国人很快建立了一个小协会，这是一种"老乡会"，他们称之为"西伯利亚社"。起初，他们只是在固定的日子里聚在一起，喝喝啤酒，唱唱学生歌曲或者家乡小调。大学生们还为他们中间最贫困的人设立了一个简单的互助基金。但渐渐地，在西伯利亚爱国主义的滋养下，他们开始更频繁地用政治论述充实圣彼得堡的聚会。具有讽刺意味的是，西伯利亚地区主义运动就是在圣彼得堡暖气不足的学生房里诞生的，这是一种对帝国压迫政权的爱国主义和社会主义反抗运动。

正是在西伯利亚社每周四的聚会上，两个注定要有不同寻常命运的学生第一次相遇了：他们是当时二十六岁的格里戈里·波塔宁和只有十九岁的尼古拉·亚德林采夫。二人都是西伯利亚大学生小队中经常参加社内活动的典型。格里戈里·波塔宁的派头有点像是修道士，他的朋友说他宁愿几天不吃饭，也不愿意放弃购买他真正喜欢的书籍。他瘦骨嶙峋，戴着金属边的小眼镜，络腮胡在下巴上修成一个尖儿，很符合当时大学生的风尚。他高高的额头没有被刘海盖住，因为他把头发散乱地披在了后面，这是他知识分子身份的又一个证明。但格里戈里·波塔宁是一个哥萨克，是哥萨克的儿子，他出生在额尔齐斯河畔的一个穷苦的哥萨克村。他有一个年轻的柯尔克孜人朋友，这个朋友又是部族首领的儿子，所以他学会了柯尔克孜语和哈萨克语，知晓了游牧民族的习惯，他还常数小时地聆听他们的传统故事和歌曲。这种对土著文化的兴趣将伴随他一生，使他成为西伯利亚最重要的地理学家和探险家之一。这名年轻的哥萨克按照法律规定必须在军队中服役二十五年，但他还是设法逃过了兵役，上了大学。他欠军医一个人情，军医为了证明他不适合骑马，假称他患有疝气。"医生把证书递给了我，"波塔宁常怀着感激回忆起当时，"并反复对我说道：

'千万别忘了你的疝气在哪一边。'"[190]

波塔宁在西伯利亚社遇见的伙伴尼古拉·亚德林采夫则来自另一个世界。如果说波塔宁的学业要归功于运气和一种异乎寻常的固执，那么年轻的亚德林采夫则是自幼就被城市小资产阶级出身、积极而有教养的父母安排好了，他们对自己的儿子有着很大的期望。亚德林采夫在自传中写道："很快，他们就让我在两个寄宿学校里学习了舞蹈和法语。十岁的时候，我就已经像一个小绅士了。"[191]亚德林采夫家经常接待流放政治犯、十二月党人和被终身驱逐出祖国的波兰知识分子，他的家中拥有鄂木斯克十分少见的图书馆，这让还是青少年的他可以在充满激情的辩论中获益良多。他在回忆录中写过一段青春回忆："光突然出现了，随之涌入的是大量我们从未听说过的欧洲思想。第一次有人谈起了进步，谈起了人与人之间的博爱，谈起了人类最崇高的理想。我们是俄国社会里一个偏远家庭里的孩子，在一个被遗忘的角落里，对这个广阔的世界一无所知，但突然间一切都向我们迸发了过来：欧洲的生活、刚刚震荡了欧洲半个世纪的历史和思想。卢梭和伏尔泰，狄德罗和达朗贝尔，孔多塞，他们对我们而言都是全新的。"[192]

这名哥萨克和这名外省知识分子的相遇，给二人中年纪较小的那一个留下了深刻的记忆："我在瓦西里岛*上的一间公寓里找到了波塔宁。我记得他拿着一本书在房间里不停地踱步，他热衷于自然科学，但也阅读当代文学，他对各种社会问题已经非常熟悉。我记得，从我们第一次谈话开始，我们就谈到了圣彼得堡的西伯利亚人，也谈到了将他们聚在一起的必要性。[……]在一个社会意识普遍觉醒于俄国欧洲部分的时代拥有自愿为故土服务的想法，这是我们相遇和相知的基础。"[193]两个年轻人很快便形影不离了。他们不用说话就能相互理解，他们对他们的家乡西伯利亚有着同样的爱，并已经做好了用一场

---

* 圣彼得堡的一座岛屿。——译注

运动让自己的权利得到承认的准备。亚德林采夫这样谈起波塔宁："在与波塔宁讨论时，我不仅赞同他，还会对他的想法和计划感到十分激动，对我而言，他成了我最初的导师和引路人；我在他的身上找到了我的使命所在。我狂热地追随他的爱国思想，我们已经着手在一群同志中培养这种思想。将圣彼得堡的西伯利亚人联合起来，让他们都认识彼此——这样的想法因为它的新颖性和独创性非常吸引人。"[194]波塔宁这样谈起亚德林采夫："在我们的小团队里，亚德林采夫是一名天生的记者。我感到他将引领当时正在筹划中的西伯利亚运动，我发现自己成了他的助手。"[195]

西伯利亚社里的氛围叛逆、调皮又爱国，让人联想到同时期德意志和瑞士的大型学生社团。不同的是，这里的爱国主义是一种西伯利亚的爱国主义，在尼古拉·亚德林采夫和格里戈里·波塔宁领导的思想交流中，他们没有倡导欧洲其他地区如此热切渴望的民族团结，而是引导了一种区别于俄国欧洲部分的西伯利亚身份意识。随着时间的推移和辩论的进行，大学生们的政治化程度越来越高。他们的雄心壮志就是在如今被他们视为故乡的西伯利亚实现风靡大学的革命理想。"我们描绘的不是一个只有镣铐叮当作响的国家，而是一个人口众多、自由自在、生活幸福、欢欣鼓舞，会被称作未来之国的国度，它类似于美国或澳大利亚。"[196]这个地区主义社团并没有政治纲领，它认为自己更像是一个伟大思想的精神摇篮，而不是一个政党或革命组织。对地区主义者而言，他们与其说是要解放西伯利亚，不如说是要教育西伯利亚。是要让它认识自己的过去、现在以及在他们看来无疑将会来临的光明未来。是要向西伯利亚揭示一个属于它自己的身份，让它总算能获得它所缺乏的自信。他们的当务之急是建立和发展起一个真正的西伯利亚知识界，他们认为没有一个真正的知识界是西伯利亚各省落后的主要原因之一。有必要在西伯利亚建立这样一个受过教育、有文化，还具有高尚价值观的圈层，让它成为民族的脊梁。有必要构建一个能将民族唤醒的精英群体。在圣彼得堡的年轻西伯利亚侨民们看来，单是这批理性群体的存在，就足以在随后让他们地区的其他人自然觉醒，并让这里顺理成章地繁荣起来。因为俄国政权正是通过杜绝文化和思想接触来巩固其殖民力量的。亚德林采夫写道："我记得正是在这些聚会上，我们第一次提到了在西伯利亚建立一所大学的重要性以及这对于该地区的必要性。［……］也正是在这些友好的讨论中，研究和阅读专门研究我国之著作的需要显露了出来。因此我们产生了整理一份所有关于西伯利亚的著作书目的想法［……］。我们还谈到要在未来创办一份杂志或报纸，总之，各种各样的问题被提了出来。"[197]

一所西伯利亚的大学、一套专门研究文献、一系列探索活动以及宣传本地区事业和知识的手段：地区主义运动的第一批目标已经确定。其他的目标，比如拒绝殖民经济剥削，乃至拒绝被当成专门接收流放者的渣滓之地，也会很快被提出。"在一个没有人有能力落实改革内容的国家，任何改革都是不可想象的，"亚德林采夫在一次讲座中解释道，"我们现在需要耕种者更合理地开发我们的土地，我们需要地质学家、技术专家，我们需要地理学家、统计学家、动物学家和植物学家！没有任何一个国家，尤其是像西伯利亚这样年轻的国家，能在没有知识进步的情况下，在政治上和经济上取得蓬勃发展。没有知识就没有富裕的国度，没有自由的国度，也没有幸福的国度。这一切都证明，一所大学对我们而言是不可或缺的，现在，就在此时此刻！"[198]

他们比预想中更早获得了返回西伯利亚为他们的事业积极奋斗的机会。1861年12月，继喀山大学学生骚乱之后，圣彼得堡大学也因学生骚乱而关闭。1862年夏天，格里戈里·波塔宁回到了西伯利亚。尼古拉·亚德林采夫也在1863年秋天与他会合。波塔宁和亚德林采夫除了演讲和写作之外没有其他渠道，于是决定在新生的报刊上试试运气，这或许是传播他们思想最快捷、最有效的途径。就像在自己的《警钟》杂志上对该问题进行了理论阐述的赫尔岑一样，他们相信反对压迫和争取新社会的斗争是从公开揭露政权及其政府的大奸小恶开始的。"公开先于自由"，赫尔岑总结道，他呼吁与其建立如美国那样抽象的宪法保障，不如对审查制度开展猛烈的斗争。这是对理性始终如一的崇拜！这些开明的知识分子认为，仅仅公开揭露不公正的现象，就应该足以使其退缩。要揭露和谴责，而非请愿。从这个角度看，我们如今称为调查性新闻的东西就是他们为振兴而优先使用的工具。

亚德林采夫成功进入了《托木斯克新闻报》的撰稿人队伍。该报是一种地区性"公报"，主要刊登政府部门的官方信息，并辅以独立编辑撰写的栏目。人们可以在这里读到当地晚会的汇报、农学建议以及当地作者的朴实文学随笔。尼古拉·亚德林采夫很快就会让它成为西伯利亚地区主义者的非官方喉舌。

自从1865年他在《托木斯克新闻报》第一期的专栏上发表自己的首篇文章时，他就表明了自己的立场。文章以"西伯利亚，1865年1月1日"这一无害的标题出现。但它的内容可没那么无害。亚德林采夫以新年贺词的形式，铿锵有力地号召全体西伯利亚人联合起来，这是一个愤怒者的号召，他恳请自己的同胞们意识到他们的特殊性以及他们自我发展的权利。此外，文章还要求建立大学，要求建立自由原则，以使地区经济力量摆脱帝国的监护，这样的诉求不可避免地让人想起了美国的自由主义风气。但文章的一个新重点是将西伯利亚人唤醒的必要性——他们已经被欺骗、剥削得太久了。"人们把西伯利亚称为一片完全无法发展出自己文化的苔原，认为它是苦刑犯才会去的地方，它被剥夺了发展自己力量的所有希望，它被预言会有着像拉普兰一样的未来，它的人民被迫像爱斯基摩人那样永远居住在苔原上。总之，西伯利亚民族的未来被剥夺了，他们最基本的、人类的文明权利被质疑了，他们对人类合理生存的最神圣希望被扼杀了！"[199]这样的语气就很尖锐了。"西伯利亚民族"？这个词可不是随随便便说出来的。亚德林采夫号召大家抵抗："西伯利亚必须思考其利益和未来的时候到了〔……〕。愿从乌拉尔山脉到太平洋的西伯利亚社会团结起来，从而创造西伯利亚的新生活，从而开启新的精神生活，并看到西伯利亚在各个领域的具体发展！"

这名年轻的地区主义者并没有受到审查制度的阻碍，他继续在《托木斯克新闻报》上发表文章。第二篇、第三篇、第四篇文章也接连见报了，它们都和元旦发表的"贺词"是同一个调性。其他城市的其他刊物也纷纷效仿，鼓励刊登关于本地区自然和历史财富的故事、本地作者的作品以及有关政府新形式的讨论。圣彼得堡开始不安。他们担心在某篇文章中或某次讲座上突然出现"西伯利亚人的西伯利亚！"这样的口号。西伯利亚民众似乎随随便便地就接受了这些地方主义新思想，他们当中最具战斗精神的人还接受了西伯利亚爱国主义思想，这样的情况只会让圣彼得堡更为不安。当局接到命令，要对报纸上比比皆是的"我们的西伯利亚"或"我们这些其他的西伯利亚人"的表述作出反应。后来，甚至有总督*拿起笔，在要发表的文章中，把"西伯利亚和俄国"的字样圈出来，改为"西伯利亚和俄国欧洲部分"，或者要求用"西伯利亚本地人"代替"西伯利亚人"的说法，从而抵御"分离主义"。[200]从对西伯利亚身份的肯定到对俄国身份的拒绝只有一步之遥。

西伯利亚地区主义（按照他们自己的说法是"爱国主义"）的势力范围只局限于几十名仅在课堂或报社里活动的知识分子、专栏作家和记者，他们组成的更多是一种思想流派而不是一个政治组织。但地方的土壤是有利其发展的。这对当局来说已经足够了。1865年5月21

---

* 指在19世纪80年代任职于伊尔库茨克的戈雷米金总督。

日，一个微不足道的巧合让当局发动了镇压。这一天，鄂木斯克军校的年轻学员加甫里尔·乌索夫——他当时大概十三四岁的样子——在哥哥费奥多尔的个人物品中发现了一份题为《致西伯利亚爱国者！》的文件。文件呼吁解放西伯利亚，摆脱俄国政权的政治、经济和行政压迫，实现"祖国"的自治甚至独立。它采用了战斗文章的风格，灵感来源明显是"60年代人"时期流行于俄国的各种宣言。

文章中自然有地区主义者的传统要求：必要的身份认同、自身经济的发展权、大学、不再作为帝国的监牢区。但这次呼吁来到了一个新的层面："[……]所有这些都意味着西伯利亚必须要自治，它必须为了自己人民的福祉而从俄国脱离，"文中写道，"它必须在人民自决的原则基础上建立自己的国家。其人口构成有利于像在美洲那样建立一个由联邦州组成的共和国。"文中还写道："唯有独立才能拯救和振兴西伯利亚，唯有在这些条件下，西伯利亚才有可能发展，有西伯利亚人民选出的、出自他们自己的政府，有自己的行政机构、财政机构和军队。"而为了实现这一目标，宣言的作者们提出了一个纲领："我们，西伯利亚人，要向俄罗斯爱国者伸出兄弟之手，一同对抗我们共同的敌人。在斗争结束后，西伯利亚将召开人民大会，它必须亲自决定未来同俄国的关系。这是我们不可剥夺的权利！[……]但如果俄国迟迟不解放自我，如果它满足于这个压迫性政府的让步，那么我们也不会做可耻奴隶的朋友，而只会寻求为自己获得自由、用暴力夺取独立的手段。"[201]文章最后庄严地呼吁所有"热爱我们民族的人团结在从乌拉尔山脉到太平洋一个兄弟般的大家庭里，为了人民的自由而奋斗！来吧！不要畏惧酷刑或死亡！'西伯利亚独立万岁！我们自由的人民万岁！我们光荣的未来万岁！'在这样的呼声中，为了神圣的解放事业！"[202]

好一份纲领！年轻的加甫里尔忙不迭地将这份"恶魔之书"拿去在班里的课桌下传阅。这可是一份反抗当局的秘密宣言！我们可以想象加甫里尔穿着军校制服神气地将它在同学们面前露出来。但有一个同学抢走了它，还非要他用香烟来换才肯还给他。在军校的操场上，一名学监撞见了这笔交易，并扣押了文件。事情自此失去了控制。几小时后，警察闯入宿舍，搜查了橱柜，没收了加甫里尔的两个哥哥格里戈里和费奥多尔·乌索夫的个人物品，他们也遭到了逮捕。在兄弟俩被扣押的财产中，有蒲鲁东和赫尔岑的两本著作、罗伯斯庇尔的《思考集》，当然还有与包括波塔宁和亚德林采夫在内的地区主义运动的思想家和政论作者们的大量往来书信。鉴于西西伯利亚总督杜哈梅尔不在——他宁愿暂住在自己位于首都的宅邸里——帕诺夫将军通过电报下达了命令：无论密谋造反的头目和成员在哪里，都要将他们逮捕。波塔宁和亚德林采夫是在托木斯克地区的一个小屋里被发现的，当时他们正和一位同志一起沉浸在对自然科学的热爱当中。他们立即和他们的朋友们一起被带走，送往鄂木斯克要塞。不仅在这里，在托木斯克、克拉斯诺亚尔斯克、伊尔库茨克、乌拉尔斯克、托博尔斯克和塞米巴拉金斯克，甚至在喀山、莫斯科和圣彼得堡——一切可能窝藏"分离主义分子"的圈子都遭到了突袭。在鄂木斯克军校，有十几个青少年（其中有几个才只有十二岁）被惊恐地关进了牢房里。仅仅几天的时间，要塞的地牢里就关押了四十四名被告。[203] 他们受到的冲击是如此剧烈，以至于他们中一位伊尔库茨克的中学教师尼古拉·什丘金还发了疯。

这些事件在地区报刊上没有任何体现，在首都报刊上自然也没有。直到三个月后，在1865年9月15日伦敦版的《警钟》上，公众才得知了为数众多的逮捕事件。"从西伯利亚传来重要消息。消息称，一个秘密组织被发现，所有遭到拘捕的人都已经被转移到鄂木斯克，据说其中有一人名叫波塔宁。"[204]

在搜查过程中，第二份《致西伯利亚爱国者！》宣言在运动的一名领导者家中被搜到。它的语气更加坚决，更加好斗，主张也更加激进。例如，文中写道，在必要的情况下，西伯利亚人可以"考虑与美国联合［……］，发动哥萨克、旧礼仪派信徒和矿工的起义，宣布成立西伯利亚合众国，并向美国求援"。[205]

格里戈里·波塔宁和尼古拉·亚德林采夫坚决否认与这些战斗文章有任何联系。他们提出抗议，认为"不能将地方爱国主义与分裂主义混为一谈"，后者只有在"非常特殊的条件下"才能够被考虑。[206]但迅速成立的调查委员会并没有理会嫌疑人数月间的否认。委员会整理出了一份起诉书，起诉的重点被放在了宣告书、讲座以及发表在当地官方报刊的文章上。警方还掌握着某个叫波波夫的人多年来写的大量报告，这个波波夫是渗透到圣彼得堡学生社团里的内奸。事实上，这么多年来，什么事情都没有逃过沙皇的秘密警察"保卫局"的耳目。当代一些历史学家甚至不排除这样的可能：审判中作为主要罪证的激进宣言本身就是波波夫探员写来煽风点火的作品。[207]在一次庭审上，格里戈里·波塔宁瞥见了放在他面前的案宗标题："审判那些旨在将西伯利亚从俄国分离出去并仿效美利坚合众国建立共和国的罪犯"。[208]他明白事已成定局，于是宁愿认下罪行，声明对这场"分裂主义阴谋"负有个人责任，从而为那些更加年轻的同伴减轻罪责。案件确实已有定论。在举行日期不明的一次闭门会议上，议院对此案进行了审判，并作出了严厉的判决：判处波塔宁和其他三名地区主义分子十五年苦役，可怜的什丘金也在这三人之中，而他在此期间已经完全精神失常。费奥多尔·乌索夫和他的一个朋友被判处十年监禁。他的哥哥格里戈里被判十二年苦役，亚德林采夫被判十年苦役。几个月后，也就是军校宿舍被搜查的三年之后，他们的刑期经行政法院决定被缩短。但这些罪犯仍被判处长年的流放和苦役，亚德林采夫的刑期为五年，是一行人中最短的。执法机关突然面临了一个始料未及的问题：在通常情况下，苦役和流放都是在西伯利亚执行的。但如果罪犯已经在西伯利亚了，这该如何处理？最后人们决定将他们发配到俄国欧洲部分的北方，或许在行刑官员们看来，那里的气候与西伯利亚的严寒最为相近。波塔宁被流放到沃洛格达地区，亚德林采夫则是先被流放到赫尔辛基附近，然后又被软禁在阿尔汉格尔斯克地区的一个村庄里。这名地区主义者的领袖将很大一部分牢狱时光用于研究他最偏爱的主题之一：俄国的监狱世界和监狱制度。他从来不缺少素材。确实，除了他以外，还有谁能够更好地胜任这项任务呢？

1865年的这场突袭对地区主义事业造成了致命的打击。分离主义和西伯利亚自治思想与其推动者一起从公众视野和知识界中消失了。在政权反对者的行列中，社会主义思潮——主要是其马克思主义和民粹主义（民粹派）变种——在意识形态领域掌握着一种半垄断地位。在反抗政权的战争和革命斗争中，联邦主义的空间很小。亚德林采夫不得不痛苦地承认自己在意识形态上的失败是彻底的。在他位于首都的简陋公寓里，他仍然会将自己的房子开放给身无分文的西伯利亚学生，以期维持住火种。他在法国、瑞士和美国的几次旅行加强了他的联邦主义信仰，但看到这样的信仰正在被自己的祖国抛弃，他的悲痛又进一步加深。1894年春，他回到了他心爱的西伯利亚，去筹备一场在阿尔泰地区的考察。但他写给一位朋友的信却让不免让人怀疑他的精神状态和真实意图："人生如此不堪，命运如此不公，已经没有再活下去的必要了。是的，就我而言，已经没有必要了……现在只有为他人而活，为了减轻他人的不幸。"[209] 他当时五十二岁。1894年6月7日，他被人发现倒在西伯利亚南部巴尔瑙尔的办公室里。赶来的医生诊断他服用了过量的鸦片。

格里戈里·波塔宁在重获自由之后将兴趣完全转向了科学。科学曾将他引向地区主义，而现在科学又让他得以不那么痛苦地放下它。波塔宁仍将是自治事业的忠实支持者，他甚至在1917年内战期间被推举为短命的"西伯利亚地区政府"之首脑。然而，在辽阔的西伯利亚，自治之梦不过是一场滞后的革命。它最终屈服于一种比任何论述或意识形态都更为有效的载体——火车。所谓的西伯利亚铁路横跨整个西伯利亚，将俄国的欧洲部分和太平洋连接了起来，它运输了几十万、几百万的移民，这些移民则让这个广袤省份彻底留在了帝国。历史否定了西伯利亚地区主义，其唯一可见的遗产是西伯利亚六十年代的理想主义者们如此希冀、如此呼唤的大学。终于，1888年，它在托木斯克开学了。就在这个曾经战斗最为激烈的地方。

第十六章
要卖掉阿拉斯加！

一场"特别会议"被安排在1866年12月16日星期五下午一点整举行。在绝密条件下召集了会议的沙皇亚历山大二世却对会议地点持开放态度：可以在他位于圣彼得堡冬宫的套房里，"如果外交部长戈尔恰科夫亲王更倾向如此，也可以在外交部的楼里举行"。[210]这是君主对于外交部掌门人的一种礼貌姿态，后者当时已经六十八岁了，或许正在经历初春严寒的折磨。无论会议在哪里举行，沙皇都不需要走上多远，因为帝国外交部就在冬宫对面，在一群将五百多米宽的弧形广场围住的明黄色纪念性建筑中央。沙皇的马车只消在鹅卵石路上跑上几百米，就能来到外交部一扇隐蔽的门前，这扇门通常被用于官方接待，亚历山大就在这里接受了其内阁成员的列队迎接。

沙皇的繁忙日程让他不得不用很少的时间来解决这个具有重大历史意义的问题。"十三点，戈尔恰科夫亲王处，关于美洲公司的会议。决定卖给美国。"[211]亚历山大二世在日程手册上记下了这样简略的笔记。十四点还有另一场会议。卖掉俄属美洲的决定须在一小时内做出。他的父亲曾发誓"永远不会让俄国国旗在它升起过的地方落下去"，而亚历山大即将放弃的领土比法国、德国、英国和西班牙的总和还要大。而这张时间表似乎真的得到了遵守：短短一个小时内，阿拉斯加以及帝国在那里辛苦赢来的殖民领地之命运就已经有了定论。这是个没有任何人反对的决定。为了决定俄属美洲的命运，共五人围绕在沙皇周围：他的弟弟康斯坦丁大公、外交大臣戈尔恰科夫、海军大臣克拉布海军中将、财政大臣冯·莱特恩，最后还有前俄国驻美国大使德·斯多克尔男爵——他在两个月前回到了帝国首都。每个人都保证会严守机密，这场会议大概率也没有其他任何见证者。而受邀参会者的构成，以及沙皇在手册上的批注与会议的短暂时长，都表明这次会议的结果已无多少悬念。因为在场的人物中，唯一还在犹豫的就是沙皇本人。所有其他受邀参会者都以他们转让美洲殖民地的主张而闻名。其中影响力最大的无疑是康斯坦丁大公，他的意见在几年前就已经为人所知。这场会议正是他敦促外交大臣尽快召开的，并且，正如海军大臣克拉布在写给其同事戈尔恰科夫的函中指出的那样，会议也是他在幕后筹备的。"[大公]殿下表示，这些年来，他对该问题[出售阿拉斯加]的看法非但没有改变，相反，一些新的论据还让他的意愿变得更加强烈和坚定。我北美殖民地的处境已经非常清楚地显示出，我们即便不用永远，也要在未来很长一段时间内由财政部出资支持，才能让一个已经证明无法实现其目的的私人公司维持生命。[……]在另一方面，阿穆尔河地区在过去九年中的显著发展已经明确显示出远东的未来是属于俄国的。[……]因此，割让这些对我们而言没有任何益处、与俄国没有任何本质联系、必要时我们也无法保卫的偏远殖民地，在任何层面上都不会影响我们的利益。"[212]

相较于出席会议者，对缺席会议者的选择更是公然显露了沙皇批准这次秘密会议的意图。会议中没有任何俄美公司领导人的踪迹，而他们几乎是所有阿拉斯加领地的所有者，显然他们是与这件事最相关的人。他们必然会激烈反对任何想要放弃殖民地的想法。因此他们被故意蒙在了鼓里，这进一步表明了这一议题在君主的眼中已经有了结论。

会议在没有官方记录的条件下进行。当历史学家意识到大公珍贵的私人日记中与这一时期有关的几页遭人撕去时，他们担心这些重要节点无法再被还原。但借助于一些个人记录、几位主角留下的往来书信以及沙皇手中的一些预备文件，这场讨论的主要内容又渐渐被重构了出来。会议自然是由亚历山大二世主持的，但主角却由发起会议的阁臣戈尔恰科夫和康斯坦丁大公担任，大公比他的君主哥哥小十岁，他就是我们所知道的自由主义和现代化宗派的首领，也是穆拉维约夫总督的政治"教父"，是他远东扩张政策身居高位的靠山。

应该将俄属美洲卖给美国吗？会议过程中，每个参会者都表明了自己的立场。会议开始之前，沙皇从外交部收到了一份对每位参会者意见的总结。"康斯坦丁大公殿下"以当时的外交语言法语，用几行字重申了他的首要观点："殿下认为，我们殖民地的状况在日益恶化。它们距离祖国甚远，对祖国毫无重要性可言，而在未来，它们所需的防务也将继续和过去一样棘手且昂贵。殿下认为，当务之急是放弃这些领地，把它们转让给美国，从而把政府的全部注意力放在我们在阿穆尔河地区的领地上，这些领地是帝国不可分割的一部分，无论如何，它们都能比我们在美洲北部海岸的领地提供更多的资源。" [213]

大公认为俄属阿拉斯加十分孱弱，自克里米亚战争以来，情况便一直如此，这场战争表明，敌视俄国的外国舰队可以轻易在太平洋获得压倒性的海军优势。出于形势考虑而结成同盟的法国和英国攻占了堪察加的彼得罗巴甫洛夫斯克港，但只要他们打算如此，他们也可以轻易夺取阿拉斯加东南部的殖民首府新阿尔汉格尔斯克，并彻底摧毁俄国的殖民领地。当时，俄国人为了挽救他们在美洲的商栈和寒酸的舰队设计了一个计策。他们在1854年5月签署了一份虚假的合同，将他们在北美地区的所有财产、业务和特权出售给圣弗朗西斯科的安格斯·麦克弗森公司。这个想法来自美国人自己，但它得到了俄国副领事的首肯。虚假的销售单据将被保留在俄国人的手里，只有在必要的情况下才会公开，但副领事在敌对行为爆发之初的信件中写道，它"能够让美国人在我们不幸失去殖民地的情况下，通过本契约来维护他们的权利，也因此会促使美国政府对此事进行干预"。[214]这就是克里米亚战争的联军没有占领俄国在阿拉斯加的殖民地的原因。他们是否害怕这样会促使美国加入俄国一方？或者更糟糕的是，为其反叛的前殖民地提供扩大地缘势力、吞并大陆北方的机会？无论如何，俄国人赌了一把。他们还成功地让俄美公司与哈德逊湾公司达成了相互中立的协议。这足以让俄属美洲从克里米亚战争中逃脱。但这一事件却让圣彼得堡当局明白了运气不会一直向着他们。俄国外交大臣在函文中指出："如果发生战争，任何敌对势力都能轻而易举地拿下这些殖民地。即使英国在克里米亚战争期间尊重了我国领土［阿拉斯加］的中立性，那也是因为它担心我们将领土转让给美国人，这样一来英国属地［现今的加拿大］的北方和南方都会出现一个愤怒而危险的邻居。"[215]

圣彼得堡会议召开时，已经是克里米亚战争结束的十二年之后。所有的参会者都明白，现在失去阿拉斯加的风险不再来自那"无义的阿尔比恩"*，而是主要来自他们的美国伙伴。俄国统治者所担心的入侵更加隐蔽与和平，却好似完全无法抵挡：入侵的是淘金者们，用政府内部报告中的话来说，就是"现代的阿尔戈英雄们"†。俄国人在至少五年以前就注意到了在阿拉斯加的领土上发现的贵金属矿藏。基奈半岛的海岸上已经被证明有矿藏存在。一支被派往与英属育空河地区接壤地区的侦察队伍证明，"在俄国边境地区的淘金者已经有四百人之多"[216]，这一观察结果让俄美公司不得不承认自己"无法对淘金者的活动作出公开坚决的抵制，必须不惜一切代价避免这种情况"。俄美

---

*部分欧洲语言里对英国的鄙称，"阿尔比恩"是大不列颠岛的古称。——译注
†指希腊神话中乘坐"阿尔戈号"寻找金羊毛的英雄们。——译注

公司的领导层判断，在这种情况下，最好的做法是"授予在我们的领土上探矿的许可，以换取特许权使用费"[217]。这种思路显然在圣彼得堡引发了一些怀疑。俄属美洲只有区区千余名俄国定居者，几乎没有任何俄国军事和警察力量。用历史学家谢苗·奥库恩的话说，在圣彼得堡看来，淘金者所代表的"拿着铁锹的队伍"很快就会让位于"拿着步枪的正规军士兵"。[218]如果让事态不受控制地发展，俄国早晚会与自己的天然盟友美国发生冲突，而且早发生冲突的可能性比晚发生的可能性更大，这是以大公为首的帝国的现代化先驱们想要不惜一切代价避免的情况。

第二个发言的人是财政大臣米哈伊尔·冯·莱特恩。他给出的理由是俄美公司在财政上的脆弱性。他声称，俄美公司对委托给它的殖民地的管理是"可悲且无理的"。这个"濒临破产"的公司只能通过"人为手段"来维持生存，帝国政府别无选择，只能援助它，而这将成为国家财政的负担，若是直接将它接手过来，这依旧会是个不小的负担。因此，他也主张"将殖民地尽快转售给美国"。[219]为了进一步论述他的观点，财政大臣出示了他刚刚要求国家银行领导层和俄美公司本身提供的文件。这些账目显示，俄美公司可被要求立即偿还的债务共有127万卢布，而其资产总额为227万。其年收入为72万卢布，支出为67.6万卢布。[220]如果这些数字是可信的，那么俄美公司的财政状况也并非惨不忍睹，但大臣首先担心的是国家财政，它的情况更加令人担忧。在克里米亚战争结束的十年之后，俄国仍未喘过气来，财政大臣甚至在三个月前拉响警报，要求对财政预算的各个方面进行严厉的紧急削减。他解释说，即便如此，俄国也无法避免向外国借款。莱特恩预计借款的数额应为三年4500万卢布。在这种情况下，我们很容易理解，国家绝无可能救济负债累累的殖民地公司，哪怕是有限地救济。相反，将它出售则会给国库带来宝贵的救济！

爱德华·德·斯多克尔随后发言。男爵是一个传奇般的人物，其离奇的命运将他带入了这个小房间里，让他置身于帝国地位最高的一群人周围。他的父亲是奥地利人，母亲是意大利人，他出生在新城敖德萨——这个由俄国在黑海之滨从头开始建设的"巴比伦"。他的学业将他带进了外交界，他在火奴鲁鲁和伦敦的经历又让他先后担任了俄国驻华盛顿代办和全权大使。斯多克尔同一名美国女性结了婚，是一个男孩的父亲，沙皇本人还坚持要做他儿子的教父。他在美国首都度过了内战，甚至有时还试图扮演调解人的角色。[221]在席卷美国的内战中，俄国是少数几个明确站在林肯和联邦废奴主义者这一方的大国之一。俄国甚至将其部分舰队派往其北方盟友控制的纽约和圣弗朗西斯科港，以表达对他们的支持。因此，在华盛顿的圈子里，斯多克尔享受着特殊的信任与好感。当他于有沙皇在场的小型委员会面前发言时，他首先提醒众人，他在美国首都停留期间，美国人已经试探性地提出了收购阿拉斯加的想法，就像他们以前对路易斯安那、佛罗里达、得克萨斯和加利福尼亚所做的那样。这样的提案绝非寻常，因此它也没有被一口回绝。但俄方要确保这项提案至少在明面上"是由美国提出的"，以免在谈判开始之前就将自己置于不利之地。

随后进行了简短的讨论，其间最后两个主要人物，即海军大臣和外交大臣也表达了赞同意见。外交部掌门人的意见又进一步加强了沙皇的决心。在这场要员会议的所有参与者中，戈尔恰科夫被广泛认为是最保守的一位。此前的多个场合，他都宁愿将议题暂时搁置或推迟决定。但这一次，他对众人的观点表达了赞同，这在后来于其个人档案里发现的一份发言稿中得到了证明。在军事层面上，俄国没有能够保卫其海外领土的条件。即便是在和平时期，俄美公司的商栈也是任由"美国海盗"摆布的。与其让它们被盗，不如将它们放弃。最后，在政治层面上，将阿拉斯加转让给美国将有利于俄国与这个年轻共和国的关系，并可避免让英国人在太平洋地区增强实力。俄国是一个大陆强国，其首要任务是巩固自己在亚洲海岸和远东的征服成果。在阿拉斯加和阿穆尔河之间，人们必须做出选择！而选择的结果几乎毋庸置疑。

说定了。俄国同意了出售的原则，斯多克尔受命立即返回华盛顿处理这一非常特殊的问题。他得到的指示是去了解美国在内战刚刚结束，伤口尚未愈合的情况下愿意出价多少，又有多少财力。大公递给外交官一张俄属美洲的地图，沙皇补充说，价格无论如何不能低于五百万美元。会议随后便告结束。几天后，斯多克尔抵达了法国，他要从那里乘坐"圣洛朗"号前往纽约。他的任务是把北美近十分之一的土地卖给一个对此满不在乎的顾客。

正如我们所看到的那样，这个想法其实并不新鲜。十几年来，从阿拉斯加撤离的设想一直在俄国领导层中时隐时现。最早一批将这一标志性提议摆上台面的人物中，又出现了尼古拉·穆拉维约夫总督的名字。他在数次前往首都为了自己的利益向中央行政当局据理力争的过程中，于1853年向沙皇递交了一份信函，阐述了他关于这个问题的基本观点。在这个爱惹麻烦的西伯利亚总督眼里，俄国已经错过了19世纪初在美洲的历史机遇，列扎诺夫当时在加利福尼亚抛下了船锚，并提议在那里插上帝国的双头鹰旗帜。或许在当时，俄国还有主宰整个太平洋地区的机会。然而，穆拉维约夫在他的文章中继续说明道，这并没有什么可遗憾的，因为在"北美各州不可避免的扩张"压力下，这些领地无论如何都会被放弃。他在给沙皇的信函中写道："我们迟早要放弃我们在北美的领地，这是无法忽略的事实。"但他马上补充说道，在另一方面，"俄国至少应该支配太平洋的整个亚洲海岸［……］，这是非常自然的事。而且，即便我们已经让英国人渗透进了这一地区，我们仍能通过与北美各州的紧密联盟［原文中这里加了下划线］来挽回局势。"[222]

这份政治宣言可以追溯到1853年，那时克里米亚战争甚至还没有爆发，总督也还没有在黑龙江上站稳脚跟。而在这封信中，穆拉维约夫已经明确地说出了转让派支持者们未来的核心论点：俄国不能在太平洋上同时追逐两只野兔。穆拉维约夫的事业是对黑龙江和远东地区的征服和殖民，作为自己事业的顽强捍卫者，他立即投身了一场影响力的斗争，他察觉到这场斗争在权力机构的中心已经在所难免。四年后，一位新的沙皇接替了穆拉维约夫呈交函文的对象，如今是康斯坦丁大公从尼斯发信来呼吁放弃阿拉斯加，他与穆拉维约夫的措辞是如此相似，以至于我们很难不在信中发现后者的痕迹："这笔交易［出售俄属美洲］将要在适当的时机进行，因为我们无法自欺欺人：我们必须要预见到，不断追求扩张并希望支配整个北美洲的美国将会夺取我们的殖民地，而我们也无法再将它们夺回。"[223] 对于这个建议，亚历山大二世只在空白处简短而谨慎地批注了一句："想法值得考虑。"[224]

自那以后，有关俄属阿拉斯加命运的争论虽然没有传到普通民众耳中，但它仍在权力中心继续存在。在如今隐居巴黎的穆拉维约夫和"转卖者"阵营的领头人康斯坦丁大公之后，自由派和改革派的所有主要代表——他们的势力在俄国被英国、法国和奥斯曼帝国击败之后有所增长——都拥护俄国的撤离事业。国库空虚，改革又需要数额巨大的投资，所以他们主张集中资源，并清除阻碍帝国现代化的一切负担。而太平洋对岸殖民地的"异常"——这个词出自大公之口——就是负担之一。他辩称："俄国必须在其中心地带，在那些纯正俄国人居住密集的地区变得尽可能强大，他们因其出身和信仰而构成了俄国真正且主要的力量；它必须以此为中心发展它的力量，并在边缘地带只保留那些对它真正有用的领地。"[225] 在他们的对面，保守派则不愿甘拜下风，以沙皇亚历山大二世本人为首，内阁中大多数大臣和顾问都不愿意在没有真正迫不得已的情况下就这样放弃这片仍是处女地的广阔领土。

这场被刻意掩盖的斗争是通过代理人和专家中间人进行的。1857年4月，海军大臣弗兰格尔上将发表了一份非常谨慎的报告，它重申了俄国保留其美洲港口、渔场和商栈的意义，但为了避免冒犯大公，报告也计算了殖民地在被迫出售的情况下的潜在价值。海军上将指出，在没有外来压力或任何危险的情况下，至少需要2000万卢布才能弥补失去领地所造成的损失。而在目前殖民地脆弱到极点的情况下，"我国政府可以要价等于742.8万卢布的白银"，其中的一半要支付给俄美公司作为赔偿，另一半则可以进入国库。数额之所以如此精确，是因为弗兰格尔根据俄美公司的股价进行了估算。这就算好歹有了一个价格。

但事情一直毫无进展。俄美公司的特许权还有一段时间就要到期了，沙皇便以此为借口拖延时间。在自己弟弟的压力下，沙皇原则上同意了一些非官方的手段，旨在评估美国当局对这种提议的反应。一个调查团也将被派往当地，以便更好地对资产做出评估，它自然是由大公的一名效忠者领导的。斯多克尔承担起了向其来自美国政治阶层的对话者打探消息的责任。这名代办找到了在任总统一名公认的亲信——加利福尼亚参议员詹姆斯·布坎南，并向他提议建立一个让英国人被美国包围的北美洲。他给圣彼得堡的答复仍然十分含糊，但它显示出总统方面确实抱有兴趣，不过后者更倾向于不做正式讨论。但美国首次提到了它或许愿意支付的价格——500万美元，也就是650万卢布。斯多克尔在给沙皇的密函中评论道："这笔钱每年将产生30万卢布的利息。我怀疑俄国殖民地现在或将来任何时候都无法为我们带来与这一数额相当的收入。"[226] 对此，沙皇亲笔批注道："还需要再考虑一下。"[227]

然而他很快就不再有时间多做考虑了。帝国的拖沓延缓了正在华盛顿进行的非正式讨论的进度，而正当讨论强度终于加强并有更加具体的行动正要被采取时，一个名为亚伯拉罕·林肯的人在1860年11

月的总统选举中获得了胜利，国家随即一分为二。六个月后，内战爆发了。它将持续四年，斯多克尔不再可能向着大公所希望的方向努力。这个议题被暂时放弃了，斯多克尔甚至悲观地认为，如果南方的分裂势力成功瓦解了联邦，该议题就会被彻底放弃。

然而，俄国大使与几位要员的接触以及几次最高级别对话的风声让传言开始产生。据说，俄国人正准备出售他们在美洲的殖民地。英国报界自然是对这些小道消息最为敏感的。早在克里米亚战争期间，《泰晤士报》和《都柏林大学杂志》就报道了或将出售的传闻，一些美国报刊也将它转引了去。甚至有消息称，俄国也向其老对手英国首相帕麦斯顿提出过报价。这一切或许只是对斯多克尔手头工作的一个反映，但它确实体现出了英国的担忧：把阿拉斯加转让给美国将极大地改变北美和整个太平洋的地缘政治平衡。今天加拿大西部的领土将被夹在美国领土之间，因此难免受到威胁。除温哥华附近的小殖民地维多利亚之外，太平洋海岸不过是哈德逊湾公司一个巨大的狩猎场和采集地，定居者非常稀少，这里的情况与稍北一些的俄属美洲并没有什么根本区别。为了抵御各种风险，大不列颠殖民帝国将通过制度上的反击进行报复：1858年诞生的不列颠哥伦比亚殖民地在1866年成为一个自治领，它不久便加入了旨在巩固英国对该地区控制的新"加拿大联邦"。

在俄国本土，仍然没有关于沙皇意向的任何消息。帝国政治只是少数内部人士的工作，也只会在冬宫和几个阁部的围墙内进行。然而由于亚历山大二世在透明化方面的微小努力，人们可以分辨出一场势力斗争正在进行的些许迹象。这位热爱改革的统治者试图将帝国改造为一个更加现代化和组织合理的国家，他会在各种场合鼓励就施政方向的选择进行公开辩论。这是"开放政策"一词初次被用于这一语境，它再次被大规模使用是在苏联末期。从表面上看，从未有人谈论过出售殖民地，但一些杂志，尤其是由康斯坦丁大公的亲信经营的海军军官杂志《海洋收藏》对俄美公司进行了负面宣传，它们指责公司在美洲推行的政策已经不属于这个时代。圣彼得堡人可以在杂志中读到："俄美公司不过是已经结束的农奴制和垄断时代的遗物。它并不关心自己对特林吉特人或阿留申人的教化使命，而是将自己的利益与俄国的利益混为一谈。它的管理和维持方式都是父权主义和专制主义的糟粕，与本杂志旨在宣传的自由风气和人文主义精神相左。"

月复一月，《海洋收藏》一直领导着对这家伊尔库茨克的商人们创建的伟大公司的冲锋。它的主要目的是阻止皇家特许状的年限被延长，所谓皇家特许状，就是确立特许权、垄断权并确定沙皇政府提出条件的文件。事实上，先前的特许状原则上于19世纪60年代就要到期，自由派想要不惜一切代价避免特许期延长成为阻止阿拉斯加被转售的决定性障碍。因此这份自由派杂志对美洲殖民地的生活和俄美公司的管理刻意抹黑，描绘出了一幅灾难般的场景。公司的领导人则通过他们自己的报刊和渠道为自己辩护，为理性的读者提供了一场关于殖民地未来的精彩激辩。

而当地的情况又如何呢？作为俄属美洲首府的新阿尔汉格尔斯克，与世纪初印第安人袭击后巴拉诺夫匆忙重建的要塞已经没有太大联系了，与尼古拉·列扎诺夫饥荒和坏血病肆虐的商栈同样没什么关系。当殖民地的命运正要在圣彼得堡被决定时，它正经历着自己历史上最宁静和繁荣的时期之一。毛皮仍然是它的主要收入来源之一，但在开拓者过度猎捕，一些海洋哺乳动物，尤其是海獭几乎灭绝之后，俄美公司已经成功实施了一套切实有效的保护计划，维持了猎物的存量，以至于捕猎活动在新旗帜升起后再度开启时，第一批抵达的美国人也会对他们的努力钦佩不已："毛皮动物受到了精心保护，只有到达一定年龄的雄兽才被允许猎杀，其数量绝对不会超过市场所需的量。"[228]霍华德船长如是写道，他在1867年登上了第一艘被派往阿拉斯加的美国汽船，并以财政部特派员的身份撰写了这份报告。殖民地已经学会靠发展木材、煤炭和冰的贸易来减少对"软黄金"的依赖，冰被以块状出售给太平洋沿岸各个定居点的承包经营者们。一处船坞也在不久前被投入使用，它建造的第一艘蒸汽船于1860年在阿拉斯加出坞下水。

新阿尔汉格尔斯克沿着海湾延伸，其街道两旁的木质房屋大多涂成了公司所选择的橙黄色，屋顶则总是红色的。因为雨水密集，木质的人行道可以让路人在沿主路行走时不至于陷入泥泞。除了俄式浴场，即传统的巴尼亚之外，酒馆和俱乐部也如雨后春笋般出现，台球和纸牌是最受人欢迎的消遣方式。这里有几所学校、一家医院、一家药店，还有一座图书馆——它"拥有几千本用欧洲诸语言撰写的著作"——甚至还有一座自然历史和民族学博物馆。奇怪的是，在对殖民地各种设施的盘点中，唯独没有发现监狱的存在。镇里还有三座教堂，分别是圣米迦勒主教堂、一座沙皇的芬兰臣民经常光顾的路德派教堂，以及一座特林吉特印第安人颇为珍视的复活正教堂，他们中有许多人已经接受了洗礼，俄国人与他们的关系也得到了显著改善：印第安集市每天都会举办，特林吉特人在那里交易他们向美洲大陆深处的邻邦购买来的商品。他们的要员会受俄国当局及公司领导人的邀请，参加他们举办的招待会和典礼，有时公司的领导人甚至会被选为在敌对部族间调停的调解人。

最宏伟的一幢建筑，即公司领导人的宅邸，则矗立在小城尽头的一座小山上俯视着大海。它如今被众人称为"巴拉诺夫堡"。公司领导人的妻子，也就是殖民地的第一夫人每年都会在这里举办一场舞会。

为了应对饥荒的顽疾，殖民地每年都会储备粮食，以便在冬季将其分配给最贫困的居民。周围的印第安村落也开始种植稀缺的蔬菜：胡萝卜、土豆——它们能够在这个纬度上生长——然后再在新阿尔汉格尔斯克销售。1862年，一场天花流行甚至靠一场前所未有的疫苗接种行动得到了有效控制。

因此，殖民地的景象远没有蔑视公司的自由主义者在圣彼得堡描绘的那样暗淡。当一个新的调查团在1860年被任命为大公顾问时，虽然其团长戈洛文船长是康斯坦丁亲自任命的，然而他在俄属阿拉斯加的经历，以及那里给他留下的印象，只能允许他写出一份积极正面的报告。戈洛文小心权衡了报告书中的每一个字，他知道自己的调查结果可能会给他的委托人带来不好的后果，但他仍然在结论里建议不要出售俄美公司。即便戈洛文在正式报告中还保持了谨慎，他在私人信件中却表达地更加明确："据说在我们离开［圣彼得堡］之后，公司的股价下跌了；但那些想卖出股票的人着实都疯了。如果我有钱，我就会立刻购买尽可能多的股票，我确信在短期内就能获得巨额收益。"[229]

公司受到了戈洛文报告书的安慰，没有意识到其美洲殖民地正面临的威胁之大，因此也没有意识到其大部分经营业务正面临的威胁之大，于是它申请将其特许权再延长二十年。为了回应批评者，公司宣布自己愿意接受独立于其权力的法庭，并实行选举制度，按照俄国本土经过了沙皇改革的机构模式，允许地方自行选择其领导人，甚至将殖民地开放给来自母国的移民。公司唯一无法让步的是其对毛皮的垄断地位。辩论已经持续了太久，沙皇最后不得不做出裁决。1866年4月2日，在自由派的一片惊愕与沮丧中，公司取得了胜利，获得了一张有效期至1886年春天的特许状。俄国似乎在美洲大陆扎下了根，公司的权利也得到了保障。而一年以后，无论是俄国还是公司都已开始收拾行囊。

这是因为在圣彼得堡召开的那场小型会议决定出售阿拉斯加的几周后，急于完成其历史使命的爱德华·德·斯多克尔男爵于1867年2月15日抵达了纽约。

他的开局很不顺利。斯多克尔在跨越大西洋的客船上摔了一跤，拉伤了韧带。他刚一下船就被下医嘱，在三个星期内不能动弹。更重要的是，自他在五个月前离开美国以后，政治气候已经发生了很大的变化。1866年11月的国会选举是内战后举行的第一次选举，共和党激进派获得了压倒性的胜利，他们现在在国会里占三分之二多数，因此能够推翻总统的任何否决。简单来说，共和党激进派是废除奴隶制和确立黑人公民权利最坚定的支持者。他们拒绝与战败的南方各州妥协，希望剥夺前南军军人的权利，并要求在已经开始的重建工作中对他们先前的内战对手提出苛刻的条件。而尤其让斯多克尔感到恼火的是：共和党激进派在与他们认为过于温和的林肯多次发生冲突后，将怒火转向了在林肯遇刺后接替他的副总统安德鲁·约翰逊。作为来自南方州的民主党当选者，这位领袖气质不足的新总统并被视为激进派事业的叛徒，是国会的眼中钉，国会对他的政府怀有强烈的敌意。国务卿西华德作为温和共和党，是共和党激进派集中攻击的对象之一。然而，他恰恰是斯多克尔仰仗的对象。

二人是老相识了，当斯多克尔终于抵达华盛顿并要求会面时，这名美国外交部负责人立即接待了他。已经没有故作姿态的时间了。斯多克尔在给圣彼得堡的一份秘密电报中总结了他的开场操作："我向西华德提出了我国殖民地的问题。我补充说，如果有报价，帝国政府将愿意进行谈判。西华德回答说，这件事值得讨论，他将与总统商讨。他认为这件事于美国是有利的。他告诉我，这次谈判必须在最保密的条件下进行。接下来就是征求国会意见的时候了。至于价格，他说的是500万美元。他还补充说可以增加到550万，但不能超过这个数额。因此，我将尝试争取到650万或者至少600万。"[230] 听了斯多克尔的提案，西华德立即意识到，要想办成这件事，就必须谨慎而迅速地行动。新组成的国会自六天前首次开议。各位领袖现在只想着公民权利和南方各州的赔偿问题，而且国库也因战时开支而紧张，要在此时说服国会在大陆的另一端购买一块不为人所知的巨大领土，这可不是闹着玩的。必须非常迅速地采取行动，让国会措手不及，防止占多数席位的激进派组织抵抗。国务卿希望在本次议期结束之前完成这项交易。如果有必要，西华德和斯多克尔做好了采取一些特殊举措的准备。

此议案之前不是一直被扣在圣彼得堡的高墙深院里吗？突然间，它就要经历风驰电掣般的发展。大使和国务卿之间的第一次会晤是在3月11日。几个小时之后，约翰逊总统就得到知会。他并不十分赞同，但表示若美国能够从中获利，他也愿意被说服。13日或14日，斯多克尔和西华德再次会面。15日，西华德在政府会议上介绍了这个议案，他公布了条约的初稿，并请求他的各位同僚授权他以七百万美元的价格展开谈判。他也想为自己在谈判中留有一些余地。3月18日星期一，总统签署了谈判授权。19日上午，西华德和斯多克尔着手起草一份协议。下午，西华德向内阁提交了这份文本。他要求再增加20万美元的额度，说这是让协议"不受任何保护区、特权、专营权或特殊权利"影响的必要条件，俄国人或许会在随后提出这些诉求。我们将看到，这笔钱的用法会略有不同。3月23日，谈判双方就一些修正意见达成一致，3月25日，斯多克尔给戈尔恰科夫大臣发了一封加密电报："谈判结束。其结果是以下条约草案：第一条。转让我们的殖民地。[……]第二条。皇室的财产被转让给美国。私人财产仍然掌握在其所属个人的手中。正教教堂仍完全是这一信仰之信众的财产，他们信仰其宗教的自由会被保障。第三条。殖民地的居民可以返回俄国，也可以选择留下，他们将享有美国公民的一切权利。[……]第六条规定了数额为700万美元的赔偿金。第七条，即最后一条。批准文书应在华盛顿交换[……]。如果我在六天内收到答复，该条约就可以在下周签署并得到参议院的确认。"[231]美国电报公司为这封历史性的电报开具了一张9886.5美元的账单。斯多克尔把它寄给了西华德，而后者拒绝付款。俄国大使不得不等到700万美元的款项在一年多后被交付时，才支付了这笔他认为高得离谱的费用。但圣彼得堡的正式答复几乎是在3月29日就通过电传机回传给了他。在短短几小时内，戈尔恰科夫就把他的所有相关同事，包括财政大臣莱特恩，当然还有亚历山大二世本人都跑了个遍："皇帝授权以七百万美元的价格出售并签署条约。[……] 如果可能的话，尽量选在伦敦的巴林银行办理即时付款。无须再为协议达成向我们征求许可。通过电报确认收到。"[232] 而在俄国的原件上，沙皇还亲笔批道："就这样吧。"

就这样了。而且速度依旧迅猛。在3月29日星期五晚间收到沙皇的许可后，斯多克尔男爵立即前往西华德在拉法耶特广场的私人宅邸。国务卿的儿子弗雷德里克·西华德描述了这一场景："3月29日星期五晚上，西华德正在吸烟室与一些家庭成员玩惠斯特牌，这时我们得到了俄国公使到来的消息。'西华德先生，我收到了我国政府的快信。皇帝同意了出售方案。如果您愿意的话，我明天就前往贵部，我们可以签订条约了。'西华德听到这个消息后满意地笑了，他推开牌桌说道：'为什么要等到明天，斯托克尔先生？我们今晚就签。''但贵部已经关门了。您也没有助手，我的秘书们也分散在城里各处。''不要紧，'西华德回答道，'如果您能将您的代表团在午夜前召集起来，您就能在我的部门找到我，我在那里等您。我们会打开门，做好工作的准备。'不到两小时后，国务院的窗户里便亮起了灯光，似乎像在正午一样正在运作。星期六早上四点，条约已经缔结完成，签好了字，盖好了章，只待总统将它转交给参议院。"[233]

斯多克尔来到华盛顿不到三周，阿拉斯加就已经完成了出售。最终价格被定为720万美元，官方的说法是考虑到俄国人将不得不放弃一些还未到期的特权和合同。但国会还没有被说服，而当购买俄国殖民地的消息公开的时候，所有人都大吃一惊。西华德在夜间签字仪式过后不久邀请了几位他认为合适邀请的重要参议员，从而提前知会他们，然而他们的反应非常糟糕[234]，国务卿明白，批准协议所需要的三分之二多数票毫无保障。接下来几天，美国多家主要报纸都对这个项目进行了抨击，在国家试图恢复内部和谐的当下，这个莫名其妙的项目是不被需要的。"西华德的疯举""约翰逊的北极熊花园""西华德的冰柜"——这些标题和比喻在报纸的头版上盛行了好几个星期。这种敌意在南方和纽约的报界特别强烈，而在西部的接受程度显然要好得多。《纽约先驱报》抗议说："俄属美洲99%的部分是毫无用处的；剩下的百分之一可能有一定价值，但对于一个拥有的领土已经超过了它能够体面管理的范围，且债务负担过重的国家而言，它肯定不值700万美元。"[235]一直在抨击总统的《纽约论坛报》则以辛辣的讽刺带头反对总统府给出的论据。他们的社论作者写道："从纸面上看，再没有比俄属美洲更美的地方了。这里的气候很好，冬天也很温暖。同时，这里的冰场也取之不尽。［……］金矿直到纬度60°都储量丰富。这里如此美妙，毛皮、鱼和木材资源都如此富足，沙皇大概是认为这片土地太好了才不想留住它［……］"

　　形势正在恶化。一些参议员公开表达了激烈的反对意见，例如来自缅因州的参议员威廉·费森登，他宣称自己"可以支持该条约，只要国务卿承诺自己将去那里生活"。[236]当参议院要按预定进行表决时，斯多克尔在给戈尔恰科夫的函文中显得非常担心。"阁下看到信中所附的两篇文章均来自《论坛报》，这是主导国会的政党在纽约的主要喉舌。阁下会看到西华德先生以及连带的条约受到了怎样激烈的攻击。参议院的接纳程度也没有更好一点。几位参议员向我透露，他们对交易本身并无异议，他们赞同交易，但他们无法批准有西华德签名的法案。外交委员会主席萨姆纳先生来找我，要求我撤回该条约，他说该条约不会有任何被批准的机会。我点头哈腰地拒绝了。"[237]

　　为了应对敌人的严厉批评，西华德动用了一切资源。他动员了一批记者，向所有可能影响国会辩论的人物送去了有关阿拉斯加美好前景的报告。他每顿饭都会请来几位尊贵的客人，让他们成为自己的盟友。他的法国酒窖和名贵雪茄都得到了很好的利用。根据嘲讽者的传言，他家客厅的餐桌上摆了一张俄属美洲地图。客人们可以吃到"烤条约，煮条约，瓶装和壶装的条约，饰有政府职位的条约，浇有毛皮、缀有海象牙、配有木材、会像鱼一样扑腾的条约"。[238] 国务卿还呼吁科学家，如冰川学家阿加西和史密森尼学会的博物学家们前来支援。但他的最佳盟友是大电报线项目的负责人，他们在项目遭放弃后回到了祖国。西华德了解他们的探险故事，他之所以一下子就成为俄属美洲收购计划的支持者，毫无疑问也与他曾阅读过他们的实地报告有很大关系。[239] 在他的请求下，这个巨大项目的参与者们，诸如布克利和佩里·麦克多诺·柯林斯，开始轮番在西华德强行撬开大门的媒体专栏中歌颂极北地区尚未被开发空间的无限可能。探险队指挥官布克利说："我得说，我认为收购这片领土具有无比重要的意义，它的价值无法用美元来衡量。那里出产的毛皮或许是世界上最贵重的。而单是圣保罗岛，如果管理得当，几年内就能产出价值足以抵销全部款项的海豹皮。"[240]

参议院在4月9日的特别会议上讨论了这个问题。第一轮投票让不同阵营得以对各自的力量进行清点：27票赞成，12票反对，6票弃权。没有达到规定的三分之二多数，需要进行第二轮投票。参议院最终以37票对2票的结果，批准了购买这片如今被称为阿拉斯加的土地。这对斯多克尔而言是一种解脱，对西华德而言则是一场胜利。但这要归功于外交委员会的主席——激进派的查尔斯·萨姆纳，也就是建议斯多克尔撤回条约提案的那个人。在短短几天内，萨姆纳为了理解条约的关键性付出了很大努力。他翻阅了报告，咨询了专家和探险者，包括他的敌人西华德派过来的那些人。当这位马萨诸塞州的参议员走上主席台时，他的口袋里只有一张写着字的记事便条："对太平洋沿岸的好处，对霸业的补充，从北美脱离的又一个君主国，在占领北美路上的新一步。"[241] 在坐在查尔斯·萨姆纳面前的共和党激进派听来，这些关键词各个悦耳至极，他以此出发，引出了一场语惊四座并将载入国会史册的三小时辩护演讲。在他的激情演说中，他提议立即为这片土地改名，用当地土著的叫法"阿拉斯加"（意为"大国"）来称呼它。再也没有俄属美洲了，阿拉斯加万岁！这次演说是如此成功，以至于即兴创作它的萨姆纳不得不尝试以书面形式将它还原出来，从而满足公众的需求。

参议院因此批准了条约，但议会斗争还没有结束。众议院也得同意这笔720万美元的支出，而正如威廉·西华德很快发现的那样，这里的较量比在参议院时更加困难。7月，当总统将条约及其财务条款送交众议院批准时，众议院决定休会，并将下一场会议定在11月召开。国务卿做出了正确的判断，认为交易的成功与否就取决于行动的速度。但就在这一天，反对购买阿拉斯加的人通过了一项新法案："禁止进一步购买领土"。该规定主要针对的是维尔京群岛中被美国吞并的两处丹麦小型属地——圣托马斯岛和圣约翰岛。但阿拉斯加条约的支持者们无疑也是它瞄准的对象。与此同时，反对者们还在挖掘一个涉及美国军火商的陈年纠纷，据称他于克里米亚战争期间在俄国被克扣了货款。西华德的反对者要求从支付给俄国的最终数额中扣除八十万美元，从而解决这一旧案。

此案久拖不决，条约中规定的付款期限已经明显无法得到遵守。更何况内部政治局势也每况愈下。由激进派控制的国会不断阻挠总统。在他试图于国会中推行的否决案中，有15个都被激进多数派推翻了。而在1868年2月，针对安德鲁·约翰逊总统的弹劾程序也被启动，它将一直持续到5月。[242] 不用说，阿拉斯加的命运现在在华盛顿的关注清单上自然是排不上号的。

由于方法在参议院起了作用，西华德再次启动了他的影响力机器。只要有希望获得一个议员的支持，国务卿的公关顾问们就在工作。斯多克尔大使也在尽自己的职责。他在给大臣的一份信函中解释道："我们［与西华德］一起，通过有影响力的人物和律师来做国会领导者的工作。"[243] 做工作？怎样做工作呢？

我们首先要注意到，这些"工作"是切实有效的。因为当众议院终于在1868年7月的会议上讨论了该条约后，最终的结果对协定的捍卫者而言无疑是一个惊喜。7月14日，众议院以114票对43票通过了条约及其预算结果，有四十四名议员没有参加最后投票。这一次少了一些激情演说，但多了一些往常比较低调，这次却明显对工作十分热情的国会议员。几家报纸，尤其是《华盛顿纪事报》和《费城报》，也对购买这块前俄国殖民地表示了支持。尽管如此，还是有一些多疑的人对投票的规模感到惊讶，这与之前的决定和关于这个问题辩论的紧张气氛形成了强烈对比。该如何解释这样的转机？

答案出现在1912年，一名研究人员在约翰逊总统的私人文件中发掘出了一份出自他本人之手的备忘录："1868年9月6日星期日，西华德先生和我沿着马尔伯勒［马里兰］的公路走了七八英里。我们走到一个叫'老田'的地方附近，在一些橡树的树荫下停了下来。我们边喝冷饮边谈天说地，国务卿问我是否曾经想过，国会议员有多少行动能够不受金钱的影响。［……］然后他提醒我，以700万美元收购阿拉斯加的议案在众议院被暂停和扣压了。在收购案就这样被拖延的时候，俄国公使［斯多克尔］告诉国务卿，J. W. 福尼说他需要3万美元，但如果没有某些影响力，众议院是没有可能批准收购案的。在支付了3万美元之后，他们得到了《纪事报》的支持。他还告诉我，此前他已经向R. J. 沃克和F. 斯坦顿支付了2万美元的服务费用。外交委员会主席N. B. 班克斯收了8000美元，而廉洁的塔迪斯·史蒂文斯［共和党激进派领导人］只收了1万美元的小钱。"[244]

总统并不是威廉·西华德的唯一倾诉对象。他的一位密友后来回忆说，他在同年9月从他那里得知，在关于阿拉斯加的国会辩论前夕，

R. J. 沃克收到了2万美元，F. 斯坦顿收到了1万美元，另有十名议员收到了1万美元，福尼收到了2万美元，还有1万美元是要"给可怜的塔德·史蒂文斯的，但由于没人愿意把钱转给他，所以我承诺我自己来做。但这个可怜的魔鬼死了，这笔钱现在还在我手上"。[245]

根据俄罗斯和美国历史学家此后进行的详细研究，有13.4万美金[246]可能是由爱德华·斯多克尔直接——或如国务卿西华德本人所述——通过中间人支付的贿赂。大使本人也从他的政府得到了2.1万美元，作为对他所做工作的奖励。这些钱是从定好的700万美元之外，经国务卿西华德的批准和努力，在谈判过程中另外获得的20万美元中抽取出来的。

在俄国，人们对出售美洲殖民地的消息感到十分震惊。1867年3月30日，当华盛顿贴出的第一份新闻电报宣布，在美国首都刚刚签署了有关这一议案的条约时，人们是如此惊讶，以至于似乎没人把这个消息当真。报界沉默了整整四天，直到俄罗斯电报社在4月4日发表了一份简短的电讯，讯文说："美国以700万美元购买了俄国在美洲的领土，消息确实已被宣布。"[247]第二天，该机构证实"昨日关于俄国出售北美属地的消息已经得到确认"。官方的"墓志铭"就只说了这么多。

然而没有人愿意相信这个消息。一些报纸认为这是为了压低俄美公司股价而使出的伎俩，另一些报纸则无法想象要放弃"几个世纪以来以惨烈牺牲为代价而征服""用俄国人的鲜血盖上印记"的"领土和权利"。一些评论家则指出，鉴于俄美公司刚刚获得了二十年的特许期限，这类交易的可能性就更加微乎其微了。改革派的大日报《声音》倾向于认为这是一种欺骗手段，是一个毫无根据的谣言，其目的则令人捉摸不透："三天以来，我们一直在转载来自纽约和伦敦的关于向美国出售俄国在北美属地的快讯。无论昨天还是今天，我们都只能把这些令人难以置信的传言当作一个非常糟糕的笑话。"[248] 两天后的报纸中写道:"今天有传言说［阿穆尔河畔］尼古拉耶夫斯克铁路要被出售,明天就要轮到俄属美洲殖民地;谁敢说后天我们不会听到关于出售克里米亚的类似传言?"[249]

然而渐渐地,当局先是没有否认,后是小声承认的反应让人们倍感错愕。绝大多数报纸都为这些遗产被以"低得离谱"的价格出售而感到愤慨。以至于当局最后被迫声明,"虽然审查制度不禁止新闻界讨论政府作出的决定,但它没有任何理由对合法当局采取的措施,以及虽然尚未实施但目前正在考虑中的措施发表攻击性意见［……］"。其中的不适感显而易见。在政府内部,包括内务大臣瓦卢耶夫在内的几名政府成员正公开表达他们对被排除在这个重大决议之外的反对和愤慨。东正教会也表达了它的反对、困惑以及对生活在美洲殖民地的信徒的关注。最后,直到4月22日,也就是参议院做出决定的两周后,圣彼得堡才决定通知新阿尔汉格尔斯克的公司负责人。他想必也花了很长时间才相信了电报的内容,因为一些更加偏远的俄国哨所直到十五个月后才被告知自己的命运。

这出戏的尾声于1867年秋季在俄国殖民地的首府上演。虽然众议院还没有着手批准条约,但各方已经就尽快完成权力交接达成了共识。自从出售的消息被公之于众,成群结队的探险者就从加利福尼亚启程,去寻找或许隐藏在北方雾气中的应许之地。"新阿尔汉格尔斯克正在被美国人淹没。"负责监督移交行动的俄国皇家特使如是报道。而更加普遍的情况是,由于每个人都在试图维护自己的产权,整个社会都处在动荡中。条约规定,除了公司的财产已转入美国人的手中,私人财产都将得到承认和保留。遗憾的是,由于登记系统存在缺陷,仍然习惯使用习惯法的大多数居民对其财产并没有所有权。因此,他们聚集在公司办事员的柜台前,讨要对其既得权利的证明,而新登陆的移民则在每一处狭小空地上安营扎寨,将它们占为己有。

"我为［俄国］民众因此被一些来自维多利亚［温哥华］却自称是美国人的无赖所烦扰而感到十分遗憾，"一名美军军官指出，"他们试图占据城市中的每一片土地，包括总督的花园、教堂及其地产。"[250] 三年后，几乎所有俄国人都已从这里离开，前往了西伯利亚或阿穆尔河地区。印第安人方面也担心这些新来的人将目光投向从未被争夺过的传统领地。"的确，"一位特林吉特酋长向美军总指挥承认，"我们允许俄国人占有了这座岛屿，但我们并不打算把它交给任意哪个与他们一起来的家伙。"[251] 当新来的负责人向他们的俄国同行询问是否登记过无权土地的边界时，他们被告知："迄今为止，政府和公司都没有对土地的划分方式施加任何影响，当地人完全自由地使用这些土地，没有受到任何影响或限制。"美军指挥官哈勒克少校大胆地评论道："如果我们的印第安人制度被引入这里，同印第安人的战争将不可避免地爆发。"尽管这片土地的新主人试图让印第安人皈依他们的信仰，但印第安人社群仍会忠于东正教信仰，并构成当地东正教徒群体的绝大多数。在未来很长一段时间内，当地的孤儿院和学校都将由俄国东正教会管理。提供给特林吉特人和阿留申人的宗教仪式都是用俄语进行的，而一些教士也会在未来许多年里继续让当地土著每年宣誓向沙皇效忠。[252]

10月18日上午十一点，"奥西皮号"护卫舰载着美军的洛弗尔·哈里森·卢梭将军以及两名俄国全权代表阿列克谢·佩奇丘罗夫和费奥多尔·科斯库尔，自圣弗朗西斯科驶入了新阿尔汉格尔斯克湾。卢梭将军的心情十分不好，他从启航时就开始晕船，于是首先便取消了沿海岸线的所有后期行程，按照原本的计划，他要像这样接管各个俄国要塞。他也不想在这个鬼地方浪费时间，于是便下令下午三点半在俄美公司领导人的宅邸巴拉诺夫堡前的平台上举行交接仪式。到了约定的时间，约100名西伯利亚步兵面对着专为此场合派来的一个美国营列队站好。一个仪仗队庄严地抬着国务院专门送来的星条旗。大约60名俄国平民在广场的角落里参加了仪式。一些美国观众也在港口的船上目睹了这一幕。人们甚至可以看到一些印第安人也从他们的皮划艇上观看了这个仪式。下午四点整，停泊着的俄国和美国舰船鸣响了礼炮。俄美公司的负责人下令带走印有双头鹰图案的白蓝红三色旗。沙皇陛下的旗帜从杆上缓缓降下，然后突然卡在了旗杆的装置里。人们先是耐心等待，后是互相商议。最终一名俄国水兵奉命爬上旗杆将旗帜解下。当他好不容易爬上去时，被风刮走的旗帜却撕裂在了下方美国士兵的刺刀尖上。卢梭将军宣布，新阿尔汉格尔斯克现在成为锡特卡市。俄国刚刚永远告别了美洲。

斯特罗加诺夫家族在索里维切戈茨斯克的宅邸。版画，1842年　　　商人阿尼凯·斯特罗加诺夫。版画，1780年

伊凡雷帝接见阿尼凯·斯特罗加诺夫。版画，19世纪

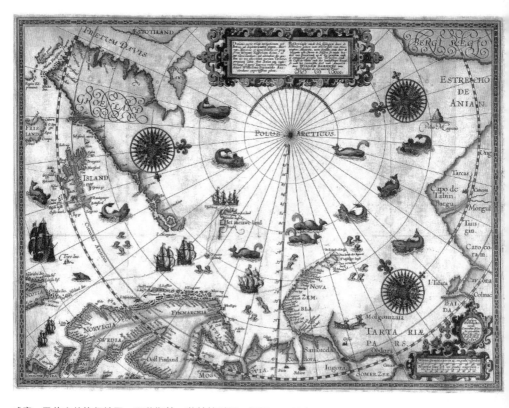

威廉·巴伦支的旅行地图。巴蒂斯特·范杜特科姆，版画，1598年

威廉·巴伦支，伟大的荷兰探险家，在尝试从北方
前往中国的过程中丧生于北冰洋

哥萨克叶尔马克·齐莫菲叶维奇，1582年西伯利亚征服行动的先驱者

鞑靼可汗库楚汗的形象

《叶尔马克对西伯利亚的征服》，瓦西里·苏里科夫，1895年

伊万·莫斯科维廷，最早抵达太平洋东岸的欧洲人之一（1639年）

哥萨克谢苗·杰日尼奥夫，最早进入分隔亚洲、美洲大陆之海峡的人（1648年），比维图斯·白令早了近一世纪

探险家米哈伊尔·斯塔杜欣，谢苗·杰日尼奥夫的同伴

哥萨克在海中航行的小船"科赫"，19世纪复制品

丹麦舰长维图斯·白令的复原半身像

阿列克谢·奇里科夫，白令的副官，官方认定的最早到达阿拉斯加的欧洲人（1741年）

大地测量学家伊万·格沃兹德夫，1732年一次对阿拉斯加探索行动的领队

德米特里·奥夫茨涅，白令的船副

探险家瓦西里·普龙奇谢夫，第二次勘察加探索行动的参与者

法国天文学家路易·德利尔·德·拉克洛耶尔

米哈伊尔·罗蒙诺索夫，百科全书式的人才，帝国科学院最早的成员之一，他在晚年一直致力于对北冰洋的研究

图书馆员和地理学家塞缪尔·恩格尔

约翰·格奥尔格·格梅林，医生和植物学家

格梅林《西伯利亚植物志或西伯利亚植物史》初版中的一页，1747年出版于圣彼得堡

历史学家格哈德·弗里德里希·米勒

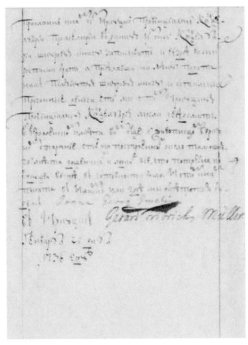

约翰·乔治·格梅林和格哈德·弗里德里希·米勒在一份收件人是斯捷潘·克拉琴尼科夫的文件上的签名，1736年1月20日

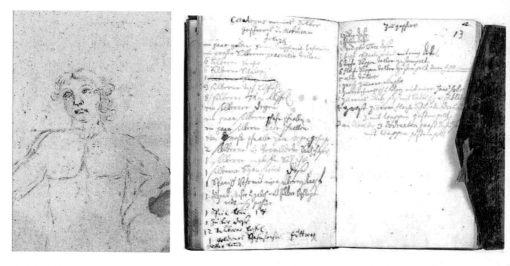

木炭条素描，作者、日期不详，被发现在格奥尔格·威廉·斯特勒的档案中，或为这位学者的肖像。右为一份1744年的笔记

海獭，格奥尔格·威廉·斯特勒绘，收录于1753年出版的《论海洋动物》

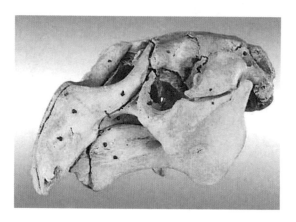

大海牛的鄂骨，格奥尔格·威廉·斯特勒在北方大探索过程中（1742）采集于阿拉斯加

"海之牛",又称大海牛、斯特勒海牛,由格奥尔格·威廉·斯特勒发现和绘制

勘察加的冬季陋屋,格奥尔格·威廉·斯特勒绘,收录于其作《堪察加描述》

格里戈里·舍利霍夫，伊尔库茨克的大商人，为殖民了阿拉斯加的俄美公司的创始人。右为其妻娜塔莉亚·舍利霍娃

格里戈里·舍利霍夫在科迪亚克岛三圣湾建立的村庄景观，1790 年

毛皮商人伊万·戈利科夫，格里戈里·舍利霍夫的合伙人

尼古拉·列扎诺夫，俄属美洲的开拓者

亚历山大·巴拉诺夫，俄属美洲的首任总督

伊万·费奥多罗维奇·克鲁森施滕船长

商人佩里·麦克多诺·柯林斯，俄美电报公司的发起人

外交官爱德华·德·斯多克尔，阿拉斯加出售案的谈判代表

阿拉斯加出售条约的签订，1867年3月30日。最前为爱德华·德·斯多克尔

尼古拉·穆拉维约夫–阿穆尔斯基，西伯利亚总督

穆拉维约夫–阿穆尔斯基总督与其妻叶卡捷琳娜·尼古拉耶夫娜

穆拉维约夫–阿穆尔斯基总督在伊尔库茨克的官邸

根纳季·涅韦尔斯科伊海军上将，阿穆尔河畔尼古拉耶夫斯克的创建者

记者尼古拉·亚德林采夫，西伯利亚自治的大力倡导者。合照中位于左二

植物学家格里戈里·波塔宁，中亚探索的先驱者。左图右下坐者

西伯利亚铁路的发起者叶夫根尼·瓦西里耶维奇·博格丹诺维奇上校

谢尔盖·维特，财政大臣，西伯利亚铁路项目的发起人

西伯利亚铁路工地

未来的沙皇尼古拉二世于1891年5月31日在符拉迪沃斯托克（海参崴）为西伯利亚铁路建设工程举行开工仪式

在克拉斯诺亚尔斯克地区铺设枕木

克拉斯诺亚尔斯克地区康楚火车站

1888年10月17日，皇室专列在比尔基车站遭遇车祸

1900年巴黎世博会俄罗斯馆

十二月党人在赤塔监狱的囚室，绘于1906年

十二月党人谢尔盖·沃尔孔斯基及其妻子玛丽亚·沃尔孔斯卡娅

波利娜·盖布勒·安年科娃和她的丈夫、十二月党人伊万·亚历山德罗维奇·安年科夫

革命者叶卡捷琳娜·布列什科－布列什科夫斯卡娅　身着哥萨克服饰的美国新闻记者乔治·坎南

诺里尔斯克煤矿的发现者亚历山大·索特尼　地质学家尼古拉·乌尔凡采夫（照片中位于右侧者）
科夫

诺里尔斯克惩戒营

1953 年，诺里尔斯克惩戒营中暴动的囚犯们张贴的告示："我们希望能够平静地生活和工作。我们不是叛徒，也不是怠工者。我们等待着由政府任命的委员会。"

被派出建设极北铁路的囚犯。中图：乌连戈至伊加尔卡路段

商人米哈伊尔·西多罗夫，俄属北极地区的捍卫者　　西伯利亚商人兼工业家亚历山大·西比里亚科夫

芬兰探险家阿道夫·埃里克·诺登舍尔德。右图为第一艘穿过东北航道的船只"维嘉号"

亚历山大·鲍里索夫的油画《喀拉海》，1896

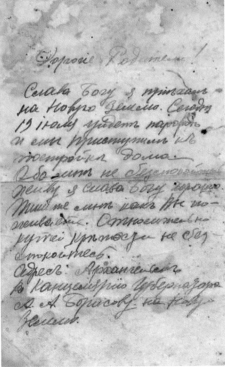

画家兼探险家亚历山大·鲍里索夫。右图为他致父母的亲笔信，其中提及了他在新地岛上建造了一间简陋的小屋。信件日期为7月19日，未标注年份

亚历山大·鲍里索夫在新地岛前

亚历山大·鲍里索夫的船只"梦想号",照片中间者为画家本人

历史学家兼地理学家弗拉基米尔·维泽

奥托·施密特，1933年7月16日至1934年4月13日"切柳斯金号"远征的指挥者

苏联极地研究之父鲁道夫·萨穆伊洛维奇（左一）

航行于海上的"切柳斯金号"

"切柳斯金号"的船员，1933年

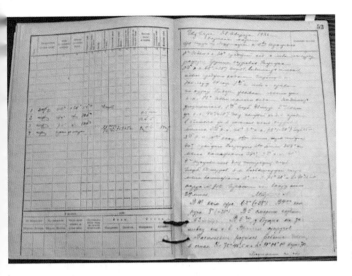

"切柳斯金号"的航海日志提及了卡丽娜·瓦西列娃于1933年8月31日5时30分诞生

卡丽娜·瓦西列娃，摄于2016年

于楚科奇海被浮冰围困的"切柳斯金号"，摄于1934年2月至4月间

1934年6月19日，"切柳斯金号"船员凯旋莫斯科

斯大林在红场接见奥托·施密特

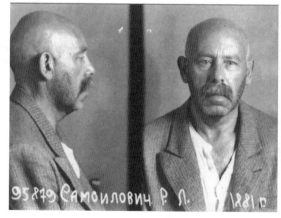

北方研究院的创始人和领导人鲁道夫·萨穆伊洛维奇于
1938年7月20日被捕，并于1939年3月4日被判处死刑

建设流动极地科考站的"北极点一号"计划：伊万·帕帕宁从ANT-6型飞机上卸下面包。该飞机是第一架在浮冰上着陆的飞行器。照片摄于1937年5月21日，位于左侧者是奥托·施密特

流动极地科考站的负责人伊万·帕帕宁正在测量海水深度。叶夫根尼·费奥多洛夫摄

"泰梅尔号"和"摩尔曼号"对"北极点一号"计划团队成员的营救行动：伊万·帕帕宁、叶夫根尼·费奥多洛夫、埃尔恩斯特·克连克利和彼得·希尔科夫，1938年2月19日

别廖佐沃,西伯利亚的第一口天然气井,摄于1953年9月21日。右图为1953年至1954年冬季被冰封的井架

西伯利亚油气资源开发的先锋们:亚历山大·贝斯特里斯基、法尔曼·萨尔马诺夫、尤里·埃尔韦、瓦西里·泡德西比亚金和尼古拉·巴伊巴科夫

别廖佐沃的地形测量工作者。摄于1954年

1961年，油轮TN-652号执行了首次自沙伊姆向鄂木斯克的输油任务

沙伊姆地区一条输油管线的建设。摄于1968年

1962年的苏尔古特城

1959年，在苏尔古特一口油井上的作业

1964年，萨莫特洛尔油田开发之初

第四部分

帝国的冰腰带

第十七章
西伯利亚铁路要经过哪里？

西伯利亚铁路之父是一位名爵不显的消防员上校，名叫叶夫根尼·瓦西里耶维奇·博格丹诺维奇。当"一列开往西伯利亚的火车"这种略显疯狂的想法跃入他的脑海时，他三十七岁。那时，他身在圣彼得堡，为内务部诸多的下属部门之一效劳。他并没有为我们留下多少肖像，仅有的那些表现出一位双眉浓密、身材瘦削、姿态高傲的男子形象。在每一幅画中，他都身着制服，佩戴着数目众多的勋章，双眸深陷。稀疏的头发凸显出他英俊的面容，脸部四周蓄着富于男子气概的髭须与茂盛浓密的络腮胡，这样的造型在那个时代的保守主义者团体中颇为时髦。在帝国的行政部门中，他负责预防那些可能威胁沙皇俄国的非军事威胁，并组织可能的检阅。放在今天，他的职位大概相当于民事防护部门的负责人。他曾经以协调员的身份参与俄国多座大城市的火灾应对工作，并因为自己在这方面做出的努力而声名鹊起。对于"古罗斯"和那些以木制建筑为主的城市而言，火灾是一种世纪性的灾难，而到了19世纪下半叶，它依然是日常生活中带来最大压力的灾祸之一。而从建立职业的消防员队伍，到创设有关保险的雏形，这些都要归功于消防员上校叶夫根尼·瓦西里耶维奇·博格丹诺维奇所发挥的主观能动性与首创精神。他至少曾试图对自己所执掌的这一新兴领域进行近代化的改造。

帝国民事防护所涉及的领域远超过防范火灾这一项。博格丹诺维奇一次又一次地受命解除自然灾害的危险、评估饥荒所带来的破坏，甚至构想防备曾经横扫俄国的革命"瘟疫"的手段，而最后一项正是他最为钟爱的活动之一。上校先生仅仅需要承担全方位预防的职责，他并不负责监视或者镇压，它们属于公共安全与秩序保卫部的业务范畴，后者被称为"皇帝陛下的内务部第三司"，即沙皇的秘密警察。其职责在于采取行动预防抗议活动这一曾在19世纪60年代席卷全俄的"瘟疫"。因此，他的兴趣点在于不满情绪的根源、人民生活的物质条件、外省地区的精神面貌与思想状态、起义的最深层原因：暴动的浪潮可能突然出现于这里或那里，但当局并不总是能弄清其缘由。这项任务落到博格丹诺维奇的肩上绝非巧合。叶夫根尼出身一个军人家庭，其成员为自己对沙皇的忠诚付出了鲜血。他的父亲同样是一位上校，曾率领军队与拿破仑作战；他的叔叔是高加索战争中的英雄，并在战斗中失去了一条胳膊。他的两个兄弟奥列斯特与维克托则在克里米亚战争中于塞瓦斯托波尔港防御战一役殒命沙场。他的第三个兄弟列夫也在车臣地区镇压伊玛目沙米勒起义的战斗中阵亡。[1]最后，上校先生自己的儿子尼古拉在政府中身居高位，但在20世纪初的恐怖袭击浪潮中遇刺身亡。博格丹诺维奇家族的孩子在礼拜上帝与仁慈的沙皇的虔诚环境中成长，而爬进了圣彼得堡的叶夫根尼上校公开主张一种富于战斗性的君主制，此举也令他日后加入了极端保守主义团体"黑色百人团"*。他位于圣伊萨克广场9号的住处也因而成为了后来保守主义官员们日常聚会的场所，其中一些客人是受博格丹诺维奇的邀请前来共进早餐的，而只要你与上校先生情投意笃，并且希望一面啜饮热巧克力、一面将改革派分子钉在柱上刑示于众，那么你也可以不

---

　　* 极右翼民族主义和君主主义运动，出现于俄国1905年革命期间。

打招呼径直来访。

1866年1月，内政大臣亲自向上校下达了一项个人任务：即刻启程，前往俄国欧洲部分东北部的彼尔姆与维亚特卡地区，展开一项核验性调查。四年以来，来自该地区的抗议信不断飞来，以揭露本地区遭到抛弃的现状。1864年，这里的饥荒尤为可怖，带走了成千上万的城市中低层人民和刚刚从农奴制的桎梏中被解放出来的农民的生命。工厂的经营者无力向地产主偿付欠款，食物储备已经耗竭，工人们饥肠辘辘。当地官员也敲响了警钟。[2]因此，博格丹诺维奇被要求将情况调查清楚并回来报告。他迅速展开了调查，并在两个月之后通过电报将第一批结论发送至大臣处："在排除了彼尔姆省与维亚特卡省在粮食供应方面的一切困难，并对当地的情况进行调研之后，我认为，在乌拉尔地区预防饥荒唯一可靠的办法是修筑一条铁路，将内陆地区［即俄国的欧洲部分］同叶卡捷琳堡连接起来，并一直延伸至秋明。"这位正在视察中的官员接下来所写的文字令他成为西伯利亚铁路的发起人之一："这条铁路线会一直延伸，穿越西伯利亚地区，直至与中国的边境。它可能具有重大的战略价值，并在国际商贸方面发挥重要作用。一俟返回圣彼得堡，我便向您汇报。签名：博格丹诺维奇上校。"[3]

一列预防饥荒的列车？一直延伸至西伯利亚？人们可以想象出内政大臣在阅读这封电报时的意外与震惊之情。除非他了解自己这位负担特别任务的下属的一项其他爱好。自其童年以来，博格丹诺维奇便醉心于科技，这或许来自其母亲，后者出身于阿尔布朗这一定居于黑海之滨俄国新征服土地上的法国工程师家族。叶夫根尼对技术和工业的进步感到心醉神迷。那个时代是飞速发展的时代，这尤其要感谢铁路的发展。自幼时以来，年轻的叶夫根尼便关注着铁路网在全世界的迅速铺开。火车，当然了！当他在巡视过程中发现问题时，这便成了他首先想到的答案。考虑到这样的背景，他在视察过程中将铁路作为解决眼下问题的首选，或许便不会如初次读到时那般令人震惊了。

博格丹诺维奇特使对形势的判断很简单：他所视察的这些省份过于靠北，以至于人们无法期待能从当地的土地中获得稳定且充足的粮食产出。由于进口不足，这一地区被迫忍受时常发生的粮食匮乏，而粮食不足的局面可能演变为如1864年一般的悲剧性大饥荒。与此同时，在乌拉尔山脉的另一侧，西西伯利亚地区殖民地的粮食产量有所富余，且并不总是能够将余粮出口至欧洲。而作为将西伯利亚同罗斯地区联系起来的大道，特拉科特并不具有足够的运输能力。从春季直至初秋，特拉科特这条长达数千公里的道路泥泞难行，令马车的轮毂陷入其中。当货物抵达伏尔加河或俄国欧洲部分的其他河流上的港口时，人们常常会发现，冬季已经降临，河流冰封，交通停滞，直至次年夏季方可恢复。因此，数千吨谷物在原地腐烂的场面屡见不鲜。通过修筑一条从西伯利亚直至伏尔加河，或是流向阿尔汉格尔斯克的德维纳河的铁路，人们一方面可以将粮食和蜚声四海、誉及西欧的黄油等西伯利亚商品出口至海外市场，另一方面也能够保证铁路沿线那些饱受饥荒蹂躏的省份的粮食供应。自然，修建铁路这一想法看起来荒诞不经，因为它假定人们要建造一条长度未知的铁路，穿越数千公里的森林与沼泽，在其所经的地区，冬季的气温是如此可怕，以至于人们无法忽略其对筑路材料的影响。此外，它还需要穿越乌拉尔山脉，尤其是那些在大地上纵横交错的大江大河，它们宽阔的水面意味着技术上的巨大挑战。在同一方向上，俄国还从未建成一条配得上"跨西伯利亚"之名的道路，此刻，又有什么理由相信它能够完成这项类似的工程呢？谁又能够承受一笔如此庞大的支出呢？这纯粹是疯狂的胡闹！一名经由陆路返回的大英帝国高级官员恰好在这一时期穿过了西伯利亚，他几乎无法想象这一工程能够最终落成："想要连通相距如此遥远的省份之间的交通，铁路的长度将会是惊人的。而考虑到俄国修筑铁路的技术方式，相较于其他任何一个国家中类似的工程计划，这条铁路的成本很可能高达三倍。"他判断道，"俄国并没有必要的资本以实施这样一项工程，而外国资本有其他更好的项目可供选择，也不会前来投资西伯利亚铁路。"[4]

叶夫根尼·瓦西里耶维奇·博格丹诺维奇是狂热的铁路爱好者，但倘若没有得到一定的支持，他很可能也不会冒险提出类似的建议。他从乌拉尔省的首府叶卡捷琳堡发出的电报令人猜想他已经在当地为自己怪诞离奇的计划找到了坚实的支持。那时，乌拉尔的矿业正处于辉煌的繁荣期，那些强有力的商业家族对此兴趣盎然。德米多夫家族是其中最富于企业家精神和最有影响力的商业家族之一，它在乌拉尔地区以及俄国的欧洲部分拥有诸多矿井、铸造厂和工厂，它也是西伯利亚地区第一个工业家族。如同他们在当地的同行与竞争者一般，该家族也对俄国国内的交通网络有着巨大的需求。一条铁路会使他们能够将已经在大不列颠、比利时、法国或德意志得到实践的钻井和采掘技术应用于他们新开发的矿藏，并确保随后矿石向铸造厂和炼钢厂的运输。一条穿越北部和西伯利亚无边无际的针叶林海的铁路线还能够确保木材的供应，后者可以被用作矿井巷道所需的支撑木以及蒸汽泵所需的燃料。在博格丹诺维奇上校身上，那些对乌拉尔地区矿产资源兴趣浓厚之人找到了一个富有同情心，甚至还不止于此的听众：一个理想的中间人，可以在帝国政府内部为符合他们利益的计划辩护。但是，虽说已经在乌拉尔为自己的计划找到了客观存在的盟友，这位沙皇的民事防护官员仍然决定将兴修一条横穿大陆的铁路当作其本人的事业。博格丹诺维奇最终将远远超过自己的第一批赞助人。[5]因为，如果说粮食生产商和工业家青睐这条铁路的原因在于它能够将其整合入俄国与国际的商贸网络，那么正是在这位留着小胡子的上校身上，人们看到了一种抱负更为宏阔的想法：一条延伸至中国的铁路。日后，这项被俄国人称为"西伯利亚大道"的工程成了上校存在的理由，叶夫根尼·瓦西里耶维奇·博格丹诺维奇将会把自己剩余的时光投入这项伟大的工程之中。

俄国的铁路网络依然极其不发达。1862年,处于运营中的铁路总里程不过2650公里,而在德意志,这一数字是11000公里,在美国则已经达到了49000公里。然而,俄国建成的第一条铁路(也是世界上的第六条铁路)修筑于1837年,距离当时已有三十年之久,该铁路由一位奥地利工程师主持建设,联通了圣彼得堡和皇村。这条线路绝佳地展现了这两个国家各自优先选择的不同:1825年营建斯托克顿至达灵顿铁路的英国先行者们想到了这种革命性的运输方式能够为自家煤矿的开发经营带来助益,而沙皇签发第一份铁路特许状的目的则是便利首都至皇室夏宫之间的交通。

从那时起,俄国的铁路屡经兴衰,尽管那些富于远见的教授和工程师做出了诸多努力*,在就此展开的争论之中,反对应用这一新兴技术,尤其是担忧它对俄国社会潜在影响的声音长期占据上风。保守主义者担心,这种闻所未闻的新型交通方式会导致"社会各阶层分野的模糊",并便利民主思想的传播,总之,它会变为一个政治和社会领域的不稳定因素。时任财政大臣格奥尔格·冯·坎克林总结道:"它的传染性太强了。"[6]而之所以能够开工建设连接莫斯科和圣彼得堡的首条大型城际铁路,还要归功于沙皇的介入,该线路于1851年11月竣工。

正是克里米亚战争以及战败的教训再度激起了震动。当时,俄国的将军们注意到,交通运输的耗时是如此漫长,以至于俄军的增援不得不花费多于法国士兵的时间才能抵达克里米亚半岛的前线:前者不得不跨越数千公里坑洼泥泞的道路,而后者则乘船抵达。俄国的第二条铁路线便是这一军事领域惨痛教训的产物:它通往帝国当时的附庸

---

　　* 例如圣彼得堡大学的教授尼古拉·谢格洛夫或工程师帕维尔·梅利尼科夫,后者日后被任命为俄罗斯帝国的首任交通大臣。

波兰及其首都华沙。在19世纪60年代初，这条铁路使俄国能够在两天之内迅速调派军队，从而有效地镇压了波兰人民的起义。

华沙、圣彼得堡、莫斯科以及通往伏尔加河畔下诺夫哥罗德的最后一段铁路，当博格丹诺维奇提出他那将铁路延伸至西伯利亚和中国的宏大计划时，这些便是俄国已建成的全部铁路。俄国的道路状况是如此糟糕，以至于这一现状在日后成了大胆发展新式交通方式的理由，这也是美国人曾经的做法。对于这样的国家而言，这一点铁路里程实在是太少了。这一事实是如此明显，以至于人们逐步认识到了它。火车成了近代化的象征，博格丹诺维奇上校的想法也合乎当时的潮流。在他之前，几位大胆的先行者或冒险家已经表达过在草原上修筑铁路以逐步向东推进的想法了。加利福尼亚人科林斯计划用铁路连通黑龙江与贝加尔湖，这一方案得到了当地总督穆拉维约夫的支持。此外，莫里森、霍恩和斯莱这三名英国人也曾经考虑过成立一家公司，"便利欧洲、中国、印度和美洲之间的联系"。[7]1858年，圣彼得堡的商业顾问索夫龙诺夫也一度建议将下伏尔加地区同黑龙江连接起来。但这些乌托邦一样的美好愿景缺乏政治和经济上的支持，均无后续，悉数夭折。相反，当上校发出他的电报时，俄国政府正意图追上自己在铁路领域的落后。自克里米亚战争结束以来，俄国政府陷入了资源不足的窘境之中，因此它试图动员私人资本并招徕外国投资者。国家担保，所有参与新铁路线营建和开发的公司能够享有至少5％的利润率。同时，政府还为采购筑路物资与相关设备提供了大额的补助。一些人从中获利，欧洲的小股民竞相购入俄国铁路公司的股票，国营的投资机构也不例外。坊间传言，沙皇本人就是铁路领域最大的股东。铁路经济迎来了真正的爆发式增长，而在俄国的欧洲部分，铁路网的长度每年平均增长1500公里。[8]但这样的局面并未带来财税收入的相应增长：这些公司经营不善，收费也没有统一，最终也最重要的一点在于，国家所给出的保证使许多公司出现了过度投资、过度收费、领导层工资过高等现象。国库被迫下场拯救这些企业，以偿付承诺的股息，并眼睁睁地看着自己的财政赤字逐年膨胀。债务的无底洞和卢布信用的损失最终会导致这一想当然的政策的废止。

但博格丹诺维奇的项目依然在借势前行。完成任务返回后，上校对于相关事务已经如此纯熟，以至于他决定全身心投入其中。与此同时，他很可能得到了来自其位于乌拉尔地区的富裕盟友的支持。博格丹诺维奇成了西伯利亚铁路的巡回传教士。一座城市接着一座城市，一处集市接着一处集市，他于俄国的大地上往来穿梭，鼓吹这条在他看来能够将俄国的欧洲部分和亚洲部分连接在一起的铁路纽带。西伯利亚商人行会鼓励着他，人们募集了第一笔资金以支持这一计划。一本签有上校姓名的小册子汇集了1868年所提出的主要论据，而在同年4月，他也获得了一份由沙皇亲自签发的官方委任状，受命展开研究。

一场激烈且艰辛的战斗已经箭在弦上。因为博格丹诺维奇已经不是唯一一个对西伯利亚铁路项目抱有信仰的人了。自从政府对这条铁路表示了极大的重视，为该项目提供备选方案的人数便大幅增加，而自从沙皇表露出他对这条可能一路向东、翻越乌拉尔山脊、深入西伯利亚草原的铁路的兴趣，情况便更加如此了。因为倘若人们要建造一条西伯利亚铁路，那还需要了解它将采取何种线路规划方案。沿线的城市很快便明白，自己的未来在很大程度上取决于圣彼得堡方面所做出的决定。如果这条大道能够经过，那么其繁荣便可得到保证。反之，如果远离铁路线、为商贸和旅客所遗忘，那么衰落便成了定数。西伯利亚铁路可不会有两条！这条铁路的方案牵动着这些城市的命运。

在圣彼得堡和莫斯科这两座俄国首都和当时的东西伯利亚地区首府伊尔库茨克之间，有三条大致的线路可供选择。第一条从圣彼得堡出发，取道俄国北部，经过沃洛格达、雅罗斯拉夫尔、科斯特罗马、维亚特卡，越过彼尔姆和伊尔比特之间的乌拉尔山脉天堑，抵达秋明、托博尔斯克、伊希姆和叶尼塞斯克，最终延伸至伊尔库茨克与贝加尔湖。第二条则从莫斯科出发，利用现有的线路直至伏尔加河畔下诺夫哥罗德，继而以近乎直线的线路抵达喀山、叶卡捷琳堡、伊希姆、托木斯克，最终抵达伊尔库茨克。第三条也是从莫斯科出发，首先向东南方向延伸，利用现有的铁路直至梁赞，跨过伏尔加河抵达萨马拉，继而沿直线铺设铁轨至乌法、车里雅宾斯克、鄂木斯克，随后抵达托木斯克和克拉斯诺亚尔斯克，最终延伸至伊尔库茨克。

许多前往西伯利亚的传统商路都会经过乌拉尔山脉。时代不同、季节不同、道路的状况不同，马车夫们也会选择不同的路线。在这段漫长的旅途中，可能存在多条横贯草原的平行道路。在其他地区，一道道沟壑与车辙彼此间反复交汇，使旅人不知道自己应当走向何方。但总体而言，出于自身的需求，帝国政府优先考虑两条为西伯利亚的特拉科特所采用的线路，它们设有路标，沿途建有供日常邮政之用的驿站，人们可以于此更换马匹，进食以补充体力或是过夜。它们也是邮差、帝国信使、旅客、前往新土地的殖民者，或是一伙伙囚犯所往来的道路。第一条特拉科特的路线与前述的中线方案大致吻合，从伏尔加河延伸至下诺夫哥罗德或喀山，接着相继经过叶卡捷琳堡、秋明、托博尔斯克、托木斯克和叶尼塞斯克。这是西伯利亚与俄国欧洲部分之间的商业大道，沿途分布着如伊希姆等有集市的大型城市，尤其是下诺夫哥罗德。至于第二条受青睐的路线，它从萨马拉出发，通往鄂木斯克，继而连通克拉斯诺亚尔斯克和伊尔库茨克。沿途区域人烟相对稀少，但它穿越了那些较之北线更为肥沃的产粮地区。那些来自乌克兰或俄国中部等最为贫穷且人口最为众多的地区的殖民者通常会选择这条道路。

未来铁路的线路必须与传统的道路保持一致吗？这正是叶夫根尼·瓦西里耶维奇·博格丹诺维奇所坚信的，他竭力为从莫斯科至下诺夫哥罗德、喀山、叶卡捷琳堡和秋明的中线方案辩护。这很快便成了"博格丹诺维奇方案",在幕后,它得到了上述地区商业巨头的坚定支持。西伯利亚的地方政府同样更加支持这一方案:它更短,而且利用这一路线往来的旅客人数最多。

它主要的竞争对手是一份由一名彼尔姆的商人所支持的方案。此人名叫柳比莫夫,其方案与前文所述的北线方案相吻合:他提议铁路从帝国首都出发,沿一条新的路线抵达伏尔加河流域的雅罗斯拉夫尔和科斯特罗马,最终抵达维亚特卡河与彼尔姆。柳比莫夫认为,列车可以从彼尔姆抵达秋明,而博格丹诺维奇同样将后者选为桥头堡。当然,柳比莫夫可以依靠他的同乡以及上伏尔加地区的城市的支持。同时,西伯利亚的粮食生产者也是他的重要后盾,这些人的首要目的在于获取前往港口的道路,以进入出口市场。如果通向阿尔汉格尔斯克的外部支线能够有幸建成,圣彼得堡便有可能成为前往欧洲的第一大港口。他们的如意算盘表明,这条绕开莫斯科的"港口"线能够极大地降低运输的成本,使得西伯利亚的粮食极有可能在欧洲市场上享有非同一般的竞争力。此外,这一线路还能够打破俄国北部贫困地区与世隔绝的状态,一直以来,早期的铁路建设布局都将它们排除在外。这些便是地方政策领域的论据。最后,柳比莫夫还强调,这一方案能够保证粮食可以在任何季节运送至那些传统上受到饥荒威胁的地区,其调运范围直至圣彼得堡,从而有望通过避免价格的季节性波动这一对赤贫阶层而言极为致命的因素,大幅降低爆发起义以及社会问题的风险。在当时主流的政治气候中,这一点在政府官员看来绝非无足轻重。

圣彼得堡、极北地区、粮食生产者,莫斯科、商贸城市、西伯利亚当地政府:人们分裂成了互相对立的两大阵营。双方的角力使得俄国在政治与经济领域内的强大势力集团互相抗衡。唯有矿业资源的巨大利益暂时退出了竞争:该行业的投资者对于将商品运往西伯利亚一事兴趣寥寥。他们想要一条沿着乌拉尔山脉各处山峦分支而建的铁路线，令其可以将采掘自山脉北部或中部的矿井中的矿石运输至叶卡捷琳堡或车里雅宾斯克的冶金厂中。连通西伯利亚和发展矿业，这两个目标之间存在不可调和的矛盾，政府部门对此深信不疑。自此刻起，它决定将大矿主的利益排除出西伯利亚铁路的计划之外，并根据自己的意图建设一条更短、更加不同以往且合乎己方期待的铁路线。

"博格丹诺维奇方案"与它的对手"北方方案"，双方的支持者之间的斗争将会持续二十五年。这超出了建设西伯利亚铁路本身所需的程度。这是因为每个人都明白，此事关系非常。相关的强有力的利益集团彼此间展开了激烈且持续不断的对抗，为了达成目的，参与斗争的各方几乎不择手段。有关地区的商人们自然是最为咄咄逼人的群体。行会等各色行业组织与团体成立了基金会，用以资助报告、研究以及出版攻击竞争对手的文章与小册子。今天，我们能够在有关铁路的档案材料中找到大量此类资料。超过一百种小册子将问世，以在公众面前捍卫或贬低某一方的计划。[9]请愿活动大幅增加。在一封刊登于首都主要报刊上的请愿书中，西伯利亚的商人们向沙皇写道："仁慈的陛下，我们是您位于西伯利亚的子民，也是您众多子民中唯一与您相距遥远的。这距离并非是人心间的疏远，而是地理空间的区隔。因此，我们有着巨大的需求，我们的土地下沉睡着财富，但它却无法为您和我们所用。请赐予我们铁路，请您接近我们。请下令，使西伯利亚融入一个团结统一的国家的一致步调之中。"形形色色的申请书在诸多部门的案头堆积成山，表达对于某一份方案的支持。在帝国最大的商业市场下诺夫哥罗德，当地的市民忧虑不安。他们包围了交通部长达数年，而负责向政府介绍最有希望胜出的方案的正是该部大臣康斯坦丁·波西耶特。"尊敬的大臣阁下，您让铁路绕开下诺夫哥罗德的市场，就是在摧毁它啊，还会对国家以及它的经济造成巨大的损害！"[10]市民们叫喊道。

北线方案的拥护者一直将自己打扮成国家的穷亲戚。他们抗辩道：比起伏尔加河地区和乌拉尔地区，北方地区的人口更加众多，但这里的道路里程仅为前者的十二分之一！它同首都被隔离开来。它具有幅员辽阔的森林，人们能够轻松地从中获取筑路所必需的枕木。同时，北线方案也无须横渡伏尔加河与卡马河，从而避开修筑巨型桥梁所带来的技术困难与高额成本。

北方？但这里不过是一片丛林密布、无法通行的沼泽罢了，博格丹诺维奇方案的支持者如此反驳道，这会是一段没有未来，也不可能收获经济回报的铁路。"0×0=0。"[11]在俄国首都，一名参与到这场影响力博弈中的编年史作家给出了这样恶意满满的总结。为了确保成功，上校和他的盟友们在必要的努力之外做出了进一步的行动，于其竞争对手的拥护者之中寻求支持，并公布了多份由北方地区的商人签名支持南线方案的请愿书。作为回应，这些"北方人"则试图破坏上校的声誉，将之描绘为受到南线方案沿途城市的物质利益收买与操纵的贪腐分子。后者则奋起反抗。在致道路大臣的信件中，他写道："阁下，我从未试图为自己谋求什么委任状，也从未表达过这样的意思，在未来，我也绝不会试图这么做。我请求您不要将我视为某项特权或特许状的竞逐者，而是一个深入研究了乌拉尔与西伯利亚地区状况的人，一个了解这些地区利益所在的人。"[12]博格丹诺维奇并没有将自己的视野局限于俄国国内的争论，他还面向海外寻求支持。这位前消防员上校是"巴黎地理学界国际代表大会"的贵宾，该会议的参会成员向他致以热烈的欢呼。与会期间，博格丹诺维奇用法语为自己计划的历史使命辩护："西方文明快速传向东方，这一进程或许会因为一些障碍而遭到迟滞，但绝不会被停止。[……]西方文明进步在俄国的胜利已经成为定数，不会有变了。"[13]在会议上，他得到了法国人费迪南·德雷赛布的支持。此人是一名外交官，也是不久前完工的苏伊士运河的发起者。在这个俄国越发仰仗法国私人资本的时期，这是一种做出选择时的参考："这位杰出的法国地理学家的演讲为掌声所淹没，他的加入定将在世界范围内引发强烈的回响。"《巴黎日报》写道。[14]博格丹诺维奇四处奔波：他作为主要的发言者，参加了1875年夏季下诺夫哥罗德集市的宴会，并就自己的事业发表了一番热情洋溢的讲话。他还出现在了为瑞典探险家尼尔斯·阿道夫·埃里克·诺登舍尔德举办的晚宴上，与当天的主人公站在一起。自从诺登舍尔德准备乘坐自己的"维嘉号""第一个"尝试东北航道以来，这位探险家便成为了当时俄罗斯社交活动中的名人之一。

在参与这场论战的众多文件资料中，最不同寻常的或许是一封西西伯利亚总督赫鲁晓夫准将于1875年7月6日寄予战争大臣的信。在长年的拖延之后，政府行将干脆利落地解决此事，而各方的论战也达到了顶点。紧张的气氛已经绷到了极致，这位总督身染沉疴，时日无多，他依然选择以遗嘱的形式写下最后的请愿书："我再一次遭到了病痛的折磨，并感到自身正变得极其虚弱。[……]得益于我积累而成的经验与知识，我深深地相信，西伯利亚的未来、它的经济发展与人民进步、它与国家其他部分的统一都完全取决于政府就以铁路连接西伯利亚与俄罗斯一事所做的决定。[……]我转而面向您，大臣先生，我请求您成为南线方案［博格丹诺维奇所捍卫的方案］勤勉的支持者。不久之后，为了我们备受爱戴的沙皇陛下的荣耀，西伯利亚和莫斯科之间的接近就要实现了，这是多么幸福而有用的一件事啊，我将会怀着这样的想法安静地离世。这封信便是我的遗嘱。"[15]

1875年5月，海军将领、道路大臣康斯坦丁·波西耶特最终将自己对于筑路方案的提议放上了政府的桌面。这位大臣与博格丹诺维奇如出一辙，坚定地为一条能够将西伯利亚和俄罗斯联系在一起的大型铁路辩护。"赋予西伯利亚开始迈步走向发展的机会是极其必要的。"康斯坦丁在同僚面前论证道。这是官方首次对跨西伯利亚铁路的宏大抱负表达认可，而考虑到这项计划在技术与资金方面所面临的困难，官方的背书不可或缺。在国外，媒体界一直对俄国国内所讨论的这一项目大加嘲讽，尤以英国的报纸为最。这些方案被视作"能够与儒勒·凡尔纳的小说相提并论的滑稽梦想"。[16]而在俄国国内，怀疑论者同样占据了多数。"因此，俄国需要一条西伯利亚铁路。"大臣说道。但他与上校意见的一致之处也就到此为止了：出乎他众多同僚的意料，康斯坦丁·波西耶特预先告知众人，自己更青睐北线方案，即博格丹诺维奇方案的竞争对手。相较之下，该方案中铁路的总里程短189公里，可节约100万卢布的成本（据估测，总成本为6200万卢布），此外，该方案对西伯利亚地区所需的出口贸易而言是一大利好，并能够带动北方赤贫地区的发展。

这位出任交通大臣仅仅一年的海军将领是一个有趣的人物。他是海军军官、太平洋舰队的老兵，也是穆拉维约夫-阿穆尔斯基的远东史诗的见证人。拥有这一身份的他不仅是一位遵奉保守主义价值观的爱国者，也是一个对俄国在西伯利亚的命运坚信不疑之人。他曾经长期旅居北美、中国和日本，并带着对以火车为代表的新式科技繁荣的着迷回国。在他眼中，未来属于工程师。类似西伯利亚铁路这样的项目，波西耶特大臣认为必须由国家来牵头完成。在他的观念中，这条铁路是一项国家维度上的计划，其必要性已经超越了狭隘的经济利益或财政利益，也不应当遵循单纯的自由主义逻辑。他的同僚、经济大臣亚历山大·阿巴扎却不认同他的观点。他是改革派官员的顶梁柱之一，也是出身贵族的大地主，还是帝国境内第一批工业家之一。阿巴扎本人是一家铁路公司特许权享有者，并捍卫受到沙皇及其政府吹嘘的、洋溢着自由主义与主观臆断色彩的政策。身居此位的他斩钉截铁地反对一项被认为旨在"发展"北方地区的铁路方案。"修筑一条铁路的目的，"他辩护道，"不应当落在社会政策领域。它必须服务于现有的经济利益，而后者的首要代表便是莫斯科以及那些大型商业城市。铁路应当具备盈利能力。此外，铁路线也不能远离通往西伯利亚的特拉科特上百年来所选择的路线。［北线方案］纯粹是疯狂的胡闹！"

两人之间的舌战轰动一时，参与其中的大臣们也久久无法自拔。这场辩论持续了数月，因为这条铁路并非大臣们每日工作的全部。西伯利亚一直存在于大家的记事本上。例如，在论战持续的数月之中，政府宣布将在托木斯克创建一所大学，这是乌拉尔以东地区的第一所大学，也是政府对于那些主张自治的西伯利亚地方主义者最为坚持的几项诉求之一的迟来回应。在国外，情况也是如此，这一话题正受人追捧。儒勒·凡尔纳新近发表了自己的小说《沙皇的信使》，其中描绘了多代人物的形象，这也是最后几部讲述尚未通铁路的西伯利亚的文学作品之一。但是，当人们于1875年12月16日在一次有沙皇出席的会议中做出最终决定时，交通大臣仿佛遭到了当头一棒：包括主席在内，20人投票支持博格丹诺维奇方案，而康斯坦丁·波西耶特推介与辩护的北线方案则仅仅得到了4票，均来自职业工程师出身的大臣们。波西耶特的失败是无法挽回的。事情似乎就此得出了定论。西伯利亚铁路将以莫斯科为起点，利用现有的铁路线抵达下诺夫哥罗德，继而沿着叶卡捷琳堡与秋明的方向穿过乌拉尔山脉：人们首先感谢大臣阁下非常愿意从此以后在这一方向上工作。博格丹诺维奇大喜过望，胜选方案的沿线城市向他发去了贺电，报纸上也连篇累牍地为他大唱赞歌，擢拔也随之而至。在澎湃激情的驱使下，他甚至开始畅想更加宏阔也更加遥远的未来：西伯利亚铁路延伸出一条专用线直至中亚的塔什干，甚至为什么不更进一步，让这条支线穿过兴都库什山，连通英属印度呢？

人们已经花费了15年的时光来讨论、比较、争辩与怒斥。当博格丹诺维奇将西伯利亚铁路方案的想法呈递给政府时，它是富有先驱性和预见性的，但现在该计划已经成了俄国政界的老生常谈。此外，加拿大人刚刚宣布计划修建一条铁路，虽然他们的工程在里程方面仅为西伯利亚铁路的一半，但加拿大很快便让自己能够与太平洋相连，这也是英属哥伦比亚加入年轻的加拿大联邦的条件。因此，俄国人不应当太过拖延。西伯利亚的地方官员们看着中国迈开了近代化的脚步，并在英国人的指引下拥有了相关装备，他们越来越频繁地重弹西伯利亚铁路这一老调，语气也越来越焦急。清王朝已经引进了电报，并在主要的河流上建立了有规律的水上交通，其覆盖范围直至黑龙江的多条支流。这一切都能够转化为对远东的威胁，而这里无法与俄国其余的国土进行快速的沟通。最后，苏伊士运河的开通以及英国人在不久后掌控了这一咽喉要地的事实加速了英国舰队的机动，因而改变了地缘政治的格局。军方人员同意，在短时间内，诸如符拉迪沃斯托克这样的港口城市可能遭到清朝或是英国军队的围攻。

但是，一月月、一年年，时间流逝，而工地却毫无动静。问题定然源自政府不同部门之间的敌对和阴谋。自己竭力推举的方案遭到否决一事令交通大臣尝到了些许受辱的滋味。财政部门的官员怀疑他在谋划其他方案，并竭尽全力令自己得以从中作梗。但给一切进度踩下刹车的主要原因还是经济危机与财政形势。1875年，在经历了数年的歉收之后，一场可怕的饥荒蹂躏着俄国南部的乡村。新一轮的俄土战争榨干了国库。最后，俄国铁路的十年发展以突然间大量爆发的破产和腐败案件而告终。出售阿拉斯加带来的收益早已耗尽，国库被迫宣布退出项目。每年，人们都会认为西伯利亚铁路项目又迎来了最好的时机，而那些急于迎接铁路到来的城市则被请求耐心忍耐、稍安勿躁。

笼罩于项目上空的不确定与沮丧受挫的氛围助长了怀疑的论调。这列著名的列车，这条由波西耶特大臣所允诺的"杰出的铁路线"能否最终落成呢？人们所选择的线路是否已经成为定论了呢？在博格丹诺维奇及其支持者勉强遏制住不耐烦的心情的同时，报纸上也出现了诸多新的想法，其中一些显然是对搁置中的既有规划更为保守的替代方案。一名地方官员建议，放弃铁路，而仅仅满足于修筑一条横贯西伯利亚的有轨线路，在上行驶的车辆将由马匹拖曳，"整条线路为建有顶盖的不间断巷道，从而确保车辆免遭雪堆的困扰"。[17]一些厌倦了等待的西伯利亚大企业家提出了一项更为严肃的方案，即利用河流，并开凿运河使之相连，从而建立庞大的河流交通网。至于铁路网的发展，它在经历了数年的快速扩张之后陷入了迟滞。但是在各处，人们依然建设了数百公里的铁路。一个例子便是彼尔姆和叶卡捷琳堡之间著名的"矿道"，这条铁路应乌拉尔地区大工业家们的需求而建，并于1878年开工。另有一条通往奥伦堡的铁路于1877年开工：俄国参与了列强们在中亚地区就势力范围而展开的争夺，被迫预先考虑向南方草原运送部队的需要。1880年，人们在萨马拉为这条自梁赞延伸而来的铁路修建了一座美轮美奂的大桥。当于1875年便已敲定的西伯利亚铁路尚未取得任何进展时，奥伦堡铁路线已经越过了伏尔加河、绕过了乌拉尔山脉。诚然，这条线路位于拟建的西伯利亚铁路线的南方，但未尝不会有人以此作为机遇，将之变为一个新的铁路方案的桥头堡。博格丹诺维奇对此尤为担忧，他怀疑交通大臣向其他方案发放了特许状，将官方准许的线路增为两条，但是西伯利亚铁路的方案已经获得沙皇恩准了。[18]在经历了十五年的论战之后，那些支持他的伏尔加与乌拉尔城市获得了胜利，这时，它们会因为一条全新的南方铁路而骤然遭逢失败吗？刚刚晋升为将军的他在报纸上对此表达了愤怒之情。而下诺夫哥罗德、喀山、秋明等大型商业城市也在他身后异口同声地大发雷霆。这会是一种背叛！沙皇的纶音又价值几何呢？政府的决策又算什么呢？人们是想为了草原上粗鄙的畜牧者而蓄意牺牲那些大型商业城市的利益吗？

事实上，这条由政府于1875年所拟定的线路连通了多座大城市，其人口总计达30万之多。而新的、位置更加靠南的替代方案则仅仅覆盖了一半的人口。[19]此外，倘若采用这一方案，列车所需行驶的里程也会长于此前通过的方案。但是数月之后，萨马拉·乌法·车里雅巴（即今日车里雅宾斯克）铁路的地位变得更加坚实稳固。1880年，当萨马拉跨伏尔加河大桥举行落成仪式时，出席的政府官员确认："西伯利亚铁路将会经过这里，经过这座大桥，而非下诺夫哥罗德或者喀山。"[20]这为博格丹诺维奇以及他的盟友、来自乌拉尔诸城的说客们鸣响了警报。在他们看来更加令人难以容忍的是，萨马拉的政府官员竟然胆敢用一面带有西伯利亚标识的巨大旗帜装饰这座崭新而华美的大桥！穿越乌拉尔的南线方案此前已经得到了官方的赞同，这一次，它的捍卫者们确信，在铁路部门内部，一场政变正处于秘密的酝酿之中，以将他们的希望彻底掐灭。1884年，事实佐证了他们的推测：在接近十年前遭受了强烈反对却一直担任交通大臣的康斯坦丁·波西耶特提议，重新考虑已于1875年得到批准的决定，并以这条新的南方铁路线取代它。出人意料的变数！对于惊呆了的博格丹诺维奇而言，一切都要从头再来了。

比起最初的争论刚刚爆发时，本次所提议的新线路显示出了更大的野心。对于波西耶特大臣而言，问题再也不是权衡种种通过乌拉尔山脉的方案，而是担当一项历史性的任务：将欧洲与远东重新联系在一起，并使铁路线实现向东方的极大延伸，抵达伊尔库茨克，且在此基础上更进一步，向着中国方向和符拉迪沃斯托克方向进一步扩展。"'从华沙［当时属于俄国］取道莫斯科直至伊尔库茨克，这条规模宏大的铁路线将会形成一条大胆的腰带，'我说道，'一条将国家的两大部分牢牢联系在一起的冰腰带。它将为庞大的俄国在生产、商业和政治方面带来新的力量。'"[21]康斯坦丁·波西耶特不乏夸张地写道。如果他选择了一条更加靠南且绕开乌拉尔山脉的线路，其动机正是利用现有的交通网络，尤其是跨伏尔加河大桥，而仅此一处工程便花去了500万卢布。这一方案或许里程更长，但工程量更少。尤为重要的是，人们可以避免如之前的官方方案中所规划的一般，在维亚特卡河、奥卡河、伏尔加河与卡马河上重复建设四座大桥。

这很快就引发了意料之中的巨大反响。人们用上了所有感情，将愤怒的抗议如同雨点一般砸向新的西伯利亚铁路方案。官僚机构再一次迫使人们接受了其法则。"这是万恶之源，在我们的国家，铁路网不过是官员们的私享之物。"喀山城中满腔怒火的律师们表示道。怎么会有这样的反转呢？沙皇的纶音价值何在呢？在这座鞑靼人的大城市中，当地的杜马和股民们都深感震惊："我们现在仅剩一个希望了，即对于沙皇纶音力量的希望。[……]一直以来，俄国的生存都建立在对沙皇纶音的信仰之上，认为它是不可逾越的、不可变更的，并时时谨记，陛下的言谈均以人们的幸福与福祉为唯一出发点。而关于西伯利亚铁路的指示已经由陛下本人重复两次了！"[22]

而这一新方案在经济层面的影响正是双方争辩的焦点所在。乌拉尔的城市争论道，这条线路先期已经投入了上百万卢布，而倘若人们听从交通大臣的胡言乱语，这些资本将会被浪费。因为，看看他事实上在提议些什么吧："就这，一条铁路？一条铁路干线？这就是一场大梦，对！"[23]博格丹诺维奇的朋友在报纸上讥讽道。因此，在十年间，乌法地区的工业有可能得到奇迹般的发展，以至于能同乌拉尔地区竞争吗？因此，扎根于这片黑土地上的不幸的车里雅宾斯克又能够为西伯利亚带来什么呢？"这座城市不是喀山，没有工厂加工西伯利亚的原材料，也没有伟大的阿尔马·马特尔引领未来的西伯利亚大学；这座城市不是下诺夫哥罗德，没有对西伯利亚的产品全面开放的市场；这座城市不是莫斯科，也不是它规模庞大的工业区；这座城市不是我们俄国的曼彻斯特！"[24]新方案的反对者愤怒而又轻蔑地说道。他们补充道："有人和我们说，通过选择一条经由萨马拉前往车里雅宾斯克的线路，铁路会穿越一片必须人工播撒生命的区域，但是为了达成这一目标，就必须杀死已经存在于此的生命、已经在这里长期发展的生命[25][……]然而，所有人都知道，并非是铁路带来了工业，而是相反。"[26]

为了解释大臣的猝然转变，伏尔加地区和乌拉尔地区商业城市的说客们认为康斯坦丁·波西耶特受到了某种强大却隐秘的力量影响。他们也相信，自己知道去哪里找出这股影响力。西伯利亚南部平原的粮食生产者们还没有达到有能力将自己的观点强加给别人的程度，但是那些矿业巨头却能够再次做到这一点，此前，他们已经成功说服政府按照他们的利益需求修筑一条连通其位于山脉北部主要矿点的短程铁路线，而这些人依然希望能够将自身的优势与利益向南拓张。巴什基尔地区以乌法作为首府，这一地区的工业家也遭到了公开的指责。该方案会经过兹拉托乌斯特，这里坐落着全国最大的枪炮工厂之一，也是国家的优先关注点：军方人士很可能对这一方案表达了支持。最后，还有伏尔加河船夫的压力集团，那些活跃于下诺夫哥罗德与喀山之间的航运公司十分担忧，一旦沿河修筑起一条铁路，自己的客户数量将会遭遇雪崩。他们也被怀疑违背所在地区的利益、为新的南线方案出力，并为南部农业地区提供了支持，不然，该地区对于最高层的影响力是令人无法理解的。乌拉尔地区的活动家们讥笑道，那些贫困地区处于"半处女地"的状态，"产奶牲畜挤奶时发出的哀婉低沉的鸣叫"[27]带来了洲际铁路的兴建！这些地区的奶制品工业可能看到了自己长期以来遭到压制的利益。

反对的声音不仅来自下诺夫哥罗德、喀山或者叶卡捷琳堡。在西伯利亚，那些地方主义和自治主义运动同样试图抵制这一方案。亚德林采夫、波塔宁以及他们的组织"西伯利亚爱国者"想要保护所在地区的文化不受任何来自古老罗斯有害影响的侵蚀。对于西伯利亚的经济开发主要表现为将初级产品运出区域之外，他们与此做着坚决的斗争。他们力图尽可能与帝国政府保持距离，甚至逃避后者。他们所有的计划都会因为西伯利亚铁路而宣告破灭！因此，他们鲜明地表达了反对立场，且无论俄国的政治精英们选择了哪一种方案，他们的态度都不会有丝毫区别。"随着西伯利亚铁路的修建，我们所熟知的古老西伯利亚将会永远消失，这将很快到来，"地方主义者们在批评中写道，"新的西伯利亚将会成型，并聚集起那些遭到削弱且零散的因素。自从第一列火车驶入车站时起，殖民者，被流放的囚犯，想要轻易发财的人，鬼鬼祟祟、见不得光的家伙，扒手与骗子，所有这些人都会找到新的活动机会。[……] 他们将会把手伸向商业与工业，那些倡导者和投机者的铁路热情将会摧毁西伯利亚生活中最为神圣的特质。"[28] 由于逮捕和流放，地方主义者的实力已经遭受极大的削弱，他们看着自己的末日以火车头的形式接近了，对于一个理想化的、心爱的西伯利亚而言，这条铁路不仅是开发与剥削的标志，也是"伤风败俗"[29] 的象征。他们并没有错，西伯利亚铁路以及随之而来的俄国与乌克兰殖民者将会消灭自治主义者的最后一丝抵抗，以不流血的方式达成警察镇压仅仅部分实现的成功。

形形色色的言辞、计划和请愿书所构成的战斗激烈异常，并在数月之间再度爆发。此时，距离博格丹诺维奇上校提出兴修一条新的铁路线的建议已经过去接近二十年了，但连一根枕木都还没有铺设。但这一次，由这位前任官员、现任将军所代表并主持的利益集团无法如愿以偿了。博格丹诺维奇已经失宠于沙皇，有流言传出，中伤他的是一个对于同法国的战略同盟过于热心且为之驱使的支持者。他与德雷赛布以及其他法国铁路工程师的友谊令宫廷内的部分成员颇感不快。但是，与法国的同盟即将到来，并会在未来成为俄罗斯帝国的官方政策，一直延续至第一次世界大战和十月革命。年事已高的博格丹诺维奇将军将花费数年的时间重新赢得圣眷，随着年龄的增长，其思想立场的保守主义色彩也越发浓厚。

1885年1月，政府决定支持波西耶特大臣的论据，并将南线方案作为新的优先选项。由于此事持续性地进展缓慢，沙皇便命令他的政府跟进西伯利亚总督下一年度的施政报告。在这份文件中，这位总督一如既往地表达了对于行政审批工作停滞的抱怨和对于清王朝正在进行的军事改革所可能带来的结果最大限度的担忧。这份报告本身并未对讨论带来决定性的影响。1886年12月，在一份上呈御前会议的样稿中，沙皇亚历山大三世亲手写下了一段批注，并要求御前会议主席高声朗读它："这样的内容，我在西伯利亚总督的报告中读到多少次了啊！但是，我不得不悲伤而又满怀困惑地承认，直到现在，政府几乎还没有采取任何措施，以回应这片如此富饶却又遭到如此程度抛弃的国土的诉求！现在，是时候了！非常是时候了！"[30]

来自沙皇的临门一脚足以最终启动这项庞大的事业。人们最终决定了线路，即由耐心而狡诈的波西耶特大臣所提出的新南线方案：西伯利亚铁路将以莫斯科为起点，一路向南铺设，直至梁赞与萨马拉，并在这里穿越伏尔加河，继而取道乌法和车里雅宾斯克绕过乌拉尔山脉，随后抵达鄂木斯克、托木斯克、克拉斯诺亚尔斯克和伊尔库茨克，然后由此越过贝加尔湖，沿着阿穆尔河向前修筑，直抵哈巴罗夫斯克和符拉迪沃斯托克。全长接近一万公里，其中有四分之三将在未知之地上铺设！波西耶特大臣划定了多个工程段，这些地区的修筑工作将同时展开。地质勘探队将深入沼泽与森林地带，以标出最佳的路线。全世界最大的工地正在紧锣密鼓的准备之中。正如其众多的不列颠同行一般，伦敦的《泰晤士报》一直认为，这项工程是一冒险之举。该报在内页刊登了一篇短评："近日，俄国铁路界做出了一项重大决定，长期以来，其所涉及的方案被认为荒诞不经，直至今日，依然被视作无法实现。这条穿越西伯利亚、直抵太平洋的铁路，终于要开始建设了〔……〕。"[31]

但是工程的开工还要等到五年之后。在这五年间，财政大臣发起了一场长期的"游击战"以反对该计划。在他看来，这一工程是不理性的，它过于庞大了，而且绝无实现盈利的可能。交通大臣波西耶特已经因为长期的斗争而精疲力竭，他选择于1888年请辞，将这一职位留给了一位不知名的官员。他的继任者来自敖德萨的一户破落家庭，其远祖则来自荷兰。未来，他将成为完成西伯利亚铁路之人。但具有奠基性意义的举动依然要归于沙皇亚历山大三世。1891年3月，他颁布诏书，让当时正在远东地区旅行的皇储尼古拉（即未来的尼古拉二世）在返回西伯利亚时亲自主持这一工程的开工仪式。为了凸显此举的历史重要性，沙皇的诏书还附有一封寄予皇储的语气郑重的信函，其内容公开发表："我，皇帝陛下，下令开始修建一条连续不断的铁路穿越整个西伯利亚地区，它的目的在于将自然资源丰富的西伯利亚和帝国中部的交通网络相连接。我委托您在完成对远东地区国家的出访、重新踏足俄国的土地之时，即刻公布我的决定。此外，我还委托您前往符拉迪沃斯托克，着手准备西伯利亚铁路的开工仪式，这一工程将由国家拨款进行，并由政府直接领导。我恳请上帝祝福您即将于俄国境内展开的漫长旅行，同时，我也一直是深爱着您的父亲。签名：亚历山大。"[32]

博格丹诺维奇呢？这位固执的先行者去了何处呢？这位退休的将军最终重获圣眷，他已经六十二岁了，但依然有足够的精力召开巡回讲座。他对于法国人就跨撒哈拉铁路所提出的方案兴趣盎然，致力于强化军队中的宗教工作，而在未来，活得足够长的他将会看到西伯利亚铁路上飞驰过第一批列车，横穿全国。当时，这列火车所行驶的线路与他曾经极力捍卫的方案并不一致。但是，他所钟爱的那条线路最终将会成为西伯利亚铁路的一条支线。在驶离叶卡捷琳堡之后不久，今天的旅客们会经过一处名为"博格丹诺维奇"的小站，不过西伯利亚铁路线上的火车并不会在此停靠。这是乌拉尔诸城市赠予这位英勇老兵的礼物。尽管未获成功，但他所做出的努力得到了人们的感激。

第十八章
谢尔盖·尤利耶维奇·维特：
为帝国带来现代化的火车

1888年10月17日，午后不久，一列载着沙皇的列车刚刚驶过乌克兰的哈尔科夫车站，并准备以高速穿越比尔基小站。沙皇专列的十五节车厢由两节火车头牵引，通常唯有货运列车才会采用如此的牵引力。亚历山大三世陛下公务繁忙，日理万机。在过去的三个月中，他前往了波兰，主持了一场奢华的狩猎；他莅临顿河流域，拜访了当地的哥萨克；他在乌克兰地区参与了多场大规模军事演习，在高加索向那些同山民鏖战数十年终获凯旋的部队致意。最后，他携全家驾临克里米亚，以稍事休整。沙皇急急忙忙地赶回首都，相较于正式的计划，火车已经晚点了一个半小时，他的副官们也已经下令加快速度，以弥补损失的时间。亚历山大三世携妻子、自己六个孩子中的几个，以及二十多位同席进餐的宾客落座于餐车，开始用自己当日的第一餐：早午饭。突然，传来了一阵剧烈的冲击，接着，又是一阵。"在那之后，我们都倒在地上，与此同时，周围的一切都在晃动并纷纷塌落。"皇后玛丽亚·费奥多萝芙娜在信中讲述道，"一切都在咔咔作响、爆裂、晃动、翻倒，宛如最后审判一般。在最后一秒时，我还看见萨沙［沙皇亚历山大的昵称］和我面对面坐在一张窄窄的餐桌两侧，随即他倒在地上。在这一刻，我本能地闭上了双目［……］。周围只剩下了哗啦哗啦的爆裂声与碰撞声，以及吱嘎吱嘎的声响，继而，一片死寂骤然降临，仿佛活着的生命已经不复存在。当我意识到自己还活着，但我周围再也找不到一位亲人时，这成了我自降生以来所经历的最为可怕的一刻。" [33]

一台火车头发生了脱轨，带着整列火车倾覆于路基下方。当时与家人共处于餐车中的皇储尼古拉也在致自己叔父的信件中讲述了这惊魂一刻："终我一生，我都不会忘记这恐怖的声响，这由被压碎的物品、玻璃与椅子，以及被冲击掀翻在地的餐盘和玻璃杯的碰撞声所构成的恐怖声响。不自觉地，我闭上了双眼，或许会有一击落在头上，将我杀死，我在等待着那一击的降临。我相信，自己的丧钟已经鸣响，而且即便不是全部人，我们中的大多数也很可能已经不在人世了。在第三次冲击后，寂静重新降临，我躺在右侧，并未感受到过分的疼痛。一阵清风拂过，我睁开双眼，似乎被埋在一处昏暗的地下室中［……］。当我成功令自己挣脱出来时，我想到了自己的父母，一阵惊恐令我如堕寒冰之中。我永远不会忘记，当我在距离自己几步远的地方发现他们正站立在餐车头部时，自己体验到了怎样的神圣的愉悦。" [34]

对于从小站赶来的第一批目击者而言，展现在他们眼前的是一幅骇人听闻的景象。"所有车厢的框架都已经和底盘相分离，内壁遭到破坏，唯有已经掉落在一旁的车顶还覆盖着车厢内的乘客。在这样的情况下，看起来似乎不太可能有人生还。但上帝保佑着沙皇和他的家人：他们毫发无伤地从所处的车厢中脱身而出。" [35] 首都一家报纸的通讯员如此记述道。

在小站的路堤上，混乱的场景无法用言语描述。"听着人们的哭喊与呻吟，却无法为那些不幸者提供任何帮助，甚至不能为他们提供御寒的衣被，因为我们自己也几乎一无所有，这样的局面撕扯着灵魂。" [36] 皇后回忆道。幸存者从事故的残骸中找出了23具遗体和37名伤者。但皇室成员仅仅受了一些擦伤，皇后手部有划伤，沙皇有大腿上的瘀伤以及肌肉上的伤损。传说当事故发生时，沙皇亚历山大三世用自己手臂和肩膀的力量保护乘客们免于被上方坠落的车顶砸伤。[*]根据官方编年史的说法，这是受命于天的象征，是"比尔基的神迹"，它将这起铁路事故中沙皇以及皇室的幸运结局视为上帝神佑的表现。在亚历山大三世的统治中，于媒体宣传和象征意义而言，这都是有利的主题，因为他的统治始于自己父亲的遇刺。

自然，人们首先担心，这场灾难会不会是一群恐怖分子的杰作。事实上，亚历山大三世的父亲就曾经于1879年11月成为一起铁路恐怖袭击的目标，这也是此类事件首次登上历史舞台。但是，对于本次事故的官方调查迅速结束，它显示，导致脱轨的仅仅是技术原因：火车的速度达到了每小时72公里，而其行驶的路段限速40公里。这段铁路是有缺陷的，铁轨危险地呈波浪形起伏。最后，列车的构成违反了安全规则，交通大臣的轻型车厢被放置于两节重型的火车头之间。太长、太重、太快，这是赶来的专家们的意见，他们的报告为交通大臣鸣响了丧钟，此时，担任这一职位的正是西伯利亚铁路工程的负责人、海军将领波西耶特。在这场灾难发生仅仅两周后，他被迫辞职。

利用这次出人意料的变动，一人骤然跃入人们的视野之中。在比尔基的事故之前，人们无论如何也无法预见，他有一天会成为该世纪最大的工地的创导者。他名叫谢尔盖·尤利耶维奇·维特，这个名字表露出，此人的远祖来自尼德兰地区。大约一个世纪之前，他的先人——一名护林员——来到这个位于波罗的海之滨的国家，寻求致富的机会。当比尔基的灾难发生时，维特不过是西南铁路公司中的一名

---

    [*] 沙皇因为这一事故落下了后遗症，他的私人医生认为，这些后遗症也是六年后沙皇在雅尔塔宫殿中英年早逝（那时他尚未满五十岁）的原因。斯大林、罗斯福和丘吉尔于1945年在此签署了《雅尔塔条约》，使得这座宫殿中的一处房间声名卓著。

底层领导人员。如同当时俄国境内的十多家同行一样，这家公司是一家私营的铁路公司，拥有从首都到华沙、基辅以及黑海之间的庞大铁路网。维特是一名新来的员工，直到数个月之前才接过当前的职务，但是，他已经有幸在不寻常的场景中同沙皇本人相识了。

事实上，去年夏天，当刚刚开始他的旅途的时候，沙皇的列车曾经取道由维特所负责的铁路路段。作为该路段的负责人，他本人相伴列车，度过了旅程中的一夜。那时，他已经注意到，沙皇在旅行时严重违反了最基本的安全规定。整列火车比货运列车更加沉重，其行驶速度却相当于一辆客运快车。这名小领导站在自己的包间中，头发直立。"我彻夜未眠，"日后，他在自己的回忆录中讲述道，"我焦躁不安地在走廊中来回踱步，充分认识到不幸可能在任意时刻突然降临。"[37]维特知道自己在说什么，他的工作就是弄清楚所承受的风险会带来怎样的代价。数年之前，当时的他仅仅是铁路公司中一名年轻的职工，被裁定对一起导致数十名士兵丧生的悲剧性事故负有共同责任，被判处四个月拘役。[*]次日，踏下沙皇的列车、回到铁路上之后，他撰写了一份紧急报告，要求必须下调沙皇专列的行驶速度。这是同一天所发生的事情。但是，当他重新登上专列以完成自己的计划时，他发现事情变糟糕了。他亲自讲述道："进入车站的同时，我便注意到自己成了众人关注的焦点。甚至身在车中的沃龙佐夫·达什科夫伯爵也表现得仿佛不认识我，虽然他和我的家族关系紧密，与我也自幼相识。最终，乔热文准将［沙皇的副官］到来了。'沙皇陛下，'他对我说道，'已经命令我向你们传达他对于发生在西南铁路公司所有铁路

---

[*] 根据当时的历史学家记述，对于这起事故的调查（1879年，季利古尔斯克）并没有将原因归咎于维特和其他遭到控告的工程师。但是，舆论需要一个交代。因此，维特和一名同事被判处入狱四个月，而沙皇以他"父亲般的仁慈"，当即将之减刑为软禁。这样，维特白天工作，夜间则在圣彼得堡的一处住宅中监视居住，以此服刑。那是，他正受雇于这座城市中的一家铁路公司。参见 Francis W. Wcislo, *Tales of Imperial Russia*, Oxford University Press, Oxford (États-Unis, New York), 2011, p.80。

网范围内的旅程的最为强烈的不满。'准将还没有说完，沙皇的突然出现便打断了他，前者刚刚于无意间听见了乔热文的话语。那时，我试图将自己已经向交通大臣做出过的解释（它被写在那份关于沙皇专列违反安全规定的报告中）同乔热文再说一遍。但是沙皇转身向我，对我说：'但是你在说什么啊！我使用其他公司的铁路时，没有任何人胆敢降低我的行驶速度。但是，在你们公司的铁路上，我们就不能正常行驶。这很可能是因为你们的公司属于犹太人！'"[38] 面对这样的话语，维特承认自己并不敢反驳。但是，轮到交通大臣开始发言，表示对沙皇的见解完全赞同，并指责这名小领导因为其公司的糟糕路况，导致沙皇无法以其惯常的速度穿过这片区域时，维特爆发了："阁下，未来你会为我辩护的。其他的人，想怎么做就怎么做吧。但是，我本人可不想让陛下的头颅被压碎。"[39]

两个月之后，比尔基的灾难骤然发生。而维特粗鲁放肆的言行依然留在沙皇的记忆之中，并为他赢得了意想不到的晋升。"因此，那个比起来自朝臣的压力更在乎我的安全的铁路负责人是谁呢？"沙皇发出过这样的疑问吗？在事故发生四个月之后，维特在圣彼得堡被任命为一个新成立的部门的负责人，该部门位于实权部门财政部之中，负责铁路事务。三年之后，他将成为交通大臣。在此期间，他将会令这一横穿大陆的巨大工程成为可能。自此以后，他将会是成就西伯利亚铁路之人。

维特既非贵族，又非体制内的高官。如同他的前任一般，他迅速擢升至全新的高位，在亚历山大三世的治下，这是极为罕见的。他是典型的靠自己成功的人，由工人甚至赤贫阶层变为高级公务员，他并不耀眼，也同社交活动保持着距离。四十二岁时，他成为财政部铁路项目负责人。他的同时代人将之描绘为一个不甚高雅的外省人。倘若人们相信这些记述，便可想象此时的他有着何等形象：穿着一成不变的黑色平领制服，上半身颇为长大，而腿部则相对较短，这令他呈现出一种笨拙的气息。"初时，最令人吃惊的是维特的外貌，"他在这一时期的一名同事讲述道，"他身材高大，待人接物的态度显得阴沉，举止随便而笨拙，他的嗓音带有摩擦音，发音并不准确，带着南部方言的色彩，这一切都使他引人注目。"但这位描述者立刻补充道："渐渐地，人们习惯了他。一些人甚至为他精神世界的魅力所吸引，而另一些人则公开声称无法忍受这位冒险家。"[40]

　　这样，这位新部门的领导人爬进了首都。正如人们因他的口音而猜想的一样，他是一名来自帝国中部的人士。他的家族则位于第比利斯*，当时，俄罗斯帝国的军队正努力攻取这座高加索地区的首府城市，在这里，他的祖父和父亲都忠诚地为殖民当局效力。年轻的谢尔盖在这座古城的石板路上、在贵族寓所的木制阳台下、在亚美尼亚商人的庭院中度过了童年。他家族中的男性均投身军旅，他的叔叔罗斯季斯拉夫·法捷耶夫是一名颇为投入的君主主义者和泛斯拉夫主义者，也是一名参与了逮捕叛乱的伊玛目沙米勒这一行动的军官。这位俄国对高加索征服战争中的英雄为尚且年幼的谢尔盖留下了深刻的印象。在他的回忆录中，谢尔盖也认为，他的祖母叶连娜·法捷耶娃在其教育中同样扮演了决定性的角色。她是某一俄国上层贵族没落支系的后裔，是一位学识渊博的妇女，能够流利地使用五门语言，醉心于历史、考古学，尤其是自然科学，她为自然科学的相关学科修建了一座私人博物馆。祖母叶连娜还主持沙龙，人们于此讨论文学和历史。谢尔盖连同他的五个兄弟姐妹与堂表兄弟一道，看着地方的知识精英与军队中的高层将帅于沙龙中往来谈笑。维特有意摆脱音韵显然颇为奇怪的姓氏以及其先祖的新教信仰，终其一生，维特都在强调自己俄国色彩深厚的母系先祖及其家族日后所皈依的东正教信仰。

---

* 今日格鲁吉亚的首都。

但是，当其父亲年不足五十而早逝时，他那债务缠身、几难支持的母亲不得不离开第比利斯，来到敖德萨，后者是俄国于黑海之滨新建成的港口城市，全欧洲的移民汇聚于此，寻找属于自己的机遇。在这里，谢尔盖体验了贫苦人家的生活：缺乏钱财，一直追求着阶层跃迁，这种性格特点日后也一直伴随着他。在进入敖德萨新成立的大学之前，他在一所二流中学接受教育。尽管这座大都市以其倾向于暴动而闻名于世（日后，维特也会多次因为来自"红色的敖德萨"而遭受指责），这名年轻人却已经打上了其家族政治倾向的烙印，一直持有保留态度，拒绝同统治大学校园的各类革命学生运动产生任何关联。根据其回忆录中的叙述，当时他在酒馆和剧院之中消磨时间。"我差不多认识敖德萨所有的女演员。"[41]他写道。同时，他也在自己所选修的数学上倾注了大量的精力。他的毕业论文选题为《空间延展中的数学应用》，考虑到这名敖德萨的大学生日后将自己主要的职业生涯贡献于铁路事业和西伯利亚铁路，这样的选题已经透露了端倪。但是他并未能完成这篇论文。对年轻女演员索科洛娃的狂热迷恋"抽干了我完成论文的所有欲望"[42]，他在自传中如是承认。得益于家族的人脉关系，他在铁路界谋得了第一份工作。这一职位令他颇感开心，因为他可以快乐地沉浸于自己对数学的热情之中。那时他二十一岁，并将同铁路事业纠缠二十年。

　　那时，铁路在俄国的欧洲部分全面铺开。这是一场大爆炸。19世纪40至50年代，俄国的铁路事业经历着规模有限的起步阶段，在此期间，国家长期就这种前所未见的交通方式所具备的优势与蕴藏的风险含糊其词。接着，俄罗斯帝国的政府按照其习惯，试图推进并亲自掌控这一新型经济活动的发展。但是，在克里米亚战争失败之后，国库极度空虚，而于1855年登上君主宝座的是改革派的亚历山大二世，国家政治的风向倾向于自由主义，倾向于自由放任。这使得私营公司得以毫无阻碍地发展。而铁路事业这片处女地看起来像是一块精挑细选的试验田，以体验自由主义所设想的种种益处。在数年间，俄国境内成立了十多家投资者的辛迪加组织，这些人随后又组织起了股份公司，其股东通常为工业家、大商人、工程师或商业银行，但一些家世古老的贵族大家族也会投身于这场博弈之中，皇室自身也不例外。通过向出价最高者授予所需的特许状，国家也占据了一个享有特殊权益的地位。

大体而言，游戏规则即市场规则。就其所觊觎的土地获得特许状的公司必须担保会以事先规定的开销建设铁路网。作为交换，它获得了开发相应线路并于八十五年内享有其收益的权利，此后国家可以通过征购的方式将这条铁路收归国有。在绝大多数情况下，一则特殊的条款预先规定，国家有权在二十年之后提前赎买铁路。自维特出任交通大臣之后，国家便开始频繁地动用这项权力。直到这里，相较于欧洲其他国家所采取的措施，俄国的做法并没有什么相异之处。但是，为了打消潜在投资者的疑虑，尤其为了吸引外国资本，国家向持股人担保每年4%至5%的股息。倘若公司的利润率低于这一数字，国家会给予公司相应数额的信贷，以补足其间的差额。俄国铁路成了一张投资者稳赚不赔的彩票：当人们于19世纪60年代观察到法国、比利时，尤其是德意志资本大量涌入时，丝毫不感到惊奇。

但在实际操作中，事情并没有这么美好。为了抢到最高价并获得特许状，投资者们的公司会低估建设成本。一俟工程完工，公司已经被债务压垮，而在绝大多数情况下，对于线路的商业开发本身也是一项赔本买卖，它只会加重企业的债务负担，为了兑现允诺的股息，国库被迫为十多家新近成立的铁路公司掏钱。这样，当俄国和外国的股东们每年享受丰厚的股息时，来自私营铁路领域的债务已经膨胀至一个骇人听闻的水平。1880年时，这一数字已经达到了16亿卢布，其中的85%由国家承担。同年，在37家俄国铁路公司中，只有5家处于盈利状态。

事态并没有好转的趋势。长期性赤字的后果由国家承受，俄罗斯帝国境内的铁路公司居于舒适的处境之中，并不急于抽身退出。每一家企业都制定了自己的收费标准，根据路段、所运输的货物、运输里程以及承运公司管理质量的不同，相关金额可能会相差数倍之多。道路的维护并不完善，当发给管理层和行政顾问的薪水超越人们的理解力时，事故的数量也大幅增长。精英和政府对野蛮生长的铁路资本寄予厚望，但它被证明是一场彻底的失败，威胁着帝国的财政健康。

这正是沙皇要求财政大臣建立一个有关铁路事务的新部门的原因所在。谢尔盖·尤利耶维奇·维特成了该部门新任，也是首任负责人。这一处于破产之中的领域已经沦为国家财政、卢布汇率以及整体经济的一项主要威胁，人们期待他能够重建对它的控制。财政大臣伊万·维什涅格拉德斯基本人也曾经是一名铁路业巨头，此前从事该领域的工作。作为他的下属，维特需要利用其作为见多识广的管理人员和行业专家所积累下的长期经验，将改革整顿铁路业界作为其工作的首要任务。在帝国政府中，将这一新部门置于财政大臣的领导之下，被视为后者一场风光无限的胜利。正如我们此前所见，事实上，当西伯利亚铁路的修筑计划奇变突起之时，交通大臣和财政大臣遭受了一场持续数年的猛烈批评浪潮。二人之中，前者想要构筑并扩展自己的权力范围，而后者则孜孜不倦地寻求终止一切相关计划，以避免公共财政的破产。通过夺取该机构的创设权并使这位在比尔基悲剧期间获得沙皇注目的新任部门负责人为自己效劳，以其严厉的紧缩型财政政策而闻名的财政大臣维什涅格拉德斯基相信，自己最终打败了交通大臣。维特托庇于他。他坚信，这些铁路终究被套上了他的枷锁。

这位铁路事业新任财政负责人的名望并非全部得自他在比尔基事故之前独一无二的态度。在铁路业巨头的圈子中，维特也是一位得到公认与尊敬的业界专家，数年之前，他帮助构想并最终编制了一张适用于全俄范围内的铁路运费表。在此之前，每家公司会根据各自的标准向使用自家铁路网的车辆收费，以使所有的运输活动都能够为自家带来利润。根据商品种类、季节和公司的不同，运费的数额可能上下相差三倍之多，使粮食出口商承受沉重的负担，并导致大城市的粮食市场上发生对底层人民而言无比可怖的粮价飙升。得益于经由数学家维特计算得出的铁路运费表，俄罗斯帝国已经解决了自己新兴的铁路行业所存在的诸多问题之一。显然，大臣们希望他的严谨能够堵上国库因交通政策所导致的缺口。他们尤为坚信，修筑一条横穿整个欧亚大陆、直抵太平洋和中国的铁路，实在是一个荒谬绝伦的项目，它如同大海蛇一般，反复出现于人们的视野之中，但从未真正得到执行，它尚需等待至更为合适的日子方可开工。维特毫不迟疑地指出了他们的错误。

　　一直以来，人们都主要将火车视为外贸与军事的工具，直到维特成为交通政策决策者队伍的一员。简要来说，俄国的铁路发展理念首先要服务于向大城市运输粮食，并在帝国面临内忧或外患时确保军队的快速机动。在这样的剧本中，国家只会鼓励私人资本进行铁路建设并监管他们的施工质量。维特看待事情的观点则截然不同。他毫不留情地嘲笑该领域负责人的无能。交通大臣波西耶特"是一位诚实、正直、直率的人物，但是他的智力太过有限了"，他在回忆录中写道。当他于各个车站进行巡回检查时，唯一关心的便是前往"那些由标牌注明'男士'或'女士'的地方，因为他认为，自己的职责首先在于确认一切是否整洁而有序"。[43]在维特看来，铁路的重要性远不止单一的运输功能。火车是实现帝国现代化的工具。火车不仅仅会服务于某一新兴的工业，它也会助力国家的工业化。它使人们能够发现新的矿脉，并使对这些矿藏的开发和产品的运输成为可能，同时为矿产及其制品的出口提供保障。仅靠火车便能够确保俄国的列强地位，准确来说，这是因为它是现代化不可或缺的媒介。"比起其他任何国家，"在一份上呈沙皇的秘密报告中，他具体地写道，"俄国都更需要将必要的资金投入国家、政治和文化领域的建设之中。陛下的帝国不仅应当成为政治或农业方面的强权，也应当成为工业方面的强权。"[44] 维特预言道，没有这些，俄国将不可避免地沦落为其他欧洲强国的殖民地。

在维特看来，发展铁路事业具有如此的重要性与必要性，以至于他并不认为可以容许私人资本自行决定是否承担这一战略任务。这位曾经的铁路公司领导人很快便向当时大行其道的自由放任政策提出了简单却激烈的批评。他为自己的观点辩护道，这套遵奉丛林法则的政策已经让国家付出太多代价了。它使国家财政几乎坠入无底窟窿之中，它混乱而无组织的管理使国家无法实施真正的工业政策，而后者正是俄国所急需的。火车是一项国家性的事务，相关事宜也应当由国家负责开展。

自从于圣彼得堡上任以来，维特便对德意志模式印象深刻。宰相俾斯麦所奉行的现实主义政策和在大不列颠等国家占据主导地位的自由主义政策拉开了距离。在奉行威权主义且常常流露出官僚气息的德意志，国家亲自指导经济扩张与工业化建设。在维特眼中，德意志的境况蒸蒸日上，并为俄国提供了一个更容易效仿也更有前途的例子。他也在俾斯麦所奉行的政策中看到了对弗里德里希·李斯特所提出的经济理论的应用，后者是著名的《政治经济学的国民体系》一书的作者，是亚当·斯密的批评者，一位伟大的自由主义者，但他也坚定不移地捍卫着如下观点：在一个经济体的建设过程中，一段时间的保护主义是必要的。李斯特也是一个热衷铁路的人，主张一种"教育性的保护主义"，它应当使新兴的经济体有能力保护自身免受更为强大者的操纵，并确保自身根据固有的历史与民族文化，实现有特色的发展，而远不是名托世界主义、实则重商思想——这正是他对亚当·斯密的指责。维特着迷于李斯特的论断以及随之而来的论战。他也曾拜读马克思的《资本论》，甚至承认自己为这部巨著中的部分内容所吸引。在他看来，这种理论必然会推导出"一切归于国有"的思想，但作为一名自由主义者兼保守主义者，他将国有制的思想弃如敝屣，而这可能为诸如俄国这般的社会带来的后果也令他无法接受。他也从不相信私有财产会走向消亡，在他看来，这一目标"有违人类天性"。相反，他认为正是通过财富总量的扩大，俄国的秩序与繁荣才能得到保障。"当财富成为少数人的特权时，"他观察到，"劫掠便成了大众的梦想。"[45]他更有理由去考虑，如何使数以百万计的贫苦农民得以享受东方新征服土地上的财富。在他眼中，社会主义正是新教的衍生物，对于俄国而言，它将会是一剂毒药。

弗里德里希·李斯特和俾斯麦是伟大的实用主义奉行者，他们从最高层面令维特着迷。由于个人的经历，他虔诚地信仰东正教，并将之视为民族的基石，应当浸润入俄国的经济之中，使之有别于国际上的自由主义标准。俄国应当采用市场经济体制，应当准许私营企业充分发展，但无论在什么情况下，国家最初都应当通过保护主义的贸易壁垒保护俄国的经济，并以集中和统筹的方式确保其发展。这是一种"社会君主制"，它以东正教为基础，从而遵循俄国的文化与政治传统，但又通过社会与经济领域的现代化来实现帝国的万世长存。为了在即将来临的20世纪推动俄国持续发展，"社会的东正教会"是一项需要优先采取的策略。

他所奉行的政策在很大程度上受到其意识形态的启发，并以铁路作为实现的手段。他以统一并重新审视粮食的运价作为工作起点。在超过一百场的会议之中，与会者的利益互相冲突，但维特还是在数月之间规定了简单而可持续的收费标准，将运费降低了35％。[46]在他的指导下，针对那些已经被集中于政府掌控之下的铁路网，国家也通过了一项征购政策。在数年间，超过1.2万公里的铁路被收为国有。[47]在1880年时，国家控制了25％的铁路，到了1900年，这一数字已经超过了 60%。

配合上有些不同寻常的工作能力，维特的政治影响力很快便有目共睹。晋升接踵而至。1892 年 2 月，他被任命为交通大臣。由于财政大臣与交通大臣彼此敌对的事实，没有人能够想象到，一位来自财政部门的人物能够成为交通部门的领导，更何况，他还是一位纯粹的技术官僚、一位身份卑微的外省人，既非名门贵胄之后，也不享有高官厚禄。但根据记述，当接见交通大臣一职的各位候选人时，沙皇亚历山大三世可能向每个人都提出了同样的问题："所以，你们会选择谁作为副手呢？"听到前三位候选人均选择了维特之后，沙皇宣布面试结束，任命维特担任交通大臣一职，甚至都没有试着对他进行面试。那时，维特正在开会，突然一位执达吏打断了会议，递给他一份蓝色的信封，上面有着手写的字母："致交通大臣谢尔盖·尤利耶维奇·维特阁下。"突然间，他面色苍白，握住信函的手不住颤抖。在敢于打开这封宣布对他的任命的信件[48]之前，维特走向房间内悬挂圣像的角落，手画十字。

从这一刻起，沙皇慈父般的形象在维特心中占据了决定性的地位。亚历山大三世被绝大多数历史学家视为一位反动的君主，其父亲在圣彼得堡的街边遭革命团体刺杀而死的情形给他留下了心理阴影，因而固执地拒绝一切改革。而在维特笔下，他是一位宽厚的君主，拥有着独立思想，也是一位"温和的自由主义"的支持者，他和蔼可亲，对其臣民的命运倾注了超乎一切的关心。这或许是因为，沙皇从未准备扮演君主的角色*，他记叙道，亚历山大三世首先是一位"极度单纯的人"，仿佛一位"来自中部省份的俄国农民"，其"智慧、能力和教育都在平均水准以下"，但他"天性纯良，有着一颗金子般的心，

---

* 作为亚历山大二世的次子，年轻的亚历山大在其长兄尼古拉的阴影中长大。1865 年，尼古拉辞世，这迫使亚历山大突然开始承担皇储的角色。随后，他的父亲于 1881 年遇刺身亡，此事将他推上了沙皇的宝座。

性格坚定而富于正义感。"[49]维特对沙皇怀有深厚的好感，这有时令他对后者心怀崇拜。"倘若命运能够让亚历山大三世的执政时间延长一倍，他的统治将能够同俄罗斯帝国历史上最为伟大的时期比肩。"在沙皇驾崩后，这位大臣苦涩地写道。此外，与维特同时代的人还注意到，二人在外貌上的相似有时甚至到了难相分辨的地步。当维特描述沙皇的外貌时，人们能够从中读出他对自身外貌的投射："事实上，亚历山大三世身材高大：他并非一介美男子，他的行为举止也或多或少令人联想到熊。但是他的体魄并算不上真的强壮，也并非真的肌肉虬结。更确切地说，他有些发福和肥胖。"[50]

沙皇则将维特视为自己最忠心且诚实的臣仆之一，也是最为用功的臣僚之一。当维特第一次于宫中觐见沙皇时，便被交予了一项需要优先完成的任务：最终建成西伯利亚铁路。"这一想法根植于亚历山大三世的脑海之中，甚至在任命我为交通大臣之前，他便已经不住地谈论它了。在我面前，他抱怨道，在超过十年的时间里，即便已经竭尽全力，他在大臣会议和国务会议[*]中依然不断遭到阻碍。事实上，我需要发誓实现西伯利亚铁路的构想。"[51]

维特信守了承诺。西伯利亚铁路成了他的主要成就。这列火车俨然成为其整个职业与政治生涯的优先事项，"[它是]一种引领超级大国经济发展的工具"，[52]他解释道。西伯利亚铁路赋予了国家控制农产品价格的手段，并使俄国有方法控制与社会氛围关系尤为密切的粮食战略市场。它也为西伯利亚的农业经营者打碎了交通方面的桎梏，令他们不再会因为运输问题而无法出售余粮。作为俾斯麦主义者，维特鼓吹工业化，而铁路便是工业化进程的发动机。它为大型矿藏提供了绝佳的消费市场，这一方面因为在铁路的建设中，人们需要铺设成千上万公里的铁轨，另一方面也因为它会将矿井同欧洲的工业大都市相

---

*　俄文作 Государственный совет，是当时俄国的议会上院，也是最高立法机构。——译注

连接。这是一项具有重大意义的计划，如此激动人心。它极有可能吸引来外国投资，而海外资本正是俄国所需要的，它融入了扩张性的且带有唯意志论色彩的经济政策之中，这样的政策则获得了维特的辩护与捍卫。对维特而言，事情没有丝毫疑问。为了实现现代化并赶上业已完成工业化的其他欧洲国家，俄罗斯帝国所需要的正是这条铁路。这是"一项为俄国人民开启新时代的事件"。[53]锦上添花的是，西伯利亚铁路令俄国具有了一项独一无二的优势：使俄国成为欧亚间国际商贸的集散地，并在诸如茶叶等商品的运输方面重获竞争力，自大不列颠的舰队以坚船利炮叩开中国的港口以来，俄国便失去了在这一领域中的地位。俄国享有"作为中介渠道的所有好处"。[54]"如果说，今天的莫斯科更大程度上还是一个国家级而非世界级的商业市场，"维特写道，"在未来，得益于西伯利亚铁路，它定然将会扮演更为重要的角色。丝绸、茶叶和毛皮贩运至欧洲，另一些工业制成品则会输入远东地区。这些物资将会在莫斯科交汇，这座城市将会成为全球商业的物流枢纽。"[55]得益于这条将在未来建成的铁路，大陆国家俄国能够同掌控世界的海上力量分庭抗礼。火车、西伯利亚铁路，正是欧洲文化令俄国更加丰饶，巩固了它列强的地位，使它能够向东方进行美妙的扩张，同时强化了国家的统一。"在任何其他国家中，火车都不可能拥有如此这般的重要性。"[56]

一旦发动，维特这节火车头便再也不能停下了。西伯利亚铁路的方案曾经因为大臣们的种种秘术而在数年之中停滞不前，现在，数月之间，它便开始了突飞猛进。维特编写了一份融资提纲，足以支持完成这条至少十年内世界上最长的铁路线的建设。估算所得的成本是如此低廉，以至于政府的会计们对测算结果的可信度表示怀疑。相当一部分路段甚至没有被研究过，人们也没有考虑，从哪里吸引必要的劳动力。在这样的情况下，他所能给出的怎么可能不是大略的估测值呢？在他的回忆录中，维特本人也承认道，在计划的这一阶段，细心的数学家已经让位于经济学领域的策略家了：相较于数字上的问题，更为重要的还是最终必须完成西伯利亚铁路的建设。如此这般的项目，其意义无法"仅仅通过狭隘的财务数字"加以衡量。[57] "有些时候，"他在一封信中写道，"损失钱财要好过丢掉面子。"[58] 这位大臣同时也对符号学与传播学有所认知，并有运用相关知识的意识：正是得益于他升任交通大臣一事，俄国的列车和西伯利亚铁路的列车装上了著名的金属边框玻璃门，在门后，乘客们能够利用每节车厢中的茶炊呷饮茶水。[59] 车内用具不仅要符合卫生标准，也要保障旅客的舒适。

在向内阁提交自己的方案与建议时，维特直截了当地宣布："根据目前所掌握的有关货物运输的信息，我们无法期望西伯利亚铁路能立刻在经济层面大获成功；此外，在狭义的财务层面，西伯利亚铁路也会长期无法实现盈利。"换言之，迅速实现盈利不过是镜花水月，人们必须为实施这项传奇性的冒险找到其他理由。"这是一项国家级的事业，应当从更高的角度加以评判。"交通大臣在同僚面前辩护道，"一旦建成，它能够强有力地促使俄国在经济、文化和政治领域取得进步。"[60]

为了加快进度，维特着手派出多支勘探队，以探查经济、地质、地形、植物与水文等方面的信息。它们应当有助于确定或更加精确地描绘出道路的走向、河流的流向，找到木材的供应源，规划修筑铁路与存放建材的最佳节点。人们还需要勘探铁路所经过的地区，搜寻是否存在铁矿、煤矿或金矿。维特的部门从档案堆中重新找出了此前十数年中已经经过长期争论的不同线路方案，提议分三阶段着手准备铁路建设。首先，人们将乌拉尔地区的车里雅宾斯克与伊尔库茨克相连通（3500公里），与此同时，在这个大工地的另一端，于太平洋之滨，人们会完成从符拉迪沃斯托克至乌苏里江之间铁路的铺设，它将在海路之外为人们提供一条新的通往港口的道路。第二阶段，铁路会从乌苏里江延伸至黑龙江畔的哈巴罗夫斯克（400公里），并在贝加尔湖东岸和黑龙江上游的某一条支流之间也修筑一条线路（1150公里）。在已有的莫斯科至乌拉尔铁路线的基础上，人们总计还需新修筑约7600公里的铁路，从莫斯科至太平洋，铁路总里程为9200公里。

维特方案的主要阻碍依然来自财政部门。他昔日的上级财政大臣伊万·维什涅格拉德斯基坚决拒绝为一条铁路拨付大量的财政资金。在他看来，除非铁路部门整顿得当并开始盈利，否则他绝不会参与这场冒险，更不用说这条铁路要使用国库资金来修筑！

1892年夏季，这道枷锁得到解除。很可能是因为在政府会议期间发作了一场轻微的脑部疾病，财政大臣突然变得身体虚弱。在患病后不久，他出现了视力与说话方面的障碍。即便如此，他依然决定向沙皇上呈他的每周报告。此时，亚历山大三世正居住于距首都数十公里的加特契纳宫*。在前往沙皇住所的火车上，财政大臣偶遇了自己的同事维特，维特很快便明白，这位自己昔日的上级、西伯利亚铁路计划的对手已经罹患了严重的残疾。刚刚抵达，维特便走在了伊万前面，以预先知会沙皇其财政大臣的身体状况。财政大臣被强制休假，并在不久之后遭到撤换，而接替他的人正是维特，他借此于1892年8月末获得了这一职位，此刻距离他被任命为交通大臣仅仅过去了几个月。在帝国内部，财政大臣是最为强力的官职之一，其影响力可能仅次于沙皇。寒微的数学专业大学生最终完成了他的阶层跃迁，摆脱了其衰落的家族所陷入的默默无闻的社会状态。但是，这样的情节以及维特此前对自己的恩人所表现出的毫不含糊的殷勤，使这位政府中新的强权人物获得了机会主义者、不择手段向上爬的野心家、阴谋家的名

---

* 这座宫殿远离首都，四周环绕有一座美丽的花园。在亚历山大三世统治时期，皇室在这里度过了大部分的时间。亚历山大三世在涅瓦河畔的冬宫中与自己的父亲亚历山大二世一道度过了童年。据说，他并不喜欢这座宫殿带来的回忆。皇后也喜欢隐居生活，希望以此更为容易地避开一直可能发生的袭击事件。

声，终其一生，他也无法挣脱这样的目光。维特并非宫廷中文质彬彬的清客，也没有他们的文雅与灵巧，无论在工作还是私人生活中，他都是一名多谋善断、长于手腕的政治家，一个坚忍顽强又厚颜无耻的人。他在第一段婚姻中迎娶了一名离过婚的妇女，这段感情迫使他在青年时期迁居基辅。在第一任妻子辞世后，他的第二段婚姻在首都内激起了更大的声浪：人们传说，为了使他与这个名叫玛蒂尔德·莉莎涅维奇的有夫之妇的结合获得合法地位，他背负了两万或三万卢布的债务，以"买来"他的挚爱与其丈夫的一纸离婚证名，在当时这是一大笔钱。[61]第二任离过婚的妻子或许是一个被丈夫"出售"的妇女，而且还是一个犹太妇女：这全然可以摧毁他的声誉，维特也清楚，此举会使他长期无法融入官方的上流社会。事实上，在十年中，他从未被邀请参加宫廷中的任何典礼。但是，他和玛蒂尔德情深意笃，与她一同搬进了莫伊卡河畔奢华的财政大臣私邸，这里距离皇宫所在的广场仅一步之遥。正是在这幢走廊长度超过百米的住宅中，他度过了大多数的日日夜夜。

西伯利亚铁路是俄国的一项优先工程。如果说在此之前，这列火车应当为财政收入服务，那么从现在起，包括财政大臣在内，财政部门要为这项杰出的铁路事业提供服务。维特将统领这一强力部门及其金库达十二年，并在此期间为俄国的铁路网拓展大约3万公里的新里程。正如此前担任交通大臣时那样，在财政大臣任上，维特依然政绩出众。为了整顿公共财政，他将酒精饮料收归国家专营，解放了国内商贸，创设了强有力的保护主义壁垒。他还建立了金本位制，令卢布的币值回归多年未见的稳定，这当即获得了外国股民的喜爱。为俄国借入贷款的人，是他。缔造法国与俄国之间政治经济大联盟的人，还是他。与德国谈判并签订新协议的人，依然是他！即便西伯利亚铁路开支巨大，但通过一系列不甚正规的账面操作[62]，纷至沓来的外国投资使维特得以在十多年间实现预算的均衡。

上任后不久，维特受命于沙皇，着手创建一个中央政府部门，以专门负责这项规模宏大的工程，这就是"西伯利亚铁路委员会"。该委员会集中了所有决策机构与工地直接利益相关方的代表，并使维特得以绕开一直存在于权力层和帝国政府内部的反对势力。其权力之大异乎寻常：1892年12月22日，沙皇下诏成立该委员会，它能够拨付资金、决定必要的开支、征用土地、征购工地所需的木材和建筑、动用军队和苦役犯投入建设、决定新建道路的路线、为这项工程创设专门的警察力量、自行决定开工日期与施工节奏。在必要的权力之外，该委员会还获得了特别立法权，从而得以在必要时与来自君主的支持一道，替代现行的法律程序。根据决议，包括交通大臣、农村大臣和内政大臣在内的主要大臣均参与其中，而维特则在其中扮演了主要的角色：他不仅是发起者，也是组织者。事实上，被任命加入委员会的政府官员或是他的亲信，或是受恩于他的人，通过这样的方式施展政治手腕的人正是他。为了达成他的目的，他依靠报界的支持，并对报界抱有强烈的好感。尽管那时俄国的公众舆论尚不强大，但这位大臣是第一批意识到可以在决策过程中对之加以利用的俄国政治家之一。他毫不吝惜地投入时间和金钱以支持一些富有影响力的头面人物，他的心腹之中包括一些出版业的负责人，而当夜色降临，财政大臣也会亲自执笔，以捍卫那些对他而言极其珍贵的事业。

实践大获成功：在亚历山大三世最终为这一无所不能的西伯利亚铁路委员会所指定的成员中，大多数人都对维特的事业表示了支持。至于该委员会的主席人选，其最终决定同样受到了财政大臣的影响。沙皇任命他的儿子、皇储尼古拉担任这一高度象征性的职位。这可是俄罗斯帝国历史上的第一次！在此之前，皇储们所担任的职务或是局限于军事部门，或是纯粹的礼仪性职务。他们曾经参与军事演习或主持一些慈善活动。但是，领导一项如此重大的工程？为此，维特不得不大费口舌地说服沙皇，向亚历山大三世解释道，这项任务是一所真正的学校，能够让一位现代君主从中学习如何治理国家。经过艰苦努力，他的意见得到了采纳，沙皇也同意做出妥协。简言之，维特获得了帝国境内所能想象到的最好的担保人：甚至沙皇本人也难以下定决心反对一个由自己的儿子担任主席的委员会。项目的未来得到了保证！事实上，关于项目的存续，还有什么比俄国的下一任沙皇更好的保障呢？在远东地区旅行期间，这位年轻的皇储已经亲手为工地奠下了第一块基石，现在，他已经是西伯利亚铁路这项庞大工程的领导人了。建设工作已经可以开始。当这条铁路举行落成典礼时，尼古拉也将登上沙皇的宝座。

第十九章
世纪工地

　　1900年4月，巴黎准备欢庆新时代的到来。法国首都史上第五次迎来了世博会。但是，为了向刚刚开始的20世纪致敬，这一届世博会应当办成有史以来最为令人印象深刻的一届。巴黎毫不吝惜金钱：城市新建或彻底重建了多处火车站，修筑了新的宫殿*，第一条地铁线也刚刚开辟。以协和广场为起点，经过特罗卡德罗街区和战神广场，直至荣军院，世博会占据了"光明之城"的中心地带。人们于此修筑了一条名为"未来之路"的自动扶梯，展示如日中天的工业时代的前景，一个名叫鲁道夫・狄塞耳的人为它安装了发动机。民众纷纷预约参观：在七个月间，总计有5100万游客†参观了"美好年代"有力搏动的心脏。而那时，法国的总人口不过4100万。

　　超过一百万新生事物、工具和近期的发现被呈现于好奇的观众面前。但本次世博会最吸引人眼球的无疑是沙皇俄国的展馆——一座有着五座经典俄式塔楼的白色克里姆林宫。俄国的建筑师们在特罗卡德罗修建了这栋建筑，以此作为俄法两国六年前所缔结的政治、经济和军事联盟的象征。俄国风正在流行。[63] "俄国皇后"牌香水、"双重

---

　　* 包括今日被改造为同名博物馆的奥赛火车站、里昂火车站、大皇宫、小皇宫以及其他的建筑。
　　† 相比之下，2015年的米兰世博会则仅接待了2000万参观者。

同盟"牌肥皂、"小俄国人"牌饼干、"北极晨曦"牌鱼肉，还有颂扬时代精神的莫斯科式潘趣酒，在食用油、饼干、罐头食品甚至香水领域，数不胜数的品牌名称令人想到沙皇的帝国。世博会于4月14日开始，在同一天，巴黎为塞纳河上的亚历山大三世桥同步举行了落成典礼，以此向自己的盟友致敬。1896年，亚历山大三世的儿子、沙皇尼古拉二世为这座桥梁埋下了第一块基石。为了体现自身的现代性，俄罗斯帝国在自身的展馆中用三间展厅展示建造中的西伯利亚铁路，它已经向东取得了重大进展。对此感到着迷的公众能够在这里看见一列奢侈的新式列车，而得益于维特的政策，法国的小投资者们也是该列车的精神所有者。通过购买一张模拟的头等车厢车票，最为富裕的参观者能够在比利时人乔治·纳格尔马克斯所创立的"国际卧铺车公司"旗下的某列餐车中稍坐片刻。这位比利时工程师是美国人普尔曼的门徒与合作伙伴和东方快车的发起者。自1898年以来，他便提议利用已经完工的西伯利亚铁路第一批路段实现一场前往西伯利亚中心地带的旅行。在一等车厢中，每四名旅客享有一间盥洗室，此外还有一间放有新近翻译的俄国文学作品的图书室、多处牌桌、一间钢琴房和一处中式装修的吸烟室，在时人眼中，这处吸烟室很有可能会令人联想到东方的鸦片烟馆。在于巴黎展出的模型中，人们还可享用一道伴有鱼子酱的美味大餐。当身着制服的车站主管鸣响第三声汽笛时，列车似乎开始晃动，而由巴黎歌剧院的艺术家们所演绎的西伯利亚风景在游客眼中不断变幻。在经历了一番美食与美景的休闲之后，享受着这场轻歌剧般体验的旅客们在设想中的北京站下车，在那里，中国人对他们报以热烈的欢迎。在展馆的另一处角落，好奇却不那么富裕的参观者们能够坐在一扇仿制的窗户边，窗户下方展开了一幅表现从伏尔加河到太平洋的俄国国土的画卷，这件恢宏的作品长达940米，由艺术家帕维尔·皮亚森斯基专门为此次盛会创作。在更远处，展馆的墙壁上悬挂有西伯利亚和亚洲的大幅地图，清点着有待外国投资者开发的财富。同时，展品还包括一些模型，它们表现出俄国的工程师们为了穿越亚洲最为蛮荒的地区、抵达符拉迪沃斯托克的港口而取得的技术方面的丰功伟绩。叶尼塞河上飞架的铁桥构筑了西伯利亚铁路通往克拉斯诺亚尔斯克的道路，它获得了巴黎世博会的金奖。

俄国的交通大臣印制了十万份用法语、德语和英语写成的小册子，以向欧洲人展示这一世界上规模最为庞大的工地，并邀请他们对俄国的现代化进程产生共情。在小册子中，这项被称为"西伯利亚大铁路"的工程被视作俄国现代化进程的化身。得益于这条新开通的铁路，儒勒·凡尔纳小说中主人公的记录被极大地超越了：从今往后，人们能够在41天中环游地球。这条新线路的发起者们将之描绘为将勒阿弗尔同旅顺口或符拉迪沃斯托克、将大西洋同太平洋、将欧洲同亚洲相连接的最为安全、方便、快捷、舒适的方式。对于那些提供前往长崎、横滨、上海的航运服务的跨洋轮船公司而言，这列火车至少在纸面上构成了强有力的竞争。在世博会期间，关于这列新开设的列车在交通领域所带来的变革，各家报纸总计发表了超过一千篇报道。总体而言，法国人、德国人和美国人满怀兴奋，而英国媒体则更多持保留甚至批评的态度，再度显露出两大强国在亚洲暗中角逐的图景。

对西伯利亚自身而言，这条修筑中的铁路也是一场革命。它终结了一段持续超过三个世纪的历史：一条传奇的小路将"文明的"大都会同已知世界的边缘相连接。这条小路最初被称为特拉科特，1689年11月，一道沙皇的诏令令其成为"君主的道路"，自此以后，它便享有官方的地位。自18世纪以来，人们便对这条道路加以修整，但事实上，人们对于这条滋养了帝国亚洲省份的重要交通命脉所施加的维护从未能够保障交通的舒适快捷。气候严酷，道路的长度无穷无尽，自然条件恶劣，一直以来，这些因素使得这项任务超越人力所能及。最初的道路从莫斯科出发，取道彼尔姆、叶卡捷琳堡、秋明、托博尔斯克、托木斯克、叶尼塞斯克、伊尔库茨克、涅尔琴斯克，最终抵达中俄边境的恰克图。但是，各条分支道路也逐渐出现。到19世纪时，旅客们也常常取道一条更加靠南的道路，它经过鄂木斯克、托木斯克和克拉斯诺亚尔斯克。此外，"道路"是一种具有误导效果的表述，因为该通道的走向是不确定的，在草原上或是白桦林间，多条平行的道路横穿而过，唯有马车夫才熟知它们。这些道路分分合合，有时消失于沼泽遍布的平原之中，或是突然坠入足以吞噬马匹的沼泽之中。每行过一段距离，绘有黑白条纹的路标便会跃入旅客的视野，提醒人们他们一直穿行于官方邮路特拉科特之上。在所有的俄国文学之中，这样的长途跋涉都是一项磨难，没有人能从中感受到丝毫乐趣。在普希金的代表作长诗《叶甫盖尼·奥涅金》中，作者在短短数行诗句中表现出了俄国的道路给旅人带来了怎样的苦难。

> 等我们让更为广阔的地盘
> 蒙受到良好的教化，到那时候
> （根据哲学图表的计算，
> 还要再过五百年左右），
> 我们的这些道路必然
> 会有不可估量的改善：
> 一条条公路纵横交叉，
> 将整个俄罗斯联成一家。[*64]

　　每过20至30公里，便会设有一座驿站，它们勾勒出特拉科特的道路轮廓。根据惯例，这些圆木小屋是人们的栖身之所，一边住着驿站长和他的家人，另一边则住着过往的旅客。在等待驿站长送还马匹

---

* 译文引自王智量先生的译本，《叶甫盖尼·奥涅金》，人民文学出版社，2004年，第七章第三十三节，第224页。——译注

以继续旅途的同时，旅客们可以随心所欲地利用日夜沸腾的茶炊饮用茶水。在驿站中抽烟是严厉禁止的行为！火灾能够迅速蔓延至附近的森林，一直以来，全俄国都深受这种灾害的困扰。如果运气不错，在驿站中只需停歇数十分钟便可重新开始旅途，而运气不佳时，则可能需要等待数小时甚至数天。在此期间，人们只能使用木制长凳和蟑螂出没、跳蚤横行的草褥，同时用尽可能多的手段，来博得同时受到所有在场旅客讨好的驿站长的恩惠。交通由一种名为"波多罗日尼"的路引加以管理，每到一处驿站，旅客都要出示它，而他们所享有的优先级也取决于此。如果一份路引上盖有三枚政府的印章，它便等同于一份绝对优先级的安全通行证，持有该证件者（一般是帝国政府的特别信使）有权征用最好的马匹，而驿站长只有几分钟的时间用来套车。预见到此类密使可能到来，驿站的主人时刻保持有三匹马处于可用状态。如果持有的路引上有两枚印章，旅客（通常是公务员或军人）便有权插队，甚至抢在先来的人前面完成套车。至于那些路引上仅有一枚印章的普通旅客，他们没有其他的方法，只能希望可以找到足够的状态良好的马匹，以将自己载向更远的地方。只要力所能及，人们会夜以继日地驱车穿行于广阔无垠的西伯利亚。以这种方式，19世纪80年代，一名美国旅客耗费16个日夜，从圣彼得堡赶到伊尔库茨克，在此期间，他更换了212次马匹以及差不多次数的车夫。

最常用的车辆是塔拉恩塔斯，这是一种结构简单的四轮车，没有任何的弹簧，上方改建有一个车厢，供旅客栖身，并可搭载他的行李。车厢中并没有座位，每个人摆放自身物件的方式都服务于下述目的：为自己留出一片免于寒风侵袭的空间，旅客白天可能坐在木板上，而夜间则睡在草褥上。在车辆前方，车夫由一块挡板和一块皮质车顶棚提供保护。拉车的马通常有三匹，这是一项必不可少的预防措施，尤其当人们在夜间行车时。在特拉科特上，系在拱形顶棚上的小铃铛昭示着马车的出现。在这样的条件下，旅客需要忍受塔拉恩塔斯的不住颠簸、夜间的寒冷、草原上的酷热和成群结队的蚊蝇达数周之久，更不用说有时还需要在驿站中或是渡船（唯一的渡河工具）上忍受无休止的等待，每一次长途旅行都会为他们留下痛苦的回忆。一个例子便是尼古拉·亚德林采夫。他是一名西伯利亚独特性的鼓吹者，也是政治上西伯利亚地方自治思潮的门徒。他写道，"西西伯利亚地区的道路状况极其令人不满。在许多地方，"他指出，"道路给人的印象，仿佛是一片遍布纵向犁沟的田地。因此，恰当的做法是快速通过这里，并将脑袋紧紧顶住塔拉恩塔斯的车顶，或是不断地从车厢的一侧滚到另一侧。因此，想要抵达30俄里（大约30多公里）之外的一处休息点，人们需要花上七八个小时。"[65]此外，没有任何一份外国旅行者的作品没有强调自己所受的折磨。一个名叫埃德蒙·科托的法国人奉教育部部长之命，于1881年前往"研究法国和日本之间最直接的通路"。他所做的描述依然是最有分寸的之一："道路坑坑洼洼，有着无数的凸起，我们承受了多次如此猛烈的颠簸，"他写道，"以至于在我看来，似乎不太可能继续在类似的条件下继续我的使命了。时时刻刻，我都相信我们的设备将要碎裂开来，我等待着一次最大也最致命的冲击终结我内心的胡乱猜测，半躺在用钩子使劲钩住、固定不牢的行李上，双脚用力靠在卧铺上。时而，我们滚作一团，时而，我们被抛向空中，认为自己会在车顶篷的金属配件上撞碎头颅，接着，我们从数尺高的空中骤然下坠，即刻被抛向那折磨人的车辆的一角。"[66]

这条交通大动脉本当从前途远大的西伯利亚地区供养大都会，但由于这些条件，特拉科特仅能通行数量不定的小规模商旅。当天气晴朗、道路干燥时，商人驱策着长长的商队，车辆上满载着茶砖。一直以来，他们将马匹与前一辆车相连，以减少车夫的数量。因此，车队的长度可能超过一公里，而特拉科特上所奉行的交通规则严禁超车。

故而，驿站区域的交通堵塞在所难免，争吵和殴斗也并不罕见。一旦遇上阴雨天气，道路就会变为烂泥潭，马匹可能身陷其中，直至胸部。那时，唯有经验最为丰富的车夫方敢冒险。

特拉科特上的普通民众从未相信会建成一条横贯大洲的铁路。人们的争论已经持续如此之久了，提出的方案数目也如此众多，传出的种种谣言如此骇人听闻，甚至有人认为西伯利亚铁路计划形同文学作品中只闻其名却不见出场的人物。但当第一批火车抵达时，特拉科特被骤然废弃。自此以后，国家便将赌注压在火车上，甚至打算大规模削减开支：计划关闭250处驿站和107处供流放西伯利亚的苦役犯（前往服刑地的漫长征途令他们饱受折磨）使用的歇脚点。根据官方的说明文件，伴随着交通线路的调整，铁路成为运输犯人的交通方式，此举使押送队伍中可以减少24名军官和964名士兵。[67]

自博格丹诺维奇上校描绘出西伯利亚铁路的第一批蓝图之后，时间已经过去了超过二十年。1891年，西伯利亚铁路正式动工，同年，俄国再度爆发了可怕的饥荒，其危害之大，足可与本部分开篇的那场饥荒相提并论，那时，俄国政府紧急派出博格丹诺维奇作为特派员，构思灾难的应对之策。

曾经，俄国拿出方案的速度相当缓慢。但从此刻起，压力之下，它必须尽快完成计划的制订。但是，促进西伯利亚铁路项目加速实现的，不仅仅是俄罗斯帝国亚洲省份的经济或社会问题，更是对于东部边境的担忧。这一广为流行的思潮再度扮演了推动者的角色。英国对中国进行了持续的渗透，并表现为铁路和河道交通这样的近代化形式，这些新的交通方式强化了其殖民的基础。在一封写给沙皇的信件中，东西伯利亚总督科尔夫警告道，一条由英国人规划的新铁路线可能会延伸至符拉迪沃斯托克。他如同惯常一般，在信件的白边中加注道："必须立刻开工建设西伯利亚铁路，容不得任何延迟。"[68]对于俄国而言，更加令人恼火的是，英国在中国的"成功"刺激了其他西方列强的胃口，尤其是德国，它正在强烈要求分一杯羹。迈出了近代化第一步的日本也参与其中，对朝鲜和中国北方垂涎三尺。最后，还不应当忽视寻求自强的中国，它试图夺回远东和黑龙江地区三十年前被割让与穆拉维约夫-阿穆尔斯基的土地，但缺乏能够同欧洲殖民者相抗衡的军队。在圣彼得堡，军方领导人自此成为西伯利亚铁路最为热情的辩护者。自从他们信服了列车所能带来的决定性的战略优势（例如在克里米亚战争期间），军方的将领们一直是火车的坚定支持者。如今，再也没有推诿和进行无休止的争论的可能了：国家利益强制要求迅速建设一条铁路，连接远东地区的港口，这些城市在地理层面的孤立使得它们极其脆弱。这是为了战争而做的准备！

　　1891年5月23日，皇储尼古拉殿下走下"亚速记忆号"巡洋舰，进入符拉迪沃斯托克的港口。作为皇位的继承人，年仅二十三岁的他依然对访日期间遇刺一事心有余悸。[*]但根据其父亲的意愿，他来到太平洋地区彰显俄国的力量：八天之后，在数千名当地居民（其中包括为数众多的中国与朝鲜劳工）的注视下，未来的尼古拉二世在帝国距离首都最远的一隅为这座19世纪最大的工地奠下了第一块基石。为了这一场合，人们修筑了数百米的道路，锚泊于此的船只和城市的炮台礼炮齐鸣。皇储与他的随扈人员登上一节车厢，由一辆饰有旗帜与月桂枝的火车头牵引。列车缓慢地行驶过已经落成的路段，四周跑动着伴随的人群，他们的速度要快于装饰豪华的首列火车。[69]

　　在此期间，来自帝国西部的工程师们扎根于西西伯利亚首批路段沿线，多个勘探小组、地理学家、地质学家或土木工程师踏上了前往依然鲜为人知的东西伯利亚的道路。首要工作是确保所规划的路线能够承受列车的行驶，接着是扩大对于毗邻地区的了解，以寻找可能存

---

　　[*] 在访日期间，尼古拉于大津遭到负责其护卫工作的警察津田三藏的刺杀，不过仅负轻伤。史称"大津事件"。——译注

在的可供开发的矿脉、木材和石材，对于建设工地而言，这些都是不可或缺的物资。此外，在长达200公里的未来铁路线的沿线地带，他们还需要清点道路两侧的耕地面积。仅在1894年至1896年之间，在西伯利亚腹地便展开了超过百起勘探任务。[70]

工程进度的突然加快，加上一直存在的预算方面的忧虑，使西伯利亚铁路的设计工作承担了巨大的压力。工地负责人收到的指令很简单：必须以最快的速度和最低的成本完工。因此，呈直线铺设的线路成为设计准则，而转弯则属于例外情况。在乌拉尔山脉和鄂毕河之间，纸面上的直线距离是1500公里，而西伯利亚铁路在两地间的路段长度为1534公里。没有弯道，没有多余的偏差！人们并不在意安全方面的顾虑，甚至更不会有诸如联通居民点或通往毗邻地区的市场等经济层面的顾虑。这项政策甚至时常导致车站与城市之间距离遥远：人们希望以此避免在居民区大兴土木所产生的更为高昂的成本、沿途遍布的河流所造成的工程复杂化和可能存在的代价高昂的征地行为。那时，大多数城市依然不过是新兴的小镇，一心想要不惜一切代价节约时间与金钱的工程师们刻意避开市中心，甚至当这些地方不过是村镇而非城市时，情况也是如此。对优先考虑又快又省的帝国铁路而言，旅客？对客户的服务？这些都不是首要的关切。在鄂木斯克或赤塔，车站被建在距离城市超过四公里的旷野上。在伊尔库茨克，车站位于城市对面安加拉河荒芜的河岸上，在很长一段时间中，这里都没有一座让人们得以前往车站的桥梁。在托木斯克，当火车小心翼翼地绕开城市，让乘客在郊外下车时，来自外地的旅客们甚至相信运营方工作出现了失误。[71]至于科雷万，官方所声称的连通这座城市的车站更是距离城市达45公里之远。

沿直线修筑铁路的策略并非西伯利亚铁路专有的特色，相反，自俄国铁路事业起步以来，这便是人们实践中一贯采取的做法。1843年，当俄国开始修筑连接圣彼得堡与莫斯科的第一条铁路时，时任交通大臣、火车这一革命性的交通工具在俄国境内的先行者与倡导者帕维尔·梅利尼科夫的方案为修筑者在两座城市之间勾画出一条近乎直线的铁路。一则长期流传的故事说,沙皇胡乱地将一把尺放上了地图,并在两座首都之间用粉笔画出了一条直线。这则传说的一个变体版本甚至声称,线路上一处小小的拐弯可能是由于沙皇一次意料之外的失误,他所持的粉笔突然间撞击了手指,令他画出的直线变得不平整。事实上,俄国工程师所奉行的直线筑路法则体现了他们的铁路理念与西方的大相径庭,更加凸显出俄国的铁路理念以服务国家意志为唯一导向。人们修筑铁路网的目的并不在于实现某一地区的交通通达或盘活地区经济,而是为了迅速抵达特定港口。正如铁路史学家弗里肖夫·申克所揭示的那样,对19世纪的俄国铁路规划者们而言,"人们确定好一个起点、一个终点,而中间的路程并不属于考虑范围"。这样的想法散发出公务员或军人的气息。诺夫哥罗德的遭遇便是一个例子。因为重要的事项唯有时间与线路的首末站圣彼得堡和莫斯科间的里程,这座古老的商业城市、汉萨同盟昔日的成员、莫斯科曾经的对手以及城中的1.5万名居民便被排除在工程师的考虑之外。当诺夫哥罗德的市政机关对此高声抗议时,交通大臣帕维尔·梅利尼科夫于1843年回应道:"只有历史爱好者才会对诺夫哥罗德的重要性感兴趣。"[72]

日后,俄国其他大型铁路工程的情况也丝毫无二。当俄国于19世纪80年代为了维持新近建立的殖民地并防备阿富汗边境英国人的威胁而匆忙建设中亚地区的铁路时,军事方面的考虑进一步凸显了俄国铁路思想的特点。一切都应当飞速地直线前进。"设计者们从来不会为了商业或居民的需求而改动哪怕一公里的铁路线。"1899年,密切关注俄国在该地区筑路活动的英国专家亚历克西斯·克劳瑟写道,"为数众多的车站被建在距离其所经过的城市十分遥远的地方,这条铁路线的首要任务是满足军事需要。"[73]

因此，轮到西伯利亚铁路开工建设时，它也再度遵循了这条黄金法则。此举对多座西伯利亚城市产生了影响。

　　托木斯克受其影响最大。当时，它是西伯利亚地区人口最为众多的城市，有5.3万名居民，刚好超过伊尔库茨克。曾经，狂热地投身于寻找"软黄金"的先行者们建立起了一座座城市，托木斯克便是最早的之一，因其地理位置而繁荣，它位于传统的特拉科特邮路之上，也是从鄂毕河流域前往叶尼塞河的桥头堡。这里是继续向东前进的必经之地，而仅仅数年之前，它还成为乌拉尔山脉以东地区第一所大学的所在地，这所大学也是俄国政府针对西伯利亚自治主义者的诉求而做出的少有的让步。一座医学院也正式挂牌，一座法学院紧随其后，一座覆盖多处街区的中学也宣告成立，它们令这座商业城市骤然间重获青春。当西伯利亚铁路尚处于筹建阶段时，每九个托木斯克居民中便有一名大学生。这座城市不仅是商业大都会，也是重要的行政中心，似乎将会迎来更加繁荣的未来。此外，当世纪工地开工之时，在交通部各种出色的方案中，它均扮演着重要的角色。

　　但是，几年之后，托木斯克的居民们不得不感到失望。连接莫斯科与贝加尔湖的西伯利亚铁路在距离西伯利亚第一大城市以南一百多公里的地方穿行而过。所以之前到底发生了什么？

　　自西伯利亚铁路落成以来，一种广为流传的说法便坚称，托木斯克对于自己的优势过于自信，当工地的头头们要求城市以贿赂换取这条新铁路的使用权时，它"恬不知耻"地回绝了这一要求，有时，人们甚至会指名道姓地将维特加入涉嫌参与这桩钱权交易的名流显贵的名单中去。这则逸闻年代久远且经久不衰：绝大多数早年的外国旅行者都在自己的作品中提及了它[74]，直至今日，在大部分有关这列传说中的列车的旅游指南中，它仍有出现。另一种解释则扣住了这座大学城令当局不快的声望：托木斯克是各类宣扬自治主义或革命精神的论文的天堂。这条历史性的铁路蓄意远离了这座不受喜爱的西伯利亚第一城。

但是，事实似乎更加平淡无奇，与著名的直线政策有关。根据一份由交通大臣维特签署于1892年的技术报告，在最初的设计中，通往托木斯克的铁路线不得不穿越数百公里"沼泽遍布的冻土苔原"，这迫使工程师们规划了大量的土方作业，描绘出一处处紧密排列的弯道。根据官方技术报告的观测，如此方案会额外增加86公里的铁路里程和200万卢布的开支。太慢了，太贵了！维特建议，更好的方案是将线路南移100公里，直线前进。托木斯克的商人公会与城市杜马深感沮丧，它们强调，建成之后，西伯利亚铁路将会一直扮演货运主干道的角色，同时一举摧毁他们的城市。[75]来自总督的抗议越发繁多，他也扩大了代表的人数：当皇储尼古拉殿下于1891年经过托木斯克时，他亲口承诺会多多关照这座城市的利益。但这一切都未能起到丝毫效果。事实上，托木斯克已经遭到了抛弃，在未来，它所获得的不过是帝国交通网络中一处"成本低廉"的交汇点罢了。对于西伯利亚第一城中的居民而言，情况则更为糟糕。从今往后，他们不得不在主干道的一处寒酸小站中等待自己的信件。此外，在一份为了论证自己的选择而写的报告中，交通大臣自问道，托木斯克真的这么重要吗？"托木斯克城自身并不具备商业上的重要地位，"他写道，"它不过是一处有着4万居民的行政中心，而它成为商品集散地则完全是偶然因素作用的结果。它不过是西伯利亚特拉科特上的一处中转点罢了。[……]"[76]这份由维特签字的报告不啻为一份经济领域的死刑判决书。

一些城市被从铁路的规划图上抹去，而另一些则出现在这张地图之中。托木斯克衰落了，而新西伯利亚城即将迎来诞生。西伯利亚铁路的工程师们在不自觉中设计了未来的西伯利亚。事实上，为了穿过鄂毕河，他们选择了一处看起来能够提供最经济的技术条件的地点。他们缺乏深入了解当地的时间，决定相信自己的直觉和本地农民的选择。每逢春季，当地的农夫们都会进山放牧，此时，他们会在一处被称为古斯夫卡的地点赶牲畜过河。这是一座有着104名居民的小村庄。此地，两侧草木葳蕤的高耸河岸限制了河水，减轻了一直以来的春季洪涝（水灾的蔓延范围可达15公里）。此处河流的宽度仅为600米。该地适宜建设车站。而在淌凌季节，冰层的厚度也不超过1米。诚然，该地远离地区内所有的市镇，但这无关紧要。正是在这里，工程队建设了一座在当时蔚为壮观的桥梁：桥长800米，在鄂毕河上方共有7处桥跨。二十年前跨伏尔加河大桥的修建经验（它的实际成本是预算金额的三倍）令一些圣彼得堡的政府官员大为惊恐，他们建议取消一座如此大胆的桥梁建设计划。夏季使用渡船，冬季使用纤夫，为什么人们不能满足于此呢？军方介入了此事：为了确保俄国在太平洋地区的存在，他们需要一条直达的铁路。在距离乌拉尔山脉1500公里的地方，一场浩大的工程开始了，铁路将从这里穿越浩浩汤汤的鄂毕河。很快，寻求工作的移民涌入了古斯夫卡。国家提供了土地和一座木制的圣但以理教堂。一座小城出现了。1900年，城市中有1.5万户家庭、113处货摊、7家面包店、4家啤酒馆、1家点心铺、1处"周日极为活跃"的市场以及1家旅馆，但尚未有医院。[77]日后，人们称之为新尼古拉夫斯基，接着，1925年之后，城市改名为新西伯利亚。今日，这座城市是西伯利亚联邦管区的"首府"，其人口数量比起落选的托木斯克多出三倍。

工地向东延伸，它的规模令发起者都感到吃惊。因此适用于俄国欧洲部分铁路线的所有标准均被抛弃。"我们只建设必不可少的东西。"在国家要求工程师们遵守的条件清单中，开头部分赫然印有这么一句话。[78]人们满足于仅仅铺设一条铁路，并每隔55公里设置一处车站，而且交通部于1892年发布法令明确道："唯有在可能迎来大规模旅客或是必须设置食堂的地点。"[79]用以支撑铁轨的平台被降低了建筑标准，筑路用石碴通常采用沙和松散的土而非石子制成，其厚度从47厘米变为25厘米。人们还主张采用轻型铁轨进行铺设，其重量为帝国欧洲部分铁轨重量的一半。*为了跨越大河，人们于夏季利用渡船铺设桥梁，并于冬季固定铁轨。[80]除此之外，所有桥梁均用松木这种容易腐烂的建材制成。根据西伯利亚铁路的修筑标准，在其他地方难以想象的斜坡也被允许存在。而弯道所需的最小半径也从533米缩减为320米。[81]唯有轨道宽度的标准得到了沿用，五英尺的宽度是俄国铁路所惯用的指标，它大于欧洲其他地区所遵循的标准宽度。†这些决定由西伯利亚铁路委员会做出，根据其成员的想法，上述修改的目的依然在于以最快的速度完成修筑、抵达目的地："西伯利亚铁路工程在最短的时间内完工，这是绝对必要的，"官方的招标细则中如是写道，"这一特点必须被遵守，它与最为紧迫的国家战略利益的实现密切相关。"[82]同样根据这份招标规则，西伯利亚铁路应当能够每日双向通行三列列车，而在战时，这一数字应当被提升至七列。设计时速应当为35公里，从莫斯科至符拉迪沃斯托克的全程耗时当为十日十夜。准则就是这些。一旦第一条线路投入运营，人们便可以对其中的不当之处进行修正，并在十二至十五年的期限内逐步改善。

　　但自然规律可不会等这么久。自第一批列车发车以来，项目的设计师们以及他们"低成本"的设计就不得不面对现实。在车轮下，铁轨变得扭曲，筑路用的石碴四处散开，斜面发生崩塌，桥梁被河流的初次涨水冲垮。在上坡路段，由于坡度过大，一辆火车头仅能拖曳不超过16节车厢，而非设计中的35节。一列火车不得不分作两截，令

---

　　* 每米重24公斤，而欧洲部分的铁轨每米重35到45公斤。

　　† 一种经久不衰的传说将这种间距上的不同归因于俄国希望在遭到侵略时保护自己的铁路网。这种解读是错误的：俄国的标准源自1839年所修筑的自圣彼得堡至叶卡捷琳娜宫的第一条铁路，其设计指标嗣后为所有的铁路工程所沿用。F. B.申克完美地辩驳了这一传说，他指出，长期以来，俄国保留着一条自奥匈帝国通往华沙的铁路，这条于早年间修建的铁路遵循西欧的标准，而当时，这座波兰城市正处于俄国的掌控之下。

铁路线上的整体交通状况陷入一片混乱。在西伯利亚铁路投入运营的头几个月中，列车的平均时速仅为20公里，几乎仅为当时欧洲最好列车速度的四分之一，也同最初的设计指标相去甚远。根据一则逸闻，一名俄国旅客回应一名对此深感震惊的外国人道："所以，为什么跑这么快呢？假使某人如此着急地赶路，他也只不过能搭乘上一班车罢了。"[83] 落成后不久，西伯利亚铁路便已经开始了不断的修葺。"那些俄国人，"美国历史学家塔珀说道，"他们完成了一项一流的工程，同时造出了一条三流的铁路。"[84] 在运营的第一年中，交通事故以每日三起的频率不断发生，并造成93名铁路员工和旅客身亡。[85] 一列火车被拦停在车站或旷野，同时铁路工人们忙于扳正铁路以使火车可以通行，这样的场面并不罕见。[86]

1892年，一份政府的官方文件确定了直至贝加尔湖的第一路段的施工条件，其中写道："我们可以预计，这段铁路将会在三年半的时间中建成，更具体地说，是四个夏天与三个冬天。"[87] 事实上，这样的施工节奏隐藏了工程师们事先所不了解的困难。西伯利亚铁路的设计师划出一条绵延数百公里的完美直线，横贯了巴拉巴大草原。但事实上，这片草原是一处真正的地狱。土地上沼泽密布，总工程师米哈伊洛夫斯基不得不迅速做出决定，通过开挖沟渠来排干规划中铁道线路上的积水。沟渠长达1208公里，施工人员用铁锹、鹤嘴镐和独轮车完成了土方的挖掘。铺设所用的枕木也由工人使用双人锯就地制作。木材供应不足：铁路沿线的树林无法提供任何一种足够强韧的木材，人们必须前往乌拉尔山脉寻找可用的木材或利用大河进行木材流送。人们还缺乏石料和砖头，需要前往工地数百公里外以获得它们。人们甚至还缺乏足够的水，无法满足饮用和火车头的需要！草原上的水含盐度过高。越过托木斯克后，延伸向远方的铁路扎进了数十公里难以通过的森林。这里的土壤松软多水，工人们被迫要首先建设一条由紧密连接的圆木构成的道路，接着再挖掘多处排水渠。此外，在穿越森林时，人们还必须在拟定的路线左右清理出各150米的区域，他们担心火车头冒出的火星引发可怕的火灾。

但是，总工程师们最为缺乏的资源还是人力。西伯利亚的人口依然如此稀少，以至于人们不可能从当地觅得足够的人手。因此，在西西伯利亚和中西伯利亚地区，人们从俄国的欧洲部分引入劳工。在远东地区，人们招募了数以千计的中国劳工，他们肩上挑着长长的扁担，运载着各类物资。工地上总计有2000名熟练的工人，其中500名意大利石匠负责最为艰难的部分。在整条未来的铁路线上，工地的管理方还将苦役犯和流放犯投入修筑工作之中，正在服刑的他们被分派了各类重活，其人数约有上万。就全局来看，一支真正的大军正在劳作：在最高峰时，共有7万人同时作业。

开工两年后，工程师们观察到他们已经完成了800公里铁路的铺设。这是一项了不起的成就，但相较于最初的计划，这样的进度还是稍稍落后了。在更东的地方，情况则更加困难：永久冻土如同石头般坚硬，必须借助炸药方可开挖。为了弥补炸药的短缺，人们在十多公里的路段上燃起了大火，以软化土壤。有时，河流漫出河床，淹没了工地。1897年，外贝加尔山脉地区一场骇人听闻的洪水冲毁了15座桥梁、上百米路堤，并迫使工地负责人将线路向北移动了一百多公里。在雅布洛诺夫山脉，穿越山脊是如此艰难，以至于人们连续研究了14种修改方案以穿越群山。至于贝加尔湖地区的迂回线，它的施工难度是如此之大，以至于西伯利亚铁路委员会暂时推迟了它的建设。当它于1904年至1905年间落成时，人们总计为之开挖了39条必不可少的隧道，修筑了400座不可或缺的桥梁。

官方公布的数字令人震惊：挖掘了1.07亿平方米的土方，在最为宽阔的大河上架起了10500米的金属制桥梁。还运输了37公里长的木制桥梁、1000万根枕木、1600万吨建材。[88]这座工地规模庞大无比。

这是一座由石材和钢铁铸成的丰碑，一座将西伯利亚一分为二的宏伟建筑。工程的修建速度也越来越快：自第三阶段开始以来，每年均能够铺设650公里至740公里的轨道。西伯利亚铁路工程的进展速度甚至超越了加拿大太平洋铁路，后者于不久前刚刚完工，且总里程约等于西伯利亚铁路的三分之二。

根据1891年的计划，这一庞大的工地首先被分为四段，分别为车里雅宾斯克至鄂毕河、鄂毕河至贝加尔湖西岸、符拉迪沃斯托克至黑龙江上的哈巴罗夫斯克、贝加尔湖东岸至黑龙江支流。事实上，这四段工地同时开工建设。1900年夏季，巴黎世博会正如火如荼，与此同时，四段工地的首批铁路线开始运营。沙皇赌赢了：世界上最长的铁路在仅仅十年内便宣告竣工。为了从圣彼得堡或莫斯科直抵太平洋，有一些改动依然是不可或缺的：在等待贝加尔湖南侧的迂回线完工期间，乘客们将乘坐两艘特别设置的渡轮横渡贝加尔湖。一旦他们抵达东岸，列车便会重新出发，行驶1100公里后抵达石勒喀河岸边，这里是它与黑龙江交汇点的上游。此时，旅客们需要再度登上蒸汽船，顺流而下，抵达哈巴罗夫斯克，并在这里最后一次换乘铁路，抵达符拉迪沃斯托克。

工程如期完成，但预算出现了超支。当交通大臣进行第一次测算时，修筑一条直至太平洋沿岸的铁路所需金额的估算值为3亿卢布。而同样在1892年，西伯利亚铁路委员会批准了一项总金额为3.57亿卢布的预算。在当时，这已经是一个令人印象深刻的数字了，但自首批工程开工以来，这笔拨款被证明严重不足。尽管采取了所有夸张到可笑的预防措施与节约手段，但恶劣的地质条件与气候条件、部分路段必须全部返工重建、穿越贝加尔湖和建立黑龙江航运所需的大笔投资以及有关铁路的搬迁安置工作使得成本最终失控。帝国政府倾向于对西伯利亚铁路的总支出秘而不宣。但是，1904年，甚至在穿越满洲地区和黑龙江沿线的最终段铁路尚未完工之时，项目负责人库罗姆辛便公布了首批计算结果。在世纪初，西伯利亚铁路已经花费了国家9.4亿卢布。如果了解到当时俄罗斯帝国年度总预算为20亿卢布左右，人们便可以更好地认识到这笔资金是何等庞大。根据伟大的苏联交通史学家瓦连京·博雷乌诺夫的复原，在建设方面，西伯利亚铁路项目的总开支为10.46亿卢布。[89] 折算为今日的货币，西伯利亚铁路的花销略多于150亿欧元。

宣传册骄傲地宣称，从莫斯科到符拉迪沃斯托克的行程只需要十天。倘若人们想要从巴黎前往上海，则仅仅需要花费十六天。帝国的铁路部门宣称，在出发地与目的地均相同的情况下，相比于轮船，西伯利亚铁路的耗时不足一半。

但事实并没有这么美好，在运营的前三年，情况尤为如此。铁路糟糕的质量以及落成以来数不胜数且必不可少的维修工程都拖慢了列车的速度。有时，列车会在旷野上长时间一动不动，车厢中的旅客对此习以为常，也不试图搞清停止行驶的原因为何。有一则俄国的小故事讲道，西伯利亚铁路上的年轻旅客持半票上车，持成人全票下车，旅途时间就是如此漫长。唯有外国旅客对此抱怨连连。因为我们很容易想象，在20世纪之初，为数众多的外国人冒险穿越西伯利亚，以乘坐火车经历大草原与泰加森林*。他们中的一些人是大旅行社或商业公司的雇员，不想错过潜在的商业机遇。另一些乘客是前往中国履职的传教士。还有一些人则单纯醉心于发现探索和异国风情。无论写作语言是法语、德语还是英语，20世纪初所有的游记都因为向受到吸引的欧洲人讲述火车旅行的冒险而大受欢迎。弗朗西斯·克拉克是一名美国神职人员，也是首位登上这条欧亚新通路的人士之一，同时还是首批对俄国铁路横穿大陆时出人意料的速度深感困惑的人士之一："我们每日行进200英里，即每小时8英里，这样的速度仅仅比驿马稍快

＊一种亚寒带针叶林。——译注

一些。"他半不堪煎熬、半揶揄调笑地写道，"造成如此局面的原因是车站之间无休止的、全然不合理的停车。我们的列车会在木柴堆或圆木窝棚前停下，车边的农民们蜂拥跑出列车，生火煮汤或烹茶，然后火车继续前行。总体而言，既没有行李的装卸，也没有途中上车的旅客，还没有迎面交汇的列车。火车头加满了水，但是我们等待了半小时、四十五分钟、整整一小时才等来车站长莫名其妙地鸣响一记嘹亮的钟声。五分钟后，又一记钟声传来。不久之后，检票员鸣响了一声汽笛，火车驾驶员回应以一声来自锅炉的汽笛。检票员又一次鸣响汽笛，驾驶员也再度回应。在互相致意之后，列车开始静静地发动，并在两小时之后于下一车站重复同样的过程。[……] 倘若人们误车了，无论如何他们都不能声称自己没有收到发车的消息。"[90]英国著名记者乔治·林奇补充道。他说在所有的线路上，"我从未看见过一个跑着赶火车的俄国人"。[91]

这种新式的交通方式以异国风情作为一大特点。例如，在一个以草原和大河为主要地形的帝国之中，隧道并不多见，它在俄国旅客之中引发了一阵激动与不安之情。"在一分钟之内，列车没入了黑暗。人们听见了妇女们的尖叫与孩童们的哭泣，但是，当我们重新回到日光之下，便发现男人们的表情似乎同样惊恐万分。"约翰·福斯特·弗拉泽揶揄道。[92]

但是从整体来看，首批旅客中的绝大多数人愉快地承认，自己对旅行的条件感到吃惊。前文所述的林奇曾经乘坐火车穿行于美国、加拿大、欧洲甚至澳大利亚，因此他有进行比较的便利。他坦承："不得不承认，乘坐西伯利亚铁路列车的旅行体验是非常舒适的，不逊于世界上一切最为优秀的列车。"[93]而稍早于林奇搭乘西伯利亚铁路的弗朗西斯·克拉克也写道，即便依然有不完美之处，"但如此这般穿行于勘察加稍南的平原上，足以令最为坚定的牢骚者打消批评"。[94]英国商人塞缪尔·特纳受命调查这种新式的运输方式是否刚巧可以被用来向欧洲成吨进口西伯利亚农民所生产的久负盛名的黄油。他甚至庄重地向自己的读者宣布："比起乘坐火车在伦敦与曼彻斯特之间跑个来回,乘坐西伯利亚铁路列车旅行3000公里要更为舒适。"[95]

这也是因为,外国旅客并非这段漫长的铁路旅行中运气最差的人。在莫斯科车站,驶向太平洋的列车每周三班,每列火车由颜色各异的车厢构成:头等车厢被漆成深蓝色,二等车厢被漆成黄色,而三等车厢则是绿色。头等车厢每节可以容纳18名旅客,二等车厢24名,而三等车厢的设计容量则为每节36名,其铺位也由硬木制成。通常来说,外国人会购买头等车厢的车票。

透过窗户望去,西伯利亚的风景飞逝而去,往往数百公里都毫无变化:延伸至视野尽头的平原、一片片白桦林与松树林,铁路管理部门黄色的原木小屋也不时跃入眼帘。每隔一公里,铁路部门便会委派一名巡道工,他的工作任务在于每日多次巡视所负责的路段,并至少在每列火车通过前一小时完成工作。同时,他还要确保所在路段处于监视之下,并对道路进行维护。作为报偿,西伯利亚铁路的巡道工们得到了一身漂亮的制服,并获准于铁道周边的斜坡上放牧牲畜、在道路沿线播种和收获蔬菜。无论日夜,当有列车经过时,巡道工或他的代表(通常是他的妻子,一名赤足的农妇)会在自家的棚户前立正,挥动绿色的旗帜或信号灯,表明一切正常。[96]每隔20公里便有一处中继站,火车头可以在这里加满水箱。而每隔80公里便设有一处车站,为旅客提供候车室和一处食堂,而这处进餐的地方注定会迅速成为俄国社会人员最为密集的地点之一。有时,车站会被建造在荒野之中。最后,在更少见的情况下,一座"一等车站"会矗立于铁路旁:其中为三个等级的旅客分别设立了候车室,还建有多座饭店、供女士使用的小客厅、一座电报室以及一处皇室成员专用的豪华套房。[97]

在涂成皇家蓝的车厢内,旅客可以在任意时刻从餐厅获得餐食。"也就是说,供应很频繁。"[98]约翰·弗拉泽一笔带过地写道。对于最为挑剔的乘客而言，这里的菜单有时单调而重复，但是在英国商人塞缪尔·特纳看来，这份由一道汤、两道主菜、一道甜点和任意分量的茶水构成的餐点"与英国优质商人旅馆的水平相当"。[99]这样的话语为大众留下了解读的空间。在结束用餐后，客人进入候车室，坐入皮制扶手椅之中。铁路部门放置于此的钢琴发出了悠扬的乐声，旅客们在这样的环境中开始打扑克或玩多米诺骨牌。倘若人们不介意读到一些"旧闻"的话，他们也可以阅读莫斯科车站的外国报纸。有关俄国政治的文章被精心涂上黑色墨水，遭到删除，最心思灵巧或最无所事事的旅客在乘车途中会想方设法清除掉这些墨水。最后，一等车厢的乘客还享有一间有着大水池的盥洗室，里面供应冷热水，还设有洗手间与淋浴。"如果他前一夜与好交际且好客的俄国军官们一同度过的话，"林奇写道，外国游客"会对这套卫生设施感到感激与宽慰"。[100]

这一切依然无法同国际卧铺车公司所产的列车相提并论。该公司产品的模型已经于巴黎世博会上展出，它的一些复制品已经在世博会之后被编入了俄国的列车组之中。这些列车能够提供奢侈的舒适体验，但它们相当稀少，有时需要耐心地等上一个月方可有幸乘坐。但在这列火车上，一切事物的目的都不外乎为乘客提供奢华的体验，令他们感到身体和精神上的欣快与满足。餐车中的餐具均为瓷质，服务人员都经过了精心的筛选，能够使用多种语言，能够毫无困难地用德语、法语、英语、俄语以及中文夸赞菜肴的质量。旅客的包厢中栽种着岩樾，并设有一座瓷质的浴缸，它的外形经过特别且"精心的设计，以避免水在列车拐弯时漫出来"。[101]夏季，冰块被塞进天花板和车顶之间，以确保车内的环境舒适宜人。在一间覆盖有白无花果树的小房间中工作着一位理发师，他为最富有的旅客提供服务。公司甚至在列车中准备了一节充作教堂的车厢，有一位神父在这里举行宗教仪式。在广告中，它被称为西伯利亚铁路上的"流动教堂"，装饰有诸多圣像，上方还有一座小钟楼。但很少有乘客见过这节代祷车厢，显然，它很快便被挪用做西伯利亚铁路这座大型工地的工人居住地之一了。

在车站、候车室、站台甚至不同旅客满怀好奇地往来穿行的车厢内走廊上，不同社会背景与种族的人群彼此交汇。在此之前，赴任的高级公务员、伊尔库茨克的富商或旅行中的贵族都绝无可能与失地农民的家庭相遇。火车是俄国社会近代化的见证者，它成了不同社会阶层的碰撞之地。当成百上千的贫苦农民前往西伯利亚和远东的处女地碰运气时，西伯利亚铁路是他们优先选择的交通方式，因此，它比其他铁路线更能体现出不同社会阶层互相碰撞的特点。"我的大多数旅伴都是俄国农民，"英国作家约翰·弗拉泽曾经一路走到底层人民的车厢，他写道，"这些人毛发蓬乱，戴着羊皮帽，这使他们看起来散发着凶恶的气息。他们穿着粗布衣服，紧紧系在脚上的布袋替代了鞋靴。妇女们身材肥胖，尽管她们的衣服颜色明亮，常常因此令人印象深刻，她们看起来依然普通而平凡。"[102]大多数长途旅客都持有三等车厢的车票。"他们如同沙丁鱼一般挤在车厢中，"旅客休梅克写道，"试图穿过他们可能令人付出健康上的代价。"这是三等车厢的情况。但乘客中最为赤贫的那些不得不满足于所谓的"五等车厢"，他们或是栖身于货运车厢的床架之上，或是同牲畜挤在同一节车厢中，车厢的门上刻着"额定装载：12匹马或24人"。[103]五等车厢？当一名外国专栏作者从检票员口中得知这一说法时，他深感震惊。"如果说四等车厢的话，他们的车厢会有窗户。"[104]这些车厢不过是车轮上的牲畜栏。总体而言，三代人会挤在一起："祖父母、正当盛年的男子和他的配偶、他们的孩子，他们农场庭院中的众人被他们抛在后方，留在了俄国远方的土地上。三头母牛和半打绵羊躺在铺有稻草、厩肥堆积直至膝盖的床上，咀嚼着干草和叶子。盛满干草与稻草的袋子一直堆至车厢顶部，为鸡、鸭、火鸡提供了栖身之所。两条大狗在一处角落中沉睡。"[105]

这些农民是这条西伯利亚铁路真正的目标人群。同样，根据一些西伯利亚铁路方案发起者的说法，正是为了农民们，甚至尤其是为了农民们，西伯利亚铁路才得以诞生。因为这条铁路的任务正是为殖民西伯利亚的处女地创造可能。

由俄国的欧洲部分、波兰、白俄罗斯甚至乌克兰的农民所构成的移民潮已经有着悠久的历史了。自利用囚犯和各种猎人组建起第一批卫戍部队之时起，俄国便试图吸引移民开垦新征服的土地，用以为殖民地提供粮食并进一步巩固殖民点。当人们在西伯利亚勘探出第一批矿藏时，这一进程便大大加快了：前往东方寻找财富的少量冒险者无法满足当地对于劳动力的巨大需求。在18世纪下半叶，叶卡捷琳娜二世女皇已经为西伯利亚殖民地的劳动力短缺找到了一些应对之道：在动摇其统治的农民起义期间，她将被俘的起义农民流放至西伯利亚，同时为了更进一步，当形势需要时，她还会用那些无故被捕的可怜人充实劳动力大军，因为她不想在新的国土上浪费哪怕一点点人力。叶卡捷琳娜废除了死刑，以流放西伯利亚服苦役取而代之。必要性创造了法律，而且此举获得了狄德罗和他百科全书派的朋友们的敬意，长期以来，他们都在向女皇施压，希望她迈出这一步，以将俄国带入文明国家之列。这是第一次以强制劳役为目的向西伯利亚集体流放人口。未来，这也不会是最后一次。

移民行动持续了数十年，接着又持续了数个世纪。在绝大多数情况下，它并非前文所述光明正大的官方行为，而几乎是秘密进行的地下行动。试图躲避债务的逃亡农民和逃跑的农奴沿着长长的道路奔向西伯利亚。他们寄希望于西伯利亚的广袤无垠，让自己无迹可追，重新开始自己的生活，他们将西伯利亚视为全帝国唯一一处自由之地。众所周知，西伯利亚从未遭受过农奴制。沙皇尼古拉一世的一些朝臣向沙皇施压，要求将农奴制拓展至乌拉尔山脉以东的新征服地区，作为回应，尼古拉一世于1830年为辩论画上了决定性的句号："农奴制不应以任何形式存在于西伯利亚。"[106]自那一刻起，广阔的西伯利亚如同磁铁一般，吸引着那些逃亡者、反叛者和追寻空间与自由的农民。依然处于萌芽状态的西伯利亚农民群体一下子便获得了不一样的名声。"俄国的农奴在皮鞭和恐惧之下成长，当他来到西伯利亚时，便经历了新生，成了另一个人，"该领域专家、历史学家弗拉基米尔·拉明指出，"与他们的俄国同胞恰恰相反，他们无需在地主老爷面前摘下自己的帽子，不会因为地方官员的怒火而惊骇，并能够直面不公。"[107]为了抵达他们眼中遥远的庇护所，逃亡的农民有时会跋涉数月之久以抵达目的地。他们沿着与特拉科特相平行的秘密道路前进，从而得以避开驿站和检查点。到19世纪中叶，他们达到了数千人之众，有时很可能超过了万人，试图抵达位于新近征服和殖民地区的匿名藏匿点。他们不仅必须在没有国家任何援助的情况下扎根定居，还要令国家对此毫不知情，并尽可能逃过政府的登记。如果这些逃亡者被捕，他们同样会被送往西伯利亚，但是双足会被铐上铁质的脚镣。

1861年，一切都改变了。沙皇亚历山大二世签署法令，废除农奴制。被解放的农民通常没有土地，或仅仅拥有无法供养一家人的小片土地。在19世纪的最后十年中，800万农民仅占有不足1.5公顷的土地，他们的家庭深深陷入了难以忍受的悲惨与赤贫之中。在这一时期，俄罗斯帝国的人口出现了大幅增长，每年的新生儿数量达到了150万，这更恶化了农民们的处境。社会压力骤然上升，爆发了多次起义，在波兰地区的省份中，一些人试图移民美国或巴西，而在黑土地上的俄国乡村中，年轻的农民前往库班地区，希望能在那里安身立命。那时，在帝国的行政机构中，人们意识到，西伯利亚可供殖民的土地可能成为有益的解决之道。直至此时，西伯利亚还难以吸引大规模的自愿移民：特拉科特极为漫长且旅途痛苦，而当时的另一种方式则必须从黑海之滨的港口坐船前往远东，这段旅程耗时超过四个月，所需费用也超过了目标客户所能负担的水平。根据一般规律，一旦发现可用的土地，前往西伯利亚的俄国移民便会就地定居：他们中的三分之二抛弃了贝加尔湖以东地区，抛弃了阿穆尔河地区和远东地区，在西西伯利亚地区的托博尔斯克省和托木斯克省安家落户，这两处距离乌拉尔山脉最近。从国家和西伯利亚的利益角度来说，这样的发展会带来相反的结果。帝国需要殖民者。"移民有助于俄国文明的生根发芽，并以一种隐秘的方式将俄国的亚洲领土和欧洲部分迅速联系在一起。"项目的负责官员库罗姆辛在有关一项可能的西伯利亚移民政策的任务报告中如是写道。[108] 在俄罗斯帝国地理协会于1882年上呈沙皇的一份报告中，作者估测西伯利亚可以迅速供养并消化的移民人数为1500万。一项自愿的移民政策可以实现俄国在当地（包括那些土著人数等于或大于移民人数的地区）的存在。最后也是最重要的一点，军方人士支持快速殖民邻近中国的边境地带。"为了强化面对黄种人的大军时俄国的防御力量，"西伯利亚铁路委员会的杂志中写道，"我们应当采取一切必要的措施，扩大对于可能来此安家的农民的土地供给。"[109] 在这一点上，这份提交西伯利亚铁路委员会的报告持明确的态度："我们面临着过于巨大的危险：中国的统治者以和平的手段夺取我们边境地区的国土，以至于［远东］地区的殖民政策必须首先服务于政治方面的目标。"[110]

又一次，事情的推进遭到了激烈反对。地主们已经因为农奴制的废除被敲了一次竹杠，他们竭力反对鼓励移民的整体方案。在他的回忆录中，维特声称，反对的声浪来自土地贵族，他们担心会出现大规模的逃亡、对他们而言必不可少的廉价劳动力的消失以及因为更变被视为万古不易的秩序而引发的种种问题。[111] 但是，1889年，在维特的坚持下，沙皇定下了法令。根据颁布的法律，政府许可并鼓励前往西伯利亚地区的自愿移民。只要有意参与殖民之人不曾参与政治运动、不背负任何债务，他便可踏上向东的道路，利用已经修筑完成的西伯利亚铁路路段前往目的地。他们还享有三等车厢的优惠票价。

俄国再一次受到了美国经验的启发，制定了亚洲地区的殖民新政策，而西伯利亚铁路正是其主要工具。"关于铁路对沿线地区所能造成的影响这一话题，北美地区为我们提供了最为震撼人心也是最具说服力的例子。"1892年上呈西伯利亚铁路委员会的一份专家报告中写道，"事实上，得益于铁路的影响，一些州在短时间内发生了巨大的变化，以至于变得和过去截然不同。"[112]正如那些铺设在草场上的铁轨一般，俄国计划铺设于大草原和泰加森林的铁轨必须能允许成千上万的殖民者横穿大地，拥有他们所应许的土地：轨道沿线200公里的土地。这是一个转折点：在俄国历史上，铁路首次成为一种服务于人口政策的工具。同样，这也是人们首次赋予乘客而非货物运输以特权。在博格丹诺维奇上校发起这项事业之初，他为铁路所设想的使命是运输粮食。如今，人们已经远远偏离了他的设计。

这项新政策的起步阶段是艰难的。许多受到冒险吸引的农民遭到了他们所在地政府部门的阻拦，后者并不愿意发给他们必要的文件。一些人已经变卖了自己所有的财产，不再等待官方的许可直接出发，发现自己事实上被视作非法移民。西伯利亚铁路委员会先后于1893年和1895年加大了鼓励移民的力度。此时，在委员会内部，有关境内移民的文件一事，维特已经占据了上风。《在西伯利亚铁路范围内为移民准备土地的若干临时条例》被发布。将无文件的移民强制遣返户籍所在村落的做法被禁止。尤为重要的一点是，对新来的移民，连同森林和牧场在内，每个劳动年龄的男子可以申请15公顷可耕种的土地。此外该法案还规定，在三年内，移民免服兵役，免缴一切税款，且随后的三年中税收减半。有意者还可以获得一笔无息贷款。至于铁路技术人员、手工工匠以及人们力图延揽的职工，法案规定授予他们铁路沿线的小块土地，每块面积不足一公顷，但足够建成一座菜园。

自1862年至1885年，进入俄国亚洲部分国土的移民数量平均为每年1.2万人。并非所有数据都十分精确,这取决于前往西伯利亚的移民选择在其抵达的第一座西伯利亚城市的警察机关还是在此前的铁路沿线的警察机关登记。但自西伯利亚铁路的首批路段投入使用以来,移民人数便超过了4万,接着每年通过主干线前往西伯利亚的移民人数达到了5万。1900年,共有22.5万人乘车向东。在数十年间,西伯利亚的人口翻了一倍。在第一次世界大战爆发前夕,西伯利亚铁路总计从欧洲转运了500万农民前往亚洲。在同一时期(1896年至1914年),俄国人口增长了3000万。[113]毋庸置疑,正如当局所期望的那样,西伯利亚铁路有助于缓解人口和社会压力。

为了加速这一人口流动,俄国政府努力鼓励受到冒险吸引的农民自发采取行动。家庭或者整座村庄的代表被送往西伯利亚。这些"侦察兵"被称为"行人",他们前往应许之地,以查看土地的质量,并构思可能的分配方案。为了便利这些勘察行动,政府向"行人"们提供了特别优惠价。他们的票价为三等车厢票价的四分之一。自19世纪末至20世纪初,成千上万人就这样第一次踏上前往亚洲的道路。西伯利亚铁路委员会制定条例,用以核算一户家庭的田地面积。这些份地被当场集合成一片上百公顷的土地,以在未来建成西伯利亚的村庄。移民还领受了土地、森林与牧场,同时还有权最多使用200棵树建造农场、20棵树建造俄国浴场(即每户家庭中必备的蒸气浴室)。[114]国家则仅仅保留了对于嗣后地下可能发现的所有矿石和宝石矿藏的所有权。

尽管存在这些优惠条件,安置先锋移民的工作依然遭遇了严酷的考验。"在种下半公顷的小麦之后,很少有人能够在第一年养活自己。"上呈西伯利亚铁路委员会的专家报告中写道,"直到三至五年后,赤贫的移民们方才能够满足基本的生活所需,并为自己的生意攒下一定的长期积蓄。"[115]这份基于统计学撰写的评定报告并未体现出殖民者因最终希望的破灭而产生的悲剧性幻灭感。第一季庄稼的糟糕收成、异常严酷的冬季、对于当地情况的无知都能够迅速击垮移民的毅力。一些人因为饥荒而陷入绝境，被迫返回自己原先的村庄，但自己在那里已经一无所有，也没有人等待着他们归来。英国人约翰·弗拉泽在伊尔库茨克车站便遇见了这些人，他们试图爬上前往欧洲的火车。"这是些一无所有的人，他们离开西伯利亚，回归昔日在俄国南部的肮脏生活。"有人向他解释道，"两三年前，甚至更久之前，他们凭着免费的车票来到这里，从政府手中领取了土地。但他们说，无法在这里生活。"[116] 官方报告中的叙述带有更为浓厚的同情色彩："启程返回俄国的殖民者丧失了对于未来的希望，他们的家庭离散，沦入赤贫，因路途漫漫而精疲力竭，夭折了多达半数的孩子。他们只能于路乞讨，嗫嚅着基督的名号苦苦哀求。他们的未来同样一无所有：原先的土地已经被村社收回，动产和牲畜也已经被卖出。驱使他们做出归乡决定的，不过是盲目的思考，是必须离开这片不幸之地的情绪。"[117] 根据报告，立足失败的移民比率达到了17%。1900年之后，被迫放弃西伯利亚梦想的人有时能够达到10万之多。

但是，移民西伯利亚的浪潮仍在继续。1905年和1906年，土地改革或革命的流言传播至了乡野，前往西伯利亚的人流有所减弱：当时，移民中有许多人更希望无需被"流放"至俄国的亚洲领土便能够获得土地。但自1907年以来，移民浪潮再起，规模不逊以往。这几年间，总计有55万至75万农民带着他们微薄的财产前往西伯利亚。西伯利亚铁路委员会力图进一步改进它的殖民策略。委员会尝试强化其方案对于中农群体的吸引力，通常而言，相较于贫农，他们接受过更好的教育，装备有更好的工具，能够更为便利地展开新生活。它尤其希望能够吸引殖民者更加深入东方，直抵太平洋沿岸以及与中国的边境地区。在这些地区，先期移民的数量更为稀少，且俄国当局急于宣示俄国在当地的存在。为了劝服移民冒险踏上这条更为漫长也更为艰辛的旅途，国家开出了更多的好处：在沿线设立了多处免费医疗救助点，并为未来的殖民者组织了补给点。对于打算在远东地区定居的移民，国家拨付的津贴会高出50％。政府还承诺，只要他们"尚未被社会主义理论所感染"[118]，便会给予所有准备横渡太平洋而来的斯拉夫裔美国人以俄国公民的身份。为了树立榜样，同时令有意的殖民者感到安心，国家下令数百名哥萨克带上行李和武器，举家从顿河平原搬迁至黑龙江和乌苏里江流域。正是在那里，在世界的尽头，在俄国领土的最东端，西伯利亚史诗接下来的章节——上演。

第二十章
"黄俄罗斯"计划

1896年5月14日，罗曼诺夫王朝最后一个沙皇的统治在莫斯科正式拉开帷幕。发动西伯利亚铁路工程的沙皇亚历山大三世在染病十八个月之后，于克里米亚半岛的里瓦几亚宫死于肾衰竭。但是，根据传统，他的儿子、皇太子尼古拉必须先在莫斯科克里姆林大教堂*举行加冕仪式，随后方可使用"尼古拉二世"这一新名字。

政府宣布举行为期三周的庆典仪式，以赋予这一事件应有的宏大规模与庄严气象。总计82个营和36个骑兵联队以急行军的速度前往莫斯科，来进行一场令人印象深刻的阅兵式。为了将庆典写入时代的记忆，克里姆林宫的宫墙和俯瞰着这座古老的红砖堡垒的伊凡大帝钟楼被装上了电气化的彩饰，快速闪烁的灯光则出自年轻的新任皇后亚历山德拉·费奥多萝芙娜（出嫁前名为黑森-达姆施塔特的阿利克斯）的主意。宫廷的全体成员从圣彼得堡赶来，其他大国也纷纷派出高官显贵作为代表，他们的临时住所和克里姆林宫有电报线相连接。在众多来宾之中，中国的代表团尤为引人注目。事实上，它由大臣李鸿章率领。在中国的官僚体系中，李鸿章是最顶层的官员。所有人都说，

---

*即圣母升天大教堂。——译注

事实上，他是紫禁城中心真正的掌权者。中国于十多年前开始了军事改革，而李鸿章正是其设计师与建筑者：他雇用欧洲的教官，对军队的训练实施近代化改造。他还改进了兵工厂系统，建立起了国防工业，此外，在邻国俄国兴趣异常浓厚的华北地区，他还创办并武装了一支近代化的海军舰队。半个世纪以来，中国一直承受着西方殖民者的军事打击，并因而受尽屈辱、颜面扫地，人们相信，北洋水师的发展会使中国挣脱这一命运。为了保护这支北方的舰队，李鸿章甚至命人在辽东半岛的一处锚地修筑堡垒，不久之后，该地便将以其欧洲名"亚瑟港"*被载入史册。这位大臣深得掌权的太后慈禧的信任，被欧洲人视作虚弱的清朝政权中的强人、一位致力于实现中国近代化的人、一位可能的谈判对象。尤为重要的是，这是李鸿章第一次出国。人们争先恐后，以求有幸与之交谈。

　　通过派出这位地位尊贵的全权大使，中国想要强调中俄两国之间的关系是何等重要、具备何等的价值。更妙的是，在19世纪的最后几年中，当其他列强互相撕咬以从衰落的中国分一杯羹时，俄国却被北京的宫廷视为唯一且真正可靠的合作伙伴。数十年间，英法两国奉行炮舰政策，以侵占中国的主要商业城市。现在，德国人也加入其中，并表现出越来越强的威胁性，下定决心要从这块殖民蛋糕上抢下属于自己的一块。最后，日本人也不再置身事外，他们刚刚突然结束了数个世纪的闭关锁国，同样要求参与远东地区正在进行的对于力量和财富的再分配。1894年，日本对中国不宣而战。战争并没有持续多久：欧洲人大为震惊，他们并未将日军视作一支如此可怕的打击力量。岛国日本轻易战胜了它那位于大陆上的邻国，表明自己是一个新

----

　　*"亚瑟港"之名源自英国船长威廉·亚瑟。1856年，他第一次在欧洲的地图上标注出这一良港。旅顺口（亚瑟港）是黄海之滨的天然良港，得益于多处深水锚地和四周草木葳蕤的丘陵的保护，对于航行于深海的舰队而言，旅顺口也是一处理想的避风港。一道狭窄的入口将港湾与海洋相连。从旅顺口出发，人们可以轻松地抵达邻近的朝鲜半岛、中国沿海的商业港埠，或是向东航行，驶入日本列岛的港口。

兴的亚洲列强，并侵占了辽东半岛和中国新修建的海军要塞旅顺口。一时间，欧洲人甚至担忧，日本人会长期占据这一地理位置优越、控扼华北门户的半岛。自此以后，就必须与这股新近崛起的亚洲势力一同殖民中国了吗？至少在这一点上，欧洲众列强达成了一致，认为这样的前景是不可接受的。俄国人、德国人和法国人联合起来，要求日军撤出中国。日本天皇并不愿意为此招惹三个联手的欧洲大国，而是选择借此良机从北京方面再勒索一笔额外的赔款。对于已经严重失血的中国而言，这笔赔款的数额过于庞大。当时，各国内阁都认为，日本将把这笔数额巨大的钱款用于建设一支近代化舰队，以适应自身新的野心。而正是俄国扮演了中间人的角色，在作为自己优先合作伙伴的法国大型银行与中国政府之间牵线搭桥，通过这种方式帮助北京筹集了赔款。法国巴黎银行和里昂信贷银行等同意为中国提供贷款，俄国则为此提供了担保。正是出于对俄国所做努力的感激，李鸿章到访莫斯科，同时，他也希望新任沙皇尼古拉二世能继续秉持睦邻友好政策。

事实上，日本人声势浩大地冲上军事舞台一事在俄国引来了纷纷议论，迫使战略家们对远东政策的预设条件进行了从内至外的彻底检视。人们回忆起，自从19世纪中期以来，俄罗斯帝国所恐惧的正是克里米亚战争的剧本于其亚洲领土上重演，一支英法联合舰队得以占领或威胁俄国在太平洋地区的所有领土，从阿拉斯加至黑龙江入海口概莫能外。自从克里米亚战争以来，英国一直致力于强化并彰显自身无可争议的海洋霸主角色。1869年苏伊士运河的开通更是加大了来自英国舰队的压力，这条从沙漠中挖出的新航道事实上处于英国人的控制之下，英国海军能够迅速驶入太平洋。而已经落入英国人手中的香港也是一处活跃程度与伦敦相当的港口。加拿大太平洋铁路进一步缩短了可能的欧洲军队调往亚洲战场所需的时间。取道苏伊士运河前往亚洲需要五十二天，而穿越北美则仅需三十七天。事实上，这并不比俄国向符拉迪沃斯托克派遣援军所需的时间长，因为在19世纪90年代中叶，西伯利亚铁路甚至还没有延伸至贝加尔湖。正是英国人（依然是他们，一直是他们）提议中国人修筑通往北方领土和东北地区的铁路：一些发往圣彼得堡的报告甚至声称：英国人可能煽动清政府用武力收复黑龙江流域和远东地区被割让给俄国的土地。在俄国掌权者心目中，英国人依然是潜在对手名单上的头号分子。直到日本雷鸣般突然侵入中国之前，俄国战略家们的心头大患正是欧洲人：欧洲是他们世界的中心，在人们眼中，爆发于亚洲的战争几乎只可能是一场欧洲人之间的战争的延伸。

临近世纪末时，除了英国人的威胁之外，另一重忧虑也蒙上了俄国的心头：来自中国的压力。自从清王朝陷入与欧洲侵略者与国内起义者的争斗以来，这个庞然大物变得虚弱不堪且难以预料。当西伯利亚铁路的种种方案在圣彼得堡的政府机关中不断拖延时，为了"唤醒"政府，历任西伯利亚总督所煽动的正是对于中国的恐惧。[120] 自从19世纪80年代以来，越来越多来自满洲地区的农民前去耕种俄国境内肥沃的土地。西伯利亚当局对这一现象深感忧虑。1890年，满洲地区计有超过1000万居民，但它已经是中国人口最为稀少的地区之一了。而根据同一时期俄国阿穆尔州政府的统计数据，此地的俄国居民不足10万。至于它的谷物供给，俄国的远东部分几乎完全依赖满洲地区的中国人，俄国人担心这种人口和经济上的绝对优势会在事实上转变为政治或军事优势。

在父亲逝世后所发表的第一次讲话中，新任沙皇便表达了继续建设西伯利亚铁路的坚定决心。"我从亲爱的父亲处接受了这项任务。我希望能够完成他开创的西伯利亚铁路，并力求节约、快速、简单。"[121] 从那时起，为了防备英国人和中国人可能的威胁，西伯利亚铁路最终获得了接近权力的许多其他圈子的支持。自然，首先是军人。而商业界也逐步成为这项事业的盟友，尽管长期以来，他们对这项横穿亚洲的冒险兴趣寥寥，并对工程在金融领域所造成的后果忧心忡忡。至此，人们认为，面对背信弃义的英国和动荡不安的中国，一条发挥连接纽带作用的铁路线成为必不可少之物。

日本人的侵略行径改变了一切。俄国面对的不再是设想中的剧本，而是意料之外的竞争：通过向中国开战并觊觎直接同俄国相邻的土地——满洲地区以及独立的朝鲜王国——两国间的角力已经摆上了台前。谁能声称自己知道日本人的野心会止于何处呢？符拉迪沃斯托克孤立于遥远的莫斯科，突然间彻底暴露出自己的脆弱。此外，在俄国当权的保守主义者圈子中，满洲地区和朝鲜被视作自己的势力范围，绝不可能任由日本人在这一区域恣意妄为。

怎么做到呢？在沙皇的侄子亚历山大大公的领导下，海军总参谋部要求一笔庞大的资金以武装一支尚处于萌芽之中的俄国太平洋舰队，并为它提供相应技术装备。但国家的财政状况已经承受了沉重的负担，日本海军的后方基地近在咫尺，对于一支孤悬于太平洋上的舰队在面对日本的海上威胁时所能起到的威慑作用，绝大多数政府官员满怀疑虑。*相反，正在热火朝天的建设之中的西伯利亚铁路似乎是优先级更高的反击工具。当铁路线延伸至太平洋地区时，俄国军队将获得一条运输补给品和生活物资的线路，增援部队能够及时赶赴符拉迪沃斯托克以抵御日本人的进攻。铁路的优势并不局限于军事领域：它使当地获得了实现经济发展与人口增长的可能。这条铁路还为欧亚之间的商贸物流提供了新的中转通道，甚至日本也可能从中获利。

谢尔盖·维特再度成为西伯利亚铁路事业的辩护者。这位财政大

---

* 然而，1898年，迫于尼古拉二世的要求，政府还是对帝国舰队的要求做出了部分让步，同意拨付600万卢布的额外花销以建设一支太平洋舰队。但这支舰队并没有时间让自己在1905年的日俄战争爆发之前变得足够强大。在与日本人的战争中，这支舰队损失殆尽。参见Francis W. Wcislo, *Tales of Imperial Russia*, Oxford (États-Unis, New York), Oxford University Press, 2011, p.182。

臣从新的地缘政治局势中发现了推进并加速西伯利亚铁路工程的绝佳机会。昔日的铁路员工已经成为沙皇尼古拉政府中的强权人物,他甚至在远东地缘政治的骤变中为俄国找到了新的机遇:利用日本和其他欧洲国家的侵略意图,有可能与中国结成防御同盟,博得老太后慈禧的好感。在一定程度上,俄国的政策发生了一百八十度大转弯,罗曼诺夫王朝第一次向清王朝提供援助,以令中国沦为其保护国。维特是这一政策的制定者:"俄国并不需要一种殖民政策,"当时,他在一次讲话中宣称,"它在远东地区的任务不仅是和平性质的,还具有高度的文化性,合乎'文化'一词真正的含义。西方列强急切地寻求为东方人民套上一副经济枷锁,通常,这副枷锁也表现在政治领域。但是,与他们截然相反,俄国在东方的使命应当是一种保护性的、培育性的。保护那些与它接壤且处于其势力范围以内的东方国家免受其他列强有逾常轨的政治与殖民要求,正是俄国几乎自然而然地承担起的重任。"[122]

并非所有圣彼得堡的官员都同意这一看法。舰队的海军将领,奉行保守主义的家族,甚至新任沙皇颇为看重的亚历山大大公,都更多地将中国的虚弱视作一个梦寐以求的机会,令俄罗斯帝国得以进一步扩张其在亚洲的领土。一些将领毫不隐藏他们对吞并整个满洲地区的渴望,在他们眼中,这片土地是俄罗斯帝国"天然的所有物"(俄罗斯外贝加尔地区总司令语)。[123]海军的头脑尤为垂涎日本人新近"退还"的辽东半岛。在他们眼中,大连的商港和旅顺口的绝佳锚地将会建成全年可用的深水港,它们比起太平洋海岸更北端的符拉迪沃斯托克具有大得多的优势。由于尼古拉二世尚未加冕,对左右并不具有任何天然的权威,合作派与征服派之间的争论便更加激烈了。在他的回忆录中,维特忆及了政府大臣与高级军官之间数场极度机密的会面,就中国的未来展开争辩。根据维特的回忆,在其中一场于某位外交部同仁的寓所中举行的避人耳目的会面期间,他为长期向中国提供战略支持的想法辩护，称此举是为了"俄国的长远利益"。出于这一原因，他接着说道："我们必须竭尽全力维持中国的领土与主权完整。"[124]

在维特看来，这列火车，他的火车，正是维持这两个行将就木的王朝之间不平等条约的联系纽带。西伯利亚铁路承载着一项在一定程度上具有反帝国主义性质的帝国政策。人们甚至能够在这一时期的导游册上看到对这一点的强调："直至目前，亚洲地区仍在与世隔绝地运转着，"当时官方发给游客的小册子中写道，"亚洲与欧洲文化和欧洲文明的接触仅仅局限于表面，而它却被迫屈服于粗暴的剥削。俄国在东方的文化政策则是一个例外，一直以来，它遵循着其他目的，将维持与其接壤的广袤领土的和平安宁作为目标，以确保双方人民的福祉。"[125]

维特认为，通过这一向饱受屈辱的中国伸出援手的政策，俄国还能够解决另一关乎西伯利亚铁路能否完工的严重问题。当日本进场时，西伯利亚铁路距离全线贯通尚缺两段关键路段。为了穿越贝加尔湖天堑，将帝国的铁路部门采购自英国铁路工厂的两艘渡轮之一运输至此依然是必不可少的。且渡轮仅在湖水流淌时才能发挥作用。当湖面冰封时，即从12月至次年5月之间，人们必须搭乘雪橇前行100多公里，以抵达湖泊的对岸，重新享受列车的舒适。这种运载上的不连贯可能会令运输中断数日乃至数周，从军事角度出发，这一问题尤为严重。让我们将目光投向更东的地区，一旦穿越了贝加尔湖，在建的铁路线将终止于黑龙江的上流河岸，在这里，人们不得不再一次借助于蒸汽渡轮，在变幻不定、通航条件恶劣的河流中航行超过1000公里。在官方的计划中，铁路线将会同黑龙江的河道平行，穿越泰加森林和丘陵，而这一带最为常见的土壤正是永久冻土。维特明白，这一段铁路线的成本将会极其高昂，1893年和1894年自黑龙江地区返回的地质勘探队呈上了灾难性的报告。人们还必须考虑在哈巴罗夫斯克修建一座长达2.5公里的大桥，横跨黑龙江。最后，一切都表明，这一长段道路将无法实现盈利，因为所经过的地区事实上均为不毛之地，且并不利于殖民者的定居。

因此，财政大臣寻找着其他解决方案。对此，他可以倚仗接替其出任交通大臣的米哈伊尔·希尔科夫，此人的经历不同寻常。他出身于一户地主大家族，年轻时将自己的绝大多数财产分给其农奴，随后登船赴美，学习有关新生的铁路工业的课程。他曾经在美国从事机械师和司炉的工作，并于随后担任保加利亚王国的大臣达三年之久，而他的最终目的则在于返回俄国。[126] 一位"脱籍"的贵族，好奇于铁路这一新兴的工业部门，还是一名铁路行业的职工，人们可以想象出，这样的人物颇得谢尔盖·维特的欢心。二人联手为西伯利亚铁路工程制定了一份简单的方案：不再沿着黑龙江的走向修筑一条成本超支的铁路，而是直线通过满洲地区，抵达符拉迪沃斯托克。从西伯利亚铁路的起点，直至太平洋沿岸的终点站：这一方案共有铁路2000公里。相较于官方与黑龙江平行筑路的方案，它减少了550公里的铁路里程！但是，如此一来，将会有四分之三的铁路线修筑于中国境内。那里的土地显然更加有利。满洲地区的北部是一望无际的干燥草原。维特与希尔科夫对此知之甚详：自从1895年以来，两人着手派遣秘密勘探队以研究路线，而从事地下活动的工程师们呈上了振奋人心的结论。* 更不用说这一方案的经济前景了！满洲地区是一处前程远大的市场。与更为北方的黑龙江流域相反，这一地区人口稠密，经济繁荣。人们于此种植粮食、蔬菜、水果、人参、用于养蚕的桑树、烟草和罂粟。

穿越中国的西伯利亚铁路：正是为了这一极其秘密的方案，维特

---

* 自从1895年10月以来，这些在俄国官方口径中处于休假状态的工程师居住在满洲地区，以就可能的铁路线路展开研究。他们给出了极其正面的结论，并将之递交希尔科夫，他随后据此写作了一份报告提交政府。参见 Sergueï Iline, *Witte*, Moscou, Molodaïa Gvardia, 2012, p. 216—217。

希望利用尼古拉二世于莫斯科加冕的机会会见中国皇帝的钦差大臣。沙皇本人最终也同意这一大胆的选择。他甚至亲手批准增加5亿卢布的预算[127]，以令相关人员得以迅速落实这项计划。因此，为了引诱李鸿章这位清朝的实权派钦差大臣，一切都已准备就绪。首先，为了避免中国大臣为其他的欧洲领导人所纠缠，俄国特意派出一艘战舰，前往苏伊士运河的塞得港迎接李鸿章。抵达敖德萨之后，俄国方面为他举行了一场通常仅为来访的君主准备的阅兵式，以此向他致意。最后，一列专列载他穿越整个俄国，送至圣彼得堡，谢尔盖·维特正在这座城市中等待着他。"在我的职业生涯之中，我会见过许多政治家，他们的名字也在日后永垂青史。"维特写道，"李鸿章也在此列，而且我认为他是个中翘楚。事实上，即便他显然是一个未曾接受任何欧洲教育的中国人，他也是一位杰出的政治家。他受过良好的教育，重要的是，他具有过人的智慧，且不乏常识。事实上，李鸿章主导着中华帝国。"[128]在他的回忆录中，财政大臣对自己不吝赞美，他自夸懂得如何接待一个东方人。"首先，人们提前告知我，在与中国官员谈判时，重点在于切忌行事急躁。似乎这是一种缺乏风度的表现。[……]当李鸿章走进餐厅时，我身着制服，迎了上去，互相进行了长久的施礼致意，郑重地反复鞠躬。接着，我带他走进第二间房间，命人奉上茶水。李鸿章和我落座，而他的随员和我的官员们都站着。接着，我问他是否想要吸烟。这时，李鸿章喊了一声，近似公马的嘶鸣。两名男子从耳室跑来，一人持烟具，另一人携烟草。吸烟的仪式就此开始：端坐的李鸿章带着庄严的宁静，心无他虑，仅关心吞吐烟气，注意着烟具的运行和手执烟斗的方式，以及将烟斗自口中取出或放入的方式。李鸿章显然希望通过这样的仪式令我留下深刻的印象。我做出一副毫不在乎的神色。自然，在第一次会面时，我一点也没有谈及正事。"[129]

谢尔盖口中的"东方的外交艺术"能否奏效呢？在他们为数众多

的会谈过程中，这名俄国人和这名中国人一直按照西伯利亚铁路之父所设想的路线前进。因此，这条铁路的最后一段将会是跨满洲铁路。中国人准备同意为铁路发放允许穿越其领土的特许状，以此换取一纸共同防御的密约。两位谈判员为它选择了一个名字：《御敌互相援助条约》*。这也是维特的核心方法：俄国会在中国受到攻击时予以援助，但是为此，它必须拥有快速机动部队的手段。"为了使我们有能力支援中国维护其领土完整，首先，我们必须有一条铁路，"维特更进一步说道，"而且是一条以最短的路线抵达符拉迪沃斯托克的铁路。也就是说，这条铁路需要穿越蒙古和满洲的北部。"[130]

随着加冕活动期间宫廷迁移至莫斯科，两国谈判的场所也发生了转移。维特为其尊贵的谈判对手争取到了未来沙皇尼古拉二世的私下接见。一些欧洲外交官忧心忡忡：谢尔盖·维特到底在密谋些什么呢？为了满足他的中国访客，俄国的财政大臣连最小的细节都加以关注。他担心加冕庆典突然出现的悲剧性事件可能对沙皇与俄国的形象造成灾难性的影响。根据传统，新任沙皇会在莫斯科郊外的科丁卡平原上向其臣民发放食物与饮料，然而拥挤推搡的人群导致了悲剧的发生：赶来的数千名穷人和乞丐遭到了人群的踩踏，计有数百人伤亡。†对于俄国人而言，这是对尼古拉二世命运的极大恶兆。沙皇本人并不希望违背外交礼仪，他于当夜前往参加法国大使组织的舞会。李鸿章会说些什么呢？中国官员的反应令俄国大臣无言以对。获悉沙皇已经得知遇难者人数后，他反驳道："你们国家的官员非常缺乏经验。在我担任直隶总督期间，鼠疫突然爆发，成千上万的人因此丧命；然而，我一直给天子报告，地方繁荣，倘若有人问我是否暴发了瘟疫，我会给出否定的回答，所有人都十分健康。请告诉我，用成千上万臣民的死讯激怒天子有什么好处呢？"维特以道德为名，在自己的回忆录中

写道："在听到这一评论后，我对自己说，无论如何，我们较之中国还是更进步的。"[131]

当李鸿章于1896年5月底返回中国时，两国已经于事实上达成了协议。它于同年8月在柏林正式签署。有关两国在受侵略情况下互保的部分内容秘而不宣，但由于明显的原因，发放穿越中国东北地区的筑路特许状一事则不可能长期对公众保密。通过签署条约，中国承诺割让一条长为1500公里的地段，从而使得西伯利亚铁路通过满洲的草原连接符拉迪沃斯托克。清朝宣布不会对过境的商品和旅客征收关税，也不会对公司征收税款，并对进口自俄国或向俄国出口的货物减免税收。铁路公司有权在线路周边建造一切基础设施、火车站、仓库、道路和住所，直至形成新的市镇。在这些节点以及整条铁路沿线，防卫权、行政权和治安权均归公司所有。公司还可以建设并维护一条与铁路线相平行的电报线。[132]

条约的签字者时间紧张。铁路线需要在六年内建成。因此，它应当于1902年左右落成。特许状有效期为八十年，届时相关设施会被免费移交给中国政府。中国也有权于三十六年后选择赎买这条线路，但是，包括维特在内的俄国谈判人员自己也承认，届时价格可能异常高昂，绝非中国所能负担。形式上，特许权既没有被授予俄国，也没有被授予俄国的铁路公司，在这一点上，中国人表现得异常坚持，以求保住面子。得到特许权并负责确保整项工程的资金供应的是一家私营银行，即由维特本人创立的华俄道胜银行，以使得中国能够应对财政上的必需。作为谢尔盖·维特传统合作伙伴的一些法国银行也参与其中。但银行不过是一家中介机构，并立即将特许状转手给了为此成立的中东铁路公司。这家公司的大多数股份由俄国的国家资本持有。为了做好表面文章，公司的总裁是中国人，但是条约明确规定："公司对于总工程师、勘探负责人和总服务工程师的任命必须咨询［俄国］财政大臣的意见。"[133]

这份合同仅对一方片面有利。欧洲的大使们叫喊道，这是以另一种名义吞并满洲。人们立刻怀疑，谢尔盖·维特用以招待他的客人李鸿章的事物并不仅仅是茶和烟草。当代德国历史学家迪特马尔·达尔曼提及了一笔高达300万卢布的贿赂。[134] 维特一直否认自己有任何经济犯罪行为。但中国的主要兴趣集中于条约的秘密部分，即针对日本侵略的共同防御条约。

西伯利亚铁路的工程师们立刻穿越中俄边境，前往路段的两端，加快工程进度。没有人能够精准预见日本人会对俄国列车驶入中国东北地区一事做出怎样的反应，而条约的文本也没有给铁路的建设者们以任何喘息时间。中俄双方达成一致，铁路的建设最迟必须于1897年8月16日开始。正是在最后一刻，在既定最后期限的前一天，建设工地正式落成。交予工程师们的任务是繁重的，并且比他们此前根据最初的了解而相信的还要更为艰巨。一名俄国工程师在1897年8月的一份报告中写道："我们没有取得任何进展：要么是难以通行的沼泽地带，人们必须奋力用双臂将每一辆大车拖出泥潭；要么是没有桥梁的河流，人们不得不通过两俄尺［约合一米半］宽的水面，这也使得运输船只每一次航渡均面临倾覆的风险；要么道路上分布混乱的石块，它们对车轮（在长途行驶中，过半数都需要被更换）和人都构成了威胁。而且倘若暴发洪水，一切努力都会化作乌有：大水能令我们整整数日无法行动，令最小的池塘变为河流，将沼泽化作无法穿越的天堑。至于桥梁，最好不要在满洲谈及此物：我们在一条河中发现了一种过河方式，将两艘船彼此相连，车辆的左轮置于一艘船中，右轮置于另一艘之中。渡河花了我们二十四个小时。"[135]

为了加快工程进度，线路的两端同时开工，它们分别位于同现有的西伯利亚地区铁路相交会的新建路段和中国境内。工程需要跨越20多条宽窄不一的河流，其中最大的几条需要建设跨度达950米、750米和650米的桥梁。还必须开凿8条隧道，其中一条长达

3300米，它的上方是荒凉的大兴安岭，来自草原的狂风肆虐山峦。车站、道路、村庄和城市都是在茫茫荒野中从无到有地设计出来的。必要的劳动力征募自当地：中国苦力的人数达20万之多，并不懂俄语的他们装备有简单的铲子与十字镐，用扁担挑运泥土，以此承担土方作业。"世界其他地方的工程师，"这场冒险的编年史作家、美国人哈蒙·塔珀写道，"不得不应对荒漠或山脉，严寒或毁灭一切的洪水，疾病、匪帮或怠工者，又或是无数官员的阻碍。但总工程师尤科维奇和他的同僚很可能是唯一需要几乎同时面对所有这些困难的群体。"[136]

事实上，除了地理上的困难外，还有一些意料之外的考验。长期流行于东西伯利亚地区的炭疽病扩散至位于边境地区俄国一侧的工人营地。然而，更为严重的疫情来自中国，1899年夏季，鼠疫在清朝境内突然暴发，并于1902年再度流行，这一次，霍乱也随之而至。死者起初数以百计，随后则以千计。每一次疫情暴发，工地的负责人都忙于采取他们所提倡的严格的卫生措施。中国农民拒绝将他们中的死者安葬于特殊的公墓之中，也反对对受污染的棚屋进行消毒。对于工程师们而言，更为糟糕的是，工人的大规模逃跑加剧了疾疫的传播，同时中断了工地的运转。

但是，没有什么能够缓解圣彼得堡方面的急迫心情。俄国政府完全不想听到工地所遭受的实际困难。铁路必须以最快的速度完工！尤其是军人集团促使沙皇进一步加快工程进度。他们还要求该条线路的运输能力达到每日双向七趟列车，而不是计划中的三趟。[137] 仅仅在工程开始后的数月，工程师们便收到了提前一年完工的命令。一切都应当在1901年之前就绪。此外，工程师们收到的命令还包括在大草原中建设电气化照明系统，以使工人们日夜不休地劳作。尽管维特持保留意见，西伯利亚铁路委员会还是同意追加预算，而作为国库的大掌柜，维特利用自己的官职，试图控制支出。事实上，财政大臣的担忧更多出于外交而非预算层面的考虑。他担心这种急促的姿态对于该地区潜在的敌手日本人造成的影响。但是尼古拉二世越来越倾向于鹰派，这一是个由军人和朝臣组成的小团体，其中有沙皇的堂兄弟亚历山大大公、将军阿列克谢·库罗帕特金、海军准将叶夫根尼·阿列克谢耶夫和亚历山大·阿巴扎，最后还有宫廷中颇为得宠的冒险家亚历山大·别佐布拉佐夫*。此人将成为谢尔盖·维特的死敌，并最终导致后者失宠。

强硬派并不掩饰他们迟早吞并满洲的野心，而实用主义者们则主张为了利益同中国结成临时联盟，面对日本的野心隐忍不发、静待时机。二者之间的平衡是不稳固的，并于1897年年末突然被打破，这时，中东铁路刚刚开工不久。11月间，德国的远征军借口两名传教士被杀害，占领了中国东北部的山东省全境，这里是少有的几处尚未被欧洲人染指的地区之一。清政府不得不再度承认自己无力保卫其领土完整，也无法做出反击。这次新的国耻强化了中国人的义愤和怒火，他们将清王朝无力令各国尊重其国格与国家主权的情形视作一种严重的叛国行径。各地人民纷纷揭竿而起，为首的反抗者团体不久后以"义和团"的名号为众所知，他们的矛头不仅指向外国列强的利益，也指向幽居于北京城中的清朝政权。攻击和破坏行为大幅增加，而俄国也未能逃脱制裁。工地上的抢掠行为大幅增多，人们无法每次都判断出这到底是民族主义叛乱者，或是满洲匪帮，还是著名的通古斯人†（他们中一些主动出击的匪帮会劫掠车站和新建成的行政机构，并在发薪日劫掠中国劳工）所为。

中东铁路的负责人自然而然地决定强化安保措施，因为《中俄

---

* 从字面意思上看，别佐布拉佐夫这一姓氏可被解读成"简单的"。维特在自己的回忆录中为那个别佐布拉佐夫集团影响力占统治地位的时期冠上了一个贬义性质的称谓："简单统治时期"。

† 通古斯人组织尤为严密得当，长期以来一直从本地的商业活动中抽取收入。他们所钟爱的行动方式之一便是迫使商人前往设立于城市中的"保险公司"的柜台，向他们缴纳保护费或免伤费。接着，缴费者能够在自己的车队上悬挂小型彩旗，从而在理论上得以凭此免遭武装袭击。

密约》授权他们采取此类行动。多个哥萨克中队被紧急派遣至铁路沿线以维持当地的秩序。旅行家约翰·弗雷泽一进入满洲便观察到了他们："一座近似于脚手架的塔楼矗立于稍稍低于铁道线的地方。在它的顶端，一名哥萨克正在执勤，他以视线扫过这一地区，搜寻着通古斯人和流窜作案、无差别劫掠本地村庄和俄国机构的匪帮。这些哥萨克是半野蛮人，他们有着黑色的眼睛、令人生畏的额头，是世界上最好的骑兵，不会过多考虑对方或自己的生命，也不会有丝毫的畏惧，胆大妄为且狂躁迅猛。"[138]

哥萨克，好样的。在数月之中，铁路安全部队的兵员扩充至4700人。[139]但是在圣彼得堡的帝国权力顶层，人们考虑从现状中获取更加重大的利益。对于鹰派小团体而言，是时候进一步拓展俄国在满洲的影响力，并将辽东半岛及其锚地旅顺口纳入掌控之中了："因为德国新近占据了青岛港，对于俄国而言，同样攻占一处太平洋地区的港口，譬如亚瑟港［旅顺口］或是大连港将会是非常有利的。"[140]

在德国军队攻击山东主要港口数日之后，由沙皇尼古拉二世亲自主持，俄国首都召开了一场不同寻常的会议。除了君主本人之外，战争大臣、海军大臣、外交大臣和财政大臣维特也列席参会。由外交官们所撰写的一份备忘录被分发给众人，其中主张，为了俄国的利益，应攻占辽东半岛以及大连、旅顺口两港，作为对德国人自主行动的回应。

会场气氛剑拔弩张，各路人马迅速吵成一团。在此事的数年之后，维特于其回忆录中提及了自己曾作出激烈的反对，不过需要提醒的是，这些作品都经过了编辑。这样的举动，他强调道，可能会侵犯中国的主权和领土完整，而俄国刚刚做出保证，会为中国捍卫它们不受日本的侵犯。俄国已经使得日本自辽东半岛撤军。根据维特所言，俄国的占领将可能是"一场严重的背叛，无论对于中国而是日本而言，都是如此"。[141]更为重要的是，攻占旅顺口和大连可能是危险的举动。"在我们刚刚开始修筑横贯满洲的中东铁路之时,"维特指出,"我们又要在不久的将来唤醒中国人:我们将会令一个对俄友善、站在我们一边的国家因遭到背叛的仇恨而转变为敌手。"[142]最后,攻占辽东半岛将迫使俄国建设一条新的铁路线,将旅顺口同西伯利亚铁路相连接。这条新的铁路线以它和中东铁路的岔口为起点,呈南北向贯穿满洲,"然而,满洲的该部分居住有众多的中国人,"财政大臣抗议道,"且这条线路将会经过清朝的龙兴之地奉天。这一切都将导致我们面临如此复杂而困难的局面,这只会为我们带来最为糟糕的结果。"他总结道。[143]

维特老于政务,尤其熟悉那些有关于西伯利亚铁路的事务,他并没有采用演说家们的种种花招。他的语气生硬粗暴,有时流露出不可更变的气息。这个昔日穷困潦倒的大学生从基层一步步爬上来,因为他相信这是他唯一的成就,他难以掩饰自己的不屑和反感。他也亲口承认,自己的做法显然无法取悦沙皇。在这场乱哄哄的会议结束数日之后,曾被维特认为站在自己一边的尼古拉二世以一种略显尴尬的方式和他漫不经心地谈话:"您知道吗,谢尔盖·尤利耶维奇[维特],我已经决定攻占大连和亚瑟港,且已经向那里派出了我们的小规模舰队。"[144]谢尔盖·维特目瞪口呆。在回忆录中,他声称,接着,在恢复了精神后,自己如是反驳道:"哦,好,陛下。未来,您将会记起这一天,而且您将会看到这命运的一步会在日后给俄国带来可怕的后果。"[145]不久之后,维特递交了辞呈,但沙皇并未批准。俄国踏上了战争之路。而维特也于不久前承认了自己的失败。

沙皇和他的财政大臣之间的关系有所不睦。尼古拉二世当时还不到三十岁,正在熟悉他的新职位。在他的眼中,维特是自己的父亲所强加的导师,也是自己往昔青年时代天真坦率的见证人。而在其君主看来,相较于他的地位,维特显然攫取了过大的自由权。维特自己也承认,如同一些曾经为新近驾崩的亚历山大三世效劳的官员们一样,他也有些难以习惯这样的想法，即"他们眼中那个淘气而不成熟的年轻的皇储，已经蒙上帝旨意，成为了这个庞大帝国的绝对君主"。因此，（这些大臣们）"通常以一种肯定不合适用于一位如此之大的帝国的专制君主的语气同皇帝陛下谈话"，维特继续写道。[146]这时他显然想到了自己。总之，在他的回忆录中，这位大臣并未多加掩饰自己对于其年轻君主的蔑视。在他的笔下，尼古拉二世的知识水平相当于一位"出身高贵但能力平庸的近卫军上校"。[147]在他驾崩前一年或一年半，亚历山大三世可能向维特坦言，他"深爱着自己这个庄严尊贵的儿子"，但在他看来，尼古拉只是一个"对国政缺乏兴趣的男孩，至少相当缺乏独立处理政务的能力"。[148]因已逝世的沙皇亚历山大三世而获得擢拔的维特在两父子间进行了大量相对中肯的比较，甚至将自己的不屑之情延伸至沙皇的皇后，他坚信，她也是自己最为顽固的政敌之一。至于尼古拉二世，在他眼中，此人不过一介容易受人影响的软弱之辈，他的行为将维特所坚定信仰并为之奉献一生的俄罗斯帝国带入了危险之中。此外，数年之后，尼古拉二世意识到这名誉满欧洲、备受推崇的财政大臣对自己抱有不甚恭敬的看法，他采取了一切可能的手段以收缴他昔日臣仆的回忆录，或者至少阻止了它的出版。

然而，在采纳鹰派建议的同时，尼古拉二世仍然试图保有连同维特和一些外交官在内的温和派的好感，并尝试利用他们与中国的特殊关系以减轻来自清朝的反应。沙皇甚至希望更进一步：他委任维特说服他的中国同行李鸿章与支持李的慈禧太后，令他们相信俄国并无恶意，相信他的企图只是保护中国。对于旅顺口的占领只应当被认为是一种临时性的行为，意在迫使德国放弃新一轮的侵略活动。此外，维特还负责要求北京方面拓展一年前授予的特许状的有效范围，使之包括一条哈尔滨至旅顺口的铁路，它将起自原定的中东铁路靠近中点的位置，一路向南延伸至辽东半岛的最南端，旅顺口正坐落于这片俄国所垂涎的土地上，维特忠诚于皇权，但他无疑对于可能失去的恩宠异常敏感。因此，维特重新穿上了外交官的服装，再度与中国大臣进行会谈，但俄国新的企图定然会令李鸿章大为不快。在维特的回忆录中，相较于沙皇加冕期间的第一次会谈，这第二轮谈判的着墨则大为不如。它肯定是不那么光彩的。相关的记述仅有寥寥数行，其中，维特承认自己"贿赂"了李鸿章和另一名清政府的高级官员，以获取他们的同意。其中，李鸿章笑纳了50万卢布，而另一位则拿到了20万。"在我与中国人的多次谈判中，这是唯一一次借助于贿赂的力量。"[149]至少，事情得到了快速的推进：1898年3月15日，这两位得益于俄国阔绰出手的官员在北京签署了一份新的协议，同意俄国租借辽东半岛、大连港和旅顺口二十五年，同时授权中国东省铁路公司延展其铁路网，营建一条名为"南满铁路"的新支线，将黄海和满洲、西伯利亚地区相连，并最终与俄国的欧洲部分连通。此刻，中东铁路的第一段工程主要开展于近乎荒无人烟的北方草原，而长达1080公里的南线工程则与之截然不同，它将穿越生活着数百万中国人的农垦平原，途径清王朝的龙兴之地奉天，最终抵达大连，俄国人将这座港口重新命名为达里尼（字面意思为"远方"），并以其为铁路的终点站。事实上，通过这次租借，俄国额外侵占了满洲2500平方公里的土地，但尤为重要的是，它获取了通往华北、朝鲜和日本地区气候最为温和的海洋的直接通道。俄国人对此毫不掩饰：在他们的头脑中，大连的商港和距它40余公里外的军港旅顺口是被指定用以取代地理位置明显不占优势的符拉迪沃斯托克的。甚至，即便"统治东方之城"*自然依旧是在建的铁路的一部分，可自此而后，西伯利亚铁路的终点站就被定为了大连和旅顺口。他们按照这一方向，着手修改了融资和旅游推介文件，发布了新的地图。巴黎世博会上，正是在一片彻

---

* 即符拉迪沃斯托克。——译注

底的中国式装潢中，搭乘西伯利亚铁路的游客抵达了这段想象之旅的终点站。

事情的进展如此顺利，且中俄条约如此有利于俄方，以至于沙皇本人都深感惊奇："这是如此美妙，令我难以置信。"在维特自北京向他发去的电报上，他亲笔写下了这样的批示。而首席谈判代表则没有宫廷中的欣快之情。相反，他的心中充满了一种独特的苦涩之情。"在占领［旅顺口和辽东半岛］的数年之前，我们曾经表示无法容忍对于中国领土完整的侵犯，通过这一方式迫使日本人撤走，并在远东地区收获了重大的利益。不久之后，我们自己占据了同一地区。"维特写道，"我将这一行为视作史无前例的背信弃义。"[150]

对于俄国人而言，他们并未因此而成为赢家。对于国家尊严的新一次羞辱在全中国范围内骤然掀起了起义的烈火，反抗帝国宫廷和摄政太后的腐败。十八个月后，义和团在各地均发动了攻势，袭击欧洲的使团和商人，焚烧列强的租界，并在这一次将他们的怒火彻底转移至建设中的俄国铁路。人民是如此愤怒，以至于成建制的清朝正规军也同起义者们站到了一起。在北京，西方国家的使团遭到了围攻。在满洲，在设计的1300公里铁路之中，已有900公里完成铺设，它们被起事者和发动进攻的军队拔起，伴随铁路建设的电报线路也同样如此。[151]他们还令一些冒险驶来的列车脱轨。车站遭到洗劫，随后被付之一炬。俄国雇员或工人以及他们的家属被迫撤离。在布拉戈维申斯克这座由穆拉维约夫-阿穆尔斯基于五十年前在黑龙江畔兴建的小镇，当地的俄国民众在军队的帮凶下，迫使中国人投入江水之中，通过这样的方式屠杀了数千名中国居民。这片土地沐浴在血与火之中，满洲爆发了战争。俄国的舆论发现，它的军队被卷入了世界尽头的冲突。"这些中国人数量众多，"《星期日》周刊写道，"距离我们不超过4俄尺［约合3米］。他们穿戴着丝绸和金饰。由于他们生活于日出之地，他们的面庞呈现出黄色。"[152]在圣彼得堡，鹰派集团将这场屠杀和动乱视为扩大自身优势的全新机遇。"我非常幸福，"库罗帕特金将军用嘲讽的口吻对维特说道，"人们刚刚给予了我们攻占满洲的借口。"[153]俄国动员了20万士兵。[154]1900年夏，俄国派遣军队，同英国、法国、美国和日本的远征军汇合，以解救被围的使团、攻占北京并惩罚中国。1900年8月，正当巴黎世博会如火如荼地举行时，中国的首都被外国侵略者占领，奢华的夏宫再度遭到劫掠。*此外，中国不得不支付一笔额外的"战争赔款"，总数高达4.5亿两白银。同时，中国被迫保证"禁绝人民以任何方式触犯列强及其代表团的利益"。

俄国的旗帜飘扬在旅顺口上空。尽管爆发了战争，尽管经历了疾疫，尽管缺乏劳工，尽管在自然条件和技术方面存在着数不胜数的障碍，中国东省铁路公司还是按期完成了铁路施工。它甚至还将竣工日期提前了数月：1901年11月3日，这条自旅顺口或符拉迪沃斯托克至哈尔滨和东西伯利亚的铁路首次通车。维特向尼古拉二世发去一封电报，提醒后者十年前尚是皇储的他所作的举动："1891年5月19日〔儒略历〕，陛下在符拉迪沃斯托克为西伯利亚铁路举办开工仪式，掘出了第一锹土。今天，在您继位登基的周年纪念日，东亚铁路正式完工。我斗胆向陛下发自内心深处地表达对于这一历史性事件忠实且真挚的祝贺之情。自外贝加尔地区的领土至符拉迪沃斯托克或亚瑟港，随着2400俄里〔约合2640公里〕铁路线的铺设，我们在满洲的事业已经事实上大功告成，尽管它尚未彻底完结。"[155]

的确，它尚未彻底完结。1900年面世的西伯利亚铁路官方指南册在其有关满洲段铁路的页面中向准备进行长途旅行的乘客发出了真诚的警告："据身在满洲的旅客所言，铁路的管理部门与当地民众之间

---

　　* 这一历史时期也是艾娃·加德纳（Ava Gardner）和查尔登·海斯顿（Charlton Heston）于1963年主演的电影《北京五十五日》（*55 Days at Peking*）的背景。这部令人瞠目的影片展示了西方列强所扮演的角色和它们在中国心脏地带的侵略远征。

并无任何交流，双方关系中通常充斥着仇恨。间谍行为、检举揭发随处可见 [……] 通古斯人的偷窃和抢劫行为依然得不到惩处。在工地上，受雇的俄国工人、铁路职员和工程师彻底暴露于匪帮的武装袭击之下。在行政管理的各个领域内，贪腐盛行。"[156]出版导游册的贝德克尔出版社于世纪之初以一种非常英国的方式做出了总结：对旅游业而言，这是不甚有利的背景。该出版社还建议前往满洲的旅客准备好手枪。[157]

1902 年，一辆用以迎接贵客的专列驶离圣彼得堡，前往旅顺口。[158]在乘客名单上，人们辨认出日本皇太子的名字。俄国人颇费心机地邀请他到访，以令"日出之国"相信这条铁路对它全无威胁。秋季，维特在视察途中亲自走了一遍预定的接待线路。他对满洲爆发式的经济发展感到震惊。作为西伯利亚铁路和中东铁路催生出的城市，哈尔滨*的情况尤为突出。它的发展速度与美国西部那些发展最快的开拓者城市不相上下。但这位西伯利亚铁路之父同样相信，这条铁路的运行状况依然很不理想。他们所等候的列车本当于上午九时抵达，但脱轨事故令它的到站时间先是被推迟至十一点，继而被进一步推迟至中午。维特责备自己身边的铁路公司高层道："我从未相信过你们报告中的哪怕一个词，现在我对它的信任感更低了！列车并未按照你们所言的时间抵达，而是自有到达时间 [……]。"[159]当这列火车最终进站时，时间已经过了下午五点！

但是，除了列车晚点之外，关于其远东之行，维特还有着其他的记忆。在其就本次旅程的印象上呈沙皇的秘密报告中，他提及了该地区可明显感知的紧张气氛，以及这一紧张局势可能对俄国带来的后果："在我看来，接下来数年中，对日本的武装冲突将会成为我国的一

---

* 如今，这里是中国黑龙江省的省会。

场灾难。我毫不怀疑，俄国将会赢得最终的胜利，但是在当前的环境下，即便是一场胜利也需要为之付出众多的生命，并对经济造成沉重的打击。"[160]

1903年2月，常规的运输班列对公众开放。满洲的工地处于极端困难的环境之中，根据会计的总结报告，它共计花费了4.32亿卢布，其中7000万是"由1900年的暴乱所造成的损失"，另有4600万卢布为"维持守备部队的费用"，1900万卢布用于建设大连城，1150万用于打造太平洋舰队。[161]经折算，这笔钱大约相当于今天（2015年）的46亿欧元。以此为代价，从此而后，喜爱冒险的旅客能够搭乘快车，于二十三时左右从莫斯科出发，并于十三天后抵达铁路位于满洲的终点站大连。一等车厢票价260卢布（约等于今日的2800欧元），二等车厢票价166卢布。没有任何一位来自西方世界的旅行者提及了三等车厢的票价。

当旅客们在终点站下车后，大连新城便映入他们的眼帘，透露出俄国的野心。"它的街道令人想起伦敦或格拉斯哥某处体面的城郊。"乔治·林奇于1902年写道。[162]"这里尚未有居民，"他同一时期的同胞舒梅克补充道，"但已经建成了宽阔的大街和数目众多的公共广场。人们已经为公园、学校、教堂留出了位置。照明系统和电车线路也已经投入使用。"[163]但是，尤其吸引前来此地的欧洲游客并吊起他们好奇心的自然是旅顺口。旅顺口的"自然条件足以与世界上最重要的港口相媲美，"乔治·林奇评论道，"正如我们曾经在直布罗陀所做的一样，俄国已经从这一机会中获取了利益。"[164]"俄国已经在太平洋上获取了一处永不陷落的巢穴。"他补充道。[165]做出这样思考的他显然对这个地方印象深刻。这实实在在是一处绝佳的锚地：它长12公里，宽2公里，由200至250米宽的一条狭窄通道与太平洋相连。这一切处于一处令人生畏的堡垒设施的防护之下。它于悬垂在港湾上方的山地之中挖掘而成。舒梅克说道："每一座丘陵上方都建有一座堡垒，而连绵不断的丘陵正是这一地区唯一的地形。"[166]林奇应当有所留心,据他统计,共有142门口径不一的火炮。他也着重指出了"位于港湾入口处和控扼港湾高地的强力探照灯"。[167]这座城市自身拥有近2万名居民,而"除了中国人之外,所有的居民似乎都身着制服"。人们能在这里找到"精致高雅的餐厅,其中满是俄国军官和啜饮着香槟的最美丽的女孩",而一支隶属于军队的交响乐团"在公园中央的亭子中为一群由用人与孩童构成的听众演奏"。这座世界尽头的港口笼罩于一种奇特的兴奋之中,20世纪之初的游客将之视为一种前奏。历史似乎摁下了暂停键,等待着什么。"亚瑟港的生活令我想起新加坡或塞得港的生活。空气中同样飘荡着冒失而无知的精神,这是人们在世界中的新开发地所表现出的精神,这些地点关联于各国波澜壮阔的运动,而所有的民族都有希望成为上述运动的赢家。"[168]迈克尔·舒梅克在自己的作品中写道。受人尊敬的神职人员弗朗西斯·克拉克也感受到了历史之风吹起:"极有可能,"他于1901年如是写道,"当泰坦巨人们准备在彼此间就朝鲜和中国而爆发的争吵中衡量自身实力时,这片海岸将会成为未来海战的背景。"[169]尽管俄国人与中国签订了条约,租借旅大地区二十五年,但他们进入满洲的目的似乎在于长期盘踞这里。"很少会有人相信,俄国人会在未来吐出自己最新获得的果实,"记者舒梅克评论道,"可以确定的是,没有任何一个国家有能力阻止他们如此行事。此外,为了人类和文明的福祉,没有人想这么做。"[170]

没有人,真的吗?或许这位编年史作家所想表达的,乃是没有任何欧洲人。因为,公元1904年2月8日,午夜之前不久,旅顺口的世界发生了剧变。城市迎来了一个马戏团,大量的堡垒守军获准观看演出。整座城市灯火通明,宛如节庆。港口和附近高地的灯光在远方也清晰可见。在海军俱乐部中,海军准将、太平洋舰队司令奥斯卡·斯塔尔克正为自己妻子玛丽亚·伊万诺夫娜的生日举办招待会。作为主战派最有影响力的代表之一，海军将领阿列克谢耶夫*于六个月前被任命为远东地区总督兼远东地区俄军总司令，当晚，他也亲自到场祝贺。军官们身着白色的礼服，自晚上九点开门起便凑在一起。数小时之前，他们突然接到一则消息，日军在朝鲜登陆。军官们希望能够从长官口中获悉对于此事的评论。这一夜，寒意刺骨，甚至连港口内也开始结冰，因此，俄国舰队的大多数军舰依然锚泊于外港的锚地中，邻近通往太平洋的狭窄通道。

夜间十一时四十五分，爆炸声响起，玻璃震动。在海军俱乐部的招待会上，一些人相信，这是一束意外的烟火，用以向夜宴的女皇致意，他们纷纷鼓掌。但很快，警报声响起，军官们蜂拥跑向自己的战位。强力探照灯的光束穿透夜空，直至从夜色中挖出正在军港入口处，甚至是狭长海道中忙于向俄国太平洋舰队精华部分发射鱼雷的日本鱼雷艇。短短数分钟内，11艘主力战舰中有3艘沉没于港口之中，阻塞了出口。次日早晨约十一时，东乡平八郎所率领的日本舰队逼近旅顺口。在完美的操纵下，日军的16艘战舰向锚地内动弹不得的俄军舰队倾泻了惊雷般的炮火。另有3艘装甲舰和巡洋舰彻底丧失了作战能力。这两轮轰击各持续半小时，使得俄军丧失了远东地区的海军优势。日军以突袭的方式，向尼古拉二世治下的俄国宣战。旅顺口之围开始了。这一战将持续329天，并事实上为第一次世界大战拉开了序幕。无线电的应用、壕堑战、布雷和排雷、无用的人海突击、地狱一般的炮战同样是时代进入20世纪的标志。

西伯利亚铁路再度成为了事件的中心。因为日本根据这条铁路的运力，精心选择了发起进攻的日子。距离西伯利亚铁路完工、列车能够在无需中途暂停的情况下自欧洲向亚洲运输增援部队和物资尚有数十公里的差距。贝加尔湖地区的迂回线尚未完工，在此期间，乘客不

---

*一些历史学家认为，他是沙皇亚历山大二世的一个私生子。

得不满足于搭乘渡轮从湖的一侧到另一侧。但是,自2月初以来,湖冰变得过于厚实,航渡会中断数月,甚至破冰船也无法通过。在日本的战略家们看来,这是发起突袭以迅速击败俄国人的理想条件。

一宣战,交通大臣希尔科夫就亲临现场,取道贝加尔湖南岸的迂回线加快了施工速度。工人们在西伯利亚的寒冬中夜以继日地劳作。他们轮班作业以开掘39处隧道(其中一处长达8公里),建造出19处地道,修筑了248座桥梁和必要的高架桥。[171]铁路工人们在湖冰上铺设了3万根铁轨。机车头过于沉重,无法在这样不稳定的平面上行驶,它们被马匹取代。道路的两端被电灯照得通明,供雪橇和数千名徒步者穿行的临时轨道修建完成。每6.5公里设有一处歇脚点,士兵们能够在这里暖和身子,贝加尔湖中央也设立了一处营地。这条浮冰上的增援线路能够每日运输1.6万名士兵、5列火车和8150吨物资。[172]在日俄战争期间,共有130万名士兵以他们的方式踏上了这条世界上最长的道路。[173]

还不够,这样的速度还不足以赢得战争。尽管贝加尔湖迂回线已经于1904年9月完工,西伯利亚铁路也处于超负荷运转的状态之中了。战场太过遥远,补给线被掐断。1905年,在于灾难性的对马海战中损失了剩余的舰队后,俄国在满洲已经彻底失败。在接近一年的围城战后,旅顺口陷落。接着,日军攻占奉天。最后,前线一直推进至哈尔滨。俄罗斯帝国被迫放下武器。战胜国日本和战败国俄国在美国朴次茅斯进行和谈,商讨战败的代价,而奉命前往的依然是谢尔盖·维特。自从1903年以来,沙皇尼古拉二世一直将他限制在一个彻底的闲职上,如今又将他从半退休的政治状态中拉出,赋予其这一挽救危局的任务,这也是他不可思议的职业生涯中的最后一项使命。自那时起,日本人已经彻底主宰了局势,作为俄国代表团的团长,他使尽浑身解数,谋划抑制对方的胃口。维特扮演人民的角色,引诱媒体记者并试图令他们为其所用,为这项俄国几乎全无成功可能的事业争取到西方舆论的支持。至于谈判，俄国最终做出的让步小于沙皇的预期。然而，维特还是不得不割让了萨哈林岛南部和辽东半岛，旅顺口自然也在割让之列。此外，俄国还失去了南满铁路，但至少能在数年之间保留经哈尔滨和满洲北部草原前往符拉迪沃斯托克的线路。中东铁路这条面向太平洋的通道，以及他曾经为之付出巨大努力的租借地，依然掌握在俄国手中。

直至第二次世界大战结束后，中东铁路才彻底回到了中国人的手中。*在这之前，因其在满洲的冒险行动而创深痛剧的俄国在本国的领土上将西伯利亚铁路最东端直至其终点的线路精心扩充了一倍。1905年刺痛人心的惨败事实上证实了过去十数年间的一切担忧：在面对一场自太平洋发起的进攻时，俄国的远东领土全无抵抗能力，只能任人宰割。只要日本人愿意，他们能够在弹指一挥间攻占符拉迪沃斯托克。因此，自日俄战争结束之后，俄国的军人们重拾十年前因为中东铁路和"黄俄罗斯"计划而被放弃的方案，要求建设阿穆尔铁路。人们从文件盒中重新抽出了方案书，对此的争论也再度开始。对于一条以军事作用为首要的铁路而言，它的造价太高昂了，实在是太过高昂了！俄国已经因为战败而屈膝，如今又承受着一场规模在本国历史上前所未见的社会革命。在这样的时刻，当这条线路无法提供任何经济前景时，如何向对政府深感不满的大众解释如此一笔支出的合理性呢？在国务会议中，谢尔盖·维特对这一方案持坚决反对的态度。他

---

* 1924年，在提议无条件将中国东省铁路公司管理下的铁路、租借地和领土归还中国后，苏联和中国政府达成一致，在收益均享的情况下共同开发这条铁路。1929年，西伯利亚铁路满洲路段成为残酷的军阀混战的目标，其中蒋介石一度占有这条铁路。是年年底，中东铁路再度落入俄国人的掌控之中，直至1935年，随后，该公司被出售给日本人操纵下的"伪满洲国"。在第二次世界大战末期，苏联重新控制了中国东北地区的铁路网和旅顺口，直至1950年。这一年，这条"黄俄罗斯"计划中的古老铁路线、旅顺口的要塞，以及被苏联军事控制的领土，都被无条件移交给新生的中华人民共和国。

经由乌兰巴托将北京和西伯利亚铁路相连的蒙古纵贯铁路如今是游客们时常搭乘的线路，它建设于公元1949年至1956年间，以发展战后两国之间的商贸往来。

的坚持再一次毫无作用。1908年，阿穆尔铁路在远东西伯利亚多山的泰加森林间开工建设。永久冻土导致地面不稳定，工程因而困难重重，它将一直持续至1916年。实际上，冬季是如此严酷，工人们每年仅能工作四个月，并在歇工期间返回俄国腹地。因为西伯利亚铁路的最后一段是对于战败的应激反应，整个计划都带着日俄战争这一心理创伤的烙印。这条铁路有着防御能力。它的线路避开了河流，甚至连黑龙江也不例外，这么做的目的在于令铁路处于中国一侧的加农炮的射程之外。最后，人们放弃雇用中国人充当劳力。这一次，仅有俄国人被招入工地。1916年，西伯利亚铁路的最后一根枕木安放到位。在当时技术条件的极限下，哈巴罗夫斯克建成了一座长达4公里的跨黑龙江大桥。[*]人们以沙皇尼古拉二世年轻的儿子阿列克谢皇储的名字为之命名。数月之后，俄罗斯帝国迎来了它的末日。西伯利亚铁路是它最为长久的纪念碑。

---

[*] 1975年，阿穆尔河畔共青城建成了黑龙江上的第二座跨江大桥，在此之前，这座西伯利亚铁路的铁路桥一直是唯一一座横跨这条大河的桥梁。

第五部分

世界上最大的监狱

第二十一章
"在西伯利亚的矿坑深处"

冬季的圣彼得堡很快便笼罩于夜色之中。在1825年12月14日（周一）的晚上，俄国首都沉入了黑暗与寂静之中。这一日，天寒地冻，空气潮湿，阴风怒号，当城市准备好庆贺新任沙皇尼古拉一世的登基时，天空中降下了一场小雪。按照典礼的要求，驻扎于圣彼得堡的军队被集结至枢密院广场，准备向新任君主庄严地宣誓效忠。这是一处具有象征意义的地点：它位于圣以撒主教座堂和涅瓦河之间，方形的广场装饰有城市的建立者彼得大帝的立马像。

但这一天，一切都没有按照预定的计划进行。在其军官的命令下，多个完成集结的团拒绝向尼古拉一世宣誓，而更倾向于拥立他的兄长康斯坦丁，刚刚确认放弃皇位继承权的他被认为更加倾向自由主义。此外，这些部队还要求仿照其他的欧洲列强，实行君主立宪制。聚集于广场上的军队爆发了骚乱，有人开火，圣彼得堡的长官被手枪击中，随后身死，而新任沙皇最终下令部署于起义者周围且依然忠于他的近卫军团开火，采取一切手段镇压起义军。双方爆发枪战，火炮轰鸣，这次不成功的起义导致80人死亡。尼古拉一世看着自己的统治始于血泊之中，这是一个不祥的预兆。他的两位兄长中，亚历山大一世于不久前驾崩，而康斯坦丁坚持拒绝遵循传统的继承顺序。比他们小二十多岁的尼古拉一世并没有真正做好继承皇位的准备。他年仅二十九岁，此前一直在军队中服役，人们相信，戎马生涯更加适合于他。据说，在其兄长康斯坦丁多次拒绝继承大统后，他发出了呜咽。

这便是沙皇了。在这恐怖一日的夜间，他坐在自己位于冬宫的私人房间中，忙于写作一封寄给远在华沙的康斯坦丁的信件，以向这位负责统治波兰地区的兄长说明此事。

在他的周围，宫殿的窗户亮着灯光。在毗邻的大广场上，士兵和军官们来来往往，将起义的参与者带去审讯。在接过帝国皇冠并以此调动近卫军团（正是这支部队镇压了十二月党人的起义）之前数小时，尼古拉一世已经收到了关于本次密谋的风声。他的兄长兼前任、不久前于乌克兰南部的旅行中驾崩的亚历山大一世同样也被秘密警察机构多次告知，军队中已经出现了一些以推翻现政权甚至刺杀沙皇为目标的秘密团体，他们正在全国多个地区招兵买马。

因此，当获悉存在一个有着军队和贵族群体中部分最为杰出的人士参与的阴谋时，新任沙皇尼古拉一世并没有表现得相当惊讶。仅仅据一些例子，这些人中包括特鲁别茨科伊、穆拉维约夫*、安年科夫和沃尔孔斯基，他们都是俄罗斯帝国的知名人物，往往凭借在十五或二十多年前拿破仑战争中的军功博得了自己的勋绶，凭借自身的勇气和伤疤收获了大量的荣誉。这些起义者的家庭沙龙中云集了首都贵族、知识分子和艺术家中最受人喜爱的精英成员，皇室成员和他国外交人员也常常造访。自这一刻起，他们的姓名与12月的这一天永远相连：他们被称为"十二月党人"，掀起了俄罗斯帝国历史上最为浓墨重彩的一场起义。这一切怎么可能呢？这起谋叛事件如何获取了俄国

---

* 参与十二月党人密谋的穆拉维约夫家族和穆拉维约夫-阿波斯托尔家族成员来自穆拉维约夫家族的堂兄弟一支，三十年后，该支涌现出了一位东西伯利亚总督，其角色参见前文所述。他对于俄国领导层中的起义以及背叛的直接牵涉程度比起其亲属也不逊色。

最为骁勇善战的那些军官的支持？为什么这些声名卓著、家财万贯、前途光明的人要冒此大险呢？沙皇希望了解这些人所坚持的想法，而这一夜，能打断他写作致兄长的信件的，唯有聆听被带至他面前的起义者的发言。他的信件是对于宫中状况的直播报道："现在，我们羁押了三名主要的起义领袖。"他在信件的开头几段中写道。接着，他的叙事出现了明显的中断，随后在相隔数行的地方，他写道："此刻，人们又给我带来了四个他们的同伙。"[1]

随着揭发、招供和逮捕的不断推进，这次阴谋的首要成员踏上了冬宫的台阶，鱼贯走到沙皇面前。这场不同寻常的谈话夜以继日，参与者亲口向我们讲述了其中的经过。二十三岁的伊万·亚历山德罗维奇·安年科夫中尉是首批被带上前的人员之一，他出身于莫斯科最为显赫的名门望族之一。在那个命运的下午，他正身处枢密院广场，但是站在忠于尼古拉一世、镇压他的起义同志的队列之中。*然而，他很快被发现是某一策划了本次起义的秘密团体的一员。安年科夫迅速被带入了皇宫的一处房间中，据他在作品中所言，在这里，"我见到了两位同志：亚历山大·穆拉维约夫和阿尔志跋绥夫。除我们之外，房间内站满了将领和廷臣［……］。一段时间之后，一处房门被打开，［沙皇］尼古拉·帕夫洛维奇出现了，他对我说'请过来'。我对他面色骇人的苍白感到惊奇。"自然，沙皇了解安年科夫家族。他也知道，自己面前的年轻军官是谁，并和他谈起数年前的往事，那时，他在一场决斗中杀死了自己的对手，最终获得了已故的亚历山大一世的宽宥。这是两人间的开场白，接着，讯问继续，如同前文，其内容一直源自被告的记述：

"'您曾经参与了12月12日的会议？''是的。''如果您知道存在秘密团体，为什么不告发它们呢？''我能告发什么呢？我自己也所

---

* 他随后解释道，在12月12日由起义者组织的会议中，他反对立刻举行起义，指出其无法保证自己所处的骑兵营的立场。

知甚少。整个夏天，我都没有参加组织的活动。最后，告发自己的同志，这是痛苦且不荣誉的行径。'

"听到这样的话语后，沙皇大发雷霆：'您对于荣誉一词一无所知，'他如此气势汹汹地咆哮着，以至于我不由自主地一阵战栗，'您知道您应当受到怎样的刑罚吗？''是死刑，陛下。''您觉得我们会将您枪决，让您成为万众瞩目的人物！不，我将把您扔在要塞中发霉！'"

安年科夫被他的守卫们带走了，现在轮到他的同志亚历山大·穆拉维约夫被推进那间屋子了。这是一名非常年轻的男子，性格害羞内向，有些口吃。沙皇向他提了同样的问题。很可能是由于情绪激动、心神不定，这位年轻的军官突然以法语作答："陛下……"他开口讲道。但沙皇愤怒的吼叫旋即打断了他："当您的君主以俄语向您发问时，您无权以另一种语言作答。"[2]

在其统治的最初几日中，尼古拉一世将大多数精力用于有关这场阴谋的私人审讯之中。他想要知晓一切、理解一切、与每一个主要起义者见面。他相继提审了数十人。陛下的耳室是本次行动的中枢所在，一些军队和警察机构中的高层人员于此收集所有信息，并归纳总结得自圣彼得保罗要塞囚室中的问讯结果。数周过去了，但沙皇似乎一直都对自己的发现相当惊奇：反对他的起义者中不乏熟悉的身影。他向其中一些人（比如谢尔盖·格里戈里耶维奇·沃尔孔斯基亲王，他是起义密谋的主持者之一，我们会在后文给予他更加密切的关注）许诺，只要他们参与调查，便能够获得赦免。"您的命运取决于您的诚意。"[3]尼古拉一世对沃尔孔斯基亲王说道，同时向他递出一张问题清单。一些人仅仅大略地回答了部分问题或拒绝给出姓名。而另一些人（例如特鲁别茨科伊亲王）则屈膝于沙皇面前，乞求放他们一条生路。谢尔盖·特鲁别茨科伊被十二月党人指定为起义的指挥官，以罗马时代的话语而言，即一位"独裁官"，负责在计划中的宪法颁布之前处理各类事务。在枢密院广场上的决定时刻，特鲁别茨科伊并未到场，心怀疑虑的他已经前往参谋部观望事态的发展，接着去了斯特罗加诺夫宫，听见街头的喧闹声后，他最终前往奥地利驻俄使馆寻求庇护。但他知道，仅仅他在密谋中所扮演的角色便足以令他身受极刑。"他以最屈辱的方式，跪在我的膝前。"[4]沙皇于不久后向他的兄长讲述道。但是，这位亲王将会免于一死。

尼古拉一世对于起义图谋的回应只有一个词："西伯利亚"。高等刑事法院于1826年6月30日开庭，在122名被告缺席的情况下宣判了他们的刑罚。该法庭由现政权的72位达官贵人构成，平均年龄为五十五岁[5]，是被告群体的两倍。这是一代人对另一代人的审判。根据他们在调查期间所确定的罪行，被告人被分为11类。另有5人被认定为起义的"元魁"，被视作"罪大恶极"。对于本案的审理更像是一场会议，它开始于对这5人的审判。担任审判长一职的是年老的洛普欣亲王，他已经先后服务于5位沙皇。在需要其添加审判意见的表格上，这位已经失聪的法官写道："磔刑"。审判团队的其他成员紧跟他的步伐，表示赞同。一些人则仅仅给出了更加模糊不清且不那么残忍的刑罚意见，譬如"以加辱刑处死"。唯有海军将领莫尔德维诺夫为这些青年军官辩护，请求饶他们一命："在将他们罢免、剥夺他们的贵族身份并将他们的脑袋放上斩首用的木砧之后，"他写道，"我们应当将他们派去参加强制劳动。"[6]临近中午时，5名主谋者被判处磔刑，这是俄国法典中所能找到的最重的刑罚。在他们内心深处，审判团队的成员们清楚，沙皇渴望表现自己的仁慈，他将会施与减刑。事实上，尼古拉一世确实于日后将5人的刑罚由磔刑减为绞刑后分尸。

在名单另一端的被告被认为对谋反参与程度较轻，他们遭到降职的处分，并被派往高加索前线。至于数量庞大的绝大多数被告（计有100余人），他们所受刑罚从死刑、流放、终身苦役到若干年监视居住不等。所有人都被剥夺了贵族头衔和军衔。*西伯利亚等待着他们。

甚至在判决公之于众前，得益于她们的消息源，主要罪犯的妻子们已经认识到了罪名的严重性。根据保利娜·安年科娃的回忆，在判决公布的前夜，她们中的两人在化装后成功抵达关押犯人的圣彼得保罗要塞墙外的十字路口，在昏暗之中，哨兵突然听见她们用法语高声叫道："判决将会是可怕的，不过会有减刑。"人们可以听见，厚重的墙壁后响起了一阵低沉的谈话声，而作为回应，有人同样用法语突然喊道："多谢！"[7]

被判处死刑的彼斯捷尔、雷列耶夫、穆拉维约夫-阿波斯托尔、别斯图热夫-留明、哈科夫斯基在要塞的庭院中被处决。在那个不眠之夜中，人们看着他们走近绞架，背靠着背最后一次握手，接着，他们重新排成一排，在绞刑架上被套上绞绳。当刽子手启动机关时，三根绞绳断了，于是决定对这三名被勒得半死、自绞架双足坠地的犯人重新行刑，绝不给予任何宽恕。刽子手再度执行绞刑，唯有其中一名犯人有时间痛斥了刽子手。至于其他囚犯，他们被聚集于绞刑架前的平地上，以听取他们的判决和沙皇对他们所受刑罚的减免。特鲁别茨科伊亲王的死刑被减免为终身苦役。安年科夫和沃尔孔斯基每人被判处二十年苦役和终身流放西伯利亚。这一场面能够在沃尔孔斯基妻子的回忆录中找到描述："当他被叫到出列时，谢尔盖·格里戈里耶维奇·沃尔孔斯基取下其制服的大氅，并将之扔进了柴房。他不希望由

---

* 5名"罪大恶极"的被告被判处磔刑；35名"一类罪犯"被判处斩首；17名"二类罪犯"被判处"政治死亡"，剥夺军衔并服终身苦役；2名"三类罪犯"被判处终身苦役；14名"四类罪犯"被判处十五年苦役并终身流放；5名"五类罪犯"被判处十年苦役和终身流放；2名"六类罪犯"被判处六年苦役和流放；15名"七类罪犯"被判处四年苦役和流放；15名"八类罪犯"被判处剥夺贵族头衔并流放；3名"九类罪犯"被判处降职并流放；除被判处斩首者外，所有的罪犯均被发配西伯利亚。剩下的"十类罪犯"和"十一类罪犯"被派往高加索地区充当士兵。V. I. Baskov, *Soud koronovannogo palatcha*, Moscou, Sovietskaïa Rossia, 1980, p. 96-109.

别人将之从自己身上扯下。接着，来人要求这些先生们跪下，宪兵走上前去，在每人头上折断一柄剑，这是剥夺军衔的象征。他们的动作很笨拙，"玛丽亚·沃尔孔斯卡娅接着写道，"多位先生的头部因而受伤。被带回监狱后，他们收到的并非往常的饮食，而是苦役犯的伙食。此外，他们还领到了苦役犯的衣服：由灰色的厚呢绒织成的上衣和裤子。"[8]

7月底，所有囚犯乘坐轻型四轮马车，分成小股被发遣往西伯利亚。出于安全原因，他们的行进路线不同寻常且不对外公开，但目的地人尽皆知：西伯利亚边疆地区的苦役犯监狱。这是沙皇眼中最为遥远的地方。这里的生活也最为艰苦。

在俄国的历史上，强制流放西伯利亚并非什么新出现的镇压手段。根据历史记载，第一个被流放的犯人是1591年俄国中部小城乌格里奇教堂钟楼中的一口钟，由于它曾经鸣响以告知居民们，皇位的合法继承人、曾经幽因于此的皇储德米特里于不久前遭到沙皇鲍里斯·戈东诺夫部下的暗杀。这口大钟遭到了与年轻皇子的支持者们一样的刑罚：人们割断了它的舌头，也就是说，拆除了它的钟心锤，并将之流放于乌拉尔山脉以东，直至托博尔斯克，当时，那里的人们开始建设新征服的土地。为了将它彻底遗忘在托博尔斯克，人们被禁止再度鸣响大钟。

在很长一段时间内，"西伯利亚监狱"不过是一个模糊且广为流传的概念。在施加刑罚的沙皇们的脑海中，西伯利亚以罗斯地区的终点为起点，它就是最新观念中边境的所在。在16世纪的鲍里斯·戈东诺夫时期，它是托博尔斯克；到了18世纪，它是地理位置更北、位于鄂毕河一处转折点的别廖佐沃；接着，19世纪时，它是邻近中国边境的涅尔琴斯克、卡拉、阿卡图伊等地的矿场；而到了19世纪末，俄国的领土拓展至太平洋沿岸和萨哈林岛，这里也成为西伯利亚。作为苦役犯监狱的同义词，西伯利亚不断向东变动。20世纪时，它将拓展至北方的极地地区。犯人们前往东方的道路越来越长。很简单，它的长度达到了我们所能想象的极限。

西伯利亚仿佛一个供俄国的欧洲部分倾倒其社会渣滓的大坑。自1649年起，它成为法律承认的流放地，当时，在一部法令合集（缙绅会议法典）中，沙皇阿列克谢·米哈伊洛维奇意识到"向尚为处女地的省份移民"这一借口所能带来的好处，并使流放成为一项被纳入刑法的正式刑罚。自那时起，在处理那些周期性震动俄国的起义时，流放西伯利亚便成为它们合乎逻辑的结局，1670年由哥萨克首领斯捷潘·拉辛领导的起义或一个世纪之后的叶梅利扬·伊万诺维奇·普加乔夫起义均是如此。起义的首领被处决，其余人员受刑后被送给恶魔，也就是说，流配极东之地。西伯利亚也成为分离派注定的去处。所谓的"分离派"即坚持旧礼仪的信徒，自17世纪中期以来，他们拒绝屈服于由沙皇和俄国东正教会所强加的教规与礼仪改革*。双方爆发了一场针对反叛的修道院与村庄的漫长宗教内战，战斗主要在俄国的极北地区展开。大群按旧礼仪受洗的农民和商人被驱逐出俄国的欧洲部分，来到帝国最为偏远的地带，有时，他们甚至会越过公认的边境线，以在"未知之地"的河谷与密林中求得庇护。†他们的领袖之一、高级教士阿瓦库姆曾经携妻子儿女于1655年至1664年度过了九年流放生涯，他是首个将西伯利亚描绘为流放地的人。数十年后，西伯利亚发现铁矿和银矿的消息突然刺激了皇室对

---

* 即尼孔改革。——译注

† 将坚持旧礼仪者流放至西伯利亚的行为贯穿了俄国的历史。时至今日，人们仍能找到众多旧礼仪者的社区，它们组织形态各异，拒不承认俄罗斯官方东正教会的权威。坚持旧礼仪者主要分布于阿尔泰山脉、外贝加尔山脉和克拉斯诺亚尔斯克边疆区。他们的社区有时也会沿着流亡之路，出现于美国西北部的阿拉斯加地区、巴西或阿根廷。一些信徒群体逃避与文明和国家的一切接触，在他们眼中，后两者代表着敌基督。这些人逃遁入泰加森林之中，杜门不出，在最为极端的环境中斩断了与其他人类的联系。相关信息可参阅瓦西里·佩斯科夫震撼人心的大作《泰加森林中的隐修士》Arles, Actes Sud, 1992 以及同一出版社、同一作者2009年的作品《阿嘉菲娅的消息》。

于这片土地的兴趣，这时，彼得大帝决定扩大流刑的内容，向其中加入强制劳役，从而令其得以免费解决劳动力短缺的问题。当彼得一世于波罗的海沿岸的沼泽地上营建新的首都时，他已经采用了这样的做法提供人力，为什么不对这一制度加以更新，将相关经验推广至遥远东方那些可供开采的矿井之中呢？利用犯人从事那些最为艰苦的工作，通过在当地剥削囚犯和危害社会秩序者殖民新征服的土地：这并不是什么新鲜的方法，在同一时期，其他欧洲国家也建立了类似的制度，譬如法国在法属圭亚那地区的苦役营和英国在澳大利亚的同类机构，它们都按照各自国家的意愿践行着这一制度。然而，在西伯利亚，这种解决方式将会以其规模和持续时间，逐步迎来一次无与伦比的大发展。因为在沙皇们的苦役营之后，劳动惩戒营继之而起，其首要职能也立足于同样的自明之理：利用丧失人身自由的殖民者占据并开发荒凉且不宜居的领土，运用强制劳动力建设最为宏大的工程。但是，这种制度带有史无前例的工业化特征：事实上，这再也不是"仅仅"利用囚犯的劳动力，将他们分配至最困难的地区，令他们从事最艰苦的工作，而是最终演变为根据需求逮捕并判决犯人，以满足对于强制劳动力的需要。简言之，这将不再是"你是国家的强制劳动力，因为你被国家逮捕了"，而是"你被国家逮捕了，因为它需要强制劳动力"。

自 18 世纪以来，俄罗斯帝国意识到，它可以从更加频繁的流放西伯利亚之中获取怎样的利益。在 1753 年至 1754 年间，女皇伊丽莎白废除了死刑，代之以流放西伯利亚。如此一来，帝国的资源获得了额外的劳动力，对于它而言，这样的制度设计意味着纯粹的收益。以承受鞭刑的羞辱、披枷带锁（在一些时期，他们还会被毁伤面容，例如通常而言，身受劓刑就意味着服终身苦役）为象征性标记，罪犯被宣布民事死亡或政治死亡，并以此取代物理性死亡。受刑最重的犯人会在面颊或额头部位被用烧红的铁块烙上字母"K"，并用无法被抹去的墨水加以描染。*对于贵族而言，象征性的处决为在罪犯的头部或肩部折断利剑，而十二月党人是个例外。

此外，事实上，死刑不过是表面上废除了。对罪犯的鞭刑起初使用皮鞭，接着一种由三根细长带状物构成的鞭子成为官方的刑具，从而使刽子手能够在收到有关指示的情况下实现与死刑同样的效果。在西伯利亚，每年都有大量桀骜不驯的苦役犯在鞭打下死去。

伊丽莎白的刑事改革骤然增加了前往西伯利亚的囚徒人数。根据现代历史学家的估算，每年约有一万人。[9]这股流放西伯利亚的大潮很大程度上需归因于伊丽莎白授权村社在集会上自行宣布流放"不需要的人"，只要这些人曾经被法院判处刑事惩罚。因此，些许小过便足以令讨厌的人、轻罪者和决不妥协的抗议者被永远驱逐。砍伐树木、在鸡窝中小偷小摸、不合时宜地收割草料都可能会导致终身放逐。从此，女性也面临遭到流放的风险。接着，那些希望摆脱不顺从的农奴的贵族也获得了放逐权。将一位农奴作为强制殖民者发遣往西伯利亚消解了令其应征从军的义务。这些被驱逐出所生活村庄的人汇成潮流，加速了西伯利亚的殖民。至17世纪末，被流放者占了乌拉尔山脉以东地区总人口的10%。

俄罗斯帝国的命令与法律逐渐将被流放者分为三大类。被流放者这一概念包括从流放数年到彻底被强制流亡。其中一些人仅仅被判处前往政府或司法部门指定的地点居住。管理机制从包括农业生产在内的强制殖民到生活条件受限的监视居住（禁止从事部分职业、通信受到检查等）不等。第二类被称为犯人，他们必须在西伯利亚地区的苦役监狱中服刑。最后一类是被判处强制劳役的"强制劳役犯"，他们被送往涅尔琴斯克、卡拉、阿卡图伊等地，而到了19世纪末，萨哈林岛也成为他们的监禁地。他们中有最冥顽不化、量刑最重的罪犯，他

---

* 直至1864年，对于苦役犯的强制纹面方才废除。

们在矿坑、国家的第一批工厂与铸造厂中忍受苦楚。例如，一名谋杀犯通常需要接受十年的强制劳役。他们普遍披枷带锁，脚踝上拖着重达数公斤的铁球，当他们出门跋涉或从一处苦役营地向另一处转移时，必须拖着这个铁球行进。根据囚犯费奥多尔·陀思妥耶夫斯基的描述，在矿场中，人们将自己的锁链固定于其在矿道中推行的独轮车上，或将它们拴住。作家本人也被迫带上这些刑具："根据规定，苦役犯于工作时所佩戴的锁链不由铁环制成，而是由四根铁杆构成，它们大约有手指粗细，通过三口铁环连接在一起。这些锁链应当被佩戴在裤子内。中间的那口铁环连接有一根皮带，它应当被固定在腰部，直接穿戴于衬衫上。"[10]

在踏上漫漫长路东行而去的车队中，三分之一的成员是强制殖民者，他们将会过上一种与世隔绝但自由的生活。他们并不佩戴铁质的刑具。"行政放逐者"便是其中一部分，这些人被驱逐出所生活的乡村，其所犯的罪行不过是小偷小摸。如果他们被判处终身流放，其妻子、孩子、近亲通常会随他们一同前往流放地，这些人会处于队伍的末尾，为了活下去，他们别无选择。前述第二大类的犯人将会被关入要塞的囚室和西伯利亚的监狱，他们几乎构成了总人数的一半。至于苦役犯，现有的数据表明，他们平均仅占囚犯总数的七分之一。在19世纪30年代至40年代，在地底矿坑中劳作的苦役犯至少有2.3万人。[11]

"被流放者"有时会穿着缝有字母"S"的上衣，他们的头发被理成半光，因而具有相当的辨识度。"强制劳役犯"披枷带锁，被打上了可怕的"K"字烙印，当他们一道忍受前往东方的无尽路程时，被称为"brodiagui"的流浪者正沿着相反的方向行进。这些是西伯利亚的亡命之徒，他们数以千计，有时甚至多达数万，频繁出没于森林和草原，根据他们的资源和实力四处游荡。1886年，针对东西伯利亚地区流放者定居点的一次快速清查表明，被强制遣送至此的殖民者中，

42%已经逃跑,而在西西伯利亚地区,33%的流放者已经不在他们的指定居住地点了。[12]大群在逃之人四散分布,构成了西伯利亚地区的公共灾难之一,直至19世纪末,这一地区的公共安全问题一直未能得到解决。

他们已经逃离了自己的流放地,已经悄无声息地摆脱了位于自己监视居住地点的宪兵,或者已经逃出了车队或苦役营地。自此刻起,他们沿着特拉科特游荡,拦路抢劫那些实在无力自卫的旅客。他们唯一的目的在于尽可能长久地过上自由自在的生活。他们也梦想能够逐步靠近生养他们的俄国地区,但是并未对此抱有什么期望。当自然条件更加温和的时候,他们的数目在舒适的季节中迅速增多,或是孤身一人,漂泊冒险,穿越浩瀚如洋的泰加森林,躲避着那些时刻准备将他们扭送当局以换取些许赏金的村庄和土著群落,或是加入大路上的其他匪帮。根据传说,他们会回应布谷鸟不可抗拒的呼唤,这些人也被冠上了"布谷鸟"的绰号。凛冬将至,他们中的许多人比起忍饥挨饿,宁愿被囚禁于铁窗之下披枷带锁。他们任由自己被捕或向乡村警局投案自首。除非他们原本只是轻罪,这些人一般会拒绝说出自己的名字,或者借用偶然间遇见的狱友的姓名,又或者冒用另一位在他们看来罪行更轻之人的姓名。由于不存在全国性的罪犯登记信息库、指纹或可供辨认人员的肖像,政府难以履行其职责,工作人员发现自己重新面对一大群不知姓名、穷困潦倒的被捕者,而不知道他们应当适用怎样的刑罚。有时会判处这些流浪者承受最重的刑罚,即苦役,并以同样的方式为他们烙上一个大写字母"B",这使得他们再也无法经常与他人来往。有时则仅仅对他们施加鞭刑或笞刑,这种处理并不比字面看起来更加仁慈,它们事实上代表了监狱世界的运转工具。鞭子是西伯利亚流放者的主人,每个人都清楚,遭受鞭刑的风险长存不消。"我重又自观众面前归来。"一名刚刚受刑的囚犯如是说道,仿佛他是从舞台走下的演员。[13]他们明白,自己甚至能够通过受刑赢得狱友的尊重。在医务室度过了一段时光的囚徒陀思妥耶夫斯基承认，自己曾经因为示众鞭刑的场面而被惊吓得目瞪口呆："我神思纷乱，混沌而澎湃，感到惊骇与恐怖，"他写道，"在肉刑的场面之前，很少有人能够保持冷静，甚至连那些时常遭受毒打的人也不例外。总体而言，犯人发现自己被一种强烈的恐惧攫住，但这完全是一种生理反应，不由自主且无法抑制，它粉碎了人的一切道德伦理。[……] 有时，我想确切地知道，这究竟是何等程度的痛苦，我们最终能将之与什么相提并论。但我的发问是徒劳的，我从未得到令人满意的回答。我也曾经向我的朋友米-茨基提出这一问题，'疼，'他回答道，'这可太疼了，感觉就像火烧火燎一般，仿佛您的脊背正在烈焰上炙烤。'" 14

在这支被流放者的大军中，政治人物仅占一小部分。18世纪时，这些政治人物通常是失宠的显贵，当权的君主试图令他们尽可能远离宫廷，以限制他们的影响力。从首都中流光溢彩的房间到幽囚于西伯利亚小村庄时所居住的木屋，二者之间的转变是剧烈的，也可能是快速的。1727年，"声名卓著的亚历山大·达尼洛维奇·缅什科夫亲王，帝国陆军元帅、海军少将、圣彼得堡总督"以及其他诸多头衔与勋章的拥有者正居住于鄂毕河下游别廖佐沃一处村庄之中，他所栖身的小屋由木材和经过打制压实的泥土建成。他一贯是声名在外的花天酒地之人，曾经在自己位于涅瓦河畔的豪宅中度过一个个无与伦比的纵酒狂欢之夜，也曾经是已故的彼得大帝最为亲近也最为忠实的臣僚之一，是沙皇之下第一人，如今却沦落至此凝望着西伯利亚的河流。由于试图控制登上宝座的年轻沙皇彼得二世并希望沙皇迎娶自己的女儿，在与之相敌对的多尔戈鲁科夫家族的运作谋划下，缅什科夫成了受害者，并死于流放地，他的夫人和一个女儿也同样客死西伯利亚。但历史实现了他的复仇。1730年，轮到多尔戈鲁科夫家族成为新兴的阴谋家奥斯捷尔曼的手下败将，前去体验别廖佐沃严酷的自然环境。1742年，由于君主的变动*，奥斯捷尔曼本人也步了他们的后尘。[15]

被流放的政客、失宠的廷臣或不幸的政敌，这些"政治人物"汇入前往西伯利亚的人流。根据监狱方面的统计数据，19世纪初，平均每年有2000名犯人被遣送至西伯利亚。临近20世纪时，这一数字达到了约1.9万人。就总数而言，整个19世纪，共有约100万流放者和囚犯被迫前往西伯利亚，此外很可能还有20万至30万亲属与朋友陪同他们前往。[16]在这些人中，变节者、反对派人士、因信仰或观点而获罪者属于例外。在18世纪下半叶的数十年间，计有数十名此类人士；19世纪初，他们的人数达到了数百，而到了该世纪末，这一数字已经达到数千。这项数据的变化与不同政治体制和一次次起义息息相关，而这两项因素也勾勒出俄罗斯帝国的生活。坚持旧礼仪的信徒们是第一批遭到权力之鞭抽打的人群中数目最为众多的一类。接着，高加索人、车臣人、阿瓦尔人、列兹金人、印古什人也加入了他们的队伍。当时，这些高加索地区的人民通常被混为一谈，统一被称为鞑靼人（这是错误的称呼），他们是黑海与里海之间的茫茫群山中抵抗俄军的穆斯林起义者。随后到来的是大批波兰人，在1830年至1831年的起义以及1863年的起义遭到血腥镇压后，波兰囚犯的数量尤其众多。最后，自19世纪60年代和70年代起，轮到"民粹派"人士成为苦役犯营地和流放地的"特等贵客"，他们是人民自由运动的领导人、平民主义者、社会主义者和革命者。费奥多尔·陀思妥耶夫斯基为所有这些狱友绘制了纤毫毕现的肖像："这是些身材高大、发育十分良好的人，是狡猾的农民、奇特怪异的《圣经》注解者，他们热爱文字，也热爱自己卓越辩证法信徒的架势。"这是他对于"旧信仰者"的描写，同时，他还指出了这些人的特点："极端的傲慢、狡黠而褊狭"。[17]

---

* 在前一年，彼得大帝之女伊丽莎白发动宫廷政变，夺取了沙皇的宝座。——译注

高加索地区的山民们"因抢劫罪被集体送至苦役犯营地，并被判处多种刑罚"，[18]他们激发了作家特别的兴趣。最后，波兰人"形成了一个完全隔绝于众的大家庭，可以说不与其他囚犯有任何接触。我已经说过，这种离群索居的渴望和对于俄国苦役犯的仇视令他们也遭到了所有人的仇恨。"[19]作家猝然总结道。

尽管政治人物数目稀少，但他们处于公众注意力的中心。无论在俄国国内还是在海外，苦役营地中庶民的命运几乎不会引来同情。费迪南·德·拉努瓦耶是19世纪60年代一位法国通俗文学作家，他以一部被收入"少女丛书"的作品回应了公众对于西伯利亚的好奇，例如，他在书中解释道，"这些囚犯被发往乌拉尔地区和阿尔泰地区淘金，在城市的监狱中服刑，与他们生活于欧洲其他国家的同类相比并没有多少区别，以至于我们无须强调他们粗俗无礼、道德败坏的本性，他们的愚昧无知、慵懒怠惰、酗酒成性，除却这些特性外，他们身上还有着对于奴役生涯麻木不仁的耐受力。鞭子，"他补充道，"是他们唯一能够听懂的语言。"[20]但是，当作者于数页之后谈及那些"政治苦役犯""爱国主义和自由的殉道者"的命运时，他的语气发生了变化："倘若未来的历史著作能够为西伯利亚腾出一页纸，"他高喊道，"这很可能是为了记述这些人的事迹，其他的一切都不配。"[21]无论是在俄国还是在欧洲，于公众的观念中，西伯利亚越来越频繁地被归为苦役犯服刑之地以及用于关押遭到流放的政治人物的监狱，不久之后，美国也出现了同样的认知。这种形象层面的联系直到数十年后方才被破除。

对于这一特定流放者类别骤然而起的兴趣源自对十二月党人阴谋的镇压。1825年政变的失败和这些英勇无畏、信奉理想主义且出身最上流社会的青年军官悲壮动人的命运突然间吸引了大众的注意力。在俄国国内，囚徒们的出身和人数已经足以引发轰动：这是一群名流显贵，他们的姓名从上流社会的社交新闻栏转移至报纸的刑事新闻专栏。而在欧洲，人们首先以欧陆价值的名义同情这些年轻勇士所做出的牺牲。十二月党人不是别人，正是启蒙思想的信徒，过早为暴君所击倒的正义人士。事实上，在拿破仑战争期间，俄国军官于数年内穿行于整个欧洲，曾经频繁造访德意志、奥地利、比利时、英格兰或法兰西社会，其中所见令他们于欧洲归来后深受触动。经济的繁荣、商业的发达、维也纳或巴黎沙龙内言论的自由，尤其是宪政的蓬勃发展与基本法规的确立，这一切都令他们在理智层面感到惊讶，在认识层面受到冲击。尽管俄国是战胜国，但在这些"新欧洲"的征服者看来，它又显得多么沉溺于过去啊。在复辟王朝治下的巴黎，哥萨克在香榭丽舍大街上列队行进，谢尔盖·沃尔孔斯基少将也成为所有著名沙龙的座上宾，他在斯戴尔夫人的沙龙中结识了夏多布里昂，惊叹于邦雅曼·贡斯当*演说时充沛澎湃的感情；他也会参加圣勒女公爵†的沙龙，这里的演说较之前的沙龙又大相径庭。"在1813年至1814年间的欧洲，我们所见的一切，甚至是在偷偷摸摸中所见的一切，"沃尔孔斯基在其回忆录中追忆道，"在所有青年的心中催生了这样的情感，即俄国在社会、内政与政治领域已经落后太多了，而我们中的许多人也对效仿欧洲的想法感到欢欣鼓舞。"[22]

沃尔孔斯基迈出了步伐。他与多名自战场归来的战友一道，加入了南方协会，该秘密社团令他参与了12月的政变图谋。他是组织的领导人之一，参与写作《俄罗斯真理》，他还负责与军队中的波兰民族主义者、爱国者中的其他地下组织展开会谈。他庄严宣誓，如果杀死沙皇的罪行能够带来君主专制的废除与君主立宪制或共和国的建立，他将采取这样的行动。每一个密谋参与者都被要求做出如此的宣誓，自从弑君会导致极刑时起，这样的誓言便成了密谋不外泄的最佳

---

* 出生于瑞士法语区（洛桑）的法国小说家、思想家与政治家。——译注

† 即拿破仑的弟媳奥坦丝·德·博阿尔内，曾为荷兰王后，后被复辟王朝封为圣勒女公爵，最终因支持百日王朝而遭到驱逐。——译注

保证。接受该纲领的人以血签名。

沃尔孔斯基指挥着一个精锐的骑兵团，在弗里德兰战役后，他获得了一柄刻有"为了勇气"铭文的金剑，别列津纳河战役与莱比锡战役之后，他获得了勋章。十二月党人起义时，他三十八岁，刚刚迎娶了一名不足二十岁的年轻女子，他的夫人玛丽亚·拉叶夫斯卡娅同样也出身于俄国最为显赫的贵族世家之一，她的父亲尼古拉·拉耶夫斯基也是这个战火纷飞的年代中的一位国家英雄。这位非常年轻的女士产下一子。谢尔盖·沃尔孔斯基自驻地返回，看了儿子第一眼，于全速返回营地的途中被捕。现在，他身穿灰色呢绒衬衫，脚戴铁链，以这副形象被押送往西伯利亚的矿坑。这是一幅怎样的图画啊！他的地位猝然跌落。如他这般被逐出所生活的社会环境、被剥夺前程的人约有数百。这是一幕充盈着英雄主义和伟大精神的场面，一场为了所信仰的价值而做出的牺牲，面对如此的场面，人们怎能不深受触动呢？

此外，玛丽亚·沃尔孔斯卡娅也是一个理想的主题，因为她使一出悲剧染上了爱情与浪漫的色彩。她的容貌带有青少年的清新与明丽，身材修长苗条。她有着棕色的秀发，漆黑的眼眸流露出热情，这令她获得了"恒河处女"的绰号。作为学识渊博的罗蒙诺索夫的孙女，她也接受了良好的教育，拥有广博的知识：她对一切都兴趣盎然，通晓多门语言。根据多尔戈鲁科夫亲王的记述，她"彬彬有礼，谈吐令人惬意，接受了最为优秀的教育"[23]，此外，她也有着极其鲜明的个性。年轻的妻子完成了痛苦的分娩后，获知了丈夫被捕的消息，她深感惊奇。一项阴谋？意图对沙皇不利？这个年龄几乎是她两倍的男人、被塞给她作为丈夫的男人可能会是一个谋反者？在一家人中，不安的情绪达到了顶点。沃尔孔斯基并非家族中唯一一个遭到逮捕的成员。玛丽亚的兄弟也成了嫌疑人，他的叔叔达维多夫身列主犯之一。他的多个密友也同他一道，被羁押于圣彼得保罗要塞的铁窗之后。至于其岳丈、俄国军队的骄傲、"斯摩棱斯克前的俄国之盾、巴黎前的俄国之剑"²⁴（诗人茹科夫斯基语）拉耶夫斯基将军也已经倒台。由于沙皇怀疑其同情自由主义者并抱有不利于政权的自由主义思想，他已经于一年前被强制休假。在对家族成员的逮捕浪潮结束后，所有人都将之视为一个谋叛的家族的族长，打量他的目光中充斥着轻蔑。

身体甫一恢复，玛丽亚便来到了首都，执笔直接给君主写了一封信。那时她十九岁，此前，她同一位声名显赫但自己并不认识的男子订了婚。成婚以来，两人仅在一起生活了三个月。沃尔孔斯基已经被剥夺了一切军衔、头衔与勋章，从此以后，他便是一个叛徒，被社会彻底放逐。然而，她向自己丈夫意图废黜的沙皇尼古拉一世乞求，希望他准许自己追随丈夫前往苦役营地。她很清楚，一旦这么做，自己必须抛却新生的儿子，他可能还无法承受这样的旅程。无论如何，帝国司法部都禁止她带着一个孩童踏上这段路程，这也是该部门对所有十二月党人妻子们的答复。她的家族成员中，半数人已经下狱，另一半人则蒙受耻辱且债台高筑，他们恳求玛丽亚不要为了一个她不知道其秘密的男人而毁了自己的生活。但她决意前往西伯利亚，为了筹集漫漫长旅的路费，她出售了自己绝大多数的珠宝首饰："我的父亲是1812年［抗击拿破仑］的英雄，"在其专门给儿孙们阅读的回忆录中，她叙述道，"他再也不克制自己，将双拳举过头顶，说道：'如果你不在一年内返回，我会咒骂你。'"

在十二月党人的起义失败几乎一年之后，沙皇于1826年12月21日向她回信。"亲王夫人，来信已收悉。我很高兴在信中发现您因为我对您的关心而对我表露出的情感［原文如此，原件以法语写成］，但正是因为这份同样的关心，我相信自己必须在这里就您一旦经过伊尔库茨克之后所将遭遇的情况重复此前曾经给予您的警告。签名：您忠实的尼古拉。"²⁵

伊尔库茨克，这座城市是两个世界的分界线。在伊尔库茨克一侧的俄国是一个样，在另一侧则是一副截然不同的面孔。越过贝加尔湖后的行程自然是在中俄边境地带依然蛮荒且未知的土地上冒险。但这也意味着深入一片奇特的行政区。17世纪末，前往勘探的先行者们沿着黑龙江和额尔古纳河的一些支流溯游而上，首先证实了该地区存在铁矿，继而发现了银矿和铅矿（这是尤为重要的），最后，他们勘探出了金矿。此外，当地的民族在采掘贵金属方面经验丰富。一处银矿自1704年起投入生产，其重要性无须强调：这是一个严重缺乏铸币用贵金属的帝国在其境内首次开掘银矿。随后的数十年中，彼得大帝及其继任者们将会尽力促进这片贝加尔湖、中俄边境、黑龙江源头之间半荒漠的三角地带走向繁荣。根据帝国的法令，所有的矿物和地下资源均属于皇室所有。事实上，如此一来，这片广阔无垠的土地便直接与君主的私人金库相关联了。涅尔琴斯克矿务系统的特别政府机关管理着生活于此的哥萨克和农民，其领导人员是这一隶属于沙皇私人的省份上真正的土皇帝。1913年，财产清查发现，25万平方公里的土地（稍大于今天英国的面积）依然按前述方式处于矿务机构的管辖之下，其中包括已获开发的区域及其周边地带在内的10万平方公里是仅属于皇室的私产。[26]

涅尔琴斯克地区是一片国中之国。通常，每处矿井都会伴有一家负责处理矿石的"工厂"以及一间供被发配至此的苦役犯居住的监狱。因为矿井、工厂和监狱中都只有因犯。利用这些免费劳动力，帝国的国家机器为金银的冶炼提供了必不可少的燃料，随后，这些贵金属填满了沙皇的私人金库。涅尔琴斯克苦役营（这是人们对它的习惯性称呼）实际上由散布于偏僻的外贝加尔地区的一系列巷道所构成，而巷道本身也组合为十四套惩戒系统。在这样一个与俄国其他地区相隔绝的地带，因犯们服从一种特别的管理机制：刑期不满二十年的犯人双足一直带有脚镣，每月有一半的头发被剃光，所穿上衣的背部绣有他们所属的类别。被判二十年或终身苦役的囚徒双臂间带有第二道铁镲，头发被完全剃光，唯有他们需要在矿坑的地下巷道中劳作。[27]
沃尔孔斯基、特鲁别茨科伊以及十二月党人中的"一类囚犯"都在
此列。

想要深入这片广袤的监狱地区，"国贼沃尔孔斯基"的妻子需要
面对严酷艰苦的条件。除了抛弃刚刚出生的小尼古拉，她还必须以
书面形式立誓"放弃其尊贵地位的一切权利，仅保留一名遭放逐的苦
役犯的妻子的身份"。为了令相关事项清晰无误，一份需她画押的文
件中明确写道："在最可鄙的社会阶层中，那些道德败坏之人相信自
己有权凌辱甚至强暴与他们同为罪犯之人的妻子，在遭到此类人的
辱骂和得寸进尺的骚扰时，国家将不会保护她们。"而他们可能诞生
于西伯利亚的孩子"将被登记为皇室的农民"，也就是国家的农奴。
"不允许保留任何金钱或贵重物品"且"丧失对随身携往的仆役的所
有权"。[28]其与家人及朋友的一切书信均会遭到当地政府机关的事先
审查。

对劝她再多加考虑的政府高层，玛丽亚·沃尔孔斯卡娅给出了简
短的回复："这一切对我而言无关紧要，我们快点打包出发。"她写道，
随身只有一些衬衣、三条长裙和一件用以御寒的棉大衣，金钱被缝在
衣服内。她将尚在哺乳期的幼子尼古拉托付给家人，并预感自己将再
也无法同他再见了。*"由于我的不幸，"她在寄给自己遭囚的丈夫的信
中写道，"我很清楚，我将与你们两人中的一个永远分开了。"[29]因此，
她坐上雪橇，以最快的速度踏上征途，不再回头。车夫得到指令，夜
以继日地急速前行。"直到三度倾覆后，"在寄给维娅藏斯卡娅亲王夫
人的信中，她写道，"我才摆脱了急不可耐的心情。"[30]她途中于莫斯
科歇脚，借住于表姐妹季娜伊达亲王夫人的家中。季娜伊达了解玛丽
亚对音乐的热爱，为这场悲剧性的分别延请了歌手、羽管键琴弹奏者

---

*事实上，小尼古拉夭折于1828年1月，年仅两岁。

和小提琴演奏家。莫斯科的社会贤达齐聚于此，注视着女主角，她抛弃了自己的地位，选择永远离开他们的世界。人们没有忘记歌剧。在一出表现少妇乞求其父亲原谅的二重唱中，女歌手抽抽噎噎地流下了眼泪。玛丽亚要求每人向她献唱一段，以"减轻前往西伯利亚的苦难旅程所带来的痛苦"。她环视左右。"我们伟大的诗人普希金就在那里。"她写道。她于数年前结识了他，当时，她的父亲将这位被监视居住的年轻作家纳入自己的保护之下。她愉快地回忆起，诗人曾试图追求当时还是小女孩的她："作为诗人，他相信自己有责任爱恋所遇见的每一位美丽妇人和年轻小姐。"[31]这一夜，普希金对她另有一项请求。他请求她带去一首自己正在创作的诗歌《致西伯利亚的囚徒》：

> 在西伯利亚的矿坑深处，
> 请把高傲的忍耐置于心中：
> 你们辛酸的工作不白受苦，
> 崇高理想的追求不会落空。*

玛丽亚向文明世界永别，于夜色中离去，她已经无法等待。诗人对其同时代人和沦落至西伯利亚枷锁之下的时代精神的致敬将会由另一位女信使带达，她在仅仅数日之后便沿着亲王夫人所行的道路前往西伯利亚。在抵达西伯利亚的同时，普希金的这首颂诗也进入了有关苦役营和集中营的文选。

玛丽亚·沃尔孔斯卡娅于1827年2月抵达涅尔琴斯克门前。她的丈夫谢尔盖已经同七位十二月党人中的重要人物一道，于此生活了四个月。"一处远离大路且距中俄边境有一定距离的矿坑"，来自圣彼得堡的指令如是写道。当地政府挑选了布拉戈达斯克矿井，此地距离涅

---

* 引自查良铮先生的译本，《假如生活欺骗了你：普希金诗选》，译林出版社，2017年，第275页。——译注

尔琴斯克-扎沃德的主要苦役营地尚有数公里。大约一个世纪前，此地发现了一处银矿矿脉，并由此开凿了一条平行于山坡的矿道，以确保开采工作的开展。[32]沃尔孔斯基和他的同志们便于此劳作，脚上戴着脚镣，上午自五时工作至十一时，每人每日必须开采出50公斤的矿石。正如所有银矿和铅矿中的情况一样，在通风状况糟糕的矿道中工作不仅会令人精疲力竭，同样也会对人的肺部造成损伤。于此服刑的苦役犯们被自己的枷锁固定于岩石或独轮车上，他们的寿命极短。"他们中每个人对海外的情况和贵族教育中其余学科均有所知，"苦役营地的指挥官在报告中写道，"其中一些人通晓外语。"[33]仅仅到来两个月后，一些十二月党人已经开始吐血。

监狱本身位于山脚下。这是一处"遭到废弃的兵营，空间狭小，肮脏且令人恶心。"玛丽亚·沃尔孔斯卡娅跋涉6600公里，穿越俄国来到此地，便看到了这样的景象。监狱共有两处房间，其一住着起义失败的十二月党人们。抵达当日，亲王夫人便走进了监狱："沿着房间的墙壁，是一些脏乱的地方或由木板搭成的小房间。塞尔日［原文为法语］*的住处仅有3俄尺长、2俄尺宽，低矮到令人无法直立。他和特鲁别茨科伊与奥博连斯基共享这间小室。布尔纳舍夫［矿井的负责人］建议我进去。由于内部光线昏暗，我起初什么也看不见。有人打开了左侧的一扇小门，我走进了丈夫所在的小室。谢尔盖急忙跑向我，其枷锁发出的声响吸引了我的注意。我并不知道他戴着铁质的刑具。如此严酷的监禁令我明白了他所必须承受的折磨。看见他的镣铐令我情绪激动，我心中如此怜悯，在他面前跪了下来。我首先亲吻了他的枷锁，接着亲吻了他。见此情景，由于空间有限无法进入而站在门口的布尔纳舍夫异常惊讶于我所表现出的对丈夫的尊重和爱慕。他对谢尔盖以'你'相称，且待他如苦役犯。"[34]

---

* 由于玛丽亚以法语写作这封信，此处沃尔孔斯基的名并非是谢尔盖（Sergueï），而是法语化的塞尔日（Serge）。——译注

对十二月党人终身流放的判决引起了同情。他们妻子的到来令他们被写入传说故事。因为玛丽亚并非唯一一位忍受数周艰苦旅行,沿特拉科特来到苦役营地的女性。作为十二月党人中最位尊爵显之人的配偶,叶卡捷琳娜·特鲁别茨卡娅已经早她数周来到这里。亚历山德拉·穆拉维叶娃也在玛丽亚稍后抵达。最终,共有11位妻子以离开她们新生的婴儿为起点,牺牲一切,与自己成为苦役犯的丈夫一道面对命运。在这11位年轻的女性中,9位尚未满三十岁,其中一位年仅十八岁。*所有人都斩断了同俄国以及欧洲的联系,一些人同时与自己的家族决裂。这是一次一旦出发便再无回头可能的远行。她们清楚,沙皇远未打算赦免这些发誓在必要时不惜杀死他的军官们。皇帝的恩赦更像是一种幻想而非希望。玛丽亚·沃尔孔斯卡娅表示:"在我们被放逐之初,我曾认为,这种生活一定会在五年后结束,接着,我告诉自己,解放会在十年后到来,随后,这个日子被推迟至十五年后,但是,二十五年后,我不再考虑这件事。"[35]

这些妻子表现出对丈夫的忠诚,构成了消极的抵抗。首先,俄国知识界与市民阶层中相当一部分人已经成为十二月党人事业的同情者。他们妻子的选择更凸显出其行为的正义性,它证明,这些人和他们所信仰的价值值得一场代价巨大的牺牲,而他们的妻子也对这种牺牲持赞同态度。尽管审查机关做出种种努力,处于不幸之中的十二月党人及其配偶还是成为众多诗歌与小说的主角,其中最为著名的便是亚历山大·普希金的作品。一代人之后,诗人尼古拉·涅克拉索夫[36]以及此后的列夫·托尔斯泰各为他们创作了一部作品。在就这一主题收集了大量的文献资料后,托尔斯泰为一部名为《十二月党人》的小

---

* 叶卡捷琳娜·特鲁别茨卡娅,二十六岁;玛丽亚·沃尔孔斯卡娅,二十岁;普拉斯科维亚(波利娜)·安年科娃,二十六岁;亚历山德拉·达维多娃,二十四岁;卡米拉·伊瓦谢娃,十八岁;亚历山德拉·穆拉维叶娃,二十二岁;伊丽莎白·纳雷什金娜,二十四岁;安娜·罗森,二十九岁;纳塔利娅·冯维齐娜,二十三岁;玛丽亚·尤奇涅夫斯卡娅,三十六岁;亚历山德拉·恩塔尔特瑟娃,四十三岁。

说创作了数章。但是，他逐步认识到，1825年12月这场运动的根源在于拿破仑战争和帝国军队的青年军官们在欧洲所受的熏陶。他最终更倾向于设法在自己的皇皇巨著《战争与和平》中描绘这段历史转折期。在19世纪80年代，他仍旧犹豫是否要以《十二月党人》为题为《战争与和平》创作一部续作，但这一想法最终并未付诸实施。

在欧洲也是如此，尤以法国为甚。被判服苦役的军官和他们妻子的悲剧经历激起了大众舆论。这些人难道不是因为捍卫启蒙运动和大革命所带来的欧洲价值观而遭到惩戒的吗？那些自愿前往西伯利亚的女性中有两名法国女子，这更加强了悲剧的力度。不同于与她们同行的俄国姐妹，这二人远非高门贵户出身，相反，其家族均较为低微。卡米耶·勒丹图（即伊瓦谢娃）是伊瓦切夫家族所雇用的一名家庭女教师的女儿。至于波利娜·盖布勒（她的名字已经被俄国化为普拉斯科维亚），她是拿破仑军队中一名洛林军官的女儿，其父战死于西班牙。被迫自谋生计的她前往圣彼得堡一家经营女装的店铺淘金。正是在这座城市中，她遇见了伊万·安年科夫，并为他诞下一子。这位年轻的贵族、莫斯科最为显赫的家族之一的继承人在践行婚约之前被捕。瘦骨嶙峋，胡子拉碴，套一件满是补丁的大衣，腰间系着一条简单的腰带，面目全非，难以辨认：他从此开始打扫苦役营地的庭院。

波利娜疯狂地爱着她的贵族青年，决定不惜一切代价和他结婚。当安年科夫尚在圣彼得堡要塞的囚室中等待自己的判决时，她托人秘密向自己的挚爱送去了一封信件，其中写道："我将追随着您，直至西伯利亚。"因为她并非他的妻子，她无权这么做。这位女装店主花费数月时间试图与沙皇本人见面，以获取在西伯利亚的"袋底"（俄国大臣涅谢尔罗迭语）度过余生的特别恩准。当沙皇前往外省巡视时，特地赶往当地的她成功实现了自己的目标。"尼古拉以一种可怕而富有威胁意味的目光注视着我，这样的目光令所有人感到战栗。"她在回忆录中写道，"事实上，他的眼中有一些不同寻常的东西，一些无法用语言再现的东西。他以一种冷淡的语气向我问道：'我能为您做些什么？'我拜倒于地，同时回答道：'陛下，我不会说俄语。我祈求您恩准我追随要犯安年科夫，一道被流放。''那里不是您的故乡，女士，您或许会过得相当不幸。''我明白，陛下，但我准备好面对一切了。'"[37]

当她抵达苦役营地时，还是一位"美丽的少妇，流露着活力与欢愉"，在被流放者社区中接待她的玛丽亚·沃尔孔斯卡娅写道，"她很清楚如何奚落自己的世界，甫一抵达，营地的指挥官对她说，自己已经收到了沙皇陛下有关其婚姻的命令。当伊万·安年科夫被带入教堂时，看守依照法律，为他除去刑具，随后又为他重新戴上。女士们陪伴着保罗［事实上应为波利娜］女士步入教堂。她听不懂俄语，和花童一道全程含笑。"[38]

这些深情少妇所做出的牺牲及其理想主义的丈夫的殉道行为在法国燃起了大火，吸引了众多的目光。1827年，司汤达在自己的第一部小说《阿尔芒斯》[39]中便提及了十二月党人的故事。19世纪30年代，当俄国在波兰的镇压行为引发众怒时，阿斯托尔夫·德·屈斯蒂纳发表了他的论文《1837年的俄国》，以一种不太客气的笔触描述了罗曼诺夫王朝。这篇作品成为一部畅销之作。在文中，屈斯蒂纳愤愤不平于被流放的军官的妻子们所遭受的命运，尤其是特鲁别茨卡娅亲王夫人的遭际："所有的丈夫、儿子、妇人、人类都应当为这些妻子树立一座纪念碑，所有人都应当拜伏于她们脚下，为她们唱诵赞歌。人们或许会在圣徒面前歌颂她（特鲁别茨卡娅亲王夫人），却不敢在沙皇面前提及她的名字！"[40]此后，阿尔弗雷德·德·维尼在诗歌《万达》中描摹了十二月党人悲剧般的事业。但十二月党人最为著名也最为流行的辩护师依然是大仲马。在其于1840年出版的小说《武器大师》[41]中，作家讲述了女装店主波利娜·盖布勒非同寻常的冒险旅程，将之塑造为一部控诉俄国当局的小说的女主角。这部作品在俄国遭到查禁，大仲马也被禁止在俄国境内居留。尼古拉一世死后，他的继位者才取消这一禁令。

在西伯利亚，十二月党人的妻子们租下了距苦役营地围栏最近的枞木屋，形成了自己的社区。矿务当局允许她们每周探监两至三次。当囚犯们从一处监禁地被转移至数百公里外的另一处监禁地时，她们毫无怨言地带上稀少的个人物品，随之迁移，从零重新开始。没有家仆，没有金钱，饮食艰苦朴素：麦片汤、黑面包、格瓦斯和粗面粉是她们日常的饮食。波利娜·盖布勒比那些贵妇人们更善于烹饪，也习惯于过日用不足的生活，她的到来是一件幸事。她们大部分的时间被用于在围墙后方散步或是守候着犯人们自矿道上走过。夜间，她们忙于女红、阅读和写作不计其数的请愿状。这些法律文书自然是写给矿井和苦役营地的管理者的，但同样也写给大臣们、高官们、有影响力的中间人们、得宠的廷臣们、这些廷臣的朋友或家人们，其一贯的目的在于减轻其丈夫所承受的苦楚。每一封书信都受到了审查，在必要时，审查员会用墨水删涂一些文字。接着，这些佩涅洛佩*们开始漫长地等待一份可能的回复。

被流放的贵妇们的坚持要求，外国人的介入和多位位高权重、靠近宫廷的政治人物的求情最终产生了效果。在于矿道中劳作十一个月后，他们不再被强制要求下矿劳动。三年之后，囚犯们被除去了枷锁镣铐。人们以一种特别的情感庆祝枷锁被铁匠打碎。地狱般可怕的肉体折磨就此终结，这也象征着他们的身份不再是苦役犯，而是普通的囚徒和被流放者。这并非恩赦，但这是对十二月党人的额外开恩。他们的贵族身份、军官身份以及富于纪律性的行为也是有利因素。他们之中，唯有米哈伊尔·卢宁例外，这位性格极其刚强的单身汉甚至拒绝递交请求恩赦的申请状，相反，他继续越来越尖刻地批评君主和当

---

* 希腊神话中奥德修斯之妻，一直坚贞地等待丈夫归来。——译注

局，同时公开嘲讽审查制度。他被第二次判处苦役，这一次，他需要前往条件最为恶劣的阿卡图伊矿场服刑，这是"仅用于最重要的罪犯和叛逆的苦役犯的最终刑罚"[42]，法国专栏作家拉努瓦耶为他写道。在政变失败二十年后，卢宁于1845年12月死于阿卡图伊。

卢宁的同伴们则连续得到减刑。他们被允许在监狱之外同自己的妻子一道过夜。但是，数月之后，她们中有多人怀孕。当监狱的负责人通过她们的信件获悉此事时，他提出了抗议："请允许我告诉你们，夫人们，你们无权怀孕！"他以一种非常不快的语气对未来的母亲们讲道。法国人波利娜·安年科娃也是其中一员，她记下了监狱长的言辞。由于她们对此大为不满并表示了抗议，他补充说道："当你们生产时，那又是另一回事了。"[43]孩子们诞生了。沙皇想要比照对叛国者后代的处置，禁止孩子拥有姓名，为此，她们又掀起了一场抗争，以使孩子保留姓名权。随着时间的推移，种种限制和对于权利的剥夺有所减轻。"在我们的生活中有许多诗意。"[44]这同样是波利娜·盖布勒·安年科娃的记述。如今，大部分"国贼"已经是监视居住下的村民，他们试图利用自己被强制定居西伯利亚的机会促进当地知识界的发展。与很多公务员相反，这些特殊的居民抱着定居的目的来到这里。其中一些人投身于农学实验，一些人则拿起了教鞭。他们中许多人成为地理、历史、植物学等学科学会的创立者，这些学术组织在倏然间出现于整个西伯利亚地区。随着穆拉维约夫的到任，他们的努力取得了更加显著的效果，这位新任的西伯利亚总督毫不忌惮于鼓励他们，也毫无畏惧地频繁造访他们，他甚至保举其中一些人加入自己的行政班子。当陀思妥耶夫斯基被投入西伯利亚的监狱时，十二月党人的名声也是被判处苦役的贵族的名声："在三十年间，这些被放逐的贵族成功取得了如此崇高的地位，在整个西伯利亚地区获得了如此的声望，以至于尽管有悖当局的意愿，但根据一种已经根深蒂固、世代承袭的传统，当局对此类贵族囚犯的看法不同于其他类型的囚犯。"[45]

在尼古拉一世驾崩和亚历山大二世即位后，十二月党人才于1865年8月迎来了沙皇的恩赦。同多位沙皇一样，亚历山大二世喜欢表现自己的宽仁。新沙皇在克里姆林宫召见了一位名叫米哈伊尔·沃尔孔斯基的年轻军官，他的父母正是一直处于流放中的谢尔盖和玛丽亚。亚历山大二世给予米哈伊尔一份皇帝敕令，内容为恩赦所有十二月党人，允许他们重返除莫斯科和圣彼得堡外的俄国欧洲地区。根据沃尔孔斯基家族的史传所言，年轻的米哈伊尔跨上马匹，不解鞍辔，仅用了十五日零数个小时便抵达了伊尔库茨克，创造了当时的记录。该家族的史书中写道："在最后数小时中，他已经无法坐卧了。"[46]

信使的父亲谢尔盖·沃尔孔斯基于次月重返俄国的欧洲部分，数月之前先行抵达的玛丽亚正在这里等待着他。在前往西伯利亚三十年后，伊万·安年科夫和波利娜·安年科娃也踏上归途。但在1826年的122名犯人中，仅有15名左右尚在人世者享受了恩赦。至于十二月党人著名的妻子们，她们中有8人回到了俄国的欧洲部分，于此度过了人生最后的数年。*

1858年，大仲马终于在俄国完成了这篇宏大的报告，这也是他长期以来的梦想，但其小说《武器大师》使之延迟了数年。他想要发现一切、掌握一切，为《基督山伯爵》的读者们每周报告自己这段令人难以置信的长途旅行。秋季，他自伏尔加河弃舟登陆，来到下诺夫哥罗德，以参观此地每年一度的集市。这位著名的访客被立刻邀请至当地市长家参加一场晚会。人们对他说，这里有一个惊喜等待着他。作家本人讲述了后续：

"夜间十时，我们来到政府。[……]我甫一落座，正不由自主地思考着所谓的'惊喜'，大门被打开了，人们高声宣告：'安年科夫伯

---

* 玛丽亚·沃尔孔斯卡娅于1863年8月10日逝世，享年五十六岁；谢尔盖·沃尔孔斯基于1865年11月28日逝世。普拉斯科维亚（波利娜）·安年科娃于1876年9月14日撒手人寰，她的丈夫伊万于1878年1月27日随她而去。

爵与伯爵夫人到！’这两个名字令我一阵战栗，在我的脑海中唤起了模糊的回忆。我起身，将军握住我的手，将我带向新来的二人。‘这是大仲马先生。’他对他们言道。接着，他对我说道：‘这是安年科夫伯爵和伯爵夫人，也是您小说《武器大师》中的男女主角。’我发出了一声惊呼，发现自己被这对夫妇抱在臂中。[……]不必说，与其说我缠住了二位，毋宁说我笔下的男女主人公缠住了我一整夜。当时，安年科夫先生向我讲述了他的历险，伯爵夫人向我展示了一条系在臂上的条带，以使二人即便身死也不分离。她所佩戴的条带与十字架均由昔日其丈夫所佩戴的镣铐中的一口铁环镕铸而成。当恩赦的消息抵达时，他们已经在西伯利亚生活了二十七年，也打算将在那里去世。他们承认，获悉这一消息时，二人没有感到一丝愉悦。他们已经习惯于那片土地，将之视作第二故乡。他们已经成为西伯利亚人。”⁴⁷

第二十二章
关于苦役犯营地的重要报告

乔治·凯南与西伯利亚的故事还没有结束。1867年夏季，这位年轻的电报工程师已经连同数千根无用的电线杆一道，被西方联盟[*]公司遗弃于西伯利亚地区的太平洋海岸上。为其破产的雇主所抛弃后，这位年轻的冒险者从容不迫地试图重返美国。于数月之中，年仅二十二岁且对这一地区没有直观认识的他穿越了广阔无垠的西伯利亚，并在返回家乡俄亥俄州前提高了自己的俄语水平。

这位年轻失业者的个人简历可以被总结为：在过去的两年中，他曾经冒着严寒，在不毛之地铺设无用的电报线。等待着他的，会是怎样的命运呢？然而，俄国依然是乔治·凯南的收入来源。在等待一份配得上自己的工作期间，他通过在美国中西部的乡间讲述自己于西伯利亚的历险故事挣得了少许金钱。他的起步阶段是艰难的，其第一次演出举行于俄亥俄州一处小型乡村教区，听众为五十余名农夫，他们所关心的事情很可能同这一夜场演出的话题相去甚远。有时，听众人数极少，至多仅有五或十名闲逛的路人。他的演讲会题为"我们在西伯利亚的生活"，一贯的开场是一段足以吸引其听众的对比："如果

---

[*] 该公司现在中文名为西联汇款，不过考虑到当时其主要业务为收发电报而非金融服务，故仅采用其字面直译。——译注

把美国放到西伯利亚地区的正中，它将不会同其他国家接壤。接着将阿拉斯加和除俄国之外的其他欧洲国家放入尚未被美国占据的西伯利亚，那么还会有45万平方公里的土地尚未被填上，这个数字几乎相当于得克萨斯和宾夕法尼亚面积的总和。"[48] 为了进一步渲染气氛，这位在乡间夜场演出的演说者通常会穿上厚实保暖的西伯利亚皮大衣，戴上皮帽。

除了他的个人文字作品、与熊的不期而遇以及在东西伯利亚地区大雪中的绝望时刻外，凯南还喜欢将自己打扮为俄国的辩护士，在他看来，这个国家遭到了媒体的误解、恶意对待和诽谤中伤，其中尤以英国媒体为甚。一个足以证明其说法、表现媒体偏颇之处的例子是对西伯利亚监狱和苦役营地通常近乎地狱一般的描绘。其本人曾经在当地度过数年，同绝大多数其他旅客一样，他曾经在特拉科特上与许多载着流放犯前往位于世界尽头的矿坑的车队相遇。这些犯人并未披枷带锁，看起来似乎得到了很好的对待，没有遭受肉体的折磨。迥异于通常不怀好意的证言，在凯南看来，囚徒们很少被判处强制劳役，且一旦抵达他们监视居住的地点后，其中大多数人有权自由活动。[49] 在这位年轻的演说者眼中，人们遗忘这些人所犯下的罪行的速度有些快了，而且过度夸大了其中政治犯所占的比重。此外，他对自己的听众评判道，如果他自己不得不选择的话，相较于被判处流放俄亥俄州的国家惩戒营地，他宁愿在俄国接受相似的刑罚。[50] 凯南对扭曲性的反俄报道提出了控诉，而俄国的苦役制度并非其中的孤例。据他所言，俄罗斯帝国西部省份中的犹太人问题与反犹歧视问题同样被媒体极大地夸张了。

美国的政治气氛有利于此类论调。当欧洲依然处于19世纪60年代俄国暴力镇压波兰民族主义者起义的冲击之下时，刚刚从南北战争中脱身而出的美国舆论则对另一种论调更为敏感：在数年之间，俄国和美国相继废除了农奴制和奴隶制。两国同样都经历了一段不得不抵抗意图将它们踩在脚下的超级大国英国的时期。美国从昔日的宗主国英国手中夺得了独立，接着度过了一场内战。而俄国则投入了19世纪的冷战——"大博弈"——之中，一贯和英国在中亚地区保持对峙之势。俄国为巴尔干地区遭受奥斯曼帝国压迫的基督徒提供物质和军事支持并不是为了令新英格兰虔诚的开拓者们感到不快。西伯利亚人和美国人有着同样的命运：他们都是发现者，都是文明世界对不驯服的自然与野蛮人的征服者。转让阿拉斯加是史上罕有先例的举动，它难道不正是这一友好关系真切而确实的证据吗？在有关夏威夷群岛命运的争论中，在半个世纪之前拒绝了夏威夷君主臣服请求的俄国如今站在美国一方，反对日本和英国的立场。美俄之间由衷的谅解为共有的对英国的憎恶之情所强化，成为两国间的主导情感，而彼此同情的氛围也笼罩了舆论界。

有了经验，凯南变得更加坚定。在经历了数十年血战后，俄国军队新近镇压了山区的起义者，令高加索臣服。于该地区的一次新旅行令他得以拓展自己的关注范围和能力边界。从此，他开始时常为俄国在高加索地区政策的好处进行辩护。由于其叙事才能，他成为华盛顿联合通讯社的雇员，负责有关最高法院的通讯稿件写作。他的文章被刊载于美国最重要的杂志，他在俄国地区研究领域的权威也得到了广泛的承认。他的讲座有时以每周一次的频率开办，吸引的听众不仅数量越来越多，也越来越博学、越来越有影响力。在首都，这位昔日的电报工程师不再仅仅满足于教堂或慈善机构的后厅，而是时常出现于政治家、外交家和文化界名流的台前。这样，一些白宫顾问和同样为俄国所吸引、对俄国感到好奇的作家马克·吐温也成了他的好友。新发现的地区、刚刚被初步揭开神秘面纱的北极地区都令这位身为国家地理学会创始者之一的环球旅行者感到兴趣盎然。

1885年1月，他于华盛顿演讲期间遭遇了一起意料之外的事故。一个名叫威廉·杰克逊·阿姆斯特朗的人在房间内坐下。这是一名曾为美国驻俄外交系统服务的卸任稽查员，他的经验令他得出了与凯南所持论点截然相反的结论。在阿姆斯特朗看来，俄国正处于一个专制且热衷镇压的政权的统治之下，它充斥着告密和抗争。在提问阶段，两人之间爆发了激烈的争论。这场争论随后以报纸为媒介持续进行。是这一插曲令凯南心生疑惑呢？还是这位当红的讲演人想要借此机会彻底证明其所持论调的合理性呢？总之，乔治·凯南决定花费数月时间深入研究俄国的监狱和流放西伯利亚的制度。这一课题混杂了政治、情感、碎片化的命运和广大的未知领域。这位昔日的电报工程师为一场大规模的新闻调查做了万全的准备，他开始收集能够找到的有关文件、数据和文学作品。此外，近些年来蔓延至全俄的暴力袭击浪潮激发了西方公众愈发强烈的好奇心：所以，这些转眼间变为炸弹投掷者和谋杀者的青年知识分子是谁呢？这些出身贵胄，在俄国贵族精英习惯光顾的欧洲温泉疗养地从事恐怖活动的小姐又是谁呢？诸如民意党等组织于19世纪70和80年代所鼓吹的暴力革命政策令同时期立足于议会民主政治的美国人深感惊讶并愤怒不已。然而，被送往西伯利亚矿坑深处的，乃是这支暴力大军中的小卒。凯南并未将这些人放在心上。"我曾经去过西伯利亚，我认为那些被流放的政治犯是一群狂热分子和投掷炸弹、精神错乱的刺客。"[51]他如是写道。但他希望找到这些人中明确的核心成员并同他们会面。

1885年5月2日，乔治·凯南离开美国，以开展一场横穿西伯利亚的大型新闻报道，为期十五个月。他以《世纪》[52]杂志通讯员的身份执行该项任务，这也表明他决定此行要为自己的读者描绘合乎他们期待、有利于俄国形象的事实。与他同行的是一位插画艺术家乔治·弗罗斯特，此人也曾是大电报公司远征中的一员，他充分信任这家公司，但公司却逐步坏蚀了他的生活。弗罗斯特是一个相当容易焦虑不安的人，有偏执症和妄想症的倾向，难以承受紧张情绪。当人们准备深入可怕的苦役营地、在俄罗斯帝国警察的监视下开展调查时，这可不是优势。相反，记者乔治·凯南则在自己的包裹中放入了所有调查爱好者梦寐以求的东西：超过三十封由俄国最高层政治人物签署的推荐信。所有在美的俄国外交人员和移民都为这位特别的观察者的诚实与善意提供了担保。他还从圣彼得堡方面获得了更为珍贵的担保，在俄国的首都中，所有人都将他视作俄国的忠实朋友。这一连串真正的钥匙让他得以打开所有监狱的大门，从圣彼得堡直至西伯利亚最隐秘的苦役犯监狱，即卡拉和阿卡图伊监狱。

乔治·凯南无可避免地充分利用了这一史无前例的特权。在数月的旅行中，这位伟大的记者走访了超过30座不同类型的西伯利亚监狱，采访了100余名囚犯，其中绝大多数都是"政治犯"。事实上，因政治原因而获刑的囚犯仅占苦役犯和流放犯中的少数。以美国人访俄的1885年为例，当年共有15766人被流放西伯利亚，其中1151人被判处强制劳役，2659人因刑事犯罪遭到流放，6020人被行政机关判处流放，另有5536人"自愿跟随"，这些人主要为妇女和儿童，跟随其丈夫和父亲流放西伯利亚。根据凯南的亲自估算，在这些人中，因持不同政见而被判处矿下强制劳役、监禁和监视居住的约为150人。其他的囚徒或是刑事法院的宣判，尤其是被判处苦役的重罪犯，或是被行政机关决定流放，其中后一类人可能被法官、地方政府、乡村当局或内政大臣所逮捕，这些官员或机构借此得以将窃贼、轻罪犯人、需社会监护者以及其他被认为不需要的人清扫至遥远的地区。被流放的人群中也有大量曾经被判处入狱的流浪人口、无家可归者或逃亡者。他们的生活因当局的专横而被摧毁，在这方面，他们与"政治犯"所承受的不相上下，而相比之下，他们的监禁条件还更为恶劣。凯南描述了他们，但仅仅是在远处的一瞥：他们的地位，他们原本的社会出身，他们的习惯都使得这名美国旅行者无法走近这些监狱的下层居民。他们是另一个世界中的奴隶，而那些政治犯因其动机、理想和牺牲显著地吸引了记者的注意，激发了他的兴趣。

不管来到哪里，凯南都受到了当地官员和监狱管理层的热情接待。在那些最为偏远的苦役营地，他甚至成为监狱管理人员的私人访客，和乔治·弗罗斯特一道借宿于对方家中。记者一行有些局促不安，询问他们是否无权租赁一处房间。波图洛夫以一声大笑回应二人，同时解释道，这里"除了政府提供给苦役犯、诈骗犯与杀人犯的监狱外，既没有旅店，也没有供膳食的寄宿处"。[53]令来访者大为震惊的是，并没有什么被遮掩，他们在不受禁止的情况下看到了一切。相反，监狱的主管们似乎对这样一位文质彬彬、好奇心强、愿意倾听其抱怨的外国人的意外来访感到颇为欣喜。他们向这位伟大的记者敞开了所有的大门，为他安排访问，并督促他不要忽略那些在他们眼中最为可怕或最见不得人的监狱。插画家乔治·弗罗斯特在纸上画下监狱内部场景与苦役犯的速写，没有人对此皱一皱眉。以至于凯南有时会怀疑这些俄国官员们能否预见到对他们监狱的参观能够为来访者留下怎样灾难性的印象。在伊尔库茨克，乔治·凯南从城市警察局长马科夫斯基处获得了大量的信息，并在后者的引导和长久陪同下参观了臭气熏天、人满为患的囚室，他因而感到颇为惊奇："就我而言，观察马科夫斯基局长似乎在何种程度上未意识到自己监狱中非同寻常的恶劣环境，这是一件有趣而富于教益的事情。显然，他逐渐适应了这样的想法，结果这样的监狱条件在他看来几乎完全是正常的。"[54]

凯南一行于秋明第一次深入西伯利亚的监狱。这是外乌拉尔地区特拉科特沿线的一座大城市。对于那些要花费数月时间前往东方的车队而言，它的监狱是一处驿站。在那之前，两位美国人尚未体验到介绍信的真实威力。根据凯南的叙述，在秋明，当地的警察局长以"一种混杂着欣喜与惊讶的真诚"接待了二人。"他毫不犹豫地答应了我们的请求，准许我们参观转运监狱，并承诺陪伴我们。"秋明的监狱是俄国监狱建筑的典型作品之一。它由砖块砌成，呈长方形，共有三层，被刷为白色，周围是一处宽广的庭院和一道四至五米高的围墙。正如沿途的所有监狱一样，它的大门前聚集着等待中的妇女，她们希望能够将黑面包、熟鸡蛋或牛奶传递给某位她们追随其受难的亲人。据负责人解释，监狱的设计容量为550名囚犯，但其极限容量为850名。在两位记者来访时，监狱实际关押了1741名囚徒。穿越厚重的围墙大门时，凯南和他的同伴发现五十多名囚犯于主要的庭院中游荡。她们身着裤脚肥大的灰色制服和一件同为灰色、背部绣有黑色与黄色菱形的大衣。其中大多数人戴有戒具。凯南立刻描述了这种特殊且持续不断的声音，它表明这里是苦役犯的服刑之地："锁链特有的碰撞声，令人想起多到数不清的一大串钥匙永不停歇的碰撞声。"[55]这种听觉上的第一印象之后是一种嗅觉的印象，它同样与这一时期所有证词别无二致：监狱的气味浑浊沉闷、恶臭熏天、略带甜腻、令人作呕。"事实上，监狱中没有任何通风换气的设施，空气是如此有毒且恶臭，以至于我勉强才迫使自己进行呼吸。"凯南讲述道，"每一立方米的空气都被反复呼吸，直至不存在任何一个氧原子；在医院不通风的病房中，空气里充满了令人发热的病菌、病变的肺部所散发的恶臭气味、尚未清洗的人类尸体所散发的气息以及放置于走廊尽头、充满排泄物的木桶的臭气。我尽可能减少呼吸的频次，但每一次吐气似乎都会令污染物将我浸透，直至灵魂。由于恶心和缺乏氧气，我开始感觉自己头晕目眩。这就好比试图在医院的下水道呼吸。"[56]这位来访者的面色是如此苍白，以至于在参观结束后，看守颇感担心，并在等待伏特加送上期间为他递上了一支香烟，以使他恢复状态。凯南的作品只字未提乔治·弗罗斯特的反应，这位记者一直处于经久不息的痛苦之中。

当第一间囚室的大门在嘎吱作响中被打开时，囚犯们于枷锁的碰撞声中从床上起立。"家伙们早安！"看守高声叫道。"早安，并祝您健康，高贵的阁下！"犯人们齐声回应。囚室有11米长，8米宽，简陋的木制床铺（即传统的"纳里床"）占据了其中一半面积，囚徒们堆叠其上。和其他所有同类建筑一样，前往苦役犯监狱或苦役地点途中的中转监狱内没有最简陋的枕头或毯子，也没有最起码的被单。只要有一件大衣，囚犯们便会将大衣盖在身上入眠。囚室内唯一的家具便是排泄用的木桶。看守对着目瞪口呆的凯南评论道："监狱实在是人满为患了。"仿佛是为了替他的评价提供证据一般，他有意向囚犯们高声问道："昨晚有多少人在此过夜？""160人，高贵的阁下！"[57]囚犯们齐声回应道。乔治·凯南和乔治·弗罗斯特在引导下继续他们的访问。所有囚室的情况都大同小异，均被塞入了过多的犯人，散发着监狱的臭气。在其中一间内仅有十数人在押，据介绍，他们都是贵族。在这里，轮到看守向他们脱帽致敬了。凯南写道，他们流露出相当高贵的气质，他推测，这些人便是政治犯。大门重新关闭，两名美国人前往厨房，凯南在这里品尝了汤，"营养丰富且美味"，他在自己的作品中以典型的职业性的一丝不苟的笔触写道。但在医务室中，他重新坠入了地狱。五六间房间中放置着好几张草褥，有着更好的采光条件，但缺乏通风，空气中也没有喷洒任何消毒剂。"在我看来，一个健康的人在这里生活一周后一定会感染上某种疾病，至于病人，就我来看，他们不太可能在如此恶劣的氛围中恢复健康。"[58]凯南写道。告示板被挂在钩子的末端，上面有着粉笔留下的痕迹，写着病人所患的疾病。坏血病、斑疹伤寒、伤寒、急性支气管炎、风湿和梅毒是最为常见的疾病。监狱的负责人和主任医师再度以一种令人困惑的坦率向他吐露了所有的秘密：囚犯的平均数、病人的平均数、死亡者的平均数。凯南做了记录，并进行了计算：死亡率为23%。"此前，我从未见过如同那些躺卧于灰色床垫上的人一般惊慌而可怕的面容。无论男女，这些病人似乎不仅病入膏肓，也已经心如死灰，不怀有任何希望。我无法注视他们。"[59]

秋明是苦役犯服刑之路上的第一处考验。在更远处还有托木斯克、米努辛斯克、伊尔库茨克、阿钦斯克、色楞金斯克、赤塔。自然还有涅尔琴斯克、卡拉与阿卡图伊，仅这三地的名字便足以令最冥顽不化的囚犯不住战栗。两名美国旅行者直至秋末方才抵达这里。当时，浮冰封锁航道，他们已经无法乘船前行，来自极地的寒风使得行路成为一种折磨。卡拉的苦役营地位于通往远东的道路上，地处贝加尔湖和黑龙江流域之间，在一处小河谷的上游处。这处河谷中仅有三座苦役营地，其中两座为男犯监狱，一座为女犯监狱。而卡拉苦役营地则距它们30余公里，周围一片荒凉。当两位美国人经过时，除了被关押在此的流放犯之外，这里还拘押着1800名强制劳役犯。被发遣至此的苦役犯们在皇室所有的金矿中劳作，每年提炼出200公斤黄金。乔治·凯南和乔治·弗罗斯特抵达此地时已经是11月："白天阴暗而寒冷，一场粉末般的小雪飘落，很难想象出，还能有什么比此时的矿井所向我们呈现出的场面更为令人悲伤了。三四十名囚犯围着哥萨克式的腰带，在某种深深的矿坑中劳作，他们中的一些人用挖掘杆将黏土和沙质土敲碎，另一些人则用铁锹收集打制出的碎片，用它们填满独轮车，第三组人会将车推至相距150米至200米远处。囚犯们大多数戴有脚镣，他们沉默而缓慢地工作着，仿佛他们仅仅等待着夜幕降临。"[60]

在参观这些囚室时，首先扑面而来的再度是此间恶臭的气味，这为他留下了最深的印象。"相较于走廊，囚室中的空气是如此污浊，让我感到身体站立不稳，胸中泛起恶心。[……]墙壁由被加工成方型的树干制成，上面曾经覆盖有一层白色的石灰，但随着时间的推移，它已经不再洁白，变得污秽不堪，其上分布着数百处暗红色的血斑，这是囚犯们碾碎蟑螂时留下的痕迹。地面由厚重的木板构成，即便它刚刚被清洗，一层被压碎的秽物在这里留下了难以被除去的印痕，仿佛被镶嵌入地板一般。在三面墙上，以平缓的倾斜度放置着约两米宽的木制平台，囚犯们便紧挨着于其上睡眠，他们的头顶着墙壁，腿则伸展至囚室中央。他们既没有枕头，也没有被褥，被迫不脱衣服、盖着自己厚实的灰色大衣在这铺设有厚木板的囚室中过夜。"[61]

在稍远一些的地方，凯南发现了女囚监狱，"[这里]更加温暖明亮，犯人也得到了更大的空间与更多的空气。"他在监狱中看见了48个年轻的少女和妇女，其中六七个用苍白的手臂将看起来生病的孩子抱在怀中。[62]这名美国人和充当其向导的军官在沉默中走出了监狱的围墙。"他并没有试图向我解释什么、做出些辩护或搜寻些借口，甚至没有问我卡拉的监狱为我留下了怎样的印象。"记者记载道，"他很清楚这一切'应当'令我产生怎样的印象。"[63]

凯南大受冲击。对第一批苦役营地的访问令他的良心大为不安。在自西伯利亚向其出版社发去的第一波信件中，他于某一封内坦承了自己的不安："流放体系比起我之前所相信的更为糟糕，"他写道，"也比我此前所描述的更为糟糕。自然，被迫承认我们曾经在对一个主题有深入的了解之前贸然动笔一事并不怎么舒适；但是，相比出于前后一致的考虑而试图维持一个根本站不住脚的论点，这么做完全是更好的选择。"[64]

他的漫长旅程变为了对往昔信仰缓慢而持久的复核修正。他是否已经有所预感呢？他是否如同其一些批评所将展示出的那样，甚至预计通过突然宣布推翻自己此前如此狂热地捍卫的观点而博取名声，进而以此牟利呢？无论如何，在凯南对西伯利亚监狱系统的朝圣之旅中，每一站都坚定了其正在经历的思想转变。他一路的旅伴乔治·弗罗斯特是这一状况的直接见证者，他对于本次对地狱的访问所可能带来的结果越发感到惊惧与惶恐。如果俄国当局意识到了这次采访之旅对两位受到许可的观察家所产生的影响呢？苦役犯可怕的监禁条件已经激起了他们隐秘的怒火，但这还仅仅是那些依据普通法所判决的囚犯、杀人犯、诈骗犯、剪径恶匪，凯南对他们仅抱有有限的同情。直到与"政治犯"、那些因为其斗争而从此走向武装对抗俄罗斯帝国当局这一必然结果的"60年代后出生"的革命者会面后，他内心的愤怒方才达到顶峰。地下战线的斗士、遭查禁作品的印刷者、革命组织的秘密领导人、投掷炸弹的暗杀者，自19世纪70年代以来，被驱逐至乌拉尔山脉以东地区的此类人物越发众多。其中一些人只是被流放至此，在当地警察的监视下定居于帝国最为偏远的村庄之中。另一些人因为更严重的罪名而前来服徒刑或苦役。但这些通常正值青春的男女因为其信仰和良知而遭逢刑罚的苦楚，即便凯南并不认同他们的社会主义思想或革命思想，他也从对这些青年殉道者的放逐中发现了某种值得为之辩护的事业，一种自己可能成为其使者的事业。

凯南同"政治犯"们的第一次面对面发生于经过托木斯克时。在河岸边杨树下的草地上，一顶吉尔吉斯人的帐篷内居住着一小群于这一命运的监禁地内度夏的流放者。在这些人中，有两三个十七八岁的少女。他写道，她们看起来"准备在某座大学，或是面向少女的修道院中接受教育，我难以想象出她们遭到流放的理由"。[65]乔治·凯南走近她们，同她们握手，发现她们的脸颊因害羞而泛红。"通过和她们交谈，"他在作品中承认道，"我第一次感到了某种近乎对俄国政府的轻蔑之情的东西。"在他当时写给家人的信件中，其感情体现得更为淋漓尽致："人们又怎么会想到，对于俄国政府这般强大的政府而言，像她们这般的女孩也代表着某种危险呢？她们又能犯下什么值得流放的罪行呢？"[66]

托木斯克的花季少女不过是记者所将结识的100余名政治犯中的第一批。这些孤悬于西伯利亚腹地的起义者们将会成为凯南那篇伟大报告中的主角。他们中的一些人不过是一场在社会、知识、伦理方面反对沙皇专制的起义的底层参与者，另一些人是"民粹派"，不久后便会从他们中诞生社会民主党、孟什维克和布尔什维克的干部群体。在这些人之间，那些接近农民阶层的社会革命者尤为显著。在所有人中，最引人注目且在凯南的转变过程中起到决定性作用的是日后在西方公众舆论中以凯瑟琳·布列什科夫斯基之名为人所知的叶卡捷琳娜·布列什科-布列什科夫斯卡娅。当时她四十一岁。当凯南在色楞金斯克一处距离中俄边境十多公里的村庄内歇脚时，他出乎意料地遇见了叶卡捷琳娜，但并未对她倾注太多的注意。当时，这位伟大的记者和他的插画师旅伴正取道南方返回以寻访一处布里亚特人设于鹅湖的大喇嘛庙和恰克图，富裕的西伯利亚商人在这座中俄边境的城市中接待穿越蒙古地区荒凉的沙漠、运载茶叶和丝绸而来的商队。在返回途中，他们借机在一座布里亚特人的小村庄中停留，自十二月党人起义以来，这处位于色楞格河沿岸的地点成为持不同政见者和政治犯的流放地。叶卡捷琳娜已经在监视下于此居住了数月，日后，她还将在这座村庄居留七年。凯南本人讲述了这段将令二人良心不安的采访："布列什科夫斯卡娅夫人走进了房间，我被介绍给她。这是一位可能年为三十五岁的女士，有力的面容流露出智慧，但是她称不上美丽。其风格坦率而无保留，带着看起来显得活泼、冲动而宽厚的同情心。她的头发浓密而卷曲，颜色深幽，在她服苦役期间，它们被剃至最短，如今布满了一缕缕灰色的发丝。众多的苦难在她脸上留下了痕迹。但是，无论痛苦、流放还是苦役都未能摧毁她勇敢的精神，也未曾动摇她对于荣誉和责任的信仰。正如我所迅速意识到的那样，她是一位富于学养的女士，首先在本国的女校接受教育，随后去了瑞士的苏黎世。她能够讲法语、德语和英语，是一位杰出的音乐家，从任何角度看，她为我留下的印象都是一位有趣且富于吸引力的女士。她已经两度被流放至卡拉的矿井中服劳役。在我看来，在安眠于色楞格河岸边孤寂的坟茔之前，似乎等待着她的唯有数年的苦难与对个人权利额外的剥夺。"[67]

这幅肖像的每一根线条都表露出美国人心中的痴迷。背景是合适的：当时的色楞金斯克不过是通往恰克图的道路沿线一处由木屋构成的小镇。在色楞格河拐弯处，一座有着鎏金穹顶的白色教堂提醒着来自中国的旅客，即便此地绝大多数居民是布里亚特人，他们也已经踏上了俄国的领土。在村庄周围，没有树林的荒原随着色楞格河的河谷延伸。就在村子上方，悬垂着一块控扼河谷的岩石，它是饱受悲伤之情折磨的流放者们唯一的散步目的地。此前已经了解苦役营可怕之处的叶卡捷琳娜在这里度过了最为艰难的数年。这是"空荡荡"的数年，是"我燃烧的胸膛内燃烧的激情被灰色的虚无吞噬"的数年，是"我生命中最为悲伤的数年"。[68] 日后，她在自己的回忆录中写道。[69] 那段时光是如此痛苦，让她不愿回想。"我苦苦等待着，犹如一只被囚禁于笼中的鹰隼。我几乎因为孤独而发狂，为了保全我精神的完整，我曾经一边在雪中奔跑，一边嘶喊着热情的祈祷文、一边扮演歌剧中的首席女演员，向死气沉沉、永远不会鼓掌的原野唱着歌剧中高亢的咏叹调。"[70]

美国记者和女囚之间的谈话并没有留下记录。但在离开时，凯南的观点发生了显著的改变。叶卡捷琳娜向他交付了一封信件，其中讲述了她被囚禁于苦役营地和监狱中的同志们所持的意图。凯南也有意在旅途中拜访这些人。自此，无论他去往哪里，这封介绍信都成为可堪信赖的保证，它是一张非正式的通行证，与官方的路引相对应。由俄国政府签发的路引为他打开了监狱的大门，而叶卡捷琳娜的推荐信则将为他打开那些被捕革命者的嘴唇和心灵。在卡拉或阿卡图伊的苦役营地中、在赤塔和托木斯克的监狱内，美国人得到了在押的政治犯们朋友（如果不是潜在的拯救者的话）一般的接待。"在这之前，我们同公认的朋友或抱有预设观点的敌人交谈，"他们中的一人回忆道，"但从未同一位不偏不倚、把将我们的事业带上世界的良知法庭视为己任的观察者交谈。自今天起我们遇见了这样的人，他的名字叫乔治·凯南。"[71]

叶卡捷琳娜在偶然间遇见了美国记者，并将这位不速之客介绍给其囚禁于苦役营地的同志。这名色楞金斯克的流放者并非泛泛之辈。她出身于外省的贵族家庭，其父母是虔诚的信徒，对社会的不公忧心忡忡，他们为她打上了鲜明的烙印。叶卡捷琳娜很早便投入反抗既有秩序的叛逆生活。她同一位祖籍波兰的年轻贵族有过一段不甚满意的婚姻，接着，她养育了一个孩子，但并未感到对他的母爱。这两件事鼓励她加入俄国19世纪70年代正值高潮的政治与社会斗争之中，如同数千名狂热的青年同胞一般，追随着"走进民众"、深入乡村、为即将到来的农民革命做准备的号召。与大地主做斗争，在乡村学校任教，设立农民储蓄基金，在当局态度趋于强硬和对大众麻木不仁的失望促使其转入地下活动之前，这些行动构成了她每日生活的一部分。她奔波于俄国和乌克兰的道路上，向农民宣讲革命，散发被查禁的政治报纸，在她的对话对象中，最为贫穷的那部分通常非常支持其反对大地主的热情洋溢的演说，而叶卡捷琳娜则试图令他们相信，"人民的小爸爸沙皇"是这一不公正体制顶层部分的关键一环，必须将他清除。叶卡捷琳娜在政治反对派中名声大噪，并成为民粹派最好的宣传人员之一。当警察机关成功逮捕她时，时年三十岁的叶卡捷琳娜开启了一段全新的政治犯生涯，这是一段漫长而痛苦的生涯，因为她将在帝国的要塞、苦役营地、监狱和流放地中度过三十二年。当凯南同这位正当年的女士见面时，她已经参与了这一时期最大规模的政治诉讼案件之一"193人诉讼"*，并已经在圣彼得堡圣彼得保罗要塞的囚室中披枷带锁地克服了四年的孤独，随后因为企图越狱被判处于卡拉的苦役营地中服刑四年，同时鞭刑四百。这种由皮条编成的鞭子令

---

　　* 1875年，俄国政府着令帝国特别法庭审判100多名因宣传和共谋而被捕的反对派人士。其中绝大多数为宣扬"到民众中去"的革命组织的成员。一场大规模的审判表演开始了。调查持续如此之久，以至于三年后，对这193人的诉讼终于得以在1878年秋季开庭。在此期间，100余名被告在狱中死亡、自杀或发疯。过半数被告被判处苦役、流放或数年有期徒刑。另一些人在减去此前已经被关押的时间后被宣布刑满释放。没有任何一名囚犯请求恩赦。叶卡捷琳娜的刑期是五年。

矿井处于恐怖气氛的统治之下。在俄国对政治犯的镇压史上，对女囚施加酷刑尚属首次，这一判罚也令她闻名全国。当她的医生于行刑前前来听诊并决定宣布她无法承受如此的酷刑时，叶卡捷琳娜坚持同其男性同志一样受刑。"宣布我过于虚弱无法受刑是一种开创先例的巧妙办法，有可能令未来的其他女囚感到害怕。"她在自己的回忆录中解释道，"我坚称自己足够强健，且如果法院不会执行判罚，它就无权做出这样的判决。"[72]然而，由于担心公众舆论的反应，该判决从未执行。

这位吸引了美国记者并得到其采访的女流放者同一切相隔绝，她曾经是社会革命党的领袖之一，在政治上捍卫遭受奴役的广大农民，该党的影响力不断扩大，直至在20世纪初罕见的民主低潮期成为俄国最强大的政党。叶卡捷琳娜是该党秘密领导人之一。她表现出一定的马克思主义倾向（当时，这门学说成为绝大多数反对派成员最为青睐的理解世界的视角），她的内心同农民的命运紧密相连，从孩提时代直至被流放至西伯利亚草原上的荒凉村庄，她从未远离农民们。她向凯南解释了自己的斗争，揭露其同志在苦役营地中可怕的生活条件，为解放事业辩护。这个美国人简直着迷了。这位女士赋予其行动以新的意义。他抛弃了离开美国时的构想，不再扮演简单的观察者和叙述者，而是成为一项事业的见证者。他准备揭露俄国惩戒系统的罪恶和政治犯所受的压迫。凯南一直同自己的出版商保持通信，向他纤毫毕现地报告自己与遭到流放的政治犯们接二连三的会面。该出版商以一种鲜明的表述总结了其派往苦役营地的特派记者的新打算："这份纯粹的叙述将会引发文明世界的怒火，"他在一封寄予凯南的信中写道，"其所能产生的效果将会足以同《汤姆叔叔的小屋》在我国造成的影响相提并论。请告诉这些不幸的人莫要绝望，得救的日子正在到来。"[73]

叶卡捷琳娜最为亲密的朋友之一、同为社会革命党领袖的叶戈尔·拉扎列夫[*]记述了这场会面的两位主角的分别时刻（这段文字很可能基于叶卡捷琳娜的回忆）："凯南双目含泪，庄严宣誓，自此刻起，他将用一生弥补此前无意中犯下的罪过——他曾经替罪恶的俄罗斯帝国政府辩护，他对于俄国爱国者们的描述令他们的高贵蒙上阴影，因此，他曾经对俄国的民主事业造成损害。"[74]凯南方面的记叙则更侧重于这位对话者的伟大。"她怀着经久不变、一直微笑着的勇气，注视着遭到摧毁的生活，直面没有希望的未来，这样的勇气不仅令人钦佩，也令人动容。'是的，凯南先生，'在分别之际，她对我说道，'我们或许会在流放中死去，我们的孙辈或许也会在流放中耗尽一生，但这一切终将带来结果。"[75]

等待叶卡捷琳娜的只有新的考验。在"枯燥的色楞金斯克"[76]度过了孤独的八年之后，她获准于西伯利亚的其他地区居住。后来，她流亡日内瓦和巴黎，并在这些地点领导社会革命党的秘密报纸，培训地下干部，在日后的俄国革命中，她派遣他们开展活动。而在寓居日内瓦与巴黎数年后，返回祖国的她遭到逮捕的惩罚。这是1907年，俄国刚刚度过1905年的可怕动荡，帝国当局决定一劳永逸地解决这位年过花甲的职业活动家。这份判决并非宣布其有罪，而是将之罚入地狱：终身流放勒拿河沿岸，这里也是西伯利亚最为寒冷的地区。她将在此地生活十年，直至二月革命后诞生的临时政府将她释放。当时，"女激进分子"的影响力已经扩散至广大的地区。她搭乘西伯利亚铁路的火车，以胜利者的姿态返回圣彼得堡。途中每过一处站台，士兵和农民们都急忙赶来，以求见她一眼。"1917年4月20日。我所搭乘的火车驶向莫斯科，"她写道，"我在这个国家广袤领土上的奔波将在何时结束？我不知道。或许，我不得不在路途中死去？"在圣彼得堡，

---

* 20世纪初，拉扎列夫首先流亡瑞士蒙特勒地区。他在这里协调社会革命党在俄国的活动，并组织为自己的同志叶卡捷琳娜提供支持。1918年后，他重新流亡至法国，随后又前往伦敦，并于那里逝世。

到场迎接她的民众人数众多，他们挥舞着红旗，高唱《马赛曲》，涌入自涅瓦大道至尼古拉夫斯基车站之间的街道。新任的总理、社会民主党人克伦斯基拥抱了她，并在车站此前皇室专用的房间内为她举行了盛大的招待会。"我不相信世界上会有哪一位未婚妻能够收到如此之多的花朵。"[77]深受感动的她向群众喊道。这位不屈的女斗士似乎终于迎来了她的光荣时刻。列宁本人也亲切地称她为"革命的祖母"。但是，她并不是一位和蔼可亲的祖母。十月革命之后，这位年迈的女士结束隐退状态，指责这场行动和农村地区实行的新政策。那个她承认的政权已经于短短数月的存在之后离她而去了。对抗地下活动、逃亡、最终被放逐，她重新开始了这一循环。1934年，这位"祖母"逝世于捷克斯洛伐克，享年九十岁，终其一生从未放下武器、停止斗争。

"但这一切终将带来结果。"在流放西伯利亚期间，她曾经在门槛上对凯南说道。然而，她近一个世纪的顽强斗争、三十年的流放和苦役生涯似乎全部徒劳无用。她的政党先是遭到沙皇警察的迫害，最终又为新政权所取缔。她曾经为之奉献一生的农民阶层则被集体化政策所吞没。叶卡捷琳娜似乎一直都站在历史中不幸的一方，即失败者或殉道者一方。

如果说这位出身外省的年轻反抗者对俄国的命运产生了重大影响，这并非是因为其革命活动或是其牺牲的一生，而是因为她同凯南在某间枞木屋中数小时的交谈。出乎叶卡捷琳娜的意料之外，那名路过的美国记者所产生的影响将会成为她撬动历史的杠杆。因为自乔治·凯南所著《西伯利亚及其流放体系》一书于美国问世以来，叶卡捷琳娜在美国公众舆论中的名望已经不可动摇。凯南本人也一举成名。"啊，是呀，我的老朋友，"1910年，她自一处新的流放地点向他写信道，"回忆起我们的会面，恍然犹如昨日。我第一次在西伯利亚阅读您的著作时，由于发现您预言了我生命的终结和一座位于色楞金斯克的坟墓，我笑了很多次。接着，我又多次回看这些文句，并渴望能够和您再会，我亲爱的朋友和这部蜚声四海杰作的作者。这部著作甚至在倾向于忘却或忽视历史的青年一代中也极为流行，他们还相当了解该书的作者。而如今，尽管俄国存在着我们曾经逃脱的一切恐怖，但您的作品已经被译为俄文，读者遍布各方，那些与您有私交的人在谈及您时都只会带着一种无尽的谢意。我确信，您也和从前一样年轻且精力充沛。"[78]

　　凯南所进行的调查是一项长期工作。在结束其西伯利亚之旅后，这名记者又在圣彼得堡和伦敦度过了数月，以在这两座城市中完善自己的研究，并同包括无政府主义的亲王克鲁泡金和俄国革命运动中武装斗争的出众人物谢尔盖·克拉夫钦斯基（他的假名"斯捷普尼亚克"更为著名）在内的多位流亡中的重要人物会面。直至1886年8月，凯南方才于离开十五个月后重回美国。他的伟大报告由29篇文章构成，它们都经历了作者的精心打磨，因为其中第一篇直至1888年5月方才于最初委托他执行这项工作的《世纪》杂志发表。该系列逐月连载，其中几度中断，直至1891年10月完结。报告当即取得了不可否认的成功。这家以捍卫美国传统价值观而闻名的杂志甚至需要扩大印刷量*以满足渴望阅读这份伟大连载作品的读者们的需要。1891年12月，这位伟大记者所描绘的画卷被集结为《西伯利亚及其流放体系》出版，该书甫一面世，便成为俄国监狱方面的权威著作，近一个世纪之后，亚历山大·索尔仁尼琴完成了同一题材的另一部伟大著作《古拉格群岛》[79]，尽管这两部作品的文学体裁截然不同。凯南的作品迅速越出了其所在的领域，对俄国的整体形象造成了影响。盎格鲁-撒克逊世界中，在凯南前后各有一部类似的作品。而在《西伯利亚及其流放体系》一书出版后，无论态度是赞颂还是揭露，一切有关西伯

---

　　* 在连载凯南报告期间，这份杂志的销量从未低于20万份。

利亚的游记都无法与这部已经无可争议的作品摆脱关系。在更大的层面上，提及沙皇的俄罗斯帝国或西伯利亚时，人们也难以不立刻将之同苦役营地的阴影联系起来。

乔治·凯南的文章成了经典，并对截至当时在美国舆论中相当正面的沙皇俄国形象产生了重大影响。赋予其调查以惊人影响力的，不仅仅是凯南的作品，更是其作为可畏的布道士的信念的力量。这部关于西伯利亚监狱世界的作品在万众瞩目中问世后，仅仅卖出了不足千份。[80]但是，凯南的全美巡回公共讲演将会聚集起数百万听众。超过800场讲演，从纽约经过波士顿、米德韦斯特或科罗拉多直至加利福尼亚，每场讲演的听众平均为1200至1500人！他们远非那名自西伯利亚返回的年轻旅行者事业起步阶段那些好奇的农夫，但是，主讲人保留了一些当年的策略：在曾经穿戴皮大衣、皮毛以令人们联想起冰天雪地中孤独生活的地方，如今凯南展示着灰色的呢绒囚服和发出标志性叮当碰撞声的镣铐。不过，这些戒具的使用者是苦役犯，而这些激情澎湃的讲演则以政治犯的事业为主题，这些人多数被判处流放或监视居住，但这并不重要。听众的情绪如期而至。有时，凯南每日以令人疲惫的强度举办讲演。人们无法查阅其中某一场的记录，仅能求助于当时的美国媒体或一些见证人的评论，它们高度一致："人们可能研究了数百份有关其讲座的总结，"为凯南立传的伟大传记作家弗雷德里克·特拉维斯写道，"仅仅找到寥寥几则对于其风格的批评。作为主讲人，凯南只是一个吸引听众的人。"[81]

随着报告的推进，其中心思想越发演变为有关反对派成员和政治犯境况的诉讼。渐渐地，在这份证词中，广大的轻罪者，因轻率的判决而被流放的人，被迫过上充斥着乞讨、地下活动和抢劫勒索生活的流浪者，四肢披枷带锁的重罪犯，均消失于政治犯的阴影之下，往往难觅踪迹。人们会发现，不仅是凯南这名监狱史领域的西方先驱，20世纪的许多人也沾染了这样的毛病。譬如那些陪伴他们一同承受流放之苦的人，监狱和苦役营地中的大众，被一种含蓄的模糊手法抹去了，其命运也被混同于那些政治压迫的受害者。乔治·凯南曾经在那些遭到镇压的反抗者与革命者的受难之路的不同节点遇见他们，对他们的同情演变为对遭到当局迫害之人的辩护，继而发展为对俄国政府的控诉，正如凯南于华盛顿文学会所做的一场讲座结束时马克·吐温的反应所表露出的一般：这位叛逆的作家从座位上跳起，提及了俄国的恐怖行径。"如果炸药是这些境况的唯一解药，"他写道，"那就让我们为这些炸药感恩上帝吧！"[82]

凯南精心打磨着自己的舞台表演技术，维系着它的效果。他曾是一丝不苟的观察者，连显露出的最小的细节的意义也未错失，但也受到了记者界一些歪门邪道和卑劣行径的诱惑。譬如，在连载期间，为了保持悬念，令其读者月复一月地处于紧张状态之中，他罔顾事实，营造出警方和俄国当局的监视正在强化的感觉，此外还声称护送地下文件所承担的风险不断令他处于危险之中、监狱的负责人和管理系统试图令他远离囚犯生活条件中最为骇人的场面。他还采用了一些其他的技巧以突出其主题的戏剧色彩和他自身行为的勇气。[83]然而一直以来，对其日志、通信和关联证据的研究表明，与他所写相反，所有官方的对话者均给予了他极大的帮助，他们自身也常常对其所辖监狱中糟糕的监禁条件予以批判，其方式有时十分朴素，甚至当凯南按照自己的意图曲解了他们的话语时，他们也未有改变。

对美国大众而言，《西伯利亚及其流放体系》带他们闯入了一个无疑充满痛苦、恐怖和不公的世界。在此之前，公众舆论更倾向于认为美俄之间具有相似性或趋同性。但渐渐地，年轻的美国树立了信心，想要表现得与众不同。对这一残暴镇压其异见者的君主国的描述强化了其信念，即唯有遵奉自由与民主的国家方能免于类似的威胁，且唯有自由社会方可为如此威胁的受害者体会到某种真诚的愤慨和同情。自然，单单一本书并无法在思想和良知方面带来类似的变革，但凯南的著作很可能成功令俄美两国的关系到达一个转折点，它标志着一种深刻而持久的转变的起点。19世纪90年代是美国和俄罗斯帝国分道扬镳的年代。乌克兰和白俄罗斯地区对少数族裔的迫害将成千上万名犹太人驱逐至美国。其社区的影响力不断扩大，并反对一切对俄和解的政策。犹太人的银行是第一批为日本对俄战争努力提供资金支持的金融机构。[84] 同样，在新兴的石油市场上，以洛克菲勒的标准石油公司为代表的美国大型企业同他们的俄国或欧洲竞争者在高加索地区爆发了直接的利益冲突。[85] 最后，在更大的层面上，随着美国的快速崛起及其影响力的不断攀升，两大强权之间客观存在的利益同盟，尤其是反英同盟已经破裂。尤其在中国，白宫政府对垂涎这一诱人市场的俄国竞争者看法恶劣。新的同盟形成了，一边是诸如俄国、法国、德国等欧陆列强，它们窥伺着那些可由其列车通行的新土地；另一边则是海权列强，包括美国、它的老对头英国，还有新近崛起、为自己的舰队和商业要求自由通行权的日本。凯南的著作为美国提供了可供争吵的新论据，是正在发生的变化的主要催化剂之一。在美国和俄国之间，互相的吸引力已经淡去。曾经殷勤互访的军人们如今互不理睬。西伯利亚的苦役营地便是这座历史跷跷板的杠杆。凯南发起并领导了一项反对美俄之间批准引渡条约的运动，并支持流亡海外的俄国人的军事组织*，为流亡者的事业辩护，利用自己的名望干涉白宫周围，反对同俄国的合作。当日本于1904年对驻扎于旅顺口和满洲地区的俄军发动大规模进攻时，他站在日本的立场上继续从事自己的记者

---

* 顶着这一身份，他于1919年同革命的祖母叶卡捷琳娜再度会面，当时叶卡捷琳娜来到纽约，为自己的对抗运动寻求资金支持。对于已经变为老妇人的她而言，与凯南的会面是一场意外之喜。在她少有的自由的宁静时期中，叶卡捷琳娜于1905年第一次前往美国，当时，她曾在日俄战争的远东前线上怀念凯南。自他们于色楞金斯克相会以来，二人间的联系断断续续。凯南档案中的一份文件记录了两人的谈话："当他走进她坐着的房间时，这位老妇人站起身来，发出了愉快的叫喊，二人拥抱，同时含泪行贴面礼。据说，在场之人纷纷起立，以向他们表示祝贺。"引自 Frederick F. Travis, *George Kennan and the American-Russian Relationship 1865—1924*, Athens (États-Unis, Ohio), Ohio University Press, 1990, p. 363。

职业。乔治·凯南敌视沙皇，对布尔什维克的态度同样如此。大量美国知识界精英致力于反对俄国国土上相继出现的政权，而凯南便是他们的先驱。在《西伯利亚及其流放体系》一书面世半个世纪之后，另一个乔治·凯南重新拾起了这根火炬：他是一名美国外交官，博学多识，热爱历史和翻译当时的俄国文学作品，但他更为知名的身份是"冷战"这一旨在"防止共产主义扩张"的"遏制"政策的提出者之一。同样的姓名，同样的爱好。后一个乔治·凯南于斯大林时代末期成为美国驻莫斯科的外交官，并一直是苏联问题上最为权威的专家之一。*

如其出版商所祝愿的那样，凯南的著作正是当时俄国的《汤姆叔叔的小屋》。一些感人的段落令读者深受触动。"我永远不会忘记，当我第一次听见这首歌谣时因之骤然产生的情绪。那是一个阴冷的秋季早晨，我们坐在一处肮脏的邮驿中，等待着我们行走于西伯利亚大道上的马匹。突然，一种独特的声音吸引了我的注意力，那来自远方的声响低沉而颤抖，尽管它似乎出自人类的咽喉，但又与我此前听过的截然不同。这不是一首歌谣，也不是一支单调而缓慢的乐曲，同样不是唱给死者的挽歌，而是这三者的奇怪混合。它模模糊糊地令人想起人类身受酷刑，但痛楚尚不足以令其发出嘶喊或尖叫时所发出的接连不断的啜泣、呻吟和乞求。当声音接近时，我们从驿站中离开，看见一群百余人的囚徒向我们走近，他们被剃光了头发，披枷带锁，围着士兵的腰带，缓步前进着经过木屋，唱着《流放者的祈祷》。这些歌

---

* 乔治·弗罗斯特·凯南的祖父是那个与他同名者的一个堂兄弟，他则出生于此人出生的五十九年后，因此，由于惊人的巧合，他的名字中带有1885年西伯利亚之旅中两个旅行者的姓名。他在自己的时代以自己的方式续写着前一个凯南的作品。他仅仅见过这位长辈一面，但是后者的姓名和声望浸润了他的生命。下面是这名外交官就前一个乔治·凯南所写的文字："我们两人都将自己大多数成年时光用于俄国及其问题；都在各自职业相似的时间段被驱逐；都建立了旨在帮助遭到俄国驱逐的流亡者的组织；都写作了大量的作品、举办了多场讲演；我们都弹吉他，都拥有同一款式的帆船，并同样喜欢这项运动。" John Lewis Gaddis, *George F. Kennan, An American Life*, New York, Penguin Press, 2011, p. 11.

手们并未试图令他们的嗓音和谐统一，每一段歌词告终，他们也不会停顿或沉默，我甚至无法听出准确的节拍。每个人的歌声均带有缓慢而忧伤的气息，但彼此间又有着轻微的变调，使得他们仿佛在不断地互相打断，产生的效果犹如一首生硬的赋格曲或一首以下述方式表演的挽歌：由数百名男歌手组成的合唱团演唱乐曲，他们中的每一个人都可以按照自己的节奏和曲调独立演出，而所有人均遵循共同哼鸣的安排，规律性地唱出哀怨忧愁的主旋律。" [86]

一队囚犯在西伯利亚木屋的门口处唱着《仁恕之歌》，这幅引人注目的画面是乔治·凯南书中最为动人的章节之一。事实上，几乎毫无疑问的是，这一段话以及凯南这本书中其他的一些内容纯粹抄录自其他俄国作者的作品，而这位美国记者并未试图遵循引用格式，有时甚至并未提及原作者。[*]譬如，一队苦役犯进入了一处外贝加尔地区的村庄，希望能够激发当地人热情好客的传统，消除焦渴，他们在这里得到了一些面包，甚至是一些小钱币。这一幕是作家谢尔盖·马西莫夫的个人见闻，于美国作家的作品问世二十年前出版于圣彼得堡。

事实上，在19世纪中期，多位俄国作家深入监狱世界，为帝国昏暗且吞噬了整片地区的地下室带去光明。最著名的作品是陀思妥耶夫斯基于1855年出版的《死屋手记》。作家本人曾因被怀疑参与了一起密谋而在西伯利亚服刑四年，他的作品骤然唤醒了同这一残酷的事实在字面意义上相距千里的俄国市民们的良知。谢尔盖·马西莫夫沿着他的足迹，自19世纪60年代初起便着手以一种更加纪实的方式完善

---

[*] 在他的作品中，乔治·凯南常常自俄国的作品中大规模节录或转载数据、统计资料、对苦役营地和监狱中风俗习惯的描写。这些内容有时是几段话，有时甚至是整整数页，且凯南通常以第一人称叙述这些内容。他主要转录的对象是谢尔盖·马西莫夫和尼古拉·亚德林采夫。现存的一些关于凯南的著作（以及特拉维斯所著传记）便注意到其对于马西莫夫明显的"借用"。其他涉嫌抄袭的内容似乎并未被察觉，而且据我们所知，学界尚未就凯南的引用源及凯南对所引信息的使用展开系统性的研究。在前言中，乔治·凯南表明，在其研究材料的过程中曾经得到被流放者和帝国政府官员的帮助，而"根据他的解释，在俄国当前政府的统治下，由于担心这些人成为被怀疑和监视的对象，他并不敢提及他们的名字"。

对于这一昏暗世界的描绘。时代精神（即倡导解放、希望和梦想的著名的"60年代"精神）也有利于这样的行为。马西莫夫是一位多么富有好奇心的人物啊！他出身外省一户贫穷的小贵族家庭，无力遵循兴趣爱好投身写作和新闻业的他成为一名医生，一名如同数十年后的安东·巴甫洛维奇·契诃夫一般以灵魂写作的医生。与契诃夫一样，他还是一位无法抗拒苦役营地中悲惨的黑暗的诱惑的史家。他曾在极北地区生活一年，期间取得了其第一次显著的文学成功。随后，马西莫夫沿着苦役犯和囚徒们的路线，前往西伯利亚长途旅行，这也是后来凯南所走的路线。归来时，作为第一次资料搜集的成果，他完成了著作《监狱与流放犯》，并将之呈给圣彼得堡的西伯利亚委员会。该机构承认他所付出的巨大努力，但倾向于禁止公众阅读该书，因此将印刷量限制为五百份，发行范围仅限于政府高官。马西莫夫继续自己对西伯利亚监狱系统的调查，一直等到八年之后方才获准以《西伯利亚和苦役营地》的标题发表其著作。这本书几乎是其原作逐字逐句的摘录，有力地再现了囚犯们在距离其目的地，距离他们的"房子"[87]，也就是外贝加尔地区可怕的苦役营地"仅仅"百余公里的地方所受的苦难。

在马西莫夫之后不久，另一位在西方知名度较低的作家在监狱文学领域开宗立派。如陀思妥耶夫斯基一样，他也曾经被关押于要塞中狭小的囚室，被判处流放。我们已经在前文提及过此人，他名叫尼古拉·亚德林采夫，是西伯利亚地方自治运动的灵魂人物。在托木斯克，他努力通过自己的文章与读者们分享其解放理想和地方性的"爱国主义"，同时已经对流放罪犯这一社会现象产生了兴趣。他首先分析其为俄国欧洲部分殖民主义行为的又一证据，如英国在澳大利亚或是法国在圭亚那所做的一般，将欧洲国土上的盗匪和社会异常人士倾倒入西伯利亚。在一场文学晚会中，他同样结识了正在前往研究西伯利亚苦役营地途中的马西莫夫，并承认自己对其气度和朴素直率留下了深刻的印象。[88]然而，正是因参与一场谋反阴谋而被捕和判刑（起初是十年，后被减刑至五年），使得亚德林采夫在不情不愿之中成为熟悉监狱和监狱生活的专家。在西伯利亚鄂木斯克要塞囚室中服刑两年，接着在俄国北部地区流放三年，这样的经历足以培养出一个如西伯利亚青年作家一般敏锐而好奇的灵魂，并使他得以在马西莫夫之后以截然不同的方式发表出对监狱的秘密世界令人叫绝的描绘。事实上，一丝不苟地开展调查、搜集证词和数据是一回事，亲身穿上灰色的囚服、走入阴暗而潮湿的监狱底层又是另一回事。此外，亚德林采夫正是以永别于已知世界的冲击为其作品开篇："我还记得，春天开始了。[……] 正是在这个季节，人们将我带入要塞中一处巨大的石质建筑中，在我面前的，是'死屋''眼泪与悲伤之屋'的墙面，它的名声众所周知，永远令人感到恐惧。墙面上阴暗的窗户如同骷髅的眼眶。它光滑而流露着军事色彩的外貌、寒冷而不宜居的墙壁、由门锁、刺刀、棍棒以及惨绿苍白的面庞构成的礼仪。我们走过时，黄色且平滑的大门嘎吱作响，发出令人齿酸的声音；身后传来了哨兵匆匆落锁的沉闷响声。大街的喧闹消失了，监狱死一般的沉寂将我包围。仿佛我心中的什么被人一把扯去。我感到自由的世界、我的自由以及生活都被留在了门的另一边。"[89]

　　亚德林采夫的作品题为《监狱和流放中的俄国社群》。因为作者的首要意图并不是描写可怕的监狱生活或是唤起读者的同情，而是向他们展示一个完全未知的世界，一个对于翻阅这些章节的城市知识分子而言几乎无法想象的世界，一个极端理性、有着自身古老传统与风俗习惯、帝国法律或诏令等强制性规范的世界。亚德林采夫所描写的囚室并未被简化为痛楚与哀求，正如他在标题中所凸显的那样，这是一处"社群"，监狱以官方规章作为迷惑人的表面，并在其下遵循着自身的逻辑，甚至连政府机构对此也一无所知。监狱自身的法则是如此强而有力，以至于随着时间的推移，它能够抵抗官方试图用以反对它的一切惩戒制度并欺骗之。"因此，"作者写道，"从彼尔姆或托博尔斯克人满为患的转运监狱到最小的看守所、警察局的监狱或仅仅街区内的拘留所，从首都威严宏伟的监狱到位于卡拉或阿卡图伊遥远的苦役犯营地，所有俄国监狱中的生活绝对是独一无二的。"[90] 在被关入囚室的同时，囚犯也进入一个地下社会，一个自有其等级、义务、权利和价值观（这也是最令亚德林采夫感到错愕的一点，他全然没有料想到能够在自己的狱友身上看到它）的社会。监狱并非是对法律和规章的执行，也不是只认暴力的不公之地。它是一处有自身运转模式和价值尺度的反社会。譬如，他观察到，甚至在最为卑劣无耻的罪犯内心最深处依然保有一些深刻的道德观念，例如告密和间谍活动是"最为恶劣的犯罪"，是"人类一切罪恶中最为黑暗的"："犯人们自身也会带着嫌恶绕开这些人。"他观察到，并评判道"永恒的真理和爱依然存在于人们的心中"。[91] 对于人的境况，亚德林采夫持乐观态度，但这位乐观主义者以自己的自由为代价，方才能够将这一现象引为证据。

被幽囚于监狱中的犯人们是一个地下王国的公民。这个国家有自己的议会，即"维彻"。这一术语指古老的自由城市诺夫哥罗德所拥有的议会，它是否召开取决于囚犯们所面临的情况和所拥有的机会，其目的在于处理社群内的重大事务。维彻有自己的机构，会选出一位被称为"长老"的首领和一位负责以书面方式保存决策的书记官。当监狱管理方无力独自处理问题时，"长老"便是他们非官方的对话人。他是囚犯间纷争的仲裁者，在囚犯们互相交换或赋予身份信息时充当证人，这种相当普遍的现象令最为机智或最为富有的囚犯得以指使一名狱友代其受刑。囚犯们的议会同样会指派负责监督厨房与伙食质量的犯人、负责监督公平分配面包的囚徒以及另一位负责"监视"分派工作并确保分工符合囚犯间平行机构所确定的内部顺序的囚犯。

囚犯们有自己的财政部门，其成员包括一名负责向每一个囚徒征税的税收官和一名出纳员。出纳员是受到议会信任之人，往往由"长老"兼任，掌管预算和内部账目。[92]原因在于亚德林采夫笔下的传统囚犯社群也存在其互助保险，没有它的话，囚室和苦役营地中的生活将会是无法承受的。社群的公共资金池被称为"奥布辛阿"，其中保管着社群的战利品。"所有被关入要塞的人都必须缴纳属于自己的摊派，"亚德林采夫叙述道，"流浪汉需要向合作社缴纳30戈比，七十五岁的流放犯、农民和手工匠人为1卢布50戈比，商人和贵族则被要求交出2至3卢布。"[93]所以，这些钱将会被用于什么方面呢？用于一切对囚犯们的生存而言至关重要的职能，而在那些规模最大的监狱中，其所涉范围可能会更大。这些钱还会被用于向担任厨师、裁缝、鞋匠等职业为大家服务的囚徒支付工资。这笔钱也会被用于组织监狱内的黑市，而黑市的盈利也会被加入公共预算之中。每逢出现最为微妙棘手或关乎集体利益的案件时，这笔钱还会被用于贿赂法庭的书记员与法律顾问。在苦役营地的囚犯们中，绝大多数人自然不通读写，但他们是行走的判例，对帝国刑法的记忆超过任何一家法院。囚犯们不断的迁移和他们在驿站中所钟爱的对个人经历的叙述令他们得以交流各自的经历并比较法官的量刑。社群也会向新来者教授在法官面前的行为规范。但是，在支出栏中，"贿赂"一直是耗费最大的项目之一。社群联合起来，向负责押送的士兵提供贿赂，从而换取他们允许例如让病人乘车或是替精疲力竭的队伍中的一名囚徒解开枷锁。在可能的情况下，人们也会收买法官，而行贿法庭书记员的情况则更为常见：在撰写判决书时，这些人可以轻易地减轻刑罚或是混淆所适用的法条。在帝国的所有监狱中，囚犯社群的公库都会向刽子手支付一笔薪金。根据亚德林采夫的观察，在俄国的民众之间，刽子手是一群遭到憎恨和蔑视的人物，"一些人认为，同刽子手握手是可耻的，关于他们，人们会讲述一些最为骇人的东西。"[94]但在监狱中又是另一回事了："我已经发现，"他在文字中坦诚了自己的惊讶之情，"囚犯们和刽子手之间相处融洽，保持着良好的关系，他们通过称呼刽子手姓名的方式，表现出对他的重视；他们对刽子手的尊重全无虚伪，[……] 人们谈及刽子手，便仿佛谈及自己的教父或'小爸爸'。"[95] 人们给予刽子手大量的优待，包括性、衣服、鞋子等方面，并利用社群公库的资金，秘密给予他第二份工资，其数额通常高于他的第一份工资。更为有效率的方式是按照刽子手可能需求的量为他提供伏特加。刽子手是手持皮鞭的家伙，以自己臂膀的力量决定鞭痕的深浅和苦苦求饶的犯人免于死亡或得以愈痊的机会。然而，据亚德林采夫所言，每一名囚犯都明白，"迟早他都会死于刽子手之手"。因此，刽子手必须被收买，且根据这位对监狱世界进行了大规模调查的作者的说法，全俄几乎所有的监狱皆是如此。在每一次鞭刑之前，一点额外的现金便会作为礼物奉送给刽子手，以促使其注意力度。在社群和他之间，有着一种心照不宣却必须存在的合约，事实上，这提醒施刑者不要忘记他的承诺和所享受的特权，因为在当时，囚犯们的群体报复是一种担保，而且它可以于俄国的每一个角落执行，无论这位虚假的兄弟逃往何处寻求庇护。

囚犯群体也自有其法庭，且相当残酷无情。倘若账目被发现存在差额（囚犯们将之称为"插曲"），倘若某位囚犯盗用公款，倘若有人违反"长老"的命令，他的命运便已注定。最好的情况是根据规定挨一顿打，"罪人"被大群愤怒的狱友淹没，遭到一顿毒打，最终鲜血淋漓，并在晕厥状态下被抛弃在床底数日。最糟糕的情况适用于最恶劣的行为，例如告发越狱的准备行为，这时"罪人"的未来只有死亡。行刑的可能是一根一端被削尖的马口铁棒，在散步时刺入两肋之间，也可能是在有利时机砸中受害者的一块板砖，也可能是"阴影"，"罪人"被戴上一件命运的头套，然后被其狱友们带往某处角落处决。最后一种刑罚也适用于背叛囚犯的刽子手或所有拒绝扮演监狱这出大戏所赋予其的角色的看守。

这种原始的民主制度被认为在监狱内占统治地位，对于它的描绘或许有些不自然和理想化。此外，亚德林采夫也并未讳言大人物在这一平行社会中的影响力，以及时刻存在的暴力。但是，人们感到，他渴望赋予其昔日的狱友尊严和人性，而俄国的表层社会对此甚至无法怀疑。他叙述了监狱中的爱情，此事常常占据了囚犯们绝大多数的自由时间。他们策划幼稚的计谋以令自某栋建筑的铁窗直至庭院另一侧的女牢中的他人承认自己为某一位女囚正式的"未婚夫"。人们自一层向另一层呼喊出爱的劝诱，其形式并不总是充满诗意的。妇女们以合唱回应，以令自己的声音传得更远。人们密谋策划，以向自己的挚爱传递一块糖或一撮烟草，甚至会因为尚不存在的不忠而威胁对方，并会一直设法在不可能的情况下组织见面。人们有时甚至会在纸牌游戏中（纸牌由小纸片制成）将自己的"关系"作为赌注。"事实上，爱情是监狱生活中主要的消遣。"亚德林采夫写道，这是他为那些苦役营地和流放中的被遗忘者们所撰写的辩护词中一项额外的论据。[96]

马西莫夫、陀思妥耶夫斯基和亚德林采夫是第一批记录西伯利亚苦役营地深处真相的人。在西方，从中获得启发的正是凯南。而在俄国，另一些伟大的人物也将赋予苦役犯们人类的身份，令他们与政治犯们享有同样的权利。这些人中，有契诃夫这样蜚声四海之人，也有伟大记者多罗谢维奇这样知名度较低的人物。这位患有严重结核病的剧作家自19世纪90年代初起横穿整个西伯利亚以抵达远东地区的萨哈林岛苦役营地。为了凸显每一名囚犯的存在，他决定编制所有生活于该岛的囚犯清单。最为才华横溢的剧作家之一创作了这部出人意料的作品，它几乎可谓是文学形式的纪念馆。数十年之后，当惩戒营取代了苦役营地，其他人为了同样的事业，怀抱同样的意图，重新拾起他的火炬。

持续不断的反复曝光起了作用。到了19世纪末，西伯利亚已经成为监狱的同义词。无论俄国境内外，这样的形象都经久不变。1893年，西伯利亚知识分子、企业家、艺术家和科学家的代表对所在地区的骇人名声倍感失望，他们决定利用当年芝加哥世界博览会的机会矫正这一负面形象。为了替他们以及西伯利亚的利益辩护，他们向密歇根湖畔派出了西伯利亚本土主义的先锋，即亚德林采夫本人。这位叛逆的知识分子曾经因其勇敢的行为而被判处流放，苦役营地的第一批肖像之一也是出自他的手笔。还有谁会是比他更好的辩护士呢？

已经处于半隐退状态的亚德林采夫对这一意外收获欣喜不已。他惊叹于美国的工业奇迹，再度梦想他的西伯利亚也能经历足以与其相提并论的发展。他试图谈论西伯利亚潜在的富庶，将得到全美公认的西伯利亚铜的质量引为例证，在西方工业的正厅观众面前解释"西伯利亚具备了资产阶级发展与工业进步的一切萌芽"。[97] 但每当他念出"西伯利亚"一词，便看见那些阴沉的面孔。苦役营地的阴影扩散开来。亚德林采夫是否已经读过不久前出版的凯南的著作呢？他是否察觉出那些源自或借用自其作品中的内容呢？在他自芝加哥寄出的信件中，未有只言片语言及此事。但他不得不试图缓解甚至反击这部在很大程度上要归功于他的作品所造成的印象。又是一场逆流而行的战斗，一场再度失败的战斗。"我同众多学识渊博的美国人见了面，以说服他们西伯利亚并不仅仅是流放之地。"他汇报道。接着，他苦涩地说道："正如我此前被告知的那样，美国人对西伯利亚有着浓厚的兴趣，但仅限于流放这一角度。这都是凯南的作品带来的结果。"[98]

第二十三章
极地快车的"苦难之路"

　　营地一片白色。在广袤无垠的泰加森林四周，一切都融化入自然的色调之中，而在森林内，一座座小木屋构成了明亮而显眼的斑点，极其不协调。每一座木屋都由被剥去树皮、切为方形的树木所建成，而为了搜寻合适的木材，人们有时不得不去往很远的地方：房屋四周都是临近极地的苔原植被，长满了或黄或绿的苔藓、白桦树和纤弱的松树，以及大量低矮而紧密的灌木丛。此外，木屋的墙壁覆盖有刷了白石灰的横木，根据一位因犯的回忆，它们赋予了营地整体一种"乌克兰地区传统村庄"[99]的样貌。

　　相似之处到此为止。带有倒刺的围墙与四角上的瞭望塔框定了"lagpounk"*的范围，在方形的营地中，这些木屋按照一种事先定好的秩序排列：因犯们的宿舍分布于中轴线和集合点名用的庭院两侧。唯一的入口分布于最靠近铁路的那面，为一扇可容车辆通行的高大双扉木门，门的上方有一处小小的顶棚、供看守行走的道路和探照灯。在其侧翼是看守的营房，一条走廊横穿这幢建筑，它的一扇门朝外开，另一扇门则对着营地内部。因犯们排着队，一个接着一个走向营地，

---

　　*"lagpounk"一词是"laguerny pounkt"的缩写，意为营地所在的地点。

在侧门处停下，接受必需的搜身。在更远处是营地官员所在的木屋（里面有时还会设有卫生所），充当厨房的木屋，以及作为俱乐部、用以举行政治会议和公共晚会的木屋。作为浴室的木屋按照传统俄国浴室的形制修建，同时也发挥着洗衣间的作用。在这座营垒的一角，则是"禁闭所"和单人囚室。这处牢中之牢修筑于一座瞭望塔的阴影之中，四周环绕着一道额外的、由带有倒刺的铁丝网构成的围墙。在那些最大的营地中，有一座特别的木屋供囚犯们储存个人物品。囚犯们被称为"zeks"，这是俄语中对此处囚犯称呼的缩写。有时，营地内也会开张一些小货摊，囚犯们可以在此利用他们微薄的积蓄购买诸如烟草、饼干和炼乳等商品。但可能有助于越狱的罐头从来不在商品之列。

整座营地及其四周的警备区域都得到了开发。垒土而成的道路有时会被重新铺上圆木，以避免春季的烂泥留下车辙。监狱四周挖有露天排水渠。厕所则是一处简单的坑：夜间，由于禁止以一切形式离开木屋，囚犯们只能身着短裤、皮毛和毡制长筒靴如厕，以避免巡逻队产生误解。人们直接在木屋的墙角处方便："冬季，所有的木屋都覆盖了一层黄色的薄冰。"曾在营地中度过十年的亚历山大·斯诺夫斯基回忆道。[100]

主要的木屋外貌极其相似，它们长20米，宽10米，被分为两部分，每一部分都有一处转门形式的出入口。在内部，囚犯们的宿舍中沿墙放置着简陋的双层床。平均而言，一间木屋中居住着140名囚犯，他们的床铺宽75厘米。根据管理机构所储存的极为精确的统计数据，在1951年，平均每位囚犯的居住面积为1.16平方米。每一处床褥都被钉在木板上，在它的对面是一块写有姓名、生日、罪名和开始服刑日期的小木牌。[101]一处由砖块砌成的火炉和一张长桌便是所有的陈设。有时，砖砌的火炉会被一座金属支架替代，人们可以在其上燃烧火盆。囚犯们将自己的毡制长筒靴、裤子、上装和大衣悬挂于一处悬垂自天花板的圆形木块上。然而，由于缺乏空间，他们将自己被汗水和雪水浸湿的服装置于充作床垫的草褥之下。这些潮湿或发霉的衣服和十多名满身污垢的囚犯散发出恶臭的气味，甚至连木墙也被臭味浸染。囚犯们常常又咳嗽又吐痰。水汽和湿气自天花板渗入，侵入了宿舍。然而，夜间的环境更加恶劣，而第二天人们还要穿着他们已经发霉的衣服出门。至于洗漱，人们手持稍许的降雪搓洗面部，或是在条件更好的营地中用腻满油污的金属盆于门口水龙头处接一些涓滴细流，用以盥洗。每周蒸气浴时，囚犯们会领到火柴盒大小的小块肥皂，成功保存下来后，这便是他们唯一的肥皂。他们中很多人并不洗浴，水是一项稀缺资源。服苦役的刑徒们需要前往临近的河流中取水，并在装满带去的水桶后将之装上车辆，运回营地。[102]

这座营地隶属于古拉格的501-503工地。这个行政编号指代着斯大林时期最为浩大的工程之一：建设一条1459公里长的铁路线，先后穿越乌拉尔山脉和冻土苔原。这是一条几乎修建在不毛之地中央的铁路，这一地区人迹罕至，唯有些许涅涅茨人部落不时造访，这是一些带着他们的驯鹿群四处迁徙的游牧民。这一地带大多为难以通行的沼泽。冬季，这里的气温逼近零下50摄氏度。但夏季的气候更为恶劣。这时，数以百万计的蚊子、飞虻和"gnouss"（一种极具攻击性的极地昆虫）开始活动，发出的嗡嗡声充斥了空气，隔着衣服叮咬人们，钻进缺乏保护面具的人们的耳朵、鼻孔和眼眶中。这条铁路起自位于沃尔库塔地区庞大的营地区域内的丘姆火车站*，稍稍越过北极圈，位于极地内乌拉尔山脉欧洲一侧山坡。这条铁路线应当沿着昔日首批猎人前往西伯利亚冒险时所采用的路线之一，从一处山口穿越高原，抵达鄂毕河宽广河口的上游，而在跨越此地超过3公里宽的河流后，线路由此深入西西伯利亚地区苔原无边无际的沼泽中，以向东延伸至

---

*"丘姆"（Tchoum）是俄国极北地区和西伯利亚地区土著游牧民以驯鹿皮缝制的圆锥形帐篷的传统名称。

1200公里外位于叶尼塞河河畔的伊加尔卡。斯大林想要修筑一条新的洲际铁路，它平行于西伯利亚铁路，但在后者以北数千公里，位于从未有人定居的地带。他已经为这条铁路想好了名字："极地铁路"。在战后的民间暗语中，人们将它称为"斯大林卡"。

这一方案于1946年12月26日诞生于斯大林在克里姆林宫的办公室中。他习惯在夜间工作，这迫使其合作者也不得不遵循这种异于常人的作息节奏。当晚，斯大林召集了多位领导成员，其中包括时任核武器工程主要负责人的贝利亚、莫洛托夫、赫鲁晓夫、武装力量部部长伏罗希洛夫、北方舰队的希尔科夫将军、内务部部长克鲁格洛夫、古拉格铁路部门的负责人戈沃兹德维耶斯基。这串简单的名单已经表明了会议的主旨内容：人们需要在会议上讨论某项铁路计划，它与国防事业和北极地区有关，并需要利用数千名囚犯作为劳动力，而在这一时期，他们需要仰仗于无所不能的内务部。

一年半之前，第二次世界大战硝烟散去，留下了一个满目疮痍、失血严重的苏联，但它依然跻身于战胜国之列。但是，与之相悖的是，自从美国于广岛、长崎表明其拥有一种全新且史无前例的武器后，在斯大林眼中，苏联的战略地位便十分脆弱。原子弹在一瞬间推翻了军事领域的所有先决条件：从此，仅仅一架长航程的战略轰炸机便足以决定一场战争的结局。而苏联没有任何手段阻止一架这样的轰炸机从西伯利亚地区的北冰洋海岸（具体而言，则是那些因为任何实际威胁均无法抵达而监控与布防皆较为薄弱的地段）突然闯入。因此，苏联决定在相关地区修建一系列有能力控制并保卫一处潜在前线的港口与机场，以此强化防御线。更何况，苏联与美国及其西方盟友的关系每月一变。冷战已经近在咫尺，但在苏联最高统帅心中，没有任何证据表明，苏联不会在远远未能完成对其伤口的包扎时突然被卷入一场新的冲突。

从第二次世界大战的惨痛经验中吸取的第二个教训：在因为德军的占领而失去了位于乌克兰顿巴斯地区的传统矿业资源后，苏联的胜利完全依赖于对20世纪30年代末在北极圈内的乌拉尔地区和西伯利亚地区所发现的少数矿脉突然的强制性开采。这些矿产资源中的主要部分位于诺里尔斯克的含矿盆地中。这里地处叶尼塞河极北方一片极地草原的一角，距离河流东岸百余公里。镍、铂、钴、钯、铜和煤炭丰富的储量使诺里尔斯克成为地球上最为丰饶的矿床之一。此外，负责这处矿产开采的是古拉格中规模最大也最为严酷的一处营地，我们将在后文谈及此事。然而，诺里尔斯克存在着战略层面的一大不足：它的矿井和位于杜金卡的港口首先依赖于北方的航路，这条沿着苏联北冰洋海岸线展开的航路令船只得以将宝贵的矿产资源运输至国家欧洲部分的港口。然而，近期战争的经验表明，这条通道时刻可能被切断。纳粹德国海军的潜艇甚至水面舰艇力量（如"海军上将希尔号"）也在不久前通过击沉苏联北方舰队舰只的方式为这一担忧提供了证据。此处，作为一种预防性的应对措施，苏联方面需要强化北方地区的军事力量，并为诺里尔斯克的海运寻找替代方案。

这两大问题被写进了克里姆林宫晚间会议的议程中。在会议开始四十分钟后，与会者于二十一点离开会场，他们已经决定，兴修一项自西伯利亚铁路以来未有其比的大工程。极地铁路应当以最快的速度连接苏联欧洲部分的铁路网和诺里尔斯克的矿井。同时，它也将负担起联通鄂毕河与叶尼塞河这西伯利亚两大河流的任务。501-503工程还计划在鄂毕河河口建设一处海港、在伊加尔卡的叶尼塞河沿岸修建一座港口，两座港口之间同样通过铁路相连。最终，人们意识到，斯大林以及苏共中央已经设想，在第二阶段横穿整个东西伯利亚地区，将这一超大型铁路工程自叶尼塞河延伸至楚科奇半岛的白令海峡岸边，与美国的阿拉斯加州隔海相望。[103]

斯大林非常着急。一个月之后，苏联部长会议颁布法令："立即开展该项目的勘探工作，以选定建设港口、船厂、村庄、[……] 以及一条自沃尔库塔地区直至前述港口的铁路线的地点。"[104] 正式通过了极地铁路的工程方案。当时正值隆冬，苔原被大雪掩埋，令地形和地质的勘探工作几乎成为不可能。但克里姆林宫对此毫不在意：相关工作必须立即开展，由各部门与各单位负责为项目负责人提供空中、地面与水上探勘所需的工具，对这处规模宏大的工地而言，这些工具是必不可少的。

事实上，事情的进展很快。4月，西伯利亚北部和乌拉尔地区的冬季远未结束，冰封的河流令物资无法运抵，勘探队尚未返回，此时，斯大林已经亲自签发了"有关建设直至鄂毕河河口的铁路线"的第1225号命令。他在文件中指定了铁路的路线，下令第一段铁路将穿越乌拉尔山脊，并沿着该山脉西伯利亚一侧山坡向前延伸，其总里程为118公里，应当于当年12月投入使用。[105] 工程的负责人仅有不到八个月的时间完成这一任务。在上呈克里姆林宫的常规报告中，总工程师们直到6月都在提及一项项巨大的困难。"融雪使得沼泽无法通行，而在山谷中，深厚的积雪又使与他们的驯鹿一同行动的勘探队难以推进。"他们写道。春季，管理机构向施工队提供了第一批囚犯，总数为500人。据指令所言，这些人"因其身体素质且适应临近极地地区施工"而被挑选。[106] 夏季时，人们得以加倍努力，施工人员有时不分昼夜地劳作。为了激发囚犯们的热情、提高"501工地上犯人们的生产效率"，当局特别同意，对他们实施已经于20世纪30年代末于古拉格内部废除的"劳动记账"制度。在该制度下，一旦犯人超额完成任务，便可以每日获得两倍乃至三倍的积分。例如，土方作业的定额为：使用锹或十字镐的情况下，每人每日3.09立方米。用锯子和斧子切削对众多在建的桥梁而言必不可少的树干这样的劳作同样也被纳入了前述体系。如果一名囚犯125%地完成了每日定额，那么上工一天便相当于服刑两天；如果他200%地完成了定额，则上工一天相当于服刑三天。从苏波边境直至远东最为偏僻的营地中，这则破例的条文为新工程在整个系统博得了好名声，令其被视为"享有特权"的去处。怀抱着减刑的希望，囚犯们要求被分配至极地铁路项目，他们用尽手段以达成其目的。阿波隆·孔德拉季耶夫是一名被德军俘虏的红军士兵，并于战争末期由法国人遣返回苏联，他讲述了在自己被囚禁的中转营地中，他是如何抱着被扔进一节开往极地苔原的列车的希望，直至冒着生命危险同意加入一个冷漠的共同体。[107]

1947年11月7日，十月革命节[*]，内务部长骄傲地告知斯大林，"为了庆祝伟大的十月革命三十周年，501铁路的建设者们已经赶在计划进度之前，将铁轨铺设过乌拉尔山口，开始铺设其东侧山坡上的路段，为第一批商业列车打开了通道"。[108]自那一夜克里姆林宫的会议后，时间尚未过去一年。这样的进度是惊人的。当工程师和他们的那一伙囚徒着手开发苔原、修筑路堤时，勘探工作往往尚未完成，甚至并未展开。有时，人们甚至不知道自己正前往何处。这种仓促并未对自然条件的恶劣有任何考虑，与之相伴的则是对资源的灾难性管理。只要人们还在向前施工，只要人们能够以铺设的铁路里程为辞措报告工程进展，那便万事大吉。工程开工一年半后，这样的方法到达了荒谬的门槛：囚徒的队伍沿着鄂毕河的入海口深入数百公里，向着莫斯科计划中未来港口的方向前进，这时他们发现，河流和土壤的地貌使建设深水港成为不可能。自北冰洋靠岸的航船，其吃水深度至少为10米。然而鄂毕河口的三角洲中积满了沙丘，其水深通常不超过3米。用以停靠远洋轮船的新港选址在距离鄂毕河自身250公里处，这些平底驳船因而被迫冒着大风进行危险的航行。上述被选定用以建设港口的地点的地名导致规划员犯下错误：他们认为，施工地点是"岩石

---

　　[*] 根据当时俄国所采用的儒略历，革命爆发于1917年10月25日，革命后，自1918年2月14日（儒略历2月1日）起改用格里高利历，革命日期则对应于11月7日。

海角"，因此希望在当地找到用以挖掘水池的石料。事实证明，绘制地图的先驱探险者们昔日自当地涅涅茨人的语言中译出的地名是误听的产物。土著称呼这处海角为"曲角"。[109]在涅涅茨人的语言中，"石头"和"弯曲的"之间仅存在声调上的差别，而先驱探险者们未能注意到这点。这一地点四周没有丝毫石块。人们所能见到的唯有淤泥与河沙。此外，三角洲中的沙丘不断移动，使船只航行时面临极大的风险。除非深挖这条大河的河床并以数千吨的金属与石料加以稳固，该地区不适宜建造任何港口，工程师们在报告中写道。相关的成本将会是无法估量的。

斯大林获悉自然条件与他的意志和命令相违背，但任何证据都未能令他动摇。我们所掌握的唯一文件是1949年1月29日发出的一则新法令，命令将海港的选址从鄂毕河三角洲改为以东1500公里处叶尼塞河较为上游的河段。新的港口当拥有十二座水深至少为10米的码头，同时建有一座有能力每年建造一艘破冰船的船厂。自然，叶尼塞河和它的港口应当联通铁路。为了加快施工进度，人们从东（503工程）西（501工程）两个方向同时开工。为了联通位于鄂毕河河畔的第一处选定地点而已经完成铺设的数百公里铁轨被彻底地废弃了。一切都非常简单：由于第一阶段并未完成，人们立刻开始第二阶段。

在西伯利亚的大河中，驳船拉来了管理机构口中的"分遣队"，它们加快了运输频率，一艘接一艘地航行着。在萨列哈尔德码头的对面，一块巨大的木板向劳动者们打招呼，上面写着："和平阵营的领袖、伟大的斯大林万岁！"[110]管理机构对到来的劳动力做了一台细账：5月13日，到达十三队，总计4400人；7月6日，到达五队，总计1600人，接着又是三队，总计1000人，最终又有两队抵达，总计700人。[111]任务紧急，当时的情形又是如此混乱，以至于相关人员并未确实地区分囚犯和他们的看守：人们以最快的速度向所有这些人发放了铁锹和十字镐，根据图纸上所规划的线路将他们扔去了工地。

数月之前，当这些人离开自己的工厂或集体农庄时，又是如何看待这片沼泽密布的苔原的呢？总工程师亚历山大·波波及作为大工程方面的专家被派往工地，在其于1964年发表于《新世界》杂志（该杂志是赫鲁晓夫"解冻"政策的先锋）的一篇文章中，他为我们提供了有关当时情况的证词。文中使用了如临床诊断一般的描写，既没有文学方面的追求，也不具有任何文学效果。但这部作品同样受到了读者的热捧，因为波波及是第一个向公众提及这项令人难以置信的极地铁路计划的人，而他的同胞们甚至从未猜想过竟会存在这样一个被他称为"死亡之路"的极地铁路项目。无数河流淹没了草木葳蕤的极地苔原，波波及在岸边等待着由一艘拖船牵引的三艘满载的驳船。这一队伍从北冰洋的三角洲出发，溯游而上航行数日，必须在莫斯科指定的地点卸下乘员，以在此处修筑铁路。据此最近的村庄或木屋都远在数百公里之外，显然，事前没有对泊岸做任何准备，人们收到的第一项任务就是以最快的速度修筑一座浮桥以供卸载铁轨、工具、牵引用的马匹以及用以修筑人们自身营地的设备。"每个人一根树干，"劳工队的指挥官、一个名叫安托诺夫的人直截了当地命令道，"这就已经会有数千根了。"同时，他对工头说道："一千根，够吗？"总工程师观察到，驳船上紧紧挤着一群人。他注意到场景中一片寂静。"去干活，给我把所有这些都搬走，"安托诺夫下达了命令，又立刻补充道，"所有身体虚弱或头脑迟钝无法胜任工作的人听着，我不想看到一星半点的偷懒。对一切懒汉，都是300克食物，没有汤！"*

"三艘小船不断往返于驳船与河岸之间，将人们运上这片连道路都没有的土地。每一队人都被运到指定的地段。携带轻机枪和牧羊犬的看守围住了河边的这一小片地区，同时竖起写有'特定区域'字样

---

* 300克是未能完成定额时所领到的粮食配给。这里所谓的汤是一种很稀的热汤，人们通常将它与受潮的面包一道分发给囚犯。参见 Jacques Rossi, *Manuel du Goulag*, Paris, Le Cherche Midi, 1997, p. 158.

的告示牌。在陡峭的河岸上，人们坐在各自的灰羊毛大衣上，宛若乌云般的蚊虫立刻飞过。［……］人们开始沿着整条河的河岸伐木，将砍下的木材剪去树枝，将树干部分拖至用以切削木材的河道。囚犯和他们的看守一样，咒骂着蚊蝇，点燃火焰以驱散它们，在难以忍受的叮咬与瘙痒的折磨中破口大骂。下士们高声叫道：'上工了，上工了。'［……］工程日夜不断。最为体弱的人在距离工地不远的地方搭建起了帐篷，劳工们在军警的押送下轮流前往营地休息五至六个小时。人们瘫倒在牢牢钉在柱子中的床褥上，用自己的大衣盖住头部，在煎熬数小时之后重新开始工作。［……］第四天，三艘驳船能够于浮桥停靠。卸货开始了。"[112]

数千人登陆了苔原。他们物资贫乏，住处也仅有帐篷。在内务部长克鲁格洛夫于6月27日向斯大林提交的报告中写道："为了加速并扩大筑路工程，我们已经从其他地区调集了各种物资：铁轨、枕木、金属、木材、火车头、工程机械、拖拉机、多种工具以及开始施工所必需数量的劳动力，他们以队为基本单位组织起来。"[113]根据需求和动员程度，每一队的人数从300至1200不等。从鄂毕河（西伯利亚一侧）或伯朝拉河（欧洲一侧）的河岸起，每一队都被指派了施工范围。营地彼此之间均相隔10至12公里，它们与可供列车交会的道岔等高。随着工地的推进，很快极地铁路沿线便建起了140座这样的营地。

所以，那些这样进入极北地区的男男女女是什么人呢？有关部门精心保存着上万名参与501-503工程之人的档案文件，它们忠实地为读者勾勒出战后这一时期的群像。如果以刑期长短为依据对他们加以分类，那么营地于1951年6月的统计数据便会呈现出下述画面：刑期一年及以下的，占0.002%；刑期为两至三年的，占4.6%；刑期为三至五年的，占22.8%；刑期为五至十年的，占59.6%；刑期为十至

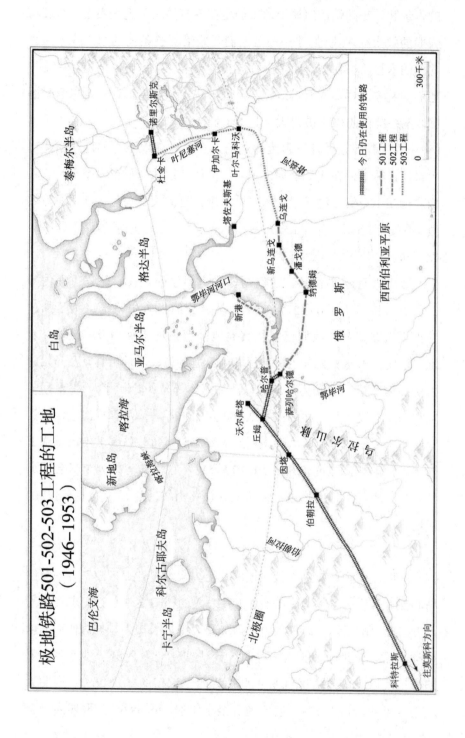

极地铁路501-502-503工程的工地
（1946–1953）

泰梅尔半岛
诺里尔斯克
叶尼塞河
杜金卡
伊加尔卡
叶尔马科沃
塔佐夫斯基
乌连戈
新乌连戈
潘戈德
纳德姆
西西伯利亚平原
俄 罗 斯
格达半岛
鄂毕河口
亚马尔半岛
白岛
喀拉海
新港
哈尔普
萨列哈尔德
鄂毕河
沃尔库塔
丘姆
因塔
伯朝拉
新地岛
喀拉海峡
巴伦支海
科尔古耶夫岛
卡宁半岛
北极圈
科特拉斯
往莫斯科方向

今日仍在使用的铁路
501工程
502工程
503工程

0   300千米

十五年的，占 1.7%；刑期为十五至二十年的，占 4%；刑期为二十年以上的，占 7.2%。[114]对于受刑种类的统计同样清楚明了：被判处"反革命罪"（依据苏联刑法著名的第五十八条）者，占 24%；触犯普通法（如抢劫、盗窃、谋杀、强奸等）者，占 15%；"因 1947 年 6 月的命令而获罪"者，占 60%。[115]

正如我们所见，最后一类囚犯构成了当时"在押人员"的绝大多数，值得我们为之花费一些篇幅。大体上，他们也就是营地中那些被判处五至二十年徒刑的人。在黑话中，他们被称为"oukazniki"。1947 年，高压的浪潮席卷苏联，这些人首当其冲。是年，苏联遭到了饥荒的袭击，这场灾难开始于前一年秋季。战争带来的大量伤亡（仅苏联便有 2700 万人丧生），导致农业丧失了必要的劳动力，苏联失去了最年轻的一代人。德国人对乌克兰和中部农业区的占领以及苏军随后解放这些地区的战斗破坏了这一地区的组织。仿佛这些不幸尚不足够，1946 年，一场可怕的旱灾蹂躏了乌克兰、摩尔达维亚和整个俄罗斯南部地区。天灾的后果立刻显现，粮食歉收，并且进入秋季以来，农民和城市居民相继陷入饥荒之中。据统计，1946 年底至 1947 年夏之间，因饥荒而死的人数在 50 万至 100 万之间。[116]

这是 1932 年至 1933 年间曾经发生于乌克兰、俄罗斯南部和伏尔加河流域地区悲剧的再现，其烈度较之 30 年代的灾祸几乎不相上下。而正如当时一样，当局拒绝承担任何责任。1946 年，最先遭殃的是集体农庄的负责人。他们被控玩忽职守或消极怠工。是年秋季的数周之内，超过 5.3 万名集体农庄的负责人被判处重刑。[117]自然，这些措施只会使形势进一步恶化。自冬季起，当局需要面对骇人的局面：为了维持自身生存并抚养其孩子，因战争而丧夫的年轻女子和残疾人被迫通过偷窃获取他们微薄的口粮，几块面包、些许择剩下的蔬菜或是一个罐头。作为回击，当局在 1947 年 6 月发布了一系列有关盗窃与浪费的刑事责任的著名法令。根据其中的规定，最轻微的小偷小摸也会被判七至二十五年的监禁或劳役。初犯者的量刑为七至十年，惯犯则最高面临二十五年的刑期。这些法令所规定的刑罚超出当时依据此前法规所采用的量刑标准十倍。"在整个斯大林时代，人们所颁布的法律和政令事实上将全体国民笼罩在犯罪的阴影下。随后，是否会沦为罪犯纯粹取决于所处的环境、个人运气以及不那么热衷于依法办事的官员的决定。无论在什么情况下，对所有人而言，仅仅'举止良好'并无法保证他们不会被送到惩戒营。"一群自苏联解体后花费十数年研究官方文件的俄罗斯与外国历史学家于2004年做出了上述评论。他们的工作成果分为七卷发表，构成了如今对惩戒营历史最为扎实且深入的研究。[118]他们对1947年众多法令的意见尤为公允。

这些法令颁布后，罪犯们的数量令人印象深刻：法律颁布后的数周之中，超过38万人被判刑，其中包括2100名不满十六岁的青少年和儿童。不公正现象如此明显，量刑的不合理是如此令人难以忍受，以至于人们在官方文件中发现了源自法官或检察官的大量愤怒的抗议和反对。正如人们可能猜想的那样，这样的局面在斯大林统治期间并不常见，营地眼睁睁看着涌来大批惊慌而绝望的公民，其中有相当部分为被称作"女窃贼"的妇女，这样的性别构成不同于往常，是一种前所未有的局面。由于曾经协助自己失去父亲的孩子生存下去并偷窃了三个苹果或两根甜菜，她们被发配往极北地区砍伐树木或推着独轮车装卸土方。另一个被经常使用的罪状是工作迟到。在法令颁布后的六年内，150万人因为种种原因被送上了前往苦役营的道路，其中有40万人为女性。[119]到1953年，因1947年的法令而被捕的人占古拉格囚犯总数的40%。

这些是数据、统计结果，但它们之中还隐藏着众多的悲剧命运。奥尔加·西蒙年科是一处集体农庄中公共食堂的经营者，她被放逐至501工程所在的苔原上：值夜班的她对工作于寒夜中的拖拉机驾驶员们心生同情，为他们提供了一份额外的粗面粉，因而被控浪费集体资产，被判处两年劳役。女囚库库什金娜同样也在自己的回忆录中提及了其年轻的狱友奥莉娅的遭遇："我们在规划中的铁路沿线从事填土工作，负责卸下由沙子或原煤制成的路基，用锹卸下沙子是最简单的工作，但卸下原煤就太吃力了，而且我们的时间也不充裕。我不是一个小姑娘，曾经于卫国战争期间在集体农场中工作，但我还记得奥莉娅，她来自第聂伯罗，是一个城里的小女孩，一直呜咽个不停。她的工作是理发师，因为曾经替一位女性朋友免费理发而被判了两年。和她差不多的还有尼娜·瓦西里耶夫娜，这位女教师也因为一些琐事被判刑。"[120] 另一些人因为偷窃了三米棉布与五盒缝纫线而被判刑八年，或是因为自集体农庄中盗取了一盒大麦种子而被判刑十二年。[121] 这个小环境中不加区别地混杂着罪行轻微的罪犯、偶然性和随意性极大的司法万念俱灰的受害者、被允诺中的高工资吸引而来的工人以及粗野的看守，于此，妇女们的生活尤为艰难。由于1947年法令的实行，大批犯人突然涌入，管理机构不得不采取新的组织体制。在铁路沿线，一些营地被指定为专门的女囚营地，比例大约为每四座监狱有一座女囚监狱。一些女囚监狱被下达了缝缝补补的任务，而大多数则被同样赋予了伐木和建造填方的任务。正如人们所能想象的那样，男女混居并不容易。事实证明，禁止男女囚犯同时出现在工地的规定不可能得到遵守。1948年年初，政府部门的统计数据表明了4588例怀孕，次年，这一数据将是9310例。[122] 检察机关的调查显示，人们用尽各种方法规避禁令。通常，当可能大赦的流言在营地内流传时，女囚们自身也会试图怀孕，希望有可能借此获释。但尤为不可忽视的是，暴力、威胁与长期的侵犯使营地中的女性生活在极其不同寻常的地狱之中。例如，根据一名德国女囚的叙述，在1951年，一伙计有78人的普通囚犯被安置在女囚所住木屋的另一半。每天，他们都用尽一切方法，试图闯入女性所在的隔壁寝室。他们拆开屋顶、推倒隔板。警卫倾向于不介入此事，而这伙犯人直到十二天后才被运往其他地点。[123] 在另一些案例中，触犯普通法的罪犯团伙会将女囚作为纸牌游戏的脆弱赌注，赌输的一方需要将之交予获胜的一方。[124] 此外，官方的文件也证明，存在营地管理人员奴役女囚的现象。[125]

除了因1947年的法令而获罪的"oukazniki"之外，被判处劳役的刑徒中也有大量自前线返回的士兵。他们中的绝大多数被列入"政治犯"之中，因为反革命行为或反国家罪行而被送往营地的监牢中。费奥多尔·雷夫列夫便是一例。他幸运地在经历了整场战争后活着归来。1945年，二十六岁的他复员转业，进入一家车辆修理厂。"战争期间，"他说道，"我有幸看到了美国的汽车：斯蒂旁克、威利吉普。这是一些美丽而强劲的车辆，发动机强于我们的吉斯小汽车。在工厂内，我并不是名列末流的职工，也得到了良好的评价，而且自然也是苏共党员。但您也看到发生了什么，我们时不时在一起喝酒，所有人都会在这一场合高谈阔论。我也说到，众所周知，德国人的歼击机质量优异，而我们的老旧飞机就是一堆烂木头。简言之，有人告发了我。我做了一件怎样的蠢事啊。他们传唤了我，以'崇拜外国科技'的罪名判了我五年，我由此踏上了前往北方的道路。"[126] 在囚犯的队伍中，与费奥多尔相伴的还有很多从前的士兵。战争期间，这些士兵曾经被德军俘虏，1945年后，他们又遭到了占领德国的盟军的羁押，事实上，对他们而言，北方与西伯利亚成了较为幸运的目的地之一。在纳粹的集中营内，这成千上万名苏军战俘已经遭到了较其西方同行更为恶劣的对待*，随后这些人被接待他们的英国人、法国人、美国人和瑞士人在充分了解实情的情况下移交给苏联当局。他们被怀疑曾经与敌人合作且并未战斗至最后一枪一弹，甫一回国便被投入"审查营"，其中绝大多数人未能离开这里，直至最终被编入古拉格的劳工队中。

---

* 苏联没有批准《日内瓦公约》，德国不承认苏联俘虏战俘的地位，在德国的战俘营中，苏联人经常食不果腹，其死亡率也异常骇人。

这便是501-503营地中的小人物。他们没有留下姓名，也没有发出自己的声音，面目模糊，逆来顺受。自集体化以来，关于他们的物证仅有少数得到了保存：不同于十年前死去的知识分子，这些人很少发声，也不从事写作。然而，501-503营地也有自己的明星。在极地铁路工地上一排排身着灰色服装的囚徒中，掩藏着一些著名人物，例如曾经与大卫·费奥多罗维奇·奥伊斯特拉赫一同登台演出的钢琴家托皮林，失宠的原官方画家亚历山大·德伊涅卡，中世纪史研究者卡尔萨温，电影艺术家列昂尼德·奥博连斯基（他是弗谢沃洛德·梅耶荷德与谢尔盖·米哈伊洛维奇·爱森斯坦的密友，并在电影《蓝天使》巡演期间与玛琳·黛德丽一道担任冯·施特恩贝格的助手）。更为重要的是，工地的白色木屋中还居住着斯塔罗斯京四兄弟，他们足以跻身当时最优秀的足球运动员之列，效力于位于莫斯科平民区的传奇俱乐部莫斯科斯巴达足球俱乐部。他们突然消失，而其俱乐部并未给出任何解释。有传言道，他们拒绝转会至贝利亚所狂热支持的莫斯科迪那摩俱乐部，并胆敢在苏联杯的比赛中两度击败第比利斯格鲁吉亚俱乐部。四兄弟所享有的荣誉是如此显耀，他们在苏联家喻户晓，他们遭到流放的原因更有可能是黑市活动，以及被当局怀疑曾在战争期间考虑任由自己被德军俘虏以在欧洲继续其职业生涯。尽管他们声名煊赫，如今却都在沼泽中推着独轮车。他们消失于每天早晨于土台上点到的花名册之中。除了成千上万名受害于告密和随意司法的人之外，营地中还有另一类人，他们来自刚刚结束不久的第二次世界大战。于1944年至1945年间被俘的大批德军士兵也被派遣至大工程工地之中。总体而言，相较于因大环境而意外被捕的平民和轻罪犯，这些人拥有更高的组织度和更好的纪律性。最后，乌克兰、波兰、波罗的海三国、高加索地区或摩尔达维亚地区的抵抗者和民族主义者也被置于铁路方案沿线的铁丝网之后。在苏联新近占领并通过第二次世界大战末期的条约获得国际承认的领土上，游击队员进行了长达数月的战斗，其被俘的成员同样成为囚犯，被投放至极地铁路的工地。

1945年5月，当红旗被插上第三帝国总理府的屋顶时，苏联人民期待着复兴。在史无前例的战争之后，数以千计的村庄和城市遭到摧毁，失去了整整一代人，苏联人民所愿意相信的，唯有春日已经到来。敌人已经被埋葬于其本国的废墟之下，自己的祖国则是主要的战胜国，动员、警备、保卫"社会主义祖国"的神圣战斗，这些长存不断的号召与要求也不复存在。人们想要呼吸，想要享受生命与自屠杀中归来的劫后余生。正如他们的祖先于战胜拿破仑后所做的那样，这些年轻的原红军战士讲述着他们在中欧地区和德国的所见所闻。

人们只愿意思考和平与繁荣，但迎来的是又一次事与愿违。1947年夏以来，大量囚犯突然涌入劳动惩戒营，导致生活条件猝然再度恶化。管理机构超负荷运转，境内一切物资均感匮乏，因此营地中也是如此。官方的报告表明了营地负责人的担忧：由于缺乏足够的食物和最基本的医疗保障，所有人都染上了疾病。仅有8％的苦役犯能够被列为"第一等级"（身体健康，能够从事工作），而70％的人都被分入了第三和第四等级（极度虚弱、生病和残疾）。在衡量劳动能力方面，医疗委员会的标准并称不上宽松。例如，仅在双目均患有青光眼时，犯人方才得以获准免于工地劳动。又或者对仅剩一个肾脏的人而言，只有在第二个肾脏也遭到疾病侵袭的情况下才能获准免于上工。营地是一处巨大的检疫站，充斥着众多瘦弱的人影。当1947年至1948年的冬季降临时，人们自然缺乏足以供应数千名新囚犯的服装和靴子。各处营地负责人愤怒的报告再度涌向古拉格的中央管理部门，例如，位于北极圈以内的沃尔库塔一处营地的负责人写道："我们请求你们注意，营地所收到物资的质量令人难以接受。我们已经收到了9000双由硬帆布制成的靴子，它们完全不适用于沃尔库塔的环境。"[127]

这一巨大的系统扩展至整个西伯利亚以及苏联各地，但它起源于哪里呢？其首要职能又是什么呢？在斯大林时代，惩戒营主要承担两大职责：隔离社会中对当局构成威胁的因素，为其发起的大型工程提供免费劳动力。而这一系统自身则发端于白海中索洛韦茨基群岛上第一座真正的劳动惩戒营。这里曾经是索洛韦茨基修道院，在俄国君主主义和俄国东正教的苦修活动中占有崇高地位，它是不可胜数的朝圣者所青睐的目的地，也是17世纪俄国正教会大分裂中坚持旧礼仪者的源头。当局将之改造为关押所有反革命分子的地点，不论这些人是真的犯下了罪行，还是仅仅遭到了怀疑。很快，数千名白军成员、教士、僧侣、社会民主党活跃成员、保守分子、贵族家庭成员、作家、艺术家和科学家拥挤于教堂等种种遍布群岛的昔日宗教建筑之中，随后这一数字扩大至数万。与当局意图相当不符的是，索洛韦茨基成为知识精英的活动中心，他们创作了大量作品讲述自己所受的苦难、痛楚及精神层面难以置信的兴奋与骚动。[128]起初，新政权并没有多余的意图，仅仅想借此流放并监视强大的反对者们。但到了20世纪30年代末，一个名叫纳夫塔利·弗伦克尔的囚犯向隔离营的负责人提议，将他及其狱友投入劳动。他出身于敖德萨的犹太人社区，是一个精于投机倒把的黑市活动人士。其想法在于通过劳动换取食物。应当确立一种与每日工作任务相称的食物配给规范。"完成多少工作，吃到多少食物。"如果一名囚犯完成了当日的任务，他便能够依据标准领取食物。而如果他超额完成工作，则有权获得额外的食物。反之，如果工作量不达标，其食物配给额便会降至一半乃至更少。这一制度决定了囚犯的生死，并使纳夫塔利·弗伦克尔得以进入"机关"（人们用这个词称呼警察和监狱部门）工作。[129]

自此刻起，古拉格也成为一家实力雄厚的公司，在苏联经济中扮演重要的角色。内务人民委员会的警察与法院为它提供了数十万继而数百万的免费劳动力，而对这些人力资源的管理令其成为首屈一指的投资者之一，也是最大的承包公司。直至1953年，古拉格都是当局一切重大工程诱人的劳动力供给者：开挖运河、修筑道路、建设大坝、铺设铁路、建造工业复合体、开挖矿脉、采掘各类金属。

从表面上看，"古拉格"一词是"劳动惩戒营管理总局"的缩写，不过是内务人民委员会下属的一个部门。它成立于1929年，用以伴随农村的集体化，并组织将集体农庄成员及其家人流放至极北地区、西伯利亚地区或中亚地区的队伍。俄国的农民阶层被粉碎，并被迫承担苦役，而古拉格则是他们的狱吏。西方历史学家有忘记这一点的倾向，直至1935年，农民依然占到囚犯总数的86.9%。[130]随着时间的推移，古拉格承担起了看守的职责与责任。它先后于1930年和1934年逐步接过了全苏联所有监狱、少年教养院和劳动惩戒营的看管。

这是一处隐藏于栅栏和铁丝网之后的秘密世界，其中的居民人数长期都是最高机密。西方出版的有关这一不断扩展的苦役犯监狱的第一批著作基于纳粹在其占领的苏联领土中所发现的文件。[131]而在接下来的数十年间，对古拉格的描写仅能依靠那些基于其受害者的证词而创作的作品，包括亚历山大·索尔仁尼琴的皇皇巨著《古拉格群岛》[132]、瓦尔拉姆·萨拉莫夫的作品《科雷马故事》[133]。冷战时期的意识形态背景强化了苏联方面对于秘密的偏好，这样的风格为各种各样的猜测和"我相信"提供了空间，导致对在押囚犯数目的估计有时会多出十倍，或是达到更加夸张的程度。[134]但是，最为接近真实情况的数据也足以令人目瞪口呆。

自相关文件被公开后，俄罗斯涌现了不可胜数的其他证据，但直至今日，人们依然难以得出一个精确的数字。管理部门对囚徒人数的清点非常频繁，尤其集中于每年的年初，这事实上掩盖了囚犯们极为重要的变动，诸如被依法或法外判刑、在拘禁期间改变身份、被部分赦免、释放、死于营地、越狱等，并使登记变得如此困难，以至于管理机关有时也会犯下错误。自1929年至1956年，对不同形制与地位的营地的称呼也一直处于变化之中，而有时，囚犯及其家人甚至在获释之后还会居住在庞大的营地之中。此时的他们应当被视为囚犯吗？还是被视为古拉格的居民？这个令多组训练有素的俄罗斯历史学家孜孜不倦竭力探索的问题远非初次接触时乍看起来那么简单。

但是人们清楚，囚犯的数量经历了大幅度的变动。在这一劳动惩戒营帝国诞生之初，其在押犯人数目便经历了大幅增长：从1929年2月1日的76523人增长至1934年年初的51.0309万人。并于1939年年初进一步扩大至128.9万人，两年后，这一数字在卫国战争爆发前夕达到了230万人。战争期间，在押囚犯数量经历了大幅度的波动，其原因一方面在于成千上万的犯人借此机会获释并被送往前线，另一方面也在于战争经济导致营区内的生活条件极其恶劣，从而使营地中的死亡率达到了令人震惊的水平，此外还因为一波波新囚犯的抵达：1944年1月，在押囚犯数量为117.9万人，但是自和平恢复，尤其是自前文所述的1947年浪潮，这一数据又在突然间大幅上涨：1946年11月时，在押囚犯为180万人，但到了1948年年底，囚犯数目达到了200.0365万人，而在1950年至1952年间则一直维持着250万人的峰值数据。[135]这个帝国在全国范围内拥有476处营地系统，主要分布于西伯利亚和极北地区。[136]每一处营地系统自身也由数以十计（有时甚至数以百计）的营地构成。在试图找出关于在押囚犯尽可能精确的数据的同时，俄罗斯历史学家们成功得出了下述估算结果，这也是今日最为可信的数字：自1929年至1956年，大约2200万至2750万人曾经被关入惩戒营。[137]如果人们还记得，1953年，苏联的成年人口为一亿，就可以较为可靠地确认，在这一代人中，苏联的绝大多数家庭都直接或间接面对过古拉格的成员。[138]

拉夫连季·帕夫洛维奇·贝利亚是苏联领导层中另一个格鲁吉亚人，也是斯大林的忠实追随者。当时，他重新掌握了内务人民委员会的领导权，赋予古拉格以承包公司与免费劳动力提供者的职能。人们恢复了苦役的"惯例"，并将之一直保留至20世纪50年代这一系统寿终正寝、惩戒营被关闭之时。当它服务于生产目的时，惩戒营帝国也遵从利润最大化的法则，每一个惩戒营负责人也必须按照指定的规范行事。每一个负责人的目的远非肉体消灭其所看管的囚犯，相反，他们所关心的是令这些人保持工作状态。在这个系统的逻辑中，最优的状况在于以苦役犯的生存为代价降低运行的成本。利润额并不高。为了令项目能取得盈利，监狱方必须将伙食、设备、看守和保健支出限制在最低水平。但是，倘若囚犯死亡，或是他们过于虚弱以至于无法保证完成被分配的生产目标，那么该营地的负责人便面临着巨大的风险。[139]在由负责人之一所留下的那些罕见的证词中，有一份由费奥多尔·莫楚勒斯基所持有的《岸边日记》，人们在其中发现了来自中央政府的无形压力。"1941年，"莫楚勒斯基写道，"我们听说莫斯科已经决定更换伯朝尔拉格（伯朝拉的惩戒营系统，位于乌拉尔山脉以西的北极圈内）的全体管理层。我相信，莫斯科之所以做出这样的人事变动，原因在于他们已经获悉，自极地入冬之初以来，大批囚犯丧生。根据流言，该营的所有管理干部都遭到了逮捕并被枪决。"[140]看守们的处境并不比囚犯们好上多少：他们被孤零零地抛在极北地区，既没有明确的工作年限，也没有摆脱当前局面的可能。

长久以来，死亡率一直是古拉格历史中最为神秘的领域之一。无意识地将古拉格与纳粹集中营相比较，以及对苏联历史中有关部分的保密，都使得冷战期间出现了一些缺乏根据的估算结果，有时甚至会得出荒诞不经的数据。今日，我们从公开的档案文件中所获知的数字仍然需要小心谨慎地处理。正如我们前文中所提到的那样，根据大环境，惩戒营的负责人们有可能可以缩小其管辖下犯人的死亡数字。而在其他的时期，尤其是为了表明环境的严酷，他们也可能回应一种截然相反的动因。但是，惩戒营的实际人数与资源和给养的供应、需要完成的工作指标之间存在密切的相关性，更不用说还有上级的巡查，上述因素都使这些数据具有可信度。根据时代的不同，这些数字表现出截然不同的事实：20世纪30年代初，平均死亡率为3％至5％。直至苏德战争爆发前夕，这一比率为2％至5％。1942年，当全体苏联人民都蒙受着极端的物资匮乏时，惩戒营中的死亡率达到了峰值，为25％。当时，这些营地属于最后一批领到给养的单位，往往只能自力更生以试图求得生存。战后，死亡率回落至0.4％至1％的区间，直至这一系统被关闭。[141] 作为当时最大的营地之一，501-503工地是一大典型：尽管气候条件极端恶劣、工作方式异常严酷，惩戒营中央文档中的内部审查报告仍然表明，这里的死亡率一直位于1％的门槛上。[142] 结核病与施工事故是主要的死因。当人们放眼整个古拉格群岛及其历史时，所看到的图景又会大不相同。根据已发表的不同研究成果，170万囚犯再也未能自劳动惩戒营返回。他们中的大部分人因精疲力竭或疾病而死。[143]

惩戒营被卡在管制职能与经济职能之间动弹不得，一直在两端之间摇摆不定。如1937年的"大清洗"一般盲目而造成大量死亡的浪潮导致苏联损失了必不可少的力量与才干。正如1932年或1947年所发生的那样，过多的逮捕与流放超出了组织所能承受的限度，令其丧失了行动能力。但是，正如1945年随着战争终结而宣布大赦时的情况一般，相反的行为则会带来囚犯数量的突然减少和使用苦役犯的工地陷入停顿。原因与结果各是什么呢？这个系统的内在逻辑藏于何方呢？对古拉格历史中囚犯人数波动、犯人大规模涌入或离开的观察令人感到困惑。例如在战争期间或是在当时，人们可能几乎同时被卷入部分赦免和大规模逮捕两种不具备任何协调性的、截然相反的流动之中。

对于系统内部不同循环及其机制的深入研究尚待开展。直至今日，对于内部文件的检读仍未能加深我们对于这一问题的认识。例如，没有任何一份文件证明存在一股以增加免费劳动力库存这一意图为源头的高压大潮。这一系统以一种随机的模式运行着，它好似一个巨大的、活生生的组织，不断尝试与所处的政治和经济背景相适应，但它的体量是如此庞大，以至于最终脱出了其领导者的实际行政管理。一波接一波不可预见的浪潮引发了种种彼此矛盾的力量，由于受到它们的推动，驱使其运转的逻辑越发混乱，而其下属机构也显得自治而不可控。

然而，大型工程与大规模逮捕的浪潮相重合。正是得益于将部分农民投入，国家才得以在20世纪30年代初推进工业化、城市化，并展开密集的基础设施建设。而正是在1947年的一系列法令之后，国家着手实施了诸如极地铁路等工程。一次次浪潮使当局能够在有需要时"征收"部分免费劳动力，没有这一点，这个时代的种种重大工程绝无可能付诸实践。

极地铁路便是一大典型。这条铁路会穿越泰加森林与苔原。已经确定了铁路的起点与终点，绝无更改的可能。场面总是如出一辙：每一组施工队被分配了一段长达12至15公里的路段，开始于其范围内修筑道路。这并非易事，因为吸水的土壤浸满了永久冻土融化后的水分，并将在秋季重新冻结。有时，人们会陷至膝盖部位。因此，必须使用圆木或就地锯成的木板覆盖整条线路。接着，设计方案计划为路段配备电报线。*直至此刻，整个工程才真正开始：在整条线路上堆积并压实高达数米的填方，其上将先后铺设石碴与铁轨。当铁路线穿越汇入北冰洋的西伯利亚河流众多支流中的某一条时，人们在陡峭的河

---

* 后者直至20世纪90年代初仍在使用。当新成立的俄罗斯联邦宣布不再维护时（这也是极北地区众多其他工程的遭遇），它便与苏联一道逝去了。

岸上修筑起结实的木桥，它们由销住的木梁构成，长度可达数十甚至数百米。绝大多数路段都尚未得到勘探，人们仅能依靠航空摄像的底片对泰加森林进行初步研究，但这些照片并不能就飞跃过的沼泽提供多少信息。"我们没有地图，"总工程师波波及写道，"我们手头的地图比例尺为一比一百万，它并不精确，充斥着白色的斑点，甚至图中的河流也被以虚线标示。"[144]在他的证词中，这位身为主要技术负责人之一的总工程师亲口承认，关键在于永远不要质疑上级的命令，并让施工看起来像是在执行它们。"长期以来，我已经对规矩了然于心，并再也不会为之生气，"他在自己的文章中讲述道，"无论情况如何，对于一切命令，下属们都会眼睛眨也不眨地回复'遵命，定当奉行'，即便上级和下级都很清楚，这道命令完全不具备可执行性。"[145]波波及还补充道，重点在于确保自己不会遭到任何可能的攻讦，被指责未能完成使命。在整个系统中，这种弄虚作假的技术被冠以"托福塔"之名。这是营中的传统艺能，也是"指标"这一对营地而言生死攸关的原则所导致的直接后果。为了避免无法完成每人每日的定额，从而担上每餐仅能领取远不足以果腹的300克面包的风险，因犯们组织起来，采用所有可能的手段虚报数据。不同的小队之间互通木材的库存，以将它们重复计数；人们锯开木桩，以免将之打入冻土中太深；人们弄湿填方的材料，以增大体积：这样的行为不止于此。因犯们看着自己达成了指标，刑期有所减少。负责人达成了自己的目的，并获得了上级的嘉奖。部长能够骄傲地宣布，工期被缩短了，革命热情正在发挥作用。

事实上，对于这一浩大工程的效用，人们已经产生了怀疑。当人们已经在沼泽中铺设了近千公里的沙石填方时，穿越这片荒野的道路显得不仅难以建设，也同样难以维护保养。每年春天，人们眼睁睁地看着路基随着涨水而崩塌，填方分崩离析，木制的桥梁坍塌，建设跨越那些最宽广的河流的路段则对技术和能力有一定要求，而这样的人物在囚犯之中极其罕见。在众多的路段，人们必须铺设一层秸秆和简易保温层来保护永久冻土，减缓其融化并避免土壤的滑动。[146] 在发往莫斯科的报告中，工程的负责人们对该项目的盈利能力提出了质疑：劳动效率过于低下，而为了改善这一问题，人们甚至重新向囚犯们发放微薄的工资，令他们得以在营地内的货摊上购买一些额外的物品、糖果、罐头或香烟。此外，管理方还建立了一套减刑体系并投入实践。但这一切都无法调动起这支如同奴隶一般的劳动大军的积极性。自那一刻起，当人们加上由看守、住房等因素带来的成本时，他们自问，招募自愿参加工作的工人是否更为经济实惠呢？这大体上是项目负责人们的看法。根据文献资料，在一份于1950年上报的摘要中，内务部长、惩戒营系统的总负责人克鲁格洛夫自己也观察到，事实上，在由惩戒营负责建设的大型工程中，"维持"囚犯们所带来的成本要高于同样的工作下付给自由工人的工资。简言之，系统没有盈利能力。大型工程所需的惊人投资额掏空了国库。而尽管有着种种借口、托词、会计方面的伎俩、关于牺牲的讲话以及苏联人民的艰苦劳动，这一经济上的现实也逐步得到了众人的承认。[147] 在极地铁路的工地上，自1952年以来，人们注意到可供调配的资金日益减少，工程进度放缓。但谁又来告知斯大林同志这一切呢？当他提出极地铁路的主线计划时，其目的正是在于设计出通往勘察加地区和白令海峡的后续线路。在他眼中，这两处在美军自阿拉斯加发起的攻势面前会显得过于脆弱。[148]

一旦完工，能够享受极地铁路所带来的益处的，仅有其位于水运大动脉鄂毕河与叶尼塞河沿岸的一头一尾。而根据各部门的计算，自诺里尔斯克运出具有战略意义的矿石的成本甚至未必合理。至于这一庞大工程的剩余部分……彼此间相距12至15公里的车站被赋予了饱含诗意的名字：春天，山鸡，母狼，雌性雏鹰，蚊子，旧川，甚至还有……欢乐。但它们的四周环绕着铁丝网，所联通的也仅仅是随着工程进展而被逐步腾空的营地。一些工程师写道，要是人们能够赌一把地下丰富的初级资源就好了。[149]但是，没有人有时间展开认真的勘探，上级制定的完工期限不允许他们这样做。

极地铁路，一片面积广阔、贫瘠不毛的泥沼？事实上，艰难行进于极北地区铁路上的机车驶过了一大片油气层，它们直至数十年后方被探明。在20世纪80年代，人们在西伯利亚的该片地域发现了俄国历史上最大的天然气矿井。但此刻，即便克里姆林宫也对此一无所知。

当斯大林于1953年3月初突然辞世时，超过800公里的铁路已经完成建设，而一半的地段也已经完成了勘探。然而，在条件不利的苔原上，工程还剩下650公里尚待建设，且施工难度不逊此前已经完工的路段。从这一刻起，事情的发展极其迅速。3月17日，在隆重的葬礼后一周，贝利亚已经改革了无所不能的内政部，并将所有大型工程纳入自己的掌控之下。3月28日，他下令大幅削减这些大型工程的投资，其预算从1500亿卢布下降至490亿卢布。他担任领导职务的同僚们已经收到了他发出的一张名单，上面罗列了必须立刻终止的项目：501-503工程赫然位列第一。[150]他们悉数采纳了这一提案，并宣布实施一场涉及100万人的大赦。

对于那些孕育了这一项目和那些正在建设这一项目的人而言，极地铁路的终结是一场彻头彻尾的意外。[151]一切都停止了，在数日之中，没有人知道这800公里铁路、277处工程构筑物、数十座车站、40辆火车头与配属车厢会发生什么，更不用说100多处尚在运转的惩戒营了。正如往常一样，混乱和仓促一同降临。在现场，工程师们要求用两年完成工程，并将所有库存的物资运回。但当局仅批准他们至1953年9月1日。"工程迎来了清算，我们有两天的时间打理好手头的业务。"工作于项目管理部门的奥尔加·科楚别伊在自己的回忆录中写道，"我们登上安排好的列车，启程前往萨列哈尔德。在我们离开前，相关人员已经开始带出囚犯们。日夜不息的火车已经撤走了所有的劳工队。一切都太快了。"[152]得益于大赦，5月时，数万名囚犯重获自由，返回了俄罗斯地区（在惩戒营中，它被称为"大地"或"大陆"）。仍有1.15万名囚犯被转运往其他营地，尤其是位于那条无疾而终的铁路线本当抵达的诺里尔斯克的营地。两千匹挽马被就地屠宰。过于笨重或难以运走的物资被摧毁。六辆大型火车头和它们所配属的十多节车厢则遭到了抛弃，被停在工程的东侧路段。据统计，叶尼塞河河畔的车站叶尔马科沃已经拥有1.5万至2.5万名居民，在数周之内，它成了一座鬼城，泰加森林将会逐步收复这片地区。*根据该项目清算的总负责人亚历山大·日金所言，约有10万人离开了这些营地：不仅包括囚犯，还有看守、领薪水的技术人员以及他们的家属。[153]他们所有的牺牲都归于虚无。正如这一时期的许多大型工程一般，极地铁路被从传奇故事中抹去。"斯大林卡"仅仅是一条已被废弃的铁路。而惩戒营的剩余部分也将很快步其后尘。

---

    * 如今，仅有一座木屋会在夏季时迎来叶尼塞河河畔一户渔民和猎人家庭的入住，其他的则在树木与灌木丛之间悄然腐烂。

第二十四章
流放地的衰落

　　这条极北地区的铁路已经遭到了废弃，而在其最东端，则隐藏着地球上条件最为艰苦恶劣，同时也是最为富饶的自然地点之一。在叶尼塞河以东一百余公里的西伯利亚极北方地区，诺里尔斯克矿床有希望成为苏联工业史诗中的传奇之一。苏联政府坚信可以战胜自然，在它与自然之力相斗争的宏阔战斗中，这里是其选定的战场之一。这里的背景是一片沼泽密布、湖泊遍地的平原，处于围场型群山的环抱之中。木本植物在这里踪迹难寻。此地位于北纬70°，也就是北极圈以北数百公里。裸露的斜坡由岩石构成，其上附着有几簇灌木丛，宣告着普托拉纳高原占据了泰梅尔半岛的中心地带。最近处的山丘高达数百米，直至夏季，其上都会散布着一片片冻结的积雪，而过于短暂的夏天无法令它们融化。7月中旬的气温仅有12摄氏度，而11月初至3月末间的平均气温则是零下25摄氏度，有时，温度会骤然下降至零下50摄氏度，冬季长达八个月，另有三个半月的极夜，仅仅这里的气候本身便足以令人类望而却步。唯有当地的游牧民会在每年转场时赶着驯鹿群穿越这一地区。而风的流动也同样凶猛，西伯利亚的大河咆哮着涌入结冰的冰斗，激起了持续数日的风暴，在此期间，这些自然之力是如此强大，让一切移动都变为了不可能。

白色的冬季，褐绿色的夏季，诺里尔斯克就是地狱。但它同样也是矿业的天堂。这里的土壤几乎包含了门捷列夫的元素周期表中所有的元素。矿床边的第一座土丘就是名副其实的煤山，在其中挖一铲子便可获得燃料。

　　直至19世纪下半叶，人们方才发现了这座西伯利亚的"黄金城"。一些旅行家和科学家（尤其是在18世纪的探险大潮中）已经充分报告了叶尼塞河下游一带很可能存在煤矿，但这里是如此地难以从河道上靠近，以至于直到19世纪60年代方才首次确认了煤矿的存在。索特尼科夫家族是西伯利亚的商人，他们在叶尼塞河上拥有一家航运公司，主要从事食盐与烟草的贩运。他们于1868年运载了数百公斤煤炭直至克拉斯诺亚尔斯克和当时的西伯利亚经济中心托木斯克。[154] 但这桩生意并未引发众人多少兴趣：在这一时期，令人们感到兴趣盎然的是黄金，且叶尼塞河的下游实在太过遥远，环境太过恶劣，没法指望实现盈利。索特尼科夫家族自身也必须租赁驯鹿充当役畜，在苔原中牵引车队行进数日以抵达他们的船只。而这一切都仅仅是为了煤炭！

　　半个世纪之后，人们已经忘却了诺里尔斯克存在矿脉一事。关于它的记忆几乎仅存在于索特尼科夫家族内部，这处宝藏的位置有如家族秘密般代代流传。亚历山大·索特尼科夫是该家族最后一名男性后裔，当时，他不过是托木斯克技术学院的一名大学生，但他选择地质学作为学习的专业并非毫无缘由。他相信自己的家族知晓阿里巴巴山洞的位置，下定决心利用这一点，使之成为一份已经被他想象得数额庞大的财富的源泉。1915年，他成功说服了自己的密友之一、年轻的尼古拉·乌尔凡采夫与他一道展开一次秘密的私人探险。亚历山大大概拥有一些可靠的论据，因为他的朋友乌尔凡采夫甚至放弃了在机械方面的学业以拥抱地理学的秘密。两名地质学的学生在极地苔原中游荡。他们正在书写诺里尔斯克历史的第一章：一首令人难以置信的矿业与工业史诗，它将令西伯利亚的命运迎来巨大的变革，但同时也会上演一出大规模的悲剧，使包括这两名年轻人在内的数万条生命遭到吞噬。

当这两名业余的探险者自极北地区返回时，其信念越发坚定。他们采集并寄往圣彼得堡的样品将会激起多家大型工矿企业的兴趣。二人认为，财富正等待着他们。第一次世界大战爆发了，首都被更名为彼得格勒，以淡化其日耳曼色彩，但这个国家对西伯利亚地下资源的需求只会越发强烈。然而，历史这个躲在街角暗中窥伺两人的家伙却做出了不一样的决定。

两人刚刚返回西伯利亚重拾学业，紧随革命而来的内战便席卷了整个俄国。西伯利亚地区落入了海军上将高尔察克手中，他将自己忠于沙皇的反革命政府总部设于此地。索特尼科夫和乌尔凡采夫也被强征入白军。无论是对沙皇的政权，还是对彼得格勒的革命政权，两人都没有丝毫的好感。索特尼科夫更加倾向于已经遭到取缔的社会党人。至于尼古拉·乌尔凡采夫，他出身自一户信仰旧礼仪派的小商人家族，在严厉的家教中长大，抚养他的父亲为人专横，尼古拉一俟可能出现便逃离了他。尽管其四周的氛围躁动不安，但政治对乌尔凡采夫而言几乎没什么吸引力。在很久之后，他承认道，如果他必须做出选择的话，他倾向于无政府主义者。他们中的主要思想家克鲁泡金亲王不也是一位地质学家吗？[155]但是，在当时的情况下，正如他的同伴一般，乌尔凡采夫主要的梦想在于勘探和地质学发现。

1919年，命运似乎再一次向这两个年轻人微笑。高尔察克长期服役于俄国部署在北冰洋地区的舰队，坚信西伯利亚北方地区具有战略潜力。在内战期间，他决定向极地地区派出多支探险队。其中一些负责植物学方面，一些负责水文方面，人们还计划在叶尼塞河河口修建一座新的港口，确保反革命军队能够通过海路同它们的西方盟友相联系。[156]高尔察克想要令叶尼塞河成为连接西伯利亚核心区域与世界的战略性商业大动脉。在这份蓝图中，焦炭的供应必不可少。为什么不核实一下最近自诺里尔斯克返回的那两名大学生所报告的内容呢？

因此，索特尼科夫和乌尔凡采夫再度启程前往他们的应许之地。当他们返回时，高尔察克及其政府已经倒台。新政权的政治警察接待了两人，并将他们投入托木斯克的监狱之中。白军成员、反革命分子、革命的敌人，还是资本家商人的后代，这桩案件看起来很明了了。在全俄肃反委员会的警务文档中，人们重新找到了亚历山大的问讯笔录。[157]为了试图避免死刑，他努力说服对方相信，自己和同伴持有可能改变苏俄命运的信息。在北方蕴藏有当局为建设工业所需要的丰富的矿产资源。这位年轻的地质学家似乎再一次说服了对方。但人们还是在监狱的庭院中处决了亚历山大，随后委派尼古拉开展一次新的勘探。这一次，他是为了革命事业而服务。

乌尔凡采夫将会多次参与勘探。而在应当完成的任务的基础上，他还更进一步，数次在诺里尔斯克的暴风雪中越冬。在发现矿脉之后，接下来的工作便是证明开采它的可能性。人们能够在诺里尔斯克的寒冰地狱中生存！当时的照片向我们展示了一个身材高大、体型瘦削的人，他高高的额头皱纹密布，大鼻子，厚嘴唇，佩戴的夹鼻眼镜常常歪斜着，垂至耳边的皮帽一直提醒着大众此地令人难以忍受的环境。事实上，整个20世纪20年代，他都自愿处于流放之中。这位地质学家明白，他不过是一个被判处缓刑的罪犯。每时每刻，每自一次任务中返回，每收到一封邮件，"高尔察克的合作者"这一标签便有可能将他重新带回囚室，或者更加糟糕，把他送到行刑队面前。从此，恐惧便寄宿于他的生活之中，挥之不去。

在诺里尔斯克沼泽遍布的冰斗之中，乌尔凡采夫建起了第一座简陋的小屋、一处蒸气浴室和一间仓库。他朴实无华地写道："诺里尔斯克的未来就在这里。"[158]他测量气温，计算"普尔加"（这是一种西伯利亚地区的暴风雪，能够令自然变为一团呼啸且移动着的银白色事物，此刻的能见度不超过一米）的风力。当天气适宜时，他会勘探四周，翻越瀑布，随即抱着湿透的身体，自山巅欣赏这一望无垠的处女地的壮美景色："高原在我脚下。在南方，它坍塌成一处几乎垂直的洼地，在北方，它远远地延伸往地平线。在峭壁的脚下，群山环抱中的诺里尔斯克峡谷伸展至此，其上覆盖着浓密的植被，无数的湖泊构成了闪耀的斑点。"[159]无论在什么地方，他都是第一个行走于此的俄国人。当然，他从未停止丈量，在悬崖峭壁与泥土之中不断挖掘。煤矿？这里到处都有，其质量也可同已知的最佳矿脉相比肩。他记录道，只需在矿道中开展采掘作业，已探明的储量便足以供应一支舰队数十年甚至数个世纪的消耗。地质学的研究为他带来了一个又一个惊喜：这一地区真的是一张地下财富的清单。毫无疑问，诺里尔斯克是前所未见的最佳矿点之一。请跟随乌尔凡采夫的引导：铜、镍、钴、钯、锇、铂、金、银、铱、铑、钌。此外，这位地质学家尚未能够猜到的是，它们的储量也令人印象深刻。全球已知钴储量的十分之一、镍和铑储量的五分之一、铂储量的四分之一以及钯储量的三分之一都埋藏于其木屋的四周。*我发现了！

　　乌尔凡采夫似乎有着无穷无尽的精力。他在这片极地世界中接连度过了多个年头：相较于内务人民委员会所带来的风险，这位地质学家很可能更情愿面对严寒与暴风雪。他一直在路上，追随游牧民的足迹或是蜿蜒数百公里汇入北冰洋的河川的水流。仅在1929年，他便乘坐驯鹿、马匹或小舟行进了一万公里，探索了泰梅尔半岛唯有当地的土著游牧民知晓其秘密的内陆地区。他孤身一人，用自己的发现令年轻的苏联跻身世界矿产资源最丰富的国家之列。莫斯科的人们终于注意到了他。他被授予苏联当时的最高荣誉列宁勋章，以表彰其所做出

---

*2014年，诺里尔斯克钴和镍的产量占到了俄罗斯总产量的95%。

的贡献。列宁格勒大学向他颁发了博士学位，并邀请他前去授课。政府也于1934年十分罕见地赠予他一辆私人小轿车作为礼物，以象征性地表彰他所发起的将第一批卡车和越野车引入西伯利亚极北地区的行为。这位地质学家受宠若惊，同时又深感忧虑。他多疑敏感又骄傲的性格、他的自尊心（为他绘制画像的同时代人对此有着充分的描述）因来自国家的嘉奖而感到满足。但他也知道，这样的名声是危险的。当20世纪30年代伴随着告密的时代降临时，最好避免激起他人的欲望和嫉妒。无论其是否拥有列宁勋章，一份像他这样的档案便足以随时以任何借口将一个人处决：家庭出身为信仰旧礼仪派的商人，更糟糕的是曾经加入高尔察克的白军。一个谋求晋升的同事或是一个觊觎你公寓的邻居都是长期的威胁，内务人民委员会会负责接下来的工作。在那个时代，低头做人、审慎行事是必备的生存之道。

乌尔凡采夫的顾虑是对的。1938年9月11日，两名内务人民委员会的警探李维诺夫和那扎热努斯于深夜敲响了列宁格勒森林大街61号的大门，乌尔凡采夫的家人就住在这里。内务人民委员会第9/981号逮捕令，同志，请开门。这甚至不是什么意外之事。在此前的数周里，他所工作的研究所内已经有多名同事被带走。自那时起，乌尔凡采夫一家便再也不能安眠。人们正身处"大清洗"之中，每个人都知道这意味着什么：同事之一被逮捕了，在遭到酷刑折磨后最终供出了一个名字，或许那就是你的名字，并试图以此安抚审讯者（如果他想要避免自己也成为嫌疑犯的话，就会意图完成其揪出破坏分子、间谍和革命敌人的指标）。

列宁勋章被剥夺，他引以为傲的猎枪成为参与阴谋的确凿证据。内务人民委员会按照惯例对他的公寓从上到下进行了彻底的搜查，直至凌晨。精心搜集的所有勘探文件被扔进包裹之中，遭到了查抄。早晨六点，当惊恐万分的邻居们依然处于恐惧之下默不作声时，这名伟大的探险家已经被带往"大房子"（即列宁格勒内务人民委员会位于涅瓦河河畔的总部）。在这里，他被抛入了致命的连环齿轮之中。一日、一夜、一日、一夜，审讯一场接着一场，不为囚徒留下丝毫用以睡眠或恢复体力的短暂间隙。根据曾经找出有关这位地质学家的警方卷宗的作家安纳托利·李沃夫的清点，在被捕的最初几天内，乌尔凡采夫共经历了二十五场正式审讯。他所受的询问肯定不止于此。精疲力竭、产生幻觉、遭受拷打，这位顽强的探险家在第九场审讯中走到了崩溃的边缘。在被观察到的案例中，最为坚强的囚犯一直抵抗至第十五次审讯。接着……这是自文件中抄出的审讯笔录："是的，我是一个商人的儿子。在政治方面一无所知的我曾经轻易地成为反革命势力的牺牲品。"在更后面的部分，笔录记载道："是的，我彻底征服了诺里尔斯克这个地方，在那里发现了6500万吨煤炭的储量，是的，我本可以发现一亿吨的，但我并未使用钻井机，因为它难以运抵诺里尔斯克。"随着被记录下的一句句话，人们发现对他的指控逐步成型，预先罗织的罪名得到了确认，打字机摁出一个个标点，庭审记录越来越长。"我，尼古拉·尼古拉耶维奇·乌尔凡采夫，于1936年暮冬时节［……］被另一名地质学家策反，他会利用广播收听德语节目。我知道这是一项反苏维埃的行为［……］，是的，'真理号'已经沉没于深海地区了，我承认我的叛国罪行。"[160]

诺里尔斯克的发现者既不是英雄，也不是卑鄙无耻的坏蛋。他和许多在这段岁月中被碾得粉身碎骨的人并没有什么区别。对审讯笔录的研究揭示出，他主要致力于不要说出什么名字，也不要按照他人的授意将其他人指控为自己的同谋，至少在不得不这么做时说出的名字属于那些已经死去或者已经被捕的人，这两类人之间也已经没有多大的区别了。将人们所能够指控的都揽到自己身上，这是最为勇敢者所选择的道路，是力图保留或许能够让自己继续活下去的最后一点尊严。乌尔凡采夫走到了法官面前。这位地质学家否认了自己的一切供述、所提及和供出的一切人名，并圆滑老练地解释道，这是因为"他的预审法官不愿意仅仅满足于两三个名字"。[161] 已经太晚了。根据刑法的第五十八条，由于曾经在内战期间从事破坏和反人民活动，乌尔凡采夫被判处十五年劳役。两年后，经复审，他的刑期缩短为在惩戒营服刑八年。

因此，应当将这名身怀杰出才干的苦役犯关押入哪一处营地呢？管理部门起初将这位地质学博士派往哈萨克斯坦一处新的冶金工业城的建设工地，但很快便为他找到了一项更加合适的差遣：显然，就是诺里尔斯克，绝佳的矿产复合体，由他亲手在地图上标出的地区。这座他曾经付出如许努力令其为世人所知的"黄金国"将成为他的监狱。在这片他曾经度过其青年时代的苔原上，他所修建的木屋一直都在，但在其方圆数百公里的范围内，人们已经密集地修建起数百座木屋，以连接在岩石间挖出的不同矿道。诺里尔斯克的复合体与惩戒营被官方统称为诺里尔拉格，它们在未经开发的自然中构成了一个底长40公里、高30公里的三角形。煤矿、铜矿和镍矿于此全力生产。除了开发丰富的矿藏外，人们还建立了一个由多个冶炼厂和精炼厂组成的大型工业联合体，此外还有砖厂、热电厂、水泥厂、机械厂，一个被长达数公里的地面管道横穿的城市中心的雏形已经依稀可辨。[162] 在苔原的中央，建筑师们正在修筑战后重建中典型的高达六至八层的斯大林式建筑。工地上的工程师们必须发挥神奇的创造性，以克服因永久冻土而带来的问题。这座城市的存在依然是一个秘密，它直到1951年才出现于地图上，但它注定要成为一处大都会，人们已经将之称为"北方的莫斯科"。[163]

但真正的诺里尔斯克是其由一座座木屋构成的郊区，它正不断扩张。这座城市的大部分人口为昔日的囚徒，在刑期结束之后，他们或是仍被禁止返乡，或是滞留当地。根据20世纪50年代初的估算，他们的人数超过20万，而受极北地区优厚的工资条件吸引自愿前来的工人和公务员仅仅占到城市居民总数的四分之一。这里的一切都散发着苦役营地的气息，而营地本身则被置于郊区的中心位置，关押着5万名犯人。它们中的大多数隶属于惩戒营系统，被称为"矿业营"，其构成单元为"特管营"，此类营地成立于战后，用以关押那些被当局认为极其危险的囚犯。人们将会看到，这种由专横之人和"反苏因素"构成的集合体将会在诺里尔斯克的历史上扮演决定性的角色。

1943年1月，在这位地质学家五十岁生日前几天，乌尔凡采夫所在的囚犯队伍到达诺里尔斯克。他于另外几位俄罗斯科学界著名人物的陪伴下，在木屋中的简陋床铺上度过了自己的生日。诺里尔斯克仍将在随后的十四年中充当他全部的世界，起初是作为囚犯，接着是遭到流放、被禁止返回俄罗斯地区大城市的工程师，最终作为这个矿业复合体的领导人员，在惩戒营被关闭之后，他依然对这个企业忠心耿耿。以诺里尔斯克为起点，乌尔凡采夫见过最坏的情况，也见过最好的情况。但直至其生命的末期，他都拒绝同除了近亲之外的人士谈起最坏的那方面。回忆这些东西的时机尚未成熟，当与他交谈的人们提及那段黑暗岁月时，这个诺里尔斯克人甚至会公然背过身去。[164]1985年，就在其逝世十五天后，戈尔巴乔夫推出了"开放"政策。

当囚犯乌尔凡采夫重回诺里尔斯克时，一队队新来者和他一道涌入西伯利亚的极北方。在战争末期的这几年中，这座矿业之都成为新一类囚犯的去处。他们将会深刻地改变营地的社会学，并改变自身故事的走向。这是危机的起点，而这场危机最终也将令这一庞大的系统轰然倒塌。

在20世纪30年代末席卷全国的大潮退去后，惩戒营中再也察觉不到任何抵抗的迹象。事实上，直至1936年，政治犯都相信能够延用昔日对抗沙皇政权：他们绝食抗议，并向国际社会和世界左翼组织申诉等等。当获悉一名惩戒营的负责人曾经转交囚犯抗议其拘禁条件的请愿信时，斯大林亲自回复道："我认为，惩戒营管理部门接受这些小布尔乔亚反革命分子的反革命文件的行为犯下了一大错误。而国家政治保卫局将之交给中央委员会，这又是一项更大的错误。国家政治保卫局是苏维埃政权的惩戒之手，而不是为小布尔乔亚反革命分子提供服务的邮箱。如果你们像这样训练国家政治保卫局的人员，我们的事业就会遭到挫折。"[165] 一切都已言明。前革命时代的绝食抗议再也没有作用了。在数年之中，一切抵抗迹象都被镇压了。至于幸存者，人们只是简单地将他们同触犯普通法的囚犯们混在一起，这是另一种迫使他们噤声的手段。

随后到来的战争打乱了惩戒营的秩序。在铁丝网之后，仅仅宣布德国发起了进攻便引发了各种互相矛盾的反应。在俄罗斯欧洲部分的极北地区，作为德军的盟友，芬兰军队刚刚跨越了边境。由于临近边境，囚犯们同时产生了希望和紧张的情绪。一些囚徒梦想着能够得到可能的释放，甚至想象着为侵略者效力，这一现象在政治犯群体中尤为显著。但与此同时，一则流言传遍了营地，声称当局计划一旦敌人靠近便摧毁惩戒营，并将居住于其中者悉数杀死。数十年之后，对惩戒营领导层文件的研究表明，当局从未考虑过此类方案。但是，一个封闭且不透明的系统显然注定会产生这些传遍整个营地的谣言浪潮。在关于惩戒营的文学中，此类作品比比皆是。有时，它们是对客观事实的如实描述或夸大其词，有时则是营地内部所诞生的痛苦和幻觉的产物。甚至连开放档案都无法令人们总是有能力分辨这些作品所写内容是真是假，因为根据时代与环境的不同，营地的管理者们也有动机隐藏、少报甚至编造反抗或越狱的情况。例如在战争期间，上报莫斯科的越狱未遂事件数目陡增，历史学家将之解读为营地看守们一种用以自保的方式，他们隐晦地向中央政府传递了如下信息："请看，由于情况紧张，我们在这里比任何时候都更加不可或缺，想把我们送上前线，这绝不可能。"相反，在其他时期，同一批劳动惩戒营负责人清楚，只要他们仅仅承认一起越狱事件，就会让自己因为怠工被立刻带到铁丝网的另一头。

相反，有一件事是明确的：这些流言是营地生活的一部分，并对囚犯们的行为举止有着切实的影响。此外，当局也会迅速意识到，这些流言以闪电般的速度传播，并在有机会时流出苏联的边界之外，但当局并未能理解其中的机制。

因此，战争既没有带来解放，也没有带来大屠杀。或者不是以囚犯们互相传说的方式。因为1942年至1943年间发生了囚犯的大规模死亡，但其罪魁祸首乃是物资短缺和必需的战争努力：当整个国家都陷入饥荒时，一些惩戒营也因为饥荒而出现死亡。此外，有许多囚犯被允许自谋生路。因此，年均死亡率为四分之一。与此同时，劳动惩戒营事实上因为额外征兵而变得空荡荡：苏军向轻罪犯敞开了大门。内部报告也证实了这点：营地的木屋内也可以察觉到一股爱国主义浪潮，数十万人成为志愿者，这些部队被派往人员生还希望最低的战斗一线。自然，依据刑法第五十八条被判刑的"政治犯"（破坏分子、间谍、叛徒、反革命分子）一上来就被排除在了军队的征募范围之外。

应征入伍者离开了营地，而数以万计最为虚弱的囚犯则因精疲力竭而死，营地内的人数因而有所变动，但这种变动也令囚犯们在社会学层面上的行为产生了重大变化。凶顽罪犯所占比重同时出现爆发性增长。1944年7月，被视作危险分子的普通法罪犯占劳动惩戒营内总人数的43％。[166]最容易被当作劳动力驱使的犯人已经消失，最为桀骜不驯的那些则走上了台面。更何况随着战争的进行，一队队新来者进入营地，以填补苦役犯的缺额。囚犯乌尔凡采夫便插在其中一队之中，直至诺里尔斯克。他们中的许多都是原军官和士兵，因犯罪或反苏行径（失败主义、消极作战、被敌军俘虏、被军事法院宣判有罪），他们对当局抱有深刻且往往不可弱化的仇恨。这些原军人习惯于军队的纪律，有着更高的组织度和更强的抵抗能力，使得管理人员的任务更加复杂，他们发现自己的"被保护人"突然改变了态度。囚犯孤立、分裂且深感恐惧的时代已经过去了。惩戒营中出现了一种新的抵抗类型，确切地说，这并非一种政治性的对抗，其目的在于在营地内确保自身的生存并组织起集体生活的萌芽。孤身一人的囚犯几乎不再有于营地内生存的机会。囚犯们结成一个个团体，以确保自身有能力抗衡存在竞争关系的帮派。自然，最为可怕的团伙是冥顽不化的罪犯结成的匪帮，由盗贼所构成的blatnoïs。他们有自己的法律，禁止其首领以任何方式与官方合作，比如仅仅只是同意工作。他们有自己的组织结构、自己的上下等级，直至最底层的执行者，他们有能力根据命令折磨或杀害任何一名囚犯。他们有着自己的规则、自己的传统、自己的文身（这是他们的护照，其用途严格受限）。[167]他们还有自己的信贷系统、自己的公共金库。他们甚至有着自己的语言，它不仅仅是一门黑话，使用它代表着自己属于惩戒营或社会底层。[168]他们构成了一个平行的地下世界，直接继承自尼古拉·亚德林采夫一个世纪前所描写的苦役营地中的囚犯组织。这是一个充满暴力、冷酷无情的王国，成功抵抗了更加暴力的镇压浪潮，并自此一路扩张，不仅囊括了整个系统，也将全国存在于小屋和后院中的社会纳入掌握之中。

匪帮的头目被称为"窃贼"，或是在一直遵守黑社会准则的情况下被称为"法律的窃贼"，他们是战争期间到来的新成员。看守们担忧地看着这些无业游民在惩戒营的影响力不断扩大，直至与当局自身的权力形成竞争。正如许多被营地负责人称为"土匪"浪潮的迹象一样，拒绝劳动、剥削狱友、谋杀与肉体消灭等行为大幅增加。"由囚犯切尔诺夫所领导的十人团伙被破获，"在证实这一现象存在的众多文件中，有一份如此写道，"在超过四个月中，该团伙已经恐吓了营地内的技术与医疗部门，抢劫并剥削其他诚实地从事自身任务的囚犯。通过威胁杀死门诊部的协作者，该团伙成员要求免于一切劳动，而通过同样的手段，他们又迫使后勤部向他们屈服，降低其劳动指标并获取更好的物资供给［……］。与他们相敌对的纪律部队指挥官库伊阿诺夫被他们用斧头肢解。"

这是一场真正的战斗，它以"地区"的控制权为争夺对象，发端于营地内不同的囚徒帮派之间。而为了避免丧失控制力，当局则试图采取一种前所未见的应对方式：为了重建纪律并确保劳动的执行（生产劳动依然是整个系统至高无上的存在理由），它按照自己的需要，在匪徒的代表人物中挑选内在的盟友。自然，这样的举动通常都不为莫斯科方面所知，领导层几乎察觉不到这种有违制度本质的与反社会因素的妥协。只要能够完成所负责的生产目标，他们可以接受一切妥协，其中就包括转包自己的任务。看守的指挥官向精心挑选出的合作者承诺宽容地对待他们、赋予他们特权、降低他们的劳动量并为他们提供更好的住宿条件。在回忆录中，营地负责人费奥多尔·莫乔尔斯基详细地描写了这一场面："我令他们的首领前来，他蓄着胡须，在制鞋厂工作。我同他进行了长久的交谈［……］。我对他说：'如果你答应与我合作，你就可以成立自己的帮派，并按照自己的意愿进行组织。我不做任何干涉。我们会和看守打好招呼，以使你们一完成劳动定额便可以返回营地，即便每天十二小时的工作时长尚未满足。我还会赋予你的帮派派遣代表加入烹饪团队的权利，以确保主厨为你们保留了你们所需的食物。而如果帮派希望，我们会安排你们全部住进同一间木屋……"

在其看守者开出的条件的引诱下，许多帮派头目同意合作。他们与匪帮的规范一刀两断，承担了新的角色，在监狱的黑话中，这些人被称为"母狗"，并因而失去了"窃贼"的称号。机制发挥了作用：在第二次世界大战末期，绝大部分惩戒营都采取了这种依据"能力"大小进行分配的模式。在官方的看守与管理机构之下，一种次要的权力也扩散开来。这是一种寄生性的权力，它的生存与活动以其他人沦为双重受害者为代价。在营地内"母狗"们称王称霸的木屋中存在着彻底的专横暴虐，相较于看守所施加的奴役，它往往更加危险且定然更加令人无法忍受。但这种方法是卓有成效的，而且归根结底，有效才是重点。甚至在长期以来一直装作什么都没注意到的莫斯科眼中也是如此。营地负责人们将这种行为理论化，为之打上投资"囚犯中有积极影响的部分"的标签，是一种通过赋予责任而进行的再教育，总而言之，这番功夫是为了那些愿意相信这套说辞的人而做的。事实上，他们巩固了一部分囚犯的权力。

以这种方式，人们理解了这一系统内的各个齿轮如何被安放入体系之中。而当这套系统开始运作时，它变得不可能被停止了。事实上，在数月之中，营地内所服从的双重权力，以及该系统所表现出的粗暴蛮横在内部引发了剧烈的反应。"窃贼"们拒绝一切妥协，这些传统的帮派头目发动了反击，以同自己做出背叛行径的竞争对手算账，并通过控制劳动组织与营内生活的方式控制了权力。"窃贼"与"母狗"之间爆发了一场大战，一场范围遍及整个苏联的匪帮之战。它将会持续数年，其赌注则是大约200万其余的囚犯。人们称之为"母狗战争"或是roubilovka，这一术语可被翻译为"屠杀"，它对营地内的气氛做出了如实的总结。暴力是无可预见的、彻底的、无处不在的。清晨时分，人们会找到种种囚犯的尸体，他们或是被木桩穿刺而死，或是肢体不全，或是遭到斩首，或是单纯被"母狗"或"窃贼"等强人所"贯穿"。从统计数字上看，因暴力事件而死亡已经成为营地内主要的死因。而注意到这一点的上级管理机构试图通过禁止与囚犯展开不清不楚的合作的方式反击这一现象，但徒劳无功。已经太晚了。1945年夏季，政府借战胜纳粹德国的时机宣布大赦，但矛盾的是，它带来的效果仅仅是令情况更为恶化。本次大赦面向的人群再度被限制为罪行较轻、刑期较短的囚徒，令这些最为随和之人彻底离开了营地，并使那些罪名较重的犯人进一步极端化。1947年春季，由于领导层的强硬，情况进一步恶化。为了再度增加营地的在押人数，当局颁布了前文所提及的六月法令，这些法令将种种不法行为定为刑事犯罪。各处法院如同下雨一般做出了大量"苦役二十五年"的判决。通过废除死刑，将之减为无期徒刑，当局完善了布置，其目的在于利用长期稳定的免费劳动力。但在营地内，这些措施令正在发生的混乱达到最大值。大批极度慌张的无辜者涌入营地，其中不同寻常地包括了大量妇女，这提供了牺牲者，从而激化了正在进行中的战争。至于废除死刑，其所带来的效果同样出乎预料：它为那些能够从最穷凶极恶的罪犯中汲取人力的敌对团伙提供了杀手，当这些人已经抵达现有刑罚的天花板并自忖难逃一死时，他们实际上获得了赦免。

自1947年最后几个月以来，当局开始丧失对营地的控制。示警的报告涌向莫斯科。人们于其中描绘了此前无法想象的情况。总负责人多尔吉赫中将在自己呈给内务部长的报告中讲述了"有组织犯罪团伙"的存在，它们"在不同的囚犯队伍与不同的营地之间有自己的一套交流通信系统，会事先评估自己的行动计划，指定应当被谋杀的目标人选，组织不同的共谋者执行暗杀。他们一直使用威胁的手段，将其余囚犯们从厨房中赶出去，把肉食、糖和食用油据为己有。"[169] 一处诸如506工程这样大工地的管理部门断然放弃了在营地内重建秩序的尝试。"在铁丝网的后方，30名犯人被杀死，数量众多的其他人受了伤。不在看守看管之下的囚犯们抢劫了附近的居民。[……] 道路无法通行，营地管理部门不敢独自深入这一区域。"[170]

当作为战胜国的苏联从新占领的土地上将一群群战俘运至惩戒营中时，扯动匪帮中两大敌对帮派的"母狗战争"进一步恶化了。在西乌克兰和波罗的海三国，于德军撤退时遭到抛弃、听天由命的民族主义者游击队与苏军对抗。他们的成员与其他众多被怀疑对抗苏联或对其怀有敌意的人填满了惩戒营。在摩尔达维亚和高加索等德军的占领获得同情的地区，情况同样如此。当局发动了大规模搜捕以清除社会中的反苏因素。抵达营地后，数以十万计的新囚犯们发现自己和那些因为1947年法令而被捕的悲惨之人并没有什么共同之处。对于当局的强烈憎恨、种族或民族方面的深刻孤立感，尤其是其首领丰富的地下战斗经验使这一团体不同于一同服役的其他狱友。与遭到德军俘虏并在战争末期被送至营地的原苏军成员一道，他们为囚犯提供了某种骨架。这一代囚犯与20世纪30年代的那些没有任何共同点。他们很快便自行组织起来以投入争夺资源掌控权的斗争之中。帮派间的战争成为一场令绝大多数营地卷入战火的会战。根据大环境与实力对比，"窃贼""母狗"、西乌克兰人、来自波罗的海地区的人、车臣人（正如在沙皇时代的监狱中他们被称为"鞑靼人"一样，此时人们称他们为"高加索人"或"穆斯林"）彼此间合纵连横。在营地中，内部的敌意通常表现为致命的打斗，而其第一批受害者则是为管理部门效力的潜伏者或告密者。清晨时分，营地的指挥官在管理部门所在的木屋前发现了一些其麾下暗探的头颅。一进入熄灯时间，管理部门的眼线和"斯图卡奇"（字面意思为"敲门者"）们遭到了匪帮大人物或是以民族为标准构成的团伙的无情追杀。有时，他们会在大白天遭到谋杀，德国囚犯约瑟夫·舒尔梅里奇便讲述了一起这样的事件："1951年，9/10惩戒营最危险的告密者之一在大白天被人以鹤嘴镐一击杀死。另一个密探一直躲开了制裁。一天，在一处大型建筑物的建设工地上，他不慎挂在了吊车的载荷上。吊车提起载荷，并从十米的高空将之压下。在下坠的过程中，这个'斯图卡奇'折断了双臂、双腿、臀部和脊椎，但奇迹般地活了下来。"[171]

　　一些上呈莫斯科的报告也提及了一起起长达数小时（有时甚至数天）、导致众多囚犯伤亡的冲突。1952年1月4日，西伯利亚地区切尔诺格尔斯克惩戒营的领导者斯雷德尼茨基中校向他所在的部委求助：因触犯普通法而入狱的囚犯们通过斧子、刀子、撬棍、砖块以及其他物品武装起来，于夜间攻击了由车臣人和高加索人所占据的木屋。他们中有八百人被迫逃走，据统计共有七名车臣人和一名立陶宛人被斩首，而普通法犯人群体则损失了十三人。[172] 在北极圈内的沃尔库塔地区，另一名军官讲述了一名车臣人的首领及其"保镖"遭到乌克兰人的刺杀。接着，在营地的铁丝网之后，车臣人对乌克兰人展开了一场真正的猎杀，看守们在这名车臣人的教父死前留下的遗书中找到了这一事件的源头，他在其中写道："我要死了，我命令你们在我的遗体边放上二十具斯捷潘·班德拉［乌克兰民族主义者］支持者的尸体。"[173]

由于这些问题的规模之大、范围之广，管理者陷入了一段不知所措的时期，试图采取一些应对措施。在这艘航船上方的桥梁中，绝望的人们试图明白机械舱和船用燃油中到底发生了什么。人们向四十八座受影响特别严重的惩戒营派出了调查委员会，并投入大量人力物力修建了新的、监视更为严密的营地，希望以此分开敌对派系的因犯：194座新的"隔离点"和超级禁闭室，194座管理力度强化的劳动惩戒营，259座新的女因牢，以及37座管理严酷的监狱。1948年，莫斯科方面决定兴修一系列"特别管理"的营地，用以关押那些被认为"敌意最重"的"国家因犯"。

这些"特别营地"分布于每一处重要节点。"诸河惩戒营"位于沃尔库塔地区的极地苔原，"草原惩戒营"位于哈萨克斯坦的沙漠之中，"湖泊惩戒营"位于乌拉尔地区，"海岸惩戒营"位于太平洋沿岸的马加丹。而"矿业惩戒营"则位于诺里尔斯克，并扩散至这座由"自由人"居住的城市的四周。这些"特别营地"是群岛中的群岛，共有约3.5万名因犯，构成了20世纪50年代初这个由超过50座惩戒营和大约14万因犯所构成的集合体的核心。[174]384/3号惩戒营是一座管理严酷的特殊营地，也是此类营地中最为灾难性的一处。被关押于此的均为重要的领导性人员，在劳动时，他们的枷锁被固定于独轮车上。384/6号惩戒营被专门用于关押女因，并同384/5号惩戒营共享城市近郊的空间，双层铁丝网和一道高高的木质围墙将它与外界隔绝。在稍远一些的地方，其他营地就设在城墙一般的群山的脚下，矿道由此深入地下。"我们每天在这里劳作十二个小时，"一名德国籍的前囚犯在自己的回忆录中写道，"此外还要加上赶到工作地点所需的一个半小时通勤时间以及返回所需的一个半小时。除了5月1日以及十月革命节之外，我们没有周日，没有节假日，也没有休息。我们不得不在任何天气下工作，直至气温降至零下40摄氏度。在这片永久冻土上进行土工作业是尤其痛苦的，尤其是我们所拥有的工具不过是鹤嘴镐、铁锹、锤子和撬棍。"[175]

然而，强加予营地内囚犯的新划分与隔离依然对事件的发展没有任何影响。在营地内，负责人越来越难以执行计划内的劳动。拒绝工作的现象大幅增长，甚至爆发了几起罢工。长期以来，营地内的囚犯们知道，他们的工作也是他们向管理部门施压的最好工具，但自从他们成功完成自我组织以来，他们有能力更加频繁地使用这柄双刃剑：个人拒绝劳动，这是一轮挨饿的开始；但集体拒绝劳动，这会令营地自身的存在理由遭到挑战。而对其负责人而言，这也是一场严重的威胁。在权力金字塔的顶端，一些领导人充分意识到了问题所在，正如内务部长克鲁格洛夫于1952年3月向其下属发表的一篇讲话中所表现出的那样："仅仅修建一条铁路、放上铁轨便足以收获祝贺的时代已经过去了。现在，我们必须兴建工业联合体，必须亲手为它们配备设备并令其发挥作用。任务变得复杂，我们需要专家。[……]一些惩戒营建设了整座工厂。但是，诸如切尔诺格尔斯克（位于东西伯利亚地区）这样的营地，它有能力建设一座工厂吗？显然没有。"这位部长还更进一步，抨击了这一体系的逻辑：他解释道，事实上，为了更多、更好地生产，可能需要一些"正常人"，他们因为严刑峻法而获罪，但在服刑期间能够一边期待自己的获释，一边"为了祖国的福祉"而工作。但事实并非如此：营地因为"匪帮"

而陷入瘫痪，由于"竞争性权力"的出现而无法运作，转变为一台生产罪犯的巨大机器。这位部长以一句忧虑的话总结了他的发言："如果我们无法重建稳固的秩序，"他对自己的部下解释道，"我们就会丧失权力。"[176]

如何做到更加清晰呢？数据支持了部长的论调。生产力下降，大量项目没有丝毫的经济合理性，更不用说盈利能力了。然而，没有发生任何改变，系统陷入了停滞，受困于自己的逻辑之中。

1953年3月5日上午，斯大林在其位于莫斯科郊区的木制别墅内的沙发上辞世。在惩戒营内，他的逝去引发了不同的反应。一些囚犯与他们居住在苏联其他地区的同胞一样，深感悲痛，或表现得歇斯底里。*他们同样感觉世界崩塌了，无法想象出没有斯大林的未来。但为数众多的囚犯则难以掩饰自己巨大的喜悦，尤其是那些政治犯和外国人。在其位于北极圈内惩戒营中的木屋内，年轻的德国女囚艾美·戈达克拒绝了营地因葬礼而给予的休假，打起十二分精神以完成任务。这个于1945年7月在柏林被捕的德国人被判处十年苦役，此刻她"感到了彻底的幸福、快乐"。[177]

引爆的火星迸发了。在铁丝网的两边，每个人都预感到这位领导人的离世会开启一个新的时代。在莫斯科，自那场盛大葬礼的次日起，改变的迹象便出现了。一些领导人已经为这些迹象踩了太久的刹车了。原原子弹工程负责人兼纪律部队掌控者贝利亚是这些人的头目。人们知道，他决心修正斯大林体制的一些机制，而古拉格正在他的改革清单上。在铁丝网的另一边，这个由木屋构成的世界中，囚犯们也知道自己的命运迎来了转机，但他们并不敢抱有太大希望。经验已经教会了他们，在所有的痛苦中，幻灭是最可怕的一种。

他们并没有搞错。新的领导层仅仅用了三周的时间便颁布了大赦

---

* Anne Applebaum特别提到了一个场景：一名囚犯提议捐出自己微薄的积蓄以购买一项冠冕。Anne Applebaum, *Goulag, une histoire*, Paris, Grasset, 2005, p.524.

令，惩戒营中半数的囚犯因之重获自由。但在诸如诺里尔斯克的高拉格等特别营地中，不在大赦范围内的囚犯人数众多。对于床脚下的木板上写着二十或二十五年刑期的囚犯，或是那些部分成员自卫国战争开始前便在矿井中服苦役的政治犯而言，没有任何规定涉及他们，既没有刑期的减免，也没有生活条件的改善。在关押于高拉格的大批囚徒中，大赦的受益者两只手都能数得过来。这是1945年的重演，但这一次囚犯们不仅感觉自己被欺骗了，还觉得自己被一种忘记他们而非承认他们的力量活埋了。

因此，一点细枝末节便足以引发剧烈的爆炸。1953年5月7日，这样的导火索在五号营地被猝然点燃。这座营地的囚犯主要来自西乌克兰地区。他们中的绝大部分自哈萨克斯坦转运至此，并曾经在那里参与过一场暴动。这一经验将会发挥作用。诺里尔斯克市内，新建的道路两侧，第一批高楼大厦拔地而起，而五号营地就坐落于这座城市近郊。它的特殊之处在于毗邻作为女囚关押地的六号营地，二者之间仅隔一道由铁丝网构成的双层围墙。在身着灰色棉质上衣的男女囚犯之间，是一片宽度仅为数十米的无人之地，看守和他们的警犬于这片禁区内巡逻。当男囚犯们出发前往工地劳作时，他们习惯于将包裹在小石子上并由丝线加以固定的讯息掷过四米高的围墙，以这种方式同女邻居们交流通信。显然，这种行为是被禁止的，但看守们通常对此采取默许的态度。营地的法则是亘古不变的。正如亚德林采夫笔下沙皇时代的西伯利亚监狱中所发生的那样，同女囚的交流是囚犯们活着的最好理由之一。

那一天，五号营地中具体发生了什么呢？没有任何一份文件能够给予我们确切的消息。但可能最接近真实情况的版本表明发生了一起看起来微不足道的事故，它突然爆发于临近中午时分。当一队男囚犯沿着女囚所工作的砖厂行进时，他们看见大批写有信息的纸条朝自己飞来，这是她们对于上午信息的应答。飞行距离太短了。绝大多数飞来的信件在铁丝网外的禁区坠地。尽管武装看守向他们下达了命令，男囚犯们还是立即赶上前去，伏下身子、伸展手臂，或是试图用棍棒拨回以自己为目标的"导弹"。一名看守下令众人后退，但没有人遵从他的指令。开枪了，一发子弹击伤了一名囚犯的手臂。人群立刻挤作一团。看守们开始对空或对地面鸣枪，一发子弹击伤了第二名囚犯。这一次，愤怒的浪潮席卷了整队人。当它抵达营地时，正是为了在这里宣布举行一场总罢工以示抗议。[178] 次日，所有人都拒绝前往煤矿工作。而在关押女犯的六号营地，人们宣布进行一场为期两周的绝食抗议。为了避免向诱惑低头，已经营养不良的负责炊事的妇女们破坏了汤锅，并用十字交叉的木板封死了大门。就在同一天，二号和四号营地的囚犯观察到自己的同伴们并未来到矿道与工地，于是也加入了罢工。有关部门派出了一名谈判特使，成功使部分囚犯恢复了工作。但是，5月25日，惊恐万分的看守开枪杀死了五号营地的一名囚犯。这一次，囚犯们发起了普遍而全面的暴动。当夜，囚犯们封闭了正门，驱逐了看守。三号营地管理最为严格，因而也最为孤立，但它同样也加入了这一运动。在高拉格，总罢工这一闻所未闻的流言传遍了整个极地矿床。那些"一般的"营地很快便效仿高拉格，展开罢工。6月初，诺里尔斯克共有三万名苦役犯处于罢工状态。尽管面临镇压的威胁，但仅有数百名囚犯同意离开营地并服从于营地负责人的命令。这是历史上前所未见的一幕。这一体系自生产链的上游遭到攻击，当局心生恐惧：运不出矿石，矿石的加工企业和下游厂家很快也会受到影响。营地爆发叛乱的新闻可能很快便传播出去。

高拉格负责人拍出的紧急电报发到了莫斯科，它表现出一种彻底的慌乱情绪。"1953年5月29日。密级：秘密。高拉格的情况。四号营地内的囚犯拒绝进食和工作。五号营地内的囚犯遵守了内部的纪律，但拒绝劳动。生产区域和城市建设工地上的囚犯拒绝返回营地和进食。在关押女囚的六号营地，囚犯们于5月28日拒绝进晚餐，并表示拒绝上工。在上述提到的营地和区域内，除了拒绝工作与进食外，尚未观察到任何过激行为，囚犯们对看守和监视人员的言行举止合乎礼仪，尚未报告存在任何威胁行为。"[179]

现场的军官请示，应当如何应对这种完全和平的反抗？他们下属的公务员和看守已经因为大赦的连带效果而士气低落。那些"容易对付"且顺从的囚犯已经离开了，依然在押的只剩下一群没有东西可以失去的亡命之徒。他们也不明白发生于国家高层的事情：这些营地会被关闭吗？在这样的情况下，他们自己又会面临什么呢？人们会命令他们镇压吗？但是随后又由谁来承担责任呢？

当局同样不知所措。另一处大型中心、位于北极圈内乌拉尔山脉脚下的沃尔库塔同样爆发了罢工。反抗是具有传染性的。渐渐地，从乌拉尔山脉到中亚再到北冰洋，所有特别营地均发生了罢工。至6月中旬，情况则更进一步，东柏林爆发了工人的抗议活动，民主德国的政权受到了严重的威胁。尽管苏联人民几乎完全不了解德国境内所策划的一切，但内务部的人员注意到，营地内的囚犯们对发生在距离关押他们的铁丝网数千公里之外的事态了解得一清二楚。德国战俘在自己的木屋中庆贺柏林的反抗，他们拥有一条十分高效的地下信息传递链条。被发现的文件表明，极北地区的惩戒营对柏林中心地带（即冷战的最前线）爆发的示威活动了如指掌。这一切适逢苏联领导层发生变动，而领导人们从这些同时发生的运动中看到了一种对苏联的全球性威胁。在他们看来，这种混乱的场面来自斯大林死后宽松的氛围。同时，贝利亚在这一过程中所扮演的越来越崇高的角色与所攫取的越来越举足轻重的地位都遭到了怀疑。此外，这个过渡时期的强人将会为之付出代价，因为6月26日，当营地的反抗斗争如火如荼之时，贝利亚在克里姆林宫的围墙内被捕，或许是在一场会议上，甚至可能在会议开始前就被捕了。他于不久后被秘密枪决，赫鲁晓夫接替了他的位置。但惩戒营的问题并未就此得到解决，而新一届领导层就应当采取何种态度达成了共识。在人群中开枪？这意味着回到了旧式手段，而后者正是他们所想极力避免的。此外，反抗行动的扩散也令人担心使用武力再也不足以解决问题。因为接下来又有谁来令苦役犯们重返工作呢？因此，必须要打开惩戒营的大门，令囚犯们重获自由吗？3月的第一波大赦刚刚导致城市内犯罪率的大幅上升，这有损于政府在民众眼中的可靠性。营地内部的法则和手段传遍了这个国家。十分之一的苏联人正在或曾经被关入惩戒营，他们在接受"再教育"之后回归社会，但这里的"再教育"同先行者们的设想有所出入。营地内的法则在不知不觉中扩散至整个社会。对当局而言，再放出一百万冥顽不化的罪犯和危险的政治犯并不是最好的方法。[180]想象一下，"母狗战争"蔓延至全苏联会是一幅怎样的场景。

于此期间，在诺里尔斯克，惩戒营的罢工运动所涉及的维度和所表现出的气质都是苏联社会前所未见的，甚至连铁丝网外侧的苏联社会也是如此。在他们中最饱经战火、吃苦耐劳的那些人（尤其是来自西乌克兰地区的囚犯）的影响下，囚徒们组织了反抗。他们于木屋中选举了谈判代表，但是，为了避免营地管理当局通过逮捕这些人轻松地对反抗运动施加"斩首"，这些代表没有任何的权威，受控于囚犯间实际掌握权力的秘密委员会，而该委员会成员的姓名仅有少数同伴知晓。来自密探的报告令人认为，政治犯和"反苏分子"在这场反抗运动中发挥了核心作用，而情况也确实如此。人们随后观察到，囚犯们意识到了有关族群冲突的风险，在任命秘密委员会的成员时，他们非常注意囊括进所有族群的代表。这样的双重结构受到了重要罪犯地下活动的秘密性和相关手段的启发，使管理者的反击变得更为困难。尤其是驱逐了住宿区的看守之后，他们的第一步反抗行动便是强行破开管理部门的保险柜，其中存放着囚犯中"斯图卡奇"的名单。以一号营地为例，由囚犯们组成的变节者侦搜委员会在营地负责人的保险柜中发现了不少于620个暗探的名字：也就是说，每五名囚犯中便有一个"敲打看守的大门"以告发自己狱友的人。为了避免血流成河（这极有可能对反抗行动造成致命的损害），秘密委员会颁布命令，决定大赦这些告密者："所有人曾经犯下的罪行既往不咎，而对于新犯下的则将严惩不贷。"

这是一个真正的"囚犯之国"，它成立于诺里尔斯克的矿床之上。这里包含3万至4万名居民。囚犯所居住的木屋被切断了水电供应，但管理当局为罢工者每日提供最低限度的食品供应。宣布反抗的营地升起了黑色的旗帜，代表着对于在头几日的枪击事件中丧生的狱友的哀悼。但很快，囚犯们决定将旗帜换为红色或红黑两色。其中一面由红黑两色的条纹构成，悬挂它的旗杆由人们特别立起，高达十米，以使附近城市的居民能够认出它。罢工者们下定决心采取非暴力对话的形式，他们希望令当局和附近的居民相信己方的诚意，并使用后者所能够理解的语言，从而获取国家的信任。"人民和男人的自由！"妇女们于自己营地的铁丝网上挂起的皮质标语如是写道。"同志们，当你们对营地的管理人员以及士兵讲话时，请保持礼貌。"这是关押量刑最重的囚犯们的三号营地木牌上的内容。而在一号营地，人们甚至看到了"全体人民的和平与友谊万岁"。[181]

事情发生了令人震惊的突变：当局感觉到自己突然面对着一场源自赤贫者的反抗运动，其口吻、色彩与诉求都令人想起工业革命以来工人运动的先行者们，甚至是法国大革命期间的无套裤汉。每一座营地都召开了自己的代表大会，都撰写了自己的陈情书，包括有约十五条要求。这些扣人心弦的内容混杂了有关工作条件和为人尊严的种种诉求：例如，五号营地要求实行八小时工作制，增加食物配给额，为诺里尔斯克的工业联合体建立精确的会计系统，提高支付给囚犯的劳役金。它还要求将政治犯也纳入大赦的范围之中，结束针对不同国籍的犯人的歧视，不再于衣服上印制囚犯的登记号码，停止于夜间闭锁木屋大门。[182] 位于三号营地这一营中之营的囚犯们要求取消锁链，撤销"冰牢"（营内一种可能致人死亡的监牢），中止营地内警卫牵狗巡逻，赋予囚犯更频繁向家人写信的权利，从木屋的窗户上卸下窗条。[183] 无论其内容所涉及的方面是自由时间还是工作，一切能够赋予囚犯们正常人身份的条款都被列入了清单。如此，人们看到有营地要求"有权借阅城市公共图书馆所藏图书""每月至少放映八场电影"，或是提议当局将营地移至城市的郊区，从而将之自铁丝网围墙中解放出来，以令其不再不断沉重地回想起自己的身份地位。[184] 在诺里尔斯克市中心的大路上，有人散发一份我们不知道在何处以何种方式印刷的小册子："有人枪决我们，令我们忍饥受饿。我们要求政府组建一个委员会。我们恳请苏联的公民们令政府注意到专断蛮横的现象，诺里尔斯克的囚犯正是该现象的受害者。签名：高拉格的囚犯们。"[185]

1953年6月27日，举行反抗的各处营地代表起草了一份总结性的文件，它被交给了莫斯科方面所委任的特别委员会。正如该文件在其第一行所解释的那样，它体现了"全体成员的思考和感想"。这份长达五页的文件绘制了一张图表，分析了惩戒营在苏联经济中的作用。显然，这份来自其受害者方面的分析是出人意料的。以此，囚犯们开始断言，这些营地在国民经济中扮演着根本性的角色。"过去已经证明了，"他们写道，"苏联所遭遇的问题越复杂，便会有更多的人沦为镇压运动的受害者。［……］而结果也展现于我们眼前：一座座城市、村庄或工作场所、一处处矿井与矿场、一条条运河与道路、一家家工场与工厂、钢铁、煤炭、石油和黄金，一切最大型的成就都是苏联人民，尤其是囚犯们创造性劳动所取得的重大而难以描述的成果。"人们也从中感受到，他们在写作中援引了辩证法："我们已经明白，自己是社会经济生产力的重要组成部分，自此刻起，我们便有权利提出正当的要求，而此刻，满足它们则具备了历史必要性［……］。我们的劳动力是我们的所有物，而无论人们对我们施加怎样的限制，对我们采取怎样的强制措施，只要我们还没有收到对这封请愿信的答复，我们就绝不会将自己的劳动力投入使用。"

诺里尔斯克的反抗者们提出了自己的观点，解释了自己的苦衷：如果说他们正处于瞭望台的探照灯照射范围之内，这不是为了赎罪，而是因为"历史必然性"的作用："没有人生来就是罪犯，是大环境把我们变成了这样。"他们也给出了一些罪犯制造机的例子，而他们自身也是这台机器的产品。一名公民在遭受警察讯问时回答道："我自1938年起便认识了X。"但在问询的笔录中，这句话变成了"自1938年起便作为同谋参加到犯罪行为之中"。或是"仅仅承认这辆外国品牌的汽车质量优于国产品牌便会被罗织上颂扬敌对势力科学技术和资产阶级文化的罪名"。囚犯们接着表示，他们被判处的刑期"不切实际"且"不可能服完。当一个人被打入惩戒营，他合乎逻辑的结局只有生病、残疾或是死亡"。

在结尾处，请愿书用有力的笔触列出了一系列要求，其风格令人印象深刻："我们恳求让数以十万计的妇女返回家庭，数百万孩童正为她们而哭泣。我们恳求让外国侨民返回他们的祖国，并能够成为我国正在进行的伟大民主化变革的一部分。我们希望苏联的全体人民能够实现自由、博爱与团结！我们希望，人们不再用机枪的语言，而是用父亲对儿子的语言同我们交谈。"[186]

人们并不清楚，领导层对罢工者的请愿书具体做出了怎样的反应。文献资料仅仅告诉我们，1953年6月至8月，最高苏维埃主席团五度将惩戒营问题提上议事日程。古拉格的文档在二十年内一直被精心保存于秘密状态之下，被视作内务部一项代表性的行政任务，如今，它们重新进入了领导层注意力的中心。而在它回到聚光灯下的同时，一场大规模的文件搜集也随之展开。位于诺里尔斯克、沃尔库塔以及其他地区的惩戒营的反抗并非担忧情绪的唯一源头。帮派冲突依然频繁爆发于其余营地中，这令人感到恐惧。最后则是经济上的盈利能力问题，该问题曾一直被掩盖，现在则被公开提出。几乎不再有人怀疑，强制劳动不再对苏联经济具有正面意义。特别营地的罢工行动带来了对这一认识痛苦的确认。至于该系统的惩戒或者说"教育"功能，长期以来，在监狱内占据统治地位的匪帮这一亚文化已经令这项功能名存实亡。

人们不得不承认明显的事实。古拉格必须被终结。关闭惩戒营，并仅在其中关押那些被证实为触犯普通法的轻罪犯。这是一项规模庞大的工作，不亚于取消苏联经济中的一整个部门。谁来取代这些工作于矿井和战略工程工地中的劳动力呢？这些人又将享有怎样的工作和生活条件？被释放的囚犯会从事什么呢？而一旦被释放，数以百万计的囚犯们是否会要求平反呢？当局是否有能力承受这样的考验？

在等待的同时，也必须结束诺里尔斯克的困难局面。犹豫并没有持续很久。在参与程度最深的惩戒营持续了两个月的罢工之后，当局发动了反击。它选择了父亲对儿子的语言，但这位父亲决意令儿子屈服。而它也允许在交流中使用机枪作为语言。当局派出了特别部队以替换当地的看守，尤其是女因的看守，他们被认为同自己看管下的囚犯走得太近。被围攻的堡垒一个接一个地投降了，其中一些曾经试图进行抵抗，尤其是五号和三号营地。装甲部队击穿了铁丝网，为突击部队打开了道路，后者向木屋倾泻了持续不断的火力。在1953年8月3日至4日夜间，最后一面红黑旗于二十三时四十五分被取下。古拉格以及西伯利亚苦役史上最大规模的反抗被粉碎了。据统计，共有超过130人死亡，数百人受伤。[187]组织者和被怀疑为组织者的人被流放至科雷马地区或北极圈内的西伯利亚地区内更为偏远的矿井之中。但他们的失败不过是被推迟的胜利，有关方面修订了高拉格的规章：特别营地制度被取消，相关设施被转为采用最初管理体制的惩戒营；囚服上也不再印制囚犯的登记号码；看守被禁止使用侮辱性的词句；窗户上也不再有窗条；枷锁被取消；囚犯有权同家人通信的频率从每年一次改为每月一次；囚犯的劳役金增至三倍；每日的工作时间被限定为八小时。

古拉格走到了其生命的尽头。1953年夏季的罢工事件成为压垮它的最后一根稻草。在自身问题的重压之下，它轰然倒地。1954年夏，"惩戒营管理总局"被解散，位于诺里尔斯克的营地被关闭，联合工厂被移交给承担经济职能的部委。自接下来的数周起，已经服完三分之二刑期的囚犯们被一点一点地释放，通常没有获得更多的解释。他们在俄罗斯地区的车站下车，神色惊慌，相当容易辨认。古拉格已经不复存在，但它依然潜藏于他们以及俄罗斯的记忆之中。而正如其境内那些苦役城市一般，西伯利亚从此被打上了烙印。

第六部分

征服极地坚冰

第二十五章
赞助人和游说者：一场关于北冰洋的争论

北方的大航路！这些梦想从未消失，它们只是变得模糊不清，并在时机成熟时发挥出原有的力量。北冰洋地区先锋海员们的狂热情绪便是如此：在超过一个世纪之中，这种狂热感染了那些来自热那亚、不列颠、荷兰地区的伟大船长们，令他们保有找到一条通往中国及其财富的航路的希望，令他们的航船驶入北冰洋的群冰之中，并于此被冰层的力量粉碎。没有任何人曾经穿越极地的大浮冰。绕过欧亚大陆的北方航线依然是镜花水月。这也是一项遭受阻挠的野心，因为自1617年起，出于对外国商人沿海岸线侵占毛皮市场的担忧，沙皇曾经倾向于禁止一切西伯利亚段北冰洋水域的航海活动，同时迫使猎人和商人采用陆路并缴纳帝国的赋税。为外国的船只提供协助也可能招致极刑。自那时起，大型航船便绝迹于北冰洋洋面，唯有土著的船只于此冒险，有时，波默尔渔民的小艇也会加入其中。沙皇的禁令已被废弃，但沿岸展开的不同勘探活动的结论合理地取代了它。它们高度一致：北冰洋是不可穿越的。北方航路不过是一种幻想，至多是一处不值得考虑丝毫的死胡同。

两个半世纪过去了，时间来到了19世纪中叶，这一梦想并未逝去。从北方过去！征服隐藏于寒冰栅栏之后的未知之地。发现新的土地。当时的时代精神也有利于探险事业。在整个西方世界，尤其是欧洲，民族主义热情同科技进步相结合，驱使各国完成殖民征服，并填满地图上剩下的最后一些空白点。而北冰洋和南极洲正是其中最大的两片白色区域。两极所掩盖的，到底是什么呢？自此，揭开这些神秘空白的尝试将会在一次次的探险活动中相继上演。英国人、美国人、法国人或斯堪的纳维亚人自然是最为急切的群体之一。但人们很快也会看到意大利人、德意志人和奥地利人在北方的竞赛中碰运气的身影。

俄国人呢？他们出人意料地似乎对这一挑战不感兴趣。然而，这一任务不会缺席。俄国北部海岸已知的绝大多数群岛都尚未得到勘探，如果说他们对西伯利亚海岸线的轮廓有所了解，其程度也只是勉勉强强。现有的地图可以追溯至白令及其团队的探险，甚至对于那些最靠近巴伦支海或喀拉海的水系，水文数据也仅仅是一个近似值或是根本不存在。但无论是俄国宫廷还是政府都对极北地区毫无兴趣，仅仅将之视为一大片未经探索的白色荒漠，相较于沙皇所持有的其他领地，该地区显得相当缺乏吸引力。相较于其邻国（如挪威），俄国部署于北冰洋地区的舰队显得微不足道。无论是当局还是其大部分臣民都将北冰洋地区视作贫瘠的不毛之地，几乎不配出现在地图上。

但并非所有人都持有这样的观点。在这首西伯利亚的史诗中，大商人们再度迈出第一步。第一个执笔为极北地区的利益和名副其实的极地研究事业辩护的人名叫米哈伊尔·康斯坦丁诺维奇·西多罗夫。他的居住地为克拉斯诺亚尔斯克，当时那不过是叶尼塞河上游一座普通的西伯利亚小镇。因此，它距离北冰洋地区相当遥远。但是，正如他在中西伯利亚地区众多的同行和竞争者一样，一些严肃的理由令他对极北地区的坚冰产生兴趣。

现在，时间来到了19世纪中叶。当时，西伯利亚商人在生意上取得了长久的发展。他们根据财产的多寡组成了等级各异的行会，构成了一种新兴的市民阶层，其影响力也在不断扩大。其所经营的传统商业形式为同中国方面围绕来自太平洋地区的毛皮展开贸易，而自那时起，他们的业务范围也包括了开采阿尔泰地区、叶尼塞河以及外贝加尔地区已探明的黄金。而以黄油、粮食作物和面粉为主的农产品也为他们带来了大宗的收入。自此，西伯利亚地区的物产大大超出了自身的消费能力，其价格也低到了极点。例如，1877年时，西伯利亚地区每吨小麦的均价为英国的十分之一。[1]甚至在俄国欧洲部分的市场上，谷物的数量也过多了。但如何自西伯利亚地区出口这些产品呢？如何避免禁止性关税和中间商过高的佣金呢？而仅仅依靠自己进行运输，那么转运至俄国欧洲部分所需的成本便足以令西伯利亚所产粮食在市场上丧失竞争力。在丰年，西伯利亚地区每普特（俄罗斯帝国时期的计量单位，约等于16.3公斤）面粉的价格可能跌至10戈比，这一价格是如此之低，以至于农民们宁愿让小麦在脚边腐烂。而与此同时，在乌拉尔山脉的另一侧，严重的饥荒可能对社会经济造成了严重的破坏。[2]但陆路运输的成本是如此高昂（运送至俄国欧洲部分的成本高达每普特6.5卢布，即产品自身价格的650倍），以至于甚至包括国家在内，没有人有兴趣执行这一运输。这是已经觉醒的西伯利亚所一直面临的问题。西多罗夫相信自己找到了解决之道。1859年，他向帝国当局递交了一份题为《论通过鄂毕河与叶尼塞河河口以海路联系欧洲和东西西伯利亚的可能性》的请愿书。[3]他的想法可以被概括为以下数行文字：这位作者早在西伯利亚铁路开工四十年前便写作了其论文，根据他的观察，由于西伯利亚地区处于内陆，而特拉科特的道路网导致运输成本居高不下，为什么不利用大河所提供的大好机会呢？沿着鄂毕河与叶尼塞河顺流而下，接着由它们的三角洲入海，抵达阿尔汉格尔斯克、圣彼得堡或其他一切欧洲港口，通过这样的方法，西伯利亚所出产的商品便有可能赢得新的市场，并极大地促进俄罗斯帝国亚洲地区的发展。这一方案仅需唯一的一项条件：开辟一条自巴伦支海直至西伯利亚两大河流三角洲地带的海上航路。但这项条件并不容易满足。一条航路，也就是说基于地形和水文数据的可靠海图、用以标明障碍物的灯塔和浮标、供船只停泊并获取给养与燃料的港口、用以在艰险的水道内引导船只的职业引航员、一支能够监视和保护贸易活动的舰队，最后还有海关部门。如果能够在河流的入海口处部署上述配套设施，它们将会自即刻起令西伯利亚的商品直接运抵欧洲的出口市场。西多罗夫的目光甚至看得更大更远：在他的设想中，这条航路随后会一直延伸至勒拿河，人们能够从此出发，抵达雅库茨克，又或是一直拓展至太平洋（为什么不呢？），以实现先行者们的夙愿，即一条自大西洋通往太平洋的航路。西多罗夫对这样的设想深信不疑，极北地区可以变得人烟稠密、经济社会发达、高度城市化。北冰洋不再是一道阻碍，而是俄国的一大机遇！

仅仅瞥一眼地图便足以令人明白困难所在了。不必说通往太平洋水域的航路，单单以鄂毕河与叶尼塞河为终点的第一阶段看起来都不具备可实现性。距离太过遥远，而相比之下，风险和其他限制条件所带来的困难一点也不少。穿越喀拉海的航程尤为如此，这一段面临着最为严峻的挑战。同位于其西侧的相邻海域巴伦支海恰恰相反，喀拉海不受到北大西洋暖流的影响，其海面冰期每年长达八个月至十个月……至于那些河流，人们对它们的三角洲所知甚少例如，人们并不清楚它们的水深能否承受远洋船只的通行，而它们的河道距离最近的港口也有数千公里之遥。此外，除了一些由俄国猎人构成的赤贫小村庄和涅涅茨人的活动外，整个西伯利亚北方地区渺无人烟，人们上哪为这样一项规模如此宏大的工程寻找劳动力呢？一条航道？一场幻梦，是啊，国家不可能向其中投入哪怕一个戈比。"根据我们的判断，全部的花销可能换来一条耗时长达六周的航线，"地理学家霍卡尔斯基写道，"在最好的情况下，一艘来自欧洲的航船一季仅能实现一趟往返。"[4] 事情就这么决定了。因此，自他第一次寄出请愿书起，西多罗夫甚至连一份回执都没有收到。但他日后不断的重新投递最终收到了一点回响。其中寄给皇储的一封信件收到了由季诺维耶夫将军签署的回信，后者是一位富有影响力的廷臣、未来沙皇的老师。这份回复充分表现了当局的精神状态："由于北方地区一直为坚冰所覆盖，不可能在那里种植粮食，也不适合开展任何其他的经济活动，在我以及我身边的人看来，我们必须将居住于北方的人口迁移至内陆地区。而您却恰恰相反，您不断地表达并解释自己的观点，不断纠缠我们，提及一股并不存在于北方的湾流。这实在是商人之见！"[5]

事实上，反对声不仅仅来自政府本身，同样也来自俄国欧洲部分大城市中强有力的工商业游说集团。莫斯科和下诺夫哥罗德强大的证券交易市场与商品市场迅速明白了，让西伯利亚和世界其他地区建立商业上的直接联系这一想法会令它们蒙受重大的损失。当时的一位观察家注意到："每一次意图令政府同意在外流河三角洲开放自由港的尝试都会令莫斯科的股市发生震动。"[6]两地众多的产品均得益于西伯利亚市场上廉价的粮食。酿酒业便是站在第一线的行业之一，它意在避免其珍贵的原材料通过海路流向伦敦和斯堪的纳维亚。但这些俄国商人同样也担心自己对于西伯利亚的商品输出。他们在工业方面居于事实上的垄断地位，从而得以向那些年轻的省份倾销在俄国欧洲部分已经过时或滞销的产品。譬如，倘若英国能够直接运去用于西伯利亚金矿开采的机器或钻探设备，这些人便会丧失自己的特权。更为糟糕的是，在这种情况下，西伯利亚不久之后便能够配备起一整套足以同他们相竞争的近现代工业。"既然如今的西伯利亚是质量无法同英国制造相提并论的俄国工业制成品的忠实市场，那么有必要禁止输入［西伯利亚］的不仅包括糖、茶叶、烟草、酒类，"有关该问题的一份报告赤裸裸地写道，"还包括工业制成品，以禁锢当地的商业活动，并使得潮水般的外国免税商品无法加入其中。"[7]为阻止令西伯利亚沿海开放的一切尝试，经济界的压力集团令政府相信，此类行为只会鼓励西伯利亚的分离主义思潮，并将导致俄国丧失该领土。

　　但是，想要令西多罗夫灰心放弃，这些还不够，还远远不够。这位商人于不久前预言了一条通往西伯利亚地区的航道，自那一刻起，他决心将该方案以及俄国北冰洋领海的总体国防事业化作自己活着的唯一理由，并会在未来为证明该方案可行提供明确证据。他将把自己的巨额财产全数投入这场战斗之中。

　　他是在西伯利亚的历史上留下浓墨重彩一笔的杰出人物之一，正如他们中的许多人一般，他的根扎在俄国北方。西多罗夫也是一位波默尔人，他于1823年出生于阿尔汉格尔斯克一个常年挣扎于破产边缘的小商人家庭。他并非学校中的好孩子，很早便因为殴打法语老师而遭到开除。这位老师曾经将城市中的小商人们称为"俄国卑劣的造物"。[8]这第一桩丑闻被压下去了，但数年之后，年轻的西多罗夫再度成为街谈巷议的对象：作为其叔叔位于城市港口一处商栈中的职员，他震惊于英国商人所享有的统治性地位，二十岁的他试图创建一家信贷银行，用以为阿尔汉格尔斯克的海员、渔民与俄国商人的发展提供资金支持。他断言，这一金融工具乃是英国人成功的关键，他们有着一套高效的保险与银行体系以强化其优势。地方长官不愿令外国投资者感到不快，便对西多罗夫的行为下达了禁令。西多罗夫对禁令置之不理，继续推进自己的想法，但最终不得不匆忙离开这座城市以及所在州，以躲避当局的追捕、免于被投入监狱。正如他众多的前人一样，他启程前往西伯利亚，他的一些同乡正在那里发财。

　　他来到了克拉斯诺亚尔斯克，在富裕的金矿勘探者瓦西里·拉特京家中担任教师。尽管自己的学生生涯难言成功，但西多罗夫是一位杰出的教师，并最终迎娶了雇主的女儿。当时，人们为他绘制的肖像是一位疯狂的自学者。他对一切都兴趣盎然：他贪婪地阅读着其房东或雇主所藏的动物学、植物学、地质学、生物学或地理学等方面的著作。极地地区的动物志尤其令他感到好奇。日后，这位西伯利亚商人还会就这一带有异域色彩的主题发表多篇科学文章，譬如《挪威的鲱鱼和鳕鱼捕捞》、《狩猎海豹》或《狩猎海狮》。[9]他的才干不止于此：当这座城市陷入淘金的狂热之中、冒险者塞满了街道时，西多罗夫不愿错失机会，希冀从命运奉上的蛋糕中割走一块。他装备着一把锹、一柄鹤嘴锄、一面筛子，并由其当地的保护人为他购置了几份保险，扎进了泰加森林之中，独自一人沿着浩浩汤汤的叶尼塞河的一条条支流溯游而上。他被证实拥有了不起的嗅觉。当返回城市时，他对官方宣布自己发现了多处金矿。那年，他二十七岁，其作为教师和矿业工业家的第二段人生开始了。当时，5000名淘金客在这一地区内互相争斗、彼此敌对。在接下来的十年中，西多罗夫独自一人发现了200处新的矿藏，并自行开发了其中的35处。在西伯利亚地区每年产出的20.2吨黄金中，略多于3吨的黄金产自年轻的西多罗夫的矿井。[10]尽管当时实行的充公式财税制度会夺取开矿者四分之三的收入，但这位昔日的家庭教师已经成为百万富翁。"行业史上绝无仅有的奇迹。"克莱梅诺夫将军在寄予其总勘探师的信件中写道。[11]西多罗夫是西伯利亚最为富有的人之一，其麾下的工人很快便达到了两万名。

正是在这一时期，西多罗夫决定献身于自己的极地计划。在我们所能获得的稀少的图像资料中，可以看到一个身材肥胖的四十多岁男性，圆形的脸上覆盖着一丛卷曲而茂盛的胡须，发际线后退至很高的位置。他爱捉弄人的目光与所着城市商人的衣衫颇为不搭，这身衣服是三件一套的服装，搭配有怀表，彰显了其社会名流的身份。这位来自阿尔汉格尔斯克的移民已经成为全西伯利亚范围内的一个重要人物。他的绝大多数竞争者仅仅梦想着增加自身的财富，而西多罗夫则与这些人迥然不同，他决心将所有的钱财尽数花销。事实上，他对于黄金的兴趣仅仅因为自己借助黄金所能进行的事业。而自其青年时代以来，他便酝酿着众多如今意图实现的梦想。作为俄国北方的孩子，他希望改造西伯利亚与极北地区，令它们获得发展、拥有众多的人口，成为未来之地。俄国的极北地区是西多罗夫的加利福尼亚："将我在黄金领域那些利润极其丰厚的物质事业抛在脑后吧，"他写道，"我已经将自己全部的活动和资金转移至我国的北方地区了。"[12]正如他所频繁造访的那些不知名的地方自治主义者与自由主义者一般，西多罗夫梦想着能在西伯利亚建立一所大学。说实话，他甚至相当希望在其所居住的克拉斯诺亚尔斯克建立大学，并以16公斤纯金作为第一笔捐赠。这一提议一直是毫无动静的文字，一大群公务员、将军和部长对他如同烟火般喷薄而出的想法持反对态度，建校的提议吃到了一长串的闭门羹。当局的态度比犹豫不决还要更加消极。西多罗夫也考虑兴修道路、港口、铁路，推广工业、手工业以及其他一切有利于实现其梦想中的新西伯利亚的行动。人们可以肯定，他敢于以身犯险：某年冬季，他率领一队载有矿石的雪橇，在驯鹿的牵引下穿越了叶尼塞河与鄂毕河之间的广大苔原。他也希望以此证明将西伯利亚北部和俄国的欧洲部分通过道路直接相连是可行的。当时正是19世纪中叶，但他所采用的路线与一个世纪后的工程师们就501-503工程所选路线大体重合。西多罗夫还想修筑一条横贯乌拉尔山脉及其欧洲分支的铁路：在二十年间，他不断向其中投入资本，以令铁路得以穿越冰雪荒原和沼泽——这些都是他实现自己夙愿的障碍。开挖运河也是其计划的一部分。

但是，在其所有宏大的计划中，开辟西伯利亚与欧洲之间的航路是最令他牵挂的一项。他自身的经历使其相信建立直接联系的必要性。由于缺乏交通工具，他的金矿无法配备其英美竞争对手所拥有的高效设备。而一直寻找新的经营领域的他曾经在库列伊卡河上游发现了丰富的天然石墨矿藏。大众教育蓬勃发展，为了向越来越多的教育机构提供铅笔，对这一资源的需求量极大。截至此刻，得益于他们对锡兰的占领，英国人几乎垄断了这种高纯度的碳单质。西多罗夫决定令欧洲大陆享受到此处矿藏带来的益处。这一切都在为他所建议的北方航路辩护。自他发出第一份请愿书以来，这一设想便在其他地方收获了相当数量的支持。除他之外，多个出身新兴的西伯利亚资产阶级的商人或对他的方案表示赞同，或是以之为基础提出新的变体方案。这些人中不仅有在西多罗夫到达时接待他的拉特京家族，还有伊尔库茨克的实力派：西比里亚科夫家族与特拉佩兹尼科夫家族。自此，他们以开辟一条与河网相连的新航道为目标，进行了公开的斗争。多座城市发表了正式声明，对这一设想表示支持。在克拉斯诺亚尔斯克，西多罗夫加入了最为富裕也最为尊崇的第一商人公会，并令自己这份兼具河运与海运的方案成为城市的一项政治计划。1864年，他甚至以392票对8票的优势当选为市长。但中央政府依然对此保持警惕，它并不打算给这位新富起来的惹是生非者留下多少空间，根据总督的决定，西多罗夫当选市长一事被宣布无效。

在远行勘探期间，西多罗夫曾经将一卷纸挂在其某处木屋的内壁上，其上手书大字"唯其壮志，克成大事"。[13]而他的壮志是无限的。西多罗夫试图孤身一人，或是在另外几位大赞助人的支持下实现俄国政府拒绝考虑的事业，以此证明自己的抱负。自1860年以来，他开始了自己的第三段人生，即在俄国和全欧洲范围内充当极北地区的大使与辩护律师。他将自己位于克拉斯诺亚尔斯克的矿藏抛在脑后，把总部设在圣彼得堡的帝国政府门前。他最初的尝试之一便是，提议俄国地理学会（他为该学会提供了大笔资助）向第一位自俄国欧洲地区港口出发抵达叶尼塞河三角洲的俄国航海家提供总额为1.4万金卢布的奖金。这一挑战看起来并非不可战胜。每年，都会有越来越多的挪威渔船穿越新地岛的海峡，前往喀拉海的未知水域冒险。西多罗夫确信，他将通过这一方式证明其计划的合理性。提供的奖金是丰厚的，但它再一次遭到冷漠且生硬的拒绝。在当权者的圈子中，人们不明白和永恒的坚冰做斗争有什么好处。没有人能够战胜它们，而且无论如何，这样一条航道，每年的适航期也仅有三个月。什么商人会如此疯狂以至于为之投资呢？此外，圣彼得堡的精英阶层也不相信俄国人的实力："我们俄国还没有能够出海航行至叶尼塞河三角洲的水手。"地理学会的副主席费奥多尔·李特科答复他道，"这样的远航几乎只有英国人才能做到。半个世纪以来，英国培养了一代代专精于结冰洋面的航海家。"[14]

西多罗夫对其同胞表现出的蔑视目瞪口呆，但决定听从对方的意见。很快，西多罗夫便前往英格兰、苏格兰、法兰西、德意志、丹麦、瑞典、挪威，往来于欧洲的北部，寻找勇敢且有征服欲、准备好接受挑战的船长。谁会是开辟欧洲至西伯利亚大河三角洲航线的第一人呢？最终，有二人响应了他的召唤。第一位是从事长途航行的英国船长约瑟夫·威金斯，他在其他大洋上拥有丰富的航海经验，西多罗夫的计划刺激了他的好奇心。他做好了参加本次冒险的准备，计划至少开辟出通往距离最近的西伯利亚大河——鄂毕河河口的航道。第二位是一名瑞典男爵、科学家和探险家，他在其于挪威特罗姆瑟举行的一场会议中结识了西多罗夫。这是一位极地地区的爱好者，同样也宣布自己做好了投身于冒险之中的准备，并打算将探索范围延伸至叶尼塞河地区。他的名字叫作阿道夫·埃里克·诺登舍尔德。

前景几乎是令人沮丧的。没有名副其实的地图，海域多雾，且海面可能冰封长达数日，穿越喀拉海的航行远非一场散步。最近的一次尝试由俄国人克鲁森施滕做出，其赞助人自然还是西多罗夫，但这次航海遭遇了惨痛的失败。大块的浮冰粉碎了他的船只，克鲁森施滕及其队员在一块浮冰上漂流了数日方才获救。他在报告中给出了明确的结论："绝不可能存在一条通往鄂毕河或叶尼塞河的航道。"[15]

但是，威金斯与诺登舍尔德将会证明与之全然相反的结论。自1874年探险首航，至1894年，英国人十一次向喀拉海发动冲击，他成功穿越了十次，但并非都是一帆风顺。他多次在远洋地区搁浅，或因为未能搭载全部预定的物资而被迫折回。但是，他的经验令其得以对前往西伯利亚的航线建立了更加清晰精确的认识。人们尤其注意到，第一个出现于岸边的鄂毕河河湾也是最为危险的一处。三角洲自身遍布移动不定、令人迷惑的滩涂，它们有时会将河流的水深降至2米。更为糟糕的是，一处沙洲封锁了河口，令远洋船只无法通行。因此，如果想要沿着鄂毕河逆流而上，就必须将货物转运至离岸5公里处暴露于风中的河船上。经验证明，这是一项困难的操作，通常以沉船事故告终。

而叶尼塞河的条件则优越很多。吃水深的船只能够毫无阻碍地溯游而上，直至名为伊加尔卡的小村庄，因此，人们认为这里将会建成西伯利亚中心地带的深水港。诺登舍尔德分别于1875年和1876年两度来到这一河流，甚至乘船抵达了中西伯利亚地区的城市。诺登舍尔德将船只停靠在叶尼塞斯克，这里是叶尼塞河与横贯大陆的官方大道特拉科特的交汇之地，此刻，这位瑞典男爵感觉自己是一位新的哥伦布。航道打通了。人们可以想象在这边土地上建立一个新的世界："只需付出最少的劳动，这片土地便能够回馈丰收的粮食，"他写道，"更不用说，如今，此地的居民极其分散。但是，一旦丰富的农业资源得到开发，这里能够承载数百万人口。"[16]1877年，由西多罗夫租赁的"北极黎明号"帆船及其五名船员成功搭载着石墨、毛皮和鱼类自叶尼塞河驶达圣彼得堡。这一航程需要三个半月。西伯利亚赞助人们所如此垂涎的航线终于开通了。诺登舍尔德向西多罗夫拍去了一封贺电："弥散至今的黑暗遮蔽了西伯利亚可通航的正确图景，而'北极黎明号'则刺破了它。"电报的收件人陷入狂喜之中，他终于看到了梦想成真的一天。十五年坚持不懈的努力获得了回报。西伯利亚拥有了属于自己的欧洲入口，西多罗夫坚信，自此，他的同胞们能够从中获益。

这名昔日的寻金者定居于圣彼得堡最有资产阶级情调、最为风雅的街区之一谢尔吉耶夫斯卡娅大街18号，以更大的力度继续自己对北方的十字军征程。他举办沙龙，在自己的寓所中组织极地晚会，圣彼得堡的知识界麇集于此。西多罗夫同样也会在此宴请定居于首都的少数西伯利亚土著以及军人、造船专家、工业家和一些记者。人们专门于此品味"极地风味"——能在舌下融化的鲜嫩鱼肉和风干的驯鹿肉。众人一成不变地向探险的先锋、猎人、航海家或昔日的智者致祝酒词。人们也于此欣赏最为美丽的地质学标本，它们采集自极北地区的矿藏之中。人们还于此聆听专家学者、旅行家或探险家赞颂这片藏于冰层之下、依然未知的土地的前景。人们小声传言道，皇储（即未来的亚历山大三世）本人也曾出席其中的一场晚会。[17]

随着时间的推移，经历了俄国政府无数次恶意刁难和置障的磨砺，西多罗夫的斗争已经演变为一种萦绕不去的执念。对这位来自西伯利亚的赞助人而言，北方已经不再是一项事业，而是一种信仰。他是这份信仰的先知，大幅增加了用以吸引大众与当局关注这片被极大忽视和低估的地区的出版物的发行量。奇特的是，他的热情预兆了另一位"北方门徒"同样的情愫。此人名叫维亚尔姆尔·斯蒂芬森，是加拿大和冰岛籍的探险家，20世纪初，他成为北美众人谈论的对象，并令北方真正成为时尚话题。西多罗夫推广北方土著的传统手工业，自发地捍卫他们的利益、宣称他们有权接受教育。他的热情显得不知疲倦，他的胃口似乎永远得不到满足。他穿越苔原，以评估其不同方案的成功机会、记录地形数据、为新的运河制定设置船闸的方案、搜集动植物和矿物标本。由于俄国政府似乎并不明白其中的重要意义，并随随便便地拒绝对之予以关注，他决定更进一步，在一切大型国际活动中亲自为极北地区代言。"我曾经试图吸引俄国人和外国人的注意力，令其意识到我国北方地区的富饶。这便是为何，自1860年以来，无论遇到怎样的困难，我都不会缺席任何一场博览会。"[18]他参与了1862年的伦敦世博会、1867年的巴黎世博会、1873年的维也纳世博会，他还前往柏林、纽约以及二十余处大型博览会，租赁场地以就地捍卫极北地区的利益。西多罗夫的展位不展示任何商品，这位工商业巨子仅仅展出其所收藏的美丽手工艺品、极地地区所种植的蔬菜水果，以证明人们能够舒适地生活在那里。甚至他还第一次在西伯利亚的地下发现了某种黏稠的黑色液体，当时的人们称之为石油。"我坚信，"他在1882年的一则评论中写道，"北方地区的油田当会拥有相当的重要性。[……]北方的石油可能在经济和财政领域为我们带来巨大的效益[……]"

精力的巨大投入并未能博得当局的认可。甚至没有人向西多罗夫提出质疑，他被无视了。他在外国所收到的反应几乎别无二致，除了探险界与科学界之外，没有人对他有所关注。他的名字并未进入极地地区的先贤祠之中，然而，他是研究该地区的第一批专家之一，也是其最好的辩护者。他一直保持着对于极地的信仰，但随着时间的推移与一次次冷遇，失望占据了他的内心。"考虑到开辟通往鄂毕河与叶尼塞河的航道是关乎西伯利亚命运的问题，也是我国的头等大事，我向其中倾注了自己所有的精力，"他于1882年写道，"我将之视作毕生的事业，投入了得自金矿的全部财富。不幸的是，自己的理念未能找到哪怕一位知音：人们将我视作一名将一切投入幻梦之中的怪人。反抗大众观念的斗争是艰难的，但是在斗争过程中，这样的信念一直支撑着我：倘若我达成了目的，子孙后代们将会对我的努力和牺牲给出评价。"[19]

1887年，西多罗夫于艾克斯克雷西拉沙佩勒辞世。在其遗嘱中，他这样处理自己的遗产："我不会给孩子留下多少东西，因为经验表明，绝大多数等着继承遗产的孩子不会产生学习科学的兴趣。"他绝大多数的财产"将会被用于为人类谋福祉"，用于"鼓励俄国的发明家，尤其是航海领域的发明家[……]更尤其是一切有意开辟通往北方大海与西伯利亚河流航道的大胆而进取者，无论他们是否为俄国人"。他还更进一步，指定将部分遗产用于北极圈地区青年土著的教育。"萨摩耶人［涅涅茨人］、尤拉茨人、多尔干人、雅库特人［……］"他希望在这些人中能够涌现出"水手、艺术家、医生以及更重要的、能够治疗驯鹿所患疾病的兽医"。[20]在那个殖民主义耀武扬威的时代，他临终前的举动完全超乎常理，并被再一次证明毫无意义。这仿佛证明了逝者种种努力的虚妄和空幻：事实上，在公证人进行财产清查时，西多罗夫的遗产已经满是债务。他频繁的斗争吞噬了一切。自此，没有人愿意继承他的遗产。

但并非一切都随着这位北方赞助人而消失于人世。西多罗夫是第一个呼吁经由北冰洋实现西伯利亚对外开放的游说者，也很有可能是最为坚决且最为顽强的一个，但他并非完完全全的孤身一人。新一代商人以他为榜样，接过了他的旗帜。他们迥异于年轻时的西多罗夫，不再是早期的金矿勘探者或是先行一步的移民，而是真正的商人世家，他们不仅掌控着黄金贸易，还主导着与中国的商贸活动以及粮食市场。他们活跃于赤塔、涅尔琴斯克、克拉斯诺亚尔斯克或托木斯克，但在伊尔库茨克，他们的力量尤为显著。这里是向南（通往中国）、向东北（通往勒拿河与黑龙江）和向西（通往罗斯地区和欧洲）道路的交会处，拥有着优越的地理位置。在这些家族之中，有一些为征服阿拉斯加的毛皮商人们的后裔，另一些或是出身农民，或是通过茶叶致富。他们是西伯利亚社会、政治与文化生活的源头。博物馆、歌剧院、养老院、教堂、寄宿学校、文学或科学团体，所有，或者几乎所有创办于伊尔库茨克的上述机构都打上了他们的烙印。[21]他们的财富等级决定了各自从属于什么行会，这些组织有很强的封闭性，拥有不同的权利和特权。最为尊贵的第一等行会囊括了十余户最为强盛的家族，他们的住宅是城市的骄傲。在俄国的欧洲部分，贵族势力依然如此强盛，但西伯利亚并没有这一阶层，商人构成了它的精英团体，这些精英更加富有进取精神，更加信奉自由主义，也更加热衷于批评当局。因为，如果说家族间的敌对是上流社会生活的家常便饭，那么对抗帝国官僚机构的斗争便不时令那些彼此间敌视最深的竞争对手联合一致。在传统的俄国社会中，贵族的高傲为新兴资产阶级的形象打上了明显的烙印。而西伯利亚的商人们则与之相反，他们享有一种真正的尊重，这进一步强化了他们的影响力。

在那些地位最为稳固的家族中，西比里亚科夫家族是历史最为悠久的之一。这位老人将家族财富建立在对华贸易的基础之上，但其主要财产来自贝加尔湖以东阿尔泰地区和涅尔琴斯克地区的金银矿，他也是首批投身河运贸易的人之一，与行会中的一些合伙人建立了一家活动于勒拿河流域的航运公司。这是一项新兴的商业领域，日后将影响其继承人的命运。他顽强而反复地反对当地政府的专断作风，这令其有时遭到行会的开除，但人们只会越发尊敬西比里亚科夫这个名字。他们中的多位已经被同城居民选为荣誉市民。至19世纪80年代，该家族已经传至第七代，计有三男一女，亚历山大以长子的身份成为族长。他于苏黎世联邦理工学院接受了工程师教育。这座院校是欧洲新近成立的精英高校之一，接收了大量的俄国留学生。学成归来后，他成为家族生意的负责人，决心令西比里亚科夫家族的遗产在金矿贸易和促进航运业发展两方面开花结果。在他看来，航运业定然会迎来高速的扩张。然而，正如在他之前的西多罗夫，或是与他同时代的大多数人一样，他观察到，西伯利亚的闭塞限制了其发展。这里有着富起来的一切要素，但必须克服由于远离消费市场所导致的过于高昂的运输费用。粮食种植业便是最为明显的例证。但对于黄金贸易而言，情况也是如此：伊尔库茨克的商人们不得不使用敞篷四轮马车或雪橇将自己所产矿石运输至圣彼得堡，以将之熔化并打上标记。这是一段漫长而又危机四伏的旅程，潜藏着匪帮与流浪者的威胁。这样的局面不能再持续下去了。亚历山大观察到，西伯利亚被迫仅拥有稀少的人口，被剥夺了通往外界的可能，它将会变得死气沉沉，进而窒息而死。

然而，解决方案跃入眼前，他写道："西伯利亚有着发达的水上交通线。它的河流长度甚至在世界上首屈一指。仅仅叶尼塞河流域便有多瑙河流域的三倍大，而它还是西伯利亚三大河中最短的一条。看起来，我们的任务明显是利用这些河流，创建一套通往大海的交通体系。"[22]

此前，西多罗夫便已经给出了诊断、开出了药方。正是应当通过水路令西伯利亚和世界的其他地区实现互联互通。正是应当通过水路令西伯利亚摆脱闭塞状态。无与伦比的河网灌溉着西伯利亚的土地，正如16至17世纪的第一批先行者、猎人和哥萨克所经历的一样，河流也是人们可资利用的通道。接下来便是进入大海，以抵达欧洲的大型港口。当西多罗夫得到亚历山大·西比里亚科夫的支持时，他依然在世，但已经精疲力竭，财力也不及以往。更加年轻的亚历山大将会多次接过这位老斗士的旗帜。西比里亚科夫重拾起西多罗夫的计划并进一步加以完善。他也想要开辟一条北方航路，并为之配备相应的设施，令船只得以抵达大河的河口。但他还希望加入一张由自然河流与运河构成的河网，令船只得以在不入海的情况下穿行于整个欧亚大陆的水系，自阿尔汉格尔斯克的港口通往中国或是太平洋。在最终的计划中，他打算于大河之间开凿五段运河，并实施相当多的大型工程。如此一来，船只无须借助海路，便能够穿行全罗斯地区和全西伯利亚。

真是胡来。固执己见的俄国当局已经宣布将不会采纳这一设想。西比里亚科夫的家产更胜于其导师西多罗夫，由于政府的态度，他独自投身于探险之中，为之花费了整个19世纪80年代。在鄂毕河与叶尼塞河之间，一队队工人们正在开凿一条河道。工程的预算为400万卢布。[23]亚历山大还计划追加1000万卢布，以使其雇佣的架桥工人与潜水员能够解决安加拉河令人畏惧的湍急水流。

这并非全部。这位商人并没有忘记西多罗夫的主方案，即取道北冰洋，开辟新航路，并将之纳入海图之中。1875年11月，诺登舍尔德受西多罗夫委托，成功结束了一次对喀拉海的探险活动，刚刚返回出生地赫尔辛福尔斯。*不久，他收到了一封奇特的电报："请您告知我，您是否不打算于明年，即1876年抵达叶尼塞河三角洲，而鄂毕河三角洲的条件是否同样优越。一位西伯利亚商人计划花费2.5万卢布为您的这次探险提供装备。回信请发给圣彼得堡的亚历山大·米哈伊洛维奇·西比里亚科夫。"[24]

西比里亚科夫选中诺登舍尔德绝非偶然。在其受西多罗夫资助进行探险期间，这名瑞典男爵已经成为俄国西伯利亚与极地地区征服者小圈子内的知名人物。谋求令西伯利亚地区实现开放和发展的人们都会在招待会上自发地向他发出邀请，希冀能使他为他们的事业辩护。人们甚至在文献中找到了历史奇特的缩影：1875年11月11日，海上商业协会于圣彼得堡组织了一场盛大的晚会，诺登舍尔德是其荣誉嘉宾。当人们阅读后天报纸上登出的消息时[25]，便会发现二十五年前的黑龙江征服者、海军将领涅维尔斯科伊也坐在同一桌。而向诺登舍尔德致祝酒词的则是来自内政部的博格丹诺维奇上校，当时他正为修建一条西伯利亚铁路而斗争！在他就瑞典客人的荣光而做的长篇致辞中，这位热情洋溢的博格丹诺维奇还赞扬了西多罗夫的努力。这些西伯利亚史诗中的伟大人物不太可能事先约好了见面，但他们于当夜一同举杯畅饮！

因此，这场由西比里亚科夫提议并赞助的探险活动于1876年展开。在"伊梅尔号"的甲板上，诺登舍尔德越过了鄂毕河河口，以驶

---

*瑞典语中对赫尔辛基的称呼，也是这座城市最初的名称。

向稍稍位于更东方的叶尼塞河三角洲。借此，瑞典人证明了西伯利亚的另一大河可以通过海路抵达。无论诺登舍尔德还是西比里亚科夫都不可能满足于初步的成功。因为，如果说通往西伯利亚大河并因之进一步抵达西伯利亚腹心地带的航路从此已经开辟，那么完成环绕欧亚大陆的航行，找到传说中穿越北方寒冰、通往中国的航线，通过北方在欧洲与远东之间建立直接联系，这一历史性挑战依然没有得到解决。诺登舍尔德做好了战胜这一挑战的准备，而亚历山大将会为他提供部分的资金支持。

1877年1月26日，斯德哥尔摩的王宫中举办了一场豪奢的宴会。瑞典国王奥斯卡二世邀请诺登舍尔德男爵和大批对于极地地区兴趣浓厚的显达人物前来赴宴。国王意欲支持诺登舍尔德成为穿越极地坚冰、自北方航道抵达太平洋第一人的计划，并试图为这项冒险寻找几位合作赞助人。出席本场晚宴的哥德堡大商人奥斯卡·迪克松保证会提供支持。亚历山大·西比里亚科夫则将会成为该事业的第三位倡导者。诺登舍尔德在其致三位赞助人的探险计划中写道："毫不夸张地说，只要海冰状况能允许蒸汽动力船强行穿过这些海域，自从詹姆斯·库克于太平洋海域名垂青史的航行以来，探险性远航从未有过如此前景远大的探索区域。"[26]

为了完成他的探险，诺登舍尔德选择依靠当时的科技进步。1878年6月22日，"维嘉号"驶离了瑞典王家海军造船厂所在地卡尔斯克鲁纳的港口。它是一艘长达43米的蒸汽动力船只，拥有一台60马力的发动机，也可使用风帆作为辅助动力。这艘船只原定作为格陵兰岛海域的捕鲸船，其船体使用热带木材强化，具有优异的防冰能力。船员为31名。航速为6节[*]，当风帆升起时，甚至可以达到10节。诺登舍尔德希望利用短暂的夏季沿西伯利亚海岸航行，驶过亚洲的东端。在

＊约为11公里/小时。

其旅程的前三分之二，另一艘专门为这一任务建造的船只"勒拿河号"会伴随它航行。倘若条件允许且两艘船只均成功航行至勒拿河三角洲，第二艘船便会溯游而上，直至雅库茨克。这可能是史上首次，也是西比里亚科夫一次新的成功，在这条宽广但远离一切的大河上运营着屈指可数的几家航运公司，而西比里亚科夫家族便拥有其中之一。

8月10日，"维嘉号"与"勒拿河号"成功抵达叶尼塞河河口。这也是已知且已绘图海岸的最边缘。8月19日，两艘船成为已知首批在亚洲最北端切柳斯金角前锚泊的船只。诺登舍尔德大喜过望：他不无道理地担心海中的大块浮冰会阻塞通往此处的航路，在他之前的航海家们都撞上了这些浮冰。但在1878年，大海畅通无阻，仅仅笼罩着一层浓雾，令船员们无法看出无数尚未知晓的岛屿，两艘船在不知不觉中驶过了它们。似乎幸运与他们同在。9月1日，他们来到勒拿河河口，按计划分开了。三周后，"勒拿河号"抵达雅库茨克。在这段时间内，"维嘉号"则利用秋季罕见的极其平静的气象条件继续其向东的航程。9月28日，他们距离白令海峡不过110海里，已经来到了一段意料之外的探险之旅令人激动的尾声。但就在这一天，气温骤降，"维嘉号"很快便被困在一条愈来愈紧实的冰带中央。船员陷入惊愕与沮丧之中：船只距离太平洋不过两日的航程，但显然不得不放弃了。"维嘉号"的尺寸尚不足以破冰，甚至在这么短的距离上都做不到。必须以最快的速度靠岸，并做好越冬准备。诺登舍尔德陷入了彻底的绝望之中。"这是一种意料之外的失望，"他在自己的回忆录中写道，"显然，如果能够早区区几小时抵达海湾的东部，我们本可以避免这一切的。而在我们漫长的旅程之中，有相当多的机会可以节约出这点时间。"[27]当日，"维嘉号"在沿岸的坚冰之间下锚，距离楚科奇人的村庄皮特勒卡伊整整1公里。在接下来的九个半月之中，它一动不动地度过极夜，被一块厚度逐日增长至1.62米的浮冰围在中间。

瑞典探险者和楚科奇人利用这段时间互相学习，建立了深厚的友谊。次年7月18日，诺登舍尔德和他的同伴们正围成一圈享用午餐，这时，他们突然感到重新出现的海涛令"维嘉号"一阵颤抖。人们点燃了锅炉，十五时三十分左右，船只驶离了此前令它动弹不得的海湾。"所有人都在那里，都来到了高地上，站立着，"这位探险队队长写道，"村庄中的男人、女人和孩童都聚集在一起，看向大海，在水面上，我们的'火马'（此前，他们很可能更倾向于叫它'火狗'或者'火驯鹿'）载着来自远离其寒冷而凄凉的海岸的某处的冬季朋友们远去了。这一去，便是永别。"[28]

这一次，再也不会有任何东西阻碍"维嘉号"了。1879年7月20日上午，重新起航一天半之后，船只驶过亚洲最远的端点，诺登舍尔德于不久后将之重命名为杰日尼奥夫角，以向两百三十一年前的那位勇敢的哥萨克先行者致敬。在船员的一片欢呼之中，诺登舍尔德升起了瑞典国旗，鸣放礼炮向瑞典国王致敬。他和"维嘉号"作为先行者驶入了太平洋，这是史上第一批全程穿越著名的东北航道的航海家。

瑞典人将自己的名字载入史册，而亚历山大·西比里亚科夫所起到的根本性作用却更加不为人所知，似乎他依然不得登堂入室。但是，他和西多罗夫一起为之投入了大量时间和精力的事业似乎终于有了眉目。至少在夏季短暂的休整期间，西伯利亚有希望通过大河与海洋，与欧洲和世界其他地区保持直接联系。鄂毕河，甚至勒拿河，但尤其是叶尼塞河为年轻的西伯利亚经济提供了新的销路与前途。在诺登舍尔德成功之后，人们甚至可以梦想着开辟一条通往远东的航路，也就是16世纪英国和荷兰的先驱者们所追求的著名的直达中国的航线。谁知道呢？

诺登舍尔德的探险活动打碎了北冰洋这道锁钥，但这并非亚历山大·西比里亚科夫的事业所取得的唯一成功。凭着坚持不懈的精神和数百万卢布的花销，鄂毕河与叶尼塞河之间的运河也竣工落成。在克服了众多始料未及的困难、承担了异常高昂的成本之后，安加拉河的水流不再湍急，从此成为通往叶尼塞河的航道。人们还在北极圈内的乌拉尔地区铺设了一条长达180公里、可供车辆行驶的道路，以连接位于欧洲的伯朝拉河流域与鄂毕河流往亚洲方向的支流。该工程的全部资金都来自西比里亚科夫。

但时代与国家都在和他作对。1891年，当这位企业家忙于勘探其跨西伯利亚水网计划的最后一段时，他最后一次请求政府资金的支持。其得到的回复依然是一声严厉的"否"。这一次，政府拥有一个几乎无法驳斥的新论据：俄国新近开始建设一条横贯西伯利亚的铁路，它令所有抱着相同目的的运河或河流改造工程都失去了存在的意义。

从这时起，亚历山大·西比里亚科夫屈从于事态的发展，并逐步从商业中抽身。他卖出了其运输公司和矿业公司的股票，大部分时间都在国外，尤其是蔚蓝海岸地区度过。与此同时，他的兄弟、这一区域性豪门大族的另一位重要人物因诺肯季也做出了同样的举动，但其动机则截然不同。如果说亚历山大·西比里亚科夫将自己的财富用于促进西伯利亚的发展，那因诺肯季则是全俄国最为慷慨的赞助人之一。他是伊尔库茨克地理学会的头号赞助人，西伯利亚的大多数博物馆也因他方才得以存续。他还是托木斯克新成立大学的重要捐赠者之一，资助了众多生物学、植物学和医学方面的研究。同时，他还花费巨额资金，向伊尔库茨克的赤贫群体提供社会救济。"我拥有大量财富，"为了解释自己将大笔资金用于社会和科学事业的行为，他亲手写道，"我问自己，这笔本可以养活数千人的钱财，是怎么落入我的手中的？这笔财富因为意外而落在我的头上，它们难道不应该归功于他人的功绩吗？难道不是以一种不自然的方式流入我手中的吗？我发现，事实上，这数以百万计的财产是他人劳动的产物，我认为自己非

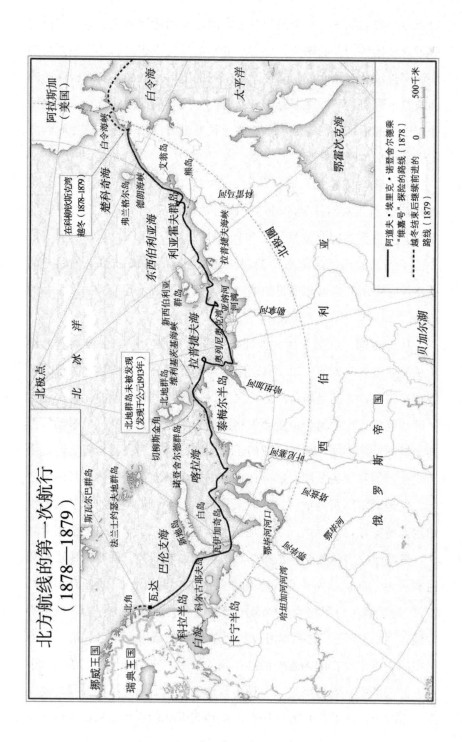

法地继承了他们的劳动成果。"[29]自19世纪90年代初以来，当他的兄弟亚历山大已经屈从于现实，逐步放弃其宏大的计划时，因诺肯季则转向了宗教，他花费数百万卢布，从远东至阿索斯山的圣域建设了多座修道院与大教堂，甚至不得不接受医学检查并被迫同多个部谈话，以证明自己理智尚存。在散尽家财之后，因诺肯季接受了剃发礼，遁入阿索斯山中隐修，并在1901年于那里去世。

西比里亚科夫的家族与西伯利亚地区如此之多的企业与项目有着密切的关系，并深刻影响了西伯利亚地区的文化、科学与信仰，它随着19世纪一道走下了历史的舞台。1914年，生活于法国的亚历山大依然向俄国提供了该国首批破冰船之一，海军很快便用他的名字为之命名。尽管俄国于1917年爆发了革命，并大规模重命名了一切资本主义的符号，但"西比里亚科夫号"依然保留了它的名字。新政权相信亚历山大已经在流亡中逝世，经济破产、沦为乞丐，然而，在他于1933年在尼斯去世前，伟大的西比里亚科夫仍将会因为看到以自己的名字命名的船只被载入苏联征服极地的传奇故事而感到心满意足。1932年，沿着诺登舍尔德的"维嘉号"的航迹，"西比里亚科夫号"成为第一艘在一个季节内行驶完北方航路的船只。

当时间来到20世纪，西多罗夫和西比里亚科夫等先行者的不懈努力终于令人们感受到其成效。在过去的数十年间，帝国政府对极地探险事业态度冷淡消极，有时甚至会做出激烈的反对，如今它对极地和西伯利亚表现出一种日益浓厚的兴趣。由来自极北地区的赞助人所资助的探险活动大获成功，它们并非毫无作用。但从更普遍的方面说，俄国的精英阶层也受到时代精神的影响。无论在欧洲还是美国的何处，极地地区所隐藏的地球最终的秘密都吸引着人们的好奇与热情。尚无人知晓地球的北极点是什么样，更不用说南极点了。英国人在加拿大的群岛中组织了多次探险，以在此找到沟通大西洋与太平洋的航道；奥匈帝国在北极地区发现了一处群岛，将之命名为法兰士约瑟夫地群岛，并留下了一块永久的标牌；正在为独立而战的年轻的挪威狂热地注视着其民族英雄弗里乔夫·韦德尔-亚尔斯伯格·南森*和罗尔德·恩格尔布雷希特·格拉范林·阿蒙森†的探险活动；法国与德国也没有置身事外。技术进步极大地加强了船只于海冰间航行的能力，而在俄国，海军少将斯捷潘·马卡洛夫坚定不移地为"俄国应当在北极地区保留具有实际意义的海军存在"这一观点辩护，这位同等军衔者中最年轻的军官因而声名大振。在他的影响下，帝国海军装备了第一艘远洋破冰船，它被命名为"叶尔马克号"，以突出人们期待其在征服西伯利亚海域过程中所扮演的角色。作为一名训练有素的海洋学家，马卡洛夫对诺登舍尔德的探险活动所具有的战略意义深信不疑：它骤然间为俄国打开了新的未来：无须绕行欧洲、非洲和东南亚便可抵达其位于远东的领土。自然，前提是国家在勘探和装备方面做出大量的努力，这也是数十年间西多罗夫与西比里亚科夫所不断要求的。在大众舆论领域，越来越多的声音捍卫着极北地区的利益，并对海军少将的努力表示支持，而马卡洛夫本人则亲自登上破冰船担任指挥。化学家德米特里·伊万诺维奇·门捷列夫的观点尤其振聋发聩：这个土生土长的西伯利亚人、元素周期表之父，利用自己的国际声望，为发展海上航路这一对其故乡的繁荣而言不可或缺的行为辩护。在其前辈、伟大的罗蒙诺索夫一个半世纪之后，他也断言，全俄国的命运取决于西伯利亚的发展。

北方吸引着目光，北方令人着迷。北方成为时尚。1904年，当日本取道黄海，对俄国在旅顺口的堡垒发动突然袭击时，这条航线突然进入了另一种维度。东北航道不再是一种前途光明的奇特之物，而突然变为了一种必需。对俄国而言，教训是残酷的：缺乏在北冰洋海域

---

* 他于1888年以滑雪的方式横穿格陵兰岛。——译注

† 他于1911年12月14日成为第一个抵达南极点的人。——译注

冒险航行的能力，其锚泊于波罗的海的舰队被迫航行数月前去解救被围的旅顺口守军。在此期间，海军的宠儿马卡洛夫海军少将被出乎意料地派往指挥旅顺口的守军并令他们重振士气，但他在第一次出阵时被日军的一枚鱼雷炸死。数月之后的1905年5月27日，俄国舰队在对马岛海域被歼灭。就在他们抵达航程的终点之前，波罗的海舰队被准备远远优于它的日本舰队几乎全部送进海底。1905年12月20日，旅顺口被攻占。俄国遭遇了欧洲列强面对亚洲新兴国家的首场败仗。

这样的耻辱带来了民族性的伤痛，极大地刺激了俄国。战争的经过令军人们突然意识到他们的舰队是何等脆弱。它不仅同不久前的经验所证明的那样与太平洋战场完全割裂，而且想要离开其位于波罗的海或黑海的传统锚地也依赖于外国势力的善意。倘若突然和监视着丹麦海峡的德国或控制着博斯普鲁斯海峡与达达尼尔海峡的奥斯曼帝国爆发冲突，该怎么办呢？

距离这种威胁在第一次世界大战期间成为现实只有区区数年了，而动作迟缓且通常没什么紧迫感的沙皇俄国却开始思考其在极地地区的未来。由维尔基茨基、谢多夫、布鲁西洛夫或鲁萨诺夫等人领导的多次探险活动将会踏入海波，以进一步探索浮冰与未知岛屿。直至1913年，人们才会发现北冰洋上，也是地球上的最后一处未知群岛：北地群岛。自此，俄国向北推进，而该政策的制定者之一正是财政大臣谢尔盖·维特。他不久前刚刚完成其关于西伯利亚铁路的伟大计划，现正为俄国在摩尔曼河流域（这里是俄国于北冰洋沿岸唯一一处不冻港）新建一处军港的设想辩护。他的赞成者们指出，该港口不仅被认定为能够为俄国提供一处面向极地地区的后方基地，也能够确保其舰队可以自由进出世界上任何大洋。

20世纪初，动荡不安的俄国突然开始涉足极地，在其境内，有一人对极北地区拥有超乎旁人的热情。他既不是商人，也不是生活优渥的知识分子。他名叫亚历山大·阿列克谢耶维奇·鲍里索夫。他是第一个图画表现极北地区的吸引力与醉人之处的人。

"极北之地的自然是晦暗的，但又强大而神秘，这里覆盖着永恒的坚冰，有着漫长的极夜，这一切一直都深深吸引着我。"这是鲍里索夫首部作品第一章第一句话的内容。[30]他本人也来自北方。1866年，他出生于一户贫穷且不识字的农户家庭，其所在的村庄坐落在德维纳河附近，位于阿尔汉格尔斯克上游数百公里处。事实上，在它的不远处便是斯特罗加诺夫家族的索里维切戈茨斯克小镇，即俄国西伯利亚史诗的起点。"我的童年在这片乡野中度过，"他写道，"但我的灵魂远未能在此找到安宁。"[31]他的生命之初是艰难的：小亚历山大一直抱病在身，因过于虚弱而无法从事农业劳作。他借此机会，通过辨读邻居的《诗篇》学会了阅读和写作。他的父母对其康复不再抱有希望，对上帝许诺，倘若自己的孩子恢复健康，便会将其送入北方的大修道院，即建于白海中索洛韦茨基群岛的索洛韦茨基修道院。他们的愿望成真了。十五岁时，亚历山大·鲍里索夫走入厚重的白墙，发现了另一个世界，尤其是索洛韦茨基修道院中不同教堂内精美的圣像屏。这也是他与图画的初遇。"在此之前，"他讲述道，"我从未见过绘画或图片。"[32]

之后便是一连串的幸运事件。1885年，作为帝国境内重要的朝圣地之一，修道院接待了沙皇弟弟弗拉基米尔大公的参观。在穿越僧侣们的画室（鲍里索夫供职于此）时，大公注意到了这个年轻人的作品。翌年，他被招往圣彼得堡，在帝国美术学院*接受教育。他于数年后离开该校，受其学业的赞助人之一邀请，追随此人参与一场极北地区的官方旅行，并担任画师。一位叫维特的财政大臣想要于此修建一座北冰洋上的港口，并决定亲自前往考察能够发挥设计效果的最佳地

---

*今称"列宾美术学院"。——译注

点。这位年轻的艺术家不分日夜地忙于草草描绘海岸支离破碎的景象或再现北方的多彩天光，大臣开始对他有了好感。在这场持续数周的旅行期间，二人结下了意料之外的友谊，这也使日后已经成熟的鲍里索夫能够在维特的推荐下得到英国国王、法国总统或美国总统的私人邀请。

但这次旅程首先是极地地区内一部开创性的独特作品的开端。当时，自这片神秘而迷人的地区返回的探险家仅仅出版了极少量的纪实性文字，而这些作品中附带图片的就更少了。民众的好奇心是巨大的。但没有任何一位画家敢于冒险带上自己的三脚架、水粉画与水彩颜料来到极北地区的腹地。这便是为何鲍里索夫从此利用每一次机会向着北极点的方向前行。他在瓦伊加奇岛和新地岛上选定了住所，在数年之中，他于一间小屋内越冬，同过路的探险家或是萨摩耶人社群分享自己的生活，而这些土著则向他讲述自己的传统、崇拜的偶像和秘密的圣地。*自其不间断的北极探险中，鲍里索夫带回了十多幅画作和数不胜数的木版画习作，当气温下降至颜料无法挤出、画家戴着皮手套方可工作时，他创作了这些习作作品。他的眼中依然保有着这片灰白世界无尽的色彩。寒冰、白雪、浮冰、水纹还有裸露的大地构成了他的视觉世界。正如伟大的艾瓦佐夫斯基以大海为标识，他的特点则在于冰。他描画白色中的白色、北极光和午夜的阳光。当第一批探险者们为科学打开了极北地区的门户时，鲍里索夫则将这片土地带给了民众。

他当即取得了成功。拉宾、瓦斯涅佐夫、涅斯捷罗夫等同时代的绘画大家对这名新秀大加赞赏。[33] "在其画作中，他成功地感受到了北国之雪的狂野诗意。"首都的一家报纸在其一篇评论文章中写道。[34] "许多艺术家都绘制过俄国冬日的图画，"《新时代》杂志写道，"但没有

---

* 作为交换，鲍里索夫将会成为涅涅茨人中第一位画家特科·维勒卡的"导师"，这位学生在苏联时代享有盛誉。

人如鲍里索夫一般表现冬季。许多人描绘降雪，直至迷惑了我们的视线。但我们俄国人所熟知的这种有力而严苛的冬季却缺席了绘画领域。而在鲍里索夫处，我们找到了它！在那里的是冬季，而非它的画像！"[35]他的作品加入了著名的"巡回画派"的展出。著名的艺术赞助人特列季亚科夫购入了其数十幅画作，足以在自己的画廊中为这位不知名的天才单列一间展室。沙皇也希望看一看另一个世界的影像。1903年，圣彼得堡的冬宫举办了一场面向皇室的特展。尼古拉二世在这里流连了三个小时，买下了这位年轻臣民所作的《死寂之地》，并向他订购另外五幅画作，它们被悬挂于叶卡捷琳娜宫（即夏宫）的墙壁上直至革命。*

　　这个目不识丁的波莫尔农民之子收获了大量的荣誉。在海外，其作品的巡回展走遍了欧洲：维也纳、布拉格、慕尼黑、柏林、汉堡、杜塞尔多夫、科隆，接着是巴黎、伦敦、纽约和华盛顿。到处都是人们对他的赞扬声，他被称作俄国的南森。[36]事实上，正如那位伟大的探险家一般，鲍里索夫是北方的使徒，而挪威人还借用了他用以描述西伯利亚的词汇"未来之地"。在维也纳，奥地利的极地探险家尤利乌斯·冯派尔对鲍里索夫的代表作以及图画中所展现出的于零下30度的气温中进行的探险活动表达了敬意。这位曾经同卡尔·魏普雷希特一道于1872年至1874年间发现并命名法兰士约瑟夫地群岛的探险家承认，自己从未做到这一点。[37]

　　正如在其之前的西多罗夫和西比里亚科夫，鲍里索夫将自己的姓名同极地相连。他从展览与最优秀的收藏家的购画中获得了丰厚的

---

　　* 这些画作在革命之后流散四方，它们中的许多留在了鲍里索夫妻子位于柏林的寓所中，这幢建筑于1945年4月在盟军的一场空袭中被炸毁。今天，大多数鲍里索夫的作品展出于两家博物馆：其一位于阿尔汉格尔斯克，另一则设在画家建于克拉斯诺博尔斯克德维纳河岸边的房屋中。这些收藏是阿尔汉格尔斯克博物馆馆长玛丽亚·弗拉基米洛夫娜·米切维奇及其团队在数十年内付出巨大努力后所取得的成果。他们在几乎没有信息源的情况下于全国来回奔波，以搜集并向公众展示鲍里索夫的作品。我们应当向他们致敬。

收入，从而得以在故乡修建一座梦想中的房屋。这是一座坚固的木屋，两侧有一座塔楼，配备有大玻璃窗，坐落于德维纳河树木繁茂的岸边。这处远离尘嚣的偏僻之地从此成为他的据点、个人的避风港，也是对其不相称的雄心的某种总结。在这里，他规划了一大片自然区域，意图在这里修建极北地区的第一座海水疗养浴场；他在自己为实验而修建的花园中从事个人的科学研究；自然，他还会在其中建立自己的画室，屋内满是天空、河流与周围的泰加森林所映射出的光芒。从此，这里将会是他制订俄国极地计划的总部。

因为他并不缺乏此类计划。他对于极北地区的热情丝毫不逊于对绘画的热情。自最初起，鲍里索夫便致力于寻找能够令这片被世界抛弃的土地获得发展的方法。他深入研究了前人的探险报告，对航海技术与铁路技术形成了一定的认识，成为极北地区处女地方面的地理学家、计划制订者和林业规划专家。正如西多罗夫和西比里亚科夫，他首先投身于开辟绕行欧亚大陆、为俄国提供"三洋之钥"的新航路一事。但在1900年，在其某次沿新地岛海岸探险时，突然发生了一起惨痛的事件，这将令他改变想法。当他将次年越冬所需物资放在岛上之后，其座船"梦想号"在返程途中突然被海冰困住。这刚刚是9月底，但根据经验，鲍里索夫明白等待着自己船员的是什么。在次年夏天到来之前，几乎不可能看到海面重新流动。船只的漂流可能将他们带向公海深处。"梦想号"绝无可能长时间抵抗海冰的压力。因此，所有人很快便带着武器与行李下到浮冰上。他们还带来了两艘救生艇，它们必须在压上的冰脊和形成的冰墙上拖行。当逃出生天的幸存者们向着海岸方向前行时，充当其避难所的冰层又漂流了超过220公里。这是一场令人精疲力竭的求生赛跑：时而，当他们穿越海峡时，队伍偶然间被洋流分开，以至于失去了彼此的踪迹；时而，他们通过开枪在大雾中重新找到彼此的位置。一辆载有大多数给养的雪橇落入海中，衣服被磨尖的冰块扯破。人们一边呈之字形行进，一边避开带着轰隆声向前漂动的冰山。人们看见了海岸，由于观察到数小时之后浮冰又将开始漂向外海，大家加快了脚步。在这段苦旅的终点，鲍里索夫的团队被涅涅茨猎人们救下：这些萨摩耶人听见了他们绝望的枪声，将他们带到自己的营地。[38]

这场冒险在这位画家兼探险家心中留下了无法磨灭的印记，从此，他认为通过海路穿越极地浮冰实在是太过危险。根据其同时代人的描述，鲍里索夫性格欢快却固执，从不轻易说话，但自此以后，他甚至变为一位激烈且吵闹的反对者，不同意一切开辟海上商路的想法。由于风险过大，这样的想法不可能变为可行的现实。在接下来的数年中，他不断为自己的看法辩护。渐渐地，他将自己的雄心转移至铁路方面。将俄国的西部边境与北极部分通过火车相连，先是摩尔曼斯克，接着是阿尔汉格尔斯克直至鄂毕河河口，随后修筑至更东方的叶尼塞河河口，以延伸至黑龙江与太平洋。当时，西伯利亚铁路工程刚刚完工，鲍里索夫利用自己的名望，投身于鼓吹修建一条新的跨西伯利亚铁路，它与第一条西伯利亚铁路平行，但位置则大幅北移。修建于极地地区的第二条西伯利亚铁路，即北极铁路最终可能为前途远大的北方与西伯利亚地区带来它们所需要的东西。在一篇为抨击政府政策所写的文章中，他写道，在整个俄国的北方地区，仅有一条联通伏尔加河与阿尔汉格尔斯克的铁路，而所有的投资都流向南方与西方、流向黑海或波罗的海。[39]这样的局面不能再继续下去了。在他看来，为了俄国，是时候转向正确的方向了。

1914年，第一次世界大战的突然爆发向俄国的战略家们证明，鲍里索夫的担忧与指责并非全无根据。德国海军封锁了俄国舰队通往大洋的道路。"伴随着战争的进行，我们的波罗的海与黑海已经对我们关上了大门。"这位画家兼论战家痛苦地观察到，"商品的进出口如今已被证明不可能。"[40]甚至北冰洋的水域似乎也不再绝对安全：德皇的第一批潜艇部队在此游荡，构成了威胁。在仓促之中，俄罗斯帝国最终决定在北冰洋沿岸修建一座不受任何阻碍的深水港。根据已故的谢尔盖·维特的建议，摩尔曼河河口处建起了一座军事基地，在战火正盛的1916年，摩尔曼斯克*宣告建成，同时落成的还有一条同样全速赶工的铁路线，它将这座城市与俄国其他地区相连。参谋部决心赶上落下的工作：根据鲍里索夫的建议，它希望立刻将俄国的铁路网扩展至极北地区，并沿着北冰洋沿岸，像西伯利亚方向规划。1916年11月，一份铁路发展方案得到了官方的批准，其中包括了这位艺术家的诸多建议。鲍里索夫正式与帝国交通部内负责快速制定于俄国北部修筑新单式渡线铁路方案的委员会联系在一起。一切都进展飞快。1917年1月4日，鲍里索夫亲自向交通大臣进献了一份详尽的方案，即《北方大铁路》，根据其规划，首先应当将摩尔曼斯克与阿尔汉格尔斯克、科特拉斯和乌拉尔地区既有铁路线相连。自然，随后铁路将会向着北极苔原进一步延展。为这份他至少草拟了两年的方案，鲍里索夫同另一位痴迷于北方和西伯利亚的狂热爱好者、乌克兰法学家维克托·沃布里结成同盟，而后者已经将这份铁路方案视为自己此生的目标。沃布里较鲍里索夫年轻十岁，他用心地收集近期对西伯利亚最遥远地区的勘探与地质考察所获取的一切可用数据，尤其是关于科雷马河流域的信息。他坚信，这一带蕴藏着不可比拟的财富，只要俄国愿意允许人们进入该地区，那么国家便能够获取大量的财富，他个人很可能也会从此致富。因为沃布里对这项事业既不惜精力，也不惜资源：除了其身边大量顶着"顾问"头衔的外国专家外，他还在莫斯科成立了一处货真价实的工程师办公室，聚集了超过200名合作者。在他看来，鲍里索夫所支持的大铁路是征服西伯利亚的最佳工具。因此，自第一次世界大战爆发以来，两人便共同开始谋划，每逢夏季，鲍里索夫那座位于德维纳河河畔的庞大房屋便为年轻的土木工程师和

---

　　* 建城之初，这座城市被叫作"摩尔曼河畔罗曼诺夫"，十月革命后改为现名。如今，这里是北极圈以内人口最多的城市。

后勤人员所占据，他们将画室变为方案的总部，直至冬日最后一丝气息降临后方才离去。为了承担他们的花销，鲍里索夫和沃布里说服了一位挪威的船东爱德华·哈讷维戈加入他们的冒险行动。作为其投资的回报，三人希望帝国政府能够授予他们在西伯利亚最有前景的区域内的特许权。

但已经太迟了。在提交方案的数日之后，格里高利·叶菲莫维奇·拉斯普京遭到谋杀。时间来到了1917年，一个动荡的年份。两个月后，沙皇被废黜，首都陷入了纷乱与喧嚣之中。这再也不是梦想西伯利亚或极北地区未来的时候了，看起来，鲍里索夫的计划似乎会同为之盖章的帝国政府一道被扫进历史的垃圾堆。10月，随着革命者夺取政权，身在莫斯科的鲍里索夫甚至相信自己的未来受到了打击：如果资产阶级被消灭或是遭到流放，像他这样的画家又将以何为生呢？所以谁将会购买绘画呢？而一位像他这样的地主、收藏家和投资人，又将面对怎样的未来呢？

鲍里索夫的世界崩塌了。在他的身边，俄国正处于血与火之中。内战蹂躏着这个国家。俄国北方地区的首府阿尔汉格尔斯克正处于白军的掌控之中，遭到了英国人、法国人和美国人的占领。圣彼得堡不再是首都，同时损失了一半的人口。对于鲍里索夫的计划而言如此宝贵的铁路网也成了红军和白军之间破交战的赌注。内战结束后，对于战争破坏的清点显示，共有4223座铁路桥被摧毁，1885公里轨道无法使用，运输量较1913年下降了80%。[41]

但命运似乎令鲍里索夫重新发挥了作用。1919年1月，在局势最为动荡的时刻，画家得到了列宁的亲自接见。这是因为鲍里索夫所捍卫的事业同革命政权的两大优先事项相吻合：火车与北方。首先是火车，作为工业革命及无产阶级的钢铁象征，它改变了社会，在字面意义上带走了旧制度。当革命领袖与鲍里索夫交谈时，托洛茨基指挥下的装甲列车正在收复被白军占据的领土。接着是北方：在布尔什维克看来，没有什么领土比处女地更有前景。为了新社会的利益，大自然及其资源都有待开发和殖民。它们是为必不可少的工业化进程提供养分的仓库。而相对于所有其他地区而言，极北地区是苏维埃政权的重中之重。

从那时起，还有什么比通过火车征服极北地区和西伯利亚更加诱人的呢？鲍里索夫及其伙伴的方案令列宁感到满意。1919年1月，他成为苏俄新政府机构人民委员会的下属，它批准了一项"有关1919年至1920年铁路计划的法令"。该决议的背景显得有些超现实主义，因为与此同时，在俄国境内，人们拆卸下铁轨，根据经济和军事需要将之重新安装。为了能够拆卸铁轨，人们首先取消了三线铁路，接着是复线铁路，接着连孤立的单线铁路也被撤销。因此，谁能想象到要着手修建一条穿越极北地区的新西伯利亚铁路呢？更不用提意识形态方面的问题了：将某一项目交付给包括外国资本家在内的私人企业家并通过授予他们租赁权的方式发放报偿，仅仅这样的想法便令许多革命者大为恼火。但列宁坚持自己的意见，毫不让步：1919年2月4日，在列宁的主持下，苏维埃政府向鲍里索夫和挪威船东哈讷维戈的财团发放特许状：投资者需要凭借自身的财力，修筑一条穿越俄国欧洲部分北部的铁路，它起自摩尔曼斯克铁路线，途经科特拉斯，直至鄂毕河。作为回报，苏维埃政权授予他们新铁路沿线林业资源的垄断权以及多处可能矿藏的开采权。

这个年轻国家的基本原则遭到了根本性的破坏。列宁在党内承受了猛烈的批评。数周之后，他在彼得格勒布尔什维克领导层面前做出了回应："为外国资本家提供一笔报酬来修筑铁路，这是更好的做法。这笔报酬不会要了我们的命，但倘若我们无法发展铁路运输，我们的事业便可能失败，因为人民在挨饿。无论俄罗斯的劳动者多么身强体壮，他也有所能承受的极限。这边是为何我们必须采取措施改善铁路交通，甚至以付给资本家报酬为代价。"[42]

列宁所签署的人民委员会法令的效力依然很有限。尽管在莫斯科，鲍里索夫是列宁的座上宾，但在他的故乡，当地的政委们突然进入他的别墅，查抄了存放于此的227幅画。列宁的私人秘书弗拉基米尔·邦奇-布鲁耶维奇不得不发去一封电报，说明鲍里索夫是"极北地区伟大的艺术家"，因此应当"保护那些遭到查抄的画作和习作，自然也应当将它们归还本人"。但最终物归原主的仅仅是其中一部分。[43]1919年4月，在特许状颁发两个月之后，轮到鲍里索夫的合作伙伴维克托·沃布里陷入担忧之中了。政治警察契卡逮捕了他，并进行了长时间的审讯。在其工程师办公室中，约有百余名成员遭受了同样的命运。这些年间绝大多数文件、研究报告和有关方案都被没收，其中相当一部分消失不见，很可能被彻底销毁了。*

时代变了，鲍里索夫很快明白自己必须以最快的速度离开。其位于极北地区的木屋将成为他随后十年的庇护所。但他尚未放弃自己宏阔的计划。相反，他继续为此展开工作，并最终重新找到了自己的老合作伙伴、已经获释的维克托·沃布里。1929年，二人的坚持体现在一本题为《北方大道》的小册子中。[44]在书的扉页，两位作者的姓名上方印着一句"全世界无产者，联合起来！"有关极北地区的宏伟梦想曾经被展现给俄罗斯帝国的政府，如今又被苏联的国家出版社所印制。

这是鲍里索夫最后一次尝试影响历史进程。这一次，他将赌注压在斯大林所承诺的"大分裂"、压在强制工业化的政策与加速进行的资源开发上。事实上，跨北极铁路方案迎来了第二春。《消息报》将

---

　　* 事件具体的经过仍不明确。根据一些信息渠道，沃布里可能被指控犯有间谍罪，并被判处枪决。20世纪20年代，他逃过了死刑，作为交换，他向契卡提供了西伯利亚矿藏分布的信息。但这一版本并未得到证实。例如，可参见 L. A. 格龙斯卡娅对此的证词。*Nabroski po pamiati*, Moscou, Archives du Centre Sakharov, 2004, p. 64-65.

之视作一项全国性的事业加以报道，并掀起了一场讨论，十数名专家和感兴趣的读者在其专栏下彼此交锋。在苏联政府系统内部，一个来自国家计划委员会的特别委员会负责为其制订计划：为此，该委员会举行了200场听证会和研讨会，听取了5000名专家的意见。诸如画家瓦斯涅佐夫和建筑家休谢夫（当时他完成了红场上列宁墓的修建）等当时最受欢迎的艺术家也同鲍里索夫展开合作，以设计车站的建筑方案，它应当致敬俄国北方古老的木制品传统。鲍里索夫本人也被邀请前来莫斯科生活和工作，并被允诺分配一套豪华公寓。他拒绝了。他再也不想离开极北地区，维克托·沃布里和他重新捡起了庞大的计划并加以完善。从此，他们所提议修筑的这条庞大的东西向铁路计划穿越极地苔原，先后越过乌拉尔山脉、鄂毕河与叶尼塞河。整条线路都应当实现电气化。其中一条直线修筑至黑龙江，而另一条则直至白令海峡。在太平洋沿岸计划设立四处终点。将会有总计10万公里的铁路网、航运河道与附属道路为西伯利亚地区提供服务。许多读者都将该方案斥为荒谬，视其为一种不可能实现的妄想：一切都太过庞大、太过复杂、太过花费高昂，而其中的夸张之处定然不止这些。但这一狂想被完美地列入了克里姆林宫新主人的未来规划之中。"此前，我们仅仅拥有地图，"他在一份与该方案有关的官方文件中写道，"而且，它们并不可靠。但我们过去并未掌控这些领土。"[45]这样的局面必须被改变。轮到斯大林下定决心征服北极了。他会采取一切手段。

1934年，一次心脏病带走了鲍里索夫的生命，他被埋葬于一处小公墓中，自墓园俯瞰，便是其亲爱的德维纳河的河道。[*]与此同时，国家计划委员会已经奉命对前人遗留下的关于北极的设想进行挑选。自鲍里索夫和西比里亚科夫处，该机构继承了一列穿越极地苔原的列车

---

[*] 当时，他的地产变为罹患结核病的儿童的疗养院，他的画作分散收藏于全苏联各地的地方博物馆，他的名字也在苏联历史中消失了数十年。

的想法，这将成为前文所述的501-503工程。自同一位画家及其第二西伯利亚铁路方案诞生了BAM，即贝加尔-阿穆尔铁路。该项目于20世纪30年代开工建设，五十年后竣工。但斯大林首先试图实现的，是西多罗夫和西比里亚科夫这两个商人的梦想：开辟一条俄国以北的海路。

第二十六章
"切柳斯金号"：极地《奥德赛》

在苏联的极地传奇中，有一人突然扮演了重要角色。他名叫奥托·施密特。1929年春季，他被苏联政府任命为极北地区群岛科考队队长，但并不具备适应这一新职位的任何素质。他是一名数学家，此前供职于中亚帕米尔高原上一支规模庞大的苏德联合科考队，并在其中负责指挥一队登山者。没有人预料到他会被推上这个职位：施密特一生中从未踏入过极北地区。但当这位新任负责人入驻列宁格勒的北方研究院时，他进入人们等着他的房间，一如自己的名字进入历史。这一刻的见证者们证实，他是一个令人过目不忘的人物。"施密特是一个身材高大的人，有一点驼背，留着一副大胡子，"在场者之一在其回忆录中写道，"他穿着一件显然不合身的全新灰色大衣，我还记得他的法国军帽、靴子与羊毛护腿套。在会议期间，他富有浪漫气息的外表令我留下了深刻的印象。他有着精美的面部线条，高高的额头，长发梳向后方，黑色的胡须浓密丰茂。"[46]另一名与会者、无线电报务员埃尔恩斯特·克连克利将会在接下来惊心动魄的十年中担任主角之一，与施密特的初会为他留下了更为震撼人心的回响："进入室内的那个人有着非同一般的气度。一丛大胡子呈扇形排布。经过修剪的浓密头发指向后脑。那是一头秀发。其面部的特征令人难忘，尤其是那双眼睛，那双灰色的眼睛闪烁着智慧，能够流露出十多种差别细微的感情。施密特刚一进屋，我们便感觉此人无所不知、无所不晓、无所不能。"[47]

当时，这位苏联政府于极北地区的新任实权人物三十八岁。1891年，奥托·尤利耶维奇·施密特出生于今白俄罗斯境内莫吉廖夫一户德裔新教徒家庭。施密特家族是一直生活于贫困县边缘的小农，为了给所有孩子中看起来最有天赋的一个提供读书机会，他们不得不集合连同祖父母和外祖父母在内的全家族之力，将年轻的奥托先后送往敖德萨和基辅求学。奥托在班级内一直名列第一，并未辜负家人寄予他的希望。无论何处，无论是其真正兴趣所在的数学领域还是在外语方面（不管是死语言还是活语言，奥托均可轻松掌握），他都能令人感受到其异乎寻常的天资。他还是一名劳动者，与和他同时代的众多知识分子不同，奥托几乎不会让自己受到当时席卷俄国的政治动荡的干扰。他参与了黑海舰队"波将金号"铁甲舰的起义，以及敖德萨接连不断的起义活动和沙皇政府的反犹活动。当改革派的希望彼得·斯托雷平于1911年9月18日遇刺时，他正在基辅。但直至第一次世界大战期间，尤其是在俄国于1917年爆发二月革命并废黜沙皇之后，他才表达了对于社会民主党人的同情。工作先于一切。当革命的浪潮吞没沙皇政权时，他正在圣彼得堡大学教授数学，由于长期的混乱状态、冲突和罢工，首都突然间陷入了物资匮乏的状态，当列宁领导的布尔什维克通过十月革命获得政权时，他正受雇于负责民众物资供应的政府机关。

这便是奥托·施密特并没有在第一时间成为"红色革命者"的原因了，而极地地区其他几位专家则与他截然相反。在该地区，当局突然指定由他领导设想中的新极地科考行动，以此表达对他的偏爱。在那些事实上已经被排除在外的人以及私下里对这一意料之外的任命大为震惊且深感担忧的人之中，以弗拉基米尔·维泽*最为耀眼，他是

---

* 他同样来自德国，原名为 Waldemar Wiese，后依据俄语的正字法改为 Vladimir Vize。

历史学家、地理学家、化学家、地质学家、探险家，也是1911年以来一直从事相关领域工作的俄国极地研究人员。最为重要的是，施密特击败了另一位专家鲁道夫·萨穆伊洛维奇，后者是苏联的北极研究之父，也是北方研究院的创始人与领导者，至少在表面上拥有完美的履历：自其入学以来，鲁道夫便是坚定的社会主义战士，曾投身于地下斗争，多次遭到沙皇警察机构的逮捕，在流亡海外的革命者中表现活跃，而自其返回俄国以来，他也一直忠诚地为苏维埃政权服务。正是得益于这位训练有素的地质学家，这个新生的国家能够涉足斯瓦尔巴群岛并获得于此开采那些最有前景的矿藏的特许状。还是他，完成了新地岛的环岛之旅，并绘制了自然资源的分布图。正是他第一个将红旗插上了约瑟夫·弗朗茨群岛。萨穆伊洛维奇的科学声望超越了国界，是有关极地问题的国际会议的常客。依然是他，推动苏联政府投资飞艇这种新兴的交通工具，在他看来，这种交通工具能够在极北地区提供绝佳的机会。最后也最重要的是，正是萨穆伊洛维奇在不久前自夸其因为领导了对1928年迷失于浮冰上的翁贝托·诺比尔所率意大利探险队的营救行动而在国际舆论中享有英雄的光环。利用"克拉辛号"破冰船，萨穆伊洛维奇成功找到了遭遇空难的飞艇"意大利号"，并将其乘员从死亡线上救出。无论如何，一艘苏维埃的破冰船拯救了"领袖"*，这样的画面是强有力的。自此刻起，全世界的画报读者都知晓了苏联极地研究之父的椭圆形脸庞、光头颅、海象般的胡子和小圆框眼镜。

对于俄属北极地区，萨穆伊洛维奇是实践经验最为丰富的那个人。维泽则是该领域杰出的理论家。还有另一些人有资格被指派为探险队队长。因此，苏联领导层为何选择了奥托·施密特这位外行人呢？时至今日，历史学家们尚未能彻底解开这一谜题。最可能为真的

---

* Duce，为意大利法西斯头目墨索里尼的称号。——译注

解释认为，这与当时的政治环境有关。成功走上权力之巅的斯大林新近宣布要对全苏联的经济作出重大变革。他说"大生产"的时代已经到来。斯大林式的"大分裂"粉碎了传统的农民阶层，推行集体化并对农民严加控制，从而为进行中的工业化提供资金、为它服务。没有工业化，苏联绝无可能抵抗其敌对势力的进犯。1929年是这一转向的第一年：农民、教士、旧制度下的贵族、政治反对派遭到了全国范围内的追捕。那些所谓由一直窃据职位的反革命干部所组织的破坏活动遭到揭露，其发起者、领导人、工程师、各类负责人，或是被撤职，或是被判刑。此后，斯大林准备从政权内新提拔一批属于自己的精英，这些人被称为"晋升者"。在他看来，正是这批人将会负担起建设新社会的职责。老一辈革命军事家经过斗争和地下活动这所学校的锻炼，一直在讨论和批评，斯大林并不信任他们，而那些新提拔的人则与他们截然不同。纪律和服从成为这些新人的生活准则。最后，这些人的一切都源自斯大林的赐予，这很可能是最好的保证。

在这方面，奥托·施密特有一个可靠的形象，与晋升者们相差无几。这个昔日的孟什维克同情者已经皈依了新的信仰，但这更像是一种补救，而非被折服。20世纪20年代，在人们指派他担任的各个岗位上，他证明了自己对党的忠诚。《苏联大百科全书》是一部具有战略意义的作品，因为它根据当局的标准，对世界的现实加以明确。在其编委会中，他展现了自己对于马克思主义的忠诚。在担任国家出版社领导这一职务时，他也知道阻止一些在意识形态方面不过关的作品的出版。例如，根据文献记载，正是施密特阻挠了生物学家齐热夫斯基出版其著作。这名科学家创立了"太阳生物学"，通过太阳活动的变化解释了大部分的人类行为，因此也解释了社会运动。尽管多名声望卓著的物理学家介入了此事，施密特还是决定禁止其作品出版，因为他认为该学说与认为阶级斗争是历史进步唯一动力的理论相抵牾。当然，他用彬彬有礼的语气告知了这一决定，但连他的对手也承认其坦率:"我深感抱歉,"在致被查禁者的信件中,施密特写道,"但是,在我看来,将您的作品付梓的时机尚不成熟。出于名誉方面的考量,国家出版社无法出版如您的作品这般饱受争议的著作。我请求您不要怨恨我,作为国家出版社的领导同志,我很遗憾无法为您提供帮助。"[48]道路是狭窄的,有时,随着方针的改变,他在试图跟上新动向的过程中不得不"走一些弯路":例如,20世纪20年代中期,他为仍在克里姆林宫任职,但命运似乎已经确定的托洛茨基编纂作品集,引发了斯大林的怒火。在其他方面,施密特被证明是苏维埃科学的狂热忠仆,例如,杰出的遗传学家尼古拉·科利乔夫被核查委员会视为"政治上不可接受",并被解除了研究院院长与苏联科学院通信会员的职务,而该委员会的主席便是奥托·施密特。[49]

在粮食匮乏、实行配给制的年代里(人们用"defitsit"一词指代这种大范围的匮乏),所有大型项目都需要一位在体制内身居高位的人物担任领导,以获取最为稀有的物资和供给、必须挪用自工业企业的精密仪器以及令人如此垂涎的外汇。仅仅有能力或官位高是不够的,还需要在经济管理部门内拥有巨大的影响力,甚至擅长玩弄手腕。施密特符合上述一切特点。他得到了当局的承认与器重,并在负责供应的政府部门任职多年。自受命以来,他成功地在数日之内获得了其负责极地研究的同事们短缺多月的物资:一项四万卢布的额外预算、武器和炸药(得自伏罗希洛夫麾下的军人)、一台发电机、从列宁格勒政府中取出的进口物资、六十个铁桶(而整个阿尔汉格尔斯克港此前仅有一个),甚至是用以向挪威购买摩托艇的西方国家外汇。[50]他的新同事们目瞪口呆。很可能正是因为他的忠诚、高效、纪律意识和组织意识,这个灰眼睛、胡须茂密的大高个(他的身高接近两米)才会被突然空降为苏联北极政策的领导人。他所领受的任务事实上要求他具备战略家和管理者的品质。这并非什么寻常的任务:奥托·施密特必须征服北极,接着为了苏联的利益而开发北极。

自十月革命以及列宁联合以鲍里索夫为主的团体多次尝试利用尚未得到充分开发的极北地区以来，这一地区从未自苏联的雷达屏幕上消失。在他们看来，大自然是完全为人类服务的生产力。它的资源是一处几乎取之不竭的仓库，为大众所有，也造福于大众。新的经济自大自然中汲取所需的力量以建设新社会。这一思想涉及了全苏联的财富，但是极北地区及其因严酷的条件而未获开发的财富尤为诱人。莫尔察诺夫、万根海姆等伟大的苏联气象工作者并没有放弃有朝一日能够驯服天气的希望，他们认为，气象的关键就藏在这些神秘的区域之中。[51] 奥托·施密特写道，北极是"天气工厂"。[52] 自1920年以来，依然虚弱的苏联便已经重启了不久前由被处决于西伯利亚的白军头目高尔察克海军上将所建立的"北方道路委员会"。为之效力的科学家和探险者们也是有用的战利品。自那时起，"征服""突击""主宰""统治""控制""进攻"便成为苏联在北极问题上持续数十年的关键词汇。北方以及那里的自然正等待着征服：他们将采用军事化的语言，而根据新的信仰，唯有集体主义才能够完成这样的探险。

还有其他理由令苏联对广袤的北极地区抱有兴趣。自飞机、飞艇被发明并在第一次世界大战中取得高速发展以来，此前因缺乏足够有力的破冰船而无法通行的广袤冰原不再对当时列强们的雄心构成阻碍。技术水平的骤然飞跃改变了极北地区的格局。西方国家掌握了技术优势，其法学家重新捡起并阐释了一条古老的殖民主义原则，将事实占领某一地区视为对该地区拥有主权的首要合法因素。先到先得，对此前无法到达的处女地的征服能够以最小的代价实现。尽管尚未有人抵达北极点，且人们甚至不知道在纬度最高的地方存不存在未知的土地，但尚未有人占据的群岛可能突然间被他国从空中征服，这样的想法令那些空中实力较为弱小的国家感到恐惧。1909年，加拿大已经先人一步，颁布法令宣称，在其现有领土的最西端、最东端与北极点所构成的三角形之内，所有已知和未知的土地均为加拿大的领土。这是区块理论，沙皇俄国在1916年的一场外交照会中对此表示赞同，同时宣称俄国-挪威国境线、杰日尼奥夫角和北极点所构成的三角形内一切岛屿和群岛为俄国领土。在战争期间，这份文件通过有线电报发送给各国政府总理。根据它，新地岛、新西伯利亚群岛、北地群岛以及东方的弗兰格尔岛与西方的法兰士约瑟夫地群岛，更不用提那些尚待发现的土地，都被俄国纳入囊中，从此，这一切都被俄国视为自身的主权领土。

但是，美好的法律原则以及企图的领土宣称尚未能构成有效的防御，尤其是当该国遭到国际封锁、饱受内战蹂躏时。1920年，苏俄听闻了一则意料之外的坏消息：一纸名为"巴黎条约"的新条约将斯瓦尔巴群岛规定为挪威的主权领土。有争议的岛屿并不在数年前俄罗斯帝国政府划定的"俄罗斯区块"内，但长久以来，斯瓦尔巴群岛（古波莫尔人称之为"格鲁曼岛"）便是波莫尔人的渔场。就在第一次世界大战爆发之前，俄国也曾向该群岛紧急派出包括对社会现状不满的鲁道夫·萨穆伊洛维奇在内的地质学科考队，以找出品质最好的煤矿。但是，在战后就该群岛命运而展开的谈判期间，苏俄甚至没有被邀请参加。*这是第一次警告。第二次警告则更加令人担忧，因为其所涉及的岛屿清楚地位于苏俄所宣称的区块内。这一事件于1921年发生于北冰洋的另一端。是年，一队青年冒险者登上了弗兰格尔岛，决定以加拿大的名义占领并殖民这里。四名年轻人和一名二十三岁的因纽特人幽居于一处简陋的住所之中，与世隔绝。将他们运送至此的是探险家维亚尔姆尔·斯蒂芬森，在他眼中，北极地区是一片新的应许之

---

*《巴黎条约》的11个初始签约国包括挪威、瑞典、丹麦、英国、法国、意大利、美国、日本、澳大利亚。该条约在国际法领域给出了独创性的解决方式，因为它将群岛的主权交予挪威，但要求该国在斯瓦尔巴群岛给予其他缔约国侨民与本国国民相同的经济权利。缔约国公民还有权在群岛就业和开采矿产。最终，苏联于1924年签署了该条约，而另一个缺席的大国德国则于1925年加入了该条约。从那时起，已有超过40个国家签署这一条约。

地。在本次冒险以悲剧收场之前[*]，加拿大政府承认了这起单方面强行改变现状的行为，招致了莫斯科方面的抗议与外交冲突。

这还不是终点。1926年，自南极竞赛中胜利归来的挪威英雄罗尔德·恩格尔布雷希特·格拉范林·阿蒙森搭乘"挪威号"飞艇，发起了一场直至北极点的长途飞行。以他为榜样，1928年，翁贝托·诺比尔的"意大利号"飞艇飞向北极，并在途中摔毁。同年，美国飞行员威尔金斯自阿拉斯加的巴罗角出发，在西伯利亚海域上空进行了长时间的侦察飞行。[53]执行上述任务的每个人都在暗中希望自己能够发现地球上最后一块未知之地，以将国旗插上那里。每一次探险活动都被已经沦为观众的苏联视为新的威胁，而探险家们的一无所获也当可令俄国感到宽慰。与众多极地专家的看法相反，北极点附近既没有隐藏的大陆，也没有神秘的岛屿！1926年，为了防止"帝国主义者"的一切企图，莫斯科方面确认了自己对于十年前俄罗斯帝国所宣称的北极地区区块的领土主张。苏俄并没有足以同其西方竞争者相匹敌的航空力量，它着手训练一支极地飞行员队伍，他们能够在白茫茫的冰天雪地之上奋勇前行，也能够确保对于北极地区的及时监控。但来自外国的压力不减反增。苏联的商业活动因国内问题而停滞，利用这一时机，以挪威的渔民们为主，外国人越来越频繁地造访法兰士约瑟夫地群岛水域。挪威正在准备一支探险队，以在该群岛中某处岛屿上设立一座无线电站。[54]在莫斯科，人们相信挪威政府即将尝试吞并该群岛。

反击必须即刻开始。必须大幅加速对苏联所宣称的北极地区的水文学、地质学与海洋学研究，并对这些地区进行测绘、清点。萨穆伊

---

* 弗兰格尔岛的鲁滨孙们以为期一年的生存练习为此行的目的，但他们的准备并不充分。他们无可避免地承受了长期折磨，而大浮冰令他们事实上无法撤离。其中三名年轻的殖民者没有等待救援，他们决定徒步穿越结冰的海面，前往西伯利亚。人们在也未能见到他们。第四人因坏血病和精疲力竭而死于岛上。年轻的因纽特人阿达成为唯一的生还者。珍妮弗·尼文所著《黑杰克阿达》一书讲述了他的冒险经历。

洛维奇坚持认为，有必要"精确测定大陆架的范围"，在他看来，对于后人而言，大陆架大有前景。[55]大幅增加极地科考站的数目，建立在北极地区的长期存在（这是应对他国声索的最佳防御）。自然，首先要抢在挪威人重演斯瓦尔巴群岛的一幕前保住对于法兰士约瑟夫地群岛的控制。这便是奥托·施密特需要优先完成的任务。今后，这份文件首先是一份政治性文件，它很可能也是奥托·施密特被授予新职务的原因，也是斯大林将此事纳入掌控的另一标志。北极事务是一项国家高度的大事，不可能仅仅由科学家们经手。

就在这个留着络腮胡的巨人收到任命短短两个月后，奥托·施密特为自己的第一次探险而租赁的"谢多夫号"抵达了法兰士约瑟夫地群岛。为了抢在挪威人之前，准备工作被降到了最低限度。1929年7月29日，人们在群岛南端的弗洛拉角对面水域放下三艘小艇。施密特有意识地进行公关活动，也懂得克里姆林宫之主的作用。他带着一支由新闻记者、摄影师和电影摄像师组成的团队与自己一同行动。数以千计的候鸟盘旋飞翔于海边的悬崖，在其下方的沙滩上，奥托·施密特令人举行了一场庄严的升旗仪式。"以被赋予政府特派员的权力，"他在极地的寂静中大声呼喊："我升起这面旗帜，并宣布法兰士约瑟夫地群岛为苏维埃社会主义共和国联盟不可分割的领土。"[56]水手长兼党支部书记着手升旗，参与仪式的其他人则用步枪和手枪鸣枪致意。谨慎起见，正如电影摄像师所拍摄的那样，这位探险队的负责人补充道："我们已经向国旗鸣枪致意。在我们身边，是黑石与冰雪。"数日之后，一座新的极地科考站在位于法兰士约瑟夫地群岛中心地带的季哈娅湾落成。这是苏联的第二座极地科考站，*而许多其他的科考站也将陆续建成。六年之后，这一数字将会达到72座，而至第二次世界大

---

* 第一座于1923年建于新地岛的马托奇金海峡。

战爆发时，苏联极地科考站的总数已经接近100，它们如同其他的证物一样表现出苏联维持在极地地区存在的坚定意愿。[57]

莫斯科方面非常满意。但这不过是奥托·施密特所肩负的宏伟蓝图的开端。谁能够突然中断向北方的冲锋呢？尤其是，斯大林想要令这场征服成为其统治期间最为荣耀的篇章之一。法兰士约瑟夫地群岛被苏联"同化吸收"（这是苏联官方就此的表述）的次年，奥托·施密特和他的副手们在稍处更东边的喀拉海至北地群岛一带复制了这一经验，其范围很可能囊括了那些全地区内研究最少的岛屿。人们也在那些地点的冻土中竖起红旗，也会有两位勇敢的成员决定留下，等待着人们一两年后将他们接回，人们也会为他们留下一些步枪。北方研究院的灰衣主教弗拉基米尔·维泽与其同事一道，听命于奥托·施密特，在这场冒险中，他产生了一个想法：在他看来，是时候重新捡起历史的接力棒了，曾经，耻辱的旧皇朝抛弃了它，这一次，要彻底开辟出一条北方航道！这不是一条为了某次科学考察服务的航道，也不会如同五十年前诺登舍尔德一般被迫与土著一道越冬，而是令之成为一条常规的交通干线，能够在一个季节内完成航行。北极定将成为新的大陆，而这条航线便是灌溉滋养它的海上动脉。自然，这一切都要归功于技术的进步、全体苏联人民英雄的努力以及伟大的斯大林同志的英明。

这丝毫不亚于实现16世纪末期英国与荷兰航海家的梦想，实现白令探险船队船长们、西多罗夫和西比里亚科夫等西伯利亚商人们，很可能还有其他众多无名者们因自然因素而不得不放弃的梦想。奥托·施密特和弗拉基米尔·维泽拥有一些新的论据以为他们的方案辩护：20世纪30年代初，莫斯科方面于不久前收到了此前十年间发起的地质勘探的报告，其中由尼古拉·乌尔凡采夫所签署的报告将诺里尔斯克盆地描述为一处巨大的、任人开采的矿藏。而尼古拉的同事谢尔盖·奥布鲁切夫则一直来到了遥远的科雷马，他的一封电报于1929

年9月11日送达莫斯科，奥布鲁切夫在其中宣布，他正在勘探的山脉可以被认为是700公里长、200公里宽的巨大金矿！当地政府甚至表示，发现金矿的传言已经足以引发一场小规模的淘金热。

人们还必须能够成功抵达诺里尔斯克或科雷马，并避免这些矿业发现造成的传闻引来外国的觊觎者。在新生的苏联的太平洋沿岸，人们已经报告美国渔民的活动越发频繁，且这些人毫不犹豫地在白令海峡的亚洲一侧搭建自己的营地。显然，造成该现象的主要原因乃是俄国在这一地区海军力量的匮乏。倘若现在，缺乏名副其实的舰队这一事实令"干涉主义者"或是"帝国主义者"产生想法了呢？1931年，当日本关东军袭击并占领满洲地区时，警报被拉到了最高等级。苏联在远东的军力是如此不堪一击，以至于一场同日本的冲突都可能令苏联突然陷入更甚于1905年的惨败之中。

开辟北方航路已经不再是一种可能，而是一种战略上的必需。对于新近发现的庞大财富的开采也依赖于此。而对西伯利亚的掌控可能也是一样。

1932年7月28日，一艘破冰船驶离了阿尔汉格尔斯克的港口，驶向太平洋。由苏格兰的造船厂于二十年前建造的"美好奇遇号"被重命名为"西比里亚科夫号"，以向同名的西伯利亚赞助人致敬。人们相信他已经不在人世。但事实上，穷困潦倒的亚历山大·西比里亚科夫正在法国尼斯的一所膳宿公寓内度过自己人生的最后数月，其生活来源是瑞典科学院为感谢其过往的贡献而向其发放的一笔终身年金。[58]

这是一场由奥托·施密特主导的探险之旅。除五十多名船员外，一些科学家以及一些苏联大媒体的代表也登上了船只，其中包括著名的电影艺术家马克·特罗扬诺夫斯基*、作家谢尔盖·谢苗诺夫、画家

---

* 在一部20世纪30年代的苏联传奇电影《两大洋》中，特罗扬诺夫斯基将会使用多个摄制于"西比里亚科夫号"探险之旅过程中的场景。

费奥多尔·列舍特尼科夫。[59]奥托·施密特本人也得到了一位船长的协助，我们应该记住他的名字——弗拉基米尔·沃罗宁，他的故事才刚刚开始。这是一位老海员，是对冰原最熟悉的人之一，一位深受船员爱戴的领导者，而直到很久之后，人们才发现他是一位虔诚的信徒，并对新政权的工作方法怀有适度的赞赏。探险队的副队长一职自然由弗拉基米尔·维泽担任，为了替本次考察打下科学基础，他已经付出了艰苦的努力。他尤其注意到近年来冰川的变化。在20世纪30年代之初，他观察到一种变暖现象，并希望能够借此令浮冰带来的危险更小。

实践证明他是对的。两个月零四天之后，"西比里亚科夫号"进入了太平洋海域。这是第一次仅在一个季节内成功横渡北冰洋。"苏维埃祖国热烈欢庆这一成功。以斯大林同志为首的领导集体对本次行动的参与者表达了诚挚的问候。"[60]奥托·施密特带着合情合理的自豪感写道。但是，这位探险队负责人马上便承认，"西比里亚科夫号"探险之旅的成功不仅仅要归功于其副手的杰出计算和一片不同寻常的、浮冰稀少的洋面，也是一项奇迹。9月中旬，船只在浮冰上撞碎了螺旋桨的四片桨叶。人们不得不用人力将400吨煤运往舰首，以露出无法使用的螺旋桨并更换它。但两天之后，螺旋桨的螺杆又被折断，令船只既没有动力，也没有舵，只能听天由命地漂流于洋面上。当时，全体船员收集了船上所有可用的油布，缝制了一面临时的主帆。这套黑色的船帆令"西比里亚科夫号"看起来像一艘海盗船，但正因为它，得益于有利的风向，船只最终于10月1日驶入了白令海峡，随后被牵引至勘察加半岛。

航道开辟了吗？最多只能算稍有眉目吧。这正是奥托·施密特在克里姆林宫被接见时对斯大林所说的内容。他主张沿着数千公里的海岸线建设港口、仓库、燃料存储点和中继站。斯大林一边抽着烟斗，一边在室内大步走来走去，为了建设一支真正的北冰洋舰队，他对施密特发问道："您认为我们有能力实现这一切吗？""如果我们下定决心的话，能。"施密特回答道。斯大林看着地图。"当政府的工作人员有可能在下周遭到斥责时，他们已经无法完成其在伏尔加河上的任务了。而上级人员所可能承担的风险不过是两到三年后的一顿责骂。我们很快就会看到，他们不会采取任何行动。我们必须为这一任务专门成立一个委员会。"[61]

根据奥托·施密特副手之一的记述，正是如此，1932年12月，当局决心成立"北方航线总指挥部"，俄语缩写为Glavsevmorpout。该机构的权力超越一般部委，负责管理极北地区的全部苏联领土，并在此实现当局的规划。斯大林在其范围说明中如此写道："开辟并建立一条北方航路，且维持其处于可用状态之下。"根据其设计，该指挥部的组织结构能够与东印度公司相提并论。他进一步明确道，只是，"我们的指挥部不能建立在当地民众的鲜血与尸骨之上，而是建立在对其文化的理解之上。东印度公司曾经为了镇压人民的起义而挑起战斗，而我们则应当以和平的手段实现一切"。[62]他还开玩笑地说："不要给施密特加农炮！"[63]数日之后，新的行政机构已经就位，并发布了第一道法令。在同一场会议中，签署前述法令的奥托·施密特被任命为这个被称作"冰上人民委员会"的机构的负责人。

斯大林是一个没有耐心的人，奥托·施密特也是如此。自这一负责漫长的北极航道的专门委员会成立后，便再无拖延的可能。范围说明的第四点不容置疑："发展并重建［北极地区的气象站与无线电站］网络。这是最为重要的工作，对开辟北方航线而言必不可少，目标是至1933年，上述设施竣工落成。"[64]而这则法令的签发日期为1932年12月20日！必须要快速拿出具体可见的成果，一切延期或者失败都必然会遭受斥责，且往往都会被判有罪。这便是体制的铁则。没有等待新组织结构的建立，甚至不总是清楚其权限的边界在何处，新成立的"北方航线总指挥部"便决定发起一次新的探险，复刻仅仅数周之前"西比里亚科夫号"的成功经验。再度成功穿越数千公里的冰海可能已经是一项壮举、一桩伟绩，但施密特立即将目标放在了更高难度上：驾驶船体仅稍有强化的传统货轮完成穿行。该船的货运能力是船体较小的破冰船"西比里亚科夫号"的两倍，近乎一艘普通货轮——人们希望能够于未来在这条航道上所看到的船型。要向怀疑论者证明这条航道事实上可行，还有什么更好的方式吗？唯有当浮冰封锁航道、难以通行时，人们才会使用破冰船。

这是一大飞跃。"西比里亚科夫号"创造了历史纪录，第一次仅用一个季节的时间便完成了穿越北冰洋的航行，当此时，施密特所提议的不过是重演这一功绩，但他同时承诺，一名业余运动员也能够如同一位奥运会冠军一样做到这一点。在当时，这种毫无道理的挑战为数众多。"西比里亚科夫号"的船长刚刚从日本修船归来，奥托·施密特提议他指挥新的探险活动。在寄予他的信中，奥托写道："一些人仍不相信这条航道能够发挥商业作用、对苏联具有不可或缺的价值。且众多的［领导同志］都抱有这种不信任情绪，他们从'西比里亚科夫号'的成功中仅仅看到了某种幸运的巧合。为了打消他们的疑虑，我们必须再走一遍'西比里亚科夫号'的航程。"[65]

沃罗宁表示同意，但认为唯有搭乘强力的破冰船方可尝试这段旅程。当他搞清楚到底是怎么回事时，沃罗宁害怕了，并拒绝参与新的探险。7月，北冰洋的航行季节已经开始多时了，当人们于列宁格勒的港口向他展示本次探险所用的船只时，他判断该船不具备横渡北冰洋的能力。"我不喜欢这艘船的尺寸，"他写道，"更好的做法是按照现有的规格建造一艘破冰船，并少许提升其载货空间。"[66]在低声抱怨的同时，他补充道："这艘船会遭遇不幸。"[67]这艘船刚刚在丹麦完成建造，长100余米，船首宽大，其结构与船壳得到了轻度强化，但无法支持其在遍布浮冰的海面上行驶。苏联人以近两百年前白令探险船队中一位主角的名字为其命名，是为"切柳斯金号"。负责接收该船的官方检查委员会比沃罗宁船长更加严格："这艘船并未按照指示与要求的条件建造。它完全不适合在冰层间航行。"[68]后附一长串检测出的技术问题清单，其中很多都是无法修复的。

事实上，奥托·施密特别无选择。本次探险没有任何其他可用船只，更不用说破冰船了。他知道自己必须出发，且不顾运气的好坏、心甘情愿地出发了。这让人不禁自问，在令他产生"尝试乘坐传统货轮通过该航线"这一意愿的原因中，"迫不得已的约束"所占比重是否并不比"自由选择的目标"来得更大。将缺陷多多的"切柳斯金号"攒入手中，他或许已经为此表现得兴高采烈，但距离船只离开造船厂最终交付，他还需要等待很长一段时间。这种仓促对其余的一切准备工作都是有价值的：本次探险活动并未被列入不容置疑的苏联"二五"计划（制订于1933年）之中，自然没有过任何的事先准备。施密特不得不再度施展大量的技巧和手腕，以在新一轮饥荒期间获取昂贵的物资和相当罕见的食品。人们同样开始招募团队成员。本次探险活动的负责人首先动员了其在"西比里亚科夫号"上的同僚，其中就有埃尔恩斯特·克连克利。人们还在团队成员中找到了那些负责公共关系的人士，在优先名单中，奥托·施密特总将他们放在很靠前的位置。此类人士包括电影艺术家马克·特罗扬诺夫斯基及其同事夏弗朗、画家列舍特尼科夫、作家谢苗诺夫、摄像师诺维茨基、新闻记者穆哈诺夫，甚至正当红的诗人谢利文斯基。船长的人选是最为紧张的一部分：施密特自然希望能够仰仗经验丰富的沃罗宁，但后者一直拒绝这一邀请，对于船体和舰首部位的小小技术修正并不能打消他的疑虑。他仅仅是出于友谊，最终同意护送"切柳斯金号"绕过斯堪的纳维亚半岛，完成列宁格勒至探险活动真正的出发点摩尔曼斯克的航程。他保证，这样至少能够测试该船在相对安全的海域的航行能力。但是，当船只顺利抵达摩尔曼斯克后，沃罗宁获悉没有任何其他船长能够取代他担任船长一职[*]，并且整个探险活动的成败都取决于他。他不情愿地做出让步，并在自己的航海日志中写道："我知道等待我的是什么，也清楚驾驶这艘破船穿越北冰洋的海冰是何等困难。"[69]

在其富有经验的核心船员团队周围，施密特聚集了一批较之上回探险更加可靠的科学家：船上有一位物理学家（人们立刻委托他监控船体的强度）、多位生物学家、水文学家、动物学家、一位气象学家、一位化学家。科学扮演了它的角色，即新社会的侦察兵。锦上添花的是，人们还首次为船只配备了一架轻型水上飞机，用以探查浮冰的状况。其驾驶员是首批极地飞行员之一的米哈伊尔·巴布什金。无产阶级同样响应了号召：12名第一次见到大海的细木工匠也加入了船员队伍，以在弗兰格尔岛为新的极地科考站修建两座木屋。人们计划在该岛下锚，以更换驻岛人员（上一批人员已经在这里生活了四年）并安顿18名志愿移居者。这些人中有两户家庭。其一带上了他们年仅一岁的孩子小阿拉，而另一户家庭的妻子登船时已经即将临盆。最终，施密特在极其有限的时间内勉强募集了团队成员。在摩尔曼斯克，沃罗宁船长要求驱逐几位被认为对船上安全危害过大的酒鬼。利用普遍的急迫与仓促，一名被政治警察"格别乌"搜捕的农民避开了众人的注意，成功被招入队伍之中。他名叫德米特里·别列津，被指控为"反革命集团分子，持续在集体农庄内开展破坏性活动，抗拒农庄所采取的措施并破坏春天的干草"。[70]他的妻子和四个孩子正在挨饿，他一度遭到逮捕，但于1932年12月成功越狱。在其弟弟、"切柳斯金号"机械操作员的帮助下，他希望能够通过逃亡极北地区躲避对他的追捕——人们甚至不会想到去搜查那里。

"切柳斯金号"是当时苏联的诺亚方舟。在探险队的领导层内，

---

* 最近对于文献档案的研究倾向于表明，施密特甚至没有试着寻找另一位船长，而是寄希望于令自己最青睐的同事做出让步。参见 Sergueï Larkov et Fiodor Romanenko, *Vragui Naroda za Poliarnym Krougom*, Moscou, Paulsen, 2010, p. 249.

有两人隐藏于那位身材高大、胡须浓密的队长的阴影之中，以确保队伍遵循当局的方针，尤其对领导团队格外注意。他们是政治委员波波夫和施密特的另一名副手巴耶夫斯基。在当时，一切都不简单，也从没有什么是安全无忧的。作为最早参加革命的老布尔什维克，波波夫本人不久前也因为反革命罪名入狱一年。人们并不清楚为何他被突然释放，也不明白为何他被安排至这场如此重要的探险中担任政委一职。这是一个陷入绝境的人，恐惧因为最微不足道的错误而重新堕入地狱。他跟在奥托·施密特的身后，爬上了船只的舷梯。

终于，"切柳斯金号"载着112名乘客、26头母牛和4头猪，驶离了摩尔曼斯克的港口。它装有3500吨煤、800吨食物以及十八个月的生活用品。现在是1933年8月10日，夏季已经来到了尾声。在苏联于北极地区的这座大港口内，其他泊驻的船只升起了意为"一路顺风，返航平安"的信号旗。货轮向东航行，直指白令海峡，它必须在极地的冬季开始前抵达那里。本次探险注定会成为传奇。"切柳斯金号"将会为苏联书写自己的《奥德赛》。

货轮很快便证实了检查委员会及其船长的那些负面预言。刚刚进入深海海域，其缺陷便暴露无遗。这还不是最糟的。"在低速状态下，这艘船难以操控，"船长的左膀右臂写道，"这会令它难以在结冰海域驾驶。船首柱使用了过多的型材。在公海航行时，船只的横摇极其明显。"[71]8月15日，飞行员马尔科夫在其日记中写道："一号货舱被发现漏水。船只两侧的铆钉都松动了。人们用水泥封住了裂缝。我们还没有看见海冰，真正的海冰。'切柳斯金号'还没有碰上它们。但我们已经遇上一大串问题了。"[72]当船只遇上第一组浮冰群时，另一个预料之外的担忧骤然出现：尽管"克拉辛号"破冰船如约为他们开辟了一条通道，但采用这种方法形成的航道对"切柳斯金号"而言似乎过于狭窄，且更糟糕的是，由于其糟糕的可操纵性，"切柳斯金号"难以维持在水道中航行的状态。

在 8 月的最后一天，一则好消息为船上的生活带来了一丝欢乐。作为志愿移居弗兰格尔岛一年的专家夫妇之一，瓦西列夫夫妇刚刚迎来了一位女儿。分娩发生于早晨五点三十分的一间舱室中。由于这位小女孩很可能是首位诞生于喀拉海深海区域的孩童，人们为她取名为"卡丽娜"。这第 113 位乘客出生证明的有关信息通过无线电发送至大陆上的户籍处："出生地点：北纬 75°465′，东经 91°06′，水深：52 米。"

两天之后，"切柳斯金号"驶过了同名海峡，即欧亚大陆最北点。这一次，命运女神似乎正对探险队微笑，因为阻塞航道的浮冰不久前散开了。然而，船长及其副手们非常焦虑：旅程中最为危险的部分也开始于此，且根据冰川学家的计算以及少数频繁造访这片危险海域的水手的经验，人们必须赶在 9 月 20 日前抵达白令海峡周围，方才有免于坠入浮冰陷阱的些许可能。然而，已经完成的对比以及通过巴布什金的小型水上飞机所实施的观测显示，洋面的状况无法同去年"西比里亚科夫号"勇敢冲开浮冰束缚时相提并论。9 月上半月，货轮并没有如同第一段航程中那般行动拖延或花时间在遇见的每一处岛屿上登陆，而是径直向东行驶，先后顺利地穿过了拉普捷夫海和东西伯利亚海。当船只深入抵达白令海峡前的最后一处海域楚科奇海时，情况开始恶化。9 月 13 日，冰层覆盖了整片海面，一直延伸至地平线。船长竭尽全力，将"切柳斯金号"移动至尚存活水的冰层缝隙之中。宛如恶兆一般，船上的乘客们在更靠近海岸的右舷处看见了隶属于远东舰队的三艘运输船，它们发生了故障，等待破冰船"里特凯号"前来解救它们脱困并护送它们前往太平洋。这三艘船只的租赁方为"远东建筑托拉斯"，它是一家新近成立的机构，用以开发科雷马河流域及其传说中的矿藏的财富。它们自符拉迪沃斯托克出发，绕过杰日尼奥夫角，本当在一片岩石裸露、沼泽密布且一无所有的海岸上卸下数百

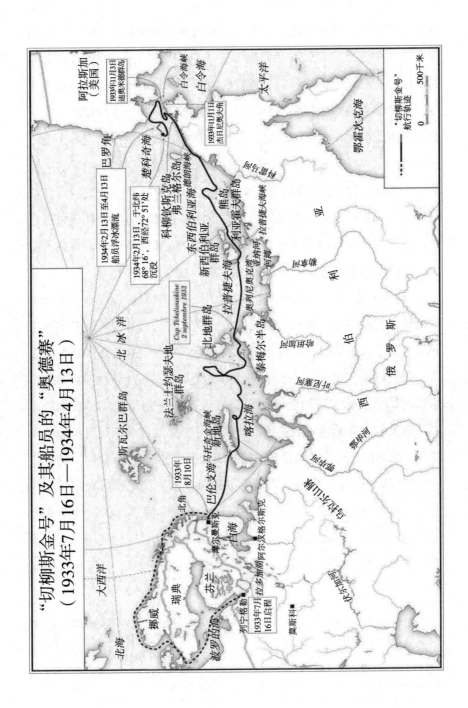

"切柳斯金号"及其船员的"奥德赛"
（1933年7月16日—1934年4月13日）

吨建材和数百名囚犯，以在科雷马河河口附近建设首处锚地。该项工程开始于两个极地夏季之前，所能找到的为数稀少的报告证明了其条件极其恶劣。囚犯们被称为"远东建筑托拉斯的工人"，在长达数周的转运过程中，他们被安置于货舱的底层，有时还能听见冰块撞击船体所发出的轰鸣和船体所发出的骇人的噼啪声。由于水深很浅，船只必须至少距离海岸8至10公里。人们必须将物资换至不适宜海上使用的小艇中。一些小艇沉没了，据传言，另有一些连同船上的乘客一道消失于公海。*仅有半数物资成功运送上岸。1933年春季期间，在被描述为"确切而言无法接受"的条件下，不幸的囚犯们居住于帐篷之中，被严寒冻僵，身染疾病，他们将首批150米浮码头的木桩打入海中，建造起其看守居住的木屋和可容纳3000吨物资的仓库。[73]

"切柳斯金号"驶过的、被海冰团团困住的船只搭载着一部分第一批到来的越冬者，他们是囚犯中染病最重的人。其中两艘船去年也同样遭到了海冰的封锁，开始第二次越冬。在船上有着许多坏血病患者，他们中有三分之一已经丧失了移动能力。多具尸体被抛入海中，船员的证词展示了一幅骇人的场景：人们缺乏食物和暖和衣物的库存。病人们没有迅速得到救援，他们很可能无法活着抵达符拉迪沃斯托克。船队的船长们拍电报恳求破冰船以最快的速度赶来解救他们。[74]

"切柳斯金号"的探险队无视了这一整出在望远镜可视范围内的悲剧。唯有水文学家加克尔讲述道："9月13日两点，我们近距离驶过了科雷马河与阿奇姆角之间的船队，它们包括'阿纳德里号'、'哈巴罗夫斯克号'和'谢韦尔号'三艘船只，刚刚卸下了所运载的煤

---

　　* 这些运输囚犯的船队有着严酷的环境，从太平洋的港口行驶至西伯利亚最偏远地区的惩戒营地（含科雷马河流域在内）。它们为各种各样的作品提供了空间，而长期以来，人们无法核实它们的真实性。一些作品描写囚犯被抛弃在被浮冰困住的小艇上自生自灭，或是被拷打他们的刽子手蓄意淹死。Martin J. Bollinger, *Stalin's Slave Ships, Kolgma, the Gulag Fleet and the Press*, Annapolis (États-Unis, Maryland), 2003 一书中对这些作品进行了总结。俄罗斯历史学家最近的研究，尤其是 S. Larkov 与 F. Romanenko 就过去档案所做的工作令人们从此得以分辨出事实和谣言。

炭。"[75]两队船彼此间相去数链，一方前去开展科学考察，另一方则运输一队队强制劳动力。它们是征服极北地区的两面。沃罗宁明白，真正的困难开始了，而在这样的条件下，寄希望于"里特凯号"破冰船的立即施救是不现实的，破冰船必须优先拯救"远东建筑托拉斯特别科考队"的幽灵船。此外，"里特凯号"在接下来的数周中胜利完成了自己的任务。*

自此，浮冰便是探险旅程中唯一的背景。队员们越发频繁地听到螺旋桨撞上冰块时低沉而令人不安的噪声。9月17日，螺旋桨撞上了一块更厚的海冰，折断了一片桨叶。"切柳斯金号"距离白令海峡五百公里，正如在它之前的探险家一样，它被迫听天由命，在北极地区随波逐流。水手们时常下到浮冰上，以试图爆破冰层、解放出螺旋桨，并通过这种方式开出一条通往冰层缝隙的航道。在完全冻结的天际线面前，这种普罗米修斯式的努力是相当微不足道的。浮冰在海浪的作用下做着不可预见的摆动和漂移，风与水波的巨大能量将它推动。时而，海冰挤作一团，在数小时内形成一堵比船舷还高的冰墙；时而，海冰骤然破碎，四分五裂，甚至没有给下至冰面上的队员们以反应的时间。甚至有一次，一处意料之外的裂缝险些令勤务分队无法返回船只。[76]

运气站在"切柳斯金号"一边，他们沿着正确的方向，向东漂往白令海峡。但这种漂浮依然有着不可预见性，将船只卷入了不规则的回环和不断的来回往复之中。这艘荣耀的科考船不过是危险的大群浮冰之中一块摇晃的浮子罢了。如此这般，"切柳斯金号"在两个方向上至少来回九次穿越了谢尔德切-卡缅角。在更远处的公海上，飞行

---

* 在"里特凯号"破冰船努力施救的同时，三艘"远东建筑托拉斯"的船只中共有数十名乘客和病人被一位名叫费奥多尔·库卡诺夫的极地飞行员救出。费奥多尔拥有当时这一面积广袤的区域内唯一一架可用的飞机，并将在未知的环境与极端危险的条件下执行数十次往返飞行，以将93名最为虚弱的乘员送至最近的居民点，同时也拯救了其他陷于饥饿的人。Larkov 和 Fomenko，同前，p. 310 及其后各页。

员们发现"远东建筑托拉斯"下属的船队在"里特凯号"破冰船的帮助下超过了他们。在此期间已经过去了数周,冬季宛如一次不可避免的有罪宣判,悄然逼近。人们本当于9月底驶入太平洋,但这一期限早已过去,整个10月,船只都处于多种因素的掌控之下,悄无声息地随波漂流。探险队的负责人们看着船只驶入科柳钦斯克湾,因而感到烦扰不安。自1878年诺登舍尔德的"维嘉号"于此被海冰所阻达九个月之久,以及去年"西比里亚科夫号"于此折断了螺旋桨的螺杆以来,这处海湾已经成为命运的近义词。无论如何,人们都必须调整探险计划:在完成空中侦察后,施密特临时决定取消前往弗兰格尔岛接回岛上科考站的驻守人员并运输换班人员和木匠的行程。这并非一个容易做出的决定,长期以来,弗兰格尔岛的驻守团队都希望能够最终返回有人居住的土地,但如此决定可能会迫使他们不得不在北极熊环绕下的简易营地内度过第五个冬天。利用距离海岸较近且有楚科奇猎人因爆破声来访的机会,施密特命令八名船员离船撤离,以便在万一"切柳斯金号"被迫于计划外越冬时减轻船上的食品和取暖压力。但是女人、儿童和婴儿依然留在船上,仅有一些探险队内最强壮的成员返回了大陆,因为即便在经验丰富的土著帮助下,穿越浮冰的数公里路程依然是一段充满危险的折磨之旅。好像所有这些磨难还不够一般,煤仓发生了火灾。为了扑灭它,所有的船上人员不得不冒着煤烟灰和有毒的烟尘,在四十八小时内轮班用铁锹清理走数百吨燃料用煤并清洗燃烧室。

11月初,尼普顿*和埃俄罗斯†似乎齐心合力,将"切柳斯金号"推向越来越近的太平洋。船员们每小时都在跟进船只漂流的状况。50、40、20公里,白令海峡近在咫尺。欧亚大陆绵延数千公里的海岸线很快便会被他们抛在身后。如今,"切柳斯金号"被封冻于一片长

---

* 罗马神话中的海神。——译注
† 希腊神话中的风神。——译注

达25公里的浮冰之中，绝无挣脱的可能，但这片浮冰也按照人们所希望的方向，以每小时1.5公里的速度带着船只前行。施密特的副手巴耶夫斯基于11月1日在其航行日志中写道："我们穿过了杰日尼奥夫角［亚洲最东端］所在纬线，啊，白令海峡就在我们南方！我们尝试努力通过剩下的距离，爆破作业持续不断。"[77]不同的因素之间展开了一场无形但有力的掰手腕，探险队的命运取决于此。表层洋流以南北方向为主，有些类似海水从太平洋注入北冰洋一般。相反，根据季节的不同，风向的任意性则会高出许多。正是此刻的北风令人们相信奇迹会再度降临。11月3日，船只驶入白令海峡，来到了迪奥米德群岛的北方。海冰依然阻塞住地平线，但未结冰的水面也已经近在咫尺。根据沃罗宁船长（他一直都是最紧张的那个人）的测算，相距已经不足一海里："11月4日，距离活水半海里。人们并不明白形势的严重性，昨日，他们依然一边看着开阔的大海、迪奥米德群岛、白令海峡，认为已经成功脱身。他们相信探险已经接近胜利完成。从顶桅望去，我看见了波涛的涌动、海洋生物以及一些鲸鱼喷出的水柱。"[78]

正如去年一般，在各种自然因素的帮助下，这场非凡的尝试即将迎来胜利。然而，11月5日，风向突变。在数小时内，"切柳斯金号"于两大洋交界处一动不动，接着，一股洋流和一阵自太平洋新吹来的风将船只重又推回其所希望抛在身后的北方。由于侦察机在遭遇海损后已经无法使用，探险队的一位成员搭乘雪橇，考察了横亘于船只与自由水域之间的数百米冰层。人们注意到冰面出现了裂缝，但冰层过于厚实，以至于人们无法期望对它造成足够的破坏。船长指出："三吨的硝铵炸药也不够。"[79]

这是一场没有人愿意相信的噩梦。次日，同无冰水域的距离已经达到了20公里，风力也加强了。沃罗宁和施密特通过无线电呼叫"里特凯号"破冰船前来救援。后者已经成功将来自"远东建筑托拉斯"的客户带至未冰封海域最近的港口。它的船长回复道，为了抵达锚地，该船付出了极大的代价，船舵也严重受损，进水处也需要填补。但是，他和他的船员们已经准备好尝试一切方法，以避免"切柳斯金号"在北冰洋洋流的作用下于充满偶然且漫长的漂流中度过整个冬季，该船长又补充道。

每个人都明白，如今，一场灾难等待着探险队。所处环境引发了极端的紧张情绪。但是，得益于当时所记录下的证词，人们能够从队伍领导人当时的交谈之中感受到其他的东西。恐惧。这并非是对于失败的恐惧，就一场如此大胆且风险重重的探险而言，失败的可能一直存在。这种恐惧源自他面对权力，自然首先是面对斯大林同志时所要承担的责任。甚至自出发之前起，沃罗宁船长便清楚这段旅程是一场赌博，他害怕自己被指控为不负责任。"里特凯号"破冰船船长尽管为人十分谨慎，还是会尝试将他的同僚自可怕的境地中拯救出来，他也害怕可能成为抛弃英雄的人。政治委员波波夫也陷入恐惧之中，两年前，他已经在其内务人民委员会同僚的监狱中蹲了十五个月，知道对于一个已经被怀疑是"人民公敌"的人而言，重新回到监狱意味着什么。他是如此恐惧，以至于数周之后从船上向自己资历最老的战友之一、已经成为苏联最高领导人之一的米哈伊尔·加里宁拍去了一封谜一般的电报："家中发来的一封电报令我心绪不宁。这会是1930年疾病的复发吗？痛苦令事情变得清晰了。'切柳斯金号'/波波夫。"[80]自然，这位探险队的政委并未从其家人处收到任何令人不安的信息，他向其保护人提出的这个痛苦且隐晦的问题定然有关他对于遭到新指控的恐惧和担忧之情。*

奥托·施密特本人也感到了恐惧。当宣传内容回响着对于各行各业中"怠工者"和"破坏分子"的无情宣判时，他能够料想到，其辖

---

*"切柳斯金号"于1934年1月27日收到了回电："家人对以加里宁名义发出的电报感到十分震惊。所有都很健康。向你问好。从现在起，请通过我们的无线电设施交流。"电报中的最后一句话引来了许多种不同的解读。Larkov，同前，p.255。

下新部门成立以来首次探险便宣告惨败，如此的成绩能令他付出怎样的代价。自这一刻起，他便不断注意令那些难以做出的决策的责任由集体承担，并在可能的情况下由莫斯科方面或是其他不在"切柳斯金号"驾驶室内的外部人士承担。例如，"里特凯号"受损严重，以至于其自身有着船货两失的风险，但它代表了拯救"切柳斯金号"的最终机会。在不得不取消该破冰船的援助计划时，他便采用了这样的做法。在有关此事的官方文字记录中，探险队与党组织的领导成员在奥托·施密特的舱室中开会，并集体命令破冰船的船长踏上返程。一致通过、党的纪律、牺牲精神和英雄主义全都如预期一般出现。但是，在其发往莫斯科的报告中，施密特仍然将本次未能成功的救援行动归咎于"'里特凯号'船员的疲惫"。[87]这些词汇经过精心挑选，有可能成为有用的工具。

北冰洋汹涌的洋流抓着船只漂流。只需数日便足以带着它远离白令海峡，并在随后的数周内远离一切的陆地。已经来到了冬季，舰桥上重新覆盖了一层坚冰和积雪，只有队员们开辟出的几条狭窄小道穿行而过。自然，再也不可能有希望重见太平洋了。船上最为乐观的科学家肯定，"切柳斯金号"可能于1934年7月25日摆脱浮冰的控制，而根据估算，届时船只可能已经抵达北大西洋海域。当时还处于1933年，气温已经降至零下30摄氏度以下，人们必须为生存做好准备。首要任务是节约煤炭：剩余的400吨煤足够维持锅炉的正常运转，并确保公共区域的温度处于正常水平，但也必须预备着某一天需要重新开动发动机返回大陆。因此，取暖的力度受到了限制，船内以及男性舱室内的温度仅仅维持在10摄氏度。然而施密特明白，严寒不过是威胁最小的敌人。一些乘员的士气低落是潜伏最深的问题之一。在太阳永不升起的极夜之中，四周包围着一望无垠的白色荒原，它压迫着"切柳斯金号"，令船体发出威胁性的噼啪声，在这种情况下，沮丧消沉在所难免。更何况，船上的许多人并没有在海上生活的经验。一些人自然而然地试图抛弃他们的同伴，徒步穿越浮冰、抵达大陆。150公里的冰盖、移动的裂隙、极端的严寒，更不用说常常被船员们目击到于货船周围游荡的白色北极熊。这样的尝试是一种疯狂的行为，但它还是在队员们私下的交头接耳中成型了。这时，奥托·施密特展现出其强大的领导力和组织能力，大幅增强了主动性，提升了集体活动的数量：每一名船员都能够参加浮冰上滑雪运动、北极狐狩猎活动、算术能力竞赛、代数能力竞赛、几何能力竞赛、历史知识竞赛、地理知识竞赛、德语水平竞赛。施密特本人还在摆放政治和理论书籍的"红色角"增设了座谈会。夜间，人们唱歌、弹奏曼陀铃、吉他或是巴拉莱卡琴，人们穿着轻便的毡鞋，跳起狐步舞。

在舰桥上，施密特命人集中起万一发生海难时生存所必需的一切物资。倘若灾难突然降临，人们可能必须迅速将物资卸至浮冰上。船只被海冰团团围住，在北冰洋异常强大的洋流裹挟下漂流，进入大洋深处，没有人能够预言它会去往何方，这场漂流又会持续多久。南森的"弗拉姆号"如此漂流了近三年后方才得以重新挣脱浮冰。但南森的座船针对这种情况做出了特别的设计，而奥托·施密特所搭乘的货轮却远非如此。

数周过去了，探险队在极夜之中迷失了方向。12月过去了，苏联的主要节庆元旦过去了。漫长的1月过去了。2月到来了，而严寒没有丝毫减弱的迹象。一天接着一天，人们不断轮换着清扫舰桥上的积雪、破碎冰层，人们尤其努力摆脱可能刺穿船体的锐利冰脊。这是一项西绪福斯般的工作、一场与自然之力的不对等决斗。克连克利在无线电中说："我们刚刚从一定数量的浮冰间挣脱出来，更多数量的海冰便从深处涌上来，填满了我们开辟出的缝隙。冰层静悄悄地封锁了船只周围的自由活动空间。在这场悄无声息且冷酷无情的战斗中，有一些东西令人感到恐惧且压抑。"[82] 2月6日，周围的浮冰突然改变了态度。包围船只的白色冰群发出巨大而低沉的声响，有如爆炸一般的声音表明海冰正加速移动，并在漫长的浮动中破碎。而"切柳斯金号"四周的冰块同样也发出了令人恐惧的响声。2月12日，据多位冰川学家的测量，漂流速度达到了每分钟7米。他们知道，如此快速的移动意味着对船只下达了死刑判决。"我们正处于火山口，"物理学家易卜拉欣·法基多夫写道，"我不知道今晚会有什么等待着我们。在房间中，我聆听着一支弦乐队的演奏。在远处，我听见了低沉的鸣响。"[83]与船体成直角的方向上形成了一条裂缝，这是另一项恶兆，表明白色恶魔的压力从此直接作用于"切柳斯金号"的金属内壁。更加可怖的是，作为这片移动中的景色的一部分，数百米之外的一处冰脊突然开始移动。宛如受到一股不可见的海浪的压力，冰群被缓慢地推向高处，继而在巨大的爆裂声中崩塌。在那些骇于这幅景象而呆若木鸡的船员眼前，冰墙不断抬升、前进。很快，它的高度超过了8米，并无情地向其猎物所在方向挺进，同时推动其前方厚实的冰层，加大了对船体的压力。

"2月13日上午，风力七级，气温略低于零下30摄氏度，天气雪。"施密特记录道。冰墙并未停止，"如同海潮的波峰一般向我们靠近，"沃罗宁船长说道。在舰桥上，乘员们"绷紧了身子，掩饰着自己的恐惧，保护自己的面部免遭寒风的侵袭，注视着朝自己漂来的浮冰，"舵手马尔科夫讲述道，"一些情绪失控的业余人士不顾狂风，踏上冰原，向着无边的大荒跑去。"[84]船体在压力下开始变形。人们听见金属发出刺耳的嘎吱声，铆钉一个接一个松开，噼啪作响。"人们说，这就像是机枪的声音。"机械工人评价道。突然，左舷前端船壳被毁坏。那里是锅炉和轮船机械的所在。海冰以一种有力且有规律的移动，缓慢侵入所征服的区域，压碎锅炉，摧毁蒸汽机，冲走发电机，深入吃水线以下。一切都陷入黑暗之中。蒸汽逸出时发出的嘶嘶声被海冰侵入船舱时发出的巨响所吞没。"全都结束了。"沃罗宁自语道，"现在，我们必须全力投入撤退之中。"人们收到了弃船的命令。事先成立的团队下到冰面上，并着手转运储存于舰桥的一切必需物资：帐篷、木料和建材、煤炭、暖和的衣物、工具、科学仪器等。每个人都知道自己的任务是什么。人们通过舷窗，掷出被褥、枕头和衣物。有人试图将猪推上舷梯，但未能成功。人们迅速当场屠宰了它们，以获取一些经过简单分割的猪肉。"切柳斯金号"的船首开始下沉，人们在距离船体数百米处修建了一座临时营地。气温下降至零下36摄氏度，暴风雪极为猛烈。"离船！"探险队的领导成员们高声叫道。一些队员试图最后一次回到舱室，取一些个人物品。电影艺术家阿尔卡蒂·夏弗朗猛冲入自己的舱室之中，试图救出他的摄影机和胶卷。海冰已经侵入了隔壁舱室。在稍远处，确认各舱室乘员均已安全撤离的水生生物学家彼得·希尔科夫撞见了多拉·瓦西列娃，她怀抱着小卡丽娜，对最后时刻的降临浑然不觉。"已经是时候了吗，彼得？"年轻的母亲惊讶道。"我想尽可能让孩子处于温暖的环境中。"她对前来搜寻的人解释道，但后者毫不客气地将她拖到了舷梯处。[85]于舰桥处，桶装物四处滚动，残余的物资也滑向各处，并在舷墙上撞得粉碎。突然，舰首骤然下沉，圆形的船尾指向天空。总务长鲍里斯·莫吉列维奇的身影悄然出现于舰桥，他以一直叼着烟斗的形象为众人所知。浮冰上传来了大家的呼喊："跳船啊，鲍里斯，跳啊！快点！"船只的侧倾令一只大桶发生滚动，将这位水手击倒在地，随后，他的身影再也没有出现。电影艺术家夏弗朗将三脚架插入封冻的大地之中，试图用胶卷记录下当时的场面。他讲述了最后一刻的景象：

"我在冰面上取出自己的设备。想开展工作非常困难。风力强劲，雪不断覆盖住镜头。当我将眼睛靠近时，镜片会蒙上一片雾气，随即封上一层薄冰。几乎不可能调节焦距。我的脸颊贴着镜片，被寒冰灼伤，令我感到无比疼痛。但我还是开始摄影。机器被冰冻住，曲柄难以转动，我不得不使尽全身的力气，摄影机在三脚架上抖动。'切柳斯金号'一点点沉入水中。胶卷用完了，我试图换上一卷新的。在如此的狂风和严寒下，我也很吃惊自己竟然成功了。但我不得不扔掉我的手套，赤手在金属上工作。我继续拍摄，面部和双手都麻木了。我再也没有力气继续摄影了。我将摄影机设置为自录模式拍摄全景，自己则躲进法基多夫架设于附近的帐篷之中。我感觉稍稍暖和了一些。但是，在帐篷中的休憩是短暂的，我听到有人大叫：'阿尔卡蒂，快点，船沉了！' 我全速跑回机位，拍下了最后时刻。船尾高高翘起，将龙骨和螺旋桨展示于我们眼前。煤炭的粉末构成了黑色的柱状物，从舱室中突然喷出。在数秒钟之内，一切都结束了。"[86]

成功脱险的共有103人，其中包括10名妇女和4名儿童。他们和电影艺术家一道，在北极的浮冰上目睹了其座船命运的一幕。这是1934年2月13日，十五时三十分。位置为北纬68°16′N，西经172°51′，水深50米。"切柳斯金号"已经不复存在。

在厚厚冰层上的第一夜是最为痛苦的。"这是最长的一夜，也是最冷的一夜，是饥饿感最强烈的一夜，但也是我一生中最为不同凡响的一夜。"小说家谢苗诺夫写道。北冰洋海难的幸存者们因所作的努力、寒冷的天气和情绪而精疲力竭，彻夜未眠。浮冰缓慢随波漂动所发出的声响传入人们的耳中，无时无刻不在提醒大家自己正身处大洋表面。女人们、孩童们以及种种最珍贵的科学仪器都被集中于一顶帐篷之中，其他人则居于所能找到的栖身之处，穿着潮湿的衣服，一个靠着一个紧挨着，靠着从"切柳斯金号"搜集来的被褥抵御严寒。一整夜，克连克利及其团队升起了一根天线，以试图同大陆建立联系。上午，他们收到了第一声声响，那是美国阿拉斯加一家无线电广播站所播送的狐步舞。很快，西伯利亚沿岸地带的苏联科考站同样接到了通知：探险队遇险。如今，其命运取决于来自大陆方面可能的救援。

这里从此被人们称为"施密特营地"。它距离最近的海岸有150公里之遥，随着风向和极地洋流漂浮。海冰的厚度使当局无法使用破冰船展开营救。无论如何，即便他们愿意尝试，也都至少需要数月的航行。"里特凯号"距离最近，但它自身也不具备出海条件。狗拉雪橇？这是施密特的首个主意。但实施如此规模的行动至少需要两个月的时间，且需征用60条雪橇。施密特还指出，这意味着可能会夺走该地区所有楚科奇人宿营地内全部的狗和雪橇，从而"令他们无法狩猎，导致他们因饥饿而死"。[87]此外，楚科奇人很有可能不会等在原地，眼睁睁地看着自己的主要财产被征收，他们有可能逃跑至远离极地苔原的地区，脱离政府所能掌控的范围。总而言之，运输人员穿越冰墙林立、裂隙变幻不定、气温同样极低的大浮冰，这样的方案看起来失败了。先例已经证明，甚至连更短的距离都唯有经验丰富、装备精良的科考队员方能完成。自然，探险队内一些最强壮的成员试图撇开他人孤注一掷，他们在自己的帐篷内进行密谋。然而施密特很快便手持步枪发出警告，自己将会以对待"逃兵"的方式，射杀任何一位敢于无故冒险离开营地的人。[88]

飞机？航空事业还处于起步阶段，且在方圆数千公里的范围内，几乎仅有勇敢的飞行员库卡诺夫的一架老式飞机，而他也正忙于将"远东建筑托拉斯的船员"（其中多名囚犯精疲力竭且营养不良）运送至岸上的首处卫生院：万卡列姆卫生院。这样的话，人们必须设法通过船只和飞机，将少数几位拥有极北地区执飞经验的苏联飞行员运送至任务区域。至于外国人，在苏联方面同意其参与救援的情况下，也仅有阿拉斯加地区的几架飞机可供使用，但施密特营地同样也处于他们的航程范围之外。无论如何，这项任务看起来十分艰巨。正如不久前邻近的阿拉斯加地区内一系列悲剧所提醒的那样，对于刚刚起步的极地航空业务而言，类似纬度尚属禁飞区。

但是，救援委员会最终采取的正是航空营救的方案。该委员会于海难发生次日成立于莫斯科，由苏联领导人之一、施密特的故交瓦列里安·古比雪夫担任负责人。这是一项繁重的任务：委员会首先找到了一些愿意在所能想象到的最恶劣气象条件下冒生命危险执飞的飞行员，随后，它还必须向万卡列姆这一西伯利亚极北地区的普通中继站运去设备、机械师、燃料并做好在那里接收百余名被撤离的科考队员的准备。当时，万卡列姆仅有十多顶当地人类似蒙古包的帐篷以及一座小型鱼类加工厂。在抵达万卡列姆前的每一处节点，人们都必须开辟并夯实跑道，从而令新的极地飞行员们得以向着目的地逐步前进。他们中的一些人自苏联的远东地区匆匆赶到，另一些则来自莫斯科或列宁格勒，最后一批则最终前往阿拉斯加，使用美国政府为他们提供的飞机。救援力量的部署范围是如此之广，后勤工作是如此复杂，以至于这场规模空前的行动需要数周乃至数月。接着，只有如此，等第一批救援队员抵达集结点后，众人便可尝试在白色的荒原中冒险搜寻遭遇海难的探险队员们。这会是一场同时间的赛跑，但人们别无选择。

在以他命名的营地中，施密特担负起了行动的领导职责。大家已经选定了一处地点用以修建一座能够容纳50人的木屋。这里的冰层厚实，且接近存储物资的地点，而那些物资则是"切柳斯金号"最后的遗产。另一支队伍装配了一间简陋的厨房。人们在一处高6米的冰脊上竖起一座高塔，以便于搜救人员定位。每人都有各自的任务。厨房中午提供煎饼、茶、汤、荞麦糊，晚间则提供罐头（每7人两个）。妇女和儿童不时也会领到一块新鲜的猪肉加上一点熊肉（人们在营地附近击杀了一只雌性北极熊及其幼崽）、些许牛奶、黄油、巧克力和水果干。男性被强烈要求每天剃须，这一小细节极大地表现出人们绝不沾染丝毫沮丧情绪，并在营地内保持一定的文化感。夜间和娱乐时，四本从海难中抢救出的书籍成为公共读物，在成员之间传阅，它们是普希金的作品，朗费罗的浪漫主义史诗诗作《海华沙之歌》，克努特·汉姆生的《牧羊神》，以及米哈依尔·亚历山大维奇·肖洛霍夫所著《静静的顿河》第三卷。一顶帐篷内组织了一场留声机晚会，另一项则充当了棋牌室，第三顶帐篷被用于举办座谈会和存放施密特的革命者传记与游记。一份墙报令人们得以获悉来自大陆的新闻。画家列舍特尼科夫则着手在上面刊载每一名探险队成员的漫画形象。在画中，施密特从他的帐篷内探出头来，大胡子外部挂着冰凌。蜡笔的线条精准地表现了人物形象：施密特长长的胡须被同俄国孩童人尽皆知的"冰霜爷爷"（他是种种年末故事内的人物之一）的胡须联系在一起。施密特是一位完美的圣诞老人，尽管并不稳定，但生活得到了恢复和组织。甚至爱情也露出了萌芽。在官方的历史叙事中，人们自然找不到男女情爱的丝毫踪迹，但一些浪漫故事在这片雾气弥散、寒冰满目的世界中破壳而出。在探险队返程后，其中的一出故事诞生了一个名叫亚历山大的孩童，其父母分别为一名年轻的餐厅女服务生和探险队的一个负责人，即奥托·施密特本人。显然，恶劣的环境并未磨损其传奇般的魅力。*

　　工作，纪律，文化。对于未来的信念和钢铁般的精神。在宣传机构的描述中，施密特营地以自己的方式创作出新社会的微缩版画卷。这是迷失于极端恶劣的自然环境中的苏联的样板。在浮冰上开展了教育活动。党支部的成员们开设了历史唯物主义的课程。当无线电的另一端点名施密特前来与莫斯科方面进行第一次通话时，他带着自己一贯的象征意识，告知对方自己因教授辩证唯物主义的课程而非常忙碌，因此无法放下手中的工作前来。[89]在浮冰上，一切都在掌控之中。党支部集合了探险队内所有党员，定期召开会议。人们于此讨论日常生活的组织、营地的纪律、每个人态度中对于基本原则的遵守。得到精心保管的会议记录为我们再现了当时的场景，也记载了党支部留心

---

　　* 奥托·施密特的女伴名为安娜·伊凡诺芙娜·罗达斯，是"切柳斯金号"餐厅的女职员，二十三岁。那个非婚生子自诞生之日起便得到了施密特的承认，并获得了不亚于其合法子嗣的照料。来源：作者于2017年6月27日对"切柳斯金号"探险史专家、研究者兼档案员尤里·萨尔尼科夫的采访。

收集自船上取出的武器并将之于同志们之间分发，以防备可能的一切情况。人们根据命令，报告每一顶帐篷内的思想状况，"在场的每一个人都向我们报告其在帐篷内的所见所想"。[90]人们还对木工和舵手队伍中缺乏党员的情况表达了担忧，并因此做出决定，变更幸存人员的分派以解决这种不当的状况。

恐惧束缚着冰面上的海难幸存者们。探险队的政治委员波波夫在党支部会议上出人意料地保持着审慎的态度。或许，"返回后将遭受新的折磨"，这样的预期在他的脑海中如鬼魂般萦绕，挥之不去。但奥托·施密特及其搭档沃罗宁也未能免于焦虑。令他们尤为担心的是，自其发出救援请求后，一直未收到政治上的回应。诚然，特别救援委员会已经投入运转，但克里姆林宫尚未发声。这种沉默代表着什么呢？"切柳斯金号"已经消失于北冰洋海底，如此鼓吹的探险活动以失败告终。他们都明白，这种不符合预期的表现会带来怎样的代价。"施密特和沃罗宁把自己关在帐篷内，"米哈伊尔·叶尔莫拉耶夫在其回忆录中讲述道，"他们无法想象自己将会遭遇什么。他们在颤抖，字面意义上的颤抖。等待着他们的会是什么呢？最好的结果是被打入冷宫，最坏的情况——就是被处以极刑。"沃罗宁尚还抱有些许希望，施密特则开门见山地说："我们会被枪决。我们还能指望什么其他的结果呢？这是一场灾难，一次失败，一场悲剧。负责人必然会被惩罚。"[91]

事实上，斯大林并不急迫。他是否在犹豫应当采取何种态度呢？还是在等着看实施救援行动有多大概率取得成功呢？当探险队的负责人读到如下内容时，人们可以想象出，他的精神为之一松。"'切柳斯金号'乘员的营地。北冰洋。致探险队的领导，施密特。向'切柳斯金号'英雄的乘员们致以布尔什维克的热烈问候！我们满怀热情地跟进着你们同自然环境相抗衡的英雄斗争，并采取了一切手段以援助你们。你们要坚信，光荣的探险将会有美好的结局，为北极的斗争史书写新的光荣篇章。"签名：斯大林，其后是政治局的其他成员。

随着海难消息的公布，规模前所未有的救援行动也当即展开。斯大林的电报开启了一场同样空前的宣传攻势。自这一刻起，全苏联乃至其位于国境之外的盟友和海外的同道都因为这群海难幸存者的命运而被动员起来。苏联的各大日报、杂志，当然还有广播这一当局主要的通信手段，无时无刻不在就此事向公众灌输大量新闻，它们的内容有关白色大洋中心的红旗，以及为了营救这些如今被称为英雄的人而付出的努力。全国的生活都步入了"切柳斯金号"乘员的节奏。在报纸上，数千篇文章调动了人们的注意力。每天，《真理报》《消息报》《劳动报》《共青团真理报》与所有地方性报纸都至少会刊载一篇歌颂"切柳斯金号"幸存人员的勇气以及营救行动所付出的巨大努力的头版文章。斯大林已经决定令本次探险的灾难变成征服极北地区与北方航道过程中的一场胜利。"斯大林多次指出，没有任何堡垒能够阻挡布尔什维克。"苏联不会被自然条件击败。人类和科技必当胜利。新式极地飞机将会证明这一点。

斯大林的洞察力告诉他，国家需要一场被打上英雄主义和人道主义烙印的壮举。现在是1934年，苏联的人民经历着一段艰难的岁月。大饥荒一直延续至1933年。1932年，被称为"琐事"的法令为高压政策打开了大门。城市内采取了配给制，而工资则因为强制储蓄运动而有所缩水。贫乏已经成为生活中司空见惯的一部分。政治和经济方面则依然带有1930年审判"工业或农业分子"及其在政权内部同盟者的色彩。而被打成"破坏分子"的风险一直都在。一场积极正面的宣传攻势是及时且恰当的。当局依靠其民众的牺牲风险以令苏联进入工业时代，它面临着乐观主义情绪不足的情况。人们为拯救"切柳斯金号"乘员行动所选择的口号是"苏维埃祖国绝不会任由她的子女落入不幸"，它来得正是时候。每一封电报、营救组织者所取得的每一步进展都得到了详细的报道。被困在浮冰上的人们发表了他们航行期间所写的日记，作家们相继登上报纸，赞颂全面动员：伊利亚·爱伦堡写作了《生命的代价》，阿列克谢·托尔斯泰创作了《全人类反复吟诵着他们的名字》，马克西姆·高尔基则拿出了《唯有苏维埃国家方能完成这一壮举》。苏联于海外的同路人也不例外："这是怎样的国家啊！"萧伯纳对苏联驻英国大使说道，"你们将一出悲剧转变为全国性的庆典。我向您保证，施密特的大胡子已经为你们赢得了数以千计的新朋友。"[92]

在此期间，营地也被动员起来，以完成其被赋予的任务。其中最沉重也最艰苦的一项，乃是于浮冰上修筑一条可供救援飞机起降的跑道。这是一条覆盖着坚硬积雪的平坦冰带，最小尺寸为长600米、宽150米，人们必须使用海难发生时回收的数目稀少的铁锹、十字镐和冰镐开辟出它。铲平冰脊和冰墙、填平裂隙、平整全部地面，这些都是必须完成的工序。这项工程持续了数周。随后，人们祈祷浮冰的漂流不会在跑道上制造出新的裂痕。倘若出现这种情况，人们不得不从头再来，或是加长尚且可用的那一段跑道。在被困浮冰期间，"切柳斯金号"的船员们如此修建了不少于13条不同的跑道以迎接其拯救者降落。另一些裂隙也会为他们造成一些意外：其中一条突然碎裂了主木屋下方的浮冰和土地。短短数秒之内，一部分设备和储备物资便消失于深海之中。人们连夜火速转移了其余的库存。

于无尽的白色与相融的天地之间找出施密特营地的飞机由安纳托利·利亚皮杰夫斯基驾驶，二十六岁的他也是首位成功返回万卡列姆的飞行员，这座中继站已经集结了所有动员来的飞机。3月5日，在其于万卡列姆起飞一个半小时后，利亚皮杰夫斯基机组的成员认出天际线上有一团深色的斑点。"那个斑点在动，"飞行员高声叫道，"这是烟火信号！我们能够清晰地看出营地内的布局：一座塔楼、多顶帐篷、一间木屋。接着我们看见一条裂隙将营地与机场分隔开，而在裂隙前方，一群人正努力穿过它。他们喊着什么，挥舞着手臂，我满怀喜悦地回复了他们，甚至一时没有想到要降落。我们在机场上空盘旋两周。这条跑道够用吗？它长450米，宽150米，四周环绕着由雪筑成的陡坡，高约2至3米。利亚皮杰夫斯基全神贯注，开始着陆。我们以不足10米的高度飞过了雪墙，很好，很好，这会够的，这会够的。一阵轻微的震动传来，我们开始滑行、减速。这是一次精准的着陆作业。"[93]

尽管妇女和儿童表达了抗议，但他们还是被最先撤离。施密特已经确定了一份关于撤离顺序的强制性清单，并将自己放在了第104位，即船长的位置，他会最后一个弃船。尽管已经有另外三架飞机抵达万卡列姆以参加救援行动，但"切柳斯金号"的成员们都清楚，世事难料。利亚皮杰夫斯基本人也因侦察飞行期间的一起事故成为受害者，不得不进入"切柳斯金号"幸存者的小村庄寻求庇护，并于此停留数周等待救援。一些自俄国欧洲部分或阿拉斯加赶来的飞机永远也无法抵达万卡列姆了。一架飞机在于施密特营地的跑道降落时受损。每一架顺利抵达冰上营地并搭载部分幸存者返回的飞机都代表着一场胜利。为了令机会最大化，一些飞行员甚至用毛皮裹住待撤离的人员，将他们置于机翼下的篮筐中。通常，气象条件都颇为恶劣，人们需要等上数天乃至数周，并在此期间为各种可能的预期做好准备，包括长期被困冰原。4月7日，三架飞机降落于施密特营地以利用短暂的好天气推进救援进程，当时的天气是如此严寒刺骨，以至于在跑道边指挥行动的施密特染上了严重的肺炎。在持续高烧两日后，政治委员波波夫决定优先撤离探险队的负责人，并以最快的速度将他送往阿拉斯加的诺姆医院，实施手术。半昏迷状态下的施密特断然拒绝了这一提议。他清楚，这种抛弃岗位临阵脱逃的行为可能为自己带来怎样的代价，最终，人们不得不以一封发自莫斯科方面的命令迫使其做出让步。他成为第76名被撤出的幸存者。1934年4月13日，海难发生两个月后，最后一名"切柳斯金号"的乘客被解救出浮冰，运往万卡列姆。除随船沉没的总务长鲍里斯·莫吉列维奇外，所有人均平安无虞，营救行动大获成功。

回程又将花费两个月。最强壮的人徒步或乘坐雪橇穿行了500公里，而最体弱的人则搭乘飞机。此后，英雄们的队伍搭乘西伯利亚铁路凯旋。与此同时，奥托·施密特已经完成手术、恢复了健康，他自阿拉斯加前往美国本土，在那里为国家地理学会做了多场讲座，并得到了美国总统富兰克林·罗斯福的接见。随后，他返回苏联，同"切柳斯金号"的乘员们汇合。对克里姆林宫而言，在美苏两国恢复外交关系仅仅数月之后，罗斯福接见施密特一事乃是对苏联的第二次承认，且本次得到了民众的支持作为担保。*"一场伟大的外交胜利。"英国前首相劳合·乔治评论道。[94]接着，施密特还到访了巴黎、布拉格和华沙，一直披着英雄的外衣。

"切柳斯金号"海难的幸存者们离开了地球另一端的符拉迪沃斯托克，重新回到莫斯科，一路处处感受到一种不同寻常的热情。人们用鲜花装点车站，向他们致以热烈的欢迎，乐队演奏《国际歌》。报界再度用放大镜追踪报道了本次旅程，并将之变为一场发展新党员的活动。人们解释道，在海难的幸存者中，许多人都递交了入党申请书，其中便有无线电报务员埃尔恩斯特·克连克利和生物学家希尔科夫等从此一举成名的人物。"我彻底明白了，党是什么，以及它如何领导。"木工斯克沃尔佐夫在报纸的头版头条中写道。[95]

然而，德米特里·别列津正身处运送极地幸存者的列车之中。遭到"格别乌"追捕的他曾经相信已经找到了一种在本次远征中人间蒸发的办法。如今，在媒体于头版刊发的英雄名单中，他赫然在列！他出现于专列中的消息并没有逃过其追捕者的观察。他们感到事态非常

---

* 此外，当纳粹德国对苏联发动袭击时，苏联领导人委派给施密特公开前往美国请求援助的任务。

尴尬：在当时的文档资料中，人们可以找到一封发自"格别乌"某个负责人的电报，提醒道前述的别列津是一名在逃十七个月的政治犯。[96]该怎么做呢？在其抵达车站后将他逮捕？在红场上、在斯大林眼前拘捕他？撤销搜捕的命令？"格别乌"宁愿去其他地方仔细搜查。

飞行员们是科技力量战胜自然因素的象征和工具，至于他们，其返程同样得到了精心的设计。他们要在"切柳斯金号"乘员抵达的同一天于首都降落，从而使画面达到完美。而在最后一次中途转场的前一天，他们向斯大林寄出一封动人的信件："没有谁能够比飞越了苏联大地的我们更好地看到改变了祖国外形的历史性变化。无论何地，集体农庄的大片良田取代了休耕地，巨大的新建工程成为我们的航标。自我们的航空器涂上红星以来，这幅图景便是我们的挚爱。它是数百万劳动人民在党的领导下所取得的建设成果，而您，斯大林同志，则带领着党走向胜利。我们知道，斯大林同志，您是这场营救'切柳斯金号'被困人员伟大行动的发起人。我们感激您让我们得以参与这场与自然相抗争的战斗，感激您拯救了'切柳斯金号'的乘员。"[97]

1934年6月19日，探险队队长、其在探险队的同僚以及他们的拯救者按计划在莫斯科重逢。党的领导人委派"格别乌"组织本次空前的盛会。莫斯科从未有过如此宏大的场面。"圣诞老人"施密特与"切柳斯金号"的成员们一道，登上了专列，火车将在行驶数站之后停靠于白俄罗斯站。它是首都内的一处车站，因其与克里姆林宫由特维尔大街相连，而作为城市的交通主干道，该大街两侧已经被全部改造，环绕着风格独特的斯大林式建筑。车站广场以及所有的邻近街道站着黑压压的人群。英雄们、施密特以及救援归来的飞行员们的肖像装饰着一整面一整面的外墙。当队伍走上特维尔大街，在阳台和屋顶上等候许久的群众向他们抛洒了成吨的彩色纸屑以示欢迎。这一设计理念借鉴自查尔斯·奥古斯都·林德伯格*1927年于纽约凯旋时所受的礼遇，而"格别乌"显然被它所吸引。施密特向人群举起并晃动"切柳斯金号"的两位小英雄：九个月大的卡丽娜与本杰明。人群以欢呼作为回应。接着，队伍抵达克里姆林宫和红场，全体国家领导人正在那里等着他们。

奥托·施密特自列宁墓的检阅台上向群众致意，并向拍板了救援行动的伟大的斯大林致谢。斯大林则面带微笑，站在其身旁一处经过加高的平台上。所有参与者都被授予红旗勋章和红星勋章。小卡丽娜则获得了一辆金属脚蹬的自行车，据她日后所言，其重量"令我从没能骑过它"。[98]人们甚至考虑为这一场合创设一种新的勋章。上千封信件都提议道，为什么不创立斯大林勋章呢？最后的结果是设立于1934年4月17日的苏联英雄勋章，而第一次获颁该勋章的是七位征服北极并成功抵达施密特营地的飞行员。

"切柳斯金号"静静地躺在大洋底部，但它的名字成了征服北极的同义词。

_____

*美国飞行员。——译注

第二十七章
冰上人民委员会

  针对"切柳斯金号"幸存船员成功的营救活动在苏联内外均引发了巨大的反响,并启发了斯大林及其周围人士。海难幸存者的凯旋队伍并不会是最后一群沿着特维尔大街走向红场与克里姆林宫的人。在接下来的数年中,北极地区注定成为体现荣耀与英雄主义的优先战场。利用救援期间多次长途飞行和冰上降落所积累起的经验,苏联的飞行员们成为第一批跨越新边界的人。以工程师图波列夫团队为主的航空工业已经定型了多款耐用的航空器,其飞行能力也有了大幅提升。设立于海岸线与北极地区主要群岛上的气象站也为这些新探索区域内的飞行活动提供了便利。1937年6月18日,瓦列里·帕夫洛维奇·契卡洛夫这位以其荒唐与鲁莽而著称的年轻飞行员自莫斯科起飞,飞越北极点后继续前行至地球的另一侧,最终抵达美国的华盛顿州。在63小时的不间断飞行中,他跨越了9500公里,并飞过极点。契卡洛夫声称,这是斯大林之路。据称,他驾驶飞机,从列宁格勒的拱桥下驶过,在美国,他成为新的林德伯格。在其返回后,一场凯旋仪式等待着他。在此期间,首都的中央大道已经被更名为高尔基大街(此刻这位作家尚在人世)。数日之后,轮到自北极点归来的奥托·施密特第二次在人群的欢呼之中进入莫斯科。北方航线总指挥部的飞行员于5月21日成功将四架ANT-6型飞机首度降落于一块从未有人到达的浮冰。根据苏联报纸刊登于头版的照片，当其探险队的同伴们于北极点的浮冰上搭建一座北极科考站时，"圣诞老人"施密特正讨论着一盘国际象棋对局。这里没有东方、西方、北方，南方是唯一的方向。"英国人说，海洋属于拥有最强大舰队的国家，"这位苏联在北极地区的负责人评论道，"我们则可以说，北极属于拥有最强大空中机队的国家。"[99]接着在7月，轮到米哈伊尔·格罗莫夫的机组成员们踏上英雄之路。他们搭乘着ANT-25型飞机，于飞越世界的屋顶[*]后降落于加利福尼亚州的圣贾辛托，全程达到了创世界纪录的11400公里。这些苏联人得到了好莱坞的接待，同年幼的秀兰·邓波儿一道为来访者亲笔签名。[100]他们称，自己为"斯大林航线"举行了揭幕仪式。1937年的这个夏天，莫斯科的街道上又举办了一场凯旋仪式，一场带有征服北极的荣耀的庆典！

　　负责在技术与后勤方面做出巨大努力的行政部门是奥托·施密特的王国。一个王国？一个货真价实的帝国。自"切柳斯金号"探险活动返回一个月后，当人们刚刚向领导人展示装裱好的海难照片时，当国家出版社受命立刻出版一部关于本次探险的作品（日后，它成为一种收藏品）时，施密特成功地大幅拓展了北方航线总指挥部的权限。他着重指出，该机构需要多得多的资产以完成其历史性的任务。斯大林听取并采纳了他的意见。从此，尽管其名称的缩写仍可能令他人相信某种错误的认识，但北方航线总指挥部不再将自己的活动局限于海上的北方航道，它已经成为一个体量庞大、负责极北地区事务的部委，一个国中之国：著名的"冰上人民委员会"。在其负责范围内的土地面积超过330万平方公里，相当于北纬62°（雅库茨克所处纬度附近）以北的全部土地，北冰洋内诸群岛自然也包括在内，与印度的

---

[*] 即北极点。——译注

国土面积大致相当，而施密特则是其首脑。行政、经济、文化都操之于这一新成立的奇特部门之手，它获得了此前曾经短暂存在的多个组织的职权。"冰上人民委员会"自然拥有整个北冰洋舰队、自己的货船、捕鲸船、对全体破冰船的指挥权，就连工作于黑海、波罗的海以及里海的破冰船也不例外。极地机队及其715名飞行员同样也被列入该部门麾下。它还管理着苏联的极地科考站，它们被施密特称为"苏联的前哨站"，随着时间的发展，其数目也快速扩大。此外，北方航线总指挥部也是渔业、狩猎活动和毛皮制品行业的管理部门。仅最后一项毛皮制品行业，北方航线总指挥部便继承了37家毛皮收购机构。用于养殖驯鹿的农庄也落入了它的手中，而施密特的团队很可能放弃了18座大型集体农庄。被迫接受集体化的本地游牧民进行了破坏活动，其社区或被摧毁，或被分解得支离破碎，畜牧者往往更倾向于杀死牲畜或赶走畜群而非将之让给集体农庄。在数年间，牲口总数下降了600万头。

诞生于捕鱼业的工业部门同样隶属于北方航线总指挥部，而该机构的管辖范围还包括所有同苏联定居点有关的村庄、村庄内的学校、寄宿学校（当地人被迫将自己的孩子送到这里）、卫生所、文化宫或是小型影剧院、被称为koultbaza的文化基地或被叫作krasny tchoum的"红色帐篷"。人们在这里开展政治教育，也提供基础的兽医服务。还有20世纪20年代苏联政府的骄傲之一：北方人民研究院，当时，伟大的人类学家弗拉基米尔·博戈拉兹启发了保护少数民族的政策，并为该政策提供支持。这座位于列宁格勒的研究院是出身于极北地区十余个土著族群与民族的学生的主要高等教育中心，人们在这里将少数民族的语言和方言转写为书面形式，编辑出版了数十部有关雅库特语、楚科奇语、布里亚特语或汉特语的书籍，通常为马克思或斯大林著作的译著，有时也包括少数民族作家的第一批作品。在这方面，斯大林的政治议题安排如今也令该项任务变得艰难：在十月革命后那段宽容而有家长作风的时代过去后，当局正着手重新收紧控制。依靠集体化政策，当局展开了对萨满教和"封建"传统的无情斗争，数年前被挑选来转写民族语言的拉丁字母表从此被视为"资产阶级残余"并遭到废止，民族干部接受了俄罗斯化改造，反对者和传统文化的捍卫者遭到清洗。负责该任务的正是新近成立的北方航线总指挥部。

北方研究院是施密特帝国的大脑，它已经更名为北极研究院。苏联政府刚刚将位于列宁格勒中心地带的舍列梅捷夫伯爵家族豪华宅邸授予了它，其院墙内聚集了苏联全体北极研究者。苏联正在从地理和经济方面征服极地，对此事业而言，地质学、海洋学、水文学、气象学、生物学、动物学、冰川学、物理学、化学、植物学是需要重点倾斜资源的辅助性学科，它们在极地领域的分支学科是研究所的优先任务。在研究所的领导成员中，人们又看到了鲁道夫·萨穆伊洛维奇和弗拉基米尔·维泽的名字，他们是施密特所青睐的助手。

人们可以轻松想象到，这些人才的突然聚集伴随着新旧机构负责人之间的权力斗争。因此，在涉及对矿产与自然资源的管理方面，任务的分派并不清晰。沃尔库塔地区新近发现了一处煤矿，其收益归谁所有？科雷马地区的金矿呢？诺里尔斯克地区的镍矿与铜矿呢？北方航线总指挥部还要求从收益中分走最大的一块蛋糕，在该领域遭到了远东建筑托拉斯的抵制。后者的历史稍长于北方航线总指挥部，控制着整个远东地区和欧亚大陆的东部。此外，内务人民委员会也是一股不可忽视的力量，它前不久创立了新的劳动惩戒营管理部门，并打算最大化其完全掌控下的劳动力资源所能带来的利益。三大巨头为了垄断西伯利亚与北极地区的资源，在暗处爆发了暴力的冲突。在斯大林的眼皮下，几个实力近乎国家的部委展开了一场绵延数年的斗争。

北方航线总指挥部有自己的旗帜：一面宝蓝色的旗帜，中央是一根金色的船锚，左上角则是一处带有镰刀锤子图案的红色长方形。它也有着自己的报纸《苏维埃北极报》。它有着自己的公务员：20万雇员[*]分属20个各有分工的部门，包括渔业、造船、土著文化、会计、北极科考站和宣传。[101] 其总部位于列宁格勒，由此发出的指令经过雅库茨克、萨列哈尔德、伊加尔卡三处地方中心（即"托拉斯"）传达。最后，它还有自己的政治领导机构，负责内部监察与教育，同一切重大决定息息相关，甚至连最偏远的分支机构中也有其成员分布。它的负责人是谢尔盖·别尔加维诺夫。在即将拉开帷幕的动荡年代，正如全国其他地方的情况一样，他将成为冰上人民委员会内的一处支点。

斯大林毫不吝啬地赋予了奥托·施密特大笔资金。在最初阶段，这个身材高大、胡须茂盛的人物便获得了五倍于其前人的预算。在随后的四年中，他成功将这一数字扩大至14倍。[102] 但是，克里姆林宫想要什么作为回报呢？

很简单，让投资收获回报，且是与投入极北地区的财力相当的回报，数额庞大的回报。斯大林和列宁一样，坚信西伯利亚和北极地区，即广义上的北方地区蕴藏着总量庞大的资源，苏联需要它们以赶上并超越对自身虎视眈眈的资本主义与帝国主义竞争者。斯大林也深知俄罗斯帝国北方地区政治流放犯的艰苦。在其青年时代，他曾被流放至叶尼塞河沿岸一处收集毛皮的地点：图鲁汉斯克。他甚至在索里维切戈茨斯克度过了一段监视居住的时光，这座市镇也是斯特罗加诺夫家族的故乡。这片不适宜居住的、属于先行者们的土地必须为新社会服务，而唯有新社会才有能力驯服并开发这片土地。

首先，极北地区必须要做到自给自足：这正是奥托·施密特所收到的指令的含义。人们预计将很快开始获得预期红利。在这一精神的指导下，正如列宁时代所做过的一般，北极科学领域的知名学者都直接参与到第二个五年计划的制定之中。这些人中自然有奥托·施密特，还有地质学家萨穆伊洛维奇、奥布鲁切夫或费斯曼、生物学家兼

---

　* 截至1937年时的数据。

遗传学家瓦维洛夫，还有新兴的石油部门的首脑伊万·古布金。所传递出的消息是明确的：这是一种命令他们立即运用科学知识为生产服务的手段。斯大林用吨、公里和百分比构筑自己的讲话，他也希望科学家们能够习惯这种语言。具体来说，地质学研究的方向必须是发现最有前景的矿藏，而不是浪费精力去了解群岛的土壤形成史。水文学家、气象学家和冰川学家则应当满足航海业与航空业的需求，学术思考则可以日后再做。当局所需要的是北极工程师，从事研究的理论家则远不如它的意。

人们并不总是能轻松养成这种新的习惯，能够践行它的人就更少了。例如，萨穆伊洛维奇和叶尔莫拉耶夫的工作令他们想到，大西洋海水利用北冰洋中心的低压现象注入喀拉海。但又该如何向官员们解释，这一自然现象可能对理解航道上浮冰的成因具有决定性作用呢？当传统牧民一听到"集体农庄"这个词就带着他们的牲畜逃入苔原时，如何说服当局在北极群岛上建立"驯鹿养殖场"一事看起来不现实呢？当局注重确保其所规定的路线，即科学为人民和五年计划服务的方针得到遵守。在北方航线总指挥部内部，负责监视科学家同志的是政治委员别尔加维诺夫。每当科学家中有人向他为自己的事业辩护、要求更多的资金或乞求推迟期限时，他都会对之做出截然不同的解读。最好的情况下，这种举动会被视作脱离人民群众、不了解其需求的知识分子所犯下的"主观主义"错误，而在更多情况下，他则会做出最坏的解读，即将之视作额外的迹象，表明这些破坏分子、资产阶级的奴仆试图拖延公布甚至隐瞒已发现的矿藏，以等待"资本主义复辟"并从中获益。[103]无论如何，这些专家中，不是有许多人出身于富裕家庭、商人家庭、犹太人家庭或者是外国人的后裔吗？

他们被授予了不可能完成的任务。一切工作都面临着进度太赶、任务量过重的问题。北方航线总指挥部在数月之内已经变为一个四面扩张的组织，它自然也承受着数不胜数的机能运转不良问题。施密特的部门合并了众多机构，它们分布于全北极和西伯利亚地区的广袤土地上，使得人们极其难以将它们整合入一套高度集中的体系之中。科考站缺乏给养，开拓者们的生活条件非常恶劣，宿舍中老鼠与寄生虫横行，诸如肥皂等生活必需品匮乏。坏血病与酗酒造成了破坏，事故的数量大幅上升。上呈至总部的审查报告是沉重的。项目的数量数不胜数，负责人们忙于向上汇报。不仅缺乏干部，还缺乏准备自我放逐至这些最不宜居地区的劳动力。对于后一问题，克里姆林宫内的领导层认为自己找到了解决之道：正是在这一时期，古拉格也达到其繁盛，成为一家奇特的供应商，为西伯利亚和极北地区提供其发展所需的强制劳动力。在远东地区，负责开采金矿和其他稀有金属的远东建筑托拉斯对强制劳动力有着巨大的需求。其位于科雷马河流域的惩戒营很快便陷入严酷的环境。诚然，北方航线总指挥部的情况远不至如此恶劣，但它同样也会享用这份由内务人民委员会所提供的蛋糕。1935年，其可动用的囚犯为五千人，次年，一队一万人的囚犯被分配至诺尔德维克由"冰上人民委员会"所负责的矿井中。[104]

无论如何，所取得的成果并未达到人们的预期。气氛非常沉重。由于上级给定的工作路线和工作节奏不容置疑，人们必须从其他地方找到原因，如果可能的话，还需要找出责任。1936年1月，北方航线总指挥部的思想中枢北极研究院的干部们召开了一次会议。会议记录提供了一份震撼人心的概览，展示了当时的气氛和人们用以应对该危机的手段。施密特首先发言，当即定下了基调："我们对极北地区的了解依然不足，正如其所表现出的情况一样，这里陌生而又艰苦，但我们已经不是第一年在这里工作了。去年是我们北极研究院的领导萨穆伊洛维奇同志投身极地科学研究的十五周年。他是一位地质学家，我们还有乌尔凡采夫以及其他的地质学家。但我们是否了解北极的地质状况呢？我们是否知晓应该将努力集中于极北地区的何处呢？"他的讲话内容进一步延伸："我要对我们的科学领域提出严肃的批评。时至今日，它未能向我们提供一幅当在何处从事开发的明确图景。"

　　萨穆伊洛维奇、乌尔凡采夫以及其他人，每一个被于此提及的姓名都有如一个恶兆。这并非偶然。他们一直都在当局和别尔加维诺夫的下属的名单上。已经无法正常发挥其作用的大会深谙游戏规则，它既不试图反对，也不试图保护其领导：一位国际知名的极地研究资深专家、第一时间入党的老布尔什维克。当轮到被告登上讲台时，他试图通过自我批评免于重责，并选择责难自己以表明对上级路线的忠诚："北极地区的科学活动难以令人满意，"他讲道，"它过于抽象，并未对当地可实际采取的行动给出足够的指导。"[105] 道路敞开了，后续的发言者们便可以毫无心理障碍地对之添油加醋：懒惰、缺乏纪律观念、科学中心主义，在会议记录中，只要能够证明自己的清白并将"罪人"的标签贴在一位当局能够接受的人物身上，一切都可以被拿来批判一番。进行了自我批评的鲁道夫·萨穆伊洛维奇便是最合适的目标。两年后，今日所提及的每一项罪名都会令他付出痛苦的代价。

　　萨穆伊洛维奇并不懂得如何平息国家领导人的怒火并预判他们的诉求，而这项技能很快便成为这一时代行政与政治机关成员的生存法则。与萨穆伊洛维奇截然相反，奥托·施密特则精于此道。苏联进入了1937年。

　　1937年也是"苏联的蒂诺·罗西"*瓦季姆·科津†所作《玛莎》风靡一时的年代："微笑吧，玛莎，用你的目光轻抚我们，我们有着美妙的生活，玛莎，每一天都阳光明媚。"这也是肖斯塔科维奇创作出

---

　　* 原名康斯坦丁·罗西，法国著名演员和歌唱家，其代表作《圣诞老人》是法国有史以来最受欢迎的歌曲。——译注

　　† 瓦季姆·科津是俄国迄今为止的抒情流行歌曲大师之一，也是20世纪30年代至40年代最著名的歌手之一。在战争年代，他的歌曲陪伴着苏军将士们。他于1944年被捕，并被流放至科雷马河流域的惩戒营。获释后，他一直留在苏联远东地区，直至1994年逝世。马加丹是远东建筑托拉斯所属惩戒营的总部所在地，也是艺术家的侨寓之地，他为这座城市创作了诸如《马加丹的大街》等作品。

《第五交响曲》和爵士圆舞曲的一年，是夸耀成就、建功立业、创造纪录的一年。

从历史的眼光看，1937年似乎是一部宏大而奇特作品的背景。当针对老近卫军领导人的第二轮大规模政治审判于1月展开时，基调便已经定下了。六个月前，曾经与列宁一同经历放逐的季诺维耶夫和加米涅夫被控为托派分子并遭到清洗。现在，则轮到其他人无力地承受主流媒体中爆发出的仇恨和声讨了。作为工业化首批设计师之一的皮亚塔科夫便是其中一例。皮亚塔科夫及其"党羽"被称作"必须被无情打倒的疯狂畜生"（总检察长于公诉状中所用词句）、"必须被苏联人民枪决的走狗"。[106]1月29日，他们被判处死刑，并被立即处决。整个庭审过程充斥着对其他领导成员的控诉和揭发。其所传达出的消息是明确的：这不过是开端而已。整个系统的所有齿轮都上好了油，不会为国家留下片刻思考或自问的时间。短短数日之后，苏联便就普希金逝世一百周年举行了盛大的纪念活动，令2月间所有人的思想都聚焦于此。这是一场实实在在的封圣仪式：人们用这位伟大诗人的名字命名城市、街道、广场、站台。但凡这位使用俄语的抒情诗人一度经过的地方，都为他建立了博物馆。* 普希金的符号笼罩了苏联的生活。展览、诵读活动和演出的数目大幅增加。仅一年之内，人们印刷了超过1800万份普希金的作品，这一数字超过了19世纪印数的总和。

2月底，苏联最高权力机构中央委员会全体会议召开。本次的主要目标是布哈林，这位受列宁青睐的经济学家是党内一位伟大的知识分子。关于此事，宣传政策极为特别：不允许存在任何图画、照片

---

* 譬如说，仅就最知名的地点而言，现在的莫斯科有普希金路和普希金广场、国家普希金造型艺术博物馆、列宁格勒附近的叶卡捷琳娜宫（宫殿所在地被命名为普希金市——译注）、诗人位于莫伊卡河岸边的家族寓所（莫伊卡河是一条环绕圣彼得堡市中心的河道，最终注入涅瓦河，其河岸12号是普希金最后一处故居，辟为国家普希金博物馆——译注）。

甚至素描。在通过一场绝食抗议争取到就所受指控为自己辩护的权利后，布哈林显得精疲力竭、苍白憔悴、胡子拉碴，身体上套着一件肮脏破败的囚服。人们并没有给他发声的机会，对他大加嘲骂。在争论的最后，布哈林和李科夫于中央委员会会议过程中被逮捕，并被内务人民委员会的警探带往卢比扬卡的监狱中。这是前所未见的。

舆论深受震撼。什么？高层遭受了新的背叛？而且布哈林可能是其中一分子？第三次清洗引发了困惑，即便在无条件支持者心中，无声的疑云也已经种下。这一切都将止于何处呢？征服极地的传奇故事作为幕间占据了舞台和报纸的标题。2月13日，在中央委员会全体会议召开前夕，奥托·施密特被召入克里姆林宫内斯大林的居所。同样到场赴约的还有政府首脑莫洛托夫、国防人民委员伏罗希洛夫以及内务人民委员会的负责人尼古拉·叶若夫。根据记录，在场的还有另一位重量级人物：格鲁吉亚人谢尔盖·奥尔忠尼启则，他是斯大林亲近的心腹，负责重工业部门。然而，这是奥尔忠尼启则最后一次露面，他于数日后自杀：这位斯大林的同乡相信自己将会同布哈林同志一道成为下一批罪犯，他更情愿通过这种方式求得解脱。

奥托·施密特此行携带着一份可能令斯大林动心的计划和一位可以托付其实现计划的人。这是一项宏大的计划：驾机直接在北极点降落，它不仅是航空史上的一大成就，甚至也可能是人类可证实的首度登临地球的绝对"顶峰"，因为弗雷德里克·库克和罗伯特·皮尔里这两个美国人曾经正式声称自己分别于1908年和1909年抵达北极点，但他们的宣称从未被证实。*施密特给出了更好的提议：在当地修建一座极地科考站，它随后定然会带着其中的居住者在浮冰上漂流。这可能是第一座流动的极地科考站，可能具备以下能力：在一处完全未曾

---

* 为了夺取"首位抵达北极点的探险家"这一名号，两人间爆发了过度的斗争，以至于最终不得不诉诸美国国会对此加以裁决。但时至今日，大多数极地专家仍怀疑，他们中是否有人真的抵达了北纬90度。

被人类探索的区域开展科学研究，为当时处于计划中的跨极地航班提供宝贵的气象数据以及为苏联赢得另一项荣誉。

负责执行该任务的人站在施密特身旁，两人的对比再显眼不过了。伊万·帕帕宁是一个身材肥胖的矮小男子，留着卓别林式的短髭须，年龄四十三岁。他是年轻的苏联极地研究精英圈子内的新人。他来自南方的克里米亚地区，在塞瓦斯托波尔港一户贫困家庭中度过了童年，后来则成为一名车工。内战在该地区的战斗尤为残酷，在此期间，他于当地契卡的警察行动中声名鹊起，甚至有传言称，他亲自领导了对数千名白军士兵和军官的处决。[107] 内战结束复员后，他自愿前往偏远地区的极地科考站中工作，先后前往法兰士约瑟夫地群岛和切柳斯金角，他也是科考站中首批将自己妻子接来的成员之一。帕帕宁没有接受过任何科学教育：他远非施密特、萨穆伊洛维奇或是维泽那般的专家，之所以被任命为北极点一号计划（SP-1）的负责人，很大程度上可能是因为他在契卡的工作经历和特色鲜明的性格。

帕帕宁的风格丝毫没有施密特那种文明的魅力。他来自南方，性格外向，为人俚俗，或者按照当时的说法："亲近人民群众"，很快便因其能言善辩的本领、欢乐积极的态度、略显笨拙的笑话以及直来直去的方式声名大噪。"他是那种用脚开门的人。"其同事说道。[108] 但他也会严格遵守当局的路线。当他与苏联多家杂志进行普鲁斯特问卷的游戏时，他给出了意味深长的回答："问题：请问您所青睐的冒险家是哪一位？回答：南森。问题：请问您最看重的品质是什么？回答：恪尽职守、已诺必诚。问题：请问您心目中的理想人物是？回答：当然是列宁。"[109] 在其回忆录中，他的一个下属谈及了帕帕宁和舰队某个高级官员之间一通"典型的帕帕宁式"电话："'老兄，我需要把一艘船从阿尔汉格尔斯克运到迪克森。你能帮我一把吗？''非常乐意，伊万·德米特里耶维奇［帕帕宁］，我们自然会为您提供必要的协助。还有，请问本次运输的费用将会由哪一部门承担呢？''什么，你没搞明白吗？电话这边的人是帕帕宁！’‘明白，明白，伊万·德米特里耶维奇……’"

事实上，试图追随浮冰穿越大洋的想法并不是什么全新的事物。弗拉基米尔·维泽已经于1929年提出了这样的设想，在一份提交政府的论文中，他建议向着北极的中央地带进军，以研究这一地区的种种运动。而水文学家希尔科夫也在其回忆录中确认，在"切柳斯金号"遭遇海难后，在浮冰上度过了数周的科学家们已经就这份有些疯狂的计划展开了热烈的讨论。[110] 此后，正是因为飞行员们在营救行动中积累了于浮冰上降落的经验，这才使得计划中的尝试具备了可行性。

但这份计划依然莽撞而冒失，施密特也清楚，如果再度遭遇失败，他可能无法获得原谅。他在斯大林身边坚持要求，直至确定大获成功前，计划都应当处于保密状态。计划的执行已经于前一年的3月22日开始。四架四引擎飞机ANT-6和一架双发侦察机ANT-7离开莫斯科，飞往法兰士约瑟夫地群岛最北端的鲁道夫岛，这里最接近北极点的陆地，二者相距仅800公里。这些飞机均为图波列夫设计院出品，都加上了橙色涂装以便于确认它们在冰面上的位置。使用如此沉重的飞机（近25吨）是最新经验的产物：在表面不平整且遍布积雪的浮冰上，飞行员们更偏爱因自身重量而更加稳定且能够在短距离内完成着陆的航空器。而冰层的厚度也被证明足以承载如此重的负荷。

利用罕见的气象条件有利的窗口期，人们组织了多次侦察飞行，飞越了帕帕宁所必须落脚的浮冰。其中一名飞行员甚至在北极点正上方抛下了油箱。返程后，面对讯问，他笑着回应道，此举是为了润滑地球的转动轴。直至5月21日，一支由沃多皮亚诺夫率领的团队飞越了北极点，以试图在那里降落。但是，在所有经线交汇的纬度最高之处，飞行员没有找到任何一块能够允许25吨重的飞机冒险着陆的浮冰块。在低沉的云块下，人们难以辨识出浮冰的表面。白色覆盖了一切，哪里是天空、哪里是冰面呢？几处黑色的点状水面与冰层裂隙降低了任务的难度。地面起伏不平，遍布着冰脊，它们的高度难以确定，且通常覆盖有厚度同样成谜的积雪。而在四引擎飞机的滑雪板下，又是怎样的冰块呢？必须找到一块足够致密且坚固的浮冰，以使科考站人员的天然冰筏不会在漂流过程中过快解体。在距离北极点数十公里的地方，沃多皮亚诺夫认为自己已经找到了一块足够平整、能够着陆的冰面，这位王牌极地飞行员将将掠过冰脊。"滑雪板触及了冰面，我们飞机的机身大幅倾向一边，越过不平整的地面，快速向前滑行。飞机的后方是降落伞的伞衣，这是沃多皮亚诺夫的主意。我们做到了，飞机停下来了！"[111]飞机着陆点的位置是北纬89°26′，东经78°，时间是上午十一时三十五分。机组成员跃上冰面。领航员伊万·斯匹林表示："在直觉的催动下，我们中每一位都开始用脚敲击冰冻的土地，仿佛是为了确保脚下的土地足够坚固。我环顾四周，一幅宏大而壮丽的图景在我面前展开！这里便是北极点！三四米厚的大块浮冰互相重叠。有人说，一名不可见的泰坦曾于偶然间以强有力的大手分开了这些冰块。一切都如此令人惊奇，宛如仙境，以至于难以相信这混乱却高妙的场面不过是冰层在压力和漂流下得到的产物。"[112]

"北极点，5月22日。"随着负责全部指挥行动的奥托·施密特的嗓音，塔斯社发出了对外播送："我们已经在苏联位于北极点的一处科考站度过了一整天。两根无线电天线高高指向天空。气象站已经就绪，一部固定于三脚架上的经纬仪令人们得以观测太阳的高度、确定当前位置以及因漂流所导致的位置变化。气温相对较高，达到了零下12摄氏度。太阳发出了炫目的光芒，带着轻微的风雪。"接着，施密特补充道："团队中的多名成员曾是'切柳斯金号'的乘员，他们在不知不觉中忆起了在浮冰上度过的昔日时光。正是在今天，我们为'切柳斯金号'的海难完成了对自然力量的复仇。"[113]

人们收获了证据：苏联能够征服自然，驯服其最为桀骜的表现形式。此刻，被留在冰面上的四人担负起了在此坚守尽可能长的时间，并利用其区位以在最近距离上研究这片未经开发且尚属未知之地的自然环境。在陪伴帕帕宁的三人中，有两个是曾经参与"切柳斯金号"探险的老手。熟练掌握无线电技能的埃尔恩斯特·克连克利早在1932年便曾经参加"西比里亚科夫号"的远征，本次，他再度被交予同大陆以及莫斯科方面保持联系的重任。水文学家和海洋生物学家彼得·希尔科夫同样也在海难之后重新参加工作。毫无疑问，此二人是施密特麾下经验最为丰富的同仁，但他们对北方航线总指挥部那位留着大胡子的领导人的忠诚也是其获得任命的重要因素。为了恢复小团队内部影响力的平衡，帕帕宁挑选了"浮冰火枪手"的最后一个人选：年轻且才华横溢的地球物理学家叶夫根尼·费奥多洛夫，他曾经和帕帕宁一起于法兰士约瑟夫地群岛和切柳斯金角越冬。一名组织者、一名无线电专家、两名科学家，这便是苏联准备打造为新英雄的团队。或者，按照北方航线总指挥部政治部门的分类和任务分配关键词：25％的党员（伊万·帕帕宁），25％的预备党员（埃尔恩斯特·克连克利），25％的共青团成员（叶夫根尼·费奥多尔），25％的无党派人士（彼得·希尔科夫）。[114] 在政治委员眼中，这是社会的某种理想样本。然而，在党小组会议中，埃尔恩斯特·克连克利被要求出去走走，但随后还是他负责通过无线电将会议结果转达至莫斯科方面。[115]

从第一天起，帕帕宁的团队便投身于对周围环境的探索与发现之中。一切有助于理解北极地区这一"气象工厂"的因素都成为研究对象。温度、气压和不同深度的洋流的变化、冰层的性质与厚度、海水的化学成分与温度、地磁场的强度、海底的起伏，更不用说当地的动植物状况。人们测量这些数据，并加以分析和整理，编纂成目录。在活动的最初几个月中，得益于永不日落的极昼，人们采取了十七小时工作制，日复一日、时接一时地进行着上述工作。例如，电报员埃尔恩斯特·克连克利必须7/24小时在岗，以确保每六小时一次的通讯联系。"北极点一号"极地科考站的直接目标之一便是自投入使用之日起，提供有关北极中央地带尽可能全面的气象数据，几位苏联飞行员准备于1937年夏季冒险飞跃该地区。科考站成员收集到丰富的数据，这也是以先锋身份工作于地球上最后一块未知之地的科学家们所应得的成绩。人们收获了巨大的惊喜。抵达后第一日，希尔科夫便安装了深海测深仪，这是一根伸入海中的钢索，其上每隔250米便固定有一支温度计。作业过程是痛苦的，尤其是当需要用手将数百米长的钢索提出水面时。在设备下潜深度达到1000米后，急于获得成果的希尔科夫下令提起钢索。他获得的结果大出意料："倒霉！"他写道，"温度计的读数说明了一切！"在冰水中250米深度处提出的温度计读数为0.62摄氏度。这不可能，希尔科夫想到。他明白，北冰洋地区的平均水温在零下1.5摄氏度至零下2摄氏度之间。但来自500米水深处的第二支温度计读数为0.48摄氏度，甚至连来自750米水深处的第三支温度计读数也在0摄氏度之上。直至冰下1000米深处，水温方才降至零下0.17摄氏度，这还是一个偏高的数值。[116]北极点下方的水是温热的！自深海测深仪的曲柄开始转动起，科考队刚刚发现了北冰洋中央的海水受到暖流的影响。而随后的实验则会对此加以更为精准的描述：人们观察到，一股来自大西洋的洋流流动于水深250米至750米处，而水深400米处的水温最高，为0.77摄氏度。

第一批的科考成果相继涌现。观察到海底与洋面之间的距离超过了4500米，帕帕宁的团队事实上能够断定，某些专家想象中于北冰洋中央露出水面的未知大陆并不存在。另一个例子：尽管当时的科学界将北极点描绘成一片生命的禁区，但"北极点一号"科考站的成员们在水下1000米处发现了大量的浮游生物，而相当数量的鱼类也于冰层之下往来游动。

他们的四人生活单调、艰苦、令人难以忍受。人们挤在一顶仅仅

2米宽、3.7米长、2米高的帐篷之中，使用的编织材料被抹上了塑料涂层，同时加上了黑色丝绸的衬里，底部则是盖满了防水织物与毛皮的铝制骨架。帐篷的顶部绣有"苏联，北方航路总指挥部的漂流科考站"字样。[117]帐篷的两边各有两张铺位，中间将它们隔开的则是一张桌子和一把使用煤油作为燃料的生铁炉。食品供给的配额是每人每天一公斤罐头。帕帕宁将几箱鱼肉、猪肉、冻牛肉秘密搬运上船，他曾经相信这会为他的伙伴们保留一些惊喜。但阳光令这些食物迅速腐败变质，这些美味的肉块最终落入了他们的吉祥物与警卫犬卫宵立（这个名字的本意为"愉快的"）的食盆中。这条狗的任务是在北极熊闯入营地（这种情况一直有可能发生）时发出警报。在休息期间，人们打牌、下棋、听留声机或是阅读普希金的作品。

在浮冰上的不同观测岗位中，帕帕宁团队的四名成员不分昼夜轮流值班。他们中有一人（通常是帕帕宁本人）一直监视着浮冰。事实上，无论何时，一条突然出现的裂隙都可能令他们损失机器、破坏他们的工作或是将他们抛入大洋的深渊（这是最糟糕的情况）。在科学方面没有任何特别才干的帕帕宁拿出加倍的精力以为其同事提供协助，什么都干。"我曾是北极的第一个走私犯、第一个理发师、第一个焊接工、第一个厨师。"他在自己的回忆录中写道，"随后，我便永无止境地承担类似的角色！我和朋友们一道，凿穿了3米厚的冰层，也曾经一同转动曲柄长达数小时。"[118]正如我们在那些自娱自乐的作品中所能读到的一般，在浮冰上的共同生活有时会有所龃龉。帕帕宁这家伙喜欢提醒他人自己的领导地位，并表现得极其遵守命令与秩序，他有时难以忍受其同事的捉弄。*

---

　　* 拉尔科夫曾经引述了一则逸闻作为这方面的例子：克连克利厌倦了站长闲暇时总是拆装左轮手枪的癖好，有一天他主动去偷了几个零件。当帕帕宁发现自己的枪无法使用时，他是如此震惊，以至于电报员不得不承认自己的罪行。一场手持武器的追逐在浮冰上接踵而至，探险队的另两位成员花了几个小时才让他们的领导平静下来。自然，这一片段直到很久之后才为人所知。

相当一部分日常工作安排被以四人为主角的公众宣传活动占据。它类似于"切柳斯金号"远征时所进行的宣传活动，但本次，四名先驱者享有完美的计划，他们日常生活中的一举一动都能引来苏联媒体连篇累牍的报道，受到大众舆论的广泛关注。他们写着个人的日记，并在来自"大地"（即极地科考队员行话中的大陆）的数千封热情洋溢的信件中挑选几份回复。公众反复要求有关他们的信息，据伊万·帕帕宁统计，共有超过2000篇文章以本次探险作为主题！[119] 令这位科考站站长感到尤为自豪的是分别发表于《人道报》和《纽约时报》的两篇文章，其中后者认为，本次科考行动的成功，"标志着苏联在征服北极的系统进程中迈出了新的一步"。[120]

苏联人民熟知警卫犬卫宵立的脾气，同情困扰科考队员的风湿病与失眠症，分享着队员们的喜悦。"8月9日，凌晨四点三十分，埃尔恩斯特·克连克利叫醒彼得罗维奇·希尔科夫并向他表达了祝贺。昨日，希尔科夫的妻子诞下了一名女婴。"[121] 随后，雪片般的电报涌向这位新晋的父亲。苏联人民也一同承担着科考队员们遭遇的担忧和痛苦：8月13日，当飞行员列瓦涅夫斯基尝试再创跨极地飞行新纪录时，四人不顾一切地搜索着天空，等待着一条无线电讯息。一切都徒劳无功。他们和全苏联一样，在广播设备前守了数日，持续关注着找到失踪者或其原型机残骸的努力。飞机和机组人员再也没能重新出现在人们的视野中。在苏联的北极传奇之中，这是第一起引发回响的失败，它令全社会陷入了普遍的悲伤之中，自愿留在北冰洋上的四人也不例外，并因而重新想起自身处境的危险。"北极点一号"科考站是苏联的一张彩色纸屑，自高纬度地区缓缓向南漂流。

尽管迷失于已知世界的边缘，这四名北冰洋上的鲁宾逊也未能幸免于1937年夏季压抑的政治气氛。他们不时被要求远程参加当局举行的大型政治或文化活动。他们必须于浮冰上收听莫斯科国立柴可夫斯基音乐学院音乐会的转播，或是从头到尾地听取对十月革命二十周年纪念仪式的播报。这一天，他们穿上了自己最好的服装。在冒险之旅开始三周后的6月11日，他们通过广播获悉了图哈切夫斯基元帅及国防人民委员会多位高级官员被捕的消息。这令他们难以置信。但阴影在扩散。冰上人民委员会尚不知道，很快便轮到自己遭受同样的命运了。[122]

然而，这块载有四人的浮冰正在漂往哪里，又将止于何地？这个问题关系到他们的生命安危，没有人能够给出答案。由于完全不掌握北冰洋中部地区洋流的情况，所有的推断都是偶然而侥幸的。甚至连专家们的计算结果都互相矛盾。国家气象部门预计，科考站将会漂向加拿大境内的群岛。这会是一种额外幸运的结果，因为那里的洋流速度缓慢，且冰块能够长期存在，因而苏联人将会有时间制定计划，以飞机接回他们的冰上居民。在北方航线总指挥部的领导层中，维泽和施密特则另有看法：他们倾向于认为，科考站所在浮冰会缓慢南下，漂向格陵兰岛，继而前往北大西洋海域。需要为此而担忧吗？没必要，在探险活动的最初，奥托·施密特就给出了如此的公开回应。"我们预计漂移的速度将会足够慢，从而令我们得以用一年的时间完成工作。在一年之中，我们应当能够重新找到这块浮冰，诚然，它定会显出些许老态，但还会处于北冰洋同一块海域中，只不过稍稍向南位移了一些。"[123]

情况的发展并不符合预期。漂流的速度不断加快。6月，浮冰每日行进2.5公里，8月时，这一数值达到了4.5公里。到了11月，浮冰每日漂流的平均距离达到了7.5公里。自10月5日以来，科考站在极夜永恒的昏昧中滑行，气温骤降：零下20摄氏度、零下30摄氏度，而搭载着黑色帐篷的浮冰笔直向着南方海水更为温暖的海域而去。紧张情绪攫住了莫斯科方面。一切都发生得太快了。漂流的距离已经达到了220公里，超过了所有的计算值，科考站正在向格陵兰岛靠拢。如果科考站所在的浮冰撞上海岸解体，便意味着帕帕宁及其团队成员的生命终结。科考活动的领导人自身也承认，在春季用飞机接回科考站成员的目标似乎难以实现。浮冰没法支持到那个时候。人们曾经认为，浮冰将于次年5月抵达北纬82°线，但早在11月时它便已经越过了这里，且其移动速度不断加快。1月初，"北极点一号"科考站的成员们以每日18公里的速度向南漂流，来到了格陵兰岛以东海域，比预计的位置更加靠南1000公里。"两天内移动了40公里？"莫斯科方面在致科考队员的一封电报中表达了其震惊之情，"我们难以相信。"[124]人们听见了低沉有力的噼啪声，冰面上出现了越来越多的裂隙，冰层的一些部分也逐步崩落。"我不得不说，我并未料到，海冰的压力会产生如此这般的声响。"帕帕宁在其1月21日的日记中坦承道，"我们已经开始准备雪橇，以备在情况必要时转移至另一处冰面上。彼得罗维奇[希尔科夫]已经回来了，他告诉我们，一条大的裂缝已经将我们同帐篷与仪器隔开了。他已经决定放下一只小船，前去取回它们。卫宵立吠了几声。当小船回来时，其中并未载有绞盘和锁链，彼得罗维奇已经被迫丢弃了它们。"[125]然而，科考站成员们的冷静令人印象深刻："彼得罗维奇和埃尔恩斯特[克连克利]在下国际象棋。没有人表露出惊慌不安的情绪。或者，至少没有人希望令其他人感到担忧。"[126]相反，在北方航线总指挥部的总部内，警报已经拉响。人们已经认不出施密特了。"在这一时期，我在北方航线总指挥部的一处走廊上撞见了他。他将我拉到一边，带着一贯的温和与冷静小声对我说：'我刚刚收到了一封电报。浮冰已经碎成了多个小块。'这时，我第一次在他眼中看见了强烈的恐惧。"正如"切柳斯金号"海难时一样，他决定投入一切努力，与时间赛跑。立正！施密特亲自搭乘"叶尔马克号"破冰船，率领"摩尔曼号"与"泰梅尔号"两艘蒸汽船、一艘扫雷艇和三艘潜艇驶离了锚地，强令舰队航向融化的浮冰。[127]从各种意义上讲，这支舰队驶向了大西洋。最后，一艘飞艇自俄国地区北部紧急升空，几乎立刻便坠毁于白海附近，13名机组乘员全部丧生，此事被列为最高机密。救援行动投入了1938年年初所能动用的一切手段。北冰洋舰队的其余舰只（我们会在后文中谈及它们）被海冰封住，动弹不得。而如同应对"切柳斯金号"海难时那般将飞机作为唯一营救方式也是不可想象的，科考站人员于发出的电报中表示："在天际线上，我们看不到任何一块可供飞机降落的区域。""科考站附近的冰层仍在碎裂，其边缘已经距我们不超过70米。已经出现多处宽度达5米的裂隙，浮冰之间不断互相碰撞。"[128]

　　为了争夺搭载四位北冰洋英雄的荣誉，"摩尔曼号"与"泰梅尔号"在浮冰内裂开的水道间展开了敏捷与速度的竞赛。终于，1938年2月19日，它们与科考站之间的距离已经不足2公里。人们固定好"泰梅尔号"上的强力探照灯，照亮了尚且承载着黑色帐篷的浮冰，小艇被放入水中。这里是北纬70°54′，东经19°48′，这几乎是挪威北角的坐标。冰面已经缩减至30米长、50米宽。天线和桅杆已经消失不见了。水浸入了帐篷，帕帕宁用力将苏联的旗帜牢牢插入，让它能够独自继续前进，并最终消失于大洋之中。当地时间十八时，埃尔恩斯特·克连克利发出了署名为科考站的最后一封电报。"北极点一号"的冰川住客在274天的漂流中穿越了2500公里。当他们登上"摩尔曼号"的舰桥时，胖乎乎的伊万·帕帕宁轻了30公斤。他们的警卫犬卫宵立陪伴在四人身旁。最初，帕帕宁决定将它提供给一家动物园，这在公众间掀起了一波如此的抗议浪潮，以至于第一条登上北极点的狗最终被作为礼物送给了动物之友斯大林同志。

　　自然，人们计划举行一场凯旋式。帕帕宁、费奥多尔、克连克利和希尔科夫，全苏联人民都不会无视这四个名字中的任意一个。但自从这四位价值连城的先驱者被转移至"叶尔马克号"（他们的领导施密特在这里等待着他们）后，一些不同寻常的信号为他们敲响了警钟。与之前的荣耀时刻不同，报纸的宣传并没有那么大张旗鼓，荣典委员会的规格也有所削减。尽管看见自己的同伴们平安无虞地归来令施密特一阵轻松，他本人却显得忧心忡忡。人们观察到，这位北方航线总指挥部的创建者和标志性人物在前几个月中被斯大林三度召见。即便施密特对交流的内容三缄其口，但显然不是对他大加赞赏。此外，他的名字也没有出现在当局在四人归来时发布的荣誉名单中。四位极点归来者各收获了一个苏联英雄的头衔，但作为组织者的施密特却没有收到一句赞词。在他们冰上生活的最后一段时间中，帕帕宁和他的同伴们经常收到来自其原单位的令人担忧的消息：单位中发现了新的叛徒、破坏分子、间谍和反革命分子，相继有人被捕，而从官方年鉴中消失的名字也并非籍籍无名之辈。

不过帕帕宁四人组还是享受了荣耀的护送队伍。原先，"叶尔马克号"凯旋列宁格勒码头的日期被定在3月13日，但是这艘破冰船突然被扣留于其目的地附近的塔林两日。官方的说法是为了填满煤仓，但正如俄罗斯历史学家们所揭示的那样，事实上这很可能源自克里姆林宫的决定，英雄的抵达以及围绕他们的归来所举行的庆典被准确地安排在最后一次重大审判（即对布哈林及其"同伙"的诉讼）结束后进行。在当局的预期中，被告们都声名显赫，判处他们死刑定然会引发极大的冲击，而北冰洋上凯旋庆典的喧闹声可能有利于中和这样的情绪。帕帕宁及其同伴的传奇故事自发布之后便分散了舆论的注意力。最终，这场极尽殊荣的凯旋仪式还可能发挥其作用。不幸的是，这套精心安排的部署混入了一颗沙砾：原司法人民委员会副人民委员克列斯廷斯基突然推翻了他从前所给出的一切供词，迫使审理他的法官短暂休庭。这场轰动一时的审判和死刑判决于3月13日被公之于众，今天，研究苏联极地史的专家们提出，正是为了避免两种迥异的情绪之间发生不走运的冲撞，帕帕宁和他的同事们被要求等待两天。[129] 因此，就在行刑队开枪数小时之后，"叶尔马克号"于驻港船只的汽笛声、码头上人群的呼喊声和烟火的爆炸声中在1938年3月15日进入列宁格勒码头。对于奥托·施密特及其管理下的机构而言，这是最后一次庆祝的机会。

斯大林于首都检阅了队伍，并在红场举办了一场新的宣传活动。十天后，他表露了自己对那个北极方面超级部委命运的真实想法。在一份题为《关于北方航线总指挥部 1937 年所做工作》的法令中，斯大林认为所取得的成果"不能令人满意"。他们所列举的原因不仅包括"缺乏组织、自鸣得意、骄傲自满"，更令人忧虑的是，其中还包括"机构内部形成了有利于开展反苏破坏活动的空间"。[130] 在 1938 年，这样的措辞宛如葬礼演说的前奏。罪名已经定下，很快，它的致命性就会得到证实。

事实上，早在数月之前，冰上人民委员会便已经遭遇了严重的烦扰。1937 年秋季，北方航线总指挥部也没能逃过大清洗。当帕帕宁和他的同伴们还在浮冰上随波漂流时，他们便已经满腹狐疑地获悉，各处都揪出了"叛徒和坏人"，其所在单位内部也是如此。第一批也是最出人意料的被捕人员之一是谢尔盖·别尔加维诺夫这位坐在奥托·施密特右手边的政治委员。他于 1937 年 10 月落马。矛盾的是，谢尔盖·别尔加维诺夫正是自身狂热的牺牲品：对怠工者和破坏分子的追捕运动席卷全国，别尔加维诺夫被运动的范围和程度吓破了胆，向内务人民委员会上交了数千份检举信息，它们来自其在北方航线总指挥部内部所领导的部门。其中主要都是些琐事，包括酗酒、浪费、贪腐以及对这个过分集权的庞大机构中无数运转不良情况的抱怨，还有大量带有政治色彩的匿名告发。基于这些雪崩般沉重的告发，内务人民委员会推断，这个北极机构已经沦为自身活动的受害者。谢尔盖·别尔加维诺夫本人也遭受了讯问，他供出了为数众多的名字。被捕一个半月之后，他死于卢比扬卡的监狱中，死因很可能是自杀。[131]

自那时起，名单就在不断加长。所有地区分支的负责人均被逮捕，随后则是众多负责管理航道的公务员和专家。[132] 自"切柳斯金号"乘员被塑造为英雄以来，计有300人被授予各类勋章，其中有24人遭到解职，另有11人被逮捕，最后还有7人被处决。[133]

仅在帕帕宁及其同事漂流冰上的最后几个月中，北方航线总指挥部115名员工、30名合作科学家与40名极地勘探部门成员被带上了特别法庭。他们中的许多人于不久后被判处枪决，其中不乏大名鼎鼎的人物。[134]

当局对冰上人民委员会作何指责呢？未能实现该强力机构于五年半前成立时提出的过高的目标。当苏联急需金钱时，这一机构花销了太多的资金。他们造成了太多的事故，提出了太多的抱怨，努力太过分散，且这一切换来的不过是极其令人失望的投资回报率。诚然，在整个北极地区已经建成并投入使用了十多座极地科考站。诚然，多处矿井已经得到开发，该部门也建立了众多的功勋。[135]但是，预期的经济大发展在哪里呢？计划的目标并未完成。机构以之为名的北方航线又在哪里呢？在克里姆林宫看来，北方航线总指挥部这一王国的管理实在是灾难性的。救出最近一支北极点科考队的成功完全无法弥补这些过失。

最严重的很可能是当时发生于北方航线航道上的事情。事实上，1937年与1938年间的冬季，苏联的北冰洋舰队遭遇了一场灾难。[136]当流动极地科考站的计划占据了施密特全部思绪的时候，当他往返于莫斯科与列宁格勒之间以向上级提交无数报告的时候，用以保障北冰洋航线和极北地区港口交通的后勤组织系统表明自身不具备配合既定行动的能力。在两年内，北方航线畅通无阻地运作着，并未出现施密特曾经担心的情况。但当天气骤变，事实残酷地令人们感受到领导人缺乏冒险做出艰难决断的能力是怎样的问题。组织缺乏破冰船，而雪上加霜的是，极为严酷的冬天带来了不同寻常的低温，令形势骤然进一步恶化。因"北极点一号"计划而动员起的极地航空力量无法提供有关海冰状况的常用侦察情报。众多的船只带着所载货物与船员被困于浮冰的陷阱之中。1937年末，共有不少于26艘船陷入了海冰的围困之中，其中8艘为破冰船，成为自然的囚房。轮到自然试图施加报复了吗？"大地"（大陆）上一阵恐慌。"切柳斯金号"的事故又上演了26遍！一些船只成功靠岸，以度过迫不得已的冬季。而诸如"谢多夫号"、"萨德考号"和"马利金号"等船只则距离最近港口仍有1000多公里的航程，并在浮冰的裹挟下漂向尚未被探索的纬度。[137]

发出的电报语气专横，要求各船船长采取一切手段冲出重围，但它们全都未能发挥任何作用。相反，惊恐下的慌乱和互相矛盾的上级指令（主要是下给破冰船的）最终导致了灾难。几乎只有沃罗宁（这位老熟人时任"叶尔马克号"破冰船船长）能够拒不屈从大陆方面所下达的疯狂命令。他是唯一一位在历经千难万险后成功率领自己的破冰船突出浮冰重重围困的船长。[138]正如我们在上文所见，这一点至少让他得以及时前去收容"北极点一号"科考站的生还者。

也没有任何人向克里姆林宫解释发生了什么。施密特在全国范围内往复奔波，由于肺炎的后遗症，他的身体已经大不如前，不久前又遭丧偶之痛。北方航线总指挥部的其他领导人员或是被羁押于内务人民委员会的监狱之中，或是正在努力稳住尚在岗位的干部以试图保持机构的运作。在一段时间内，航线已经不复存在，甚至连北方舰队也已经归于乌有。北方航线总指挥部最为敏感的一点，即该机构的存在理由遭到了攻击。糟糕的运气、缺乏远见、组织混乱和能力不足共同导致了这样的局面，令这个庞大的部委陷入困顿。而超负荷运转同样也是问题的根源之一，因为机构现有的业务已经超出了其处理能力的上限，与此同时发动诸如帕帕宁科考站这样重大的探险科考活动显然是组织力所不能及的。在冰上人民委员会最脆弱的时刻，北方航线总指挥部遭受了灾难性事故的打击。"在其他任何国家，"一名曾经亲历了领袖怒火的当事人在其回忆录中写道，"如此这般的混乱、马虎大意以及令所有船只动弹不得的局面都可能把他们送上法庭。"[139]

进一步探求他们遭到控告的原因是徒劳无益的。北方航线总指挥部的组织架构图中，相当成员的姓名发音带着非俄罗斯的印记，尤其是源自德意志和犹太的元素。其机构内不乏与外国有着一贯可疑联系的科学家。机构内同样不乏年轻的斯大林支持者，即"晋升者"，这些等待接班的干部们急于打倒他们的前辈并证明他们新的信仰和对当局的绝对忠诚。匿名或具名的告发如雨而下。每一处错误、每一次遗忘都有可能导致当事人被指控为"怠工者"。罪人数目庞大，只需指认谁有罪即可。

　　在北极地区的运动达到巅峰的同时，被浮冰长期围困的货船与破冰船的船员们也在试图组织自救。发现自己长期迷航于冰海之上，或是无时无刻不在担心自家门铃被摁响，很难比较出两者之间哪个才是更好的情形。在"斯大林同志号"的船员们忙于填补船壳上的漏水点。"工人号"如同坚果的果壳一般，被紧紧包围它的冰墙压碎，随后沉入海中。其乘客们利用人力和两架雪橇将遇难船只所载200吨物资转移至25公里外因被困而动弹不得的"列宁号"上。但正是在日后被称为"三船营地"（即由"谢多夫号"、"萨德考号"和"马利金号"所围成的三角形地带。三艘船只均已经动弹不得，彼此之间相距不过数百米）之内，形势最为微妙。船上并未为紧急越冬准备任何物资。物资和给养均有所不足。在有取暖措施的房间内，气温徘徊于零下3摄氏度至零上7摄氏度之间。而三艘船只一直在向北漂流。它们的船长决定服从当时正在"萨德考号"执行科研任务的鲁道夫·萨穆伊洛维奇的指挥。萨穆伊洛维奇不仅是北极研究院负责人，也是北极研究和北极探险领域的资深人士，还是施密特的副手。鲁道夫违心地接受了这一请求，并不十分清楚此类行为关系着怎样的风险。人们重新安排了船上的乘客，设置通道连通三艘搁浅的船只，并如"切柳斯金号"海难时一般组织娱乐活动。最后，萨穆伊洛维奇并非全无用处的科学家，借助这次未探索区域内的非自愿远行，人们将一种处于秘密研究状态下的电池投入使用。他的同事米哈伊尔·叶尔莫拉耶夫与他一同经历了本次冒险："在极端严酷地冬季环境中，鲁道夫·拉扎列维奇［萨穆伊洛维奇］证明自己无论在组织住宿、取暖、食品供应等日常生活方面，还是在科学方面，都是一位出色的领导人：他创立了'高等流动学院'，招收了25名学生，他们在'马利金号'和'谢多夫号'上进行了水文学方面的实习。"[140]

4月，萨穆伊洛维奇组织"三船营地"217名成员中的183人自船只甲板两侧的通道搭乘飞机撤离。仅有最低限度的船员留在船上，以一旦脱困便可将船只驶回。*当飞行员自飞机中走出以拥抱他们遭遇海难的同事时，对比是引人注目的。脱险者之一回忆道："飞行员们看到，自己对面的人群处于极度的匮乏之中，皮上衣破破烂烂，以细绳充作腰带，一只手带着分指手套，另一只手带着连指手套，俨然画中于劳动惩戒营内服刑的囚犯。这时，他们感到一阵强烈的恐怖。飞行员们仿佛来自火星。他们衣着华丽，身着皮制上衣和黄色的裤子，脚蹬由驯鹿皮缝制、衬有松鼠皮毛的靴子！我们盯着他们，他们也盯着我们。"[141]

获救了。真的吗？救援人员很快便令获救者认清了现实。"在'大地'［大陆］上发生的事情很糟糕。"飞行员们讲述道，"无论责任大小，所有领导人员都成为有害分子，遭到逮捕。"这绝不是凯旋的气氛。当他们撤离至提克西机场时，既没有鲜花，也没有前来迎接的官员。餐厅为他们搭起餐桌，生还者们用完餐后便离开了。人们看见身着制服或皮上衣的人正沿着棚子忙碌，一个接着一个高声呼喊着生

---

*"萨德考号"和"马利金号"于1938年8月被一艘破冰船救出，而船舵损坏的"谢多夫号"则不得不等到1940年方才重新回到未被冰封的水域并返回锚地。继南森的"弗拉姆号"之后，这是史上第二次横渡北冰洋的大漂流，而得益于在此期间于船上展开的科学实验，"谢多夫号"声名大振。

还者的名字。他们中的一些人收到了逮捕令，而当生还者们还在浮冰中央的船只上为生存而忙碌劳作时，他们并未收到有关于此的警告。一些人在抵达车站时被内务人民委员会的警探带走，另一些人则发现蓝帽子等在自己的家门口。

1938年5月，《真理报》和《消息报》刊登了获救者家属致斯大林的动人感谢信。其中写道："正如一直以来的那样，亲爱的约瑟夫·斯大林同志，正是您想到了我们的丈夫和儿子，正是您为他们的妻子和孩子付出了这么多。我们永远亏欠您，并会终其一生地感激您。"[142] 签名：萨穆伊洛维奇夫人、叶尔莫拉耶夫夫人、叶夫根诺夫夫人、奥尔洛夫斯基夫人以及其他人。这是这些名字的最后一次出现，随后，他们便被从苏联的历史与科学界中抹去。

数日之后，官方公告在北方航线总指挥部内部掀起了轩然大波。形式上，奥托·施密特仍保持原有职位，但流动科考站的四人组掌握了实权。伊万·帕帕宁被任命为施密特的副手，无线电报务员埃尔恩斯特·克连克利成为科考站部门的负责人，费奥多洛夫也获得了晋升。最后，彼得·希尔科夫顶替萨穆伊洛维奇，成为北极研究院的领导人。除施密特外，所有昔日的领导人都消失不见了，他的臂膀、研究院的负责人、第一时间入党的布尔什维克、为科学和他的祖国做出如此贡献的萨穆伊洛维奇甚至已经不再被人提及，而施密特，所有人都明白，他不过是一个时日无多的人物罢了。

7月6日夜间，米哈伊尔·叶尔莫拉耶夫于家中被捕。两周后，正在高加索地区一家疗养院治疗病痛的鲁道夫·萨穆伊洛维奇遭到了同样的命运，他的妻子徒劳地试图预先通知他。两人被带入内务人民委员会的监狱中，受到了可怕的折磨。北极研究院的前领导人为自己两年前在全体大会上所做的自我批评的每一个词以及其同事施密特当时对他的每一项公开指责付出了血的代价。据萨穆伊洛维奇的妻子所言，在此期间，奥托·施密特对这一背叛内疚不已，跪下乞求其丈夫的原谅。[143] 萨穆伊洛维奇是一个完美的靶子：他昔日与不久前被枪决的布哈林的友谊甚至也能被视为其所犯下的重罪。从此，这位伟大的地质学家不过是为法国和德国效命的间谍，一名有害分子，一场反革命阴谋的参与者。1939年3月4日，他被依据刑法第五十八条判决有罪，并被立即武装转移至莫斯科的顿斯科伊隐修院关押。[144] 至于他年轻的同事兼朋友米哈伊尔·叶尔莫拉耶夫因被控参与诺里尔斯克的发现者尼古拉·乌尔凡采夫的阴谋而被判有罪。两人先是被分别判处十二年与十五年劳役，随后在1940年重新审理后改判每人前往古拉格服刑八年。1942年，被囚禁于极北地区的叶尔莫拉耶夫在一名内务人民委员会官员的陪同下被带上驶往莫斯科的火车，人们要求他在一次国际铁路研讨会上就"在永久冻土中铺设铁轨的特殊性"发言。他奉命而行，穿上了因本次活动特别为他量体裁剪的常规服装，接着在这场短暂的插曲结束后重新换回惩戒营的囚服。[145] 随后，叶尔莫拉耶夫被指定于极北地区居住，直至20世纪50年代方才重新回到科研岗位。在他们曾经工作过的地方，警方的搜捕范围扩大至整个北方航线总指挥部，那里两人几乎所有的合作者以及海洋学领域的全体雇员都被解除了职务，其中绝大多数人遭到逮捕。清洗的范围还不止于此，整个地质学部门被怀疑涉嫌集体怠工，遭到了特别的针对。根据当时进行的一项不完全统计，共有970名地质学家被怀疑有罪，其中197人被处决，83人在监狱和劳动惩戒营中去世。[146]

帕帕宁团队成员接过了北方航线总指挥部的大权，他们往往还会采取行动加速自己前任的倒台，但四人的命运也好不到哪里去。伊万·帕帕宁在第二次世界大战期间负责协调苏联于北冰洋的海上行动，于1946年被褫夺一切头衔。战后，费奥多洛夫因"政治上缺乏远见"于数年内失去了一切职务：他接待了美国的气象学家同行，与他们一同在火堆边沐浴并过夜。埃尔恩斯特·克连克利因"服务于德国的间谍行动"而担惊受怕了一段时间，不过他逃过了后续的一切。至于彼得·希尔科夫，他和多位高级官员有着相近的命运。他是战时最高权力机构国防委员会的成员，随后转任舰队负责人，并最终成为自己亲手创立的海洋学研究院的领导。1946 年，正在仕途巅峰的他获悉自己的妻子，一位著名的电影演员在其别墅中遭到内务部部长贝利亚麾下警探的逮捕。被叫到组织所在地后，希尔科夫得知她被认为是"英国间谍"和"投机商人"，他再也见不到她了，且被要求揭发她的罪行并宣布同她断绝关系。随后，在一场不公开的私人会见中，贝利亚令这位资历深厚的极地工作者相信其在职业方面依然受到大家的尊重，但警告他，如果他再次询问其妻子的消息，自己会毫不犹豫地将他就地击毙。希尔科夫还托请科考队的老同志帕帕宁私下里向斯大林说情，但毫无结果。[147]希尔科夫未能得到关于其妻子的丁点消息，他四处找寻妻子的踪迹，反复请求恩赦。他继续担任高级官员和北极地区的交通专家，或许，他的妻子正在该地区某处劳动惩戒营内默默煎熬。*

而奥托·施密特呢？在内务人民委员会的审讯官们看来，一切条件都对他不利。祖先来自德意志地区，革命前是个孟什维克，与诸如导演弗谢沃洛德·梅耶荷德和作家伊萨克·巴别尔等被清洗的知识分子建立过友谊，得到了全世界科学院的赞扬与勋章，在路过美国时收到了大量的欢呼，作为机构的一把手，其所负责的单位遭遇了引发轰动的失败，战略方针的错误因而尽人皆知，并被公开指责为怠工分子的窝点：这实在是一份劣迹斑斑的简历。

但这就是这个时代的规则：充满随意性，一切不可预见。文献资料显示，从那时起，内务人民委员会的审讯人员提交了大量不利于

---

* 1947 年，在一位同事的居中介绍下，希尔科夫重新找到了叶夫根尼娅的踪迹。她被羁押于科雷马河流域的一处惩戒营内，并在不久后与世长辞。参见 Bourlakov, *Papaninskaïa Tchetverka, Vzlioty i Padenia*, Moscou, Paulsen, 2007, p. 207。

施密特的文件。对他的追猎持续了数年，其身边的政治委员们纷纷被捕也是这项行动的一部分。比如，在囚犯们的供词中，人们可以看到诸如承认"为德国充当间谍并与施密特展开合作"、担保曾经"和他[施密特]一同在北方航线总指挥部与北极研究院中招募反革命干部，这一群体也形成了一处积极分子的窝点"。萨穆伊洛维奇的讯问笔录表明，他同样被不断鼓励将自己的同僚一道拖下地狱。

但奥托·施密特躲开了最糟糕的命运。直至今日，仍没有任何一位历史学家能够解释为何这位留着大胡子、凯旋队伍走过红场时常常站在斯大林身边的身材高大之人得到了赦免。施密特太受民众欢迎了吗？人们是否犹豫于要不要杀死这位首要形象为心胸宽广的探险家的英雄呢？又或是还有其他更加秘密的动机呢？施密特对冰上人民委员会抱有坚定的信念，并为之付出了许多，他的命运也伴随着这一机构的没落。1938年8月，在帕帕宁被任命为其副手后两个月，这位北方航线总指挥部的老领导看着自己的帝国遭到分割。除狭义上的航运管理权外，它在北极地区所有的职能与行政、经济、科学、政治权力都被剥离。"北方航线指挥部"也不过是水运人民委员会下属的一个部门罢了。它的竞争对手远东建筑托拉斯已经在全远东范围内扩张了自己的领地，并从古拉格中汲取人力资源。它从这场危机中捞取了主要的好处，成为斯大林新的头号宠儿。1939年春季，施密特辞职而去，放弃了曾经亲手创立，如今不过仰人鼻息的残骸机构。这一部委用尽精力开辟出的北方航线在它名存实亡后依然运作，并在第二次世界大战后重现辉煌，20世纪80年代以来则更进一步。但是，苏联的极地史诗带着它的荣耀光环与斑斑血迹迎来了自己的终末。宛如一位失却权柄的君主，北极的圣诞老人以特约编辑的身份回归《苏联大百科全书》。他于1956年秋季逝世，同全体苏联人民一样，在生前听到了新任领导人尼基塔·赫鲁晓夫为过去的冤假错案平反、宣布新时代到来的声音。西伯利亚注定将在其中扮演极其重要的角色。

第七部分

在石油之海上

第二十八章
别廖佐沃的神迹

　　1946年2月9日，莫斯科。莫斯科大剧院的房间内正进行着一场不寻常的会议。这座全俄最为著名的剧院被征用来举办一场性质极其特殊的选举人大会：在斯大林选区中，候选人正是斯大林本人。最高苏维埃是苏联的议会，它的选举将于次日在全国的每一个选区展开，这是战后的首场大选，而参与竞逐的候选人仅有一位。

　　全国上下都期待着他的演讲。第二次世界大战已经结束接近六个月了。在战争的最后几个月中，许多苏军士兵被派往东欧和远东地区，他们此时尚未返回。国家本身则失血严重、毫无生机：在这场大屠杀中，苏联失去了2700名居民。人们必须致力于全面或部分地重建1710座城市和7万处村庄。600万幢建筑沦为废墟，32000家公司与98000座集体农庄同样惨遭蹂躏。更不用说在东、西两个方向上新占领的土地或苏联的卫星国和盟国，它们同样也遭受了深重的劫难。现在，所有人都期盼着知晓即将发生什么。

　　在莫斯科大剧院厚重的绯红帷幕之下，斯大林首先对卫国战争爆发前在军事与工业领域的准备措施进行了辩护。他说到，倘若没有重工业的高速发展，没有上下一致的牺牲，没有强制的集体化，苏联便无法赢得战争。他合乎逻辑地导出了接下来的内容：他并没有改弦易辙的打算。他在讲话中所描述的未来规划值得被付诸实践。对于暂缓执行或重视生活质量的希冀很快便遭到了斥责。这位"国家导师"在讲台上确认道："至于说到更长一个时期的计划，那就是准备组织国民经济的强大的新高涨，使我们能够把我国工业水平提高到——譬如说——超过战前水平的三倍。我们必须使我国工业能每年产出生铁达5000万吨，[长时间的鼓掌]钢达到6000万吨，[长时间的鼓掌]煤达5亿吨，[长时间的鼓掌]石油达6000万吨，[长时间的鼓掌]只有在这样的条件下，才可以说，我们祖国已有了免除一切意外事件的保障。[热烈的鼓掌]"[1]

斯大林强调对于能源的迫切需求并非偶然。苏联渴求石油与天然气，它的需要从未得到满足。自力更生完成重建的巨大努力所带来的能源需求极大地超过了苏联现有的产能。美国计划通过马歇尔计划为西欧的复兴提供财政支持，该方案同样也将能源作为一项重点。五分之一的援助金额被欧洲人用于进口美国的石油。由此，欧洲于战后避免了冬季无法取暖的处境。但这一举措同样也遏制了矿工中工会影响的扩张，后者反复的罢工运动使新政权的统治难以稳固，这一点在法国尤为明显。显然，苏联并不在马歇尔计划的援助对象之列，但是它还需要保证其在东欧盟友的能源供应，而后者中有多个国家有意寻求美国的慷慨援助。罗马尼亚、波兰和捷克斯洛伐克三国被迫听从莫斯科的命令，作为交换，它们得到承诺，能够从苏联方面获得供应。

人们感受到美苏这对前盟友之间流露出了第一丝不信任的信号，这使得事情更加复杂。冷战不再显得那么远在天边。美国生产了超过2.4亿吨石油，这一数据比战前高了20%。此外，它还能够依靠其在中东地区新获得的盟友，其中便包括沙特阿拉伯。而在苏联方面，它在1945年时的石油产量尚且不足2000万吨，而回溯到德军发动侵略的1941年，它的石油开采量尚在3300万吨。因此，人们彻底理解了斯大林对选举人们所阐述的意图。这种产量上的不平衡代表了一种威胁，但是，上哪去寻找足以弥补它的天降大礼呢？

"石油达6000万吨［长时间的鼓掌］"。但并非所有人都在热烈鼓掌。在那些因惊诧而动弹不得的人之中，就包括了石油工业部部长尼古拉·康斯坦丁诺维奇·巴伊巴科夫。他于日后说道："当我听到6000万这个数字时，我的头发从头皮上直立了起来。在战前，我们的石油生产已经达到了3300万吨的门槛，而为了达到这一水平，我们已经付出了数十年的努力，这些都是必需的。而当时，这个在反法西斯战争中精疲力竭的国家必须迅速重建自身遭到摧毁的工业与农业，除此之外，竟然还要将石油产量从1900万吨提升至6000万吨？"[2]

巴伊巴科夫是纯粹由石油界培养出的成果。他出生于1911年，其家人原本是白俄罗斯的铁匠，后来前往巴库淘金，在诺贝尔兄弟的公司中出任机械师。巴伊巴科夫接受了石油工程师的教育，并在20世纪30年代末期成为石油工业的最高负责人。此时，这一部门同其他领域一样，受到了大清洗的影响，主要的干部为更加驯服的年轻人所取代。这位苏联石油行业的掌门人长着一副圆脸，眉毛蓬乱，深知自己在战争期间所领导的这一行业到底拥有怎样的潜能。他对于上限的了解更加清楚，但他也明白，一个由斯大林在选举前的演说中亲自订立的目标有着怎样的价值。因此，他于次日致电负责协调能源生产的副总理贝利亚，"是谁向斯大林同志提供了这样的数据？"他沮丧地问道。但对方的回复听起来同样干涩无力："这不干你的事。斯大林同志已经说了吧？你的工作是开动脑筋、采取措施，让我们搞到这6000万吨石油。"[3]

自20世纪30年代以来，斯大林便已经将这一能源作为其优先考虑的事项之一。年轻的苏联正进行着工业化，自然，它首先仰赖于开采自顿巴斯与库兹巴斯矿藏的煤炭，乌拉尔和乌克兰地区城市中林立的高炉以惊人的数量消耗着这一资源。但是斯大林对那些愿意倾听的人反复说道，未来属于石油。运输、交通以及与它们直接相关的军事实力，这是第一次世界大战给人们留下的教训之一。"现代战争将会是摩托化战争：陆地上的引擎、空中的引擎、水上与水下的引擎，"1941年1月，斯大林对军方人士说，"在这种情况下，战争的胜利将会属于拥有更多引擎数量的一方。"[4]事实也支持他的看法：由于缺乏足以支撑长期战争的适当能源，第三帝国仅能实施闪电战，其主要目的之一便在于夺占矿藏。德军未能成功夺取高加索或利比亚油田，这使德国的国力日渐枯竭，并最终滑向失败。因此，通过了前所未有的决定性考验的斯大林发动了"苏联的摩托化"。列宁曾经多次言及，一个更加电气化的苏联将会带来共产主义。而为了捍卫在他看来一直处于威胁之下的苏联，斯大林则更加相信一个利用石油的社会。

此外，对斯大林而言，"黑色黄金"也是他熟悉的领域，是他青年岁月所身处的环境。在成为职业的革命家时，他以科巴的假名在巴库组织地下抵抗运动。在20世纪初期，里海岸边的这座石油城市飞速发展。石油井架如蘑菇一般纷纷出现于油田区域。在那时，斯大林所处的巴库是世界石油开采之都。非技术工人、无地农民和冒险家大量涌入此地，希冀着在这里谋得一份工作。时人将这座黑色的城市称为石油井架之城，吸引了全世界的无产阶级，城市中，阿塞拜疆的土耳其人、亚美尼亚人、俄罗斯人、格鲁吉亚人或是犹太人均汇集于此，这样的环境为革命提供了理想的基础。直至1910年，当一场场冲天的大火、惨烈的大屠杀与血腥的镇压逐步将城市的飞速发展击得粉碎之后，巴库与圣彼得堡的大工厂一道，毫无争议地成为布尔什维克主义诞生的摇篮。约瑟夫·朱加什维利与自己的第一任妻子和孩子藏身于这座石油重镇之中，他也是此处地下组织中的关键性人物，发挥着连接点的作用。在数年之间，他组织了多起行动，为党的秘密印刷点提供资金，主持政治斗争。这片石油井架的森林包围着巴库城，黑色的石油浸润了沙质的土壤，地下的财富以及接踵而至的破产、压垮工人棚户的贫困、由石油催生的新经济，对未来的领袖而言，这一切都不陌生。石油森林塑造了他的人格，而对多位曾经从事这一行业的苏联领导人而言，他们的情况也同样如此。这一群体中包括了苏联的经济大脑、未来的外贸负责人列昂尼德·鲍里索维奇·克拉辛，未来的外交部长马克西姆·马克西莫维奇·李维诺夫，未来的商业部长阿纳斯塔斯·霍夫汉内斯·米高扬，苏联重工业发展政策的创导者格里戈里·康斯坦丁诺维奇·奥尔忠尼启则，未来将在"大清洗"中担任检察官、被称为卡莫的亚美尼亚人安德烈·亚努阿里耶维奇·维辛斯基，未来的红军总指挥伏罗希洛夫，此外还有贝利亚，他在日后成为斯大林的左膀右臂，执掌庞大的安全机关。这份名单里还应当加入谢尔盖·米罗诺维奇·基洛夫，他在革命之后负责领导巴库油田。所有这些人都被打上了石油的黑色烙印。他们也都成为斯大林的忠实支持者。他们将自己的政治生涯归功于石油，并在不久之后努力将这种资源变作发展苏联的燃料。1917年，斯大林就任民族事务人民委员，负责处理继承自俄罗斯帝国的民族与殖民地等敏感问题，同时，他还负责发布石油领域的路线。⁵基洛夫和奥尔忠尼启则被派往巴库，以确保石油的生产，对处在国际禁运之下的新生苏维埃共和国而言，这是性命攸关的。克拉辛则动身前往欧洲，试图在黑市上出售黑色黄金，以期收入外汇。这些"石油人"凭借黑色泥泞中摸爬滚打的共同经历紧密联系在一起，直到多年之后，在领导层中，人们依然将他们与那些知识分子和理论家区别开来，后一群体的代表包括布哈林、托洛茨基、季诺维耶夫和加米涅夫，更不用说列宁本人了，他们更习惯于在瑞士、伦敦、布鲁塞尔等地变幻不定的流放生涯。

在20世纪20年代末期，斯大林决定实施工业化与农业集体化的政策，而动荡也随之出现。在此期间，"石油人集团"紧密团结在领袖的周围。斯大林与他的盟友们一道，自1927年以来动员资源，集中权力，推进工业化、城市化、现代化，保卫苏联经济，它们是这些出身石油战线的政治家们眼中的关键词。对黑色黄金的生产当即成为苏联的优先选项之一：第一个五年计划期间，新的工业按规定应当每年生产5.5万台拖拉机与10万辆机动车，人们必须满足这些车辆对碳氢燃料的需求。而现有的石油产量仅能够满足生存必需！[6] 计划首先规定在1928年实现石油产量翻倍。1930年，当局对现状感到不满，下令石油工业负责人想办法将产量提升至现有水平的四倍。从这一刻起，对石油和天然气的开采将会成为苏联政治生活中最富于标志性和最有影响力的因素之一。

人们已经看到，伟大的卫国战争进一步强化了斯大林对"石油在国家战略运行中具有决定性的重要地位"这一论断的坚信。文献表明，在苏联最高决策机关——苏联国防委员会——所做的战时决策中，共有600项决议有关军队和城市居民的石油供给。[7] 这一时期的会议记录同样表明，斯大林在这一领域尤为如意，他所提出的问题表现出对该部门技术特异性这一事实的严苛。他曾经提出"摩托化战争"这一概念，该理念终于在库尔斯克战役这场规模宏大的装甲会战期间迎来了自己的转折点。在这片原野上，苏联的坦克消耗了超过20万吨燃料。但战争同样揭示出，苏联的油田位于远离国家中心的里海岸边与高加索山脉脚下，与苏联同土耳其和伊朗的边境线相去不远，在面临外部侵略时，这是一项重大的风险。德国人的攻势直到高加索油田的边缘地带才被遏止，而其中的部分油井被迫预先停止生产、摧毁设备。德军对伏尔加河上的后勤枢纽斯大林格勒的进攻也部分地切断了苏军的补给。为满足其需求，苏联被迫寻求通过伊朗或跨大西洋的航运船队从反法西斯同盟处进口燃料。

这些黑暗年代中的经历为战后石化工业的重建工作加上了沉重的负担。人们必须获得石油，大量的石油，并且应当开辟新的产油区域。这份简单有力的规划有一个口号：一切，马上。斯大林下达给石油工作者的此类指令很快便成为随后数十年间的一项习惯。但是，应当如何应对这样的挑战呢？人们猜测，在这场甚至可能关系到苏联存亡的寻觅中，西伯利亚将会扮演中心角色。但在实现该目标之前，经由乌拉尔山脉和伏尔加河小小迂回一下仍是有必要的。

因为，正是这片坐落于乌拉尔山脉和伏尔加河之间的土地首先令苏联得以续上必不可少的第二口气。自20世纪30年代以来，当地发现了一些表明可能蕴藏有油气资源的迹象。斯大林下达的目标将石油工业部部长尼古拉·康斯坦丁诺维奇·巴伊巴科夫逼入绝境，不允许有任何失败的他在这口油井上下了重注，自己的职业生涯甚至人身安全都与之相关。人们在鞑靼斯坦和巴什基尔集中开展了钻探作业。此外，两地还具有两项优势：一是处于敌对势力军事打击的范围之外，二是靠近乌拉尔地区和俄罗斯中部地区的矿业与工业中心。1948年，罗马奇基诺村附近发现了石油，在随后的数月之中，方圆15公里内相继涌出了多处黑色喷泉。工程师们进行了计算：在他们脚下很可能真的存在一处由黑色黄金汇成的湖泊。日石油产量可能达到850吨！罗马奇基诺油田（石油工人们亲切地称之为罗马奇卡，字面意为"雏菊"）以其前所未见的体量改写了苏联的能源地图和内部平衡。里海与高加索地区的传统资源暂时性地退居二线，在数年内夺下石油产量第一桂冠的，正是鞑靼斯坦地区，这里也成为全国最富裕的地区之一。第二个巴库！对当地领导人而言，这是一件在体系内部的裁判中威力最大的经济与政治工具。从此，在苏联的政治奥秘中，石油成为一种具有决定性意义的政治资本。

充沛的黑色波浪奔涌于鞑靼斯坦与巴什基尔的油井之中，并最终令苏联得以消弭第二次世界大战的伤疤。在西欧开启其辉煌三十年之后，轮到苏联进入增长与发展的时代。卫国战争留下的创伤依然显而易见，城市的中心地带遍布废墟，粮食短缺，配给制仍在执行，但充足且廉价的碳氢燃料自第二巴库不断涌来，为社会的引擎注入了动力。汽车保有量首先反映出这点。自20世纪50年代中期以来，机动车的数量加速增长，即便苏联的政策区别于美国和西欧，优先生产卡车与大客车，其机动车总数也经历了加速增长。《真理报》骄傲地写道："不再有任何一家公司、一处工地、一家组织没有自己的大卡车。"农业领域同样如此，农业工人最终用上了拖拉机和机械引擎，它们的数量在战后的十年内增长为四倍。性能更加优良的内燃机车取代了蒸汽机车。而作为这场革新的象征，民用航空业所受影响尤为显著。1956年，在苏联的多条航线上，图-104客机首度投入运营，其所装备的喷气式发动机令其得以搭载50至100名乘客从苏联庞大国土的一段飞至另一端。这样，早在1958年的波音707和法国于1959年研制完成的卡拉维尔飞机为西方大众开启航空交通之门前，苏联的航空运输业便拥有了一种中程飞机，它为全新的客户群体拓展了他们眼中世界的边界。国内石化燃料低廉的价格使苏联公民能够跨越千山万水，这通常是他们人生中第一次前往那么远的地方。苏联的报纸已经开始想象，在不远的将来，首都的居民能够于早晨飞往黑海边沐浴，并在晒了一整天太阳后于当日夜间返回。[8] 在另一份记载中，通过令以机械代替十字镐与鹤嘴锄成为可能，不断加速的机械化进程也促进了强制劳动制度的废除。

苏联终于走出了战争年代的严冬。对很多人而言，来自伏尔加河与乌拉尔山脉边缘地带的新能源就是这场革新的源泉。

但是，石油与天然气工业的特点令人们不能以当下的结果去衡量其是否成功，而是将标准定为它是否有能力展开持续性生产并保持他人眼中的增长。因此，有关企业的价值正是源自其探明的可开采储量。在20世纪50年代的苏联经济中，情况也是如此，倘若所取得的成就大大超过最初的预期，维持长期生产便立刻变为经济计划的制订者和石化能源的开采人员所关心的主要问题。事实上，在1960年，苏联的石油产量早已超过了斯大林于莫斯科大剧院讲话中所定下的6000万吨的门槛，苏联全国的石油产量已经略高于1.5亿吨。[9]就像美国加利福尼亚和得克萨斯正在取代宾夕法尼亚早期发现的油田一样，鞑靼斯坦和巴什基尔已经顶替了巴库和高加索的地位。但接下来呢？如果说美国人可以将赌注压在由本国公司控制的全球能源市场上，且海湾地区与阿拉伯半岛如今已经成为它的势力范围，那么苏联只能自力更生，同时还不得不面对其东欧盟国日益增长的需求。

1946年，斯大林责令石油工业部部长巴伊巴科夫探寻大储量的碳氢燃料资源，在对任务的规模进行了一番衡量后，后者认为，为了满足克里姆林宫描画的抱负，需要一个、两个、三个新巴库。他必须转移视线，构想新的地平线。因此，自20世纪40年代末以来，他的目光放在了西伯利亚。人们对这片广袤大陆的地下状况与地质条件依然所知甚少，但如果俄罗斯的亚洲部分蕴藏有如此之多的煤炭、金属、钻石、黄金以及核工业与军方迫切需求的铀矿，它为什么不会同样孕育着石油与天然气矿藏呢？

因此，要去哪里寻找呢？仅西伯利亚地区的面积便比包括阿拉斯加在内的美国国土面积大一点五倍，在数个世纪之前，第一批旅行家和勤劳的殖民者已经在他们的作品中留下了大量吸引人的有关信息。17世纪60年代，一名克罗地亚的耶稣会修士兼神学家尤拉伊·克里扎尼奇被判处流放西西伯利亚地区十五年，而编年史的记载并未告知我们他受刑的缘由。根据史料，我们得知，当身心俱疲的他于1676年归来时，他请求允许其返回罗马，并留下了一份关于其在西伯利亚所作研究和工作的详尽描述，作品以经拉丁字母转写的俄文写成，其中提到了一种"满是淤泥且含硫的土壤，适宜燃烧"。[10]他进一步写道，有时"这种土壤无须干燥便可点燃，有时则需要先行干燥"。这位博学的耶稣会修士推断道，这应该是一种燃料，和人们在苏格兰或库尔兰地区所提取的一样。仅仅数年之后，一名在伊尔库茨克任职的莫斯科籍圣像画家也指出，在贝加尔湖畔的首府附近，存在着一眼冬季从未被积雪覆盖的热泉，其中逸出"一股带有浓郁石油味道的气体"。这位名叫基斯连斯基的画家承诺会前去一探究竟，但数月之后又表示未能抵达那里，并"怀疑这大量的石油是不是取之不尽用之不竭"。[11]随后是彼得大帝于1709年波尔塔瓦战役后俘获的一位瑞典军官，他自其监视居住地报告了沥青的存在："在额尔齐斯河畔位于盐湖与七帐篷[今日称为'谢米巴拉金斯克']之间的地区内，人们发现了一种深棕色的沥青物质，靠近火焰便会燃烧。"[12]最后，是那些负责对西伯利亚新得土地进行科学考察的科学家们。记述了白令伟大探险的格梅林兄弟和施特勒兄弟也曾经多次遇见被他们称为"石之油"或"山之油"的物质。格梅林写道："石之油以我前文所提到的形态存在于西伯利亚群山内的诸多地点，在马纳河沿岸也有分布。"

沥青、石油或石之油，它们的踪迹遍布各处，无法被否认。但关于它的记录太过散乱，而且基本都深藏于历史文献之中，对被要求尽快发现大型油气田的20世纪地质学家而言，它们无法提供任何帮助。

在一位典型的时代精英的推动下，苏联开始第一次真正冲向西伯利亚。伊万·米哈伊洛维奇·古布金，他的名字与石油工业的历史紧密相连，其之于石油工业，就像奥托-施密特之于苏联北极勘探。直至其于1939年在模糊不清的情况下突然死亡前*，他都是这一繁荣的新兴能源领域的重要人物。他出身伏尔加河上一户贫困的船夫家庭，通过自身的努力，最终前往美国学习地质学。当他于1918年返回时，他坚信自己的祖国必须紧急展开对油田的勘探。在听取了他的意见后，列宁以及当时负责石油政策的年轻斯大林将之写入了报告之中。两人

---

* 关于他的死亡有着各式各样的流言，据称可能是因为一场致命的外科手术，因为医生可能将一件手术器械落在了他的腹中。

有着同样的看法，自此刻起，这位地质学家得到了闪电般的升迁。斯大林迅速将之任命为计划的领导人员之一，随后推动其进入苏联科学院并成为地质研究所所长。荣誉头衔、勋章和任命状如雨点般砸向他：列宁奖、列宁勋章、红旗勋章、担任苏联科学院副主席的任命、当选为苏维埃成员。古布金有着瘦削的脸庞，凹陷的脸颊，带酒窝的下巴，一直戴着一副小小的圆形眼镜。如其专攻北极领域的同行奥托·施密特一样，他不仅是一位科研工作者，同时也是一名主动投身政治的活动家。这位地质学家的领导者也是公众眼中的知名人物，他不断利用公开场合为自己的事业说好话：古布金要求运用"地质学家的武器"以承担其认知中历史所交付的宏大使命，为彻底采用新技术的行为辩护，创立新的教育机构，认为苏联经验的成功依存于地质学，并坚决捍卫以地质学为优先的观念。正如施密特在其领域中所做的那样，他坚定支持在地质学研究方面发表最大胆的论文，但也会毫不犹豫地毁掉那些不如他狂热之人的职业生涯。

1931年6月，在苏联科学院的一场特别会议前，古布金首次为西伯利亚石油工业发展的未来辩护。"我推测，"他解释道，"在乌拉尔山脉以东、西西伯利亚洼地的边缘，人们可以找到有利于石油沉积的地质结构。"[13]根据他的假说，乌拉尔山脉之于苏联，正如阿巴拉契亚山脉之于美国。他声称，若洼地位于西伯利亚河流的流域内，则其外侧斜坡处有望，也应当存在石油。泰加森林中的石油？西伯利亚平原中那些无法进入且一望无际的沼泽下蕴藏有石油？首席地质学家天马行空的言论被科学界视为夸夸其谈的不实之词。然而，在次年于乌拉尔和西伯利亚举行的研讨会上，古布金更进一步，预言存在一片"储量极其巨大"的油田，"开发它能够满足全苏联的经济需求"。[14]在新西伯利亚，他宣布"对乌拉尔山脉以东的石油资源进行系统的探索"。[15]尽管面临着众多同事怀有敌意的质疑，他还是凭借其权力，派出了第一支科考队，以勘探鄂毕河中游地区的部分支流。沿着渔民和猎人给出的指引，他们循大尤甘河溯流而上，这条河流会在距今日苏尔古特不远处汇入鄂毕河。1934年6月，他们在岸边观察到"一片宽度为五至六米的油状物质在一个小时至一个半小时之间消散无形。这些液体折射出彩虹般的七色反光，并具有石油的典型特征"。瓦西列夫在其笔记本中写道。不幸的是，这位地质学家甚至没能采集到任何一份样品。条件极端艰苦：自然环境对人类并不友好，整片区域荒无人烟，也不存在任何交通工具和给养。而他们所携带的设备也无法进行数米以上深度的钻探。7月，当他重回最近的行政点时，一封电报被发往莫斯科："大尤甘河畔存在石油的迹象已经得到确认。必须开展进一步的地质勘探工作。签名：瓦西列夫。"[16]所有的迹象都出现了，现在只缺最终的证据，即搜集到的实物。返回莫斯科的地质学家们如是断言。而且，他们应当距离获取最终的证据不远了。一座位于大尤甘河畔的油井？事实上，瓦西列夫及其同事所勘探的地区蕴藏有一片石油之海，这里拥有世界上最丰厚的石油储量之一，它们正被封印在鄂毕河下方的最深处。而人们不久前还在猜测它们的存在。

因此，必须要投身于对西伯利亚石油资源的征服之中！瓦西列夫的团队在1934年12月5日的一场公开会议中提交了他们的报告。[17]这是苏联最受欢迎的领导人之一谢尔盖·基洛夫在其位于列宁格勒的办公地点内遇刺的第四天。作为斯大林最亲密的战友和潜在的政治对手，基洛夫遇刺身亡一事点燃了斯大林摧毁一切的怒火，这烈焰越来越旺，并最终导致了1937年至1938年的"大清洗"。高压的浪潮起自行刺案发的同一天，并将触及各行各业，连斯大林所偏爱的领域也不例外。正如所有参加北极科考的分支学科一样，地质学也遭到了特别的针对。自20世纪30年代初起，地质学精英便已经遭到波及。国家地质委员会的成员被控保护原资本家的利益、隐瞒数据、鼓吹进行无效的钻探、破坏战略性工程、勾结境外敌对分子以加强针对苏联的禁运封锁。在审理过程中，77名负责人因参与"石油工业内有害于苏联的间谍组织"而获罪，其中29人被判处死刑，35人被判处十年劳役，9人被判处五年劳役，另有1人在宣判前自杀身亡，3人被移送至其他法庭以审理相关案件。[18]1937年，包括多部委有关工作人员在内，所有科研和石油勘探方面的负责人都被投入监狱。在巴库、格罗兹尼、萨哈林、克拉斯诺达尔以及散布全国的地质勘探队中，这一学科的头部遭到重创。勘探石油的任务临时落在了古拉格管理机构的头上。古布金的脚步一下子被停住，打击来自他意料之外的地方。现在，必须得等到内务人民委员会的行动过去之后了。进行勘探并向东拓展搜寻范围的宏大计划与制订它们的人一道被抹杀了。随后爆发的战争最终令人们将之彻底遗忘。西伯利亚再度陷入了等待之中。

因此，当石油领域的掌门人巴伊巴科夫在战后决定冒险勘探西伯利亚时，他失去了一整代地质学家。有限的人力资源进一步加剧了困难。西伯利亚广阔无垠，事实上也不存在展现地下资源分布状况的地图，为了选定稀少的地质学勘探队将要前往作业的潜在地点，该部委所能依靠的仅仅是尚不成熟的理论。当时最为流行的理论认为，石油的生成与含碳的环境有着密不可分的关系。倘若果真如此，人们所应当努力的方向正是西伯利亚南部的大型煤矿矿区，尤其是库兹巴斯这一坐落于新西伯利亚以南的矿业之肺。政府判断，在那里发现一处能够满足工业需求的油田的概率是相当可观的，认为"可以期待在最短的期限内以较低的代价获得喜人的成果"——这是1948年一份用于决策参考的文件中所写的内容。[19]在政府发起的追寻财富的行动之中，这一因素是一项有分量的论据。下达的命令并非寻找，而是找到，二者之间有着天壤之别。

人们猜测，当时科学界的共识并非是将南方选为优先勘探区域的唯一原因。地方的游说集团同样为吸引探矿后续可能的投资而展开了行动。新西伯利亚在这方面具有良好的条件：自第二次世界大战以来，这座城市便成为西伯利亚地区非正式的首府，发展到了极大的规模。它享有战略交通干道带来的红利，并将很快成为一处革命性的研究中心的所在地，那座以"新西伯利亚科学城"为名的卫星城坐落于它树木繁茂的郊区，大型的军用与民用工厂被转移至新西伯利亚。这个新的科学与工业中心需要能源。煤炭业方面也乐见勘探石油的工作在其附近区域开展。最后，北西伯利亚地区路途遥远、难以抵达的问题也是南西伯利亚最好的论据。诚然，人们还没有忘记瓦西列夫所上交的报告和他所给出的劝告：去北方搜寻。但人们倾向于将其所指出的一些迹象视为"幸运的巧合"。[20]人们无法依据任何信息以判断所涉及的储量。即使在这个失落而自然条件极其恶劣的北西伯利亚地区发现了新的油田，人们又该如何去开发它们呢？如何在位于沼泽的中央，在距离主要河道数十甚至数百公里之遥且不存在任何道路的地方进行勘探呢？如何在这里获取钻井与泵送所需的能源呢？夏季于沼泽中涉水而行，冬季被零下30摄氏度的低温压垮，谁会同意在很可能艰苦的条件下于此生活、工作呢？最后，如何将可能存在的地下财富输送至位于俄罗斯欧洲部分的消费者手中呢？

因此，官方的方针是专注于南方。在这一时期的文件中，人们可以读到，政府命令表示，绝无可能离开已知且有人居住的地区，离开"文明区域"。仅仅为了寻找黑色黄金而离开已经被殖民的土地前往极北地区冒险，这样的行为看起来并不合乎理性。当局对此表示赞同。利益的权衡表明，这种选择似乎并非是不理智的：尽管缺乏资金，且事态的紧急性自有其规律，但北方地区所能提供的保障实在是太少了，而其所蕴藏的风险则无法衡量。

但是，在地质学家中，至少有一人持有不同的看法。尤为重要的是，他敢于讲出自己的异议。这是供职于列宁格勒城内俄罗斯地质研究所的一位籍籍无名的科学家，名叫尼古拉·罗斯托夫采夫。他查阅了多种地图、记录及其同事所做的假设，成为一种不同论点的拥护者：在他看来，一切都表明，最有前景的大油田正是坐落于北方，而尤其不可能位于库兹巴斯所在的南方地区。1949年，他鼓起勇气，参加了一场举办于新西伯利亚的科学会议，其异端的观点引发了轩然大波。当他更进一步，直接对西伯利亚总勘探计划的结论（石油行业已经准备将该方案写入1950年至1955年的五年计划中了）发出诘难时，其地位最为稳固的那些同事对他大感恼火。老方法还没有被遗忘：这位地质学家被传唤至内务部在列宁格勒的总部"大房子"中，对自己的行为做出解释。在四十八小时内，罗斯托夫采夫于此遭受了密集的讯问，在过程中，审讯者们就地理学、地质学和有关油田所在方位的科学推断和假说进行评估。罗斯托夫采夫扛了下来。对于其他人而言，这一结局实在难以理解。这位地质学家是一位天赋超群的宣传家吗？或是上级机关为此打了电话？无论如何，罗斯托夫采夫以自由人的身份离开了那个地点。*更加令人吃惊的是，很快，地质部将他的想法写入了该部门公开发表的50年代计划之中。这一次，事情将会如愿：人们最终将会在西伯利亚北部进行实验性钻探。

在这片面积相当于加拿大的新区域内寻找石油的责任被托付给一位名叫尤里·埃尔韦的地质工程师，这个名字表明其先祖来自法国。他的大本营位于西西伯利亚地区的首府秋明。一队队钻探工程队和地质学家从这里出发，沿着河流和它们的支流向着北方而去，而他们身在新西伯利亚的同事则会继续在那片广大的南方区域工作。人们所拥有的用以指引勘探方向的资源远非"简陋"二字所足以形容。他们缺乏展现地下状况的真正地图，更加偏好那些了解程度相对更深的地区，第一批地形测量工作者至少已经就它们给出了一些简略的记录，而有关这些地区的信息尚且有差不多半数仍为假说。履带式拖拉机能

---

* 历史学家玛丽亚·斯拉夫金娜在其有关这一时期的著作中提及了罗斯托夫采夫的亲属们对于此事的解读。在他们看来，这一幸运结局主要得归功于运气。Maria Slavkina, *Rossiiskaïa Dobytcha*, Moscou, Rodian Media, 2014, p. 242.

够在丛林密布、泥泞难行的广袤地带开辟出一条横穿之路，而空运则能够为队员们送来装备与给养，但一头扎进泰加森林的先锋者们尚无法获得以上两者的支援。当他们花费数周乃至数月于西伯利亚北部的河网迷宫之间穿行时，勘探队被迫仅能搭乘驳船机动。这是一项冒险的计划，也是一场需要运气的行动。四年间，每一个夏天，一队队地质学家和钻井工人们向北方而去，竖起石油井架，将管子打入烂泥深处，但对于"击中"石油这黑色且含硫的液体所在的地层一事不抱希望。这样的努力数不胜数，但一直徒劳无功。西伯利亚真的贫油吗？

　　1952年秋季，这些队伍中的一支靠上了别廖佐沃村的木制浮桥。在工程师亚历山大·贝斯特里斯基的带领下，秋明地质研究局的钻探小组来到这里扎营。别廖佐沃村坐落于陡峭的崖壁之上，自高而下静静地看着河水逝去。它是俄国在极北地区最为古老的据点之一，一直处于历史的边缘地带。几座木屋、隆起的穹顶和先驱者们建起的堡垒及其高高的木篱控扼着索西瓦河汇入浩浩汤汤的鄂毕河之前的河道。长久以来，它们表明这里是最后一道边境线的前哨站，构成了罗斯世界明显的尽头。正是由于别廖佐沃曾经相当于已知世界的尽头，故而在相当长的时间内，这座村庄被用作流放地。河岸上简陋的枞木屋曾经成为帝国多位著名人物不情不愿的居所：缅什科夫和多尔戈鲁科夫这样骤然失宠的权臣，后来，民粹派、革命者以及包括托洛茨基在内的一些布尔什维克也被流放至此。但俄罗斯已经向东大幅扩张，在北方也攫取了大量的领土，这座小镇的地位已经不过是途经的一站，是水路和内陆地区沿乌拉尔山脉而下的道路的交汇处。几位渔民、公务员、汉特族土著，一些林场、一间学校、一座区政府、一家卫生院，这些就是20世纪中期别廖佐沃村所拥有的一切，它是西伯利亚历史被遗忘的继承人。

　　石油？从来没有人在这一地区看见过它的蛛丝马迹，此外，有关天然气资源的情况也是如此。别廖佐沃村甚至未被列为值得研究的地区，但贝斯特里斯基的队伍决定在此停歇，因为他们无法抵达其首个目的地：卡济姆河，这是鄂毕河的一条小支流，任何全地形车辆都无法抵达那里，而河水如此之浅，以至于地质勘探队的驳船无法在不搁浅的前提下抵达。

因此，贝斯特里斯基和他的队员们撤退至别廖佐沃村，等待着可能的涨水让他们得以完成其任务。为了避免将时间尽数浪费，他们决定以自己被迫滞留的地点为对象，展开一场实验性的调查。因此，人们挖开了别廖佐沃村的地面，这纯粹是为了填满表格而已。这是一项盲目的作业，并不存在什么指引，而仅仅在直觉的驱动下工作。大家并没有抱太多幻想：去年，各路人马在西伯利亚打了数十个钻孔，没有一个显露出石油存在的蛛丝马迹，石油工业部开始丧失耐心，咒骂那些地质学家将时间和极其稀有的资源浪费在一意孤行的挖掘之中。[21]政治警察再度怀疑存在蓄意的玩忽职守，它的一名负责人甚至写道："在人们想要探寻石油的地方，遍地都是石油。"[22]由于他们几乎不相信能够在这里发现石油，队员们采取了最简单的做法：他们违反安全规章，放弃将自河道运输而来的重型钻井机械拖行两公里，而是在村边竖起了钻井架，距离最近的枞木屋不过区区数米。几乎所有居民都感到惴惴不安，但"这位贝斯特里斯基知道自己想要什么，"当地一位年长的女教师报告道，"他是一个讨人喜欢的小伙子，一个言辞生动的犹太人。"[23]一年的时间过去了，勘探队一直留在村中。第一次钻井作业发生于1953年6月，但人们并未发现任何鼓舞人心的迹象，相反，最新获取的样本显示钻井已经触及了花岗岩层，队伍的士气跌落到了谷底。贝斯特里斯基被召回了区域总部，暂时抛下了自己的队伍。人们说，他会因为不遵守指令而遭到惩罚，但看起来，全面放弃的命令似乎也会很快下达。莫斯科方面已经受够了"西伯利亚地区反复无常的事态变化"。事实上，在极北地区的地质勘探工作结束不久后，1953年7月23日的一则法令要求所有的勘探队"于9月15日前上交最终版报告"。[24] 所有工作预计最迟于 10 月 1 日结束。别廖佐沃很可能是最后一眼钻井，是西伯利亚北部地区遭到放弃前最后一次尝试。

9 月 21 日下午五时，勘探队正缓缓拉起钻杆，这时听到一声嘶吼，接着是一声闷响：用钻井工人的行话说，这口井"开始说话了"。几秒钟之后，一股水流激喷而出，将总计数百米的五寸钻杆推出地面，掷向数十米的高空。夹杂着天然气的液体漩涡吹走了钻井架，现场的一位目击者说，木板和管道"像沸水中煮开的脆弱的通心粉一样"飞向四周。工长库列夫说："就好像唤醒了传说中大地深处的神灵。初时规律的嘶嘶声逐渐演变为愤怒的吼啸，喷泉以可怕的方式将一切都送上了天，仿佛一根根火柴。"[25]

天然气！西伯利亚的天然气！而且是何等的强劲啊！钻井工人们刚刚目睹了全部的器械被冲散至远处，他们不知道自己究竟该欢欣雀跃还是该感到恐惧。这是一项历史性的发现，令地质学家们的坚持得到了回报！但是，喷水的现象没有丝毫减弱的势头，混杂有天然气的水柱自五六十米的高空落下，天然气四散溢出，弥散入整座村庄，而钻井工人们对此无计可施。根据操作要求，他们应当持有油井的封闭阀门，但实际情况恰恰相反，而想要控制住这令人印象深刻的喷射或是相伴而来的喧闹噪声也已经太迟了。钻井工人们奔向掩体。"所有人都惊慌失措，"贝斯特里斯基团队的一名成员回忆道，"我们缺乏器材，无法重新控制油井。"[26] 更加不幸的是，队长也不在现场。数分钟后，西伯利亚地质勘探的总负责人尤里·埃尔韦收到了一封电报，正如其中所体现出的那样，现场的人们陷入了恐慌之中："9 月 21 日，发自别廖佐沃。急电。钻探设备升起后爆发了井喷。井口气压达到 75 帕。我们等待着紧急调派飞机提供支援。签名：苏可夫。"这是一则无比清晰的消息。在钻井现场，伟大的第一步首先演变成了一场事故。但在秋明，在地质勘探总部，人们欢欣雀跃，情绪高涨。尤里·埃尔韦在其回忆录中记述了这一历史性时刻:"沃洛迪亚[埃尔韦的同事之一]一路跑着冲进我的办公室:'大新闻!'他叫喊着,'别廖佐沃有一处天然气喷泉!我刚刚收到电报,但有什么事情不对劲。电报中讲述了一些令人不安的事情。'终于!那时我是如此高兴!这么多地质学家五年内的艰苦努力终于取得了成功。这项发现的重要性难以估量。一瞬间,广袤的西西伯利亚大地存在石油和天然气的可能性上升至无穷大。"[27]

村子里则没有这么热情高涨。村庄的周边被封闭,飞机被禁止飞越其上空,这里同外界的航运联系也被取消。附近的人全部被撤离,所有有能力的居民都逃离了。根据村民们的回忆,一道闪光夷平了方圆数十公里内的泰加森林。"过去我们住在那里,但瞬息之间,家园就变得不宜生存了。"村庄的一位老者回忆道,"那骇人的声响震耳欲聋。甚至在村子的另一端,人们也无法互相交谈。我们必须一直戴着一种可翻下来遮住耳朵的皮帽。污水覆盖了一切。我们的花园被破坏了。我们都极为恐惧,但又能去哪里呢?又该怎么去呢?这就像是一场海啸!"[28]

喷发出的大量天然气对别廖佐沃及其居民构成了持续六个月的威胁。降雪和寒冰的天气重新降临,使携带大量物资的救援行动成为可能。在村庄内,一些人已经习惯于这一入侵其生活的吵闹邻居。一些人在喷出的水柱下淋浴。但是,作为这群人中的一员,叶夫根尼·柳托夫被一块碎片夺走了生命。在他的葬礼上,没有人奉上鲜花。[29]直到次年春天,即1954年2月,咆哮的天然气气流才被一根管道导入远处的火炬塔点燃。一块水泥板封住了井口,人们还于不久之后立起了一块小小的纪念碑。钻井团队的负责人贝斯特里斯基起初因在未获命令的情况下擅自选定钻探地点而受到惩处,此刻他的处分被撤销,本人也荣获列宁奖。随后展开的研究表明,如果在此前预定的地点展开钻探,他的团队将一无所获。[30]

别廖佐沃的事故令西伯利亚滑入了一个新的维度。"没有别廖佐沃的喷泉，"西伯利亚史诗的一位重要参与者在日后言道，"在乌拉尔山脉以东地区探寻石油的历史或许便将止步于此。"[31] 是否真的需要在西伯利亚地区开展勘探作业呢？这个被反复提出的问题终于得到了解答。偶然涌出的喷泉构成了它的句号。"这是一个标志着结束的标点，但它是一个感叹号。"[32] 石油勘探工作的总负责人巴伊巴科夫于日后说道。人们明白，即便石油部长是一位唯物主义者，他还是无法避免地使用了"神迹"这个字眼。

第二十九章
西伯利亚，第三巴库

1956年2月，1400名代表于克里姆林宫集会。苏联共产党第二十次代表大会较原定计划提前八个月召开，因为新当政的尼基塔·赫鲁晓夫一心要迅速念出一声标志性的顿挫，为过去的时代画上句号。在这段尤为出名的历史情节中，最令人难忘的是大会最后一天，即2月25日的闭门会议。这日上午，在满屋目瞪口呆的代表面前，新任领导人亲自揭露了斯大林的错误举措和对他的个人崇拜，并指出这种崇拜可能已经背离了其意识形态和历史价值。

但是，在这历史性的一天中，大会的日程不止于此。在返回家中报告其所参与的令人难以置信的戏剧性转折之前，代表们还需要批准一系列指导方针，它们将决定新的五年计划的优先任务，这会是苏联历史上第六个五年计划，也是斯大林去世后的第一个五年计划（1956—1960）。别廖佐沃事件所引发的回声在会场中飘荡：在西伯利亚地区寻找油气田的尝试首度获得成果。[33] 著名的2月25日在其所通过的第八条指导方针中决定，"采取一切可能的手段，在祖国东部地区扩大勘探范围"，而正如所应当发生的那样，这条方针也被近乎全票通过。天然气和电力的生产部门尤为需要付出巨大的努力。别廖佐沃的喷泉已经唤醒了人们的希望。而苏联特别需要满足重建的需求。

在战后超过十年的时间内，包括首都在内，相当多数城市居民依然不得不生活在公共公寓之中，政府执行了一项宏大的新房建设计划，以为他们和生活于小木屋中的居民提供新的住宅楼。数千栋采用预制板修建而成的住宅楼都必须得到良好的供暖。在十五年间，超过一亿苏联人搬进了这类房屋之中。[34]

苏联渴求新的能源，但它现有的资源已经达到了供给能力的上限。因此，天然气、电力、煤炭、甚至石油，到底哪一个会成为优先级更高的选项，获得投资呢？赫鲁晓夫在这个问题上有自己的考虑，他的偏好很快便表露无遗。从油气资源中看到本地区快速发展希望的西伯利亚人要失望了。赫鲁晓夫很快被证明对他们的论据和他们对事物的观点兴趣寥寥。这位斯大林的继任者并未以巴库的石油作为其领导人生涯的开端。赫鲁晓夫出身于顿巴斯的矿区，这里是苏联的煤炭锅炉。在十五年间，他成为政治上的一号人物，同时也是乌克兰共产党的第一书记，战后从未停止恢复因战争而受到严重破坏的煤炭矿区的工作。赫鲁晓夫是一个属于煤炭、矸石堆和黑色面庞的人。在乌克兰的经验塑造了他对世界的看法。他想要发展受到严重影响的乡村经济。他希望在中亚地区广袤的草原上扩大耕地面积，在他看来，肥料与杀虫剂的应用应当能将这里变为应许之地。他对玉米的热情是如此著名，以至于它成为无数小故事的话题。

在当时的领导层中，除他之外的人都支持发展"黑色黄金"，而且这些人均非泛泛之辈，其中之一便是他最强劲的对手贝利亚。赫鲁晓夫和他们并非同路人。这也不是他所关心的事务。如果必须为某种新能源站台，那么他所坚决支持的正是水电。修建宏伟的大坝，在西伯利亚的大河上复制乌克兰地区治理顿河的经验，这就是令他热情高涨的事业！坚固、宏伟、强而有力、带有集体色彩，这些大坝是赫鲁晓夫政策的具体化身。在伏尔加河上，在安加拉河上，在叶尼塞河上，在卡马河和第聂伯河上，一项项工程计划于短时间内纷纷涌现，占据了报纸的前几个版面。《真理报》转载了美国电力工业专家夸奖这一新能源政策优点与成就的称颂之词。很快，那些由混凝土浇筑成的庞然大物（如布拉茨克水库，以及埃及的阿斯旺水坝等苏联出口至其他国家的堤坝）便成为赫鲁晓夫的标志。唯有航天工业更胜一筹，人造卫星和尤里·加加林的载人航天比之更能凸显那个时代的精神。

在西伯利亚，一项宏大的项目计划令地质学家和石油行业的游说集团感到尤为担心。当然，这是一座大坝，而且是一座区域级的大坝，一座宏伟庞大的大坝！设计它的工程师们计划在鄂毕河流入北冰洋的入海口前方不远处（即萨列哈尔德所在纬度）截断河流，从而创造出一处长达上千公里的人工湖。该湖的蓄水量三倍于贝加尔湖，湖水将会覆盖西西伯利亚地区的广袤土地，淹没数万平方公里的泰加森林与沼泽。*西西伯利亚地区石油勘探工作总负责人兼总工程师尤里·埃尔韦在其回忆录中回忆了 1957 年于地区党委内举行的秘密会议，当时，人们向他展示了这项规模宏大的计划。一片新的内海向北直至秋明，并向南延伸出很远，淹没鄂毕河与额尔齐斯河流域，并将淹没 1000 万立方米的森林。其设计蓄水能力是鄂毕河年径流量的三倍，而鄂毕河乃是世界十大河流之一。大坝的年发电量将达到 360 亿千瓦时。"庞大的数字不断从另一个同样庞大的数字中孕育而出。"埃尔韦在其回忆录中写道。[35] 项目的发起人们想象着在新的河岸边营建起新的城市，殖民西伯利亚，而在其最为大胆的版本中，这一计划甚至能够令人们得以自上游起倒转鄂毕河及其支流额尔齐斯河。因此，河水将转而流向中亚地区的南部草原，为乌兹别克斯坦的棉花种植业和粮食作物提供灌溉用水。除了难以估量的发电潜力外，这项计划的

---

* 该计划准备有两种不同的方案，其一为建造一座高 42 米的大坝，形成一处面积为 14 万平方公里的湖泊，另一则为建造一座高 37 米的大坝，形成一处 11 万平方公里的湖泊。参见 Slavkina, *Rossiiskaïa Dobytcha*, op. cit., p. 253。

支持者们还打算将位于西伯利亚中心地带的大型人工湖打造为世界领先的鱼塘。项目的发起者自豪地断言，无论是苏联内外，都从未有人在平原上建造过如此宏伟的大坝。[36]这会是一大创举。

　　这项庞大的计划打乱了西伯利亚的地图。会淹没多少处村庄和土著世代承袭的定居点呢？会对北冰洋本身造成怎样的影响呢？又会对当地复杂而脆弱的生态系统带来怎样的改变呢？甚至在当时相当崇尚科学技术且权力高度集中的环境中，这样的预期已经足够将一些领导人员吓得面色苍白了。忙于在新西伯利亚附近打造其新建人才城的科学院院士拉夫连季耶夫正是其中之一。他的反对意见被一直送至赫鲁晓夫处。在谢尔盖·扎雷金的指引下，西伯利亚的作家们与他一同捍卫西伯利亚地区的自然、身份和岌岌可危的处女地状态。[37]但最为坚决的反对声来自石油行业的游说集团。对于地质和石油勘探领域的一切专家而言，这一庞大的计划不啻一场噩梦。他们的所有努力和希望都将如字面意思一般沉入20至25米深的水底。鄂毕河下游的大坝会淹没大部分逐步被探明为西伯利亚最有油气开发价值的地区。对他们的行业而言，这几乎是一个关乎生死存亡的问题。

　　围绕这项大型工程，双方在政治方面和政府系统内展开了一场真正的战斗。最坚定的反对者包括负责管理石油生产的巴伊巴科夫。负责西伯利亚地区石油勘探的总工程师埃尔韦也表明了反对该计划的态度。在莫斯科，地质部是他们最好的盟友。在其下属部门中，人们正在完成西西伯利亚地区地层图的最后工作，该图的主要作者是曾经因为其热爱石油的信仰而被内务人民委员会请去谈话的、大名鼎鼎的罗斯托夫采夫，在他所描绘的蓝图中，这一带可能存在足以跻身世界前列的大型油田。甚至在该地区内，在西西伯利亚的首府秋明，当地的政府机关也被动员起来。地质学家们大幅增加了呈递给报纸的请愿书的数量。甚至当地的克格勃也向位于卢比扬卡的总部递交了请愿书，以在这场造成撕裂的斗争中获得其保护和支持。倘若这个混凝土制成的庞然大物问世，他们成为富裕的产油省份的希望也会随之破灭，西西伯利亚地区将不过是乌拉尔山脉脚下一望无垠的湖泊。

在他们的对立阵营中，大坝计划的发起者们能够倚仗能源部的支持，但他们最重要的支持者是赫鲁晓夫本人，他对该方案的偏好已经越来越明显了。当局已经为全国修建起了一张大坝网络，而修造于鄂毕河上的巨型建筑则是其中主要的一环。为了将西伯利亚"拉回正轨"，赫鲁晓夫任命一位新人接手秋明。这位新任的负责人直接调任自贝加尔地区，此前在那里指挥修建布拉茨克水库的大坝。似乎大局已定，这项世纪工程将会淹没反对者们所在地区的半数土地，而后者已经几乎缴械投降。

黑色黄金？所以请问它在哪呢？最高领导层，尤其是无所不能的计委官员们也远远不能赞同存在一座新的"黄金国"这样的观点。人们已经花了大量的时间去探寻它，并在长久以来一直谈论它。在这一方向上的所有投资只换来了一些水塘。"国家已经为你们的油井花费了数百万卢布，"当一位来自莫斯科的特派员下到钻井现场视察时，他评价道，"但一直没能看到任何回报。你们难道不认为是时候冷静下来，收拾行李准备走人了吗？"[38]当地政治家和地质学家们的行为不过是一种狭隘的"地方主义"表现，与国家路线和利益相违背。[39]他们的允诺不过是一场空想。"那些在秋明的人对我们谈起巨大的石油与天然气储量，但这只存在于他们的想象之中。"[40]苏联国家计划委员会副主席写道。

这是一场与时间的赛跑。仅仅一眼于泰加森林内喷射而出的有力的黑色泉流能够带来石油人们所急缺的证据。也唯有确定未来数十年间能够带来巨大的收益，才能令他们在同大坝方案的支持者的竞争之中占据优势。时间非常紧张，人们进行了全面的动员。在50年代末60年代初，数以百计，继而数以千计的青年地质学家急急忙忙进入西伯利亚，投身于这场疯狂的勘探活动之中。他们中，一些人刚离开位于巴库的大学和专门院校，另一些人曾经在伏尔加河流域和乌拉尔山脉新建的石油营地中积累了最初的工作经验。他们在低矮的树林中行进，背上沉重的包裹一直垂到大腿中部，手持步枪以防同野熊不期而遇。冬季，履带式推土机在森林中开辟出道路。在老一辈地质学家因战争和"大清洗"而陨落之后，新一代人接过了他们的旗帜。

在这些人中，有一位名叫法尔曼·萨尔马诺夫的二十三岁工程师。他是一名"积极分子"，在当时的术语中，这意味着他是一个为了正确的事业而顽强斗争、全情投入的志愿者。他也是一个将在20世纪西伯利亚地区史上留下浓墨重彩一笔的人物。他是阿塞拜疆人，出身于里海之滨一户农民家庭，早在19世纪末，其祖父便已知晓西伯利亚，沙皇的警察将他流放去了那里。显然，作为家庭中最小的儿子，他并未丧失分毫祖父的镇定与冷静。1954年，刚刚从巴库石油地质学院毕业的他向石油勘探工作的总负责人巴伊巴科夫拍去一封电报，其大致内容为："或许您还记得我。十年前，您曾经承诺会给我帮助。现在，我需要您的一臂之力。我希望被分配入西伯利亚新的石油勘探活动中。我已经读完了古布金的报告。我确定，他是对的。"

石油工业部部长露出了一抹微笑。事实上，他回想起了同这位大胆学生的初见。那是1946年。当时，年轻的部长巴伊巴科夫作为苏联最高苏维埃的候选人被派往阿塞拜疆的一个选区参加选前大会，并在会上作主要发言。当地的村民们对他们的访客留下了深刻的印象，要求一名杰出的青年学生向未来的最高苏维埃代表提出自己的抱怨。这个年轻人勇敢地完成了他的任务，要求为村庄通电、通沥青马路。这名青年学生不是别人，正是法尔曼·萨尔马诺夫。而为了感谢他，部长当时允诺，如果这个年轻的阿塞拜疆人选择进入地质行业，自己将会为他提供支持。

因此，萨尔马诺夫被派往西伯利亚，在南部的矿区中从事石油勘探工作。他在那里工作了三年，并感到狂躁不已。没有任何黑色黄金的蛛丝马迹。而且在他看来，也绝没有找到一滴石油的丝毫可能。这位年轻的工程师认为，应当开展钻探的地方正是西伯利亚的北部、鄂毕河的中游地带。他的上级将他视作一名狂热分子。高加索人瘦削的体型和低矮的身高并未预示出他所惯有的热情与光芒。他有着黑色的眼眸，头发在战斗中卷曲，面颊上爬着刀刻斧凿般的皱纹，留着一撮小胡子，这副相貌很快便令他成为西伯利亚地质学家群体中最为别具一格且桀骜不驯的人物之一。

萨尔马诺夫是一个固执的人。他不断要求获得前往西伯利亚北部地区和沿鄂毕河顺流而下直至二十年前瓦西列夫执行任务时于河面上观察到油渍之处的许可。但如何抵达那里呢？自那时起，前往该地区的难度并未下降。没有任何一条道路通往那里，甚至也不存在接近那里的道路。勘探者需要沿河而下超过1000公里。船只是一种罕见的宝贵物资。西伯利亚冬季的严酷尽人皆知，但未经开发的河道沿途只有区区几座可供越冬的前哨站。

1957年夏季，他决定尝试奋力一搏，自行其是。没有获得委任，也没有得到批准，他带着15名左右的地质学家登上其自一家公司处秘密借来的船只。他的队员们被禁止在出发前打出电话，与地质勘探总指挥部之间的无线电联络也被蓄意切断。目的地：位于鄂毕河中游的苏尔古特村，前往那里还需顺流航行超过1000公里。在第一处停靠点，一名电报员在浮桥上等待着船队，手中挥舞着来自总指挥部的紧急电报：上级有令，立即返回。萨尔马诺夫在回忆时讲述道，他看了电文内容，随后操着浓厚的高加索口音斥责电报员："听好，我没见过你，你没见过我，我们从来没有见过面。"[41]

当船队最终靠上苏尔古特村唯一一座浮桥时，"欢迎"委员会已经抵达当地，以"迎接"萨尔马诺夫：他们以解职、开除出党、提起诉讼相威胁，指控他犯有"个人主义""流氓主义""缺乏政治意识"等错误。[42]这是一场充斥着谩骂与恫吓的"精彩演出"。但萨尔马诺夫并未屈服。他相信，自己和历史在这里有个约会。当地的负责人这样讲述自己和这位惹麻烦的地质学家的第一次见面："我们看见走来一位男子，他有着黑色的眼睛和一头浓密的焦油色卷发。'我的名字叫法尔曼·萨尔马诺夫，'他对我们说，'我已经被任命为苏尔古特村地质勘探队队长。'接着，他开始向我们讲述对油气资源的勘探将会如何打乱该地区，尤其是苏尔古特村的原有生活。据他所言，数千人将会来到这里工作、定居。这里还将建起一座机场，码头上会停靠有数十艘船只。'萨尔马诺夫同志，'我们回应道，'已经有人来这里探寻过石油了，但我们什么也没有找到！'他反驳道：'现在，情况变了，我们一定会找到的！'"[43]最终，他所受到的惩罚仅限于行政职务的调动和党员手册上的几条处分决定。不过是些无关紧要的细节罢了，这也不会是他职业生涯中最后一次受到处分。

当他的队伍登陆时，苏尔古特同消失于西伯利亚的数千处同类一样，不过是破败萧条的定居点之一。几座四散分布的小村庄，一处当局试图用以定居汉特族与曼西族土著的集体农庄，一座每年都在走下坡路的毛皮贸易商栈，一处派出所，一家电报局，一座党委小屋。[44]当地不通电，由蜡烛和燃烧石油的油灯提供照明。这便是所面对的新环境："没有大道，没有小路，没有像样的村庄，"在抵达后不久，萨尔马诺夫一边勘察这一地区，一边写道，"唯有一望无际的棕红色沼泽和树木繁盛的森林。没有丝毫的生命迹象。凝视着这样的画面，我几乎无法理解，人们如何才能在这样的条件下工作、生活。老实说，我陷入了惊慌失措之中。"[45]

尽管他对自己的判断有着十足的把握，但萨尔马诺夫并非首个意识到此地存在黑色黄金的人。1959年9月，人们在沙伊姆村附近发现了含油沙的踪迹，这里位于该州的西南部，坐落于乌拉尔山脉的山梁分支之下。这是西伯利亚地区首次发现石油。这则好消息几乎不能令石油从业者们感到兴奋。它所在的位置同专家预言（且不说应许）的

"黄金国"鄂毕河河岸相去甚远，而萨尔马诺夫及其团队正在鄂毕河沿岸地带工作。钻井只打到了岩层之间的孔隙层段，而想从这里获得能够满足工业开采需求的石油喷流量是不切实际的。因此，一切都还悬而未决。次年春季，即1960年3月和4月，编号为"R-2"和"R-7"的两台钻井再次发现了石油，但依然未能带来任何决定性的变化。"R-2"井日产量为1.5吨，"R-7"井的日产量则为20吨，这些数字距离能够证明投资必要性的期望值依然相去甚远。正如地质学家们所言，这样微不足道的喷流量不过是"老鼠"，而人们来此乃是为了捕猎"大象"，即可能达到地下数十公里深处的矿囊。人们的心中萌生了怀疑情绪，对西伯利亚石油勘探方案的攻讦再度出现。石油？"这玩意只存在于埃尔韦的脑袋里。"高级官员们如此认为，而这位地质学家的带头人也已经成为他们的眼中钉。一位持有不同看法的地质学家纳扎尔金声称，"从科学角度来看，北纬60度以北地区不可能存在石油"，并因而在领导层中享有盛誉。[46]

人们的坚持还是得到了回报。1960年6月21日，正在其位于秋明的总部中的埃尔韦收到了一封急电。就在曾经发现了石油第一缕踪迹的沙伊姆村附近，"R-6"井突然涌出了一股蓝黑色的喷泉。它的流量呢？"无法准确计算，"埃尔韦读道，"由于技术原因，我们不得不两度中止该井的钻探喷流。[……]我随后会向您提交新的报告。签字：米哈伊尔·沙拉文。"[47]几个小时之后，一封内容神秘的电报对第一份电报的内容形成了补充："Iki yüz elli-üç yüz。"[48]这是一段阿塞拜疆语，意为："250至300（吨/日）。"是钻井团队不愿意惊动任何人吗？又或是因为他们自身也对这一数据感到难以置信呢？无论如何，团队倾向于使用一种所有石油人都熟悉但当局并不在意的语言。这一次，成了！西伯利亚的地下已经"说话了"。"这是一块大油田！"加上下划线的大写字母登上了西西伯利亚地区的主要日报《秋明真理报》的头版，拼出了这样的文字。仿佛人们刚刚完成了月面行走一般。事实上，报纸对于字体的选择并不夸张。就像英语世界所说的那样，"Big Oil"（石油巨头）！"用任何言辞来描述本次发现的伟大意义都不为过，"苏联科学院西伯利亚分院地质和地理物理研究所所长安德烈·特罗菲穆克院士在一篇专访中解释道，"而这仅仅是开始。直至今日，依然有一些怀疑论者不相信在我们地区开展的勘探。从此，我们用行动摆脱了论战。"[49] 很快，全苏联都看见了绽放于"R-6"井钻井工人面部的笑容，被他们围在中心的是地质学家加利纳·加贝尔科，散发着幸福光芒的黑色油污涂满了她的面庞。这张照片被载入了历史。苏联的钻井熟练工与女地质学家在共同工作的过程中喜结连理，这是西伯利亚探险史中一对新的夫妇。

所以，萨尔马诺夫呢？在距离发现现场数百公里外的地方，这位急躁的工程师勉强遏制住不耐烦的心情。人们提议他前去同第一批油井的发现者们汇合，但他更倾向于坚持自己的判断：大油田，也就是西伯利亚地下的"大象"正沉睡在他的脚下，只等待着他前去唤醒。只需在正确的地点轻戳地表以下两公里左右的地层即可。萨尔马诺夫在梅吉翁与鄂毕河的交汇处精确地圈出了一片可能存在的油田。1961年3月21日是突厥语和波斯语民族传统的"纳吾热孜节"，也正是在这一天，轮到他发出胜利的呐喊了。当钻探设备的钻头尚未抵达目标深度时，一股强劲有力的液体喷射而出，将团队淋湿。一场意外之喜。一直是同样的欣快之情，也一直是同样的描述笔触：钻井工人与地质学家们互相拥抱，他们用偏爱的黏稠液体擦脸而不顾其气味如何，在泰加森林中高呼"乌拉"。"当时，我们被快乐与骄傲所淹没，"萨尔马诺夫报告道，"情绪是如此强烈，以至于一些地质学家流下了幸福的泪水。"[50] 一位技术专家在黑色的淋浴中奔跑，同时高呼着："这是第二个鞑靼斯坦，这是第二个鞑靼斯坦！"勘探行动的负责人注视着喷泉令人印象深刻的流量，回应他道："一个鞑靼斯坦？你说的这个，可是要大上二十倍啊！"[51] 为了盖过喷泉的轰鸣声，他扯着嗓子喊叫。这不仅仅是一场胜利，也是对此前多年徒劳无功的逆境的复仇，是对与石油人作对的自然的蔑视和嘲讽。依照其一贯的性格，在发给莫斯科最高层领导机构的电报中，这位来自阿塞拜疆的地质学家并未错过彰显其性格的机会。这封在油田发现后不久拍出的电报中写道："我们已经找到了一口日产油量为200吨的石油喷泉。这够清楚了吧？你们得到了来自萨尔马诺夫的敬礼。"[52]

这并非向莫斯科方面发送报告时常见的口吻。当这位叛逆的地质学家和他的直接上级埃尔韦被召往克里姆林宫报告其发现成果时，赫鲁晓夫对他们的接待至少可谓是出人意料的。在苏联最高领导人的候见室中，这两位激动的人正了正自己的领带。他们改变了西伯利亚的命运，做好了接受赞颂与掌声的准备。萨尔马诺夫在回忆赫鲁晓夫对自己的拥抱时写道："他热情地拥抱了我们，在数秒钟内，我感到一阵幸福，并等待着与之相称的祝贺，此前所有完成这样壮举的人都会收到这样的礼遇。"[53]然而，赫鲁晓夫并未向他们致以祝贺，而是对他们，尤其是埃尔韦加以粗暴的指责，并在事实上控告他曾经对这庞大的能源储量知情不报。这一场景依然出自萨尔马诺夫的讲述："在指责尤里·埃尔韦的同时，赫鲁晓夫开始嘶吼：'你眼睛长哪去了？你甚至没看到发生在自己鼻子底下的事情。要是更严重一点的话，今天我们可能就会错过石油资源，明天国家就好打盹睡觉了。'他对尤里吼叫道。然后，他把我们晾在门槛外，沿着长长的地毯返回了他庞大的办公室。我们跟在他身后慢慢行走，仿佛被催眠一般。当他在扶手椅上坐下时，我们就在一段恭敬的距离之外。"两个西伯利亚人目瞪口呆。赫鲁晓夫指责他们向自己隐瞒了在西伯利亚展开的石油勘探工作，低估了它们所可能取得的成果及其对于国家的重大意义。这太过分了！但等到谩骂最初所带来的冲击过去，他们相信自己理解了他为何会做出如此反应：或许赫鲁晓夫这些年来完全没读过石油从业者和地质学家上报给他的无数报告？1961年春季，另一项令他压上相当一部分威望的壮举吸引了克里姆林宫之主的全部注意力：加加林在数周之前刚刚胜利完成人类首次载人航天。两位地质学家在谈话时说道，很有可能，赫鲁晓夫在准备本次会见的时候，才刚刚明白了二人所取得发现的重要性。他是否掌握了它对西伯利亚和整个苏联的历史意义呢？他骤然而至的怒火是一个几乎错过历史列车的人的怒火，并试图将这项过错归咎于铁路工人。从更深层次来说，这也是他对自己错误认识的一种承认：虽然他一直不相信西伯利亚存在油气资源，但他的两位客人却代表了对他顽固的否定态度的责难。

当时，距离苏共新一届全体代表大会仅有数周时间。这场大会定于10月召开，西伯利亚人民希望能够借此机会进一步扩大自身优势。该地区的未来是苏共二十二大的重要议题之一。苏联的这场盛会邀请大型企业和国有单位以良好的表现或是创纪录的产量迎接大会的召开。"向大会献礼。"惯用的口号如是号召。必须要迅速完成工作，并打起精神来。9月，尽管附近的河流面临冰封的危险，萨尔马诺夫的团队开始在鄂毕河的支流之一大尤甘河河畔打一口新的油井。距离大会的正式开幕只剩几个小时了，这时，井架的管道开始震颤。西伯利亚的地下似乎决定为大会奉上一份大礼：在萨尔马诺夫团队成员的注视下，一股黑色的喷流突然自深处涌出。据估测，其流量为每日300至500吨。"R-62"井穿越了六处油层，而这处油田很快便发展为方圆上百公里、储量高达数亿吨的大油田。获悉这一消息后，一贯以脾气糟糕而闻名的地方负责人也流下了眼泪。"所以，就让那些不相信您预测的人因嫉妒而裂开吧。"他一把抱住萨尔马诺夫，说道。[54]在全区域内，各个村庄的居民都穿过小树丛和泰加森林中的沼泽，以亲眼看看这道当会改变他们生活的黑色喷流。他们的西伯利亚是第三巴库，甚至还更在其上。在十五日中，这些新近发现的油井的产油量相当于此前高加索地区油井一年的产量之和。很快，它们所在的无人之地将会成为一座城市，萨尔马诺夫团队的成员已经想好了它的名字

"地质学家城"。这太没有个性了。人们最后定名为涅夫捷尤甘斯克，字面意思为"大尤甘河河畔的石油"。它将作为摇篮，孕育出命运如此动荡的尤科斯石油公司。地质学家兼制图员罗斯托夫采夫甚至开始遐想起建设其他的城市、众多的公司和高速公路！[55]这是重塑一个世界。西伯利亚漂浮在一片石油之海上，萨尔马诺夫是这片海洋的第一位探险者与航行者。

自此刻起，发现一个接一个，出现的速度也不断加快。十五年后的1977年，西西伯利亚地区共计有250处油井或天然气井，其中萨尔马诺夫贡献了数十座。"在世界历史中，只有这一位地质学家参与发现了如此之多的大型油田。"苏联科学院院士阿列克谢·孔托洛维奇于日后说道。[56]这位地质学家中的怪杰共发现了130处油气田。其中30处的规模被认定为"特大"，33处为"巨大"，49处为"大"。[57]再也没有"小老鼠"与"大象"的问题了，整片地区聚集了一群"乳齿象"：石油储量高达100亿吨。未来，苏联科学院院士安德烈·特罗菲穆克（无论怎样的赞美之词加诸他身都不为过）认为，这里的储量不仅能够满足20世纪的开采需求，进入21世纪后当地的石油产量还会有进一步的提升。[58]

苏联的报纸几乎不怎么喜欢突出个人形象，而杂志也很少采用封面人物。但是，这曲石油史诗中冒险者们的姓名与黑白肖像很快便占据了国家级日报的头版。人们能够轻松认出他们：这位长着浓密黑眉毛的人是巴伊巴科夫，他在中央政府内部不断为西伯利亚石油勘探事业辩护。将浓密的头发梳向脑后、鹰钩鼻、嘴里永远叼着一支香烟，这些特征令此人很好辨识，就是地质学家们的领袖埃尔韦。他是一户法国移民的后裔，他的一个名叫让·弗朗西斯克·埃尔韦的先祖于19世纪60年代举家迁移至高加索地区，据称，他那家喻户晓的彬彬有礼便是继承自这位祖先。另一位面带微笑、和蔼可亲的人是大地质学家特罗菲穆克，他是苏联科学院西伯利亚分院地质和地理物理研究所的创立者之一，在照片中几乎总是被钻井工人黧黑的面孔团团围住：他坚信西伯利亚能够实现内生性增长，并致力于在全苏联的科学界与政治界中保护西伯利亚的利益，成为地区的捍卫者。他从不畏惧莫斯科。现在，他站在了胜利者的阵营之中。

自然，在这些坚持立场的人之中还有萨尔马诺夫。这个阿塞拜疆少年实现了自己的梦想，西伯利亚最终证明他是对的。立足于已有的成功，他立志献身于改造这片无边无际的自然，这片湖泊之间遍布沼泽的不毛之地，这片生长着白桦树和松树的丛林，这段漫长无尽的冬日和蚊蝇横行的夏日，将这里变为苏联的应许之地。有赖于此前的胜利，他要求资金，规划城市、道路、铁路。而他的方法也未改变。这位新的西伯利亚英雄是一个倔强的人，只要对面不是财政或司法部门，他与规章法纪之间的关系就相当微妙了。各类处分如雨点一般落在他的头上，针对他的匿名举报也不在少数。例如，人们指责他每月向莫斯科派出两架直升机以运回综艺节目的录像。另一次，他令直升机起飞悬停，只为了吹干当地的足球场。他还会挪用资金修建文化用房。在他看来，其麾下的地质学家们是新的开拓先锋，他们无论享有怎样美好和舒适的设施都不为过。

这种固执的性格和官员们对他不断的责难在极大超出其职业的范围内为他赢得了他人的好感。苏联娱乐明星阿拉·普加乔娃来到他的所在地举办了一场音乐会以示支持。而在与萨尔马诺夫见面之后，俄罗斯最伟大的诗人、歌手和演员弗拉基米尔·维索茨基创作了一首歌曲《秋明的石油》，它后来成为一座座因开发石油与天然气而起的先锋之城的非正式市歌。萨尔马诺夫在其中扮演了西伯利亚地下深处的神灵：

> 如此，我明白了，
> 有一位石油之神，

他说：

挖这里！［……］

我看见了那位神祇，

他上身赤裸，携着两个油罐，

在石油下淋浴。

大地恢复生机，我于夜色中忆起，

他们在这片土地上舞蹈［……］

我感到幸福，因为我们承担了风险，

超越能力的界限，已经打开了矿脉！ [59]

　　这位敏感而易怒的地质学家受到了大众的欢迎，连苏联的中央报纸也不例外。在媒体眼中，他征服一切的热情、他对西伯利亚的未来普罗米修斯式的观点、他同死气沉沉的官僚主义的斗争和他的爱国主义信念都在很大程度上弥补了他众所周知的目无纪律。甚至对组织纪律的不服从还赋予了他某种吸引力。苏联政府的机关报《消息报》、苏联共青团下属报纸《共青团真理报》和所有公务员都会阅读的苏共党报《真理报》等一线媒体所采用的标题越来越坚定地支持石油人们的观点。这些大标题推动了一场论战：地质学研究的优先点应当放在哪里？如何安排发放预算资金？应当优先考虑哪一地区？因此还需要付出哪些牺牲？但是，对相当数量的读者而言，这场论战显得晦涩难懂。在传统意义上，媒体承担的职责是教化，但正如人们所见，这一次它们要求承担更加雄心勃勃的角色，替代几乎不存在的公共舆论。这场骚动也暴露了政府内部激烈的斗争。在这场战斗之中，官方媒体各自选边站队、营垒分明。如果说最有影响力的标题对石油行业表示了支持，那么石油人们也对写出这些标题的媒体投桃报李。萨尔马诺夫新发现的一口高产油井被命名为"《真理报》之井"。而由于《消息报》曾经为石油业的竞争对手获得当局青睐一事打抱不平，下一口油井的名字被定为"《消息报》之井"。[60]

当苏联共产党第二十二届全国代表大会于1961年10月17日拉开帷幕时，发现"R-62"号油井的绝佳惊喜在各大报纸中占据了醒目位置，与向代表们致敬的内容紧密相邻。秋明州向大会主席团发去了一封捷报。于大会召开前日自"R-62"号油井中喷出的黑色黄金瀑布犹如一项明确的事实，西伯利亚不请自来，加入了会议的日程。这本是一场讨论现代化进程的大会。它也将成为一场讨论碳氢燃料的大会。

在赫鲁晓夫于克里姆林宫围墙内新建的建筑中，高层正在召开会议。这座现代建筑与古老建筑的经典线条以及其四周镀金穹顶的倒影形成鲜明对比。赫鲁晓夫立志实现国家的现代化，并以之作为主要工作，而这幅景象正是其具象化的符号。城市的景观有所改变。在全国各地，以水泥预制板建成的五层小楼（即"赫鲁晓夫楼"）逐步取代了战前破旧的木屋。它们的外观千篇一律，赋予了所有苏联城市整齐划一的样貌，唯有有时会因为些许因地制宜的变化而导致微小的不同。

赫鲁晓夫决定让本次大会成为通往理想社会之路上的一处重要里程碑。他在数千名代表面前声称，苏联必然会创造伟大的历史：到1980年，人人都能根据自身意愿自由发展。作为起点，每一户家庭都将拥有一套公寓和一辆小汽车。

通往光明未来的道路已经开辟，而西伯利亚应当为跨越最后一段征途提供必需的碳氢燃料。因为未来将会对能源有着巨大的需求。赫鲁晓夫甚至掌握这一需求的具体数字，他的专家们已经进行了计算。想要在1980年唱响未来，每年需要消耗7.1亿吨石油。[61]而在1960年，苏联的石油产量仅为1.5亿吨。至于天然气，它的产量需要在同样的期限到来之前达到现有水平的十五倍。这种工作方式完全继承自斯大林，只不过具体的指标数字有所改动：这就是命令，你要做的就是实现它，想办法完成任务吧。

再一次，这些预言令石油和天然气工业的负责人们感到不知所措。令与会代表们感到不快的并非是这些难以企及的目标。如果说石油与天然气部门的从业人员们依然心怀疑惑，那是因为他们越来越怀疑赫鲁晓夫领导国家经济的能力。在全球经济由煤炭向石化燃料的转型过程中，苏联至少落后了一场能源革命。他给出了大量不恰当的提议，一些人怀疑他根本不明白苏联所必须战胜的挑战。他所实施的改革降低了产能，唯一的"成果"是在许多领域内引发了混乱。基本食品的短缺问题重新出现，爆发了多起骚乱。石油和天然气行业的从业者并非唯一感到忧心忡忡的人群。在许多经济部门，尤其是那些最为活跃的经济部门中，人们对事情的发展感到担忧。在领导层内部，这样的担忧在经济管理部门中收获了共鸣，尤其是前途最为光明的副部长之一阿列克谢·柯西金，很快，人们会听到他上台讲话，而他也是石油人的一贯盟友。[62]

1964年夏，赫鲁晓夫开始在全苏联范围内巡回视察。他的目的在于实地确认即将到来的粮食收获工作的开展状况，对此没有人感到震惊。但是，石油人们惊喜地获悉，他也打算参观一些主要的石油精炼厂。这是一个最终说服赫鲁晓夫相信他们所在行业对苏联具有重大战略意义的机会，或许是最后一次机会。

在他为期两周穿越广大农业区域的漫长旅程之中，赫鲁晓夫最后花了两天时间参观油井和国家最有竞争力的石油企业。为了迎接他的到访，一切都经过了精心准备。在官方参观团黑色轿车所要行经的道路沿线，村庄被迅速粉刷整修，而为了避免激怒他，他们派人收割了田地中稀疏瘦弱的粮食作物，而在此之前，他们根据上级的命令，种下了这些植物，但自然，在这个纬度它们不可能成熟。现场，当地石油企业的负责人充当了他的向导，精心挑选措辞和恰当的图像以令来访者留下深刻的印象。他解释道，如果将该地区的石油年产量放入一根直径一米的管道中，那这根管道能够绕地球好几圈。在更远一些的地方，四台拖拉机表演了一种用以加快施工速度和产量的技术，无需拆卸便可将油井架从一地转移至另一地。人们还向他展示了正在进行的钻探作业。赫鲁晓夫观看了全部的展示，面无表情。他的面孔中看不出丝毫好奇。直到不久之后参观"前卫"集体农场以同农业职工深入谈话并事无巨细地对他们加以询问时，他方才振奋精神。次日，《真理报》伴随赫鲁晓夫的特派记者发表了他的访谈："这是我第一次来到这一地区。"赫鲁晓夫于采访中评述道，"肥沃的田地和狭长的森林，大麦、小麦、豌豆、甜菜、土豆，这一切都令我想起库尔茨克州。一切都得到了精心打理，人们可以期待一场丰收。"[63] 对于黑色黄金，他仅仅一句话带过：赫鲁晓夫同志热情洋溢地同石油工人告别，祝愿他们"生活幸福，捷报频传"。次日，仿佛是为了令画面更加完美，赫鲁晓夫当着石油行业干部的面发表了一通讲话，赞扬农业战线所取得的功绩。"石油有其重要性，"他向一名与会者解释道，"事实上，正是得益于它，人们才生产出明日的肥料。"[64]

接着，他继续前往哈萨克斯坦的大平原巡视，在那里跟进即将到来的粮食收获工作。谢尔盖·赫鲁晓夫新近出版了一本有关其父亲的传记作品，为此他调动了最好的信息源，但书中几乎没有提到赫鲁晓夫在苏联经济跳动的心脏地带度过的这两天。唯一一次提及是赫鲁晓夫的旅伴于1964年8月10日在日记中所写的一句话："他一整天都在路上。最后，直到晚上，'我累了，'尼基塔·谢尔盖耶维奇·赫鲁晓夫告知我，'就算爆发了战争，也不要叫醒我。'"[65]

梦醒时分在两个月后到来了。10月，勃列日涅夫取代赫鲁晓夫成为苏联的最高领导人。人们立刻公布了一系列人事任命和施政措施负责经济改革的乃是阿列克谢·柯西金。由赫鲁晓夫所颁布的经济分权政策被取消，相关部委得到恢复。石油工业部成为新政府中最为重要的部门之一。新任部长瓦连京·恰钦曾因反对赫鲁晓夫的经济政策

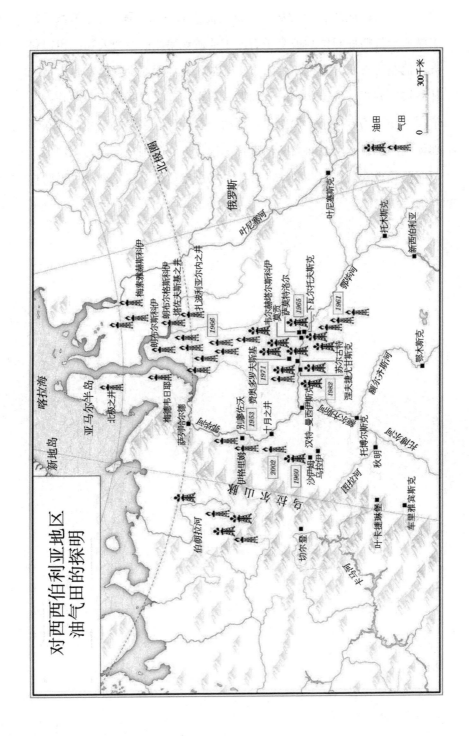

对西西伯利亚地区
油气田的探明

而失势，其团队成员则为从一线直接提拔的石油工程师。[66]国家计委主席这一战略性职位则被交予石油工业游说集团的主力人物巴伊巴科夫。他在这一职务上工作达二十年之久。在鄂毕河上修建水电大坝的计划被废弃了。位于秋明的石油勘探总指挥部进行了改组，并获得了增援：埃尔韦专注于勘探工作，而柯西金的一个亲信、以其对苏联管理体制的批评态度而闻名的维克托·穆拉夫连科则被任命为石油生产方面的负责人。他的办公室内有一台红色电话机：这是直通克里姆林宫的专线电话。[67]

第三十章
西伯利亚病

石油与天然气储量丰富的西伯利亚似乎终于迈入了它的黄金时代。这是《西伯利亚颂》*的开篇，而这首颂歌乃是对西伯利亚新的大规模殖民进犯，是俄国征服史上最近的一笔记录。它也是苏联时代西伯利亚历史中史诗性的一页。

这片面积广阔的地区（尤其是它的西部）利用权力交替的机会为自己找到了强有力的盟友。新任部长会议主席阿列克谢·柯西金自上任后宣布的改革很快便对石油工业产生了影响。新一届政府决定深度改变国家在经济计划中所扮演的角色，这部由无数下属机构组成的庞大积木不再由外部力量所控制。根据启发柯西金的新概念，经济计划将确定发展方向，并专注于不同经济部门间的协调任务。国家将扮演经济发展的推动者，更多地采用下达订单而非行政命令的形式。

在这种重新规划后的背景下，企业成为首要角色。它们的行动与决策空间得到了可观的扩大：它们可以自行决定革新技术并扩大生产，独自寻求供应或销售困难的解决方法。从此，它们的考核标准不再是经济计划所规定的生产量，而是它们的利润率和总盈利额。更好

---

*《西伯利亚颂》也是安德烈·米哈尔科夫·康查洛夫斯基基于1979年所拍摄电影的标题。该片讲述了西伯利亚一处小村庄中三代人的传奇故事。

的是，企业能够保留绝大多数利润额，并将之作为技术革新的研发资金，或是用于向员工发放物质奖励，又或是用于社会、文化、住房等方面的活动与项目。工厂或集体农庄如果运营状况良好，则可以提高工资与奖金待遇，改善食堂伙食或是单位的商店，为职工建造住房、托儿所、医院、体育场或是度假疗养院。

改革派赶工出炉的第八个五年计划（1966—1970）最终令苏联人得以购买第二套制服、一些裙子和几副手套。他们还可以为自己的寓所添置家具、外出度假，甚至有可能开上新的拉达小汽车（也就是苏联的大众汽车），当局同时决定在伏尔加河流域建造这种轿车。在大众的记忆中，这将会是"黄金的五年计划"。

经济领域骤然的改变自然令石油行业高兴不已，他们原本并未预计情况会发展到这般地步。改革的诸多主要措施来得正是时候。有竞争力的工资会让石油企业得以招募新的员工，并鼓励他们冒险前往环境恶劣地区工作。企业的自我投资也会加快在该地区内的再投资。最后，认为"得益于新的价格政策，西伯利亚能够出口一部分蓝、黑色黄金并迅速致富"的想法也不再是一种禁忌。

新一届政府很快便证明自己准备把希望寄托在西伯利亚身上。为了确定能源政策新的优先投资领域，人们于1965年春季拟定了两套方案以供选择。两种方案都应当确保在20世纪80年代来临之际达到7亿吨的石油年产量。第一种方案更为谨慎保守，将希望寄托于鞑靼斯坦和巴什基尔地区已开发且产量有保障的油田。第二巴库的石油产能依然有希望在多年内保持规律的增长，并利用这一点逐步征服西伯利亚的油田，以确保一旦乌拉尔与伏尔加地区的石油资源枯竭，苏联的石油产量依然能够保持增长。

第二套方案则选择全部压宝于西伯利亚。根据其支持者的推算，西伯利亚存在储量庞大的油气田，没有道理不去开发，而且它们能够为国家带来庞大的出口潜力。鄂毕河中游地区刚刚于不久前证明了自身石油储量远超传统的石油产区，他们主张大幅增加该地区的钻井数量。接着，朝着极地苔原和已被探明存在天然气田的亚马尔半岛的方向逐步向北方推进勘探。西伯利亚石油的化学成分令其成为全球最为优质的石油之一。它是轻质原油，黏稠度可以接受，硫和蜡质的含量极低。诚然，为了有机会开发沉睡于沼泽之下的油气矿藏，规模前所未有的投资是必须的。但是西伯利亚崛起的参与者们认为这一缺点中也隐含着机遇：他们认为，在西伯利亚，这样的孤注一掷要么全部翻本，要么加倍输钱，高风险也意味着高收益。唯有大规模投资方可解放地下的财富，也唯有从中获取的收益才能带来丰厚的报偿。他们保证，与第一套方案的稳妥路线不同，该方案收回成本的速度会无比之快。不能仅仅在西伯利亚采取不彻底的权宜之计或是只打一半的石油钻井。西伯利亚人无疑有着他们的热情与他们富有感染力的信仰。但他们地区的石油年产量仅仅略高于100万吨，而同一时期其竞争对手的年产能则超出他们一百倍。

要采纳哪一种方案呢？苏联共产党第二十三届全国代表大会将会成为决定的舞台。在为了自身未来而发起的游说行动中，西伯利亚人又一次做出了让步，以劝诱那些因为一步踏入未知地域和确定的庞大投资额而感到惊恐的决策者：他们建议，至少在数年之内暂不于石油生产点兴建真正的城市或生活区。没有城市，没有重大的基建项目，更少的公路或铁路，这些都是权衡时会纳入考虑的有利因素。人们将会效仿加拿大人在该国北方矿场中所实施的方案，对油田上的工人团队采取轮换制。日后，西伯利亚人将会发现，这一战术性的让步会在接下来十年中导致严重的后果。

根据领导机构内目击者的说法，大会召开前的数周是两种方案的支持者间"暴力冲突"的舞台。[68]但当第二十三届全体代表大会于1966年4月就该问题的最终决议进行投票时，西伯利亚人发出了胜利的呼喊。5000名与会代表对他们提出的方案表示支持。"加速石油工业的发展，"大会向新一期五年计划的负责人下达了指令，并补充道，"在西西伯利亚地区兴建新的石油勘探与生产中心是最为重要的任务。"胜利！《秋明真理报》高呼道："500亿卢布的投资！这是过去七年间总投资额的四倍！"[69]

在随后的年月之中，各路人马蜂拥赶往西西伯利亚地区。伊万·古布金三十年前召集的大军终于就位了。万事俱备，以证明种种期望和承诺的正确性。再也不会有任何因素阻碍苏联中央政府、地方政府、油气集团形成利益共同体了。运动所采用的语言一直带有浓厚的军事色彩，必须要"征服"，要"发动进攻"，要"实施打击"。[70]直至那时，鄂毕河流域所产石油需要先经过数千公里的水路运输送往与西伯利亚铁路的交汇点。自此而后，人们派出推土机穿越泰加森林，以最快的速度开辟出铺设管道的路线。利用严冬和冻结的土地，这些为该项任务特别设计的强力工程机械强行破开了森林与沼泽，每日向前推进数公里。在它们身后，重达20吨、外形酷似导弹发射车的牵引车拖拽着输气管道或输油管道。工程沿直线向前铺设，每遇见一座丘陵便直接铲平，丝毫不考虑此举可能对自然环境产生怎样的影响。难道自然不正是为人类服务的吗？管道穿越极地苔原的路线也没有注重保护土著的传统放牧转场路线。"石油工人们受到了汉特族土著们方式多样的招待。"[71]官方在其对于本次征服的历史记载中如此遮遮掩掩地写道。石油（或天然气）优先于一切。永久冻土已经令管道的修筑相当复杂。这种土壤的表层会在夏季融化，令延伸往北方的钢铁巨蛇失去平衡，并将之扭曲弯折。正如在古拉格的大型铁路工地上或是在修建诺里尔斯克或其他北极地区城市时一般，工程师们面临着立即以技术手段驯服自然的挑战。记录这一时期的种种材料所向我们展现出的，乃是一场残忍却又弥散着英雄气息的征服运动：拖拉机如同装甲部队一般向前挺进，陷入积雪融化后的泥泞之中，而它们身后则是负责切割和装卸物料的工程机械。"这样，道路被破坏，车辆成了搁浅的船只，车轮无法转动，"一位参与了早期开发的先驱者说道，"在斜坡上，运输管道的车辆也经常被困住，在森林深处引发堵车，接着便需要花大力气将它们强行拖拽出来。"在同一篇报告的后文中，我们读到这样的记述："我们已经不剩下多少工程量了，还有稍稍多于30公里的管道有待铺设。但为了将管道运过来，还需要穿越300公里的路途。这段路程要耗时二十小时。一些司机在途中已经体力崩溃、支撑不住了。最后，人们派出直升机，通过空运的方式直接在驾驶室完成司机的换班，他们的接替者'从天而降'。" [72]

在勘探点，钻井团队大幅增加了调查的数目。这里同样也不存在着什么长远考量或是长期规划。人们依据从上级收到的方案，快速地施工挖掘，所有的规章制度均未被遵守，就连安全方面的规定也不例外。"我很难找到哪怕一座完全遵守技术规定和项目要求的油井。" [73] 天然气工程师尤里·波雷加洛夫如此承认道。环境遭到了巨大破坏，土壤和水资源均遭受严重污染。日后的调查表明，倾倒入鄂毕河中的碳氢化合物数量达到了规定上限的四至五倍。 [74] 人们的希望已经不再是找到地下的油气矿藏，如今，这样的矿藏已经屡见不鲜了，他们只关注于找到那些储量巨大的油气田，那些著名的"大象"。所有储量较小的油层或是被废弃，或是没有得到充分的开发。这些油层还不足以满足五年计划的指标！由此导致的浪费是严重的。在新发现含油地层的汉特-曼西自治区，共发现了362处石油矿藏，但仅仅12处便提供了总产能的80%。

原始的成果数据达到了计划的水平。在西伯利亚的赌博以胜利告终：1965年，石油年产量为100万吨，1970年，这一指标达到了3000万吨，1975年，它进一步提升至1.48亿吨，1980年，达3.12亿吨，1985年，石油年产量高达3.82亿吨。 [75] 当米哈伊尔·戈尔巴乔夫时代于20世纪80年代中期拉开帷幕时，单单西西伯利亚地区便贡献了苏联石油总产量的三分之二。

而且，不仅是石油。天然气行业的发展同样一帆风顺。直至20世纪50年代中叶，这种蓝色能源依然处于边缘化的地位，但全苏联对它的需求十分旺盛。[76] 负责开发建设新的赫鲁晓夫楼的建筑师和城市规划师很快便意识到，依靠煤炭或石油/重油满足苏联大都市的能源供应是不切实际的。铁路网和公路网无力承担如此重任，且有可能陷入立刻的堵塞之中。1961年冬季，莫斯科和列宁格勒陷入了骤然遭遇能源短缺的问题，城内街区几乎被完全冻僵。此外，天然气是一种廉价的能源。在20世纪60年代初时，它的价格只是石油或者煤炭价格的一点点零头。所以，正是天然气将为城市居民的生活带来革命性的改变，令他们得以享受热水、洗衣机和令生活起居更加舒适的现代化设备。它和石油在能源消费结构中所占的比重不断增长，而木柴等传统能源和煤炭的地位则不断下降。

　　在西伯利亚北部地区付出巨大努力而展开的勘探活动也令天然气行业获益匪浅。随着勘探工作的推进，天然气行业的从业者们越来越确信，如果鄂毕河中游很可能一直蕴藏有储量庞大的石油资源，那么他们应当前去寻找天然气矿藏的地方正是在这一带的更北方。历史似乎重演了：正如石油行业从业者长期指向苏尔古特地区一般，他们在天然气行业的同行将目光投向了极地苔原边缘地带的一片片平原，它们位于北极圈以北，塔兹河与伯朝拉河流域，最北直至亚马尔半岛。一直都在更加靠北的地方！天然气行业甚至涌现出了自己的萨尔马诺夫：瓦西里·泡德西比亚金，这位极爱说话的人不久前被任命为亚北极地区的钻探队负责人。他的自传同样也是一部苏联地质勘探简史：他的父亲是苏联第一批集体农庄主席之一，他本人在石油工业学院（当时名为古布金学院）接受工程师教育，在别廖佐沃钻井，在苏尔古特于萨尔马诺夫的团队中完成了自己的培养学习。这位大师的弟子刚一抵达亚马尔半岛的极地苔原，便向随之而来的记者们担保，环绕他们四周的三座寒酸可怜的小木屋很快便将成为天然气帝国的首都。"这里会有6万亿立方米的天然气储量,"他于1966年5月保证道,"啊,就像这样!我向你们保证这是真的,即便这个数字令你们惊掉下巴!"[77]在这一雷鸣般的宣言发布一个月之后,他指挥下的一支团队沿着昔日501工程铁路的路线勘探,他们决定在劳动惩戒营废弃的木屋中安营扎寨。这里名叫乌连戈,共有七位居民。在地下2200米处,钻井工人们发现了全球有史以来最大的天然气田:在超过6000平方米的面积上,总储量高达12万亿立方米。[78]在铺设穿越极地苔原之路的同时,斯大林时代为501-503工程工作的工程师们走过这片土地,全然不知脚下正是一片真正的天然气之海。很快,便轮到泡德西比亚金进入西伯利亚矿藏发现者的万神殿之中了:他总计发现了36处天然气田,总储量为36万亿立方米。[79]

西西伯利亚地区和亚马尔半岛极地苔原上油气资源探明量的爆发式增长骤然加速了务工人员的流入浪潮。首先出现井喷的是参与油气资源勘探活动的地质学家的数量。勘探者人数从别廖佐沃钻探前的数十人发展为近七千人。[80]

地质学家们第一时间聚集于自己所能抵达的地点,总体而言,他们优先活动于那些可以通过河流或其支流抵达的地方。条件是艰苦的。在绝大多数情况下,这些侦察兵们所拥有的不过是帆布帐篷、临时兴建的小棚屋或是在河岸边掘出的用以栖身的坑洞。历史学家康斯坦丁·拉古诺夫也曾是热情志愿者大军中的一员,作为增援力量来到西伯利亚的极北地区。他这样描述沙伊姆的"村庄"(这里是先驱者时代所发现的第一座油田的所在地):"坑洞紧贴着陡峭的河岸,犹如建筑上燕子的巢穴。货物箱、尚未除去树皮的原木板、页岩、一段段马口铁和木材构成了一座座美丽超乎想象的建筑。在被积雪覆盖的屋顶上,一根根管道犹如吸剩的烟蒂。[……]而这一排坑洞被称为先驱者大街。"[81]罕有的关于那个年代的文字记录中远没有报纸中史诗一般的夸张。有时候,征服石油的英雄们的生活条件几乎与数十年前的囚犯们相当。以下文字依然源自拉古诺夫的记述："我曾经看到工人们是如何在完成了十二小时的工作后,在严寒之中立于数百米长的队伍之后,等待着进入村庄中唯一一处食堂,还没缓过气来就灌下八九杯滚烫的茶水,如同火炉点燃自己的喉咙。他们随后才开始吃晚餐,在自己的盘子中放入加了罐头白菜汤的炖菜。"[82]

尽管开出了富有吸引力的工资,但生活是如此艰苦,以至于一线单位每年不得不更换一半的员工,然而,这种轮换频率到中期就难以为继了。为了更正这种趋势并改变这种几乎与贫民窟相当的生活条件,石油工业部首先尝试确保1965年法令所规定的"最低社会限度":理论上,只有在预先准备好有尊严的生活所必需的物质条件,尤其是在水电供应、通往居住区的道路、与外界保持沟通的手段和物资仓储设备都已得到保证后,钻井开采工作方可获准进行。[83]但人们并未采取任何措施。与其期待在这一纬度相当虚幻的生活和供给条件,石油与天然气工人们更情愿加快施工速度,尽快完成所负责的钻井作业。一旦完成计划,至少人们可以获得事先承诺的奖金,这笔钱的数额绝非微不足道:在20世纪60年代中期,苏尔古特地区地质学家的平均工资为每月1367卢布,此外还有500卢布的年度奖金和休假、出差等其他一些福利待遇。[84]而当时苏联一名普通的工程师月薪仅有120卢布。

当油田开发所需的其他职业从业者加入首批先驱者的队伍中后,问题变得更加复杂。继地质学家和钻井工人之后,现在又有了电气技术人员、建筑工人、焊接工人、司机以及行政人员,自然,随之而来的还有多种服务业者。其中大多数为青年人。在20世纪70年代中叶的苏尔古特,人们的平均年龄大约为二十七岁。[85]他们组成家庭,出生率急剧攀升。要将他们安置在哪里呢?殖民自然条件不适宜居住的土地,这个历史上多次困扰西伯利亚的问题带着意料之外的尖锐性突然重现。这一次,不再是为了占领土地,也不存在什么战略考量或俄罗斯欧洲部分人口过剩，这些动机曾经在诸如19世纪末等时期引发移民潮，但这一回的情况并非如此，这是一场并非出自当局本意的殖民运动，经济现实将之强加给了一个对此全无事先规划，也未曾衡量过这一现象的规模与后果的国家。因为，无论选择何种形式为这些对碳氢燃料生产而言必不可少的远道而来者提供住所，这都会是一场巨大的工程。20世纪60年代初，被探明地下油气资源储量最为丰富的秋明州并没有一个发达的农业，其定居人口仅仅略多于100万，且主要分布于其南部，西伯利亚铁路从中穿过呈竖条状分布的人口密集区。在北部的产油区内，人口密度比俄罗斯欧洲部分的平均人口密度低三十八倍。[86]这是一片荒漠。一次在这片广袤土地上空的飞行便足够令最勇敢的先驱者留下深刻的印象：在数小时之中，直升机的下方都只有或黄或绿的极地苔原，其中沼泽内的积水潋滟于野草或是白桦林与松树林的遮蔽之下。然而，到来的移民已有数万，而且很快这一数字便成为数十万，继而发展至上百万。而油气资源的开采地点仅能通过河流船运抵达，且河流的通航期一年之中仅有数月。

在这样的背景下，必须要兴建城市吗？如果是，人们想要使用什么建筑材料呢？木材？砖块？还是坚固的石料？这个问题曾经被支持石油工业发展的人匆匆抛在一边以在斗争中获胜，但如今已经再也不能忽视了。根据官方的说法，油气资源开采区的派驻策略会优先采用成员不断轮换的团队，油井的工人从西伯利亚南部的城市来到工作地点居住数周，然后与下一班工人交接换岗。管理层至少暂时采用了这一体系以最大程度降低成本。

在几年之中，最初的村庄变为城市，它们在没有最起码的直接规划的情况下自发地迅速发展。城市化已经成为非此不可的必要，但问题依然存在：谁来负责？当国家政治决策机关与经济决策机关之间就下一阶段所需采取的策略争执不下时（莫斯科方面倾向于使用木材搭建临时性建筑，而秋明州则要求使用砖石材料以作为一种更加可持续的发展模式的保障），直接管理石油生产的石油工业部和天然气工业部继续着它们的扩张步伐，开辟新的油气田。每一座新的油气井都会吸引来一群全新的工作者，男男女女们追求着新生活和更加快捷的致富之道来到这里。这是一种难以掌控的扩张。在1965年至1990年的二十五年间，西西伯利亚地区从无到有，突然间兴起了16座城市，此后至2010年，又出现了6座城市。该地区的总人口也增加至原先水平的三倍。产油区或产气区的人口水平更是在十五年间达到了原先的十倍之多，而城镇人口占比也在1960年至1985年间从32％上升至72％。[87]

城市？极北地区那些萌发出的居民点还配不上这个名词。没有自来水、没有废水的排出或净化系统、没有绿化、没有电影院或娱乐设施、没有林荫大道、甚至没有城市规划：就像一个世纪之前淘金热时期出现于加利福尼亚和育空地区的那些暂时性城市一样，远道而来的劳动人口的意愿决定了新西伯利亚地区城市的发展。负责石油开采的国有企业无力应对这样的混乱局面。以第一口油井所在的苏尔古特为例：1964年3月，共有500至600户家庭面临住房不足的问题，还有300名新到来者上无片瓦可供栖身。[88]只有10％的新市民有幸拥有一间公寓。对于其他人，典型的住处是"balok"，这是一种由薄铁皮制成的卧铺车厢，内部被分割出多个面积两平方米至六平方米不等的小隔间，中央共用一条过道。四名工人或一户家庭占据一间隔间。这些代表了西伯利亚石油热的标志性车厢由河道中的驳船或是冬季结冰路面上的拖拉机运送而来，一旦路面不再冰封，一旦土地得到开发，这些车厢就会被粗略地排列起来以形成一条街道，并以公认的第一位占有此地或是声名相较他人更为显赫之人的姓名为该街道命名。接着，人们会在车厢表面用大刷子蘸上白色油漆涂写编号。根据住户职业的不同，一节节车厢或是被蒙上了双层铁皮、盖上一层木板，或是利用本当用于包裹输油管道的材料（这些材料自然取自工地的仓库之中）将自己与其他车厢隔绝开来。夏天时，车厢内无比闷热宛如蒸笼，冬天时，又会令住客如堕冰柜之中。在极夜的数月内，甚至连烧红的生铁炉都无法阻止厕所水箱中滴落的水在夜间凝结成冰。无数的逸闻故事都讲述了住户们一早醒来，发现自己的头发同隔间的墙板冰冻在了一起。一旦夜间天降暴雪，有时必须一大早便挖出一条自车厢入口抵达地面的通道，这也是车厢的车门全都向内开启的原因。[89] 人们用桶从河中取水，而废水和垃圾也全部排入河中。社交生活被压缩至最低限度。在最早期，老职工们在欢迎新来的劳动力时是如此急切，以至于他们有时会忘记预备一节充当食堂或是乡间面包店的车厢。

档案中的照片向我们展示了数百节这种充作集体宿舍的铁皮车厢以及其侧修建于烂泥中的小木屋。没有柏油路，人们向永久冻土中嵌入沙石，以免道路泥泞。这幅画面和野蛮生长时期的巴库相差无几。苏尔古特、涅夫捷尤甘斯克、下瓦尔托夫斯克、乌拉伊，这些由萨尔马托夫及其同伴所构想出的石油城很快便有了数万居民，其中最大的几座人口则超过了25万乃至30万，但它们距离先驱者们所预言的规模依然相去甚远。

当局担保，这只是暂时现象。但所谓的"暂时现象"持续了二十年。一切都要从零开始，一切都要动手实现，而当局难以掌控或协调这场由自己的部长们发起的殖民运动。苏联非正式的石油之都苏尔古特就是一个完美的例证。当年，萨尔马诺夫来到此地，并在村庄的浮桥上开展了一场违背当局指令的勘探行动，二十年后，这座城市已经混乱不堪，下属的各个街区之间不存在一丁点的合作，各自为政。由于急于建立自己的员工队伍并为不断到来的新员工提供一个住处，每个部门都在忙于自己的优先事项，全然不考虑兄弟部门或是合作单位。有的修建供石油工人和建筑工人居住的街区，有的修建供地质学家居住的街区，有的修建供河运工人居住的街区，有的修建供供暖工人居住的街区：总计23家代理商共同参与城市的建设，却从未达成过整体规划。"每一方都修建了自己的远程供暖设施、配电中心、给水设施、俄式蒸气浴室、洗衣间、面包房，"身为秋明州石油行业总负责人的维克托·穆拉夫连科对这一现象十分气愤，"这甚至不是农民习气，而是一个个货真价实的小土霸王统治着他的下级！人人都有自己的小王国，苏尔古特的位置又在哪里呢？"[90]这座城市没有任何一条中央大道，采用预制件技术建成的五层小楼屈指可数*，而且，在大储量油田被发现十年之后的1973年，市政当局的统计数据显示，全市共建设14座住房，但其中7座因为一直未能彻底完工而从未有人居住。[91]工作马虎或规划缺失并不是唯一的原因。在如此恶劣的环境中兴建城市需要特别的方法。严寒尤其需要注意，它是一个可怕的敌人。当气温急剧下降时（这便是新的油气"黄金国"所面临的情况），设备和建设施工的成本呈指数级上升。当气温为零下6摄氏度时，必须为发动机准备特殊的燃烧系统。零下15摄氏度的气温对电池和标准钢材而言是第一个关键门槛。当气温达到零下25摄氏度时，即便改良后的钢材也会变脆、易碎，橡胶容易粉碎，所有的原件都必须被单独放置。零下30摄氏度可被认为是能够进行建筑活动的最低气温，人们必须不断进行修复工作。至于劳动力，经验表明，在零下40摄氏度条件下完成一项工作所需花费的时间比在零下10摄氏度条件下完成同样工作所需时间多四倍。因此，人们需要更多的时间才能完成同样的作业任务。专家们指出，总的来说，在西伯利亚极北地区施工建设的成本比苏联平均水平高八倍。[92]

一切都必须以如此快的速度进展，一切都是如此混乱无序，以至于后勤部门已经无法跟上发展的脚步。石油工业部张贴了两条口号："不惜一切代价的计划！"和"一切为了人类的福祉！"想要猜出优先

---

　　* 苏尔古特城的今昔对比是惊人的。诚然，这座人口超过30万（2010年数据）的城市还保留着曾经的街区和它们原本的名称（地质学家街区、电气专家街区等），但城市规划师们采用开辟大量绿地、后期增设一个拥有博物馆、音乐厅、歌剧院等设施的市中心等方法重塑了城市的空间格局。这座城市依然是如此年轻，以至于它的居民们几乎能够讲出永久冻土上拔地而起的每一幢建筑的故事。

点在何处并不难。负责为工人们提供补给品的部门需要保障新建城市的物资供应，它无力应对暴增的需求，在计划经济的背景下，它实在是无法习惯如此的现象。但遭遇物资短缺的城市的数量已经占到了令人不安的比例，而且这一问题会持续整个20世纪60年代。"数量不足"的产品清单就是苏联家庭日用品的清单：食盐、面包、鲜鱼、鲱鱼、肉、奶制品、蔬菜、土豆、植物油、面粉、面团、火柴、香烟、餐具、玻璃杯、被子、玩具、纺织品、套装、裙子、披肩、上装外套、鞋子、香水制品、电器、洗衣机、剪刀、家具、乐器。[93]这些产品中一些是数量不足，另一些则完全没有。能够充分供应的物品几乎只有酒精。"在商店中，我们只能找到面包、奶油和鱼肉罐头。"1965年，苏尔古特的报纸愤怒地表示。[94]在这年冬季，情况是如此糟糕，以至于这座最大的先驱城市面临着饥荒的威胁。在1月的夜晚，石油工人们不得不紧急打通一条穿越泰加森林、长达数百公里的生命通道。它令城市得以恢复同既有路网的连接。

因此，面对这般的现状，是谁想要前往那里呢？他们来到石油之城又是为了寻求什么呢？"我离开了，我离开是为了梦想，为了泰加森林的轻雾与气息。"[95]当时最为流行的歌曲之一的副歌如此唱道，而这首歌也是苏联最伟大的艺术家们的保留节目。正如这首歌一样，西伯利亚正流行于当时。一场冒险、一片尚未开化的地区、一种先驱者的生活，这些因素对一部分青年人有着相当的吸引力。苏联每年都会向新的土地上派出志愿者，以此为政府的开发运动提供增援，宣传更是强化了这样的青年人对石油之城的向往。但20世纪60年代的浪漫主义不足以解释一切。自然，石油和天然气行业所允诺的高工资引诱着战后的第一代人，他们渴望能享受到现在可以实现的现代生活的舒适。许多被招募的志愿者梦想着汽车、动产或是郊外别墅。西伯利亚是满足其欲望最为方便的捷径。在他们的想法中，甚至不需要在那里待上很久，几年便足以积累他们所垂涎的财富。而石油公司所需要的工种范围十分广泛：它们向渔民、屠夫和办公室职员提供相当于30%额外工资的奖金。对交通运输领域的职员，这一数字上升至50%，建筑工人享受的待遇是70%，而对地质学家而言，这一数字是100%，那些愿意前去焊接巨大的输油管道或输气管道的人所看到的数字则是120%。除此之外，柯西金自上台伊始便颁布了一系列的优惠政策以将志愿者大军引导向石油与天然气工业：保证保留在原籍城市中的住宅、丰厚的搬家补贴、额外的假期，并规定随着在西伯利亚工作的年限不断增长，其工资也会定期上涨。[96]

自1965年至1980年，1500万移民来到了新的居住地。平均每年的迁移人数为100万。在接受采访时，半数的人表示，自己前来的首要动机是追求更好的经济收入。四分之一是前来与父母团聚，仅有7%的受访者响应了"泰加森林的轻雾与气息"的号召。

浪漫主义精神有其界限。尤其是在生活了几个月之后。如果说前往西伯利亚的人潮令人留下了深刻的印象，那么自西伯利亚返回的人数同样不遑多让。通常，90%新来的人于石油城市中生活一年后会选择放弃。人员的更替率令人吃惊，自然，当局对此深感忧虑，并大幅增加了调查的频次。受访者的回答并不出人意料：43.7%的受访者抗议住房与社会基础设施的缺乏，而37.2%的受访者则抱怨供应不足。仅有18%的受访者认为严酷的气候与自然环境是自己放弃西伯利亚的原因。[97]他们所有人都更情愿重拾昔日更为贫寒的生活。1980年，在十五年的双向流动后，略少于200万来自五湖四海的苏联人最终在从此出现于地图上的新城之中安家落户。对当局来说，只要黑色与蓝色的黄金大量喷涌、供养全国的其他地区，这就足够了。

在这一方面，一切指标均为绿色。西伯利亚兑现了自己的承诺，其石油产量的增长是迅速的。在20世纪70年代，它超越了自己的竞争对手鞑靼斯坦与巴什基尔地区，成为苏联石油工业领域毫无争议的领头羊，并将这一地位一直保持到了今天。1975年，西伯利亚甚至让苏联得以将美国赶下世界石油产量第一的宝座，这很可能又是一个斯大林当年不敢想象的结果。天然气的情况同样也不落后：其产量从1955年的90亿立方米发展至十年后超过127亿立方米。其已探明的储量令苏联可以认为全球40％的天然气储量都埋藏在西伯利亚的地下。苏联再也不需要担心其东欧卫星国的能源供应了，它甚至可以奢想将其资源出口到社会主义阵营之外。

这一想法源自天然气行业。苏联的天然气行业取得了如此重大的发展，以至于已经远远超出了保障自身发展所必需的水平。天然气工业的成本尤其高昂：石油可以通过油船或是铁路运输，而天然气则要求建造运输管网，但无论是其建造还是安装，都会是一项成本极其高昂的工程。与西伯利亚北部天然气田间的距离也不是什么能够降低困难的有利因素。为了绕开障碍物，该行业的领导人们决定提出一项有悖传统的提议：为了吸引所必需的庞大资金，为什么不和欧洲的大银行达成合作协议呢？它们的贷款能够为数千公里输气管道的建设和尖端科技的引进提供资金，而苏联则可通过提供天然气的方式加以偿还。同冷战中的对手结盟？自然，有的是政治方面的理由来叫停这样的计划。尤其是国家计委对此表示了极为强烈的反对。但这一想法依然受到了重视，当天然气工业的负责人在克里姆林宫的一次会议上摆数据说明这一方案的优势之后，它也获得了领导层的赞同。[98]1968年，在东西方阵营之间保持中立的奥地利被选为第一个试水的"领航鱼"。接着是与苏联保持着长久高优先级经济联系的意大利，最后，则轮到联邦德国与社会主义阵营的天然气管道相连了。自第二次世界大战结束以来，苏联第一次亲手撕开了铁幕。在经济领域，这一行动结出了硕果：从此，碳氢燃料的出口占到了苏联对资本主义国家出口总额的四分之三，而苏联所获取的输油管道则占到了它自资本主义国家进口总额的60％至70％。[99]政治方面同样不乏收获：第一批交易立刻缓和了紧张局势，为对话，尤其是同一直寻求机会与民主德国重建联系的联邦德国的谈判创造了有利条件。西伯利亚的天然气将会成为联邦德国总理维利·勃兰特自1969年以来著名的"东方政策"的燃料。

人们寻求更进一步，甚至设想了一个通过摩尔曼斯克港口向美国大规模出口天然气的方案。多家美国能源巨头对此表示了浓厚的兴趣。但美国国会并不希望同意识形态上的敌人建立商业联系，并最终以杰克逊-瓦尼克修正案破坏了所有交易前景。

苏联与西欧国家之间天然气贸易的成功并没有逃过石油工业的眼睛。除了满足苏联及其东欧地区的盟国之外，西伯利亚的石油储量完全有能力供应其他的客户。能够从中获取的宝贵外汇可以在众多领域发挥巨大作用，首先就是能源领域自身的现代化。为什么不借此良机发展并改善产油区的条件呢？西伯利亚一跃成为苏联境内最富裕的地区，这是怎样的前景啊！

1973年秋季，历史似乎帮了苏联的石油生产者们一把。为了惩罚以美国为首的西方国家在赎罪日战争期间对以色列的支持，欧佩克组织成员国宣布对原油出口施加禁令。石油生产的卡特尔集团从他们此前的失败之中吸取了教训：除了对美国、荷兰和一些殖民国家实施全面禁运外，欧佩克组织的产油国们还决定，只要自己提出的要求没有得到遵守，就会每月逐步降低5％向其他客户出口的石油量。这一措施的目的在于阻止任何利用第三方绕开禁运的行为，并在消费者之间制造不和。

它们完美地达到了自身的目的。石油的价格立刻飙升，在数周之内变为原先的四倍。一些进口大国（如日本）的经济遭受了沉重的打击。美国的消费者们甚至没有意识到自己加进汽车里的是进口的石油，他们在加油站前排起了长队，担心着油价再一轮上涨。一些国家（如荷兰和瑞士）号召"无车周末"，并普遍禁止驾车出行。在英国，矿工工会借此机会同保守党政府展开较量。

面对每月不断恶化的石油不足局面，西方国家贪婪地注视着拥有巨大储量且不是欧佩克组织成员的苏联。意识形态上的敌人会愿意帮助他们摆脱困局、以此换取外汇吗？这是石油工业等待的机会，克里姆林宫并没有犹豫多久。1974年4月，在联合国的发言台上，苏联外交部长安德烈·安德烈耶维奇·葛罗米柯向反以色列同盟保证他对该同盟彻底的赞赏之情，但也宣布他的国家愿意"扩大同发达资本主义国家的能源贸易"。这位部长补充道，让劳动人民承担其政府的错误政策所招致的代价是不公正的。

阀门打开了，欧洲人松了一口气。利用这一时机，苏联让产自本国西伯利亚的黑色黄金流向西方。在既有的穿越白俄罗斯和乌克兰地区向东欧地区供应石油的"友谊"输油管系统的基础上，人们用几年的时间新建了一整套通往黑海、波罗的海港口以及苏联西部边界的输油管网。以此为起点，原油被运送至西欧国家的石油精炼厂。这些管道总长度超过1.9万公里，它们告诉我们，五年计划（1971—1975）所确定的目标在这一时期已经完成：这绝对是苏联历史上的一项纪录。[100]

这是西伯利亚油气资源的荣耀时刻。得益于自其地下开发出的资源，秋明州向俄罗斯和苏联提供了在此之前无法想象的财富。人们依然难以从文献资料的种种数据中统计出这份天赐的石油大礼的精确数量，但历史学家玛丽亚·斯拉夫金娜曾经做过复原的尝试，根据她的估算，1970年至1980年间苏联的石油出口量[*]在1.11亿吨至1.82亿吨之间。大体上，这相当于持续卖出苏联三分之一的石油产量。[101]为了衡量这一数据，我们必须回忆一下，苏联在1945年时的石油产量仅为2000万吨，而斯大林在20世纪60年代即将到来之际提出的目标则是6000万吨。二十年后，苏联输送给其对手的石油量都要大于这些

---

[*] 将出口的石化产品折算成对应的原油数量后，与出口的原油数相加所得。

数字。[102]

在 1973 年的能源危机之前，苏联从对非社会主义阵营国家的石油出口贸易中收获了 10 亿美元。1980 年，它从这项贸易中的获利额增加了超过十五倍。新获资金约 160 亿美元。[103] 这些红利中的绝大多数来自西伯利亚的油气资源及其制品。如果加上其他开采自西伯利亚的初级产品（如钻石和黄金）所带来的利润，这一金额还会更高。很有可能，自毛皮贸易的时代以来，这片面积辽阔的地区从未在俄罗斯的国内经济中占据如此之重的分量。它也从未对俄罗斯的存续起到如此必不可少的作用。直截了当地说，俄罗斯从未如此依赖其在乌拉尔山脉以东的领土。

西伯利亚几乎不会再从石油贸易中收获如此丰厚的利润了。因为这一阵骤然出现的繁荣宣告着一个时代和一个国家的终结。苏联的西伯利亚历史翻到了最后一页，但还没有人能够预感到这一点。

对当局而言，叮当作响的外汇不啻一场及时雨。在柯西金改革开始十年后，冲锋的步伐被打断了。起初，一些在市场经济启发下提出的方案和赋予企业自主权的政策促进了经济增长，令国家稍稍得以喘息。这些机制如打点滴一般，一点点缓慢注入苏联的体内，但它们很快被证明并不足够。国家计委的机关体量依然极其庞大。企业的负责人们被迫干一些修修补补的零碎活、摆出一些装腔作势的姿态来装点门面、保全面子。集体农业受到了沉重打击，无力满足全国的需求。定价的原则严重脱离实际。以石油工业为例，每吨石油的经济价值被评估为 70 至 90 卢布，但物价部门给出的价格上限只有 25 卢布。[104] 因此，国有企业无法进行足够的投资。设备老化而危险，勘探活动日渐衰退，浪费愈演愈烈。

必须要进一步深化改革，完成 1965 年所做出的努力，而对石油工业而言，则需要将得自石油出口的大笔利润投入新技术的引进之中。

但机会已经不复存在了。改革之父本人已经精疲力竭、疾病缠身，其影响力一年不如一年。他的昔日搭档勃列日涅夫很可能已经注意到了现有系统的脆弱不堪，但再也不愿意推翻它了。

领导层并没有触动摇摇欲坠的大厦，也没有要求做出新的努力，也没有必然挑起新一轮内部斗争，而是选择了逃避。西伯利亚的黑色黄金为他们带来了些许的安宁。当大把的外汇可以从国外购买短缺的粮食、饲料、肉类或奶制品时，为什么非得要竭尽全力去彻底改革陷入泥潭中的集体农庄和国营农场呢？轻工业已经是一片灾难？西伯利亚石油出口换回来的美元能让苏联获取消费者需要的鞋子、衣服或是家具。"我们产生了这样的印象，西伯利亚的石油或许能够拯救这个国家，"苏联科学院院士格奥尔基·阿尔巴托夫在总结苏联政治精英的思想状态时写道，"在可以求助于芬兰人、南斯拉夫人或是瑞典人的情况下，为了修复那些重要的建筑，是否有必要赶紧将建筑行业从它骇人的糟糕状态中解救出来呢？"[105] 整个体系都已经陷入了认为万事容易的混乱和飘飘然之中了。

有一个专有名词用以指称这种现象，即"荷兰病"。这一名词所指的是荷兰于20世纪60年代在其领土范围内发现天然气田后的惨痛经历。对该病症的诊断很简单：当一个经济体过于依赖其初级产品部门时，由此导致的经济结构失衡会带来远大于收益的恶果。*这项疾病是一种适用于经济体整体的安逸法则。通常，石油和天然气都是病毒携带者，而它的西伯利亚变体毒株则更加引人注目。

疾病的症状可能是令人吃惊的。当柯西金的老盟友、依然担任国家计委主席的巴伊巴科夫于1975年春季以警告的形式向领导层递交一

---

*大笔的收入决定了本国货币的币值，并对其他经济部门造成不利影响。它有利于扩大进口，也会造成通胀。更为"狡诈"的是，它会吸引人才和创造力流入容易挣钱的特权部门，从而减缓或者阻止创新型经济的发展。这一现象几乎存在于所有的石油生产大国：沙特、科威特、尼日利亚、墨西哥、伊朗、伊拉克、委内瑞拉等国家除了主要的自然资源外未能建立起一个繁荣的经济。相反，很多缺乏自然资源的经济体却成为生产力最为发达的经济体之一。

份备忘录时，便体会到了一段苦涩的经历。在他看来，国家已经不再是其经济的主人了。苏联建立在对石油美元的依存之上，它仰赖容易获得的进口物资，并在错误的地方大肆投资。必须迅速采取行动。在有关他的传记作品中，巴伊巴科夫讲述了最高决策机构对他的态度。勃列日涅夫亲自发言："同志，国家计委就当前的形势向我们递交了一份非常悲观阴暗的报告。但我们已经同心协力一同奋斗了这么多！我们的五年计划不是已经大获成功了吗？"[106]

在苏联经济这个已经发烧的机体之中，荷兰病正悄悄地扩散、蔓延。西伯利亚人付出巨大代价换来的石油美元被用于解决问题，并成为拒不采取措施深化改革或促进实际发展的最佳论据。西伯利亚自身也不例外，在那里，这场疾病俨然一种诅咒。这可能是收获期待已久的报偿的时刻，也将成为错失机遇的时刻。

不知不觉中，苏联即将迎来20世纪80年代。国内经济死气沉沉，生活水平主要靠进口商品和服务来维持，这些费用则来自出口石油与天然气。在克里姆林宫内，人们又拾起了昔日的习惯，通过敲诈石油与天然气工业获取数百万吨产品，从而得以在苏联大家庭日子越来越难过的月底填上窟窿。在秋明地区石油生产总负责人维克托·穆拉夫连科的办公桌上，柯西金上台后设置的红色电话使克里姆林宫能够下达"哀婉动人"的命令。日后，穆拉夫连科披露了一些谈话的内容："是我，安德烈·尼古拉耶维奇［即柯西金，时任部长会议主席］。面包不够了。给我300万吨计划外的石油。"[107]

最近解密的档案资料展示了上至苏联最高层，"西伯利亚病"造成了何等的破坏。1984年5月的一场会议记录如此总结柯西金的继任者尼古拉·亚历山德罗维奇·吉洪诺夫的发言内容："我们向资本主义国家出口石油所得大部分被用于购买粮食和其他产品。显然，从此在新的五年计划中要求增加500万至600万吨额外石油储备是合情合理的。"[108]

人们不断试图勉强西伯利亚龙头挤出更多的油气产品。为了准备应付最紧急的情况，又迎来了一轮对资金的大浪费：人们迅速地钻井，不多看一眼便直接抛弃出油速度不够快的油田，并在开采完最容易获得的部分后直接放弃油井，一切都是为了在不远处人们可以毫不延迟地希望找到更大储量的地点重新钻井。在这场生产竞赛中，令人留下最深刻印象的事例来自西伯利亚众多油田中最大的萨莫特洛尔油田，它在1980年贡献了西西伯利亚地区一半的石油产量：地质学家们已经找出了这片地下的黑色海洋并研究了它的特性，根据他们的建议，石油工业部于1975年下令禁止该油田的年石油产量超过1.2亿吨。一旦超出这一标准，所引发的损害和浪费现象会极大地缩短油田的开采寿命。然而两年之后，油田的年产量便达到了1.4亿吨，而在1980年，萨莫特洛尔油田开采了1.5亿吨黑色黄金。几年之后，它的年出油量下降至6500万吨。[109]

由于对石油出口的依赖，当局被迫采取短视的政策，而石油勘探工作同样受到了如此政策的影响。逻辑要求人们每年必须探明至少相当于开采量的石油储量。由于缺乏资金，这样的局面再也不会出现了。惊慌不安的石油工人们预见了最坏的情况。倘若国家最后不能下定决心为他们提供新的人力和技术资源，西伯利亚的奇迹很可能就此突然结束。地方政府也在拍桌子：如果想要在他们的辖区内勘探，就必须从打造宜居环境开始。那些外来者刚一抵达新的地点就会造成破坏。西伯利亚已经付出很多了，它不愿意再等待下去，必须立刻收获回报。1980年3月，当当局再次要求"额外"增加1000万吨的石油产量以进口粮食时，西伯利亚人和石油工业达成了一项协议。作为交换，当局制定了一项全国性的城市化与基础设施建设方案。当局动员俄罗斯、乌克兰、白俄罗斯、阿塞拜疆、乌兹别克斯坦、哈萨克斯坦以及波罗的海三国等加盟共和国，以及莫斯科市和列宁格勒市，以将西西伯利亚地区变为名副其实的东道主地区，具备笑迎四方客的能力。[110]全国各地都被要求派出由建筑师和城市规划师组成的特别工作组，并为他们的工作提供资金。每一座石油之城或天然气之城都有一份总体规划，人们画出道路、布置城市、发起野心勃勃的住宅修建计划。15万节铁皮车厢被报废处理。新的公路和铁路线终于将"大陆"与鄂毕河河畔遗失的"环礁"相连。

但已经太迟了。石油政策当场且立刻达到了其界限。承诺的1000万吨额外石油从未被交付。相反，西伯利亚石油的增产速度在逐年降低。1980年，人们尚且还取得了2900万吨的增量，1981年，这一数字为2100万吨，到了1982年，它变为1800万吨，1983年下降至1700万吨，而1984年的增产量为700万吨。到了1985年，西伯利亚石油生产的巅峰已过，黑色黄金的开采量相较去年下降了1200万吨。[111]而没有了西伯利亚的支援，全苏联的石油生产总额也发生了下滑。这是第二次世界大战以来苏联石油产量的首次降低。而这只是滑坡的开始。在1988年的最后一次爆发后，石油产量进入下坡，这一局面直至普京时代依然未能改变。

但更糟糕的还在后面。自1981年以来，全体石油输出国都必须面对全球市场上油价的骤然下跌。以1980年的每桶36美元为起点，到1985年时，油价下降了三分之一。能源危机以及紧随其后的油价大上涨的好时代结束了。在接下来的数年中，石油领域的卡特尔欧佩克组织试图通过大幅削减原油产量的方式阻止油价下跌。主导此事的是沙特阿拉伯，它也承担了大部分的牺牲。*但是，对于这个眼睁睁看着国家预算陷入危险之中的国家而言，这么做的代价太过高昂。而白宫方面，一个新近当选为美国总统的前演员想要说服沙特的王公们打开石油阀门，扩大生产淹没市场，让全球油价继续下跌。中情局新任局长威廉·约瑟夫·凯西相信，苏联对石油的依赖是其阿喀琉斯之踵。

---

* 它的石油产量从1980年的超过5亿桶下降至1985年的1.72亿桶。与此同时，沙特从石油出口中获得的收益也从1190亿美元缩水至260亿美元。

他的特使向沙特的王公们解释道，通过引发石油价格的崩盘，沙特阿拉伯将会带来一轮股市上涨，而该国各大家族的资本也主要投资于股票。更好的一点在于，苏联正在阿富汗同利雅得支持的武装集团交战，而石油价格的下跌能够令他们屈服。[112]同时，美国方面也决定发起攻势：它采取一切手段，阻碍苏联新建一条旨在供应西欧地区的输油管道，还加大了对苏联施压和制裁的力度，并在太空和欧洲方面掀起一场苏联无力长期参与的军备竞赛。*1985年9月，沙特阿拉伯对美国的论调表示赞同，打开了其石油仓库的阀门。[113]石油价格立刻大幅下跌，直至不足15美元一桶。对苏联而言，这是一场灾难。档案资料为我们描绘出一种近乎惊恐的状态。历史学家玛丽亚·斯拉夫金娜估算，苏联在1986年损失了大约50亿美元的外汇。[114]未来叶利钦时代的俄罗斯总理叶戈尔·盖达尔则利用自己查阅档案记录的权力，宣布苏联在这一时期的外汇收入减少了200亿美元。[115]为了应对收入的骤降，当局别无他法，只得限制工业产品的进口，并进一步削减对石油工业的投资。同时，当局还采取一切措施确保石油出口额，哪怕以低价出口。很快，危机蔓延至金融领域：用于粮食进口的黄金储备事实上已经告罄。多家国际银行不愿意提供新的贷款。苏联这台机器已经在超速运转了。1985年春季，苏联新的最高领导人上任，这是一名精力充沛的五十多岁男子，名叫米哈伊尔·戈尔巴乔夫。等待他的任务异常艰巨：为了试图挽救苏联政权，这位新登台的政治强人需要同时平息国际紧张局势、弱化军备竞赛、深入改革现有经济体系和摆脱对碳氢燃料的依赖。这会是一项不可能完成的任务吗？

走马上任数月之后，戈尔巴乔夫参观了西西伯利亚地区新的石油

---

*1983年夏季，局势紧张到了顶点。苏联设想的输油管线取道捷克斯洛伐克，于当年8月投入使用。相当一部分西欧国家震动于反对美国在欧洲部署核导弹计划的大规模抗议示威。被称为"美国太空之盾"的计划也被提上日程。9月，在令人惴惴不安的国际形势下，一架韩国的波音747客机被苏联空军的截击机击落。正是在这种极端紧张的大环境下，在苏联最高领导人安德罗波夫生命垂危时，突然出现了一则错误的核打击警告，而当值的苏联技术人员宁可对此置之不理。

与天然气生产中心。苏尔古特、萨莫特洛尔大油田和乌连戈大天然气田都在他的调研计划之中。这位新领导人的风格不同以往，令西伯利亚人深深着迷。自降落在停机坪后，戈尔巴乔夫对人们供他代步的防弹汽车大感不满。在与石油工人会面时，他脱稿讲话，并对他们的抱怨表示同情。"一座20万居民的城市，连一座电影院都没有，怎么搞的？"他对与会者抛出了这样的问题。但气氛依然紧张。除了友好的拍打肩膀之外，石油工人与天然气工人还期待着其他的东西。"我很少经历如此艰难的谈话，"日后，戈尔巴乔夫在其回忆录中写道，"人们日常生活中所遇到的问题已经远远超出了当地的范畴。但我从会场的反应中感觉到，人们已经受够了口惠而实不至的发言。"[116]

石油工人们要求在泰加森林中或是极地苔原上的"绿洲"内能享有更好的生活条件。他们还要求废除短视而浪费巨大的政策，他们所在的行业已经因之而走入了死胡同。戈尔巴乔夫表示同意：必须对尚存的石油储量回归一种更加理性的管理方式，开采那些更小的油气田，重启勘探行动。还必须确保这一重要行业的备件供应：300名公务员接到命令，前往全国主要的工厂以迫使它们立刻发送所需零配件。[117]显然，想要放弃好用的老手段并非易事。

如今，向下的坡度如此之大，已经全无可能刹住车了。石油与天然气工人们竭尽全力，产量还保持了一段时间的坚挺：1987年，苏联生产了5.7亿吨石油和5730亿立方米的天然气。[118]其中，西伯利亚贡献了71%的石油和88%的天然气。但戈尔巴乔夫所推动的改革来得太晚了，已经无力改变事情的走向。相反，它进一步加剧了混乱。在国际油价持续走低的同时，苏联的石油产量也崩溃了，且下降速度越来越快，达到了其石油工业史上前所未有的水平。自新成立的俄罗斯联邦于1992年引入市场经济体制以来，产量的下跌尤为剧烈。1995年，原油和石化产品总产量不超过3.07亿吨。而到了1998年，它甚至跌破了3亿吨的大关。[119]

盛产黑色与蓝色黄金的西伯利亚与苏联一起倒下了。两个半世纪之前，罗蒙诺索夫曾经预言，俄国的未来取决于西伯利亚，而今预言应验了。20世纪末为之做出了证明。这片广阔无垠的土地不再是偏僻的亚洲省份，不再是"包底"，也不再是可以随心所欲榨取的自助式原材料市场。从此以后，西伯利亚便居于俄罗斯命运的中心，同这个国家有着密不可分的关系。在苏联解体后，这个叛逆而灵巧的省份需要超过十年的时间以恢复元气。

致　谢

　　本书是一项持续十多年的个人研究项目的产物，是在全球多家图书馆进行长时间文献资料查阅，尤其是多次前往西伯利亚与俄罗斯极北地区旅行后所取得的成果。我利用一切机会（或是在有必要的时候创造机会），试图前往这部史诗中提及的绝大多数地点。自然，我希望亲眼看一看历史事件发生的背景，试图找回历史留下的痕迹：尽管如今自然地理学与人文地理学通常不会被认为是一门学科，但由于其对于事件发展过程的重大影响，它们依然是观察历史时无法忽略的因素。在旅行和观察中，我们能够获得更加精准深刻的理解。我也很高兴听人们和当地的专家向我讲述那些或近或远的历史故事。他们的建议和评价令我修正自己的研究方法与观点，或是抹去自身难以避免的预设偏见。他们也常常助力我在道路上更进一步，让我前去其他的地方，或是向其他能够满足我对历史知识与奇闻轶事的渴求的朋友或同事请教。因此，这场收集素材的旅程宛如一部令我在数年间处于紧张状态的漫长电视连续剧，每一场见面、每一个地点都会加入一段新的情节，并准备好下一段同样有待插入的故事。在旅行过程中，这些发现是我幸福的源泉。对于所有在整个过程中向我打开大门、分享知识、以各种方式助我前行的人，我对他们的谢意是无穷无尽的。愿他们能够了解我对他们无尽的感激之情，也希望他们能够知道，我唯一的愿望便是不要令他们失望。他们的人数是如此众多，以至于我无法将他们的名字一一罗列。但我还是希望能够将其中一些人的姓名写在这本书中，他们都以各自的方式成为这本书的共同作者，即便书中可能存在的注释或错误自然全部出自我手。

依照相识的先后顺序，我首先要感谢米哈伊尔·克拉斯诺佩罗夫，他是列宁格勒州的专家和极地方面的资深学者，他向我倾诉自己的经历和爱好，为我打开了北方地区的大门。我还要感谢阿尔比娜·卡尔达诺娃·伯克利，她为我的计划（包括那些最为疯狂的在内）提供的可靠支持一直是我所必需的鼓励。感谢在托博尔斯克政府部门工作的纳塔利娅·莫斯科维娜，她历尽辛苦为我找来了重走叶尔马克之路所需的越野车。感谢在节假日为我打开托木斯克大学图书馆的叶连娜·瓦西列娃和叶夫根尼·辛亭，感谢放弃业余时间为我提供帮助的目录学家塔季扬娜·伊万诺娃和塔季扬娜·沃多拉佐娃。感谢圣彼得堡俄罗斯国立北极南极博物馆馆长维克托·波雅尔斯基以及他负责档案管理的同事玛丽亚·杜卡尔斯卡娅和亚历山大·安德烈耶夫。感谢娜塔莎·贝雷日娜娅，这位供职于 ozon.ru 公司的员工在搜索旧书商方面给予了我一些方便。感谢嘉丽娜·帕拉马诺娃，她保障了婆罗洲北极营地的后勤供应。感谢东京的贺屋智子，她从多家图书馆费尽辛苦，为我找来了旅顺口之战的日方记录。感谢列娜·聂柳彬和瓦西里·聂柳彬，他们是我在克拉斯诺亚尔斯克的忠实好友，总能在我有需要时如约而至。感谢法布里西亚·吉拉尔多、圣普雷、克里斯蒂安·德·马利亚夫，他们是法国最杰出且最谦逊的极地专家。感谢莫斯科的埃马纽埃尔·迪朗，他找出了北极历史中众多无名者的信息。感谢剑桥的萨沙·博罗金和喀山的拉斐尔·吉尔马诺夫，如果没有他们的帮助，我肯定会错失一些材料和信息源。感谢莫斯科的叶连娜·季姆琴科和戈纳迪·季姆琴科，我相信，如果没有他们，找到油田和苏尔古特当地档案材料的工作将会更加艰难。感谢柳波夫·喀什拉托娃，当我前往别廖佐沃时，她热情地接待了我，并向我讲述了一些秘密。感谢苏尔古特的丽玛·普提特斯卡娅、玛丽亚·谢利亚尼娜和塔季扬娜·伊赛耶娃，她们的热情令我赞叹不已。感谢剑桥斯科特极地研究所的马克，他为我的工作花费了不少时间，并提出了明智的建议。感谢沃尔库塔昔日的城市规划师维塔利·特罗钦，他的回忆工作值得我们为他献上崇高的敬意。感谢萨列哈尔德的人种学家和历史学家柳德米拉·利帕托娃。感谢哈雷的安娜·伊丽莎白和威兰·辛奇，他们配合默契，知识渊博，或许其对于西伯利亚历史的疯狂程度更甚于我。感谢加里宁格勒的极地历史学家斯韦特兰娜·多尔戈娃，我曾经花了整整数日聆听她的教导和讲述。感谢圣彼得堡的尤里·伊雷因，它陪伴我一同扎进铁路方面的档案之中。感谢伊尔库茨克图书馆的历史学家瓦迪姆·恰赫罗夫、馆长赖萨·波德盖琴科和专家薇拉·佩什科娃，我不会忘记和他们一起度过的复印资料的时光。感谢克拉斯诺博尔斯克和阿尔汉格尔斯克鲍里索夫博物馆的安东宁娜·伊帕托娃和克塞尼娅·玛莎戈拉以及她们的领导玛丽亚·弗拉基米洛夫娜·米切维奇，是她们令我深入这位北方地区伟大艺术家的世界。感谢为我提供线索的历史学家阿列克谢·布格拉克。感谢阿尔汉格尔斯克大学的奥尔加·克雷切娃，她感染人的好奇心与热情带我一直上溯至罗蒙诺索夫。感谢克拉斯诺亚尔斯克边疆区的卫生部门负责人瓦季姆·亚宁。感谢圣彼得堡的卡丽娜·瓦西列娃，这位昔日诞生于"切柳斯金号"的小女孩热情地接待了我，并向我分享了她的家族记忆。感谢圣彼得堡北极和南极研究所的谢尔盖·弗罗洛夫，他的渊博知识令我受益匪浅。感谢贝加尔湖畔的谢尔盖和阿纳斯塔夏·叶列梅耶娃，我感受到了二人世所罕见的真诚与好客，并和二位建立了深厚的友谊，而真诚、好客、友谊，这三者彼此间不可分割。感谢乌兰乌德的历史学家阿列克谢·蒂瓦年科，他曾经陪伴我在通往昔日沙皇苦役营的道路上连续驾车数日，并为了满足我的好奇心而在恰克图的遗址中忍受困苦。感谢格朗沃的历史学教授弗朗索瓦·叶基耶，他出于友谊，为我在自己所搜集的档案文献中搜寻资料。感谢纳德姆的历史学家瓦季姆·格里岑科，他陪伴我沿着501工程的道路在泰加森林中宿营多日。感谢阿尔泰AKTRU中心与托木斯克大学的谢尔盖·阿斯塔霍夫，当我穿行于最陡峭的山路时，他向我伸出了援助之手。感谢莫斯科的极地历史专家、研究员兼导演尤里·萨尔尼科夫和他所告诉我的种种秘闻。感谢莫斯科大学的石油史学家玛丽亚·斯拉夫金娜，她令人印象深刻的工作为我带来了美妙的发现时刻。感谢诺里尔斯克的奥尔加·莎德丽娜，她带着同情，真诚地向我讲述了这座城市饱经磨难的历史，并努力协助我找寻历史留下的蛛丝马迹。感谢我的同事伊莎贝拉·许格林和克谢尼娅·塔塔尔琴科，感谢我的助理阿尼克·瓦洛。我还要感谢伊莎贝拉·吕弗和帕斯卡尔·比利亚尔，他们慷慨地帮助我重新审读了文稿。感谢塞尔日·德·帕伦，他从未怀疑我能够完成这本著作。感谢制图员莱奥妮·施洛瑟，她为此也开展了自己征服西伯利亚的计划。最后，我要感谢我的编辑奥林匹娅·贝赫尔和伊莎贝拉·帕朗，二位在我们的合作中表现出相当的友谊和职业精神。

最后，我尤其要感谢弗雷德里克·保尔森，他的友谊与我们共同的热情令我得以发现如此多没有他的帮助便无法触及的地方，而他顽强且不竭的活力也推动我战胜一道道艰难险阻。我还要感谢莫斯科的亚历山大·明金，他向我分享了大量的信息。至于我的家人们，我的孩子马蒂厄、玛丽和玛瑞克，这些年里他们支撑着我对西伯利亚的执念。我的妻子埃迪特也做出了贡献，每当有必要时，她便会花费时间潜入这部史诗之中，将我从那里找回来。我非常感激他们。

注　释

第一部分

1. Plan « Solvychegodska vytchertchennyi Afanassiem Tchoudinovym v 1793 g. dlia isto-rika A. Soskina ».

2. Alexeï Soskine, *Istoria Goroda Solvychegodskoï*, Syktykvar, 1997, p. 38.

3. Cité *in* M. L. Gavline, *Rossiiskie Predprinimateli i Metsenaty*, Moscou, 2005, p. 28.

4. *Ibid.*, p. 206.

5. George V. Lantzeff et Richard Pierce, *Eastward to Empire : Exploration and Conquest on the Russian Open Frontier to 1750*, Montréal (Canada, Québec), McGill-Queen's University Press, 1973, p. 83.

6. TsGADA, *Gorodovaïa kniga po Solvychegodskou*, cité par A. A. Vvedenski, *Dom Stroganovykh v XVI-XVII vekakh*, Moscou, 1962, p. 215.

7. P. V. Boïarski, *Novaïa Zemlia, Ostrova I Arkhipelagui Rossiiskoï Arktiki*, Moscou, Paulsen, 2009, p. 26.

8. A. A. Vvedenski, *op. cit.*, p. 10.

9. TsGADA, f. 365, *Stroganovskie dela*, cité par A. A. Vvedenski, *op. cit.*, p. 241.

10. Sergueï Kouznetsov, *Stroganovy*, Saint-Pétersbourg, 2012, p. 18.

11. Alexeï Soskine, *op. cit.*, p. 68-69.

12. E. N. Parkonen, I. D. Solovieva et O. V. Klioukanova, *Sokrovichtcha Solvychegodska*, Solvychegodsk, 2010.

13. A. A. Vvedenski, *op. cit.*, p. 91.

14. I. N. Kotyleva, « Mesto sv. Stefana Permskogo v geokoultournoï politike Stroganovykh », in *Koultournoïe Nasledie Rousskogo Severa*, Saint-Pétersbourg, 2009, p. 73.

15. Ivan le Terrible, *Lettres à un félon*, Paris, L'Œuvre, 2012, p. 63.

16. *Ibid.*, p. 34.

17. Cité par Catherine Merridale, *Red Fortress : The Secret Heart of Russia's History*, Londres, Allen Lane, 2013, p. 70.

18. Heinrich von Staden, *The Land and Government of Muscovy : A Sixteenth-Century Account*, [*Aufzeichnungen über den Moskauer Staat*, Walter de Gruyter, 1964], traduit et édité par Thomas Esper, Stanford (États-Unis, Californie), Stanford University Press, 1967, p. 103.

19. *Ibid.*, p. 48.

20. *Ibid.*, p. 49.

21. *Ibid.*, p. 27.

22. *Ibid.*, p. 19.

23. Cité par Alexandre I. Andreïev, *Otcherki po istotchnikovedeniyou Sibiri*, Vyp. 1, Moscou-Leningrad, Izd. Glavsevmorpouti, 1940 rééd. 1960, p. 60.

24. *Ibid.*, p. 60.

25. *Ibid.*, p. 62.

26. Cité par P. I. Nebolsine, *Pokorenie Sibiri*, Saint-Pétersbourg, 1849, p. 56.

27. Lire notamment Nebolsine, *op. cit.*

28. Et particulièrement M. L. Gavline, *Rossiiskie Predprinimateli i Metsenaty, op. cit.*

29. Texte dans Terence Armstrong, *Yermak's Campaign in Siberia*, Londres, Routledge, 1975.

30. Rouslan Skrynnikov, *Ermak*, Moscou, 2008, p. 83.

31. A. A. Vvedenski, *op. cit.*, p. 77.

32. Skrynnikov, *op. cit.*, p. 73.

33. Giles Fletcher, « On the Russe Commonwealth », in *Rude and Barbarous Kingdom : Russia in the Accounts of Sixteenth-Century English Voyagers*, Lloyd E. Berry et Robert O. Crummey (éds.), Madison (États-Unis, Milwaukee) et Londres, University of Wisconsin Press, 1968, p. 192.

34. Heinrich von Staden, *op. cit.*, p. 47 et 51.

35. D. Verkhotourov, *Pokorenie Sibiri*, Moscou, Mify i realnost, 2005, p. 80.

36. Heinrich von Staden, *op. cit.*, p. 29.

37. Terence Armstrong, *Yermak's Campaign in Siberia, op. cit.*, p. 38.

38. Cité par George V. Lantzeff et Richard Pierce, *Eastward to Empire ; Exploration and Conquest on the Russian Open Frontier to 1750, op. cit.*, p. 87.

39. Cité dans F. S. Kouznetsova, *Istoria Sibiri*, Novossibirsk, 2006, p. 37.

40. Cité dans Andreïev, *op. cit.*, p. 158.

41. Édit d'Ivan le Terrible du 30 mai 7082 (1574), cité par Nebolsine, *op. cit.*, p. 73.

42. Alexeï Soskine, *op. cit.*, p. 67.

43. *Ibid.*, p. 39.

44. Leonid Chinkarev, *Sibir*, Moscou, 1978, p. 34.

45. Stepan Krachenninikov, *Histoire du Kamtschatka, des isles Kurilski et des contrées voisines*, 2 tomes, Lyon, 1767, cité par Chinkarev, *op. cit.*, p. 36.

46. Soskine, *op. cit.*, p. 41.

47. Chinkarev, *op. cit.*, p. 34.

48. D. Verkhotourov, *op. cit.*, p. 54.

49. Igor V. Naumov, *The History of Siberia*, New York, Routledge, 2006, p. 53.

50. Robert J. Kerner, *The Urge to the Sea : The Course of Russian History*, University of California Press, Berkeley et Los Angeles (États-Unis, Californie), 1946, p. 84 ; Fisher, *op. cit.*, p. 119 ; Vladimir Lamine, « Tchto Delat' s Sibiriou », in *Rodina*, n° 3/2014, p. 128.

51. Piotr Boutsinski, *Mangazeïa i mangazeïskii ouezd*, Kharkov, 1893, p. 50-51, cité également par Fisher, *op. cit.*, p. 29 et Kerner, *op. cit.*, p. 86.

52. Fisher, *op. cit.*, p. 109, 138.

53. Kerner, *op. cit.*

54. Fisher, *op. cit.*, p. 146-157.

55. *Ibid.*, p. 155.

56. Sigmund von Herberstein, *De Rerum Moscivitarum Commentarium*, cité par Bruno Vianey, *Tout autour du voyage de Jean Sauvage en Moscovie*, Lausanne-Paris, L'Âge d'Homme, 2014, p. 38.

57. Pour plus de détails sur ce cycle de capital, voir Fisher, *op. cit.*, p. 173 et suiv.

58. Voir à ce sujet la remarquable et stimulante interprétation de l'histoire russe présentée par l'Américain Robert Kerner, *op. cit.*

59. George V. Lantzeff, *Siberia in the Seventeenth Century : A Study of the Colonial Administration*, Berkeley (États-Unis, Californie), University of California Press, 1943, p. 88.

60. *Id.*, *ibid.*, p. 87-89.

61. Vadim Erlikhman, « Navstretchou Solntsou », in *Rodina*, n° 11/2006, p. 47.

62. *Ibid.*, p. 47.

63. Fisher, *op. cit.*, p. 51.

64. *Ibid.*, p. 60.

65. Lantzeff, 1943, *op. cit.*, p. 128.

66. Fisher, *op. cit.*, p. 56.

67. Boris O. Dolguikh, *Rodovoï I Plemennoï Sostav narodov Sibiri v XVII V.*, Moscou, Izd. Akad. Naouk, 1960.

68. Vadim Erlikhman, *op. cit.*, p. 49.

69. Une étude approfondie est consacrée au Sibirski Prikaz, à son histoire, à son fonctionnement par George V. Lantzeff dans son livre précité *Siberia in the Seventeenth Century, A study ofthe Colonial Administration*, Berkeley, 1943. L'œuvre magistrale sur le même sujet est celle de Nikolaï Oglobline, qui a conduit, au XIXᵉ siècle, une fouille passionnante des archives du Prikaz : N. Oglobline, *Obozrenie Stolbtsov i Knig Sibirskogo Prikaza 1592-1768*, Moscou, 1895.

70. Catherine Merridale, *op. cit.*, p. 82.

71. *Ibid.*, p. 47.

72. G. V. Lantzeff, 1943, *op. cit.*, p. 100.

73. Cité par V. Erlikhman, *op. cit.*, p. 48.

74. N. Oglobline, *Jenskii vopros v Sibiri*, cité par Yuri Slezkine, « Savage Christians or Unorthodox Russians ? The Missionary Dilemma in Siberia », in *Between Heaven and Hell : The Myth of Siberia in Russian Culture*, Galya Diment et Yuri Slezkine (éds.), New York, St. Martin Press, 1993, p. 15-31, *loc. cit.*, p. 16.

75. Gerhard F. Müller, *Istoria Sibiri*, réédition Moscou-Leningrad, 1937, t. 2, p. 276.

76. P. N. Boutsinski, *Zasselenie Sibiri*, Kharkov, 1889, p. 243-244, cité par Chinkarev, *op. cit.*, p. 77.

77. Cité par Evgueni Verchiline et Gueorgui Vizgalov, « Novaïa Mangazeïa », in *Rodina*, n° 2/2012, p. 58.

78. *Ibid.*, p. 58.

79. Lantzeff, 1943, *op. cit.*, p. 110.

80. Erlikhman, *op. cit.,* p. 48.

81. Fisher, *op. cit.*, p. 143.

82. Lantzeff, 1943, *op. cit.*, p. 141-142.

83. Kouznetsova, *Istoria Sibiri*, Novossibirsk, 2006, p. 83.

84. A. P. Okladnikov et V. I. Chounkov, *Istoria Sibiri*, Leningrad, Naouka, p. 131.

85. Fiodor Dostoïevski, *Souvenirs de la maison des morts*, Paris, Gallimard, 1950, p. 8.

86. Statistiques de 1630 à 1637.

87. Fisher, *op. cit.*, p. 98.

88. *Ibid.*, p. 98.

89. *Ibid.*, p. 100.

90. *Ibid.*, p. 23.

91. *Libellus de legatione Basilii Magni ad Clementem VII*, cité par Vladimir Vize, *Moria Rossiiskoi Arktiki*, Moscou, 1936, réédition Moscou, Paulsen, 2008, tome 1, p. 35.

92. Richard Hakluyt, *The Principal Navigations, Voyages, Traffiques and Discoveries of the English Nation*, imprimé à Londres par George Bishop, R. Newberie et R. Barker, 1599, réimpr. Londres, 1907, en 8 vol.93. Haithonus Armenus, *De Tartaris Liber*, Paris, 1532, cité in Marijke Spies, *Arctic Routes to Fabled Lands : Olivier Brunel and the Passage to China and Cathay in the Sixteenth Century*, Amsterdam, Amsterdam University Press, 1997, p. 45.

94. Marijke Spies, *op. cit.*, p. 35, 44.

95. Récit de Thomas Edge cité par Samuel Purchas, *Hakluytus Posthumus or Purchas his Pilgrimes : containing a History of the World in Sea Voyages and Lande Travells, by Englishmen and others*, 4 vol., Londres, 1625, réimpr. en 4 vol., James MacLehod and Sons, Glasgow, 1905, XIII, p. 5. Thomas Edge (1587-1624) sera lui-même l'un des successeurs de cette entreprise en explorant l'Atlantique Nord.

96. Cité par T. S. Willan, *The Early History of the Russia Company (1553-1603)*, Manchester, Manchester University Press, 1956, New York, Augustus M. Kelley, 1968, p. 4.

97. *Ibid.*, p. 5.

98. *Seeing the World Anew, The radical vision of Martin Waldseemüller's 1507 & 1516 World Maps*. Par John W. Hessler et Chet Van Duzer, Levenger Press en association avec la Bibliothèque du Congrès, Delray Beach (États-Unis, Floride) et Washington, DC, 2012, p. 34.

99. *Ultima Thulé*, Arkhangelsk, Krai Zemli, 2013, p. 10-11.

100. *Ibid.*, p. 16-20.

101. Spies, *op. cit.*, p. 22, 23, 25.

102. Richard Hakluyt, *op. cit.*, p. 253.

103. *Ibid.*, p. 254.

104. *Ibid.*, p. 265.

105. Guy Miège en 1663, cité par Bruno Vianey, *Tout autour du voyage de Jean Sauvage en Moscovie en 1586*, *op. cit.*, p. 40.

106. Richard Hakluyt, *op. cit.* p. 275.

107. *Rude and Barbarous Kingdom : Russia in the Accounts of Sixteenth-Century English Voyagers*, Lloyd E. Berry et Robert O. Crummey (éds.), Madison (États-Unis, Milwaukee) et Londres, University of Wisconsin Press, 1968, p. 24-25.

108. Fisher, *op. cit.*, p. 200.

109. Willan, *op. cit.*, p. 7.

110. Les détails de cette fascinante organisation, des difficultés rencontrées, des innovations imaginées et apportées sont amplement relatés dans l'ouvrage de T. S. Willan, *The Early History of the Russia Company (1553-1603)*, *op. cit.*

111. Clive Holland, *Arctic Exploration and Development*, Oslo, 2013, p. 16-17.

112. Lire à ce sujet l'intéressante analyse de Georges Sokoloff, *Le Retard russe (882-2014)*, Paris, Fayard, 2014. L'hypothèse de l'auteur est que la destruction opérée à une échelle gigantesque par les envahisseurs mongols a marqué d'une empreinte indélébile la société russe et explique le retard économique et social de la Russie jusqu'à aujourd'hui par celui enregistré à cette époque.

113. Cité par Willan, *op. cit.*, p. 116-117.

114. Instructions à l'ambassadeur Savine du 18 mai 1570, citées par Willan, *op. cit.*, p. 115.

115. Cité par Willan, *op. cit.*, p. 239.

116. *Ibid.*, p. 165.

117. Clive Holland, *op. cit.*, p. 20.

118. Vladimir Boulatov, Elena Gorokhova (eds.), *Rossia i Gollandia, Prostranstvo Vzaïmodeïstvia*, catalogue de l'exposition « Koutchkogo Pole », Moscou, 2013, p. 40-41.

119. *Rossia i Gollandia*, *op. cit.*, p. 214.

120. *Ibid.*, p. 42.

121. L'anecdote est rapportée par Léon Robel, *Histoire de la neige. La Russie dans la littérature française*, Paris, Hatier, 1994, p. 47.

122. Lire notamment Anne Kraatz, *Le Commerce franco-russe. Concurrence et contrefaçons. De Colbert à 1900*, Paris, Les Belles Lettres, 2006, qui décrit en détail la substance des échanges à cette époque.

123. Lettre de Charles de Danzay du 15 juillet 1571, cité par Bruno Vianey, *op. cit.*, p. 100-101.

124. *Ibid.*, p. 103.

125. *Ibid.*, p. 109.

126. *Mémoire du Voiage qu'a fait Jehan Savvage de Dieppe en Russie*, cité par Bruno Vianey, *op. cit.*, p. 50-54.

127. *Ultima Thule*, Arkhangelsk, Krai Zemli, 2013, p. 33.

128. M. P. Alexeïev, *Sibir v Izvestiakh zapadno-evropeïskikh poutechestvennikov i pissateleï*, Irkoutsk, 1932, p. 188.

129. Cité par Vladimir Vize, *op. cit.*, p. 40.

130. Richard Hakluyt, *op. cit.*, tome 2, p. 224.

131. Cité par V. Vize, *op. cit.*, p. 42.

132. *Ibid.*, p. 44.

133. *Ibid.*, p. 47.

134. *Ibid.*, p. 48.

135. *Ibid.*, p. 49.

136. *Ibid.*, p. 52.

137. Willan, *op. cit.*, p. 81.

138. Cité par Skrynnikov, *op. cit.*, p. 125-126.

139. Dittmar Dahlmann, *Sibirien, Vom 16. Jahrhundert bis zur Gegenwart*, München, Vienne, Zurich, Paderborn, Ferdinand Schöningh, 2009, p. 59.

140. Skrynnikov, *op. cit.*, p. 127.

141. *Ibid.*, p. 127.

142. Heinrich von Staden, *The Land and Government of Muscovy : A Sixteenth-Century Account, op. cit.*, p. 81.

143. *Ibid.*, p. 84-86.

144. *Ibid.*, p. 79.

145. *Ibid.*, p. 93.

146. Vladislav Nazarov, Pavel Oudarov, Vassili Novosselov, « Metchtaïout imet Inozemnogo Gossoudaria… », in *Rodina*, n° 11/2006, p. 100.

147. *Ibid.*, p. 101.

148. Chronique de Semion Remezov, chapitre 1, traduite par Terence Armstrong, *op. cit.*, p. 65-66.

149. A. A. Vvedenski, *op. cit.*, p. 26-27 ; Andreïev, *op. cit.*, p. 47-48.

150. Andreïev, *op. cit.*, p. 145, 146, 162, 163.

151. C'est le cas notamment de l'Allemand Dittmar Dahlmann ; voir Dahlmann *op. cit.*, p. 55.

152. Spies, *op. cit.*, p. 14, 92, 93.

153. Skrynnikov, *op. cit.*, p. 128-129.

154. Lire notamment Skrynnikov, *op. cit.*, p. 129 ; Gavline, *op. cit.*, p. 33 ; Vvedenski, *op. cit.*, p. 96.

155. Spies, *op. cit.*, p. 19.

156. *Ibid.*, p. 19.

157. Skrynnikov, *op. cit.*, p. 8.
158. Cité par D. Verkhotourov, Moscou, 2005, p. 84.
159. Vvedenski, *op. cit.*, p. 93.
160. Skrynnikov, *op. cit.*, p. 34.
161. Nikolaï Karamzine, *Istoria Gossoudarstva Rossiïskogo*, livre 3, t. 9, rem. 663.
162. « Cette origine "démocratique" a joué un rôle positif durant la période soviétique, au moment où il s'agissait d'estimer le rôle des différentes personnalités. » Dmitri Volodikhine, « Tyssiatcha mil za poltara Goda », in *Rodina*, n° 8/2010, p. 50.
163. Verkhotourov, *op. cit.*, p. 48.
164. Gavline, *op. cit.*, p. 24.
165. Karamzine, *op. cit.*, t. 9 p. 224.
166. *Ibid.*
167. À commencer par Müller, *op. cit.*, puis au XIXe siècle par plusieurs auteurs tels que Nebolsine, *op. cit.*
168. Skrynnikov, *op. cit.*, p. 49.
169. Terence Armstrong, *op. cit.*, p. 41.
170. Nebolsine, *op. cit.*, p. 168.
171. Skrynnikov, *op. cit.*, p. 90.
172. Skrynnikov, *op. cit.*, p. 93.
173. *Ibid.*, p. 55.
174. Au-delà du fleuve Kama. Voir Nebolsine *op. cit.*, p. 39.
175. Voir notamment Müller, *op. cit.*, p. 11.
176. Chronique de Remezov, chapitre 8, traduction dans Armstrong, *op. cit.*, p. 101.
177. Soskine, *op. cit.*, p. 56-57.
178. Voir par exemple Nebolsine, *op. cit.*, p. 72-75. Skrynnikov défend aussi une interprétation proche, mais Dahlmann remarque justement qu'aucune source ne vient à l'appui de cete thèse. Dahlmann, *op. cit.*, p. 63.
179. *Id.*, *Ibid.*, p 82, 83, 85, 87.
180. Andreïev, *op. cit.*, p. 70, 172-173 ; Verkhotourov, *op. cit.*, p. 90 ; Vvedenski, *op. cit.*, p. 98-101.
181. Skrynnikov, *op. cit.*, p. 105.
182. Verkotourov, *op. cit.*, p. 89.
183. Müller, *op. cit.*, p. 16.
184. Chronique de Remezov, chapitre 8, traduction dans Armstrong, *op. cit.*, p. 101.
185. Chronique Stroganov, chapitre 15, traduction dans Armstrong, *op. cit.*, p. 47-48.
186. Chronique Stroganov, citée par Nebolsine, *op. cit.*, p. 97-98.
187. Texte russe dans Nebolsine, *op. cit.*, p. 91-93, traduction anglaise dans Armstrong, *op. cit.*, p. 44-45.
188. Skrynnikov, *op. cit.*, p. 110-112, Gavline, *op. cit.*, p. 36 ; Nebolsine, *op. cit.*, p. 100-106 ; Chronique Stroganov, Armstrong, *op. cit.*, p. 48-50 ; Chronique Iessipov, Armstrong, *op. cit.*, p. 70-72 ; Chronique Remezov, Armstrong, *op. cit.*, p. 156-167.
189. Kouznetsova, *op. cit.*, p. 52.
190. Chronique Stroganov, Armstrong, *op. cit.*, p. 50.
191. *Ibid.*
192. Nebolsine, *op. cit.*, p. 109.
193. V. I. Sourikov, *Correspondance*, Moscou-Leningrad, 1948, p. 97.
194. Vladimir Kemenov, *Vassili Sourikov*, Saint-Pétersbourg, Avrora, 1997, p. 103-119.
195. L'inventaire de Dahlmann en recense plus de cent cinquante, Dahlmann, *op. cit.*, p. 74.

196. Chinkarev, *op. cit.,* p. 45.

197. Verkhotourov, *op. cit.,* p. 118.

198. Raymond Fisher, *The Voyage of Semen Dezhnev in 1649,* Londres, 1981, p. 26-27.

199. Chronique Iessipov, citée par Skrynnikov, *op. cit.,* p. 37.

200. Erlikhman, *op. cit.,* p. 48.

201. *Ibid.*

202. W. Bruce Lincoln, *The Conquest of a Continent : Siberia and the Russians,* New York, Random House, 1994, p. 55.

203. Mikhaïl Ivanovich Belov, *Podvig Semena Dejneva,* Moscou, 1973, p. 52.

204. Raymond H. Fisher, *The Voyage of Semen Dezhnev in 1648,* Londres, The Hakluyt Society, 1981, p. 122-123.

205. Belov, *op. cit,* p. 57.

206. *Ibid.,* p. 58.

207. *Ibid.,* p. 63.

208. *Ibid.,* p. 65.

209. *Ibid.,* p. 61.

210. *Ibid.,* p. 68.

211. *Ultima Thule, op. cit.,* p. 30.

212. *Ibid.,* p. 33.

213. *Ibid.,* p. 37.

214. *Rossia i Gollandia, op. cit.,* p. 186.

215. Cité par Belov, *op. cit.,* p. 91.

216. La composition exacte comprenant les noms des participants est citée par Belov, *op. cit.,* p. 101-105. La répartition relative des groupes est discutée par Fisher, *op. cit.,* p. 142 et suiv.

217. Document des douanes de Iakoutsk, cité par Fisher, *op. cit.,* p. 91.

218. Belov, *op. cit.,* p. 115.

219. *Ibidem.*

220. Cité par Fisher, *op. cit.,* p. 198.

221. Belov, *op. cit.,* p. 120.

222. *Ibid.,* p. 118.

223. Cité par Mikhaïl Ivanovitch Belov, *Russians in the Bering Strait, 1648-1791,* Anchorage, White Stone Press, 2000, p. 27.

224. Cité par Belov, *Podvig Semena Dejneva,* Moscou, 1973, *op. cit.,* p. 123.

225. *Ibid.,* p. 124.

226. *Ibid.,* p. 129.

227. *Ibid.*

第二部分

1. Comte d'Haussonville, « La visite du tsar Pierre le Grand en 1717 d'après des documents nouveaux », Paris, *Revue des Deux Mondes,* 1896, tome 137.

2. Basil Dmytrychin, E. A. P. Crownhart-Vaughn, Thomas Vaughn (éds.), *Russian Penetration of the North Pacific Ocean, a Documentary Record,* Portland (États-Unis, Oregon), Oregon Historical Society Press, 1988, p. 59 et suiv.

3. Giacomo Gastaldi, *La Universale descrittione del Mondo,* Venise, 1562.

4. V. Guerie, *Otnochenie Leibniza k Rossii i k Petrou Velikomou*, Saint-Pétersbourg, Petchaniya Golovina, 1871 p. 187, cité *in* Evgueni G. Kouchnarev, *Bering Search for the Strait*, Portland (États-Unis, Oregon), Oregon Historical Society, 1990, p. 12.

5. Nicolaas Witsen évoque ses discussions avec le tsar dans sa correspondance avec Leibniz, voir V. Guerie, *op. cit.*, p. 35.

6. Cité par Mikhaïl I. Belov, *Russians in the Bering Strait, op. cit.*, p. 8.

7. Cité par Belov, *op. cit.*, p. 7. Cette carte, baptisée Lvov-Popov ou Anadyrskaïa par les spécialistes repose très certainement sur les mêmes sources que celle de Remezov. Elle date de 1712-1713, mais certains historiens soviétiques estiment qu'elle pourrait même avoir été établie en 1700.

8. Cité par Kouchnarev *op. cit.*, p. 4.

9. N. N. Bolkhovitinov, *Istoria Rousskoï Ameriki*, Moscou, 1997, t. 1, p. 49.

10. *Ibid.*, p. 6.

11. Andreï Nartov, *Rasskazy Nartova o Petre Velikom*, Saint-Pétersbourg, Izd. L. N. Maïkov 1891, p. 98-99, cité dans Vassili A. Divine, *The Great Russian Navigator A. I. Chirikov*, Fairbanks (États-Unis, Alaska), University of Alaska Press, 1993, p. 38.

12. Archives Centrales TsGAVMF, f. 223, op. 1, d. 29, 11. 110-111, reproduit *in* Dmytrychin *et al.*, *op. cit.*, p. 66-67.

13. Peter Lauridsen, *Vitus Bering : The Discoverer of Bering Strait*, Chicago, S. C. Griggs & Company, 1889, p. 96.

14. Document reproduit *in* Dmytrychin *et al.*, *op. cit.*, p. 69.

15. Kouchnarev (*op. cit.*, p. 43) penche pour une carte de Stalenberg, que le tsar aurait néanmoins considérée avec le plus grand scepticisme, tandis que Belov (*op. cit.*, p. 8) opte pour une carte du graveur hollandais Johann Baptist Homann établi à Nuremberg et auquel le tsar avait confié les différentes variantes des cartes de Remezov et de Lvov-Popov en sa possession.

16. Orthographié Spanberg dans les sources russes.

17. Sur les caractéristiques des seconds de Béring : citations d'Alexandre Sokolov *in* Leonard Stejneger, *Georg Wilhelm Steller*, Harvard University Press, Cambridge (États-Unis, Massachusetts), 1936, p. 96-97, voir aussi Lauridsen, *op. cit.*, p. 84-85 et V. A. Divine, *op. cit.*, p. 43, M. I. Belov, *op. cit.*, p. 34.

18. Kouchnarev, *op. cit.*, p. 24.

19. Daté du 28 janvier 1725 puis précisé et complété le 30 janvier à la demande de Béring. Texte dans Dmytrychin *et al.*, *op. cit.*, p. 68.

20. V. A. Divine, *op. cit.*, p. 42.

21. *Ibid.*, p. 43.

22. Kouchnarev, *op. cit.*, p. 79-80.

23. Belov, *op. cit.*, p. 35.

24. Lauridsen, *op. cit.*, p. 30.

25. Kouchnarev, *op. cit.*, p. 90.

26. Sur le débat entre navigateurs et les raisons qui poussent Béring à faire voile vers le nord, lire notamment Bolkhovitinov, *op. cit.*, p. 57.

27. Kouchnarev, *op. cit.*, p. 98.

28. Tchirikov, cité par Kouchnarev *op. cit.*, p. 97. Une version légèrement différente de l'original se trouve dans V. A. Divine, *op. cit.*, p. 45.

29. Divine, *op. cit.*, p. 46 ; Kouchnarev, *op. cit.*, p. 102.

30. Lauridsen, *op. cit.*, p. 33.

31. Belov, *op. cit.*, p. 37.

32. Cité par Belov, *ibid.*

33. Kouchnarev, *op. cit.*, p. 105.

34. Père J.-B. Du Halde, *Description géographique, historique de l'empire de Chine*, La Hague, 1736, p. 562.

35. Mikhaïl Lomonossov, *Œuvres complètes*, Moscou, Académie des sciences de l'URSS, 1952, tome VI, p. 451.

36. Ann Arnold, *Sea Cows, Shamans and Scurvy. Alaska's First Naturalist : Georg Wilhelm Steller*, New York, Farrar, Straus et Giroux, 2008, p. 14.

37. Archives de l'Amirauté, TsGAVD, citées par Kouchnarev, *op. cit.*, p. 146.

38. Cité par Lauridsen, *op. cit.*, p. 36.

39. Alexandre Panfilov, « Nevozvrachtchenets », in *Naouka iz Pervykh Rouk*, Novossibirsk, n° 6/2007, p. 24-25.

40. Iouri Smirnov, « Spory Patriotov », in *Rodina*, n° 9/2011, p. 41.

41. Texte complet reproduit dans Dmytrychin *et al.*, *op. cit.*, p. 108-125.

42. *Ibid.*, p. 122.

43. Divine, *op. cit.*, p. 79.

44. *Ibid.*, p. 110.

45. *Ibid.*, p. 112.

46. Bolkhovitinov, *op. cit.*, p. 62.

47. Divine, *op. cit.*, p. 95.

48. Cité par Volker Matthies, *Die Entdeckung Alaskas mit Kapitän Bering. Von Sibirien nach Amerika, 1741-1742*, Wiesbaden, Erdmann, 2013, p. 24.

49. Lauridsen, *op. cit.*, p. 80.

50. Stejneger, *op. cit.*, p. 103.

51. Cité par Alexandre Elert, « Pouteshestvie po Sibiri », in *Naouka iz Pervykh Rouk*, Novossibirsk, Académie des sciences de Russie, n° 6/2007.

52. Johann Gmelin, *Voyage en Sibérie*, Paris, 1767, t. 1, p. 377-378.

53. Gmelin, cité par Stejneger, *op. cit.*, p. 111.

54. Johann Gmelin, *op. cit.*, p. 380-381.

55. Pour davantage de précisions sur l'épopée des différents détachements arctiques de la grande expédition du nord, se reporter à l'excellent ouvrage d'Yves Gauthier et Antoine Garcia, *L'Exploration de la Sibérie*, Arles, Actes Sud, 1996, réédition en poche, Paris, Transboréal, 2014. Leur livre est une des rares contributions à l'histoire de la Sibérie publiées en français et offre un panorama complet des premiers siècles de l'exploration russe.

56. Cité par Gauthier et Garcia, *op. cit.*, p. 229.

57. Lauridsen, *op. cit.*, p. 94.

58. Tatiana Sergueïevna Fiodorova, « Donossy i Jaloby na V. Beringa kak istotchnik po istorii vtoroï kamtchatskoï ekspeditsii », in *Rousskoïe Otkrytie Ameriki*, Moscou, 2002, p. 196.

59. Fiodorova, *op. cit.*, p. 199.

60. *Ibid.*, p. 202.

61. *Ibid.*, p. 203.

62. Cité par Divine, *op. cit.*, p. 105-106.

63. Corey Ford, *Where the Sea breaks its Back. The Epic Story of Early Naturalist Georg Steller and the Russian Exploration of Alaska*, Boston, Little, Brown & Company, 1966, rééd. Portland (États-Unis, Oregon), First Alaska Northwest Books, 1992, p. 43, rééd. en poche, 2014.

64. Stepan Krachenninikov, *Histoire du Kamtchatka, des Isles Kurilski et des contrées voisines*, Lyon, 1767, p. 356-357.

65. Texte complet de la lettre cité par Lauridsen, *op. cit.*, p. 195-201.

66. Ford, *op. cit.*, p. 45.

67. *Ibid.*, p. 85. Texte original allemand cité par Matthies, *op. cit.*, p. 76.

68. Cité par Alexandre Panfilov, « Idouchtchii za gorizont ili Molitva o Preodolenii », in *Naouka iz Pervykh Rouk*, n° 6/2007, Novossibirsk, p. 45.

69. Stejneger, *op. cit.*, p. 12.

70. *Ibid.*, p. 19.

71. Stejneger, *op. cit.*, p. 65.

72. Cité par Panfilov, *op. cit.*, p. 44.

73. Texte complet cité par Stejneger, *op. cit.*, p. 88.

74. Panfilov, *op. cit.*, p. 44.

75. W. G. Sebald, *Nach der Natur, Ein Elementargedicht*, Francfort-sur-le-Main, Fischer Taschenbuch, 1995, p. 44. Traduction française : *D'après nature*, Arles, Actes Sud, 2007, p. 42.

76. *Reise durch Sibirien*, cité par Matthies, *op. cit.*, p. 49.

77. Panfilov, *op. cit.*, p. 42.

78. Stejneger, *op. cit.*, p. 170.

79. *Ibid.*, p. 167.

80. Panfilov *op. cit.*, p. 47.

81. Stejneger, *op. cit.*, p. 419.

82. Panfilov, *op. cit.*, p. 43.

83. Tatiana Loukina, « Traktat o narodnoï meditsine », in *Naouka iz Pervykh Rouk*, n° 6/2009, Novossibirsk, p. 62-63.

84. Le récit de l'épisode et les détails de l'intrigue sont relatés par Iouri Smirnov, « Spory Patriotov », in *Rodina*, n° 9/2011, Moscou, p. 43.

85. Reproduction de la carte *in* Matthies, *op. cit.*, p. 20-21.

86. Cité par Divine, *op. cit.*, p. 77.

87. Krachenninikov, *op. cit.*, p. 392.

88. Cité par Ford, *op. cit.*, p. 55.

89. Cité par Ford, *op. cit.*, p. 69.

90. Steller, *Reise durch Sibirien*, cité par Arnold, *op. cit.*, p. 193.

91. Ford, *op. cit.*, p. 61.

92. Cité par Ford, *op. cit.*, p. 61.

93. *Ibid.*, p. 61 ; Stejneger, *op. cit.*, p. 257.

94. *Ibid.*, p. 70.

95. Matthies, *op. cit.*, p. 72 ; voir aussi Ford, p. 70.

96. Stejneger, *op. cit.*, p. 260 ; Ford, *op. cit.*, p. 71.

97. Matthies, *op. cit.*, p. 74.

98. *Ibid.*, p. 75.

99. *Ibid.*, p. 76.

100. Cité par Bolkhovitinov, *op. cit.*, p. 65. Voir aussi Divine, *op. cit.*, p. 156.

101. *Ibid.*

102. Cité par Divine, *op. cit.*, p. 159.

103. *Ibid.*, p. 160.

104. *Ibid.*

105. *Ibid.*, p. 162-164.

106. Lettre d'Alexeï Tchirikov à D. Ia. Laptev du 11 décembre 1742, citée dans V. A. Divine (éd.), *Rousskaïa Tikhookeanskaïa Epopeïa*, Khabarovsk, 1979, p. 224.

107. Ford, *op. cit.*, p. 65. La légende se fonde sur de supposés récits anciens des Indiens tlingits occupant cette partie de la côte alaskane.

108. C'est la thèse notamment de l'historien Golder ; cf. V. A. Divine, *op. cit.*, p. 164 ou Ford, *op. cit.*, p. 66.

109. Lettre d'Alexeï Tchirikov, dans Divine, *op. cit.*, p. 225.

110. *Ibid.*

111. Cité par Matthies, *op. cit.*, p. 78.

112. *Ibid.*

113. W. G. Sebald, *Nach der Natur*, p. 54, traduction de Sibylle et Patrick Charbonneau, *op. cit.*, p. 51.

114. Cité par Matthies, *op. cit.*, p. 80-81.

115. Ford, *op. cit.*, p. 78.

116. Matthies, *op. cit.*, p. 90.

117. Cité par Ford, *op. cit.*, p. 79.

118. *Ibid.*

119. Cité par Matthies, *op. cit.*, p. 86.

120. *Ibid.*, p. 88.

121. Stejneger, *op. cit.*, p. 269.

122. Cité par Matthies, *op. cit.*, p. 91.

123. Cité par Ford, *op. cit.*, p. 156.

124. Cité par Matthies, *op. cit.*, p. 88.

125. *Ibid.*, p. 94, Ford, *op. cit.*, p. 90.

126. *Ibid.*, p. 96-97.

127. *Ibid.*, p. 97.

128. *Ibid.*, p. 98-99.

129. *Ibid.*, p. 104.

130. Cité par Ford, *op. cit.*, p. 102.

131. *Ibid.*, p. 101.

132. Matthies, *op. cit.*, p. 109.

133. Cité par Ford, *op. cit.*, p. 112.

134. Cité par Matthies, *op. cit.*, p. 119.

135. *Ibid.*, p. 123.

136. *Ibid.*

137. Ford, *op. cit.*, p. 116.

138. *Ibid.*, p. 117.

139. Cité par Matthies, *op. cit.*, p. 127.

140. Cité par Arnold, *op. cit.*, p. 120-121.

141. *Ibid.*, p. 121.

142. Cité par Stejneger, *op. cit.*, p. 323.

143. Cité par Ford, *op. cit.*, p. 130.

144. Cité par Matthies, *op. cit.*, p. 135.

145. Cité par Ford, *op. cit.*, p. 133.

146. W. G. Sebald, *op. cit.*, p. 57.

147. Cité par Matthies, *op. cit.*, p. 140.

148. Georg Wilhelm Steller, *De Bestiis Marinis, Ausführliche Beschreibung sonderbarer Meerestiere*, Halle, Im Verlag Carl Christian Hümmel, 1753. Réimpression de l'édition originale, Brême, Salzwasser Verlag, 2009.

149. Cité par Matthies, *op. cit.*, p. 42.

150. Cité par Arnold, *op. cit.*, p. 138.

151. Georg Wilhelm Steller, *De Bestiis Marinis, op. cit.*, p. 155.

152. *Ibid.*, p. 159-160.

153. Steller, *op. cit.*, p. 198.

154. *Ibid.*, p. 199.

155. Lire à ce sujet, et en particulier sur la chasse aux phoques et à leur extinction, la contribution de Norman Saul, « A Diplomatic Failure and an Ecological Disaster : the United States, Russia and the North Pacific Fur Seals », in *Rousskoïe Otkrytie Ameriki*, Moscou, Rosspen, 2002, p. 255-266.

156. *Ibid.*, p. 203-204.

157. Cité par Hans Rothauscher, *Die Stellersche Seeku*h, Norderstedt, Books on Demand GmbH, 2008, p. 27.

158. *Ibid.*, p. 38.

159. Georg Wilhelm Steller, *De Bestiis Marinis*, *op. cit.*, p. 96-97.

160. *Ibid.*, p. 101.

161. *Ibid.*

162. *Ibid.*, p. 100.

163. *Ibid.*, p. 103-104.

164. *Ibid.*, p. 69.

165. *Ibid.*, p. 92.

166. « Experts issue a warning on extinctions in oceans », in *New York Times*, 16 janvier 2015, p. 1 et 4.

167. G. W. Steller, *op. cit.*, p. 98.

168. Steller, cité par Matthies, *op. cit.*, p. 151.

169. Steller, cité par Stejneger, *op. cit.*, p. 414.

170. *Ibid.*, p. 413.

171. *Ibid.*, p. 432.

172. Johann Georg Gmelin, *Reise durch Sibirien*, Göttingen, 1751, réédité in *Die Grosse nordische Expedition*, Munich, Verlag C. H. Beck, 1990, p. 120.

173. A. M. Panfilov, « Nevozvrachtchenets », in *Naouka iz Pervykh Rouk*, n° 6/2007, p. 26.

174. Cité par A. M. Panfilov, « Okhota moïa k Ousloujeniou obchtchestvou… », in *Naouka iz Pervikh Rouk*, n° 6/2007, p. 67.

175. Cité par Panfilov, *ibid.*, p. 29.

176. Panfilov, *op. cit.*, p. 30.

177. Panfilov, « Okhota moïa k Ousloujeniou obchtchestvou… », *op. cit.*, p. 69.

178. Samuel Engel, *Mémoires et observations géographiques et critiques sur la situation des pays septentrionaux, de l'Asie et de l'Amérique*, Lausanne, Antoine Chapuis, 1765, p. 5.

179. Paul Pulver, *Samuel Engel. Ein Berner Patrizier aus dem Zeitalter der Aufklärung*, Berne, Paul Haupt, 1937, p. 17.

180. Pulver, *op. cit.*, p. 225.

181. Samuel Engel, *op. cit.*, p. 17.

182. Thomas Klöti, « Der Berner Beitrag zur Entdeckung der nordostpassage-Geographischen Grillen oder die Hirngespinste müssiger und eingebildeter Stubengelehrter ? », in *Der Weltensammler*, catalogue d'exposition, Berne, 1998, p. 41.

183. Samuel Engel, *op. cit.*, p. 18.

184. *Ibid.*, p. 20.

185. Samuel Engel, *op. cit.*, p. 42.

186. *Ibid.*, p. 260.

187. Thomas Klöti, *op. cit.*, p. 43.

188. Mikhaïl Vassilievitch Lomonossov, *Kratkoïe Opissanie Raznykh Poutechestvii po Severnym Moriam*, Saint-Pétersbourg, Lenizdat, 2014, p. 237.

189. Voir Samuel Engel, *op. cit.,* p. 259-265 et Mikhaïl Lomonossov, *op. cit.*, p. 228-237.

190. Lomonossov, *op. cit.*, p. 232.

191. *Ibid.*, p. 146.

192. *Ibid.*, p. 240.
193. V. A. Divine, *Rousskaïa Tikhookeanskaïa Epopeïa*, Khabarovsk, 1979, p. 191.

第三部分

1. Cité par Divine, *op. cit.*, p. 288.
2. G. I. Davydov, *Dvoukhkratnoïe poutechestvie v Amerikou morskikh ofitsierov Khvostova i Davydova*, Saint-Pétersbourg, 1810, 2ᵉ partie, p. 155.
3. Ilia Vinkovetsky, *Russian America, An Overseas Colony of a Continental Empire 1804-1867*, Oxford (États-Unis, New York), Oxford University Press, 2011, p. 29.
4. V. N. Berkh, *Khronologuitcheskaïa Istoria vsekh poutechestvii v severnye poliarnye strany*, Saint-Pétersbourg, 1821-1823, p. 20.
5. Ford, *op. cit.*, p. 191.
6. « Notes des capitaines Chmalev », cité par N. N. Bolkhovitinov, *Istoria Rousskoï Ameriki*, Moscou, 1997, tome 1, p. 71.
7. Protoiereï Ioann Venimianinov, *Zapiski ob ostrovakh Ounalachkinskogo otdela*, Saint-Pétersbourg, 1840, t. 1, p. 127-128, cité par N. N. Bolkhovitinov, *op. cit.*, p. 86.
8. *Ibid.*
9. Owen Matthews, *Glorious Misadventures. Nikolai Rezanov and the Dream of Russian America,* Bloomsbury, Londres, 2013, p. 59.
10. Matthews, *op. cit.*, p. 62.
11. Bolkhovitinov, *op. cit.*, p. 110.
12. V. P. Chakherov, *Irkoutsk koupetcheskii*, Khabarovsk, 2006, p. 78.
13. Lire notamment V. V. Artemov, *Rousskaïa Amerika*, Moscou, 2009, p. 58. La citation est extraite du même ouvrage, p. 59-62.
14. S. B. Okoun, *Russian-American Company*, Harvard, 1951, p. 23.
15. Bolkhovitinov, *op. cit.*, p. 116.
16. Cité par Divine, *op. cit.*, p. 293.
17. Lydia T. Black, *Russians in Alaska, 1732-1867*, Fairbanks (États-Unis, Alaska), University of Alaska Press, 2004, p. 107.
18. Le médecin de l'expédition, Britioukov, cité par Artemov, *op. cit.*, p. 72.
19. Britioukov, cité par Bolkhovitinov, *op. cit.*, p. 123.
20. Avdeïeva-Polevaïa, citée par Lydia. T. Black, *op. cit.*, p. 111.
21. *Ibid.*, p. 110.
22. A. Chmakov, *Neizvestnye pisma Kolombou rossiiskomou*, Irkoutsk, 1980, p. 117.
23. Wallace M. Olson, *Through Spanish Eyes. The Spanish Voyages to Alaska, 1774-1792*, Auke Bay (États-Unis, Alaska), Heritage Research, 2002, p. 288-289.
24. Cité par Black, *op. cit.*, p. 108.
25. *Zametchania imperatritsy Ekateriny II na doklad Komissii o kommertsii, o plavanii i torgovle v Tikhom Okeane*, avril-août 1788, cité par Artemov, *op. cit.*, p. 92.
26. A. V. Griniov, « Rol Gossoudartsva v Obrazovanii Rossiisko-Amerikanskoï Kompanii », in *Rousskoïe Otkrytie Ameriki*, Moscou, 2002, p. 443.
27. *Zametchania imperatritsy Ekateriny II na doklad Komissii o kommertsii, o plavanii i torgovle v Tikhom Okeane*, avril-août 1788. Cité par Chakherov, *op. cit.*, p. 75-76.
28. A. V. Khrapki, cité par Artemov, *op. cit.*, p. 95.
29. Artemov, *op. cit.*, p. 23-24.
30. Matthews, *Glorious Misadventures, op. cit.*, p. 100.

31. On lui en attribue jusqu'à trente-quatre, voir Matthews, *op. cit.*, p. 51.

32. Sur cet épisode et ses possibles interprétations, lire Bolkhovitinov, *op. cit.*, p. 255-256, 307-314, et Artemov, *op. cit.*, p. 89-90.

33. Matthews, *op. cit.*, p. 113, 115.

34. Vinkovetsky, *op. cit.*, p. 75.

35. Iouri Semyonov, *Die Eroberung Sibiriens. Ein Epos menschlicher Leidenschaften. Der Roman eines Landes*, Ullstein, Berlin, 1937, traduit en anglais par E. W. Dickes sous le titre *The Conquest of Siberia*, Londres, Routledge & Sons, 1944, p. 191.

36. Voir à ce sujet l'analyse fouillée et percutante de A. V. Griniov, « Rol Gossoudarstva v Obrazovanii Rossiisko-Amerikanskoï Kompanii », in *Rousskoïe Otkrytie Ameriki*, Moscou, 2002, p. 437-450.

37. Lettre à Ivan Dmitriev, citée par Matthews, *op. cit.*, p. 136.

38. *Ibid.*, p. 137.

39. Requête de l'amiral Golovine à l'impératrice Anna Ire du 12 octobre 1732, cité par Bolkhovitinov, *op. cit.*, p. 85.

40. I. F. Krusenstern, *Poutechestvie Vokroug Sveta v 1803-1806 godakh na korabliakh Nadejda i Neva*, Saint-Pétersbourg, 1809, p. 12.

41. *Ibid.*, p. 13.

42. *Ibid.*, p. 25 et 28-29.

43. Note du 10 juillet 1803 de N. P. Rouminatsev à N. P. Rezanov, citée par Bolkhovitinov, *op. cit.*, p. 90.

44. Cité par Bolkhovitinov, *op. cit.*, p. 95.

45. *The First Russian Voyage around the World. The Journal of Hermann Ludwig von Löwenstern (1803-1806)*, traduit par Victoria Joan Moessner, Fairbanks (États-Unis, Alaska), University of Alaska Press, 2003, p. 38.

46. Cité par Matthews, *op. cit.*, p. 140.

47. Löwenstern, *op. cit.*, p. 69 et 73.

48. Cité par G. Barratt, *The Russian Discovery of Hawaii*, Honolulu, 1987, p. 25.

49. Iouri F. Lissianski, cité in Barratt, *op. cit.*, p. 57.

50. Lettre de N. Rezanov au commandant du fort du Kamtchatka Kochelev, citée par Bolkhovitinov, *op. cit.*, p. 95-96.

51. Bolkhovitinov, *op. cit.*, p. 114.

52. Löwenstern, *op. cit.*, p. 120.

53. Cité par Matthews, *op. cit.*, p. 85.

54. Cité par Matthews, *op. cit.*, p. 193.

55. Georg Heinrich von Langsdorff, *Voyages and Travels in Various Parts of the World during the years 1803-1807*, Londres, 1813, p. 309.

56. Löwenstern, *op. cit.*, p. 189.

57. Langsdorff, *op. cit.*, p. 312.

58. Cité par Matthews, *op. cit.*, p. 205.

59. Cité par Matthews, *op. cit.*, p. 261.

60. Langsdorff, *op. cit.*, p. 153.

61. Témoignage de la sœur carmélite Vincentia Salgado, cité *in extenso* par Eve Iversen, *The Romance of Nikolaï Rezanov and Concepción Argüello*, Fairbanks (États-Unis, Alaska), University of Alaska Press, 1998, p. 74.

62. Lettre de Rezanov à Roumiantsev du 17 juin 1806, citée par Bolkhovitinov, *op. cit.*, p. 103-104.

63. Semionov, *op. cit.*, p. 199.

64. Langsdorff, *op. cit.*, p. 180.

65. Cité par E. Iversen, *op. cit.*, p. 151.

66. P. A. Tikhmenev, *Istoritcheskoïe Obozrenie Obrazovania Rossiisko-Amerikanskoï Kompanii i deïstvii eë do nastoïachego vremeni*, Saint-Pétersbourg, 1861, 2ᵉ partie, p. 266.

67. Cité par Bolkhovitinov, *op. cit.*, p. 102.

68. Matthews, *op. cit.*, p. 285.

69. Cité par Matthews, *op. cit.*, p. 288.

70. *Ibid.*

71. Lettre de Rezanov à M. M. Bouldakov des 24 et 26 janvier 1807, citée par Bolkhovitinov, *op. cit.*, p. 110.

72. Manuscrits de la Bibliothèque nationale russe, cité par Bolkhovitinov, *op. cit.*, p. 109.

73. *Ibid.*

74. Lettre de Rezanov à M. M. Bouldakov, *op. cit.*

75. Lire à ce sujet la passionnante recherche et interprétation d'Alexeï Alexandrovitch Istomine, « Dva Varianta Pisma H. P. Rezanova Grafou N. P. Roumiantsevou ot 17/29 Iounia 1806, sravnitelno-extologuitcheskii Analiz i Leguenda o Velikoï Lioubvi, in Rousskoïe Otkrytie Ameriki », Moscou, 2002, p. 388-401.

76. David F. Selvin, *The Other San Francisco*, New York, Seabury Press, 1969, p. 32-33.

77. Citée par Bolkhovitinov, *op. cit.*, p. 102.

78. Ivan Barsoukov, *Graf Nikolaï Nikolaïevitch Mouraviev-Amourski*, Moscou, 1891, p. 169.

79. Vsevolod Ivanovitch Vaguine, *Istoritcheskie Svedenia o deïatelnosti grafa M. M. Speranskogo v Sibiri*, Saint-Pétersbourg, 1872 cité *in* N. P. Matkhanova, *Graf N. N. Mouraviev-Amourski v Vospominaniakh Sovremennikov*, Novossibirsk, 1998, p. 41-42.

80. *Ibid.*, p. 43.

81. N. A. Chindialov, *Osnovateli Blagovechtchenska*, Blagovechtchensk, 2006, p. 9.

82. Cité par Igor Choumeiko, *Blijnii Dalnii Vostok*, Moscou, Vetche, 2012, p. 75.

83. Bernhard Vassilievitch Struve, « Vospominania o Sibiri », in *Rousski Vestnik*, n° 6, Moscou, 1888.

84. V. A. Rimski-Korsakov, *Baltika-Amour*, Khabarovsk, 1980, p. 204.

85. Cité par Barsoukov, *op. cit.*, p. 172.

86. Cité par T. A. Pertseva, « Dekabristy i Gueneral-Goubernatory Vostochnoï Sibiri, in Rossia Asiatskaïa », Irkoutsk, 2010, p. 126.

87. Julia Lovell, *The Opium War. Drugs, dreams and the making of China*, Basingstoke/Oxford (Royaume-Uni), Picador, 2011.

88. Voir par exemple à ce sujet les rapports de N. N. Mouraviev au ministre des Finances Vrontchenko, Barsoukov, *op. cit.*, p. 183 et la note originale de Mouraviev à Fiodor Pavlovitch Vrontchenko, citée *in extenso* in *Graf Nikolaï Nikolaïevitch Mouraviev-Amourski, Materialy dlia Biograpfii*, tome 2, Moscou, 1891, p. 27-28.

89. Chindialov, *op. cit.*, p. 8.

90. John J. Stephan, *The Russian Far East. A History*, Stanford (États-Unis, Californie), Stanford University Press, 1994, p. 41.

91. John Cochrane, *Récit d'un voyage à pied à travers la Russie et la Sibérie tartare, des frontières de Chine à la mer Gelée et au Kamtchatka*, Paris, Gingko, 2002, p. 38.

92. *Vypiska iz pisma k ministrou Vnoutrennykh del*, 14 septembre 1848, *in* Barsoukov, tome 2, *op. cit.*, p. 35.

93. *Ibid.*

94. Citation de M. S. Korsakov, dans recueil de textes de Matkhanova, *op. cit.*, p. 80.

95. Vypiska, *op. cit.*, p. 35.

96. A. P. Balassoglo, *Vostochnaïa Sibir*, p. 187-188, cité *in* A. V. Remnev, *Rossia Dalnego Vostoka*, Omsk, 2004, p. 130.

97. Vera Vend, *L'Amiral Nevelskoï et la conquête définitive du fleuve Amour*, Paris, Librairie de la Nouvelle Revue, 1894, p. 30.

98. Cité par John J. Stephan, *op. cit.*, p. 45.

99. Kouznetsov, « Sibirskaïa Programma tsarisma », p. 10, in *Otcherki Istorii Sibiri*, cité par Marks, *op. cit.*, p. 49.

100. Mark Bassin, *Imperial Visions, Nationalist Imagination and Geographical Expansion in the Russian Far East*, Cambridge (Royaume-Uni), Cambridge University Press, 1999 et 2006, p. 142.

101. Cité par Remnev, *op. cit.*, p. 172.

102. Chindialov, *op. cit.*, p. 15.

103. Vera Vend, *op. cit.*, p. 20-21.

104. *Ibid.*, p. 34-35.

105. Rapporté par Vera Vend, *op. cit.*, p. 29.

106. *Ibid.*, p. 58.

107. *Ibid.*, p. 59.

108. *Ibid.*, p. 62.

109. M. A. Bakounine, *Œuvres complètes*, tome 4, Moscou, 1935, p. 309, cité *in* Remnev, *op. cit.*, p. 180.

110. Barsoukov, *op. cit.*, p. 273.

111. *Ibid.*, p. 225.

112. *Ibid.*, p. 325.

113. M. I. Venioukov, *Moi Vospominania*, texte intégral *in* Matkhanova, *op. cit.*, p. 204.

114. Journal de l'amiral G. Nevelskoï, cité par sa fille Vera Vend, *op. cit.*, p. 76.

115. *Ibid.*, p. 75.

116. *Ibid.*, p. 78.

117. Cité par Bernhard Struve, « Vospominania o Sibiri », in *Rousski Vestnik*, n° 6, 1888, p. 106.

118. Vend, *op. cit.*, p. 88.

119. Cité *in* Barsoukov, *op. cit.*, p. 234.

120. Chindialov, *op. cit.*, p. 27.

121. Barsoukov, *op. cit.*, p. 368.

122. Témoignage de M. Sverbeïev, *in* Vend, *op. cit.*, p. 204-205.

123. Ernest George Ravenstein, *The Russians on The Amur*, Londres, 1861, p. 119.

124. Vend, *op. cit.*, p. 207.

125. Ravenstein, *op. cit.*, p. 123.

126. Ravenstein, *op. cit.*, p. 128.

127. *Ibid.*, p. 130.

128. *Ibid.*, p. 127.

129. *Ibid.*, p. 134.

130. Lettre de N. N. Mouraviev à M. S. Korsakov, juillet 1856, citée par Chindialov, *op. cit.*, p. 44.

131. Journal du grand-prince Konstantin Nikolaïevitch, Moscou, 1994, p. 73, cité par Remnev, *op. cit.*, p. 182.

132. Lettre de N. N. Mouraviev à M. S. Korsakov, 14 décembre 1854.

133. Stephan, *op. cit.*, p. 64-65.

134. Alfred J. Rieber, *The Politics of Autocracy. Letters of Alexander II to Prince A. I. Bariatinskii. Études sur l'histoire, l'économie et la sociologie des pays slaves*, Paris, Mouton & Cie, 1966, p. 122.

135. Milioutine, cité par Mark Bassin, *Imperial Visions, Nationalist Imagination and Geographical Expansion in the Russian Far East, op. cit.*, p. 141.

136. P. Kropotkine, *Mémoires*, cité par Bassin, *op. cit.*, p. 142.

137. Dmitri Ivanovitch Romanov, *Opissanie peregovorov v gorode Aigune*, Rousskoïe Slovo, Saint-Pétersbourg, reproduit *in* Chindialov, *op. cit.*, p. 75 et suiv.

138. *Ibid.*, p. 76.

139. *Ibid.*, p. 78.

140. Cité par Chindialov, *op. cit.*, p. 53.

141. Dmitri Romanov, *Prissoïedinenie Amoura k Rossii*, Rousskoïe Slovo, 1859, n° 4, 6, 7 et 8.

142. Cité par Bassin, *op. cit.*, p. 144.

143. Cité par Bassin, *op. cit.*, p. 165.

144. Perry MacDonough Collins, *Siberian Journey : Down the Amur to the Pacific 1856-1857*, Madison (États-Unis, Wisconsin), University of Wisconsin Press, 1962, p. 28.

145. Herzen, sous le pseudonyme d'Iskander, *Kolokol*, 1858, cité par Bassin, *op. cit.*, p. 166.

146. « Pisma ob Amourskom Kraïe », *Rousski Arkhiv*, 1895, tome 1, p. 385.

147. Lettre de N. N. Mouraviev à M. S. Korsakov du 9 mars 1857, citée par Barsoukov, *op. cit.*, p. 486.

148. Mémoires de B. Milioutine, *in* Matkhanova, *op. cit.*, p. 217.

149. Citation d'Alexandre II, *in* Chindialov, *op. cit.*, p. 62.

150. Rapporté par John J. Stephan, *op. cit.*, p. 84.

151. Cité par Bassin, *op. cit.*, p. 168.

152. Lire notamment à ce sujet les réflexions du grand géographe et publiciste sibérien G. N. Potanine, in *Sibir, eë sovremennoïe sostoïanie i eë noujdy*, Saint-Pétersbourg, 1908, p. 292.

153. A. Hertzen, *Pismo k Giuseppe Mazzini o sovrennom polojenii v Rossii*, Œuvres complètes, vol. 12, Moscou, 1954-1965, p. 350.

154. Anton Tchekhov, « Lettre à M. P. Tchekhova du 26 juin 1890 », in *L'Amour est une région bien intéressante*, Paris, Cent Pages, 1989, p. 95- 96.

155. Anton Tchekhov, « Lettre à A. S. Souvorine du 27 juin 1890 », *ibid.*, p. 9.

156. Anton Tchekhov, *L'Île de Sakhaline*, Paris, Gallimard, « Folio classique », 2001, p. 32.

157. Bassin, *op. cit.*, p. 170.

158. Cité par Bassin, *op. cit.*, p. 168.

159. P. A. Kropotkine, *Zapiski revolioutsionera*, Moscou, 1990, p. 161.

160. Lettre du 7 novembre 1860 de M. Bakounine à P. Kropotkine, citée par Bassin, *op. cit.*, p. 169.

161. Perry MacDonough Collins, *Lecture before the Traveler's Club and Other Societies*, 1865.

162. Perry MacDonough Collins, *Siberian Journey : Down the Amur to the Pacific 1856-1857, op. cit.*, p. 45.

163. Cité par John B. Dwyer, *To Wire the World : Perry M. Collins and the North Pacific Telegraph Expedition*, Westport (États-Unis, Connecticut), Praeger, 2001, p. 5.

164. Collins, *Siberian Journey…, op. cit.*, p. 90.

165. *Ibid.*, p. 53.

166. Cité par H. Tupper, *To the Great Ocean*, Toronto, Boston, Little, Brown & Co, 1965, p. 61.

167. Journal du Comité sibérien du 22 avril 1857, p. 17-18.

168. *Ibid.*, p. 62.

169. Origin, *Organization and Progress of the Russian-American Telegraph*, Rochester, Western Union Company, 1866, p. 145.

170. Cité par Harmon Tupper, *op. cit.*, p. 64.

171. Secretary of State William H. Seward to Baylard Taylor, 23 décembre 1863, cité *in* Frederick F. Travis, *George Kennan and American-Russian Relationship 1865-1924*, Athens (États-Unis, Ohio), Ohio University Press, 1990, p. 10.

172. Cité par John B. Dwyer, *op. cit.*, p. 28-29.

173. Travis, *op. cit.*, p. 13.

174. Cité par Dwyer, *op. cit.*, p. 148.

175. Richard Bush, *Reindeer, Dogs and Snowshoes. A Journal of Siberian Travel and Explorations*, New York, 1871, p. 448.

176. Cité par Dwyer, *op. cit.*, p. 119.

177. *Ibid.*, p. 117.

178. George Kennan, *Tent Life in Siberia*, New York, 1871, réédition Salt Lake City (États-Unis, Utah), Peregrine Smith Books, 1986, p. 422.

179. Cité par Tupper, *op. cit.*, p. 64-65.

180. Télégramme de I. M. Tolstoï à G. Wade, 17 février 1867.

181. James D. Reid, *The Telegraph in America*, New York, 1886, p. 516-517.

182. P. A. Kropotkine, *Dnevniki*, Petrograd, 1923, p. 46.

183. *Sibirskaïa Gazeta*, citée par Wolfgang Faust, *Russlands Goldener Boden. Der sibirische Regionalismus in der zweiten Hälfte des 19. Jahrhunderts*, Köln, Bohlau, 1980, p. 30.

184. Lettre d'A. Herzen à N. Ketcher et N. Sazonov, 18 juillet 1835.

185. Ivan Kalachnikov, *Zapiski Irkoutskago jitelia*, Saint-Pétersbourg, Rousskaïa Starina, juillet 1905, p. 238.

186. Cité par Vladimir Lamine, « Tchto delat s Sibiriou ? », in *Rodina*, Moscou, mars 2014, p. 130.

187. N. Guersevanov, *Otetchestvenye zapiski, ibidem*.

188. Cité par Vladimir Lamine, « Tchto delat s Sibiriou » (2ᵉ partie), in *Rodina*, Moscou, juin 2014, p. 6.

189. Mikhaïl Iadrintsev, *Sbornik izbrannykh stateï*, Krasnoïarsk, 1919, p. 66.

190. Cité *in* Stephen D. Watrous, *Russia's Land of the Future : Regionalism and the Awakening of Siberia 1819-1894*, thèse de doctorat, université de Washington, 1970, p. 262.

191. Mikhaïl Iadrintsev, « Avtobiografiia », *Sibirski Sbornik*, 1895, cité *in* Watrous, *op. cit.*, p. 265.

192. *Id.*, « Vospominania o Tomskoï Guimnazii », *Sibirski Sbornik*, 1888, cité *in* Watrous, *op. cit.*, p. 269.

193. *Id.*, « Sibirskie literatournye vospominania », *Vostochnoie Obozrenie*, n° 6, 1884.

194. *Id.*, « Sibirskie Vospominania », cité *in* Watrous, *op. cit.*, p. 276.

195. Popov, « Vospominania Potanina », cité *in* Watrous, *op. cit.*, p. 282.

196. Iadrintsev, *Vospominania o Tomskoi Guimnazii*, p. 28.

197. Iadrintsev, *Stoudentcheskie vospominania*, *Vostochnoïe Obozrenie*, 1884, n° 26.

198. Cité par Wolfgang Faust, *op. cit.*, p. 143-144.

199. N. Iadrintsev, « Sibir v Pervye Ianvaria, 1865 », *Tomskie Goub. Vedomosti*, 1ᵉʳ janvier 1865.

200 A. V. Remnev, *Rossia Dalnego Vostoka*, Omsk, 2004, p. 61.

201. M. G. Sesiounina, *G. N. Potanine, N. M. Iadrintsev, Ideologui sibirskogo oblastnitchestva*, Tomsk, 1974, p. 73.

202. N. M. Iadrintsev, « K moei avtobiografii », in *Rousskaïa Mysl*, 1904, n° 6, p. 67.

203. Faust, *op. cit.* p. 189.

204. *Kolokol*, n° 204, 15 septembre 1865.

205. Sessiounina, *op. cit.* p. 73.

206. Cité par Faust, *op. cit.*, p. 231.

207. C'est notamment la thèse défendue par Wofgang Faust, *op. cit.*

208. I. I. Popov, *K 80 letiou G.N. Potanina, Golos Minouvchego*, 1915, p. 296.

209. Ia. R. Kochelev, *Novoïe o Iadrintseve, Iz Istorii Koultoury Sibiri*, Tomsk, 1966, p. 85.

210. N. N. Bolkhovitinov (éd.), *Istoria Rousskoï Ameriki*, Moscou, 1999, p. 428.

211. *Pamiatnaïa knijka Aleksandra II za 1886*, Archives d'État de la RF (GARF), F. 678, Op. 1, D. 320, L. 120.

212. N. K. Krabbe à A. M. Gortchakov, 7 décembre 1866, note n° 26 (secrète), citée par N. N. Bolkhovitinov, *Roussko-Amerikanskoïe Otnachenia I Prodaja Aliaski*, Moscou, 1990, p. 187.

213. *Ibid.*, p. 189.

214. P. S. Kostromitinov à E. A. Stoeckl, 18 avril 1854, AVPRI — Fonds de l'ambassade à Washington, cité par Bolkhovitinov, 1999, *op. cit.*, p. 372.

215. Brouillon du rapport d'A. M. Gortchakov, décembre 1866, Archives AVPR, cité par Bolkhovitinov, 1990, *op. cit.*, p. 194.

216. Rapport de l'ingénieur Andreïev, cité par Bolkhovitinov 1990, *op. cit.*, p. 201.

217. Bolkhovitinov, *Ibid.*, p. 201

218. Semion B. Okoun, *Rossiisko-Amerikanskaïa Kompania*, Leningrad, 1939, p. 232.

219. Bolkhovitinov, 1990, *op. cit.*, p. 189.

220. Bolkhovitinov, 1999, *op. cit.*, p. 434.

221. Voir Richard A. Pierce, *Russian America. A biographical Dictionary*, Fairbanks, (États-unis, Alaska), University of Alaska Press, 1990, p. 487-488.

222. B. V. Struve, *Vospominania o Sibiri 1848-1854*, Saint-Pétersbourg, 1889, p. 154-155.

223. Lettre de Konstantin Nikolaïevitch Romanov à A. M. Gortchakov, 22 mars 1857, citée par Bolkhovitinov 1990, *op. cit.*, p. 105.

224. *Ibid.*

225. Cité par Bolkhovitinov, 1999, *op. cit.*, p. 386.

226. *Ibid.*, p. 389.

227. *Ibid.*

228. Cité par Lydia T. Black, *Russians in Alaska*, *op. cit.*, p. 276.

229. Lettre de Golovine à sa sœur et sa mère, 17 décembre 1860, citée par Black, *op. cit.*, p. 279-280.

230. E. A. Stoeckl à A. M. Gortchakov, 18 mars 1867, dans Archives AVPR, f.K. 1867, cité par Bolkhovitinov, 1990, *op. cit.*, p. 206.

231. E. A. Stoeckl à Am. Gortchakov, 25 mars 1867. Reçu à Saint-Pétersbourg le 26 mars, cité *in* Bolkhovitinov 1990, p. 212-213. Texte complet du traité *in* B. Dmytrychin, *The Russian American Colonies, A Documentary Record*, tome 3, 1798-1867, Portland (États-Unis, Oregon), Oregon Historical Society, 1989, p. 544-548.

232. Brouillon du télégramme de A. M. Gortchakov à E. A. Stoeckl du 28 mars 1867. Cité par Bolkhovitinov 1990, *op. cit.*, p. 214.

233. Frederick W. Seward, *William Henry Seward. An Autobiography*, New York 1891 vol. 3 p. 348, cité *in* N. N. Bolkhovitinov, *Russian-American Relations and the Sale of Alaska*, Fairbanks (États-Unis, Alaska), University of Alaska, 1996, p. 218.

234. Michel Poniatowski, *Histoire de la Russie d'Amérique et de l'Alaska*, Paris, Horizons de France, 1958, p. 244.

235. *New York Herald*, 9 avril 1867.

236. Cité *in* Bolkhovitinov, *Russian-American Relations...*, 1996, *op. cit.*, p. 240.

237. E. A. Stoeckl à Am. M. Gortchakov, 19 avril 1867, cité *in* Bolkhovitinov, 1990, *op. cit.*, p. 225.

238. *New York Herald*, 9 avril 1867.

239. Voir à ce propos Dwyer, *op. cit.*, p. 14.

240. Charles S. Bulkley, cité par Dwyer, *op. cit.* p. 163.

241. Beamon Memorandum, Ch. Sumner Papers, cité par Bolkhovitinov, 1990, *op. cit.*, p. 238.

242. L'*impeachment* sera finalement refusé le 16 mai 1868 : le Sénat juge le président coupable des reproches qui lui sont faits par 37 voix contre 19. Il manque une seule voix à la majorité des deux tiers prévue !

243. E. A. Stoeckl à A. M. Gortchakov, 15 juillet 1868, cité *in* Bolkhovitinov, 1990, *op. cit.*, p. 295.

244. William A. Dunning, « Paying for Alaska », *Political Science Quarterly*, 27 septembre 1912, p. 385-398, cité par M. Poniatowski, *op. cit.*, p. 251.

245. Fawn M. Brodie, *Thaddeus Stevens : Scourge of the South*, New York, W. W. Norton & Company, 1959, p. 359.

246. Voir la reconstitution minutieuse de ces différents versements dans N. Bolkhovitinov, 1999, *op. cit.*, p. 485.

247. *Journal de Saint-Pétersbourg*, 4 avril 1867.

248. *Golos*, Saint-Pétersbourg, 4 avril 1867.

249. *Ibid.*, 6 avril 1867.

250. Rapport Howard au secrétaire au Trésor MacCollough, Sitka, 18 août 1867, cité par Black, *op. cit.*, p. 286.

251. Général Rousseau, rapport du 5 décembre 1867, cité par Bolkhovitinov, *op. cit.*, p. 277.

252. Norman Saul, « A Diplomatic Failure and an Ecological Disaster : the United States, Russia and the Nort Pacific Fur Seals », in *Rousskoïe Otkrytie Ameriki*, Moscou, Rosspen, 2002, p. 255-266.

第四部分

1. Dmitri Stogov, « Kriestny Otets Soïouza Rousskogo Naroda », *Rousskaïa Linia*, 2005.

2. « Materialy k istorii voprossa o Sibirskoï jeleznoï Dorogui », Predpissanie Ministra Vnoutrennykh Del ot 15 ianvaria 1866 g. n° 378 Tchinovnikou Ossobykh Poroutchenii, polkovnikou Bogdanovitchu, Saint-Pétersbourg, 1885, p. 2.

3. Telegramma polkovnika Bogdanovitcha Ministrou Vnoutrennikh Del iz Ekaterinbourga 23 marta 1866 goda, reproduit in *Materialy*, *op. cit.*, p. 50.

4. Alexander Michie, *The Siberia Overland Road*, John Murray, Londres, 1864, p. 317.

5. Vladimir Koptekov, « Tioumen-Transsib », in *Rodina*, n° 6/2011, p. 63.

6. Cité par Frithjof Benjamin Schenk, in *Russlands Fahrt in die Moderne, Mobilität und sozialer Raum im Eisenbahnzeitalter*, Stuttgart, Franz Steiner Verlag, 2014, p. 44.

7. A. N. de Koulomzine, *Le Transsibérien*, Paris, Hachette, 1904, p. 4.

8. Mikhaïl Vinokourov et Alexandre Soukhodolov, *L'Économie de la Sibérie 1900-1928*, Lormont, Le Bord de l'eau, 2014, p. 252-253.

9. Schenk, *op. cit.*, p. 97.

10. « Adres Koupetchestva torgouïouchtchago na Nijegorodskoï iarmarke Ministrou Pouteï Soobchtchenia ot 30 oktobria 1874 », in *Materialy*, *op. cit.*, p. 28.

11. *O Napravlenii sibirskoï jeleznoï dorogui*, Saint-Pétersbourg, 1870, p. 19.

12. « Pismo E. V. Bogdanovitcha Ministrou Pouteï Soobchtchenia », 10 juin 1872, cité in *Materialy, op. cit.*, p. 17.

13. Evgueni Bogdanovitch, *Exposé de la question relative au chemin de fer de la Sibérie et de l'Asie centrale*, Paris, 1875.

14. *Paris-journal*, 6 août 1875, les discours de Bogdanovitch et de Lesseps sont aussi rapportés par *Le Figaro, La République française, Journal des débats* ou *Le Soir*.

15. « Predsmertnoïe zavechtchanie byvchego Gueneral-Goubernatora zapadnoï Sibiri A. P. Khrouchtcheva », publié dans *Golos*, n° 230, 21 août 1880.

16. Cité par Harmon Tupper, *To the Great Ocean*, Boston, Little, Brown & Company, 1965, p. 71.

17. Leonid Chinkarev, « Sibir, otkouda ona pochla i kouda ona idet », *Sovetskaïa Rossia*, Moscou, 1978, p. 80, Koloumzine, *op. cit.*, p. 20.

18. Voir notamment Bogdanovitch, « Novye Roditeli o Sibirskoï Jeleznoï Dorogui, pismo k izdateliou », *Moskovskikh Vedomosteï*, n° 246, Moscou, 1876.

19. L'estimation est établie à partir du premier recensement réalisé quelques années plus tard : « Pervaïa vseobchtchaïa perepis nasselenia Rossiiskoï imperii 1897 g. »

20. *Kanoun Dessiatiletia vyssotchaïshe outverjdennoï Sibirskoï Jeleznoï Dorogui*, Kazan, 1884, p. 10.

21. « Kretch Ministra Pouteï Soobchtchenia Jeleznoï Dorogue », 10 septembre 1888.

22. *Vyssotchaïche Outverjdennaïa Maguistralnaïa Linia Sibirskoï Jeleznoï Dorogui, Zapiska Kazanskogo Zemstva, Doumy i Birjy Goroda Kazani*, Kazan, 1883, p. 58.

23. « Sibirskaïa Doroga-Zloba Dnia », *Novoïe Vremia*, 17 décembre 1884.

24. *Ibid.*

25. *Sankt-Peterbourgskie Vedomosti*, 3 décembre 1884.

26. *Sibirskaïa Jeleznaïa Doroga Gossoudarstvenno-Ekonomitcheskoï Kouptsa Milioutina*, Kazan, 1884, p. 20.

27. *Ibid.*, p. 19.

28 *Vostochnoïe Obozrenie*, 1890, n° 30. Cité par Marks, *op. cit.*, p. 88.

29 L'expression est de Wolfgang Faust, *op. cit.*, p. 565.

30. Cité par Koulomzine *op. cit.*, p. 30.

31. *The Times*, Londres, 25 juin 1887.

32. *Ibid.*, p. 39.

33. Lettre de Maria Fiodorovna, citée par S. Martov, *Sergueï Witte, Pervy Premier Ministr*, Moscou, Bolchoï Istoritcheskii Slovar, 2014, p. 6.

34. Lettre du tsarévitch Nicolas à son oncle le grand-duc Sergueï Alexandrovitch du 25 octobre 1888, citée par Schenk, *op. cit.*, p. 323.

35. *Ejedelnaïa Gazeta*, n° 43, 23 octobre 1888, cité par Schenk, *op. cit.*, p. 318.

36. Lettre de Maria Fiodorovna, Martov, *op. cit.*, p. 6.

37. Sergueï Iou. Witte, « Vospominania », *Izdatelstvo sotsialno-ekonomitcheskoï literatoury*, Moscou, 1960, tome 1, p. 192.

38. *Ibid.*, p. 193.

39. *Ibid.*, p. 194.

40. Vladimir Ivanovitch Kovalevski, *Vospominania*, cité par Markov, *op. cit.*, p. 7.

41. Witte, *op. cit.*, tome 1, p. 65.

42. *Ibid.*, p. 68.

43. S. Witte, *Vospominania, op. cit.*, tome 1, p. 250-251.

44. S. Witte, *O polojenii nacheï promyshlennosti*, cité par Schenk, *op. cit.*, p. 78.

45. S. Witte, *Printsipy jeleznodorojnikh tarifov po perevozke goruzov*, Saint-Pétersbourg, 1910, p. 128.

46. Sergueï Iline, *Witte*, Moscou, Molodaïa Gvardia, 2012, p. 94.

47. Wcislo, *op. cit.*, p. 156.

48. Iline, *op. cit.*, p. 95.

49. S. Witte, *Mémoires*, cité par Francis W. Wcislo, *Tales of Imperial Russia*, Oxford (États-Unis, New York), Oxford University Press, 2011, p. 130.

50. S. Witte, *Vospominania, op. cit.*, tome 1, p. 188.

51. *Ibid.*, p. 432-433.

52. Cité par Theodor von Laue, *in* Schenk, *op. cit.*, p. 7.

53. Martov, *op. cit.*, p. 15.

54. *Ibid.*

55. Witte, *Vorlesungen*, p. 176, cité par Marks, *op. cit.*, p. 126.

56. *Ibid.*, p. 67, cité par Schenk, *op. cit.*, p. 79.

57. Cité *in* Marks, p. 130.

58. Lettre de S. Witte à D. S. Sipiaguine, Krasny Arkhiv 18, 1926.

59. Svetlana Bitkina, « Podstakannik », in *Rodina* n° 10/2016, p. 82.

60. Propos rapportés par le secrétaire d'État A. N. de Koulomzine, *in* Koulomzine, *Le Transsibérien,* Paris, Hachette, 1904, p. 43.

61. Sur cet épisode, lire notamment Iline, *op. cit.*, p. 97-98.

62. À ce propos, lire notamment Marks, *op. cit.*, p. 107-111 et 128-129.

63. *Paris-Moscou. Un siècle d'échanges*, catalogue de l'exposition Paris-Moscou, Paris, 1999, p. 90-103.

64. Alexandre Pouchkine, *Eugène Onéguine*, XXXIII, chapitre 7, trad. d'André Markowicz, Arles, Actes Sud, 2005, p. 191.

65. Nikolaï Iadrintsev, cité *in Atlas Asiatskoï Assii*, Moscou, Feoria, 2012, p. 152.

66. Edmond Cotteau, *De Paris au Japon à travers la Sibérie*, Paris, Hachette, 1883, p. 166.

67. Koloumzine, *op. cit.*, p. 299.

68. Cité par Tupper *op. cit.*, p. 79.

69. « Stalnoï Poïas Rossii », in *Rodina*, n° 5/2011, p. 60.

70. Bruce Lincoln, *The Conquest of a Continent*, New York, Random House, 1994, p. 232, Marks, *op. cit.*, p. 152.

71. Lire par exemple John Foster Fraser, *The Real Siberia*, London, Cassel Company, 1902, p. 61.

72. Cité par Schenk, *op. cit.*, p. 122.

73. Alexis Krausse, *Russia in Asia*, New York, Harper & Row, 1899, p. 200.

74. Lire par exemple Shoemaker, *The Great Siberian Railway,* Londres-New York, Putnam's Sons, 1903, p. 67, Fraser *op. cit.*, p. 59, G. Lynch *The Path of Empire*, Londres, Duckworth, 1903, p. 188-189.

75. Koulomzine, *op. cit.*, p. 108.

76. Ministerstvo Pouteï Soobchtenia, Tekhnitcheskii Otdel, O Soorourejenii Sibirskoï Jeleznoï Dorogui, Saint-Pétersbourg, 16 avril 1892, p. 26-27.

77. A. I. Dmitriev-Mamonov, *Poutevoditel po Velikoï Sibirskoï Jeleznoï Dorogue*, Saint-Pétersbourg, 1900, p. 291-292.

78. *O Spossobe Ispolnenia Sibirskoï Jeleznoï Dorogui*, Saint-Pétersbourg, 1892, p. 2.

79. Ministerstvo Pouteï Soobchtenia, Departament Jeleznykh Dorog, n° 5052, 18 avril 1892, Saint-Pétersbourg, p. 29.

80. *O Spossobe, op. cit.*, p. 3.

81. Koloumzine, *op. cit.*, p. 67 et « Stalnoï Poïas Rossii », in *Rodina*, n° 5/2011, p. 58-61.

82. *O Spossobe, op. cit.*, p. 5.

83. Cité par Lindon Bates, *The Russian Road to China*, Boston-New York, Houghton Mifflin Company, 1910, p. 55 et Bruce Lincoln, *op. cit.*, p. 231.

84. Tupper, *op. cit.*, p. 245.

85. Marks, *op. cit.*, p. 92.

86. Alexis Krausse, *Russia in Asia*, Harper & Row, New York, 1899, p. 210.

87. *O Spossobe*, *op. cit.*, p. 5.

88. Koloumzine, *op. cit.*, p. 175.

89. Valentin Fiodorovitch Borzounov, *K Voprossou ob ekonomitcheskom znatchenii Sibirskoï Jeleznoï Dorogui*, Voprossy Istorii Sibiri i Dalnego Vostoka, Novossibirsk, 1961, p. 02.

90. Francis Edward Clark, *The Great Siberian Railway*, Londres, Partridge, 1903, p. 135-136.

91. Lynch, *op. cit.*, p. 203.

92. Fraser, *op. cit.*, p. 137.

93. *Ibid.*, p. 193.

94. Clark, *op. cit.*, p. 38.

95. Samuel Turner, *Siberia Travel and Exploration*, Londres, T. Fisher, 1905, p. 43.

96. Vladimir Koptelov, « Tioumen-Transsib », in *Rodina*, n° 6/2011, p. 63.

97. Richard Mowbray Haywood, *Russia enters the Railway Age*, New York, Columbia University Press, 1998, p. 226.

98. John Foster Fraser, *op. cit.*, p. 12.

99. Turner, *op. cit.*, p. 40.

100. Lynch, *op. cit.*, p. 197.

101. Tupper, *op. cit.*, p. 275.

102. Fraser, *op. cit.*, p. 14.

103. Clark, *op. cit.*, p. 178.

104. *Ibid.*, p. 126.

105. Tupper, *op. cit.*, p. 360.

106. Cité par Vladimir Lamine, « Tchto delat s Sibiriou ? », in *Rodina*, n° 6/2014, p. 129.

107. *Ibid.*, p. 130.

108. Koulomzine, *op. cit.*, p. 186.

109. Journal *Komiteta Sibirskoï Jeleznoï Dorogui*, 10 et 24 février 1893, cité par Marks, *op. cit.*, p. 154.

110. *Peresselenie i Posselenie, v sviazi s postroïkou o sibirskoï jeleznoï dorogui*, Saint-Pétersbourg, 1892, p. 4.

111. S. Witte, *Vospominania, op. cit.*, p. 441.

112. *Peresselenie i Posselenie, op. cit.*, p. 1.

113. Vladimir Lamine, in *Rodina* n° 6/2014, *op. cit.*, p. 9.

114. Koulomzine, *op. cit.*, p. 213.

115. *Peresselenie i Posselenie, op. cit.*, p. 11.

116. Fraser, *op. cit.*, p. 128.

117. *Peresselenie i Posselenie, op. cit.*, p. 13.

118. Journal *Komiteta Sibirskoï Jeleznoï Dorogui*, 1898, cité par Marks, *op. cit.*, p. 166.

119. Voir Marks, *op. cit.*, p. 39.

120. Koulomzine, *op. cit.*, p. 29 et 33.

121. Nicolas II au Comité du Transsibérien, 30 novembre 1894, cité in *Poutevoditel, op. cit.*, p. 69.

122. S. Witte, « Konspekt lektsii o narodnom i gossoudarstvennom khozaïstve », p. 186, in *Oural, ejemessiatchny journal*, 1997, cité *in* Schenk, *op. cit.*, p. 116.

123. Marks, *op. cit.*, p. 43.

124. S. Witte, *Vospominania, op. cit.*, p. 45-46.

125. *Poutevoditel, op. cit.*, p. 52.

126. Tatiana Maximova, « Dorogui bez kororikh nam ne jit », in *Rodina* n° 11/2009, p. 107.

127. Wcislo, *op. cit.*, p. 176.

128. Witte, *op. cit.*, p. 53.

129. *Ibid.*, p. 52.

130. *Ibid.*, p. 54.

131. Witte, *op. cit.*, p. 69.

132. Koulomzine, *op. cit.*, p. 147.

133. *Ibid.*, p. 148.

134. Dahlmann, *op. cit.*, p. 187.

135. *Kitaïskaïa Vostotchnaïa jeleznaïa doroga, Istoritcheskii otcherk*, Kantseleria KVJD, t. 1, Saint-Pétersbourg, 1914, p. 15-16.

136. Tupper, *op. cit.*, p. 321.

137. Marks, *op. cit.*, p. 200.

138. Fraser, *op. cit.*, p. 222.

139. Iline, *op. cit.*, p. 220.

140. Witte, *op. cit.*, tome 2, p. 133.

141. *Ibid.*

142. *Ibid.*

143. *Ibid.*, p. 134.

144. *Ibid.*, p. 136.

145. *Ibid.*

146. *Ibid.*, p. 113-114.

147. *Ibid.*, p. 6.

148. *Ibid.*

149. *Ibid.*, p. 142.

150. *Ibid.*, p. 143.

151. Koulomzine, *op. cit.*, p. 152.

152. Cité par Tatiana Koudriavtseva, « Kitaï-Tsar », in *Rodina*, n° 2/2014, p. 126.

153. Cité par Tupper, *op. cit.*, p. 331.

154. *Ibid.*, p. 330.

155. Tupper, *op. cit.*, p. 332.

156. *Poutevoditel, op. cit.*, p. 556.

157. Guide Baedeker Russie, Leipzig, 1912.

158. Voir Wcislo, *op. cit.*, p. 184.

159. Cité par Iline, *op. cit.*, p. 220.

160. *Vsepodanny Doklad ministra finantsov o poïezdke na Dalnii Vostok*, Saint-Pétersbourg, 1902, p. 364.

161. Koulomzine, *op. cit.*, p. 316.

162. Lynch, *op. cit.*, p. 53.

163. Shoemaker, *op. cit.*, p. 169.

164. Lynch, *op. cit.*, p. 66.

165. *Ibid.*, p. 68.

166. Shoemaker, *op. cit.*, p. 172.

167. Lynch, *op. cit.*, p. 68.

168. Shoemaker, *op. cit.*, p. 173.

169. Francis Clark, *op. cit.*, p. 6.

170. Shoemaker, *op. cit.*, p. 174.
171. « Zoloto Priajki Stalnogo Poïassa Rossii », in *Rodina*, n° 6/2011, p. 63.
172. Marks, *op. cit.*, p. 202-203.
173. Schenk, *op. cit.*, p. 367.

第五部分

1. Lettre du tsar Nicolas à son frère Konstantin Pavlovitch, 14 décembre 1825. Citée par Nathan Eidelman, *Un noble révolutionnaire : Lounine*, Moscou, Éditions du Progrès, 1988, p. 143.
2. Praskovia E. Annenkova, *Zapiski Jeny Dekabristy*, Saint-Pétersbourg, Rousskaïa Starina, 1888, réédition Moscou, N. N. Mikhaïlov, 1901, p. 37-38.
3. Serguéï Grigorievitch Volkonski, *Zapiski dekabrista*, Saint-Pétersbourg, 1901, p. 445. Les Mémoires de Volkonski s'interrompent précisément au moment de son interrogatoire par le tsar : « Le Souverain m'a dit : Je... » L'auteur est mort peu après. Son fils a complété ces Mémoires par des témoignages avant de les publier.
4. Veliki Kniaz Mikhaïl Pavlovitch, « Vospominania o sobytiakh 14 dekabria 1825 g. », *in* B. E. Syroïechkovski, *Mejdoutsarstvie 1825 goda i vosstanie dekabristov v perepiske i memouarov tchlenov tsarskoï semi*, Moscou-Leningrad, 1926, p. 60.
5. Eidelman, *op. cit.*, p. 269.
6. *Ibid.*, p. 273
7. Praskovia Annenkova, *op. cit.*, p. 52-53.
8. *Zapiski Kniaguini Marii Nikolaïevny Volkonskoï*, Saint-Pétersbourg, 1904, p. 13.
9. Dittmar Dahlmann, *op. cit.*, p. 157.
10. Fiodor Dostoïevski, *Souvenirs de la maison des morts*, trad. d'André Markowicz, « Babel », Arles, Actes Sud, 1999, p. 49.
11. Bruce Lincoln, *The Conquest of a Continent*, New York, Random House, 1994, p. 166.
12. Benson Bobrick, *East of the Sun*, New York, Holt & Co, 1993, p. 282.
13. Nikolaï Iadrintsev, *Rousskaïa Obchtchina v Katorgue i Ssylke*, Saint-Pétersbourg, 1872, p. 100.
14. Fiodor Dostoïevski, *op. cit.*, p. 357-358.
15. Irina Chabalina, *Beriozov*, Saint-Pétersbourg, AIO, 2001.
16. Voir par exemple Dahlmann, *op. cit.*, p. 155 ou Bobrick, *op. cit.*, p. 272.
17. Dostoïevski, *op. cit.*, p. 76.
18. *Ibid.*, p. 116.
19. *Ibid.*, p. 123.
20. Ferdinand de Lanoye, *La Sibérie d'après les voyageurs les plus récents*, « Bibliothèque des jeunes filles », Paris, Hachette, 1865, p. 394-395.
21. *Ibid.*, p. 413.
22. Serguéï Grigorievitch Volkonski, *op. cit.*, p. 327.
23. Cité par Elena Bespalaïa, « Bez tebia ia, kak bez Jizni... », in *Rodina* n° 5/2008, p. 118.
24. Cité par Semion Ekshtut, « Piat Srajenii Guenerala Raïevskogo », in *Rodina* n° 9/2016, Moscou, p. 45.
25. M. N. Volkonskaïa, *Zapiski... op. cit.*, p. 15.
26. Stepan Grigorievitch Tretiakov, *Istoria Nertchinskogo gornogo okrouga*, manuscrit non publié, Tchita, 2015, p. 6.

27. Stepan Grigorievitch Tretiakov, *Nertchinskaïa Katorga*, manuscrit non publié, Tchita, 2015, p. 1.

28. *Ibid.*, p. 37 et 39.

29. Lettre du 17 décembre 1826 de Maria Nikolaïevna Volkonskaïa à son mari, citée par Bespalaïa, *op. cit.*, p. 119.

30. *Ibid.*

31. *Zapiski Kniaguini Marii Nikolaïevny Volkonskoï*, *op. cit.*, p. 19.

32. K. K. Ilkovsky (éd.), *Nertchinsky Zavod*, Tchita 2015, p. 468. La mine devenue partie du combinat « 50 ans de l'URSS » n'a été fermée qu'en 1993.

33. *Zapiski*, annexe XIII, *op. cit.*, p. 141.

34. *Ibid.*, p. 45-47.

35. *Zapiski Kniaguini Marii Nikolaïevny Volkonskoï*, *op. cit.*, p. 83.

36. Nikolaï Nekrassov, « Rousskie Jenchtchiny », in *Otetchestvenie Zapiski*, Saint-Pétersbourg, 1872-1873.

37. P. E. Annenkova (Pauline Gueble), *Zapiski Jeny Dekabrista*, Saint-Pétersbourg, N. N. Mikhaïlov, 1901, p. 87-88.

38. M. N. Volkonskaïa, *Zapiski*, *op. cit.*, p. 73

39. Stendhal, *Armance ou quelques scènes d'un salon parisien en 1827*, Paris, Flammarion, 1994.

40. Adolphe de Custine, *La Russie en 1839*, Paris, Amyot, 1843, p. 153.

41. Alexandre Dumas, *Le Maître d'armes*, Paris, Syrtes, 2002.

42. Ferdinand de Lanoye, *op. cit.*, p. 424.

43. P. E. Annenkova, *op. cit.*, p. 137.

44. *Ibid.*, p. 129.

45. Dostoïevski, *op. cit.*, p. 496-497.

46. Cité par Elena Bespalaïa, *op. cit.*, p. 121.

47. Alexandre Dumas, *Voyage en Russie,* Paris, Hermann, 2002, p. 480.

48. Frederick F. Travis, *George Kennan and the American-Russian Relationship 1865-1924*, Athens (États-Unis, Ohio), 1990, p. 115.

49. George Kennan, *Scrapbook of Early Lectures Notices*, cité par Travis, *op. cit.*, p. 39.

50. *Ibid.*

51. Lettre de George Kennan à Anna L. Dawes, 15 décembre 1886, citée par Travis, *op. cit.*, p. 111.

52. Voir Travis, *op. cit.*, p. 95.

53. George Kennan, *Siberia and the Exile System*, Londres, James R. Osgood, McIlvaine & Co, 1891, réédition New York, Russell & Russell, 1970, t. 2, p. 142, édition française parue en 1890.

54. *Ibid.*, p. 14.

55. Kennan, *op. cit.*, t. 1, p. 86.

56. *Ibid.*, p. 89.

57. *Ibid.*

58. *Ibid.*, p. 90.

59. *Ibid.*, p. 91.

60. *Ibid.*, t. 2, p. 262.

61. *Ibid.*, t. 2, p. 146-147.

62. *Ibid.*, p. 149.

63. *Ibid.*, p. 150.

64. Lettre à Roswell Smith du 28 octobre, citée *in* Travis, *op. cit.*, p. 127.

65. Kennan, *Siberia and the Exile System*, *op. cit.*, t. 1, p. 182.

66. George Kennan, lettre à sa famille, 4 septembre 1885.

67. Kennan, *Siberia and the Exile System, op. cit.*, p. 121-122.

68. Ekaterina Brechko-Brechkovskaïa, « Babouchka E. K. Brechko-Brechkovskaïa o samoï sebe », in *Niva* n° 22, 3 juin 1917, Petrograd, p. 327.

69. Ekaterina Brechko-Brechkovskaïa, *Skrytie Korni Rousskoï Revolioutsii, Otretchenie veli-koï revolutsionerki 1873-1920*, Moscou, 2006. Alice Stone Blackwell, *The Little Grandmother of the Russian Revolution, Reminiscences and Letters of Catherine Brechkovski*, Boston (États-Unis, Massachusetts), 1919.

70. Ekaterina Brechko-Brechkovskaïa, *op. cit.*, p. 325.

71. Felix Volkhovski, *George Kennan in Tomsk, Free Russia*, 1er janvier 1894, cité *in* Travis, *op. cit.*, p. 136.

72. *Ibid.*, p. 326.

73. Lettre de Roswell Smith à George Kennan du 13 octobre 1887, citée *in* Travis, *op. cit.*, p. 154.

74. Egor Lazarev, « George Kennan », in *Volia Rossii*, juin 1923, n° 11, p. 34.

75. Kennan, *Siberia and the Exile System, op. cit.*, p. 122.

76. Ekaterina Brechkovskaïa, *Babouchka…, op. cit.*, p. 326.

77. Alice Stone Blackwell, *op. cit.*, p. 311

78. Lettre d'Ekaterina Brechko-Brechkovskaïa à George Kennan, 29 décembre 1910, citée *in* Alice Stone Blackwell, *op. cit.*, p. 154-155.

79. Première parution à Paris en 1973.

80. Travis, *op. cit.*, p. 174.

81. *Ibid.*, p. 178.

82. Cité par Travis, *op. cit.*, p. 178.

83. Lire à ce sujet une description détaillée et documentée des artifices de fond et de forme utilisés par Kennan selon son biographe, *in* Travis, p. 157-172.

84. Walter La Feber, « The Turn of the Russian-American Relations 1880-1905 », in *Rousskoïe Otkrytie Ameriki*, Moscou, RAN, Rosspen, 2002, p. 280 et suiv.

85. Voir à ce sujet Éric Hoesli, *À la conquête du Caucase*, Paris, Syrtes, 2006, sixième partie.

86. George Kennan, *Siberia and the Exile system, op. cit.*, t. 1, p. 400-411.

87. Sergueï Vassilievitch Maximov, *Sibir i Katorga*, Saint-Pétersbourg, 1871, p. 5.

88. Le récit de la soirée et l'entrevue entre les deux hommes est rapporté par Mikhaïl Lemke : M. Lemke, *Iadrintsev Nikolaï Mikhaïlovitch*, Saint-Pétersbourg, 1904, p. 16.

89. Nikolaï Mikhaïlovitch Iadrintsev, *Rousskaïa Obchtchina v Tiourme i Ssylke*, Saint-Pétersbourg, 1872, p. 1.

90. *Ibid.*, p. 146.

91. *Ibid.*, p. 96.

92. *Ibid.*, p. 147, 148, 152.

93. *Ibid.*, p. 150.

94. *Ibid.*, p. 97.

95. *Ibid.*, p. 97-98.

96. *Ibid.*, p. 82.

97. Cité par Wolfgang Faust, *op. cit.*, p. 546.

98. Cité par Lemke, *op. cit.*, p. 185.

99. Lettre manuscrite d'Ivan Marmanov, ex-prisonnier du chantier 501, adressée à Vadim Gritsenko, Nadym, 2015.

100. Interview d'Alexandre Albertovitch Snovski, *in* Vadim Nikolaïevitch Gritsenko, *Stroïka 501, Istoria i Sovremennoïe Sostoïanie*, Nadym, Pamiat Severa, 2015.

101. Vadim Gritsenko, *Istoria Iamalskogo Severa*, Tioumen, Tioumenskii Dom Petchati, 2010, p. 74.

102. Tous ces détails sont tirés de l'interview d'Alexandre Snovski, *op. cit.*

103. Arrêté du Conseil des ministres de l'URSS du 17 mai 1952, n° 2342-896 ss confirmant les plans d'exploration scientifique et de reconnaissance du projet d'expansion des transports dans l'extrême nord.

104. Postanovlenie Sovieta Ministrov SSSR du 4 février 1947, n° 228-104 ss, *in* A. I. Kokourine, Iou. N. Moroukov (éds.), *Stalinskie Stroïki Goulaga 1930-1953*, Rossiya XX vek, Dokoumenty, Moscou, 2005, p. 301.

105. Postanovlenie Sovieta Ministrov SSSR n° 1255-331 ss, *in* Kokourine et Moroukov, *op. cit.*, p. 303.

106. Instructions au chef du Goulag du MVD de l'URSS V. G. Nasedkine, du 4 février 1947.

107. Apollon Nikolaïevitch Kondratiev, *501-aïa stroïka, Vospominania, in* Grytsenko, 2010, *op. cit.*, p. 119-125.

108. Lettre du 7 novembre 1947 de S. N. Krouglov à I. V. Staline, citée *in* Kokourine, *op. cit.*, p. 309-310.

109. Vadim Grytsenko, *Viatcheslav Kalinine*, Ekaterinbourg, Istoria Miortvoï Dorogui, 2010, p. 36.

110. Fatekh Vergassov, «Stalinskie jeleznye dorogui», www.pseudology.org/gazprom/501502503.

111. Grytsenko, 2010, *op. cit.*, p. 33.

112. A. Poboji, « Miortvaïa Doroga », in *Novy Mir*, n° 8, 1964, p. 153.

113. « Doklad 27 iounia 1947 S N. Krouglova, I. V. Stalinou, L. P. Beri » cité *in* Kokourine, *op. cit.*, p. 306.

114. Grytsenko et Kalinine, *op. cit.*, p. 90.

115. Grytsenko, *op. cit.*, p. 80.

116. V. F. Zima, *Golod v SSSR 1946-47 gg. Proïskhojdenie i posledstvia*, Moscou, 1996.

117. Iou. Afanassiev, P. Gregori, E, Danielson, S. V. Mironenko, A. I. Soljenitsyne *et al.* (éds.), *Istoria Stalinskogo Goulaga, Konets 1920-kh – pervaia polovina 1950-kh godov*, tome 1 ; N. Werth et S. V. Mironenko, *Massovye Repressii*, tome 1, Moscou, Rosspen, 2004, p. 84.

118. Cf. note 117.

119. N. Werth et S. V. Mironenko, *Massovye Repressii*, tome 1, *op. cit.*, p. 85.

120. Citation de N. A. Koukouchkina, in *Stroïtelstvo 501-503, Tchoum-Salekhard-Igarka*, Departament po koultoure, isskoustvou I kinematografii Iamalo-Nenetskogo avtonomnogo okrouga, Salekhard, 2006, p. 11.

121. Vergasov, *op. cit.*, p. 10.

122. Grytsenko et Kalinine, *op. cit.*, p. 94.

123. Témoignage rapporté *in* Kurt Bährens, *Zur Geschichte die deutschen Kriegsgenfangene, Deutsche in Straflagern und Gefängnissen der Sowjetunion*, Munich, 1965, tome 2, p. 149. Les trois tomes de cette histoire de la détention des prisonniers de guerre allemands, recomposée à partir de milliers de témoignages de rapatriés des camps est sans nul doute l'une des sources les plus documentées et les plus fournies sur le Goulag avant l'enquête de Soljenitsyne et l'ouverture des archives. Très curieusement, elle est pourtant souvent ignorée des ouvrages occidentaux consacrés à ce sujet.

124. Témoignage de Natalia Danilova, *in* Vergasov, *op. cit.*, p. 5.

125. Protokol vtoroï partkonferentsii Obskogo ITL Stroitelstva 501, 2-4 iounia 1951, Salekhard. Cité *in* Grytsenko, *op. cit.*, p. 82.

126. Témoignage de Fiodor Mikhaïlovitch Redlev, *in* Grytsenko et Kalinine, *op. cit.*, p. 92.

127. *Spravka Kvartiro-eksluatatsionnogo otdela Goulaga o nedostatkakh v snabjenii zaklioutchenykh odejdoï i obouviou*, 7 avgusta 1947, sekretno, chiffre 15, *in* A. B. Bezborodov, V. M. Khroustalev, *Naselenie Goulaga Istoria Goulaga, Istoria Stalinskogo Goulaga, Konets 1920-kh – pervaïa polovina 1950-kh godov.*, tome 4, doc. 222, p. 414-415, Moscou, Rosspen, 2004.

128. Voir par exemple Georges Nivat, « Le monastère-prison des îles Solovki », in *Les Sites de la mémoire russe*, tome 1 : *Géographie de la mémoire russe*, Paris, Fayard, 2007 p. 509-513 ; Oleg Volkov, *Pogroujenie vo Tmu*, Paris, Atheneum, 1987 ; Paul Florensky, *Lettres de Solovki*, Lausanne, L'Âge d'Homme, 2012 ; *Solovetskoïe More*, Arkhangelsk, 2007 ; Boris Chiriaev, *La Veilleuse des Solovki*, Paris, Syrtes, 2005 ; Mariusz Wilk, *Journal d'un loup*, Lausanne, Libretto, Noir sur Blanc, 1999 ; O. V. Tchumitcheva, *Solovetskoïe Vostanie*, Moscou, Ogi, 2009 ; Iouri Tchirkov, *C'était ainsi… Un adolescent au Goulag*, Paris, Syrtes, 2009 ; Sozerko Malsagov et Nikolaï Kisselev-Gromov, *Aux origines du Goulag, Récits des îles Solovki*, Paris, François Bourin, 2011 ; Roy R. Robson, *Solovki*, Londres, Yale University Press, 2004.

129. Lire à ce sujet Anne Applebaum, *Gulag, a History of the Soviet Camps*, Allen Lane, Londres, 2003, traduit en français sous le titre *Goulag, une histoire*, Paris, Grasset, 2005, p. 68-73.

130. Bezborodov et Khroustalev, *op. cit.*, p. 35.

131. Voir notamment l'ouvrage de Dallin et Nikolaïevsky, devenu un classique de l'historiographie du Goulag : David J. Dallin and Boris I. Nikolaïevsky, *Forced Labor in Soviet Russia*, Londres, Yale University Press, 1947.

132. Alexandre Soljenitsyne, *Arkhipelag Gulag*, Ymca Press, Paris, 1973, traduit sous le titre *L'Archipel du Goulag*, Paris, Seuil, 1974. Malgré l'importance du chantier 501-503, Soljenitsyne ne lui consacre que quelques pages dans son œuvre majeure.

133. Varlam Chalamov, *Kolymskie Rasskazy*, Paris, Ymca Press, 1982, traduit sous le titre *Récits de Kolyma*, Paris, La Découverte/Fayard, 1986.

134. Bezborodov et Khroustalev, *op. cit.*, p. 33 et 34.

135. *Ibid.*, p. 34 à 40.

136. N. G. Okhotine et A. G. Roguinski, *Sistema ispravitelno-troudovykh laguereï v SSSR*, Moscou, Spravotchnik, 1998. p. 525.

137. *Ibid.*, p. 38 et 39. Voir aussi Werth et Mironenko, *op. cit.*, p. 58.

138. Werth et Mironenko, *op. cit.*, p. 30.

139. Bezboroudov et Khroustalev, *op. cit.*, p. 35.

140. Fiodor Mochoulski, *Gulag Boss, a Soviet Memoir*, Oxford (États-Unis, New York), Oxford University Press, 2011, p. 49.·

141. Werth et Mironenko, *op. cit.*, p. 39 ; Bezborodov et Khroustalev, *op. cit.*, p. 54-55.

142. Grytsenko et Kalinine, *op. cit.*, p. 120-123.

143. A. I. Kokourine et Iou. N. Moroukov, *Goulag, Strouktoura i Kadry*, Moscou, Svobodnaïa Mysl, 2000, p. 112-119.

144. A. Poboji, *op. cit.*, p. 142.

145. *Ibid.*, p. 178.

146. *Ibid.*, p. 174.

147. « Dokladnaïa Zapiska Ministra Vnoutrennikh Del SSSR S.N. Krouglova o sravnitelnoï stoimosti stroitelnykh rabot vypolniaïemikh MVD SSSR », 9 oktiabria 1950, sekretno, Moscou, *in* O. V. Khvlienouk, *Ekonomika Goulaga, Istoria Stalinskogo Goulaga*, tome 3, Moscou, Rosspen, 2004, p. 271-274.

148. Mikhaïl Timochenko, « Nam by tolko za berejok Aliaski zatsepitsa… », in *Rodina*, n° 3/2015, p. 42-49.

149. Voir par exemple Poboji, *op. cit.*, p. 180-181, Grytsenko, *op. cit.*, p. 114-115.

150. Khvlienouk, *op. cit.*, p. 37 ; Grytsenko 2010, *op. cit.*, p. 195-196.

151. Voir V. A. Lamine, *Klioutchi k Dvoum Okeanam*, Khabarovsk, 1981, p. 215.

152. Lioudmilla F. Lipatova, « I kajdy raz na vek prochtchaïties ?, Vospominania O. Kotchoubeï », Severnye Prostory, Salekhard, 2006, p. 98.

153. Grytsenko et Kalinine, *op. cit.*, p. 199.

154. N. I. Drozdov (éd.) *Ienisseïsskii Entsiklopeditcheskii Slovar*, Krasnoïarsk, 1998, p. 577-578.

155. Interview de N. N. Ourvantsev, *in* Anatoli Lvovitch Lvov, *Nikto ne posmel ikh razloutchit...*, *O Vremeni, o Norilske, o sebe*, tome 10, Norilsk-Moscou, 2008, p. 121.

156. V. V. Sinioukov, *Alexandr Vassilievtch Koltchak, ot Issledovatelia Arktiki do Verkhovnogo Pravitelia Rossii*, Moscou, 2004.

157. Vladimir I. Dolgov, I pri etom, *Nikolaï Nikolaïevitch Ourvantsev tak i ostalsia dlia menia zagadotchnym tchelovekom...* O Vremeni, o Norilske, o sebe, tome 10, *op. cit.*, p. 159.

158. N. N. Ourvantsev, *Taïmyr, Kraï moï Severny*, Moscou, Mysl, 1978.

159. *Ibid.*

160. Anatoli Lvov, « Tchernye Dni Ourvantseva posle zvezdnogo tchassa... », in *O Vremeni...*, *op. cit.*, p. 74-78.

161. *Ibid.*, p. 80.

162. A. I. Kokourine, H. V. Petrov, V. N. Chostakovski, *Goulag 1918-1960*, Rossia 20 Vek, Moscou, Dokoumenty, 2002, p. 747 et suiv.

163. Kurt Bährens, *Zur Geschichte der deutschen Kriegsgefangenen des 2. Weltkrieges*, tome 2, Munich, 1965, p. 163.

164. Dolgov, *op. cit.*, p. 159.

165. V. A. Kozlov, O. V. Lavinskaïa, *Istoria Stalinskogo Goulaga, Vostania, Bunty i Zabastovki Zaklioutchennykh*, tome 6, Moscou, Rosspen, 2004, p. 44.

166. *Ibid.*, p. 56.

167. Voir à ce propos l'*Encyclopédie du tatouage criminel russe*, collectée par un ancien gardien de camp, Danzig Baldaev : *Russian Criminal Tattoo*, tomes 1 et 2, Londres, Fuel, 2003 et 2009. Baldaev est aussi l'auteur d'un recueil de dessins illustrant la vie des camps et en particulier les exactions commises par les gardiens ou les truands. Sa lecture n'est pas recommandée aux personnes sensibles : Danzig Baldaev, *Drawings from the Gulag*, Londres, Fuel, édition française sous le titre *Gardien de camp : tatouages et dessins du goulag*, Syrtes, Genève, 2013.

168. Voir à ce propos le remarquable bréviaire des camps que constitue l'ouvrage de Jacques Rossi, lui-même ancien zek : Jacques Rossi, *Manuel du Goulag, op. cit.*

169. Archives de la Fédération de Russie, R-9414, cité par Kozlov, *op. cit.*, p. 68.

170. *Ibid.*

171. Joseph Scholmer, *La Grève de Vorkouta*, Paris, Amiot-Dumont, 1954, p. 157.

172. Iz dokladnoï zapiski ispolniaiouchtchego obiazannosti natchalnika Goulag A.Z. Koboulova Ministrou Vnoutrennikh Del SSSR S.N. Krouglovou o massovykh Besporiadkakh i oubiistvie zaklioutchennykh, 4 fevralia 1952, Soverchenno sekretno, *in* Kozlov, *op. cit.*, p. 240-241.

173. *Ibid.*, p. 75.

174. A. Makarova, *Norilskoïe Vosstanie*, document non daté, Fonds Sakharov, Moscou.

175. Kurt Bährens, *op. cit.*, p. 166.

176. S. N. Krouglov, Archives de la RF Fonds R-9401, L. 213, cité *in* Kozlov, *op. cit.*, p. 84.

177. Emmy Goldacker, témoignage recueilli par l'auteur, octobre 2013. Lire aussi Emmy Goldacker, *La Valise en bois*, Paris, La Table Ronde, 1976.

178. Kurt Bährens, *op. cit.*, p. 200-201.

179. *Dokladnaïa zapiska natchalnika tiouremnogo oupravlenia MVD SSSR ob obstanovke v Gornom laguere*, in Kozlov, *op. cit.*, p. 322.

180. Kozlov, *op. cit.*, p. 88-89.

181. A. Makarova, *op. cit.*

182. Kurt Bährens, *op. cit.*, p. 201.

183. *Ibid.*

184. A. Makarova, *op. cit.*

185. *Ibid.*

186. Obrachtchenie zaklioutchennykh Gornogo lagueria k Sovetskomou pravitelstvou, obrachtchenie lagnaselenia Gornogo lageria MVD SSSR – Norilsk, 27 iounia 1953, doc. 150, *in* Kozlov, *op. cit.*, p. 349-353.

187. A. Makarova, *op. cit.*

第六部分

1. Terence Armstrong, *The Northern Sea Route, Soviet Exploitation of the North-East Passage*, Scott Polar Research Institute, Cambridge (Royaume-Uni), Cambridge University Press, 1952, p. 13.

2. A. Sibiriakov, *K Voprossou o Vnechnykh Rynkakh Sibiri*, Tobolsk, 1894, p. 11.

3. V. Korolev, « Radetel Severa », in *Vodny Transport*, 26 novembre 1983.

4. Cité par Vladimir Vize, *Moria Rossiiskoï Arktiki*, Leningrad, 1948, réédition Moscou, Paulsen, 2008, p. 204.

5. *Ibid.*

6. G. Potanine, *Noujdy Sibiri*, Saint-Pétersbourg, éd. I. S. Melnik, 1908, p. 273.

7. « Delo o Razvitii torgovykh snoshenii s Sibiriou morskim putiom po reke Ienisseïïou », Archives du Territoire de Krasnoïarsk, 1880, cité *in* Constantine Krypton, *The Northern Sea Route, Its Place in Russian Economic History before 1917*, Research Program on the USSR, New York, 1953, p. 39.

8. Voir Sergueï Komaritsine, « Romantik Severa, Gorodskie Novosti », Krasnoïarsk, 2013, à l'adresse : www.gornovosti.ru/tema/history/romantik-severa35693.htm

9. *Ibid.*

10. I. L. Freïdine, « Mikhaïl Konstantinovitch Sidorov », in *Letopis Severa*, Moscou, Mysl, 1971, p. 253.

11. I. Bogadanov, *Neoutomimyi pobornik Severa*, Peterbourgskaïa familia : Latkiny, Saint-Pétersbourg, 2002, p. 50.

12. Archives de l'Académie des sciences de Russie, fonds 270, op. 3, n° 11, cité *in* O. A. Golynskaïa et E. L. Minina, « Promichlennikis i metsenat Sibiri », in *Priroda* n° 6/2008, Naouka, p. 90.

13. Cité par V. Korolev, *op. cit.*

14. F. Stouditski, *Istoria otkrytia morskogo pouti iz Evropy v sibirskie reki*, part. 1, Saint-Pétersbourg, 1883, p. 48.

15. M. K. Sidorov, *Sever Rossii*, Saint-Pétersbourg, 1870, p. 76.

16. A. E. Nordenskjöld, *The Voyage of the Vega round Asia and Europe*, volume 1, MacMillan, Londres, 1881, p. 373, réédition Cambridge (Royaume-Uni), Cambridge University Press, 2012.

17. Freïdine, *op. cit.*, p. 257.

18. Cité *in* Golynskaïa et Minina, *op. cit.*, p. 93.

19. Cité *in* Vize, *op. cit.*, p. 210.

20. Archives de l'Académie des sciences, fonds 270, cité *in* Freïdine, *op. cit.*, p. 262-263.

21. Voir à cet égard V. P. Chakherov, *Irkoutsk koupetcheskii*, Irkoutsk, 2006, p. 17-43.

22. *Ibid.*

23. Alexandre Sergueïevitch Dikoun, *Dinastia Sibiriakovykh i eio rol' v razvitii ekonomitcheskoï, obshtshestvennoï i kulturnoï jizni vostotchnoï Sibiri v XVIII-natchale XX vv.* Thèse d'histoire non publiée, université d'Irkoutsk, 2013, p. 135.

24. Télégramme reproduit *in* Dikoun, *op. cit.*, annexe 9, p. 228.

25. *Golos*, n° 314, Saint-Pétersbourg, 13 novembre 1875.

26. A. E. Nordenskjöld, *op. cit.*, tome 1, p. 13.

27. A. E. Nordenskjöld, *op. cit.*, p. 462.

28. *Ibid.*, tome 2, p. 67.

29. Innokenti Sibiriakov, cité *in* Tatiana Chrokhova, *Irkoutianin-Sviatogorets Innokenti*, Irkoutsk, 2014, p. 72.

30. A. A. Borissov, *Ou Samoïedov, Ot Pinegi do Karskogo Moria*, Saint-Pétersbourg, 1907, réédition Moscou, Paulsen, 2013, p. 1.

31. *Ibid.*

32. *Ibid.*, p. 2.

33. R. V. Vlassov, « Aleksandr Borissov, Khoudojnik, issledovatel Severa, Ingenier *in* ITR », *Vekhi Istorii*, n° 1 (61) 2006, p. 30-32.

34. V. Botsianovski, *Khoudojnik Vetchnykh Ldov*, cité *in* N. P. Borissov, *Khoudojnik Vetchnykh Ldov*, Leningrad, 1983, p. 185.

35. *Ibid.*, p. 192.

36. P. Boïarski, *Po Sledam Khoudojnika A. A. Borissova*, Moscou, Paulsen, 2013, p. 292.

37. *Ibid.*

38. Récit complet de l'aventure *in* A. Borissov, *Ou Samoïedov, op. cit.*, p. 17-35.

39. V. A. Lamine, *Klioutchi k dvoum okeanam*, Khabarovsk, 1981, p. 82.

40. *Ibid.*

41. Lamine, *op. cit.*, p. 101.

42. Lénine, *Œuvres complètes*, Moscou, 1965-1969, tome 38, p. 13.

43. Botsianovski, *op. cit.*, p. 202.

44. V. M. Vobly et A. A. Borissov, *Veliki Severny Pout*, Veliki-Oustioug, Izdanie Goubplana, 1929.

45. Archives GAKhK, fonds 937, op. 1, d. 2, l. 212, cité par Lamine, *op. cit.*, p. 113.

46. Souvenirs de Georgui Chachkovski, cité *in* M. S. Mourov, *Zapiski Poliarnika*, Leningrad, 1971, p. 24-25.

47. Ernst Krenkel, « RAEM – Moi Pozyvnie », *Sovietskaïa Rossia*, Moscou, 1973, p. 149.

48. A. L. Tchijevski, *Vsia Jizn. Gody i Lioudi*, Sovetskaïa Rossia, Moscou, 1974, cité *in* S. E. Schnoll, *Naouka v SSSR, Gueroï, Zlodeï, Konformisty Otetchestvennoï Naouki*, Moscou, Librokom, 2012, p. 294.

49. *Ibid.*, p. 166.

50. A. M. Ermolaïev et V. D. Dibner, *Mikhaïl Mikhaïlovitch Ermolaïev, Jizn Issledovatelia i Outchennogo*, Saint-Pétersbourg, Epigraf, 2005, p. 113.

51. Le destin tragique de ce scientifique d'exception est l'objet de l'excellent ouvrage d'Olivier Rolin, *Le Météorologue*, Paris, Seuil-Paulsen, 2014.

52. Otto Schmidt *et al.*, *Pokhod Tcheliouskina*, Moscou, Izdatelstvo Pravdy, 1934, p. 9.

53. Pier Horensma, *The Soviet Arctic*, Londres et New York, Routledge, 1991, p. 35.

54. Vladislav Koriakine, *Rudolf Lazarevitch Samoilovitch*, Moscou, Nautchno-biografitcheskaïa Literatoura, 2007, p. 129.

55. Zinovi Kanevski, *Direktor Arktiki*, Moscou, Izd. Polititcheskoï Literatoury, 1977, p. 31.

56. P. K. Pakhtoussov, S. A. Moiseïev, *Dnevnikovye zapiski*, Moscou, 1956, p. 51.

57. John MacCannon, *Red Arctic : Polar Exploration and the Myth of the North in the Soviet Union 1932-1939,* New York, Oxford University Press, 1998, p. 46.

58. S. E. Schnoll, *op. cit.*, p. 154.

59. M. P. Chirchova, *Piotr Petrovitch Chirchov*, Moscou, Institut Okeanologii RAN, 2005, p. 12.

60. O. Schmidt, *op. cit.*, p. 18.

61. M. I. Cheveliov, *Arktika*, Voronej, Soudba moïa, 1999, cité *in* V. S Koriakine, *Tcheliouskinskia Epopeïa*, Moscou, Vetche, 2011, p. 34-36.

62. *Ibid.*

63. Témoignage de M. I. Cheveliov, rapporté *in* S. Larkov, F. Romanenko, « Zakonvoirovannye Zimovchtchiki », in *Vragui Naroda za Poliarnym Krougom*, Moscou, Paulsen, 2010, p. 297.

64. Vladislav S. Koriakine, *Rudolf Lazarevitch Samoïlovitch*, Moscou, Naouka, 2007, p. 180.

65. Lettre de O. Schmidt à V. Voronine, citée par M. I. Belov, *Naoutchnoïe i Khozaïstvennoïe Osvoïenie Sovetskogo Severa 1933-1945 gg.*, Leningrad, Guidrometeoroogitcheskoïe Izdatelstvo, 1969, tome 4, p. 109.

66. M. I. Belov, *op. cit.*, p. 111.

67. Cité par M. P. Chirchova, *op. cit.*, p. 12.

68. Belov, *op. cit.*, p. 111.

69. Voronine, cité par Chirchova, *op. cit.*, p. 13.

70. Sergueï A. Larkov, « Tcheliouskinskaïa Epopeïa, Istoritcheskaïa Mitologuia i Obiektivnost Istorii », *in* Sergueï Larkov et Fiodor Romanenko, *Vragui Naroda za Poliarnym Krougom*, Moscou, Paulsen, 2010, p. 256.

71. S. Goudine, « Tcheliouskine », *in* Otto Schmidt *et al.*, *Pokhod Tcheliouskina, op. cit.*, p. 65.

72. M. Markov, « Dni bogatye Sobytiami », *in* Otto Schmidt *et al.*, *Pokhod Tcheliouskina, op. cit.*, p. 96.

73. *Ibid.*, p. 293-321.

74. *Ibid.* p. 306.

75. Ia. Gakkel, « Ot mysa Tcheliouskina do Mysa Vankarem », *in Pokhod, op. cit.*, p. 121.

76. O. Schmidt, « Ekspeditsia Tcheliouskina i Severny Morskoï Pout », *in* Otto Schmidt *et al.*, *Pokhod Tcheliouskina, op. cit.*, p. 38.

77. I. Baïevski, « Voïdiom li v Beringov Proliv ? », *in* Otto Schmidt *et al.*, *Pokhod Tcheliouskina, op. cit.*, p. 159.

78. Voronine, cité par Vladislav Koriakine, *Tcheliouskinskaïa Epopeïa*, Moscou, Vetche, 2011, p. 70.

79. *Ibid.*, p. 71.

80. Télégramme du 24 janvier 1934 adressé par A. N. Bobrov à M. I. Kalinine, Kremlin, Moscou. Cité par Larkov, *op. cit.*, p. 254.

81. S. Semenov, « Otpoustit Litke ? – Otpoustit ! », *in* Otto Schmidt *et al.*, *Pokhod Tcheliouskina, op. cit.*, p. 172.

82. E. Krenkel, *op. cit.*, p. 193.

83. Ibrahim Fakidov, « V Ojidanii Katastrofy », *in* Otto Schmidt *et al.*, *Pokhod Tcheliouskina, op. cit.*, p. 285.

84. M. Markov, « Prochtchanie s Korablëm », *in* Otto Schmidt *et al.*, *Pokhod Tcheliouskina, op. cit.*, p. 297.

85. M. P. Chirchova, *op. cit.*, p. 15.

86. Arkadi Shafran, « Poslednii Kadr Tcheliouskina », *in* Otto Schmidt *et al.*, *Pokhod Tcheliouskina*, *op. cit.*, p. 328-329. Le document filmé du naufrage nous est parvenu en bon état.

87. O. Schmidt, *Ekspeditsia na Tcheliouskine*, *op. cit.*, p. 34.

88. P. Khmyznikov, P. Chirchov, *Na Tcheliouskine*, Moscou, 1936, p. 136.

89. Larkov, *op. cit.*, p. 261.

90. Sergueï Semionov, *Iatcheïka na Ldu*, in *Otto Schmidt et alii, Pokhod Tcheliouskintsev*, *op. cit.*, tome 2, p. 130.

91. Mikhaïl Ermolaïev, cité *in* Koriakine, 2011, p. 130.

92. N. A. Volkov, *40 let Tcheliouskinskoï Epopeï*, Moscou, Izvestia Vsesoïouznogo geografitcheskogo Obchtchestva, 1974, p. 505.

93. L. Petrov, *Pervy Polet v Lager Schmidta, Kak my Spasli Tcheliouskintsev*, Moscou, Izd. Redaktsii Pravdy, 1934, p. 102-103.

94. Cité par Pier Horensma, *The Soviet Arctic*, *op. cit.*, p. 57.

95. Larkov, *op. cit.*, p. 247.

96. Télégramme du chef des opérations de l'OGPU à Novgorod du 9 juin 1934, cité par Larkov, *op. cit.*, p. 257.

97. Lettre des Héros de l'Union soviétique à Joseph Vissarionovitch Staline, 18 juin 1934, Sverdlovsk, Archives du Musée arctique et antarctique de Saint-Pétersbourg.

98. Entretien avec l'auteur, Saint-Pétersbourg, septembre 2015.

99. L. K. Brontman, *Na Verchine Mira. Ekspeditsia na Severny Polius*, Moscou, 1938, p. 150.

100. John MacCannon, *Red Arctic : Polar Exploration and the Myth of the North in the Soviet Union 1932-1939*, *op. cit.*, p. 72.

101. John MacCannon, *Red Arctic : Polar Exploration and the Myth of the North in the Soviet Union 1932-1939*, *op. cit.*, p. 34-39.

102. *Ibid.*, p. 37.

103. Vladislav S. Koriakine, *Rudolf Lazarevitch Samoïlovitch*, Moscou, 2007, p. 185.

104. MacCannon, *op. cit.*, p. 44.

105. *Soviechtchanie khozaïstvennykh rabotnikov sistemy Glavsevmorpouti*, janvier 1936, p. 23, 24, 181, cité par Koriakine, 2007, *op. cit.*, p. 185-186.

106. Cité par Karl Schlögel, *Terror und Traum, Moskau, 1937*, Carl Hanser Verlag, Munich, 2008, p. 193. L'ouvrage monumental de Schlögel offre à la fois un tableau et une extraordinaire analyse de cette période.

107. S. Larkov, « Ledianoïe Dykhanie Triumfa », in *Vragui Naroda za Poliarnym Krougom*, *op. cit.*, p. 340.

108. Iou. Bourlakov, *Papaninskaïa Tchetverka, Vzlioty i Padenia*, Moscou, Paulsen, 2007, p. 98.

109. Questionnaire paru dans *Komsomolskaïa Pravda*, cité *in* Bourlakov, *op. cit.*, p. 116.

110. Chirchova, *op. cit.*, p. 16.

111. E. K. Fiodorov, *Poliarnye devniki*, Leningrad, Guidrometeoizdat, 1979, p. 50.

112. G. S. Tikhomirov, *K Istorii Ekspeditsii Papanina*, Moscou, Mysl, 1980, p. 107.

113. J. Schokalski, « The North Pole », in *The Conquest of the North Pole*, Part. 1 : Mikhaïl Vodopianov, *A Pilot's Dream*, Londres, 1938, p. 357-358, cité *in* Schlögel, *op. cit.*, p. 396.

114. I. D. Papanine, *Jizn na Ldine*, Moscou, Mysl, 1977, p. 94.

115. Larkov, *op. cit.*, p. 342.

116. Vladislav Koriakine, *Otto Schmidt*, Moscou, Vetche, 2011, p. 297-298.

117. La tente légendaire se trouve exposée au Musée de l'Arctique et de l'Antarctique de Saint-Pétersbourg.

118. Bourlakov, *op. cit.*, p. 93.

119. Papanine, *op. cit.*, p. 197.

120. Koriakine, *op. cit.*, p. 301.

121. Journal de bord de Papanine, *in* Bourlakov, *op. cit.*, p. 191.

122. Journal de bord de P. P. Chirchov, *in* Chirchova, *op. cit.*, p. 165.

123. Cité par Koriakine, *op. cit.*, p. 307.

124. E. T. Krenkel, *Tchetyre tovarichtcha*, Moscou, 1940, p. 258.

125. Ivan Papanine, *op. cit.*, p. 248.

126. Boris Dzerdzeïevski, cité par Koriakine, *op. cit.*, p. 325.

127. Certaines sources désignent le bateau sous le nom de *Mourom*, cf. notamment Ermolaïev, *op. cit.*, p. 229 et suiv.

128. Radiotélégramme de Papanine à Schmidt, 1er février 1938, cité par Koriakine, *op. cit.*, p. 327.

129. Parmi eux, des témoins des événements comme Mikhaïl Ermolaïev, et notamment les historiens Serguei Larkov ou Vladislav Koriakine.

130. Larkov, *op. cit.*, p. 343.

131. Koriakine, *op. cit.*, p. 309.

132. Larkov, *op. cit.*, p. 273.

133. *Ibid.*, p. 275.

134. *Ibid.*, p. 348.

135. Archives du Centre russe pour la préservation des documents de l'histoire récente, cité *in* MacCannon, *op. cit.*, p. 160.

136. S. Larkov, *Vragui naroda za poliarnym krougom*, liste des victimes, *op. cit.*, p. 21-163.

137. Otto Schmidt, cité par A. Vodolazov, *Tam, za daliou nepogody, Golossa Sibiri : literatourny almanakh*, Kemerovo, 2006.

138. Larkov, *op. cit.*, p. 345.

139. M. I. Chevelev, *Arktika-soudba moïa*, Voronej, 1999, p. 69.

140. Vladislav Koriakine, *Rudolf Lazarevitch Samoïlovitch, op. cit.*, p. 251.

141. Kojoukhov, cité *in* Ermolaïev et Dibner, *op. cit.*, p. 233-234.

142. *Pravda* et *Izvestia* du 5 mai 1938, cités par Ermolaïev et Dibner, *op. cit.*, p. 236.

143. Ermolaïev et Dibner, *op. cit.*, p. 252.

144. S. Larkov, « Soudby Outchastnikov znamenitoï Ekspeditsii », in *Vragui Naroda za Poliarnym Krougom, op. cit.*, p. 220-221.

145. Ermolaïev et Dibner, *op. cit.*, p. 303.

146. V. R. Orlov (e.), *Repressirovannye Gueologui*, Moscou-Saint-Pétersbourg, 1999.

147. Chirchova, *op. cit.*, p. 236.

第七部分

1. « Discours du camarade I. V. Staline à l'assemblée préélectorale du cercle électoral Staline [!] de Moscou », *Pravda*, n° 35, 10 février 1946.

2. Maria Slavkina, *Baïbakov, Jizn Zametchatelnykh Lioudeï*, Moscou, Molodaïa Gvardia, 2010, p. 63.

3. *Ibid.*

4. Déclaration à la Direction du Conseil de guerre, 13 janvier 1941, *in* K. S Moskalenko, *Na Yougo-zapadnom Napravleni*, Moscou, Vospominania Komandarma, 1969, p. 5.

5. Maria Slavkina, *Baïbakov, Jizn Zametchatelnykh Lioudeï, op. cit.*, p. 122.

6. *Ibid.* p. 129.

7. Sur un total de 9 971 décisions, *ibid.*, p. 172.

8. B. Bazounov, « Le TU-104 améliore son record de vitesse », *Komsomolskaïa Pravda*, n° 217, 1957, cité par Maria Slavkina, *Baïbakov, Jizn Zametchatelnykh Lioudeï op. cit.*, p. 229.

9. Maria Slavkina, *Rossiiskaïa Dobytcha*, Moscou, Rodian Media, 2014, p. 227.

10. Cité *in* K. V. Kostrine, *Pervye Izvestia o Neftenosnosti Sibiri, Letopis'Severa*, Mysl, Moscou, 1971, p. 194-195.

11. *Ibid.*, p. 196.

12. *Ibid.*, p. 202.

13. V. I. Karassev (éd.), *Istoria Gueologuitcheskogo Poïska, K 50-Letiou Otkrytia zapadno-sibirskoï neftegazonosnoi provintsii*, Moscou, Penta, 2003, p. 33.

14. *Ibid.*, p. 39.

15. Entretien avec l'académicien Goubkine sur des « nouvelles données relatives à de très riches réserves de pétrole à l'Est », Novossibirsk, *Pravda*, 12 juin 1932, in *Neft i Gaz Tioumeni v Dokoumentakh 1901-1965*, Sverdlovsk, 1971, p. 19.

16. Télégramme du géologue V. G. Vassiliev à la rédaction du journal *Sovietskiï Sever*, 20 juillet (?) 1934, in *Neft i Gaz Tioumeni v Dokoumentakh 1901-1965, op. cit.*, p. 26.

17. N. Ia. Medvedev (éd.), *Dolgaïa Doroga k Nefti*, Sourgout, 2002, p. 23.

18. A. A. Igolkine, *Neftianaïa Politika SSSR v 1928-1940 godakh*, Moscou, 2005, p. 104.

19. M. V. Komgort, *Zapadno-sibirskaïa neftegazovaïa provintsia, istoria otkritia*, Tioumen, 2008, p. 64.

20. *Ibid.*

21. Cinquante-cinq forages effectués en 1953 en Sibérie, et au total deux cent trente-cinq de 1940 à 1954. Voir Viktor Karpov, « Avaria stavchaïa Otkrytiem », in *Rodina*, n° 10, 2008, p. 71. 22. A. Petrouchine, « Neft est vezde, gde eio ichtchout », in *Rodina*, n° 10, 2008, p. 73.

23. Valentina Ivanovna Akhtiamova, entretien avec l'auteur, Beriozovo, 12 juin 2010.

24. Prikaz n° 433 « a po Soïouznomou Sibirskomou gueofizitcheskomou trestou, Khanti-Mansiïsk, Arkhiv tsentralnoï kompleknoï gueofizitcheskoï ekspeditsii NTGU », 23 juillet 1953, in *Neft i Gaz Tioumeni v dokoumentakh, 1901-1965*, Sverdlovsk, Srednoïe-Ouralskoïe Knijnoïe Izdatelstvo, 1971, p. 94-95.

25. Cité *in* V. I. Karassev (éd.), *Istoria Gueologitcheskogo Poïska, K 50-Letiou Otkrytia zapadno-sibirskoï neftegazonosnoï provintsii*, Moscou, Penta, 2003, p. 54.

26. Témoignage de V. V. Tolkatchev, *ibidem*, p. 54.

27. Iouri Gueorguievitch Hervé, *Sibirskie Gorizonty*, Ekaterinbourg, 1999, p. 42.

28. V. I. Akhtiamova, entretien avec l'auteur, Beriozovo, 12 juin 2010.

29. Entretien collectif de l'auteur avec un groupe de personnes âgées de Beriozovo, 12 juin 2010.

30. Viktor Karpov, « Avaria stavchaïa Otkrytiem », in *Rodina*, n° 10, 2008, p. 70-71.

31. Académicien A. A. Trofimouk, cité par Maria Slavkina, *Rossiiskaïa Dobytcha, op. cit.*, p. 244. L'ouvrage de Maria Slavkina, hélas non traduit, est le pendant russe du célèbre *Prize* de Michael Yergin, relatant l'histoire contemporaine à travers le prisme des intérêts pétroliers. L'historienne russe de l'énergie y présente un éblouissant travail de recherche qui complète heureusement celui de son collègue américain.

32. « Zapadnaïa Sibir-kroupneïchaïa neftegazonosnaïa provintsia. Etapy otkrytia i osvoenia. Materialy ioubileïnoïï konferentsii », Tioumen, 2000, p. 101.

33. « Direktiv XX Sezda KPSS po chestomou piatilenomou planou razvitia narodnogo khoziaïstva SSSR na 1956-1960 gody », in *Dokumenty, op. cit.*, p. 125-126.

34. Sergueï N. Khrouchtchev, *Reformator*, tome 3, *Na zakate Vlasti*, Moscou, Vetche, 2017, p. 455.

35. Iou. G. Hervé, *Sibirskie Gorizonty*, Ekaterinbourg, 1999, p. 139.

36. *Ibid.*

37. Dans les années 1980, une véritable « école » d'écrivains dits « villageois », dont les célèbres Raspoutine et Astafiev, se formera dans le sillage des premiers mouvements de l'ère Khrouchtchev. Voir notamment à ce sujet David Gillespie, « A lost Paradise ? Siberia and Its Writers, 1960 to 1990 » *in* Galia Diment et Iouri Slezkine (éd.), *Between Heaven and Hell, the Myth of Siberia in Russian Culture*, New York, St. Martin's Press, 1993, p. 255 et suiv.

38. Mémoires de l'académicien A. A. Trofimouk, cités *in* V. A. Issoupov et I. S. Kouznetsov, *Istoria Sibiri*, tome 3, Novossibirsk, 1999, p. 260.

39. V. L. Nekrassov, O. N. Stafeïev, E. A. Khromov, *Neftegazovy Kompleks SSSR : ekonomitcheskie i institoutsionalnye aspekty razvitia*, Khanti-Mansiïsk, 2012, p. 93.

40. Cité par V. Karpov et G. Koleva, « Trudny Start Tioumeni », in *Rodina*, n° 6, 2013, p. 25.

41. Leonid Chinkarev, « Sibir, Otkouda ona pochla i kouda ona idet », *Sovestskaïa Rossia*, Moscou, 1978, p. 232.

42. Iouri Perepletkine, « Farman Neoukrotimy », in *Rodina*, n° 10, 2008, p. 93.

43. Lilia Nemenova, *Glavny Gueolog*, Sovetskaïa Rossiya, Moscou, 1978, p. 156.

44. N. N. Baranov *et alii*, *Drevnii Gorod na Obi, Istoria Sourgouta*, Ekaterinbourg, 1994, p. 293-294.

45. F. K. Salmanov, *Sibir*, Soudba moïa, Moscou, 1988.

46. Iou. G. Hervé, *Sibirskie Gorizonty*, *op. cit.*, p. 137. La même scène est relatée de façon identique à quelques mots près *in* Anatoli Zoubarev, *Sourgoutskie Tetradi*, Sourgout-Ekaterinbourg, 2009, p. 33-34.

47. « Radiogramma natchalnika Chaïmskoï nefterazvedotchnoï expeditsii M. V. Chalavina natchalnikou gueologitcheskogo oupravlenia Iou. G. Hervé », 21 juin 1960 *in* Ansimov (éd.), *Neft i Gaz v Tioumeni v Dokoumentakh 1901-1965*, *op. cit.*, doc. 122, p. 190.

48. Iou. G. Hervé, *Sibirskie Gorizonty*, *op. cit.*, p. 93.

49. Interviu akademika A. A. Trofimouka korrespondentou gazety *Tioumenskaïa Pravda o znatchenii otkrytia Chaïmskogo mestorojdenia promychlennoï nefti*, *Tioumen*, 23 juin 1960, *in* Ansimov (éd.), *Neft i Gaz v Tioumeni v Dokoumentakh 1901-1965*, *op. cit.*, p. 191.

50. F. K. Salamanov, *Ya-politik*, Moscou, 2006, p. 87.

51. *Ibid.*

52. Cité *in* Maria Slavkina, *Rossiiskaïa Dobytcha*, *op. cit.*, p. 247.

53. Farman Salmanov, « Razvedtchik Nedr bez prava na ochibkou », in *Elita-Region*, Sourgout, août 2004, p. 18.

54. Iouri Perepletkine, « Farman Neoukrotimy », art. cit., p. 94.

55. N. N. Rostovtsev, cité *in* Zoubarev, *Sourgoutskie Tetradi*, *op. cit.*, p. 38.

56. A. Z. Kontorovitch, « Farman Salmanov », in *Naouka iz Pervykh Rouk*, n° 3, 2007, Novossibirsk, p. 27.

57. Salmanov, *op. cit.*, p. 16.

58. Cité *in* Alan Wood, *Russia's Frozen Frontier*, Londres, Bloomsburry, 2011, p. 227.

59. Vladimir Vissotski, *Tioumenskaïa Neft*, premier enregistrement, 1972.

60. Iouri Perepletkine, « Farman Neoukrotimy », art. cit., p. 96.

61. Maria Slavkina, « Istoria Priniatia Rechenia o promyshlennom Osvoenii Zapadnoï Sibiri », in *Ekonomitcheskaïa Istoria. Obozrenie. Vyp.10*, Moscou, 2005, p. 147.

62. Viktor Karpov et Galina Koleva, « Trudny Start Tioumeni », art. cit., p. 25.

63. « Spetsalizatsia proïzvodstva trebouïet gloubokogo znania ekonomiki. Besseda tovarichtcha Khrouchtcheva s rabotnikami kolkhoza Avangard », *Pravda* n° 224, août 1964.

64. Sergueï N. Khrouchtchev, *Reformator*, tome 3, « Na Zakate Vlasti », Moscou, Vetche, 2017, p. 400.

65. Motion Grichine devant le Praesidium du Comité central du PCUS, 12 octobre 1964, cité par S. N. Khrouchtchev, *Reformator*, tome 3, « Na Zakate Vlasti », *op. cit.*, p. 436.

66. Leonid Mletchin, *Kak Brejnev Smenil Khrouvtcheva*, Moscou, 2015, p. 285.

67. *Ibid.*

68. Alexandre Trapeznikov, « Zviëzdny Tchas Viktora Mouravlenko », in *Rodina* n° 10, 2008, p. 86.

69. *Ibid.*, p. 267.

70. XXIII S'ezd KPSS, Stenografitcheskii Otchet, tome 3, avril 1966, p. 334.

71. Vladimir Issoupov, Ivan Kouznetsov, *Istoria Sibiri*, tome 3, *op. cit.*, p. 262.

72. *Doroga k Nefti*, *op. cit.*, p. 66.

73. Iouri Bataline, *Vospominania ob epokhe*, Moscou, 2014, p. 57.

74. Iouri Ivanovitch Polygalov, cité *in* V. A. Issoupov et I. S. Kouznetsov, *Istoria Sibiri*, tome 3, *op. cit.*, p. 263.

75. *Ibid.*, p. 264.

76. Maria Slavkina, *Rossiiskaïa Dobytcha*, *op. cit.*, p. 268 ; Vladimir Issoupov et Ivan Kouznetsov, *Istoria Sibiri*, tome 3, *op. cit.*, p. 264, Moscou, Neftedobychnaïa promychlennost, 2017.

77. Seuls 8 % des Soviétiques sont reliés à un réseau de gaz en 1955. Voir Maria Slavkina, « Gazovaïa Revolioutsia », in *Rodina*, n° 10, 2009, p. 47.

78. Vassili. T. Podchibiakine, *Iamalskii karavaï*, Iamala, Energuiya Tioumen, 2002, p. 407.

79. Viktor Karpov, « Ot takikh Tsifr i Golova mojet lopnout », in *Rodina*, n° 10, 2009, p. 56-57.

80. Rafaïl Goldberg, « Bliamby na Karte Vassilia Podshibiakina », in *Rodina*, n° 10, 2009, p. 58-59.

81. Viktor Karpov, « Anatomia Tioumenskogo Podviga », in *Rodina*, n° 8, 2012, p. 21.

82. Konstantin Lagounov, « Neft i Lioudi », *Novy Mir*, n° 7, 1966, p. 104.

83. Konstantin Lagounov, « Après nous… », *Nach Sovremennik*, n° 5, 1989, p. 100.

84. Viktor Karpov, « Anatomia Tioumenskogo Podviga », *op.cit.*, p. 22.

85. *Ibid.*, p. 21.

86. N. N. Baranov *et alii*, *Drevnii Gorod na Obi*, Ekaterinbourg, Istoria Sourgouta, 1994, p. 314.

87. Viktor Karpov et Mikhaïl Ganopolski, « Za toumanom i za Zapakhom Taïgui ? » in *Rodina*, n° 2, 2013.

88. Karpov et Ganopolskii, art. cit., p. 74 ; Viktor Karpov, « Sniatsia Lioudiam Inogda Neftianye Goroda », in *Rodina*, n° 1, 2015, p. 18.

89. N. N. Baranov *et alii*, *Drevnii Gorod na Obi*, *op. cit.*, p. 311.

90. Voir par exemple Rafaïl Goldberg, « Oulitsa Dory Semionovni », in *Rodina*, n° 10, 2008, p. 98-99.

91. M. K. Iourassova, G. M. Iourassova, *Neftianik*, Moscou, 1981, p. 126.

92. N. N. Baranov *et alii*, *Drevnii Gorod na Obi*, *op. cit.*, p. 312.

93. Victor Mote, « Environmental Constraints to the Economic Development in Siberia », in *Soviet Natural Resources in the World Economy*, Chicago Press, 1983. Voir aussi sur la question des coûts provoqués par le froid, l'étude de Fiona Hill et Clifford Gaddy, *The Siberian Curse*, Brookings Institution, 2003. Les deux auteurs américains y échafaudent un indicateur

TPC (*Temperature per Capita*) qui leur permet de comparer les différents seuils de coûts des villes sibériennes ou canadiennes et de conclure à une totale absence de rationalité économique pour la plupart des villes sibériennes.

94. Liste des produits en déficit de l'ORS. Citée par Karpov, « Sniatsia Lioudiam Inogda Neftianye Goroda », art. cit., p. 18.

95. Cité in N. N. Baranov *et alii*, *Drevnii Gorod na Obi*, *op. cit.*, p. 313.

96. « A ia iedou za toumanom », paroles et musique de Iouri Koukine, 1964.

97. Décret gouvernemental du 29 janvier 1965, *in* Karpov, « Anatomia Tioumenskogo Podviga », art. cit., p. 21.

98. N. Iou. Gavrilova, *Sotsialnoe Razvitie neftegazodobyvaïouchtchikh raïonov Zapadnoï Sibiri (1964-1985 gg)*, Tioumen, 2002, p. 67.

99. Vladimir Kostornitchenko, « Gaz-Trouby », in *Rodina*, n° 10, 2009, p. 51.

100. *Ibid.*

101. www.pseudology.org/gazprom/Nefteprovody.htm.

102. Maria Slavkina, *Rossiiskaïa Dobytcha*, *op. cit.*, p. 282.

103. Si l'on déduit les exportations à destination du bloc socialiste, Maria Slavkina estime à 63,6 millions de tonnes les quantités vendues aux pays occidentaux.

104. Maria Slavkina, *Rossiiskaïa Dobytcha*, *op. cit.*, p. 282.

105. *Ibid.*, p. 257.

106. G. A. Arbatov, *Tchelovek sistemy*, Moscou, 2002, p. 313.

107. Maria Slavkina, *Baïbakov, Jizn Zametchatelnykh Lioudeï*, Moscou, 2010, p. 146.

108. L'épisode est cité par Slavkina, *Rossiiskaïa Dobytcha*, *op. cit.*, p. 284.

109. RGANI, fonds 89, Op. 42, D. 66, L. 6, cité *in* Maria Slavkina, « Ostrye Grani Tchernogo Zolota », in *Rodina*, n° 4, 2016, p. 132.

110. G. G. Vakhitov, *Neftianaïa Promychlennost Rossii : vtchera, segodnia, zavtra*, Moscou, 2008, p. 279.

111. Maria Slavkina, *Rossiiskaïa Dobytcha*, *op. cit.*, p. 292 et 297.

112. *Ibid.*, p. 294.

113. Lire notamment à ce sujet Peter Schweitzer, *Victory*, New York, Atlantic Monthly Press, 1994 ; Éric Laurent, *La Face cachée du pétrole*, Paris, Plon, 2006 ; Marshall Goldman, *Petrostate. Putin, Power and the New Russia*, New York, Oxford University Press, 2008, en particulier p. 43-54.

114. Maria Slavkina, *Rossiiskaïa Dobytcha*, *op. cit.*, p. 306.

115. Egor Gaïdar, *Guibel Imperii*, Moscou, Rosspen, 2006, p. 224-231.

116. M. S. Gorbatchev, *Jizn i Reformy*, tome 2, Moscou, 1995, p. 11.

117. Maria Slavkina, *Rossiiskaïa Dobytcha*, *op. cit.*, p. 296.

118. « USA and USSR : Facts and Figures », US Department of Commerce and State Comitee on Statistics ot the USSR, 1991.

119. « Rossiiskaïa Neftianaïa Promychlennost », Moscou, Neftianaïa Dobytcha, 2016.

参考文献

Afanassiev, Iou., Gregori, P., Danielson, E., Mironenko, S. V., Soljenitsyne, A. I. & alii (ed.), *Istoria Stalinskogo Goulaga, Konets 1920-kh – perva*ïa *polovina 1950-kh godov.* 7 tomes, Moscou, Rosspen, 2004.

Alekperov, Vaguit, *Oil of Russia, Past, Present and Future*, Minneapolis, East View press, 2011.

Alexeïev, A. I., *The Destiny of Russian America*, Fairbanks, Limestone Press, 1990.

Alexeïev, M. P., *Sibir v Izvestiakh zapadno-evropeïskikh poutechestvennikov i pissatelë*ï, Irkoutsk, Kraigiz, 1932.

Aliev, Ramiz, Iznaka, Belogo, *Artkika ot Vikingov do Papanintsev*, Moscou, Paulsen, 2016.

Ananiev, Denis A., *Istoria Sibiri kontsa XVI-XIX vv. v anglo i guermanoïazichnoï istoriografii*, Novossibirsk, Izd. Akademii Naouk, 2012.

Annenkova, P. E. (Pauline Gueble), *Zapiski Jeny Dekabrista*, Saint-Pétersbourg, Izd. N. N. Mikhaïlov, 1901.

Annenkova, Praskovia E., *Zapiski Jeny Dekabristy*, Rousskaïa Starina, Saint-Pétersbourg, 1888, réédité Moscou, N. N. Mikhaïlov, 1901.

Anoufriev & alii, *Koultoura rousskikh Pomorov*, Moscou, Neolit, 2013.

Ansimov (ed.), *Neft i Gaz v Tioumeni*, recueil de documents, Tioumen, 1974.

Applebaum, Anne, *Gulag, a History of the Soviet Camps*, Allen Lane, Londres 2003, traduit en français sous le titre *Goulag, une histoire*, Paris, Grasset, 2005.

Applebaum, Anne, *Gulag's Voices, An anthology*, New Haven-Londres, Yale University Press, 2011.

Arbatov, Gueorgui A., *Tchelovek sistemy*, Moscou, Vagrius, 2002.

Arktitcheskaïa Entsiklopedia, Moscou, Paulsen, 2017.

Armstrong, Terence, *Historical and current Uses of the Northern Sea Route* (part I), Insrop Paper, Tromsö, University of Tromsö, 1996.

Armstrong, Terence, Rogers George, Rowley Graham, *The Circumpolar North*, Londres, Methuen & Co, 1978.

Armstrong, Terence, *The Northern Sea Route, Soviet Exploitation of the North-East Passage*, Cambridge, SPRI-Cambridge University Press, 1952.

Armstrong, Terence, *The Russians in the Arctic, Aspects of soviet Exploration of the Far North*, Fair Lawn, Essential Books, 1958.

Armstrong, Terence, *Yermak's Campaign in Siberia*, Londres, Routledge, 1975.

Arngold, E. E.., Po Zavetnomou Pouti, *Vospominania o poliarnykh plavaniakh i otkrytiakh na ledokolakh Taymir i Vaïgatch v ekspeditsiakh 1910-1915 godov*, Moscou, Paulsen, 2016.

Arnold, Ann, *Sea Cows, Shamans and Scurvy, Alaska's first Naturalist Geortg Wilhelm Steller*, New York, Frances Foster Books, 2008.

Arnold, Ann, *Sea cows, shamans and scurvy*, New York, Farrar, 2008.

Artemov, Evgueni T., *Zametchania imperatritsy Ekateriny II na doklad Komissii o kommertsii, o plavanii i torgovle v Tikhom Okeane*, aprel-avgoust 1788.

Artemov, Vladislav V., *Rousskaïa Amerika*, Moscou, Rubeji XXI, 2009.

Astafourov, Vladimir I., *Lomonossov, Samorodok rousskoï Zemli*, Moscou, Bolchoï Istoritcheskii Slovar, 2013.

Atherton, Gertrude, *Rezanov*, New York, 1906, réed. Leopold's Classic Library, 2016

Atlasi, Khadi, *Istoria Sibiri*, Kazan, Tatarskoïe Knijnoïe Izdatelstvo, 2005.

Avetissov, G. P., *Imena na Karte Rossiiskoï Arktiki*, Saint-Pétersbourg, Naouka, 2003.

Badiguine, K. S., *Na Korable Gueorguii Sedov tcherez Ledovity Okean*, suivi de *Rasskazy Sedovtsev*, 2 tomes, Moscou-Leningrad, Izd. Glavsevmorputi, 1940 et 1941.

Baedeker, Karl, *La Russie*, Leipzig, 1912.

Baedeker, Karl, *La Russie, manuel du voyageur*, Leipzig, 1897.

Baedeker, Karl, *Russia, with Port Arthur, Teheran and Peking*, a Handbook for Travelers, Leipzig, 1914.

Bährens, Kurt, *Zur Geschichte der deutschen Kriegsgenfangenen*, Deutsche in Straflagern und Gefängnissen der Sowjetunion, 3 tomes, Munich, Ernst und Werner Giesenking, 1965.

Baibakov, Nikolaï K., *Itogui Iounskogo Plenouma TsK KPSS i Zadatchi Naoutchno-tekhnitcheskoï Obchtchestvennosti po Ouloultchcheniou Katchestva Neftei i Nefteprodouktov*, Moscou, 1964.

Bakounine, Mikhaïl, Œuvres complètes, 6 tomes, Paris, Champs libres 1977.

Baldaev, Danzig, *Drawings from the Gulag*, Londres, Fuel, 2010.

Baldaev, Danzig, *Russian Criminal Tattoo*, tomes 1 et 2, Londres, Fuel, 2003 et 2009.

Barachkov, Iouri, *Vy skazali Arkhangelsk ?*, Arkhangelsk, 2011.

Barnes, Ian, *Restless Empire, A historical Atlas of Russia*, Cambridge, Harvard University Press, 2015.

Barratt, Glynn, *The Russian Discovery of Hawaii*, Honolulu, University Press, 1987.

Barsoukov, Ivan, *Graf Nikolaï Nikolaïevitch Mouraviev-Amourski*, 2 tomes Moscou, 1891.

Baskov, V. I., *Soud koronovannogo palatcha*, Moscou, Izd. Sovietskaïa Rossia, 1980.

Bassin, Mark, *Imperial Visions, Nationalist Imagination and Geographical Expansion in the Russian Far East*, Cambridge, Cambridge University Press,1999 et 2006.

Bataline, Iouri, *Vospominania ob epokhe*, Moscou, Izd. Rossiiskoï ingiernoï Akademii, 2014.

Bates, Lindon, *The Russian Road to China*, New-York, 1910.

Belov, Mikhaïl I., *Istoria Otkrytia i Osvoïenia Severnogo Morskogo Pouti*, Guidrometeorooguitcheskoïe Izdatelstvo, 4 tomes, Leningrad, 1956-1969,

Belov, Mikhaïl I., *Podvig Semena Dejneva*, Moscou, Mysl, 1973.

Belov, Mikhaïl I., *Russians in the Bering Strait*, Anchorage, White Stone Press, 2000.

Berkh, V. N., *Khronologuitcheskaïa Istoria vsekh poutechestvi v severnye poliarnye strany*, Saint-Pétersbourg, 1821-1823.

Berry, Lloyd & Crummey Robert O., *Rude and Barbarous Kingdom*, Madison, Univ. of Wisconsin, 1968.

Bespalaïa, Elena, « Bez tebia ia, kak bez Jizni… », in *Rodina* n° 5, Moscou, 2008.

Bezborodov, A. B, Khroustalev, V. M., *Nasselenie Goulaga Istoria Goulaga, Istoria Stalinskogo Goulaga, Konets 1920-kh – pervaïa polovina 1950-kh godov*. tome 4, Moscou, Rosspen, 2004.

Bienek, Horst, *Vorkuta*, Göttingen, Wallstein, 2013.

Bitkina, Svetlana, « Podstakannik », in *Rodina* n° 10, Moscou, 2016.

Black, Lydia T., *Russians in Alaska*, Alaska, Fairbanks, 2004.

Bobrick, Benson, *East oft he Sun, the Epic Conquest and Tragic History of Siberia*, New-York, Henry Holt & Co, 1992.

Bogadanov, I., *Neoutomimyi pobornik Severa, Peterbourgskaïa familia :* Saint-Pétersbourg, Laktiny 2002.

Bogdanovitch, Evgueni, *Exposé de la question relative au chemin de fer de la Sibérie et de l'Asie centrale*, Paris, 1875.

Bogdanovitch, Evgueni, *Novye Roditeli o Sibirskoï Jeleznoï Dorogui*, pismo k izdateliou *Moskovskikh Vedomostëi*, n° 246, Moscou, 1876.

Boïarski, Piotr V. (ed.), *Novaïa Zemlia, Ostrova I Arkhipelagui Rossiiskoï Arktiki*, Moscou, Paulsen, 2009.

Boïarski, Piotr V. (ed.), *Vaïgatch, Ostrova I Arkhipelagui Rossiiskoï Arktiki*, Moscou, Paulsen, 2011.

Boïarski, Piotr V. (ed.), *Zemlia Frantsa-Iosifa, Ostrova I Arkhipelagui Rossiiskoi Arktiki*, Moscou, Paulsen, 2013.

Boïarski, Piotr V., *Po Sledam Khoudojnika A. A. Borissova*, Moscou, Paulsen, 2013.

Bolchakov, B. N., *Otcherki Istorii rechnogo Transporta Sibiri XIX veka*, Novossibirsk, Naouka, 1991.

Bolkhovitinov, N. N., *Istoria Rousskoï Ameriki*, 3 tomes, Moscou, Mejdounarodnye otnochenia, 1997.

Bolkhovitinov, N. N., *Roussko-Amerikanskoïe Otneshenia I Prodaja Aliaski*, Moscou, Naouka, 1990.

Bolkhovitinov, N. N., *Russian-American Relations and the Sale of Alaska*, Fairbanks, Limestone Press, 1996.

Bollinger, Martin J., *Stalin's Slave Ships, Kolyma, the Gulag Fleet and the Role of the West*, Annapolis, Naval Institute Press, 2003.

Borissov, Alexandre A., *Ou Samoïedov, Ot Pinegui do Karskogo Moria*, Saint-Pétersbourg, 1907, reprint Moscou, Paulsen, 2013.

Borneman, Walter R., *Alaska, Saga of a bold Land*, New York, Harper Collins, 2003.

Borzounov, Valentin F., *K Voprossou ob ekonomitcheskom znatcheni Sibirskoï Jeleznoï Dorogui*, Novossibirsk, Voprossy Istorii Sibiri i Dalnego Vostoka, 1961.

Boulatov, Vladimir & Gorokhova Elena (ed.), *Rossia i Gollandia, Prostranstvo Vzaimodeïstvia*, catalogue de l'exposition, Moscou, Kutchkogo Pole, 2013.

Boulatov, Vladimir N., *Rousskii Sever, Svet Pliarnoï Zvezdy (XVIII-XIX vv.)*, Pomorskii gos., Arkhangelsk, Universitet imeni Lomonossova, 2002.

Bourkhanova, V. F., *Tcherez Okean na Dreifulouchtchikh Ldakh*, Moscou, Gossoudarstvennoïe Izdatelstvo, 1957.

Bourlakov, Iou. K., Boïarski Piotr, *Pervy Jivopissets Arktiki, Alexandre Alexeïevitch Borrisov*, Moscou, Paulsen, 2016.

Bourlakov, Iou., *Papaninskaïa* Tchetverka, Vzioty i Padenia, Moscou, Paulsen, 2007.

Bourlakov, Iouri K., *Papaninskaïa Tchetverka : Vzlety I Padenia*, Moscou, Paulsen, 2007.

Boutsinski, Piotr N., *Mangazeïa i mangazeïskii ouezd*, Kharkov, 1893.

Boutsinski, Piotr N., *Zaselenie Sibiri*, Kharkov, 1889.

Brechko-Brechkovskaïa, Ekaterina, *Skrytie Korni Rousskoï Revolioutsii, Otretchenie velikoï revoloutsionerki 1873-1920*, Moscou, VVM, 2006.

Brechkovskaïa, Ekaterina, « Babouchka E. K. Brechko-Brechkovskaïa o samoï sebe », in *Niva*, n° 22, Petrograd, juin, 1917.

Brodie, Fawn M., Stevens Thaddeus, *Scourge of the South*, New York, Norton Company, 1959.

Bronnikov, Andreï, *Species Evanescens*, Charleston, Reflections, 2011.

Brontman, L. K., *Na Verchine Mira. Ekspeditsia na Severny Polius*, Moscou, Gospolitizdat, 1938.

Brotton, Jerry, *A History of the World in twelve Maps*, Londres, Penguin, 2013.

Bruno, Andy, *The Nature of Soviet Power, An Arctic Environmental History*, Cambridge, Cambridge University Press, 2016.

Bush, Richard, *Reindeer, Dogs and Snowshoes : a Journal of Siberian Travel and Explorations*, New York, 1871.

Bytchkov, Alexeï, *Iskonno Rousskaïa Zemlia Sibir*, Moscou, Olimp AST, 2006.

Chabalina, Irina, *Beriozov*, Saint-Pétersbourg, AIO, 2001.

Chakherov, Vadim. P., *Irkoutsk koupetcheskii*, Khabarovsk, Priamurskie Vedomosti, 2006.

Chakherov, Vadim. P., *Irkoutskoïe Koupetchestvo i khozaïstvennoïe Osvoïenie severo-vostotchnykh territorii Sibiri*, Irkoutsk, Zemlia irkutskaïa, 1996.

Chalamov, Varlam, *Kolymskie Rasskazy*, Ymca Press, Paris, 1982, traduit sous le titre *Récits de Kolyma*, Paris, La Découverte/Fayard, 1986.

Chemanovski, Irinarkh, *Journal de Sibérie (1903-1911)*, Genève, Syrtes, 2015.

Chevelev, M. I., *Arktika*, Soudba moïa, Voronej, 1999.

Chevigny, Hector, *Lost Empire*, Mac Millan 1937, reed. Portland, 1965.

Chevigny, Hector, *Russian America, the Great Alaskan Venture*, Blinford & Mort, Portland, 1965.

Chichlo, Boris, « Questions sibériennes, de Koutchoum à Eltsine », in *Sibérie I*, Paris, Centre d'études slaves, 1999.

Chindialov, N. A., *Osnovateli Blagovechtchenska*, Blagovechtchensk, Knijn. Izd. 2006.

Chinkarev, Leonid, *Sibir*, Novossibirsk, Zapadno-sibirskoe Izdatelstvo, 1978.

Chinkarev, Leonid, « Sibir, Otkouda ona pochla i kouda ona idet », Moscou, *Sovetskaïa Rossia*, 1978.

Chirchova, M. P, *Piotr Petrovitch Chirchov*, Moscou, Institut Okeanologuii RAN, 2005

Chiriaev, Boris, *La Veilleuse des Solovki*, Paris, Syrtes, 2005.

Chmakov, A., Neizvestnye pisma Kolombou rossiiskomou, Irkoutsk, 1980.

Chobodoïev, E. B., *Jizn i Litchnost N. M. Iadrintseva kak Predmet naouchnogo Issledovania*, Irkoutsk, Gossoudarstvenny Arkhiv Irkoutskoï Oblasti, 1992.

Choumeiko, Igor, *Blijnii Dalnii Vostok*, Moscou, Vetche, 2012.

Christensen, Annie Constance (ed.), *Letters from the Governor's Wife, A View of Russian Alaska*, Aarhus, Beringiana, 2005.

Chrokhova, Tatiana, *Irkoutianin-Sviatogorets Innokenti*, Irkoutsk, 2014.

Chtcheglov, Ivan V., *Khronologuitcheskii Peretchen vajneïchikh Dannikh iz Istorii Sibiri*, Sourgout, Severny Dom, 1993.

Clark, Francis E., *The Great Siberian Railway*, Londres, Partridge, 1904.

Cochrane, John, *Récit d'un voyage à pied à travers la Russie et la Sibérie tartare, des frontières de Chine à la mer Gelée et au Kamtchatka*, Paris, Gingko, 2002.

Collins, David N., « Plans for Railway development in Siberia 1857-1890 : an aspect of tsarist colonialism ? », in *Sibérie I*, Paris, Centre d'études slaves, 1999.

Colossanti, Giustiniana, « Documents inédits vénitiens sur le commerce des fourrures sibériennes au XVIᵉ siècle », in *Sibérie I*, Paris, Centre d'études slaves, 1999.

Conefrey, Mick, Jordan, Tim, *Icemen, A History of the Arctic and its Explorers*, Londres, Boxtree, 1998.

Conquest, Robert, *The Great Terror*, Londres, MacMillan, 1968.

Cook, James, *Relations de voyages autour du monde*, Paris, La Découverte, 1998.

Coquin, François-Xavier, *La Sibérie. Peuplement et immigration paysanne au XIXᵉ siècle*, Paris, Institut d'études slaves, 1969.

Costadau, Fabienne, *La Mer de Barents*, Paris, L'Harmattan, 2011.

Cotteau, Edmond, *De Paris au Japon à travers la Sibérie*, Paris, Hachette, 1883.

Coxe, William, *Account oft he Russian Discoveries between Asia and America, to which are added the Conquest of Siberia and the History of Transactions between Russia and China*, Londres, J. Nichols, 1787, reprint New York, Argonaut Press, 1966,

Curtin, Jeremiah, *A Journey in Southern Siberia*, Boston, 1909.

Custine, Adolphe de, *La Russie en 1839*, Paris, Amyot, 1843.

Dahlmann, Dittmar, *Sibirien, Vom 16. Jahrhundert bis zur Gegenwart, Ferdinand Schöningh*, München, Vienne, Zurich, Paderborn, 2009.

Dallin, David J. Dallin and Nikolaevsky Boris I., *Forced Labor in Soviet Russia*, Londres, Yale University Press, 1947.

Damechek, L. M. (ed.), *Materialy Vserossiiskoï naouchnoï Konferentsii posviachtchennoï 200-letiou so dnia rojdenia gueneral-goubernatora vostotchnoï Sibiri N. N. Mouravieva-Amourskogo*, Irkoutsk, 2010.

Damechek, L. M., Remnev, A. V. (ed.), *Sibir v Sostave rossiiskoï Imperii*, Historia Rossica, Moscou, 2007.

Davydov, G. I., *Dvoukhkratnoïe poutechestvie v Amerikou morskikh ofitsierov Khvostova i Davydova*, Saint-Pétersbourg, 1810.

Delteil, Joseph, *Sur le fleuve Amour*, « Cahiers rouges », Paris, Grasset, 1927.

Denissov, V., Strioutchkov S., Strioutchkova L., *Istoria Norilska*, Norilsk, Apeks, 2013.

Dikoune, Alexandre S., *Dinastia Sibiriakovykh i e Rol v Razvitii ekonomitcheskoï, obchtchestvennoï i koultournoï Jizni vostotchnoï Sibiri v XVIII-Natchale XIX vv. Dissertatsia*, Irkoutsk, 2013.

Dikoune, Alexandre S., *Podvijnik Bagotchestia I Molitvy, Innokentii Mikhaïlovitch Sibiriakov, Istoria*, Izvestia Irkoutskogo gos. Universiteta, n° 2, Irkoutsk, 2012.

Diment, Galia, Slezkine Iouri, *Between Heaven and Hell, the Myth of Siberia in Russian Culture*, New York, St. Martin Press, 1993.

Dittmar, Karl von, *Poiezdki i Prebyvanie v Kamtchatke v 1851-1855*, Saint-Pétersbourg, 1901, reprint 2009.

Divine, Vassili A. (ed.), *Rousskaïa Tikookeanskaïa Epopeïa*, Khabarovsk, Kn. Izd., 1979.

Divine, Vassili A., *The Great Russian Navigator A. I. Chirikov*, Fairbanks, University of Alaska Press, 1993.

Dmitriev, Alexandre A., Kornilov, Nikolaï A., Sokolov, Vladimir T., *Imena na Dreïfuiouchtchem Ldu*, AANII, Saint-Pétersbourg, 2012.

Dmitriev, Mamonov A. I., *Poutevoditel po Velikoï Sibirskoï Jeleznoï Dorogue*, Saint-Pétersbourg, Ministerstvo Pout. Soobchtch., 1900.

Dmytryshin, Basil, Crownhart-Vaughan, E. A. P., Vaughan, Thomas, *Russia's Conquest of Siberia, The Russian American Colonies, Russian Penetration of the North Pacific Ocean, A Documentary Record, 1798-1867*, 3 tomes, Portland, Oregon Historical Society, 1988-1989.

Dolgov, Vladimir I., *I pri etom, Nikolaï Nikolaevitch Ourvantsev tak i ostalsia dlia menia zagadotchnym tchelobvekom...* Norilsk-Moscou, O Vremeni, o Norilske, o sebe, 2008.

Dorochevitch, V. M., *Sakhalin, Katorga*, Moscou, Izd. Sytin, 1903.

Dostoïevski, Fiodor, *Souvenirs de la maison des morts*, Paris, Gallimard, 1950 ou dans la traduction d'André Markowicz, *Les Carnets de la maison morte*, Arles, Babel, Actes Sud, 1999.

Drozdov, N. I. (ed.) *Ienissieïsskii Entsiklopeditcheskii Slovar*, Krasnoïarsk, 1998.

Du Halde, Père J. B., *Description géographique, historique de l'Empire de Chine*, La Hague, 1736.

Dumas, Alexandre, *Le Maître d'armes*, Paris, Syrtes, 2002.

Dumas, Alexandre, *Voyage en Russie*, Paris, Hermann, 2002.

Dundas, Cochrane John, *Récit d'un voyage à pied à travers la Russie et la Sibérie tartare, des frontières de la Chine à la mer Gelée et au Kamtchatka*, Paris, Griot, 1993.

Dunning, William A., « Paying for Alaska », *Political Science Quarterly*, n° 27, septembre 1912.

Dwyer, John B., *To Wire the World*, Westport, CT Praeger, 2001.

Egger, Bettina, *Un voyage en Transsibérien*, Saint-Etienne, Jarjille Éditions, 2014.

Eidelman, Nathan, *Un noble révolutionnaire Lounine*, Moscou, éditions du Progrès, 1988.

Eilbart, Natalia V., *Portrety Issledovateleï Zabaikalia*, Moscou, Naouka, 2006.

Ekshtout, Semion, *Piat Srajenii Guenerala Raevskogo*, in *Rodina*, n° 9, Moscou, 2016.

Elert, Alexandre Kh., « Po Sledam akademitcheskogo Otriada velikoï severnoï Ekspeditsii », in *Naouka iz Pervykh Rouk*, n° 6, Académie des sciences de Russie, Novossibirsk, 2007.

Ellmann, Michael, (ed.), *Russia's Oil and Natural Gas, Bonanza or Curse ?*, Londres, Anthem Press, 2006.

Engel, Samuel, *Mémoires et observations géographiques et critiques sur la situation des Pays septentrionaux, de l'Asie et de l'Amérique*, Lausanne, Antoine Chapuis, 1765.

Enquist, Anna, *Le Retour*, Arles, Actes Sud, 2007.

Epimakhova, A. S. (ed.), *Frantsia i arktitcheskii Reguion Rossii*, Arkhangelsk, Lodia, 2013.

Erlikhman, Vadim, « Navstretchou Solntsou », in *Rodina*, n° 11, Moscou, 2006.

Ermolaïev, A. M., Dibner, V. D., *Mikhaïl Mikhaïlovitch Ermolaïev, Jizn Issledovatelia I Outchenogo*, Saint-Pétersbourg, Epigraf, 2005.

Ermolaïev, A. N., *Rossiisko-amerikanskaïa Kompania v Sibiri i na dalnem Vostoke*, Kemerovo, 2013.

Fatianova, R. M., *N. M. Iadrintsev, Issledovatel Sibiri*, Gossoudarstvenny Arkhiv Irkoutskoï Oblasti, Irkoutsk, 1992.

Faust, Wolfgang, *Russlands Goldener Boden*, Köln-Vienne, 1980.

Felsch, Philipp, *Comment August Petermann inventa le pôle Nord*, EMSH, Paris, 2013.

Fernandez, Dominique, *Transsibérien*, Paris, Grasset, 2012.

Fetissov, L. E., *Graf N. N. Mouraviev-Amourskii : Litchnost i Obraz, Zapiski Obchtchestva izoutchenia Amourskogo Kraïa*, Vladivostok, 2009.

Fiodorov, Evgueni K., *Poliarnye devniki*, Leningrad, Guidrometeoïzdat, 1979.

Fiodorov, Evgueni K., *Vospominania o Akademike E. K. Fiodorove, Etapy Bolchogo Pouti*, Moscou, Paulsen, 2010.

Fiodorova, Tatiana S., « Donossy i Jaloby na V. Beringa kak istotchnik po istorii vtoroï kamtchatskoï ekspeditsii », in *Rousskoïe Otkrytie Ameriki*, Moscou, 2002.

Firmin, Gwenola, Liechtenhan, Francine-Dominique, Sarmant, Thierry, *Pierre le Grand, un tsar en France*, catalogue d'exposition, château de Versailles, Paris, Lienart, 2017.

Fisher, Raymond H., *The Voyage of Semen Dezhnev in 1649*, Londres, Hakluyt Society, 1981.

Fletcher, Giles, *On the Russe Commonwealth, in Rude and Barbarous Kingdom*, Madison, Univ. of Wisconsin, 1996.

Florensky, Paul, *Lettres de Solovki*, Lausanne, L'Âge d'Homme, 2012.

Ford, Corey, *Where the Sea breaks its Back*, Anchorage, First Alaskan Nortwest Books, 1992.

Forsyth, James, *A History of the Peoples of Siberia, Russia's North Asian Colony 1581-1990*, Cambridge, Cambridge University Press, 1992.

Fraser, John Foster, *The Real Siberia*, Londres-New York-Melbourne, Cassel & Co, 1902.

Freïdine, I. L., « Mikhaïl Konstantinovitch Sidorov », in *Letopis Severa*, Mysl, Moscou, 1971.

Gaddis, John Lewis, *George F. Kennan, An American Life*, Penguin Books, 2011.

Gaïdar, Egor, *Guibel Imperii*, Moscou, Rosspen, 2006.

Garcin, Christian, *Le Lausanne-Moscou-Pékin*, Genève, La Baconnière, 2015.

Gascar, Pierre, *Le Transsibérien*, Arles, Actes Sud, 1998.

Gastaldi, Giacomo, *La Universale descrittione del Mondo*, Venise, 1562.

Gauthier, Yves et Garcia, Antoine, *L'Exploration de la Sibérie*, Arles, Actes Sud, 1996.

Gavline, M. L., *Rossiiskie Predprinimateli i Metsenaty*, Moscou, 2005.

Gavrilova, N. Iou., « Konstantin Mikhaïlovitch Sibiriakov : materialy k biografii, Istoria », Izvestia Irkoutskogo gos. Universiteta, n° 2, Irkoutsk, 2012.

Gavrilova, N. Iou., *Sotsialnoïe Razvitie neftegazodobyvaïouchtchikh raïonov Zapadnoï Sibiri (1964-1985 gg)*, Tioumen, 2002.

Gmelin, « Poutechestvie po Sibiri », *Naouka iz Pervykh Rouk*, n° 6, Novossibirsk, 2007.

Gmelin, Johann Georg, *Reise durch Sibirien*, Göttingen, 1751, réédité in *Die Grosse Nordische Expedition*, Verlag C. H. Beck, Munich, 1990.

Gmelin, Johann Georg, *Reise durch Sibirien*, Tübingen, 1752.

Gmelin, Johann, *Voyage en Sibérie*, Paris, 1767.

Goldacker, Emmy, *La Valise en bois*, Paris, La Table ronde, 1976.

Goldberg, Rafael, « Bliamby na Karte Vassilia Podshibiakina », in *Rodina* n° 10, Moscou, 2009.

Goldberg, Rafael, « Oulitsa Dory Semionovni », in *Rodina,* n° 10, Moscou, 2008.

Goldman, Marshall I., *Petrostate, Putin, Power and the New Russia*, Oxford, Oxford University Press, 2008.

Golovnin, V. M., *Around the World on the Kamtchatka 1817-19*, Honolulu, University of Hawaii, 1979.

Golynskaïa, O. A et Minina E. L., « Promyshlennik i metsenat Sibiri », in *Priroda,* n° 6, Académie des sciences, Moscou, Naouka, 2008.

Gorbatchev, Mikhaïl S., *Jizn i Reformy*, 2 tomes, Izd. Novosti, Moscou, 1995.

Goriouchkine, L. M. (ed.), *Istotchniki po Istorii Osvoïenia Sibiri v Period Kapitalizma*, Novossibirsk, Naouka, 1989.

Grand-Carteret, John, *Musée pittoresque du voyage du tsar*, Paris, Charpentier et Pasquelle, 1897.

Gravier, Gabriel, *Notice nécrologique sur Karl Weprecht*, Rouen, Imprimerie d'Espérance Cagniard, 1882.

Grigoriev, A. A., *Otto Ioulievitch Schmidt*, Moscou, Izd. Akademii Naouk SSSR, 1959.

Griniov, A. V., « Rol Gossoudartsva v Obrazovanii Rossiisko-Amerikanskoï Kompanii », in *Rousskoïe Otkrytie Ameriki*, Moscou, 2002.

Gritsenko, Vadim N., *Istoria Iamalskogo Severa*, Tioumen, Tioumenskii Dom Petchati, 2010.

Gritsenko, Vadim N., *Priklioutchilos na Severe*, Ekaterinbourg, Basko, 2009.

Gritsenko, Vadim N., *Stroïka 501, Istoria i Sovremennoïe Sostoïanie*, Nadym, Pamiat Severa, 2015.

Gritsenko, Vadim, Kalinine Viatcheslav, *Istoria Miortvoï Dorogui*, Ekaterinbourg, Basko, 2010.

Gronskaïa, L. A., *Nabroski po pamiati*, Moscou, Archives du Centre Sakharov, 2004.

Gustafsson, Thane, *Wheels of Fortune, the Battle for Oil and Power in Russia*, Cambridge, Harvard University Press, 2012.

Hakluyt, Richard, *The principal navigations, voyages, traffiques and discoveries of the english nation*, Londres, 1907.

Haussonville, comte de, « La Visite du tsar Pierre le Grand en 1717 d'après des documents nouveaux », Paris, *Revue des deux mondes*, 1896, tome 137.

Hayes, Derek, *Historical Atlas of the North Pacific Ocean*, Seattle, Sasquatsch Books, 2001.

Haywood, Richard, *Russia enters the Railway Age*, New York, Columbia University Press, 1998.

Heeb, Bernhard & alii, *Russen und Deutsche, 1000 Jahre Kunst, Geschichte und Kultur*, catalogue de l'exposition, Berlin, Michael Imhof Verlag, 2013.

Herberstein, Sigmund von, *De Rerum Moscivitarum Commentarium, la Moscovie du XVIe siècle*, Paris, Calmann-Lévy, 1965.

Hertzen, Alexandre, « Pismo k Giuseppe Mazzini o sovrennom polojenii v Rossii », Œuvres complètes, Moscou, 1954-1965.

Hervé, Iouri G., *Sibirskie Gorizonty*, Ekaterinbourg, Sredne-Ouralskoïe knijnoïe Izdatelstvo, 1999.

Hessler, John W., Van Duzer, Chet, *Seeing the World Anew, the radical vision of Martin Walseemüller's 1507 & 1516 World Maps*, Washington, Library of Congress, 2012.

Hill, Fiona, Gady, Clifford, *The Siberian Curse, How Communist Planners left Russia Out in the Cold*, Washington, Brookings Inst., 2003.

Hintzsche, Wieland (ed.), *Vtoraïa Kamtchatskaïa Ekspeditsia, Dokoumenty 1734-36*, Saint-Pétersbourg, Morskie Otriady, 2009.

Hintzsche, Wieland, « Ekspeditsia-Naoutchnii Podvig XVIII Stoletia », *Naouka iz Pervykh Rouk*, n° 6, Novossibirsk, 2007.

Hoesli, Eric, À la Conquête du Caucase, Paris, Syrtes, 2006.

Höfling, Helmuth, *Das schlafende Land erwacht*, Braunschweig, Westermann, 1985.

Holland, Clive, *Arctic Exploration and Development*, Oslo, Garland Publishing, 2013.

Horensma, Pier, *The Soviet Arctic*, Londres and New York, Routledge, 1991.

Iadrintsev, Mikhaïl, « Stoudentcheskie vospominania », *Vostochnoïe Obozrenie*, 1884.

Iadrintsev, Nikolaï M., « K moïei avtobiografii », in *Rousskaïa Mysl*, n° 6, Saint-Pétersbourg, 1904.

Iadrintsev, Nikolaï M., « Sibir v Pervy Ianvaria 1865 », *Tomskie Goub. Vedomosti*, 1er janvier 1865.

Iadrintsev, Nikolaï M., « Sibirskie literaturnye vospominania », *Vostochnoïe Obozrenie*, n° 6, 1884.

Iadrintsev, Nikolaï M., *Avtobiografia*, Sibirskii Sbornik, 1895.

Iadrintsev, Nikolaï M., *Rousskaïa Obchtchina v Katorgue i Ssylke*, Saint-Pétersbourg, 1872.

Iadrintsev, Nikolaï M., *Sbornik izbrannykh stateï*, Krasnoïarsk, 1919.

Iadrintsev, Nikolaï M., *Sibir kak Kolonia v geografitcheskom, etnografitcheskom i istoritcheskom Otnochenii*, Saint-Pétersbourg, Izd. I. M. Sibiriakova, 1892.

Iadrintsev, Nikolaï M., *Vospominania o Tomskoï Guimnazii*, Sibirskii Sbornik, 1888.

Iantchenko, Denis, « Pout na Vostok ! », in *Jivaïa Istoria*, n° 2, Moscou, mars 2017.

Igolkine, Alexandre A., *Neftianaïa Politika SSSR v 1928-1940 godakh*, Moscou, Inst. Rossiiskoi Istorii RAN, 2005.

Igolkine, Alexandre et Gorjaltsan, Iouri, *Rousskaïa Neft o kotoroï my tak malo znaem*, Moscou, Olimp Biznes, 2003.

Iline, Sergueï, *Witte*, Moscou, Molodaïa Gvardia, 2012.

Ilkovski, K. K. (ed.), *Nertchinsky Zavod*, Tchita, 2015.

Iourassova, M. K., Iourassova, G. M., *Neftianik*, Moscou, Sovetskaïa Rossia, 1981.

Iourkine, Igor N., *Demidovy, Jizn Zametchatelnykh Lioudeï*, Moscou, Molodaïa Gvardia, 2012.

Isaïeva, T. A., *Zapadnaïa Sibir : prochloïe, nastoïachtcheïe, boudouchtcheïe*, Sourgout, Diorit, 2004.

Issoupov, Vladimir (ed.), *Problemy istoritcheskoï demografii Sibiri*, Vypousk III, Novossibirsk, Izd. Akademii Naouk, 2013.

Issoupov, Vladimir A., Kouznetsov, I. S., *Istoria Sibiri*, Novossibirsk, Infolio Press, 2005.

Istomine, Alexeï A., « Dva Varianta Pisma H. P. Rezanova Grafou N. P. Roumiantsevou ot 17/29 Iounia 1806, sravnitelno-extologuitcheskii Analiz i Leguenda o Velikoï Lioubvi », in *Rousskoïe Otkrytie Ameriki*, Moscou, 2002.

Ivan le Terrible, *Lettres à un félon*, Paris, L'Œuvre, 2012.

Ivanov, Boris, *Sibir : Pravda protiv Vymislov, Krasnoïarskoïe knijnoïe Izdatelstvo*, Krasnoïarsk, 1985.

Ivanov, Vassili N., *Vkhojdenie severo-vostoka Azii v Sostav rousskogo Gossoudarstva*, Iakoutsk, Naouka, RAN, 1999.

Iversen, Eve, *The Romance of Nikolaï Rezanov and Concepcion Arguello*, Fairbanks, Limestone Press, 1998.

Jackson, Frederick G., *A thousand Days in the Arctic*, New York and Londres, Harper & Brothers, 1899.

Janet, Martin, « The Fur Trade and the Conquest of Sibir », in *Sibérie I*, Paris, Centre d'études slaves, 1999.

Jerebtsov, I. L. & alii, *Problemy Istoritcheskoï Demografii Sibiri*, Novossibirsk, RAN, 2013.

Kalachnikov, Ivan, « Zapiski irkoutskago jitelia », *Rousskaïa Starina*, Saint-Pétersbourg, juillet 1905.

Kamenski, V. D. (ed.), *N. N. Ourvantsev, K 120-letiou so dnia rojdenia*, Saint-Pétersbourg, VNIIokeanologia, 2012.

Kanevski, Zinovi M., *Direktor Arktiki*, Moscou, Izd. Politicheskoï Literatoury, 1977.

Kanevski, Zinovi M., *Ldy I Soudby*, Moscou, Znanie, 1973.

Kanoun Dessiatiletia Vyssotchaïshe Outverjdennoï Sibirskoï Jeleznoï Dorogui, Kazan, 1884.

Karassev, V. I. (ed.) *Istoria Gueologuitcheskogo Poïska, K 50-Letiou Otkrytia zapadno-sibirskoï neftegazonosnoï provintsii*, Moscou, Penta, 2003.

Karpov, Viktor, « Anatomia Tioumenskogo Podviga », in *Rodina*, n° 8, Moscou, 2012.

Karpov, Viktor, « Avaria stavchaïa Otkrytiem », in *Rodina*, n° 10, Moscou, 2008.

Karpov, Viktor, « Ot takikh Tsifr i Golova mojet lopnout », in *Rodina*, n° 10, Moscou, 2009.

Karpov, Viktor, Ganopolski Mikhaïl, « Za toumanom i za Zapakhom Taïgui ? », in *Rodina*, n° 2, Moscou, 2013.

Karpov, Viktor, Koleva Galina, « Trudny Start Tioumeni », in *Rodina* n° 6, Moscou, 2013.

Kartchanova, Lioudmila M., *Zemli Rodnoï Minouvchaïa Soudbina*, Tchita, Gos. Arkhiv Tchitinskoï Oblasti, 2003.

Katchanov, V. N., *N. M. Iadrintsev-Issledovatel inorodtcheskogo Voprossa v Sibiri*, Irkoutsk, Gossoudarstvenny Arkhiv Irkoutskoï Oblasti, 1992.

Kemenov, Vladimir, *Vassili Sourikov*, Saint-Pétersbourg, Avrora, 1997.

Kennan, George, *Siberia and the Exile System*, New York, 1891, réédité 1970.

Kennan, George, *Tent Life in Siberia*, New York, 1871, reprint Salt Lake City, 1986.

Kerner, Robert J., *The Urge to the Sea*, Berkeley, 1946.

Kessel, Joseph, *Les Nuits de Sibérie*, Paris, Arthaud, 1928.

Kessel, Joseph, *Les Temps sauvages*, Paris, Gallimard, 1975.

Khlevniouk, O. V., « Ekonomika Goulaga », *Istoria Stalinskogo Goulaga*, tome 3, Moscou, Rosspen, 2004.

Khmyznikov, Pavel, Chirchov, Piotr, *Na Tcheliouskine*, Moscou, 1936.

Khorocheva, Anna, « Pouchkine Nach Sovietski, Potchemou Stalin v 1937 godou organizoval pouchkinskie torjestva », in *Jivaïa Istoria*, n° 5, Moscou, juin 2017.

Khrouchtchev, Sergueï N., *Reformator, Na Zakate Vlasti*, Moscou, Vetche, 2017.

Khrouchtchova, A. P., « Predsmertnoïe zavechtchanie byvchego Gueneral-Goubernatora zapadnoï Sibiri Khrouchtchova », *Golos*, n° 230, Saint-Pétersbourg, 21 août 1880.

*Kitaïskä*ia vostotchnaïa jeleznaïa doro*ga*, Istoritcheskii otcherk, Saint-Pétersbourg, Kantseleria KVJD, 1914.

Klöti, Thomas, *Der Berner Beitrag zur Entdeckung der Nordostpassage-Geographischen Grillen oder die Hirngespinste müssiger und eingebildeter Stubengelehrter* ?, Weltensammler, catalogue exposition, Berne, 1998.

Klyaguine, Alexandre P., *Stana Vozmojnosteï Neobytchnikh*, Novossibirsk, Izd. Svinin & Sinovia, 2010.

Kochelev, Ia. R., *Novoïe o Iadrintseve, Iz Istorii Koultoury Sibiri*, Tomsk, 1966.

Kojevnikova, Tamara, *Vassili Sourikov*, Moscou, Bely Gorod, 2001.

Kokourine, A. I., Moroukov, Iou. N. (ed.), *Stalinskie Stroïki Goulaga 1930-1953, Rossia XX vek*, Moscou, Dokumenty, 2005.

Kokourine, A. I., Petrov, N. V., Chostakovski V. N., *Goulag 1918-1960, Rossia 20 Vek*, Moscou, Dokumenty, 2002.

Kolerov, Modest, « Ot Fichte i Witte k Stalinou », in *Rodina* n° 2, 2015, Moscou.

Kolodeï, L. V., *Jizn Pribaïkalia v Period deïatel nosti gueneral-goubernatora N. N. Mouravieva-Amourskogo*, Vladivostok, Zapiski Obchtchestva izoutchenia Amourskogo Kraïa, 2009.

Komaritsyne, Sergueï, *Romantik Severa*, Krasnoïarsk, Gorodskie Novosti, 2013.

Komgort, M. V., *Zapadno-sibirskaïa neftegazovaïa provintsia*, Tioumen, Istoria otkritia, 2008.

Kontorovitch, A. E., « Neft eto globalno ! » in *Naouka iz Pervykh Rouk*, n° 3, Novossibirsk, 2009.

Koptekov, Vladimir, « Tioumen-Transsib », in *Rodina*, n° 6, Moscou, 2011.

Koriakine, Vladislav S., *Otto Schmidt*, Moscou, Vetche, 2011.

Koriakine, Vladislav S., *Roudolf Lazarevitch Samoïlovitch*, Moscou, Naoutchno-biografitcheskaïa Literatoura, 2007.

Koriakine, Vladislav S., *Tcheliouskinskia Epopeïa*, Moscou, Vetche, 2011.

Kornitskaïa, E., *Ha pomorskoï Storone*, Arkhangelsk, 2014.

Korobova, Alla, « Letopisets XX veka », in *Rodina,* n° 6, Moscou, 2008.

Korolev, V., « Radetel Severa », in *Vodny Transport*, 26 novembre 1983.

Kostornitchenko, Vladimir, « Gaz-Trouby », in *Rodina*, n° 10, Moscou, 2009.

Kostrine, K. V., *Pervye Izvestia o Neftenosnosti Sibiri, Letopis Severa*, Moscou, Mysl, 1971.

Kotyleva, I. N., « Mesto Sv. Stefana Permskogo v gueokoultournoï politike Stroganovykh », in *Koultournoïe Nasledie Rousskogo Severa*, Saint-Pétersbourg, 2009.

Koudriavtseva, Tatiana, « Kitaï-Tsar », in *Rodina*, n° 2, Moscou, 2014.

Koulomzine, A. N. de, *Le Transsibérien*, Paris, Hachette, 1904.

Kourikov, V. M. *Vsio natchinalos s Beriozovo*, Tioumen, Express, 2008.

Kourlaïev, Evgueni A., Makova Irina L., *Osvoïenie Roudnikh Mestorojdenii Ourala I Sibiri v XVII Veke*, Moscou, Drevnekhranilichtche, 2005.

Kouznetsov, Ivan S., *Vladimir A. Isoupov Istoria Sibiri*, Khrestomtia, Novossibirsk, 2006.

Kouznetsov, Sergueï, *Stroganovy*, Saint-Pétersbourg, Tsentrpoligraf, 2012.

Kouznetsova, Faina S., *Istoria Sibiri*, Novossibirsk, Infolio Press 2006.

Kouznetsova, Faina S., *Istoria Sibiri*, tome 2, Novossibirsk, Infolio Press, 2007.

Koval, S. F., Chestakova N. K., Chobodoïev E. V., *Pervootcherednye Zadatchi Izoutchenia Nasledia N. M. Iadrintseva*, Irkoutsk, Gossoudarstvenny Arkhiv Irkoutskoï Oblasti, 1992.

Koval, S. F., *N. M. Iadrintsev, Droug i Soratnik G. N. Potanina*, Irkoutsk, Gossoudarstvenny Arkhiv Irkoutskoï Oblasti, 1992.

Kozlov, S. A., « Materialy Expeditsii J. N. Delisla v Beriozov v 1740 g. », *Istoritcheskaïa Illoustratsia*, Saint-Pétersbourg, 2008.

Kozlov, V. A, Lavinskaïa, O. V., « Vostania, Bounty i Zabastovki Zaklioutchennykh », *Istoria Stalinskogo Goulaga,* tome 6, Moscou, Rosspen, 2004.

Kozlov, V. A., Mironenko, S. V., *Sovetskaïa repressivno-karatelnaïa politika i penitentsiarnaïa sistema v materialakh Gossoudarstvennogo arkhiva Rossiiskoï Federatsii, Istoria Stalinskogo Goulaga, Konets 1920-kh – pervaïa polovina 1950-kh godov,* tome 7, Moscou, Rosspen, 2005.

Kraatz, Anne, *La Compagnie française de Russie. Histoire du commerce franco-russe aux XVIIᵉ et XVIIIᵉ siècles*, Paris, Bourin, 1993.

Kraatz, Anne, *Le Commerce franco-russe*, Paris, Belles Lettres, 2006.

Krachenninikov, Stepan P., *Histoire du Kamtschatka, des isles Kurilski et des contrées voisines*, 2 tomes, Lyon, 1767.

Krachenninikov, Stepan P., *Opissanie Zemli Kamtchatki*, 2 tomes, Saint-Pétersbourg, Naouka, 1994.

Krasnov, Piotr N., À la Conquête de la Sibérie avec Yermak, Paris, La Compagnie littéraire, 2012.

Krauss, Charlotte, *La Russie et les Russes dans la fiction française du XIXᵉ siècle. D'une image de l'autre à un univers imaginaire*, Amsterdam-New York, Rodopi, 2007.

Krausse, Alexis, *Russia in Asia*, New York, Harper & Row, 1899.

Krenkel, Ernst T., *RAEM- Moï Pozyvnie*, Moscou, Sovetskaïa Rossia, 1973.

Krenkel, Ernst T., *Tchetyre tovarichtcha*, Moscou, Izd. Glavsevmorpouti, 1940.

Kropotkine, Piotr A., *Dnevniki*, Moscou, Izd. GIZ, 1923.

Kropotkine, Piotr A., *Zapiski revoloutsionera*, Moscou, Mysl', 1990.

Kruzenstern, Ivan F., *Poutechestvie Vokroug Sveta v 1803-1806 godakh ny korabliakh Nadejda i Neva*, Saint-Pétersbourg, 1809, traduit en français sous Krusenstern, Adam von, *Voyage autour du monde*, Besançon, La Lanterne magique, 2012.

Krypton, Constantine, *The Northern Sea Route, its Place in Russian Economic History before 1917,* , Ann Arbor, Research Program on the USSR, 1953.

Kushnarev, Evgueni G., *Bering Search for the Strait*, Portland, Oregon Historical Society Press, 1990.

Labbe, Paul, *Sur les grandes routes de Russie*, Paris, Octave Doin, 1905.

Lafeber, Walter, « The Turn of the Russian-American Relations 1880-1905 », in *Rousskoïe Otkrytie Ameriki*, RAN, Moscou, Rosspen, 2002.

Lagounov, Konstantin, « Après nous… », in *Nach Sovremennik*, n° 5, Moscou, 1989.

Lagounov, Konstantin, « Neft i Lioudi », in *Novy Mir*, n° 7, Moscou, 1966.

Lamine, Vladimir, « Tchto Delat s Sibiriou », in *Rodina* n° 6, Moscou, 2014.

Lamine, Vladimir, « Tchto Delat s Sibiriou », in *Rodina,* n° 3, Moscou, 2014.

Lamine, Vladimir, *Klioutchi k Dvoum Okeanam*, Khabarovsk, 1981.

Langsdorff, Georg Heinrich von, *Voyages and Travels in Various Parts oft he World during the years 1803-1807*, Londres, 1813.

Lanoye, Ferdinand de, *La Sibérie d'après les voyageurs les plus récents*, Bibliothèque des jeunes filles, Paris, Hachette, 1865.

Lantzeff, George V., *Siberia in the Seventeenth Century*, Berkeley, Univ. of California Press, 1943.

Lantzeff, George, Pierce, Richard, *Eastward to Empire, Exploration and Conquest on the Russian Open Frontier*, Montreal-Londres, Mc Gill University Press, 1973.

Laptev, N. M., *Gossoudarstvennaïa Politika i transportnoïe Osvoïenie Sibiri po II Polovine XIX veka, Istoria*, Izvestiya Irkoutskogo gos. Universiteta, n° 2, Irkoutsk, 2012.

Larkov, Sergueï A., Dekabristy na sibirskom Severe, Poliarny Almanakh n° 2, Moscou, Paulsen, 2014.

Larkov, Sergueï A., *Ledianoïe Dykhanie Trioumfa, Vragui Naroda za Poliarnym Krougom*, Moscou, Paulsen, 2010.

Larkov, Sergueï A., Romanenko Fiodor A., *Vragui Naroda za Poliarnom Krougom*, Moscou, Paulsen, 2010.

Larkov, Sergueï A., Romanenko, Fiodor A., *Zakonvoïrovannye Zimovchtchiki, Vragui Naroda za Poliarnym Krougom*, Moscou, Paulsen, 2010.

Larkov, Sergueï A., *Soudby Outchastnikov znamenitoï Expeditsii, Vragui Naroda za Poliarnym Krougom*, Moscou, Paulsen, 2010.

Larkov, Sergueï A., *Tcheliouskinskaïa Epopeïa, Istoritcheskaïa Mifologuia i Obektivnost Istorii, Vragui Naroda za Poliarnym Krougom*, Moscou, Paulsen, 2010.

Laurent, Eric, *La Face cachée du pétrole*, Paris, Plon, 2006.

Lauridsen, Peter, *Vitus Bering*, Chicago, 1889.

Laverov, N. P. (ed.), *Pomorskaïa Entsiklopedia*, 5 tomes, Arkhangelsk, sobranie depoutatov obl., Fond Lomonossov, 2001.

Lazarev, Egor, « George Kennan », in *Volia Rossii*, n° 11, juin 1923.

Lebedeva, Elena, « Po Stalinskomou Marchroutou », in *Rodina*, n° 7, Moscou, 2007.

Ledyard, John, *Journey through Russia and Siberia 1787-1788, The Journal and Selected Letters, edited by Stephen D. Watrous*, Madison, University of Wisconsin, 2011.

Leete, Art, *La Guerre du Kazym, les peuples de Sibérie occidentale contre le pouvoir soviétique*, Paris, L'Harmattan, 2007.

Lemke, Mikhaïl, *Iadrintsev Nikolaï Mikhaïlovitch*, Saint-Pétersbourg, 1904.

Lengyel, Emil, *Siberia*, New York, Garden City Publishing, 1943.

Leonova, A. S., Aliev, R. A., « Exkoursia v Ad : Obraz Goulaga v Propagande 30-kh », *Poliarny Almanakh*, n° 2, Moscou, Paulsen, 2014.

Levesque, Pierre-Charles, *Histoire de Russie*, Hambourg et Brunswick, 1800.

Levtchenko, V. M. (ed)., *Pribaïkalie v Istorii Rossii*, Irkoutsk, Izd. BGUEP, 2008.

Lichtovanniy, E. I., *K Ideïam N. M. Iadrintseva o Boudouchtcheï Azii*, Irkoutsk, Gossoudarstvenny Arkhiv Irkoutskoï Oblasti, 1992.

Lincoln, Bruce, *The Conquest of a Continent*, New-York, Cornell University Press, 1993.

Lipatova, Lioudmila F., « I kajdy raz na vek prochtchaïtes ?, Vospominania O. Kotchoubeï », Severnye Prostory, Salekhard, 2006.

Littlepage, Dean, *Steller's Island, Adventures of a Pioneer Naturalist in Alaska*, Seattle, Mountaineers Books, 2006.

Lomonossov, Mikhaïl V., *Kratkoïe Opissanie Raznykh Poutechestvii po Severnym Moriam*, Saint-Pétersbourg, Lenizdat, 2014.

Lomonossov, Mikhaïl V., Œuvres complètes, Moscou, Académie des sciences de l'URSS, 1952.

Lomonossov, Mikhaïl V., *Proïekt Lomonossova i Expeditsia Tchitchagova*, Paulsen, Moscou, 2015.

Lonchakova, I. Iou., *Mouraviev-Amourskii I Amourskii Vopros*, Vladivostok, Zapiski Obchtchestva izoutchenia Amourskogo Kraïa, 2009.

Loukina, Tatiana, « Traktat o narodnoï meditsine », in *Naouka iz Pervykh Rouk*, n° 6, Novossibirsk, 2009.

Lovell, Julia, *The Opium War*, Londres, Picador, 2011.

Löwenstern, Hermann Ludwig von, *The First Russian Voyage around the World*, Fairbanks, Alaska University Press, 2003.

Lvov, Anatoli L., « Nikto ne posmel ikh razloutchit… », in *O Vremeni, o Norilske, o sebe*, Norilsk-Moscou, 2008.

Lvov, Anatoli L., « Tchernye Dni Ourvantseva posle zvezdnogo tchasa… », in *O Vremeni, o Norilske, o sebe*, Norilsk-Moscou, 2008.

Lynch, George, *The Path of Empire*, Londres, Duckworth, 1903.

Mabire, Jean, *Béring*, Grenoble, Glénat, 1995.

Makarova, A., *Norilskoïe Vostanie*, non daté, Fonds Sakharov, Moscou.

Maletzke, Erich, *Adam Olearius, Gottorfer Hofgelehrter, ein turbulentes Leben*, Kiel, Wachholtz Verlag, 2016.

Malsagov, Sozerko, Kisselev-Gromov, Nikolaï, *Aux Origines du Goulag, Récits des îles Solovki*, Paris, Bourin, 2011.

Mandelstam Balzer, Marjorie, *The Tenacity of Ethnicity, A siberian saga in a global perspective*, Princeton University Press, 1999.

Marmanov, Ivan D., *Strana dereviannogo Solntsa*, Tioumen, Tioumenskii dom petcheti, 2008.

Marti, Veronique, Dubuis, Étienne, *La Transsibérienne. La Russie par la route de Moscou à Vladivostok*, Genève, Slatkine, 2015.

Martov, S., *Serguëi Witte, Pervy Premier Ministr*, Moscou, Bolchoï Istoritcheskii Slovar, 2014.

Materialy k istorii voprossa o Sibirskoï jeleznoï Dorogui, Predpisanie Ministra Vnoutrennikh Del ot 15 ianvaria 1866 g. n° 378 Tchinovnikou Ossobikh Poroutchenii, polkovnikou Bogdanovitchou, Saint-Pétersbourg, 1885.

Matkhanova, Natalia P., *Graf N. N. Mouraviev-Amourskii v Vospominaniakh Sovremennikov*, Novossibirsk, Seria Istoria Sibiri-Pervoistotchniki, Vyp. 8, 1998.

Matkhanova, Natalia P., *Polititcheskoïe Nasledie N. N. Mouravieva-Amourskogo*, Irkoutsk, Materialy Naoutchnoï Konferentsii Irkoutsk 2009, 2010

Matthews, Owen, *Glorious Misadventures, Nikolaï Rezanov and the Dream of a Russian America*, Londres, Bloomsbury, 2013.

Matthies, Volker, *Die Entdeckung Alaskas mit Kapitän Bering*, Wiesbaden, Erdmann, 2013.

Max, Alfred, *Sibérie, ruée vers l'Est*, Paris, Gallimard, 1976.

Maximov, Serguëi V., *Sibir i Katorga*, Saint-Pétersbourg, 1871.

Maximova, Tatiana, *Dorogui bez kororikh nam ne jit*, in *Rodina* n° 11, Moscou, 2009.

Mazourine, A. B., « Maloïzvestny Epizod iz Istorii Stroïtelstva, n° 501 v Pismakh I Fotografiakh F. I. Potchkina », *Naoutchny Vestnik*, non daté.

McCannon, John, *A History oft he Arctic, Nature, Exploration and Exploitation*, Londres, Reaktion Books, 2012.

McCannon, John, *Red Arctic*, Oxford, Oxford University Press, 1998.

McGhee, Robert, *Une histoire du monde arctique*, Québec, Fides, 2006.

Medvedev, N. Ia. (ed.), *Dolgaïa Doroga k Nefti*, Sourgout, OAO Surgutneftgaz, 2002.

Medvedev, Roy A., Jores, A., *Khrushchev, the Years in Power*, Oxford, Oxford University Press, 1977.

Merridale, Catherine, *Red Fortress*, Londres, Penguin Books, 2013.

Miasnikov, Vladimir S., *The Ching Empire and the Russian State in the 17th Century*, Progress, Moscou, 1985.

Michie, Alexander, *The Siberian Overland Route from Peking to Petersburg*, Londres, John Murray, 1864.

Michow, Heinrich, *Die Ältesten Karten von Russland : ein Beitrag zur historischen Geographie*, Hambourg, 1884.

Ministerstvo Poutëi Soobchtchenia, Departament Jeleznykh Dorog, n° 5052, Saint-Pétersbourg, 18 avril 1892.

Ministerstvo Pouteï Soobchtchenia, Tekhnitcheskii Otdel, O Sooroujenii Sibirskoï jeleznoï Dorogui, Saint-Pétersbourg, 16 avril 1892.

Ministerstvo Prirodnykh Ressoursov I Ekologuii Rossiiskoï Federatsii, Arktika otkryvaet Sekrety, Istoria poliarnikh Dreïfov, Moscou, Paulsen, 2016.

Mletchine, Leonid, *Kak Brejnev Smenil Khrouchtcheva,* Moscou, Izd. Tsentrpoligraf, 2025.

Mochulsky, Fiodor, *Gulag Boss, a Soviet Memoir,* Oxford, Oxford University Press, 2011.

Moskalenko, K. S, *Na Iougo-zapadnom Napravlenii,* Moscou, Vospominania Komandarma, 1969.

Mote, Victor L., *Siberia, Worlds Apart,* Bulder, University of Houston, Perseus Group, 1998.

Mote, Victor, *Environmental Constraints to the Economic Developement in Siberia, in Soviet Natural Resources in the World Economy,* Chicago, Chicago Press, 1983.

Mouraviev Amourskii Graf Nikolaï Nikolaevitch, Materialy dlia Biografii, 2 tomes, Moscou, 1891.

Mourov, M. S., *Zapiski Poliarnika,* Leningrad, Lenizdat, 1971.

Moussa, Sarga, Stroïev, Alexandre, *L'Invention de la Sibérie par les voyageurs et écrivains français,* Paris, Institut d'études slaves, 2014.

Mudge, Zacariah Atwell, *Fur-clad Adventurers,* New York, 1880, réédité Cambridge University Press, 2012.

Müller, Gerhard Friedrich, *Ethnographische Schriften (Hgg. Von Wieland Hintzsche),* Halle, Verlag von Franckesche Stiftungen zu Halle, 2010.

Müller, Gerhard Friedrich, *Istoria Sibiri,* réédité Moscou-Léningrad, 1937.

Müller, Gerhard Friedrich, Pallas, Peter Simon, *The Conquest of Siberia,* Smith, Elder and Co., Londres 1842, Cambridge, Cambridge University Press, 2010.

Mund, Stéphane, « La Mission diplomatique du père Antonio Possevino (S.J.) chez Ivan le Terrible en 1581-82 et les premiers écrits jésuites sur la Russie moscovite à la fin du XVIᵉ siècle », *Cahiers du Monde russe* 45 ¾, juillet-décembre 2004, Paris.

Nansen Fridtjof, *Through Siberia, the Land of Future,* Londres, Heinemann, 1914.

Naoumova, Gala, *Taiga Transes. Voyage initiatique au pays des chamans sibériens,* Paris, Calmann-Lévy, 2002.

Naumov, Igor, *The History of Siberia,* New York, Routledge, 2006.

Nazarov, Vladislav, Oudarov, Pavel, Novosselov, Vassili, « Metchtaïout imet Inozemnogo Gossoudaria… », in *Rodina,* n° 11, Moscou, 2006.

Nebolsine, P. I., *Pokorenie Sibiri,* Saint-Pétersbourg, 1849, reprint Saint-Pétersbourg, Biblioteka Akademii Naouk, 2008.

Nefedeva, A. K., Tikhonov, V. V., *Moskovskii Trakt,* Irkoutsk, Taltsy, 2010.

Neft I Gaz Tioumeni v Dokoumentakh (1901-1965), Sverdlovsk, Sredne-Ouralskoïe Knijnoïe Izdatelstvo, 1971.

Neft I Gaz Tomskoï Oblasti, Sbornik Dokoumentov i Materialov, Tomsk, Tomskoïe Knijnoïe Izdatelstvo, 1988.

Nekrassov, Nikolaï, « Rousskie Jenchtchiny », in *Otetchestvenie Zapiski,* Saint-Pétersbourg, 1872-1873.

Nekrassov, V. L., Stafeïev O. N., Khromov E. A., *Neftegazovy Kompleks SSSR : ekonomitcheskie i institoutsionalnye aspekty razvitia,* Khanti-Mansiïsk, 2012.

Nemenova, Lilia, *Glavny Gueolog,* Moscou, Sovetskaïa Rossia 1975.

Nielsen, Jens Petter, *Historical and current Uses of the Northern Sea Route* (part III), INSROP Working Paper, Tromsö, University of Tromsö, 1996.

Nivat Georges, « Le Monastère-prison des îles Solovki », in *Les Sites de la Mémoire russe,* tome 1, « Géographie de la mémoire russe », Paris, Fayard, 2007.

Niven, Jennifer, *Ada Black Jack*, Paris, Paulsen, 2009.

Nordenskjöld, Adolf Erik, *Die Umsegeluing Asiens und Europas auf der Vega*, Leipzig, Brockhaus, 1882.

Nordenskjöld, Adolf Erik, *The Voyage of the Vega round Asia and Europe*, volume 1, Londres, MacMIllan, 1881, reprint Cambridge University Press, 2012.

Nordenskjöld, Adolf Erik, *Un hiver chez les Tchouktches*, Paris, N. Chaudun, 2011.

Norman Henry, *All the Russias*, New York, Charles Scribner's Sons, 1903.

O Napravlenii Sibirskoï Jeleznoï Dorogui, Saint-Pétersbourg, 1870.

O Spossobe Ispolnenia Sibirskoï Jeleznoï Dorogui, Saint-Pétersbourg, 1892.

Ogloblline, N. N, *Obozrenie Stolbtsov i Knig Sibirskogo Prikaza 1592-1768*, Moscou, 1895.

Okhotine, N. G., Roguinski, A. G., *Sistema ispravitelno-troudovikh lag ereï v SSSR*, Moscou, Spravotchnik, 1998.

Okladnikov, A. P., Chounkov, V. I., *Istoria Sibiri*, 5 tomes, Leningrad, Naouka, 1969.

Okoun, S. B, *Rossiisko-Amerikanskaïa Kompania*, Leningrad, 1939, traduit sous le titre de *Russian-American Company*, Harvard, 1951.

Olekh, Leonid, *Istoria Sibiri*, Rostov-na-Donou, Feniks, 2005.

Olson, Wallace, *Through Spanish Eyes, Voyages to Alaska*, Alaska, Auke Bay, 2002.

Orlov V. R. (ed.) *Repressirovannye Gueologui*, Moscou-Saint-Pétersbourg, MPR RF-VSEGEI-RosGeo 1999.

Orsenna, Erik, Autissier, Isabelle, *Passer par le Nord, la nouvelle route maritime*, Paris, Paulsen, 2014.

Ourvantsev, Nikolaï N., *Taïmyr, Kraï moï Severny*, Moscou, Mysl, 1978.

Oussov, M. A., « K Voprossou o Nefti v Zapadno-Sibirskom Kraïe », *Vestnik Zapadno-Sibirskogo Gueologuitcheskogo Tresta*, Tomsk, 1936.

Pakhtoussov, P. K., Moïsseïev, S. A., *Dnevnikovye zapiski*, Moscou, 1956.

Panfilov, Alexandre M., « Idouchtchii za gorizont ili Molitva o Preodolenii », in *Naouka iz Pervykh Rouk,* n° 6, Novossibirsk, 2007.

Panfilov, Alexandre M., « Nevozvrachtchenets », in *Naouka iz Pervykh Rouk*, n° 6, Novossibirsk, 2007.

Panfilov, Alexandre M., « Okhota moïa k Ousloujeniou obchtchestvou… », in *Naouka iz Pervykh Rouk,* n° 6, Novossibirsk, 2007.

Papanine, Ivan D., *Jizn na Ldine,* , Leningrad-Moscou, Izdatelstvo Glavsevmorpouti 1940.

Paris-Moscou, un siècle d'échanges, catalogue de l'exposition *Paris-Moscou*, Paris, 1999.

Parkonen, E. N., Solovieva I. D., Klioukanova O. V., *Sokrovichtcha Solvychegodska*, Solvychegodsk, 2010.

Patsia, E. Ia., Chabalina O. V., Petrov V. P., Razoumova I. A. (ed.), *Khoudojniki-Outchastniki Ekspeditsii na Kraïnii Sever*, Saint-Pétersbourg, Gamas, 2008.

Pavlioutchenko, E. (ed.), *Dekabristy rasskazyvaïout*, Moscou, Molodaïa Gvardia, 1975.

Pavlov, Dmitri, « Posledniaïa Kolonia Rossisskoï Imperii, Kak Rousskie oboustroïli Kitaiskii Kwantung », in *Jivaïa Istoria,* n° 5, Moscou, juin 2017.

Payer, Josef, *La Terre François-Joseph et la mer de la Nouvelle Zemble*, Paris, Hachette, 1880.

Peeters, Benoit, Chichlo, Boris, Sears, Stephanie, Van Poucke, Pier, *Le Transsibérien*, Bruxelles, Europalia, 2005.

Perepletkine, Iouri, « Farman Neoukrotimy », in *Rodina*, n° 10, Moscou, 2008.

Pereselenie i poselenie, v sviazi s postroïkoïou sibirskoï jeleznoï dorogui, Saint-Pétersbourg, 1892.

Perry, Mac Donough Collins, *Siberian Journey : Down the Amur to the Pacific 1856-1857*, Madison, Univ. of Wisconsin Press, 1962.

Pertseva, T. A., « Dekabristy i Gueneral-Goubernatory Vostochnoï Sibiri », in *Rossia Asiatskaïa*, Irkoutsk, 2010.

Peskov, Vassili, « Aliaska, Bolche tchem vy doumaete », *Komsomolskaïa Pravda*, Moscou, 1994.

Peskov, Vassili, *Des nouvelles d'Agafia*, Arles, Actes Sud, 2009.

Peskov, Vassili, *Ermite dans la taïga*, Arles, Actes Sud, 1992.

Petrouchine, A., « Neft est vezde, gde eïo ichtchout », *Rodina* n° 10, Moscou, 2008.

Petroukhintsev, Nikolaï, « Proryv na Vostok », in *Rodina*, n° 2, Moscou, 2009.

Petrov, Alexandre Iou., « Glavny Pravitel Rousskoï Ameriki », in *Rodina*, n° 1, Moscou, 2017.

Petrov, Alexandre Iou., *Natalia Chelikhova u Istokov Rousskoï Ameriki*, Moscou, Ves Mir, 2012.

Petrov, Alexandre Iou., *Rossiisko-amerikanskaïa Kompania : deïatelnost na otetchestvennom i zaroubejnom rynkakh (1799-1867)*, Moscou, RAN, 2006.

Petrov, Igor, « Istoria po Boukvou T », *Poliarny Almanakh*, Moscou, Paulsen, 2011.

Petrov, L., *Pervy Polet v Laguer Schmidta, Kak my Spasli Tcheliouskintsev*, Izd. Redaktsii Pravdy, Moscou, 1934.

Petrov, N. V., « Karatelnaïa Sistema : Strouktoura i Kadry », *Istoria Stalinskogo Goulaga, Konets 1920-kh – pervaïa polovina 1950-kh godov*, tome 2, Moscou, Rosspen, 2004.

Petrov, Nikita, « Palatchi, Oni vypolniali zakazy Stalina », *Novaïa Gazeta*, Moscou, 2011.

Pierce, Richard A., *Russian America, A biographical Dictionary*, Fairbanks, Limestone Press, 1990.

Platonov, S. F., *Prochloïe Rousskogo Severa*, Obelisk, Berlin, 1924.

Poboji, A., « Miortvaïa Doroga », in *Novy Mir*, n° 8, Moscou, 1964.

Podchibiakine, Vassili. T., *Iamalskii karavaï*, Energuia Iamala, Tioumen, 2002.

Pokrovski, N. N. (ed.), *Doukhovnaïa Literatoura Staroverov Vostoka Rossii XVIII-XX vv.*, Sibirskii Khronograf, Novossibirsk, 1999.

Pond, Elisabeth, *Russia Perceived, A Trans-siberian Journey*, Cresset Library, Londres, 1981.

Poniatowski, Michel, *Histoire de la Russie d'Amérique et de l'Alaska*, Paris, Horizons de France, 1958.

Popov, I. I., *K 80 letiou G. N. Potanina*, Golos Minouvchego, 1915.

Posselt, Doris, (ed.), *Die grosse nordische Expedition von 1733 bis 1743, ausBerichten der Forschungsreisenden Johann Georg Gmelin und Georg Wilhelm Steller*, Munich, Verlag C. H. Beck, 1990.

Postnikov, Alexeï V., *Istoria gueografitcheskogo Izoutcheniya i Kartografirovaniya Sibiri i dalnego Vostoka, URSS*, Moscou, Lenand 2015.

Potanine, Grigori N., *In Sibir, eë sovremennoïe sostoïanie et eë nujdy*, Saint-Pétersbourg, 1908.

Potanine, Grigori N., *Noujdy Sibiri*, Saint-Pétersbourg, ed. I. S. Melnik, 1908.

Pouchkine, Alexandre, *Eugène Onéguine*, traduction d'André Markowicz, Arles, Actes Sud, 2005.

Pouchkine, Alexandre, *Poésie*, traduction de Claude Frioux, Paris, Librairie du Globe, 1999.

Poussou, Jean-Pierre, Mezin Anne, Perret-Gentil Yves, « L'influence française en Russie au XVIIIᵉ siècle », Paris, Institut d'études slaves, 2004.

Povod, Nina A., *Diatelnost A. M. Sibiriakova v Berezovskom Krae*, Menchikovskie Tchtenia, Beriozovo, 2007.

Priangare, Gody, Sobytia, Lioudi (Collectif), *Kalendar znamenat. i pamiat. Dat Irkoutskoï oblasti*, Vyp.43, Irkoutsk, 2009.

Pritsak, Omeljan, « The Origin of the Name Sibir », in *Sibérie II*, Paris, Centre d'études slaves, 1999.

Prjevalski, Nikolaï, *Voyage en Mongolie et au pays des Tangoutes*, Paris, Transboréal, 2007.

Pulver, Paul, *Samuel Engel, Ein Berner Patrizier aus dem Zeitalter der Aufklärung*, Haupt Bern und Leipzig, 1937.

Purchas, *Hackluytus Posthumus or Purchas his Pilgrimes*, Londres, 1905.

Pye, Michael, *The Edge of the World, How the North Sea made us who we are*, Londres, Penguin, 2014.

Rae, Edward, *The White Sea Peninsula*, Londres, John Murray, 1881.

Ransmayr, Christoph, *Les Effrois de la glace et des ténèbres*, Paris, Maren Sell, 1989.

Ravenstein, Ernest George, *The Russians on The Amur*, Londres, 1861.

Ray, Dorothy Jean, *The Eskimos of the Bering Strait 1650-1898*, Seattle, University of Washington, 1965.

Reid, Ana, *The Shaman's Coat, A native History of Siberia*, Londres, Bloomsbury, 2002.

Reid, James D., *The Telegraph in America*, New York, 1886.

Remnev, A.V., *Rossia Dalnego Vostoka*, Omsk, 2004.

Remy, Frédérique, *Histoire des pôles, mythes et réalités polaires*, Paris, Desjonquères, 2009.

Repine, Leonid B., *Otkryvateli*, Moscou, Molodaïa Gvardia, 1989.

Rieber Alfred J., « The Politics of Autocracy. Letters of Alexander II to Prince A. I. Bariatinski », Paris, Études sur l'Histoire, l'économie et la sociologie des pays slaves, 1966.

Rimski-Korsakov, V. A., *Baltika-Amour*, Khabarovsk, Kn. Izdatelstvo 1980.

Robel, Léon, *Histoire de la neige*, Hatier, Paris, 1994.

Robson, Roy R., *Solovki*, Londres, Yale University Press, 2004.

Rolin, Olivier, *Le Météorologue*, Paris, Seuil/Paulsen, 2014.

Rolin, Olivier, *Sibérie*, Paris, Inculte, 2011 et Paris, Verdier, 2016.

Romanov, Dmitri I., *Prissoïedinenie Amoura k Rossii*, Saint-Pétersbourg, Rousskoïe Slovo, 1859.

Romanov, Dmitri I., *Opissanie peregovorov v gorode Aigune*, Saint-Pétersbourg, Rousskoïe Slovo, 1860.

Rossi, Jacques, *Le Manuel du Goulag*, Paris, Le Cherche-Midi, 1997.

Rothauscher, Hans, *Die Stellersche Seekuh*, Norderstedt, 2008.

Sallenave, Danièle, *Sibir, Moscou-Vladivostok*, Paris, Gallimard, 2012.

Salmanov, Farman K., « Razvedtchik Nedr bez Prava na Ochibkou », *Elita-Reguion*, août 2004, Sourgout, 2004.

Salmanov, Farman K., *Ia-Politik*, , Moscou, Izd. RTK-Region 2006.

Salmanov, Farman K., *Kto tolkaet Rossiou k energuetitcheskoï Katastrofe*, Moscou, Pressa, 1997.

Salmanov, Farman K., *Sibir, Soudba moïa*, , Moscou, Molodaïa Gvardia 1988.

Saroukhanian, Edouard I., Maximov, Igor, *Ikh Imenami Nazvany Korbly Naouki*, Moscou, Gueograf, 2013.

Saroukhanian, Edouard I., *Moï Poliarnye Goda*, Saint-Pétersbourg, Gueograf, 2016.

Saul, Norman, « A Diplomatic Failure and an Ecological Disaster : the United States, Russia and the North Pacific Fur Seals », in *Rousskoïe Otkrytie Ameriki*, Moscou, Rosspen, 2002.

Schenk, Frithjof Benjamin, *Russlands Fahrt in die Moderne, Mobilität und sozialer Raum im Eisenbahnzeitalter*, Stuttgart, Franz Steiner Verlag, 2014.

Schlögel, Karl, *Terror und Traum, Moskau 1937*, Munich, Carl Hanser Verlag, 2008.

Schmidt, Otto, Baïevski, I. L., Mekhlis, L. Z. (ed.), *Pokhod Tcheliouskina*, Moscou, Izdatelstvo Pravdy, 3 tomes, 1934.

Schnoll, S. E, *Naouka v SSSR, Gueroï, Zlodeï, Konformisty Otetchestvennoï Naouki*, Moscou, Librokom, 2012.

Schokalski, J., *Die Eroberung des Nordpols*, Londres, Radiobriefe, 1938.

Scholmer, Joseph, *La Grève de Vorkouta*, Paris, Amiot-Dumont, 1954.

Schweitzer, Peter, *Victory*, New York, Atlantic Monthly Press, 1994.

Sebald, W. G., *Nach der Natur*, Francfort-sur-le-Main, Ein Elementargedicht, 1995, traduction française : W. G. Sebald, *D'après nature*, traduction de Sibylle Muller et Patrick Charbonneau, Arles, Actes Sud, 2007.

Selvin, David F., *The Other San Fransisco*, New York, Seabury Press, 1969.

Semouchine, Dmitri, *Pomorskii Vopros i Rousskaïa Arktika*, Moscou, Regnum, 2013.

Semyonov, Iouri, *Die Eroberung Sibiriens*, Berlin, Roman eines Landes, 1937, traduit en anglais *The Conquest of Siberia*, Londres, Routledge and Sons, 1944.

Sessiounina, M. G., *G. N. Potanine i N. M. Iadrintsev, ideologui sibirskogo oblastnitchestva*, Tomsk, Izd. Tomskogo Universiteta, 1974.

Seward, Frederick W., *William Henry Seward, An Autobiography*, New York, 1891.

Sherwood, Morgan B., *Exploration of Alaska*, Fairbanks, University of Alaska, 1992.

Shoemaker, Michael M., *The Great Siberian Railway*, Londres-New York, Putnam's Sons, 1903.

Sibir, Atlas Asiatskoï Asii, Moscou, Feoria, 2012.

Sibiriakov, Alexandre M., *K Voprossou o Vnechnikh Rynkakh Sibiri*, Tobolsk, 1894.

« Sibirskaïa doroga-zloba Dnia », *Novoïe Vremia*, Saint-Pétersbourg, 17 décembre 1884.

Sibirskaïa Jeleznaïa Doroga Gossoudarstvenno-Ekonomitcheskoï Kouptsa Milioutina, Kazan, 1884.

Sidorov, A. L. (ed.), « Drevnii Gorod na Obi », *Istoria Sourgouta*, Ekaterinbourg, 1994.

Sidorov, Mikhaïl K., *O Nefti na Severe Rossii*, Saint-Pétersbourg, 1882.

Sidorov, Mikhaïl K., *Sever Rossii*, Saint-Pétersbourg, 1870.

Sineokova, Ekaterina, *Pervy Noriltchanin N. N. Ourvantsev*, Norilsk, Tsvetnye Metally, 2009.

Sinioukov, V. V., *Alexandre Vassilievitch Koltchak, ot Issledovatelia Arktiki do Verkhovnogo Pravitelia Rossii*, Moscou, Korvet, 2004.

Sirenko, N. A., *Gueneral-goubernatorcha*, Vladivostok, Zapiski Obchtchestva izoutchenia Amourskogo Kraïa, 2009.

Skalon, V. N., *Rousskie Zemleprokhodtsy XVII veka v Sibiri*, Novossibirsk, Sova, 2005.

Skrynnikov, Rouslan G., *Ermak*, Moscou, 2008.

Skrynnikov, Rouslan G., *Sibirskaïa Ekspeditsia Ermaka*, Novossibirsk, Naouka, 1982, réédité et complétée Novossibirsk et Moscou, 1986.

Slavine, Samouïl V., *Osvoïenie Severa Sovteskogo Soïouza*, Moscou, Naouka, 1982.

Slavkina, Maria V., « Ostrye Grani Tchernogo Zolota », *Rodina*, n° 4, Moscou, 2016.

Slavkina, Maria V., *Baïbakov, Jizn Zametchatelnykh Lioudeï*, Moscou, Molodaïa Gvardiya, 2010.

Slavkina, Maria V., *Istoria Prinatia Rechenia o promychlennom osvoïenii Zapadnoï Sibiri*, Ekonomitcheskaïa Istoria, Vyp.10, Moscou, 2005.

Slavkina, Maria V., *Rossiiskaïa Dobytcha*, Moscou, Rodina Media, 2014.

Slavkina, Maria, « Gazovaïa Revolioutsia », in *Rodina*, n° 10, Moscou, 2009.

Slavkina, Maria, Graïfer Valerii, *Vremia ne Jdët*, Lukoil, Moscou.

Slavkina, Maria, *Vlianie neftegazovogo kompleksa na sotsialno-ekonomitcheskoïe razvitie SSSR v 1945-1991 gg. Dissertatsia*, Moscou, 2006.

Slezkine, Iouri, *Arctic Mirrors, Russia and the Small Peoples of the North*, Ithaca-Londres, Cornell University Press, 1994.

Slezkine, Yuri, *Savage Christians or Unorthodox Russians,* New York, Saint-Martin Press, 1993.

Slovtsov, Piotr A., *Istoria Sibiri*, Moscou, Vetche, 2006.

Smirnov, Iouri, « Spory Patriotov », in *Rodina*, n° 9, Moscou, 2011.

Sokoloff, Georges, *Le Retard russe*, Paris, Fayard, 2014.

Sokolov, A. N. (ed.), *Severnaïa Ekspeditsia, Sovkomflot*, Moscou, Paulsen, 2015.

Soljenitsyne, Alexandre, *Arkhipelag Goulag*, Ymca Press, Paris 1973, traduit sous le titre *L'Archipel du Goulag*, 3 tomes, Paris, Seuil, 1974.

Soloviev, S. M., *Sotchinenia*, Saint-Pétersbourg, Tov. Prosvechtchenie 1911-14.

Soskine, Alexeï, *Istoria Goroda Soli Vychegodskoï*, Syktykvar, Syktykvar gos. Univ.1997.

Sourikov, V. I., *Correspondance*, Moscou-Léningrad, Isskoustvo, 1948.

Spies, Marijke, *Arctic Routes to Fabled Lands*, Amsterdam, Amsterdam University Press, 1997.

Staden, Heinrich von, *The Land and Government of Muscovy*, traduit de *Aufzeichnungen über den Moskauer Staat*, Stanford, 1967.

Starkov, V. F., Derjavine V. L., *Expeditsia Willema Barentsa na Novoï Zemle*, Moscou, Naoutchny Mir, 2003.

Starokadomski, M., *Piat Plavanii v severnom ledovitom Okeane*, Moscou, Gos. Izd. Gueografitcheskoï Literatoury, 1953.

Starostine, Alexandre S., *Spassenie Tcheliouskintsev*, Moscou, Detskaïa Literatoura, 1984.

Startsev, A. V. & alii, *Delovaïa Elita Sibiri*, Novossibirsk, Sova, 2005.

Steber, Charles, *La Sibérie et l'Extrême-Nord soviétique*, Paris, Payot, 1936.

Stefansson, Vilhjalmur, *Friendly Arctic*, New York, Mac Millan, 1922.

Stejneger, Leonard, *Georg Wilhelm Steller*, Cambridge (Massachussets), 1936.

Steller, Georg Wilhelm (Hgg. Hintzsche Wieland), *Briefe und Dokumente 1739*, Halle, Franckesche Stiftungen zu Halle, 2001.

Steller, Georg Wilhelm (Hgg. Hintzsche Wieland), *Briefe und Dokumente 1740*, Halle, Franckesche Stiftungen zu Halle, 2000.

Steller, Georg Wilhelm (Hgg. Hintzsche Wieland), *Reisetagbücher 1735 bis 1743*, Halle, Franckesche Stiftungen zu Halle, 2000.

Steller, Georg Wilhelm (Hgg. Hintzsche Wieland), *Reisetagbücher 1738 bis 1745*, Halle, Franckesche Stiftungen zu Halle, 2009.

Steller, Georg Wilhelm, « Traktat o narodnoï Meditsyne », *Naouka iz Pervykh Rouk*, n° 6, Novossibirsk, 2009.

Steller, Georg Wilhelm, *Ausführliche Beschreibung sonderbarer Meerestiere*, Halle, Carl Christian Kümmel Verlag, 1753, réédit. Brême, Salzwasser Verlag, 2009.

Steller, Georg Wilhelm, *Beschreibung von dem Lande Kamtchatka J. G. Fleischer*, Frankfurt und Leipzig, 1774.

Steller, Georg Wilhelm, *De Bestiis Marinis, Ausführliche Beschreibung sonderbarer Meerestiere*, Halle Im Verlag Carl Christian Hümmel, 1753. Brême, Nachdruck des Originalausgabe Salzwasser Verlag, 2009.

Steller, Georg Wilhelm, *Die Entdeckung Alaskas mit Kapitän Bering, (herausgegeben von Volker Matthies)*, Wiesbaden, Erdmann, 2013.

Stendhal (Beyle, Henri), *Armance ou quelques scènes d'un salon parisien en 1827*, Paris, Flammarion, 1994.

Stepanov, Valeri, « Kandidat Natsionalnoï Partii », in *Rodina*, n° 2, Moscou, 2015.

Stephan, John J., *The Russian Far East, a History*, Stanford, Stanford University Press, 1994.

Stogov, Dmitri, *Krestny Otets Soïouza Rousskogo Naroda*, Moscou, Rousskaïa Linia, 2005.

Stolberg, Eva-Maria, *The Siberian Saga*, Francfort-sur-le-Main, Peter Lang, 2005.

Stone, Blackwell Alice, *The Little Grandmother of the Russian Revolution, Reminiscences and Letters of Catherine Breshkovsky*, Boston, 1919.

Stouditski, F., *Istoria otkrytia morskogo pouti iz Evropy v sibirskie reki*, part 1, Saint-Pétersbourg, 1883.

Streever, Bill, *Cold, Adventures in the World's frozen Places*, New York, Boston et Londres, Little, Brown & Cie, 2009.

Struve, Bernhard V., « Vospominania o Sibiri », *Rousskii Vestnik*, n° 6, Moscou, 1888.

Sviridov, Gueorgui, *Otkrytie Veka*, Moscou, Profizdat, 1982.

Syroïechkovski, B. E., *Mejdoutsarstvie 1825 goda i vosstanie dekabristov v perepiske i memouarov tchlenov tsarskoï semi*, Moscou-Leningrad, 1926,

Tchekhov, Anton, *Correspondant de guerre*, Paris, L'Harmattan, 2012.

Tchekhov, Anton, *L'Amour est une région bien intéressante*, Paris, Cent Pages, 1989.

Tchekhov, Anton, *L'Île de Sakhaline*, Paris, Folio, Gallimard, 2001.

Tchentsov, N. M., *Vosstanie Dekabristov, Bibliograpfia*, Moscou-Leningrad, Gossoudarstvenoïe Izdatelstvo, 1929.

Tchijevski, A. L., *Vsia Jizn. Gody i Lioudi*, Moscou, Sovetskaïa Rossiia, 1974.

Tchirkov, Iouri, *C'était ainsi… Un adolescent au Goulag*, Paris, Syrtes, 2009.

Tchoumitcheva, O. V., *Solovetskoïe Vostanie*, Moscou, Ogui, 2009.

Terra incognita sibirien, die Anfänge der wissenschaftlichen Erforschung Sibiriens unter Mitwirkung deutscher Wissenschaftler im 18.Jahrhundert, Halle, 1999.

The Voyage Of The Cheliouskin, by Members of the Expedition, Londres, Chatto & Windus, 1935.

Thomas, Albert, *Le Transsibérien. Impressions de voyage de Moscou à Tomsk*, Le Tour du Monde, Paris, 1905, réédité Paris, Magellan & Cie, 2007.

Thornton, Judith, Ziegler Charles E. (ed.), *Russia's Far East, A region at Risk*, Seattle, University of Washington, 2002.

Thubron, Colin, *In Siberia*, New York, Harper Collins, 1999.

Tikhmenev, P. A., *Istoritcheskoïe Obozrenie Obrazovania Rossïsko-Amerikanskoï Kompanii i deïstvi eë do nastoïachego vremeni*, Saint-Pétersbourg, 1861.

Tikhomirov, Gueorgui S., *Gueroï Arktiki Ivan Papanine*, Moscou, Mysl, 1984.

Tikhomirov, Gueorgui S., *I. D. Papanine*, Moscou, Planeta, 1990.

Tikhomirov, Gueorgui S., *K Istorii Ekspeditsii Papanina*, Moscou, Mysl, 1980.

Timochenko, Mikhaïl, « Nam by tolko za berejok Aliaski zatsepitsia… », in *Rodina*, n° 3, Moscou, 2015.

Tolstoï, Léon N., *Résurrection*, Gallimard, Paris, 1951, Paris, « Folio classique », 1994.

Trapeznikov, Alexandre, « Zviëzdny Tchas Viktora Mouravlenko », in *Rodina*, n° 10, Moscou, 2008.

Travis, Frederick F., *George Kennan and American-Russian Relationship 1865-1924*, Athens, Ohio University Press, 1990.

Tretiakov, Stepan G., *Istoria Nertchinskogo gornogo okrouga*, manuscrit non publié, Tchita, 2015.

Tsarevskaïa-Diakina, T. V., *Spetspereselentsy v SSSR, Istoria Stalinskogo Goulaga, Konets 1920-kh – pervaïa polovina 1950-kh godov*, tome 5, Moscou, Rosspen, 2004.

Tupper, Harmon, *To the Great Ocean*, Toronto, Boston, Little, Brown & Co, 1965.

Turner, Samuel, *Siberia, a Record of Travel, Climbing and Exploration*, Londres, T. Fisher Unwin, 1905.

Ultima Thule, Arkhangelsk, Krai Zemli, 2013.

Vaguine, Vsevolod I., *Istoritcheskie Svedenia o deïatelnosti grafa M. M. Speranskogo v Sibiri*, Saint-Pétersbourg 1872.

Vakhitov, G. G., *Neftianaïa Promychlennost Rossii : vtchera, segodnia, zavtra*, Moscou, 2008.

Van Duzen, Chet, *Morskie Tchoudovichtcha na Kartakh srednikh Vekov i Epokhi Vozrojdenia*, Moscou, Paulsen, 2017.

Vanier, Nicolas, *Transsibérie, le mythe sauvage*, Paris, Robert Laffont, 1992.

Vapereau, Charles, *Voyage en Sibérie*, Paris, L'Amateur, 2008.

Vend, Vera, *L'Amiral Nevelskoï et la conquête définitive du fleuve Amour*, Paris, 1894.

Venimianinov (Protoïeriëi), Yoann, *Zapiski ob ostrovakh Ounalachkinskogo otdela*, Saint-Pétersbourg, 1840.

Verchiline, Evgueni et Vizgalov, Gueorgui, « Novaïa Mangazeïa », in *Rodina*, n° 2, Moscou, 2012.

Vergassov, Fatekh, « Stalinskie jeleznye dorogui », www.pseudology.org/gazprom/501502503

Verkhotourov, D., *Pokorenie Sibiri*, Moscou, Mify i realnost, 2005.

Verne, Jules, *Sans dessus dessous*, Paris, 1889, réédité Paris, Magnard, 2002.

Vianey, Bruno, *Tout autour du voyage de Jean Sauvage en Moscovie*, Paris, 2012.

Vigny, Alfred de, « Wanda », *Revue des deux mondes*, janvier 1864, Paris, 1864.

Vilkov O. N. (ed.), *Torgovlia Gorodov Sibiri Kontsa XVI-Natchala XXv.*, Novossibirsk, 1987.

Vinkovetsky, Ilia, *Russian America, An Overseas Colony of a Continental Empire*, Oxford, Oxford University Press, 2011.

Vinokourov, Mikhaïl, SOUKHODOLOV Alexandre, *L'Economie de la Sibérie 1900-1928*, vol. 1, Lormont, Le Bord de l'Eau, 2014.

Vinokourova, Olga, « La voie ferroviaire Baikal-Amour (BAM), la route de la mort », in *Sibérie I*, Paris, Centre d'études slaves, 1999.

Viola, Lynne, *The Unknown Gulag, the lost world f Stalin's specvial Settlements*, Oxford, Oxford University Press, 2007.

Vize, Vladimir, *Moria Rossiïskogoï Arktiki*, 2 tomes, Leningrad, 1948, reprint Moscou, Paulsen, 2008.

Vize, Vladimir, *S. O. Makarov i Zavoïevanie Arktiki*, Izdatelstvo Glavsevmorpouti, Moscou, 1943.

Vlassov, Andreï N. (ed.), *Koultournoïe Nasledie Rousskogo Severa*, Solvychegodsk, 2009.

Vlassov, R. V., « Alexandre Borissov, Khoudojnik, issledovatel Severa, Ingenier in ITR », *Vekhi Istorii*, n° 1 (61), 2006.

Vobly, V. M. et Borissov, A. A., *Velikii Severny Pout*, Velikii-Oustioug, Izdanie Goubplana, 1929.

Vodolazov, A., *Tam, za daliou nepogody, Golossa Sibiri*, Kemerovo, literatourny almanakh, 2006.

Vodopianov, Mikhaïl V., *Pout Letchika*, Moscou, Glavizdat, 1953.

Volkhovski, Felix, « George Kennan in Tomsk », Free Russia, New York, 1ᵉʳ janvier 1894.

Volkonskaïa, Maria N., *Zapiski Kniaguini Marii Nikolaïevny Volkonskoï*, Saint-Pétersbourg, 1904.

Volkonski, Sergueï G., *Zapiski dekabrista*, Saint-Pétersbourg, 1901.

Volkov, N. A., *40 let Tcheliouskinskoï Epopei*, Moscou, Izvestia Vsesoïouznogo gueografitcheskogo Obchtchestva, 1974.

Volkov, Oleg, *Pogroujenie vo Tmu*, Paris, Atheneum, 1987.

Volodikhine, Dmitri, « Tyssiatcha mil za poltara Goda », in *Rodina*, n° 8, Moscou, 2010.

Volovitch, Vitali G., *Poliarnye Dnevniki, Outchastnika Sekretnykh poliarnykh Ekspeditsii 1949-1953 gg.*, Moscou, Paulsen, 2010.

Voronine, Vsevolod, « Nesostoïavchii Tandem », in *Rodina*, n° 2, Moscou, 2015.

Vvedenski, A. A., *Dom Stroganovykh v XVI-XVII vekakh*, Moscou, 1962.

Vysotchaïshe Outverjdennaïa Maguistralnaïa Linia Sibirskoï Jeleznoï Dorogui, Zapiska Kazanskogo Zemstva, Kazan, Doumy i Birjy Goroda Kzani, 1883.

Wagner, Johann Ludwig, *Mémoires de M. Wagner sur la Russie, la Sibérie et le Royaume de Casan*, Berne, 1790.

Walsoe, Erling, *Norway & Russia in the Barents Region, close Neighbours and a Friendship based on historical Roots*, Oslo-Arkhangelsk, Kunstantikvariat Pama, 2013.

Watrous, Stephen D., « Russia's Land of the Future : Regionalism and the Awakening of Siberia 1819-1894 », thèse de doctorat, université de Washington, 1970.

Waxell, Sven, *The Russian Expedition to America*, New York, Collier Books, 1962.

Wcislo, Francis W., *Tales of Imperial Russia*, Oxford, Oxford University Press, 2011.

Wenyon, Charles, À travers la Sibérie par la route de la Malle-Poste, Genève, Olizane, 2000.

Werth Nicolas, Mironenko S. V., *Massovye Repressii, Istoria Stalinskogo Goulaga, Konets 1920-kh-pervaïa polovina 1950-kh godov*, tome 1, Moscou, Rosspen, 2004.

Western Union Company Origin, Organization and Progress of the Russian-American Telegraph, Rochester, 1866.

Wilk, Mariusz, *Journal d'un loup*, Paris, « Libretto », Phébus, 1999.

Willan, T. S., *The Early History of the Russia Company (1553-1603)*, New York, 1968.

Williamson, J. A., *The Cabot Voyages and Bristol Discovery under Henry VII, the Hakluyt Society*, Cambridge, Cambridge University Press, 1961.

Witte, Sergueï Iou., *Konspekt lektsii o narodnom i gossoudarstvennom khozaïstve*, in Oural, ejemessiatchnyi journal, 1997.

Witte, Sergueï Iou., *Printsipy jeleznodorojnykh tarifov po perevozke grouzov*, Saint-Pétersbourg, 1910.

Witte, Sergueï Iou., *Vospominania*, Izdatelstvo sotsialno-ekonomitcheskoï literatoury, 3 tomes, Moscou, 1960.

Witte, Sergueï Iou., *Vsepodanny Doklad ministra finantsov o poïezdke na Dalnii Vostok*, Saint-Pétersbourg, 1902.

Wood, Alan, « Vagrancy and violent Crime in Siberia : problems of the tsarist exile system », in *Sibérie I*, Paris, Centre d'études slaves, 1999.

Wood, Alan, *Russia's Frozen Frontier, A History of Siberia and the Russian Far East 1581-1991*, Londres-New York, Bloomsbury Academic, 2011.

Yergin, Daniel, *The Prize, The Epic Quest for Oil, Money and Power*, New-York-Londres-Toronto-Sydney, Free Press, 1991.

Zapadnaïa Sibir-Kroupneïchaïa Neftegazonosnaïa Etapy otkrytia i osvoïenia, Materialy ioubileïnoï konferentsii, Tioumen, 2000.

Zima, V. F., *Golod v SSSR 1946-47 gg. Proïskhojdenie i posledstvia*, Moscou, 1996.

Zinoviev, Ia. A. (ed.), *Srednii Vassiougan 300 let.*, Tomsk, Izd. Tomskogo Universiteta, 2000.

« Zoloto Priajki Stalnogo Poïassa Rossii », in *Rodina*, n° 6, Moscou, 2011.

Zonn, Igor S., Kostianoï, Andreï G., *Karskoïe More, Entsiklopedia*, Moscou, Mejdounarodnye Otnochenia, 2013.

Zonn, Igor S., Kostianoï, Andreï G., Koumantsov, Mikhaïl I., *Tchoukotskoïe More, Entsiklopedia*, Moscou, Mejdounarodnye Otnochenia, 2013.

Zonn, Igor S., Kostianoï, Andreï G., *More Laptevykh, Entsiklopedia*, Moscou, Mejdounarodnye Otnochenia, 2014.

Zonn, Igor S., Kostianoï, Andreï G., Semenov, Alexandre V., *Vostochno-Sibirskoïe More, Entsiklopedia*, Moscou, Mejdounarodnye Otnochenia, 2014.

Zotikov, Igor A., *Zimnie Soldaty*, Moscou, Paulsen, 2010.

Zoubarev, Anatoli (ed.), *Dolgaïa Doroga k Nefti*, Sourgout, Sourgoutneftgaz, 2002.

Zoubarev, Anatoli, *Sourgoutskie Tetradi*, Sourgout, 2009.

Zouïev, Andreï S., *Sibir, Vekhi Istorii*, Novossibirsk, Infolio Press, 1999.

Zouliar, Iou., Korytniy L. M., *Vsorgo v Litsakh, Biobibliografitcheskii Slovar*, Vypousk 2, Irkoutsk, Izd. Instituta Gueografii RAN, 2012.

Zverev, Vladimir A., Kouznetsova, Faima, *Istoria Sibiri*, Khrestomatia, Novossibirsk, 2003.

Zverev, Vladimir A., Zouïev, Andreï S., Kouznetsova, Faina S., *Istoria Sibiri*, Novossibirsk, 2006.

大事年表

1582—1584	叶尔马克·齐莫菲叶维奇的远征，库楚汗的都城伊斯克尔被攻克。
1586	秋明木堡在图拉河上建立。
1587	托博尔斯克木堡建立。
1593	别廖佐沃木堡建立。
1594	苏尔古特木堡建立。
1595	鄂毕多尔斯克（今萨列哈尔德）木堡建立。
1598	韦尔霍图里耶木堡建立，这是连接西伯利亚与俄国欧洲部分的道路上第一个大型税务和关务中心。
1601	曼加泽亚木堡建立。
1604	托木斯克木堡建立。
1619	叶尼塞斯克木堡建立。
1628	克拉斯诺亚尔斯克木堡建立。
1632	雅库茨克木堡建立。
1633	哥萨克自勒拿河顺流而下，抵达北冰洋沿岸。
1638—1639	伊万·莫斯科维廷和30余名哥萨克抵达太平

洋在鄂霍次克海的沿岸。

1639	哥萨克（波斯尼克·伊万诺夫）探索至因迪吉尔卡河。
1643	库尔巴特·伊万诺夫自雅库茨克出发，探索至贝加尔湖。
1643—1646	瓦西里·波亚尔科夫探索阿穆尔河（黑龙江）地区。
1644	下科雷马过冬营地在卡雷马河上建立。
1648	谢苗·杰日尼奥夫开展海上探索。
1649	杰日尼奥夫率部建立阿纳德尔木堡。
1649—1653	叶罗费·哈巴罗夫入侵黑龙江。
1658	涅尔琴斯克（尼布楚）木堡建立。
1661	伊尔库茨克木堡建立。
1689	中俄《尼布楚条约》签订。俄国放弃所有在黑龙江流域的领土诉求。
1697—1699	弗拉基米尔·阿特拉索夫率部探索勘察加。
1704	下勘察加木堡建立。
1704	外贝尔加地区第一座铸银厂在涅尔琴斯克建立。
1711	南千岛群岛被发现。
1716	鄂木斯克要塞建立。
1725—1727	维图斯·白令领导的第一次勘察加探索。
1727	中俄《恰克图条约》签订。从阿尔贡河至太平洋之间的中俄边界被确定。
1729	季米多夫家族建立阿尔泰地区第一座铸造厂和炼铜场。
1733—1743	维图斯·白令领导的第二次勘察加探索（又称

"北方大探索")。探险队由一个学术分队和六个执行补充探索任务的海军分队组成。

1733	连接莫斯科和托博尔斯克的邮驿服务开通。
1740—1760	连接俄国欧洲部分与西伯利亚的公路（特拉科特）开始建设。
1787	涅尔琴斯克的矿业和制造业从由国家行政部门管理改由帝国枢密院管理。
1799	俄美公司成立。
1819—1821	米哈伊尔·斯佩兰斯基担任西伯利亚总督。
1822	斯佩兰斯基在西伯利亚推行改革。
1826—1856	十二月党人被流放至西伯利亚。他们中的一些人被判服苦役。
1830	西伯利亚地区金矿开采开始。
1849—1855	涅韦尔斯科伊探索黑龙江。
1850年代	西伯利亚地方主义和自治主义运动萌发并蓬勃发展。
1858	中俄《瑷珲条约》签订。俄国获得黑龙江北岸直至入海口的所有领土。
1860	中俄《北京条约》签订。俄国获得远东省和一片太平洋沿岸的新领土。
1860	符拉迪沃斯托克（海参崴）建立。
1867	俄国将阿拉斯加出售给美国。
1875	俄日两国签订《圣彼得堡条约》。俄国割让千岛群岛以换取日本放弃对萨哈林岛全境的主权宣称。
1888	托木斯克大学开办。
1889	俄国当局颁布新法令，准许农民移居西伯利亚

地区。

1891—1904	西伯利亚铁路修建。
1893	新尼古拉耶夫斯克（即今新西伯利亚）建城。
1905	日俄战争俄军战败，旅顺口陷落。两国于美国签订《朴次茅斯条约》。俄国丧失了萨哈林岛（库页岛）南半部、旅顺口、满洲地区以及中东铁路南段（旅顺口至哈尔滨）。
1905	如同俄国其他地区一样，西伯利亚爆发了大规模罢工和农民起义。
1917（10月）	西伯利亚地方主义者大会于托木斯克召开。会议选举产生以G. 波塔宁为首的执行委员会，决定召开制宪会议以编纂西伯利亚宪法。
1918（5月）	布尔什维克在多座西伯利亚城市中掌权。
1918（11月）	海军上将高尔察克于托木斯克建立起以他为首的白军政府。直至1922年，西伯利亚地区饱受内战蹂躏。1920年2月，高尔察克于伊尔库茨克被红军逮捕并枪决。
1932	库兹涅茨克建成大型冶金业联合体。
1933	古拉格与远东建筑托拉斯的劳动惩戒营于苏联全国范围内投入使用。其中西伯利亚最大的惩戒营复合体位于贝加尔湖西北方向科雷马河流域的诺里尔斯克（这些惩戒营属于远东建筑托拉斯）。第二次世界大战后，它转移至北极圈内的乌拉尔地区和伊加尔卡（501-502-503工程）。
1943	苏联科学院西伯利亚分院于新西伯利亚成立。1957年，它转入新西伯利亚附近的"新西伯利

亚科学城"。

1944	图瓦人民共和国加入苏联，成为自治共和国。
1953	别廖佐沃的第一眼天然气喷泉。
1954	开始采掘雅库特地区的钻石矿。
1958	伊尔库茨克水电大坝竣工，安加拉河的水流状况因之改变。
1960	西西伯利亚地区的沙伊姆首次发现石油。
1966	布拉茨克水坝投入使用。
1971	当时全球最大的水电站——克拉斯诺亚尔斯克水电站投入使用。
1973	苏联首条石油管线萨莫特洛尔-秋明-乌法-阿尔梅季耶夫斯克管线令西伯利亚石油得以运送至俄罗斯欧洲部分乃至更加西方的地区。
1974	第一条自亚马尔半岛至莫斯科的输气管线建成。
1983	第一条供应东欧地区的天然气管道"友谊"线竣工，后管道延伸至德国与奥地利。
1984	第二西伯利亚铁路BAM铁路（贝加尔—阿穆尔边疆区）的最后路段建设完成。
1989	苏联发电能力最强的萨彦-舒申斯克水电站投入运行。
1991	苏联解体，十五个加盟共和国独立。
1992—1999	俄罗斯全国均陷入经济崩溃，西伯利亚也不例外。矿工举行罢工，要求支付欠薪。天然气与石油价格大幅下跌。大型公司私有化改革。大型工业中心运行减缓。居住于北极圈内和大北方地区的俄罗斯民众生活困难，人口大量外逃。

译名对照表

A

Abaza, Alexandre 亚历山大·阿巴扎
Adams, George 乔治·亚当斯
Akhtakov, Begbely 贝格贝利·阿赫塔科夫
Aleï (prince) 阿列伊（王子）
Alexandra Fiodorovna 亚历山德拉·费奥多萝芙娜
Alexandre Ier 亚历山大一世
Alexandre II 亚历山大二世
Alexandre III 亚历山大三世
Alexeï Mikhaïlovitch (Alexis Ier) 阿列克谢·米哈伊洛维奇（阿列克谢一世）
Alexeïev, Evgueni 叶夫根尼·阿列克谢耶夫
Alexeïev, Fedot 费多特·阿列克谢耶夫
Amman, Johann 约翰·阿曼
Amundsen, Roald 罗尔德·阿蒙森
Ankoudinov, Guerassim 格拉西姆·安库季诺夫
Anna Ire (Ioannovna) 安娜一世（伊凡诺芙娜）
Annenkov, Ivan Alexandrovitch 伊万·亚历山德罗维奇·安年科夫
Annenkova, Pauline 保利娜·安年科娃
Anson (lord) 安森（勋爵）
Antipine, Mark 马克·安提平
Apraxine, Fiodor 费奥多尔·阿普拉辛
Arbatov, Gueorgui 格奥尔基·阿尔巴托夫
Argüello, María de la Concepción (Conchita, soeur Maria Dominga) 玛利亚·德·拉·康塞普西翁·阿圭略（玛丽亚·多明加修女）
Argüello, José Darío 何塞·达里奥·阿圭略
Arillaga, José Joaquín de 何塞·华金·德-阿里拉加

Armstrong, William Jackson 威廉·杰克逊·阿姆斯特朗
Artemev, Semion 谢苗·阿尔特梅夫
Avvakoum 阿瓦库姆

B

Babouchkine, Mikhaïl 米哈伊尔·巴布什金
Baer, Karl 卡尔·贝尔
Baïbakov, Nikolaï 尼古拉·巴伊巴科夫
Baïevski, Ilia 伊利亚·巴耶夫斯基
Bakounine, Mikhaïl 米哈伊尔·巴枯宁
Banks, N. B. 班克斯
Baranov, Alexandre 亚历山大·巴拉诺夫
Barents, Willem 威廉·巴伦支
Bariatinski, Alexandre Ivanovitch 亚历山大·伊万诺维奇·巴米亚京斯基
Belopolski (zoologue) 贝洛波尔斯基（动物学家）
Benckhan, Johann 约翰·本克汉
Berezine, Dmitri 德米特里·别列津
Bergavinov, Sergueï 谢尔盖·别尔加维诺夫
Béring, Anna 安娜·白令
Béring, Vitus 维图斯·白令
Bestoujev-Roumine, Alexeï 阿列克谢·别斯图热夫-留明
Billings (capitaine) 比林斯（上尉）
Bismarck, Otto von 奥托·冯·俾斯麦
Bobrov, Alexeï 阿列克谢·波波夫
Bodega y Quadra (commandant) 拉博德加·夸德拉（指挥官）
Bogdanovitch, Evgueni Vassilievitch 叶夫根尼·瓦西里耶维奇·博格丹诺维奇

Fakidov, Ibrahim 易卜拉欣·法基多夫
Fersman (géologue) 费斯曼（地质学家）
Fiodorov, Evgueni 叶夫根尼·费奥多洛夫
Fletcher, Giles 吉尔斯·弗莱彻
Forney, J. W. 福尼
Fraser, John Foster 约翰·福斯特·弗雷泽
Frenkel, Neftali 纳夫塔利·弗伦克尔
Friderici, Hermann Karl von 赫尔曼·卡尔·冯·弗里德里奇
Frost, George 乔治·弗罗斯特

G

Gadillo (capitaine de vaisseau) 加迪洛（海军上校）
Gaïdar, Egor 叶戈尔·盖达尔
Gakkel (topographe) 哈克尔（水文学家）
Gastaldi, Giacomo 贾科莫·加斯塔尔迪
Gavrilov (capitaine) 加甫里洛夫（船长）
Gengis Khan 成吉思汗
George, Lloyd 劳合·乔治
Gilbert, Humphrey 汉弗莱·吉尔伯特
Gladych, Stepan 斯捷潘·格拉蒂奇
Gmelin, Johann Georg 约翰·格奥尔格·格梅林
Godounov, Boris 鲍里斯·戈东诺夫
Golikov, Ivan 伊万·戈里科夫
Golovine, Fiodor Alexeïevitch 费奥多尔·阿列克谢耶维奇·戈洛文
Gorbatchev, Mikhaïl 米哈伊尔·戈尔巴乔夫
Gorki, Maxime 马克西姆·高尔基
Gorsey, Jerome 杰罗姆·戈尔西
Gortchakov, Alexandre 亚历山大·戈尔恰科夫
Gortchakov, Piotr 彼得·戈尔恰科夫
Goubkine, Ivan Mikhaïlovitch 伊万·米哈伊洛维奇·古布金
Goudine, S. 古迪纳
Gromov, Mikhaïl 米哈伊尔·格罗莫夫
Gromyko, Andreï 安德烈·葛罗米柯
Gueble, Pauline (Praskovia) 波利娜·盖布勒（普拉斯科维亚）
Guerassimov, Dmitri 德米特里·盖拉西莫夫
Guersevanov, Nikolaï 尼古拉·格列瓦诺夫
Gvozdev, Ivan 伊万·格沃兹德夫

H

Halde, Jean-Baptiste Du 让-巴蒂斯特·杜·哈尔德
Halifax (lord) 哈利法克斯（勋爵）
Hannevig, Edward 爱德华·哈讷维戈
Heceta (commandant) 埃塞塔（指挥官）
Herberstein, Sigmund von 西格蒙德·冯·赫伯施泰因

Hervé, Iouri 尤里·埃尔韦
Herzen, Alexandre 亚历山大·赫尔岑
Homann, Johann Baptiste 约翰-巴蒂斯特·霍曼
Horner, Johann Caspar 约翰·卡斯帕尔·霍纳
Hudson, Henry 亨利·哈德逊

I

Iadrintsev, Nikolaï 尼古拉·亚德林采夫
Ianson, Nikolaï 尼古拉·扬森
Iejov, Nikolaï 尼古拉·叶若夫
Ignatiev, Nikolaï 尼古拉·伊格那提耶夫
Iouganov (menuisier) 尤加诺夫（细木工）
Ivan III 伊凡三世
Ivan IV (le Terrible) 伊凡四世（恐怖者）

J

Jackman, Charles 查尔斯·杰克曼
Jacobi, Ivan 伊万·雅各比
Jacques Ier 詹姆斯一世
Jansen, Nils 尼尔斯·扬森
Johnson, Andrew 安德鲁·约翰逊
Joukovski, Vassili 瓦西里·茹科夫斯基

K

Kalachnikov, Ivan 伊万·卡拉什尼科夫
Kalinine, Mikhaïl 米哈伊尔·哈科夫斯基
Kamenev, Lev 列夫·加米涅夫
Kankrin, Georg von 格奥尔格·冯·坎克林
Kantsine (économe) 康秦（总务）
Karsavine (médiéviste) 卡尔萨温（中世纪研究者）
Katenua (roi) 卡特努阿（国王）
Kazakevitch, Piotr 彼得·卡扎克维奇
Kazantsev, Vassili 瓦西里·卡赞采夫
Kennan, George 乔治·凯南
Kerkhoven, van 范克克霍温
Khabarov, Ierofeï 伊罗费·哈巴罗夫
Khilkov, Mikhaïl 米哈伊尔·希尔科夫
Khitrov (quartier-maître) 赫特罗夫（下士）
Khmyznikov (hydrologue) 赫梅兹尼科夫（水文学家）
Khrouchtchev, Nikita ·尼基塔·赫鲁晓夫
Kirilov, Ivan 伊万·基里洛夫
Kirov, Sergueï 谢尔盖·基洛夫
Koda (princesse) 科达公主
Koltchak, Alexandre 亚历山大·高尔察克
Koltso, Ivan 伊万·科尔佐
Koltsov, Nikolaï 尼古拉·科利乔夫
Kondratiev, Apollon 阿波隆·孔德拉季耶夫
Konstantin (grand-duc) 康斯坦丁（大公）
Kontorovitch, Alexeï 阿列克谢·孔托洛维奇
Koskoul, Fiodor 费奥多尔·科斯库尔

Mouravlenko, Viktor 维克托·穆拉夫连科
Müller, Gerhard Friedrich 格哈德·弗里德里希·米勒

N

Nansen, Fridtjof 弗里乔夫·南森
Nesselrode, Karl de 卡尔·冯·涅谢尔罗迭
Nevelskoï, Guennadi 根纳季·涅韦尔斯科伊
Nevski, Alexandre 亚历山大·涅夫斯基
Nicolaas, Witsen 尼古拉斯·维森
Nicolas Ier 尼古拉一世
Nicolas II 尼古拉二世
Nobile, Umberto 翁贝托·诺比尔
Nordenskjöld, Adolf Erik 阿道夫·埃里克·诺登舍尔德
Novitski (photographe) 诺维茨基（摄像师）

O

Obolenski, Leonid 列昂尼德·奥博连斯基
Obroutchev, Serguei 谢尔盖·奥布鲁切夫
Ogarev, Nikolaï 尼古拉·奥加廖夫
Oïstrakh, David 大卫·奥伊斯特拉赫
Olaus Magnus (Olaf Stor) 乌劳斯·马格努斯（乌拉夫·斯托尔）
Ordjonikidze, Sergo 谢尔戈·奥尔忠尼启则
Ortelius 奥特柳斯
Ourvantsev, Nikolaï 尼古拉·乌尔凡采夫
Oussov, Fiodor 费奥多尔·乌索夫
Oussov, Gavril 加甫里尔·乌索夫
Oussov, Grigori 格里戈里·乌索夫
Ovtsyne, Dmitri 德米特里·奥夫茨涅
Ovtsyne, Nikita 尼基塔·奥夫茨涅

P

Papanine, Ivan 伊万·帕帕宁
Paul Ier 保罗一世
Peary, Robert 罗伯特·佩里
Pechtchourov, Alexeï 阿列克谢·佩奇丘罗夫
Perez, Juan 胡安·佩雷斯
Pérouse, Jean-François de la 让-富朗索瓦·德·拉彼鲁兹
Perovski, Lev Alexeïevitch 列夫·阿列克谢耶维奇·佩罗夫斯基
Pestel, Ivan 伊万·佩斯捷利
Pet, Arthur 阿瑟·佩特
Phipps, John 约翰·菲普斯
Piassenski, Pavel 帕维尔·皮亚森斯基
Pierre le Grand 彼得大帝
Pierre II 彼得二世
Pierre III 彼得三世
Plaoutine, Mikhaïl 米哈伊尔·普劳廷
Poboji, Alexandre 亚历山大·波波及
Podchibiakine, Vassili 瓦西里·泡德西比亚金
Polo, Marco 马可·波罗
Polygalov, Iouri 尤里·波雷加洛夫
Possiet, Konstantin 康斯坦丁·波西耶特
Potanine, Grigori 格里戈尔·波塔宁
Potoulov (major) 波图洛夫（少校）
Pouchkine, Alexandre 亚历山大·普希金
Pougatchev, Emelian 叶梅利扬·普加乔夫
Prokopovitch, Teofan 泰奥凡·普罗科波维奇
Prontchichtchev, Vassili 瓦西里·普龙奇奇谢夫

R

Raïevskaïa, Maria 玛丽亚·拉叶夫斯卡娅
Raïevski, Nikolaï 尼古拉·拉耶夫斯基
Razine, Stepan 斯捷潘·拉辛
Rechetnikov, Fiodor 费奥多尔·列舍特尼科夫
Reitern, Mikhaïl de 米哈伊尔·冯·莱特恩
Remezov, Semion 谢苗·雷梅佐夫
Rezanov, Nikolaï 尼古拉·列扎诺夫
Richelieu, Armand Jean du Plessis de 阿尔芒·让·迪·普莱西·德·黎塞留
Rimski-Korsakov, Voïne 沃伊内·里姆斯基-科萨科夫
Rodolphe de Habsbourg 鲁道夫·冯·哈布斯堡
Romanov, Dmitri 德米特里·罗曼诺夫
Romberg (lieutenant) 隆贝格（中尉）
Rostavka, Ivan 伊万·罗斯塔夫卡
Rostovtsev, Nikolaï 尼古拉·罗斯托夫采夫
Roumiantsev, Nikolaï Petrovitch 尼古拉·彼得罗维奇·鲁米扬耶夫
Roussanov, Vladimir Alexandrovitch 弗拉基米尔·亚历山德罗维奇·鲁萨诺夫
Rousseau, Lovell Harrison 洛弗尔·哈里森·卢梭
Ryleïev, Kondrati Fiodorovitch 孔德拉季·费奥多洛维奇雷列耶夫

S

Salmanov, Farman 法尔曼·萨尔马诺夫
Saltykov, Fiodor 费奥多尔·萨尔蒂科夫
Samoïlovitch, Rudolf 鲁道夫·萨穆伊洛维奇
Sauvage, Jean 让·索瓦奇
Schchtoukine, Nikolaï 尼古拉·什丘金
Schmidt, Otto 奥托·施密特
Sebald, Winfried G. 温弗里德·G. 泽巴尔德
Sedov, Georgui Iakovlevich 格奥尔基·雅科夫列维奇·谢多夫
Selvinski, Ilia Lvovitch 伊利亚·利沃维奇·谢利文斯基
Semikoz (capitaine) 谢米科茨（上尉）
Semionov, Serguei 谢尔盖·谢苗诺夫

Voronine, Vladimir 弗拉基米尔·沃罗宁

Vorontsov-Dachkov, Illarion Ivanovitch 伊拉里翁·伊万诺维奇·沃龙佐夫-达什科夫

Vychinski, Andreï Ianouarievitch 安德烈·亚努阿里耶维奇·维辛斯基

Vychnegradski, Ivan 伊万·维什涅格拉德斯基

W

Waldseemüller, Martin 马丁·瓦尔德泽米勒

Walker, R. J. 沃克

Waxell, Sven 斯文·瓦克塞尔

Wiggins, Joseph 约瑟夫·威金斯

Willoughby, Hugh 休·威洛比

Winius, Andries 安德里斯·维尼乌斯

Witsen, Nicolaas 尼古拉斯·维森

Witte, Sergueï 谢尔盖·维特

Wrangel, Ferdinand von 费迪南德·冯·弗兰格尔

Z

Zalyguine, Sergueï 谢尔盖·扎雷金

Zinoviev, Grigori Evseïevitch 格里戈里·叶夫谢耶维奇·季诺维耶夫

Zoubov, Platon 柏拉图·朱保夫

"方尖碑" 书系

第三帝国的兴亡：纳粹德国史

　　[美国] 威廉·夏伊勒

柏林日记：二战驻德记者见闻，1934—1941

　　[美国] 威廉·夏伊勒

第三共和国的崩溃：一九四〇年法国沦陷之研究

　　[美国] 威廉·夏伊勒

新月与蔷薇：波斯五千年

　　[伊朗] 霍马·卡图赞

海德里希传：从音乐家之子到希特勒的刽子手

　　[德国] 罗伯特·格瓦特

威尼斯史：向海而生的城市共和国

　　[英国] 约翰·朱利叶斯·诺里奇

巴黎传：法兰西的缩影

　　[英国] 科林·琼斯

末代沙皇：尼古拉二世的最后 503 天

　　[英国] 罗伯特·瑟维斯

巴巴罗萨行动：1941，绝对战争

　　[法国] 让·洛佩　　[格鲁吉亚] 拉沙·奥特赫梅祖里

帝国的铸就：1861—1871：改革三巨人与他们塑造的世界

　　[美国] 迈克尔·贝兰

罗马：一座城市的兴衰史

　　[英国] 克里斯托弗·希伯特

（更多资讯请关注新浪微博@译林方尖碑，
　　微信公众号"方尖碑书系"）

方尖碑微博　　　　方尖碑微信